I0882064

V
Z. 2501.
anc. L. 7.
45568

LA
PARFAITE
INTELLIGENCE
DU
COMMERCE.

BIBLIOTHEQUE ROYALE
I

TOME SECOND.

1785.

Inv. D'z

LA PARFAITE INTELLIGENCE DU COMMERCE

OU SE TROUVENT

Les Connoissances & les Renseignemens les plus utiles à diverses Classes de Citoyens & particuliérement aux *Armateurs*, *Négoçians*, *Navigateurs*, *Commissionnaires*, *Agens*, *Courtiers* de Commerce, *Fabricans*, *Artisans*, *Commis*, *Gens d'affaires*, &c.

LE TOUT DISTRIBUÉ DE MANIERE À FACILITER LES RECHERCHES DES LECTEURS.

*Par M. Mt. D'H.****.

TOME SECOND.

SE VEND

A Paris, { Chez LAMI, Libraire, Quai des Augustins.
Chez L'AUTEUR, maison de M. DEVILLE, Agent-de-Change, rue Montmartre, vis-à-vis le cul-de-sac St. Pierre. }

Et { Chez les principaux Libraires des Villes les plus Commerçantes de l'Europe. }

M. DCC. LXXXV.

Avec Approbation & Privilege du Roi.

BIBLIOTHEQUE ROYALE

LA PARFAITE INTELLIGENCE DU COMMERCE

OU SE TROUVENT

Les Connoissances & les Renseignemens les plus utiles à diverses Classes de Citoyens & particuliérement aux *Armateurs*, *Négocians*, *Navigateurs*, *Commissionnaires*, *Agens*, *Courtiers* de Commerce, *Fabricans*, *Artisans*, *Commis*, *Gens d'affaires*, &c.

LE TOUT DISTRIBUÉ DE MANIERE À FACILITER LES RECHERCHES DES LECTEURS.

*Par M. Mt. D'H.***.*

TOME SECOND.

SE VEND

A Paris, { Chez LAMI, Libraire, Quai des Augustins.
Chez L'AUTEUR, maison de M. DEVILLE, Agent-de-Change, rue Montmartre, vis-à-vis le cul-de-sac St. Pierre.

Et { Chez les principaux Libraires des Villes les plus Commerçantes de l'Europe.

M. DCC. LXXXV.

Avec Approbation & Privilege du Roi.

ROYALE

VOCABULAIRE TECHNIQUE

DES MATIÈRES.

Contenues dans les deux Volumes, & le Supplément de la

PARFAITE INTELLIGENCE

DU COMMERCE.

AVERTISSEMENT GÉNÉRAL.

N'AYANT rien épargné pour offrir au Public, par cet ouvrage, tout ce qui est susceptible de l'intéresser, du moins dans les connoissances qui seules opérent la richesse des Etats, l'aisance des familles, & peuvent subvenir aux besoins de la Société, nous osons espérer qu'on ne désapprouvera pas le zèle qui nous a fait sacrifier 300 pages à une Instruction Géographique qui, par sa forme neuve & la nature même de sa distribution, peut servir de base aux connoissances spéculatives, puisque, sans égard à cette partie, le reste de l'Ouvrage contient encore plus de 1250 pages, (dont 300 au moins sont en très-petit caractere.) & que la totalité de son contenu est de plus de 1550 pages, grand *in*-8°., dont nous aurions aisément pu former trois Volumes *in*-4°. si nous eussions été guidés par l'intéret. Mais animés par le seul desir d'être utiles, nous nous sommes efforcés de rendre, en grande partie, dans cet Ouvrage l'intéret de plusieurs autres qu'on ne peut se procurer qu'à grands frais, & dont la plupart ne sont plus conformes aux usages actuels.

On a des *Ouvrages* particuliers sur les *Loix de Commerce*, d'autres sur la *Teneur des Ecritures*, d'autres sur la *Réduction des Monnoies*, *Poids*, *Mesures*, &c.; d'autres sur les *Assurances*, d'autres sur les *Manufactures & Fabriques* de nombre de Villes & Villages, d'autres sur les *Termes Généraux de Commerce*, d'autres sur les *Droits*, d'autres sur les *anciennes Productions terrestres*, celles de *l'Industrie*, &c. L'ensemble de ces Ouvrages forme au moins 25 Volumes, la plupart *in*-4°. dont l'acquisition ne peut être que dispendieuse; ici nous avons remédié, autant que nous l'avons pu, à tous ces inconvéniens, en présentant en 2 Volumes *in*-8°. des détails qui peuvent se considérer comme la *quintessence* ou le *principal intérêt des Ouvrages susdits*, & plus conforme que la plupart d'entr'eux aux usages actuels.

En se livrant à la lecture de notre Ouvrage, on reconnoîtra cette vérité: nous prions en conséquence la partie la plus integre du Public, de nous accorder cet examen, avant de nous juger, & s'il ne nous reste aucun avantage de notre entreprise, nous serons au moins satisfaits, s'il lui plait d'encourager notre zèle par un accueil favorable.

MATIERES. (1)	Termes de	Parties & Sup.	pag	MATIERES.	Termes de	Parties & Sup.	pag
Abandon . . .	*Voyez* Cession . .			Ampliation . .	Com.&Fin.	3 p.	5
Abandonnement.				Angleterre, Roy.	Géographie	1 p.	66
Abatelement . .	Commerce.	3 p.	1	Anguille . . .	*Idem.*	*idem*	222
Abeilles . . .	Agriculture	4 p.	461	Animaux nuisibl.		4 p.	466
Abex. (Cote d')	Géographie	1 p.	187	Annuler . . .	Commerce.	3 p.	5
Abyssinie. (l')	*idem.*	*idem*	185	Anse	Géographie	1 p.	1
Abréviations. . .	Commerce.	3 p.	2	Anséatique, *voyez*	Hanséatiq.		
Acadie. . . .	Géographie	1 p.	200	Antarctique, *voy.*	Arctique.		
Acceptation. . .	Commerce,	3 p.	2	Antécédent . .	Arithmétiq.	3 p.	6
Accidens en Mer.		4 p.	485	Anticosti, *voyez*	Assomption		
Açores, (les)	Géographie	1 p.	192	Antidater . . .	Com.Jurisp.	3 p.	*ibid*
Acquit à caution.	Finance.	3 p.	3	Antigoa . . .	Géographie	1 p.	221
Acquit. . . .	Commerce.	3 p.	*ibid*	Antilles . . .	*Idem.*	*idem*	212
Action. . . .	Jurisprud.	3 p.	4	Antipodes. . .	*Idem.*	*idem*	1
Action redhibito.	Jurisprud.	3 p.	4	Apprenti, Apprentissage. *Voyez* Métiers.			
Action de Comp.	Commerce.	3 p.	*ibid*	Arabie. (l')	Géographie	1 p.	159
Addition. . .	Arithmétiq.	3 p.	*ibid.*	Arbitrage. . .	Com.Jurisp.	3 p.	6
Adulterin. *V.*	Change.			Arbitral, Arbitre.	*Idem.*	3 p.	*ibid*
Affinage. *Voyez.*	Métal.			Archipel . . .	Géographie	1 p.	2
Affirmation. . .	Jurisprud.	3 p.	*ibid*	Arctique . . .	*Idem.*	*idem*	*ibid*
Affrètement. . .	Commerce.	3 p.	*ibid*	Aristocratique .	Gouvernem	*idem*	*ibid*
Affréteur. . .	*Idem.*	3 p.	*ibid*	Armateur . . .	Commerce.	3 p.	6
Afrique. . . .	Géographie	1 p.	176	Armement. . .	Commerce.	3 p.	6
Affuts. *Voyez.*	Bombes.			Armenie . . .	Géographie	1 p.	160
Agacs. *Voyez.*	Latitude.			Arrêt. . . .	Jurisprud.	3 p.	6
Agens de change.	Finance.	3 p.	4	Arrhes, ou Erres.	Commerce.	*idem*	7
Agio. . . .	Banque.	3 p.	5	Arrimer . . .	Marine.	*idem*	*ibid*
Agriculture. .		4 p.	461	Artisans&Artistes	Industrie.	*idem*	*ibid*
Ajan. (Cote d')	Géographie	1 p.	184	Aruba *voy.* Oruba	Géograph.		
Air	Physique.	4 p.	469	Asie. . . .	Géographie	1 p.	154
Alimens . . .		4 p.	480	Aspirant . . .	Maîtrises.	3 p.	7
Allemagne . .	Géographie	1 p.	13	Assiente. . . .	Com. marit.	*idem*	*ibid*
Amazônes. . .	*Idem.*	*idem*	230	Assignation . .	Jurisprud.	*idem*	*ibid*
Amérique Sept.	*Idem.*	*idem*	194	Assomption . .	Géographie	1 p.	211
Amérique Mérid.	*Idem.*	*idem*	223	Assurances. . .	Com.marit.	3 p.	8
Amiral, Amirauté.	Marine.	3 p.	5	Assuré, Assureur.	*Idem.*	*idem*	18

(1) *Avant toutes choses*, Voyez l'Errata *du second Volume & du Supplément.*

NB. Indépendamment des articles indiqués dans ce Vocabulaire, on en trouvera, dans les Tableaux & Tables de la Partie Géographique, plus de 2400; dans la seconde Partie du premier Volume & au Supplément, 1200, & au Chapitre des Productions, 1500 : ce qui forme ensemble plus de 5000 articles divers, sans aucune répétition & sans comprendre un très-grand nombre d'indications contenues dans les Tables & Tableaux sur les Poids, Mesures, Monnoies, Droits, Messageries, Foires, &c. lesquels objets ne sont rendus ici que sous les titres seulement des Tables & Chapitres divers, auxquels le Lecteur est prié de recourir, pour tous les mots qui lui paroîtront omis dans ce Vocabulaire.

DICTIONNAIRE contenant 1200 Villes & lieux commerçans des quatre parties du globe, dont aucuns noms ne font compris en ce Vocabulaire, *voyez* Tome premier, feconde Partie, depuis la page 293, jufqu'à celle 730. *Voyez* auffi le Supplément en entier.

DICTIONNAIRE des mots de Commerce, Loix, Ufages, &c., dont les termes font compris en ce Vocabulaire, *Voy.* Tome II, troifieme Partie, depuis la page premiere jufqu'à celle 230.

possessions

x VOCABULAIRE TECHNIQUE

MATIÈRES.	Termes de…	Vol.	Pag.	MATIÈRES.	Termes de…
St. Barthelemy	Géograph.	13	217	Sophistication	[illegible]
St. Christophe	*Idem.*	*idem*	[illegible]	Soustraction	Jurisprud.
St. Domingue	*Idem.*	*idem*	213	Spaterie	Ind. Manuf.
Ste. Croix	Géograph.	[illegible]	[illegible]	Spéculation	Com. Banq.
Ste. Hélène	Géograph.	*idem*	191	Sphère	Astron. Géo.
Ste. Lucie	*Idem.*	*idem*	217	Spitzberg	Géograph.
Ste. Marie	*Idem.*	*idem*	19[illegible]	Statuts	Législation
St. Martin, Rép.	*Idem.*	*idem*	14[illegible]	Stellionat	Jurisp. Légis.
St. Martin, Ile.	*Idem.*	*idem*	218	Suabe, ou Souabe	Géograph.
Saintes (Iles des)	*Idem.*	*idem*	216	Sud	*Idem.*
St. Eustache	*Idem.*	*idem*	[illegible]	Suède	*Idem.*
St. Georges, voyez	Bermudes	[illegible]	[illegible]	Suède & Gothie	*Idem.*
St. Jean	*Idem.*	*idem*	[illegible]	Sumatra	*Idem.*
St. Jean	*Idem.*	*idem*	[illegible]	Sund (Détroit)	*Idem.*
St. Thomas	*Idem.*	*idem*	[illegible]	[illegible]	Com. & Mar.
St. Vincent	*Idem.*	*idem*	[illegible]	[illegible]	[illegible]
[illegible]	[illegible]	[illegible]	[illegible]	[illegible]	[illegible]

FIN.

LA PARFAITE INTELLIGENCE DU COMMERCE.

TROISIEME PARTIE.

Dictionnaire essentiel tant pour les termes Généraux de Commerce de Terre & de Mer, leurs diverses applications & les détails les plus intéressans sur chacun de ces termes, que pour divers Réglemens (particuliérement pour la France) Traités de Commerce entre les Puissances Européennes &c. Statuts, Ordonnances, Loix, Compagnies de Commerce, Chambres d'Assurances, Police des Vaisseaux, Ports, Places Maritimes & Navigation; Voitures par Eau & par Terre, Formalités à observer pour l'ordre des Ecritures; modeles de Livres, Regles &c; autres Formalités à suivre en cas de faillite, Cession, Rescision, Séparation de biens, Sociétés, Solidaire, Sûreté & Usure &c.

ABANDON.

ABANDONNEMENT.

Voyez. Cession de biens & faillites.

ABATELEMENT.

Sentence des Consuls François aux Echelles du Levant; elle porte interdiction de Commerce & même d'action contre les Débiteurs d'un particulier en faillite, ou qui use de mauvaise foi contre ses engagemens; cette interdiction subſiſte juſqu'au parfait & entier payement des dettes du particulier contre lequel elle a été prononcée.

Abréviations.

Elles ſont indiquées par des lettres initiables, telles que *livre* par un L. *ſol*, par une S. *denier*, par un D. *florin*, par Fl. *banco*, par B°. *mon compte*, par M.-C. *ſon compte*, par S.-C. & *compte courant*, par C.-C. &c.

Acceptation.

Signature d'un homme de Commerce, ou de Finance, miſe au bas d'une lettre de change tirée ſur lui, cette ſignature rend ſon ſouſcripteur principal débiteur de la valeur contenue en ladite lettre de change.

Il y a trois ſortes d'acceptations, la premiere ſe dit pure & ſimple, la ſeconde conditionnelle & la troiſieme ſous protêt.

La premiere s'écrit :

Accepté.

A Paris ce 15 Décembre 1781.

Roger.

La ſeconde, ne ſe ſouſcrit que par une convention entre le porteur & celui qui doit accepter, ſoit pour changer la date de l'échéance, ou pour diminuer la ſomme portée en la traite, alors, en ſuppoſant une traite, ou lettre de 10000 liv. payable au 20 Mars; la ſouſcription doit porter :

Accepté, pour payer le 20 Avril la ſomme de ſix mille liv. ſeulement, n'entendant me charger de l'acquit du ſurplus. A Paris, ce 18 xbre 1784.

Deſormes.

L'acceptation conditionnelle ne doit avoir lieu non plus que par convention entre le tireur & le porteur d'une lettre.

La troiſieme, ſous protêt, ſe ſouſcrit ainſi :

Accepté ſous protêt.

A Paris le 30 Avril 1785.

Tourton Baur.

Les lettres à vue ne s'acceptent pas à Lyon, on n'accepte que les lettres en payemens & non celles à autres échéances.

Nota. Comme il eſt d'uſage de laiſſer les lettres de change chez ceux ſur qui elles ſont tirées, pour qu'ils les acceptent & les enrégiſtrent; il eſt eſſentiel d'obſerver que cet uſage n'a lieu que pour celles qui ne portent pas d'acquit au dos, &, s'il y en a, il faut que l'acceptation y ſoit miſe en préſence du porteur s'il eſt poſſible, ou au moment de ſa préſentation, & s'il arrivoit que celui ſur qui elle ſeroit tirée en éluda la remiſe, ſur le champ, ſous un prétexte quelconque, particulierement celui de l'avoir égarée, cette rétention eſt conſidérée en juſtice comme acceptation, & dès lors il faut uſer de précaution pour en poursuivre le payement.

Acquit.

Mot qui, mis ainsi pour acquit au dos d'une lettre de change ou d'un billet, signifie que l'on en a reçu la valeur à son échéance.

Il est important d'observer que lorsque le porteur d'un effet se présente pour en recevoir le montant sur son acquit, le payeur est en droit, s'il ne connoît ni ledit porteur ni sa signature, ou celle de l'acquit, de retenir l'effet en offrant de l'acquitter, dès qu'on lui aura certifié par un acte notarial, & signé de trois témoins, que l'acquit est bien de l'écriture du porteur de l'effet qui en est aussi le juste propriétaire. Cette précaution a souvent été utile à diverses maisons de banque, & il est très prudent d'en user à l'occasion, pour éviter aux risques de payer deux fois, ce qui a été jugé par divers arrêts.

Acquit.

Quittance des Bureaux de Fermes Royales. Il y en a de quatre sortes toutes imprimées & ainsi dénommées, 1°. Acquit de payement, 2°. Acquit de transit, 3°. Acquit de franchise & 4°. Acquit à caution.

Le premier doit mentionner la quantité, qualité, poids, valeur, marque & plomb des marchandises, la somme payée pour les droits, les lieux d'expédition & de destination, le nom de l'expéditionnaire & la route que doit tenir le voiturier. Cet acquit ne doit pas quitter la marchandise, & l'on doit le remettre au dernier Bureau de la route où il reste après la visite faite.

L'acquit à caution sert aussi à conduire les marchandises, & en évite les visites sur la route, mais il faut qu'à cet effet les balles ou balots soient plombés, & que celui qui expédie se porte caution que la marchandise sera vérifiée au lieu de sa destination & les droits scrupuleusement acquittés; cela fait, à l'arrivée de ladite marchandise, le visiteur décharge ledit acquit que l'on renvoye ensuite au premier bureau pour décharger la caution.

L'acquit de transit ne se délivre que pour les marchandises exemptes de tous droits & qui ne doivent entrer & sortir du Royaume que par les Bureaux de Bayonne, Septemes, Pont-de-Beauvoisin, Strasbourg, Péronne & Calais. Cet acquit doit mentionner la qualité, quantité, poids, marques, numeros, cordes & plombs des marchandises, le lieu de leur destination & le nom de l'expéditionnaire. Ces marchandises sont visitées au dernier bureau & sur le certificat qui y est donné de leur vérification. L'expéditeur est déchargé de sa caution de rapporter dans un tems fixe ledit certificat.

Enfin l'acquit de franchise n'a lieu que pour des marchandises expédiées en tems de foires. Il est délivré par les représentans des Officiers municipaux des villes. Il certifie la marque qu'ils ont apposée aux marchandises, en indiquant qu'elles ont été enlevées en tems de franchise, au dos de cet acquit doit être le *visa* des commis de la Douane ; il faut nécessairement que l'acquit suive les marchandises dans leurs routes jusqu'au dernier bureau de sortie où il reste, il faut aussi que les marchandises qui y sont mentionnées sortent de la ville pendant la foire, & du Royaume avant l'ouverture de la foire suivante en la même ville.

ACTION.

Droit de poursuite en justice.

ACTION REDHIBITOIRE.

Celle par laquelle un acheteur peut obliger son vendeur à reprendre des marchandises défectueuses.

ACTION DE COMPAGNIE.

Portion d'intérêt, soit dans des affaires ou entreprises de Commerce, soit dans les Finances Royales, ou Effets Royaux. Ces dernieres haussent & baissent suivant la confiance publique & les opérations des Gouvernemens.

ADDITION.

Ce mot s'entend de trois manieres. 1°. En terme d'arithmétique, il indique la premiere regle d'écrite au mot regles de cette partie. 2°. En terme de Commerce & de Finance, il signifie une augmentation ou supplément à un compte, & 3°. en terme de Droit ou de pratique, il signifie acceptation d'un héritage.

ADULTERIN.

Voyez Change.

AFFIRMATION.

Serment qui se fait en Justice en y levant la main, l'article 21 du titre 5 de l'Ordonnance de 1675, dit que les lettres & billets seront réputés acquités après 5 ans de cessation de demandes & poursuites à compter du lendemain de l'échéance du protêt ou de la derniere poursuite & que néanmoins les prétendus débiteurs seront tenus d'affirmer, s'ils en sont requis, qu'ils ne sont plus redevables.

AFFRETEMENT.

Terme usité sur l'Océan & le même que Nolissement sur la Méditerranée, l'un & l'autre signifient prendre un vaisseau à louage.

AFFRETEUR.

Celui qui prend un vaisseau à loyer pour transport de marchandises.

AGENS DE CHANGE.

Titre donné à des particuliers en charge pour la négociation des effets de Commerce & de ceux Royaux. Il n'y en a, pour ainsi dire, que dans les villes indiquées ci-après où nous rendons compte des droits qui leur sont accordés pour les négociations.

Paris. . . . . . $\frac{1}{8}$ pour 100
Lyon. . . . . . $\frac{1}{2}$ pour 1000
Marseille. . . . $\frac{1}{2}$ pour 1000
Bordeaux. . . $\frac{1}{2}$ pour 1000
Londres. . . . $\frac{1}{4}$ pour 100
Geneve. . . . . $\frac{1}{3}$ pour 1000
Venise. . . . . . $\frac{2}{3}$ pour 1000
Genes. . . . . . $\frac{1}{3}$ pour 1000
Livourne. . . $\frac{1}{2}$ pour 1000
Boulogne. . . 1 sol pour 100 écus.
Amsterdam. 18 sols par 100 livres de gros ou 30 sols par 1000 florins.

AGIO.

Terme qui signifie la différence qu'il y a entre l'argent de banque & celui courant, si cette différence rend un argent de banque de 4 pour cent au-dessus de celui courant, on dit alors l'agio est à 4 p $\frac{o}{o}$.

AMIRAL, AMIRAUTÉ.

Le grand Amiral est le Chef de le marine Royale, les capitaines des vaisseaux marchands prennent de lui leurs commissions, provisions, lettres, sauf-conduits, passe-ports & congés.

Ses Droits sont établis 1°. sur le dixieme des prises qui se font en temps de guerre, 2° le dixme de toutes les rançons, 3°. le total des amendes prononcées par les Siéges d'Amirauté, 4°. moitié de celles prononcées à la table de marbre 6°. les Droits d'aunages, tonnes & balises & le tiers des effets tirés du fond de la mer, & de ceux jetés à terre par les flots, & ce conformément à l'ordonnance de marine de 1681.

L'amirauté est la jurisdiction de l'amiral; elle se tient au Siége de la Table de Marbre du Palais à Paris, elle connoît de tout ce qui peut concerner la marine en matiere civile & criminelle; elle a un nombre de Siéges & Bureaux sur les Ports de France qui tiennent leurs provisions & pouvoirs d'elle, & ces Siéges déferent à cette jurisdiction les jugemens de grande conséquence.

AMPLIATION.

Terme de Commerce & plus particulierement de Finance; il se dit du double qu'on retire d'une quitance, d'un compte & autres piéces; on dit signer une copie par Ampliation, pour dire en signer une seconde: enfin il signifie quelquefois extension, ou augmentation.

ANNULER.

Signifie en terme de teneur de livres, contrepasser un article mal employé dans un compte: c'est-à-dire qu'un objet passé de trop au débit ſe contrepaſſe au crédit pour annuler la valeur du premier.

ANTÉCÉDENT.

Terme d'arithmetique, employé dans la colonne gauche de la régle conjointe.

Ce mot ce dit auſſi d'un tems qui en a précédé un autre.

ANTIDATER.

Se dit d'une date qui précéde celle qu'on devoit juſtement mettre.

L'article 23 du titre 5 de l'Ordonnance de 1673, porte que les ſignatures au dos des lettres de change ne ſerviront que d'endoſſement & non d'ordre, ſi elles ne ſont précédées ni de dates, ni du nom de celui qui aura payé la valeur en marchandiſes ou autrement; & l'article 26 du même titre porte que l'on ne pourra antidater les ordres, à peine de faux.

APPRENTI, APPRENTISSAGE.

Voyez Maîtriſes & Statuts.

ARBITRAGE.

Combinaiſon de changes, pour connoitre les places les plus avantageuſes pour tirer & remettre. Ce mot ſe dit auſſi pour une diſcuſſion d'affaires qui ne ſe jugent qu'après les arbitrages faits, ou rapports d'arbitres, ces voies d'arbitrages arrêtent ſouvent le cours de procès ruineux, ou au moins très-diſpendieux.

ARBITRAL, ARBITRE.

L'art. 13 du titre 4 de l'Ordonnance de 1673, porte que les Sentences arbitrales doivent être homologuées aux juriſdictions conſulaires des lieux où elles ſont rendues, & à défaut de ces juriſdictions, aux ſiéges ordinaires. La même Ordonnance porte que tous les rapports & compromis d'arbitres & d'arbitrages auront lieu auſſi à l'égard des veuves, héritiers & ayant cauſes des aſſociés, & que les polices d'aſſurance ſeront auſſi ſoumiſes aux arbitres, en cas de conteſtations, conformément aux diſpoſitions de l'art. 3. du tit. 6. du livre 3. de l'Ordonnance de la Marine de 1681.

ARMATEUR, ARMEMENT.

Le premier de ces mots eſt le titre de celui qui fait conſtruire & armer un vaiſſeau, ſoit pour courſe, ſoit pour tranſport, ou frêt.

Le ſecond ſe dit de l'équipement d'un vaiſſeau pour le mettre en état de voyager. Les armemens en courſe ne peuvent ſe faire que par commiſſion de l'amiral, laquelle doit être régiſtrée au greffe de l'amirauté, où il faut donner caution de 15000 liv. ſuivant les art. 1. & 2. du tit. 9 du livre 3. de l'Ordonnance de Marine de 1681.

ARRET DE DÉFENSES.

Il s'obtient par un débiteur

au Parlement, pour éviter à la contrainte par corps, & il est accordé sur une simple requête présentée aussi-tôt la signification d'une condamnation par corps, des Consuls.

ARRHES ET ARRHER.

Arrhes est un gage qu'on donne pour l'assurance de l'exécution de quelques marchés faits verbalement; si le marché est consommé, les arrhes sont autant d'acquité sur le payement, & si l'acheteur se dédit, les arrhes restent au vendeur par forme de dommages & intérêts: *voyez* de plus *denier adieu*.

Les Ordonnances de Police & une Déclaration particuliere de Louis XIV, défendent à tous particuliers d'arrher des grains sur pied ou en verd avant la recolte, ni d'aller au-devant des marchands & laboureurs pour leur arrher leurs denrées & marchandises, avant qu'elles soient exposées en vente sur les marchés.

ARRIMER.

Ce terme signifie l'arrangement de la cargaison d'un vaisseau.

L'ordonnance de 1672, défend de défoncer les futailles vides, & ordonne qu'elles soient remplies d'eau salée, pour l'arimage du vaisseau.

ARTISANS ET ARTISTES

L'art. 6. du titre premier de l'Ordonnance de 1673 veut que tous les artisans demandent leurs payemens à ceux auxquels ils ont vendus, un an aprés, la délivrauce de leur ouvrage.

ASPIRANT.

Se dit de celui qui veut devenir maitre dans une Communauté de marchands & artisans. L'ordonnance de 1673, regle à cet égard, qu'un aspirant ne sera reçu dans les six corps de Paris qu'à 20 ans & jour, & en rapportant des certificats d'apprentissage, & pouvant répondre aux questions qu'on lui feroit sur les divers principes du Commerce. Cette Ordonnance porte aussi que si les certificats de l'aspirant sont faux, il soit déchu de la maitrise, & son maître d'apprentissage condamné à 500 liv. d'amende, & les autres certificateurs à 300 liv. chacun. Enfin cette Ordonnance défend aux membres des Communautés de recevoir des aspirans, aucuns présens, ni festins sous peine, de 100 liv. d'amende. &c.

ASSIENTE.

Mot synonime à ferme, & qui s'applique particulierement aux compagnies de Commerce, surtout à celles des Traites des négres.

ASSIGNATION.

Quoique ce terme ne soit dû qu'à la pratique, nous devons en dire ici quelques mots.

Il signifie en général, une

sommation à une personne de comparoir à jour indiqué devant un juge pour répondre aux demandes qui lui sont faites.

En affaires maritimes, les assignations se donnent pardevant les juges du lieu, où les contracts d'intérêts au Commerce de Mer ont été passés, & non autrement; & pour ce qui concerne les agrêts, équipages, radoubs & approvisionnement des navires; elles doivent être données de jour à jour & d'heure à heure, sans qu'il soit besoin de commission de juge, & les défauts sont jugés sur le champ.

Pour assigner un particulier résident chez l'étranger pour une dette qu'il a en France, il faut le faire assigner au domicile de M. le Procureur Général à Paris, qui, par le ministere de MM. les Ambassadeurs de France chez l'étranger, fait parvenir cette assignation au délinquant ou au particulier assigné pour qu'il ait à comparoir, lui-même, ou par Procureur, pour se voir condamner en la jurisdiction qui lui est indiqué sur la contestation pendante entre le résident françois & celui qui est chez l'étranger.

L'art. 1. du titre 2. du Code Civil de 1667, veut que les assignations portent les conclusions & les moyens de la demande à peine de nullité des exploits, & que les assignés comparoissent en personne devant les juges qui leur sont indiqués, & qu'en cas d'impossibilité, ils envoyent par Procureur des mémoires signés & contenant leurs moyens de défenses.

L'art. 17. du tit. 12. de l'Ordonnance de 1673, porte qu'un créancier peut faire donner l'assignation à son choix; 1°. au lieu du débiteur; 2°. au lieu où l'obligation a été faite; 3°. à celui où la marchandise a été livrée; & 4°. au lieu où le payement doit être fait. Les assignations en Commerce maritime, doivent se donner pardevant les juges du lieu où les contracts d'armemens ont été passés, & celles données devant ceux du lieu d'où le vaisseau est parti, ou celui où il a fait naufrage sont absolument nulles, ce qui est ainsi réglé par l'art. 18 des titre & ordonnance ci-dessuscités.

Assurance.

Contrat, dit Police d'assurance, par lequel une Compagnie se charge des risques d'un Commerce maritime & s'oblige aux pertes & dommages arrivés au navire & à sa cargaison, soit par tempête, naufrage, abordage, jet en mer, échouement, feu, prise, pillage & toutes fortunes.

tunes de mer, moyennant une somme de tant par cent, suivant les conventions arbitraires à cet effet. *Voyez* Prime d'Assurance.

Indépendamment des objets d'assurance ci-dessus, on peut faire assurer la liberté des personnes, le prix du rachat des captifs que les assureurs sont obligés de payer, si le racheté périt dans son retour par une mort surnaturelle, ou s'il est pris par des ennemis ou Barbares; mais on n'assure pas la vie d'autres personnes, ni le profit à faire sur les cargaisons, non plus que le loyer des gens de mer. *Voyez* Délaissement.

Il y a des assurances qui ne sont que pour l'allée, d'autres pour le retour & d'autres pour l'allée & le retour, ou pour un tems limité.

Il y en a que l'on appelle secrettes, ou anonymes, qui se font par correspondance chez les étrangers; même en tems de guerre, on met dans les polices de ces sortes d'assurances, qu'elles sont pour compte d'ami, tel qu'il puisse être, sans nommer personne.

Enfin il y a encore une autre espece d'assurance, qui est celle pour les marchandises qui se voiturent & transportent par terre.

Cette sorte d'assurance se fait entre l'assureur & l'assuré, souvent par convention verbale, & quelquefois sous signature privée, mais très-rarement de cette maniere.

Les marchands & négocians s'en servent ordinairement, pour faire passer par terre, d'un pays à un autre, (particulierement en tems de guerre) des marchandises défendues, de contrebande, ou en fraude des droits du Prince. Ces marchandises sont remises à l'assuré par l'assureur, jusques dans ses magasins, moyennant une certaine somme convenue, plus ou moins forte, selon les marchandises, le tems & les risques qu'il y a à courir de la part de l'assureur.

Cette derniere maniere d'assurer n'est aucunement permise par les Ordonnances; cependant l'on s'en pourroit servir, comme pouvant être de quelque utilité au Commerce, pourvu qu'il n'y eût aucun dol, fraude, ni contrebande.

Les polices d'assurance sont ordinairement dressées par le commis du Greffe de la Chambre des assurances, dans les lieux où il y en a d'établies, & dans ceux où il n'y en a point, on les peut faire pardevant notaires, ou sous signature privée.

Dans les pays étrangers, où il y a des consuls de la nation Françoise, les polices d'assurance peuvent être passées en la chancellerie du consultat, en présence de deux témoins.

Ces polices doivent contenir le nom & le domicile de celui qui se fait assurer sa qualité, soit de propriétaire, ou de commissionnaire, & les effets sur lesquels l'assurance doit être faite.

Enfin il faut aussi y marquer le tems auquel les risques commenceront & finiront, les sommes que l'on entend assurer, la prime, ou coût d'assurance, la soumission des parties aux arbitres, en cas de contestation; & généralement toutes les autres clauses dont elles seront convenues, suivant les us & coutumes de la mer. *Voyez* l'ordonnance de la Marine du mois d'Août 1631, titre 6 du livre 3. *Voyez* aussi Police d'assurance.

Ce que nous venons de dire sur les assurances, est relatif à celles de la France, & voici quelques renseignemens sur celles de la Hollande auxquels plusieurs ports de la Baltique se conforment, à quelques légeres différences près que la nature de cet ouvrage ne peut nous permettre de détailler.

L'usage à Amsterdam & dans les autres villes de Hollande & de la Mer Baltique, est de faire les assurances par souscription, c'est-à-dire que les polices sont signées par divers particuliers, qui prennent chacun un risque plus ou moins grand sur le montant de la somme qui s'assure. La maxime ordinaire de l'assureur hollandois, est de ne signer que 1000, 1500 ou 2000 florins; cependant il le fait quelquefois pour plus, quelquefois aussi pour moins, selon qu'il est encouragé, ou découragé par les circonstances.

Au surplus, il est permis en Hollande d'assurer, non seulement le capital d'une expédition quelconque, mais aussi la prime d'assurance & la prime de la même prime, avec les frais ordinaires & extraordinaires que l'assuré seroit dans le cas de perdre, si l'objet assuré venoit à périr, sans que ses frais eussent été assurés. On y peut même assurer un profit imaginaire, soit qu'on l'ait déclaré ou non dans police; car si l'objet assuré périt, & que a perte en soit constatée, les assureurs payent dans le tems prescrit la somme assurée, sans qu'ils puissent exiger l'exhibition de la facture. Il est également permis en Hollande d'assurer non seulement la valeur du casque, des agrêts & apparaux du navire, mais encore le frêt & les frais qu'il peut faire, tant à l'allée qu'au retour de quelque voyage que ce soit. Il est enfin permis en Hollande de faire telle assurance dont l'assureur jugera à propos de se charger, & sur tout lorsqu'elle aura été faite de bonne foi entre les parties contractantes.

L'assurance faite, l'objet assuré venant à périr, on en instruit, par l'entremise du courtier, l'assureur qui est tenu de rembourser à l'assuré la somme pour laquelle il a signé la police d'assurance; savoir: 98-p%. six mois après que l'intimation lui a été faite, ou 100-p%. neuf mois après ladite intimation, c'est-à-dire toute la somme assurée, sans aucune déduction. Dans le cas où l'objet assuré auroit seulement souffert de l'avarie, il n'est point permis en Hollande d'en faire l'abandon aux assureurs; mais on doit faire en sorte d'en tirer le meilleur parti possible, & en avoir autant de soin que si l'objet avarié n'étoit point assuré, & qu'il appartint à celui qui en auroit fait la spéculation. L'objet avarié, sauvé & vendu au profit des assureurs par les soins de l'assuré, celui-ci en exhibe les documens requis à ses assureurs, qui lui payent la perte qu'il a soufferte d'après le réglement qui aura été fait de l'avarie. Si la perte est de plus de 50-p%. les assureurs en déduisent 2 p%, si l'assureur en exige le payement, avant les neuf mois dévolus depuis la date du réglement de l'avarie.

L'avarie, ou dommage survenu aux marchandises, par quelque accident imprévu, dans le cours du voyage, ou après leur arrivée au lieu de leur destination, sera repartie sur le capital brut, au *prorata* de la valeur que ces marchandises seroient réputées valoir rendues à leur destination. Mais par contre, il sera permis aux assureurs, chargeurs, propriétaires ou consignataires, de faire assurer le dommage qu'ils doivent supporter dans le transport des marchandises avariées, & les frais ordinaires qu'ils doivent payer, comme si les marchandises étoient saines & arrivées heureusement, en sorte que les assureurs qui auront assuré là-dessus, seront tenus de payer autant pour cent, pour les sommes signées par eux, qu'il sera payé pour les dommages ou avaries survenus aux marchandises.

Et si, en cas de perte totale, le frêt & les frais ordinaires n'ont pas été payés, cette prime d'assurance sera remboursée, & il sera alloué à l'assureur un demi pour cent de la prime.

Mais, s'il arrive que la perte ne soit pas totale, & que

l'on puisse sauver une partie des marchandises chargées, on tiendra compte à l'assureur du frêt & des frais ordinaires sur les marchandises chargées qui n'ont pas péri, & dont on n'a payé ni le frêt, ni les autres frais ordinaires.

Les assurés seront aussi tenus de donner connoissance aux assureurs de toutes les nouvelles qu'ils recevront des navires ou des marchandises assurées, concernant les malheurs, arrêts ou dommages qui pourront leur survenir, & il sera tenu copie authentique desdites nouvelles, suivant les lettres originales, par le Secrétare, ou Huissier de la Chambre d'assurance, pour être communiquée aux assureurs, lorsqu'ils le desireront, mais à leurs propres frais; d'une autre part les assurés, pour prévenir ou réparer les pertes, malheurs & détention, seront en droit d'exiger des assureurs, au *pro-rata* de leur signature, telle somme qu'on jugera convenable, suivant l'exigeance du cas.

Et s'il arrive que les assurés manquent, ou négligent de faire ledit rapport aux assureurs, ils seront obligés de leur bonifier tous les frais, dommages ou intérêts causés par cette négligence, lesquels frais, &c. seront réglés par les Commissaires, comme ils aviseront bon être, suivant les circonstances.

Les courtiers & autres qui feront faire quelque assurance, seront obligés, pour le bénéfice de leur courtage, d'en garder les copies chez eux, pour les exhiber à la chambre des assurances, & en donner des copies authentiques pour le besoin des intéressés, sous peine d'amende pécuniaire, s'il résultoit, ou pouvoit résulter par la suite quelque dommage de ce qu'ils auroient négligé de garder des copies en due forme.

Le courtage de l'assurance qui, suivant une ancienne pratique, est payé par les assureurs seulement, sera d'un quart pour cent, pour chaque voyage; & pour ce bénéfice les courtiers seront obligés de répondre de la prime.

Les Courtiers & autres seront autorisés à faire comparoître leurs principaux assureurs devant les Commissaires des assurances, pour le payement de la prime qu'ils auront déboursée, au cas qu'on en refuse remboursement, & ne seront point obligés de se désister de la Police, avant le payement, mais pourront la garder comme hypothèque.

Les courtiers ou autres qui soignent les assurances, ne pourront eux-mêmes être assureurs.

Les primes d'assurance sont en général plus modérées à

Amſterdam que nulle part ailleurs, ſi on en excepte quelques cas particuliers. Ce paradoxe eſt aiſé à expliquer; nous ſuppoſons qu'il y ait à Amſterdam une centaine de particuliers qui faſſent le Commerce d'aſſurance: chacun d'eux prend ſur lui un certain nombre de riſques, lequel une fois rempli, il ne ſe ſoucie plus d'augmenter. Cependant il vient une affluence d'ordres étrangers pour des aſſurances à faire ſoigner; les aſſureurs preſſés pour-lors par les courtiers, de ſe porter à de nouvelles ſouſcriptions, n'y conſentent qu'au moyen d'une augmentation de prime qu'on leur offre, & dont le plus ſouvent ils ſont les maîtres de fixer le taux en pareilles circonſtances. Il arrive tous les jours que l'aſſurance de la cargaiſon d'un navire chargé en cueillette, avec de riches marchandiſes, après avoir commencé à ſe ſoigner à Amſterdam à $1\frac{1}{2}$ p %., ne peut s'achever qu'à 3 p %., & quelquefois à quelque choſe de plus.

On croit ne pouvoir mieux terminer cet article, que par la table ſuivante, ſur divers prix d'aſſurance.

LISTE

De divers Prix communs, ou Primes d'Aſſurance, ſur tous Navires & Marchandiſes neutres & permiſes, à tous riſques.

D'Amſterdam, Rotterdam ou Oſtende.	*Primes en* allant			*Primes en* venant		
On paye de l'un de ces Ports pour l'autre.		$\frac{3}{4}$			$\frac{3}{4}$	
De Dunkerque, Calais, Boulogne - - -	1	à	$\frac{3}{4}$	1	à	$\frac{3}{4}$
Londres, Hull, Newcaſtle - - - - - - - -	1	à	$\frac{3}{4}$	1	à	$\frac{3}{4}$
Dieppe, St. Vallery, Havre - - - - - -		1			1	
Edimbourg, Leith, Aberdeen - - - - - -	1	à	$\frac{3}{4}$	1	à	$\frac{3}{4}$
Honfleur, Rouen, Caen - - - - - - - - - -		1			1	
Portſmouth, Pool, Exon ou Topſham -		1			1	
Guerneſey, Jerſey, St. Malo - - - - - - -		1			1	
Plymouth, Falmouth - - - - - - - - - -		1			1	
Breſt, l'Orient, Nantes - - - - - - - - - - -	$1\frac{1}{4}$	à	1	$1\frac{1}{4}$	à	1
Briſtol, Liverpool, Glasgow, Belfaſt - -		$1\frac{1}{4}$			$1\frac{1}{4}$	
Dublin, Waterford, Cork - - - - - - - -		$1\frac{1}{4}$			$1\frac{1}{4}$	
Limrick, Gallway, Londonderry - - - -	$1\frac{1}{2}$	à	$1\frac{1}{4}$	$1\frac{1}{2}$	à	$1\frac{1}{4}$

	Primes en allant	Primes en venant.
La Rochelle, Rochefort, Bordeaux	$1\frac{1}{4}$ à 1	$1\frac{1}{4}$ à 1
Bayonne, St. Sébastien, Bilbao, St. Ander	$1\frac{1}{4}$	$1\frac{1}{4}$
Ferol, Port à Port, Figueira	$1\frac{1}{2}$	$1\frac{1}{2}$
Lisbonne, St. Ubes	$1\frac{1}{2}$	$1\frac{1}{2}$
Faro, St. Lucar, Cadix, Canaries	2 à $1\frac{3}{4}$	2 à $1\frac{3}{4}$
Séville, Malaga, Carthagene	2	2
Alicante, Valence, Mayorque	2	2
Barcelonne, Cette, Marseille, Toulon	$2\frac{1}{4}$ à 2	$2\frac{1}{4}$ à 2
Mantoue, Oneille, Gênes, Livourne	$2\frac{1}{4}$ à 2	$2\frac{1}{4}$ à 2
Naples, Salerne, Messine, Palerme	$2\frac{1}{2}$ à $2\frac{1}{4}$	$2\frac{1}{2}$ à $2\frac{1}{4}$
Gallipoli	2	2
Ancone, Venise, Trieste	$2\frac{3}{4}$ à $2\frac{1}{2}$	$2\frac{3}{4}$ à $2\frac{1}{2}$
Zefalonie, Zante	$2\frac{3}{4}$ à $2\frac{1}{2}$	$2\frac{3}{4}$ à $2\frac{1}{2}$
Alexandrie, Smyrne, Constantinople	$2\frac{3}{4}$ à $2\frac{1}{2}$	$2\frac{3}{4}$ à $2\frac{1}{2}$
Groenland & Détroit de Davis à la pêche pour le voyage	4	4
Archangel, Kola	$1\frac{1}{2}$	$1\frac{1}{2}$
Hittlande, Bergue, Est-Norwege	1	1
Gothenb. Warberge, Elseneur, Copenhague	1	1
Calmar, Stockolm, Abo	$1\frac{1}{2}$ à $1\frac{1}{4}$	$1\frac{1}{2}$ à $1\frac{1}{4}$
St. Petersbourg, Narva, Revel	$1\frac{3}{4}$ à $1\frac{1}{2}$	$1\frac{3}{4}$ à $1\frac{1}{2}$
Dago, Pernau, Riga	$1\frac{1}{2}$	$1\frac{1}{2}$
Libau, Memel, Kœnigsberg	$1\frac{1}{4}$	$1\frac{1}{4}$
Elbing, Dantzig, Pommeranie	$1\frac{1}{4}$	$1\frac{1}{4}$
Juttlande, Eyder, Hambourg	1 à $\frac{3}{4}$	1 à $\frac{3}{4}$
Brême, Emden, Frieslande	1 à $\frac{3}{4}$	1 à $\frac{3}{4}$
Les Indes occidentales	$3\frac{1}{2}$ à 3	$3\frac{1}{2}$ à 3
Les Indes orientales	6 à 5	6 à 5
La Côte d'Afrique	3	3
Cap de bonne Espérance	4	4
L'Amérique Septentrionale	$3\frac{1}{2}$ à 3	$3\frac{1}{2}$ à 3
D'Europe à la Côte d'Afrique, de-là aux Isles, en Amérique, & retour en Europe en prime Liée 9 p. Cent.		
D'Hambourg, Brême ou Emden.		
De l'un de ces Ports pour l'autre	$\frac{3}{4}$	$\frac{3}{4}$
Amsterdam, Rotterdam, Ostende	1 à $\frac{3}{4}$	1 à $\frac{3}{4}$
Dunkerque, Calais, Boulogne	1	1
Londres, Hull, Newcastle	1 à $\frac{3}{4}$	1 à $\frac{3}{4}$

	Primes en					
	allant			*venant.*		
Dieppe, St. Vallery, Havre		1			1	
Edimbourg, Leith, Aberdeen		1			1	
Honfleur, Rouen, Caen		1			1	
Portsmouth, Pool, Exon ou Topsham	$1\frac{1}{4}$	à	1	$1\frac{1}{4}$	à	1
Guernesey, Jersey, St. Malo	$1\frac{1}{4}$	à	1	$1\frac{1}{4}$	à	1
Plymouth, Falmouth	$1\frac{1}{4}$	à	1	$1\frac{1}{4}$	à	1
Brest, l'Orient, Nantes		$1\frac{1}{4}$			$1\frac{1}{4}$	
Bristol, Liverpool, Glasgow, Belfast	$1\frac{1}{2}$	à	$1\frac{1}{3}$	$1\frac{1}{2}$	à	$1\frac{1}{3}$
Dublin, Waterford, Corck	$1\frac{1}{2}$	à	$1\frac{1}{4}$	$1\frac{1}{2}$	à	$1\frac{1}{4}$
Limrick, Gallway, Londonderry	$1\frac{3}{4}$	à	$1\frac{1}{2}$	$1\frac{3}{4}$	à	$1\frac{1}{2}$
La Rochelle, Rochefort, Bordeaux		$1\frac{1}{4}$			$1\frac{1}{4}$	
Bayonne, St. Sébastien, Bilbao, St. Ander		$1\frac{1}{4}$			$1\frac{1}{4}$	
Ferol, Port à Port, Figueira		$1\frac{1}{2}$			$1\frac{1}{2}$	
Lisbonne, St. Ubes		$1\frac{1}{2}$			$1\frac{1}{2}$	
Faro, St. Lucar, Cadix, Canaries	2	à	$1\frac{3}{4}$	2	à	$1\frac{3}{4}$
Séville, Malaga, Carthagene		2			2	
Alicante, Valence, Mayorque		2			2	
Barcellonne, Cette, Marseille, Toulon,	$2\frac{1}{4}$	à	2	$2\frac{1}{4}$	à	2
Mantoue, Oneille, Genes, Livourne,	$2\frac{1}{4}$	à	2	$2\frac{1}{4}$	à	2
Naples, Salerne, Messine, Palerme	$2\frac{1}{2}$	à	$2\frac{1}{4}$	$2\frac{1}{2}$	à	$2\frac{3}{4}$
Gallipoli		2			2	
Ancone, Venise, Trieste	3	à	$2\frac{1}{2}$	3	à	$2\frac{1}{2}$
Zefalonie, Zante	3	à	$2\frac{1}{2}$	3	à	$2\frac{1}{2}$
Alexandrie, Smyrne, Constantinople	3	à	$2\frac{1}{2}$	3	à	$2\frac{1}{2}$
Groenland & Détroit de Davis à la Pêche pour le voyage			4	4		
Archangel, Kola		$1\frac{1}{2}$			$1\frac{1}{2}$	
Hittlande, Bergue, Est-Norwege	$1\frac{1}{4}$	à	1	$1\frac{1}{4}$	à	1
Gothenb. Warberge, Elseneur, Copenhague		1			1	
Calmar, Stockholm, Abo		$1\frac{1}{2}$			$1\frac{1}{2}$	
St. Petersbourg, Narva, Revel	$1\frac{3}{4}$	à	$1\frac{1}{2}$	$1\frac{3}{4}$	à	$1\frac{1}{2}$
Dago, Pernau, Riga		$1\frac{1}{2}$			$1\frac{1}{2}$	
Libau, Memel, Kœnigsberg		$1\frac{1}{4}$			$1\frac{1}{4}$	
Elbing, Dantzig, Pommeranie		$1\frac{1}{4}$			$1\frac{1}{4}$	
Juttlande, Eyder	1	à	$\frac{3}{4}$	1	à	$\frac{3}{4}$
Les Indes occidentales	$3\frac{1}{2}$	à	3	$3\frac{1}{2}$	à	3
Les Indes orientales	6	à	5	6	à	5
La Côte d'Afrique		3			3	
L'Amérique Septentrionale	$3\frac{1}{2}$	à	3	$3\frac{1}{2}$	à	3

	Primes en allant	Primes en venant
De Copenhague.		
Hittlande, Bergue, Est-Norwege - - -	$\frac{3}{4}$	$\frac{3}{4}$
Ports de Baltique jusqu'à Riga - - - - -	1	1
Ports de Petersbourg & Stockholm - - - -	$1\frac{1}{4}$ à 1	$1\frac{1}{4}$ à 1
Hambourg, Brême, Emden - - - - - -	1	1
Amsterdam, Rotterdam, Ostende - - - -	1	1
De la France, d'Angleterre & du Canal - -	$1\frac{1}{4}$	$1\frac{1}{4}$
La Côte de France - - - - - - - - - - - - -	$1\frac{1}{4}$	$1\frac{1}{4}$
Bristol, Liverpool, Glasgow, Irlande - -	$1\frac{3}{4}$ à $1\frac{1}{2}$	$1\frac{3}{4}$ à $1\frac{1}{2}$
Portugal & Espagne, jusqu'à Cadix - -	$2\frac{1}{4}$ à 2	$2\frac{1}{4}$ à 2
Côtes d'Espagne dans la Méditerranée -	$2\frac{1}{2}$ à $2\frac{1}{4}$	$2\frac{1}{2}$ à $2\frac{1}{4}$
Côtes de France - - - - - - - - - - - - -	$2\frac{1}{2}$	$2\frac{1}{2}$
Côtes d'Italie jusqu'à Livourne - - - - - -	$2\frac{3}{4}$ à $2\frac{1}{2}$	$2\frac{3}{4}$ à $2\frac{1}{2}$
Côtes d'Italie jusqu'à Messine - - - - - -	$2\frac{3}{4}$	$2\frac{3}{4}$
Ancone, Venise, Trieste - - - - - - - - - -	3	3
Gallipoli -	$2\frac{1}{2}$	$2\frac{1}{2}$
Alexandrie, Smyrne, Constantinople - -	3	3
Archangel & Kola - - - - - - - - - - - - - -	$1\frac{1}{2}$	$1\frac{1}{2}$
Groenland & Détroit de Davis à la Pêche pour le voyage - - - - - - - - - - - - -	4	4
Les Indes occidentales - - - - - - - - - - -	4 à $3\frac{1}{2}$	4 à $3\frac{1}{2}$
Les Indes orientales - - - - - - - - - - - -	6	6
La Côte d'Afrique - - - - - - - - - - - - -	$3\frac{1}{2}$	$3\frac{1}{2}$
L'Amérique Septentrionale - - - - - - - - -	4 à $3\frac{1}{2}$	4 à $3\frac{1}{2}$
NB. Des autres Ports de la Mer Baltique, à proportion de leur situation.		
De Bordeaux & Nantes.		
Bristol, Liverpool, Glasgow, Irlande - -	1	1
De la France, d'Angleterre & du Canal -	1 à $\frac{3}{4}$	1 à $\frac{3}{4}$
Ostende, Zélande, Hollande - - - - - -	$1\frac{1}{4}$ à 1	$1\frac{1}{4}$ à 1
Emden, Brême, Hambourg - - - - - -	$1\frac{1}{4}$	$1\frac{1}{4}$
Hittlande, Bergue, Est-Norwege - - - -	$1\frac{1}{2}$	$1\frac{1}{2}$
Gothenb. Warberg, Elseneur, Copenhague	$1\frac{1}{2}$ à $1\frac{1}{4}$	$1\frac{1}{2}$ à $1\frac{1}{4}$
Ports de Baltique jusqu'à Riga - - - - - -	2 à $1\frac{3}{4}$	2 à $1\frac{3}{4}$
Ports de Baltique Petersbourg & Stockholm	$2\frac{1}{2}$ à 2	$2\frac{1}{2}$ à 2
Portugal & Espagne jusqu'à Cadix - - - -	1	1
Côtes d'Espagne, dans la Méditerranée -	$1\frac{1}{4}$	$1\frac{1}{4}$
Côtes de France, dans la Méditerranée -	$1\frac{1}{2}$	$1\frac{1}{2}$
Côtes d'Italie, jusqu'à Livourne - - - - -	$1\frac{3}{4}$ à $1\frac{1}{2}$	$1\frac{3}{4}$ à $1\frac{1}{2}$

	Primes en	
	allant	venant
Côtes d'Italie jusqu'à Messine - - - - - -	$1\frac{3}{8}$	$1\frac{3}{4}$
Ancone, Venise, Trieste - - - - - - - - -	$2\frac{1}{4}$	$2\frac{1}{4}$
Alexandrie, Smirne, Constantinople - - -	$2\frac{1}{4}$	$2\frac{1}{3}$
Archangel, Kola - - - - - - - - - - - - - -	$2\frac{1}{4}$	$2\frac{1}{4}$
Les Indes occidentales - - - - - - - - - - -	$3\frac{1}{2}$ à 3	$3\frac{1}{2}$ à 3
Les Indes orientales - - - - - - - - - - - -	6 à 5	6 à 5
La Côte d'Afrique - - - - - - - - - - - - - -	3	3
De la Côte d'Afrique.		
Aux Isles en Amérique - - - - - - - - - -	3 à $2\frac{3}{4}$	3 à $2\frac{3}{4}$
De Gothenbourg.		
Les Indes orientales - - - - - - - - - - - -	5	5
L'Amérique Septentrionale - - - - - - - - -	4 à $3\frac{1}{2}$	4 à $3\frac{1}{8}$
De Trieste & Livourne.		
Les Indes orientales - - - - - - - - - - - -	6 à 3	6 à 5
l'Amérique Septentrionale - - - - - - - - -	$4\frac{1}{2}$ à 4	$4\frac{1}{2}$ à 4
De Cadix.		
Les Indes occidentales - - - - - - - - - -	$3\frac{1}{2}$ à 3	$3\frac{1}{2}$ à 3
L'Amérique Septentrionale - - - - - - - -	3	3
De Londres.		
Ostende, Rotterdam, Amsterdam - - - -	$\frac{3}{4}$	$\frac{3}{4}$
Emden, Brême, Hambourg - - - - - - - -	1 à $\frac{3}{4}$	1 à $\frac{3}{4}$
Hittlande, Bergue, Est-Norwege - - - -	$1\frac{1}{4}$ à 1	$1\frac{1}{4}$ à 1
Gothenb. Warberg, Elseneur, Copenhague	1	1
Ports de Baltique jusqu'à Riga - - - - -	$1\frac{1}{2}$	$1\frac{1}{2}$
Ports de Baltique Petersbourg & Stockolm	$1\frac{3}{4}$ à $1\frac{1}{2}$	$1\frac{3}{4}$ à $1\frac{1}{2}$
La Côte de France - - - - - - - - - - - - -	1	1
Bristol, Liverpool, Glasgow, Irlande -	$1\frac{1}{4}$	$1\frac{1}{4}$
Portugal & Espagne jusqu'à Cadix - - -	$1\frac{3}{4}$ à $1\frac{1}{2}$	$1\frac{3}{4}$ à $1\frac{1}{2}$
Côtes d'Espagne dans la Méditerranée - -	2	2
Côtes de France dans la Méditerranée - -	$2\frac{1}{4}$	$2\frac{1}{4}$
Côtes d'Italie jusqu'à Livourne - - - - -	$2\frac{1}{4}$	$2\frac{1}{3}$
Côtes d'Italie jusqu'à Messine - - - - - -	$2\frac{1}{2}$	$2\frac{1}{2}$
Ancone, Venise, Trieste - - - - - - - - -	$2\frac{3}{4}$ à $2\frac{1}{2}$	$2\frac{3}{4}$ à $2\frac{1}{2}$
Gallipoli - - - - - - - - - - - - - - - - - - -	2	2
Alexandrie, Smirne, Constantinople - -	$2\frac{3}{4}$ à $2\frac{1}{2}$	$2\frac{3}{4}$ à $2\frac{1}{2}$
Archangel & Kola - - - - - - - - - - - - -	$1\frac{1}{2}$	$1\frac{1}{2}$
Gronlande & Detroit de Davis à la Pêche pour le voyage - - - - - - - - - - - - - -	4	4

	Primes en allant	Primes en venant.
Les Indes occidentales	$3\frac{1}{2}$ à 3	$3\frac{1}{2}$ à 3
Les Indes orientales	6 à 5	6 à 5
La Côte d'Afrique	3	3
L'Amérique Septentrionale	$3\frac{1}{2}$ à 3	$3\frac{1}{2}$ à 3
D'Archangel & Kola.		
Hambourg, Brême, Emden	$1\frac{1}{2}$	$1\frac{1}{2}$
Amsterdam, Rotterdam, Zélande	$1\frac{1}{2}$	$1\frac{1}{2}$
De la France, d'Angleterre & du Canal		
Bristol, Liverpool, Glasgow, Irlande	$2\frac{1}{4}$ à 2	$2\frac{1}{4}$ à 2
La Côte de France		
Portugal & Espagne jusqu'à Cadix	$2\frac{1}{2}$ à $2\frac{1}{4}$	$2\frac{1}{2}$ à $2\frac{1}{4}$
Côtes d'Espagne dans la Méditerranée		
Côtes de France dans la Méditerranée	3	3
Côtes d'Italie jusqu'à Messine		
De Lubeck		
Strassund, Stettin & Pommeranie	1 à $\frac{3}{4}$	1 à $\frac{3}{4}$
Danzick, Konigsberg, Memel	1	1
Liebau, Windau, Oesel	1	1
Riga, Pernau, Revel	1	1
Narva, S. Petersbourg, Wibourg, Helsingfors	$1\frac{1}{4}$ à 1	$1\frac{1}{4}$ à 1
Stockholm & les Ports du Nord	$1\frac{1}{4}$ à 1	$1\frac{1}{4}$ à 1
Westerwyk, Calmar, Carlscron, Ahus	1	1
Copenhague, Gothenbourg, Marstrand	$\frac{3}{4}$	$\frac{3}{4}$
Hittland, Bergue, Est-Norwege	1	1
Jutlande, Hambourg, Brême	$1\frac{1}{4}$	$1\frac{1}{4}$
Amsterdam, Rotterdam, Ostende	$1\frac{1}{2}$	$1\frac{1}{4}$
De la France, d'Angleterre & du Canal	$1\frac{1}{2}$ à $1\frac{1}{4}$	$1\frac{1}{2}$ à $1\frac{1}{2}$
La Côte de France	$1\frac{1}{2}$	$1\frac{1}{2}$
Portugal & Espagne jusqu'à Cadix	$2\frac{1}{2}$ à 2	$2\frac{1}{2}$ à 2
NB. Des autres Ports de la Mer Baltique, à proportion de leur situation		
De Portugal.		
Brésil	3 à 2	3 à 2
Les Indes orientales	6 à 5	6 à 5
L'Amérique Septentrionale	3	3

ASSURÉ, ASSURER, ASSUREUR.

Les art. 18. & 19. du titre 6. du livre 3. de l'Ordonnance de Marine de 1681, portent que les assureurs sont chargés envers les assurés, (lorsque la Police d'assurance déclare que le total de la cargaison est assuré) de leur payer toute la valeur de la cargaison, en cas de naufrage, péril ou prise, & à défaut de cette déclaration, l'assuré court risque du dixieme de la dite cargaison, & ce risque est aussi au préjudice de l'assuré, lorsqu'il est lui-même dans le vaisseau, ou qu'il en est le propriétaire. Cette Ordonnance porte aussi qu'on ne peut assurer le produit du prix du frêt d'un bâtiment, non plus que les profits à faire sur les marchandises & les gages, ou loyers des gens de mer, si ce n'est du consentement du maître de vaisseau & au-dessous de la moitié du loyer.

ATERMOIEMENT.

Se dit d'un contrat passé entre un débiteur & ses créanciers. Il porte communément des remises faites au débiteur & toujours des délais pour les payemens. Ce n'est que par erreur que des auteurs ont avancé que celui qui atermoye avec ses créanciers, n'est plus reçu au bénéfice de cession; on y est toujours admis dans les cas d'infortune sans mauvaise foi.

Voyez. Cession.

Il y a deux sortes d'atermoiemens, l'une volontaire & l'autre forcée. Le premier cas s'opére par l'accord général de tous les créanciers d'un débiteur, & le deuxieme par l'entérinement de lettres d'atermoiement, dont on se pourvoit à la petite Chancellerie sur la signature des ¾ en somme des créanciers d'un débiteur : cet entérinement équivaut alors a un accord général de tous les créanciers, mais il ne peut avoir lieu que contre des créanciers chyrographaires & non sur des hypothécaires.

AUNAGE ET AUNER.

L'art. 44 du Réglement de 1669, pour les manufactures de lainage, porte que les manufacturiers livreront à leurs vendeurs un excédent d'aunage pour bonne mesure d'une aune ¼ sur 20 aunes, & que les aunages des toiles & étoffes se feront pouce devant l'aune que l'on appelle pouce & aune, ce qui doit produire un excédent de mesure d'une aune & demie ½ sur 50 aunes, & le même Réglement entend que l'étalon de l'aune de Paris porte 3 pieds 7 pouces 8 lignes & soit divisé en ½-⅓-¼-⅙-⅛-1/12 & 1/16. & que toutes aunes soient ferrées & marquées des deux bouts à peine de 150 livres d'amende & de condamnation de faux. Enfin ce Réglement, confirmé par un Arrêt du Conseil du 3 Octobre 1689, porte aussi que tout acheteur aura le droit de faire auner toutes étoffes, tant par la lisiére que par le dos, & d'en payer le prix sur le pied du moindre aunage qu'elles contiendront.

Aval.

Se dit d'une souscription, ou signature, mise au dos d'un billet ou lettre de change, laquelle oblige son souscripteur solidairement avec toutes les signatures mises au billet ou lettre au payement de l'effet ; quelquefois on donne son aval particulierement sans signer aux effets, mais cet engagement n'a pas moins de force que l'autre. Les agens & courtiers de change ne peuvent donner aucun aval, ni signer aucune lettre de change, mais doivent certifier la sincérité des autres signatures.

L'Ordonnance de 1673, veut que tous tireurs, accepteurs & endosseurs d'effets & donneurs d'aval soient également solidaires & contraints par corps ; sans pouvoir réclamer, ni prétendre au bénéfice de cession ; les Cours Souveraines se sont relachées sur cette derniere rigueur, & accordent aux avals le bénéfice de cession comme dans tous les cas où il peut être admissible.

Avarie.

Se dit en Mer des accidens qui arrivent aux vaisseaux & à leurs cargaisons ; il y en a de trois sortes, l'avarie simple, la grosse avarie & la menue avarie.

La premiere concerne, ou les dépenses pour l'équipement du vaisseau, ou celles faites pour les marchandises qu'il contient, ainsi le dommage s'estime séparement sur ces objets & non *in globo*. Les dommages qui arrivent aux agrêts du navire, sont ordinairement supportés par le maitre, le navire & le frêt, ainsi que celui qui arrive aux marchandises par la faute du Capitaine. Quant à ceux que peut occasionner un vice dans l'achat, ou l'espece des marchandises, ils retombent sur les propriétaires desdites marchandises.

Les grosses avaries sont des dépenses ou sacrifices extraordinaires, faits pour le bien & la conservation du vaisseau & de ses marchandises, comme rachat ou composition de prise, objets jetés à la mer pour alléger ou soulager le bâtiment, &c. Ces avaries tombent, tant sur les vaisseaux que sur les marchandises, & se supportent par les propriétaires, ou intéressés à l'armement, au sol la livre sur le tout.

Les menues avaries, tels que pilotage, tonage & lamonage, pour entrer & sortir des havres & rivieres, sont supportées $\frac{2}{3}$ par les marchandises, & $\frac{1}{3}$ par le navire.

Aventure.

Terme de Commerce maritime ; on dit mettre à la grosse aventure l'argent qu'on place sur un navire armé en course.

Avoir.

Terme de teneur de livres, qui signifie ce qui est dû au négociant, & ce qu'il posséde réellement; ce mot est synonime à crédit dans les comptes de Commerce.

Balance.

Terme de teneur de livres qui signifie un relevé général de solde des comptes des débiteurs & créditeurs du grand livre. Cette balance se fait aux Inventaires & à la fin d'un grand livre, pour en ouvrir un nouveau, alors les balances des comptes de l'ancien livre forment l'ouverture de de ceux qui sont rapportés au nouveau.

Banco.

Mot synonime à celui de banque, Il n'est usité qu'à Amsterdam, Venise, Hambourg, Rotterdam, & quelques autres villes d'Italie.

Banque.

Lieux autorisés par les Puissances, pour la sûreté du Commerce; elles sont composées d'un fonds considérable pour les Négociations; on y reçoit l'argent des particuliers comme en depôt, sans leur faire payer de gardiennage, mais on ne leur tient point compte d'aucun intérêt.

Les Banques les plus considérables de l'Europe, sont celles d'Amsterdam, Rotterdam, Hambourg, Venise & Londres. On n'a de compte ouvert en Banque, qu'autant qu'on y a placé des fonds.

Banqueroute.

Se dit de deux sortes, l'une *forcée*, & l'autre *frauduleuse*.

La premiere prend le nom de l'abandonnement de biens qu'un débiteur insolvable fait à ses créanciers pour conserver sa liberté, & la seconde, *dite frauduleuse*, est ainsi appelée, par la conduite criminelle & lourde que tient un débiteur de mauvaise foi pour démontrer à ses créanciers une insolvabilité apparente, & ne leur abandonner qu'une partie de ses biens, aprés avoir caché & détourné l'autre, & souvent la plus grande. Les ordonnances portent peine de mort contre cette espece de Banqueroute, mais ils ne sont punis que par le pilory & les galeres. Les Banqueroutiers sont tenus de déposer au Greffe des Consuls de leur demeure un état certifié & détaillé de toutes leurs dettes & créances, & y mentionner la nature des pertes qu'ils ont essuyées en en administrant les preuves. La déclaration de 1702 annulle de droit toutes cessions & transports faits par un failli dans les dix jours qui auront précédé la faillite ou Banqueroute, & ne donne de validité qu'aux actes de cessions & transports passés dix jours au moins avant la faillite publiquement connue ; ensorte que les ventes des marchandises, ou transports de biens faits dans les dix jours précédens à la faillite, sont réclamées par les créanciers du failli, & mis dans la masse des objets de l'abandon qui leur est fait.

BARATERIE.

Se dit des larçins, ou altérations faites en mer aux marchandises d'une cargaison, ce qui ne peut provenir que du maître & de l'équipage d'un vaisseau : l'ordonnance de la marine prononce à cet égard des peines très-rigoureuses.

BILAN.

Terme synonime à balance, & à l'inventaire d'un Négociant. Il se dit plus particulièrement de l'état des dettes actives & passives qu'un commerçant en faillite est obligé de remettre à ses créanciers, après l'avoir certifié.

BILLON.

Ce mot signifie un métal composé pour les monnoies. Les plus précieux sont l'or & l'argent. Le premier, au-dessous des douze carats, est Billon, ainsi que le second, au-dessous de six deniers.

La monnoie de cuivre mêlée d'un peu de fin, est aussi appelée Billon.

BODINERIE.

Contrat ainsi nommé dans les Ports de Normandie, & qui n'a lieu que pour les prêts à la grosse aventure. Les prêts sont assignés sur la quille du vaisseau, & cette espece de contrat ne différe de celui d'assurance, qu'en ce qu'on ne paye pas de primes, & qu'il n'est rien dû en cas de mauvaise fortune de mer, mais seulement quand le vaisseau est rendu à bon port. Ce contrat est rarement en usage aujourd'hui, est l'on y préfére l'assurance ordinaire.

BONNETERIE.

Suivant un arrêt du Conseil du 3 Mai 1720, il est ordonné que les ouvrages de bonneteries étrangères, en laine, n'entreront en France que par les ports de Calais & de Saint-Vallery.

BORD.

Terme de marine, qui, à proprement parler, signifie le vaisseau. Ainsi ce qu'on entend par marchandises à bord, sont celles chargées sur un vaisseau. On appelle bord le côté droit du timonier du navire, & bas-bord, le côté gauche.

BORDEREAU.

Terme usité en Commerce & finance ; il signifie un état de recettes & dépenses de deniers, & se nomme aussi note, ou récapitulation de plusieurs sommes ; cette espece de note ou bordereau, a souvent lieu chez les banquiers & agens de change pour démontrer la valeur & la retenue d'escomptes qu'ils ont pris & donnés sur les effets qui leur ont été négociés.

BRUT, *ou* ORT.

Ces mots expriment le poids d'une marchandise avec son embalage, malle, futaille ou vaisseau.

BUREAU DE COMMERCE.

Ce Bureau, dont les fonctions sont d'examiner & discuter toutes les propositions, mémoires & difficultés concernant le Commerce, les manufactures & les fabriques, se tient à Paris, & est composé de huit personnes choisies par le Roi, & établies par arrêt du 22 Juin 1722, pour suppléer au Conseil du Commerce qui décide les questions majeures examinées par ce Bureau.

CALICOT.

Nom usité par la Compagnie des Indes, en Angleterre; il signifie un droit sur les mousselines, & se regle sur leur longueur & largeur, & il s'évalue à trois sols neuf deniers de France.

CAMBISTE.

Mot synonime à celui de Banquier; il n'est, pour ainsi dire, usité qu'en Italie.

CAMBIO.

Autre terme Italien qui signifie change; il est assez usité en Hollande & en Provence.

CARAT *ou* KARAT.

Titre ou dégré de bonté de l'or; il se divise en vingt-quatre parties appelées grains. L'or fin doit avoir vingt-quatre carats, & les orfévres ne peuvent en employer au-dessus de vingt-trois carats.

CARGAISON.

Ce mot exprime le chargement d'un vaisseau en quelques marchandises ou denrées que ce soit: en voici un tableau.

TABLEAU DE LA CARGAISON,

du Navire le .... Capitaine ....

A	L.	S.	D.
6 *Aissieux* de Caberouet à 40 l. la piece L.	240	„	„
6 Dito, de chaises à 30 liv. idem. .	180	„	„
30 Caises d'*ardoises*. à 24 livres . . .	720	„	„
Total L.	1140	„	„

	L.	S.	D.
61 Dito *Bas* de soie, à 144 livres L.	2304	„	„
20 Baril *Beurre* pesant 1400 liv. à 32 liv.	468	„	„
50 Dito *Bœuf* salé à 36	1800	„	„
12 Caisses *Bougies* pesant 300 liv. à 38 sols la livre. . . .	570	„	„
Total L.	5670	„	„

B.			
24 Douzaines *Bas* de fil gris à 22 liv. la paire	528	„	„

C.			
8 Milliers *Carreaux* de 6 pouces à 12 liv. 15 sols le mil-			

lier . . . . L.	102	”	”
28 Caisses *Chandelles* pesant 903 liv. à 12 sols la liv. . .	541	16	”
70 Bariques *Charbon* de terre, à 12 liv. 12 sols la bariq.	500	”	”
200 *Chemises* Bretonnes à 30 sols l'une. .	300	”	”
Total L.	1443	16	”

F.

30 Bariques *Fayance* fine à 95 liv. l'une fait . . . . L.	2850	”	”
300 Barils *Farine*, à 30 liv. l'un.	9000	”	”
400 Barres *Fer* caré & plat, pesant 16450 liv. net, à 15 liv. le cent. . .	2467	”	”
180 Pains *Fromages* d'Hollande pesant net 787 liv. à 45 liv. le cent.	354	”	”
Total L.	14671	”	”

J.

10 Bariques *Jambons* pesant net 2500 liv. à 6 sols la livre. L.	750	”	”
115 Pieces *Indiennes*, à fleur, à 36 liv. la piece.	4140	”	”
. . . . Total L.	4890	”	”

M.

300 *Marmites* de fer, portant 3000 points à 8 sols le point L.	1200	”	”
36 *Montres* d'or à 300 liv. la piece. . . .	10800	”	”
100 Pieces *Mouchoirs* de chollet, à 18 liv. la piece.	1800	”	”
12 Dito *Mousselines*, de 192 aunes à 18 liv. l'aune.	3456	”	”
Total L.	17256	”	”

P.

4 Ancres, *Plomb* pesant net 300 l. à 6 sols la livre. L.	90	”	”
20 Barils *Poudre* à cheveux, pesant net 3000 liv. à 6 sols la livre.	900	”	”
100 Rames *Papier* à lettre fin à 9 liv.	900	”	”
Total L.	1890	”	”

S.

24 Caisses *Savon* blanc pesant 5000 liv. net à 36 liv. le cent. . . . . . . L.	1800	”	”
50 Bariques de *Sel* à 5 liv. la barique.	250	”	”
200 Paires de *Souliers* d'homme à 5 liv. la paire.	1000	”	”
100 Dito *Souliers* de de femme à 3 liv. 10 sous. . . .	350	”	”
Total L.	3400	”	”

RÉCAPITULATION.

Article de la lettre A . . . . liv.	1140	”	”
Idem. . . . . lettre B	5970	”	”
Idem. . . . . lettre C	1423	16	”
Idem. . . . . lettre F	14671	13	”
Idem. . . . . lettre J	4890	”	”
Idem. . . . . lettre M	17256	”	”
Idem. . . . . lettre P	1890	”	”
Idem. . . . . lettre S	3400	”	”

Total du montant de la Cargaison, sur les prix courans, liv. 50361 9 ”

CARNET

CARNET.

Livres dont on se sert dans le Commerce, pour y coucher les débiteurs, créditeurs & échéances, pour y voir, d'un coup d'œil, ce qu'on a à payer & à recevoir.

CARAVELLE.

Nom donné aux petits bâtimens portugais, du port de cent-vingt à cent-quarante tonneaux, & à des petits bâtimens françois du port de vingt-cinq à trente tonneaux qu'on employe à la pêche du hareng.

CAUTION.

L'article 20 du titre 5 de l'Ordonnance du Commerce porte que les cautions données pour les lettres de change sont déchargées de plein droit, sans jugement ni procédure quelconques, si l'on ne forme pas de demande pendant trois ans, à compter du jour des dernieres poursuites.

CAVELIN.

Mot usité en Hollande, & qui signifie lot de marchandises.

CEDANT.

Celui qui cede avec garantie, est garant de ses faits, & peut être assigné devant les juges, pour se voir condamner à garantir ce qu'il a cédé.

CENSAL.

Terme synonime à celui de courtier. Il est usité sur les côtes de la Provence & dans les Echelles du Levant. Le droit de courtage d'un censal, est ordinairement d'un pour cent.

CERTAIN.

Prix fixe d'un nombre d'écus, de piastres, ou autres monnoies qu'une place donne à un autre, pour avoir un nombre indéterminé de sa monnoie.

CERTIFICATEUR.

Se dit d'un répondant en justice de la solvabilité d'une caution. Il est tenu de payer la somme cautionnée, au cas que la caution soit jugée insolvable, mais on ne peut pas contraindre un certificateur, qu'après avoir bien constaté l'insolvabilité de la caution.

CESSION.

Abandonnement de biens qu'un débiteur fait à ses créanciers, pour éviter la contrainte par corps. Il y a deux sortes de cessions : celle volontaire, & celle forcée. La premiere n'a lieu que du consentement unanime des créanciers qui, par l'acceptation qu'ils font à la cession de leur débiteur, demeurent soldés par ce dernier, sans pouvoir avoir recours contre lui à l'avenir ; & la seconde est celle que fait un débiteur détenu prisonnier pour recouvrir sa liberté ; celle ci se fait toujours contre le gré des créanciers : mais ils ne peuvent en empêcher l'effet, qu'en prouvant une fraude manifeste commise par leur débiteur. Cette cession, en rendant la liberté au prisonnier, ne l'acquitte envers ses créanciers qu'au *prorata* de la valeur de ce qu'il a pu céder ; & leur laisse tout le droit d'actionner ce débiteur, jusqu'à leur payement, mais non pas celui de la contrainte par corps.

Les cessions ne peuvent se faire que d'après la présentation des dettes actives & passives d'un débiteur, & généralement de tout ce qu'il possede, & d'après une homologation en justice du contrat de cession.

Comme la cession, de quelque nature qu'elle soit, porte avec elle une tache d'infamie, & que ceux qui les font, sont regardés comme banqueroutiers, les cessionnaires peuvent se faire réhabiliter par des lettres du Prince, lorsqu'ils prouvent avoir payé entiérement leurs dettes. Tous marchands particuliers sont reçus au bénéfice de cession, sauf les cas suivans, de banqueroute frauduleuse, reliquats de compte de tutelle, deniers royaux, stellionats & fausses ventes.

Toutes cessions doivent être faites devant les Juges-Consuls du lieu de la résidence du débiteur qui est tenu de comparoir en personne, & non par procureur ; à moins d'une impossibilité bien démontrée.

CHAMBRES DU COMMERCE.

Celles des Villes de Marseille & de Dunkerque sont établies par un arrêt du 30 Août 1701. Le Conseil Royal du Commerce de Paris est de 1700. Il est composé de six Conseillers & de deux négocians de chacune des villes ci-après : Paris, Lyon, Rouen, Marseille, Bordeaux, Nantes, Saint-Malo, Bayonne, Dunkerque & Lille, & un Député de la Province du Languedoc. Toutes les villes ci-dessus ont leur Chambre de Commerce, ainsi que Toulouse & Montpellier ; & leurs fonctions sont les mêmes que celles indiquées ci-devant aux mots *Bureau de Commerce*, que l'on peut consulter.

Toutes les villes susnommées ont aussi des Chambres particulieres, ainsi que plusieurs autres places maritimes de France : & la plus considérable de ces Chambres est celle de Paris, connue sous le titre de Chambre Royale d'assurance établie en 1750, & dont le fonds est de six millions, divisés en 2000 actions, chacune de 3000 livres. Mais il se fait autant d'assurance par les particuliers, que par les Chambres dont la solidité, semble devoir mériter la préférence.

CHANCELIER.

Titre donné aux Consuls de France dans les pays étrangers ; ils ont la garde du Sceau du Consulat, & scellent tous les jugemens & commissions, & ont toute la Police Maritime des bâtimens françois.

CHANGE.

Il y en a de deux especes ; le premier est le change réel qui se fait sous un certain droit d'une monnoie pour une autre. Le second est une négociation pour laquelle on transporte sa propriété à un autre, pour se procurer un payement sur l'étranger.

CHARTRE-PARTIE.

Contrat mercantile, ou convention pour l'affrétement ou nolissement d'un vaisseau, c'est-à-dire le louage.

Cet acte peut être sous seing-privé, ou pardevant notaires, à la volonté des traitans ou contractans.

CHIROGRAPHAIRE.

Dette fondée sur un billet ou une promesse sous signature privée, & n'emporte point d'hypothéque.

COAGIS.

Nom usité aux Echelles du Levant pour signifier un Commissionnaire.

CODE.

Se dit de recueil de loix & de droit. Il y en a deux qui concernent le Commerce, le code marchand, & celui de la Marine. Le premier est du mois de Mars 1673. Il traite 1°. des apprentis, négocians & marchands, 2°. des agens & courtiers de banque & de change, 3°. des livres de Commerce, 4°. des sociétés, 5°. des lettres de change, billets & promesses ; 6°. des intérêts de change & rechange & du prêt sur gages, 7°. des contraintes par corps, 8°. des séparations de biens ; 9°. des lettres de répit & défenses. 10°. de cessions de biens ; 11°. des faillites & banqueroutes ; & 12°. des fonctions & pouvoirs des juridictions des Consuls.

Le second est du mois d'Août 1781, & un édit du mois de Mars 1685, appelé *le code noir*. Ces réglemens sont pour tout ce qui a trait à la Marine, la Police des Colonies, la traite des noirs & l'exploitation des habitations Américaines. On peut consulter ces sages réglemens dûs aux soins de LOUIS XIV, & dont nous donnons beaucoup d'extraits dans ce chapitre.

COLLECTIF.

Nom donné aux sociétés dont la raison porte tous les noms des associés, comme Pierre, Paul & Denis, &c.

COMMANDITE.

Société de Commerce où les associés non dénommés dans la raison ou signature, ne sont solidaires que jusqu'à la somme portée par l'acte de société. Ces associés ont le nom de Commanditaires.

COMMERCE.

Ce mot s'explique de diverses manieres, comme ci-après:

1°. Commerce de terre.
2°. *Idem* - - de mer.
3°. *Idem* - - de proche en proche.
4°. *Idem* - - intérieur.
5°. *Idem* - - extérieur.
6°. *Idem* - - de long cours.
7°. *Idem* - - en gros.
8°. *Idem* - - en détail.
9°. *Idem* - - en banque.

Enfin il embrasse à la fois l'agriculture, les manufactures, les arts libéraux, la pêche, la navigation, l'importation & l'exportation des Colonies & le change; & procure généralement tous les besoins de luxe & de nécessité.

COMMITTIMUS.

Droit de plaider en premiere instance dans un Tribunal. Il est inutile alors de poursuivre un jugement aux Consuls, contre les personnes qui ont ce droit, il faut les attaquer tout de suite à leur vrai Tribunal.

COMMUNAUTÉ DE BIENS.

L'article 1. du tit. 8. de l'Ordonnance de 1673, veut que dans les lieux où la Communauté de biens est établie entre mari & femme, lorsqu'il y aura une séparation, elle soit publiée & affichée à la juridiction consulaire, ou autre du lieu où elle aura été faite, à peine de nullité, & que cette séparation n'aura lieu que du jour de sa publication & de son enregistrement. Précaution sage pour prévenir le public de la confiance qu'il doit plus ou moins accorder aux marchands qui ont recours à cette séparation. La même Ordonnance veut aussi que les gens de Commerce séparés de biens par leurs contrats de mariage ne fassent aussi la déclaration comme ci-dessus, à peine de nullité.

COMPAGNIE DE COMMERCE.

La France a eu longtems de fortes Compagnies de Commerce, telles que celles des Indes Orientales, Occidentales, de la Chine, du Bastion de France, du Sénégal, de Guinée, de la Mer du Sud, de la Baye d'Hudson, ou du Canada & du Mississipi; mais leur exclusion est tellement tombée que les Négocians arment indistinctement pour toutes les contrées dont les Compagnies s'étoient réservé le Commerce exclusif.

Les Compagnies d'Europe qui se soutiennent hors celles de France, sont;

Les Compagnies Hollandoises des Indes Orientales.

Idem . . . Idem . . . des Indes Occidentales.

Idem .. Idem ... de Surinam.
Idem .. Idem .. du Nord.
Idem .. Idem ... du Levant.
Idem .. Angloiſes des Indes Orientales.
Idem ......, de Hambourg.
Idem ......, de Moſcovie.
Idem ......, de l'Eſt & du Nord.
Idem ...... du Levant.
Idem ...... d'Afrique.
Idem - ...... du Sud.
Idem, d'Hudſon, de la Virginie, la Nouvelle Angleterre, la Nouvelle Yorck, la Penſilvanie, l'Acadie, ou la Nouvelle Ecoſſe, la Caroline, &c. Mais depuis la déſunion de la grande Bretagne, avec ſes Colonies, la majeure partie de ces Compagnies Angloiſes ſe trouve éteinte.
Compagnie Danoiſe du Nord.
Idem .. d'Irlande.
Idem .. des Indes Orientales.
Idem .. des Indes de Suede.
Idem .. Génoiſe du Levant.
Idem .. des Grilly de Gênes.
Idem .. Royale des Philippines.
Idem .. d'Orient.
Idem .. d'Oſtende.
Idem .. Portugaiſes pour les côtes de l'Afrique.

COMPLIMENTAIRE.

Nom donné au chef d'une ſociété de Commerce, & qui a ſeul le droit de ſigner pour la ſociété.

COMPRADORS.

Mot ſynonime à celui de Commiſſionnaire ; il eſt uſité dans pluſieurs Colonies Hollandoiſes, & dans quelques poſſeſſions Eſpagnoles.

COMPTES.

Etats calculés, ou non calculés d'effets poſſédés, adminiſtrés, Acquits reçus, dûs ou dépenſés. Ce terme a nombre d'acceptions différentes dans le Commerce & la Finance, voici les principales de celles de Commerce & leurs ſignifications.

1°. Ouvrir un compte, c'eſt le placer pour la premiere fois ſur un grand livre. 2°. Apoſtiller un compte, c'eſt allouer certains articles, & en réfuſer d'autres. 3°. Vérifier un compte, c'eſt l'examiner. 4°. Clorre un compte, c'eſt en fixer le ſolde. 5°. Paſſer un compte, c'eſt débiter ou créditer quelqu'un. 6°. Rendre compte, c'eſt fournir l'état de ſa recette & ſa dépenſe. 7°. Bordereaux de compte, c'eſt en donner l'extrait. 8°. Solde de compte, c'eſt l'excédent du crédit ou du débit.

Nous donnons ci-après trois modeles de comptes, deux dans les formes de Commerce, & un dans celles de Finance.

Iº. MODELE DE COMPTE COURANT.

DOIT *M.* ROMBERG *de Bruxelles* S|C. *Courant avec* MALLET *de Paris* AVOIR.

1785.

		DOIT	L.	s.	d.			AVOIR	L.	s.	d.
Janvier.	2	Pour l'Acquit de sa traite, Ord. d'Henri Romberg, Bapst & Compagnie, de Bordeaux	17433	5	9	*Janvier.*	6	En sa Remise sur Sellouf de cette Ville	94019	3	"
Dito	8	Pour Piastres achetées pour S|C. . .	77314	19	1	*Dito*	20	*Idem* sur le Couteux, *Idem*	71015	19	4
Dito	17	Pour l'Acquit de sa traite, Ord. de Backman de cette Ville	14020	2	"						
Dito	22	Pour Achat de billets de la Loterie Royale, pour le tirage 1785.	62600	"	"						
		Commission sur . . . . . 171368. 6. 10 à ½ p%.	857	3	9			Solde à revenir	7190	8	3
		L.	172225	10	7			*L.*	172225	10	7

Certifié sincere & véritable, sauf erreur de Calcul, &c.

Paris, ce 1 *er. Février* 1785. *Signé* MALLET.

2°. MODELE D'UN COMPTE DE VENTE.

COMPTE DE VENTE & net produit de 7 boucaux de café, d'envoi de MM. Firmin, Freres, du Fort Royal de la Martinique, par le Navire le Tessé de Bordeaux, Capitaine Morel.

SAVOIR :

7. Boucaux pesant Brut . . . . . . 2118 L. . . . .
Tare à déduire 148 . . . .
Reste net . . . 1970. vendu à 15 s. la livre . . liv. 1477. 10.
2118.

Frais à déduire.

	L. S.	L. S.
Frêt à 2 sols 6 deniers la livre, sur 2118	264 15	
Déchargeage & port au magasin, à 5 sols la barique.	1 15	
Magasinage, à 2 sols par barique,	„ 14	493 15
Droits d'entrée à 10 liv. du cent sur 1970 liv. net	197 „	
Commission sur 1477 liv. 10 sols. Prix de la vente à 2 pour cent.	29 11	

Reste net. . . . . 983 15 ci, L. 983 15
1477 10.

Certifié véritable, sauf erreur de Calcul, Bordeaux, ce 19 Janvier 1785. La Frague & Compagnie.

3°. MODELE D'UN COMPTE EN FINANCE.

COMPTE DE RECETTES & DÉPENSES en deniers que rend le Sieur . . . . Directeur des magasins de . . . . . à MM. . . . . . . chargés de l'exploitation desdits magasins, pour sa gestion pendant l'année 1784.

CHAPITRE I.

Des Recettes.

FAIT RECETTE le comptable de la somme de trente mille liv. qui lui ont été versées, le 12 Janvier 1784, de la caisse générale de MM. . . . . ci, L. 30000

De l'autre part . . . . L. 30000

FAIT RECETTE le Comptable d'une pareille somme de trente mille livres qui lui ont aussi été versées, le 10 Juillet 1784, de la caisse générale de MM. . . ci, 30000

TOTAL des Recettes monte à la somme de soixante mille livres. . . . . . ci, L. 60000

CHAPITRE II.

Des Dépenses.

FAIT DÉPENSE le Comptable de la somme de cinquante-six mille huit cent quatre livres douze sols trois deniers pour les payemens des treize Bordereaux suivans, SAVOIR :

	L.	S.	D.	L. S. D.
N°. 1er. Bordereau du mois de Janvier, dont copie est ci-jointe. . . .	4653	2	"	
2 . . *dito* . . du mois de Février, *idem*.	4202	3	"	
3 . . *dito* . . du mois de Mars, *idem*. .	4293	9	4	
4 . . *dito* . . du mois d'Avril, *idem*. .	4309	2	"	
5 . . *dito* . . du mois de Mai, *idem*. . .	4119	14	9	
6 . . *dito* . . du mois de Juin, *idem*. .	4075	3	3	
7 . . *dito* . . du mois de Juillet, *idem*.	3999	1	2	
8 . . *dito* . . du mois d'Août, *idem*. . .	4514	9	"	56804 12 3
9 . . *dito* . . du mois de Septembre, *idem*.	4311	1	10	
10 . . *dito* . . du mois d'Octobre, *idem*.	4213	19	3	
11 . . *dito* . . du mois de Novembre, *idem*.	3824	6	8	
12 . . *dito* . . du mois de Décembre, *idem*.	7289	"	"	
13 . . *dito* . . pour Bordereau des appointemens du Comptable . . .	3000	"	"	

TOTAL de la Dépense, cinquante-six mille huit cent quatre livres douze sols trois deniers.

RÉCAPITULATION.

La *Recette* est de . . . . L. 60000

La *Dépense*, de . . . L.	56804	12	3	60000
Partant, reste en caisse.	3195	7	9	

Le Comptable, soussigné, certifie le présent compte sincere & véritable, & par lequel il lui reste en caisse, pour solde, la somme de trois mille cent quatre-vingt-quinze livres, sept sols, neuf deniers Tournois, sauf erreur.

à . . . . ce 6 Janvier 1785. . . . .

NOTA. *On doit joindre à ces sortes de comptes, par ordre de numéros, les bordereaux ou pieces qui constatent les objets de dépenses.*

COMPTOIR.

Ce mot a deux acceptions différentes, l'une simple & l'autre figurée. *Comptoir* au simple se dit d'une table, ou Bureau sur lequel un négociant écrit, expose des marchandises, paye ou reçoit de l'argent &c; & *Comptoir* au figuré se dit d'un lieu que les Européens regardent comme le centre de leur Commerce dans l'Inde, en Asie, en Afrique & en Amérique. Dans ce dernier cas, comptoir est synonime à *loge*.

Il y a divers pays en Europe, où l'on appelle comptoirs les bureaux de recettes des droits souverains & des villes; les Pays-Bas Autrichiens sont tous dans cet usage.

Voici une liste des Comptoirs Européens dans les régions ci-dessus dites.

COMPTOIRS HOLLANDOIS

Aux Indes.

Batavia, Amboine, Oma, Honimoa, Noessa-Laset, Banda, Ceilan, Ougly dans le Bengale, Syam, Pegel & Sumatra, Surate, Gomron ou Bender Abassi.

En Afrique.

Gorée, Nassau, près du Cap-Verd, Nassau à la côte d'Or, Lamine, Axem, Dunobo, Acaro, Sama, Bouren & le Cap de bonne espérance.

En Amérique.

Surinam, Berbice, Essequebo, Démérari, Saint-Eustache, Curaçao, Aruba, Bonaire, Saba, & partie de l'isle Saint-Martin.

En Asie.

Les Hollandois ont un fort comptoir à Mocca, ville de l'Arabie Heureuse.

COMPTOIRS DANOIS.

En Amérique.

Le Groenland, Sainte-Croix, Saint-Thomas & Saint-Jean.

Le Danemarck posséde aussi quelques établissemens sur la côte d'Afrique, sur celle de Coromandel en Asie, une loge ou factorerie en Chine; ses comptoirs dans l'Inde sont la ville de Tranquebart, la loge de Portonovo, celle de Calicut, celle de Collége, & celle de Frideric-Nagor dans le Bengale; enfin il a de plus une belle factorerie à Canton, en Chine.

COMPTOIRS SUÉDOIS.

La Suéde n'a qu'une seule possession d'Outre-mer qui est l'isle de Saint-Barthelemi, en Amérique, que la France lui a cédée en 1784, en échange du port franc de Gothembourg.

COMPTOIRS ET POSSESSIONS ANGLOIS.

Aux Indes.

Surate, Bombay, Gomron, Anjingo & Tallichery, *sur la*

côte de Malabar; Madras, ou le Fort Saint-Georges, le Fort Saint-David, Trichanapaly, Maduré, Vizagapatam, Jugeram & Madipolam, sur la côte de Coromandel; Calcuta dans le Royaume de Bengale, & plusieurs factoreries à Sumatra, à Canton en Chine, dans le Golfe Persique, & en Perse même.

En Afrique.

Sur la côte du Cap-Verd, le Fort Saint-James, le Port de Joar, ou Kower, plusieurs loges & comptoirs au Sénégal, dans le Royaume de Gambie, plusieurs factoreries, le long de la riviere de *Serre-Leone*, & jusqu'à la riviere d'*Ardres*, un fort établissement au Cap-Monte, sur la côte de Maniguette, un autre au Cap-Corse, sur la côte d'Or, & plusieurs Forts, loges & comptoirs, sur les côtes d'Angola, de Loango, de Malimbo, de Cabindo, d'Araca, de Lampi, de Juda, d'Ardres, de Guinée, de Congo, & sur les côtes au-delà du Cap de bonne Espérance, & en de-çà du Cap-Verd.

En Amérique.

La Barbade, Saint-Christophe, Antigoa, Montferrat, Nevis, la Barboude, l'Anguille, les Vierges, la Grenade & les Grenadins, Saint-Vincent, la Dominique, la Jamaïque, les Bermudes, les Lucayes ou Bahama, la Providence, l'Isle & le Banc de Terre-Neuve.

COMPTOIRS ET POSSESSIONS FRANÇOIS.

Aux Indes.

Pondichery, Mahé, sur la côte de Malabar, Karical, Jannon & Mazulipatam, sur la côte de Coromandel, & des comptoirs à Chandernagor, dans le Bengale & à Surate.

En Afrique.

L'isle Bourbon, l'isle de France ou Maurice, plusieurs établissemens concurremment avec les Portugais, sur les côtes d'Afrique, un peu en-deça & au-delà du Cap-Verd, dans l'étendue comprise entre la riviere *Sénégal*, & celle de *Serre-Lionne*; plusieurs loges sur la côte d'Or, & dans les Royaumes d'Acara, Lampi, Juda, Ardres, Benin, Angola, Congo, Loango, Malimbo & Cabindo; enfin le dernier traité de paix (de 1783) a assuré à la France l'établissement de la Gorée, & de tous les Forts situés sur la riviere du Sénégal.

En Amérique.

La Martinique, la Guadeloupe, la Désirade, Marie-Galante, les Saintes, Saint-Martin, Saint-Barthelemi cédé à la Suède en 1784, Sainte-Lucie, la partie de l'Isle Saint-Domingue qui comprend *la grande Anse*, *Léogane*, *la grande Terre*, *le Port de Paix*, *le Port Magor*, *Lancon-Louise*, *Trou-Charles-Morin*, *Limonade*, *l'Isle-à-Vache*, *les Cayes Saint-Louis*, *Saint-Marc*, *le grand & le petit Goave*, *le Port au Prince*, *la Môle Saint-Nicolas*, *le Cap François*, *&c.* La Tortue, Cayenne, Tabago, & les isles de Saint-Pierre & Miquelon, dans la nouvelle Ecosse; ces trois dernieres possessions ont été assurées à la France, par son traité de paix de 1783 avec l'Angleterre; celles de Saint-Pierre & Miquelon, servent de retraite & d'abri aux navigateurs François qni font la pêche de la Morue.

COMPTOIRS ET POSSESSIONS ESPAGNOLS.

En Asie.

Les Isles Philippines dans la mer des Indes. Les principales sont: Mindanao, Manille ou Luçon, Leyte, Ibabao, Paragna, Mindoro, Sebu, Panay, l'isle des Noirs & Bohol.

Proche l'Afrique, & vis-à-vis le Cap-Bon.

Les Isles Canaries qui comprennent Palme, Fer, Gomere, Ténériffe, la grande Canarie, Fuerteventura, Lancerotte, Gratiosa, Rocca, Allegranza, Saint-Claire, Inflerno & Lobos.

En Amérique.

Le Mexique, ou la nouvelle Espagne, le nouveau Mexique, dont les principaux lieux sont Mexico, Vera-Cruz, Santa-Fé, Guatimala, Maracaïbo, Campêche, Guayra, Varinas, la Havane, Puerto-Rico, Carthagene, Porto-Bello, Buenos-Aires, Sant-Jago-au-Chily, Lima, Popayan, Panama, Acapulco, la Plata, Tucuman, & autres villes & lieux du Pérou; la majeure partie de Saint-Domingue, une des Isles Antilles, les deux Florides assurés à l'Espagne par la paix de 1783, & l'Isle de Minorque dans la Mer Méditerranée, forment toutes les possessions d'outre Mer de l'Espagne.

COMPTOIRS ET POSSESSIONS PORTUGAIS.

En Afrique.

Les Isles du Cap-Verd qui ont pour principaux lieux Sant-Jago, Sancto-Antonio, Sancta-Lucia, S. Vicente, S. Nicolao, Briva, l'Isle du sel, l'isle Mayo, l'isle de Fuego & Buenavista, l'isle San-Thome, d'où les Portugais trafiquent avec les peuples de Loango, St. Paolo, Angola, Congo, de la côte d'Or & la Guinée, & des Royaumes de Sofala, de Monomotapa, de Mosambique & de Mélinde.

Dans les Indes, & l'Amérique Méridionale.

Goa, Diu, Macao, San-

Salvador au Bresil, & plusieurs Isles & Comptoirs répandus sur toutes les côtes de Malabar & de Coromandel.

Dans la Mer Atlantique.

Porto-Santo, Madere, les Açores ou Terceres, dont les principaux lieux sont Sainte-Marie, Saint-Michel, Terceira, Saint-Georges, Graciosa, Fayal, Pico, Flores & Corvo.

CONNOISSEMENT.

Police du chargement d'un Navire, ou reconnoissance que donnent les Capitaines de vaisseaux à ceux qui ont chargé des marchandises sur leurs bâtimens. Elle doit contenir la quantité & qualité des marchandises chargées, le Port où elles ont été reçues, celui où elles doivent être rendues, & le prix du frêt, soit par livre, balle ou tonneau. Les connoissemens sont ordinairement triples, parce que l'un est pour le marchand qui expédie. Le second pour celui qui doit recevoir les marchandises, & le troisieme reste au Capitaine qui les a reçues sur son bord.

CONSERVATEUR ET CONSERVATION DE LYON.

Voyez Lyon, dans la seconde partie de cet ouvrage.

CONSULS.

Ce mot se dit en France de ceux qui connoissent des différents de Commerce en premiere instance. *Voyez*. Paris, dans la seconde partie de cet ouvrage, article juridiction.

CONTRAT A LA GROSSE.

Voyez ci-dessus le mot AVENTURE.

CONTREPASSATION.

Ce terme a la même signification dans le Commerce que celui de rétrocession au Palais.

COURS.

Mot très-usité dans le Commerce; il se dit dans les sens suivans. Cours des intérêts, cours de la place, cours des denrées & marchandises, voyages de long cours, & cours des Effets Royaux.

COURTAGE.

Profession d'un Courtier, ou d'un Commissionnaire, & dont le payement se fait à titre de courtage. Ce mot indique aussi un droit qui se leve à Bordeaux; sur diverses marchandises, dont nous rendons compte à l'article des droits.

COURTIER.

Se dit de tous Négociateurs, soit pour vente de marchandises, ou pour faire trouver de l'argent sur des Effets Royaux, lettres de change & billets, mais les négociations en papier s'opérent plus aisément par la voie des agens de change. *Voyez* ces mots au présent dictionnaire.

CRÉANCE.

Se dit d'une dette active qui donne le droit de se faire payer d'une somme d'argent. Il y en a de plusieurs sortes, dont les principales sont :

Créance chirographaire. Il y en a de deux sortes, l'une dite ordinaire, & l'autre privilégiée. Elles sont toutes deux sans hypothèque, en ce qu'elles ne sont fondées que par signature privée, ou par fourniture, ou par compte; celles privilégiées, comme pour loyer de maison, médicamens, vivres, frais de justice, funérailles, ont un droit de primauté sur les meubles, avant les créances ordinaires.

Créance Hypothécaire; est celle qui résulte d'un titre authentique, tel qu'un jugement, ou un acte passé devant Notaire; & qui emporte hypothèque sur les biens immeubles de l'obligé.

Créance Solidaire, est celle qui appartient en commun à plusieurs personnes qui ont chacune le droit d'en exiger le payement total, surtout lorsqu'un débiteur s'est obligé de payer à chacun des créanciers la totalité de la dette, sans aucune division, mais lorsque cette totalité est payée à l'un d'eux, les autres ne peuvent pas en exiger un second payement.

CRÉANCIER.

Se dit du propriétaire d'une créance.

CRÉDIT.

Signifie, en matiere d'écriture de Commerce, les recettes que l'on fait d'un particulier avec lequel on est en compte; il est synonime au mot *avoir* & se place sur le grand livre d'un négociant, à l'opposé du mot *débit.* Crédit signifie aussi vendre à terme.

CRÉDITER.

Ce terme de Commerce se dit d'un article passé au crédit d'un compte.

CRÉDITEUR.

Mot synonime à créancier; il n'est usité que parmi les négocians.

DÉBARQUEMENT.

L'article 7 du titre premier, du livre IV de l'ordonnance de la Marine de 1685, porte que les propriétaires des marchandises débarquées sur les quais, sont obligés de les faire enlever sous trois jours, sous peine d'amende.

DÉBENTURES.

Droits qui se perçoivent en Angleterre sur les marchandises que la Compagnie des Indes expose en vente.

DÉBET.

Se dit de ce qui se trouve dû par un comptable, après l'arrêté de son compte, ce terme est synonime à solde de compte.

DÉBIT.

Terme de teneurs de livres;

il est synonime à *doit*, & se trouve à la gauche des comptes ouverts, ou d'un compte de grand livre.

DEBITER.

Se dit d'un article que l'on passe au débit d'un compte.

DEBITEUR.

Se dit d'un particulier qui est redevable envers un ou plusieurs autres. Le débiteur qui fait cession n'est pas pour cela entiérement libéré avec ses créanciers; car il peut être poursuivi sur les biens qui lui sont advenus depuis sa cession. *Voyez* CESSION.

L'ordonnance de 1669 porte que les juges Souverains ne pourront accorder aux débiteurs qu'un délai de trois mois ou six au plus, & que les lettres de répit qui s'accordent au grand Sceau ne donneront pas de délai de plus de six mois.

DECLARATION.

Suivant un arrêt du Conseil du 9 Août 1723, les déclarations doivent contenir la quantité, le poids, le nombre & la mesure des marchandises, le nom du facteur ou du marchand qui les envoye & celui du particulier à qui elles sont adressées, enfin le lieu du chargement, & celui de la destination, & que les marques & numéros des balles seront mis en marge des déclarations.

Le même arrêt veut que les déclarations soient faites suivant le tarif, & par le capitaine d'un vaisseau, le marchand ou le voiturier d'une marchandise, & qu'en cas de fausse déclaration en poids, ce qui excédera le dixieme du poids déclaré, sera confisqué, & le contrevenant condamné à 300 livres d'amende.

DEFENSES GENERALES.

S'accordent à un débiteur, pour lui procurer la facilité d'arranger ses affaires. Ceux qui les obtiennent sont inhabiles à posséder de charges publiques qu'ils n'ayent été réhabilités par des lettres du Prince, qui ne peuvent s'obtenir qu'après l'acquit entier de toutes dettes.

DEFICIT.

Terme qui signifie un manque d'especes dans un compte, ou d'effets dans un inventaire de biens, &c.

DELAI.

Les articles 13, 14, & 15 du titre 5 de l'ordonnance de 1673, porte que ceux qui auront tiré ou endossé des lettres, seront poursuivis en garantie dans la quinzaine après l'échéance, s'ils sont domiciliés dans la distance de 10 lieues & au-delà, & à un jour par 5 lieues ensus pour les domiciliés plus éloignés. Deux mois pour les domiciliés en Angleterre, Flandre ou Hollande:

trois mois pour l'Italie, l'Allemagne & la Suisse; quatre pour l'Espagne, six pour le Portugal, la Suède & le Danemarck, & tous délais seront comptés du lendemain du protêt, jusqu'au jour de l'action en garantie inclusivement, & sans distinction des Dimanches & jours de Fêtes; & après ces délais, les porteurs de lettres ne peuvent exercer leur action en garantie.

Délaissement.

Voyez Cession et abandonnement de biens.

Le Délaissement Maritime est un acte par lequel un marchand qui a fait assurer, dénonce la perte de ses marchandises à son assureur, & les lui abondonne avec sommation de lui payer la somme assurée; ce qui ne peut se refuser, dès que l'avis de la perte du vaisseau, ou des marchandises est bien confirmé ou avéré.

L'ordonnance veut que ce délaissement ne soit qu'en cas de prise, naufrage, bris, échouement, Arrêt du Prince, ou perte entiere des effets assurés, & que les demandes en exécution de Police d'assurance soient faites dans les six semaines après la nouvelle des pertes arrivées aux côtes de la Province où l'assurance aura été faite; trois mois pour celles des côtes d'Angleterre & de Flandre, quatre mois pour celles de la Hollande, un an pour les autres parties de l'Europe, & les côtes de Barbarie, & deux ans pour celles de l'Amérique, l'Asie & l'Afrique: & ces termes passés, les assurés ne seront plus recevables en leurs demandes.

Ce délaissement peut aussi avoir lieu un an ou deux après les longs voyages des navires dont on n'a pas eu aucunes nouvelles, parce qu'ils sont regardés comme perdus, & l'on peut sommer les assureurs au payement des objets assurés, sans qu'il soit besoin d'aucune attestation de perte; & si le navire se retrouve, les effets sont alors à la disposition & propriété des assureurs.

Delestage.

On entend par ce mot la décharge du lest d'un vaisseau.

Deliberation.

Ce terme signifie un accord, ou une décision faite entre des associés pour leur entreprise, ou des créanciers unis pour poursuivre ou recouvrer ce qui leur est dû.

Les délibérations des créanciers doivent être composées des trois quarts en somme de ce qui est dû par un failli, ou débiteur; & dès-lors elles sont homologuées en justice, & force l'autre quart des créances à se conformer aux délibérations prises par les trois quarts susdits.

DENOMINATEUR.

Terme d'Arithmétique qui exprime une fraction. Il est toujours le chiffre supérieur des fractions ainsi posées: ², ⁷, ⁵. Les 2, 7 & 5, chiffres qui commencent ces fractions, sont autant de Dénominateurs.

DENRÉE.

Nom général de toutes les marchandises seches & liquides, propres à la nourriture de l'homme.

DEPUTÉ.

Se dit en terme de Commerce, d'un membre, d'une Chambre de Commerce qui assiste au Conseil du Commerce qui se tient à Paris: les principales villes de France qui ont droit d'avoir des Députes à ce Conseil, sont celles de Rouen, Bordeaux, Lyon, Marseille, Nantes, la Rochelle, Saint Malo, Lille, Bayonne, Dunkerque, Montpellier, pour tout le Languedoc, Toulouse & Amiens.

DERNIER-ADIEU.

Se dit d'une ou plusieurs pieces de monnoie qui se donne pour achat de louage, pour tenir lieu d'engagement. Il différe avec les arrhes, en ce que celles-ci sont un à compte sur le prix, au lieu que le dernier-adieu est en pur don.

DEVIDENT.

Répartition juste des profits que les Compagnies de Commerce font à leurs actionnaires.

DIVERTISSEMENT.

Se dit du Recélement qu'on fait de ses effets, pour frustrer ses créanciers. Cette conduite est punie de peines capitales, tant pour le banqueroutier, que pour celui qui favorise le divertissement.

DIVIDENDE.

Terme d'Arithmétique qui signifie un nombre à diviser.

DISSOLUTION.

Se dit d'une societé où les intérêts sont en contestation, & qui cherchent à se diviser, ou à rompre leur société.

DON.

Déduction des poids de marchandises que les marchands en gros sont en usage de faire à leurs acheteurs. Il est communément de trois à quatre pour cent, ou par balle, selon les conventions, & très-usité dans le Commerce des laines & des soies, surtout à Bayonne.

DRAPS ET DRAPERIES.

Voyez. RAME OU RAMAGE.

DROGMAN, OU DRAGOMAN.

Nom ainsi donné dans le Levant aux Interprêtes des Ambassadeurs Chrétiens, & à ceux des Consuls résidens dans les Echelles du Levant.

DUCROIRE.

On dit demeurer ducroire, la garantie que l'on fait des

remises qu'on envoye à son Correspondant, & de la solvabilité des particuliers, à qui l'on a vendu, pour compte d'un commettant, des marchandises à terme. Dans ces cas, on exige une double commission.

DUPLICATA.

Ce mot signifie le double d'un acte, d'une quittance, d'un *Récépissé*, ou d'un compte, il est fort usité dans la Finance, & s'employe quelquefois dans le Commerce.

ECHANTILLER.

Se dit de la confrontation d'un poids avec son étalon.

Le Réglement du 28 Septembre 1689, porte que le Fermier du droit de marque sur l'or & l'argent, sera tenu de se servir dans *l'Argue* de Lyon, de poids échantillés sur la matrice du poids de marc, & que tous les marchands fassent échantiller leurs poids chaque année avec les originaux.

ECHÉANCE *Voyez* USANCE.

ECHELLE.

Nom donné aux Ports de la Méditerranée, appelés Echelles du Levant.

Les Principaux sont :

Alep.
Alger.
Alexandrette.
Alexandrie.
Chypre.
Constantinople.
Durazzo.
Le Caire.
La Morée.
Les Isles de Candie & de l'Archipel.
Micomy.
Naples - de - Romanie.
Négrepont.
Naxis.
Paros.
Scio.
Seide.
Smyrne.
Tripoly.
Tunis.

ECHOUEMENT.

Se dit d'un vaisseau jeté sur le sable, & sur lequel il se trouve arrêté, faute d'eau, ce qui souvent le brise & cause sa perte. L'ordonnance de Marine de 1681 régle la conduite à tenir en ce cas, pour éviter aux plus grands dommages & pertes.

ECUMEUR DE MER.

Nom donné aux voleurs en mer, ou forbans qui pillent les vaisseaux qu'ils rencontrent.

EMBARCADAIRE.

Nom que les Espagnols donnent aux Ports & Rades qu'ils ont le long des côtes de l'Amérique Méridionale, & surtout dans la Mer du Sud.

EMBARGO.

Terme de Cour Souveraine qui signifie l'ordre d'une puissance pour arrêter, pour son service, tous les vaisseaux de ses places maritimes.

EMPIRANCE.

Se dit en Commerce Maritime d'un déchet, corruption, ou diminution de valeur des marchandises, ou du vaisseau qui les contient.

Endossement.

Le titre 5 de l'Ordonnance du mois de Mars 1673, veut 1°. que toutes signatures mises au dos des lettres de change, sans date, ni ordre, ne puissent être réputées endossemens; 2°. que la propriété de ces lettres soit au dernier ordre rempli, sans qu'il soit besoin de transport, ni signification; 3°. que si le dernier endossement n'est pas dans la forme légale, les lettres soient réputées appartenir à celui qui les a endossées, & comme telles, puissent être saisies par ses créanciers, & compensées par ses redevables; & 4°. il est expressément défendu d'antidater les ordres, à peine de faux.

Enharrement.

Voyez ci-devant Arrher.

Entrepôt.

Lieu, ou magasin de réserve. Les villes de France qui servent d'entrepôts aux cinq grosses fermes, pour réserver les marchandises destinées pour l'étranger, sont Saint-Jean-de-Laune, Troyes, Guise, Abbeville, Calais, Dieppe, le Havre-de-Grace, Rouen, Ingrande & la Rochelle. Tous autres magasins d'entrepôts, hors ceux ci-dessus, sont défendus dans les quatre lieues proche les frontieres de la ferme, & à huit lieues de Paris, à peine de confiscation des marchandises, & de 300 livres d'amende.

Epaves.

Terme qui exprime les marchandises & effets que la mer pousse & jette à terre, après un naufrage. Ces objets appartiennent au Roi ou aux Seigneurs des lieux, lorsqu'il ne s'en est fait aucune réclamation. Le même mot & les mêmes usages ont également lieu pour les accidens des rivieres & des innondations.

Escale.

Mot synonime aux côtes d'Afrique, à celui d'Echelle dans le Levant, c'est-à-dire Port maritime.

Escompte.

Est la retenue que l'on fait en avançant de l'argent sur un billet ou lettre de change, contrat, ou papiers royaux à termes, ainsi que ce qu'on ajoute au prix d'une marchandise qu'au lieu de vendre comptant, on céde à terme: l'escompte s'évalue communément sur le pied de ½ pour 100 par mois, & quelquefois à 3-½, 4-½ & 5 pour 100 seulement par an. On trouvera dans la suite de cette partie un exemple de regle à cet égard.

Esquif.

Mot qui indique un canot ou petit bateau que l'on embarque sur le tillac des vaisseaux.

ETALON.

Nom donné aux originaux des poids, mesures & aunages qui servent à régler, ajuster & étaloner tous les autres poids & mesures de Commerce. Ces originaux sont toujours confiés à la garde des Magistrats, & conservés dans des lieux publics.

ETAPE

Ce mot a trois significations: 1°. Il est synonime à une place publique où les marchands sont obligés d'apporter leurs marchandises pour être achetées par le Peuple.

2°. Il se dit de quelques villes de grand Commerce, où se réunissent une grande quantité de marchandises, & dans ce sens *Amsterdam* est regardé comme l'*Etape générale* de toutes les marchandises des Indes Orientales, de l'Espagne, de la Mer Baltique, & de la Mer Méditerranée. *Flessingue* est considérée comme l'*Etape* des Indes Occidentales; *Midelbourg*, comme celle des vins de France; *Dordreck* comme celle des vins du Rhin & des draps d'Angleterre; & *Verre* en *Zélande* est vue comme l'Etape des marchandises d'Ecosse, &c. Il y a en Allemagne une infinité de villes d'Etape dans la signification suivante.

3°. On entend très communément par étape un droit de Souverains, & des villes Anséatiques, détaillé au chapitre des droits de la quatrieme partie de cet ouvrage.

EXPLOITATION.

Terme très-usité dans le Commerce pour signifier la main d'œuvre d'une manufacture & les travaux des mines, carrieres, forges & fonderies, &c.; il s'entend plus particulierement de l'abatage d'une forêt, ou du débit ou coupe de ses bois.

EXPORTATION.

Expédition, ou envoi, de marchandises d'un lieu à un autre, & surtout d'un Royaume & d'une contrée à d'autres.

EXTRAIT.

Surnom donné dans le Commerce au grand livre, dit de raison, en ce que toutes les affaires des Négocians en débit & crédit, n'y sont rapportées que par extrait d'un autre livre appelé journal.

FACTEUR.

Agent de Commerce qui, suivant la nature des affaires dont on le charge, prend le titre de courtier, ou de commissionnaire.

FACTORERIE.

Mot synonime à loge & comptoir, *Voyez* COMPTOIR.

FACTURE.

Compte, Mémoire, Etat ou Bordereau de marchandises, de Recettes & Dépenses relatives à leurs achats, ventes, tranſports, Droits, enmagaſinage, ou main-d'œuvre, commiſſion & courtage, &c. Ces ſortes de comptes ſont ordinairement produit par un facteur, ou commiſſionnaire à ſon commettant. en voici quelques exemples ſur pluſieurs ſortes de marchandiſes.

FACTURE, ou COMPTE, de 100 demi-Caiſſes de *Savon marbré*, expédiées le .... à M.......... de Nantes.

Savoir :

100 Demi-Caiſſes, peſant enſemble *brut*.		24 240 l.			
Tare. . . . . 2446 liv.	}				
Cordes 100	} Rabais	3, 221			
Cercles. 175	}				
Bon poids. . . . 500	}				
Net.		21 019 l.			
A 22 ½ liv. le quintal		L.	4729	5	6
Eſcompte à déduire à 4 ½ p 0/0			212	16	»
		L.	4516	9	6

Frais d'expédition.

Peſage & droit du Roi. . . . . . L.	21	»	»	}			
Pour paſſage & port au magaſin. . .	25	»	»	}			
Pour port à bord du Navire.	5	»	»	}			
Pour les 100 caiſſes à 25 ſols la piece.	120	»	»	}			
Pour embalage, cordes & cercles, &c.	40	»	»	}	322	19	6
Billet de chargement & courtage . .	17	1	»	}			
Commiſſion ſur L. 4746, montant de l'achat, eſcompte déduit, & des frais ci-deſſus, à 2 p 0/0.	98	18	6	}			
Total. . . . . . L.					4839	8	»

Certifié véritable, ſauf erreur, à Marſeille, le 18 Janvier 1785.

FACTURE, ou COMPTE de 3 bariques, 1 tierçon & 1 quart de *sucre terré*, de la Martinique; & 3 bariques 1 tierçon & 1. quart de *sucre brut* de Saint-Domingue; expédiés le............ à M.......... de Bordeaux.

Savoir:

Sucre terré.

3 Bariques pesant.	3087 liv.		
1 Tierçon.	400		
1 Quart.	203	3690 liv.	
Trait à déduire.	9 liv.	488	
Tare à 13 p 8.	479		
Reste net.....		3202 liv.	
à 73 liv. le quintal fait L.			2337 9

Sucre brut.

3 Barriques pesant.	5410 Liv.		
1 Tierçon.	450		
1 Quart.	210	6070 liv.	
Trait à déduire.	14 liv.	1044	
Tare à 17 p 8.	1030		
Reste net......	5026 liv.		
à 60 liv. le quintal, fait. L.			3015 12
		L.	5353 11

Frais d'Expédition.

Courtage à ½ p 8........ L.	26 15 "	
Rabatage des futailles, &c.	11 5 "	
Port à la riviere.	10 5 "	
Port à bord.	4 " "	
Arrimage.	2 15 "	167 15 "
Acquit à caution & gardes.	4 10 "	
Commission sur L. 5412, montant de l'achat & des frais ci-dessus à 2 p 8.	108 5 "	
Total.... L.		5520 16 "

Certifié véritable, sauf erreur, &c.

FACTURE, de *dix Barils d'huile fine d'Olive*, dont 5 d'huile de Provence pesant brut . . 981 liv.
Tare à déduire. 177

Net. . . . . 804 liv.
à 43 l. 10 s. Le quintal. . . . . L. 349 » »
& 5 *Dito* de Languedoc, pesant brut 946 liv.
Tare à déduire. 176

Net. . . . . 770 liv.
à 37 l. 10 s. Le quintal. . . . . L. 288 15 »

Frais d'expédition.

Pour les dix barils. . . . . L.	37	10	»	128 13 »
Rabatage& autres frais de Tonnelier	17	»	»	
Port à bord.	2	8	»	
Droits de sortie.	56	5	»	
Commission sur L. 752, à 2 p 8. . .	15	»	»	

Total. . . . . L. 767 2 »

A Cette, ce 19 Janvier 1685.

FACTURE de sept Balots de *grosse toile*, contenant

412 Aunes, *Saint-Georges*. . .	à 24 l. 6 d. l'aune	L.	594	14	»
147 Dito, *Toiles blanches sans nom*,	à 22 sols.		161	14	»
601 Dito, *Toiles deux tiers*.	à 20. . .		601	»	»
446 Dito, *Toiles sans nom*.	à 19. . .		423	»	»
830¾ Dito, *Combourgs*.	à 17 9. .		737	5	9
440 Dito, *Halles*.	à 17 6. .		385	»	»
438 Dito, *Fougeres*.	à 14 6. .		317	»	»
Frais jusqu'à bord du Navire.			29	10	»
Total.		L.	3159	3	9
Escompte à déduire à 2 p 8. . .			63	3	9
Reste à payer comptant . . .		L.	3096	»	»

A Nantes, ce 19 Janvier 1785.

FAILLITE.

Se dit de l'impoſſibilité où ſe trouve un marchand, ou négociant de faire honneur à ſes engagemens; ce mot ſe confond ſouvent avec celui de banqueroute; mais les Ordonnances diſtinguent l'une de l'autre. La faillite n'a pour cauſe que les malheurs ou des pertes qui ôtent la faculté de payer, au lieu que la banqueroute eſt ſouvent l'effet de la mauvaiſe foi d'un débiteur qui ne peut prouver des pertes réelles, ou tout au moins inconduite & diſſipation.

L'ordonnance du Commerce décide qu'une faillite eſt réputée ouverte, 1°. du jour que le débiteur s'eſt retiré, ou qu'il y a appoſition de ſcellé chez lui. 2°. Lorſqu'un débiteur a dépoſé ſon bilan, & 3°. Lorſqu'il y a obtention de lettres de répit ou arrêt de défenſes générales; cette derniere marque de faillite eſt la plus préjudiciable aux créanciers, en ce qu'un débiteur peut abuſer du délai que lui donnent ſes défenſes pour détourner ſes effets, & en fruſtrer ſes créanciers.

Cette ordonnance & pluſieurs déclarations du Roi qui y ſont poſtérieures reglent auſſi ce qui ſuit à l'égard des faillites.

1°. Que toutes perſonnes de Commerce ou de banque ſoient tenues de repréſenter leurs régiſtres & livres cotés & paraphés tels que nous l'indiquons aux mots livres & regiſtres, & de les dépoſer au Greffe des Conſuls, ou ès mains de leurs créanciers & à leur choix.

2°. Qu'à cette repréſentation de livres, le failli joigne un état exact, détaillé & certifié ſincere, de tous les biens meubles & immeubles & de toutes ſes dettes, & que faute de ce, il ne puiſſe être admis à paſſer aucun accord avec ſes créanciers, ni obtenir de ſentence ou arrêt d'homologation, ni ſauf-conduit.

3°. Il eſt réglé auſſi qu'en cas d'appoſition de ſcellés ſur les biens & effets d'un faillant, ſes livres & regiſtres lui ſoient remis, après avoir été paraphés par le juge qui aura appoſé le ſcellé, & que les feuillets blancs, ſi aucun y a, auront été batonés par ledit juge.

4°. Les tranſports, ceſſions, ventes, & donations de biens, meubles ou immeubles faits par un failli en fraude de ſes créanciers, ſont non ſeulement déclarés nuls, mais rapportés à la maſſe commune des effets, ſur-tout lorſque ces ventes, ceſſions & tranſports ſont faits dans les dix jours qui ont précédé la faillite.

Et 5°. Tous actes paſſés auſſi dans les dix jours qui précédent une faillite, ſont nuls de plein droit, quand même ils ne pourroient être soupçonnés de fraude; & s'il en étoit prouvé dans des actes antérieurs à ces dix jours, ils seroient également nuls. En diverses villes étrangeres, & particuliérement à Forence, un débiteur doit se rendre en prison avec ses livres, pour y rendre compte de sa conduite qui n'est nullement blamée, lorsque sa faillite est occasionnée par des malheurs ou par cas fortuits.

Il est encore reglé en France par un arrêt de la Cour des Aides du 14 Mars 1710, que tous actes, obligations pardevant notaires, & sentences non passées & rendues avant les dix jours qui précédent une faillite publiquement connue, n'acquéreront aucune hypothéque, ni privilége sur les créanciers chirographaires.

FELOUQUE.

Nom donné à une espece de petit bâtiment à voile & à rame, en usage sur la Méditerranée.

FENTY ou FAUTY.

Mot synonime à facture; il n'est usité que dans l'Autriche.

FIN.

Terme de Palais, synonime à rejeter. L'Ordonnance de 1673 a réglé les fins de non-recevoir, ou de prescription sur les fournitures & ventes à crédit: les cautionnemens pour lettres de change, & le payement desdites lettres. Ses dispositions sont 1°. que tous marchands, ouvriers & artisans soient tenus, envers les particuliers non commerçans, de leur demander payement dans l'an après la délivrance de leurs marchandises, quoiqu'il y ait continuation de fournitures de leur part, à moins qu'avant l'année, il n'y ait un compte arrêté, & une interpellation judiciaire, ce qui laisse alors trente années pour poursuivre un payement, & qu'à défaut de ce, il y ait prescription; ce qui ne peut avoir lieu de marchand à marchand, en ce que leurs livres doivent contenir entre-eux des obligations, ou comptes réciproques.

2°. Que les cautions, ou endosseurs des lettres de change seront déchargés de plein droit, s'il n'en a été fait aucune demande pendant trois ans, à compter du jour des dernieres poursuites.

Et 3°. Que les lettres & billets de change seront réputés acquittés après cinq ans de cessation de demandes ou poursuites, à compter du lendemain de l'échéance, ou du protêt & de la derniere poursuite faite pour lesdits effets, pourvu que les débiteurs, leurs veuves, héritiers ou ayant causes, affirment, s'ils en sont

requis

requis, qu'ils ne sont plus redevables; ce qui a lieu aussi à l'égard des mineurs & des absens.

Cette clause n'a cependant pas lieu pour billets au porteur souscrits, fournis, & ayant cours parmi les gens de Finance qui sont seuls exclus de ce privilège.

FIRMAN.

Permission de trafiquer que les Princes Indiens accordent aux nations étrangeres.

FLIBOT.

Nom donné aux petits bâtimens dont le port n'est que de 100 tonneaux. On les nomme aussi Brigantins & Goëlettes.

FLOT.

Terme usité dans le Commerce de bois de chauffage qui se jette au courant ordinaire de l'eau.

FOURNISSEMENT.

Se dit du fonds qu'un associé doit mettre dans une société maritime.

FREGATON.

Nom que les Vénitiens donnent à des bâtimens du port de 500 tonneaux qu'ils employent sur le Golfe de Venise.

FRET.

Terme très-usité sur la Méditerranée, & qui signifie le louage d'un navire en tout ou en partie. Ce qu'on appelle port dans les voitures d'eau & de terre, se dit frêt dans le Commerce de mer. Ce mot signifie aussi un droit qui se paye dans tous les ports de France aux Fermes du Roi, à raison de 2 liv. 10 sols par tonneau, à l'entrée comme à la sortie des navires.

L'Ordonnance de Marine porte 1°. que les maîtres des vaisseaux soient tenus de donner aux Greffes d'Amirauté une déclaration juste du port de leurs bâtimens, 24 heures après leur charge, à peine de confiscation des vaisseaux, équipages & marchandises.

2°. Elle leur défend de sortir des ports, sans avoir acquitté le droit de frêt qui est en France de 50 sous par tonneau dans plusieurs Provinces, & 3 liv. 10 sols dans d'autres, particulierement en Bretagne, & ce à peine de 1000 liv. d'amende.

3°. Elle défend aux François de prêter leurs noms aux étrangers, sous peine de 3000 livres d'amende & de confiscation comme ci-dessus.

Et 4°. elle veut qu'en cas de contestation sur le nombre de tonneaux que peut porter un vaisseau, il soit jaugé sur le champ au compte des commis des Fermes, ou autres, s'il y a lieu, pour le droit de frêt être perçu sur le nombre juste de tonneaux que le jaugeage aura constaté, & que si le rapport du jaugeage excède la déclaration de plus du dixieme, le vaisseau supporte 50 livres d'amende par chaque tonneau omis, ainsi que les frais & dépens que ledit jaugeage aura occasionnés.

Voici une liste du prix ordinaire du frêt, pour toutes les parties de la terre.

LISTE DES FRÊTS ordinaires qui ſe payent en Hollande, en tems de Paix, & que toutes les Nations Européennes ſe font payer en proportion des prix ci-après, lorſqu'elles ne ſe ſervent pas des Navires Hollandois.

SAVOIR,

D'AMSTERDAM.

	Flor. (*)		Flor.
Pour les ports de la Méditerranée, depuis le Golfe de Lyon & au-delà, on paye en argent courant d'Hollande par laſt d'Amſterdam ou de 4560 l. de marc.	30.	*Dito.* Cadix, Seville & autres ports d'Eſpagne & de Portugal, depuis le Cap St. Vincent, juſqu'au détroit de Gibraltar.	20.
Dito. Barcelone, Malaga & autres ports d'Eſpagne, dans la Méditerranée.	22.	*Dito.* Ferrol, la Corogne, Porto, Liſbonne & autres ports, depuis le Cap d'Ortegal, juſqu'à celui de St. Vincent.	18.

NOTA. *On regle auſſi le frêt pour le Portugal, à* 12 *Cruſades le Laſt de Froment.*

D'Amſterdam pour Bayonne, St. Sébastien, Bilbao, St. Ander & autres ports du Golfe de Biſcaye.	15.	*Dito.* Bordèaux, Nantes, la Rochelle, St. Malo & autres ports de Gaſcogne & de Bretagne.	12.

NOTA. *Dans le tems que les Navires vont dans ces Ports charger des vins nouveaux, on peut fréter un Navire de* 100 *Laſts, pour environ* 1000 *ou* 1500 *livres Tournois.*

Des Ports du Havre, Rouen & les autres		Lieux de la Normandie.	10.

Les avaries ordinaires des affrêtemens faits pour ces Ports, ſont ſeulement de 10-p $\%$.; les Navires qui chargent en en ceuillette ſe font payer 15-p $\%$. d'avarie.

(*) NOTA. Le Florin argent courant d'Hollande équivaut à 2 livres 1 ſol 1 denier $\frac{5}{7}$ de France.

Par contre, les frêts sont.

	Flor.
Pour Amsterdam, venant des ports de la Méditerranée au-delà du Golfe de Lyon.	35 à 40
Dito. De Barcelone, de Malaga & des autres ports d'Espagne dans la Mer Méditerranée.	25 à 30
Dito. De Cadix & des autres ports d'Espagne & de Portugal, depuis Gibraltar jusqu'au Cap de Saint-Vincent.	20 à 25
Dito. De Lisbonne & autres ports de Portugal & de ceux d'Espagne, depuis le Cap St. Vincent jusqu'au Cap d'Ortegal.	18 à 20
Dito. De Bilbao & de St. Ander, pour 200 livres de laine ou 400 livres d'Aignelins, 3 ou 4 florins ce qui fait.	15 à 20

Les Avaries de ces frêts, sont seulement de 10-p %.

En venant de Bayonne, lors des vins nouveaux, on accorde le frêt pour l'allée & le retour à 15 flor. par tonneau de vin, font	30
Et 1½ flor. par tonneau, d'avarie ordinaire.	

Mais si l'on charge un Navire en cueillette, l'avarie ordinaire est comptée à Bayonne à 30-p %.

Pour Amsterdam, venant de Bordeaux, Livourne, Nantes, la Rochelle, S. Malo & autres ports des Provinces de Gascogne & de Bretagne, où l'on charge des vins de 10 à 11 flor. par tonneau, font.	20 à 22

L'Avarie du frêt se compte à 1 flor. par tonneau de vin & 15 p %. pour toute autre marchandise.

De S. Petersbourg pour Amsterdam, avec du chanvre de premiere qualité.	20 à 22
Dito Pour les ports de France, d'Espagne en-deça du Cap Finistere, avec du chanvre de premiere qualité.	25 à 30
Dito. Pour les ports d'Espagne & de Portugal d'au-de-là du Cap Finistere, jusqu'au détroit de Gibraltar.	30 à 35
Pour les ports de la Méditerranée, suivant l'éloignement.	35 à 45

Les Avaries se comptent à 10-p %.

Nota. *Le Laſt de chanvre ou de Lin, eſt de 6 Bercowitz ou 60 Ponds de Ruſſie. On paye pour le lin & le chanvre de deuxieme qualité 2 flor. par laſt, pour le lin & le chanvre de troiſieme qualité 4 flor. par laſt de plus que pour le lin & le chanvre de premiere qualité. On compte 60 rouleaux de cuirs de Moſcovie pour un laſt, dont le frêt eſt d'environ 8 à 10 p $\frac{0}{0}$ plus cher que celui du laſt de chanvre de premiere qualité.*

	Flor.
D'Archangel pour Amſterdam, avec des bleds.	30
Dito. Pour les ports de l'Oueſt.	35 à 40

L'Avarie ordinaire eſt de 10 p $\frac{0}{0}$.

Nota. *On compte 14 barils vieux de brai & de goudron pour un laſt ordinaire, & 134 barils vieux ne font que 100 barils nouveaux, ou barils ordinaires d'Archangel de brai ou goudron.*

De Riga & des autres ports de Livonie, d'Eſtonie & de Courlande pour Amſterdam, avec du lin ou du ſeigle.	20 à 22
Dito. Pour les pors de France dans l'Océan, de 3 ½ à 3 ¾ flor. par Schff, ou par laſt de 6 Schff.	21 à 22 ½
Dito. Pour ceux d'Eſpagne, à 4 flor. par Schff de chanvre ou de lin, ou par laſt de 6 Schff.	24

Nota. *On paye pour le lin de deuxieme qualité 2 flor. & celui de troiſieme qualité 4 flor. par laſt davantage que le lin de premiere qualité.*

Dantzick, Koenigſberg & autres ports circonvoiſins dans la Mer Baltique, pour Amſterdam, avec du ſeigle.	16 à 18
Dito. Pour les ports de France dans l'Océan, avec du ſeigle.	20
Dito. Pour ceux d'Eſpagne juſqu'au Cap Finiſtere.	20 à 25
Dito. Pour ceux d'Eſpagne & de Portugal depuis le Cap Finiſtere, juſqu'au détroit de Gibraltar.	28 à 30
De Dantzick, pour ceux d'Eſpagne dans la Mer Méditerranée.	30 à 35
Pour ceux de France dans la même mer, & pour l'Italie.	35 à 40

L'Avarie ordinaire est comptée à 10 p 8.

NOTA. *On regle ordinairement dans les Ports de la Baltique, le frêt par last de seigle, & l'on compte 10 p 8. de plus par last de froment.*

	Flor.		Flor.
De Bergen, pour Amsterdam, avec du poisson sec.	5 ½ f. par kaag.	De Drontheim & Christiansund, pour Amsterdam, avec du poisson.	6 à 7
Dito Pour Bilbao, avec le même poisson.	7 dit.	Et à proportion pour les autres ports.	
Dito. Pour Barcelonne & les ports d'Italie.	10 à 12		

NOTA. *On affréte aussi des Navires pour charger du bois dans un Port de Norwege à 8 flor. par last.*

L'Avarie ordinaire se compte à 10-p 8.

Lorsqu'on affréte des Navires pour charger du bois dans lesdits Ports de la Mer Baltique, on obtient souvent le frêt 10 à 15-p 8. meilleur marché; on peut régler sur ces frêts, ceux qu'on paye dans les autres Ports de la Mer Baltique, à quelques petites différences près, qui dépendent le plus souvent des circonstances.

OBSERVATIONS.

Le Last pour les affrétemens des Navires est compté à Amsterdam pour l'encombrement d'un véritable last de seigle, dont le poids répond communément à 4000 livres, poids de Troyes, de Hollande. Lorsqu'on charge d'autres marchandises, on a soin de spécifier le nombre de mesures, le poids, ou les pieces dont est composé le last.

GABARE.

Bateau plat & large dont on se sert pour le cabotage, & sur la plûpart des rivieres qui se perdent dans la mer; les Gabares sont en grande partie couvertes, & sont le plus souvent employées pour la charge & décharge des navires.

GAGES.

Ce mot s'entend des effets qui se donnent en nantissement de prêts d'argent, pour lesquels l'ordonnance de 1673, s'exprime ainsi qu'il suit :

1°. Qu'aucun prêt sur gages ne sera fait qu'en vertu d'un acte notarié qui contiendra la somme prêtée, & les gages qui ont été délivrés, à peine de restitution de gages, à laquelle le prêteur sera contraint par corps, sans pouvoir prétendre de privilége sur lesdits gages. 2°. Que dans le cas où les gages ne pourront être désignés dans l'obligation, ou acte ci-dessus dit, ils feront énoncés dans une facture, ou inventaire dont l'obligation doit faire mention, & cette facture contiendra la quantité, qualité, poids & mesure des effets ou marchandises donnés en gage, & ce, sous les mêmes peines que ci-dessus.

Paris n'est plus aujourd'hui dans cet usage, depuis l'etablissement du Mont-de Piété, parceque c'est le seul lieu de cette Capitale où l'on puisse emprunter sur gages, d'une maniere aussi sûre, que peu dispendieuse, & nullement susceptible de nuire au crédit, ni à la réputation des Commerçans qui sont dans la nécessité d'y avoir recours.

GARANTIE.

Voyez ci-dessus le mot DÉLAI.

GRIMELIN, GRIMELINAGE.

Se disent d'un Commerce peu conséquent en bestiaux. Les manœuvres illicites que commettent des particuliers qui se trouvent aux marchés des bêtes à laines & à cornes, en faisant des avantages aux marchands, moyennant un droit souvent usuraire, pour s'emparer de leurs bestiaux, & les survendre ensuite aux acheteurs, ont été déclarées usuraires par le Parlement de Paris, suivant un arrêt du 29 Avril 1694 qui prononce des peines contre cette manœuvre appelée grimelage.

GROSSE AVENTURE.

Prêt d'argent à gros intérêt pour le commerce des mers, & dont on ne fait aucun remboursement, lorsque le navire pour lequel cet argent a été prêté, vient à périr.

Le titre 5 du livre 3 de l'ordonnance de la marine, régle ce qui suit pour la grosse aventure.

1°. Que les contrats seront faits pardevant notaires, ou sous seing-privé, & que l'argent peut être prêté sur le corps du vaisseau, ses agrêts, apparaux, armemens, enfin sur le tout ou partie de son chargement, soit conjointement ou séparement, soit pour le voyage entier du vaisseau, ou pour un tems limité, mais que l'on n'empruntera pas au-delà de la valeur du navire & de son chargement, sous peine d'être contraint au payement entier des sommes reçues, malgré la prise ou la perte constatée du vaisseau.

2°. Qu'il ne sera rien emprunté sur le frêt du vaisseau, sur le profit à faire des marchandises, ni sur les loyers des matelots.

3°. Que le navire & tout ce qui concerne son armement, sa cargaison & le produit même de son prêt seront affectés par privilége au principal, & aux intérêts de l'argent prêté sur le corps & quille du vaisseau.

4°. Que ceux qui prêteront à la grosse au maître, ou capitaine de vaisseau, dans le lieu même de la résidence des propriétaires de ce vaisseau, & sans leur consentement, n'auront d'hypothèque & privilége que sur les prétentions du capitaine, dans ledit vaisseau & à son frêt.

5°. Que les contrats à la grosse demeureront nuls, lorsqu'il y aura perte entiere des effets ou du vaisseau sur lesquels on aura prêté, pourvu que cette perte ne provienne que par cas fortuits, & des risques imminens.

Et 6°. Que lorsqu'il y aura sur un même vaisseau, ou son chargement, assurance & contrat à la grosse, le prêteur de la grosse sera préféré aux assureurs sur le parti à tirer des effets naufragés, mais seulement pour le montant de son capital, & non des intérêts.

Guindage.

Mot usité par les marins, pour signifier les travaux de la charge & décharge d'un navire. L'Ordonnance de Marine prescrit à cet égard que les dommages qui arrivent aux marchandises par le défaut de guindage doivent être réputés simples avaries, & comme telles être supportées par le Capitaine, le Navire & le Frêt.

Haubans.

Echelles de gros cordages qui sont de chaque côté du Navire, & attachées au grand mât.

Honneur.

Se dit de l'acquit d'une lettre de change, d'un billet, d'un mandat, ou d'une lettre de crédit.

Hygrometre.

Nom d'un instrument qui sert à faire connoître la sécheresse & l'humidité de l'air.

Jet.

Terme de Marine qui signifie l'action de jeter à la mer des marchandises, ou objets susceptibles d'alléger le navire, lorsqu'il est dans un danger imminent.

Indult.

Droit ainsi nommé en Espagne, & qui se perçoit sur les bâtimens, flottes & gaillons; il est de 2-à-2-½ pour cent.

INTERDICTION.

Défense des Souverains à leurs sujets de commercer, avec l'étranger sans passeports *ad hoc.*

INTÉRET.

L'ordonnance ne veut connoître d'intérêts licites que ceux qui sont au taux du Prince, (fixés en France 1781 à cinq pour cent, ou au denier vingt) cette ordonnance régle aussi que l'intérêt du principal, & du change d'une lettre, ne courrera que du jour de son protêt, sans qu'il en soit fait de demande particuliere en justice, & que celui du rechange & des frais ne sera dû que du jour de la demande en justice. Défend la même ordonnance à tous particuliers de comprendre dans aucuns actes, billets & lettres, leur principal & ses intérêts, & entend que ceux usuraires s'imputeront sur le principal même, & leurs prêteurs punis, suivant les loix, & qu'il ne sera jamais adjugé en justice aucun payement d'intérêt des intérêts.

INTERLOPE.

Commerce caché, indirect & défendu, pour se procurer des vaisseaux & des marchandises prohibées.

INVENTAIRE.

Se dit de l'état exact & très-circonstancié qu'un commerçant est obligé de faire, au moins tous les deux ans, de sa situation, autant pour se rendre compte à lui-même, que pour satisfaire au desir de l'article 8 du titre 3 de l'ordonnance de 1673.

JOURNAL.

Voyez ci-après livres divers de Commerce : l'ordonnance porte que tous commerçans, tiendront un livre désigné sous ce nom, sur lequel seront inscrits toutes leurs affaires de commerce, lettres & billets de change, & que faute de la représentation de ce livre, en cas de faillite, ils pourront être poursuivis comme banqueroutiers frauduleux.

JUGES DE COMMERCE.

Une déclaration de LOUIS XIV de 1669, attribue aux Maires, Echevins, Capitouls & Jurats des villes de France, sauf celles de Paris & Lyon, les fonctions de juges des manufactures, arts & métiers, & leur permet de juger Souverainnement jusqu'à la somme de 150 livres, entendant que les procès portés devant eux soient traités sommairement, & plaidés par les parties mêmes.

Pour les consuls. *Voyez* ce que nous en disons à l'article de Paris, page 619. Tome Premier.

Les Juges des causes maritimes sont commis par lettres du Roi, ou de l'Amirauté, & connoissent en premiere instance de toutes les contestations du Commerce de mer, & des ports du Royaume, ainsi que des droits qui concernent le Roi & l'Amirauté; leur compétence est trop étendue pour en donner une idée dans cet ouvrage. On peut consulter à cet égard les Ordonnances de 1681 & 1685, où toutes leurs fonctions sont réglées sur tous les détails de ce Commerce & des assurances.

LAISE.

Terme synonime à Lé, relativement aux étoffes & autres toiles.

LAMANAGE.

Terme appliqué à la manœuvre d'un Pilote, pour conduire les vaisseaux à leur entrée & sortie des rivieres & des ports. Leur payement est appelé lamanage : ce mot est absolument synonime à celui de pilotage.

LAZARET.

Nom que l'on donne, à Livourne & en plusieurs endroits de l'Italie, à des lieux situés hors des villes, & destinés pour faire observer la quarantaine aux personnes & aux marchandises suspectées de contagion. On y acquitte un droit du même nom pour l'entretien desdits lieux : il est d'environ un pour cent de la valeur des marchandises.

LÉ.

Terme de manufacture qui exprime la largeur d'une étoffe, ou d'une toile entre deux lisieres. *Lé* se dit aussi en terme *d'eaux & Forêts*, & signifie dans ce sens, l'espace de terre que des propriétaires de terres sont obligés de laisser le long des rivieres, pour le tirage des bateaux : cette espace est communément de vingt-quatre pieds de largeur.

LEST.

Se dit des pierres, cailloux & sables qu'on charge dans un bâtiment pour le faire cuber la quantité d'eau qu'il doit tirer avant son chargement, & dont les capitaines ou maîtres des navires sont tenus de faire leur juste déclaration aux Bureaux d'Amirauté.

LETTRES-MISSIVES.

On appelle ainsi toutes les lettres de Commerce ; les négocians sont obligés de tenir un registre de leurs copies, comme de conserver celles qu'ils reçoivent.

LETTRES DE CHANGE.

Quoique leur teneur soit très-connue, nous répéterons après tout le monde, qu'il est essentiel, pour qu'elles ayent toute leur force, qu'elles soient revêtues de trois signatures, celle du tireur, celle de l'accepteur, & celle de l'endosseur, &

qu'elles ſoient en outre tirées de place en place, il eſt eſſentiel auſſi que les lettres de change faſſent mention de la valeur que le tireur a reçue de celui au profit duquel elle eſt tirée.

Voici ce que les Ordonnances reglent à leur égard. Celle du mois de Mars 1673 porte 1°. que les lettres doivent contenir le nom de ceux pour qui elles ſont crées, les valeurs reçues, le tems de l'échéance, & le nom de celui qui en a donné la valeur.

2°. Que leurs porteurs doivent en faire faire le protêt, à défaut de payement, dans les dix jours qui ſuivent l'échéance pour conſerver leurs recours ſur les endoſſeurs, ſauf à pourſuivre enſuite l'accepteur.

3°. Que les tireurs & endoſſeurs peuvent être pourſuivis en garantie, juſqu'à parfait payement, malgré l'action intentée contre le tireur, & que les pourſuites doivent être faites dans les délais indiqués au mot garantie.

4°. Que leſdits tireurs & endoſſeurs doivent prouver, en cas de dénégation, que ceux ſur qui elles ſont tirées, leur étoient redevables, & avoient proviſion pour les acquitter, ce qui peut les décharger de la garantie, quand l'accepteur eſt ſolvable & ne fait éprouver qu'un retard momentané.

5°. Que les lettres payables à un particulier & non à l'ordre du porteur, ſe trouvant adhérées ou perdues, le payement peut en être pourſuivi ſur une ſeconde lettre du tireur, ſans qu'il ſoit beſoin de fournir caution, mais en faiſant mention que c'eſt une ſeconde lettre, & que la premiere perdue, venant à ſe retrouver, reſtera nulle & de nulle valeur. Quant aux lettres payables à ordre, ou au porteur, ſi elles ſont perdues, le payement ne peut s'en faire que par Ordonnance de Juſtice & en donnant caution.

6°. Pour les cautions, elles ſont déchargées de plein droit, ſans beſoin de procédure, ni ſommation, lorſqu'il n'eſt fait aucune demande, pendant trois ans, à compter du jour des dernieres pourſuites.

7°. Il eſt abſolument défendu d'antidater les ordres, ſous peine de faux.

8°. Celui qui a mis ſon aval ſur une lettre, devient ſolidaire pour ſon payement avec les tireur, endoſſeur & accepteur, & ſe trouve, comme eux, contraignable par corps, &c. *Voyez* ci-deſſus AVAL, CAUTION, DÉLAI, GARANTIE & FIN DE NON RECEVOIR.

LETTRES DE RÉPIT.

Surſéances, ou délais de payement accordés par le Souverain à des débiteurs de bonne foi; elles s'expédient par les

Secrétaires du Roi, doivent être scellées du Grand Sceau, & entérinées par les juges des lieux, pour lesquels elles sont délivrées. Elles ne s'obtiennent que rarement aujourd'hui, & pour des considérations importantes, dont il doit y avoir des preuves par des actes authentiques qu'il faut expliquer dans la requête que l'on présente pour obtenir ces lettres, à laquelle requête il est nécessaire de joindre un état des meubles, immeubles effets & dettes passives & actives de l'impétrant qu'il doit certifier être sincere & véritable : le double de cet état doit aussi être déposé au Greffe des Consuls, & les lettres obtenues doivent être signifiées, ainsi que copie du certificat de dépôt d'état, ou bilan, au Greffe, à tous les créanciers du débiteur, à peine par lui d'être déchu de l'effet de ses lettres à l'égard des créanciers auxquels elles n'auront pas été signifiées.

Comme cette grace du Souverain ne s'accorde qu'à des particuliers en faillite, ceux qui obtiennent des lettres de répit n'en ont pas moins une tache à leur réputation qui les exclut des charges publiques, ainsi ils ne peuvent y prétendre que par des lettres de réhabilitation qui s'obtiennent aisément, comme nous l'avons déjà dit, en prouvant que l'on a entierement acquité ses dettes.

Les lettres de répit ne s'accordent pas pour pensions, alimens, médicamens, loyers, gages de domestiques, reliquats de comptes de tutelle, moissons de grains, journées d'artisans & mercenaires, dépôt d'argent, marchandises & papiers, stellionats, réparations, dommages & intérêts, adjugés en justice criminelle, receveur des deniers publics & royaux, marchandises prises sur l'étape & dans les foires, marchés & ports publics, poissons de mer, frais, secs & salés, cautions judiciaires & extrajudiciaires, coobligés, frais funéraires, arrérages & redevances de rentes foncieres, & baux amphitéotiques ni aux banqueroutiers frauduleux, aux débiteurs détenus prisonniers, & à ceux sur les effets desquels on a apposé les scellées; & ceux qui les obtiennent ne peuvent payer, ni préférer un créancier au préjudice des autres, sous peine d'en être déchus.

Ces lettres portent mandement au juge à qui on les adresse, de les entériner & d'accorder au débiteur tel délai qu'il jugera convenable, mais non de plus de cinq années, à moins que ce ne soit du consentement des deux tiers en somme des créanciers hypothécaires, & elles donnent au débiteur un délai de six mois, pour en poursuivre l'entérinement, pendant lequel tems il est défendu d'attenter à sa personne & biens, ni directement, ni indirectement.

LETTRES DE VOITURES,

Ecrit qui constate le poids, la qualité, la quantité, les numeros, &c. & la situation d'une marchandise chargée à un voiturier, soit de terre, ou d'eau, le tems où il doit rendre ladite marchandise à sa destination, le remboursement à lui fait des acquits par lui payés en route, & le prix de sa voiture à tant du cent, du quintal, de la livre, ou du tonneau. *Voyez* Le modele suivant.

MODELE D'UNE LETTRE DE VOITURE.

A Bordeaux ce 11 Mars 1785.

MESSIEURS,

A la Garde de Dieu & conduite de . . . . Voiturier par terre d'Orléans; je vous envoie trois balles d'étoffes de laine, marquées & numérotées comme en marge, pesant ensemble quinze cens livres, lesquelles ayant reçus bien conditionnées en tems dû, il vous plaira lui payer sa voiture à raison de. . . . . . . du cent pesant & lui rembourser tous acquits de droits justifiés par quittances, & ce, sans autre avis de

Nos. 1 2 3
D. & Comp.

poids 1500. liv.

A MESSIEURS

MESSIEURS

& Comp. Marchands de Draps, Rue
à

Votre très-humble & obéissant Serviteur,

LETTRES DE MER.

Se disent des Commissions que les étrangers prennent d'un Prince dont ils ne sont pas sujets, pour naviger sous son pavillon.

LIQUIDATION.

Se dit de Comptes épurés & reconnus justes, des parties intéressées. Ce mot est la juste réduction, ou fixation d'une somme incertaine & contestée. Enfin ce terme est très-usité dans le Commerce, la Finance & la Banque.

Voici quelques exemples de la maniere dont se liquident les comptes de Commerce; On suppose par ces exemples deux associés qui, après avoir travaillé ensemble par compte à demi, se résolvent à quitter le Commerce. On suppose aussi que leur inventaire se monte en argent, marchandises & débiteurs à 320,000 livres, leurs créanciers à 80,000 livres; qu'ils ont pour former leurs 320,000 livres. 1°. en marchandises 80,000 livres. 2°. en argent 40,000 livres, & 3°. en débiteurs 20,000 livres. Il faut qu'ils commencent par donner des acomptes à leurs créanciers, qu'ils fassent rentrer ce que leur doivent leurs débiteurs; & vendent leurs marchandises en entier, pour, les profits, ou pertes résultants de cette vente, être passés au débit & crédit du compte des profits & pertes, & qu'enfin tout étant vendu, les débiteurs ayant payé, on puisse additionner le débit & crédit dudit compte de profits & pertes que l'on balance, en cas de différence, par les comptes, des deux associés.

EXEMPLE.

Ou maniere dont les Comptes doivent être balancés au Grand Livre, pour opérer la liquidation ci-dessus.

F°. Ier.

MARCHANDISES. 1781	Doivent.	GÉNÉRALES. 1781	* F°.	Avoir.
Pour celles en nature	L. 80000 "	Vendues par caisse	2	76000 "
		Par profits & pertes	3	4000 "
	L. 80000 "		L.	80000 "

(*) L'on entend par Folio, celui du Grand Livre où est placé le compte, & nous supposons ici par les Nos. des nos articles, les Folios entiers d'un Grand Livre, ce qui donne lieu au F°. mis en tête de chacun des articles comme F°. 1er. est ici en tête de marchandises générales, F°. 2. en tête de Caisse &c.

F°. 2.

CAISSE.

1781	F°.	Doit.	1781	F°.	Avoir.
Pour eſpeces en icelle		L. 40000 »	Payé à divers créanciers		L. 78800 »
Pour marchandiſes vendues	1	76000 »	A N. Sr. Roger par compte courant	5	40000 »
Pour débiteurs rentrés		191000 »	A N. Sr. Rouſſeau. *Idem*	8	40000 »
			A N. Sr. Roger par compte de fonds	4	40000 »
			A N. Sr. Rouſſeau. *Idem*	7	40000 »
			A N. Sr. Roger par compte de profits & pertes	6	34100 »
			A N. Sr. Rouſſeau. *Idem*	9	34100 »
		L. 307000. »			L. 307000

F°. 3.

PROFITS & PERTES.

1781	F°.	Doivent.	1781	F°.	Avoir.
Pour pertes ſur les marchandiſes.	1	L. 4000 »	Pour eſcompte ſur divers	»	L. 1200 »
Pour autres pertes & rabais ſur les débiteurs.	»	9000 »	Par compte de profits & pertes de N. Sr. Roger	6	5900 »
			Par compte *idem* de N. Sr. Rouſſeau	9	5900 »
		L. 13000 »			L. 13000 »

F°. 4.

Notre Sieur Roger.				Son Compte de Fonds.		
1781		Doit.	1781			Avoir.
	F°.				F°.	
A Caiſſe.	2	L. 40000 „		Pour ſon capital.		L. 40000 „

F°. 5.

Nôtre Sieur Roger.				Son Compte Courant.		
1781		Doit.	1781			Avoir.
	F°.				F°.	
A Caiſſe	2	L. 40000 „		Pour capital & intérêts.		L. 40000 „

F°. 6.

Notre Sieur Roger.				S. C. de Profits et Pertes		
1781		Doit.	1781			Avoir.
	F°.				F°.	
A Caiſſe	2	L. 34100 „		Pour ceux à lui revenant.		L. 40000 „
A profits & pertes.	3	5900 „				
		L. 40000 „				L. 40000 „

F°. 7.

Notre Sieur Rousseau.				Son Compte de Fonds,		
1781		Doit.	1781			Avoir.
	F°.				F°.	
A Caiſſe	2	L. 40000 „		Pour ſon capital.		L. 40000 „

F°. 8.

NOTRE SIEUR ROUSSEAU.				SON COMPTE COURANT.			
1781	Doit.	F°.		1781	Avoir.	F°.	
A Caisse		2	L. 40000 »	Pour capital & intérêt.			L. 40000 »

F°. 9.

NOTRE DIT SIEUR ROUSSEAU.				S. C. DE PROFITS ET PERTES.			
1781	Doit.	F°.		1781	Avoir.	F°.	
A Caisse		2	L. 34100 »	Pour ceux à lui revenant.			L. 40000 »
A profits & pertes.		3	5900 »				
			L. 40000 »				L. 40000 »

D'après ces exemples, nous croyons devoir en donner encore quelques autres sur la forme de liquidation, qui s'observe entre deux associés, dont l'un quitte le Commerce, & l'autre le continue, en se chargeant de la liquidation, & prenant à son compte les marchandises restantes, que nous supposons être de la valeur de L. 80,000, dont l'associé restant tient compte à sa société, ainsi que des sommes rentrées des débiteurs, ainsi qu'on le verra au F° 12 des exemples ci-après.

EXEMPLES.

F°. Ier.

NOTRE SR. DENIS.				S. C. DE FONDS.			
1781	Doit.	F°.		1781	Avoir.	F°.	
A la liquidation de la présente.		12	L. 40000 »	Pour son capital.			L. 40000 »

F°. 2.

F°. 2.

NOTRE SR. MATHIEU.			S C. DE FONDS.		
1781		Doit.	1781		Avoir.
	F°.			F°.	
A la liquidation de la présente.	12	L. 40000 ”	Pour son capital.		L. 40000 ”

F°. 3.

NOTRE SR. DENIS.			S C. COURANT.		
1781		Doit.	1781		Avoir.
	F°.			F°.	
A la liquidation de la présente.	12	L. 30000 ”	Pour capital & intérêts.		L. 30000 ”

F°. 4.

NOTRE SR. MATHIEU.			S C. COURANT.		
1781		Doit.	1781		Avoir.
	F°.			F°.	
A la liquidation de la présente.	12	L. 20000 ”	Pour capital & intérêts.		L. 20000 ”

F°. 5.

NOTRE SR. DENIS.			S C. DE PROFITS ET PERTES.		
1781		Doit.	1781		Avoir.
	F°			F°.	
A la liquidation de la présente.	12	L. 47036 10	Par profit annuel.		L. 48000 ”
A profits & pertes.		963 10			
		L. 48000 ”			L. 48000 ”

F°. 6,

Notre Sieur Mathieu.			S C. de Profits et Pertes.		
1781 — *Doit*	F°.		1781 — *Avoir.*	F°.	
A la liquidation de la présente.	12	L. 47036 10	Par profit annuel.		L. 48000 »
A profits & pertes.		963 10			
		L. 48000 »			L. 48000 »

F°. 7.

Marchandises			Générales.		
1781 — *Doivent.*	F°.		1781 — *Avoir.*	F°.	
Pour celles en nature.		L. 80000 »	Par la liquidation de la présente.	12	L. 80000 »

F°. 8.

Caisse.					
1781 — *Doit.*	F°.		1781 — *Avoir.*	F°.	
Pour especes en icelle.		L. 30000 »	Par la liquidation de la présente.	12	L. 30000 »

F°. 9.

Débiteurs.			Divers.		
1781 — *Doivent.*	F°.		1781 — *Avoir.*	F°.	
En Janvier.		L. 55000 »	Par la liquidation de la pré-		
En Mars.		66800 »			

En Août.		48200 »	
En Novembre.		36000 »	
	L.	206000 »	

	F°.		
ſente.	12	L. 55000 »	
Par ladite liquidation.	12	65800 »	
Par profits & pertes.	11	1000 »	
Par la liquidation de la préſente.	12	47000 »	
Par profits & pertes.	11	1200 »	
Par la liquidation de la préſente.	12	35700 »	
Par profits & pertes.	11	300 »	
		L. 260000 »	

F°. 10.

CRÉDITEURS DIVERS

1781.	F°.	*Doivent.*
A la liquidation de la préſente	12	L. 35 000 »
A ladite liquidation en Mars	12	16800 »
A ladite, par eſcompte, en Août	12	22261 »
A profits & pertes, d'une part	11	339 »
A la liquidation de la préſente	12	15366 »
A profits & pertes, d'autre part	11	234 »
		L. 90000 »

1781.	*Avoir*
Payement en Janvier	L. 35000 »
dito -- en Mars	16800 »
dito --- en Août	22600 »
dito --- en 9bre	15600 »
	L. 90000 »

F°. 11

Profits & Pertes.

1781	Doivent.	F°.		1781	Avoir.	F°.	
	A Débiteurs divers	9	L. 1000 »		Par Créditeurs divers	10	L. 339 »
	Idem.	9	1200 »		*Idem.*	10	239 »
	Idem.	9	300 »		Par compte de profits de N. Sr. Denis	5	963 10
					Idem de N. Sr. Mathieu	6	698 10
			L. 2500 »				L. 2500 »

F°. 12.

Liquidation de la Société de Denis et Mathieu.

1781	Doit.	F°.		1781	Avoir.	F°.	
	Pour marchandises générales	7	L. 80000 »		Par compte courant de N. Sr. Denis	3	L. 30000 »
	Par caisse	8	30000 »		*Idem* de N. Sr. Mathieu	4	20000 »
	Par débiteurs divers	9	203500 »		Par créditeurs divers	10	89427 »
					Par compte de fonds de N. Sr. Denis	1	40000 »
					Idem de N. Sr Mathieu	2	40000 »
					Par compte de profits & pertes de N. Sr. Denis	5	47036 10
					Idem de N. Sr. Mathieu	6	47036 10
			L. 313500 »				L. 313500 »

Ce dernier compte de liquidation doit être ouvert sur le nouveau grand livre de l'associé restant, en observant d'y porter les mêmes détails, & de mettre au débit les articles du crédit de ce compte, & au crédit ceux qui sont au débit : bien entendu que chaque article doit avoir un compte particulier dans les formes que nous venons d'indiquer.

LIVRES.

Ce mot se dit en général des régistres des Marchands, Négocians, Banquiers & gros Artisans, & de toutes les personnes de Commerce ; leur teneur est en parties doubles & simples, & les noms des registres usités dans le Commerce sont, 1°. le *Brouillard* sur lequel doit s'inscrire toutes les affaires d'un Négociant ; ce livre est le seul cru en justice.

2°. Le *Journal*, il n'est formé que sur le relevé des détails du Brouillard que l'on y transcrit avec autant d'ordre que de propreté.

3°. *Le Grand Livre*, ou livre de raison qui n'est, à proprement parler, qu'un simple extrait du journal, & sur lequel les articles épars dans le journal sont réunis au grand livre, par tous comptes particuliers ouverts en débit & crédit.

4°. Le livre de *Caisse* est également pour tous les articles de recettes & dépenses en deniers épars dans le journal & qui sont transcrits par suite au livre de caisse, en débit & crédit.

5°. Le livre de *Comptes Courants* dont l'utilité est d'y ouvrir, en débit & crédit, les comptes que l'on a avec ses correspondans, pour être à portée d'en tirer des copies à sa volonté, & presque sans recherches, en ce que ces comptes sont formés d'après relevé des factures ou autres comptes, & contiennent un détail que ne donne pas le grand livre, & qui est moins compliqué que celui du journal.

Après ces livres généraux, viennent ceux auxiliaires détaillés ci-après.

1°. Celui *d'Échéances* sur lequel les sommes à payer, comme à recevoir sont écrites dates par dates, & rangées en débit & crédit.

2°. Celui des *Numéros* qui se tient aussi en débit & crédit pour indiquer l'entrée & la sortie des marchandises d'un magasin.

3°. Celui des *Acceptations* ou des *traites & remises*, il sert à indiquer les lettres qu'on a acceptées, celles qu'on a ordre d'accepter & celles qu'on se propose de refuser à l'acceptation.

4°. Celui des *Factures* dont l'usage est d'y copier les factures pour lesquelles on ne veut pas ouvrir de comptes au grand livre.

5°. Celui des *Commiſſions*, ordres & avis, il ne ſert qu'à raſfraichir la mémoire des opérations de Commerce que l'on a à faire, comme des demandes qu'on a à remplir.

Enfin un livre de *Copies de lettres* ſur lequel toutes les miſſives d'un Négociant doivent être littéralement tranſcrites; ce dernier livre a été jugé ſi néceſſaire que l'Ordonnance même du Commerce enjoint les Négocians à le tenir avec exactitude pour être repréſenté en juſtice au beſoin: la même Ordonnance veut auſſi que les gens de Commerce tiennent un regiſtre de la dépenſe de leur maiſon pour juſtifier de leur économie, en cas d'événemens. D'après ce détail ſur les livres de Commerce & la teneur d'un grand livre dont nous avons ci-deſſus donné le modele, il ne nous reſte qu'à indiquer par les exemples ſuivans les formes dans leſquelles ſe tiennent le *journal* & le *livre de caiſſe*.

FORMULE D'UN JOURNAL.

15 *Juilliet* 1781.

F°. du G. L.				
*		MARCHANDISES GÉNÉRALES DOIVENT AUX SUIVANS. *Savoir.*		
10 / 17	A	*Barthelemi*, de Nantes, pour balle de 600 livres café, ſuivant ſa facture du 28 Août dernier. ——— L.	598-12-6	
10 / 22	A	*Rigault*, d'Oléans, pour futaille de 1200 liv. ſucre, ſuivant facture du 14 Août dernier. ———	892-14 "	
10 / 34	A	*Profits & Pertes*, pour Ports & Droits. *Savoir.* Pour ports de 1200 l. ſucre à 1 l. 4 ſols du 100 —L. 14-8 ; Pour Droits ſuivant acquits. 264	278-8 "	1769-14-6

* NOTA. Les chiffres placés dans cette colonne ſont pour indiquer la maniere dont ſe cottent au journal les folios du Grand Livre, c'eſt-à-

22 *Juillet.*

		CAISSE DOIT AUX SUIVANS, *Pour les ſommes qu'ils y ont verſées.*			
		Savoir.			
14/19	A	*Beaumont* de Lille, pour autant reçu de ſa traite du 11 courant à vue ſur le couteux	L.	3200 »	5400
14/43	A	N. Sr. *Morin*, pour ſomme par lui fournie, à valoir ſur ſon capital		2200 »	

Dudit.

		LES SUIVANS DOIVENT A CAISSE, *Pour les ſommes à eux payées.*			
		Savoir.			
27/14	—	Charles *Bontems*, pour l'acquit de ſon mandat du 30 du paſſé	L.	1200 »	2000
28/14	—	Mathieu *Cornu*, pour l'acquit de ſa traite ſur ſon nom ord. de Dupleſſis, en date du 4 Juin		800 »	

Formule d'un livre de Caiſſe.

NOTA. Les colonnes de numeros placés au débit, comme au crédit de cette formule, ſont pour l'indication des F°. 5 d'un grand livre, tel que nous venons de le dire à la formule du Journal ci-deſſus.

dire $\frac{10}{17}$. Le nombre 10 placé au-deſſus du nombre 17, indique le folio des débiteurs ; ainſi marchandiſes générales qui ſont ici débiteurs ſe t ouveroient au folio 10 du grand livre, & le nombre inférieur, comme 17, placé au-deſſous de la barre du 10, indique le folio des créditeurs au grand livre ; en ſorte que s'il exiſtoit un grand livre de formule de journal, le compte de Barthelemy ſe trouveroit ouvert au folio 17 de ce grand livre.

Fo. 1.		Doit.
1781.		
Caisse d'argent comptant tenue par N Sr *Cornuan.*		
2 Janv.	G. L.	
Pour especes en icelle, des fonds de notre société	3	L. 3000 " "
du 6.		
A notre Sr. Mathieu à valoir sur sa mise	4	1000 " "
D°.		
A marchandises générales pour vente au comptant	5	3500 " "
du 10.		
A Dupont pour recette de sa traite sur Tourton	8	2100 " "
D.		
A traites, billets & remises pour négociation, sous escompte, de notre traite or. de Morin, au 4 Mars.	6	5000 " "
		L. 50600 " "

Avoir.		Fo. 1.
1781		
7 Janv.	G. L.	
Par payement d'achat au comptant de marchandises générales	5	L. 7842-4-6
du 15.		
Par Dupont de Lille, pour l'acquit de sa traite sur nous ord. de Marsy	8	2100 " "
Par traites, billets & remises pour l'acquit de notre acceptation à la traite de Baron	6	3005 " "
16.		
Par N. Sr. Mathieu pour payement fait pour S C. particulier à D. Loiseau	3	190 " "
28.		
Par profits & pertes, pour payement à Durand notre commis	2	150 " "
		L. 13287 4 6

Les totaux se rapportent au folio suivant, ainsi que nous le démontrons ci après.

Fo. 2.			Fo. 2.
Caisse — 1781. — *Doit.*		*Avoir.* — 1781.	
De l'autre part	L. 50600	de l'autre part	L. 13287 4 6.

Tous

Tous les vaisseaux marchands sont obligés de tenir un Livre pour justifier de leurs chargemens & des approvisionnemens faits pour leurs Equipages.

Voila de plus quelques détails sur la teneur des Livres en parties doubles.

Cette teneur consiste en six parties principales, telles que 1°. former un inventaire; 2°. passer les articles du mémorial par débit & crédit au journal; 3°. porter les articles du journal au grand livre; 4°. solder les comptes; 5°. corriger les fautes; & 6°. balancer les livres. Toutes ces parties s'opérent par les détails suivans.

1°. *Former un inventaire*, c'est faire un relevé de ce qu'il y a, 1°. en argent comptant; 2°. en marchandises; 3°. en dettes actives, ou à recevoir; & 4°. en dettes passives, ou dettes à payer.

2°. *Passer les articles du mémorial au journal*, c'est mettre en *débit* tous les achats, ventes, payemens & remises, assurances, commissions, &c. que l'on fait pour compte d'autrui; & mettre en *crédit* les recettes en deniers, les provisions en papiers, les marchandises reçues, & généralement tout ce qui a été déboursé, & les commissions & assurances que l'on a faites pour notre compte.

3°. *Transporter les articles du journal au grand livre*, c'est les passer par simple extrait en *débit* & *crédit* de chaque compte ouvert sur ledit grand livre.

4°. *Solder les comptes*, c'est les transporter de *folios* pleins à de nouveaux *folios*, en ne prenant seulement dans les transports que les soldes des comptes pleins.

4°. *Corriger les fautes*, c'est lorsqu'on a passé par double emploi, ou par erreur, un article à un compte qui ne devroit pas y être, de passer un semblable article, pour le balancer au côté opposé à celui sur lequel on aura fait la faute.

Et 6°. *Balancer les livres*, c'est arrêter & balancer tous les comptes 1°. par détail au journal & 2°. par addition au grand livre. Pour bien opérer cette balance, on doit observer ce qui suit: 1°. voir si les parties du journal sont bien transportées, en mettant un point devant chaque partie vérifiée, c'est-à-dire devant le chiffre de chaque article du journal; 2°. en soldant & balançant le *compte de profits & pertes par celui de capital*; 3°. en soldant le *capital & tous les autres comptes par un bilan*; & 4°. en ayant l'attention pour commencer d'autres livres, d'y placer, en *débiteur*, le *bilan* qui a été créditeur, & par contre, placer en *créditeur* le *bilan* qui a été débiteur aux précédens livres.

LOGE.

Ce mot signifie bourse, ou lieu où les marchands se réunissent pour y traiter d'affaires de Commerce. Ce mot est fort usité à Lyon & à Marseille. *Voyez* COMPTOIRS.

LOT.

Assemblage, paquet, ou balle de marchandises qu'on ne vend, ainsi que pour compte des grandes compagnies de Commerce. Lot se dit aussi de la part, ou portion qui se donne à un matelot, ou autre sujet de l'équipage d'un vaisseau.

MAJEUR, MAJORITÉ.

Le droit civil de la Coutume de Paris fixe l'état d'un majeur à 25 ans, & la Coutume de Normandie à 21 ans un jour; mais tous les commerçans en France sont reputés majeurs du moment même où ils entreront dans le Commerce, & l'article 6 du titre premier de l'Ordonnance du mois de Mars 1673 décide à cet égard que tous Négocians & Marchands seront reputés majeurs pour le fait du Commerce & Banque, sans qu'ils puissent être restitués sous prétexte de minorité: cette majorité est confirmée par deux Arrêts postérieurs à cette Ordonnance, l'un du Parlement de Paris, en date du 30 Août 1702, & l'autre du Conseil du Roi du 12 Août 1704: ils portent que les mineurs qui ont tiré, accepté & endossé des lettres de change, ne sont point restituables, & qu'au contraire ils seront sujets à la juridiction consulaire, & contraignables par corps.

MAITRISES.

Voyez ci-après au mot STATUTS.

MANÉAGE.

Terme usité en mer, pour indiquer la charge & décharge que les matelots doivent faire des navires, sans exiger un payement particulier à cet effet.

MARQUES.

Se dit de caracteres empreints sur les plombs qu'on trouve aux étoffes; plusieurs arrêts & réglemens ont enjoint les manufacturiers & fabricans d'étoffes à les faire plomber de maniere à pouvoir indiquer aux acheteurs par les marques de plomb, le lieu des fabriques, pour rendre les fabricans garants de la bonté de leurs étoffes.

Celles qui se tirent des In

des, & dont la vente eſt permiſe en France, doivent être auſſi plombées, ſous peine d'être ſaiſies & brûlées, & de 3000 livres d'amende contre ceux qui ſe trouveroient avoir de ces étoffes.

Enfin les toiles de chanvre & de lin doivent avoir auſſi la marque du lieu de leurs fabriques, & celles de la viſite du lieu où elles auront été portées, pour y être vendues.

Les chapeaux, les cuirs, la bonneterie, le fer, l'étain, les vaiſſelles, & les bijoux d'or & d'argent, ſont aſſujettis également à différentes marques, ſous peine de confiſcation, d'amende & d'interdiction de Commerce à ceux qui cherchent à éviter ces droits de marque.

Matelots.

Une déclaration du Roi, du 22 Septembre 1669, en donnant divers réglemens ſur la navigation, dit, à l'égard des matelots & des officiers des navires, qu'ils ne pourront abandonner en mer les vaiſſeaux qu'ils monteront, & qu'aucuns matelots ne quitteront leur bord, que du conſentement des Capitaines & Maîtres du vaiſſeau, ainſi que de leurs propriétaires, & ce, à peine de trois ans de galeres, & de plus grande peine, s'il y échet.

Messageries.

Le réglement concernant le tranſport des effets du public, par les voitures & meſſageries réunies à la Ferme des Poſtes, porte que ceux qui auront chargé auxdites meſſageries, ou voitures qui en dépendent, des valiſes & coffres fermés à clef, ſans avoir fait ſur les regiſtres des meſſagers la déclaration de ce que contiennent leurs valiſes & coffres, ne pourront demander que 150 livres pour les choſes y contenues, ſi elles ſe perdent, & ce, en affirmant que les choſes perdues valent cette ſomme au moins; mais en cas de déclaration, les fermiers deſdites meſſageries ſeront tenus de payer les choſes qui manqueront, ſuivant leur juſte valeur.

Ce réglement n'a cependant plus lieu à l'égard des nouvelles meſſageries & du roulage de France; mais il ſubſiſte toujours, quant aux anciens bureaux de rouliers indiqués à l'article de Paris, page 638 du premier volume de cet ouvrage.

Messeteries.

Droit d'entrée ſur les pelleteries & cafés à Conſtantinople.

Métal ou Métail.

Corps dur & foſſile qui ſe fond au feu, & qui s'étend ſous le marteau. On ne compte communément que ſix eſpeces de métaux qui sont l'*or*, l'*argent*, le *plomb*, l'*étain*, le *fer* & le *cuivre*. On y ajoute d'autres especes, tels que le *vif-argent*, ou *mercure* qui n'est ni dur, ni ductile, le *bismuth* découvert depuis quelques années en Bohême, & qui tient le milieu entre le plomb & l'étain; le *régule* d'*antimoine*, le *régule martial*, dont l'usage est plus commun chez les apothicaires & droguistes, que pour d'autres états; & le *sputer* qui est un métal blanc, dur, aigre & cassant.

On verra peut-être avec plaisir que nous disions ici quelque chose sur la maniere d'affiner les métaux les plus précieux.

Il y a différens moyens d'affiner les métaux indestructibles, tels que l'*or* & l'*argent*.

L'*affinage de l'or* s'opere par la fonte de ce métal dans le creuset; on y ajoute peu-à peu, lorsque l'or est fondu, quatre fois autant d'antimoine; le tout étant parfaitement fondu, se verse dans un culot où l'on laisse réfroidir la matiere de laquelle on sépare les scories du métal: on fait ensuite fondre ce métal à feu ouvert, pour en dissiper l'antimoine, en soufflant dessus: ou pour abréger l'opération, on y jette du salpêtre à différentes reprises. Plusieurs orfévres préferent, dans leur affinage de l'or, l'antimoine au plomb, en ce qu'il emporte l'argent que le plomb y laisse, & même y augmente.

L'*or* s'affine aussi par la voie humide, à l'aide de l'esprit de nître qui en dissout l'alliage totalement, & la sépare de l'or; mais cet affinage ne se fait que lorsque la partie d'alliage est beaucoup plus forte que celle de l'or. Ce métal s'affine encore par la *cimentation*, en mettant, couche sur couche, des lames d'or, & du cément, ou ciment, composé avec de la brique en poudre, du sel ammoniac & du sel commun; quelques-uns y mettent du vitriol, d'autres du verd-de-gris, mais dans tous les cas, on doit laisser calciner l'or & le cément au feu.

Enfin l'or s'affine aussi, comme l'argent, par le nître pur, & sans borax qui ne fait que gâter la couleur. Lorsque ce dernier métal est mêlé de beaucoup d'argent, il ne peut aucunement s'affiner par le salpêtre.

L'argent s'affine au plomb, avec une coupelle bien seche qu'on fait rougir dans un fourneau de reverbere, ensuite on y met du plomb, & pour juger la quantité qu'il y faut employer, on met une petite partie d'argent contre deux de plomb dans la coupelle, & si l'on ne trouve pas que l'argent y soit net, on ajoute peu-à-peu du plomb, jusqu'à ce que l'argent soit clair ; mais on observe de jeter le plomb dans la coupelle avant l'argent ; & lorsque ce plomb, est *découvert*, ou en nappe, on y met l'argent ; plusieurs personnes sont même dans l'usage d'envelopper l'argent dans une feuille de plomb, qui est préférable au papier qui est susceptible de s'arrêter à la coupelle ; de quelque maniere que ce soit, l'argent étant dans la coupelle, s'y fond, & tourne sans cesse de bas en haut, & de haut en bas, en formant des globules qui grossissent à mesure que la masse diminue, & qui deviennent si gros qu'ils se réduisent à un seul qui couvre toute la matiere ; lorsque l'argent est dans cet état, dit *opale*, il paroît tourner ; bientôt il ne remue plus, il semble rouge, puis blanchit, & se distingue à peine de la coupelle, dans ce dernier état, il ne tourne plus, c'est alors qu'on peut le retirer.

L'argent s'affine aussi par le salpêtre ; on le fait fondre d'abord dans un creuset, ou un fourneau à vent, lorsqu'il est fondu, on y jette du salpêtre, on remue bien le tout ensemble, & on retire ensuite le creuset du feu ; on le verse doucement dans un baquet plein d'eau qu'il faut remuer avec un balai, pour que l'argent y tombe en grenaille, & non en masse ; cette opération se répète trois fois, en faisant refondre l'argent de nouveau, en y mettant du salpêtre, & un peu de borax chaque fois, & la troisieme fois on laisse refroidir parfaitement le creuset, sans y toucher, ou on le verse avec soin dans une lingotiere, & lorsqu'il est froid, on le casse, & l'on y trouve un culot d'argent pur.

Il y a une sorte d'affinage d'or & d'argent mêlés, qui se fait avec l'*eau régale*, qui dissout l'or, & laisse l'argent en une espece de poudre appelée l'*une cornée* par les chimistes. Cette eau est un mélange d'acide nitreux, & de sel ammoniac.

Le *cuivre* s'affine par plusieurs lotions, ou lavages que l'on fait à la matiere minérale, avant que de le fondre.

Enfin l'*étain* s'affine à peu-près comme le cuivre.

L'*essai* du titre de l'or se fait de deux manieres ; la premiere est la *coupellation*, sorte d'affinage qui se fait par la coupelle dont nous avons parlé ci-dessus ; elle sert pour l'essai des matieres d'or comme pour celles d'argent ; mais le poids fictif, pour déterminer la pureté de l'or, est différent de celui dont on fait usage pour l'argent ; une masse d'or, parfaitement pure, ou ne contenant aucune partie d'alliage, se divise en vingt-quatre parties, dites karats ; c'est ainsi que l'or pur se trouve être de vingt-quatre karats.

Pour décider le titre d'un lingot d'or, ou sçavoir ce qu'il contient au juste d'or pur, on prend d'une part six grains d'or pur, on pese d'autre part dix-huit grains d'argent fin, on met ces métaux, avec dix fois autant de plomb qu'il y a d'or dans la coupelle, on conduit le feu avec soin, en le faisant chauffer plus vivement sur la fin de la fonte, c'est-à-dire lorsque l'essai est prêt à faire l'*éclair*. Cette opération étant faite, on laisse refroidir avec lenteur, & l'or, alors, se trouve être débarrassé de tout autre alliage que celui de l'argent; pour connoître de quelle quantité de cuivre, ou autre métal destructible il étoit allié, on pese exactement le bouton de fin qui reste, & la quantité à déduire sur le poid total de l'or & de l'argent, c'est-à-dire vingt-quatre grains ensemble, donne la quantité de cet alliage.

La seconde opération, après avoir détruit par la coupellation les métaux imparfaits avec lesquels l'or étoit allié, est le *départ*; elle consiste à mettre le bouton de fin, réduit en lame, dans de l'eau forte qui dissout l'argent, sans attaquer aucunement l'or: tout il est alors facile d'avoir le poids très net.

Pour avoir de plus amples instructions à cet égard, le lecteur doit avoir recours au *Dictionnaire de Chimie.*

Monopole.

Se dit de l'action odieuse d'acheter la presque totalité d'une marchandise ou denrée, pour s'en rendre maître, & la revendre ensuite au prix que l'on veut.

Morte-Charge.

Mot usité par les gens de mer, pour annoncer que leur vaisseau n'a pas charge entiere.

Mousson.

Nom donné aux vents de la mer des Indes, ou plutôt dans la saison dans laquelle ils soufflent. *Mousson* se dit aussi d'une espece de courant d'eau formé par des vents qui soufflent du même côté.

Navigation & Navires.

Les réglemens pour la Marine Françoise, portent tous ce que nous rendons ici en substance.

1°. Que tous navires marchands ne pourront sortir de leur Port, pour quelques voyages que ce soit, que par congé de l'Amiral enregistré au Grefe d'Amirauté.

2°. Qu'en cas de forte diminution de vivres en mer, le maître du navire pourra contraindre les particuliers qui feront fur fon bord, & qui auront des provifions particulieres, de les mettre en commun, à la charge de leur en payer le prix.

3°. Que par avis des Officiers d'un vaiffeau, le maître dudit vaiffeau pourra, en cas de néceffité, céder une partie de fes vivres aux navires qui fe trouveroient en manquer en pleine mer, après, toutefois, s'en être réfervé fuffifamment pour fon voyage; & à la charge de tenir compte aux propriétaires du vaiffeau de la partie des vivres cédés.

4°. Qu'aucuns matelots & maîtres de navires ne pourront laiffer de marchandifes fur leur tillac, fans le confentement de ceux à qui elles font, fous peine de les indemnifer en leurs noms.

5°. Que tous maîtres feront refponfables, en leur nom, des marchandifes chargées fur leurs vaiffeaux, fur le pied même des connoiffemens.

6°. Que lefdits maîtres ne pourront vendre, ni engager aucunes marchandifes de leurs chargemens que dans des cas de radoubs, victuailles, & autres néceffités preffantes, & ce, par avis de gens de fon équipage.

7°. Qu'il ne fera accordé à un marin le commandement d'un navire, qu'il n'ait navigé pendant 5 ans, & n'ait été fcrupuleufement examiné fur le fait de la navigation.

8°. Qu'aucun maître de navire ne pourra débaucher un matelot engagé à un autre maître, fous peine de 100 livres d'amende & de rendre le matelot à fon premier maître.

9°. Que tous maîtres de navire feront tenus d'avoir un régiftre coté & paraphé des intéreffés aux navires, pour y infcrire tout ce qui concerne l'armement & la décharge de leurs bâtimens.

10°. Qu'ils feront abfolument dans leurs navires, lors de leurs forties des ports, havres & rivieres, & ce, fous peine d'amende arbitraire.

11°. Qu'avant de démarer le navire de fon encrage, pour le mettre en mer, le maître donnera au Greffe d'Amirauté du lieu d'où il part les noms, furnoms & demeures des gens de fon équipage, & des paffagers, ce qu'il déclarera auffi à fon retour pour ceux qu'il aura ramenés, & les lieux où il aura laiffé les autres.

12°. Que les maîtres frétés ou engagés pour un voyage, feront tenus de l'achever, à peine de dommages & intérêts pour les propriétaires & les marchands, & d'être pourfuivis extraordinairement.

13°. Qu'aucuns fujets formant l'équipage d'un navire, prêt à faire voile, ne feront arrêtés fur leur bord pour dettes civiles, si ce n'est pour celles qu'ils auront contractées pour le voyage.

14°. Il est défendu aux maîtres d'abandonner leurs bâtimens pendant le voyage, pour quelque danger que ce soit, sans l'avis des principaux officiers & matelots, & dans ce cas ils sont tenus de sauver avec eux les objets les plus précieux de leurs chargemens, sous peine d'en répondre en leurs noms, & de punition corporelle; & si les effets tirés du navire sont perdus par quelques cas fortuits, mais bien prouvés, le maître en demeure déchargé.

15°. Les marins qui naviguent à profit commun, ne peuvent faire aucun négoce particulier; & s'ils en font, leurs marchandises pourront être confisquées au profit des autres intéressés.

16°. Tous les maîtres de navires qui naviguent comme dessus avec leurs patrons, à profit commun, sont tenus de donner au propriétaire du navire, avant leur départ, un compte signé d'eux, contenant l'état & le prix des marchandises de leur chargement, les sommes par eux empruntées, & les noms & demeures des prêteurs, à peine de privation de la maîtrise, & de leur part du profit.

17°. Les connoissemens des marchandises chargées sur un navire, doivent être faits triples, ainsi que nous l'avons dit au mot connoissement.

Enfin nous avons pareillement indiqué ci-dessus ce qui est réglé à l'égard du *fret*, *nolis*, *grosses avaries*, *grosse aventure* & *assurance*, ainsi revoyez ce mot, si besoin en est.

NÉGOCE.

Le préjugé établi par la noblesse, contre les roturiers, ou gens de Commerce, exige que nous disions quelque chose de ce qu'ont fait divers Souverains pour le détruire, & élever la classe des citoyens commerçans, en cherchant à inspirer aux nobles, le goût du Commerce.

Une Ordonnance de LOUIS XIII., du mois de Janvier 1625, porte que les marchands en gros qui auront été Echevins, Consuls & Gardes de leurs Corps, pourront prendre la qualité de nobles.

Des Lettres-Patentes du même Roi, du mois de Mars 1638, permirent aux Prevôt des marchands & Echevins de la ville de Lyon de faire le Commerce de banque & de marchandises en gros, sans, pour cela, déroger aux priviléges de noblesse à eux accordés par Lettres patentes du mois d'Août 1634.

L'édit de LOUIS XIV, du mois d'Août 1669, veut que tous Gentils-Hommes puissent par eux, ou par personnes interposées, entrer en société, & prendre part dans le Commerce maritime, sans, pour cela, déroger à leur noblesse, pourvu qu'ils ne vendent point en détail.

Les Ordonnances de Marine de 1681 & 1684, confirment les dispositions de l'édit ci-dessus.

Un Edit du mois de Décembre 1701, permet à tous nobles par extraction, charge ou autrement, excepté ceux faisant les fonctions de Magistrat, de faire librement le Commerce en gros, tant en-dedans, qu'au dehors du royaume pour leur compte, ou par commission, sans déroger à la noblesse, & accorde la permission aux commerçans en gros de posséder des charges de Sécrétaires du Roi, pour par eux & leurs enfans jouir des privilèges & prérogatives y attachés.

Un édit du mois de Septembre 1705 ayant défendu à tous officiers de magistrature, même à ceux des élections & greniers à sel, de faire aucun Commerce en gros, ou en détail, a été interprêté par une déclaration du 21 Novembre suivant, en permettant à tous marchands en gros de pouvoir être reçus auxdites charges, sans qu'il soit besoin de quitter leur Commerce.

Enfin Louis XV, en confirmant les édits ci-dessus, a porté l'émulation des commerçans à son comble, tant par les privilèges & prérogatives qu'il a accordés aux manufactures, qu'en décorant du titre de noblesse, par le cordon noir, les négocians qui se distinguent le plus. Ce que nous venons de dire, prouve non seulement que tout négociant peut aspirer à la noblesse, mais que les nobles mêmes ne devroient pas rougir de faire le Commerce en gros, ou de s'y intéresser directement, ni indirectement; on peut même ajouter qu'ils contribueroient doublement de cette maniere, à la gloire des états dont ils sont les défenseurs.

Net.

Terme usité dans les comptes & ventes pour indiquer le net produit d'une marchandise, frais & commission déduits. Il se dit aussi du poids des marchandises par poids net, c'est à-dire tare ou brut déduit.

Nolis.

Terme usité sur la Méditerranée, & le même que frêt sur l'Océan, c'est-à-dire louage de navire.

Numérateur.

Ce mot se dit dans les fractions; il est ainsi figuré $\frac{4}{5}$; le 4 est le numérateur, & le 5 le dénominateur.

OCTROI.

On entend ſous ce mot des permiſſions & droits émanés d'autorité Souveraine.

Nous indiquons ci-après quelques *Octrois Nouveaux* accordés, & rendus par diverſes Puiſſances, en faveur de leur nation.

En France.

Arrêt du Conſeil, du 16 Mars 1783, qui porte les droits d'entrée ſur le charbon de terre à 8 livres ſeulement pour Paris, au lieu de 12 livres 10 ſols, qui ſe payoient précédemment, & à 4 livres pour la banlieue, toutes eſpeces de droits compris.

Autre arrêt du 28 Juin 1783, ſur le Commerce de la traite des Negres; il permet à tous bâtimens Négriers étrangers qui arriveront des côtes de l'Afrique directement, & qui auront à bord 180 Noirs, d'aborder dans les ports principaux des iſles du Vent, dites la *Martinique*, la *Guadeloupe*, *Sainte-Lucie & Tabago*; & d'y vendre leurs Negres, en payant pour chaque tête un droit de 100 livres tournois, & ce, juſqu'au premier Août 1786, tems auquel cette permiſſion expirera.

Arrêt du mois de Juillet 1783, pour encourager le Commerce de la Chine par une expédition à faire en 1783 & 1785. Sa Majeſté y regle 1°. qu'elle fournira trois vaiſſeaux du port de 12 à 1500 tonneaux, ſous conditions de rembourſement de dépenſes que le département de la Marine ſera obligé de faire à cet égard; 2°. que le fonds de cette expédition ſera de ſix millions diviſés en 1200 *actions* de 5000 liv. chacune, leſquelles ne formeront qu'une ſeule & même aſſociation; 3°. que ces 1200 *actions* ſeront diſtribuées dans les principaux ports du royaume par les chambres du Commerce 4°. que cette diſtribution ſera, ſavoir à *Marſeille* 400 *actions*, à *Bordeaux* 320, à la *Rochelle* 80, à *Nantes* 140, à *Saint-Malo* 90, à l'*Orient* 90, & au *Havre* 80; & 5°. que les actionnaires qui auront cinq actions, aſſiſteront au Conſeil, où ils auront voix de délibération.

Par Ordonnance du Gouvernement de la *Martinique*, & de ſes dépendances, du 23 Juillet 1783, il eſt ſtipulé en faveur des ſujets des *Etats Unis de l'Amérique*, 1°. que leurs bâtimens arrivant dans les ports des Colonies Françoiſes, ne payeront que 16 livres 10 ſols de France par chacun, pour *droit de mouillage*; 24 livres 15 ſols argent des Colonies pour *droit d'Amirauté*; & 24 livres 15 sols pareillement pour l'*interprête* qui sera tenu à cette considération de les aider de ses avis sur les loix, usages & coutumes du Commerce desdites Colonies Françoises; 2°. que lesdits sujets des *Etats Unis*, seront libres d'établir une fabrique de *Rum*, proche la ville de Saint-Pierre, & d'avoir dans les environs des citernes à *Melasse*; pour lesquelles denrées, & pour tous Negres employés à leurs fabrications, il y a exemption générale de tous droits, pendant l'espace de cinq années.

Autre arrêt du 2 Janvier 1784 qui supprime le privilége exclusif de la traite des Noirs à Gorée & dépendances, & accorde en dédommagement, pour le terme & espace de neuf années, à commencer du 1 Juillet (de ladite année 1784) aux concessionnaires, interessés, & administrateurs de la compagnie de la Guiarne françoise, celui de la traite, de la gomme seulement, dans la riviere du sénégal & dépendances.

Autre arrêt du 11 Janvier 1784, portant que les armateurs qui sont débiteurs de parts de prise, seront tenus d'en fournir caution, ou d'en déposer le montant aux Greffes des Amirautés.

Arrêt du mois de Février 1784, qui maintient & confirme la Ville, le Port, le Havre, & les habitans de Dunkerque dans leurs franchises, loix, coutumes, usages, priviléges & exemptions dont ils ont joui avant & depuis les *Lettres-Patentes* des mois de Novembre 1662, & 16 Février 1700: voulant Sa Majesté que, conformément auxdites lettres, tous marchands, négocians & traficans, de quelque nation qu'ils soient, puissent aborder au port de ladite ville, & y débarquer en toute sûreté, y décharger, vendre & débiter leurs marchandises, acheter dans ladite ville, & en tirer toutes celles que bon leur semblera, enfin les charger & transporter sur leurs vaisseaux, sans que lesdites marchandises, soit qu'ils les importent par mer dans lesdits Ports, Havres & Villes, soit qu'ils les en exportent de la même maniere, puissent être assujetties à des droits d'entrée & de sortie, ni à aucuns autres droits, de quelque dénomination qu'ils soient connus, sans aucune exception, ni reserve; ordonnons toutefois que les marchandises dont l'entrée & la consommation sont généralement prohibées dans notre Royaume, & celles qu'il n'est permis d'y introduire que par certains ports, ne pourront entrer dans la Flandre, ou dans les autres pays, terres & seigneuries de notre obéissance, que par les bureaux qui sont établis aux portes de notre ville de Dunkerque, du côté de la terre : naturalisons tous marchands, fabricans & négocians étrangers qui viendront s'établir & habiter dans ladite ville; voulons en conséquence qu'ils jouissent des mêmes priviléges, prérogatives, exemptions & avantages que nos naturels sujets, sans que, pour ce, ils soient tenus, ni d'obtenir aucunes lettres de nous, ni de nous payer aucune finance, de quoi nous les dispensons & déchargeons par ces présentes, soit qu'ils fixent pour toujours leur domicile dans ladite ville, soit qu'ils s'y établissent seulement pour leur trafic ou négoce, à condition toutefois qu'ils se conformeront exactement à nos ordonnances sur le fait de la mer, & autres statuts & réglemens qui sont, ou seront faits touchant leur trafic ou négoce. Entendons que dans le cas où ils y contreviendroient, ils demeurent déchus desdits priviléges; dérogons à l'effet de tout ce que dessus, mais pour ce regard seulement, & sans que cela puisse tirer à conséquence, à tous édits, ordonnances, réglemens, & autres choses à ce contraires. Si donnons en mandement, &c.; donné à Versailles, au mois de Février, l'an de grace 1784.

Par arrêt du Conseil du 14 Mai 1784, les Ports de *Bayonne*, *Saint-Jean de Luz*, & de l'*Orient* sont déclarés *francs* à l'*instar* de ceux de *Dunkerque* & de *Marseille*.

Arrêt du Conseil du 28 Juin 1784, qui fixe la perception du droit de transport exclusif, attribué aux *Paquebots* établis pour communiquer, avec les *Etats Unis de l'Amérique*, le prix des lettres, celui des marchandises & celui du passage des particuliers y sont fixés; il est dit que les lettres doivent être affranchies aux Bureaux des Postes de France, non-seulement des frais de Port, jusqu'à l'*Orient*, mais encore du droit de transport par les *Paquebots*, lequel droit est de 20 *sols par lettre*, du poids d'une once, & de deux livres par chaque once en sus, 120 *livres par tonneau* pour port de marchandises en modes, vêtemens faits, linges &c. 500 *livres par passager*, mangeant à la table du Capitaine, & 200 *livres par passager*, non admis à ladite table.

Autre arrêt du mois de Juillet, *concernant la Police des Ports de France*, dont voici la substance. Par ordonnance, du mois de Février 1687, il n'étoit accordé qu'un délai de trois jours, pour que les marchandises des navires qui relâchent dans les Ports de France, pour des causes forcées, puissent y être rechargées en exemption des droits établis au profit du Roi; & le délai ne pouvoit pas être prolongé plus de 15 jours. Sa Majesté frappée de la rigueur de cette ordonnance, vient de la modifier, en permettant que les marchandises déchargées des vaisseaux qui auront été obligés de relâcher dans les Ports du Royaume, par fortune de vent, tempête, poursuite d'ennemis ou autres cas fortuits, & qui appartiendront aux sujets du Royaume, ou à ceux des Etats avec lesquels Sa Majesté auroit conclu des traités de Commerce, seront exempts du payement des droits, pourvu que les marchandises soient mises en *entrepôt réel*, sous la clef du fermier, jusqu'à leur embarquement, & qu'elles soient rechargées, deux mois au plus tard, après la déclaration des maîtres, ou Capitaines des vaisseaux sur le même navire qui les aura apportées, ou sur un navire François

Par un arrêt du 21 Juillet 1784, les *droits de sortie sur toutes les eaux-de-vie* destinées pour l'étranger, & les Provinces réputées étrangeres, sont totalement supprimés, & ne se trouvent assujettis à payer que ce qui suit, 5 *sols* par muid de 36 weltes pour l'eau-de-vie ordinaire, 10 *sols* pour l'eau-de-vie rectifiée, & 15 *sols* pour l'esprit de vin.

Un arrêt du 31 Octobre 1784, concernant les *armemens du commerce pour les isles & colonies françoises*, ordonne la continuation de ces armemens dans les ports qui y sont autorisés par lettres patentes du mois d'Avril 1717, & autres arrêts & réglemens posterieurs, & dans ceux qui, à moyenne marée, pourront recevoir des navires de 150 tonneaux, à la charge, par les armateurs de ces dernieres, d'avertir, trois mois d'avance, l'adjudicataire général des fermes: cet arrêt dispense du retour dans le lieu de l'armement, en l'autorisant dans tous les Ports de France ouverts au Commerce des colonies, mais faute d'y relâcher, hors le cas de force majeure justifiée par des procès-verbaux, il prononce l'amende de 3000 liv. contre les armateurs.

Voici de plus deux *arrêts célébres* par leurs favorables dispositions, pour *l'encouragement du Commerce.*

Le premier du 6 Novembre 1784, eſt compoſé de 19 articles de la teneur ſuivante.

Article Premier.

L'entrepôt ci-devant aſſigné au Carénage de Sainte-Lucie, ſera maintenu pour ladite iſle ſeulement, & il en ſera établi trois nouveaux aux iſles du vent, ſavoir: un à Saint-Pierre, pour la Martinique, un à la pointe à Pitre pour la Guadeloupe & dépendances, un à Scarboroug, pour Tabago. Il en ſera pareillement ouvert trois pour Saint-Domingue, ſavoir: un au Cap François, un au Port au Prince, un aux Cayes Saint-Louis; celui qui exiſte au Môle Saint-Nicolas, dans la même Colonie, ſera & demeurera ſupprimé.

II. Permet Sa Majeſté, par proviſion, & juſqu'à ce qu'il lui plaiſe d'en ordonner autrement, aux navires étrangers, du port de ſoixante tonneaux au moins, uniquement chargés de bois de toute eſpece, même de bois de teinture, de charbon de terre, d'animaux & beſtiaux vivans de toute nature, de ſalaiſons de bœufs & non de porcs, de morues & poiſſons ſalés, de riz de Maïs, de légumes, de cuirs verts en poil, ou tannés, de pelleteries, de réſine & goudron, d'aller dans les ſeuls ports d'entrepôts déſignés par l'article précédent, & d'y décharger & commercer leſdites marchandiſes.

III. Il ſera permis aux navires étrangers qui iront dans les ports d'entrepôts, ſoit pour y porter les marchandiſes permiſes par l'article II, ſoit à vide, d'y charger pour l'étranger uniquement des ſirops & tafias, & des marchandiſes venues de France.

IV. Toutes les marchandiſes dont l'importation & l'exportation ſont permiſes à l'étranger, dans leſdits ports d'entrepôts, ſeront ſoumiſes aux droits locaux établis, ou à établir dans chaque Colonie, & payeront en outre un pour cent de leur valeur.

V. Indépendamment du droit d'un pour cent, porté par l'article ci-deſſus, les bœufs ſalés, la morue & le poiſſon ſalés payeront trois livres par quintal, & ſera le produit dudit droit de trois livres converti en prime d'encouragement pour l'introduction de la morue & du poiſſon ſalés, provenant de la pêche françoiſe.

VI. Les chairs salées étrangeres qui seront introduites dans les colonies par les bâtimens François expédiés directement de Ports du Royaume, ne seront point assujetties aux payemens mentionnés dans les deux articles précédens.

VII. Il sera établi dans chaque Port d'entrepôt un nombre suffisant de commis, pour veiller à ce qu'il ne soit introduit, ni exporté d'autres marchandises que celles qui sont spécifiées dans les articles II & III du présent arrêt, & afin qu'il ne reste aucun soupçon d'inexatitude dans cette surveillance; autorise Sa Majesté, les négocians François, résidens dans chacun desdits Ports d'entrepôt, ainsi que les Capitaines de navire qui pourront s'y trouver, à nommer respectivement entr'eux des commissaires, lesquels seront chargés de dénoncer les négligences, ou abus qu'ils pourroient reconnoître, & assisteront, lorsqu'ils estimeront convenable, à toutes les visites qui auront lieu, soit à l'arrivée, soit au départ des navires étrangers.

VIII. Les Capitaines desdits navires étrangers qui iront dans les ports d'entrepôts, seront tenus, sous peine de confiscation desdits navires, de leurs cargaisons, & de mille livres d'amende, de se signaler au large, & d'avertir dans l'instant de leur arrivée, pour qu'il soit, sur le champ, envoyé deux commis, & autant que faire se pourra, un garde à leur bord, à l'effet d'empêcher qu'il ne soit rien déchargé avant la visite. Si lesdits Capitaines arrivent le matin, ils feront dans le jour, & s'ils arrivent le soir, au plus tard dans la matinée du lendemain, une déclaration exacte, tant au Bureau de Sa Majesté, qu'au Greffe de l'Amirauté, où ils rempliront d'ailleurs toutes formalités d'ordonnance, de l'espece & de la quantité des marchandises dont les chargemens seront composés, représenteront leurs connoissemens & chartes-parties, & ne pourront procéder au déchargement que sur le congé ou permis du Bureau, en présence de deux commis qui visiteront les marchandises, & dresseront procès-verbal de leur assistance audit déchargement. Lorsque lesdits navires s'expédieront en retour, il ne pourra être fait aucun chargement sur une pareille déclaration, sans la présence d'un nombre égal de commis, sans un semblable procès-verbal d'assistance audit chargement, & sans un permis du Bureau pour le départ du bâtiment.

IX. Si lors de la visite, avant, pendant, ou après le chargement, ou déchargement, il se trouvoit sur les navires étrangers, venus dans les Ports d'entrepôt, ou partant desdites Ports, d'autres marchandises que celles dont l'importation & l'exportation sont permises par les articles II & III, les commis en dresseront procès verbal, & le remettront sur le champ au Greffe de l'Amirauté, pour être, à la diligence du Procureur de Sa Majesté, procédé par les Officiers dudit siége, à la saisie des navires & de leur chargemens, dont la confiscation sera prononcée avec amende de mille livres, sauf l'appel au Conseil, ou autre Tribunal supérieur du ressort.

X. Les Armateurs François, soit du Royaume, soit des Isles & Colonies Françoises, qui voudront concourir à l'importation des marchandises étrangeres, permise par l'article II, comme aussi à l'exportation dans les Ports étrangers, des marchandises pareillement permises par l'article III, seront soumis aux mêmes précautions, aux mêmes formalités & visites qui sont ordonnées pour les navires étrangers, subiront les mêmes peines, en cas de contravention, & supporteront les mêmes droits, à l'exception non-seulement du droit d'un pour cent, fixé par l'article IV, dont ils seront dispensés.

XI. Tous Capitaines & Patrons de bâtimens François, armés, soit dans les Ports du Royaume, soit dans les Colonies Françoises, qui voudroient s'expédier desdites Colonies, pour aller aux Mers de l'Amérique, même à Saint Pierre & Miquelon, ne pourront partir que de l'un des Ports d'entrepôt, sous peine de confiscation des bâtimens & de leurs cargaisons, & de mille livres d'amende. Lesdits Capitaines & Patrons seront tenus de prendre, ainsi qu'il est d'usage, la permission limitée du Gouverneur & de l'Intendant, & le passeport de l'Amiral, qui seront enregistrés au Greffe de l'Amirauté : ils fourniront, en outre, toutes les déclarations, & subiront toutes les visites nécessaires, pour constater l'état de leurs chargemens, lesquels ne pourront consister qu'en sirops, tafias & marchandises venues de France, ainsi, & de la même maniere que s'ils étoient étrangers.

XII. Les expéditions vers des Ports étrangers, ne seront délivrées que pour ceux où Sa Majesté entretient des Consuls, Vice-Consuls, ou Agens, auxquels elles seront présen-

tées,

tées, tant à l'arrivée qu'au départ, pour être par eux visées, & par les Capitaines exhibées au retour, soit en France, ou dans les Colonies.

XIII. Les bâtimens François qui seront partis d'un des Ports d'entrepôt, pour aller aux Mers de l'Amérique, même à Saint Pierre & Miquelon, comme aussi ceux qui étant expédiés des Ports du Royaume, auront touché à un Port étranger, ou même auxdites Isles de Saint-Pierre & Miquelon, ne pourront, sous pareilles peines de confiscation des bâtimens & de leurs cargaisons, ensemble de mille livres d'amende, rentrer ou entrer dans les isles & colonies Françoises, que par l'un des ports d'entrepôts, à l'effet d'y subir les visites & inspections auxquelles sont assujettis les bâtimens étrangers. Ils seront tenus aux mêmes déclarations & formalités, & ne pourront introduire que les mêmes marchandises dont l'importation est permise. Après lesdites visites & inspections pour lesquelles le déchargement aura toujours lieu, & dont il sera délivré certificat aux Capitaines & Patrons par le directeur du Bureau de Sa Majesté, il sera libre auxdits bâtimens de passer dans tel port, ou rade de la Colonie qu'ils jugeront à propos.

XIV. Lesdits bâtimens françois expédiés, soit des isles françoises, soit des ports du royaume, qui ayant touché à un port étranger, ou à Saint-Pierre & Miquelon, entreront dans un des ports d'entrepôt, sous les mêmes peines de confiscation & d'amende, d'arborer à trois lieues au large, une flamme ou marque distinctive, telle qu'elle sera indiquée par l'Amirauté, afin qu'au moment de leur arrivée, il puisse être envoyé des commis à bord par le bureau de Sa Majesté.

XV. Veut Sa Majesté, toujours sous les mêmes peines, que les bâtimens étrangers auxquels il a été permis, pour un tems déterminé, d'introduire aux isles du vent, seulement, des cargaisons de noirs, dans les différens ports d'Amirauté desdites isles, ne puissent plus dorénavant les introduire pendant ledit tems, que dans les ports du carénage, de Saint-Pierre, de la Pointe à Pitre, & de Scarboroug uniquement, dérogeant, quant à ce, à l'arrêt de son Conseil du 28 Juin 1783, lequel, au surplus, continuera d'être exécuté selon sa forme & teneur.

XVI. Le produit des amendes & confiscations prononcées, sera attribué en totalité aux commis des bureaux de Sa

Majesté qui auront fait ou provoqué la saisie, à l'égard des navires qui auront été pris en fraude par les vaisseaux & bâtimens, gardes-côtes de Sa Majesté, la totalité dudit produit appartiendra aux Commandans, Etats-Majors & équipages preneurs, à la seule déduction des frais de justice du dixieme de l'Amiral, & de six deniers pour livre au profit des invalides de la Marine; lorsqu'il y aura des dénonciateurs, un tiers du même profit sera prélevé à leur profit.

XVII. Fait Sa Majesté très-expresses inhibitions & défenses à tous François, de prêter leur nom, & des francisations simulées de bâtimens étrangers, sous peine de trois mille livres d'amende, applicable aux hôpitaux des lieux, sans préjudice de la confiscation du bâtiment, ordonnée par les divers réglemens intervenus sur le fait de la navigation; enjoint à ses procureurs ès sieges des Amirautés, de faire à ce sujet toutes poursuites & diligences contre les contrevenans, à peine d'en répondre.

XVIII. Se réserve Sa Majesté d'ouvrir à l'avenir, s'il y a lieu, un entrepôt pour Cayenne & la Guiyane Françoise, après l'expiration du tems qu'elle a fixé par l'arrêt de son Conseil du 15 Mai dernier, pour la liberté générale du Commerce dans ladite Colonie; veut & entend que jusqu'à la révolution de ladite époque, les bâtimens étrangers ou françois qui auront touché à quelque port, ou rade de Cayenne & de la Guiane françoise, ne puissent aborder que dans les seuls ports d'entrepôt des isles du vent, ou sous le vent, aux mêmes conditions, précautions, regles & peines qui sont énoncées dans les articles XIII & XIV ci-dessus.

XIX. Seront au surplus exécutées les dispositions des Lettres-Patentes du mois d'Octobre 1727, & des Ordonnances & Réglemens subséquens, concernant le Commerce étranger dans les isles & colonies Françoises, en ce qui n'y est pas dérogé par le présent Arrêt.

Le second Arrêt du 23 Novembre 1784 s'exprime ainsi:

Il a été publié un Arrêt du Conseil d'Etat du Roi, en date du 28 Octobre, qui, à compter du 16 Novembre, convertit en gratification & primes l'exemption du demi-droit accordée aux denrées coloniales, provenant de la traite des Noirs. La gratification sera de 10 livres par tonneau qui sera payé au départ des bâtimens; la prime additionnelle par tête de Negre sera de 60 livres pour ceux qui seront transportés à la Guadeloupe & à la Martinique, & de 100 livres pour ceux qui le feront au Sud de Saint-Domingue, depuis le Cap Tiburon, jufqu'à la pointe de la Béate, & aux isles de Cayenne & de Sainte-Lucie. Le droit de 100 livres par tête de Negre, ceffera d'être perçu pour les navires partis des ports de France, à compter du 10 Novembre.

Enfin on trouve dans le premier volume, à la fin de l'article de Paris, l'extrait d'un *Arrêt d'encouragement pour le Commerce du Nord.*

En Pruffe.

Une Ordonnance de *Sa Majefté Pruffienne*, du mois de Septembre 1783, regle ce qui fuit, à l'égard de la navigation.

Que tous Capitaines & Commandans Marchands qui navigueront hors des Etats du Roi, & arriveront dans, ou devant un port étranger, foit pour charger, ou décharger leurs marchandifes, ou y acquitter les droits de Douane, mais non pour éviter à quelqu'orage, ou pour réparer leurs vaiffeaux, fe préfenteront au Conful de Sa Majefté, réfident dans ledit port, leur exhiberont leur paffeport original, & autres papiers & lettres de mer; le premier feulement en tems de guerre de mer, & payeront pour cette expédition & révifion de paffeport, une fois feulement par année, aux Confuls de Sa Majefté, dans les ports de la Mer Baltique, jufqu'à *Elfeneur*, un écu, argent courant de Pruffe, (ou un Ducat évalué à trois écus, argent de Pruffe) & deux écus du même argent, à tous Confuls réfidens dans les ports au-delà de la Baltique, comme en Hollande, en Grande-Bretagne, en France, en Portugal, en Efpagne, dans la Mer Méditerranée, ainfi qu'en Amérique, en Afrique & en Afie: au moyen defquels droits, lefdits Confuls Pruffiens feront obligés d'affifter les navigateurs de leur nation, de leurs confeils & leurs interventions fur les difficultés des péages & autres droits du Pays, ainfi que fur la déclaration de leur cargaifon, &c.

Cette Ordonnance prefcrit aux Confuls de tenir regiftre du paffage defdits bâtimens, & d'informer le Confeil de Pruffe de tous les avis qu'ils pourront recevoir par les commandans defdits vaiffeaux, &c.

Il a été rendu depuis une Ordonnance Pruffienne dont voici la fubftance: le Roi voulant favorifer les fabriques & manufactures de fes états, a défendu l'importation dans la partie d'en-deça du Weser, de toutes sortes de rubans de fabriques étrangeres, de soie, de laine, de coton ou de fil, de vinaigres de bierre, de caisses de fer blanc, de vans pour vanner les grains, de souricieres, de bouchons, d'ouvrages de vannier, de pelles, amidon, poudre à cheveux, boucles, boutons de chemise, anneaux, chaînes de montre d'acier, plats, assiettes d'étain, gants de peau, de soie, de coton, &c. ainsi que dans les autres parties de l'état, excepté la Prusse & la Silésie; l'introduction de la cire verte & du savon de l'étranger, Sa Majesté a assis, en même tems 50 pour 100 d'impôts sur les poids du métal, sur les agrémens de soie, sur ceux de moitié fil & moitié soie, sur les éventails, sur les manchons de plumes, sur les gants de peau du Danemarck, sur les aiguilles à coudre, sur les moulins à café, &c. & 25 pour 100 sur la cire à cacheter.

En Suède.

En 1783, Sa Majesté Suédoise a rendu une Ordonnance en faveur du *Commerce Maritime*; elle porte une diminution des droits de péage qui se percevoient sur les productions de l'Amérique & des Indes Occidentales importées dans le Royaume par des Bâtimens Suédois, & fait en outre la remise d'un tiers des droits de Douane fixés par le tarif en 1771.

En Danemarck.

Par une Ordonnance du 14 Novembre 1783, il est stipulé que le café, le tabac, l'indigo, le cacao, les bois Américains, le sucre & le riz exempts de tous droits à leur importation aux isles de *Saint-Thomas* & de *Saint Jean*, n'acquitteront à leur sortie que 5 pour 100, quand on les transportera dans les Etats Danois; & si la plus grande, ou la charge principale d'un Bâtiment Américain, ou des Indes Occidentales qui arrivera à Saint-Thomas ou à Saint-Jean, s'y trouve exempte des droits de Douane, les autres productions & effets chargés à bord de ce navire, jouiront du même bénéfice à leur entrée, mais étant exportés de nouveau de ces deux isles, ils payeront un droit *de deux & demi pour cent.*

Une Ordonnance du 15 Décembre 1784, vient de rendre aux Ports de ce Royaume la liberté de vendre aux étrangers les navires neufs construits sur leurs chantiers, sans être assujettis à s'en servir dix années avant leur vente, comme le prescrivoit l'Ordonnance de 1761, pourvu cependant que cette vente ne nuise pas à l'activité du Commerce Maritime du Danemarck, où en Janvier 1785, le nombre de vaisseaux est très considérable

En Russie.

Réglemens postérieurs au *nouveau tarif général des droits*, rendus en Russie, & dont la nature abrégée de cet ouvrage ne peut nous permettre de rendre compte.

Ces Réglemens sont composés de *seize articles* principaux dont la teneur suit :

Article Premier.

Le Tarif général aura lieu dans tous les ports de mer de notre empire & nos douanes frontieres, excepté dans celles des Gouvernemens d'*Astracan*, *Tobolsk*, *Uscinskoi*, & *Irkutskoi*, pour lesquels il y a un tarif particulier adapté à leurs situations & aux circonstances de leur Commerce.

II. Les droits sur l'importation & l'exportation des marchandises dans les ports de mer & douanes frontieres de *Riga*, *Revel* & *Wybourg*, comme aussi dans la ville de *Narva*, & le Gouvernement de la Russie-Blanche, seront perçus suivant le tarif général, & non autrement.

III. Comme l'établissement de ce tarif général dans les Gouvernemens susdits, rendra désormais inutiles les douanes & barrieres établies dans ces trois Gouvernemens & autres, & que les droits s'en percevront par les Douanes de *Saint-Petersbourg*, nous ordonnons que lesdites Douanes intérieures, &c. soient abolies pour toujours.

IV. Attendu que les marchands de nos Villes de *Riga*, *Revel*, *Wibourg* & autres situées dans les mêmes Gouvernemens, n'ont pas jusqu'ici participé aux priviléges avantageux que nos prédécesseurs & nous avons gracieusement accordés aux marchands de nos autres villes, pour l'encouragement du Commerce, nous ordonnons par cet *Édit*, que les marchands & bourgeois des villes de *Riga*, *Revel*, *Wibourg* & du Gouvernement de la Russie-Blanche, comme aussi ceux de la ville de *Narva*, jouissent à l'avenir de la maniere la plus complette des prérogatives suivantes ; savoir : 1°. nous leur accordons la liberté du Commerce dans l'intérieur des terres, pourvu qu'il ne soit pas contraire aux loix de cet Empire, & en conséquence, nous abolissons pour toujours les Douanes & Barrieres pour la perception des droits, établis pour prévenir les excursions & tranports entre ces Provinces & les autres Gouvernemens, ce que nous avons reconnu être une entrave oppressive pour le peuple.

2°. Les payemens des droits seront faits en monnoie courante de Russie, ou en billets de banque, dans toutes les villes Russes, où ces négocians résident, excepté simplement à *Riga*, où l'on ne se servira pour le même objet, que de Rixdales.

3°. Quand les susdits négocians exporteront des marchandises des Ports de Mer de notre Empire, sur des vaisseaux qui leur appartiennent, pour leur propre compte, & avec le nombre de matelots prescrit par nos Ordonnances, ils ne seront sujets qu'à payer les droits de mer, & jouiront de la diminution accordée par cet édit. 4°. Toutes les fois que lesdits marchands importeront des marchandises venant des contrées étrangeres dans quelqu'un des ports de Russie, pour leur propre compte, sur des vaisseaux qui leur appartiennent, & de la maniere susdite, ils ne seront sujets à aucun autre droit, qu'à ceux mentionnés dans l'article précédent.

V. Pour ce qui regarde les droits d'importation & d'exportation, qui ont été perçus jusqu'à présent aux Douanes des trois Gouvernemens en question, sous la domination de droit de *Ville*, *Portorium*, d'*Accise*, ou de quelqu'autre nom particulier, dont les fonds ont été appliqués au service public dans les villes susdites; nous ordonnons très gracieusement, que chaque citée fasse un calcul exact de la recette des dix dernieres années, & qu'ils reçoivent en dédommagement une somme de la même valeur, qui sera octroyée par un ordre spécial de notre Sénat, le plutôt possible.

VI. Quoique le Tarif général doive servir pour tous nos ports de la Mer-Noire & de la Mer d'Asof, nous avons cependant trouvé nécessaire, pour l'intérêt de nos sujets établis dans ces contrées, que quelques nations avec lesquelles des traités particuliers de Commerce seront faits, sur la base d'un avantage réciproque, ne payeront pas la totalité des droits, mais qu'on leur fera grace d'un quart: bien entendu que cette diminution ne s'étendra pas aux articles dont il est fait une mention particuliere dans le tarif, qui payeront toujours les mêmes droits aux Ports de la Mer-Noire & aux autres de notre Empire.

VII. Les étrangers payeront les droits ſur toutes les marchandiſes d'importation & d'exportation, moitié en Rixdhalers, & moitié en monnoie courante de Ruſſie.

VIII. Les Traités de Commerce ſubſiſtant entre notre Empire & quelques nations étrangeres, continueront d'avoir leur force pendant tout le tems pour lequel ils ont été conclu; & les nations étrangeres payeront les droits, ſelon qu'il a été convenu par leſdits Traités, jusqu'à leur expiration.

IX. Quant aux marchandiſes dont les droits, en conſéquence de nos Edits particuliers, & du préſent tarif, doivent être acquittés en monnoie Ruſſe, il eſt à obſerver que l'ordre eſt général, & doit être exécuté ſans diſtinction des nations, à l'exception cependant de la ville de Riga, où les mêmes droits ſeront payés en Rixdhalers.

X. Dans tous les Ports de notre Empire qui ſont ſur la Mer-Noire & la Mer d'Aſof, la totalité ſera acquittée en monnoie Ruſſe.

XI. S'il arrive que, les droits d'importation ſur les marchandiſes étrangeres ayant déjà été levés aux Ports de Mer, ou aux Douanes frontieres, les mêmes marchandiſes reviennent ſur les mêmes frontieres, elles paſſeront ſans être aſſujetties à de nouveaux droits, pourvu qu'elles ayent la marque de la Douane, ou que les Négocians à qui elles appartiennent ſoient munis de certificats qui atteſtent l'acquittement des droits.

XII. Toutes les marchandiſes du cru du Gouvernement de la Petite-Ruſſie, & de la Ruſſie Blanche, comme chanvre, lin, miel, cire-verte & commune, huile de lin, cuirs de bœuf non préparés, toutes eſpeces de grains, ſoies de cochon, graine de lin, chenevi, goudron, toutes ſortes de bois travaillés, & de charpente, toutes eſpeces de bétail, & autres objets néceſſaires aux habitans de ce pays, entreront dans l'intérieur de la Ruſſie, ſans payer aucun droit.

XIII. Les denrées de cru des Duchés de Lithuany & de Courlande conduites à Riga, & de là exportées par mer & réciproquement, les marchandiſes étrangeres importées à Riga, paſſeront de cette ville dans leſdits Duchés; ces denrées & marchandiſes payeront les droits ſpécifiés à la fin du tarif.

XIV. On continuera, jusqu'à nouvel ordre, de payer les droits d'entrée & de ſortie des vaiſſeaux ſur le même pied qu'ils ont été payés juſqu'ici dans nos différens ports, excepté ceux ſitués ſur la Mer-Noire ; & dans la Mer d'Aſof qui feront exempts de tout impôt.

XV. Pour prévenir tout différent entre les marchands & les employés ſur la diminution que l'on accorde de $\frac{3}{4}$ pour cent des droits, quand les marchandiſes de nos ſujets, feront exportées pour leur propre compte, & ſur des vaiſſeaux Ruſſes, & à celle d'un quart pour cent, quand les marchandiſes étrangeres ſont importées dans nos Etats par nos ſujets, nous les informons par le préſent, que cette diminution aura lieu de la maniere ſuivante. Les deux droits appelés ci-devant de terre & de mer, étant, par le nouveau tarif, réduits à un ſeul, ce ſera ſur la moitié de la ſomme de ce nouveau droit unique (laquelle moitié repréſente ce qu'on appeloit ci-devant droit de mer) qu'il faudra prélever les $\frac{3}{4}$ pour cent de diminution ſur les marchandiſes d'exportation.

XVI. Mais cette diminution de droit aura ſeulement lieu pour ceux de nos ſujets à qui ces marchandiſes appartiendront en propre, & lorſqu'elles feront tranſportées ſur des vaiſſeaux Ruſſes, & dont au moins moitié de l'équipage ſera compoſé de Ruſſes.

Autre Ordonnance rendue depuis les Réglemens ci-deſſus.

Cette Ordonnance du mois de Février 1784, fixe les droits qui doivent être acquittés des marchandiſes que l'on importera, ou exportera des Ports de la Mer-Noire, de la maniere ſuivante.

1°. Les vins de Chypre, & tous les autres de la Grece, importés pour compte, Turc ou Ruſſe, à bord des Navires Turcs ou Ruſſes, ne feront pas ſoumis à un droit plus fort que celui qu'on paye ſous les ſtipulations mentionnées, ſuivant le tarif des vins d'Eſpagne, ou de Portugal, qui ſont de quatre Roubles & 50 Copecs, argent de Ruſſie par barrique.

2°. Les vins de Florence, & autres vins d'Italie jouiſſent de la même diminution de droit, quand ils ſont importés pour le compte Florentin & Italien, par les vaiſſeaux de la Toſcane & d'Italie.

3°. Les vins ci-deſſus mentionnés, importés pour compte étranger, ſur des bâtimens appartenant à d'autres nations, ne profitent point de la même diminution de droits ; mais ils feront tenus d'acquitter les droits ordinaires, ſuivant le tarif général.

4°. Les

4°. Les sujets Russes jouissent ici, pour leur Commerce, des avantages qui leur sont accordés par l'article 6 des réglemens ci-dessus.

5°. Les vins de la Valachie apportés par terre pour compte Russe & Turc, obtiendront, en payant les droits, les mêmes avantages que les articles 1 & 2, de la présente Ordonnance, stipulent en faveur des vins de Grèce & d'Italie.

6°. Les exemptions des droits & de transit, fixées par le paragraphe 12 des réglemens ci-dessus, concernant les productions & marchandises Polonoises qui s'y trouvent dénommées, auront aussi lieu à l'entrée & à la sortie des frontieres du Gouvernement Russe de *Catharinoslaw*.

En Portugal.

Par un Décret Souverain du 8 Janvier 1783, il est accordé une remise de 4 pour cent des droits qui se percevoient dans ce Royaume sur toutes les marchandises nationales & étrangeres importées des Indes sur des Navires Portugais.

Une Ordonnance de Sa Majesté Portugaise, en date du 24 Novembre 1783, stipule, en faveur du Commerce, que les effets étrangers exportés en Portugal sur des navires de ce Royaume, jouiront, à leur entrée, d'une diminution de 5 pour cent du droit ordinaire, & cette diminution aura lieu sur le *lin*, l'*acier*, le *chanvre*, la *graine de lin*, la *poix*, le *goudron*, les *douves* ou mairain pour futaille, la *potasse*, le *charbon de terre*, l'étain à *ouvrer*, la *soude*, le *suif* non ouvré, la *rubarbe*, le *quinquina*, la *viande salée* & propre pour l'approvisionnement de la Marine, la *soie crue*, & toutes étoffes étrangeres qui ne se trouvent & ne se fabriquent pas dans les Possessions Portugaises.

En Espagne.

Cette Puissance a conclu en 1783, avec la Porte Ottomane, un Traité en faveur du Commerce qui stipule ce qui suit; *article premier*, qu'il sera libre aux sujets des deux Puissances, de fréquenter les Ports de chacune d'elles, de s'y approvisionner, réparer leurs bâtimens, &c. tels qu'en usent entr'elles les Puissances Amies: *article deuxieme*, que les sujets catholiques payeront dans les Douanes Ottomanes, pour tout ce qu'ils y débarqueront, *trois* pour cent en sus des droits qu'y acquittent les Puissances Amies, & les sujets Ottomans payeront dans les Douanes Espagnoles les mêmes droits que les sujets des Etats Amis de l'Espagne;

l'article troisieme laisse une liberté réciproque entre les deux Puissances d'établir des Consuls dans les divers Ports de leurs Etats.

Pays-Bas Autrichiens.

Ordonnance du Bureau des Finances de Sa Majesté l'Empereur, en date du 27 Janvier 1783, *en faveur des fabriques de la Province de Limbourg*, dont voici la substance : il est dit au préambule que Sa Majesté ayant daigné avoir égard aux représentations ultérieures des états & fabricans de draps de la Province de Limbourg, soumis à sa domination, a résolu d'accorder aux draps, demi-draps & ratines fabriqués dans cette Province, l'admission dans les Provinces héréditaires Allemandes & Hongroises; qu'en conséquence les draps, demi-draps & ratines fabriqués dans ladite Province, pourront entrer désormais dans les Provinces héréditaires Allemandes & Hongroises, en y payant seulement 30 Kreutzers par livre pour les droits d'entrée.

Cette ordonnance consiste en huit articles, dont les premiers fixent les bureaux de Limbourg, auxquels pourront se faire les expéditions de ses draps & lainages, & les formalités qui seront observées pour prévenir la fraude, &c. Par l'article 7, il est déclaré que l'expédition de ces draps & lainages ne pourra être faite qu'à la destination de l'une & de l'autre des villes suivantes : *Prague* & *Pilsen*, en *Bohême*, *Brun* & *Olmutz*, en *Moravie*, *Troppan*, en *Silésie*, *Lintz*, dans la *Haute-Autriche*, *Gratz*, en *Stirie*, *Lanbach*, en *Carniole*, *Klagenfurth*, en *Carenthie*, & *Gorice* pour les *Comtés* de *Gorice* & de *Gradisca*. Enfin cette ordonnance porte que les acquits de Douane expédiés aux Bureaux de *Hervre*, d'*Hodimont* & d'*Eupen* dans le Limbourg, devront être produits au premier Bureau de Douane des Provinces Allemandes, sur la route de la destination, & les droits d'entrée acquittés aux Bureaux établis dans les villes de la destination désignée ci-dessus.

Par une autre Ordonnance, *le droit de Château de Gand*, moins onéreux que gênant, puisqu'il n'étoit que d'un florin par bateau, a été totalement supprimé.

On trouve aux articles de *Bruxelles* & d'*Ostende*, dans la seconde partie du premier volume, diverses autres Ordonnances modernes rendues en faveur du Commerce des Pays-Bas.

Omission.

Oubli d'enregiſtrement d'articles.

Ordinaire.

Se dit du départ des couriers pour les lettres.

Ordonnance.

Terme de légiſlation ; il ſe dit des loix, arrêts, ſtatuts & réglemens qui émanent des Cours Souveraines, & des Intendans & Gouverneurs des Provinces. Il ſe dit auſſi, en *finance*, des mandemens qui ſe délivrent ſur les tréſoriers.

Ordre.

Endoſſement d'une lettre, ou d'un billet de change, pouvoir donné à un ami de commerce, ou un commiſſionnaire. Il eſt très-eſſentiel à un commerçant de tenir ſes écritures avec beaucoup d'ordre, ſans quoi ſes livres n'auroient point foi en juſtice.

Ort.

Terme de Commerce, ſynonime à brut : il ſe dit du poids d'une marchandiſe avec ſon emballage.

Paçotille.

Se dit en mer d'un certain poids, ou d'une quantité de marchandiſes qu'on permet à l'équipage d'un vaiſſeau d'embarquer *gratis*.

Pair.

Terme d'arithmétique & de banque. Celui d'arithmétique ſe dit des nombres qu'on peut diviſer, ſans reſte, en deux parties égales. Ceux de banque ſont de quatre ſortes.

Le premier eſt lorſqu'on reçoit dans le même royaume autant de livres que le billet que l'on donne en échange d'argent en contient.

Le ſecond eſt l'égalité du change d'une monnoie réelle, à une autre monnoie étrangere.

Le troiſieme eſt le rapport des titres, poids & cours d'une monnoie d'or ou d'argent d'un pays, avec ceux de ſemblables monnoies d'un autre pays.

Et le quatrieme eſt une combinaiſon des prix de change de pluſieurs places, pour découvrir ceux d'égalité qui doivent déterminer les opérations.

Palabre.

Nom donné aux préſens qu'on eſt obligé de faire aux Rois des Côtes d'Afrique, pour trafiquer dans leurs cantons.

Palan.

Terme marin qui ſignifie les cordages paſſés dans les mouffles, & dont on ſe ſert pour enlever la charge & décharge d'un vaiſſeau.

PALANGUER.

Est l'action de charger & décharger un vaisseau ; ce qui doit être fait par les matelots, sans qu'ils en puissent exiger de payement particulier.

PAQUAGE.

Terme qui désigne l'arrangement & le foulage du poisson salé en barils.

PAQUEBOT.

Bâtiment léger, & dont l'usage est pour le passage des lettres des Pays Européens, séparés par les mers.

PARERE.

Avis & sentiment d'habiles négocians sur des contestations de Commerce : ces Pareres sont soumis à l'examen des Chambres de Commerce dans les villes où il y en a.

PARTICIPATION.

Action de participer à quelque chose, communication, consentement. Ce terme s'employe dans le Commerce pour signifier une société que plusieurs marchands font ensemble pour l'achat & vente de quelques marchandises, ou pour quelques négociations de banque ; quelquefois ces sociétés ne sont que verbales, & quelquefois elles se font par lettres missives.

PARTICIPE.

Se dit d'un particulier qui a part au corps d'un vaisseau marchand sur l'Océan.

PARTIES DOUBLES ET SIMPLES.

Maniere de tenir les livres des négocians ; les Parties Doubles sont les plus usitées.

PASSEPORTS.

Se dit des permissions accordées, pour faire entrer & sortir des états, des marchandises de contrebande & prohibées par les ordonnances & tarifs, comme l'or, l'argent ouvrés & non ouvrés, les pierreries, les munitions de guerre, salpêtre, chevaux, bleds, & autres denrées qui, avec des passeports, peuvent être importées ou exportées, en se soumettant à l'acquit des droits. L'ordonnance des fermes de 1684, veut que ces permissions & passeports soient contresignés d'un Secrétaire d'Etat, & visés du Contrôleur Général des Finances, & elle défend à tous Gouverneurs des Provinces d'en accorder, & aux fermiers & commis d'y avoir égard. Il est essentiel, en tems de guerre, que les voyageurs se munissent de passeports, pour aller d'un Royaume dans un autre, sans quoi ils courrent risque d'être arrêtés aux diverses frontieres.

PASSER DE BOUT.

Voyez ci-dessus, ACQUIT A CAUTION.

PAVILLON.

Terme de Marine qui signifie une espece de banniere qu'on arbore à la poupe des vaisseaux, pour distinguer les nations à qui ils appartiennent. Voici l'indication de la plupart des pavillons des lieux & villes les plus commerçans.

Le pavillon royal de *France* est blanc, semé de fleurs de lis d'or, & chargé d'un écusson des armes de France; celui des vaisseaux marchands est bleu avec une croix blanche traversante: celui de Dunkerque est en six bandes mêlées de bleu & de blanc.

Le pavillon d'*Hollande* est en trois bandes, la premiere orangée, la seconde blanche, & la troisieme bleue.

Celui d'*Hambourg* est rouge, chargé de trois tours d'argent, une en haut & deux en bas.

Celui de *Danemarck* est rouge & traversé d'une grande croix blanche.

Celui de *Lubeck* est en deux bandes, la plus haute blanche & la plus basse rouge.

Celui de *Brandebourg* est blanc, chargé d'un aigle de gueules, tenant dans sa serre droite une épée d'azur, & dans la gauche un Sceptre d'or.

Celui de *Stetin* est moitié blanc & moitié rouge, le haut, blanc est chargé d'une billette de gueules, & le bas rouge, d'une billette d'argent.

Celui de *Dantzick* est rouge, il porte quatre croix d'argent couronnées de même.

Celui d'*Elbing* est en deux bandes, la haute blanche est chargée d'une croix de gueules & la basse rouge, est chargée d'une croix d'argent.

Celui de *Courlande* est rouge, chargé d'un cancre de sable.

Celui de *Pologne* est rouge, chargé d'un aigle blanc.

Le pavillon marchand de *Moscovie* est en trois bandes, la plus haute blanche, celle du milieu bleue, & celle du bas rouge; il est traversé d'une croix bleue de Saint-André.

Le pavillon de *Suéde* est bleu, carré & traversé d'une croix d'or.

Le pavillon *Marchand Anglois* est rouge, avec un franc quartier d'argent chargé d'une croix de gueules.

Celui d'*Ecosse* est également rouge, avec un franc quartier d'azur, chargé d'un Sautoir ou croix de Saint-André d'argent.

Celui d'*Irlande* est blanc, chargé d'une croix de Saint-André de gueules.

Celui d'*Espagne* est blanc, chargé de l'Ecu des Armes du Royaume.

Celui de *Portugal* est blanc & traversé de quatre barres vertes.

Celui de *Savoie* est rouge & traversé d'une croix d'ar-

BIBL. ... I

gent qui le divise en quatre quartiers, dans chacun desquels est une des lettres F. E. R. T. Il y en a un autre blanc aussi, où se trouve l'image de de Notre-Dame.

Celui de *Genes* est blanc, traversé d'une croix de gueules.

Celui de *Toscane* est blanc, & chargé d'un écusson des armes du Grand Duc.

Celui de *Livourne* est blanc, & chargé d'une croix de gueules, dont les bouts se terminent en demi-lune, & à chacun desquels il y a une boule.

Celui du *Pape* est blanc & se trouve chargé des images de Saint-Pierre & Saint-Paul.

Celui de *Venise* est rouge, & chargé d'un lion ailé d'or, placé sur une petite bande d'azur, tenant une croix & un livre: il y en a un autre blanc avec le même lion, &c.

Celui de *Sicile* est blanc, chargé d'un aigle de sable.

Celui de *Malthe* est blanc, & chargé d'une croix de Malthe rouge.

Le pavillon *Turc* est en quatre couleurs, soit tout blanc, bleu, rouge & vert, & chargé dans l'une ou l'autre de ces couleurs, de trois Croissans d'argent.

Celui de *Tripoli* est vert & en pointe.

Celui d'*Alger* est hexagone, rouge & chargé d'une tête de Turc.

Celui d'*Ostende*, dans les Pays-Bas Autrichiens, est en deux parties, l'une rouge & l'autre jaune, la premiere couleur tient le haut & la seconde tient le bas.

Celui de *Brabant* est en échiquier, ou petits carreaux rouges & blancs.

Celui de l'*Empereur* & *Roi des Romains*, est blanc, chargé d'un Aigle ouvert & couronné, tenant d'un côté un Sceptre & de l'autre une Epée.

Enfin celui des *Etats-Unis de l'Amérique*, pour les vaisseaux marchands, est en bandes rouges & blanches d'égales largeurs.

PÉAGE.

Droit local qui se perçoit sur les routes & les rivieres.

PECHE.

Action de prendre du poisson. On distingue trois sortes de pêche, qui se sous-divisent ensuite en plusieurs especes; la premiere est la pêche de mer, la seconde celle de riviere, & la troisieme celle des étangs. La pêche de mer est permise en France à tous les sujets du Roi, mais en suivant les réglemens établis à ce sujet.

Nous allons donner quelques détails sur les deux principales pêches de mer; c'est-à-dire celle de la *Baleine* & celle de la *Morue*.

La Baleine est le plus gros

poiſſon connu; la *pêche* s'en fait dans la mer du *Nord* & vers le *Spitzberg*; on en pêche auſſi en *Amérique*, mais les plus grandes n'ont que 100 pieds de longueur entre la tête & la queue, & celles qui ſe prennent ſur les côtes de la Méditerranée ſont plus petites. Il y a deux eſpeces de *Baleine*, l'une qui n'eſt connue que ſous ce nom, & l'autre qu'on appelle *Cachalot*. Ce dernier poiſſon porte des dents d'environ cinq pouces de longueur : on en fait un grand cas pour les ouvrages de tabletterie; la Baleine, au lieu de dents, n'a que des *Fanons* ou barbes dans la gueule, & qui portent environ 15 pieds de longueur.

On tire de la *Baleine* trois ſortes de marchandiſes, 1°. de l'*huile*, 2°. des *fanons*, & 3°. du *ſperme*, ou *nature de Baleine*; l'*huile* donne lieu à un très-grand Commerce : elle ſert pour brûler & pour mêler dans diverſes couleurs. les *fanons* ſont les parties de la *Baleine* plates & longues, que divers ouvriers employent & particuliérement les Merciers; enfin le *ſperme*, ſurnommé *blanc de Baleine*, qui ſe tire de la cervelle du *cachalot*, s'employe en bougies dont la conſommation eſt très-grande en Amérique; la meilleure qualité eſt ordinairement blanche, claire, transparente & d'une odeur ſauvagine, mais il faut prendre garde qu'on ne l'ait ſophiſtiquée avec de la cire, parce qu'alors elle eſt d'un blanc mat. Cette pêche ſe fait dans les mois de *Mai*, *Juin* & *Juillet*, tems où les baleines paroiſſent en grand nombre.

La *Morue* donne lieu à un trés-grand Commerce; on en diſtingue deux principales ſortes qui ſe diviſent enſuite en pluſieurs autres. L'une eſt appelée *morue-verte* ou *blanche*, & l'autre *morue ſeche*, ou *merluche*.

La *morue-verte* ſe ſale à bord du navire, après qu'on lui a coupé la tête & qu'on l'a éventrée; on la range à fond de cale, on la couvre de ſel, on la laiſſe égouter 3 à 4 jours, après quoi on la replace dans un autre endroit du navire, & on la ſale de nouveau ſel. Les *morues-vertes* ſe trient & ſe comptent différemment, ſuivant les lieux où s'en fait la vente; à *Nantes* on en trie de quatre ſortes dites : 1°. *la grande morue* ou *poiſſon marchand*, dont le 100 en compte doit peſer 900 livres; 2°. la *morue moyenne*, eſtimée être d'un tiers de moins que le poiſſon marchand, & dont le 100 en compte ne peſe qu'environ 600 livres, 3°. *la petite morue*, ou *raguet*; & 4°. *la morue de rebut*, dans laquelle on comprend les plus petites *morues*, au-dessous du *Raguet*, & toutes celles qui sont défectueuses. La vente s'en fait au compte de 124 morues, ou 62 poignées, ou couples par cent, ce qui s'appelle grand compte. *A la Rochelle* & *à Bordeaux* le triage se fait comme *à Nantes*, sauf que ces deux premieres villes font entrer dans le *Raguet* les plus petites morues, lorsqu'elles sont sans défaut. En *Normandie*, & particulierement au *Havre* & *Honfleur*, on trie de six sortes de morues, dites la *Gaffe*, ou grande & très-grande morue, la *morue marchande*, dont la grandeur est au-dessous de la gaffe, la *Trie* qui est après la morue marchande; la *Lingue* ou le *Raguet*, plus petite que la Trie, la *Valide* ou *Patelet*, encore plus petite que le raguet; & la *Viciée* qui est le rebut de toutes celles ci-dessus. *A Dieppe*, la *morue verte* se vend au compte de 134 poissons, ou 68 poignées au cent marchand, & on la trie comme à Nantes. A *Orléans* & *en Normandie*, la vente de ces morues se fait à raison de 132 morues ou 66 poignées, ou couples, pour le 100 de compte marchand. Enfin à *Paris*, le 100 n'est que de 108 poissons, ou 54 poignées, ce qu'on appelle *petit cent*.

Quant à la *morue seche*, elle a, comme la précédente, différens triages. *A Nantes*, on en compte sept dits: *poisson pivé*, *poisson gris*, *poisson grand marchand*, *poisson moyen marchand*, *poisson marchand ordinaire* ou *fourillon*, *grand rebut* & *moyen rebut*. A la *Rochelle*, *Bordeaux*, *Bayonne*, & *Saint-Jean de Luz*, on ne connoît que trois sortes de triages; savoir: le *poisson marchand*, le *poisson moyen*, & le *rebut*. A *Saint-Malo*, la *morue seche* ne se trie presque jamais, on met seulement à part les pourries & les rompues.

La *Pêche* de la *Morue verte* se fait dans la Baye du Canada, sur le grand banc de Terre-neuve, & sur les battures de ce banc qui sont les Banquereaux, le Bancavert, l'Isle Saint-Pierre & l'Isle de Sable. On ne se sert pour cette pêche que de vaisseaux du port de 100 à 150 tonneaux, dont la cargaison est seulement en vivres pour l'équipage & en ustensiles pour la pêche. L'équipage est ordinairement composé de 25 hommes, les plus essentiels sont le trancheur, le décoleur & le saleur. Les meilleures morues & les plus grandes se pêchent au Sud du banc; & les plus petites se trouvent au Nord dudit banc; la bonne saison, pour aller à cette pêche, est depuis le commencement de Février, jusqu'à la fin d'Avril.

La *pêche*

La *pêche* de la *morue seche* se fait avec des vaisseaux de toute grandeur, mais comme on ne la seche qu'au soleil, les vaisseaux ne doivent partir d'*Europe* qu'en Mars & Avril, afin de profiter de l'été pour faire sécher leur pêche, qui s'étend depuis *Belle Isle* de la grande Baye, jusqu'aux Isles de *Fougues*. De tous les peuples de l'Europe les plus intelligens pour cette pêche, sont les *Basques*, aussi les Ports de *Bayonne* & de *Saint-Jean-de-Luz* sont ceux qui arment le plus pour la pêche de la *morue seche*.

Après les pêches ci-dessus décrites, la plus importante est celle du *hareng*, poisson que l'on distingue en plusieurs especes dites *hareng en vrac*, *hareng caqué & hareng sore*; le *premier* est celui qui n'est qu'à moitié salé, le *second*, celui qui est salé entier & arrangé par couches dans des barrils, & le *troisiéme* est celui qui est séché & fumé au feu.

Les Nations qui s'occupent le plus de cette pêche, sont les *Hollandois*, les *François*, les *Anglois*, les *Ecossois*, & les *Irlandois*; les saisons les plus favorables, & celles que choisissent particulierement les *Hollandois*, sont le mois d'*Août*, & surtout l'*Automne*.

Les endroits de la pêche *Françoise*, sont les *bancs* & la *Manche*, qui sont abondans dans cette sorte de poisson; dans les mois de *Juillet* & d'*Août*, & les Villes de France qui font le plus d'armemens en ce genre, sont, *Calais*, *Boulogne*, *St. Vallery-sur-Somme*, le *Bourg-d'Au*, *Treport*, *Dieppe*, *St. Valery-en Caux* & *Fecamp*.

Une observation essentielle à faire pour la conservation du hareng en barrils, est d'éviter de laisser, ou d'emmagasiner les barils dans des lieux humides, de crainte que les harengs ne chancissent.

La pêche du Saumon donnant lieu aussi à un fort Commerce, nous devons en dire quelques mots. Cette pêche est abondante sur les Côtes d'*Ecosse*, d'*Angleterre*, & d'*Irlande*, où elle se fait pendant les neuf premiers mois de l'année. Il s'en pêche aussi beaucoup dans plusieurs rivieres de France, sur-tout dans la Loire que ce poisson remonte jusqu'à sa source, & il s'en prend aussi sur la Côte de Plaisance : ce poisson se vend frais, ou salé; le salé le plus estimé se tire de *Barwick*, Ville d'*Angleterre*.

Enfin la sardine & l'anchois, forment aussi deux pêches assez lucratives. La premiere se fait abondamment sur les Côtes de France, en Bretagne, Provence & Languedoc, dans les mois de Juillet, Août, Septembre, Octobre & Novembre; les sardines prises dans ces deux derniers mois sont susceptibles de se conserver comme l'anchois.

La pêche de l'*Anchois* se fait dans les mois de Mai, Juin & Juillet, tant sur les Côtes de la Provence, que sur celles de Gênes, de Catalogne, & dans l'Isle de Gorgone, vis à-vis Livourne; en choisissant ce poisson, il faut préférer les plus petits, nouveaux, blancs dessus, vermeils en dedans, & qu'ils ayent le dos rond.

PILOTAGE.

Voyez LAMANAGE.

PIRATE.

Maître d'un navire dont l'emploi se borne au pillage des autres navires. Son nom le plus usité est celui de *Corsaire*.

POLICE.

Terme synonime à Réglemens, Loix, Statuts & Ordonnances : ce mot est fort usité dans le Commerce, sous les dénominations de *Police d'assurance*, & *Police de déchargement*. On entend par *Police d'assurance* une convention par laquelle un particulier, ou une compagnie, se charge des risques qui peuvent arriver à un vaisseau, à ses agrêts, victuailles, marchandises, &c. moyennant tant pour cent que les assurés lui bonifient, & de la prime qu'ils lui payent comptant. *Voyez assurance*. Cette sorte de *Police* doit contenir le nom de l'assureur & de l'assuré, celui du vaisseau, le lieu d'où il doit partir, celui où il doit aller, le voyage qu'il doit faire, le tems pour lequel on l'assure, quel est le capitaine qui le doit commander, les risques, périls & avaries, dont les assureurs répondent à l'assuré, enfin la somme qui doit être payée à l'assureur par l'assuré, pour le prix, ou *prime* de son assurance.

La *Police de déchargement* est absolument synonime aux mots *connoissement* & *nolis* auxquels on peut avoir recours.

PONTONAGE.

Droit qui ne s'exerce que sur les passages des ponts, & sur toutes marchandises, voitures, hommes & bestiaux.

PORTS.

Se dit des lieux qui servent de retraites aux vaisseaux, & où ces derniers peuvent rester à l'ancre avec sûreté.

La Police des Ports de France est ainsi réglée par les Ordonnances de la Marine de 1681 & 1685, qui portent:

1°. Que tous navires étant dans le Port, doivent avoir

des matelots à bord pour faciliter le paſſage des vaiſſeaux entrant & ſortant.

2°. Que les navires ne ſeront amarés, ou attachés qu'aux anneaux & pieux deſtinés à cet effet.

3°. Que les vaiſſeaux, dont les Capitaines auront les premiers fait leurs rapports aux Bureaux d'Amirauté, ſeront les premiers rangés près des quais d'où ils ſe retireront auſſi-tôt leur décharge faite.

4°. Que les Maîtres ou Patrons des navires qui voudront tenir leurs bâtimens ſur les ancres, quoique dans les Ports, y attacheront des ſignaux à flot, pour indiquer où ſont leurs ancres, ſous peine de 50 livres d'amende, & de réparer le dommage que ce défaut de précaution pourroit occaſionner.

5°. Que les poudres des munitions des navires ſeront portées à terre auſſi-tôt l'arrivée deſdits navires, pour n'être repriſes qu'après leur ſortie du Port, & ce, ſous les peines ci-deſſus dites.

6°. Que les marchandiſes ſorties des navires ſeront, au plus ſept jours, ſur les quais, ſous peine d'amende arbitraire.

7°. Que les radoubs & ouvrages des navires où l'on employe du feu, ne ſe feront qu'à 100 pieds de diſtance des autres vaiſſeaux, & à 15 pieds des quais.

8°. Que dans les Ports où il y a flux & reflux, chaque vaiſſeau aura ſur ſon tillac deux poinçons d'eau, pendant le chauffage des fontes, & que dans les Ports où la mer ne ſe retire pas, ils ſeront ſeulement munis de copes, ou pelles propres à tirer l'eau, en cas de beſoin.

9°. Que l'on aſſignera, dans tous les Ports, une place pour les vaiſſeaux en charge, une pour ceux en décharge, & une autre pour ceux que l'on veut rompre & dépecer.

10°. Qu'il ne ſera porté, ni allumé aucun feu, pendant la nuit, ſur les vaiſſeaux fixés dans les Baſſins, Ports ou Havres, à moins de néceſſité preſſante, & en la préſence, ou par permiſſion de la perſonne chargée de la police du quai.

11°. Que lors de l'entrée & ſortie des vaiſſeaux, des Ports où il y a des pilotes lamaneurs établis, les maîtres des vaiſſeaux ſeront obligés, en leur abandonnant la conduite de leurs bâtimens, de leur déclarer combien ils tirent d'eau, ſous peine de 25 livres d'amende, au profit du pilote par chaque pied d'eau que le maître ne lui aura pas déclaré.

12°. Qu'à l'égard des droits à payer par les maîtres des vaiſſeaux, ils ne ſeront contraints que pour ceux inſcrits dans la Pancarte affichée ſur le Port, & approuvé par les

Officiers desdits Ports & ceux de l'Amirauté.

13°. Que tous maîtres & capitaines des navires arrivant de la mer, feront, dans les 24 heures de leur arrivée au Port, leurs déclarations, ou rapport au juge ordinaire du lieu, tant du temps de leur départ, du port & chargement de leurs vaisseaux, que de la route qu'ils ont tenue, & des hasards qu'ils ont courus; enfin de toutes les circonstances de leurs voyages & même de la quantité de lest qu'ils ont à leur bord, à peine de 25 livres d'amende, pour l'omission, ou fausse déclaration de ce dernier article.

14°. Que lesdits maîtres ne pourront ordonner la décharge de leurs vaisseaux qu'après le rapport ci-dessus fait, à peine de punition corporelle, & de confiscation de marchandises, à moins de danger, ou péril éminent.

15°. Qu'en cas de relâche de vaisseau dans un Port, le Capitaine déclarera au Lieutenant de l'Amirauté de ce Port la cause de sa relâche, & lui représentera son congé, sans, pour cela, être obligé d'en prendre un nouveau, pour se remettre en mer.

16°. Que les capitaines, ou maîtres de navires auront soin de ne pas faire jeter leur lest dans les Ports, Canaux, Bassins & Rades, sous peine de 500 livres d'amende pour la premiere fois, & de saisie & confiscation de leurs bâtimens, en cas de récidive; qu'ils ne pourront faire travailler au lestage & délestage de leurs vaisseaux, pendant la nuit, & qu'ils pourront faire porter leur lest ailleurs que dans les lieux indiqués à cet effet par les Officiers de ville; & qu'enfin les maîtres des navires ne pourront sortir leurs bâtimens des Ports, sans un congé des Officiers de l'Amirauté, ou des Gouvernemens de la Province, pour les Ports de Bretagne, lequel congé doit contenir le nom du Capitaine, celui du vaisseau, son port & sa charge, le lieu de sa destination, & celui d'où il part.

Poupe.

Terme de Marine; il signifie la partie de derriere d'un vaisseau.

Préfix.

Echéance d'un billet, ou lettre de change à jour préfix; ce qui ne laisse jouir d'aucuns jours de grace.

Pret.

On trouve au mot *Gages* la nature des prêts permis & ce qui est reglé pour ceux faits sur gages.

Prime d'Assurance.

Somme qui se paye à un assureur aussi-tôt la signature d'un contrat d'assurance. La prime a, en divers lieux, les noms de *Primages*, *Premie*, *Primeur* & *Coût*, ou *Agio* d'assurance.

Prise.

Se dit des vaisseaux & marchandises enlevés en mer sur les *Pirates*, *Corsaires & Ennemis de l'Etat.*

Les principaux réglemens, faits à cet égard, déclarent de bonne prise,

1°. Tous bâtimens commandés par des *Pirates*, *Forbans*, *Ennemis de l'Etat* & *autres*, courant les mers sans commission d'aucun Etat ou Prince.

2°. Celui qui combat sous un pavillon emprunté, & qui tient commission de deux Princes.

3°. Les vaisseaux qui ne peuvent produire *Connoissement*, *Facture* ou *Charte-Partie*, de leurs chargemens.

4°. Tous vaisseaux chargés pour compte des ennemis de l'Etat, encore qu'ils ayent commission d'une Puissance.

5°. Les effets & marchandises des sujets & alliés du Roi, qui se rencontrent sur des vaisseaux ennemis.

6°. Tous bâtimens des sujets du Roi repris sur les ennemis, après avoir resté 24 heures dans leurs mains.

7°. Tous vaisseaux qui refusent d'amener leurs voiles, après les ordres qui leur en sont donnés par les vaisseaux du Roi, ou par ceux de ses sujets qui sont *armés en guerre* par commission.

Et 8°. Que toutes les contestations qui pourront s'élever, relativement à ces prises, seront portées devant les Juges de l'*Amirauté* qui, seuls, en connoitront primativement, ainsi que des droits réglés, à cet égard, par les *arrêts*, *déclarations* & *réglemens* rendus par les *Rois Louis* XIV & *Louis* XV, en 1681, 1685, 1744, 1745, 1756 & 1757, & le nouveau réglement de *sa Majesté Louis* XVI, relativement à la derniere guerre.

Prorata.

Mot synonime à celui de proportion.

Protet.

Sommation que fait le porteur d'une lettre de change à celui qui doit la payer. Il y a quatre sortes de *protêts*. Le *premier* est *faute d'acceptation*, le *second*, *faute de payement*, le *troisieme par intervention*; & le *quatrieme* de *perquisition*: les deux premiers sont bien désignés par leurs noms, & leur effet est de contraindre à accepter, comme à payer.

Le *protêt d'intervention* se fait, lorsque celui sur qui la lettre est tirée, refuse de la payer, & qu'elle n'est, alors acquittée que par un intervenant pour l'honneur d'une des signatures de la traite. Quant au *protêt* de *perquisition*, il se fait lorsqu'on ne peut découvrir le domicile du payeur de la lettre.

Tous les protêts ont tant de force en Justice, que par leur seul moyen; les intérêts du capital & du premier change sont dûs de droit, sans qu'il soit besoin de les demander en Justice; quant aux frais qui suivent les protêts, ils ne sont exigibles que par des sentences qui les adjugent.

PROVISION.

On entend, par ce mot, les remises que fait un négociant, à son correspondant, pour le mettre dans le cas d'acquitter les lettres & billets qu'il a souscrits, pour être payés au domicile de ce correspondant, & dans le cas où ce dernier devroit accepter pour le négociant, il ne doit le faire, qu'autant qu'il est muni de fonds, ou *provision* à l'avance.

QUARANTAINE.

Séjour de 40 jours, que les vaisseaux, les marchandises & les personnes mêmes sont tenus de faire en certains endroits, lorsqu'ils viennent de lieux soupçonnés de contagion.

QUAYAGE.

Se dit d'un droit que les vaisseaux payent pour qu'il leur soit permis d'attacher leurs cordages, ou cables aux anneaux qui sont dans les Quais & Ports de mer.

QUILLAGE.

Droit que payent, dans les Ports de France, les vaisseaux qui y abordent pour la premiere fois.

QUINTELAGE.

Terme dont on se sert dans quelques Pays, pour exprimer le lest.

QUOTIENT.

Produit & résultat de la quatrieme régle d'Arithmétique dite la *division*; c'est-à-dire qu'en divisant 80 par 16, on aura 5 pour le *quotient*.

RADE.

On entend, par Rade, le lieu de la mer, à certaine distance de la terre, où les navires peuvent mouiller.

Voyez Ports, pour les divers Réglemens de *l'Ordonnance de la Marine*, qui veut qu'à l'occasion des Rades, elles soient non-seulement fréquentées par les vaisseaux des sujets de Sa Majesté, mais par ceux de ses alliés, sans qu'on puisse les inquiéter, en aucune maniere, sous peine de punition corporelle.

RAISON.

Se dit de la signature d'une Société, ou maison de Commerce. *Raiſon* ſe dit en mer des rations qui ſe donnent aux matelots.

Ramage et Rame.

Ces deux mots ſe diſent de la fabrication des étoffes de draperies.

La *Rame* eſt une machine où l'on étend, à force de bras, les draps mouillés pour donner aux pieces les longueurs & largeurs qu'elles doivent avoir. C'eſt cette ſorte de main-d'œuvre que l'on appelle *Ramage*.

Pluſieurs Ordonnances des Rois de France ont longtems défendu le ramage des étoffes; mais un Arrêt du Conſeil du 12 Février 1718, en tolérant cet uſage, a réglé ce qui ſuit à ſon égard.

1°. Que les pieces de draps qui, tirées à la rame, n'auront augmenté de longueur que d'une demi-aune, ſur vingt, qu'elles doivent avoir au ſortir du foulon, ſeront regardées comme bonnes, & pourront être marquées du plomb de fabrique.

2°. Que celles qui auront augmenté de trois quarts d'aune ſur vingt, leurs manufacturiers ſeront amendables de 20 à 40 livres par piece.

3°. Que celles augmentées d'une aune ſur vingt, ſeront confiſquées, & leurs fabricans condamnés à une amende de 100 livres.

4°. Que quant aux largeurs, les pieces qui auront augmenté d'un ſeizieme, ſur cinq quarts qu'elles avoient au ſortir du foulon, & à proportion pour les autres largeurs, ſeront réputées & marquées comme telles du plomb de fabrique.

5°. Que celles augmentées d'un huitieme en largeur, les ouvriers ſeront condamnés, depuis 20, juſqu'à 40 livres d'amende.

6°. Et qu'enfin celles augmentées au-deſſus du huitieme ſeront confiſquées, & leurs fabricans condamnés à 100 livres d'amende.

Rapport.

Terme de Commerce de mer, ſynonime à la *déclaration* que le maître d'un vaiſſeau marchand doit faire à *l'Amirauté*, vingt-quatre heures après ſon arrivée dans le Port; *Voyez*, à cet égard, *les articles XIII & XIV du mot Port* ci-deſſus.

Ratification.

Terme de Commerce & de Finance; il ſignifie *l'approbation* donnée aux opérations que l'on a faites pour compte d'un autre.

Recépissé.

Autre terme de Commerce & de Finance, ſynonime à ceux de *quittance*, ou de *reçu*.

Rechange.

Se dit du prix d'un nouveau change dû, pour les lettres de change qui retournent à *protêt*, & ſont remboursables au porteur, par les *tireur* & *endoſſeur*, ſauf le recours de ceux-ci ſur l'*accepteur*.

Recours.

On entend, par ce mot, le pouvoir qu'a le porteur d'une lettre de change, d'actionner, à ſon choix, ſes *endoſſeur*, *tireur* & *accepteur*, en faiſant les pourſuites dans les tems preſcrits par l'ordonnance. *Voyez*, à cet égard, les mots *Lettres de Change*.

Recousse.

Ou repriſe de vaiſſeaux ſur les corſaires & ennemis de l'Etat. Voilà ce que preſcrit l'Ordonnance de Marine, à cet égard.

1°. Que la priſe d'un Vaiſſeau François n'eſt réputée bonne, qu'autant que la recouſſe n'aura été faite ſur l'ennemi, que 24 heures après qu'il l'aura eu en ſes mains, & que ſi cette recouſſe a lieu avant les 24 heures, le vaiſſeau ſera reſtitué aux propriétaires, avec ſa cargaiſon, à la reſerve d'un tiers dont il ſera tenu compte au navire qui en aura fait la repriſe ou recouſſe.

2°. Que lorſqu'un navire abandonné par l'ennemi, ſoit par tempête, ou autres cas fortuits, revient dans un autre Port que le ſien, quoiqu'il ait été conduit dans un Port Ennemi, il doit être rendu au propriétaire qui doit en faire la réclamation dans l'an & jour, quoiqu'il ait été dans les mains de l'ennemi plus de 24 heures.

Et 3°. Que les vaiſſeaux & effets des ſujets & alliés du Roi pris ſur les Pirates, Corſaires, Forbans & Ecumeurs de mer, & dont la réclamation ſera faite dans l'an & jour de la déclaration faite en l'Amirauté, ſeront rendus aux propriétaires, en payant le tiers de la valeur deſdits vaiſſeaux & effets, pour les frais de recouſſe, ou repriſe.

Redhibition.

Pouvoir qu'a un acheteur de faire reprendre à ſon vendeur une marchandiſe défectueuſe; ce qui ne s'effectue guere que ſur des effets mobiliers.

Réexportation.

Se dit d'une choſe importée, & qu'on exporte enſuite.

Réfaction.

Rabais, ou diminution de prix qu'un acheteur peut exiger de ſon vendeur, lorſque la marchandiſe vendue n'eſt pas livrée conformément aux conditions de l'achat.

Réfraction.

Recours que l'on a de revenir ſur un compte réglé & arrêté, lorſqu'il y a erreur.

Régie.

Se dit d'une adminiſtration, ou direction d'une entrepriſe de Commerce, ou de Finance.

Régisseur.

Se dit de celui qui eſt chargé de la régie d'une affaire, comme de la direction, ou de l'adminiſtration d'une entrepriſe de Commerce, ou de Finance.

Réglemens Divers.

La nature abrégée de cet Ouvrage, ne nous permettant pas d'entrer dans les détails de ces Réglemens, nous nous bornerons à les indiquer chronologiquement, ainſi que les marchandiſes pour leſquelles ils ont été faits, afin que nos lecteurs puiſſent y recourir au beſoin.

En 1401, fut rendu le premier Réglement pour les étoffes de laine de Rouen.

En 1468, autre Réglement, pour la grande draperie de ladite Ville de Rouen.

En 1451, autres Réglemens, pour la même cauſe, & la même Ville.

En 1452, autre Réglement, *Idem.*

En 1462, *Idem* pour les tondeurs de draps.

En 1490, autre Réglement, pour la draperie.

En 1508, 1560 & 1567, *Idem.*

En 1571, Réglement pour toutes les draperies du Royaume.

En 1582, 1583 & 1584, Réglemens pour la marque des étoffes.

En 1601, 1605, 1626, 1627, 1644 & 1666, Réglemens pour toutes les draperies, & particulierement celles de Rouen, & d'Amiens, de Sedan & Falaiſe.

Celui de Sedan porte, 1°. que chaque maître recevra un apprenti toutes les années. 2°. Que l'apprentiſſage ſera de quatre années pour les François, & trois pour les Etrangers. 3°. Que la marque de Sedan ne ſera point apposée aux étoffes de toute autre villes, ni de l'étranger, ſous des peines rigoureuſes. Et 4°. que tous les draps de cette Ville ſeront plombés du plomb attribué à ladite Ville.

En 1667, Réglement pour la draperie de Beauvais.

En 1669, Réglement général pour les draperies du Royaume, & les teinturiers en laines.

En 1670, Réglement pour la manufacture d'Abbeville.

En 1671, Nouveau Réglement ſur les draps.

En 1673, Réglement ſur les Camelots & étamines, ainſi que ſur les petites étoffes de laine.

En 1675, 1676 & 1677,

Réglemens sur les marques & visites des étoffes.

En 1682, 1683, 1686, 1687, 1688, 1689, 1690, 1692, 1693, 1694, 1697, 1698, 1699, 1703, 1705, 1706, 1708, 1716, 1717, 1718, 1719, 1721, 1722, 1723, 1724 & 1725, furent aussi rendus nombres de Réglemens sur les draperies, étoffes de lainages du Royaume & pour la teinture desdites étoffes.

Les Réglemens sur les étoffes de soies, or & argent, sont des époques de 1554, 1557, 1596, 1603, 1615, 1619, 1667, 1688, 1671, 1700, 1701, 1702, 1703, 1712, 1737, 1744 & 1745. Ces derniers, dont l'usage s'observe encore aujourd'hui (1785) exigent, par l'étendue de leur sagesse, que nous en analysions ici les dispositions qui sont :

1°. Que tout apprenti sera garçon, aura, au moins, quatorze ans accomplis, & sera natif de la Ville de Lyon, ou des Provinces du Lyonnois, Forez, Beaujolois, Bourbonnois, Bresse, Bugey, Auvergne, Dauphiné & Vivarais, à peine de nullité de brevêts d'apprentissage.

2°. Que les brevêts d'apprentissage seront passés par devant notaires.

3°. Que les apprentis seront engagés pendant cinq ans, & payeront 24 livres à la communauté, de laquelle somme les enfans de l'aumone générale seront exempts.

4°. Qu'il n'y aura que les seuls maîtres ouvriers à façon, qui pourront faire des apprentis.

5°. Que chaque maître n'aura qu'un seul apprenti à la fois.

6°. Que tout apprenti ne pourra s'absenter pendant son apprentissage, pas même du consentement de son maître.

7°. Que le maître d'un apprenti absent, pourra le faire sommer de se réintégrer dans la huitaine, sous peine d'être déchu de son apprentissage, deux mois après la sommation.

8°. Qu'aucun maître ne pourra employer l'apprenti d'un autre, ni lui prêter le sien, sans une permission.

9°. Que pour être reçu compagnon, il faudra fournir un chef-d'œuvre, & payer à la Chambre une rétribution de 24 livres.

10°. Que les compagnons pourront être reçus à la maîtrise, après cinq ans d'enregistrement, moyennant 120 livres de rétribution & chef-d'œuvre.

11°. Que les chefs-d'œuvres ne seront faits que sur les ouvrages, où les apprentis & compagnons auront travaillé.

12°. Qu'à l'âge de 21 ans, les fils de maîtres pourront être admis, après chef-d'œuvre, à la maîtrise.

13°. Que les fils de maîtres, & les compagnons épousant des veuves, ou des filles de maîtres, pourront être admis à la maîtrise, après un an, en payant seulement 80 livres.

14°. Que les compagnons, maîtres & fils de maîtres forains & étrangers aux Provinces ci-dessus indiquées, seront admis à la maîtrise, en payant 200 livres, mais après cinq ans de travail, pour les maîtres, & dix ans, pour les compagnons.

15°. Que chaque maître ne pourra avoir chez lui que quatre métiers, & qu'un cinquieme ne lui sera permis, qu'autant qu'il sera suivant la méthode de M. *Falcon*.

16°. Que les maîtres ouvriers, ne pourront travailler pour leur compte qu'après avoir cessé à façon & soldé tous leurs comptes.

17°. Que les maîtres fabricans, ou faisant fabriquer pour leur compte, ne pourront avoir chez eux que deux métiers, & point d'apprentis.

18°. Que ceux qui ont fabriqué, ou fait fabriquer pour leur compte, ne pourront travailler à façon, qu'en cessant absolument tout travail pour leur compte particulier.

19°. Que ceux qui ont deux métiers chez eux, & travaillent pour leur compte, seront tenus de payer 200 livres, & de se faire enregistrer.

20°. Que ceux qui voudront être réputés marchands fabriquant pour leur compte, payeront 800 livres, & se feront enregistrer.

21°. Qu'il est très-expressément défendu à tous maîtres, marchands & fabricans, d'avoir, dans leur commerce, fabrique & magasin, en qualité de facteur, commis, dessinateur, teneur de livres, & sous quelqu'autre prétexte que ce soit, des personnes nées hors des pays de l'obéissance de Sa Majesté, & hors de la Religion Catholique, à peine de déchéance de la maîtrise, & de 3000 livres d'amende.

22°. Que tous fabricans qui auront failli & traité à terme, seront exclus des charges de la communauté, & ceux qui auront fait perdre, seront exclus du commerce.

23°. Que les ouvriers seront privilégiés dans les faillites, pour leurs façons des six mois qui auront précédé les faillites, & se pourvoiront au Consulat, ou chez le Sindic des créanciers du failli, pour la continuation des ouvrages commencés par ordre & pour compte dudit failli.

24°. Que les marchandises ès mains des maîtres ouvriers

à façon, ne pourront être saisies par qui que ce soit, pas même pour cause de loyers.

25°. Que les métiers & les ustensiles y relatifs, seront dans le même cas de non saisie, si ce n'est pour les loyers qui seront privilégiés sur les façons.

26°. Qu'aucuns huissiers ne pourront saisir des ustensiles chargés, ou garnis de matieres, pas même pour cause de deniers royaux.

27°. Que les maîtres & marchands seront préférés à tous créanciers pour la façon de leurs ouvrages, excepté les loyers.

Et 28°, que tous maîtres, pour se bien conformer à ce dernier Réglement, seront tenus d'en avoir un exemplaire chez eux.

Ce Réglement, tantôt attaqué, & tantôt enfreint par d'autres, a été irrévocablement affermi par un Arrêt du Conseil du 25 Février 1745, qui, en en ordonnant la pleine & entiere exécution, ajoute, qu'au lieu de 200 liv, que les fils de maîtres auront à payer, pour être admis à la maîtrise, ils payeront 300 liv., & que ceux qui n'auront payé aucun droit, pour passer de l'état de maître ouvrier à celui de maître marchand, seront tenus de payer, chacun, ladite somme de 300 liv. & celle de 200 liv. seulement, s'ils sont fils de maîtres.

En 1670, fut aussi rendu un Réglement pour les maîtrises des fabriques de la ville d'Orléans, qui défend à tout particulier d'ouvrir boutique, qu'il n'ait resté trois ans consécutifs chez un marchand du corps où il veut entrer.

Les Réglemens concernant la Bonneterie sont de 1527, 1575, 1596, 1608, 1672, 1674, 1684, 1700, 1701, 1708, 1713, 1716, 1717, 1719, 1720, 1721, 1722, 1723, 1724 & 1743.

Ceux concernant les Toiles, Coutils, Futaines, Linge ouvré, Basins & Treillis, sont en grand nombre, & ont pour époques les années 1598, 1659, 1664, 1676, 1682, 1683, 1684, 1693, 1700, 1701, 1703, 1716, 1719, 1720, 1722, 1723, 1724 & 1725.

Ceux pour la Chapellerie sont de 1578, 1594, 1612, 1666, 1667, 1670, 1673, 1685, 1690, 1691, 1693, 1697, 1699, 1700, 1701, 1706, 1736, & 1749, &c. Voyez *Statuts* pour les Réglemens de diverses autres Communautés.

Régles.

Se dit des opérations de calculs, ou d'Arithmétique, pour trouver des nombres inconnus & divisés.

Quoiqu'il n'entre pas dans le Plan de cet Ouvrage de traiter ici cette science particuliere, & sur laquelle nombre d'Auteurs se sont étendus, nous croyons cependant devoir donner quelque modeles des Regles les plus essentielles & les plus usitées.

1°, *Pour l'Addition*,

liv.		sols		den.
543	———	17	———	6
397	———	8	———	4
703	———	5	———	9
79	———	19	———	10
1724	———	11	———	5

2°, *Pour la Soustraction*,

De 3, 475, 898 liv. — 19 sols - 8 den.
on veut ôter 1, 917, 459 ——— 14 ——— 11
il restera 1, 558, 439 ——— 4 ——— 9 dont la preuve se trouve, par l'addition des sommes restantes, avec celles soustraites, lesquelles doivent être égales au premier nombre posé.

Comme 1, 917, 459 ——— 14 ——— 11
jointe à 1, 558, 439 ——— 4 ——— 9 sont
conform. à 3, 475, 898 ——— 19 ——— 8 qui est le premier nombre ci-dessus.

3°. *Pour la Multiplication*.

Combien 347 aunes $\frac{7}{8}$
à ——— 23 liv. 12 sols 6 d. l'aune couteront-elles.

1041
694,,
173 — 10 — ,, — pour 10 sols.
43 — 7 — 6 — pour 2 sols 6 den.
11 — 16 — 3 — pour $\frac{4}{8}$ }
5 — 18 — $1\frac{1}{2}$ — pour $\frac{2}{8}$ } $\frac{7}{8}$
2 — 19 — $\frac{3}{4}$ — pour $\frac{1}{8}$ }

Réponse 8218 — 10 — 11 $\frac{1}{4}$

4°. *Division à l'Italienne.*

On demande combien il y a de fois 268 dans un nombre de ——— 7874 livres.

Opération.

7874 livres à diviser par 268.

251"
2514

Il y a 29 fois 268, & il reste ——— 102 livres
à multiplier par ——— 20 sols
fait ——— 2040 sols à diviser par 268

Il y a 7 fois 268, & il reste ——— 164 sols
à multiplier par ——— 12 deniers

328
164"

fait ——— 1968 den. à diviser Par 268, comme dessus

Il y a 7 $\frac{92}{268}$, laquelle fraction est le reste de 92 deniers qui ne pouvant se diviser, forme la 92eme partie du Diviseur 268 qu'on figure ainsi $\frac{92}{268}$.

La *réponse* est que, dans 7874 liv. il y a 268 fois 29 liv. 7 sols 7 den. $\frac{92}{268}$ deniers.

5°. *Régle du Cent,*

On veut savoir combien on doit payer sur 422 liv. 14 sols 6 den. à 6 pour 100 par an.

Opération.

```
   422 14 6
          6
 * 25|36 7 6
     20
 *  7|29
     12
 *  2|52
```

La *réponse* se trouve par les chiffres qui précédent les barres, & marqués d'une * Elle est de 25 liv. 7 sols 2d.

Même Régle du 100.

On demande combien on doit payer de voiture

für ——————— 534 liv de marchandises
à ——————— 5 liv. 13 sols 9 den. du 100.

2670
320 8 ,, pour 12 sols
26 14 ,, pour 1
20 ,, 6 pour 9 den.

30 | 37 2 6 à multiplier
par ——— 20 ——— sols

fait ——— 7 | 42 ——— sols à multiplier
par ——— 12 ——— deniers

fait ——— 5 | 10 ——— deniers

Réponse, 30 livres 7 sols 5 deniers $\frac{10}{534}$.

6°. *Règle de trois Directe.*

Si $29\frac{1}{2}$ ont coûté 614 livres 10 sols, combien $17\frac{1}{4}$ coûter-ils

2	4
59	69
4	2
236	138
	614 10
359 6 7 $\frac{196}{236}$ ou $\frac{49}{59}$	552
	138 ,,
	828 ,, ,,
Réponse	69
359 liv. 6 sols 7 den. $\frac{49}{59}$	84801
	1400
	2201

reste ——— 77 livres à
multiplier par 20 sols

1570 sols.
reste ——— 154 sols à
multiplier par 12 deniers

1848 den.
Reste 196 | 236. ou $\frac{49}{59}$

7°. *Régle de trois Inverse.*

Si 10 mois de vivres nourrissent 400 personnes, combien en nourriront 6 mois.

Position.

10 —— 400 —— 6
10
4000 666 $\frac{2}{3}$
40
40
Reste — 4 qui forment $\frac{2}{3}$

Reponse, 6 mois nourriront 666 personnes $\frac{2}{3}$.

8°. *Régle d'Escompte.*

Si sur 320 liv. on escompte 5 liv., combien escomptera-t-on sur 328 - 15 - 6.

Position.

120 —— 5 —— 328 — 15 — 6
6
16 liv. 8 sols 9 den. $\frac{36}{120}$ 1972 — 13
ou $\frac{9}{30}$ 772
reste 52 liv. 13 sols à
multiplier par 20 sols
fait 1053 sols
reste 93 à
multiplier par 12 deniers
186
93
fait 1116 den.
Reste 36 qui font $\frac{36}{120}$

Réponse, 16 liv. 8 sols 9 den. $\frac{36}{120}$.

8°. *Régle de Société.*

Quatre particuliers s'associent dans une même entreprise; l'un pour $\frac{1}{2}$, l'un pour $\frac{1}{4}$, le 3eme pour $\frac{1}{5}$ & le 4eme pour $\frac{1}{8}$, ils gagnent ensemble 18402 livres 10 sols. On demande ce qu'ils doivent avoir chacun, à raison de leur interêt particulier.

Dans ce cás, il faut chercher un nombre, où les fractions impaires, puissent être divisées ; celui de 60 est ici convenable.

Opération Préparatoire

La moitié de 60 est ——— 30
Le quart --- *dito* ——— 15
Le 5eme --- *dito* ——— 12
Le 6eme --- *dito* ——— 10

L'Adition est de ——— 67.

Première Régle.

Si 67 ont gagné 18402 livres 10 sols, combien 30

R. 8239 18 6 $\frac{6}{67}$

30
552060
15 pour les 10 sols ci-dessus.
552075
160
267
665
Reste ----- 62 liv. à multiplier
par ------- 20 sols
1240
570
Reste ------ 34 sols à multiplier
par ------- 12 deniers
408
Reste en fraction ----- $\frac{6}{67}$ de deniers.

Le résultat de cette Régle, est que l'associé par *demi*, aura sur le bénéfice ci-dessus, la somme de 8239 liv. 18 sols 6 den. $\frac{6}{67}$ que l'on trouve au-dessous de la ✠ ci-dessus.

Deuxieme Régle.

Si 67 ont gagné 18402 liv. 10 sols, combien 15

R. 4119 19 3 $\frac{3}{67}$

15
92010

Sommes de l'autre part.

R. ✠ 4119 19 3 $\frac{8}{67}$ 92010.
1840,2,,
7 liv. 10 fols, pour les 10 fols.

276037 ---- 10
80,,,,
133,,
667
Reſte ---- 64 liv. à multiplier
par ------- 20 fols qui, en y joignant les
10 fols ci-deſſus, font 1290
620
Reſte ------ 17 fols, à multiplier
par -------- 12 deniers.

204
Reſte en fraction ----- $\frac{8}{67}$ de deniers.

Le produit de cette Régle, indiqué à la ✠ ci-deſſus, eſt de 4119 liv. 19 fols 3 den. $\frac{8}{67}$ qui forment, la part de l'aſſocié par *quart.*

Troiſieme Regle.

Si 67 ont gagné 18402 liv. 10 fols, combien 12

✠ 12

R. 3295 19 4 $\frac{56}{67}$ 36804
18402,,
6 pour 10 fols.

220830
198,,,,
643,,
400
Reſte ------- 65 liv. à multiplier
par ---------- 20 fols.

1300
630
Reſte --------- 27 fols, à multiplier
par ---------- 12 deniers.

324
Reſte en fraction ----- $\frac{56}{67}$ emes de deniers.

Le réſultat de cette Regle eſt que l'aſſocié par un *cinquieme* aura, ſur le bénéfice ci-deſſus, la ſomme de 3295 liv. 19 fols 4 den. $\frac{56}{67}$ que l'on trouve au-deſſous de la ✠ ci-deſſus.

Quatrieme Regle.

Si 67 ont gagné 18402 liv. 10 ſols, combien 10

✻ 10

R. 2746 12 10 $\frac{2}{67}$ 184020

5 pour 10 ſols.

184025

500„„

312„

445

reſte---43 liv. à multiplier

par-----20 ſols.

860

190

reſte---56 ſols, à multiplier

par----12 deniers.

672

Reſte en fraction-----„ „ $\frac{2}{67}$ emes de deniers.

Il réſulte de cette regle que l'aſſocié par *ſixieme* aura, pour part dans le bénéfice ci-deſſus, la ſomme, de 2746 livres 12 ſols 10 deniers $\frac{2}{67}$, indiquée à la ✻ ci-deſſus.

Réponſe totale, & *preuve* des *Regles* ci-deſſus.

Le *Bénéfice* total à partager eſt de——L. 18402 10 ſols.

L'aſſocié par moitié aura, ſuivant la Ire regle,	8236	10	6 $\frac{6}{67}$
L'aſſocié par quart, ſuivant la 2me regle,	4119	19	3 $\frac{3}{67}$
L'aſſocié par $\frac{1}{5}$, ſuivant la 3me regle,	3295	19	4 $\frac{56}{67}$
L'aſſocié par $\frac{1}{6}$, ſuivant la 4me regle,	2746	12	10 $\frac{2}{67}$

Total égal à celui du bénéfice de la Société 18402 liv. 10 „ „

10°. *Regle de Compagnie.*

Quatre particuliers ont fait un armement pour la courſe;

Le premier a mis un capital de —— liv. 6879 „ „

Le deuxieme un idem.———— 8118 „ „

Le troiſieme un idem.———— 10008 „ „

Le quatrieme un idem.———— 19993 „ „

Ce qui forme une *miſe* dehors de —— liv. 44998 „ „

Pendant la campagne, cette *course* a fait trois prises qui ont produit ensemble, frais d'Amirauté, déduits ——— Liv. 118014 17 s. 4 d.

On demande ce qu'il doit revenir à chacun, au *prorata* de sa mise.

OPÉRATIONS.

Premiere mise.

multipliez 118014 liv. 17 s. 4 d. Total du bénéfice.
par ——— 6879 " " { Montant de la premiere mise.

1062126
8260980
94411200
708084000
3439 — 10 — sols — pour — 10 sols.
1719 — 15 ——— pour — 5 —
687 — 18 ——— pour — 2 —
114 — 13 ——— pour — 4 den.

Total 811, 824, 267 liv. 16 sols,

à diviser par le total de la mise dehors qui sera pris pour *diviseur*, dans les quatre Regles suivantes.

44998 livres *Diviseur* *Somme à diviser*

811824267 liv. 16 sols.

✠ *R.* 18041 liv. 6 s. 9 d. $\frac{39114}{44998}$

361844
186026
60347
Reste ——— 15349 liv. à
multiplier par ——— 20 sols.
Fait ——— 306980, où il faut
joindre les ——— 16 sols ci-dessus.
Fait à diviser ——— 306996 sols.
Reste ——— 37008 sols. à
multiplier par ——— 12 deniers.
74016
37008"
Fait à diviser ——— 444096 deniers.
Reste en fraction $\frac{39114}{44998}$

Réponse.

Le premier intéressé aura 18041 liv. 6 sols 6 den. $\frac{39118}{44998}$;
Somme égale à celle de la ✠ ci-dessus.

Deuxieme Mise.

multipliez 118014 liv. 17 s. 4 d. Total du bénéfice.
par———8118 „ „ { Montant de la deuxieme mise.

944112
1180140
11801400
944112000
4059 —— „ —— pour —— 10 —— sols.
2029 —— 10 —— pour —— 5 ——
811 —— 16 —— pour —— 2 ——
135 —— 6 —— pour —— „ —— 4 deniers.

958044687 liv. 12 sols à diviser par le total de la mise dehors. comme ci après.

44998 livres *Diviseur* *Somme à diviser*
958044687 liv. 12 sols.
✠ *R.* 21290 liv. 16 s. 9 d. $\frac{34620}{44998}$
58084
130866
408708

Reste——37267 liv. à
multiplier par——20 sols.

Fait——745340 sols, où il
faut joindre les——12 sols ci-dessus.

Fait à diviser——745352 sols.
295372

Reste——25384 sols à
multiplier par——12 deniers.

50768
25384„

Fait à diviser——304608 deniers.
Reste en fraction $\frac{34620}{44998}$

Réponse.

Le deuxieme intéressé aura 21290 liv. 16 sols 9 den. $\frac{34620}{44998}$
Somme égale à celle de la ✠ ci-dessus

Troisieme Mise.

multipliez 118014 liv. 17 sols 4 den. Total du bénéfice.
par ———— 10008 " " } Montant de la 3eme mise.

944112
1180140000
5004 " " pour 10 sols.
2502 " " pour 5 ——
1000 16 " pour 2 ——
166 16 " pour " —— 4 deniers.

1181092785 liv. 12 sols, à diviser, comme aux Regles précédentes, par le total de la mise dehors, ainsi qu'on le verra ci après.

44998 *Diviseur* *Somme à diviser*

1181092785 liv. 12 sols.

* *R.* 26247 liv. 13 f. 5 d. $\frac{22426}{44998}$

281132
111447
214518
345265

Reste ———— 30279 liv. à multiplier par ———— 20 sols.

Fait ———— 605580 sols, où il faut ajouter les ———— 12 sols ci-dessus.

Fait à diviser ———— 605592 sols.
155612
Reste ———— 20618 sols à multiplier par ———— 12 deniers.

41236
20618"

Fait à diviser ———— 247416 deniers.
Reste en fraction ———— $\frac{22426}{44998}$

Réponse.

Le troisieme intéressé aura 26247 liv. 13 sols 5 den. $\frac{22426}{44998}$

Somme égale à celle de la marque * ci-dessus.

Quatrieme Mise.

multipliez 118014 liv. 17 sols 4 den. Total du bénéfice.
par ——— 19993 „ „ } Montant de la 4eme mise.

354042
10621260
106212600
1062126000
1180140000
9996 ——— 10 sols ——— pour 10 sols.
4998 ——— 5 ——— pour 5 ———
1999 ——— 6 ——— pour 2 ———
333 ——— 4 ——— 4 d. pour 4 deniers.

2359471229 liv. 5 sols 4 den. à diviser comme ci-après, par le total de la mise dehors.

44998 *Diviseur* — *Somme à diviser*

2359471229 liv. 5 s. 4 d.

* *R.* 52435 liv. „ s. 5 d. $\frac{38834}{44998}$

109571
195752
157602
226089

Reste ——— 1099 liv. à multiplier par ——— 20 sols.

Fait ——— 21980 sols, où il faut ajouter les ——— 5 s. ci-dessus.

Fait à diviser ——— 21985 sols & comme ce nombre est plus foible que le diviseur, il faut le multiplier de suite par ——— 12 deniers.

43970
21985„ & il faut rapporter les ——— 4 d. ci-dessus.

Fait à diviser ——— 263824 deniers.
Reste en fraction ——— $\frac{38834}{44998}$

Réponse.

Le quatrieme & dernier intéressé aura pour sa part. ——— 52435 liv. „ sols 5 den. $\frac{38834}{44998}$
Somme égale à celle de la marque * ci-dessus.

Résultat, pour servir de preuve aux Regles des quatre mises ci-dessus.

Le *Bénéfice* total est de 118014 liv. 17 sols 4 den.

	liv.	sols	den.	
Le premier associé a	18041	6	9	39114 | 44998
2eme	21290	16	6	34620 | 44998
3eme	26247	13	5	22426 | 44998
4eme	52435	„	5	38834 | 44998
Total égal à celui du bénéfice.	118014 liv.	17 s.	4 d.	134994, *ou trois fois* 44998, *qui donnent trois entiers*, *& font retenir* 3 *deniers qu'on joint à l'addition des deniers.*

Malgré notre intention de nous borner aux regles dont nous venons de donner les exemples, nous croyons devoir à nos lecteurs deux autres regles sur les additions de fractions qu'on trouvera ci-après.

Additions de diverses fractions.

1 | 2
1 | 3
1 | 4
1 | 6
1 | 8
7 | 8
5 | 16

Pour additionner les fractions ci-contre, il faut chercher un *Diviseur* où puisse se trouver la plus basse fraction. Celui convenable ici est le nombre —— 48

Opération.

pour 1 | 2 prendre —— 24
pour 1 | 3 —— 16
pour 1 | 4 —— 12
pour 1 | 6 —— 8
pour 1 | 8 —— 6
pour 7 | 8 —— 42
pour 5 | 16 —— 15

Total —— 123 à diviser par 48.

Réponse —— 2 aunes —— Reste —— $\frac{27}{48}$

ou —— $\frac{9}{16}$

Deuxieme Exemple.

1 | 3 Il faut, comme ci-dessus, chercher le
1 | 6 *Diviseur* de la plus basse fraction ci-
1 | 8 contre, tel que —— 24

Opération,

Opération.

11 | 12 pour 1 | 3 prendre ——— 8
5 | 8 pour 1 | 6 ——— 4
5 | 6 pour 1 | 8 ——— 3
19 | 24 pour 1 | 12 ——— 22
pour 5 | 8 ——— 15
pour 5 | 6 ——— 20
pour 19 | 24 ——— 19

Total ——— 91 à

diviser par 24

Réponse — 3 aunes, reste ——— $\frac{19}{24}$emes.

Troisieme Exemple.

3 | 4
2 | 3
5 | 6
1 | 4

Le *Diviseur* convenable ici, à cause de la fraction du 36eme., est le nombre ——— 36

Opération.

1 | 12 pour 3 | 4 ——— 27
1 | 2 pour 2 | 3 ——— 24
1 | 18 pour 5 | 6 ——— 30
1 | 36 pour 1 | 4 ——— 9
pour 1 | 12 ——— 3
pour 1 | 2 ——— 18
pour 1 | 18 ——— 2
pour 1 | 36 ——— 1

Total ——— 114 à

diviser par 36

Réponse — 3 aunes ——— reste ——— $\frac{6}{36}$

ou ——— $\frac{1}{6}$eme.

Quatrieme Exemple.

Pour les Fractions *régulières* & *irrégulières*, ou *paires* & non *paires.*

Addition. Opération.

1°. de — 1 | 4
2°. — 1 | 15
3°. — 1 | 36
4°. — 1 | 19
5°. — 1 | 31
6°. — 1 | 14

multipliez le premier nombre par le deuxieme, en disant quatre fois 15 font 60; multipliez 60 par le troisieme nombre de 36

Fait ——— 2160 à

multiplier par le 4eme. nombre de 19

Fait —— 41040 à
multiplier par le 5eme nombre —— 31

Fait —— 1272240 à
multiplier enfin par le 6eme. nomb. —— 14

vous aurez un dernier total,
ou *Dénominateur* de —— 17811360 & de ce dernier total, il faut prendre les parties d'addition ci-dessus, comme le $\frac{1}{4}$, le $\frac{1}{15}$, &c. ainsi qu'il suit:

		Dénominateur.
		17811360
Le 1	4 est de ——	4452840
Le 1	15 de ——	1187424
Le 1	36 de ——	494760
Le 1	19 de ——	937440
Le 1	31 de ——	574560
&le 1	14 de ——	1272240
	ce qui forme un total, ou *Numérateur* de ——	8919264

Nota. Pour savoir si les résultats ci-contre sont justes, il faut les multiplier, le 1er, par 4, le 2eme par 15, &c.

qu'il faut diviser par le *Dénominateur* ci-dessus de 17811260 or, le *Numérateur* n'étant pas contenu deux fois dans le *Dénominateur*, il faut opérer ainsi :

En posant le nombre —— 8919264 au-dessus de la moitié du *Dénominateur* de 17811360, dont la moitié est de —— 8905680 alors on a en *Réponse* de l'addition des fractions ci-dessus, une demi-aune provenant de la moitié du *Dénominateur*, —— & il reste pour fraction la —— 13584eme. part du *Numérateur* 8919264 qui est inréductible. La *Réponse* doit-être posée ainsi $\frac{1}{2}$ aune $\frac{13584}{8919264}$

RÉHABILITATION.

Se dit de l'acte par lequel un failli rentre dans l'état où il étoit, avant sa faillite. Cet acte, émané du Souverain, n'opere une entiere réhabilitation, qu'autant qu'il est reconnu par des Lettres-Patentes; celles de réhabilitation s'obtiennent en la Grande Chancellerie, après avoir justifié de l'entier acquit de ses dettes, en capitaux & intérêts; alors on se devient habiles à posséder toutes charges publiques.

Régratier.

Marchand mercantille qui achette en détail, pour revendre en plus petit détail.

Reliquat.

Se dit de ce qui reste dû pour solde d'un compte ; on nomme le débiteur de ce solde, reliquataire.

Remise.

L'Ordonnance de 1673 veut que les remises accordées à un débiteur par les trois quarts de ses créanciers en somme, ayent lieu à l'égard du quart refusant, nonobstant les oppositions de ce quart, & ce, en vertu d'une homologation en justice.

La même Ordonnance veut aussi que pendant que l'homologation se poursuit, les créanciers qui n'ont point accédé aux remises, ne puissent contraindre leur débiteur qu'aux termes desdites remises.

Mais ces dispositions ne peuvent avoir lieu qu'à l'égard des créanciers chyrographaires, les hypothécaires, ou privilegiés, n'étant point sujets aux contrats de remises, encore qu'ils soient homologués.

Remorquer.

Voyez. Tonage.

Rencontre.

Se dit communément de l'usage où sont divers marchands d'aller à la rencontre des marchandises destinées pour la consommation d'une ville, à l'effet de s'en rendre maître, pour les revendre en ladite ville plus cheres que ne les auroient vendues leurs expéditionnaires. Cet usage est expressément défendu par les Ordonnances, & considéré comme un monopole. *Voyez* ce mot.

Répartition.

Partage qui se fait entre plusieurs associés, ou cointéressés à une chose ; elle a lieu pour les bénéfices, comme pour les pertes.

Répertoire.

Livres dont les feuillets sont distribués par lettres alphabétiques. Ce livre est pour indiquer les noms des comptes ouverts du grand Livre, & de leurs *folios*. Il est en usage, en beaucoup d'occasions, & très-essentiel aux commerçans.

Répit.

Voyez ci-dessus Lettres de Répit.

Représentation.

Se dit des Livres d'un marchand représentés en justice.

L'Ordonnance de 1673 porte à cet égard que la représentation des Livres d'un marchand ne pourra être remise, ni ordonnée en justice, qu'en cas de succession, communauté, partage de société & faillite.

RESCISION.

Terme du Barreau, qui signifie le moyen de se faire relever d'un engagement injuste, & occasionné par la violence, la surprise & la fraude.

Pour que les lettres de rescision opérent leur effet, il est nécessaire d'en poursuivre l'entérinement en justice, alors elles remettent les parties dans l'état où elles étoient avant les engagemens, ou actes contre lesquels lesdites lettres de rescision ont été prises.

RESCRIPTION.

Espece de mandat d'une personne sur une autre, à l'effet de faire compter une somme convenue; l'usage des rescriptions a rarement lieu dans le Commerce, mais il s'en fait beaucoup dans la Finance, & particulierement dans les Recettes générales & les Fermes Royales.

RÉSIDU.

Terme synonime à reliquat, & qui signifie aussi solde de compte.

RÉSOLUTION.

Mot synonime à ceux de délibérations prises dans des sociétés, ou des assemblées de créanciers. L'article 5 du titre 11 de l'Ordonnance de 1673 porte que les résolutions prises dans les assemblées de créanciers, à la pluralité des voix, pour le recouvrement des effets, ou l'acquit des dettes, seront exécutées par provision, & nonobstant toutes oppositions ou appellations.

RESTAUR.

Terme de Commerce de mer, qui signifie un dédommagement que les assureurs peuvent répéter sur leurs contreres, suivant les dates de leurs Polices d'assurance. Il se dit aussi du recours que peuvent avoir des assureurs sur l'armateur, ou les intéressés d'un Navire, lorsque les avaries des marchandises & du vaisseau sont occasionnées par la faute de l'équipage du bâtiment.

RÉTRIBUTION.

Se dit d'une répartition faite sur le corps d'un Navire, sa cargaison & son frêt, pour prix des objets jetés en mer, pour conserver le Navire.

RÉTROCÉDER.

Terme de banque, dont la signification est de recéder à un particulier, une lettre de change, ou un billet à ordre qu'on a déjà reçu de lui.

REVENDIQUER.

Terme du Palais, usité aussi dans le Commerce. Il signifie une réclamation & une saisie sur des effets mobiliers, marchandises & papiers négociables, dont on n'a point reçu de valeur. Il est à observer que les marchandises ne sont revendiquables qu'autant qu'on peut les saisir dans le même état où elles ont été vendues, & en même quantité.

Ribodage & Ribordage.

Le premier terme se dit du dommage que se font des vaisseaux en s'abordant. Le second se dit de ce qui est réglé pour ce dommage.

Risque.

Danger, hasard, péril, ou fortune de mer. L'ordonnance de Marine prescrit dans ces cas 1°. que tous contrats à la grosse demeureront nuls par la perte entiere des effets sur lesquels on a prêté, pourvu qu'elle arrive par cas fortuits dans les tems & lieux des risques; 2°. que lorsque le tems des risques n'est point réglé par le contrat, il doit courir à l'égard du vaisseau, ses agrêts & ses vivres, du jour qu'il a fait voile jusqu'à ce qu'il soit ancré & amaré, à quai, au Port de sa destination, & 3°. qu'à l'égard des marchandises, le risque court du moment de leur charge dans le vaisseau, ou dans des gabares, pour les porter audit vaisseau, & jusqu'à ce qu'elles soient délivrées à terre, au lieu de la destination du vaisseau.

Saique.

Nom que les Turcs donnent à leurs bâtimens de transport, pour marchandises.

Solvage.

Récompense qui se donne à ceux qui sauvent des effets naufragés; elle est ordinairement du dixieme de leur valeur.

Senault.

Petit bâtiment marchand d'une longue forme, & dont le port ne va que de 70 à 80 tonneaux.

Séparation de Biens.

Se dit des partages & divisions qui se font entre maris & femmes, de leurs biens respectifs, lesquels partages emportent avec eux une dissolution de communauté, tant pour le passé, que pour l'avenir.

Il y a deux sortes de séparation de biens; l'une par autorité, & l'autre par des actes volontaires, lesquels sont souvent soupçonnés être de mauvaise foi.

Les séparations par justice ne doivent être ordonnées qu'en connoissance de cause, soit pour dissipations d'un mari, saisie de biens par ses créanciers, ventes de ses immeubles, ou entreprises & engagemens ruineux, ce qui doit être prouvé par titres ou par témoins. Les femmes séparées de biens d'avec leurs maris, sont tenues de renoncer à la communauté, & autorisées à reprendre, avec équité, ce qu'elles ont apporté en mariage.

Les sentences de séparations autorisent les femmes à faire vendre judiciairement les meubles de leurs maris, pour en prendre le produit à compte de ce qui peut leur revenir, & ces sentences doivent être promptement exécutées; autrement elles seroient inutiles, à l'égard des créanciers des maris qui pourroient faire saisir les revenus des biens des femmes, tant que les maris en seroient possesseurs.

L'Ordonnance de 1673 veut que tous banquiers & marchands en gros & en détail qui seront séparés de biens d'avec leurs femmes, par contrats de mariage, ou Ordonnances de justice, fassent publier leur séparation à l'audience de la Juridiction Consulaire, s'il y en a, sinon dans l'assemblée de l'Hôtel commun des villes, & insérée dans un tableau public, à peine de nullité.

Il est à observer que, si, après des séparations de biens, des maris & femmes se remettent en communauté, dès-lors l'effet de la séparation doit cesser, & les meubles, acquêts & immeubles, & toutes choses échues & acquises pendant la séparation, doivent entrer en communauté, comme s'il n'y avoit pas eu de séparation, & cette réunion de communauté ne peut s'opérer que par des actes aussi précis que formels.

SEULAGE.

Terme usité en Normandie pour dire magasinage.

SIGNATURE.

Se dit de l'apposition de son nom, au bas d'un acte, d'une lettre, d'un billet, d'une promesse, & autres écrits quelconques.

L'Ordonnance de 1673, & un édit du ROI LOUIS XIV, ont réglé ce qui suit, à l'égard des signatures.

1°. Que celles au dos des lettres de change, ne serviront que d'endossemens, & non d'ordres, si lesdits endossemens ne sont datés, & ne contiennent les noms de ceux qui ont payé la valeur desdites lettres en argent, marchandises, ou autrement.

2°. Que tous ceux qui dénieront leurs signatures, ou écritures, seront condamnés, au Parlement, à 100 livres d'amende envers le Roi, & 50 dans les autres juridictions, outre les dépens, dommages & intérêts envers les parties.

SIMULÉ.

Modèle de compte, ou facture que produit un commissionnaire à son commettant.

SOCIÉTÉ.

Contrat, acte, ou traité pardevant Notaires, ou sous signatures privées, par lesquels plusieurs personnes se joignent pour un certain tems, & pour exercer, entr'elles, un Commerce licite, & en partager les profits & pertes, à proportion de leurs intérêts respectifs dans la même société.

Il y en a de plusieurs sortes, appelées, 1°. *sociétés générales, collectives & ordinaires*; 2°. *sociétés en commandites*, & 3°. *sociétés anonymes*; ces dernieres se divisent en quatre especes.

Nous allons dire un mot de leurs diverses natures, & des causes qui les caractérisent.

La *Société générale* est celle faite entre plusieurs marchands qui s'occupent en commun pour les affaires de la société, & font le Commerce, sous leurs noms collectifs & connus de tout le monde, en ce que la raison de leur maison de Commerce désigne tous les noms des associés, comme Denis, Martin, Mathieu & Jacques, &c.

Celle en *commandite* se dit de l'association de plusieurs personnes, dont l'une fournit son argent, sans faire aucune fonction d'associé, ni être nommée dans la raison de Commerce, & les autres fournissent à la fois leur industrie, leurs noms & quelquefois de l'argent.

A l'égard des Sociétés *anonymes*, elles se font, sans qu'aucuns noms paroissent, & par des intéressés qui travaillent tous en particulier, & se rendent compte ensuite les uns aux autres des profits, ou pertes qui ont résulté de leurs spéculations, négociations, ou travaux. Ces Sociétés sont distinguées en quatre classes. La *premiere* se nomme *participe*, ou société en *participation*, ainsi appelée, en ce qu'elle se fait ordinairement par des lettres missives des marchands à autres qui conviennent ainsi de s'intéresser, pour telle ou telle part, dans la spéculation, affaire, ou entreprise qui leur est proposée, laquelle entreprise terminée, termine aussi la société en participe.

La *seconde* & la *troisieme* sorte de sociétés anonymes ont lieu entre marchands qui suivent les foires, & qui se résolvent d'associer aux achats qu'ils y font, telles & telles personnes par portion, ou par lots. La seconde ne se fait que momentanément entre marchands en gros qui se joignent, pour enlever d'un pays les denrées qui y sont rares, pour les revendre à un haut prix, aux foires & marchés d'un autre pays; conduite qui tend au monopole, & contre laquelle la discrétion des sociétaires anonymes ne permet guere de sévir. Enfin la *quatrieme* société anonyme, a pour cause la part que plusieurs négocians prennent chacun à une même spéculation, soit d'importation, ou d'exportation & par comptes, à demi, tiers, quart ou autres, dont ils passent un acte sous seing privé, sans donner aucun nom à leur société qui n'est dirigée que par un seul associé qui fait, comme à son compte, tous les achats & ventes relatifs à ladite société, laquelle se trouve dissolue, dès que la spéculation, ou l'entreprise qui en étoit le but, se trouve entierement terminée.

Ces *sociétés anonymes* n'existant que sous le secret, & dans les écritures des négocians, les Ordonnances n'ont prescrit à leur égard aucuns réglemens.

Voilà ce que dit l'Ordonnance du Commerce, du mois de Mars 1673, sur les sociétés tant générales qu'en commandite.

1°. Que toute société, soit générale, ou en commandite, sera rédigée par écrit, pardevant Notaires, ou sous signature privée, & ne sera reçu aucune preuve par témoins, contre & outre le contenu en l'acte de société, ni sur ce qui seroit allégué avoir été dit avant, lors, ou depuis ledit acte, soit qu'il s'agisse d'une somme de 100 livres, ou de moindre valeur.

2°. Que l'extrait des sociétés entre banquiers, marchands & négocians en gros & en détail sera registré au Greffe de la Juridiction Consulaire, ou autres Greffes, à peine de nullité des actes & contrats, & que cet extrait ne sera reçu à enregistrement qu'autant qu'il sera signé des associés, ou leurs représentans, & qu'il contiendra les noms, surnoms, qualités & demeures des associés, les clauses extraordinaires des actes de société, & les époques de leur commencement & de leur fin, lequel extrait, après enregistrement, sera affiché dans les salles de Juridictions Consulaires, ou des Hôtels-de-Ville, à défaut de ces Juridictions.

Nota. Malgré l'importance de cet article, pour la confiance publique, & la sureté du Commerce, il n'est pas observé à rigueur, car il est peu d'actes qui s'enregistrent & se publient.

3°. Que tous actes portant changement d'associés, ou de nouvelles stipulations & clauses de sociétés, surtout pour la signature, seront, comme dessus, enregistrés & publiés, & n'auront lieu en justice, que du jour de la publication.

Nota. L'usage a encore prévalu à cet égard, car ces enregistremens & publications ne sont presque pas suivis.

4°.

4°. Que tous associés seront obligés solidairement aux dettes de leurs sociétés, lorsqu'elles sont signées par un seul associé, au nom de sa compagnie, & non autrement.

5°. Que les associés en *commandite* ne seront obligés que jusqu'à la concurrence de leur part; c'est-à-dire pour le compte de fonds qu'ils se sont obligé de fournir, & non autrement.

6°. Que toute société contiendra la clause de se soumettre aux arbitres pour les contestations à naître dans sa durée, & que les arbitres seront choisis par les associés, ou sur leur refus, par le juge du lieu de leur domicile, & qu'en cas de décès, ou de longue absence des arbitres choisis, les associés en nommeront d'autres, ou le juge y pourvoira sur leur refus.

7°. Qu'en cas où les opinions d'arbitres seront partagées, ils pourront convenir de sur-arbitre, sans le consentement des parties, s'ils n'en conviennent, il y sera pourvu par le juge.

8°. Que les arbitres pourront juger sur les mémoires & pieces qui leur seront remis, & ce, sans aucune formalité de justice, & sans égard à l'absence des parties.

9°. Que les sentences arbitrales rendues pour négoce, marchandises, ou banque, seront homologuées en la Juridiction Consulaire, s'il y en a, sinon ès sieges ordinaires des juges, ou de ceux des Seigneurs.

10°. Que tout ce qui a été réglé ci-dessus, aura lieu à l'égard des veuves, héritiers, & ayans cause des associés.

Enfin il a été jugé, par un Arrêt du Parlement de Paris, du 25 Janvier 1677, que les femmes des associés ne pourront être préférées, sur les effets de la société, aux créanciers de ladite société.

Observations générales que doivent considérer entr'eux des Associés.

1°. Que dès l'instant où s'est contractée une société, aucun intéressé ne peut y admettre un nouvel associé, sans la participation des autres, mais bien lui donner part dans son intérêt particulier, sans que, pour cela, la société lui doive aucun compte, en ce qu'elle ne doit connoître que l'associé, avec lequel elle a traité en premier lieu.

2°. Que les sociétés ne se contractant que par le consentement de plusieurs intéressés, elles peuvent aussi se dissoudre par leur ſeule volonté, mais elles ſe terminent par la mort de l'un d'eux, & ſe rompent par l'inſolvabilité de celui qui devoit fournir aux dépenſes & aux beſoins de la ſociété.

3°. Qu'une ſociété peut être réſolue avant le tems de ſa durée, ſoit par défaut d'exécution de ſes clauſes, ou par l'inconduite de l'un des aſſociés, ſon ineptie préjudiciable aux intérêts de la ſociété, & ſon humeur diſcordante & extraordinaire.

3°. Que la même raiſon qui permet la diſſolution d'une ſociété, par le conſentement de ſes membres en permet auſſi la prorogation & continuation par un même conſentement, ſans qu'il ſoit beſoin d'un nouvel acte de ſociété, mais ſeulement d'un nouvel arrêté, portant la prorogation au bas dudit acte, où il faut mettre, comme au bas de chaque copie de l'acte de ſociété, pour être ſigné double, ou triple, entre les aſſociés.

4°. Qu'il eſt eſſentiel, en dreſſant, ou rédigeant un acte de ſociété, d'y ſtipuler; qu'en cas de mort de l'un des aſſociés, ſes héritiers, ou ayans cauſe, ſeront libres de continuer la ſociété, ou de la réſoudre à leur gré.

Enfin toutes les clauſes & conditions des ſociétés étant arbitraires, & dépendantes entierement de la volonté des contractans, les ſeules choſes dont on ne doit jamais s'écarter, & qui doivent être la baſe de toutes les ſociétés, ſont la juſtice, & l'équité, & enſuite la cordialité entre les aſſociés, ce qui contribue ſouvent à leur bien-être commun.

SOLDE.

Se dit de la différence qui ſe trouve entre le débit & le crédit d'un compte. Ce mot ſe dit auſſi du payement que l'on fait pour balancer un compte, ou pour le ſolder.

SOLIDAIRE.

Ce mot ſignifie le droit de pourſuivre tous les coobligés à une même dette.

L'Ordonnance du Commerce s'explique ainſi ſur l'action ſolidaire, en matiere de lettre de change.

Elle veut : 1°. qu'après le protêt, celui qui aura accepté une lettre de change pourra être pourſuivi à la requête du porteur. 2°. Que le porteur pourra ſaiſir les effets des tireurs & endoſſeurs, & 3°. que leſdits tireurs & endoſſeurs ſeront pourſuivis en garantie.

SOUFFRANCE.

Terme de Commerce & de Finance ; il ſignifie la ſuſpenſion, ou l'attente où l'on eſt de recevoir des pieces néceſſaires à régler un article ou un compte qu'on eſt obligé de laiſſer en ſouffrance.

SOUMISSION.

Promeſſe d'acquitter diverſes choſes, ou engagement de faire des fournitures, de quelque nature que ce ſoit, & à des prix, termes & conditions fixés.

Souscription.

Se dit de la ſignature qui eſt au bas d'un acte, d'un contrat, d'un billet, d'une lettre de change, & d'un traité, ou engagement quelconque. Les endoſſemens des effets négociables ſe nomment auſſi ſouſcription.

Sous-Freter.

Ces mots ſe diſent du louage d'un vaiſſeau qu'on avoit loué pour ſoi.

Soussigner.

Se dit, comme à ſouſcription, d'une ſignature miſe au bas de quelque écrit & convention que ce ſoit.

Soustraction.

Ce terme s'entend de deux manieres :

1°. Il ſe dit de la ſeconde regle de l'arithmétique. *Voyez* Regles.

2°. Il eſt uſité dans le Commerce & le Barreau, où il ſignifie enlevement & recellement d'effets, papiers & argent d'un débiteur, pour en fruſtrer ſes créanciers. L'Ordonnance déclare banqueroutiers frauduleux ceux qui ſont convaincus de cette ſouſtraction d'effets. Ceux qui les recellent, ſoit par tranſport, ou autrement, & ceux qui ſuppoſent, ou employent des créanciers faux dans leurs bilans ; elle condamne les uns à une amende de 1500 livres, & au payement du double des effets détournés, ou divertis, & les autres à des peines & punitions corporelles & deshonorantes.

Spéculation.

Se dit d'une combinaiſon qui doit précéder des opérations de Commerce, ſoit que l'on achette, ou que l'on vende quelque marchandiſe par ſoi-même, ſoit qu'on la faſſe acheter ou vendre par quelques correſpondans, ſoit enfin que l'on forme une entrepriſe de Commerce de terre, ou de mer, à ſon propre compte, ou en participation avec quelqu'autre perſonnes, ſoit en ſociété, ou par compte à demi, tiers ou autrement : dans quelque cas que ce ſoit, la prudence la plus circonſpecte, les réflexions les plus mûres, les combinaiſons & les rapports les plus exacts, ainſi que la prévoyance la plus étendue, ſont les principes qui doivent guider les ſpéculateurs, dont la baſe des opérations eſt toujours de s'occuper des moyens d'obtenir une marchandiſe au plus bas prix poſſible, pour la revendre au prix le plus avantageux.

Les principales choſes à obſerver pour bien établir, une ſpéculation, ſont de ſe procurer très-exactement les renseignemens ci-après.

1°. Le juste prix de la marchandise.

2°. Le rapport du poids, de la mesure, ou de l'aunage de la marchandise que l'on veut acheter aux poids, mesures & aunages des lieux où l'on se propose de la débiter.

3°. Les valeurs, ou réduction du prix d'achat en monnoies étrangeres, à la réduction de la monnoie à laquelle on veut vendre.

4°. Les frais de commission, ceux de transports, acquits de droit, & tous frais quelconques qu'il y a à payer, pour se procurer ladite marchandise.

5°. Les autres frais, & ceux de commission à payer, pour revendre cette marchandise.

6°. Réunir tous ces frais au prix de l'achat, & y joindre l'intérêt de la mise de fonds, pour ne supputer le bénéfice que l'on veut faire, qu'ensuite de cette réunion.

7°. Reflêchir sérieusement, avant d'ordonner un achat, sur le tems auquel il peut-être rendu au lieu destiné, pour en faire la vente, & se bien assurer qu'il n'arrivera pas à contre-tems, ou trop tard, ce qui souvent occasionne une perte réelle, au lieu de bénéfice.

8°. Supputer les déchets, ou petites avaries que les marchandises peuvent éprouver du moment de leur achat, à celui de leur vente, soit par les transport, emmagasinage & main-d'œuvre, &c. & ajouter par évaluation, un prix quelconque, pour le préjudice desdits déchets & avaries, au prix d'achat, & frais ci-dessus dénommés.

9°. Combiner ensuite, pour le payement des achats, la place de Commerce la plus avantageuse pour faire sa remise, soit directement, ou indirectement, c'est-à-dire, si, de *Paris*, on doit payer à *Hambourg*, il convient de faire faire la remise par *Amsterdam*, au lieu de la faire directement. On peut être facilement guidé, à cet égard, par les buletins qu'il est essentiel de se procurer sur le cours des changes de diverses places de l'Europe.

Enfin tous ces principes suivis à rigueur, ne peuvent que conduire à de bonnes *spéculations*, & ce qui peut ajouter à leur succès, est de tâcher, d'après la réunion de toutes les dépenses & frais d'un achat quelconque, de se réserver entre le prix auquel ces dépenses peuvent monter, & celui auquel on espere rendre une marge de deux à trois pour cent, pour suppléer à des préjudices inattendus.

Comme les opérations spéculatives, se font aisément par les Regles *d'Arbitrage & Conjointe*, nous en donnons ci-après quelques exemples.

PREMIER EXEMPLE, *pour des Remises en Lettres de Change.*

RÉGLE D'ARBITRAGE.

Un particulier de *Lyon*, devant à *Livourne*, & voulant connoître s'il lui sera plus avantageux de remettre du papier sur *Cadix*, au lieu d'être sur *Livourne* même, doit opérer de la maniere suivante :

Cours du Change supposé à
- 76 sols de France, pour une Piastre de Change de 8 Réaux, vieille platte de *Cadix*.
- 122 Piastres de 8 Réaux, vieille platte de *Cadix*, pour 100 Piastres de 5 liv. 15 sols de *Livourne*.
- 1 Piastre de *Livourne*, pour 97 sols de France à *Lyon*.

l'Opération doit se faire par *la régle conjointe*, en disant :

Si 100 Piastres de *Livourne* font . . .	122 Piastres de 8 Réaux &c.
Si 1 Piastre de 8 R. V. P. vaut . . .	76 sols de *France*.
Combien coûtera . . .	1 Piastre de *Livourne*.
Multipliez . . .	122 Piastres de 8 R. V. P.
par . . .	76 sols de *France*.
	732
	854"
Vous aurez . . .	927|2 s. de *France*, à diviser
par 100 Piastres de *Livourne*.	27|2
reste . . .	72 sols, à multiplier,
Réponse 92 sols, 8 den., $\frac{64}{100}$ par . . .	12 deniers.
	144
	72"
fait	864 d. à diviser com. dessus
qui donnent 8 den. &	$\frac{64}{100}$ de den.

Ainsi *Lyon*, en remettant du papier sur *Cadix*, au lieu de le donner directement sur *Livourne*, ne se trouvera payer la Piastre de *Livourne*, que 92 sols 8 den. $\frac{64}{100}$ de France, au lieu de 97 sols, qu'elle se trouve valoir au change, du moment de la remise à faire.

DEUXIEME EXEMPLE, *pour achats de Soies.*

On suppose . . . . 340 liv. de Soies organsins de
Piémont . . . . . à . . . . . 16 liv. de Piémont, la livre
Piémontoise. 2040
340
L. 5440 & pour tous frais de Turin
à Lyon, ... 260 liv. argent de Piémont,
fait 5700 livres,
à multiplier par 20 sols.
Ce qui donne . . . . . 114000 sols Piémontois.

Les 136 livres de Piémont, formant 104 livres de Lyon, à paiement, le change étant à 52 sols de Piémont, pour un écu de trois livres de France, il faut opérer, comme suit, par la *Regle Conjointe*, en disant:

Si 104 liv. de Lyon, font . . . . 136 liv. de Piémont,
Si 340 liv. de Piémont, coûtent . . 114000 sols Piémontois,
& Si 52 sols de Piémont, font . . . . . . 3 liv. de France.
Combien . . . . . . 1 liv. de Lyon, coûtera-t-elle argent de France.

Multipliez . . . 114000 sols de Piémont,
par . . . . . 3 liv. de France.
Vous aurez . . . 342000 à multiplier
par . . . . . 136 liv. pésant de Piémont.
Ce qui donne . . 46512000 à diviser par * 1838720, produit par la multiplication, de . . . . . 340 liv. de Piémont,
par . . . . . . 52 sols Piémontois.
Qui forment . . . . 17680 à multiplier,
par . . . . . 104 liv. de Lyon.
Ce qui donne le nombre de . . 1838720, * pour diviser celui de 46512000, ci-dessus qui donnent 25 l.
reste . . 54400 à multiplier
par . . . . . 20 sols,
fait . . 1088000 qui donnent 5 s.
reste . . 108640, à multiplier
par . . . . . . 12 deniers.
fait . . 2023680 qui donn. 11 d.
reste . . . 1088, qui forment une fraction irréductible.

Le *Résultat* de cette Regle, est que, le prix de la livre de Soie, poids de Lyon, revient à 25 liv. 5 sols 11 den. de France.

Nota. Cette Regle est la même, pour connoître à combien peut revenir une autre marchandise, en quelque poids & monnoie que ce soit.

TROISIÉME EXEMPLE, *Regle d'Affinage, très utile aux Tireurs d'or &c.*

On suppose 240 marcs, 4 onces de matiere d'or, donnée à la Monnoie, au titre de 10 deniers 19 grains ; pour être affiné, au titre de 10 deniers 21 grains de fin. On désire savoir quel sera le déchet, & ce que la Monnoie pourra rendre.

Opérez comme suit.

Si 10 d. 21 gr. font prod. par 10 d. 19 gr., comb. 240 m. 4 onces

Multipliez

par 24 grains . . . . 24 grains . . . . & 259 { même nombre que celui marqué *

	240	240	2160
ajoutez les	21 grains . .	& les . . 19 ci-dessus . .	1200"
			480""
* *	261 diviseur	* 259	129 ½ moitié des 159 pour les 4 onces

fait 62289 ½ marcs.

A diviser par le nombre . . 261 marqué * *.

On a 238 *marcs*, est il reste . . . . 171 ½ marcs à multiplier par . . . 8 onces,

fait . . 1372 onces à diviser par le nombre . . 261.

On a *onces*, & il reste . . . . 67 onces à multiplier par . . . 24 deniers.

Fait . . 1608 deniers à diviser par le nombre . . 261.

On a 6 *deniers*, & il reste . . . . 42 deniers à multiplier par . . . . 24 grains,

fait . . 1008 grains à diviser par le susdit nombre . . 261.

On a 3 *grains* & $\frac{45}{62}$ qui forment la fraction restante des 1008 ci-dessus.

Ainsi la Monnoie, qui aura fait l'affinage, doit rendre pour les 240 marcs, 4 onces d'or ci-dessus, 238 marcs, 5 onces, 6 deniers 3 $\frac{45}{62}$ grains, au titre de 10 deniers, 21 grains de fin.

Statuts.

Reglémens créés par autorité publique & confirmés par des Lettres Patentes des Souverains, pour servir de discipline & police des communautés d'arts & métiers de divers États.

Nous allons rendre compte de quelques détails & des époques de créations, des statuts des communautés d'arts & métiers de France, tous renouvelés par un édit de Louis XIV du mois de Mars 1673, qui en fixe le nombre à 124.

Savoir.

Aiguilliers.

Statuts du 15 Septembre 1599, qui portent qu'un maître ne sera reçu qu'à l'âge de 20 ans, & qu'après avoir travaillé 8 années, dont 5 d'apprentissage, & avoir fait un chef-d'œuvre. Les fils de maîtres sont exempts de tout cela, & peuvent être reçus après une simple épreuve.

Apothicaires, voyez *Epiciers.*

Armuriers - Heaumiers & Arquebusiers.

Leurs statuts sont de 1409 & confirmés par divers Souverains; l'apprentissage est de 5 ans, & les brevêts doivent être faits pardevant Notaires. Il faut fournir un chef-d'œuvre, pour être reçu maître. Les fils de maîtres ne sont tenus qu'à 4 ans d'apprentissage, & à une expérience seulement, au lieu de chef dœuvre.

Artificiers.

Ils n'exercent leur profession que par des permissions de la police, & par des provisions de la cour, lesquelles leur portent défenses de vendre de la poudre à canon fine & commune.

Comme ils n'ont point de statuts, ils n'ont pas de temps fixe pour l'apprentissage.

Balanciers.

Leurs statuts sont anciens & renouvelés en 1691 & 1695; le compagnonage est de deux ans, & l'apprentissage de 5, & pour parvenir à la maîtrise, les aspirans font chef-d'œuvre, & les fils de maîtres, ne sont tenus qu'à une expérience.

Barbiers, voyez *Perruquiers.*

Batteurs d'Or & d'Argent.

On ignore leurs statuts; il n'y a point de temps d'apprentissage, & les fils de maîtres peuvent seuls aspirer à la maîtrise, par rang d'ancienneté.

Boisseliers.

Leurs statuts sont également ignorés, & tout ce qu'on en peut savoir, est que l'apprentissage est de 6 années & que le brevêt coûte 36 livres.

Bonnetiers.

Ce corps est de toute ancienneté; il y a des ordonnances

à son sujet, de 1390, & leurs statuts les plus connus sont de 1527, pour un corps de bonneterie, & 1619, pour l'autre. Aujourd'hui la bonneterie ne forme plus qu'un seul corps; & ces principaux Réglemens portent qu'on ne peut être admis à la maîtrise, qu'à l'âge de 25 ans, & après avoir servi les maîtres 5 années, comme apprenti, & 5 autres, comme garçon.

Bouchers.

Leurs premiers statuts sont de 1589; ils portent qu'on ne peut aspirer à la maîtrise, si l'on n'est fils de maître, ou apprenti de Paris, les premiers à 24 ans, & les seconds à 18.

Que l'apprentissage pour les étrangers est de 3 ans de service, comme apprenti & 3 ans, comme garçon.

Mais aujourd'hui cette communauté est en instance au Conseil, pour ne faire d'autres apprentis, que les fils de maîtres.

Boulangers.

Cette communauté tient ses premiers statuts du regne de Charles VI, confirmés sous celui de Charles IX, en 1560; ils portent que l'apprentissage sera de 5 ans, & le compagnonage de 5 autres, & qu'il sera fait, par les aspirans en maîtrise, un chef-d'œuvre en pain mollet & blanc, & que les maîtres feront tenus de marquer leur pain à une marque qui leur soit particuliere, ce qui ne se suit pourtant pas à rigueur aujourd'hui.

Bouquetiers.

Quoique cette profession ne forme pas précisément un corps de communauté, nous devons cependant dire qu'elle se trouve, en quelque sorte, liée à la mercerie, pour ce qui concerne les artisans en fleurs artificielles, & que ces artisans se conduisent, suivant les statuts des merciers qu'on trouvera indiqués ci-après.

Bourreliers, voyez *Selliers.*

Boursiers, *Colletiers*, &c.

Les premiers statuts des boursiers sont de 1342, confirmés en 1414, 1511 & 1574. L'apprentissage est de quatre ans & le compagnonage de trois.

Boutonniers, voyez *Passementiers.*

Boyaudiers.

On ne connoît point de statuts à cette communauté; tout ce qu'on en sait, est que les fils de maître peuvent seuls prétendre à la maîtrise, & qu'il ne s'y fait pas d'apprentissage.

Brasseurs.

Les statuts de cette communauté datent de 1268, & ont été confirmés en 14 9, 1515, 1556, 1567, 1580, 1608 & 1630.

L'apprentissage y est de 5 années, & le compagnonage de trois. Les fils de maître en font feuls exempts, mais ils doivent, comme les apprentis, produire un chef-d'œuvre.

Brodeurs.

Leurs statuts, de 1648, fixent l'apprentissage à 6 ans, & le compagnonage à 3, & qu'il ne sera point reçu de maîtres au-dessous de l'âge de 20 ans.

Brossiers, voyez *Vergetiers.*

Cardeurs.

Cette communauté tient ses premiers statuts de 1467. Les apprentissages y sont de 3 années, & le compagnonage de 3 autres.

Carrossiers, voyez *Selliers.*

Cartiers.

On ignore l'époque de la création de ce corps, on sait seulement que son apprentissage est de 4 ans.

Ceinturiers, ou *Ceinturonniers.*

Leurs statuts sont de 1551, & portent qu'aucun fils de maître ne sera reçu, sans apprentissage, qui est de quatre ans, & qu'ils feront chef-d'œuvre.

Chainetiers.

Les statuts de cette communauté sont totalement ignorés; l'apprentissage y est arbitraire de la part des maîtres qui se bornent souvent à n'exiger des aspirans à la maîtrise qu'un chef-d'œuvre.

Chaircuitiers.

Les premiers statuts sont de 1445, refondus en 1705. L'apprentissage est de quatre années, & le compagnonage de 5. Le brevêt doit être fait pardevant Notaires.

Chandeliers.

Les statuts sont de 1061 revus, refondus & confirmés par différens Rois, & notamment en 1674, par LOUIS XIV; ils portent que les maîtres pourront vendre & débiter, à petits poids & mesures par regrat, des huiles à brûler, verres, bouteilles, fagots, coterets, falourdes & charbons; que cette communauté conservera l'étalon royal des mesures à huiles, & aura le droit d'inspection sur toutes les mesures des épiciers, & apothicaires en gros & en détail, & que les aspirans à la maîtrise, sauf les fils de maîtres, feront six années d'apprentissage, & deux de compagnonage.

Chapeliers.

Les statuts de cette communauté datent de 1578, & furent changés & confirmés en 1594, 1612 & 1706. L'apprentissage est de 5 ans, le compagnonage de 4 autres, & le chef-d'œuvre de 3 espèces de chapeaux.

Charpentiers.

Cette communauté tient ses réglemens les plus étendus de 1574 & de 1644. Ses droits sont de faire les toisés, estimation, rapport & visites de bois ouvrés & non ouvrés, ce qui doit être fait par des jurés, à peine de faux & d'amende. L'apprentissage est de 6 années, & le service de compagnonage de 4 autres.

Charrons.

Leurs premiers statuts sont de 1498, confirmés en 1623. Ils fixent l'apprentissage & le compagnonage à 3 années chacun, & que les aspirans à la maîtrise fourniront chef-d'œuvre, sauf les fils de maîtres.

Chaudronniers, Dinandiers.

Leurs derniers statuts sont de 1484 & 1514; ils fixent l'apprentissage à 6 années, & reglent qu'on ne sera reçu maître, qu'après avoir fait chef-d'œuvre.

Cloutiers.

Les statuts de cette communauté sont sans date, & portent que l'apprentissage sera de 5 ans, & le compagnonage de deux.

Coffretiers.

Les statuts sont de 1596. L'apprentissage est de 5 ans, & le compagnonage de 5 autres, après lesquels on peut être reçu à la maîtrise, en fournissant un chef-d'œuvre.

Cordiers.

Les statuts sont de 1394; ils fixent l'apprentissage à 4 années, & défendent aux maîtres de travailler la nuit.

Cordonniers.

Les premiers statuts sont de 1573, corrigés en 1699, & confirmés en 1703. Ils portent que l'apprentissage sera de 4 ans & que les maîtres metteront leurs marques à leurs ouvrages, avant de les livrer.

Corroyeurs.

Leurs statuts sont de 1345; ils veulent que l'apprentissage soit de 5 années, & que pour être reçu à la maîtrise, il soit fait un chef-d'œuvre.

Couteliers.

Leurs statuts sont de 1505, confirmés en 1566, 1586 & 1608; ils ordonnent le chef-d'œuvre, & fixent l'apprentissage à 5 années.

Couturieres.

Par leurs statuts de 1675, il est dit que l'apprentissage sera de 3 années, & qu'il sera fait ensuite 3 autres années de service chez les maîtresses, pour parvenir à la maîtrise.

Couvreurs.

Le renouvellement de statuts de cette communauté est de 1566; ils fixent l'apprentissage à 6 années, & veulent que les apprentis soient payés la premiere année à 20 sols par jour, & que leurs journées soient augmentées chaque année de 2 sols par jours, jusqu'à la sixieme année, mais sans être logés, ni nourris; ils veulent aussi que les couvreurs qui travaillent sur les rues, mettent des défenses aux lieux où ils travaillent, pour avertir les passans

Crieurs de vieux Fers, dits, Ferrailleurs.

Les réglemens de cette communauté ne sont que de 1693 ; ils fixent la police de ce corps, ainsi que le nombre des maîtres à 24. Il ne se fait pas d'apprentissage, & l'on ne peut parvenir à la maîtrise que par le remplacement d'un autre maître, après son décès.

Cuisiniers-Traiteurs.

Leurs status sont de 1599, confirmés en 1612, 1645, 1663 & 1664. Ils fixent l'apprentissage à 3 années, obligent aux chefs-d'œuvre; mais ceux qui ont été employés sur les états des maisons Royales, & des Princes & Princesses du Sang, pendant trois années, sont reçus à la maîtrise, sans apprentissage, ni chefs-d'œuvre, ainsi que les fils de maîtres qui auront travaillé 2 ans de cette profession : mais il sont tenus à une expérience, pour prouver leur capacité.

Maîtres de Danse & joueurs d'Instrumens.

Leurs statuts sont de 1658, & leur apprentissage de 4 années de bonne volonté, dont 3 de rigueur.

Découpeurs.

Cette petite communauté est sans statuts, quoique l'apprentissage y soit fixé à 6 années, pour être reçu à la maîtrise.

Distillateurs.

Leurs statuts sont de 1639 ; l'apprentissage est de 4 années, & le compagnonage de deux: il faut en outre, produire un chef-d'œuvre. Les maîtres sont tenus d'avoir un registre de la quantité d'eau forte qu'ils vendent, de la qualité, noms & demeures de ceux à qui ils vendent, & de n'en jamais livrer plus de 2 livres à une même personne. Il leur est défendu de ne point vendre d'eaux régales, sous des peines afflictives ; attendu qu'elles peuvent servir à altérer les monnoies.

Doreurs, Argenteurs & Ciseleurs.

On ignore la date des statuts de cette communauté qui est fort ancienne. Son apprentissage est de cinq années, & le compagnonage de cinq autres.

Drapiers.

Ce corps, le premier des six, tient ses premiers statuts de 1188, & leurs renouvellemens & confirmations des années 1573, 1638 & 1646. Ils portent qu'on ne peut être incorporé dans ce corps, qu'après avoir servi les marchands drapiers, pendant cinq années, dont trois, comme apprenti, & deux, comme garçon de boutique, ou de magasin.

Ecrivains.

Leurs ſtatuts ſont de 1648. Ils portent qu'on ne peut être reçu à la maîtriſe qu'à vingt ans accomplis, & qu'après s'être exercé trois années dans l'art des diverſes écritures, de l'arithmétique & de l'ortographe; que les fils de maîtres, en état d'enſeigner à dix-huit ans, pourront être reçus *gratis*, mais qu'ils ne pourront être admis à la vérification des écritures, qu'à l'âge de vingt ans.

Emailleurs.

Les ſtatuts de cette communauté, ſont de 1566, confirmés en 1571, 1582, 1583, 1599 & 1600. Ils fixent l'apprentiſſage à cinq ans huit jours.

Eperonniers.

Cette communauté ſe gouverne par les ſtatuts des *ſelliers, lormiers*, de 1577, 1595, & rédigés en 1678. L'apprentiſſage y eſt de quatre années, & le compagnonage de cinq autres.

Epiciers.

Les premiers ſtatuts de ce corps ſont de 1484, rédigés, renouvelés & confirmés en 1514, 1516, 1520, 1583, 1594, 1611, 1624 & 1638. Ils portent que, pour être admis dans ce corps, il faut être né François, ou avoir obtenu des lettres de naturalité, qu'il faut avoir ſervi les maîtres trois ans, comme apprenti, & trois autres, comme garçon pour être *épicier*, & que pour être *apothicaire*, il faut quatre ans d'apprentiſſage, & ſix années de ſervice, comme garçon, & faire, en outre, un chef-d'œuvre de Chymie.

Epingliers.

Le renouvellement des ſtatuts de cette communauté, eſt de 1602; il joint ce corps à celui des *aiguilliers*, & fixe l'apprentiſſage à quatre ans; & le compagnonage à un; paſſé leſquels tems, on peut être admis à la maîtriſe, en produiſant un chef-d'œuvre.

Eventailliſtes.

Leurs ſtatuts ſont de 1714. Il n'y a pas de compagnonage, mais bien un apprentiſſage fixé à quatre années, d'après leſquelles, il faut faire chef-d'œuvre.

Faiſeurs d'inſtrumens, ou Luthiers.

Leurs ſtatuts de 1599, ſont confirmés en 1680. Ils portent que pour être admis à la maîtriſe, on produira un chef-d'œuvre, ou expérience, après ſix ans d'apprentiſſage. Les veuves peuvent exercer avec un compagnon de Paris.

Fabriquans en étoffes d'or & d'argent, ou Ferrandiniers.

Les derniers ſtatuts de cette communauté ſont de 1667. Ils portent que l'apprentiſſage ſera de cinq ans, que le brevet ſera paſſé pardevant Notaires, que les compagnons, avant d'être reçus à la maîtriſe, ſerviront trois ans chez les maîtres, & que nuls ne ſeront reçus ſans chef-d'œuvre, pas même les fils de maîtres.

Fayanciers, voyez *Verriers*.

Fevres - Marechaux.

Leurs ſtatuts ſont de 1473, confirmés en 1609 & 1651. Ils fixent l'apprentiſſage à trois années, & ordonnent qu'on ne ſera reçu à la maîtriſe, qu'après avoir fourni chef-d'œuvre, & à l'âge de vingt-quatre ans; les fils de maîtres peuvent cependant la lever à dix-huit ans, s'ils ſont privés de leurs peres & meres.

Filaſſieres.

L'apprentiſſage de cette communauté, compoſée de femmes ſeulement, eſt de ſix ans. On n'y connoît point de ſtatuts.

Fondeurs.

Cette communauté eſt très-ancienne, ſes premiers ſtatuts étant de 1281, renouvelés & corrigés en 1573 & 1691. L'apprentiſſage y eſt de cinq ans, & il faut produire un chef-d'œuvre, pour être reçu maître.

Foulons, *Pareurs de draps*.

Leurs ſtatuts ſont de 1443 revus & confirmés en 1606. Ils fixent l'apprentiſſage à trois années.

Fourbiſſeurs.

Leurs ſtatuts ſont anciens, & furent renouvelés & confirmés en 1694, 1702, 1704, 1707 & 1744. Ils obligent, pour parvenir à la maîtriſe, à faire un chef-d'œuvre, ſix années d'apprentiſſage, & trois de compagnonage.

Fripiers.

Cette communauté tient ſes ſtatuts de 1544, & leurs confirmations de 1556, 1561, 1612 & 1664. Ils veulent que l'apprentiſſage ſoit de trois années, & le ſervice chez les maîtres de trois autres, & qu'il ſoit, en outre, fait un chef-d'œuvre, pour être reçu à la maîtriſe.

Fruitiers.

Leurs ſtatuts ſont de 1412, renouvelés en 1499, 1608 & 1612.

L'apprentiſſage pour homme, comme pour femme, eſt de 6 ans.

Gainiers, *Fourreliers.*

Les derniers ſtatuts de cette communauté ſont de 1560, ils fixent l'apprentiſſage à 6 années; ils obligent au chef-d'œuvre, & les maîtres à avoir chacun leur marque.

Gantiers, *Parfumeurs.*

Leurs ſtatuts ſont de 1190, renouvelés, corrigés & confirmés en 1357, 1582 & 1656; ils fixent l'apprentiſſage à quatre ans, & le compagnonage à trois.

Grainiers ou Greinetiers.

Leurs statuts sont de 1604. L'apprentissage est de six ans, & le compagnonage de deux.

Horlogers.

Leurs statuts sont de 1483, confirmés en 1544, 1554, 1572, 1600 & 1646, l'apprentissage est de huit ans. Il faut, pour être reçu à la maîtrise, faire chef-d'œuvre, & pour être pris apprenti, n'avoir pas plus de vingt ans. Les maîtres sont tenus à mettre leurs noms sur leurs ouvrages, & ne point effacer, ni changer les autres noms.

Jardiniers, Maraîchers.

Leurs statuts sont de 1473. L'apprentissage de quatre ans, le compagnonage de deux, & il faut produire un chef d'œuvre.

Imprimeurs - Libraires.

Voyez *Libraires-Imprimeurs.*

Imprimeurs en Taille-Douce.

Leurs statuts sont de 1694; les apprentis sont obligés, pour quatre ans, & le compagnonage est de deux autres.

Lapidaires, Graveurs.

Leurs premiers statuts sont de 1290, confirmés en 1331, 1584 & 1613. L'apprentissage est de sept ans, & le compagnonage de deux, après lesquels il faut faire chef-d'œuvre.

Libraires - Imprimeurs.

Les statuts ou réglemens de ce corps ont été établis en 1531, 1539, 1551, 1563, 1571, 1579, 1586, 1610, 1618, 1650, 1663, 1670, 1672, 1686, 1703, 1704, 1713 & 1723. Ils portent que, pour être admis à l'apprentissage, il faut bien connoître les langues Latine & Grecque, en avoir un certificat du Recteur de l'Université, & être inscrit sur le registre de ce Recteur; ils fixent l'apprentissage à quatre années, veulent que les apprentis soient garçons, que leurs brevets d'apprentissage soient passés pardevant Notaires, en la chambre de la Communauté, & que nuls ne soient reçus à la maîtrise, avant vingt ans accomplis.

Limonadiers.

Cette Communauté a obtenu ses premiers statuts en 1676, & leurs changemens & confirmations en 1705, 1706, & 1713. Elle ne fait point d'apprentissage & ne reçoit à la maîtrise que des fils de maîtres.

Lingères.

Leurs premiers statuts sont de 1278, renouvelés & confirmés en 1302, 1473, 1489, 1595 & 1645. L'apprentissage des Lingères est de 4 années, & deux autres années de service chez les maîtresses.

Layetiers.

Leurs statuts sont de 1526, & leurs confirmations de 1582

& 1584. L'apprentiſſage eſt de quatre ans & le compagnonage de deux.

Maçons.

Cette communauté fait remonter l'époque de ſes ſtatuts avant le 18me. ſiècle, ſans en indiquer la date ; l'apprentiſſage eſt de ſix ans, mais ils doivent payer les apprentis, ou manœuvres, ſelon leurs conventions, & ces derniers ne ſont pas tenus à rigueur pour leur apprentiſſage, qui eſt preſqu'à leur volonté.

Marbriers.

Ils ne forment pas une communauté, leurs ſtatuts de 1609. n'étant aucunement ſuivis.

Marchands de Vin.

Leurs premiers ſtatuts ſont de 1588 confirmés en 1594, 1611, 1615, 1677, & 1686. Il faut, pour parvenir à la maîtriſe, avoir fait 4 années d'apprentiſſage & 4 autres de ſervice chez les maîtres, & obtenir, en outre, des lettres de proviſion du Roi.

Mégiſſiers.

Les derniers ſtatuts de cette communauté ſont de 1594, & portent que l'apprentiſſage ſera au moins de ſix années, après leſquelles, pour être reçu à la maîtriſe il faudra produire chef-d'œuvre.

Menuiſiers, Ebeniſtes.

Leurs ſtatuts ſont de 1396, confirmés en 1580, 1645, 1744 & 1751. L'apprentiſſage eſt de ſix années, & le compagnonage de trois autres, après leſquelles, il faut faire un chef-d'œuvre, pour parvenir à la maîtriſe. Les maîtres de cette communauté ſont tenus d'avoir chacun une marque particulière pour mettre à leurs ouvrages.

Merciers.

Ce troiſieme des ſix corps des marchands, tient ſes premiers ſtatuts de 1407 & 1412, qui ont été confirmés en 1548, 1557, 1558, 1567, 1570, 1601, 1613 & 1645. Ils portent qu'on ne peut entrer dans ce corps, qu'autant qu'on eſt né François, après trois années d'apprentiſſage, & trois autres de ſervice chez les maîtres, en qualité de garçon.

Miroitiers.

Leurs derniers ſtatuts ſont de 1581. Ils fixent l'apprentiſſage à cinq années entieres, après leſquelles ils obligent au chef-d'œuvre.

Nattiers.

Cette communauté, preſque anéantie, n'obſerve de ſes anciens ſtatuts que le temps de l'apprentiſſage, qui eſt fixé à trois années.

Oiſeleurs.

Cette communauté tient ſes ſtatuts de 1647 ; ils portent que les fils de maître ſeront ſeuls admis à la maîtriſe, d'a-

près

près trois années d'apprentissage.

Orfèvres.

Ce corps, le dernier des six, dont les statuts datent de 1330, ne reçoit point de maître, qu'après huit années d'apprentissage, deux de compagnonage, & un chef-d'œuvre.

Papetiers.

Les statuts de cette communauté sont de 1599, & confirmés en 1659 ; ils fixent l'apprentissage à quatre années, & le compagnonage à deux.

Parcheminiers.

Leurs statuts sont de 1545 & 1550, confirmés en 1654. L'apprentissage est de quatre ans, & le compagnonage de trois autres. Les Compagnons sont exempts de chef-d'œuvre, s'ils épousent des filles de maîtres.

Passementiers, Boutonniers.

Leurs statuts sont de 1653 ; l'apprentissage est de cinq ans, & le compagnonage de quatre autres.

Patenôtriers.

Communauté érigée en 1569, & dont l'apprentissage est de trois ans & demi.

Il y a différens genres de Patenôtriers, les uns en ambre, jais & corail, & les autres en bois & corne.

Pâtissiers.

Leurs statuts sont de 1060, confirmés & augmentés en 1321, 1330, 1400, 1480, 1566, 1567, 1576, 1594, 1598, 1612, 1653, 1707, 1723 & 1741, par divers Lettres-Patentes & Arrêts. L'apprentissage est de cinq ans, & il faut fournir chef-d'œuvre, pour être reçu à la maîtrise.

Paveurs.

Leurs premiers statuts sont de 1501, confirmés en 1579, 1691 & 1707, & l'apprentissage est de trois ans.

Les compagnons employés dans une entreprise, pour leurs maîtres, ne peuvent la quitter, qu'elle ne soit finie.

Paumiers.

Leurs statuts de 1610, ont été rédigés & confirmés en 1726 & 1727. L'apprentissage, dont le brevet doit être passé pardevant Notaires, est de trois ans.

Peaussiers, Teinturiers.

Les statuts de cette communauté sont de 1357, confirmés en 1664 ; l'apprentissage est de cinq ans, & le compagnonage de deux.

Peigniers, Tabletiers.

Leurs statuts sont de 1507, confirmés en 1578, 1600,

1614, 1691 & 1741; l'apprentissage, dont le brevet doit être passé devant Notaires, est de six ans, & le compagnonage de deux autres.

Peintres, Sculpteurs.

Leurs statuts sont de 1391, confirmés en 1430, 1548, 1582, 1622, 1696 & 1723; ils portent que l'apprentissage sera de cinq ans, & que les brevets en seront donnés pardevant Notaires, & qu'à l'égard des filles & femmes, il n'y aura pas d'apprentissage limité.

Pelletiers.

Ce corps, le quatrieme des six, a obtenu en 1618 & 1648, la confirmation & le renouvellement de ses statuts, qui fixent l'apprentissage à quatre années, & ordonnent, après quelques années de service chez les maîtres.

Perruquiers.

Leurs statuts sont de 1674; l'apprentissage, pour parvenir à la maîtrise, est de quatre ans.

Cette profession peut s'exercer sans apprentissage, mais alors il faut, pour avoir le même droit que les maîtres, acheter une charge dont la finance est de 3000 livres, lesquelles charges se vendent, ou se louent, à la volonté de leurs propriétaires.

Plumassiers.

Leurs statuts de 1579, ont été confirmés & renouvelés en 1612, 1644, 1659 & 1692; l'apprentissage est de quatre ans, ainsi que le compagnonage.

Plombiers.

Leurs statuts sont de 1648, & portent qu'on ne peut être reçu à la maîtrise, sans être originaire, ou naturalisé François, & avoir fait un chef-d'œuvre, après quatre années complètes d'apprentissage. Les maîtres sont tenus de marquer leurs ouvrages d'une marque particuliere à chacun d'eux.

Potiers d'Etain.

Leurs statuts sont de 1613; l'apprentissage de six années, & le compagnonage de trois. Les maîtres doivent marquer leurs ouvrages d'un poinçon qui leur soit particulier à chacun.

Potiers de terre.

Leurs statuts de 1456, & confirmés en 1607, fixent l'apprentissage à six ans, après lesquels il faut fournir chef-d'œuvre, pour être reçu à la maîtrise.

Relieurs de livres.

Leurs statuts sont de 1686, & confirmés en 1750; l'apprentissage est de cinq ans, &

le compagnonage de trois autres.

Rotisseurs.

Cette communauté a ses statuts de 1509, confirmés, corrigés & renouvelés en 1526, 1549, 1559, 1575, 1594, 1620, 1691, 1694, 1709, 1744 & 1747; ils portent que le tems d'apprentissage sera de quatre ans, celui de compagnonage de six, & qu'on ne pourra recevoir d'apprentis, avant l'âge de douze ans.

Rubaniers, voyez *Tissutiers.*

Savetiers.

Leurs statuts de 1443, furent confirmés en 1467, 1516, 1566, 1598 & 1659; ils fixent l'apprentissage à trois années, & le compagnonage à quatre.

Selliers.

Leurs statuts sont les mêmes que ceux des éperonniers; ils fixent l'apprentissage à six années, & le compagnonage à quatre.

Serruriers.

Leurs statuts sont de 1411, confirmés & changés en 1543, 1650 & 1747; l'apprentissage est de cinq années, & le compagnonage de cinq autres.

Aucuns maîtres, compagnons, ou apprentis, ne peuvent faire d'ouverture de serrures, qu'en présence des personnes qui occupent, ou peuvent disposer des objets dont les clefs sont cassées, ou perdues.

Il leur est aussi défendu, ainsi qu'aux forgerons & autres ouvriers qui travaillent le fer & l'acier, de faire aucuns ouvrages servant aux monnoies, & dont l'usage ne leur est pas connu, & ce, sous peine de mort.

Taillandiers.

Leurs statuts sont de 1572, renouvelés & confirmés en 1573, 1575, 1642, 1689 & 1745; les apprentis doivent être obligés, par brevet, pour cinq années, & les maîtres sont tenus de marquer chacun leurs ouvrages, à une marque qui leur soit particuliere.

Tailleurs d'habit.

Leurs statuts les plus communs sont de 1660; ils fixent l'apprentissage à cinq ans, & le compagnonage à trois.

Tailleurs, dits *Graveurs sur métaux.*

Leurs derniers statuts sont de 1632; ils portent que l'apprentissage sera de six années, le compagnonage de deux, & que les brevets seront enregistrés à la Cour des Monnoies. Par une déclaration de 1726, il est défendu, sous peine de mort, à tous graveurs, de graver des poinçons & autres pièces propres à la fabrication des especes monnoyées, sans permission, par écrit des officiers de la Monnoie.

Tanneurs.

Leurs statuts sont sans aliénation, ni changemens, depuis 1345; ils fixent l'apprentissage à cinq années, & ordonnent aux maîtres de n'avoir aucuns cuirs, qu'ils n'ayent été vistes & marqués par les gens préposés à cet effet, & leur défend d'en exposer en vente, chargés de tan.

Tapissiers.

Les seuls Statuts qu'ils observent de tous ceux qu'ils ont obtenus, sont de 1636; ils fixent l'apprentissage à six ans, le compagnonage à trois, & obligent au chef-d'œuvre.

Teinturiers.

Leurs statuts très-anciens ont été changés en 1679; ils fixent l'apprentissage pour le grand & petit teint, à quatre années, & le compagnonage à trois.

Pour les teinturiers en soie, laine & fil, l'apprentissage est aussi de quatre ans, & le compagnonage de deux.

Tireurs d'or.

Leurs statuts suivent ceux des orfévres; l'apprentissage est de cinq ans, le compagnonage de cinq autres, & les maîtres ne peuvent être reçus qu'après avoir prêté serment en la Cour des Monnoies, & avoir un poinçon, ou marque enregistré au Greffe de cette Cour, & empreint sur une table de cuivre.

Tisserands.

Leurs statuts de 1586, ont été confirmés en 1608 & 1640; l'apprentissage est de quatre ans, & le compagnonage de quatre autres.

Tissutiers, Rubaniers.

Leurs statuts de 1403, ont été changés, augmentés & renouvelés en 1535, 1586, 1594 & 1615; ils fixent l'apprentissage à quatre ans, & le compagnonage à quatre autres.

Tondeurs de draps.

Leurs premiers statuts sont de 1384, confirmés & augmentés en 1477, 1484 & 1531; leur apprentissage est de trois ans, après lesquels il faut produire un chef-d'œuvre.

Tonneliers.

Leurs statuts sont très-anciens; ils ont été confirmés en 1538, 1576, 1599, 1637 & 1651; le chef-d'œuvre y est d'obligation, & l'apprentissage est de cinq ans.

Tourneurs.

On ignore leurs statuts, mais on sait que leur apprentissage est de quatre ans, & le compagnonage de trois autres.

Vanniers.

Leurs ſtatuts de 1467, ont été corrigés en 1561 ; les apprentis ſont ſeulement obligés au chef-d'œuvre.

Verriers.

Leurs anciens ſtatuts ſont de 1600, & les nouveaux de 1659 ; ils fixent l'apprentiſſage à cinq ans, & le compagnonage à cinq autres.

Vergettiers.

Leurs ſtatuts ſont de 1485, confirmés en 1659 ; l'apprentiſſage eſt de cinq ans, ainſi que le compagnonage.

Vinaigriers.

Leurs ſtatuts de 1294, ont été confirmés en 1514, 1554, 1567, 1594, 1658 & 1661 ; l'apprentiſſage eſt de quatre ans, & le compagnonage de deux.

Vitriers.

Leurs premiers ſtatuts ſont de 1467, & leurs derniers, de 1666 ; ils portent que les brevets d'apprentiſſage, qui doit être de quatre ans, ſeront paſſés devant Notaires, & que le compagnonage ſera de ſix ans.

Obſervations générales ſur les Communautés ci-deſſus.

Elles ſont toutes gouvernées par pluſieurs jurés & gardes choiſis par les maîtres, & élus pour une, ou pluſieurs années ; ce ſont eux qui veillent à l'exécution des ſtatuts, qui ordonnent & font les ſaiſies, en conſtatant les contraventions ; ils font, à leur gré, leurs viſites chez les maîtres, & procédent en leurs noms & celui de leur communauté, contre les maîtres en défaut.

En général les fils de maîtres ne ſont tenus, pour parvenir à la maîtriſe, ni à l'apprentiſſage & compagnonage, ni au chef-d'œuvre, mais ſeulement à s'inſtruire de leur profeſſion, au point de pouvoir faire une expérience qui y ſoit relative.

Souvent les veuves & filles de maîtres qui épouſent un apprenti devenu compagnon, les incorporent dans leur communauté, ſans autres frais que ceux de réception, & de confrérie expreſſément défendus par un édit du Roi de 1776, mais ils ſont tenus au chef-d'œuvre : du moins les communautés l'exigent, quoique cet édit n'en faſſe aucunement mention, & que la réunion qu'il fait des états analogiques entr'eux, ſemble annoncer le contraire de cette loi des communautés.

On trouve à l'article de Paris, page 624 de notre premier volume, le tableau des droits des six corps & 44 communautés d'arts & métiers, conforme au tarif annexé audit édit de 1776; lequel tableau on pourra consulter au besoin.

STELLIONAT.

Crime odieux d'imposture. Ceux que l'on caractérise ainsi dans le Commerce, sont les menées sourdes & frauduleuses qui se commettent pour frustrer des créanciers de leur dû, ou abuser de toutes especes de confiance. Ce crime est puni avec la derniere rigueur, & même quelquefois de mort.

SUPERFIN.

Terme usité dans le Commerce, pour désigner une chose de la plus grande finesse. Il se dit particulierement des étoffes.

SUPPLÉMENT.

Se dit des nouveaux détails qu'on ajoute à d'autres détails, en fait de comptes auxquels on a quelque chose à ajouter, après les avoir produits. On dit plutôt addition à tel compte, que supplément.

SUPPUTATION.

Ce terme est synonime à calcul, & peut être considéré aussi comme synonime à combinaison & spéculation.

SUR-ARBITRE.

Se dit de la nomination que deux arbitres font d'un troisieme, pour accorder les différences qui se trouvent dans leurs avis.

SURETÉ.

Se dit de la précaution que prend un créancier pour assurer sa dette. Celles autorisées par les loix, sont les gages, les hypotheques, les privileges, les contraintes par corps, & les cautionnemens.

Pour les gages, *voyez* ce mot.

L'hypothèque s'acquiert par un acte pardevant Notaires, & donne action sur les terres & maisons d'un débiteur. Les sentences donnent aussi hypothèque sur les biens de ceux qui sont condamnés, & cet hypothèque a lieu du jour que les sentences ont été rendues.

Les privileges s'entendent de plusieurs sortes; 1°. des prêts d'argent faits pour acquisition d'immeubles quelconques; 2°. des sommes dues pour loyers, nourritures, payemens d'ouvriers à gages, domestiques & appointemens de commis.

Quant aux cautionnemens, *voyez* le mot CAUTION ci-dessus.

SURSÉANCE.

Mot synonime au délai que des créanciers accordent à leur débiteur, ou que ce dénier obtient des Juges & du Prince même, sans le consentement de ses créanciers.

SUSCRIPTION.

Se dit des adresses des lettres-missives, & de celles qui se mettent au bas de lettres de change, billets & mandats.

SYNDIC.

Créancier choisi par un nombre d'autres, pour examiner la conduite d'un débiteur, se mettre en tête de ses affaires, poursuivre ses recouvremens, le poursuivre lui-même, en cas de fraude, & administrer les affaires d'une direction, pour le bien-être & l'avantage de tous les créanciers.

SYSTEME.

Projet, plan, & arrangement très-ingénieux de quelques opérations de Finance.

TABLEAU.

Liste, table, ou résumé d'un long détail, sous la réunion du coup d'œil. Cette forme de travail est très-usitée dans le Commerce & la Finance.

TARE.

Se dit de plusieurs sortes. 1°. Du poids des caisses, futailles & emballages dont les factures doivent faire mention, en indiquant le poids net de la marchandise, & celui de la tare. 2°. La tare donne lieu à une diminution du poids brut des marchandises, & 3°. elle est souvent réglée, par convention, entre un vendeur & un acheteur.

TARIF.

Etat, liste, ou catalogue de marchandises, ou droits rangés & indiqués par ordre alphabétique. Le mot tarif est plus particulierement appliqué à un détail de perception de droit, qu'à toute autre cause.

TARTANNE.

Nom donné sur la Méditerranée, aux petits bâtimens qui font le cabotage, ou le Commerce de côtes en côtes. Ils sont plus particulierement employés à la pêche, peu au Commerce du Levant, & ne passent le détroit que dans des cas forcés, ou extraordinaires.

TAU, ou TAUX.

Se dit du prix fixe des marchandises & denrées.

TERME.

Terme préfix & désigné pour l'acquit d'une dette, le payement d'un effet, & le pouvoir de remplir une commission.

Tillac.

Terme de Marine qui désigne le pont supérieur d'un vaisseau.

Tireur.

Se dit de celui qui fournit une lettre de change souscrite par lui-même. Ils sont poursuivis en payement, lorsque leurs traites ne sont point acquittées par les accepteurs, à moins qu'ils ne prouvent que ceux sur qui elles sont tirées, leur sont redevables, & ont eu provision pour les acquitter.

Les tireurs des lettres payables en foires ne peuvent se dispenser de les payer avec les frais & intérêts, lorsqu'elles leur reviennent à protêt, soit par défaut de payement, ou même d'acceptation, le tout conformément aux dispositions de l'article 17. de l'Ordonnance du Commerce de 1673.

Tonneau.

Terme qui désigne dans le Commerce un poids de marchandises qui varie, suivant les lieux, & dont l'estimation commune est de 2000 livres, pesant à 2200 livres.

Voyez aussi, pour ce mot, les tables des mesures des grains & des liquides, dans la quatrième partie de cet ouvrage.

Tontine.

Société viagère, dont l'effet est de rapporter sur la tête d'un actionnaire la rente dont jouissoit un actionnaire défunt: cet effet subsiste ainsi jusqu'au décès du dernier actionnaire qui réunit sur sa tête, toutes les rentes dont jouissoient les défunts. Le fonds de cette société est toujours dans les mains du Gouvernement, sous lequel elle est créée, & son principe ne provenant que d'un emprunt du Souverain, fait sous cette forme de tontine, les rentes n'en sont payées qu'avec les revenus de l'état. Cette forme d'emprunt est, sans contredit, la plus avantageuse qu'on connoisse, par l'espoir qu'elle donne de se faire un gros revenu dans la vieillesse, pour un modique capital placé dans l'adolescence, ou la jeunesse.

Total.

Se dit de plusieurs parties qui, par leur réunion, forment un entier, ou un tout.

Touage.

Terme de mer qui signifie la manœuvre des matelots d'une chaloupe, pour tirer, à force de rames, un vaisseau qui y est attaché.

TRAFIC.

Ne se dit, pour ainsi dire, que d'un Commerce illicite, ou d'un agiotage de mauvaises affaires, pour subtiliser, ou surprendre la confiance des commerçans. Ce terme étoit autrefois le synonime des mots Commerce & Négoce.

TRAITE.

Terme de *banque* & de *commerce*. Dans le premier cas, il est synonime aux mots *lettre de change*, & dans le second cas, il signifie *l'échange d'une marchandise contre une autre*; c'est particulierement au Commerce des *Pelleteries du canada*, & celui des *Negres, sur les côtes d'Afrique*, que le mot *Traite* s'applique.

La traite des Negres étant une des principales branches du Commerce Maritime, nous croyons devoir donner ici quelques détails y relatifs, que nous ferons suivre de tableaux, dont la connoissance est essentielle aux Navigateurs Négriers.

Le devoir d'un Capitaine, en arrivant à un Comptoir Négrier, sur les *Côtes d'Or*, *du Cap Verd*, *du Sénégal*, *d'Angola*, *& la Riviere de Gambie*, est de s'y informer, le plus secrètement possible, 1°. si les esclaves y sont en grand nombre, 2°. si les échanges qui ont été faits, avant son arrivée, sont abondans en telle, ou telle marchandise, parce que, s'ils ne le sont pas, & que le nombre des esclaves soit grand, il offrira, le moins qu'il pourra, de la marchandise la moins abondante, 3°. de s'informer, avec soin, s'il ne regne pas de maladie non apparente parmi les esclaves. Enfin, comme les connoissances de cette traite ne peuvent s'acquérir que par quelques voyages aux côtes susdites, les jeunes marins peuvent s'y faire instruire aisément, autant par l'observation des principes ci-dessus, que par la maniere d'échanger que leurs Capitaines y employent, & par les détails & tableaux suivans.

Les marchandises convenables à la traite des Négres, sont;

Des barres de fer carées.
Barres de fer plates.
Pieces de Salempouris blanc & bleu, *sorte de toiles de coton qui se tirent de la Côte de coromandel.*
Des mouchoirs de Pondichery.
Chaudrons & bassins de cuivre.

Des pieces de Guingans, *sorte de toile de coton bleue & blanche qui se tire des Indes Orientales, & surtout du Bengale.*
Couteaux Flamands.
Pieces de cotonnade.
Pieces de Gingas, *sorte d'étoffes des Indes.*
Pieces de siamoises.
Chapeaux communs.
Pieces de Liménéas & d'Indiennes.
Coffres de pipes.
Pieces de Platilles, *sortes de toiles de lin blanches, qui se tirent de la France, de la Silésie & des Pays-Bas.*
Des barils de suif.
Rolles de tabac.
Pierres à fusil.
Bouges, *sortes d'étamine fine, blanche & claire.*
Fusils très-communs.
Pieces de Bajustapeaux & Néganepaux *qui se tirent des Indes.*
Petits Barils de poudre de 8 liv. ¼ l'un.
Dito. de 16 ½.
& *dito.* de 33.
Ancre d'eau-de-vie, & demi-ancre, *dito.*

Toutes ces marchandises, ainsi que les vivres destinés à l'approvisionnement & aux cargaisons des navires qui vont à la traite des Négres, sont exempts de tous droits, conformément à l'Arrêt du 3 Décembre 1748. Cependant l'exemption pour les marchandises tirées de l'Etranger n'étoit pas générale ; elle se bornoit à différens articles ; mais par décision du Conseil, du 5 Février 1755, il est permis d'admettre en entrepôt & exemption de droits, toutes les marchandises étrangeres non prohibées, à la destination de cette Côte, ce qui a été confirmé par le Conseil du 31 Mars 1756. Les marchandises qui proviennent de la traite des Négres, & du crû des Isles Françoises de l'Amérique, sont exemptes de la moitié des droits dans le Royaume, ainsi que celles qui viennent directement de la Côte de Guinée ; mais cette exemption ne s'étend pas *au droit* de trois & demi pour cent, *du Domaine d'Occident*, qui est dû en entier, conformément à l'Arrêt du 26 Mars 1722.

On a vu, ci-dessus, les noms des marchandises qui se portent à la Côte de Guinée, pour la traite des Noirs. Voici actuellement trois formes de tableaux usités pour cette traite.

Le *Premier* est pour la traite des Noirs à la Côte.

Le *Second*, pour la vente des Noirs à l'Amérique, & les marchandises prises en payement d'iceux.

Et le *Troisieme*, donne le modele d'un chargement de Navire Négrier, en retour de l'Amérique pour l'Europe.

TABLEAU DE LA TRAITE DES NOIRS

De la CARGAISON *du Navire le St.* ANDRÉ, *de Bordeaux*, *Capitaine* MOREL,

Ledit NAVIRE *allant* A LA COTE D'OR.

TRAITE *faite* **A LA COTE** *en*

DATES	LIEUX OU LES TRAITES ONT ÉTÉ FAITES.	CAPTIFS. Negres.	Negresses.	Négrillon.	Negrites.	MARCHANDISES. Or. Onces en poudre.	Ecus en poudre.	Morfil. Dents entieres d'Elephants.	Morceaux qui se vendent au Poids.	DÉPENSES ET PROVISIONS. Poules.	Canot de Barre.	Cordes de Bois.
1784 Août du 17	Au Grand Popo.	15	4	3	2	»	»	»	»	»	»	»
Dito.	Idem	»	»	»	»	48	52	»	»	64	1	18
7bre. 14	A St. Paul	19	3	21	7	»	»	»	»	»	»	»
18	Idem	»	»	»	»	»	»	3	12	»	»	»
24	Au Grand Popo.	46	7	18	4	»	»	»	»	»	»	»
8bre. 4	A St. Paul	16	2	23	8	»	»	»	»	»	»	»
	TOTAUX	95	16	65	21	48	52	3	12	64	1	18

MARCHANDISES *emportées* **D'EUROPE.**

NOMS ET QUANTITÉS DES MARCHANDISES.

DATES	LIEUX	200 *Demi-Ancre d'eaux-de-vie.*	190 *Barils de poudre de 33 livres.*	165 *Bajutapeaux & Néganepeaux.*	164 *Bouges fines.*	202 *Rolles de Tabac.*	183 *Barils de Suif.*	170 *Coffres de Pipes.*	430 *Pieces de Platilles.*	800 *Pieces de Liménéas.*	800 *Chapeaux communs.*	200 *Pieces de Cotonades.*	500 *Pieces de Guingans.*	VALEUR DES MARCHANDISES, *Ci-contre, suivant Factures,* En Argent de France. Livres.	S.	D.
1784 Août du 17	Au Grand Popo.	16	18	30	28	50	23	19	110	114	150	29	64	. . . 14060	12	»
Dito.	Idem	»	»	»	»	»	»	»	»	150	118	»	50	. . . 1984	»	»
7bre. 14	A St. Paul	32	40	62	59	54	48	50	95	210	201	39	74	. . . 32319	4	6
18	Idem	4	»	»	»	»	12	»	»	15	19	3	»	. . . 518	»	»
24	Au Grand Popo.	53	52	50	49	64	72	75	140	151	140	59	124	. . . 50115	9	3
8bre. 4	A St. Paul	48	32	19	28	84	28	26	85	160	72	70	190	. . . 34799	»	»
	TOTAUX	153	142	161	164	202	183	170	430	800	700	200	492	. . . 133587	5	9
	Reste des Marchandises apportées d'Europe.	47	48	4	»	»	»	»	»	»	100	»	8	. . . 1515	»	»
	Balance des Marchandises apportées d'Europe	200	190	165	164	202	183	170	430	800	800	200	500	Liv. 135102	5	9

BIBLIOTHEQUE ROYALE

Negres morts.

	Negres	Negresses	Négrillons	Negrites
En rade, de la Traite	2	1	2	1
En route	1	2	»	1
A l'Amérique	2	3	2	1
	5	6	4	3
Vendus au Cap-François.	91	10	61	18
Balance de la Traite	96	16	65	21

NOTA. Ce Tableau ne présente qu'une partie des marchandises qui s'échangent à la Côte; & lorsqu'il y en a plus, on en fait autant de colonnes, qu'il y en a de sortes différentes, mais dans tous les cas, il ne faut pas s'écarter de la forme ci-dessus que nous donnons, comme la plus intelligible. On peut ajouter au bas ce qui suit :

Le Résumé de cette Traite est que pour L. 133587. 5 S. 9 D. de marchandises emportées d'Europe, on a vendu à l'Amérique 91 Negres, 10 Négresses, 61 Négrillons & 18 Négrites; ensemble 180 têtes qui reviennent, l'une dans l'autre, sauf les frais d'équipage, à 742 L. 3 Sols environ.

NOTA. Au bas des Tableaux de Traite, est écrit le Procès-verbal des Officiers de l'équipage du Navire, dans la forme ci-après.

Nous Soussignés, Officiers, Major, Mariniers & Matelots, sur le Navire commandé par M. Morel. Certifions que les marchandises de la Cargaison, ont été employées pour la Traite, Coutumes, Frais de Captifs, Or, Morfil, Provisions, Vivres, Dépenses, &c., suivant qu'il est porté au présent Tableau de Traite, en foi de quoi, nous avons signé le présent, pour servir & valoir ce que de raison.

En Rade de Judas, le 6 Octobre 1784. SIGNÉS.

TABLEAU DE LA VENTE DES NOIRS

Du Navire le St. ANDRÉ, au Cap-François, Isle & Côte Saint-Domingue, & des Marchandises reçues en payemens de cette Vente, lesquelles forment la Cargaison, en retour, dudit Navire; ou COMPTE que rend le Capitaine MOREL, à MM. les INTÉRESSÉS *au susdit Navire le St. ANDRÉ, de Bordeaux,*

1784

DÉTAILS DE LA VENTE DE LA TRAITE.

DATES DES VENTES.	NOMS DES ACHETEURS.	NOMBRE DES TÊTES VENDUES.				TERMES DES PAYEMENS.	Conventions de la nature dont les payemens doivent se faire.	Produit des ventes de Noirs, *Argent* de S. Domingue.
		Nègres.	*Nègresses.*	*Négrillons.*	*Négrittes.*			L.
10 9bre.	*Morel.*	6	2	8	2	Fin de la vente	En Sucre.	21600
12 Dito.	*Dupuis.*	8	"	"	3	Idem.	Idem.	15400
15 Dito.	*Lefebvre*, l'aîné	10	"	3	1	Idem.	Coton & Café.	19600
19 Dito.	*Lefebvre*, junior.	7	1	4	1	à un mois.	Sucre.	17550
20 Dito.	*Mathieu*	9	1	5	1	Fin de la V.	Indigo.	21760
22 Dito.	*La Fargue.*	5	2	6	2	Idem.	Sucre.	15600
27 Dito.	*Dupont* fils.	5	"	3	"	Idem.	Café.	10080
30 Dito.	*Lejeune.*	11	"	2	3	Au départ du Navire.	Sucre.	22400
1 xbre.	*Sénéchal*	10	1	8	2	Fin de la V.	Idem.	28350
2 Dito.	*Moreau*	4	1	6	"	Idem.	Indigo.	13860
9 Dito.	*Fournier*	3	"	5	1	Idem.	Coton.	11250
17 Dito.	*Latour.*	15	2	4	2	Idem.	Café.	32000
20 Dito.	*Denis.*	"	"	7	"	Comptant.	Argent.	* 7000
TOTAUX *de la Vente des Noirs.*		91	10	61	18			
En tout		180 Têtes qui ont produit					L.	236,450

N. B. Les trois articles marqués d'une * dans ce Tableau, sont pour faire voir, au coup-d'œil, qu'ils sont tous semblables.

NOTA. *Ce Compte doit être certifié, au bas, sincere & véritable, daté & signé du Capitaine seulement.*

BIBLIOTHÈQUE ROYALE

MARCHANDISES REÇUES EN PAYEMENS DE LA VENTE.

DATES DES PAYEMENS.	NOMS DE CEUX QUI ONT PAYÉ.	NATURE & DÉTAILS DES PAYEMENS.	Sommes remboursées pour appoints, aux Livreurs.	Totaux des Payemens nets, *Argent* de S. Domingue.
			L.	L.
18 xbre.	*Morel*	62 Barriques Sucre terré, pesant 55800 l. net à 39 liv. le cent, fait 21762 liv. sur quoi payé,	162	21600
19 Dito.	*Dupuis*	62 Barriques Sucre brut, pesant 55100 liv. à 28 l. le cent, fait 15428 liv., sur quoi payé.	28	15400
20 Dito.	*Lefebvre*, l'aîné.	40 Balles Coton, pesant net 12000 liv, à 110 l. le cent, fait 15200 10 Barriques Café, pesant net 8000 liv., à 9 livres le cent, fait 7200 Fait ensemble 20400 liv., sur quoi payé.	800	19600
Dito.	*Lefebvre*, junior.	52 Barriques Sucre terré, pesant 46800 livres, à 38 l. le cent, fait 17784 l., sur quoi payé.	234	17550
Dito.	*Mathieu*	12 Boucaux d'Indigo cuivré, pesant net 2425 liv. à 9 l. la livre, fait 21825 liv., sur quoi payé	65	21760
21 Dito.	*La Fargue*	65 Barriques Sucre brut, pesant 58500 liv., à 27 liv. le cent, fait 15795 liv, sur quoi payé	195	15600
Dito	*Dupont* fils	14 Barriques Café, pesant net 11400 liv., à 91 l. le cent, fait 10374 liv., sur quoi payé	294	10080
Dito.	*Lejeune.*	68 Barriques Sucre terré, pesant net 61200 l. à 37 livres le cent, fait 22644 liv., sur quoi payé	244	22400
22 Dito.	*Sénéchal*	85 Barriques Sucre terré, pesant net 76500 liv. à 38 liv. le cent, fait 29070 liv., sur quoi payé	720	28350
Dito.	*Moreau*	8 Boucaux d'Indigo cuivré, pesant net 1600 l. à 9 liv. la livre, fait 14400 liv., sur quoi payé	540	13860
Dito.	*Fournier.*	34 Balles Coton pesant net 10300 liv., à 111 l. le cent, fait 11433 liv., sur quoi payé	183	11250
23 Dito.	*Latour.*	43 Barriques Café, pesant net 36400 liv., à 88 liv. le cent, fait 32032 liv., sur quoi payé	32	32000
Dito.	*Denis.*	Reçu comptant, dont partie est employée aux remboursemens ci-dessus		* 7000
		Déboursé, sur la Recette du Sieur *Denis*, L. 3597		
		Somme en caisse. 3404		
		* *Balance* de la Recette du Sieur *Denis*, L. 7000		

BALANCE, *tant du Produit des Ventes, que de leurs Payemens nets, remboursemens déduits.* L. 236450

TABLEAU DE CHARGEMENT,

DU NAVIRE LE S^{T}. ANDRÉ, Capitaine MOREL,

Ledit Navire venant de la Côte de Guinée, chargé en Rade du Cap-François, Isle & Côte St. Domingue, pour aller à Nantes, pour le Compte des INTÉRESSÉS & divers; SAVOIR :

INDICATIONS DES DENRÉES, *Chargées à Frêt, ou pour compte des Intéressés.*	NOMS DES CHARGEURS *au* CAP-FRANÇOIS.	NOMS DES Adresses, ou Consignations à Nantes.	MARQUES & NUMÉROS DES MARCHANDISES. Marques.	Numéros.	MARCHANDISES CHARGÉES AU CAP. SUCRE. *Brut.* Barriques.	Quart.	*Terré.* Barriques.	Quart.	CAFÉ. Barriques.	Quart.	COTON. en balles.	INDIGO. Barriques.	Boucaux.	CUIRS en Poils.	MARCHANDISES *de Renvoi* DE LA CÔTE DE GUINÉE.	POIDS BRUT *des Marchandises prises au Cap.*
Pour les Intéressés.	Moreau.	*Aux Intéressés.*	MM.	1 à 4	75	35	50	24	»	»	»	»	»	»	. . . . . »	127,259
A Frêt.	Dupuis.	*Luyne.*	L.	1 à 4	»	»	»	»	60	18	»	»	6	20	. . . . . »	55,860
A Frêt.	Dupont.	*Montaudouin.*	M.	1 à 4	»	»	»	»	40	36	50	1	»	»	. . . . . »	48,280
Pour les Intéressés.	Mathieu.	*Aux Intéressés.*	MT.	1 à 10	69	14	18	22	36	24	32	2	3	15	. . . . . »	136,186
A Frêt.	La Fargue.	*Aubry, freres.*	A. F.	1 à 6	»	»	14	6	12	8	14	»	2	»	. . . . . »	31,326
A Frêt.	Baudry.	*Boutelier.*	B.	1 à 4	41	12	37	19	»	»	»	»	»	»	. . . . . »	78,260
A Frêt.	Arnoult.	*Andrieu.*	A.	1 à 9	52	8	21	13	10	6	8	»	4	5	. . . . . »	84,560
A Frêt.	Fournier.	*Charet.*	CH.	1 à 5	»	»	30	8	6	»	»	2	2	»	. . . . . »	35,353
Pour les Intéressés.	Rapporté de la Côte.	*Aux Intéressés.*	S. A.	Divers.	»	»	»	»	»	»	»	»	»	»	2 Coff. { 42 Bajutapeaux, 36 p. d'Indienn., 34 demouchoirs. 1 Balot de Coris. 1 Caisse Tableaux. 1 De 200 Miroirs. 10 Dents de Morfil.	Non pesés.
TOTAL du chargement.					237	69	170	92	168	92	104	5	17	40	. . . . . »	596,884 L.

NOTA. Ce Tableau doit être Certifié par le Capitaine du Navire : il peut servir de forme pour tous les Chargemens en retour des Isles pour l'Europe, & lorsqu'il y a d'autres sortes de Marchandises que celles qui y sont spécifiées, on ajoute autant de Colonne sous l'Accolade, *Marchandises chargées, &c.* qu'il y a de diverses autres denrées.

BIBLIOTHÈQUE

Ces tableaux n'étant que les résumés des divers registres tenus par les Capitaines des Navires Négriers, il est essentiel que ces Capitaines usent de la plus grande exactitude dans leurs écritures composées ;

1°. D'un journal de traite à la côte, où il est spécifié, jour par jour, la quantité de chaque marchandise donnée en échange, pour tant de têtes de Noirs, tel poids de poudre d'or de morfil, & telle quantité de provisions fraîches.

2°. D'un journal de vente desdits Noirs, en Amérique, le prix de chaque tête, le nom de l'acheteur, les denrées, ou argent qu'il doit donner en payement, & l'époque fixe à laquelle il payera.

3°. D'un autre journal pour les recette & dépense en deniers, faites pendant tout le cours du voyage, & de toutes les marchandises qui composent la cargaison, pour le retour du Navire en Europe.

Et 4°. un grand livre qui doit contenir par comptes différens, tous les articles insérés dans les trois journaux susdits ; lequel grand livre doit être accompagné d'un répertoire, pour la facilité des recherches.

TRAITÉ.

Marché, soumission & contrat, soit pour achat, vente, ou fourniture de marchandises & denrées.

Traités de Commerce entre les Puissances.

Ils portent respectivement tous, 1°. que lorsque des navires marchands se trouvent obligés, par des accidens imprévus, de relâcher en d'autres ports que ceux de leur destination, ils ne payent de droits que pour les marchandises qu'ils mettent à terre, & qu'ils sont libres de ne décharger en tout, ou en parti, qu'autant qu'ils le jugent à propos.

2°. Que les marchands, maîtres des navires, pilotes, matelots & marchandises des vaisseaux qui auront été obligés de relâcher, ne pourront être arrêtés, en vertu d'aucun mandement général, ou particulier, pour cause de guerre, ou autrement, ni sous prétexte de s'en servir, pour la défense du pays, si ce n'est en cas de saisies, ou arrêts de justice faits par les voies ordinaires, soit pour dettes, contrats légitimes, obligations, &c.

3°. Qu'en tems de guerre, les nations neutres pourront commercer avec les Puissances Belligérantes, pourvu qu'elles ne leur portent pas de munitions de guerre, offensives, ou défensives.

4°. Qu'aucun vaisseau ne se mettra en mer, que muni de lettres & de certificats qui fassent connoître son nom, son port, le nom & domicile de son maître, ou capitaine, l'espece de marchandises dont il est chargé; enfin le lieu de son départ, & celui de sa destination, afin de juger, par ses précautions, s'il ne porte point de marchandises confiscables, & de prévenir ainsi les prêtes-noms & les fraudes.

5°. Que dans le cas où un vaisseau voudroit en visiter un autre, il ne pourra en approcher, qu'à la portée du canon, & enverra alors sa chaloupe, pour en faire la visite, & ne pourra confisquer que les marchandises de contrebande qu'il trouvera à son bord, sans toucher aux autres, à moins que le vaisseau ne justifie d'aucuns papiers, qu'il les ait jetés à la mer, & qu'il refuse d'amener ses voiles.

6°. Qu'il ne pourra être fait de saisie des marchandises de contrebande trouvées sur un navire, qu'après que l'inventaire en aura été fait par les juges de l'amirauté, à moins que le Capitaine du navire ne consente à livrer lesdites marchandises, sans aucunes formalités, pour ne pas retarder sa route.

7°. Que chaque nation sera en droit de confisquer les effets d'une puissance neutre qui se trouveront sur un vaisseau ennemi, si le chargement n'en a pas été fait avant la déclaration de guerre.

8°. Qu'il y aura liberté respective entre les peuples de diverses puissances, de porter les uns chez les autres les marchandises qui ne sont pas declarées prohibées par les loix des états.

9°. Que chaque Prince défendra, sous les peines les plus griéves, à ses sujets, de prendre des commissions, ou lettres de représailles de quelqu'ennemi de ses alliés.

10°. Que ce qui sera sauvé des vaisseaux échoués sur les côtes, sera rendu aux propriétaires des objets sauvés, pourvu qu'ils payent les frais de sauvement, & que leur réclamation soit faite dans l'an & jour.

11°. Qu'aucuns Ports ne seront ouverts aux Pirates & Forbans, & qu'au contraire ils seront poursuivis, s'il est possible.

Et 12°. qu'en cas de rupture entre des Puiſſances, leurs ſujets jouiront de toute liberté, & auront ſix mois, après la déclaration de guerre, pour vendre leurs marchandiſes, ou les tranſporter où bon leur ſemblera.

Ces conditions principales des *Traités de Commerce* entre les Puiſſances, ſubſiſtent entre l'Allemagne, l'Angleterre, le Danemarck, l'Eſpagne, la France, la Moſcovie, la Pologne, le Portugal, la Hollande, la Pruſſe, la Suéde, la Sicile, la Turquie, & les Etats de Maroc.

La derniere guerre entre la *France*, la *Hollande* & l'*Eſpagne*, réunis contre l'*Angleterre*, ayant amené, par la paix qui a déterminé & fait reconnoître l'indépendance des *Etats Unis de l'Amérique*, des changemens aux anciens traités & donné lieu à des nouveaux, ſurtout pour le commerce, nous croyons faire plaiſir à nos lecteurs, en leur rapportant ici la ſubſtance des traités réciproques des diverſes Puiſſances, traités ſignés à l'occaſion de la paix de 1783.

1°. EXTRAIT DES CONDITIONS DE PAIX ENTRE L'ANGLETERRE ET LA FRANCE, *ſignées à Verſailles, le 20 Janvier 1783.*

ARTICLE PREMIER. Promeſſe réciproque d'une union parfaite entre les deux Puiſſances, & par conſéquent entre leurs ſujets reſpectifs.

II. L'Angleterre conſervera l'Iſle de Terre-Neuve, & celles adjacentes, ſauf les exceptions de l'article V ſuivant.

III. La France, pour obvier à toutes difficultés avenir, reſtreint ſa pêche du Banc, en ſe bornant à ne la faire que depuis le *Cap-Saint-Jean*, en paſſant par le Nord, & deſcendant par la côte Occidentale de Terre-Neuve, juſqu'au *Cap-Raye*, ſitué ſous le quarante-ſeptieme dégré cinquante minutes de latitude.

IV. Les François jouiront de la pêche ſuſdite, comme par le traité d'Utrecht.

V. Les Iſles de Saint-Pierre & Miquelon ſeront les lieux de rendez-vous pour la pêche Françoiſe, à laquelle elles appartiennent par ce traité.

VI. La France jouira de la pêche du Golfe Saint-Laurent, comme par le paſſé.

VII. Sainte-Lucie & Tabago, ſeront remis ſous la domination Françoiſe.

VIII. La Grenade, les Grenadins, Saint-Vincent, la

Dominique, Saint-Christophe, Névis, Montferrat, & les places conquises de ces Isles, par la France, seront remis à l'Angleterre, sous la condition que les sujets François y établis, n'y seront point inquiétés, & qu'ils auront la liberté de vendre leurs biens & possessions.

IX. La propriété de la riviere du Sénégal, ses dépendances, & les Forts de Saint-Louis, Podor, Galam, Arguin, Portendick, & l'Isle de Gorée, est assurée & garantie par l'Angleterre, à la France, en vertu de ce traité.

X. La France garantit à l'Angleterre, la possession du Fort Saint-James, & de la riviere de Gambie.

XI. Convention de fixer de nouvelles limites, pour éviter à toutes discussions avenir, & dans cette attente, le Commerce de la Gomme se fera, entre les deux Nations, comme avant 1755.

XII. Le Commerce d'Afrique, se fera comme par le passé.

XIII. Les Établissemens François, sur les Côtes d'Orixa, de Coromandel, de Malabar, & dans le Bengale, la liberté d'entourer Chandernagor d'un fossé, sont restitués, par ce traité, à la France, à laquelle l'Angleterre assure toute liberté, & indépendance pour son Commerce.

XIV. Pondichery, Karikel, & les quatre Magans voisins, ainsi que les districts de Valanour, & de Balcour, sont, par l'Angleterre, assurés & garantis rester en toute propriété, à la France.

XV. La France rentre aussi en possession de Mahé, & de son comptoir à Surate, où elle peut continuer son Commerce, avec toute liberté.

XVI. Les Alliés de la France, & de l'Angleterre, dans l'Inde, sont invités à accéder au présent traité de pacification, dans quatre mois, du jour de la proposition qui leur en sera faite, & s'ils s'y refusent, les Puissances susdites ne les garantiront d'aucuns troubles, ni ne leur donneront aucune assistance; ils leur offriront seulement leurs bons offices.

XVII. L'Angleterre consent, à l'abrogation des articles, contraires au Port de Dunkerque, par le traité d'Utrecht, de 1713.

XVIII. Promesse réciproque d'amitié, & de former un traité de Commerce pour l'avantage des deux Puissances.

XIX. Convention de rendre les Places qui feront prifes par les armes des deux Puiffances, par fuite de la guerre ceffée par ce traité, & de les rendre fans compenfation, ni difficulté.

XX. Convention d'époques, pour fe rendre amicalement & réciproquement les poffeffions défignées dans le préfent traité.

XXI. La liberté fera rendue aux prifonniers refpectifs des deux Puiffances, fans aucune rançon, mais à la charge feulement que chaque Puiffance, foldera les dettes & avances néceffitées par leur captivité.

XXII. Promeffe de fe rendre les vaiffeaux qui feront pris par l'une des deux Puiffances fur l'autre, favoir : dans la Manche & les Mers du Nord, douze jours après la ratification de ce Traité. Depuis la Manche & les Mers du Nord, jufqu'aux Ifles Canaries, foit dans l'Océan, foit dans la Méditerranée, jufqu'à la Ligne Equinoxiale, ou l'Equateur, un mois, & cinq mois dans les autres parties du Monde, fans diftinction de tems, ni de lieux.

Enfin l'Article XXIII, ftipule l'échange des ratifications, & les fignatures des préfens articles.

2°. Extrait du Traité, entre l'Angleterre et l'Espagne, *figné à Verfailles*, *le* 20 *Janvier* 1783.

Article I. Semblable à l'Article premier du traité avec la France.

II. Confentement à ce que l'Efpagne garde l'Ifle Minorque.

III. Ceffion par l'Angleterre, à l'Efpagne, de la Floride Orientale, confervation de celle Occidentale, & terme de dix-huit mois accordé aux fujets Britannique, établis à Minorque, & dans les deux Florides, pour y vendre leurs poffeffions, recouvrer leurs dettes, tranfporter leurs effets, & fe retirer avec toute tranquillité.

IV. L'Efpagne confent à ce que les fujets Britanniques puiffent, fans trouble, ni inquiétude, s'occuper de la coupe & du tranfport du bois de Campêche, dans les diftricts, qui leur feront fixés, & où ils pourront conftruire des maifons, mais fous la condition d'une rétribution qui caractérifera le droit de Souveraineté.

V. L'Efpagne rend à l'Angleterre les Ifles de la Providence & Bahama, fans aucune exception.

VI. Comme à l'article XIX du traité avec la France.

VII. Promesse d'amitié, comme à l'article XVIII du traité susdit.

VIII. Convention d'époques, pour se rendre amicalement les possessions désignées dans le présent traité.

Les articles IX, X, & XI, sont comme ceux XXI, XXII, & XXIII, du traité avec la France.

3°. EXTRAIT DU TRAITÉ ENTRE L'ANGLETERRE ET LES ETATS UNIS DE L'AMÉRIQUE, *Signé à Paris, le 30 Novembre 1782.*

ARTICLE PREMIER. Sa Majesté Britannique reconnoît lesdits Etats-Unis; savoir : *Newhampshire, Massachusett's-bay, Rhode-Island*, & les plantations de Providence, *Connecticut, New-Yorck, New-Jersey, Pensilvanie, Delaware, Maryland, Virginie, Caroline Septentrionale, Caroline Méridionale* & *Georgie*, pour être des Etats libres, souverains & indépendans; qu'elle traite avec eux, comme tel, & que pour elle-même, ses héritiers & successeurs, elle renonce à toute prétention au Gouvernement, à la propriété, & aux droits territoriaux d'iceux, & de chaque partie d'iceux : Et pour prévenir tous différens qui pourroient s'élever à l'avenir, sur les limites desdits *Etats-Unis*, il a été convenu & déclaré que leurs limites sont & seront, comme il suit :

Art. II. *De l'angle du Nord-Ouest de la nouvelle Ecosse*, savoir : cet angle qui est formé par une ligne tirée droit au Nord de la source de la riviere de Sainte-Croix, jusqu'aux montagnes, le long desdites Isles, qui séparent les rivieres, lesquelles se vident dans le Fleuve Saint-Laurent, de celles qui tombent dans l'Océan Atlantique, *jusqu'à la tête la plus au Nord-Ouest de la riviere de Connecticut; delà*, en descendant, & longeant le milieu de cette riviere, *jusqu'au quarante-cinquieme dégré de latitude Septentrionale, delà*, par une ligne droite à l'Ouest de la même latitude, *jusqu'à* ce qu'elle touche *la riviere des Iroquois, ou Catharaquy ; delà*, en longeant le milieu de cette riviere, *jusques dans le Lac Ontario*, à travers le milieu dudit Lac, jusqu'à ce qu'elle touche la communication par eau entre ce Lac, & le Lac *Erié; delà*, en longeant ladite communication, *jusques dans le Lac Erié*, à travers le milieu dudit Lac,

jusqu'à

jusqu'à ce que la ligne parvienne à la communication par eau, entre ce Lac, & le Lac Lucron; de-là, en longeant le milieu de ladite communication par eau, entre ce Lac & le *Lac supérieur; de-là*, à travers le Lac supérieur, *au Nord des Isles Royale & Philipeaux, jusqu'au Lac Long, de-là*, en longeant le milieu dudit Lac Long, & la communication par eau, *entre ce Lac & le Lac des Bois*, (*the lake of the woods*) jusqu'audit Lac des Bois; *de-là*, à travers ledit Lac, *jusqu'à la pointe la plus au Nord-Ouest d'icelui*, & *de-là*, en tenant un cours droit à l'Ouest, *jusqu'à la riviere Mississipi; de-là*, par une ligne qui sera tirée en longeant le milieu de la riviere Mississipi, *jusqu'à* ce qu'elle coupe *la partie la plus Septentrionale du* 31eme *dégré de latitude Septentrionale, au Sud, par une ligne qui sera tirée droit à l'Est, depuis le point déterminé de la ligne mentionnée en dernier lieu, à la latitude de* 31 *dégré au Nord de l'Equateur, jusqu'au milieu de la riviere Apala-Chicola*, ou *Catahouche; de-là*, en longeant le milieu de cette riviere, *jusqu'à* sa réunion *avec la riviere de Flint, de-là*, directement *jusqu'à la tête de la riviere Ste. Marie*, & *de-là*, en descendant le long du milieu de la riviere de Ste Marie, *jusqu'à l'Océan atlantique, à l'Est, par une ligne qui sera tirée le long du milieu de la riviere de Ste. Croix, depuis son embouchure dans la Baie de Fundy, jusqu'à sa source, de-là*, depuis sa source, directement au Nord, *jusqu'aux montagnes qui séparent les rivieres qui tombent dans l'Océan atlantique, de celles qui tombent dans la riviere de St. Laurent*, en y comprenant toutes les Villes en-deçà, de la distance de 20 lieues, *de toutes les parties des côtes des Etats-Unis*, & situées entre les lignes qui seront tirées droit à l'Est, depuis les pointes, où les susdites limites entre la nouvelle Ecosse, d'un côté, & la Floride Orientale de l'autre, toucheront respectivement la *Baie de Fundi*, & *l'Océan atlantique*, à l'exception des Isles qui sont à présent, ou ont été ci-devant, dans l'enceinte des limites de la susdite Province de la nouvelle Ecosse.

III. Il a été convenu que le peuple des *Etats-Unis*, continuera de jouir, sans contestation, du droit de prendre du poisson de toute espece, sur le *grand Banc*, & sur tous les autres bancs de *Terre-Neuve*, de même que dans le

Golfe de St. Laurent, & dans toutes les autres Places en mer, où les habitans des deux pays avoient coutume de pêcher ci-devant, dans tous les tems; pareillement, que les habitans des *Etats-Unis* auront la liberté de prendre du poisson de toute espèce, sur telle partie de côte de Terre-Neuve, où les pêcheurs Britanniques ont coutume de le faire, (mais non de sécher, ou de préparer le poisson en cette Isle,) ainsi que sur les côtes, dans les baies, & districts de tous autres Domaines de Sa Majesté Britannique, en Amérique; & que les *pêcheurs Americains auront la liberté de sécher & de préparer le poisson dans les baies, havres, & districts non occupés de la Nouvelle Ecosse, des Isles de Madeleine & Labrador*, aussi longtems qu'il n'y aura point été formé d'établissement : mais aussi-tôt que ces bayes, havres, ou districts, ou quelqu'un d'iceux auront été occupés par des établissemens, il ne sera point permis auxdits pêcheurs de sécher, ou préparer le poisson dans tel établissement, sans être préalablement convenus à cet effet, avec les habitans, propriétaires & possesseurs du terrein.

IV. Il a été convenu que les *créanciers* de part & d'autre n'éprouveront aucun obstacle légal, pour recouvrir la pleine valeur, en bonnes especes sonnantes, de toutes dettes qu'ils auront contractées ci-devant de bonne foi.

V. Il a été convenu que le *Congrès* recommandera sérieusement aux assemblées législatives des Etats Respectifs, de pourvoir à la restitution de tous biens-fonds, droits & propriétés qui ont été confisqués, appartenant à des sujets réellement Britanniques, ainsi que des biens-fonds, droits & propriétés de personnes résidentes dans les districts, en possession des armes de *Sa Majesté*, & qui n'ont pas porté les armes contre lesdits Etats-Unis, & que les personnes appartenantes à l'une, ou l'autre classe, auront pleine liberté de se rendre dans toutes les parties d'aucuns des *Treize Etats-Unis*, & d'y rester douze mois, sans être inquiétés dans leurs efforts, pour obtenir la restitution de ceux de leurs biens-fonds, droits & propriétés qui peuvent avoir été confisqués; & que le *Congrès* commandera de même sérieusement aux différens Etats, une nouvelle considération & révision de tous actes, ou loix qui regardent les objets ci-dessus, de façon à rendre ces loix ou actes parfaitement compatibles, non-seulement avec la justice & l'équité, mais avec l'esprit de conciliation qui, au retour des bénédictions de la paix, doit prendre universellement le dessus : & que pareillement le Congrès recommandera, d'une maniere sérieuse, aux différens Etats, que les biens-fonds, droits & propriétés des personnes mentionnées en dernier lieu, leur soient restitués, en remboursant à toutes personnes qui en pourroient être présentement en possession, le prix, *bonâ fide*, (s'il en a été donné un prix,) que de telles personnes peuvent avoir payé, en achetant aucunes desdites terres, ou propriétés, depuis la confiscation, & il a été convenu que toutes personnes aucunement intéressées aux terres confisquées, soit à titre de dettes, contrats de mariage, ou autrement, ne rencontreront aucun empêchement légal dans la poursuite de leurs justes droits.

VI. Qu'il ne sera plus fait de confiscations judiciaires contre aucune personne, pour, ou à raison de la part qu'elle pourroit avoir prise à la présente guerre, & qu'aucune personne ne souffrira, à ce sujet, aucune perte, ni dommage futurs, soit en sa personne, & liberté, & en sa propriété, & que ceux qui peuvent se trouver emprisonnés sur de telles accusations, au tems de la ratification du traité en Amérique, seront immédiatement mis en liberté, & que les poursuites, ainsi commencées, seront discontinuées.

VII. Il y aura une paix ferme & perpétuelle, entre Sa Majesté Britannique, & lesdits Etats-Unis, & entre les sujets de l'une & les citoyens des autres ; c'est pourquoi toutes hostilités portées par terre & par mer, cesseront alors immédiatement ; tous prisonniers des deux côtés seront mis en liberté, & avec toute la célérité convenable, sans causer aucun dégat, ni emmener aucuns négres, ou autres propriétés des habitans Américans. *Sa Majesté Britannique* retirera toutes ses armées, ses garnisons, & ses flottes desdits *Etats-Unis* & de chaque Port, Place, ou Havre, dans l'enceinte d'iceux, laissant dans toutes les fortifications, l'artillerie Américaine qui pourra s'y trouver. Sa Majesté donnera également ordre, & fera en sorte que toutes archives, registres, actes & papiers appartenans à aucun desdits Etats, ou de leurs citoyens qui, dans le cours de la guerre, peuvent être tombés entre les mains de ses Officiers, soient restitués sur le champ, & remis aux *Etats Respectifs*, & aux personnes auxquelles ils appartiennent,

VIII. La navigation du *Mississipi*, depuis sa source jusqu'à l'Océan, restera, pour toujours, libre & ouverte aux sujets de la Grande Bretagne, & aux citoyens des Etats-Unis.

XIX & dernier. Au cas qu'il arrivât qu'aucune place, ou territoire, appartenant à la Grande Bretagne, ou aux Etats-Unis, fût conquise par les armes de l'une, ou des autres avant l'arrivée de ces articles, en Amérique, il a été convenu qu'il en sera fait restitution sans difficulté, & sans exiger aucune compensation.

4°. Extrait du Traité de Paix entre l'Angleterre et les Etats Généraux des Provinces-Unies des Pays-Bas Hollandois. *Signé à Paris, le 20 Mai* 1784.

Article Premier. Promesse réciproque d'amitié & de bonne union entre les deux Puissances, & par conséquent entre leurs sujets.

II. Salut des vaisseaux en mer; ce salut est comme par le passé.

III. Remise réciproque des prisonniers sans rançon, mais sous condition que chaque Puissance fera acquitter leurs dettes. Pareille remise des vaisseaux, équipages & cargaisons qui seront pris en mer, jusqu'à la fin de la guerre.

IV. Cession & garantie de propriété faite par la Hollande à l'Angleterre, de la ville de *Negapatnam* & de *ses dépendances*, & promesse de l'Angleterre d'en faire la restitution à la Hollande, quand elle pourra offrir un équivalent en échange.

V. Restitution faite, par l'Angleterre à la Hollande, de *Trinquemale*, & autres *villes*, *forts*, *havres* & *établissemens* conquis par l'Angleterre sur la Hollande, dans la guerre cessée par ce traité, dans quelque partie du monde que ce soit, autant pour les conquêtes faites par les armes de Sa Majesté Britannique, que par celles de la compagnie Angloise des Indes.

VI. Les Etats Généraux des Provinces-Unies promettent & s'engagent à ne point gêner la navigation des sujets Britanniques dans les mers Orientales.

VII. Comme il s'est élevé des différens entre la *Compagnie Africaine Angloise*, & la *Compagnie des Indes Occidentales Hollandoise*, relativement à la navigation sur les *Côtes de l'Afrique*, ainsi qu'au sujet du cap *Appollonia*; pour prévenir toute cause de plainte entre les sujets des deux nations sur ces côtes, il est convenu que, de part & d'autre, on nommera des Commissaires, pour faire, à cet égard, des arrangemens convenables.

VIII. Promesse de se rendre réciproquement les prises de territoire qu'une puissance pouvoit faire sur l'autre, pendant la durée de la guerre, & sans exiger de compensation.

IX. Promesse d'évacuer, à l'amiable, les lieux qu'une puissance auroit pris sur l'autre.

X. Promesse d'observer réciproquement & de bonne foi toutes les clauses du présent traité.

XI & dernier. Echange, ratification & signatures dudit traité.

5°. Extrait du Traité de Commerce & d'Amitié entre la Hollande et les Etats Unis de l'Amérique. *Signé à La Haye, le 7 Octobre 1782.*

Leurs Hautes Puissances, les *Etats Généraux des Pays Bas-Unis*, & les *Etats Unis de l'Amérique*, savoir; *New-Hampshire*, *Massachusett's*, *Rhode-Island*, *Providence & Plantations*, *Connecticut*, *New-Yorck*, *New-Jersey*, *Pensilvanie*, *Delaware*, *Maryland*, *Virginie*, *Nord-Caroline* & *Géorgie*, desirant de déterminer sur un pied constant & équitable, les régles à observer au sujet de la correspondance & du Commerce qu'ils ont intention d'établir entre leurs pays, états, sujets & habitans respectifs, ont jugé que l'on ne sauroit mieux atteindre ladite fin, qu'en établissant pour base de leur transaction, l'égalité de la réciprocité la plus parfaite, & en évitant toutes ces préférences onéreuses, qui sont, d'ordinaire, une source de querelles, d'embarras & de mécontentemens, pour laisser ainsi à chaque partie, la liberté de faire, au sujet du Commerce & de la navigation, tels réglemens ultérieurs qu'elle jugera les plus convenables pour elle-même, & pour fonder les avantages du Commerce, uniquement, sur l'utilité réciproque, & sur les justes regles d'un trafic libre de part & d'autre, réservant, avec tout cela, à chaque partie, la liberté d'admettre, selon son bon plaisir, d'autres nations à la participation des mêmes avantages.

En partant de ces principes, les susdites *Puissances* sont convenues de ce qui suit ;

ARTICLE PREMIER. Promesse récipro que de paix & d'amitié stable & universelle.

II. Les sujets des *Etats Généraux des Pays-Bas Unis*, ne payeront, dans les Ports, Rades, Pays, Isles, Villes & lieux des *Etats-Unis de l'Amérique*, ni de plus grands droits, ou impositions, de telle nature, ou dénomination qu'ils puissent être, que ceux que les nations les plus favorisées sont, ou seront obligées de payer, & ils jouiront de tous les droits, franchises, priviléges, immunités & exemptions dans le trafic, la navigation & le Commerce, dont jouissent, ou jouiront lesdites Nations, soit en allant d'un port à l'autre dans *lesdits Etats*, ou d'un de ces ports, à quelque port étranger du monde, ou de quelque port étranger du monde, à l'un des ports *desdits Etats*.

III. Même privilége que par l'article II, en faveur des sujets des *Etats-Unis de l'Amérique* qui fréquenteront les possessions, Ports & Rades des *Etats Généraux*, avec promesse que les *Etats-Unis* laisseront aux *Etats Généraux* la paisible jouissance de leurs possessions, dans les Isles & Mers des Indes Orientales & Occidentales.

IV. Liberté de conscience aux sujets respectifs, pourvu qu'ils se soumettent seulement à la démonstration publique, & aux loix des pays qu'ils habiteront.

V. Promesses respectives de protéger, de tout leur pouvoir, défendre, & donner asile à tous vaisseaux & effets non prohibés, appartenans aux sujets des deux puissances, pour les garantir des violences & attaques des ennemis desdits états.

VI. Liberté de tester, dans quelques possessions que ce soit des Etats susdits, par les sujets y résidens, & non encore naturalisés, & assurance de faire jouir paisiblement les héritiers aux successions par testament, soit par eux-mêmes, soit par leurs tuteurs, ou par leurs curateurs.

VII. Il sera libre & permis aux sujets de chaque partie d'employer tels Avocats, Procureurs, Notaires, Sollicitеurs, ou Facteurs qu'ils jugeront à propos.

VIII. Promesse entre les Etats contractans par ce traité, de ne point mettre d'embargo sur les sujets de leurs alliés, non plus que sur leurs vaisseaux, ni marchandises, dans aucun cas particulier à chaque puissance, & sans le consentement exprès des Etats contractans, laissant d'ailleurs aux cours de justice les libertés ordinaires de faire saisir, par arrêt, soit pour dettes, ou autres délits pour lesquels on procédera par voie de droit.

IX. Liberté à tous marchands & commandans de navires, se trouvant dans quelques ports que ce soit des parties contractantes, de gérer eux-mêmes leurs affaires, & de ne payer, pour les usages d'interprêtes & courtiers, que conformément à ce que payent les sujets de la nation la plus favorisée.

X. Les vaisseaux marchands de chacune des parties, venant, soit d'un port ennemi, ou de leur propre, & d'un neutre, pourront naviguer librement vers un port d'un des ennemis d'un autre allié, mais seront obligés, aussi souvent qu'on leur demandra, d'exhiber leurs lettres de mer, & autres congés, décrits dans le *vingt-quatrième article*, aussi bien en pleine mer, comme dans les ports, montrant expressément que leurs effets ne sont pas de ceux qui sont prohibés comme contrebande, & que n'étant chargés d'aucune contrebande, ils peuvent poursuivre leur voyage librement, & sans empêchement, vers un port ennemi, mais l'on n'exigera aucune visite de papiers des vaisseaux qui seront sous le convoi des navires de guerre, & l'on ajoutera foi à la parole de l'officier qui conduit le convoi.

XI. Au cas qu'à l'inspection des lettres de mer, & autres congés, déduits plus au long dans *l'article vingt-quatre*, l'autre partie découvre qu'il y a des effets prohibés & de contrebande, & destinés pour un port, sous la dépendance de l'ennemi, il ne sera pas permis de briser les caisses d'un tel vaisseau, ni d'ouvrir aucun coffre, malle, paquet, ou quelques barils qui s'y trouveront, ni de déplacer la moindre partie de ses effets; soit que de tels vaisseaux appartiennent aux sujets de leurs Hautes Puissances les *Etats Généraux* des Pays-Bas Unis, ou aux sujets & habitans desdits *Etats-Unis de l'Amérique*, à moins que la cargaison ne soit portée à terre, en présence des Officiers de la Cour d'Amirauté, & qu'il n'en soit passé un inventaire; mais il ne sera permis, en aucune façon, de les vendre, échanger, ou aliéner, que lorsque des procédures convenables & légitimes auront été faites contre ces sortes d'effets de contrebande, & que la Cour d'Amirauté les aura confisqués, par une sentence prononcée, mais laissant toujours libres le vaisseau & les effets non prohibés qui ne pourront être retenus, sous prétexte qu'ils auront reçu la tache des effets prohibés, encore moins seront-ils confisqués, comme prise légitime; mais au contraire, quand il sera trouvé dans une visite sur terre, qu'il n'y a aucune denrée de contrebande dans les vaisseaux, & qu'il ne paroît pas, à l'inspection des papiers, que le *capteur* & *l'ameneur* ayent pu le découvrir par là, ils seront condamnés à tous les frais & dommages qu'ils auront causés aux propriétaires & aux fréteurs des effets dans ces vaisseaux, avec les intérêts, étant expressément déclaré qu'un vaisseau franc affranchira les effets qui sont à son bord, & que cette franchise s'étendra sur les personnes qui s'y trouveront, lesquelles n'en pourront être enlevées, à moins qu'elles ne soient des gens de guerre au service effectif de l'ennemi.

XII. Au contraire, il est convenu que tout ce qu'on trouvera chargé par les sujets & habitans d'une des deux parties dans quelque vaisseau appartenant aux ennemis d'une autre, ou à leurs sujets, pourra être entiérement confisqué, quoique n'étant d'especes des effets prohibés, de la même maniere que s'ils appartenoient à l'ennemi, à l'exception de tels effets & marchandises qui auront été portés à bord d'un tel vaisseau de guerre, ou dans les six mois après cette déclaration, lesquels effets ne seront aucunement sujets à confiscation, mais seront restitués en nature, fidellement, & sans délai, aux propriétaires qui les demanderont, ou les feront demander, avant la confiscation & la vente, ainsi que le provenu d'iceux, si la réclame peut se faire dans les huit mois après la vente qu'il faudra faire publiquement; mais au cas que lesdites marchandises soient de contrebande, il ne sera plus permis de les transporter, après cela, dans quelque port appartenant aux ennemis.

XIII. Assurance aux sujets respectifs des Etats de n'être point inquiétés par les vaisseaux de guerre des Etats, ou s'ils l'étoient par cas imprévus, promesse de leur faire rendre justice & dédommagement.

XIV. Pour assurer la tranquillité ci-dessus, tous les capitaines, ou fréteurs de vaisseaux équipés en guerre, pour une commission, ou destination particuliere, seront tenus avant leur départ, de donner bonne & suffisante caution devant les juges compétens, ou de répondre en tout des

malversations

malversations qu'ils pourroient commettre dans leurs cours, ou leurs voyages, & pour les contraventions de leurs capitaines & officiers au traité présent, & aux ordonnances & édits qui seront publiés en vertu, & en conformité des dispositions d'icelui, sous peine de cassation & de nullité desdites commissions.

XV. Tous les vaisseaux & marchandises de telle nature qu'ils soient, qui seroient repris des mains des pirates & corsaires navigans en pleine mer, sans commission convenable, seront conduits dans quelque port d'un des deux Etats, & seront confiés à la garde des officiers du port, afin d'être entiérement restitués au propriétaire légitime, aussi-tôt qu'il sera fourni des preuves suffisantes & convenables de leur propriété.

XVI. Promesse d'assistance de tout secours & de passeports aux sujets & bâtimens respectifs qui pourront échouer dans les ports, rades, &c. des deux Puissances, & liberté d'y vendre les marchandises naufragées, sans aucune contribution, ni trouble, pourvu seulement qu'on rembourse les frais faits par l'Etat, pour donner les secours nécessaires.

XVII. Liberté aux bâtimens des deux Puissances de se retirer dans tels ports, rades, &c. qu'ils pourront trouver dans lesdits Etats, lorsqu'ils y seront obligés par tempête, chasse de corsaires, poursuites d'ennemis, & risques de mer; assurance qu'ils seront reçus avec humanité, & qu'ils pourront s'y rafraîchir & approvisionner des choses qui leur seront nécessaires, soit que lesdits bâtimens soient armés en guerre, ou équipés pour le Commerce.

XVIII. Convention très-expresse entre les parties, que dans le cas où elles deviendroient en guerre entr'elles, il sera donné aux sujets de l'une, ou de l'autre partie, un terme de neuf mois, après la rupture, pour pouvoir se retirer avec leurs effets, vendre & transporter leurs meubles avec toute liberté, & qu'on leur délivrera même des passeports à cet effet, tant pour eux, que pour leurs vaisseaux.

XIX. Aucun sujet de leurs Hautes Puissances, les Etats Généraux des Pays-Bas Unis, ne pourra demander, ni accepter d'aucun Prince, ou Etat avec lesquels lesdits Etats Unis de l'Amérique peuvent être en guerre, quelque commission, ou lettre de marque, pour armer quelque vaisseau, ou bâtimens, pour agir comme armateurs contre lesdits

Etats de l'Amérique, ou quelqu'un d'eux, ou contre les sujets, ou habitans desdits Etats-Unis, ou quelqu'un d'entre eux, ou contre les propriétés des habitans d'aucun d'eux; même chose sera observée scrupuleusement par les Etats-Unis, envers les Etats Généraux, & leurs sujets, & si quelques personnes desdits deux Etats, s'avisoient d'enfreindre cette convention, elles seront poursuivies comme forbans, ou comme ennemies.

XX. Les vaisseaux des sujets, ou habitans de l'une des deux parties, arrivant à quelque côte appartenante à l'un, ou l'autre desdits confédérés, mais n'étant pas dans le dessein d'entrer dans un port, ou y étant entrés, ne cherchant pas à décharger leurs cargaisons, ou à rompre leurs charges, ou à les augmenter, ne seront pas tenus de payer, pour leurs vaisseaux, ou cargaisons, aucun droit d'entrée, ou de sortie, ni de rendre aucun compte de leurs cargaisons, à moins qu'il n'y ait des soupçons légitimes qu'ils transportent des marchandises de contrebande aux ennemis de l'un & l'autre.

XXI. Convention entre les deux parties d'établir des Consuls, Vice-Consuls, Agens & Commissaires de Commerce, où bon leur semblera, dans les Etats alliés par ce traité.

XXII. Ce traité ne sera, à aucun égard, considéré comme dérogatoire aux articles IX, X, XIV & XXIV du traité avec la France, ainsi qu'ils sont dressés dans le traité même conclu, le 9 Février 1778; les articles IX, X, XVII & XXII du traité de Commerce restant dans toute leur valeur entre les Etats-Unis de l'Amérique, & la Couronne de France, & il n'empêchera pas que Sa Majesté Catholique ne puisse y accéder, & jouir du bénéfice desdits quatre articles.

XXIII. Promesse des Etats Généraux aux Etats-Unis de seconder, par leur recommandation auprès des Puissances de Maroc, Fez, Alger, Tunis & Tripoli, leur demande pour leur obtenir les passeports, ou permissions qu'ils desireront avoir de ces régences.

XXIV. La liberté de Navigation & de Commerce, s'étendra à toutes sortes de marchandises, à l'exception seulement de celles qui sont distinguées sous le nom de contrebande, ou d'effets prohibées, & sous cette dénomination de contrebande, ou d'effets prohibés, on ne comprendra que les munitions de guerre, ou armes, comme mortiers, artilleries, avec des feux d'artifice, & tout ce qui y appartient, fusils, pistolets, bombes, grenades, poudre à canon, salpêtre, soufre, meches, balles, piques, épées, lances, hallebardes, casques, cuirasses, & autres sortes d'instrumens de guerre, comme aussi des soldats, des chevaux, selles & harnois complets. Tous les autres effets & marchandises qui ne sont pas spécifiés ici expressément, même toutes sortes de matériaux, de construction navale, de telle espece que ce soit, pour bâtir, ou équiper des vaisseaux de guerre, ou pour faire l'un ou l'autre instrument de guerre, pour eau, ou pour terre, ne seront & ne pourront être, ni suivant la lettre, ni d'après telle interprétation que ce soit, compris sous la dénomination d'effets prohibés, ou de contrebande, de sorte que tous les effets, denrées & marchandises qui ne sont pas expressément désignés ici, pourront, sans aucune différence, être transportés & conduits en toute liberté, par les sujets & habitans desdits confédérés, des places, ou aux places appartenantes à l'ennemi, n'exceptant que telles villes, ou places qui sont alors assiégées, bloquées, ou investies, par lesquelles on entend seulement celles qui sont investies de près, par l'une des Puissances Belligérantes.

XXV. Afin que toute dissention & dispute soient évitées, & prévenues des deux côtés, il est convenu que, dans le cas où l'une des deux parties seroit engagée en guerre, les vaisseaux & bâtimens appartenans aux sujets, ou habitans de l'autre allié, seront pourvus de lettres de mer, ou passeports, exprimant le nom, la propriété & la grandeur du vaisseau, ou bâtiment, ainsi que le nom, la place, ou l'habitation du Patron, ou Capitaine dudit vaisseau, ou bâtiment, afin qu'il apparoisse, par là, que le vaisseau appartient réellement & en vérité aux sujets, ou habitans de l'une des deux parties; il faudra qu'il soit délivré un nouveau passeport, chaque fois que le vaisseau aura achevé son voyage, ou qu'au moins il ne se soit pas écoulé plus de deux ans avant le tems que le vaisseau a été la derniere fois chez lui.

Il est stipulé pareillement que tels vaisseaux, ou bâtimens étant chargés, doivent être pourvus non-seulement des passeports, ou des lettres de mer mentionnés ci-dessus, mais encore d'un passeport général, ou de passeports particuliers, ou de manifestes, ou autres documens publics que l'on donne ordinairement, dans les ports d'où les vaisseaux sont venus en dernier lieu, aux vaisseaux qui partent, contenant une spécification de la cargaison, la place d'où le navire a mis à la voile, & le lieu pour lequel il est destiné, ou, au défaut de tout cela, des certificats des Magistrats, ou Gouverneurs des Villes, Places & Colonies, donnés dans la forme ordinaire, d'où le vaisseau est parti, afin que l'on sache s'il y a, à bord des vaisseaux, quelques marchandises prohibées, ou de contrebande, si elles sont, en même tems, destinées pour les pays de l'ennemi, ou non, & dans le cas où l'on jugeroit à propos d'exprimer dans lesdits congés, les personnes à qui appartiennent les effets qui sont à bord, on pourroit le faire librement, sans cependant y être tenu, ou sans que le défaut de cette expression puisse, ou doive, donner occasion à la confiscation.

XXVI. Si les vaisseaux, ou bâtimens desdits sujets, ou habitans de l'une des deux parties, navigant le long des côtes, ou en pleine mer, sont rencontrés par quelque vaisseau de guerre, corsaire, ou bâtiment armé de l'autre partie, lesdits vaisseaux de guerre, corsaires ou bâtimens armés resteront, pour éviter tous désordres, hors de la portée du canon; mais leurs chaloupes pourront être envoyées à bord du vaisseau marchand qu'ils rencontreront, & de cette manière ils pourront s'y transporter au nombre seulement de deux, ou trois hommes auxquels le Patron, ou Capitaine d'un tel navire, ou bâtiment, montrera son passeport, & les vaisseaux, ou bâtimens, après avoir montré tels passeports, lettres de mer, ou autres congés, sont francs & libres de poursuivre le même voyage; de sorte qu'il ne sera pas permis de les molester d'aucune manière, ni de les visiter, ni de leur donner chasse, ou de les forcer d'abandonner leur cours projeté.

XXVII. Tous les Négocians, Capitaines & Commandans des navires appartenans aux Etats Généraux des Pays-Bas, jouiront, dans les ports & places soumis aux Etats Unis de l'Amérique, de la liberté d'engager & recevoir à leur service des matelots, ou autres ouvriers, étant natifs, ou habitans de quelques-uns des Domaines desdits Etats-Unis, & par contre, ces derniers auront les mêmes prérogatives sur les sujets des Etats Généraux, en observant seulement que de l'un & de l'autre côté, on ne pourra se servir de ceux de ses compatriotes qui se sont déjà engagés au service de l'autre partie contractante, soit pour la guerre, soit à bord des navires commerçans, soit qu'on les rencontre à terre, ou en mer, à moins que le Capitaine, ou Patron, sous les ordres duquel ils pourroient se trouver, veuille les exempter volontairement de son service.

XXVIII. Prescrit que les cas de *réfaction* qui pourront se rencontrer dans le Commerce, seront réglés par les Magistrats des Villes Respectives. *Voyez*, pour l'intelligence de cet article, le mot RÉFACTION au présent dictionnaire.

XXIX & dernier. Promesse que la ratification du présent traité sera faite sous six mois, à compter du jour de la signature.

Après ce traité, il a été conclu, entre les mêmes Puissances, une convention concernant les prises en mer, dont voici la teneur :

Article premier. Les vaisseaux de l'une des deux Nations, repris par des capres (*sortes de vaisseaux armés en guerre, & surnommés Corsaires*) de l'autre Nation, seront restitués au premier propriétaire, si les bâtimens n'ont pas été, pendant 24 heures, au pouvoir de l'ennemi moyennant que le propriétaire du bâtiment repris, paye pour cela, un tiers de la valeur du bâtiment, comme aussi de celle de la cargaison, des canons & des apparaux, lequel tiers sera évalué, à l'amiable, entre les parties intéressées, ou bien, si elles ne pouvoient s'accorder là-dessus, elles s'adresseront aux Officiers de l'Amirauté du lieu, où le capre qui a repris le vaisseau, l'a conduit.

II. Si le vaisseau repris a été plus de 24 heures au pouvoir de l'ennemi, il appartiendra en entier au capre qui l'aura pris.

III. Dans le cas où un navire aura été repris par un vaisseau de guerre, ou bâtiment appartenant aux Etats Généraux des Pays-Bas Unis, ou aux Etats-Unis de l'Amérique, il sera rendu au premier propriétaire, moyennant qu'il paye un trentieme de la valeur du navire & de la cargaison, de ses canons & apparaux, s'il a été repris dans l'intervalle de 24 heures, & le dixieme, s'il a été repris après les 24 heures; lesquelles sommes seront distribuées, en guise de gratification, aux équipages des vaisseaux qui l'auront repris. L'évaluation des susdits trentieme & dixieme sera réglée, selon la teneur de l'article I. de la présente convention.

IV. La reſtitution des priſes, ſoit qu'elles ayent été repriſes par des vaiſſeaux de guerre & par des capres, en attendant, & juſqu'à ce qu'il puiſſe être donné des preuves requiſes & ſuffiſantes de la propriété des bâtimens repris, ſera admiſe, ſans caution ſuffiſante, pour l'obſervation des articles ci-deſſus.

V. Les vaiſſeaux de guerre & capres de l'une & de l'autre des deux Nations, ſeront réciproquement, tant en Europe, que dans les autres parties du monde, admis dans les ports reſpectifs de chacune, avec leurs priſes, leſquelles y pourront être déchargées & vendues, ſelon les formalités uſitées dans l'état où la priſe aura été conduite, bien entendu que la légitimité des priſes faites par des bâtimens des Pays-Bas Unis, ſera décidée, conformément aux loix & réglemens établis dans les Pays-Bas Unis, comme pareillement celles des priſes faites par des Bâtimens Américains, ſera jugée ſelon les loix & réglemens déterminés par les Etats-Unis de l'Amérique.

VI. Au ſurplus, il ſera libre aux Etats Généraux des Pays-Bas Unis, ainſi qu'aux Etats Unis de l'Amérique, de faire tels réglemens qu'ils jugeront néceſſaires, relativement à la conduite que devront tenir leurs vaiſſeaux & capres reſpectifs, à l'égard des bâtimens qu'ils auront pris & conduits dans les ports des deux Puiſſances.

Extrait du Traité de Commerce entre la Russie et la Turquie, *ſigné à Conſtantinople, le 10 Juin* 1783.

L'article premier de ce traité porte, de la part de la *Turquie*, permiſſion pleine & entiere aux ſujets *Ruſſes* en général de naviguer librement ſur toutes les mers & rivieres *Turques*, & d'exercer leur Commerce dans tous les ports & villes de l'Empire *Ottoman*. L'article II eſt une liberté de Commerce réciproque entre les deux Etats contractans; cette liberté s'étend, tant ſur les mers, les fleuves, rivieres, &c. que ſur les routes de terre, & pour toutes les villes, ports & havres des deux Empires, où les vaiſſeaux de l'une & l'autre Puiſſance pourront, à leur gré, ſe radouber, calfater, approviſionner, &c, vendre leurs marchandiſes, après l'acquit des droits de Douane, modérés réciproquement, réclamer & obtenir les ſecours preſſans pour les vaiſſeaux en danger, & aucun trouble, ni empêchement, ni violence ne ſeront exercés à l'égard des matelots pour les obliger de quitter leurs navires, pour se mettre au service Etranger.

L'article III régle que chaque Nation *Russe* & *Turque* munira ses sujets de passeports, pour les faire jouir paisiblement des avantages de l'article II ci-dessus, & qu'en vertu de ces passeports, chaque Nation pourra paroître sous son habillement de costume ordinaire, sans risquer d'être insultée en aucune maniere.

L'article IV concerne l'assistance que les vaisseaux de guerre se procureront réciproquement dans des cas de nécessité, ou de naufrage, en convenant de rendre, ou restituer, sans difficulté, toutes marchandises & biens sauvés du naufrage.

L'article V fait le même réglement que l'article IV, pour les bâtimens de Commerce, & statue, en outre, qu'il ne sera exigé aucun droit, ou impôt des marchandises qui seront sauvées d'un vaisseau naufragé, & chargées sur un autre vaisseau, pour être transportées au lieu de leur destination, au cas que ces marchandises ne puissent être rendues dans le premier endroit, à l'avantage de leurs propriétaires.

L'article VI accorde à tous marchands, dragomans & autres sujets des Puissances contractantes, la liberté d'aller & revenir par mer, terre & eau, soit pour vendre, acheter, voyager, résider & commercer, sans être aucunement inquiétés, ni arrêtés en chemin, dès qu'ils auront acquitté le droit prescrit par les tarifs, soit de la *Russie*, soit de la *Turquie*.

L'article VII régle que les marchands ne seront nullement contraints d'acheter, ou de vendre des marchandises contre leur gré, ni en faveur de quelques Compagnies, ou sociétés privilégiées.

L'article VIII porte qu'à l'égard des dettes des sujets *Russes* & *Ottomans*, elles seront personnelles; à l'égard des individus qui les auront contractées, qu'ils en seront seuls débiteurs, & poursuivis comme tels devant les Juges ou Consuls de leur nation, sans user de contrainte, pour faire contribuer aux payemens envers les sujets de la nation du débiteur, dès qu'ils ne se trouveront pas être coobligés aux dites dettes par écrit, ou autre espece de cautionnement.

L'article IX veut que, pour prévenir à tous abus, & fixer la bonne foi dans les contrats, ou marchés des marchands, dragomans & autres faisant Commerce, tous contrats, actes, marchés, conventions par écrit, soient présentés chez les Juges, Cadis & Consuls, pour y être enregistrés.

L'article X est une convention entre les deux Puissances de se rendre respectivement les sujets détenus en sorte d'esclavage, à la réquisition de Ministres, Envoyés, ou Consuls de chaque Nation, pourvu, toutefois, que ces sujets n'auront pas adopté la religion dominante du pays de leur captivité; & il est en outre convenu de la part de la *Turquie*, qu'elle n'exigera pas, à cet égard, sur les sujets *Russes* qu'elle remettra en liberté, le droit nommé *Characz*.

L'article XI est une convention très-expresse, pour que les bâtimens de guerre des deux Puissances s'accueillent favorablement dans leurs rencontres, qu'ils se prêtent assistance, & n'exigent aucuns dons entr'eux, de quelque nature que ce soit, & surtout en agrêts, hardes, &c. &c.

L'article XII est une assurance de deux Cours de sévir rigoureusement contre les contrevenans à l'article XI ci-dessus.

L'article XIII détermine les précautions sages que prendront les Gouverneurs des deux Puissances, avant de délivrer les passeports & firmans dont est parlé dans l'article III, & ce, pour ne pas en faire jouir des sujets oisifs, & peut-être mal intentionnés.

L'article XIV prescrit que quand les Capitaines des vaisseaux, ou les Patrons des bâtimens *Russes* auront besoin de faire calfatrer, donner le suif & radouber leurs vaisseaux, les Commandans dans toutes les villes, forteresses & ports de la *Porte*, ne doivent non seulement pas mettre obstacle qu'il leur soit fourni, pour de l'argent, la quantité de suif, goudron, poix, ouvriers & instrumens dont ils auront besoin, mais ils doivent aussi les assister, autant qu'il leur sera possible, & s'il arrive que, par malheur, un vaisseau *Russe* vienne à manquer d'agrêts, on lui permettra d'acheter les ancres, voiles, & autres matériaux nécessaires pour son appareil, & ce, sans présens; & lorsque les vaisseaux, sous pavillon *Russe*, se trouveront dans quelque échelle, les *Fermiers* & autres Officiers, ainsi que les *Charatschis* ne doivent pas les arrêter, sous prétexte de percevoir les droits de *Charatsch* des passagers, qu'on doit conduire, sans

obstacle,

obstacle, à l'endroit de leur destination, & s'il s'y trouve des *Rayas*, ou sujets de la *Porte*, ceux-ci doivent payer ledit droit, étant arrivés à l'endroit de leur destination. Un secours réciproque de la même assistance sera accordé, dans les Etats de la *Russie*, aux vaisseaux de la *Porte Ottomane*, auxquels on fournira, sans obstacle, pour de l'argent, le suif, le goudron, la poix, les ouvriers, les instrumens, ainsi qu'en cas de malheur, les ancres & les matériaux nécessaires pour l'appareil du vaisseau.

L'article XV défend qu'aucun vaisseau de guerre, ou autre d'une Puissance, ne soit troublé par ceux de l'autre, pour en obtenir des présens, ou contribution quelconque, mais qu'au contraire tous les bâtimens, qui se rencontreront, se donneront réciproquement des marques d'amitié.

L'article XVI régle ce qui doit s'observer à l'égard des saluts, dans les rencontres des vaisseaux, tant en mer, qu'aux arrivées dans les ports, & veut que, dès qu'il y aura eu apparence de manœuvre, pour faire lesdits saluts, sans mettre la chaloupe à la mer dans des gros tems, cela soit réputé, comme si le salut avoit eu lieu en entier, ce qui doit s'observer réciproquement entre les deux puissances.

Article XVII. Il est convenu, par cet article, que la nation *Russe* sera regardée & traitée à l'avenir, dans les Etats *Ottomans*, comme les nations Angloise & Françoise, & par contre, les mêmes égards seront observés en *Russie* envers les sujets & bâtimens Turcs.

Article XVIII. Les vaisseaux *Russes* seront reçus avec amitié dans les Etats *Ottomans*, où ils pourront acheter & vendre librement des provisions & denrées, sans être tenus à aucuns dons, & la même chose s'observera en *Russie*, à l'égard des vaisseaux *Ottomans*.

NOTA. *Tous les articles suivans étant extrêmement compliqués, nous allons les rendre littéralement, de crainte qu'en les voulant abréger, nous n'en altérions le sens, ou les vraies dispositions.*

Article XIX. Les sujets & marchands *Russes* qui, pour leur trafic, vont & viennent, par terre, de la *Russie*, ou des autres pays de l'Europe, dans les Etats de la *Sublime Porte*, dans ceux de *Russie* & des autres Puissances, se trouvant avoir en main des passeports qui les démontrent être *sujets Russes*, les Commandans, Juges & autres Officiers de la *Sublime Porte*, ni qui que ce ſoit, ne doivent les moleſter, ni les forcer de payer le *Charack*, ou autres impoſitions, mais ils doivent agir amicalement envers eux, & en vertu du préſent traité, tant pour les marchandiſes & choſes, que de la *Ruſſie*, ou des pays des autres Puiſſances, ils apporteront dans les Etats de la *Sublime Porte*, que pour celles des Etats de la *Sublime Porte* qu'ils exporteront en *Ruſſie*, ou dans des pays des autres Puiſſances, après avoir une fois, & en un ſeul endroit, reçu le droit de la Douane ; les Douaniers des endroits par où ils paſſeront, ne doivent pas obliger les ſuſdits marchands de payer une ſeconde fois la Douane, mais d'obliger à reſtitution ceux qui l'ont priſe, principalement dans les Provinces de Moldavie & de Walachie ; les Douaniers & autres Officiers ne doivent pas obliger les marchands *Ruſſes* qui paſſent par ces endroits, à payer divers droits de *Tranſit*, ſous différens noms inventés par eux, & pour les marchandiſes que les ſuſdits marchands apporteront des Etats de *Ruſſie*, ou de ceux des autres Puiſſances dans leſdites deux Provinces & autres pays de la *Sublime Porte* ; ils ne payeront la *Douane* que de *trois pour cent*, & une ſeule fois dans l'endroit où ils vendront leurſdites marchandiſes, comme pareillement, pour les marchandiſes qu'ils exporteront, conformément au préſent traité des ſuſdites deux Provinces & autres pays de la *Porte*, dans les Etats de *Ruſſie*, ou dans ceux des autres Puiſſances : ils ne payeront auſſi la Douane qu'une ſeule fois, & *trois pour cent*, dans l'endroit où ils auront acheté leurſdites marchandiſes, & il eſt défendu d'exiger, ni de prendre d'eux, contre ces arrangement & régle, aucun droit, ou payement inventé ſous quelque nom que ce ſoit. Les *Teſkerés* du reçu doivent leur être livrés dans les endroits où ils ont payé la Douane ; & ces *Teſkerés*, qui leur ſeront donnés, doivent être valables dans tous les endroits des Etats de la *Sublime Porte*.

XX. La *Sublime Porte* s'eſt engagée par l'article II de ſon traité de paix, & par l'article V dudit traité, d'approprier au Commerce que les ſujets *Ruſſes* font dans ſes Etats, les mêmes avantages dont y jouiſſent les François & Anglois, comme des Nations amies, & qui en ſont les plus favoriſées, & à cet effet, de n'exiger d'eux, d'autres droits que ceux que payent ces deux Nations ; en conſéquence de quoi on eſt convenu par cet article, que les ſujets *Ruſſes*, en apportant des marchandises dans les Etats de la *Sublime Porte*, & en les exportant de ses Etats en *Russie*, payeront les mêmes droits de *trois pour cent* que payent les susdites deux Nations Françoise & Angloise, bien entendu cependant que les vaisseaux marchands *Russes*, après avoir payé les droits de la Douane une fois, ne seront plus obligés à les payer dans un autre endroit de la domination de *la Porte*. Pour confirmer plus les droits que payeront les sujets *Russes*, qui doivent être les mêmes que payent les susdites deux nations, on a inséré ici les articles de leurs capitulations avec la *Sublime Porte*, qui, dans toute leur étendue, doivent servir d'exemple aux *Russes*; car il est écrit dans les capitulations Françoises: *quoique les marchands François ayent, de tout tems, payé* cinq pour cent *de Douane, sur les marchandises qu'ils apportoient dans nos Etats, & qu'ils en importoient, comme ils ont prié de réduire ce droit à* trois pour cent, *en considération de l'ancienne amitié qu'ils ont avec* notre Sublime Porte, *& de le faire insérer dans ces nouvelles capitulations, nous aurions agréé leur demande, & nous ordonnons qu'en conformité, on ne puisse exiger d'eux plus de* trois pour cent, *& lorsqu'ils payeront leur Douane, on la recevra en monnoie courante dans nos Etats, pour la même valeur qu'elle est reçue au Trésor de l'Etat, sans pouvoir être inquiétés sur la plus, ou la moins valeur d'icelle.* Et dans les capitulations Angloises, on a stipulé également ce qui suit: *les marchands Anglois se trouvant à* Alep, *au* Caire, *& dans les autres villes* de l'Empire Ottoman, *ainsi que ceux qui viennent sous pavillon Anglois, peuvent, sans le moindre danger, exercer leur Commerce, en payant, comme ci-devant, les droits des marchandises, selon leur valeur, à raison seulement de* trois pour cent, *& ils ne sont pas tenus de donner un seul Aspre en sus*; & pareillement *les sujets* de la Porte *qui apporteront des marchandises dans les Etats de la* Russie, *y payeront les mêmes droits que payent les Nations amies & les plus favorisées par la* Russie, *en se conformant aux tarifs qui y sont publiés.*

Article XXI. Quoiqu'il soit stipulé que les sujets de l'Empire de *Russie*, commerçant dans l'Empire *Ottoman*, ne payeront que *trois pour cent* de Douane, pour les marchandises qu'ils apporteront de la Russie, ou des Etats d'autres Puissances, dans ceux de la *Porte Ottomane*, en *Russie*, ou dans des Etats d'autres Puissances; cependant, pour obvier à toutes les disputes qui peuvent survenir entre les marchands & les Douaniers, par rapport à l'estimation de la valeur des marchandises, il a été jugé nécessaire d'établir un tarif qui serve à jamais de régle aux marchands *Russes* & aux Douaniers, dans les Etats *Ottomans*; c'est pourquoi la *Sublime Porte* autorisa, de son côté, *Eladgi Mehemed Aga*, Directeur de la Douane de Constantinople, & la *Russie* autorisa le Sieur *Nicolas Pisani*, premier Dragoman, & Conseiller de Cour, pour effectuer cet arrangement du tarif, lequel ayant été définitivement réglé par les susdits, signé & cacheté par le Douanier susmentionné, *le 9 de la Lune Schevall* 1196, c'est-à-dire le 5 Septembre 1782, & reconnu par la *Porte*, le 11 de la même Lune Schevall, a été remis à l'Envoyé de *Russie*; en conséquence de quoi, la *Sublime Porte* qui avoit donné, de sa part, dans son tems, un exemplaire authentique dudit tarif, à l'Envoyé de *Russie*, le confirme actuellement dans toute son étendue, par cet article, & s'engage solemnellement de le faire observer en faveur des commerçans *Russes*, dans tous les Etats, sans exception. Pour cet effet, la *Sublime Porte* enverra des copies exactes de ce tarif, pour être enregistrées dans les livres de toutes les Douanes, ainsi que dans les protocoles des *Mehkemes* de sa domination. Elle ordonnera qu'il soit observé scrupuleusement, & que toutes les marchandises d'importation & d'exportation qui ne sont pas nommées dans le susdit tarif, les Douaniers ne prétendent & ne prennent que trois pour cent sur la valeur des marchandises; & si les Douaniers vouloient estimer les marchandises qui ne sont point nommées dans le tarif, à un prix plus haut que ne le porte leur véritable valeur, les marchands *Russes* auront le droit, au lieu d'argent comptant, de les acquitter en nature, en marchandises mêmes, & toujours à raison de *trois pour cent*; & pour ce qui regarde les vins que les sujets *Russes* achetent dans les Etats de la *Porte*, & surtout dans *l'Archipel*, pour les porter en *Russie*, par la Mer Noire, & autres voies, ils payeront le droit de la Douane sur le lieu où ils achetent le vin, à raison de *trois pour cent*, & après avoir reçu le *Teskerés* qu'on leur délivrera, sans la moindre difficulté, ils ne seront plus obligés de payer, à leur passage, par le canal de Constantinople, ni *Bitirmé*, ni aucun autre droit quelconque. Et comme les *Douaniers* & *Woiwodes* des Iles de l'Archipel, sont, pour la plupart des *Rayas*, leurs *Teskerés*, quand même ils seroient écrits en grec, seront reconnus pour valables, sans aucune difficulté.

Article XXII. Pareillement on est convenu de percevoir des droits, dans les Ports de la *Sublime Porte*, de celles des marchandises *Russes* qui seront déchargées, pour être vendues; & quant à celles qui doivent être envoyées dans d'autres villes maritimes, on n'en prendra point de droits, & on ne sera, à ce sujet, aucun empêchement, car ils seront payés dans les endroits où ces marchandises seront déchargées, pour y être vendues.

Article XXIII. On n'exigera pas des sujets *Russes*, de nouveaux impôts appelés *Cassabie*, *Resch*, *Bady*, *Jassokouly*; on ne prendra pas plus de *trois cents Aspres* de chaque bâtiment, pour le droit de bon voyage, appelé en Turc *Selametresmi*.

Article XXIV. Comme on a déterminé plus haut dans l'article XX que les marchands *Russes* n'auront à payer que *trois pour cent* de droits, tant des marchandises qui seront apportées de la *Russie*, dans les Etats de la *Porte*, que de celles qu'ils exporteront de ses Etats, dans leur pays; la *Sublime Porte* s'engage, en conséquence, de ne pas les empêcher, après avoir payé les droits fixés dans ce traité, de charger toutes les marchandises qu'ils exporteront dans leur pays.

Article XXV. Lorsque les marchands *Russes* auront payé, conformément à ce traité, les droits de *trois pour cent*, & reçu, comme de coutume, la quittance appelée *Eda Teskeressi*, celle-ci, après avoir été produite, pourra être regardée comme effective: & on n'exigera d'eux aucuns nouveaux droits pour la seconde fois, dans quelques endroits des Etats de la *Porte Ottomane* qu'ils portent ces marchandises. Si cependant il pouvoit se rencontrer que le prix des marchandises fût trouvé trop haut, à proportion de la taxe dont est on convenu, la *Sublime Porte* promet, avec toute la déférence possible, de changer ce tarif, ou taxe, de maniere qu'on n'exige pas des sujets *Russes*, effectivement pour droits, plus de *trois pour cent*, & si les marchands *Russes* venoient à vendre les marchandises qu'ils apporteront à quelques uns des sujets de la *Porte*, personne ne doit les en empêcher, ni disputer là-dessus, sous prétexte d'avoir un privilége, ou une prérogative particuliere à les acheter, laissant, en cela, une entiere liberté aux *Russes* qui commercent dans les Etats de la *Sublime Porte*, & les affranchissant du pouvoir & de la vexation de toutes sortes de sociétés privilégiées, ou de monopole.

Article XXVI. Les marchands & autres protégés par la *Russie*, ne seront pas obligés de payer l'impôt, ou droit des monnoies d'or & d'argent qu'ils apporteront dans l'Empire *Ottoman*, ainsi que de celles qu'ils en exporteront, & ils ne pourront pas être forcés à se défaire de leurs monnoies Turques.

Article XXVII. Les sujets *Russes* doivent être affranchis du payement de l'impôt des Piastres qu'ils apporteront; & en conséquence les Officiers de la Monnoie & les Trésoriers ne doivent pas les inquiéter, en les forçant à faire de leurs Piastres, des monnoies de l'Empire *Ottoman*.

Article XXVIII. Comme en conséquence de la réclamation qui a été faite par la Cour Impériale de *Russie*, à la *Sublime Porte*, sur l'affranchissement des marchandises *Russes* du droit de *Messeterie*, ou *Masterie*, tant par rapport à ceux qui vendent, qu'à ceux qui achetent; celle-ci les en ayant affranchis, à l'exemple des marchandises Françoises, a fait émaner, à cet effet, un firmant qui abolit ce droit; en conséquence la *Sublime Porte* s'engage de nouveau, par cet article, à n'exiger, à l'avenir, des marchandises qui seront chargées dans les Ports de la *Russie*, & apportées à Constantinople, sur les vaisseaux, avec des lettres de propriété & pavillon *Russe*, ainsi que de celles qui seront chargées sur des vaisseaux *Russes*, à Constantinople, pour être transportées en *Russie*, d'autres droits que ceux qui sont fixés dans ce traité.

Article XXIX. Quoique dans l'article XX de ce traité, on soit convenu, de part & d'autre, que les sujets *Russes*, à l'exemple des François & des Anglois, comme des Nations Amies & des plus favorisées de la *Porte*, payeront *trois pour cent* des marchandises qu'ils importeront dans ses Etats, & qu'ils en exporteront, & réciproquement que les sujets de la *Sublime Porte* payeront, dans les Ports de la *Russie*, tant des marchandises qu'ils apporteront dans les Etats de la *Russie*, que de celles qu'ils en exporteront, les mêmes droits fixés par les tarifs, auxquels sont soumises les autres Nations Amies; néanmoins les sujets refpectifs seront obligés de se conformer aux mêmes usages, coutumes & obligations, auxquels sont soumises, dans les deux Etats, ces mêmes Nations Amies qui en sont le plus favorisées, en tant qu'ils ne sont point contraires à cet acte solemnel entre les deux Empires.

Article XXX. Comme en conséquence de l'article XI du traité de paix conclu à *Kainardgi*, en 1774, & de l'art. VII de la convention explicatoire passée le 10 Mars de l'année 1779, on est convenu que tous les vaisseaux marchands, sous pavillon *Russe*, passeroient librement par le canal de Constantinople, de la Mer Noire, dans la Mer Blanche, & réciproquement de la Mer Blanche, dans la Mer Noire, & qu'en outre, dans le susdit article VII de la convention, la forme de ces vaisseaux & le poids de la cargaison qu'ils doivent porter, sont déterminés à l'exemple des vaisseaux François & Anglois, comme ceux des Nations Amies, & les plus favorisées par la *Sublime Porte*, de même, pour prévenir tout mal-entendu à cet égard, on est convenu de confirmer, par le présent article, que la forme des vaisseaux marchands *Russes*, doit être exactement celle des susdits vaisseaux marchands François, Anglois, & des autres Nations, depuis la moindre proportion, jusqu'à la plus grande, & pour régler le poids qu'ils doivent porter, on leur a fixé, depuis le moindre poids, jusqu'au plus grand, celui de mille, jusqu'à seize mille quilots, ou bien huit mille cantars, qui font vingt-six mille cent punds, ou poids de *Russie* (*le pund est de 33 livres de marc.*) La *Porte* s'engage à ne mettre aucun empêchement à de pareils vaisseaux qui seront sous pavillon *Russe*; car n'étant pas chargés de marchandises qui doivent être vendues dans les Etats de la *Porte*, ils ne doivent pas même être déchargés, vu que, ne s'arrêtant pas dans les Etats de la *Porte*, ils ne feront que passer par ledit canal de la Mer Noire dans la Mer Blanche, & par la Méditerranée, dans des pays qui ne sont pas soumis à la *Porte*; & elle promet, par contre, d'accorder à leur passage toutes les facilités auxquelles on peut s'attendre de l'amitié qui subsiste si heureusement entre les deux Empires.

Article XXXI. *La Sublime Porte* s'engage à ne pas prétendre, ni permettre, à qui que ce soit, d'exiger aucune Douane, ou droits de la cargaison des bâtimens marchands *Russes* qui viennent des Etats de *Russie*, pour passer dans les Mers Blanche & Méditerranée, ainsi que de ceux qui passent de ces deux Mers dans la Mer Noire, & à leur passage, par le canal, ils ne doivent pas être forcés de décharger, ni à Constantinople, ni dans aucun autre endroit, les cargaisons dont ils sont chargés.

Article XXXII. *La Sublime Porte* s'engage à ce que les vaisseaux & bâtimens, sous pavillon *Russe* qui viennent de la Mer Noire, & passent par le canal de Constantinople, après qu'il aura été présenté une liste de leur cargaison, vérifiée par le Ministre de *Russie*, & qu'il leur aura été donné, sans retard, le *Firman Iznisefiné*, ne soient, en aucune façon, arrêtés, & que lesdits bâtimens, produisant ledit *Firman* à leur passage de sortie aux Dardanelles de la Mer Blanche, puissent, sans aucun retard, aller où il leur plaira; pareillement les habitans, sous pavillon *Russe*, venant d'autres pays, par les Dardanelles, de la Mer Blanche, pour retourner aux Ports de la *Russie*, sur la Mer Noire, à leur passage par les Dardanelles de cette Mer, en montrant le *Firman* qu'ils auront reçu en conséquence de la liste présentée de leur cargaison, vérifiée par le Ministre de *Russie*, passeront, sans s'arrêter.

Article XXXIII. A tous les vaisseaux & bâtimens, sous pavillon *Russe*, qui passent de cette maniere par le canal de Constantinople, & qui, sans s'y arrêter, voudront continuer leur route plus loin, à leur passage par ledit canal, en voyant une parfaite foi aux listes de leurs cargaisons vérifiées par le Ministre de *Russie*, on donnera le *Firman Iznisefiné*, selon qu'il a été spécifié dans l'article 32; mais en cas de quelque doute, ou soupçon de la part de la *Porte*, qu'il se trouve de ses sujets parmi les gens qui composent l'équipage d'un tel vaisseau, sans toucher cependant, ainsi qu'il a été dit plus haut, aux marchandises chargées dans ce vaisseau, & même dans ce cas, on agira avec beaucoup de circonspection, & sans faire aucune insulte au Capitaine, ou Patron du bâtiment, afin de ne pas permettre, en faisant quelquefois des visites superflues, des entraves à tout le Commerce de *transit*, dont on est déjà convenu dans le traité de paix.

Article XXXIV. La même chose doit être observée à l'égard de pareils vaisseaux qui, retournant dans les ports de la *Russie*, ne feront que passer par les Etats & les Mers

appartenans

appartenans à la *Sublime Porte*, & qui, excepté la visite de l'équipage, ou des gens du vaisseau, ne doivent être soumis à aucune autre.

Article XXXV. S'il arrivoit que les vaisseaux fussent chargés de vivres, pour être exportés de la *Russie* dans d'autres Etats qui ne sont pas soumis à la *Porte*, ou bien, s'il leur arrivoit encore de transporter des vivres desdits pays, dans les Etats de la *Russie*, pourvu que, seulement, ils ne soient pas des Etats de la Domination *Ottomane*: ces vaisseaux ne s'arrêtant, par cette même raison, nulle part, dans l'Empire *Ottoman*, ne doivent pas être soumis à aucuns réglemens du pays: mais ils pourront passer librement par le canal de Constantinople, conformément à l'article XXX de ce traité de Commerce.

Article XXXVI. En réciprocité de ces engagemens de la *Sublime Porte*, la Cour Impériale de *Russie*, pour lui donner une marque de son amitié, permet à ses sujets d'acheter, dans les Ports de la *Russie*, situés sur la Mer Noire, à un prix libre, du bled & d'autres provisions dont ils auront besoin, & de les transporter à Constantinople, ne leur faisant, en cela, aucun empêchement, mais fournissant, au contraire, tous les moyens possibles à tout ce qui peut étendre leur Commerce dans les Etats de la *Russie*.

Article XXXVII. Lorsqu'avec le consentement du Patron, ou Capitaine de vaisseau, les sujets de la *Porte* chargeront, à un prix convenu, leurs marchandises sur des vaisseaux *Russes*, pour les transporter d'un Port de l'Empire *Ottoman*, dans un autre, on ne leur mettra pas, en cela, d'obstacle; & si les affréteurs des vaisseaux les abandonnent en chemin, sans y être engagés par des raisons justes, les *Cadis* & d'autres Chefs feront tenus de les obliger à rembourser, en entier, au Capitaine, ou Patron du vaisseau, le *nolis* dont on sera convenu pour le fret des vaisseaux.

Article XXXVIII. Si, dans le cas d'une nécessité urgente, on avoit besoin de fréter un vaisseau *Russe*, pour le compte de la *Sublime Porte*, les Commandans, ou autres Officiers chargés du fret, doivent en informer le Ministre *Russe*, ou les Consuls, là où il s'en trouvera, pour désigner les vaisseaux qu'ils trouveront propres à cela; & dans les endroits où il n'y aura point de Consul *Russe*, les bâtimens pourront être frétés, de leur propre gré, par le Capitaine, ou Patron, & le prix dont on sera convenu leur doit être payé en conséquence, sans retard; mais en cas même d'un pareil besoin, la *Porte* ne frétera le vaisseau *Russe* autrement que d'après un accord volontaire; & on ne doit pas surtout arrêter d'autres vaisseaux qui ne seront pas frétés, & particulierement ceux qui seront déjà chargés de quelques marchandises; car ces derniers ne doivent absolument pas être obligés à les décharger, & on ne leur doit faire aucune insulte.

Article XXXIX. Lorsqu'un sujet *Russe* chargera, dans un pays ennemi, son propre vaisseau de provisions, ou d'autres marchandises, pour les transporter également dans un pays ennemi, & qu'il rencontrera des vaisseaux de la *Porte Ottomane*, on ne doit pas lui prendre son vaisseau, ou les marchandises, sous prétexte qu'il porte les provisions & les marchandises chez l'ennemi, & on ne fera point esclaves les gens qui s'y trouvent.

Article XL. Lorsqu'une des parties contractantes se trouvera en guerre avec une Puissance Etrangere quelconque, il n'est pas défendu aux sujets de l'autre partie contractante de faire leur Commerce avec celle-ci, & de fréquenter ses Etats, pourvu qu'ils n'importent pas chez l'ennemi des munitions, ou provisions de guerre. On comprendra sous la dénomination des munitions de guerre, les choses suivantes, savoir: canons, mortiers, armes à feu, pistolets, bombes, grenades, boulets, balles, fusils, pierres à feu, mèches, poudre, salpêtre, soufre, cuirasses, piques, épées, ceinturons, poches à cartouches, selles & brides, en exceptant, toutefois, la quantité nécessaire pour la défense du vaisseau & de son équipage, au reste les effets qui ne se trouvent point spécifiés ici, ne seront pas réputés munitions de guerre, ou navales.

Article XLI. Lorsqu'un sujet de la *Porte* exportera des vivres chargés dans ses Etats, & qu'il sera saisi en chemin, en cas que l'exportation en soit prohibée, on n'arrêtera ni ne punira point les sujets *Russes* qui serviront sur de pareils navires des sujets de la *Porte*.

Article XLII. Quand les *Russes* acheteront des vivres sur des bâtimens de la *Porte*, & se rencontreront avec les vaisseaux, en s'en retournant dans leur Patrie, & non dans des Etats d'une Puissance Ennemie, ou non alliée de la *Porte*; dans ce cas, les vaisseaux *Russes* ne seront point confisqués, mais au contraire relâchés avec tout leur équipage; & si malgré cette stipulation, on arrêtoit quelqu'un d'eux, on sera tenu de le relâcher, & de lui restituer toutes les hardes qu'on lui aura prises.

Article XLIII. La *Sublime Porte* s'engage à ne point confisquer les biens des marchands *Russes* qui se trouveront à bord d'un vaisseau ennemi, & à ne les pas faire esclaves, lorsqu'ils s'y trouveront pour affaires de Commerce, & point pour celles de guerre.

Article XLIV. En permettant aux sujets des deux parts, qu'ils pourront avoir des endroits & des magasins propres à y mettre leurs marchandises, & à les y conserver, ainsi que des maisons, pour y demeurer, les Gouvernemens Respectifs des deux parties contractantes, veilleront à ce que les sujets des deux parts, en faisant entr'eux des contrats pour le bail des maisons & magasins, remplissent tous les engagemens qu'ils contractent entr'eux à cet effet; en cas de plainte au sujet de manque à ces conditions, on accordera toute aide & justice possible; c'est à quoi la Cour Impériale de *Russie* s'engage, vis-à-vis des sujets de la *Porte*, & pareillement la *Sublime Porte Ottomane*, vis-à-vis des commerçans *Russes* qui seront domiciliés dans ses Etats.

Article XLV. Il a été pareillement convenu que les sujets *Russes* pourront acheter à *Smyrne*, à *Alexandrie* & ailleurs, dans les Etats de la *Sublime Porte*, excepté la ville de *Constantinople*, de la soie & du riz, ainsi que du café du Levant & de l'huile qu'ils pourront transporter en *Russie*, sans le moindre empêchement.

Article XLVI. Pareillement les sujets *Russes* pourront exporter des Etats de la *Porte Ottomane* des cotons en laine, des cotons filés & des maroquins, & acheter de la cire & des cuirs qu'ils pourront transporter où bon leur semblera.

Article XLVII. Comme la *Porte Ottomane* abonde en fruits, les vaisseaux *Russes*, en tems d'abondance, pourront venir acheter des figues, du raisin, des noisettes & autres denrées semblables, sans être exposés au moindre empêchement, en chargeant, ou expédiant ces marchandises, après avoir, toutefois, acquitté les droits de *Douane*, conformément au présent traité. Il a été de même arrêté que les vaisseaux *Russes* pourront acheter & charger du sel dans l'Isle de *Chypre*, & autres villes de la domination *Ottomane*, de la même maniere que les sujets de la *Porte* eux mêmes, sans souffrir le moindre obstacle, de la part des Commandans, Gouverneurs, *Cadis* & autres Officiers.

Article XLVIII. Pour prévenir tout abus qui pourroit résulter de la part des vaisseaux marchands, naviguant sous pavillon *Russe*, la Cour Impériale de *Russie*, pour témoigner l'amitié qu'elle porte à la *Sublime Porte Ottomane*, consent à ce que son Ministre, résident auprès de celle-ci réponde du pavillon.

Article XLIX. Les Ministres *Russes* seront exempts du droit & *impôt* appelé *Bady* & autres de tous les effets importés pour leur compte, soit pour en faire des présens, ou pour leurs habillemens, ainsi que des différentes provisions de vivres & de boissons, pour leur propre usage.

Article L. Les *Dragomans* au service des Ministres & des Consuls *Russes*, sont exempts du droit de *Charatch*, de celui de *Cassabié* & d'autres semblables, connus sous le nom de *Tehaclifourfé*.

Article LI. Des priviléges & droits accordés aux sujets, jouiront pareillement les *Dragomans* & autres personnes au service des Ministres & des Consuls *Russes*.

Article LII. Comme, en vertu de l'article XI du traité de *Kainardgi*, la Cour Impériale de *Russie* a le droit de nommer des Consuls dans toute l'étendue de la domination *Ottomane*, où la *Russie* voudra en avoir pour les affaires de Commerce; la *Sublime Porte* s'engage, par le présent article, à n'y porter aucun empêchement, afin qu'ils puissent jouir de tous les droits & priviléges qui leur sont dûs, à *l'instar* des Consuls & Vice-Consuls François & Anglois, comme ceux d'une Nation Amie & la plus favorisée, quand même il ne se trouveroit, sur les mêmes lieux, aucun Consul, soit François, ou Anglois.

Article LIII. Les *Pachas*, *Cadis* & autres Commandans dans les Etats de la *Porte*, ne défendront aucunement aux Consuls, ou à leurs substituts, d'arborer le pavillon, ou les armes de leur Souverain.

Article LIV. Pour veiller à la sûreté des maisons, les Consuls feront demander les *Janissaires* qu'ils voudront, & ces *Janissaires* seront protégés par les *Oda-Bachis*, & autres Officiers, sans que ceux-ci puissent, pour cela, exiger d'eux le moindre impôt, ou gratification.

Article LV. Les Consuls *Russes*, & ceux qui en relevent, comme les *Dragomans* & les marchands, pourront faire du vin dans leurs maisons, & en faire venir de même du dehors, pour leur propre consommation, sans que personne puisse les en empêcher.

Article LVI. Lorsqu'on enverra du raisin, pour en faire du vin, dans les maisons des *Consuls*, *Dragomans* & autres personnes relevant de la Cour Impériale de *Russie*, ou lorsqu'on portera chez eux du vin, pour leur provision, *l'Aga* des Janissaires, le *Bostangi-Bachi*, le *Topschi-Bachi*, les *Voivodes* & autres Officiers, n'exigeront aucun droit, ou gratification pour le transport, ainsi que pour l'importation de ces vins.

Article LVII. Lorsque quelqu'un voudra entrer en procès avec les Consuls établis pour affaires de Commerce, on ne les arrêtera point, ni on ne mettra point le scellé à leurs maisons; mais le procès doit être instruit à la *Porte*, dans le cas où on produiroit des Ordonnances publiées avant, ou après la conclusion de ce traité, contraires au présent arrangement, elles seront nulles & de nul effet, & on agira à cet égard, conformément au présent article.

Article LVIII. Les Consuls & Commerçans *Russes* se trouvant en litige avec des Consuls & Négocians d'une autre Nation Chrétienne, peuvent se justifier auprès du Ministre *Russe* accrédité à la *Porte*, si les deux parties litigieuses y consentent, & si elles ne veulent point que leur procès soit instruit par les *Pachas*, les *Cadis*, les Officiers & les Inspecteurs des Douanes de la *Porte*; alors ceux-ci ne pourront pas les obliger, ni s'ingérer aucunement dans leurs affaires, sans consentement des parties en litige.

Article LIX. Personne, dans les Etats de la *Sublime Porte*, ne pourra forcer les Consuls *Russes* de comparoître eux-mêmes devant les Tribunaux, lorsqu'ils ont leurs *Dragomans*; & en cas de quelque besoin, les sujets de la *Porte Ottomane* pourront s'expliquer sur leurs affaires, avec les *Dragomans* envoyés par les Consuls.

Article LX. Pour protéger les vaisseaux *Russes* en mer, contre les *Corsaires Barbaresques*, ainsi que pour mettre les Consuls & les Marchands *Russes* à l'abri des insultes dans les Ports où ces Pirates peuvent mouiller, la *Sublime Porte* s'oblige de veiller, de la maniere la plus sévere, à ce que les *Pachas*, *Commandans* & autres Officiers dans l'Empire *Ottoman*, protegent & défendent les Consuls & Marchands *Russes*, & lorsque le Ministre & les Consuls *Russes* auront vérifié, par des témoignages, que les vaisseaux arrivés aux Ports, ou Forteresses, appartenans à la *Porte*, jouissent effectivement de la protection du pavillon *Russe*; alors tous les Commandans de ces Ports seront obligés de tâcher, de toute façon, que lesdits Corsaires ne saisissent point les vaisseaux *Russes*, & que surtout aucun vaisseau, se trouvant près de la Forteresse, ne soit pris, si les Corsaires causent des pertes aux sujets *Russes* dans les ports de la domination *Ottomane*, où il y a des *Pachas* & *Commandans*; ces derniers seront tenus à dedommager toutes les pertes causées par leur négligence.

Article LXI. Si un sujet *Russe*, en rencontrant des *Corsaires d'Alger*, de *Tunis* & de *Tripoli* venoit à être fait prisonnier, ou que ces Pirates saisiroient le bâtiment, ou les biens des marchands *Russes*: dans ce cas, la *Sublime Porte* s'oblige de se servir de son pouvoir sur les cantons, pour affranchir tout sujet *Russe* qui aura été fait esclave de cette maniere, & pour lui faire restituer le bâtiment & les biens qu'on lui aura enlevés.

Article LXII. Si les corsaires, ou autres ennemis de la *Sublime Porte* commettoient des pirateries sur les côtes de ses dominations, on n'en prendra aucunement prétexte d'incommoder, pour cela, les Consuls & Marchands *Russes*; mais, comme pour la sûreté réciproque, il est nécessaire de connoître les pirates nommés *Forbans*, pour qu'ils soient également connus de chacun, les Officiers Commandans seront tenus, lorsque de tels bâtimens, Corsaires, ou autres Barbaresques, aborderont dans les Ports de *l'Empire Ottoman*, d'examiner soigneusement les passeports, & de procéder, avec eux, selon les loix, à condition, cependant, que les Consuls *Russes* prennent des informations exactes de tous les bâtimens qui arrivent sous pavillon *Russe*, & qu'ils les communiquent ensuite aux Officiers de la *Porte*, avec lesquels lesdits Consuls *Russes* pourront entretenir réciproquement des liaisons, pour se communiquer mutuellement, soit de bouche, ou par écrit, tout ce qui pourra acheminer vers la sûreté réciproque.

XLIII. Il a été convenu, à l'égard des commerçans résidans dans l'Empire *Ottoman*, qu'en cas de dispute avec un marchand *Russe*, & lors d'une plainte au Cadi, à ce sujet, le juge n'instruira le procès qu'en présence du Dragoman *Russe*; & si l'interprête est occupé alors d'une autre affaire importante, on le prorogera jusqu'à son arrivée; en revanche, les sujets *Russes* seront obligés, pour ne point abuser du prétexte de l'absence du Dragoman, de le faire comparoître, sans délai, en justice. Si la dispute s'éleve entre des sujets *Russes*, leur Ministre à la *Sublime Porte*, ou leurs Consuls, pourront examiner leurs différens, & prononcer l'arrêt, conformément aux loix & usages *Russes*, sans le moindre empêchement, ou difficulté de la part de qui que ce soit.

Article LXIV. Les procès qui passent la somme de quatre mille Aspres, seront instruits au Divan, ou au *Conseil de la Porte*, & non dans aucun autre Tribunal.

Article LXV. Si un sujet *de la Porte*, soit marchand, ou autre, a une lettre de change sur un sujet *Russe*, & que celui-ci, ou son surbordonné, ne l'accepte point, on ne pourra pas le forcer de payer, sans une cause légitime; mais on exigera un refus par écrit, pour s'en servir ensuite contre le tireur; en revanche les *Ministres*, ou les *Consuls de Russie* s'employeront, de tout leur pouvoir, à faire payer les bonnes lettres de change.

Article LXVI. Lorsqu'un marchand *Russe* voudra partir pour un autre endroit, & que le Consul le cautionnera, on ne pourra pas l'en empêcher, sous prétexte de lui faire payer ses dettes; & les procès, excédant la somme de quatre mille Aspres, seront instruits à la Cour de *Sa Hautesse*; ainsi l'a dit l'article LXIV du présent traité.

Article LXVII. Les employés de la Justice & Officiers de la *Porte* ne pourront pas entrer, par force, dans une maison habitée par un sujet *Russe*: & dans un cas de nécessité urgente, il faudra en prévenir le Ministre, ou les Consuls, là où il y en a; ensuite on ira sur les lieux, avec ceux qu'ils auront commis à cet effet, faute de quoi, la *Sublime Porte* s'engage à punir les contrevenans, selon toute la rigueur des loix.

Article LXVIII. Les procès entre les sujets *Russes* & d'autres particuliers qui auront déjà été terminés juridiquement, & par *Chodget*, ne pourront plus être instruits une seconde fois; mais si la nécessité exige ce second examen, on ne permettra point aux parties en litige de comparoître en justice, & on n'enverra point des Commissaires, ou Huissiers, pour les chercher, sans en avoir prévenu le Ministre *Russe*, ou attendu du Consul la réponse, avec une explication claire de toute l'affaire. On accordera aussi un tems suffisant pour rassembler des informations détaillées, touchant le cas en question. Au reste il a été convenu que, lorsqu'il sera ordonné de revoir, de rechef, un procès déjà terminé ; on ne décidera rien à cet égard, qu'à la Cour *de Sa Hauteſſe* ; dans ce cas, les sujets de *Ruſſie* & ceux qui en dépendent, peuvent, en personne, comparoître en justice, ou constituer, à leur place, des *Plénipotentiaires* en forme juridique. Les sujets de la *Porte* voulant intenter un procès à ceux de la *Ruſſie*, ne seront point écoutés, à moins qu'ils ne soient munis de titres authentiques, ou de certificats, de la part des Tribunaux.

Article LXIX. En cas d'une banqueroute d'un Négociant *Ruſſe*, ou d'un autre dépendant de la *Ruſſie*, les créanciers seront payés des effets restans : si les créanciers ne peuvent produire un témoignage véridique, pour prouver que le Consul *Ruſſe*, *Dragoman*, ou autre *Ruſſe*, font caution pour le banqueroutier, on ne fera aucune prétention à la charge desdits Consuls, Dragomans, ou autres sujets *Ruſſes* quelconques ; & on ne les arrêtera pas, ni ne leur causera le moindre désagrément, sous prétexte qu'ils sont responsables des dettes.

Article LXX. Si à l'avenir, le bien du Commerce exigeoit qu'on établît des Courtiers, tout comme les François en ont en Turquie, ces mêmes Courtiers nommés par des marchands, de quelque Nation qu'ils soient, ne seront aucunement molestés dans l'exercice de leurs charges, ni on ne leur fera aucune violence. Il dépendra absolument du choix des Négocians *Ruſſes* de nommer des Courtiers de telle Nation que bon leur semblera, sans excepter même la Juive ; lorsque ces Courtiers viendront à être congédiés, ou à mourir, on n'exigera absolument rien de leurs successeurs, sous prétexte du droit nommé *Edec*.

Article LXXI. On n'exigera point le *droit* de *Charatſcin* des sujets *Ruſſes*, soit mariés, ou non mariés, qui habitent dans les Etats de *l'Empire Ottoman*, & de telle condition qu'ils soient.

Article LXXII. En cas de meurtre, ou autres désordres entre les sujets *Ruſſes*, le Ministre, ou les Consuls *Ruſſes* pourront examiner le cas, & y prononcer l'arrêt que leur dicteront leurs Loix & Ordonnances, sans qu'aucun des Officiers de la *Porte*, puisse les en empêcher.

Article LXXIII. Si on commet un meurtre sur les lieux où se trouvent des sujets *Russes*, & si on n'a aucune preuve contr'eux, ils ne seront aucunement inquiétés, à ce sujet, par des informations, ni aggravés par le payement de l'amende *Dagéméré*.

Article LXXIV. Lorsqu'un sujet de *Russie*, ou tel autre jouissant de la protection, commettra un meurtre, ou un autre crime, & que le Gouvernement en sera informé, les Juges & Officiers de la *Porte* ne jugeront de pareils cas, qu'en présence du Conseil, ou de ceux qui auront été commis à cet effet par le Ministre, ou le Consul, quelque part qu'il se trouve. Pour observer la plus grande équité dans ces sortes de cas, on exige réciproquement des deux contractans, qu'ils veillent à ce qu'ils soient examinés & jugés avec une attention égale.

Article LXXV. Quoiqu'il soit très-sûr, & avec l'aide de *Dieu*, hors de probabilité, que les fondemens de la paix & de l'amitié qui sont établis & subsistent entre les deux Empires, ne puissent être ébranlés & renversés; cependant, comme de tems en tems, il naît des fausses nouvelles contraires à la vérité, qui troublent la sûreté, & donnent de l'inquiétude aux marchands respectifs, il étoit nécessaire d'insérer dans le présent traité de Commerce, un article qui puisse anéantir une pareille inquiétude desdits marchands. Ainsi on déclare que, de la maniere que cela se trouve dans quelques-uns des traités, s'il arrivoit, (*Dieu veuille en préserver*) que l'amitié & l'alliance qui subsistent entre l'Empire de *Russie* & de la *Sublime Porte*, se changeassent en discorde & en inimitié, les sujets des deux Empires qui font le Commerce dans les Etats Respectifs, auront la liberté, en comptant du jour de la rupture, jusqu'au terme de six mois, de vendre leurs marchandises, effets & tout ce qu'ils possédent, & de s'en retourner, sans obstacle, avec leurs biens, dans les frontieres de leur Patrie. Ils seront garantis & protégés de tous les deux côtés; & on ne manquera pas de leur accorder, des deux parts, assistance & protection.

Article LXXVI. Pour faciliter le Commerce des sujets respectifs, ainsi que la correspondance réciproque, la *Sublime Porte* s'engage de pourvoir aux moyens d'étendre la célérité, la sûreté & la commodité de la poste & des couriers qui vont & viennent aux frontieres. C'est à quoi la Cour *Impériale de Russie* s'engage pareillement de son côté.

Article LXXVII. Comme dans l'article II du traité de *Kainardgi*, & dans le VI article de la convention explicatoire, il a été arrêté que le Commerce *Russe* jouira de tous les droits & privilèges qui sont accordés dans les capitulations Françoises & Angloises; & quoiqu'une partie de ces capitulations ait été insérée dans ce traité, pour autant qu'elles ont du rapport au Commerce *Russe*, cependant les deux *Hautes Parties Contractantes* s'engagent, en outre, de laisser, dans leur force même, ceux des articles des capitulations qui ne sont pas inférés ici, pour l'avantage des sujets *Russes*; en conséquence la *Sublime Porte* confirme aux sujets *Russes* tout ce qui est renfermé dans les capitulations avec les Vénitiens, vu qu'elles sont appropriées aux François dans leurs capitulations avec la *Porte*, en défendant, au reste, à tous & à chacun d'opposer aucun obstacle, ou chicane à l'exécution de ce traité, avec la *Cour Impériale de Russie.*

Article LXXVIII. Tous *Gouverneurs*, *Amiraux*, *Voivodes*, *Cadis*, *Directeurs* de Douane, *Capitaines de la Marine*, & en général tous les habitans de l'Empire *Ottoman*, ainsi que tous les sujets *Russes*, de toute condition, seront tenus de remplir le présent traité, avec toute l'exactitude possible, & sans y porter la moindre atteinte. Si quelqu'un s'y oppose, ou témoigne de la mauvaise volonté dans son exécution, il sera déclaré rebelle & criminel, & puni comme tel, sans délai, pour servir d'exemple aux autres.

Article LXXIX. Pareillement les deux *Hautes Parties Contractantes* s'engagent à ne point contrevenir au présent traité, & les *Gouverneurs*, *Commandans*, *Cadis*, *Douaniers*, *Voivodes*, *Mousselims*, *Officiers* & autres personnes, employés dans *l'Empire Ottoman*, ne doivent pas contrevenir à ce traité; & si, de part ou d'autre, on l'enfreint, en inquiétant quelqu'un, soit de paroles, ou par faits, les sujets *Russes* seront punis par les Consuls, ou leurs Chefs, conformément à ce traité; tout comme la *Sublime Porte* s'engage à avoir soin que ses sujets soient punis sur les représentations du Ministre, ou des Consuls *Russes*, & un examen suffisant de l'affaire, si le cas l'exige.

Article LXXX. En outre, la *Cour Impériale de Russie*,

pour témoigner l'amitié particuliere qu'elle porte à la *Sublime Porte*, promet, par le présent article, de donner, en toute occasion, aux sujets de la *Porte*, toutes sortes de secours, quant à leurs affaires mercantilles, dans les Ports de *Russie*, pour étendre le Commerce réciproque, ainsi que de leur accorder toute justice dans les Tribunaux.

Article LXXXI & dernier. Au reste, comme la *Cour Impériale de Russie*, en s'accordant dans ce traité de Commerce, sur les droits de Douane & autres stipulations, en faveur de ses sujets commerçans dans les Etats de la *Porte Ottomane*, ne demande rien autre chose que les mêmes avantages, & une parfaite égalité avec les Nations favorisées dans les Etats de la *Porte*, à quoi la *Porte* s'est déja engagé par *l'article* II *du traité de paix de Kainardgi*, & le sixieme article de la convention explicatoire; les sujets de la *Porte*, pour ce qui est de leur Commerce dans les Ports de *Russie*, ne pourront pareillement exiger autre chose, sinon une parfaite égalité avec les Nations les plus favorisées en *Russie*, & ne payeront, par conséquent, dans les Etats de *Russie*, qu'exactement les mêmes droits que payent les Anglois & les autres Nations les plus Amies, d'après les tarifs établis en *Russie*.

7°. Traité relatif a la Crimée & au Cuban, &c. passé entre la Russie et la Cour Ottomane, *Signé à Constantinople, le* 28 *Décembre* 1783.

Article Premier. Les traités de paix de 1774, la convention passée en 1775, au sujet des frontieres, celle de 1779, & le traité de Commerce signé le 10 Juin 1783, seront, à l'avenir, observés de part & d'autre, avec autant de rigueur, que d'exactitude dans tous leurs points & articles, à l'exception du troisieme article du traité de 1774, & des articles II, III, & IV de la convention de 1779, lesquels articles ne seront d'aucune validité, & n'auront plus de force obligatoire pour les deux Empires. Mais comme, par le troisieme article du susdit traité de 1774, il est stipulé que la forteresse d'*Oczakow*, ainsi que son ancien territoire, appartiendront à la *Porte*, comme ci-devant; cet arrangement conservera toute sa vigueur, & il n'y sera rien changé.

Article II. *La Cour de Russie* ne reconnoîtra jamais comme valides les droits que les *Kans des Tartares* pourront s'arroger sur le territoire de la forteresse de *Sondjouk*

Kale, & par conséquent, elle la regarde comme un territoire appartenant, en toute propriété, & avec tout ce qui en dépend, à la *Porte Ottomane*.

Article III & dernier. *Le Fleuve Cuban* ayant été reçu comme devant servir de borne au *Cuban*, la Cour Impériale renonce à toutes les Nations Tartares qui ont établi leur domicile au-delà de ce Fleuve, c'est-à-dire entre le Fleuve *Cuban* & la *Mer Noire*.

8°. Traité de Commerce entre le Danemarck et la Russie, *pour le tems & espace de 12 années, signé le 19 Octobre 1782.*

Article Premier. Il regnera entre leurs Majestés & leurs Successeurs, leurs Etats & leurs Sujets, une amitié sincere & parfaite, une paix durable, & une pleine harmonie, en vertu desquelles les deux Puissances se donneront tous les secours & toute l'assistance possible, dans toutes les occasions, & particulierement relativement au Commerce & à la Navigation.

II. Il sera accordé aux sujets des deux Nations, une pleine liberté de conscience, & ils ne seront troublés, ni inquiétés, à cet égard, en aucune maniere.

III. Les sujets *Danois* en *Russie*, & les sujets *Russes* en *Danemarck*, jouiront de tous les avantages accordés aux Nations les plus favorisées, en se soumettant aux loix du pays, dans le cas où il ne leur est point accordé, par le présent traité, de franchise & d'exemption particuliere.

IV. Il sera permis aux sujets des Puissances Alliés, de naviguer, sans obstacle, de vendre, acheter & transporter des marchandises par terre & par eau, dans tous les ports, rades & villes de leurs Etats où l'importation n'est point défendue. S. M. *Danoise* excepte ses possessions situées hors de l'Europe, & S. M. I. ses Ports de la Mer Noire, & de la Mer Caspienne, ainsi que ses possessions en Asie.

V. Les sujets des deux Parties Contractantes, payeront les droits & péages, qui sont, ou seront établis; ceux de S. M. D. feront ces payemens dans les Etats de S. M. I. en argent courant du pays, excepté dans la Livonie, l'Estonie & la Finlande: ces provinces ayant des priviléges & des tarifs particuliers auxquels le présent traité ne doit point porter d'atteintes.

VI. S. M. D. accorde les avantages suivans dans ses Etats, aux sujets de Sa Majesté Impériale. 1°. Ils ne payeront que 8 florins, pour 10 livres, poids de *Russie*, de tabac du Kraine, importé dans le Sund ; 2°. les marchandises qui passeront le Sund seront taxées & imposées d'après les poids & mesures usités dans les lieux d'où elles auront été expédiées ; 3°. Les bois de Riga, de 5 à 9 toises de longueur, ne payeront, au passage du Sund, que cinq huitiemes d'écu par 20 pieces, & les bois d'une moindre longueur, seront imposés à proportion ; 4°. le Last de potasse, estimé à 12 tonneaux, de la grosseur usitée à Riga, payera 12 florins.

VII. Ils ne payeront qu'un pour cent de droit de passage au Sund, pour les marchandises qui ne sont point mentionnées dans le tarif.

VIII. Les navires & les marchandises des sujets de S. M. I. ne seront point visités à leur passage par le Sund, il sera, dans l'imposition des droits de *transit*, ajouté foi aux certificats & passeports en bonne forme, signés des Magistrats, ou des Directeurs de la Douane des lieux d'où ils auront été expédiés ; si l'on remarque de la fraude, il sera pourvu aux moyens de l'empêcher.

IX. Le Receveur des droits spécifiera, dans sa quittance, au gré des Capitaines des Navires, ceux qu'il aura perçus, sur chaque espece de marchandise.

X. Les Navires *Russes* qui auront acquitté les droits, ne seront point obligés de les payer une seconde fois, en revenant dans la Mer Baltique, ou si les mauvais tems les forcent de rentrer dans le Sund.

XI. Les Navires *Russes* qui passeront devant la ville Gluchstadt, & les autres endroits qui appartiennent au *Danemarck*, sur les bords de Lelbe, ne seront assujettis à aucun péage.

XII. Les Navires des sujets *Danois*, ou *Russes* qui seront forcés, par les mauvais tems, ou par d'autres événemens, de relâcher dans les Ports de l'une ou de l'autre Puissance, pourront s'y faire radouber, s'y pourvoir de tout ce qui leur sera nécessaire, & en sortir, sans être visités, & sans payer de droits, sous la condition qu'ils ne déchargeront & n'exposeront en vente aucunes marchandises.

XIII. Aucun bâtiment marchand, ou de guerre, appartenant aux sujets des Puissances Contractantes, son équipage & ses dépendances, ne pourront être retenus, ni la cargaison saisie dans un Port de l'autre Puissance : ce qui ne s'étendra point, cependant, aux saisies & arrêts qui pourroient avoir des dettes personnelles pour motifs.

XIV. Aucun de ces bâtimens ne pourra être forcé à servir, soit en guerre, soit comme transport.

XV. En cas de naufrage, les sujets respectifs des deux Puissances, se donneront la même assistance que leurs compatriotes seroient en droit d'attendre d'eux, & aux mêmes conditions auxquelles ceux-ci seroient soumis.

XVI. Si l'une des deux Parties Contractantes, entre en guerre avec une autre Puissance, la navigation & le commerce de l'autre avec celle-ci, ne doivent point être interrompus.

XVII. Les Parties Contractantes adoptent les quatre grands principes, généralement reconnus par les Nations neutres, savoir; 1°. que tous navires doivent jouir d'une Navigation libre de port à port, & sur les côtes des Etats en guerre; 2°. que les effets aux sujets des Puissances en guerre, excepté la contrebande, sont libres à bord des vaisseaux neutres; 3°. Que l'on ne doit regarder comme Port bloqué, que celui où les vaisseaux ennemis sont postés de maniere, & si près qu'on y peut pénétrer, sans une fraude manifeste; 4°. que les vaisseaux neutres ne peuvent être détenus, que d'après des motifs légitimes, & un fait évident; qu'ils doivent, en ce cas, être jugés sans délai, que la procédure doit être uniforme, prompte & conforme aux loix, & que, si elle tourne à leur avantage, il doit, indépendamment des dédommagemens qu'ils ont à réclamer, être donné une pleine satisfaction de l'injure faite aux pavillons respectifs.

XVIII. Les navires marchands, appartenans aux sujets respectifs des deux Puissances Contractantes, qui navigueront seuls, doivent se laisser visiter, lorsqu'ils rencontreront un vaisseau de guerre, ou corsaire de l'une ou l'autre desdites Puissances, qui se trouvera en guerre avec une autre; & ils ne doivent, en ce cas, jeter aucun papier à la Mer. Le vaisseau de guerre, ou corsaire, se tiendra hors de la portée du canon, & n'enverra que deux ou trois hommes à bord du bâtiment d'où il voudra visiter les papiers; si celui-ci est sous le convoi de vaisseau de guerre, la déclaration de l'Officier Commandant, qui certifiera qu'il ne se trouve à son bord aucune contrebande, sera regardée suffisante, & l'on ne pourra faire aucune visite.

XIX. Le bâtiment visité n'ayant été trouvé chargé d'aucune contrebande, continuera sa route sans être retardé, & le vaisseau de guerre, ou corsaire restera responsable pour le dommage que le navire auroit pu éprouver, & pour la satisfaction due au pavillon offensé.

XX. S'il se trouve de la contrebande sur le navire visité, le capteur aura le droit de le conduire dans un Port, où les marchandises de contrebande seront confisquées, d'après un jugement de l'Amirauté, les autres effets seront rendus. Le bâtiment marchand qui se trouvera chargé de contrebande, pourra, s'il le juge convenable, l'abandonner au vaisseau qui en aura fait la visite, & celui-ci sera obligé de s'en contenter.

XXI. On regardera comme contrebande les objets suivans: canons, mortiers, fusils, pistolets, bombes, grenades, boulets, pierres à fusil, mèches, poudre, salpêtre, soufre, cuirasses, piques, épées, ceinturons, gibernes, selles & brides; exceptant, de ces objets, ce qui sera nécessaire pour la défense du vaisseau.

XXII. Si l'une des Parties Contractantes entre en guerre avec une troisieme Puissance, il sera permis aux sujets de l'autre, d'acheter & de faire construire des vaisseaux dans les Etats de son ennemi, & tel nombre, & dans tel tems que ce soit.

XXIII. Les sujets d'une Puissance Ennemie, qui se trouveront au service des Puissances Contractantes, ainsi que ceux qui seront naturalisés, & qui auront acquis le droit de bourgoisie, même pendant la guerre, ne seront regardés, sur un autre pied, que les sujets nés dans les Etats respectifs desdites Puissances.

XXIV. Les Puissances Contractantes auront la liberté d'entretenir des Consuls dans leurs Etats respectifs; leurs sujets pourront faire juger leurs procès par les Consuls de leur Nation, mais s'ils le préferent, ils s'adresseront aux juges ordinaires des lieux où ils se trouveront.

XXV. Les susdits Consuls auront la faculté de juger les disputes, & de prononcer des sentences, & ne seront point soumis, pour ce qui les concerne, aux loix & aux tribunaux des pays où ils seront établis.

XXVI. Les Bureaux de Douane de *Russie*, où les contrats d'achat & de vente des marchandises doivent être réglés, examineront, avec soin, si ceux qui contractent pour le compte de leurs commettans, sont munis d'ordres & de pouvoirs en bonne forme; les expéditeurs & commissionnaires ne doivent point, dans le cas contraire, être crus sur leur parole. Les Bureaux de Douane, en *Danemarck*, se conduiront de la même maniere.

XXVII. Les sujets respectifs auront tout l'appui qu'ils seront dans le cas de réclamer, contre ceux qui ne rempliroient pas les conditions des contrats passés dans la forme prescrite, & enregistrés au Bureau de Douane.

XXVIII. Les marchands *Danois* pourront payer, en *Russie*, les marchandises qu'ils acheteront, dans la même monnoie courante, qu'ils auront reçu en payement des leurs, & réciproquement.

XXIX. Des deux côtés, on prendra le plus grand soin pour que le choix des marchandises soit confié à des gens de probité & d'expérience reconnues, & en état de bonifier les pertes dont ils pourroient être responsables.

XXX. Les sujets respectifs auront pleine liberté de tenir leurs livres de Commerce, dans telle langue qu'il leur plaira.

XXXI. Si un sujet *Danois* vient à faire banqueroute dans les États soumis à la domination de la *Russie*, ou un *Russe*, dans ceux du Roi de *Danemarck*, sans avoir acquis le droit de la bourgeoisie, les créanciers nommeront, sous l'inspection des juges du lieu, des curateurs dans sa maison; les effets, livres & papiers de son Commerce leur seront confiés, & lorsque les créanciers, en nombre suffisant pour former les deux tiers de la masse, se trouveront d'accord pour les arrangemens à prendre, le reste des créanciers sera obligé de s'y soumettre; dans le cas où le failli seroit naturalisé, ou bourgeois, il sera soumis aux loix, ordonnances & réglemens du lieu, dans lequel il sera naturalisé.

XXXII. Les marchands *Danois* établis en *Russie*, auront la liberté de bâtir, acheter, vendre & louer des maisons dans toutes les villes de cet Empire, où aucun droit de bourgeoisie, ni privilège particulier ne s'y opposent. Les maisons des marchands *Danois* à Petersbourg, Moscow & Archangel seront franches de logement de gens de guerre, tant qu'elles leur appartiendront, & qu'ils les habiteront; il n'y aura aucune franchise pour les maisons que les *Danois* pourront acheter, ou faire bâtir dans les autres villes de

l'Empire

l'Empire de *Russie*, les propriétaires *Danois* seront obligés comme les autres, de payer en argent, le logement des gens de guerre, si on le trouve convenable. S. M. D. s'oblige réciproquement à faire jouir les sujets *Russes*, des mêmes franchises, aux mêmes conditions.

XXXIII. Il sera délivré des passeports aux sujets respectifs qui voudront se retirer des lieux de la domination de l'une, ou de l'autre des Puissances Contractantes; il leur sera libre d'emporter, avec eux, les effets qu'ils auront apportés ou achetés, après avoir satisfait à leurs dettes, & aux impositions fixées par les Loix, Ordonnances & Réglemens des Pays Respectifs.

XXXIV. Les biens & effets, délaissés par les sujets respectifs venant à mourir dans les Etats de l'une, ou de l'autre Puissance Contractante, tomberont aux héritiers naturels, ou testamentaires, qui en prendront possession par eux-mêmes, ou par fondés de procuration, après avoir acquitté les droits fixés par les loix: si l'héritier est absent, ou mineur, il sera fait un inventaire de la succession par un Notaire, en présence du Consul de la Nation du défunt, & de deux témoins; il sera fait un emploi public de la succession, ou elle sera déposée entre les mains de deux, ou trois Négocians nommés à cet effet.

XXXV. S'il survient une rupture entre les deux Parties Contractantes, (*ce dont Dieu veuille nous préserver*) on n'arrêtera aucune personne: les biens, ni les navires des sujets respectifs ne seront point confisqués, mais il sera accordé à ceux-ci une année de délai, pour vendre, déplacer, ou transporter leurs effets, & en disposer à leur gré; ils auront la liberté de faire les voyages nécessaires, & leurs débiteurs seront obligés de les satisfaire, comme si la rupture n'avoit pas eu lieu.

XXXVI. Ce traité doit durer douze années, & sera prolongé, si les Parties Contractantes le trouvent bon.

XXXVII & dernier. Les deux Parties Contractantes s'engagent à ratifier le présent traité de Commerce, dans le cours de six semaines.

9°. TRAITÉ DE COMMERCE ENTRE L'EMPEREUR ET LA COUR OTTOMANE, *signé à Constantinople, le 24 Février 1784.*

Article I. Le traité de Commerce signé près de *Passorowitz*, qui a servi de fondement au susdit huitieme article de celui de *Belgrade*, fera maintenu & obſervé, comme il eſt auſſi néceſſaire, en faveur des ſujets & commerçans Allemands, dans toute l'étendue de la *Turquie*, jamais la *Sublime Porte* ne permettra qu'on en tranſgreſſe aucun point. Quant à ce qui regarde ultérieurement le Commerce par mer & ſur les fleuves, on procédera, conformément à ce qui eſt ſtipulé par le ſixieme article du préſent *Sened*.

II. Pour ce qui concerne les droits à payer aux Douanes, par les ſujets Autrichiens, la *Sublime Porte* reconnoit encore de nouveau ſes anciennes obligations; c'eſt-à-dire qu'ils n'y payeront, chaque fois, que *trois pour cent*, ſoit à l'endroit de l'importation, ſoit à celui dont ils voudront exporter toutes les marchandiſes qu'ils auront achetées, & qui ne ſeront point compriſes au nombre des effets de contrebande, de ſorte que le Commerce plus amplement ſpécifié ci-deſſous, des ſujets Allemands, ſera exempt, tant pour l'importation, que pour l'exportation, de tout autre droit, ſous quelque dénomination qu'il puiſſe être connu, mais ſurtout de ceux qu'on appelle *Maſtéria*, *Caſſabie*, *Beydaad*, *Reſmilhondanie*, *Reſt*, *Padſch*, *Iſalihonli* &c. Quoique les arrangemens y relatifs ſoient clairement & évidemment exprimés dans ledit traité de *Paſſarowitz*, cependant M. l'Internonce ayant déclaré qu'à l'égard des arrangemens ſuſdits, il s'étoit gliſſé pluſieurs abus contraires à la régle établie dans les Provinces *Ottomanes*, ſurtout dans la Valachie & la Moldavie, la *Sublime Porte* confirme ſolemnellement les arrangemens en queſtion, afin qu'à l'avenir, on s'y conforme, de la maniere la plus ſcrupuleuſe, dans toute l'étendue de l'Empire *Ottoman*.

III. Pour lever tout doute, ou ſoupçon que pourroient concevoir les Magiſtrats de la *Porte Ottomane*, relativement au Commerce Maritime, & à celui qui ſe fait ſur les fleuves, la *Sublime Porte* déclare, qu'en vertu des traités, il eſt permis aux ſujets & commerçans impériaux, munis de leurs paſſeports, de naviguer librement par mer, ainſi que ſur les fleuves, & de faire le Commerce dans tous les États & Provinces de l'Empire *Ottoman*, & que, pendant leurs voyages par mer, par terre, ou ſur les fleuves, ils pourront, partout où ils le jugeront à propos, faire aborder, ou décharger leurs marchandiſes, & en embarquer d'autres qui ne ſeront pas de contrebande, en payant néanmoins les droits & impôts requis.

IV. *La Sublime Porte* reconnoît, qu'en vertu du traité de Commerce de *Belgrade* & de *Passarowitz*, comme aussi en conformité de l'amitié sincere & parfaite qui subsiste entre les deux Puissances, la Cour Impériale est en droit d'exiger, sans aucune exception, pour les sujets & commerçans, les mêmes faveurs, priviléges & avantages dans le Commerce qui sont, ou seront accordés, pour cet objet, à toutes les autres Nations comprises sous le nom de *Franquis*, tels que les François, Anglois, Hollandois, Russes & autres peuples favorisés.

V. Les sujets & commerçans Impériaux pourront librement, & sans que l'exception insérée dans ledit traité de *Passarowitz* les en empêche, se rendre, pour leurs affaires de Commerce, des fleuves à la mer, & *vice versâ*; ils seront les maîtres d'employer, pour cet objet, des vaisseaux & équipages Allemands, & d'arborer le pavillon de leur Nation; ils ne seront tenus, comme il a été dit, qu'à payer, une fois, les droits ordinaires, pour tous les effets qu'ils viendront charger, ou décharger.

VI. Le passage le long des côtes, à travers les détroits & canaux, appartenant à l'Empire *Ottoman*, nommément par le canal de la Mer Noire, sera libre pour les sujets commerçans Impériaux qui, sous pavillon de l'Empereur, traverseront la mer, ou des fleuves, pour se rendre des Provinces d'Allemagne, à des Cours Etrangeres, ou *vice versâ*; ils ne pourront être forcés à payer aucun droit, ni essuyer aucun empêchement, de quelque nature qu'il puisse être; personne ne pourra les contraindre à décharger leurs marchandises, bien entendu néanmoins, qu'en chemin ils seront libres d'exposer en vente les marchandises dont ils voudront se défaire, en ne payant d'autres impôts que ceux qu'on exige ordinairement; il faut, en outre, que leurs navires ne soient pas plus grands que ceux des *Russes*. Lesdits sujets & commerçans Impériaux, seront traités en amis, pendant leur séjour dans les Provinces *Ottomanes*, & obtiendront, en cette qualité, tous les secours & l'assistance dont ils pourront avoir besoin; ils y seront considérés comme des sujets appartenans à une Cour qui cultive, avec celle-ci, l'amitié la plus intime. Au reste, on aura soin que les bâtimens destinés à naviguer sur les fleuves, soient construits de maniere qu'on ne puisse s'en servir aisément sur mer, par conséquent, lorsque ceux-ci relâcheront en des endroits situés près de la Mer, il sera permis à d'autres navires employés sur la Mer Noire, de prendre, à leur bord, des marchandises des premiers, sans que, pour cela, les propriétaires puissent être tenus à payer aucun droit.

VII & dernier. Si lors de l'accomplissement des différens points du présent *Sened*, il venoit à se manifester quelque difficulté, surtout relativement à l'article qui, dans le traité de *Passarowitz* ou de *Belgrade*, parle des effets de contrebande, la *Sublime Porte* sera toujours prête à la lever d'un consentement commun, & d'une maniere amicale & équitable; mais si la difficulté en question étoit de nature à ne pouvoir être levée de cette façon, elle consent qu'il y soit remedié, d'après ce que contient, à cet égard, le traité de Commerce conclu, l'année derniere, avec la *Russie*, les mêmes principes pourront être employés dans les mêmes cas, d'une façon convenable au Commerce de la Nation Allemande, & ainsi le tout pourroit-être mis en ordre, & terminé à l'amiable.

10°. Traité de Commerce entre Sa Majesté Impériale le Roi des Romains, et l'Empereur de Maroc, &c. *consenti à Vienne*, *en Mars* 1783.

Article I. Les sujets jouiront, de part & d'autre, de la liberté du Commerce, & de la Navigation dans les deux Empires.

II. Il leur sera permis d'en exporter toutes sortes de marchandises, sans exception.

III. Il ne sera payé que *trois pour cent* aux Douanes respectives.

IV. Si des raisons importantes faisoient augmenter ce droit, il ne pourroit jamais passer les *cinq pour cent*.

V. Le Pavillon Impérial sera respecté par les Corsaires Marocains, qui, en cas de contravention, seront condamnés à la restitution de la prise, & à tous frais & dépens.

VI. Les Bâtimens Impériaux qui pourront échouer, ou faire naufrage sur les côtes de Maroc, recevront toutes sortes de secours de la part des habitans.

VII. Ce traité subsistera même dans le cas où Sa Majesté Marocaine se trouveroit en guerre avec les ennemis de la Maison d'Autriche; les sujets des deux Empires faits prisonniers, à cette occasion, ne payeroient que 30 Piastres de rançon par tête.

TRANSACTION.

Se dit d'un acte par lequel des différens se réglent à l'amiable, pour éviter à des procès dispendieux.

TRANSIT.

Voyez ACQUIT de TRANSIT.

TRANSPORT.

Se dit particuliérement d'un acte par lequel on cede à une personne ce qui est due à une autre. On appelle cédant celui qui fait le transport, & cessionnaire, celui qui le reçoit. Ce dernier peut actionner, en son nom, le débiteur de l'objet qui lui est cédé, ou transporté, aussi-tôt qu'il lui a fait faire une signification du transport qu'on vient de lui faire, pour les tems & la validité des transports permis par l'Ordonnance, dans les faillites & banqueroutes. *Voyez* ci-dessus aux mots FAILLITES & BANQUEROUTES.

TRINQUART.

Bâtiment dont les François se servent sur la Manche, pour la pêche du hareng. Son port n'est que de 12 à 15 tonneaux.

VALEUR.

Termes de billets & lettres de change, il y en a de plusieurs sortes :

1°. La valeur intrinséque, c'est celle réelle & effective des monnoies.

2°. Valeur reçue comptant, celle qu'on a touchée en especes.

3°. Valeur en compte, celle d'une confiance réciproque entre deux correspondans qui sont en comptes courans.

4°. Valeur en marchandises celle des marchandises pour lesquelles on a donné ses billets, ou ses traites.

5°. Valeur en moi-même, celle qu'on se propose de remettre au particulier qui doit acquitter un effet pour compte d'ami.

6°. Valeur entendue, celle dont on se propose de s'entendre avec le payeur d'un billet, ou lettre de change ; elle est rarement usitée.

Ces diverses valeurs doivent être absolument spécifiées dans les effets; & l'Ordonnance de 1673, article premier, titre 5, porte, à cet égard, ce qui suit;

„ Que les lettres de change „ doivent faire mention si la „ valeur a été fournie en den„ rées, marchandises, ar„ gent, ou autres effets.

VIREMENS DE PARTIES.

Terme usité dans le Commerce & la Banque, & particuliérement à Lyon. Il se dit d'un payement réciproque qu'on se fait en papier, en se cédant mutuellement ses droits. La Hollande pratique beaucoup cet usage.

UNITÉ.

L'unité est le commencement d'un nombre quelconque, comme un est l'unité de 10, & de plus, ou de moins.

VOITURES & VOITURIERS.
Pour les voitures par eau.

Les Réglemens & Ordonnances rendus à leur égard, portent, 1°. qu'elles pourront voiturer tous les jours, sauf les Fêtes de Pâques, Pentecôte, la Toussaint & Noel.

2°. Qu'elles n'iront sur les rivieres & canaux, qu'entre le soleil levant & couchant, & se garreront dans les tems de tempêtes.

3°. Que les bâteaux descendans se garreront au passage des ponts, pertuis & écluses, jusqu'à ce que ceux montans soient passés, & qu'en pleine riviere, les montans se garreront, pour faire place aux descendans.

4°. Qu'en cas de naufrages arrivés par mauvais tems, les voituriers seront quittes de la perte des marchandises, en faisant cession de leurs bateaux & ustensiles, dans les trois jours du naufrage; & que dans le cas où les marchandises seroient perdues, ou avariées, par la faute du voiturier, ou de ses gens, il sera tenu alors des dommages & intérêts.

5°. Qu'aucuns voituriers ne pourront partir des ports de leurs chargemens, sans lettres de voitures, sous peine d'être déchus du prix de leurs voitures, à moins que les marchands ne leur fassent refus de leur délivrer des lettres; alors le voiturier, en justifiant des marchandises qu'il a chargées, en sera cru sur sa déclaration, & son payement lui sera fait en conséquence.

6°. Que tous voituriers par eau donneront avis aux propriétaires, ou commissionnaires de l'arrivée de leurs marchandises, vingt-quatre heures après être entrés dans les ports, & leur représenteront leurs lettres de voitures, en marge desquelles lesdits commissionnaires & propriétaires marqueront le jour où lesdites lettres de voitures leur auront été exhibées.

7°. Que lesdits voituriers pourront faire décharger les marchandises de leurs bateaux, à terre, après avoir fait sommation aux propriétaires de les venir recevoir & enlever.

8°. Qu'à l'égard des bateaux chargés de grains, vins, foins, bois & autres marchandises qui doivent tenir port, ils seront obligés de rester dans les ports, un mois pour les vins, & quinze jours pour les autres marchandises, pour y attendre leur décharge, sans pouvoir prétendre à aucun payement de retard, à moins que les propriétaires les tiennent plus longtems auxdits ports, pour y attendre la vente de leurs marchandises, ou autres commodités; dans ce cas, le retard doit être payé par lesdits propriétaires, suivant leurs conventions avec les voituriers.

9°. Que les voituriers qui auront chargé des marchandises, par poids & mesures, seront tenus de les rendre de même à ceux à qui elles sont adressées.

10°. Qu'en cas d'accidens dans les ports, les marchandises répondront de la valeur des bateaux, tant qu'il y en aura dedans, & qu'elles n'y seront encore que du gré de ceux qui auroient dû les faire enlever.

11°. Que dans le cas contraire à celui ci-dessus, où il arriveroit accident aux marchandises, par la faute du voiturier, ou de ses gens, le bateau & les agrêts seroient alors responsables des dommage & déficit.

12°. Et enfin, que lors de la décharge d'un bâteau, si la marchandise excède la quantité portée par la lettre de voiture, cet excédant sera réputé appartenir, & comme de fait, appartiendra à celui à qui elle est adressée, mais à la charge par lui, d'en payer la voiture au voiturier.

Pour les voitures par terre.

Les réglemens, à leur égard, portent, 1°. défenses à tous voituriers de porter autres lettres que celles des voitures des marchandises, ou effets dont ils seront chargés, lesquelles lettres leur seront délivrées ouvertes.

2°. Qu'il ne sera pris, par les voitures, d'autres chemins que ceux sur lesquels sont établis les Bureaux des Fermes, encore qu'ils soient porteurs d'acquits, congés, ou passe-avant, & ce, sous peine de 300 livres d'amende, & de confiscation des marchandises dont ils seront chargés.

3°. Que les expéditionnaires des marchandises & effets, par les voituriers & rouliers, joindront auxdites marchandises des certificats contenant les noms des voituriers, les qualité, quantité & poids des marchandises & effets, (qui doivent être plombés aux lieux de leur enlevement) les lieux de leur charge, ceux de leur destination; faisant Sa Majesté défenses aux rouliers & voituriers, de ne se charger d'aucunes marchandises & effets, sans être accompagnés desdits certificats, sous peine de 3000 livres d'amende, & de confiscation des marchandises dont ils seront responsables envers les propriétaires, &c.

4°. Défend aussi Sa Majesté auxdits rouliers de porter d'autres lettres que celles de leurs voitures qui ne doivent leur être remises qu'ouvertes, & non cachetées.

5°. Que les falsificateurs de connoissemens, lettres de voitures, ou chartes parties, seront, pour la premiere fois, condamnés au fouet & au bannissement, avec une amende du quart de leurs biens, & à neuf ans de galere, & une amende de moitié de leurs biens, en cas de récidive.

6°. Qu'aucuns voituriers & rouliers non attachés, ou dépendans des Coches & Messageries Royales, ne pourront se charger d'aucuns ballots au-dessous de 50 livres, avec lettres de voitures, ni au-dessus de ce poids, sans lettres de voitures.

7°. Que ceux des rouliers & voituriers qui abandonneront la conduite de leurs chevaux, & couperont les chemins, pourront être arrêtés par la Maréchaussée, & condamnés en 30 livres d'amende envers ses cavaliers, sous peine de prison.

8°. Que les marchandises précieuses, comme brocards & étoffes d'or, d'argent & de soie, seront mises dans des caisses couvertes de toiles cirées, ou toiles grasses & résinées, & les marchandises grossieres seront emballées en serpillieres, paille & cordage, & que faute de ce, les voitures qui les auront chargées ne seront pas responsables des dommages qui pourroient leur arriver.

9°. Que du premier Octobre, au premier Avril de chaque année, les rouliers & voituriers ne pourront avoir sur une voiture à deux roues, plus de quatre chevaux, & trois seulement, du premier Avril au premier Octobre, & ce, sous peine de confiscation de chevaux, charretes, harnois, & 300 livres d'amende, & qu'à l'égard des charriots, ou voitures à quatre roues, l'on y attachera autant de chevaux qu'on le jugera nécessaire.

10°. Et qu'enfin les Fermiers des Messageries, Coches & autres Voitures Royales ne seront point responsables des faits de leurs commis, pour tout ce qui aura été chargé en fraude des feuilles des voitures, & à l'insçu des Directeurs de leurs Bureaux.

NOTA. *Pour autres détails* voyez *les Messageries Royales & Roulages de France, aux chapitres quinze & seize de cette Partie.*

VOITURINS.

Nom qui se donne aux voituriers & rouliers dans les Provinces Méridionales de la France.

USANCE ET USO.

Le premier terme est usité dans les lettres de change, pour déterminer le tems de leur échéance. Nous les indiquons très-exactement aux Places Cambistes, contenues dans notre seconde Partie. *Uso* est un mot Italien, synonime à usance; il est très-usité à Venise.

Nous donnons ci-après une table essentielle sur les jours de grace qui sont accordés en diverses villes de l'Europe, sur les effets, ou lettres à *usance* ou *uso*, &c.

TABLE

Des jours de Faveur, ou de Grace qui sont accordés en Europe, sur tous Effets, ou Lettres à Usances, Uso, & divers termes, ou mois de date.

A

Abbeville, en Picardie, il y a un mois de *faveur*.
Agde, en Languedoc, 10 jours. *idem*.
Agen, en Agenois, 10 jours. *idem*.
Aire, en Artois, 10 jours. *idem*.
Aix, en Provence, a jour fixe.
Alais, en Languedoc, 10 jours de *faveur*.
Alby, en Albigeois, un mois. *idem*.
Alençon, en Normandie. *idem*.
Ambert, en Auvergne, *idem*.
Amiens, en Picardie, *idem*.
Amsterdam, en Hollande, 6 jours. *idem*.
Ancenis, en Bretagne, 10 jours. *idem*.
Angers, en Anjou, un mois. *idem*.
Angoulême, en Angoumois. *idem*.
Anonay, en Vivarais. *idem*.
Anvers, en Brabant, 6 jours. *idem*.
Apt, en Provence, un mois. *idem*.
Arcis-sur-Aube, en Champagne, un mois. *idem*.
Ardes, en Auvergne, un mois de *faveur*.
Ardes, en Picardie. *idem*.
Argentau, en Normandie. *idem*.
Argenton, en Berry, un mois de *faveur*.
Arles, en Provence, a j. fixe.
Arnay-le-Duc, en Bourgogne, un mois de *faveur*.
Arras, en Artois, 6 jours. *idem*.
Aubusson, en Bourbonnois, un mois. *idem*.
Ausbourg, en Allemag. On accorde de 1 à 8 jours de *faveur*, attendu que les payemens doivent se faire les Mercredis de chaque semaine.
Ausch, en Gascogne, 10 jours de *faveur*.
Aunay, en Normandie, un mois. *idem*.
Aurillac, en Auvergne. *idem*.
Autun, en Bourgogne. *idem*.
Auxerre, en Bourgog. *idem*.
Auxonne, en Bourgog. *idem*.
Avalon, en Bourgog. *idem*.
Avesnes, en Hainaut, 6 jours. *idem*.
Avignon, Comtat Venaissin, a jour fixe.
Avranches, en Normandie, un mois de *faveur*.

B

Bâle, en Suisse. Il n'y a point de jours de *faveur* fixé.

Barcelonne, en Espagne, 14 jours de *faveur*.

Bayeux, en Normandie, un mois. *idem*.

Bayonne, en Guienne, 10 jours. *idem*.

Beaucaire, en Langued. Les lettres & billets payables en foire, dont la durée est de 6 à 7 jours, doivent être acquittés le dernier jour de la foire avant minuit.

Beaufort, en Anjou, un mois de *faveur*.

Beaulieu, en Poitou, 10 jours. *idem*.

Beaune, en Bourgogne, un mois. *idem*.

Beauvais, en Picardie. *idem*.

Befort, en Alsace. *idem*.

Bergame, en Italie, il n'y a point de jours de *faveur*.

Bergerac, en Périgord, 10 jours de *faveur*.

Berlin, en Prusse, 3 j. *idem*.

Berne, en Suisse, point de jour de *faveur* fixé.

Besançon, en Franche-Comté, un mois. *idem*.

Béthune, en Artois, 6 jours. *idem*.

Beziers, en Languedoc, 10 jours. *idem*.

Blois, en Blaisois. *idem*

Bilbao, en Espagne, 14 jours. *idem*.

Bologne, en Italie. L'usance est de 8 jours; mais on n'y connoît point de jours de *faveur*.

Bolzam, en Italie. Tous les effets doivent être acceptés, & payés dans le cours de ses foires.

Boulogne-sur-Mer, en Boulonnois, un mois de *faveur*.

Bourbonne-les-Bains, en Champagne, 10 j. *idem*.

Bordeaux, en Guyenne, 10 jours. *idem*.

Bourg, en Bresse, 10 j. *idem*.

Bourges, en Berry, un mois. *idem*.

Brémen, en Allemag. Huit jours de *faveur*, pour les effets à *usance*.

Breslaw, en Silésie. Trois jours de *faveur*: les effets en foires doivent être acquittés dans les 4 derniers jours de chaque foire.

Brest, en Bretagne, un mois de *faveur*.

Breteuil, en Picardie. *idem*.

Briançon, en Dauphin. *idem*.

Brienne, en Champag. *idem*.

Brive-la-Gaillarde, en Limosin. *idem*.

Brunswick, en Allemagne. Il n'y a point de jours de *faveur*, cependant les porteurs des effets peuvent en accorder trois. Les lettres payables en foire s'acceptent le vendredi de la premiere semaine, chacune pour être payée le jeudi suivant.

Bruxelles, Pays-Bas, six jours de *faveur*.

C

Cadix, & presque toute l'Espagne, 6 jours de *faveur*.

Caen, en Normandie, un mois de *faveur*.

Cahors, en Quercy, 10 jours. *idem*.

Calais, en Picardie, un mois de *faveur*.
Cambray, en Cambraisis, 6 jours. *idem*.
Carcassonne, en Languedoc, 10 jours. *idem*.
Carentan, en Normandie, un mois. *idem*.
Castelnaudary, en Languedoc. *idem*.
Castres, en Languedoc. *idem*.
Caudebec, en Norman. *idem*.
Cette, en Languedoc. *idem*.
Chablis, en Champag. *idem*.
Châlons-sur-Saône, en Bourgogne. *idem*.
Châlons-sur-Marne, en Champagne. *idem*.
Charlemont, en Fland. *idem*.
Chartres, en Beauce. *idem*.
Châteaudun, en Beauc. *idem*.
Château-Gontier, en Anjou. *idem*.
Châteauneuf, en Angoumois. *idem*.
Châteauneuf, en Bretagne, 10 jours. *idem*.
Châteauroux, en Berry, un mois. *idem*.
Châteaurenaud, en Touraine. *idem*.
Château-Thierry, en Brie. *idem*.
Château-Vilain, en Champagne. *idem*.
Châteleraut, en Poitou, 10 jours. *idem*.
Châtillon-sur-Seine, en Bourgog., 1 mois. *idem*.
Chaumont, en Bassigny. *idem*.
Cherbourg, en Normandie, 10 jours. *idem*.
Chinon, en Touraine. *idem*.
Cholet, en Anjou, un mois de *faveur*.
Clamecy, en Nivernois. *idem*.
Clermont-Ferrand, en Auvergne. *idem*.
Coignac, en Angoumois, 10 jours. *idem*.
Colmar, en Alsace. *idem*.
Coblentz, en Allemag. *idem*.
Cologne, en Allemag. *idem*.
Commercy, Duché de Bar, un mois. *idem*.
Compiégne, en Picard. *idem*.
Condé, en Hainaut. *idem*.
Condom, en Gascogne. *idem*.
Constantinople, en Turquie. On ne connoît point de jours de *faveur*, & les lettres tirées sur cette ville par les Négocians de l'Europe, sont ordinairement faites par leurs correspondans de Smyrne, d'Alep & autres Echelles du Levant.
Coppenhague, en Danemarck, 8 jours de *faveur*.
Coutances, en Normandie, un mois. *idem*.

D.

Dantzick, en Pologne, 10 jours. *idem*.
Die, en Dauphiné, un mois. *idem*.
Dieppe, en Normandie. *idem*.
Digne, en Provence. *idem*.
Dijon, en Bourgogne. *idem*.
Dinant, en Bretagne, 10 jours. *idem*.
Dol, en Bretagne. *idem*.
Dole, en Franche-Comté, un mois. *idem*.
Douay, en Flandre, 6 jours. *idem*.

Dreux, en Normandie, un mois de *faveur*.
Dunkerque, en Flande, 6 jours. *idem*.

E.

Elseneur, en Danemarck, 8 jours. *idem*.
Embden, en Prusse, trois jours. *idem*.
Embrun, en Dauphiné, un mois. *idem*.
Epernay, en Champag. *idem*.
Epinal, en Lorraine. *idem*.
Etampes, en Gâtinois. *idem*.
Eu, en Normandie. *idem*.
Evreux, en Normand. *idem*.

F.

Falaise, en Normand. *idem*.
Fecamp, en Normand. *idem*.
Florence, Toscane, Italie, point de jours de *faveur*.
Fontainebleau, en Gâtinois, un mois de *faveur*.
Fontenay-le-Comte, en Poitou, 10 jours. *idem*.
Francfort-Sur-Oder, en Haute-Saxe, 3 jours. *idem*.
Francfort-sur-le-Mein, en Allemag. { Les lettres payables en foires doivent être acceptées la première semaine desdites foires, pour être payées la semaine suivante.
Fréjus, en Provence, un mois de *faveur*.

G.

Gap, en Dauphiné. *idem*.
Gênes, *République*, en Italie, 30 jours. *idem*.
Genève, en Suisse, 5 j. *idem*.
Gex, Pri. de Gex, 10 j. *idem*.
Grasse, en Provence, un mois. *idem*.
Grenoble, en Dauphiné, 10 jours de *faveur*.
Gueret, Haute-Marche. *idem*.
Guibray, en Normandie, il y a un mois de *faveur*, pour tout ce qui n'est pas payable en foire.
Guise, en Picar., 6 j. de *faveur*.

H.

Hambourg, Basse-Saxe, 12 jours. *idem*.
Hesdin, en Picardie, un mois. *idem*.
Honfleur, en Norman. *idem*.

I.

Joigny, en Champag. *idem*.
Issoudun, en Berry. *idem*.

K.

Koenisberg, en Prusse, 3 jours. *idem*.

L.

La Charité-sur-Loire, en Nivernois, un mois. *idem*.
La Châtre, en Berry. *idem*.
La Ciotat, en Provenc. *idem*.
La Fere, en Picardie. *idem*.
La Ferté-sous-Jouarre, en Brie. *idem*.
La Fléche, en Touraine, 10 jours. *idem*.
La Haye, en Touraine, 10 jours. *idem*.
L'Aigle, en Normandie, un mois. *idem*.
Landau, en Alsace. *idem*.
Langres, en Champag. *idem*.
Laon, en Picardie. *idem*.
La Rochelle, en Aunis, 10 jours. *idem*.
Laval, en Maine, un mois. *idem*.
Le Havre, en Norman. *idem*.

Le Mans, en Maine, un mois de *faveur*.
Le Puy, en Velay. *idem*.
Leipsick, en Allemag. { Point de jours de grace, les lettres en foires doivent être acceptées dans les quatre premiers jours, ou, tout au plus tard, dans les huit; & le payement s'en doit faire dans les cinq jours de la derniere semaine de la foire.
Le Quesnoy, en Hainaut, 6 jours de *faveur*.
Les Essarts, en Poitou, 10 jours. *idem*.
Les Sables d'Olonne, en Poitou. *idem*.
Libourne, en Guyenne, 6 jours. *idem*.
Liége, Pays-Bas. *idem*.
Lignieres, en Berry, un mois. *idem*.
Lille, en Flandre, 6 jours. *idem*.
Limoges, en Limosin, un mois. *idem*.
Lisbonne, en Portugal. { Six jours de *faveur* pour les lettres tirées de l'Etranger, & 15 jours pour celles tirées par les Nationaux.
Lisieux, en Normandie, un mois de *faveur*.
L'Isle de Corse, en Ital. *idem*.
L'Isle d'Oleron, en Aunis, 10 jours. *idem*.
Livourne, en Toscane, point de jours de *faveur*.
Lodeve, en Languedoc, un mois de *faveur*.
Lombez, en Gascogne, 10 jours. *idem*.

Londres, en Angleter. { Trois jours de *faveur* pour tout ce qui n'est point payable à vue.
Longny, au Perche, un mois de *faveur*.
L'Orient, en Bretagne. *idem*.
Louans, en Bourgog. *idem*.
Loudun, en Poitou. *idem*.
Lubec, en Allemagne, 10 jours. *idem*.
Luçon, en Poitou. *idem*.
Lunéville, en Lorraine. *idem*.
Lyon, en Lyonnois. { A terme fixe & 10 jours de *faveur*: & pour les payemens en foires, voyez la seconde Partie.

M.

Mâcon, en Bourgogne, un mois de *faveur*.
Madrid, en Espagn. { Pour les traites de France, d'Angleterre & d'Hollande acceptées, 14 jours de *faveur*, & point de jours de *faveur* lorsqu'elles ne sont pas acceptées; dix-neuf jours de *faveur* pour les traites de Bilbao, & dix-huit jours de *faveur* pour les traites des autres villes de l'Espagne & du Portugal, lorsqu'elles ne sont point créées à jour préfix, ou à vue.
Malaga, en Espagne, *voyez* Cadix.
Mantes-sur-Seine, en Normandie, un mois de *faveur*.
Marseille, en Provence, 10 jours. *idem*.
Marvejols, en Languedoc, un mois. *idem*.
Maubeuge, en Hainaut, 6 jours. *idem*.

Mayenne, en Maine, un mois de *faveur*.
Meaux, en Brie. *idem*.
Melun, en Brie, *idem*.
Messine, en Sicile, point de jours de *faveur*.
Metz, en Lorraine, 10 jours de *faveur*.
Meulan, en Normandie, un mois. *idem*.
Milan, en Italie, point de jours de *faveur*.
Molsheim, en Alsace, un mois de *faveur*.
Montdidier, en Picard. *idem*.
Montargis, en Gâtinois. *idem*.
Montauban, en Quercy, 10 jours. *idem*.
Mautauban, en Bretagne. *idem*.
Montbrisson, en Forez. *idem*.
Montluçon, Bourbonn. *idem*.
Montmirail, en Brie. *idem*.
Montpellier, en Languedoc. *idem*.
Morlaix, en Bretagne, un mois. *idem*.
Mortagne, en Perche. *idem*.
Mortagne, en Poitou, 10 jours *idem*.
Moulins, en Bourbonnois, un mois. *idem*.

N.

Nancy, en Lorraine, a j. fixe.
Nantes, en Bretagne, 10 jours de *faveur*.
Nanteuil-sur-Marne, en Brie, un mois. *idem*.
Naples, en Italie, 3 j. *idem*.
Narbonne, en Languedoc, 10 jours. *idem*.
Naumbourg, en Allem. Les lettres payables en foire qui commence le 29 Juin, & qui dure huit jours, doivent être acceptées le deux Juillet avant midi, pour être payées le cinq du même mois, avant une heure après midi.
Nemours, en Gâtinois, un mois de *faveur*.
Nérac, en Gascogne, 10 jours. *idem*.
Neufchâteau, en Lorraine, a jour fixe.
Nevers, en Nivernois, 10 jours de *faveur*.
Nismes, en Languedoc, a jour fixe.
Niort, en Poitou, 10 jours de *faveur*.
Nogent-sur-Seine, en Champagne, un mois. *idem*.
Nonancourt, en Norm. *idem*.
Novi, en Italie. Les lettres doivent être acceptées & payées dans le cours de ses foires, & l'acceptation ne peut y avoir lieu qu'autant qu'il ne s'y trouve qu'un seul endossement auxdites lettres.
Noyers, en Bourgogne, un mois de *faveur*.
Noyon, en Picardie. *idem*.
Nozay, en Bretagne, 10 jours. *idem*.
Nuremberg, en Allem. Six jours de *faveur* pour les traites qui sont à une, ou plusieurs usances, ou mois de date, ou à certains jours préfix.
Nyons, en Dauphiné, 10 jours de *faveur*.

O.

Oléron, en Béarn, 10 jours de *faveur*.
Orléans, en Orléanois. *idem*.

P.

Palerme, en Sicile, point de jours de *faveur*.

Paris, & une partie de la France.	Les effets créés, valeur en marchandises, ont un mois de grace, ceux & tous les autres, pour valeur reçue comptant, valeur en compte, & valeur reçue, jouissent de dix jours de *faveur*, mais tous ceux à vue & à jours préfix, ne jouissent d'aucun jour de *faveur*.

Peau, en Béarn, 10 jours de *faveur*.

Petersbourg, en Russie.	Il est rare qu'aucune ville étrangere tire sur cette place; mais quand cela arrive, les lettres à diverses échéances, y jouissent de 10 jours de *faveur*, & celles à vue, de trois jours seulement.

Peyrac, en Quercy, 10 jours de *faveur*.
Perrecy, en Bourgogne, un mois. *idem*.
Perrigeux, en Périgord, 10 jours. *idem*.
Péronne, en Picardie, un mois. *idem*.
Perpignan, en Roussillon, 10 jours. *idem*
Pezenas, en Languedoc, un mois. *idem*.
Pitiviers, en Gâtinois. *idem*.
Poissi, en Normandie. *idem*.
Poitiers, en Poitou, 10 jours. *idem*.
Pons, en Saintonge, un mois de *faveur*.
Pontarlier, Fr. Comté. *idem*.
Pont-à-Mousson, en Lorraine. *idem*.
Pont Ste. Maixence, en Picardie, 10 jours. *idem*.
Provins, en Brie, un mois. *idem*.
Prague, en Bohême, voyez *Vienne*.

Q.

Quimper-Corentin, en Bretagne, 10 jours de *faveur*.

R.

Redon, en Bretagne *idem*.
Rheims, en Champagne, un mois. *idem*.
Remiremont, en Lorraine. *idem*.
Rennes, en Bretagne. *idem*.
Rethel, en Champag. *idem*.
Riom, en Auvergne, 10 jours. *idem*.
Rome, point de jours de *faveur*.
Rouane, en Forez, 10 jours de *faveur*.
Rotterdam, en Hollande, 6 jours. *idem*.
Rochefort, en Aunis, 10 jours. *idem*.
Rodez, en Rouergue, un mois. *idem*.
Rouen, en Normandie, 10 jours. *idem*.

S.

Sablé, en Maine, 1 mois. *idem*.
St. Aignan, en Berry. *idem*.
St. Amand, en Berry. *idem*.
St. Amand, en Flandre, 6 jours. *idem*.
St. Brieux, en Bretagne, un mois. *idem*.

St. Dizier, en Champagne, un mois de *faveur*.
St. Etienne, en Forez. *idem*.
St. Flour, en Auverg. *idem*.
St. Gall, en Suisse. Les lettres à petites usances, jouissent de trois jours de *faveur*, & toutes celles qui ne sont point à usances, ne jouissent que de deux jours de *faveur*.
NOTA. L'usance est comptée pour quinze jours, la demi-usance, pour huit jours, & l'usance & demie, pour vingt-trois jours.
St. Lo, en Normandie, un mois de *faveur*.
St. Maixent, en Poitou. *idem*.
St. Malo, en Bretag. *idem*.
St. Maurice, en Perch. *idem*.
Ste. Ménéhould, en Champagne, 6 jours. *idem*.
St. Nicolas, en Lorraine, a jour fixe.
St. Omer, en Artois, 6 jours de *faveur*.
St Privat, en Périgord, 10 jours. *idem*.
St. Quentin, en Picardie, un mois. *idem*.
St. Remy, en Provence, a jour fixe.
St. Sever, en Gascogne, 10 jours de *faveur*.
St. Irier, en Perche, un mois. *idem*.
Saintes, en Saintonge, 10 jours. *idem*.
Sarlins, un mois. *idem*
Sarlat, en Périgord, 10 jours. *idem*.
Sarrelouis, en Alsace, un mois. *idem*.
Saumur, en Anjou, 10 jours de *faveur*.
Sedan, en Champagne, un mois. *idem*.
Sees, en Normandie. *idem*.
Semur, en Bourgogne. *idem*.
Senlis, en Picardie. *idem*.
Sens, en Champagne. *idem*.
Setubal, en Portugal, *voyez* Lisbonne.
Séville, en Espagne, 14 jours de *faveur*.
Sisteron, en Provence, 10 jours. *idem*.
Soissons, en Picardie, un mois. *idem*.
Stockolm & toute la Suéde, 6 jours. *idem*.
Strasbourg, en Alsace. Quoiqu'il n'y ait point de jours de *faveur* déterminés, pour les effets payables en cette ville, il est cependant d'usage d'en accorder jusqu'à dix.

T.

Tarbes, en Bigorre, 10 jours de *faveur*.
Thiers, en Auvergne, un mois. *idem*.
Thionville, Duché de Luxembourg. *idem*.
Tonnerre, en Champ. *idem*.
Toul, Trois Evêchés. *idem*.
Toulon, en Bourgogne, 10 jours. *idem*.
Toulouse, en Langued. *idem*.
Tours, en Touraine. *idem*.
Trouard, en Normandie, un mois. *idem*.
Troyes, en Champag. *idem*.
Tulles, en Limosin. *idem*.

Turin, en Piémont. Dans tous les Etats du Roi de Sardaigne, tous les effets non payables à vue, jouissent de cinq jours de *faveur*, & si le cinquieme jour est une Fête, ou un Dimanche, le payement se fait le lendemain.

V.

Valence, en Berry, un mois de *faveur*.

Valence, en Dauphiné, 10 jours. *idem*.

Valenciennes, en Hainaut, 6 jours. *idem*.

Vannes, en Bretagne, un mois. *idem*.

Varennes, en Bourb. *idem*.

Vassy, en Champag. *idem*.

Vendôme, Vendômois. *idem*.

Venise, en Italie. Toutes les lettres y jouissent de six jours de *faveur*, non compris les Fêtes & Dimanches, & le jour du Vendredi de chaque semaine.

Verdun, Trois Evêchés, 10 jours de *faveur*.

Verneuil, au Perche, un mois. *idem*.

Vertus, en Champag. *idem*.

Vesoul, en Franche-Comté, un mois de *faveur*.

Vienne, en Autriche. Trois jours de *faveur*; si le troisieme jour est une Fête, ou un Dimanche, le payement n'est exigible que le lendemain.
Les effets payables à jours préfix, ou à vue, ne jouissent d'aucun jour de *faveur*.

Vienne, en Dauphiné, 10 jours de *faveur*.

Villefort, en Languedoc, un mois. *idem*.

Villefranche, 10 jours. *idem*.

Villefranche, en Rouergue. *idem*.

Vire, en Normandie, un mois. *idem*.

Vitry-le-François, en Champagne. *idem*.

Viviers, en Langued. *idem*.

Vzes, en Languedoc. *idem*.

W.

Weisembourg, en Alsace, 10 jours. *idem*.

Y.

Yvetot, en Normandie. *idem*.

Z.

Zurich, en Suisse. Il n'y a point de jours de *faveur* déterminés.

USURE.

Intérêt, prix, ou gain illicites & défendus par les loix, qui prononcent des peines très-rigoureuses à cet égard.

L'usure se distingue de l'intérêt légitime, par le dommage que souffre un débiteur dans le prêt qui lui est fait; dans ce cas le débiteur est tenu d'affirmer ce qu'il a reçu, & est libéré du reste, lorsqu'il donne preuve d'usure.

Une jonction d'intérêt aux capitaux prêtés, pour tirer l'intérêt des intérêts, est considérée comme usure, & très-sévérement défendue.

Quiconque prête à un acquéreur, pour acquitter le prix d'un immeuble, soit pour le tout, ou partie seulement de sa valeur, ne peut stipuler les intérêts de la somme prêtée, malgré que l'immeuble acheté par les deniers du prêt, soit de nature à produire des fruits, c'est-à-dire, une recolte quelconque : cette régle qui n'est prescrite par aucune loi particuliere des législateurs, s'observe cependant à rigueur parce que le sentiment des auteurs se trouve être unanime à cet égard, & que cette unanimité a prévalu par nombre d'Arrêts.

Enfin l'usure ne pouvant être convertie par laps de tems, actes, transaction, & jugement, celui qui en a été victime, peut toujours réclamer contre l'odieux intérêt qu'exige son créancier.

Les peines prononcées contre les usuriers, sont le bannissement & l'amende honorable, pour la première fois, & la prison perpétuelle, & confiscation de biens, pour les récidives. Ces peines sont non-seulement infligées aux usuriers, mais même contre ceux qui font prêter à usure.

Fin de la troisieme Partie.

LA PARFAITE INTELLIGENCE DU COMMERCE.

QUATRIEME ET DERNIERE PARTIE,

DISTRIBUÉE EN DIX-HUIT CHAPITRES

Contenant des Tables sur les Poids, Mesures, Aunages, Monnoies, Foires & Marchés, Productions locales & d'industrie, Droits d'entrée & de sortie perçues en France, Tarifs de l'or, l'argent & les diamans, autres Tarifs sur les prix du tain & des glaces, Tableaux des Consuls François & Etrangers, & de Juridictions Consulaires, autres Tableaux sur les Couriers, le Service des Diligences, Messageries & Roulage de France, & Indications des Découvertes modernes & des nouveaux encouragemens pour le Commerce.

CHAPITRE I.

TABLE de Rapports des Poids, avec des Observations essentielles, ensuite desquelles sont des réductions de diverses livres en celle de Marc & de Paris.

Noms des Villes.	Indication des Prix.	100 liv. des Villes de la 1re. Colonne rendent à Paris ce qui suit :	100 liv. de Paris rendent ce qui suit aux Villes de la 1re Colonne.	Observations sur divers Poids. Dénomination des Poids.	Lieux où ils sont usités.	Divisions desdits Poids.	Réduction en livres de Marc.
A				*Arlep*	à *Acra* ...	......	520 *liv.*
Abbeville	*Ordinaire*.	$86\frac{1}{5}$ ..	$116\frac{4}{431}$.				
Aix, Provence .	*de Table* .	$83\frac{1}{2}$ ..	$120\frac{60}{167}$.	*Arobe*	*Presque toute l'Espagne* ..	......	$23\frac{1}{4}$ ..
Aix-la-Chapelle.	*Ordinaire* .	94 ...	$106\frac{18}{47}$ ..		*Cadix & Séville*	......	$26\frac{1}{3}$ ..
Alep	*Idem* ...	430 ...	$23\frac{11}{43}$.		*Portugal* ...	......	29 ...
Alexandrie ...	*Rotoles* .. / *Zeiden* ..	$112\frac{1}{2}$ ..	$81\frac{155}{255}$.	*Almene*	*Indes*. ...	......	2 ..
Alger.	*Ordinaire*..	101 ...	$99\frac{1}{101}$ ..				
Alicante.	12 *Onces* ..	69 ...	$144\frac{66}{69}$ ..	*As*.	....	Poids pour l'or & l'arg. qui est la 20e. Partie de l'esterlin. V. ce dernier mot.	
	18 *Onces* ..	104 ...	$96\frac{2}{13}$ ..				
Amiens.	*Ordinaire*.	$94\frac{1}{3}$ ..	$106\frac{2}{283}$ ..				
Amsterdam ...	*De Troyes*.	100 ...	100 ..				

Ancone	*Ordinaire*	67 1/8	148 524/537
Anvers	*Idem*	94 3/4	105 205/879
Araw	*Idem*	97 3/8	102 102/779
Argele	*Rotoles*	90	111 1/9
Audenarde	*Ordinaire*	89 1/4	112 16/357
Auguste ou Ausbourg	*Idem*	97	103 9/97
Avignon	*Idem*	83 1/2	120 66/187
B			
Barcelone	*Ordinaire*	77	129 67/77
Barry	12 *onces*	65 5/8	152 8/15
	33 *onces*	182 1/2	54 58/73
Basle	*Livres*	100	100
Bassano	*Idem*	69	145
Batavia	*Ordinaire*	120 3/5	82 117/602
Beaucaire	*pr. Soies*	86	116 12/43
Beauvais	14 *Onces*	87 1/2	114 10/35
Bengale	*Ordinaire*	68	147 1/17
Bergame	12 *Onces*	65 2/3	152 1/4
	30 *Dito*	164	61
Berghen en Norwege	*Ordinaire*	100 2/3	98 2/51

Bahar (*Grand*)	à *Ternate*, *Malace* & *Achem*	200 catis, catis 26 taels, tael 38 onces 1/2 Portugaises, ensorte que le Grand Bahar pese 550 liv. de Portugal	481 *l.* 1/4
Bahar (*Petit*)	*Idem*	458 liv. 13 onces Portugaises.	401 *l.* 1/4
Bahar	*Chine*	300 catis de la Chine ou 200 de Portugal.	481 *l.* 1/4
Bahar	*Moka*	Sert au Caffé.	420 *liv.*
Bande	*Guinée*	Pour peser la poudre d'or.	2 *onc.*
Batmant	*Turquie*	6 Ocques.	3 *liv.*
Batmant	*Perse*		12 *c.* 12 *onces.*
Batmant (*petit*)	*Perse*		5 *liv.* 14 *onces.*
Batmant de	*Smyrne*		6 1/4
Beck	*Angleterre*	161 duquintal Anglois.	15 *c.* 1/2

TABLE.

NOMS DES VILLES	INDICATION DES POIDS.	100 liv. de la premiere Colonne rendent à Paris.	100 liv. de Paris rendent à la premiere Colonne.
Berlin	*Ordinaire*	$94\frac{1}{3}$	$106\frac{2}{283}$
Bernay	*Romaine*	108	$92\frac{16}{27}$
Berne	*Livre*	88	$113\frac{56}{88}$
Beziers	*de Table*	95	$105\frac{5}{19}$
Bienne	*Ordinaire*	$96\frac{1}{4}$	$103\frac{62}{77}$
Bilbao	*P. ſimple*	$98\frac{2}{3}$	$101\frac{104}{296}$
Bologne	*Ordinaire*	$75\frac{1}{4}$	$132\frac{268}{301}$
Bolzam	*Livres*	100	100
Bourg en Breſſe	*Ordinaire*	95	$105\frac{45}{571}$
Bordeaux	*Livres*	100	100
Boſton	*V. Londres*		
Bremen	*Ordinaire*	101	$99\frac{1}{101}$
Breslaw	*Idem*	80	125
Bruges	*Idem*	95	$105\frac{5}{19}$
Brunswick	*Idem*	95	$105\frac{5}{19}$
Bruxelles	*Idem*	95	$105\frac{5}{19}$
Bude	*Idem*	98	$102\frac{2}{49}$
C			
Cadix	*Idem*	$93\frac{1}{2}$	$107\frac{89}{373}$
Caire	*Rotoles*	87	$114\frac{83}{87}$

OBSERVATIONS SUR DIVERS POIDS.

Dénomination des Poids.	Lieux où ils ſont uſités.	Diviſions deſdits Poids.	Réduction en livres de Marc.
Bercherocht ou *Bercowitz*	*Moſcovie.*	Peſe l'un & l'autre 400 liv. Moſcovites.	328
Bus.	*Coromandel*	8e. p. du Man	$8\frac{1}{2}$
Butiman.	*Perſe.*		25
Cantaro. *Gand.*	*Italie.*		110 60n
Cantaro. *Moyen.*	*Idem.*		104 3
Cantaro. *Petit.*	*Idem.*		103 8
Cantaro.	*Alicante.*	Peſe 188 liv. poids ſubtil de Veniſe.	$119\frac{17}{20}$
Cantaro.	*Alexandrie & Caire.*	140 livres poids ſubtil de Veniſe.	$89\frac{1}{4}$
Cantaro.	*Candie.*	100 Rotoles.	106
Cantar.	*Arlep.*	100 Rotoles.	$433\frac{1}{3}$
Cantor.	*Sardaigne.*	145 livres poids ſubtil de Veniſe.	$92\frac{43}{100}$

Canaries	Livres	92 1/5	108-4/37
Candie	Rotoles	241	41-1/2
Cassel	Livres	65-1/2	152-88/131
Chine	Ordinaire	125	80
Cologne	Idem	96	104 1/8
Constantinople	Liv. Cheky	128-1/3	77-70/73
Coppenhague	Ordinaire	78-1/4	127-219/313
Courtray	Ordinaire	89 3/10	111-877/895
Corse	Livres	69	145
Curaçao	Idem	93	107-49/93
Cracovie	Ordinaire	88-3/4	112-240/355
D			
Damas	Rotoles	363	27-199/363
Dantzick	Ordinaire	88-3/4	112-240/355
Dely	Livres	76	130-2/8
Dixmude	Ordinaire	87-3/4	113-337/353
Douay	Idem	87 1/3	114-66/131
Dublin	Idem	91-1/2	109-53/183
Dunckerque	Idem	86	116-12/43
E			
Edimbourg	Idem	103	97 3/103
Erfort	Livres	95	105-5/19
F			
Florence	Romaine	71-3/8	140-60/571
	Balance	70	142-6/7
	Livres	68-3/4	145-25/55

Carara	Livourne		110 liv. 6 onces.
Castillan	Espagne	Pour peser l'or, il est la premiere partie de la livre de Cadix, & fait un once 4 gros 21 grains 6/19 de Marc.	
Cattis	Achem	100 catis font	193 liv.
Cavesco	Idem		17
Centrenat	Dantzick		120
Chintal	Goa		105
Damasquin	Seyde		3-4/5
Dragme	France	Poids pour la médecine égal au gros de Marc.	1 gros.
Esterlin	Vingtieme partie de l'once de Marc, ce poids qui sert pour les matieres d'or & d'argent, est particuliérement usité, ainsi que l'as, dans les Pays-Bas Autrichiens & Hollandois.		
Faratel	Indes		1 liv. 3/4
Farcelle	Betelfagny		18-1/2.

Noms des Villes.	Indication des Poids.	100 liv. de la premiere Colonne, rendent à Paris.	100 liv. de Paris rendent à la premiere Colonne.	Observations sur divers Poids. Dénominations des Poids.	Lieux où ils sont usités.	Divisions desdits Poids.	Réduction en livres de marc.
Francfort-sur-le Mein	Ordinaire.	102	98 $\frac{1}{51}$	*Gantam*	*Bantam*	Poids égal à 3 liv. d'Hollande.	3 *liv.*
Francfort-sur-Oder	*Idem.*	94 $\frac{1}{3}$	106 $\frac{8}{283}$	*Gros*	*France*	3 deniers, denier 24 grains.	1 *gros.*
G				*Harsella*	*Caire*	Pr. soies	2 *liv.* $\frac{7}{16}$.
Gand	*Idem.*	94 $\frac{3}{4}$	105 $\frac{205}{379}$				
Gênes	*Cantaro.*	98	102 $\frac{2}{49}$	*Jod*	*Anglererre*	Pese 28 liv. avoir du Poids	25 $\frac{31}{50}$.
	Pr. Poids.	65 $\frac{1}{3}$	153 $\frac{3}{49}$	*Kandil*	*Coromandel*		280
Geneve	*Ordinaire.*	112 $\frac{1}{2}$	88 $\frac{40}{51}$	*Lyspondt*	*Hambourg*		14 $\frac{11}{16}$.
Gueldre	*Idem.*	95	105 $\frac{5}{19}$		*Lubeck*		15 $\frac{5}{16}$.
H					*Dantzick*		16.
Hambourg	*Idem.*	98	102 $\frac{2}{49}$	*Lyspondt*	*Danemarck*		15. 12 *onces.*
Hanovre	*Ordinaire.*	98	102 $\frac{2}{49}$		*Riga en Livonie.*		16 $\frac{1}{2}$.
Havre de Grace	*Idem.*	108	92 $\frac{16}{17}$				
Heidelberg	*Livres.*	101 $\frac{3}{4}$	98 $\frac{214}{407}$				
I							
Japon	*Catiis.*	118	84 $\frac{88}{118}$	*Macho*	*Espagne*	Poids appelé quintal que l'on évalue à	139 $\frac{1}{2}$.

Ipres.	*Ordinaire.*	87 ½	114 10/33
Ispaldan.	*Batmant.*	1250	8
K			
Kœnisberg.	*Bourgeois*	76 ½	130 110/153
	étrangers.	80	125
L			
Leipsick.	*Ordinaire.*	95	105 5/19
Lentzbourg.	*Idem.*	107	93 49/107
Libau.	*Livres.*	83	120 40/83
Liege.	*Idem.*	94 ¾	105 205/379
Lille.	*Idem.*	88	113 7/11
Lisbonne.	*Idem.*	89	112 32/89
Livourne.	*V. Florence*		
Londres.	*Avoir du poids*	91 ½	109 53/183
	poids quintal.	102 5/8	97 363/821
Lubeck.	*Ordinaire.*	96	104 1/6
Lucques.	*Idem.*	69	144 64/69
Lunebourg.	*Idem.*	101	99 1/101
Lyon.	*Pr. denrées*	87 ½	144 10/35
	Pr. Soies.	93 ¾	106 ⅔
M			
Madras.	*L. d'Hundred.*	99 ½	100 368/879

Man, ou Mao.	*Surate*		34
	Amadabad		38 ½
	Bengale		64
	Coromandel		68
	Mocka		3
Mansja	*Perse*		12
Maund	*Bombay*		26
	Calicut		27 ½
Marc	*Poids usité en France à divers états de l'Europe pour peser les marchandises fines.*	Le marc se divise en 8 onces, ou 64 gros, ou 192 deniers, ou 160 sterl., ou 300 mailles, ou 640 félins, ou 4608 grains. *Voy.* au mot gros les subdivisions de ce poids. Le marc est le même que le poids de Troyes dont se servent les Hollandois.	*demi-livre, ou 8 onces.*

Noms des Villes.	Indication des Poids.	100 livres de la premiere Colonne rendent à Paris.	100 liv. de Paris rendent à la premiere Colonne.	Observations sur divers Poids. Dénomination des Poids	Lieux où ils font ufités.	Divifions defdits Poids.	Réduction en livres de marc.
Madrid.	*Ordinaire.*	87 $\frac{1}{8}$	114 $\frac{66}{131}$				
Magdebourg.	*Idem.*	94 $\frac{1}{3}$	106 $\frac{2}{238}$				
Malaga.	*Idem.*	73 $\frac{1}{4}$	136 $\frac{152}{293}$				
Malines.	*Idem.*	48 $\frac{3}{4}$	205 $\frac{5}{39}$				
Malte.	*Rotolis.*	160 $\frac{5}{8}$	62 $\frac{66}{357}$	*Marc.*	*Idem.*	Ses divifions pour pefer l'or & l'argent font marc 24 karats, karat 8 deniers, denier 24 grains & le grain 24 primes.	*Idem.*
Mantoue.	*Ordinaire.*	57 $\frac{1}{35}$	175 $\frac{175}{459}$				
Maroc.	*Livres.*	93	107 $\frac{49}{93}$				
Marfeille.	*Ordinaire.*	80 $\frac{3}{4}$	123 $\frac{5}{8}$				
Mafulipatan.	*Seyra.*	56	178 $\frac{32}{56}$				
Meffine.	*Ordinaire*	61	163 $\frac{19}{26}$				
Midelbourg.	*Idem.*	95	105	*Marce.*	*Goa.*	Ce poids eft femblable au marc ci-deffus.	
Milan.	*Poids fubtil* 12 *onc. g.p.*	65	152				
	28 *onc.*	153	65	*Métical.*	*Arlep.*	Il y en a 253 $\frac{5}{8}$ à la livre de marc, & 1 $\frac{1}{2}$ à la drachme.	
Modene.	*Ordinaire*	65 $\frac{1}{8}$	153 $\frac{187}{521}$				
Mogol.	*Idem.*	65 $\frac{1}{5}$	153 $\frac{61}{103}$	*Mirre.*	*Venife.*	30 liv. poids fubtil 19 liv. $\frac{1}{8}$	
Mons.	*Idem.*	95 $\frac{1}{4}$	105				
Montpellier.	*Idem.*	83 $\frac{1}{3}$	120				
Mofcow.	*Idem.*	873	11 $\frac{397}{873}$	*Mon.*	*Bender. Abaffi.*	Grand Mon. 7 $\frac{1}{8}$; Petit Mon. 6 $\frac{1}{2}$	
Munich.	*Idem.*	97	103 $\frac{2}{97}$		*Bengale.*	Mon Bazar. 75	
Murcie.	*Idem.*	88 $\frac{3}{4}$	112 $\frac{48}{71}$	*Montary.*	*Bafforat.*	26	

N			
Nancy.	*Livres.*	94 $\frac{36}{188}$	106
Nantes.	*Ordinaire.*	106	99 $\frac{1}{161}$
Naples.	12 *onc.* 33	65 $\frac{5}{8}$	152 $\frac{8}{15}$
	onc. $\frac{1}{3}$	182 $\frac{1}{4}$	54 $\frac{134}{729}$
Naumbourg.	*Ordinaire.*	95 $\frac{3}{4}$	105
Neufchâtel.	*Idem.*	106 $\frac{1}{4}$	94 $\frac{10}{85}$
Nice.	*Idem.*	63 $\frac{1}{4}$	158 $\frac{26}{253}$
Nuremberg.	*Idem.*	104	96 $\frac{2}{13}$
O			
Omer. (St.)	*Idem.*	112	89 $\frac{2}{7}$
P			
Palerme.	12 *onces*	63 $\frac{3}{8}$	157 $\frac{71}{197}$
	30 *onces.*	158 $\frac{5}{8}$	63 $\frac{1}{25}$
Pekin.	*Ordinaire.*	125	80
Petersbourg.	*Idem.*	81 $\frac{5}{8}$	122 $\frac{384}{653}$
Pezenas.	*De table.*	98	102 $\frac{2}{49}$
Prague.	*Ordinaire.*	112	89 $\frac{2}{7}$
R			
Raconis.	*Ordinaire.*	66	151 $\frac{17}{33}$
Reggio.	*Idem.*	66 $\frac{1}{2}$	151 $\frac{19}{7}$
Rembervilliers.	*Idem.*	94	106 $\frac{18}{47}$
Riga.	*Livres.*	85	117 $\frac{55}{85}$

Ocos.	*Turquie.*	3 l. 2 onces de Marfeille.	2 $\frac{351}{800}$
Ocke.	*Alep.*		4 $\frac{1}{3}$
Once.	*Par toute la France & divers états de l'Europe.*	8 gros ou drachm., gros 3 deniers ou ferupules, denier 24 grains, en forte que l'once fe divife en 576 grains.	8e. *Partie du marc.*
Picol.	*Chine.*	66 catis $\frac{3}{4}$.	83 $\frac{1}{4}$
	Indes.	20 l. d'Holl.	20
Pierre.	*Anvers.*		7
	Hambourg.		9 10 6
	Lubeck.		9 8 3
	Dantzick.	Groffe Pierre.	21 5
		Petite *Idem.*	20 4
	Stetin.	Groffe Pierre.	30 1
		Petite *Idem.*	9 14
	Koenisberg.		32
	Brabants.	6 liv. du Pays.	

NOMS DES VILLES.	INDICATION DES POIDS.	100 liv. de la premiere Colonne rendent à Paris.	100 liv. de Paris rendent à la premiere Colonne.	OBSERVATIONS SUR DIVERS POIDS. Dénomination des Poids.	Lieux où ils sont usités.	Divisions desdits Poids.	Réduction en livres de Marc.
Rochelle. (la)	*Ordinaire*	101	99 $\frac{1}{101}$	*Pikul*	*Japon.*	100 cattis.	118
Rome.	*Idem.*	71 $\frac{1}{2}$	139 $\frac{123}{143}$				
Rouen.	*Vicomté.*	104	96 $\frac{2}{1}$	*Pond*	*Moscovie*	40 livres. Moscovit.	33
S			98 $\frac{2}{51}$				
St. Gall.	*Ordinaire*	102	94 $\frac{18}{5}$	*Pound*	*Angleterre.*	100 pound ne font que 91 l. de Par.	*for. les 9 10e. de la liv. dem.*
Sarguemines	*Idem.*	106	158 $\frac{352}{631}$				
Tarragose.	*Idem.*	63 $\frac{1}{10}$		*Quintal*	*Londres*		102
Schaffouse.	*Idem.*	94 $\frac{1}{3}$	106 $\frac{2}{282}$				
Seville.	*Idem.*	92	108 $\frac{16}{23}$	*Ratis*	*Mogol & Indes.*	Poids pour le diamant évalué à 3 grains $\frac{1}{2}$ de France.	3 $\frac{1}{2}$ *Grains.*
Seyde.	*Rottes*	384 $\frac{5}{8}$	26				
Siam.	*Ordinaire*	125 $\frac{6}{8}$	78 $\frac{361}{363}$				
Smirne.	*Rottes*	114 $\frac{3}{4}$	87 $\frac{67}{459}$	*Rotole*	*Alep.*		4 [illegible]
Soleure.	*Ordinaire*	104 $\frac{5}{8}$	95 $\frac{485}{887}$	*Rottolis.*	*Damas.*		3 [illegible]
Stetin.	*Idem.*	95	105 $\frac{5}{19}$		*Malthe.*	100 l. form.	160 [illegible]
Stockholm.	*Poids de marchandises.*	85 $\frac{1}{4}$	117 $\frac{103}{341}$	*Rub.*	*Piémont*	25 l. poids de 12 onces de Gênes.	16 [illegible]
				Scank	*Siam.*		2 *l.* 10 *on.*
Strasbourg.	*Ordinaire*	97	103 $\frac{9}{97}$	*Schippont*	*Amsterdam*		300.
T					*Anvers.*		284.
Tortose	*Idem*	[illegible]	[illegible]		*Copenhingue*		250.
					[illegible]	[illegible]	[illegible]

Toulouse.	Idem.	$84\frac{1}{2}$	118 [illegible]
Tournay.	Idem.	$80\frac{1}{2}$	$124\frac{36}{161}$
Tunis.	Idem.	101	$99\frac{1}{101}$
Turin.	Idem.	75	133
V			
Valence.	Ordinaire	63	$158\frac{46}{63}$
Valenciennes	Idem.	95	$105\frac{5}{19}$
Venise	Subtil	$63\frac{3}{4}$	$156\frac{44}{51}$
	G. Poids	$100\frac{7}{8}$	$99\frac{107}{807}$
Vevay	Ordinaire	$112\frac{1}{3}$	$88\frac{40}{45}$
Vienne	Ordinaire	$114\frac{1}{2}$	$87\frac{1}{3}$
Winterthour	Idem.	107	$93\frac{49}{107}$
Z.			
Zoffingue	Idem.	$97\frac{3}{8}$	$102\frac{742}{779}$
Zurzac	Idem.	107	$93\frac{49}{107}$
Zurich	Idem.	107	$93\frac{49}{107}$

NOTA. L'extrême attention que nous avons mise aux Réductions ci-dessus, nous autorise à engager nos Lecteurs d'y avoir toute confiance, ainsi que dans les Rapports des Poids Etrangers à celui de Marc.

Seyra.	Calicut.		[illegible]
	Masulipatan.		$\frac{8}{16}$
Saum.	Bolzam	4 centners	400
Schippont	Dantzich.		303
	Koenisberg.		320
	Lubeck.		307
	Revel		356.
	Riga		338
	Stockolm.	Pr. métaux.	272
		Pour marchandises.	341
Scrupule.	Toute la France, & divers Etats de l'Europe.	Pr. drogues pese 20 grains ou 1 denier. 3 scupules forment la drachme.	$\frac{1}{3}$ de drachm.
Leipod	Archangel		32
Steem.	Brabant		8
Traffel, ou. Tuckea	Mocka.	Quinzieme partie du Man.	28.
Vakie.	Perse		1 onc.

RÉDUCTIONS de diverses Livres des Villes de ce Tableau en onces & gros poids de Marc.

Villes.	Onces.	Gros.	Fractions.
Abbeville	13	6	$\frac{1}{3}$
Alep	68	6	$\frac{1}{4}$
Alexandrie	19	3	$\frac{1}{2}$
Amiens	15	»	$\frac{3}{4}$
Ancone	10	5	$\frac{7}{8}$
Audenarde	14	2	$\frac{3}{16}$
Auguste	15	4	$\frac{1}{4}$
Avignon	13	2	$\frac{1}{5}$
Batavia	19	1	$\frac{5}{6}$
Bergame. Poids de 12 onces	9	4	$\frac{1}{8}$
Bergues en Norwege	16	6	$\frac{3}{4}$
Breslaw	12	6	$\frac{3}{5}$
Caire	14	3	$\frac{3}{5}$
Chine	20	»	»
Cologne	15	3	»
Courtray	14	2	$\frac{3}{8}$
Dantzick	14	1	[illegible]
[illegible]	[illegible]	[illegible]	[illegible]

RÉDUCTIONS de diverses Livres des Villes de ce Tableau en onces & gros poids de Marc.

Villes.	Onces.	Gros.	Fractions
Francfort-sur-le-Mein	16	2	$\frac{5}{8}$
Geneve	17	7	$\frac{7}{8}$
Hambourg	16	2	$\frac{5}{8}$
Ipres	14	»	$\frac{3}{10}$
Koenisberg, Poids Etranger	12	6	$\frac{3}{5}$
Leipsick	15	2	»
Lille	14	»	»
Londr. Avoir du poids.	14	4	$\frac{1}{2}$
Londr. quintal.	16	4	$\frac{1}{2}$
Lyon. P. de Ville.	14	»	»
Mantoue	19	1	$\frac{1}{6}$
Marseille	12	7	$\frac{2}{3}$
Messine	9	6	»
Midelbourg	15	2	»
Mons	15	2	»
Monpellier	[illegible]	2	»
[illegible]	[illegible]	6	[illegible]

Nantes	16	1	"	*Stockolm*	13	5	[illegible]
Naubourg	15	2	"	*Tortose*	9	7	[illegible]
Reggio	10	4	$\frac{3}{4}$	*Toulouse*	13	4	[illegible]
Rochelle (la)	16	1	"	*Tunis*	16	1	"
Rouen	16	5	$\frac{1}{2}$	*Valence*	10	"	$\frac{3}{4}$
Sarragosse.	10	"	$\frac{3}{4}$				

CHAPITRE II.

TABLE de Rapports des Aunages, avec des Observations ou détails sur diverses Mesures d'étendue, pour toiles, étoffes, bois & terres, &c.

Noms des Villes.	Indication des Aunages	100 aunes des Villes de la 1re Colonne rendent à Paris ce qui suit.	100 aunes de Paris rendent ce qui suit aux Villes de la 1re Colonne.	Observations, ou Détails sur diverses Mesures d'Etendue pour toiles, étoffes, bois & terres &c. — Noms des Mesures.	Lieux où elles sont usitées, & Détails divers.	Réduction en Mesures de Paris. — Toises.	Aunes.	Pieds.	Pouces.	Lignes.	Points.
A											
Agen.	*Cannes.*	159 $\frac{1}{2}$	62 $\frac{2}{3}$	*Acre*	En Angleterre cette mesure porte 720pieds.	8636.	"	"	"	"	"
Aix-la-Chapelle.	*Aunes.*	55 $\frac{7}{12}$	179 $\frac{30}{32}$								

NOTA. Les Aunages qui paroissent dans cette Table, se trouvent indiqués aux Villes & lieux de la seconde Partie du tome premier.

NOMS DES VILLES.	INDICATION DES AUNAGES.	100 aunes des Villes de la 1re. Colonne rendent à Paris ce qui suit :	100 aunes de Paris rendent ce qui suit aux Villes de la 1re. Colonne.
Alep.	*Piches.*	56	178 $\frac{32}{56}$
Alexandrette.	*Idem.*	55	181 $\frac{3}{18}$
Alexandrie.	*Voyez*	*Alep*	
Alger.	*Cadées*	43 $\frac{1}{2}$	225 $\frac{3}{10}$
Alicante.	*Varres*	64	156 $\frac{1}{4}$
Amsterdam.	*Aunes.*	57 $\frac{2}{3}$	173 $\frac{1}{2}$
Ancone.	*Brasses.*	53 $\frac{1}{3}$	187 $\frac{1}{2}$
Anduse.	*Aunes*	166 $\frac{2}{3}$	60
Anvers.	*Idem.*	58 $\frac{3}{8}$	171 $\frac{1}{4}$
Arc en Barrois.	*Idem.*	68 $\frac{23}{29}$	145
Arcis-sur-Aube.	*Idem.*	47 $\frac{13}{21}$	210
Armentieres.	*Idem.*	61	163 $\frac{15}{16}$
Arragon.	*Varres.*	68	147 $\frac{4}{68}$
Arras.	*Aunes.*	61	163 $\frac{15}{16}$
Arraw.	*Brasses.*	50	200
[illegible]	*Cannes de* 85	[illegible]	[illegible]

OBSERVATIONS, OU DÉTAILS SUR DIVERSES MESURES *d'Etendue pour toiles, étoffes, bois & terre, &c.*

Noms des Mesures.	Lieux où elles sont usités, & Détails divers	Réductions en Mesures de Paris. Toises.	Aunes.	Pieds.	Pouces.	Lignes.	Points.
Suite *d'Acre.*	de long. & 72 de large. On l'évalue.	8636.					
Acre.	En Normandie elle porte 120 perches de 22 pieds.	440	,,	,,	,,	,,	,,
Archin	En Moscovie, évalué à une coudée $\frac{1}{2}$.	,,	,,	2	3	,,	,,
Archin	En Chine pour étoffes.	,,	,,	2	1	,,	,,
Arpent.	En France il forme 100 perches de 22 pie.	366	,,	4	,,	,,	,,
Aune	En France & divers Etats d'Europe elle [illegible]	,,	,,	3	7	8	,,

Augsbourg.	Aunes. . .	49 [illegible]	202
Avignon.	V. ci-dessus. Aubenas.		
B			
Babel.	Candos. . .	960 $\frac{1}{3}$	10 $\frac{41}{100}$
Bar.	Aunes. . .	60	200
Barcelonne. . .	Cannes. . .	134 $\frac{6}{7}$	74 $\frac{9}{59}$
Baruth.	Pics. . .	52 $\frac{12}{19}$	190
Basle.	Aunes. . .	47 $\frac{30}{32}$	208 $\frac{3}{4}$
Bassora.	Candos. . .	960 $\frac{1}{3}$	10 $\frac{41}{100}$
Batavia.	Cabidos. . .	38 $\frac{5}{11}$	260
Baviere.	Aunes. . .	69 $\frac{11}{12}$	143
Bengale.	Cabidos. . .	38 $\frac{1}{3}$	260 $\frac{1}{4}$
Bergame.	Brasses. . .	55 $\frac{9}{16}$	180
Berghen.	Aunes. . .	51 $\frac{15}{16}$	192 $\frac{5}{8}$
Berg-op-zoom. . .	Idem. . .	58 $\frac{1}{3}$	173 $\frac{1}{7}$
Bergues S. Vinox.	Idem. . .	58 $\frac{1}{8}$	171 $\frac{1}{8}$
Berlin.	Idem. . .	56 $\frac{1}{2}$	177
Berne.	Braches. . .	46 $\frac{2}{3}$	214 $\frac{2}{7}$
Beziers.	Voyez Aubenas.		
Bienne.	Aunes. . .	47 $\frac{1}{2}$	210 $\frac{1}{2}$
Biscaye.	Varres. . .	72 $\frac{5}{14}$	138 $\frac{3}{4}$
Bolduc.	Aunes. . .	58 $\frac{5}{12}$	170 $\frac{15}{24}$
Bologne. Etamines,	Brasses. . .	54 $\frac{1}{11}$	183 $\frac{1}{3}$
Bologne. Crêpe.	Idem. . .	43 $\frac{10}{13}$	229
Bolzam.	Aunes. . .	66 $\frac{1}{3}$	150 $\frac{3}{4}$

Suite d'Aune.	Hollande, Anvers, Tournay	"	"	2	"	11	"
	Flandre, Brabant & partie de l'Allemagne.	"	"	2	1	5	"
	Troyes, & Acre en Barrois.	"	"	2	5	1	"
	Lille, & Arras.	"	"	2	2	2	"
Barra ou Barreau.	En Portugal, pour Etoffes.	"	"	"	5	6	$\frac{1}{8}$
Barre.	Valence. Espagne.	"	"	2	9	7	"
	Tolede. *idem.*	"	"	"	10	3	7
	Castille, *idem.*	"	"	2	7	2	$\frac{1}{2}$
Boiselée.	Mesure de Terres, éval. en France à	91	"	2	"	"	"
Bonier.	Mesure éval. en Flandre à	4074	"	"	"	"	"
Brache.	de Suisse.	"	"	2	1	7	4
Brasse.	Mesure d'aunage, qui porte à						

NOMS DES VILLES.	INDICATION DES AUNAGES	100 aunes des Villes de la 1re. Colonne rendent à Paris ce qui suit.	100 aunes de Paris rendent ce qui suit aux Villes de la 1re. Colonne.
Bourg en Bresse.	*Idem.*	96.	104 $\frac{2}{12}$
Bourgogne.	*Idem.*	68 $\frac{28}{29}$	145.
Breda.	*Idem.*	58 $\frac{1}{3}$	173 $\frac{1}{7}$
Brescia.	*Brasses.*	57 $\frac{2}{3}$	173 $\frac{1}{2}$
Breslaw.	*Aunes.*	46 $\frac{7}{8}$	213 $\frac{1}{3}$
Bresines.	*Idem.*	48 $\frac{1}{2}$	206 $\frac{2}{18}$
Bresse.	*Brasses.*	58 $\frac{5}{6}$	170.
Bretagne.	*Aunes.*	116 $\frac{2}{3}$	85 $\frac{3}{4}$
Broug	*Aunes.*	100.	100.
	Braches.	47 $\frac{3}{4}$	209 $\frac{1}{2}$
Bruges.	*Aunes.*	56 [illegible]	175 $\frac{3}{4}$
Bruxelles.	*Idem.*	58 $\frac{7}{12}$	170 $\frac{5}{7}$
Bude.	*Idem.*	48 $\frac{1}{5}$	206 $\frac{2}{18}$
Busse.	*Varres.*	71 $\frac{3}{7}$	140.
C			
Cadix.	*Varres.*	71 [illegible]	140 [illegible]

OBSERVATIONS, OU DÉTAILS SUR DIVERSES MESURES d'Etendue pour toiles, étoffes, bois & terres, &c.

Noms des Mesures	Lieux où elles sont usitées, & Détails divers.	Toises.	Aunes.	Pieds.	pouces.	lignes.	points.
Suite des Brasses.	Venise.	»	»	1	9	10	»
	Bologne.	»	»	»	»	»	»
	Modene.	»	»	»	»	»	»
	Piémont.	»	»	1	3	3	»
	Florence.	»	»	1	9	4	»
	Seville.	»	»	2	6	11	»
	Bergame.	»	»	1	7	6	»
	Lucques.	»	»	1	9	10	»
	Milan pr. soies	»	»	1	7	4	»
	Milan pr. draps	»	»	2	»	11	»
	Bresse.	»	»	1	6	5	4
	Mantoue.	»	»	1	5	4	»
	Sienne.	»	»	1	9	8	»
Brasse.	Mesure usitée en [illegible] pour [illegible]						

Caire	Rabes	146 [illegible]	213
Cambray	Aunes	62 $\frac{2}{3}$	159 $\frac{1}{2}$
Candie	Idem	55 $\frac{7}{12}$	179 $\frac{30}{33}$
Carpy en Italie	Brasses	53 $\frac{1}{12}$	187 $\frac{1}{2}$
Castille	Varres	72 $\frac{1}{14}$	138 $\frac{3}{4}$
Castres	Idem	150	66 $\frac{2}{3}$
Cassel	Aunes	58 $\frac{3}{8}$	171 $\frac{1}{3}$
Chambery	Aun. à toil.	123 $\frac{1}{3}$	81
Chypre	Pics	54 $\frac{33}{38}$	182
Chio	Pichy	51	196
Cobourg	Aunes	50	200
Cologne	Aunes	205 $\frac{5}{7}$	48 $\frac{11}{18}$
Constance	Idem	62 $\frac{7}{8}$	160
Constantinople	Pics	57 $\frac{1}{7}$	175
Copenhague	Aunes	63 $\frac{5}{4}$	156 $\frac{22}{25}$
Corfou	Pies	51	196
Courtray	Pr. toiles,	62 $\frac{1}{2}$	160
	Pour Etoffes	58 $\frac{14}{17}$	170
Cracovie	Aunes	51 $\frac{11}{39}$	195
Cremone Pour draps,	Brasses	58 $\frac{5}{8}$	170
Cremone Pour toiles	Idem	50	200
Curaçao	Varros	70 $\frac{[illegible]}{113}$	141 $\frac{1}{4}$
D			
Dam	Aunes	61 [illegible]	164

Suite de *Brasse*	[illegible] divers États de l'Europe. Elle s'étend de l'extrémité d'une main à l'autre. Lorsque les bras sont bien étendus, il y en a de 6 pieds & de 5 $\frac{5}{8}$: mais elle se compte ordinairement de 5 pieds	”	”	5	”	”	”
Canne	Pour Aunages, elle est comptée en Provenc., Avignon, Montpellier. Pr.	”	”	6	”	9	”
	Toulouse, Aragon	”	”	5	5	6	”
	Naples	”	”	6	10	2	”
Cabidos	Aunage en Portugal	”	”	2	”	11	”
Cartelude	Pour terre en Guyenne	1080	”	”	”	”	”

NOMS DES VILLES.	INDICATION DES AUNAGES	100 aunes des Villes de la 1re. Colonne rendent à Paris ce qui suit :	100 aunes de Paris rendent ce qui suit aux Villes de la 1re. Colonne	Noms des Mesures.	Lieux où elles sont usitées, & Détails divers.	Toises.	Aunes.	Pieds.	Pouces.	Lignes.	points.
				OBSERVATIONS, OU DÉTAILS SUR DIVERSES MESURES d'Etendue pour toiles, étoffes, bois & terres, &c.		Réductions en Mesures de Paris.					
Damas	*Picks.*	63 $\frac{1}{5}$	158 $\frac{4}{18}$	*Chesnée*	En France pr. terre	4	"	1	"	"	"
Dantzick	*Aunes.*	52 $\frac{1}{4}$	191 $\frac{31}{209}$								
Dijon	*Idem.*	68 $\frac{28}{29}$	145								
Dixmude	*Idem.*	61	163 $\frac{19}{40}$	*Cobits*	Indes pr. aunage	"	"	1	4	8	"
Dort	*Idem.*	57 $\frac{1}{2}$	173 $\frac{21}{23}$		Portugal idem	"	"	2	1	"	"
Douay	*Idem.*	61 $\frac{1}{3}$	163 $\frac{2}{3}$	*Cobde*	de Madras	"	"	1	5	6	"
Dresde	*Idem.*	48 $\frac{16}{38}$	206 $\frac{1}{4}$	*Cobre*	Chine, environ	"	"	1	1	3	"
Drontheim	*Idem.*	53 $\frac{1}{3}$	187 $\frac{1}{2}$								
Dublin	*Verges.*	77 $\frac{23}{35}$	128 $\frac{1}{2}$	*Corde*	En France, pr. bois 8 pieds carés	"	"	64	"	"	"
E											
Edimbourg	*Aunes*	77 $\frac{23}{35}$	128 $\frac{1}{2}$								
Erfurt	*Idem.*	49	204.								
F											
Flandre Autrich. & Hollande	*Aunes*	58 $\frac{9}{22}$	171 $\frac{1}{4}$	*Coudée*	Mesure ancienne & très-usitée en France. Elle se compte pr. environ 18 pouces & s'entend d'une longueur						
Ferrare	*Brasses*	53 [illegible]	187 $\frac{1}{2}$								
Flessingue	*Aunes*	80 [illegible]	[illegible]								

Florence	Cannes de 8 palmes	200	50
	Brasses	25	400
Francfort, Mein.	Aunes	48 $\frac{1}{2}$	206 $\frac{3}{16}$
Francfort, Oder.	Idem	56 $\frac{1}{2}$	177
G.			
Gand	Aunes	61 $\frac{7}{13}$	162 $\frac{1}{2}$
Genes	Cannes de 8 palmes	165 $\frac{1}{2}$	60 $\frac{14}{33}$
	Cannes de 10 palmes	206 $\frac{5}{8}$	48 $\frac{6}{16}$
Genêve p. détail	Aunes	96 $\frac{8}{13}$	104
Genêve en gros	Idem	90 $\frac{10}{11}$	110
Gera	Idem	47	212 $\frac{3}{4}$
Goa	Candos	961 $\frac{7}{13}$	20 $\frac{8}{20}$
Goës	Aunes	62 $\frac{1}{2}$	160
Gravelinnes	Idem	61	163 $\frac{19}{20}$
Graves	Idem	58 $\frac{1}{3}$	173 $\frac{1}{7}$
Grenade	Barres	28 $\frac{1}{8}$	355 $\frac{1}{34}$
Gripswald	Aunes	49	204
Groningue	Idem	58 $\frac{1}{3}$	173 $\frac{4}{7}$
Gueldre	Idem	29 $\frac{23}{43}$	344
H.			
Hambourg	Idem	48 $\frac{1}{2}$	206 $\frac{3}{16}$
Harlem	Idem	57 $\frac{1}{2}$	173 $\frac{21}{23}$

Suite de Coudée.	prise du coude à l'extrémité de la main.	”	”	1	6	”	”
Coudée	de Pekin	”	”	”	10	2	9
Cubit	de Bombay	”	”	1	4	10	9
Couit	à Mocka, aunage	”	”	2	”	”	”
Elle	aune de Cassel.	”	”	1	9	10	”
Escait	Mesure pr. les terres, elle se compte (à Agen, Tonneins, Clerac, Aiguillon, & autres Lieux, de Guyenne) pour	2	”	”	2	”	”
	A Damarsant, Puche, Collonge, Gontant & Mouhurt, pour	2	”	2	8	”	”
	à Guere, pr.	1	”	3	6	”	”
	& aux Mas de Caument & de Gontant	2	”	4	”	”	”
Dessatina	Mesure de terre en Russie.	”	”	560 du Rhin.			

TABLE DES AUNAGES.

Noms des Villes.	Indication des Aunages	100 aunes des Villes de la 1re. Colonne rendent à Paris ce qui suit:	100 aunes de Paris rendent ce qui suit aux Villes de la 1re. Colonne.	Observations, ou Détails sur diverses Mesures d'Etendue pour toiles, étoffes, bois & terres, &c. — Noms des Mesures.	Lieux où elles sont usitées, & Détails divers.	Réductions en Mesures de Paris. — Toises.	Aunes.	Pieds.	Pouces.	Lignes.	Points.
Indes	*Cabidos*	38 11/26	260 3/16								
Ipres	*Aunes*	61	163 19/20	*Fathom*	Mesure pour aunag. en Moscovie ; elle porte 6 pieds 7 pouces Angl. qui font	1	”	”	3	”	”
Ispahan	*Gueze*	80	125								
Iverdun	*Aunes*	92 1/3	108 7/23								
K											
Koenisberg	*Idem*	51 11/39	195	*Gueste*	Mesure d'aunages au Mogol	”	1 1/5				
L											
La Haye	*Aunes*	57 1/3	173 21/23	*Gueze*	Perse. royale.	”	”	2	10	11	”
Languedoc bas	*Cannes*	166 2/3	60		Perse. ordin.	”	”	2	5	2	”
Languedoc haut	*Idem*	150	66 2/3	*Gueze*	De Bender-Abassy	”	”	3	”	4	”
					De Mockœ	”	”	1	9	10	”
Larta	*Pics*	48	208 1/8								
Lausanne	*Braches*	90	111 1/9								
Laval ancienn.	*Aunes*	93	107 16/32	*Hufe*	Mesure de terre à Berlin ; elle est de 30 morgens, le morgen 400 ruthes, & la ruthe 12 pieds.						
Laval nouvelle	*Idem*	100	100								
Lecluse	*Aunes*	61 [illegible]	163 12/[illegible]								

Leipsick	*Aunes*	46 $\frac{3}{4}$	213 $\frac{3}{5}$
Lentzbourg	*Braches*	52 $\frac{11}{23}$	190 $\frac{1}{2}$
Lepante	*Pics*	53 $\frac{1}{3}$	187 $\frac{1}{2}$
Leyden	*Aunes*	57 $\frac{1}{2}$	173 $\frac{21}{23}$
Liége	*Idem.*	108 $\frac{16}{23}$	92
Lille	*Idem.*	58 $\frac{4}{11}$	171 $\frac{3}{4}$
Lisbonne	*Corredo*	58 $\frac{2}{14}$	172
	Varros	94 $\frac{1}{3}$	106
Lisieux	*Aunes*	95 $\frac{1}{4}$	105
Livourne	*Brasses*	50	200
	Cannes	200	50
Londres	*Verges*	77 $\frac{42}{51}$	128 $\frac{1}{2}$
Lorraine	*Aunes*	53 $\frac{1}{3}$	187 $\frac{1}{2}$
Louvain	*Idem.*	58 $\frac{5}{12}$	170 $\frac{15}{24}$
Lubeck	*Idem*	48 $\frac{11}{18}$	205 $\frac{5}{7}$
Lucques	*Brasses*	50	200
Lyon	*Aunes*	99	101
M			
Madras	*Cobde.*	39 $\frac{17}{23}$	251 $\frac{3}{7}$
Madrid	*Varres*	78	128 $\frac{1}{8}$
Malines	*Aunes*	57 $\frac{3}{14}$	174 $\frac{1}{20}$
Mantoue	*Brasses*	53 $\frac{1}{3}$	187 $\frac{1}{2}$
Marseille	*Cannes*	166 $\frac{2}{3}$	60
Maroc	*Cadées*	43 $\frac{1}{2}$	229 $\frac{19}{22}$
Mastricht	*Aunes*	56 $\frac{1}{3}$	177 $\frac{11}{21}$
Mayenne	*Idem*	120	83 $\frac{1}{3}$

Jactam	Mesure d'étoffe en Nigritie	”	”	11	3	2	”
Jé	Mesure du Mogol, évaluée à 34 aunes $\frac{1}{2}$ d'Hollande	”	19 $\frac{9}{10}$	”	”	”	”
Jchien	Mesure d'aunage du Japon, qu'on évalue	”	6	”	”	”	”
Journal	Mesure pour terres, usitée en France, & évaluée à 4 castenais ou 1100 pieds	183	”	2	”	”	”
Juchart	En Suisse, 140 ruthes, la ruth. 16 pieds de Bâle						
Ken	Mesure d'aunage, au royaume de Siam, évaluée	”	6	”	”	”	”
Morgen	En Hollande, 600 ruthes. En Prusse. 400 rut.						
Palme ou *Pan*	Mesure d'aunage usitée en Italie, la Provence & le						

TABLE DES AUNAGES.

Noms des Villes.		Indication des Aunages	100 aunes des Villes de la 1ere. Colonne rendent à Paris ce qui suit :	100 aunes de Paris rendent ce qui suit aux Villes de la 1re. Colonne.	Observations ou détails sur diverses Mesures d'étendue pour toiles, étoffes, bois & terres, &c. Noms des Mesures.	Lieux où elles sont usitées & Détails divers.	Réductions en Mesures de Paris. Toises.	Aunes.	Pieds.	Pouces.	Lignes.	Points.
Menin.	*pr. dentel.*	*Aunes* . . .	58 ⅓ . . .	171 2/7 . .		Languedoc. . .						
	toil.	*Idem* . . .	60	166 ⅔ . .		Le pan en Afrique se di-						
Messine		*Cannes* . .	177 . . .	56 ½ . .	Suite de	vise en 3 maconites, & il						
Mezieres		*Aunes* . . .	62 ½ . .	160 . .	*Palme*, ou	s'évalue, savoir : celui de						
Midelbourg		*Idem* . . .	62 ½ . . .	160 . .	*Pan.*	Roi.	„	„	2	6	„	„
Minden		*Idem* . . .	34 13/18 . .	288 . .		*Idem* des Fi-						
Milan.	*pr. soies*	*Brasses* . .	43 11/12 . .	227 13/19 . .		dalgues	„	„	2	„	„	„
	étoffes.	*Idem* . .	57 11/12 . .	172 15/38 . .		Et celui des						
Modene		*Brasses* . .	54 14/18 . .	182 ½ . .		Particuliers . .	„	„	1	4	6	„
Moncontour . . .		*Aunes* . . .	113 7/11 . .	88 . .	*Parasanges* . . .	Pour terre en Perse	500	„	„	„	„	„
Mons		*Idem* . . .	58 5/12 . . .	170 15/24 . .								
Montauban . . .		*Cannes* . .	150 . .	66 ⅔ . .		Mesure d'au-						
Montpellier . . .		*Idem* . . .	166 ⅔ . .	60 . .		nage aux isles						
Morges		*Aunes* . . .	94 ⅓ . .	106 . .	*Pas* . . .	françoises de l'Amérique ;	„	„	3	„	„	„
Moscow		*Idem* . . .	64 ¼ . .	156 . .		elle est à la						
Munick		*Idem* . . .	49 [illegible]	202		Guadeloupe de						

Munster	*Aunes*	91	109 $\frac{8}{9}$
Musguiner	*Idem*	65	166 $\frac{2}{3}$
N.			
Namur	*Idem*	55 $\frac{7}{12}$	181 $\frac{9}{22}$
Nancy	*Idem*	52 $\frac{7}{8}$	189 $\frac{1}{8}$
Nantes	*Idem*	116 $\frac{1}{2}$	84 $\frac{16}{29}$
Naples	*Idem*	94 $\frac{4}{17}$	106 $\frac{1}{4}$
	Cannes	177 $\frac{7}{9}$	56 $\frac{1}{4}$
Naubourg	*Aunes pour étoffes*	47 $\frac{10}{11}$	208 $\frac{3}{4}$
	Id. pr. Toil.	55 $\frac{16}{18}$	180
Negrepont	*Pichis*	53 $\frac{1}{3}$	187 $\frac{1}{2}$
Neufchâtel	*Aunes*	103 $\frac{19}{20}$	96 $\frac{5}{28}$
Nice	*Pans*	22 $\frac{2}{9}$	450
Nieuport	*Aunes*	61	163 $\frac{18}{20}$
Nion	*Idem*	99 $\frac{2}{3}$	100 $\frac{1}{3}$
Nismes	*Cannes*	163 $\frac{1}{3}$	61 $\frac{41}{49}$
Norwege	*Aunes*	57 $\frac{2}{3}$	173 $\frac{1}{2}$
Nuremberg	*Idem*	56 $\frac{1}{11}$	178
O.			
Omes (St.)	*Idem*	166 $\frac{2}{3}$	60
Orchies	*Idem*	62 $\frac{1}{2}$	160
Osnabruch	*Idem*	57 $\frac{2}{3}$	173 $\frac{1}{2}$
Ostende	*Idem*	61	163 $\frac{10}{25}$
Oudenarde	*Idem*	60 $\frac{32}{80}$	164
Overissel	*Idem*	20 [illegible]	244

Pas	A la Martinique de	”	”	3	6	”	”
Perche	Mesure pour les terres, comptée par toute la France pour 22 pieds.	”	”	”	”	”	”
Pic	Mesure d'Aunage en Turquie	”	2	”		5	”
Pic	de Tripoly	”	2	”		4	”
Picotin	Mesure pour les terres, usitée en Guyenne, elle se divise en 12 escaits	2	2	3		”	”
Pieds	*Romain*	”	”	”	11	”	”
	Amsterdam	”	”	”	10	5	3
	Anvers	”	”	”	10	6	”
	Ausbourg	”	”	”	10	11	3
	Avignon. *Aix*	”	”	”	9	2	”
	Bâle	”	”	”	11	”	2
	Baviere	”	”	”	10	8	”
	Besançon	”	”	”	11	5	2
	Brabant	”	”	”	10	6	8
	Cuire, Rub.	”	”	1	8	6	”
	Cleves	”	”	”	10	11	”

NOMS DES VILLES.	INDICATION DES AUNAGES.	100 aunes des Villes de la 1re. Colonne rendent à Paris ce qui suit :	100 aunes de Paris rendent ce qui suit aux Villes de la 1re. Colonne.
P			
Padoue. pr. draps	Cannes	58 5/6	170
Padoue. toiles.	Idem	142 7/8	69 70/71
Palerme	Idem	177 7/9	56 1/4
Paris. voyez ci-contre, aux mots aunes & pieds.			
Parme	Brasses	46 11/21	214 3/4
Pekin.	Coudées	39 1/2	253 2/13
Pesaro	Brasses pour toiles	58 1/7	17[illegible]
	Idem pour draps	55 10/18	180
Pétersbourg.	Archines	66 26/33	164 1/2
Picardie.	Aunes	71 3/7	140
Prague	Idem	58 5/12	170 15/24
R			
Racon	Ras	50	200

OBSERVATIONS, OU DÉTAILS SUR DIVERSES MESURES *d'Etendue pour toiles, étoffes, bois & terre, &c.*

Noms des Mesures.	Lieux où elles sont usitées, & Détails divers	Toises.	Aunes.	Pieds.	Pouces.	Lignes.	Points.
Suite des Pieds.	Cologne	"	"	"	10	2	"
	Copenhague.	"	"	"	10	9	6
	Cracovie	"	"	1	1	2	"
	Dantzick.	"	"	"	10	4	"
	Dijon	"	"	"	11	7	2
	Dôle.	"	"	1	1	2	3
	Bresse	"	"	"	10	5	5
	Ecosse	"	"	"	11	3	9
	Embden	"	"	"	10	11	3
	Geneve.	"	"	1	6	"	4
	Grenoble	"	"	1	5	7	2
	Hambourg.	"	"	"	10	7	"
	Hanovre.	"	"	"	10	9	"
	Heidelberg.	"	"	"	10	9	6
	Leipsick	"	"	"	10	3	6
	Leyde	"	"	"	10	7	7

Ravenne . . .	Brasses . .	51 . . .	196 1/33 . .
Regensberg. . .	Aunes. . .	108 2/3 . .	92 . . .
Rennès . . .	Idem. . .	116 1/2 . . .	84 16/29 . .
Revel. . . .	Idem. . .	47 4/5 . . .	210 1/4 . .
Rhodes . . .	Cannes. .	178 3/4 . . .	55 11/12 .
Riga. . . .	Aunes. . .	51 11/39 . .	195 . . .
Rome. . . .	Cannes. pour draperies,	60 19/53 . .	174 5/8 . .
	Cannes. toiles,	173 21/23 . .	57 1/2 . .
Rosette . . .	Pics. . .	48 1/13 . .	208 . . .
Rostac . . .	Aunes. . .	50	200 . . .
Rotterdam. . .	Idem. . .	57 1/2 . .	173 21/23 .
Rouen. . . .	Aune à crochet.	89	112 4/11 .
S			
Saint-Gal . . .	Aun. à toil.	49 1/4 . .	203 1/22 .
	Id. à draps.	51 1/4 . . .	195 1/8 . .
Saint-Geniez . .	Aunes . .	150 . . .	66 2/3 . .
S. Jean d'Acre. .	Pics . . .	58 1/3 . . .	171 5/7 . .
Saint-Marino. .	Brasses. .	54 5/13 . . .	182 . . .
Sarguemines. . .	Aunes. . .	50	200 . . .
Sarragosse . . .	Varres . .	178 4/7 . .	56 . . .
Schwitz. . . .	Aunes . .	48 1/3 . .	208 . . .
Scutari . . .	Pics . . .	53 1/2 . . .	187 1/2 . .
Séville. . . .	Aunes . .	140 . . .	71 3/7 . .

Suite de *Pied.*							
	Lyon. . . .	,,	,,	,,	12	7	6
	Lisbonne . .	,,	,,	,,	12	6	7
	Londres. . .	,,	,,	,,	11	4	,,
	Lorraine . .	,,	,,	,,	10	9	2
	Lubec & Lunebourg. . .	,,	,,	,,	10	9	,,
	Manheim. . .	,,	,,	,,	10	8	7
	Macon. . . .	,,	,,	1	,,	4	3
	Mayence. . .	,,	,,	,,	11	1	6
	Macklenbourg. . . .	,,	,,	,,	10	9	,,
	Midelbourg. .	,,	,,	,,	11	1	,,
	Milan. . . .	,,	,,	1	1	4	,,
	Munick. . .	,,	,,	,,	8	2	,,
	Nancy. . . .	,,	,,	,,	10	7	,,
	Nuremberg. .	,,	,,	,,	11	2	7
	Osnabruck. .	,,	,,	,,	10	3	8
	Padoue. . .	,,	,,	1	1	1	,,
	Palerme. . .	,,	,,	1	8	5	,,
	Paris.	,,	,,	,,	12	,,	,,
	Pekin, pied marchand. .	,,	,,	,,	12	6	,,
	Prague. . . .	,,	,,	,,	11	1	,,
	Rhin.	,,	,,	,,	11	7	6
	Riga.	,,	,,	,,	10	1	5
	Rome.	,,	,,	,,	10	10	6

NOMS DES VILLES.	INDICATION DES AUNAGES	100 aunes des Villes de la 1re Colonne rendent à Paris ce qui suit :	100 aunes de Paris rendent ce qui suit aux Villes de la 1re Colonne.
Seyde	*Pichis*	56	178 4/7
Smyrne.	*Pics.*	57 1/7	175
Soleure.	*Braches*	46 3/8	215 11/18
Sommieres.	*Cannes*	166 2/3	60
Stetin.	*Aunes*	55 9/16	180
Stockolm.	*Idem.*	50 1/4	199
Stralſund.	*Idem.*	49 1/51	204
Strasbourg.	*Idem*	48 1/3	208
T			
Tauris.	*Guezes*	80	125
Tirlemont.	*Aunes*	58 5/12	178 15/24
Tolède	*Barres*	71 1/3	140 3/11
Toulouſe.	*Cannes*	151 1/2	66
Tournay.	*Aunes.*	55 9/16	180
Trieſte.	*pr. laine.*	53	188 3/5
	pr. ſoie.	50 11/38	198 5/8
Tripoly	*Pichis*	53 1/8	287 32/33

OBSERVATIONS ; OU DÉTAILS SUR DIVERSES MESURES d'Etendue pour toiles, étoffes, bois & terres &c.

Noms des Meſures.	Lieux où elles ſont uſitées, & Détails divers.	Réduction en Meſures de Paris. Toiſes.	Aunes.	Pieds.	Pouces.	Lignes.	Points.
Suite de *Pieds.*	*Rotterdam*	״	״	״	11	6	5
	Rouen	״	״	״	10	״	״
	Ruſſie	״	״	״	12	4	3
	Savoie	״	״	״	10	״	״
	Sedan	״	״	״	10	3	״
	Stockolm	״	״	1	״	1	״
	Stetin	״	״	״	10	5	3
	Strasbourg	״	״	״	10	3	6
	Suede	״	״	״	10	11	4
	Trevisan	״	״	״	4	6	״
	Turin	״	״	״	11	11	2
	Veniſe, *Veronne*	״	״	״	11	11	״
	Vienne en Autriche	״	״	״	11	10	״
	Vienne en Dauphiné	״	״	״	11	11	״

Troyes	*Aunes* . .	66 $\frac{2}{3}$ . .	150 . .
Turin.	*Ras* . .	50. . .	200 . .
V			
Valence. . . .	*Barres* . .	77 . . .	129 $\frac{11}{13}$.
Valenciennes . .	*Aunes* . . .	62 $\frac{1}{2}$ . .	160 . .
Valonne. . . .	*Pics* . . .	52 $\frac{2}{3}$ . .	190 . .
Vaux.	*Aunes* . .	60 $\frac{40}{41}$ . .	164 . .
Vecre.	*Idem.* . .	62 $\frac{1}{2}$ . .	160 . .
Venisse, Brasses.	*Draperies.*	56 $\frac{13}{44}$.	177 $\frac{5}{8}$ . .
	Etoff. d'or.	52 $\frac{4}{15}$.	189 $\frac{1}{2}$ . .
Veronne. Voyez *Venise.*			
Verue, Aunes.	*Draps* . .	62 $\frac{1}{2}$ . .	160 . .
	Ordinaire .	50 . .	200 . .
Vevay. Idem. .	*Toiles* . .	93 $\frac{3}{4}$ . .	106 $\frac{2}{3}$ . .
Vicence. . . .	*Brasses.* .	61 . .	163 $\frac{19}{28}$ . .
Vienne, Autriche.	*Aunes.* . .	66 $\frac{3}{4}$ . .	149 $\frac{9}{11}$ . .
Vitré, Bretagne.	*Toiles* . .	113 . .	88 $\frac{1}{2}$ . .
	Flankes . .	102 $\frac{3}{11}$ . .	97 $\frac{7}{9}$ . .
Underwald. . .	*Aunes.* . .	48 $\frac{1}{13}$.	208 . .
Voiron	*Idem.* . .	116 $\frac{2}{7}$ . .	86 . .
Urbin	*Cannes.* .	58 $\frac{5}{6}$ . .	170 . .
Uri.	*Aunes* . .	48 $\frac{1}{13}$ . .	208 . .
Uzés	*Cannes.* .	166 $\frac{2}{3}$ . .	60 . .

Suite de *Pieds.*

Urbin	”	”	1	1	1	”
Wirtemberg . .	”	”	”	10	10	4
Zurich	”	”	”	11	1	”
NOTA. Le pied de Paris, & de presque toute la France, se divise en 12 pouces, le pouce en 12 lignes, & la ligne en 12 points. c'est ce pied qui s'appelle communément pied de Roi.	”	”	1	”	”	”

NOTA.

Quelques expériences faites sur les poids de différens corps réduits en pieds cubes, (c'est-à-dire d'un volume d'un pied d'étendue sur toutes faces) ont prouvé

TABLE DES AUNAGES.

NOMS DES VILLES.	INDICATION DES AUNAGES	100 aunes des Villes de la 1re. Colonne rendent à Paris ce qui fuit :	100 aunes de Paris rendent ce qui fuit aux Ville de la 1re. Colonne.
W			
Winterthour	*Braches.*	51 $\frac{4}{13}$	195 $\frac{1}{2}$
Wifmar.	*Aunes*	50	200
Y			
Ypres.	*Idem.*	61.	164
Yverdun.	*Idem.*	92 $\frac{10}{27}$	108 $\frac{1}{4}$
Z			
Zoffingue.	*Braches*	47 $\frac{3}{4}$	209 $\frac{1}{2}$
Zurich.	*Idem.*	54 $\frac{1}{2}$	183 $\frac{13}{27}$

NOTA. Nous n'avons pas cru devoir donner les fractions dans toute l'étendue, mais nous les avons réduites autant qu'elles ont pu l'être, en abandonnant absolument tout ce qui étoit au-deffous d'un 48eme.

Suite de *Pieds.*

		livres.
que celui d'or pefe, poids de marc.		1368
D'argent		744
De cuivre		648
D'étain		576
De plomb.		829
De fer		534
De vif-argent		977 [illegible]
De terre		95
De fable.	de riviere.	132
	de terre.	120
De chaux.		59
de Plâtre.		86
De pierre	Commune	140
	de liais ou de taille.	165
De marbre		252
D'ardoife.		156
D'eau douce.		72
D'eau de mer		70 [illegible]
De vin		70 [illegible]
D'huile.		66 [illegible]
Et de fel gris.		110 [illegible]

Enfin le pied Cube eft compté, dans toutes les Contrées poffibles, pour 1728 pouces.

Noms des Mesures.	Lieux où elles font usitées & Détails divers.	Réductions en Mesures de Paris. Toises.	Aunes.	Pieds.	Pouces.	Lignes.	Points.
Pont . . .	Mesure pour étoffes en Chine.	”	”	1	1	2	”
Pouce . . .	Il se divise en France & plusieurs Etats de l'Europe, en 12 lignes, & la ligne en 12 points.	”	”	”	1	”	”
Ras	de Piémont.		”	1	9	10	”
Ruthe . . .	En Hollande 13 pieds d'Amsterdam. En Suisse 16 pieds de Bale. En Prusse 12 p. de Berlin. en Danemarck 10 pieds de de Copenhag. à Brunswick 16 pieds de cette Ville.						

Noms des Mesures.	Lieux où elles font usitées & Détails divers.	Réductions en Mesures de Paris. Toises.	Aunes.	Pieds.	Pouces.	Lignes.	Points.
Schoé . . .	Aunage dé Silésie, dont les 12 forment 5 ½ aunes de Paris.	”	”	1	8	”	”
Sok	Aunage de Siam.	”	”	1	6	”	”
Toise . . .	Sa division en France est de 6 pieds : celle carrée, pour bois, murs & bâtimens, est de 36 pieds ; & celle cube pr. bois est de 216 pieds.	”	”	6	”	”	”
Varre . .	Aunage de Castille.	”	”	2	7	2	”
Varre . .	*Idem* de Canaries.	”	”	2	7	9	”

OBSERVATIONS OU DETAILS SUR DIVERSES MESURES d'Etendue, pour toiles, étoffes, bois & terres, &c.

Noms des Mesures.	Lieux où elles sont usitées & détails divers.	Réductions en Mesures de Paris. Toises.	Aunes.	Pieds.	Pouces.	Lignes.	Points.
Varre . .	Aunage de Valence.	"	"	2	9	7	"
Verge . .	à Londres, Dublin & Edimbourg.	"	"	2	9	14	"
Weste . .	Mesure de terre en Moscovie, on l'évalue à 5550 pieds Anglois,						

OBSERVATIONS OU DETAILS SUR DIVERSES MESURES d'Etendue, pour toiles, étoffes, bois & terres, &c.

Noms des Mesures.	Lieux où elles sont usitées & détails divers.	Réductions en Mesures de Paris. Toises.	Aunes.	Pieds.	Pouces.	Lignes.	Points.
Suite de *Weste*.	ou un 6me de la lieue commune d'Allemagne, ou ¾ de celle de France.	500	"	"	"	"	"
Yard. .	Aunage d'Angleterre presqu'égal à la verge, & qui porte.	"	"	3	"	"	"

CHAPITRE III.

TABLE de Rapports de Mesures pour les Grains, avec des Observations sur diverses Mesures pour avoine, sel & charbons de bois & de terre, &c.

LIEUX OU SE TROUVENT LES MESURES CI-CONTRE.		Noms des-Mesures.	Poids de Marc de chaque Mesure.	TOTAL ET RAPPORTS de 100 desdites Mesures en septiers de 240 liv. de Paris & Boisseaux de 20 liv.		
NOMS DES VILLES.	ETATS OU PROVINCES.			Poids total.	septiers.	Boisseaux
A			L.	L.		
Abbeville.	*Picardie.*	*Septier*	200	20000	83	4
Agde.	*Languedoc*	*Septier*	104	10400	43	4
Agen.	*Guyenne*	*Sac*	136	13600	56	8
Aiguillon.	*Idem*	*Idem*	111	11100	46	3
Aires,	*Gascogne*	*Raziere*	157	15700	65	5
Alby.	*Languedoc*	*Septier*	182	18200	75	10
Alexandrie.	*Egypte*	*Rebebe*	240	24000	100	„
Alger.	*Barbarie*	*Cahis*	560	56000	233	4
Allemagne.		*Mulder*	360	36000	150	„
Alicante.	*Espagne*	*Cahis*	396	39600	165	„
Amboise.	*Tourraine*	*Boisseau*	17	1700	7	1
Amersfort	*Hollande*	*Mudde*	285	28500	118	9

TABLE DES MESURES DES GRAINS.

Lieux où se trouvent les Mesures ci-contre.		Noms des Mesures.	Poids de Marc de chaque Mesure.	Total et Rapports de 100 desdites Mesures en septiers de 240 liv. de Paris & Boisseaux de 20 liv.		
Noms des Villes.	Etats ou Provinces.			Pois total.	Septiers.	Boisseaux.
			L.	L.		
Amiens	*Picardie.*	*Septier.*	51	5100	21	3
Amsterdam.	*Hollande.*	*Last*	4560	456000	1900	"
Ancone.	*Italie.*	*Rubbo.*	420	42000	175	"
Angleterre.		*Quartiere.*	444	44400	185	"
		Coomb.	259	25900	107	11
Angers	*Anjou.*	*Septier*	325	32500	135	5
Anvers	*Brabant*	*Viertel*	141	14100	58	9
Argele	*Barbarie*	*Cafis*	560	56000	233	4
Arles.	*Provence*	*Septier.*	93	9300	38	9
Arnay-le-Duc.	*Bourgogne*	*Boisseau.*	25	2500	10	5
Arnhem.	*Hollande*	*Mouwer*	207	20700	86	3
Arragon.	*Espagne*	*Fanegas.*	90	9000	37	6
Asperen.	*Hollande*	*Sac ou Mude.*	182	18200	75	10
Aubeterre.	*Angoumois*	*Boisseau*	48	4800	20	"
Audierne.	*Bretagne*	*Tonneau*	2280	228000	950	"
Avalon	*Bourgogne.*	*Bichet*	28	2800	11	8
Avignon.	*Comtat Venaissin*	*Boisseau*	144	14400	60	"
Auray.	*Bretagne*	*Idem*	60	6000	25	"

Ausbourg	*Allemagne*	*Schepel*	50	5000	20	10
Auxonne	*Bourgogne*	*Emine*	640	64000	266	8
B						
Bâle.	*Suisse*	*Sac*	200	20000	83	4
		muid	24 ½	2450	10	2 ½
Barbarie		*Emine*	182	18200	75	10
Barbesieux.	*Saintonge*	*Boisseau*	48	4800	20	"
Barcelonne.	*Espagne*	*Cartere*	110	11000	45	10
Batavia.	*Isle Java, en Asie.*	*Timbang*	590	59000	245	10
Bayonne.	*Gascogne*	*Sac*	128	12800	53	4
Beaujency	*Orléanois*	*Mine*	75	7500	31	3
Beaucaire	*Languedoc*	*Septier*	66	6600	27	6
Beaumont	*Isle de France*	*Sac*	120	12000	50	"
Beaune	*Bourgogne*	*Bichet*	352	35200	146	8
Beauvais.	*Isle de France*	*Tonneau*	3040	304000	1266	8
		Septier	254	25400	105	10
Bellegarde.	*Roussillon*	*Bichet*	320	32000	133	4
Bergame.	*Italie*	*Sataris*	33	3300	13	9
Bergerac.	*Perrigord*	*Pipe*	840	84000	350	"
Berghen.	*Norwege*	*Tendel*	380	38000	158	4
Berg-op-soom.	*Hollande*	*Sister*	72	7200	30	"
Bergues.	*Flandre*	*Raziere*	260	26000	108	4
Berlin.	*Prusse*	*Matter*	80	8000	33	4
Berne.	*Suisse*	*Sac*	200	20000	83	4
Besançon	*Franche-Comté*	*Mesure*	36	3600	15	"
Beziers	*Languedoc*	*Septier*	104	10400	43	4
Bilbao.	*Espagne.*	*Fanegas.*	87 ½	8750	36	5 ½
Blois.	*Blaisois.*	*Boisseau*	12	1200	5	"

TABLE DES MESURES DES GRAINS.

Lieux où se trouvent les Mesures ci-contre.		Noms des Mesures.	Poids de Marc de chaque mesure.	Total, et Rapports de 100 desdits Mesures en septiers de 240 liv. de Paris & Boisseaux de 20 liv.		
Noms des Villes.	Etats ou Provinces.			Poids total.	septiers.	Boisseaux.
Bois-le-Duc . . .	*Pays-Bas Hollandois.*	*Mouwer* . . .	222	22200	92	6
Bologne.	*Italie*.	*Corba*.	120	12000	50	"
Bombay.	*Indes*	*Mora*.	31	3100	12	11
Boulogne.	*Picardie*.	*Septier*	270	27000	112	6
Bourbon-Lancy. . .	*Bourgogne*.	*Boisseau*. . . .	18	1800	7	6
Bordeaux	*Bourdelois*	*Boisseau*. . . .	120	12000	50	"
Bourg	*Bresse*	*Quartal*	320	32000	133	4
Bray-sur-Seine . . .	*Champagne*	*Septier de 9 boisseaux* . . .	260	26000	108	4
Breda.	*Pays Bas Hollandois.*	*Viertel*. . . .	536	13600	56	8
Bréme	*Saxe*.	*Last de 12 mud.*	4370	437000	1822	6
Breslaw.	*Silésie*	*Malter*	1308	130800	545	"
Brest.	*Bretagne*	*Tonneau de 20 boisseaux*. . .	2160	216000	900	"
Briarre	*Gatinois*.	*Carse*	20	2000	8	4
Brie-comte-Robert. .	*Isle de France*. . .	*Septier*	244	24400	101	8
Brissac.	*Anjou*	*Fourniture de 21 septiers* . .	6930	693000	2887	6
Idem.	. . . .	*Septier de 12 boisseaux* . .	330	33000	137	6
Brives.	*Limosin*	*Sac*	165	16500	68	9
[illegible]	*Allemagne*	[illegible]	[illegible]	[illegible]	[illegible]	[illegible]

Bruges.	*Flandre*	*Hoeds*	260	26000	108	4
Branſwick	*Allemagne*	*L'himten.*	48	4800	20	»
Bruxelles.	*Brabant.*	*Sac.*	182	18200	75	10
Bude	*Hongrie*	*Laſt. de* 12 *mud.*	4940	494000	2058	4
Buren.	*Hollande*	*Mudde.*	217	21700	90	5
C						
Cadillac.	*Guyenne*	*Sac.*	136	13600	56	8
Cadix.	*Eſpagne.*	*Fanegas*	91	9100	37	11
Cahors.	*Guyenne.*	*Carte.*	45	4500	18	9
Calais.	*Picardie*	*Septier.*	260	26000	108	4
Cambray.	*Cambraiſis*	*Idem*	180	18000	75	»
Campen	*Hollande.*	*Mudde.*	182	18200	75	10
Candie	*Archipel.*	*Charge.*	240	24000	100	»
Canville	*Gaſcogne*	*Sac*	129	12900	53	9
Carcaſſonne.	*Languedoc.*	*Septier*	130	13000	54	2
Caſſel.	*Allemagne*	*Viertel.*	224	22400	93	4
Caſtel-Géloux.	*Gaſcogne.*	*Sac.*	129	12900	53	9
Caſtel-Moron.	*Perrigord*	*Pipe.*	840	84000	350	»
Caſtelnaudary	*Languedoc.*	*Septier.*	109	10900	45	5
Caſtelnaumedoc	*Guyenne.*	*Quartiere*	143	14300	59	7
Caſtel-Sarrazin	*Languedoc*	*Sac.*	159	15900	66	3
Caſtres.	*Idem*	*Septier.*	180	18000	75	»
Cauſſade.	*Guyenne.*	*Carte*	6	600	2	6
Caud - Coſte	*Armagnac.*	*Sac*	140	14000	58	4
Cette.	*Languedoc*	*Septier*	102	10200	42	6
Châlons-ſur-Saône	*Bourgogne*	*Bichet*	288	28890	120	»
Châlons-ſur-Marne.	*Champagne*	*Septier*	205	20500	85	5
Charité (la)	*Nivernois*	*Boiſſeau.*	30	3000	12	6

TABLE DES MESURES DES GRAINS.

Lieux où se trouvent les Mesures ci-contre.		Noms des Mesures.	Poids de Marc de chaque Mesure.	Total et rapports de 100 desdites Mesures en septiers de 240 liv. de Paris & Boisseaux de 20 liv.		
Noms des Villes.	Etats ou Provinces.			Poids total.	Septiers.	Boisseaux
Charlieu	*Maconnois*	*Boisseaux*	34	3400	14	2
Charolles	*Bourgogne*	*Idem*	37	3700	15	5
Châteauneuf	*Anjou*	*Idem.*	34	3400	14	2
Chartres	*Beauce*	*Septier*	215	21500	89	7
Chatelleraut	*Poitou*	*Boisseau*	30	3000	12	6
Chambery	*Piémont.*	*Weisel*	157	15700	65	5
		Versine	42	4200	17	6
Chinon.	*Poitou.*	*Fourniture de 210 Boisseaux.*	4200	420000	1750	"
Idem.		*Septier de 10 Boisseaux*	200	20000	83	4
Cherbourg	*Normandie*	*Boisseau*	55	5500	22	11
Clerac.	*Agenois*	*Sac*	132	13200	55	"
Cléves	*Westphalie*	*Schetel*	70	7000	29	2
		Mouwer	280	28000	116	8
Concarneau.	*Bretagne*	*Tonneau*	2160	216000	900	"
Condom.	*Guyenne*	*Idem*	111	11100	46	3
Conflans	*Savoie*	*Carte*	35	3500	14	7
Constantinople	*Turquie*	*Quilot*	55	5500	22	11
Coppenhague	*Danemarck*	*Tonne*	108	10800	45	"
		[illegible]	[illegible]	[illegible]	[illegible]	[illegible]

Corbie	*Picardie*	*Septier*	65	6500	27	1
Corse	*Isle*	*Siajo*	154	15400	64	2
Cosnes	*Auxerrois*	*Boisseau*	25	2500	10	5
Coulommiers	*Isle de France*	*Septier*	255	25500	160	3
Coromandel	*Indes*	*Bus*	8 ½	850	3	6 ½
Cracovie. Voyez	*Amsterdam*		"	"	"	"
Créon	*France*	*Sac*	150	15000	62	6
Cuylembourg	*Pays-Bas Hollandois*	*Mudde*	217	21700	90	5
D						
Dammartin	*Isle de France*	*Septier*	242	24200	100	10
Dantzick	*Pologne*	*Last*	4560	456000	1900	"
Delft	*Hollande*	*Sac*	156	15600	65	"
Deventer	*Idem*	*Mudde*	126	12600	52	6
Dieppe	*Normandie*	*Mine*	160	16000	66	8
Dixmude	*Hollande*	*Raziere*	149	14900	62	1
Doesbourg	*Idem*	*Mouwer*	207	20700	86	3
Douay	*Flandre*	*Sac*	130	13000	54	2
Dunes	*Idem*	*Idem*	136	13600	56	8
Dunkerque	*Idem*	*Raziere*	140	24000	100	"
E						
Ecosse		*Quart*	444	44400	185	"
Edam	*Hollande*	*Last*	4560	456000	1900	"
Elbing	*Idem*	*Idem*	4560	456000	1900	"
Embden	*Westphalie*	*Tonne*	300	30000	120	5
Enckniesen	*Hollande*	*Sac*	104	10400	43	4
Encloistre	*Poitou*	*Boisseau*	30	3000	12	6
Epinal	*Lorraine*	*Réal*	22	2200	9	2
Erfelstein	*Hollande*	*Mudde*	217	21700	90	5

TABLE DES MESURES DES GRAINS.

Lieux où se trouvent les Mesures ci-contre.		Noms des Mesures.	Poids de Marc de chaque Mesure.	Total et Rapports de 100 desdites Mesures en septiers de 240 liv. de Paris & Boisseaux de 20 liv.		
Noms des Villes.	Etats ou Provinces.			Poids total.	Septiers.	Boisseaux.
Erford	*Allemagne*	*Viertel*	264	26400	110	»
Espersac	*Gascogne*	*Sac.*	120	12000	50	»
Estafort	*Guyenne*	*Boisseau*	134	13400	55	10
Estampes	*Beauce*	*Septier*	255	25500	106	3
Espagne		*Anagros, ou Anagras*	99	9900	41	3
F.						
Faverge	*Savoye*	*Carte*	33	3300	13	9
Fécamp	*Normandie*	*Boisseau*	61	6100	25	5
Ferté-sur-Jouarre	*Brie*	*Septier*	245	24500	102	1
Flessingue	*Zélande*	*Sac*	114	11400	47	6
Florence	*Italie*	*Idem*	120	12000	50	»
Francfort, Mein	*Allemagne*	*Malder*	169	16900	70	5
Franche Comté	*France*	*Penas*	57	5700	23	9
		Sat	238	23800	99	2
Fribourg	*Suisse*	*Boisseau*	27	2700	11	3
Fronsac / *Fronton*	*Guyenne, & Languedoc*	*Sac*	160	16000	66	8
G.						
Gaillac	*Languedoc*	*Septier*	217	21700	90	5
Gand	*Flandre*	*Halster*	81	8100	33	9

Geneve	*Suisse*	*Sac*	121	12100	50	5
Genes	*Italie*	*Emine*	198	19800	82	6
Gensac	*Languedoc*	*Sac*	164	16400	68	4
Gersaw	*Suisse.*	*Mine*	68	6800	28	4
Gien	*Hurepoix*	*Carse*	25	2500	10	5
Gimont	*Gascogne*	*Sac*	228	22800	95	"
Goes	*Zélande*	*Idem*	114	11400	47	6
Gorcum	*Pays-Bas*	*Mudde*	264	26400	110	"
Gouda	*Idem*	*Sac*	163	16300	67	11
Gravelines	*Flandre*	*Raziere*	207	20700	86	3
Grenade	*Espagne*	*Sac.*	152	15200	63	4
Grizolles	*Languedoc*	*Idem*	143	14300	59	7
Groningue	*Hollande*	*Mudde*	137	13700	57	1
H.						
Hambourg.	*Allemagne.*	*Last.*	4952	495200	2062	6
		Schepel.	50	5000	20	10
Hanovre.	*Idem.*	*Himtens.*	48 ½	4850	20	2 ½
Harderwick.	*Gueldre.*	*Mudde.*	153	15300	63	9
Harlem.	*Hollande.*	*Sac*	120	12000	50	"
Harlingen.	*Frise, Hollande.*	*Mudde*	137	13700	57	1
Hayre de Grace.	*Normandie.*	*Boisseau*	45	4500	18	9
Heidelberg.	*Allemagne.*	*Malter*	163	16300	67	11
Hennebon.	*Bretagne.*	*Tonneau*	2880	288000	1200	"
Heusden.	*Hollande.*	*Mudde*	264	26400	110	"
Horn.	*West-Frise.*	*Sac*	104	10400	43	4
Husum.	*Danemarck*	*Tonne*	228	22800	95	"
J.						
Jarnac.	*Aunis.*	*Tonneau*	2160	216000	900	"

TABLE DES MESURES DES GRAINS.

Lieux ou se trouvent les Mesures ci-contre.		Noms des Mesures.	Poids de Marc de chaque Mesure.	Total et Rapports, de 100 desdites Mesures en Septiers de 240 liv. de Paris & boisseaux de 20 liv.		
Noms des Villes.	Etats ou Provinces.			Poids total.	Septiers.	Boisseaux.
[illegible]ndes	. . . .	*Candille* . . .	500	50000	208	4
Isle Philippines . . .	. . . .	*Cavan* . . .	60	6000	25	"
Irlande	. . . .	*Quartaut* . .	444	44400	185	"
K.						
Kœnisberg	*Prusse*	*Last*	4560	456000	1900	"
L.						
La Brille	*Hollande*	*Sac*	114	11400	47	6
La Fléche	*Anjou*	*Boisseau* . . .	29	2900	12	1
La Nion	*Bretagne*	*Tonneau* . . .	2400	240000	1000	"
La Réole	*Gascogne*	*Sac*	152	15200	63	4
La Rochelle	*Aunis*	*Tonneau* . . .	2160	216000	900	"
Lavaur	*Languedoc*	*Septier* . . .	217	21700	90	5
Leipsick	*Allemagne*	*Vispel* . . .	320	32000	133	4
Les Adrieux . . .	*Aunis*	*Tonneau* . . .	2160	216000	900	"
Le Mans	*Maine*	*Boisseau* . . .	30	3000	12	6
Lespare	*Pays-Bas*	*Sac*	136	13600	56	8
Lewarde	*Idem Hollande* . . .	*Mudde*	137	13700	57	1
Leyden	*Allemagne*	*Sac*	104	10400	43	4
Leictoure	*Armagnac*	*Sac*	136	13600	56	8
Liban	*Allemagne*	*Loof*	90	9000	37	6
Libourne	*Guyenne*	*Idem*	130	13000	54	2
[illegible]	[illegible]	[illegible]	[illegible]	[illegible]	[illegible]	[illegible]
Limeuil [illegible]	*Flandre*	[illegible]	[illegible]			

Lille.	*Flandre.*	*Raziere.*	120	12000	50	"
Limeuil.	*Périgord*	*Pipe.*	840	84000	350	"
Lisbonne.	*Portugal*	*Alquierre*	21	2100	8	9
Lisle en	*Albigeois.*	*Septier.*	312	31200	130	"
Lisle-Dieu	*France.*	*Tonneau*	2400	240000	1000	"
Lisieux	*Normandie*	*Septier.*	280	28000	116	8
		Mine	120	12000	50	"
Livourne.	*Italie*	*Sac.*	120	12000	50	"
Lizy.	*Brie*	*Septier*	252	25200	105	"
Londres	*Angleterre.*	*Quartierre.*	444	44400	185	"
Loudun.	*Poitou.*	*Boisseau*	17	1700	7	1
Louvain	*Flandre*	*Mudde*	168	16800	70	"
Lubeck.	*Allemagne*	*Schepel.*	48	4800	20	"
Lunebourg.	*Idem.*	*Idem*	97	9700	40	5
Lyon	*Lyonnois.*	*Anée*	300	30000	125	"
M						
Mâcon	*Bourgogne*	*Anée.*	400	40000	166	8
Madagascar.	*Isle d'Afrique*	*Troube.*	6	600	2	6
		Zatou.	50	5000	20	10
Malaga	*Espagne*	*Fanegas*	95	9500	39	7
Malines.	*Flandre*	*Viertel.*	132	13200	55	"
Malthe.	*Isle*	*Quilot.*	32½	3250	13	6½
Manilly	*Bourgogne*	*Emine*	720	72000	300	"
Mans. Voyez	*Le Mans.*					
Marans	*Aunis*	*Tonneau*	2160	216000	900	"
Marseille.	*Provence.*	*Charge.*	245	24500	102	1
Mas.	*d'Agenois.*	*Sac.*	126	12600	52	6
Mas.	*de Verdun*	*Idem.*	160	16000	66	8
Meaux.	*Brie*	*Septier de riviere*	250	25000	104	2

Lieux où se trouvent les mesures ci-contre.		Noms des Mesures.	Poids de Marc de chaque Mesure.	Total et Rapports de 100 desdites Mesures en septiers de 240 liv. de Paris & Boisseaux de 20 liv.		
Noms des Villes.	Etats ou Provinces.			Poids total.	Septiers.	Boisseaux
Melun.	*Brie*	*Septier.*	206	20600	85	10
Mennecy.	*Brie.*	*Idem.*	245	24500	102	1
Messine	*Sicile.*	*Salme.*	176	17600	73	4
Metz	*Pays Messin*	*Carte*	100	10000	41	8
Midelbourg.	*Pays-Bas*	*Sac.*	110	11000	45	10
Milan.	*Italie.*	*Muid*	175	17500	72	11
Miolans.	*Savoie.*	*Carte*	25	2500	10	5
Miradoux	*Armagnac.*	*Boisseau.*	136	13600	56	8
Mirebeau.	*Poitou*	*Idem.*	136	13600	56	8
Moissac	*Quercy.*	*Sac.*	152	15200	63	4
Montcassin	*Italie.*	*Sac.*	129	12900	53	9
Montauban.	*Quercy*	*Sac.*	150	15000	62	6
		Septier	336	33600	140	”
Montendre	*Saintonge*	*Boisseau*	150	15000	62	6
Montfort.	*Hollande*	*Mudde*	217	21700	90	5
Montmedy.	*Champagne*	*Quartel.*	48	4800	20	”
Montpellier.	*Languedoc*	*Septier*	100	10000	41	8
Montreuil.	*Picardie.*	*Boisseau.*	253	25300	105	5
Morlaix	*Bretagne.*	*Tonneau*	2280	228000	950	”
Munick.	*Bavierre*	*Quartiere.*	136	13600	56	8
Munikendam	*Hollande*	*Mudde*	160	16000	66	8
		Idem.	160	16000	66	8

Muyden.	*Hollande.*	*Sac*	104	10400	43	4
N						
Naarden.	*Idem.*	*Sac*	104	10400	48	4
Nancy.	*Lorraine.*	*Sac.*	200	20000	83	4
		Rezal	192	19200	80	”
Nantes.	*Bretagne*	*Tonneau*	2200	220000	916	8
Naples	*Italie.*	*Tomolis.*	80	8000	33	4
Narbonne	*Languedoc.*	*Septier*	115	11500	47	11
Negrepelisse.	*Quercy*	*Septier*	379	37900	157	11
		Sac	190	19000	79	2
Nerac.	*Gascogne.*	*Idem*	130	13000	54	2
Nevers.	*Nivernois.*	*Boisseau*	30	3000	12	6
Newcastle.	*Angleterre*	*Quartiere*	444	44400	185	”
Nice.	*Piémont*	*Staras*	66	6600	27	6
Nieuport.	*Pays-Bas.*	*Raziere.*	260	26000	108	4
Nimégue.	*Idem*	*Mouwer*	209	20900	87	1
Niort.	*Poitou*	*Boisseau.*	30	3000	12	6
Nogent-sur-Seine	*Champagne*	*Septier*	260	26000	108	4
Noirmoutier.	*Bretagne.*	*Tonneau*	2280	228000	950	”
Noyon.	*Picardie.*	*Septier.*	290	29000	120	10
Nuremberg.	*Allemagne.*	*Simmera*	460	46000	195	10
O.						
Orléans.	*Orléanois.*	*Muid.*	600	60000	250	”
		Mine.	50	50000	20	10
Omer. Voyez St. Omer.						
Oudewater.	*Hollande.*	*Mudde.*	217	21700	90	5
P.						
Palerme.	*Sicile.*	*Simmera.*	450	45000	187	6
Paris.	*France.*	*Muid.*	2880	288000	1200	”
		Boisseau.	20	2000	8	4

TABLE DES MESURES DES GRAINS.

Lieux où se trouvent les Mesures ci-contre.		Noms des Mesures.	Poids de Marc de chaque Mesure.	Total et Rapports de 100 desdites Mesures en septiers de 240 liv. de Paris & Boisseaux de 20 liv.		
Noms des Villes.	Etats ou Provinces.			Poid total.	Septiers.	Boisseaux
Perrigueux	*Perrigord.*	*Boisseau*	48	4800	20	„
Peronne	*Picardie*	*Somme.*	290	29000	120	10
Petersbourg (St.)	*Russie*	*Loppens.*	99	9900	41	3
Piémont		*Minette.*	396	39600	165	„
Pologne		*Seczka.*	330	33000	137	6
Pont-Labbe	*Bretagne.*	*Tonneau.*	2280	228000	1200	„
Pont Ste Maxence.	*Picardie*	*Septier.*	300	30000	125	„
Port-Louis	*Bretagne*	*Tonneau.*	2940	294000	1225	
Port-à-Port	*Portugal*	*Alquiere.*	25	2500	10	5
Portugal		*Fanegas.*	192	19200	80	„
Provins	*Brie*	*Septier.*	255	25500	106	3
Purmerent	*Hollande*	*Last.*	4560	456000	1900	„
Puymirol	*Idem*	*Sac.*	136	13600	56	8
Q.						
Quentin (St.)	*Picardie*	*Sac.*	275	27500	114	7
		de 4 septiers.	69	6900	28	9
Quibron	*Bretagne*	*Tonneau.*	2940	294000	1225	„
Qnimper-Corentin	*Idem*	*Idem.*	2940	294000	1225	„
Quimperlay	*Idem*	*Idem.*	2280	228000	950	„
R.						
Rabastens	*Languedoc*	*Septier.*	268	26800	114	8
Rambouillet	*Isle de France*	*Idem.*	220	22000	91	8
Real-Mont	*Languedoc*	*Idem.*	198	19800	82	6

Realville	*Quercy*	*Sac.*	182	18200	75	10
Rebais	*Brie*	*Septier.*	265	26500	110	5
Redon	*Bretagne*	*Tonneau.*	2320	232000	966	8
Rennes	*Idem*	*Idem.*	2280	228000	950	"
Rhenene	*Hollande*	*Mudde.*	228	22800	95	"
Ribeyrac	*Perrigord*	*Boiſſeau.*	48	4800	20	"
Riga	*Livonie*	*Loopens.*	99	9900	41	3
Rochelle (la)	*Aunis*	*Tonneau.*	2160	216000	900	"
Rocroy	*Champagne*	*Caſtel.*	35	3500	14	7
Rome	*Italie*	*Rubbe.*	640	64000	266	8
Rotterdam	*Hollande*	*Sac.*	157	15700	65	5
		Laſt.	4690	469000	1954	2
Rouane	*Forez*	*Boiſſeau.*	30	3000	12	6
Rouen	*Normandie*	*Septier.*	280	28000	116	8
		Mine.	140	14000	58	4
Royan	*Saintonge*	*Quartiere.*	157	15700	65	5
Rue	*Picardie*	*Septier.*	200	20000	83	4
Ruremonde	*Gueldre*	*Schepel.*	67	6700	27	11
S.						
St. Brieux	*Bretagne*	*Tonneau.*	2400	240000	1000	"
St. Cadon	*Idem*	*Idem.*	2280	228000	950	"
St. Geniez	*Saintonge*	*Septier.*	120	12000	50	"
St. Gillen	*Languedoc*	*Charge.*	120	12000	50	"
St. Jean d'Angely.	*Saintonge*	*Conque.*	76	7600	31	8
St. Jean Delaune	*Bourgogne*	*Emine.*	720	72000	300	"
St. Jean de Morienne.	*Savoye*	*Carte.*	21	2100	8	9
Ste. Lievrade	*Armagnac*	*Sac.*	126	12600	52	6
St. Malo	*Bretagne*	*Tonneau.*	2280	228000	950	"
St. Mathurin	*De l'Archant*	*Boiſſeau.*	25	2500	10	5

TABLE DES MESURES DES GRAINS.

Lieux où se trouvent les Mesures ci-contre. Noms des Villes.	Etats ou Provinces.	Noms des Mesures.	Poids de Marc de chaque Mesure.	Total et Rapports, *de* 100 *desdites Mesures en septiers de* 240 *liv. de Paris & Boisseaux de* 20 *liv.* Poids total.	septiers.	Boisseaux
St. Michel	*Isle des Açores*	*Alquiere.*	19	1900	7	11
St. Omer	*Artois*	*Raziere.*	200	20000	83	4
St. Philippe & St. Pierre d'Avigny.	*Savoye*	*Carte*	25	2500	10	5
St. Puy	*Gascogne*	*Sac*	106	10600	44	2
St. Vallery	*Picardie*	*Septier*	240	24000	100	"
Salonique	*Turquie*	*Quilot*	211	21100	87	11
Samos		*Panache*	25	2500	10	5
Sardaigne		*Estereau*	80	8000	33	4
Sarguemines	*Lorraine*	*Quarte*	40	4000	16	8
Saumur	*Anjou*	*Septier*	200	20000	83	4
Schaffouse	*Suisse*	*Muid*	136	13600	56	8
Schiedam	*Hollande*	*Sac*	157	15700	65	5
Schoonhoven	*Idem*	*Mudde*	217	21700	90	5
Sedan	*Champagne*	*Quartel*	38	3800	15	10
Sees	*Normandie*	*Boisseau*	84	8400	35	"
Sens	*Champagne*	*Septier*	280	28000	116	8
Seurre	*Bourgogne*	*Bichet*	325	32500	135	5
Séville	*Espagne*	*Fanegas*	91	9100	37	11
Siam		*Beste, ou Bats.*	125	12500	52	1
[illegible]	[illegible]	*Salme*	137	13700	57	1

Smyrne	Turquie	Quilot	54	5400	22	6
Soiſſons	Picardie	Pichet	38	3800	15	10
Steenbergen	Brabant	Viertel	132	13200	55	"
Stockolm	Suède	Petite Tonne	198	198 00	82	6
Strasbourg	Alſace	Sac	173	17300	72	1
Sully	Gâtinois	Corſe	25	2500	10	5
Surinam. Voyez	Amſterdam					
Syrie		Garave	2284	228400	951	8
T.						
Talmont	Poitou	Sac	144	14400	60	"
Taraſcon	Comté de Foix	Charge	90	9000	37	6
Tertolen	Hollande	Sac	121	12100	50	5
Terveer	Idem	Idem	112	11200	46	8
Thiel	Idem	Mudde	217	21700	90	5
Tonneins	Guyenne	Sac	117	11700	43	9
Tongres	Pays-Bas	Mudde	304	30400	126	8
Tonningen	Danemarck	Tonne	190	19000	79	2
Tournus	Bourgogne	Bichet	384	38400	160	"
Tortoſe	Espagne	Charge	343	34300	142	11
Toul	Trois-Evêchés	Bichet	140	14000	58	4
Toulon	Provence	Emine	160	16000	66	8
Toulouſe	Languedoc	Septier	175	17500	72	11
Tournon	Vivarais	Sac	115	11500	47	11
Tours	Tourraine	Boiſſeau	17	1700	7	1
Trieſte	Italie	Staro	117	11700	48	8
Tripoly	Alger	Caffiſo	25	2500	10	5
Troyes	Champagne	Septier	280	28000	116	8
Tunis	Barbarie	Caffis	560	56000	233	4
Turin	Piémont	Emine	396	39600	165	"

TABLE DES MESURES DES GRAINS.

Lieux où se trouvent les mesures ci-contre.		Noms des Mesures.	Poids de Marc de chaque Mesure.	Total et Rapports de 100 desdites Mesures en septiers de 240 liv. de Paris & Boisseaux de 20 liv.		
Noms des Villes.	Etats ou Provinces.			Poids total.	Septiers.	Boisseaux.
V.						
Valence	*Agenois*	*ac*	150	15000	62	6
Valencé	*Espagne*	*Caffis*	335	33500	139	7
Valenciennes	*Hainault*	*Mancaud*	45	4500	18	9
Vannes	*Bretagne*	*Tonneau*	2400	240000	1000	»
Venise	*Italie*	*Staros*	120	12000	50	»
Venloo	*Gueldre*	*Mouwer.*	207	20700	86	3
Verdun	*Trois-Evêchés*	*Bichet.*	300	30000	125	»
Vianen	*Hollande*	*Mudde.*	228	22800	95	»
Vienne	*Autriche*	*Viertel.*	141	14100	58	9
Villemur	*Languedoc*	*Sac.*	256	25600	106	8
Villeneuve	*Agenois*	*Boisseau.*	126	12600	52	6
Vitry-le-François	*Champagne*	*Septier.*	260	26000	108	4
Utrecht	*Hollande*	*Mudde.*	182	18200	75	10
		Mouwer.	203	20300	84	7
W.						
Weesop	*Hollande*	*Sac.*	104	10400	43	4
Worcum	*Idem*	*Sac.*	194	19400	80	10
Wuck-te-Duerstede.	*Idem*	*Mudde.*	228	22800	95	»
Y.						
Yffelstein	*Hollande*	*Mudde.*	228	22800	95	»
Z.						
Ziriczée	*Zélande*	*Sac*	[illegible]	[illegible]	[illegible]	[illegible]
[illegible]	*Suisse*	[illegible]	[illegible]	[illegible]	[illegible]	[illegible]

[illegible]-Duerstede	Idem	Mudde	194 228	19400 22800	[illegible] 05	[illegible]
[illegible]	[illegible]	[illegible]	33	3300	13	9
Zwol	Hollande	Sac	175	17500	72	11

NOTA. L'évaluation des mesures ci-dessus n'est faite que sur le poid commun du bled froment de bonne qualité, & surtout d'une qualité sèche; mais dans des cas de récoltes pluvieuses & de médiocres qualités, il seroit essentiel de n'établir les spéculations qu'à 10 pour % & même 12, au-dessous des poids indiqués dans cette Table, poids sur lesquels on peut d'autant mieux compter, en spéculant, que nous les avons mis à quelque chose au-dessous de leurs poids ordinaires, afin que s'il se rencontre une différence, entre notre évaluation & le juste rapport des mesures à celles de Paris, elle soit à l'avantage des Spéculateurs.

Observations ou Détails sur diverses Mesures pour Avoine, Sel, Charbon, Bois Plâtre, Chaux, Pierres &c.

MESURES POUR AVOINES.				MESURES DIVERSES, LEURS.	
LIEUX OU ELLES SONT USITÉES.		Noms & nombres des mesures.	Réduction en boisseaux de Paris.	Usages.	DIVISIONS ET SOUS DIVISIONS.
Autreville.	*Champagne*	1 *Bichet.*	6	Pour	Les Mesures des bois sont la Corde, ou membrure, l'Anneau, ou moule & la chaine.
Beaune.	*Bourgogne.*	3 *Idem.*	7	*Bois à brûler & autres.*	L'Anneau est un cercle de 6 pieds 3 pouces de circonférence auquel se mesure le
Bourbonne.	*Champagne*	1 *Idem.*	6		
Bray.	*Idem.*	15 *Boisseaux.*	24		
Brie.	*Idem.*	16 *Idem.*	29 $\frac{1}{2}$		
Châlons.	*Idem.*	14 *Idem.*	12		

TABLE DES MESURES DES AVOINES.

Mesures pour Avoines.				
Lieux où elles sont usitées.		Noms & nombres des Mesures.		Réduction en boisseaux de Paris.
Châtillon . . .	*Gatinois* . . .	1	*Carse*	8
Choiseul . . .	*Comté de Foix*	1	*Bichet* . . .	6
Courtray . . .	*Flandre* . . .	1	*Raziere de 4 Lavots* . .	$7\frac{1}{3}$
Douay	*Idem*	1	*Raziere* . .	$7\frac{1}{2}$
Guise	*Picardie* . .	1	*Jalois* . . .	5
Ham	*Idem*	3	*Septiers* . .	$10\frac{15}{16}$
Hambourg . .	*Allemagne* .	1	*Maldre* . .	16
Jussey	*Champagne*	4	*Bichets* . .	$4\frac{2}{3}$
La Motte . .	*Idem*	1	*Idem*	6
Landaw . . .	*Alsace* . . .	1	*Maldre* . .	$11\frac{1}{4}$
Landrecy . .	*Hainautt* . .	1	*Mancaud Comble* . . .	$7\frac{1}{2}$
Langres . . .	*Champagne*	1	*Bichet* . . .	$3\frac{3}{4}$
Lignes	*Hainaut* . . .	1	*Idem* . . .	$3\frac{1}{2}$
Meaux	*Brie*	24	*Boisseaux* .	27
Mennecy . . .	*Idem*	24	*Idem*	25
Missy	*Champagne*	1	*Bichet-comble* . . .	$2\frac{1}{4}$
Mons	*Pays-Bas* .	1 1	*Septier* . . . *Raziere* . .	12 [illegible] 4 [illegible]
[illegible]	*Champagne*	[illegible]	*Bichets* . .	[illegible]

Mesures diverses, leurs	
Usages.	Divisions et sous Divisions.
Suite des *Bois à brûler & autres.*	bois de compte, dont la voye est composée de 3 anneaux & 12 morceaux en sus, & la dite voye en bois d'Andelle est de 4 anneaux & 16 bûches en sus. La chaine est une division de la corde, elle porte 4 pieds de longueur. Quant aux bois de constructions, ou charpente & menuiserie, ils se vendent au compte, au 100, à la piece, à la toise, au pied & aux pouces cubes.
Charbon de bois.	Ses Mesures en France sont le muid de 20 mines, sacs ou charges, la mine de 2 minots, & le minot de 8 boisseaux, en sorte que le sac est compté à Paris pour 16 boisseaux combles.
Charbon de terre & houille	Ses Mesures en France sont le baril de 300 liv. & le minot de Paris. En Angleterre & divers Lieux de l'Allemagne il se mesure au chaudron de 36 gallons qui peuvent peser chacun 10 à 12 liv. poids de marc.
[illegible]	Ses Mesures en France sont [illegible]

Mennecy . .	*Idem* . . .	24	*Idem* . . .	25
Montars . .	*Champagne* .	3	*Bichets* . .	4
Mont-Royal.	*Alsace.* . .	1	*Maldre* .	24
Nancy . . .	*Lorraine.* .	1	*Réal* . . .	15
Neustad. . . .	*Allemagne.*	1	*g. Maldre.*	12
		1	*p. Maldre*	$10\frac{3}{4}$
Nogent. . . .	*Champagne*	12	*Boisseaux*	26
Paris	*France.* . . .	1	*Septier.* . .	24
Philippeville.	*Hainault.* .	1	*Raix* . . .	3
Port S.-Saône	*Bourgogne..*	1	*Carte* . . .	$4\frac{2}{3}$
Provins	*rie.*	16	*Boisseaux.*	24
Riblemont . .	*Picardie*. . .	1	*Jablois-comble* . .	4
S. Quentin . .	*Idem.* . . .	3	*Septiers* . .	11
Semure	*Bourgogne..*	4	*Bichets* . .	5
Strasbourg . .	*Alsace.* . .	1	*Réal* . . .	$9\frac{2}{3}$
Traërbach . .	*Idem.* . . .	1	*Maldre.* .	24
Troyes	*Champagne*	16	*Boisseaux.*	$29\frac{1}{2}$
Vandeuvre . .	*Idem.* . . .	1	*Idem* . . .	2
Vitaux	*Idem* . . .	3	*Bichets.* .	4
Vitry-le-François	*Idem.* . . .	1	*Septier de 12 Boiss.* .	19

Charbon	300 liv. & le minot de Paris. En Allemagne & divers Lieux de l'Allemagne [illegible]
Chaux.	Ses Mesures en France sont le muid de 48 minots, le minot de 3 boisseaux, & le boisseau de quatre quarts.
Pierres.	Elles se vendent en France à la toise quarrée, au tonneau & au muid, savoir le tonneau de 2 muids, & le muid de 7 pieds cubes.
Platre.	Il se vend au muid de 36 sacs, chaque sac de 2 boisseaux de Paris racles.
Sel.	Ses Mesures les plus usitées en France sont le muid de 12 septiers, le septier de 4 minots, & le minot de 4 boisseaux, le tout racle. En Bretagne le muid est de 52 quartaux ou 25 trustées de 104 liv. chacune environ. Enfin la Mesure de Lorraine est le vexel qui pese de 34 à 35 livres poids de marc.

Les Mesures des terres, tant pour l'arpentage que pour les Eaux & Forêts sont réglées en France, en

Arpent de . . . . 100 Perches.
Perche. . . . . 22 Pieds.
Pied. . . . . 12 Pouces.
Et pouce . . . . 12 Lignes, tel que nous l'avons indiqué au Chapitre des aunages aux mots Arpent, Perche, Pied, &c.

CHAPITRE IV.

TABLE de Rapports des Mesures pour les Liquides, & Observations.

Noms des Mesures.	Contrées ou Lieux, où se trouvent lesdites mesures — Villes.	Etats, Isles, ou Provinces.	Divisions et Sous-Divisions des Mesures de la premiere Colonne.	Indication des liquides pour lesquels servent les mesures de la premiere Colonne.	Réductions des Mesures de la premiere Colonne, en pintes & poids de Paris. — Pintes.	Poids.
A.						
Aam, ou Ham.	Anvers &	Brabant . . .	4 ankers de 32 ming.	*Vins, eau-de-vie.*	256	"
	Amsterdam . .	Hollande	120 mingles	*Huiles*	240	"
	Stockolm . . .	Suede	60 kannas	*Tous liquides.*	264	"
Achteling . . .	Vienne	Autriche	4 $\frac{1}{5}$ seidels	*Idem*	8	"
Alme	Constantinople . .	Turquie	se divise par poids.	*pour huiles* . .	$8\frac{8}{10}$.	"
Almude	Lisbonne . . .	Portugal	4 gallons $\frac{1}{2}$	*Vins*	18	"
Ame	Cologne	Allemagne . . .	20 fertels de 4 masses	*Tous liquides.*	640	"
	Vienne	Autriche	80 masses de 4 pintes	*Idem*	320	"
Ancre	Berlin	Prusse	32 quarts	*Idem*	32	"
	Petersbourg . .	Russie	88 pintes	*Idem*	88	"
Anée	Lyon	Lyonnois . . .	88 pots	*Idem*	88	"
	En	Bourgogne . . . Maconnois, & Beaujolois . .	106 Idem	*Vins*	212	"

NOTA. S'il se rencontre quelques différences entre les mesures liquides répandues dans le premier Volume, on doit s'arrêter par préférence à cette table.

Anker . . .	Amsterdam . .	Hollande . .	[illegible]	Vins	32	
Arobe	Cadix	Espagne . . .	Se divise par poids.	Huile . . .	»	23 l. $\frac{1}{8}$
B.						
Baruth	. . . . . .	Indes	. . . .	Poivre . . .	»	53
Baril	Naples	Italie	20 Quarterons. . . .	Vins	40	»
	Genes & Oneille	Idem	7 Rubs	Huile	»	114 $\frac{1}{2}$
	Epinal	Lorraine . . .	48 Pintes	Vins	48	»
	Livourne . . .	Italie	Se divise par poids.	Huile	»	60 $\frac{1}{4}$
	Strasbourg . .	Alsace	48 Pintes	Tous liquides.	58 $\frac{1}{4}$	»
	Nerac	Gascogne . . .	4 Barriques	Vins	768	»
Barrique . . .	Rouen	Normandie . .	120 à 122 Pots $\frac{1}{2}$ . .	Eau-de-vie.	245	»
	Bourdeaux . .	Bordelois . . .	100 Pots	Vins	250	»
	Le Havre . . .	Normandie . .	120 à 122 $\frac{1}{2}$ Pots. . .	Idem	245	»
	Jarnac & la Rochelle	Aunis	28 Weltes	Idem	84	»
			27 Idem.	Eau-de-vie.	81	»
	Nerac	Gascogne . .	32 Idem.	Vins	192	»
Barel	Londres	Angleterre . .	31 galons $\frac{1}{2}$. . . .	vins, eaudevie	252	»
			36 idem	Bierre. . . .	288	»
	l'Hermitage . .	d'Auphiné . .	32 pintes	Vins	32	»
	St. Peré & Cornat	Vivarais				
Bassée	Veronne	Italie	6me. part. de la brinte	Tous liquides.	110	ou 220
Beczka	Cracovie . . .	Pologne . . .	. . . .	Idem	325	à 340
Besson	Nuremberg . .	Allemagne . .	8 Masses.	Idem	171 $\frac{2}{3}$	»
Bidon	Mesure	. . . . de . .	Marine	Idem. . . .	5	»
Bigouzzo . . .	Venise	Italie	. . . .	Idem. . . .	33	»
Bocal	Livourne . . .	Idem	. . . .	Idem	1 $\frac{1}{20}$	»
	Venise	Idem	7 $\frac{1}{2}$ boca. pour le rub	Idem	1 $\frac{1}{8}$	»

TABLE DES MESURES POUR LES LIQUIDES.

MESURES.	VILLES &c.	ETATS.	DIVISIONS &c.	LIQUIDES.	Réductions, Pintes.	Réductions, Poids.
Suite du *Bocal*	*Trieste*	*Italie.*	. . . . . .	*Tous liquides.*	3	"
Bocaly	*Rome*	*Idem*	$\frac{1}{30}$ *de plus que la pinte*	*Idem*	$1\frac{1}{30}$	"
Botta	*Cadix*	*Espagne*	30 *Robas*	*pour huile*	"	900
Botte	*Lisbonne*	*Portugal*	26 *almudes de* 18 *pint.*	*Vins*	468	"
	Alicante	*Espagne*	30 *Arobes*	*dem.*	500	"
Brante, ou Brinte.	*Turin*	*Piémont*	36 *pintes de* 3 *livres-* 6 *onces chacune*	*Tous liquides.*	65	"
	Livourne	*Italie*	$13\frac{1}{3}$ *Rubs de* $7\frac{1}{4}$ *bocals*	*Idem*	695	"
	Alicante	*Espagne*	96 *bocals.*	*Idem*	100	"
	Bergame	*Italie*	52 *Pintes d'Italie.*	*Idem*	100	"
Broc	*Cadix*	*Espagne*	. . . . . .	*Idem*	2	"
Busse	*Angers* *Saumur*	*Anjou*	30 *Weltes de* 8 *pintes*	*vins, eaudevie*	240	"
	La Fléche	*Idem*	32 *Weltes de* $7\frac{1}{2}$ *pint.*	*Idem*	240	"
C.						
Caffis	*Palerme & Messine*	*Sicile*	. . . . . .	*Huiles.*	"	$15\frac{3}{4}$
Canan	*Siam*	*Indes*	. . . . . .			
Cantara	*Alicante*	*Espagne*		*Tous liquides.*	2	"
Cantaro	*Palerme*	*Sicile*	9 *Mingles d'Holl*	*Idem.*	18	"
Carga	*Barcelonne*	*Espagne*	*Se divise par livres.*	*Huiles.*	"	174
Charge	*Montpellier*	*Languedoc*	4 *barels, barel* 2 *emin.*	*Tous liquides.*	20	"
	Aix	*Provence*	*Emine* 2 *Quarterons.*	*Idem.*	"	280
	[illegible]	[illegible]	*Se divise par livres.*	*Idem*	[illegible]	300

Suite de la Charge.	*Beziers.*	*Languedoc.*	*Idem.*	*Idem.*	"	334
	Toul.	*Trois Evêchés*	*42 Pintes.*	*Tous liquides.*	42	"
Char.	*Geneve & la Suisse*		*Le char fait 12 septiers, septier 24 quarterons, le quarteron 2 pots & le pot 4 pintes de Paris.*	*Idem.*	2304	"
Chopine.	*Paris & toute la France.*		*Demie pinte, ou deux demi-septiers, le demi septier de 2 poissons de chacun 2 roquilles.*	*Tous liquides.*	" ½	"
Copo.	*Lucques.*	*Italie.*	*Se divise par livres.*	*Huiles.*	"	171½
E.						
Eymer.	*Leipsick.*	*Saxe.*	*64 Kannes, chaque Kanne de 2 pintes.*	*vins, eaudevie*	128	"
	Nuremberg.	*Allemagne.*	*64 pots, chaque pot de 8 pintes de Paris.*	*Idem*	512	"
Eimer.	*Breslaw.*	*Silésie.*	*20 Stoft.*	*Bierre & autres liquides.*	1860	"
	Zurich.	*Suisse.*	*4 Wiertels de 16 mas.*	*Tous liquides*	600	"
	Vienne.	*Autriche.*	*40 Achtelings.*	*Idem.*	320	"
F.						
Féoder.	*Cologne.*	*Allemagne.*	*6 Ames, chaque ame de 4 fertels.*	*Vins & bierre.*	768	"
Féoder.	*Vienne.*	*Autriche.*	*32 Eimers. Voyez*	*Eimer*		
Fertel.	*Cologne.*	*Allemagne.*	*4 Masses, chaque masse de 8 pintes.*	*vins, eaudevie*	32	"
Feuillette.	*Presque toute la*	*Bourgogne.*	*Moitié du muid.*	*vins.*	144	"
	Avalon.	*Idem.*	*Idem.*	*Idem.*	150	"

TABLE DES MESURES POUR LES LIQUIDES.

MESURES.	VILLES, &c.	ETATS.	DIVISIONS, &c.	LIQUIDES.	Réductions. Pintes.	Réductions. Poids
Flasque.	*Presque toute*	*L'Italie.*	*Sans divisions.*	*Tous liquides.*	1	„
Fiole.	*Beziers.*	*Languedoc.*	*Idem.*	*Huile.*	„	1 $\frac{1}{16}$
Firkin.	*Presque toute*	*L'Angleterre.*	*8 Gallons.*	*Idem.*	32	„
Frison.	*En Haute-Nor-*	*Normandie.*	*2 Idem.*	*Idem.*	8	„
Fuder.	*Leipsick.*	*Saxe.*	*4 Oxhoffs, chaque oxhof de 4 eymers.*	*Bierre.*	512	„
Fuder	*Cassel.*	*Allemagne.*	*6 Ohms de 80 mas.*	*Idem.*	1646	
	Stockholm.	*Suede.*	*6 dito, de 60 kannas.*	*Idem.*	1584	
Futaille.	*Encloistre.*	*Poitou.*	*35 Weltes de 8 pintes.*	*vins, eau devie*	280	„
	La Tremblade.	*Saintonge.*	*29 Weltes idem.*	*Vins.*	232	„
			27 Weltes, idem.	*Eau-de-vie.*	216	„
Futaille.	*Reims.*	*Champagne.*	*En pintes.*	*Vins.*	230	„
G.						
Gallon.	*Toute*	*L'Angleterre.*	*Il se divise par pintes*	*Tous liquides.*	4	„
	Caen & la Basse	*Normandie.*				
H.						
Hogsead.	*Angleterre, Irlande & Ecosse.*		*72 Galons*	*Pour, bierre.*	288	„
Hotte.	*Metz.*	*Pays Messin.*	*22 Pots.*	*vins, eau de vie.*	44	„
I.						
Jâle.	*Presque toute*	*La France.*	*Sans divisions.*	*Tous liquides.*	4	„
Jauge.	*Châlons.*	*Champagne.*	*Idem.*	*Vins*	200	„
Je	*La majeure par-*	*tie de l'Allemag.*	*12 Bessons de 8 masses.*	*Bierre*	768	„
K.						
Kannas.	*Stockholm.*	*Suede.*	*2 Stops.*	*Tous liquides.*	4 1/2	„
Kanne.	*Leipsick.*	*Saxe.*	*2 Pintes.*	*Idem.*	2	„
Kirack.	*Batavia.*	*Isle de Java.*	*Sans divisions.*	*Idem.*	[illegible]	„

L.						
L'ohm.	Francfort.	Allemagne.	Il se divise par pots.	Vins, bierre Et eau devie.	150	”
M.						
Maas.	Heidelberg.	Allemagne.	Sans divisions.	Tous liquides	4 environ.	
	Zurick.	Suisse.	Idem.	Idem	$3 \frac{1}{10}$	
Masse.	Cassel.	Allemagne.	Pour tous les liquides.		$3 \frac{2}{5}$	”
	Cologne.	Idem.	8 Pintes.	Idem	8	”
	Ausbourg.	Idem.	Idem.	Idem	8	”
	Vienne.	Autriche.	4 Pintes.	Idem	4	”
Memceda.	Mocka.	Arabie.	Sans divisions.	Tous liquides	$1 \frac{1}{2}$	”
Mesure.	Beziers.	Languedoc.	36 Fioles.	Idem	”	38
	Nancy.	Lorraine.	Se divise par pint.&p.	Idem	$42 \frac{1}{2}$ ou	83
	Epinal.	Idem.	Idem.	Idem	46 à	50 pin
Métal.	Spax.	Barbarie.	Se divise par livres.	Huiles	”	35
	Argele.	Idem.	Idem.	Idem	”	36
Mingle.	Les Provinces.	d'Hollande.	Sans divisions.	Tous liquides	2	”
Migliarro.	Venise.	Italie.	40 mirres, à 18 liv.	Tous liquides	”	720
Millerole.	Marseille.	Provence.	12 Scandals.	Tous liquides Sauf l'eau de vie qui se vend au quintal de Marseille.	66	”
	Toulon.	Idem.	12 Scandals.	Idem	62	”
Mirre.	Venise.	Italie.	Environ 9 pintes.	Huile	9 ou	18
Mistache.	La Perse & Echelles du	Diverses. Levant.	Sans divisions.	Tous liquides	13	”
	Candie, Isle de	la Méditerranée	Se divise en poids.	Idem	21 ou	$41 \frac{1}{3}$

TABLE DES MESURES POUR LES LIQUIDES.

Mesures.	Villes, &c.	Etats.	Divisions, &c.	Liquides.	Réductions. Pintes.	Réductions. Poids
Muid.	*Paris & presque*	*toute la France.*	*Il se divise en 2 demi-muids, ou feuillettes, feuillette ²⁄₄ de muid, quart ⅛ de muid. Le muid contient 36 septiers, chaque septier de 8 pintes de Paris.*	*Vins, eau-de-vie*	288	”
	Berne.	*Suisse.*	40 *Pots de* 2 *pintes.*	*Tous liquides.*	80	”
	Montpellier.	*Languedoc.*	18 *Septiers de* 32 *pint.*	*Vins*	576	”
	Neufchâtel.	*Suisse.*	130 *Pots de* 2 *pintes.*	*Idem*	260	”
	Pezenas.	*Languedoc.*	90 *Verges de* 20 *liv.*	*Idem*	900	envir.
	Sens.	*Champagne.*	*Se divise en pintes.*	*Idem*	300	”
Muthe.	*Bolzam.*	*Italie.*	*sans divisions.*	*Pour huiles*	”	117
N.						
Noessel.	*Hanovre.*	*Allemagne.*	*pour tous.*	*Liquides*	81 ½	”
O.						
Ohm.	*Basle.*	*Suisse.*	*Idem.*	*Idem*	252	”
	Cassel.	*Allemagne*	*Idem.*	*Idem*	256	”
Orne.	*Trieste.*	*Italie.*	*Idem.*	*environ*	108	”
Oxhof.	*Leipsick.*	*Saxe.*	4 *Eymers.*	*Bierre*	512	”
P.						
Peck.	*L'Angleterre,*	*L'Irlande, &c.*	2 *Gallons.*	*Tous liquides*	8	”
Picotin.	*Idem.*	*Idem.*	*Sans divisions.*	*Idem*	1	”
Piece.	*Roquemaure.*	*Languedoc.*	2 *demi-pieces.*	*Vins*	500	”
	Cahors.	*Quercy.*	25 *Verges.*	*Idem*	240	envir.

	Chablis	Champagne	2 demi-pieces	Vins	200	”
	Corse	Isle	Idem	Huile	240	”
Suite de la Piece	Jarnac	Aunis	4 barriques de 15 sep.	vins, eau devie	480	”
	Reims	Champagne	Moitié de la queue	Vins	230	”
	Blois	Blaisois	2 demi-pieces	vins, eau devie	240	”
	Conches	Normandie	Idem	Idem	240	”
Pignatolis	Naples, la Calabre & la Pouille	Italie	Sans divisions	Tous liquides	1	”
Pinte	Londres & toute	l'Angleterre	Sans divisions	Tous liquides	$\frac{1}{2}$	”
	Paris & presque toute la France.		2 chopines, chacune de 2 demi-septiers.	Idem	1	”
	Strasbourg	Alsace	Sans divisions	Idem	2	”
	Turin	Piémont	Se divise par livres.	Huiles	$1\frac{5}{8}$	ou $3\frac{3}{16}$
Pipa	Alicante	Espagne	50 Cantaras	Tous liquides	pese	990
	Cadix	Espagne	34 arobes	Idem	”	792
Pipe	Lisbonne	Portugal	Voyez Botte.			
	Saumur	Anjou	de 60 à 64 weltes	Vins	480	”
	Loudun Poitou, & Saumur Anjou.		30 weltes de 8 pintes.	Vins	240	”
			58 idem	Eau de vie	464	”
	Angers	Anjou	60 weltes	vins, eaudevie	480	”
	Canaries	Isles	369 mingles	Tous liquides	738	”
	Lille	Flandre	206 pots	Huile fine	412	”
Poinson	Blois	Blaisois	120 idem	Vins	240	”
	Tours	Tourraine	33 weltes	Idem	264	”
Pipot	Bordeaux	Bordelois	58 pots	Idem	145	”
Poisson	Paris & presque toute la France.		2 roquilles	Tous liquides	$\frac{1}{18}$	”
Pot	Paris & presque toute la France.		2 pintes	Idem	2	”
	Amsterdam	Hollande	Idem	Idem	2	”
	Bordeaux	Bordelois	2 $\frac{1}{2}$ pintes	Idem	$2\frac{1}{2}$	”

MESURES.	VILLES, &c.	ETATS.	DIVISIONS, &c.	LIQUIDES.	Réductions. Pintes.	Réductions. Poids.
Suite du Pot.	Basle	Suisse	Sans divisions.	Tous liquides.	$2\frac{1}{20}$	"
	Dunkerque	Flandre	Idem	Idem	$2\frac{1}{2}$	"
	Bruxelles	Pays-Bas	Idem	Idem	$1\frac{1}{2}$	"
	St. Denis	Isle de France.	égal à sa pinte	Vins.	$1\frac{7}{8}$	"
	Geneve	Suisse	Se divise en pintes.	Tous liquides.	4	environ.
	Montpellier	Languedoc	Sans divisions.	Idem	1	"
	Nancy	Lorraine.	Idem.	Idem	$2\frac{1}{2}$	"
	Nantes	Bretagne	Idem	Idem	2	"
	Nuremberg	Allemagne	Idem	Idem.	8	"
	Rouen	Normandie	Idem	Idem	2	"
	Sedan	Champagne	Idem	Idem	3	"
	Louvain	Pays-Bas	Sans divisions.	Idem	$1\frac{1}{12}$	"
	Lyon	Lyonnois	égal à l'anée ou pinte de Paris.	Idem	1	"
	Strasbourg	Alsace	24 pots.	Qui forment	$58\frac{1}{3}$	"
	Berne	Suisse	Se divise en pintes.	Tous liquides.	2	"
	Bologne	Italie	Se divise en 40 onces.	Huile	$1\frac{1}{4}$	"
	Metz	Pays Messin	Se divise en pintes.	Tous liquides.	2	"
Q.						
Quart	Breslaw	Silésie	Sans divisions.	Tous liquides.	$1\frac{1}{6}$	"
	Berlin	Prusse	égal à la pinte de Paris.	Idem.	1	"
Quartaut. Grand.	Dans tout Et la	l'Orléanois Champagne	Sans divisions	Vins	108	"
Quartaut	Dans tout	l'Orléanois	Idem	Idem	96	

Quartaut Petit.	*Dans tout* / *Et la*	*l'Orléanois* / *Champagne*	*Idem*	*Idem*	96	”
Quarto	*Venise*	*Italie*	*Sans divisions.*	*Idem*	2	”
Quarteron	*Geneve*	*Suisse*	2 *pots*	*Tous liquides.*	4	*environ*
Quartelin	*Cassel,*	*Allemagne*	4 *Mass*	*Idem.*	$13\frac{3}{4}$	”
Queue	*Orléans*	*Orléanois*	*Deux demi-Queues*	*Vins*	480	”
	Blois	*Blaisois*				
	Macon	*Bourgogne*				
	Nuits	*Idem*				
	Dijon	*Idem*				
	Toute la	*Champagne*	*Idem.*	*Idem*	384	”
	Beaune	*Bourgogne*	*Idem.*	*Idem*	500	”
Quintal	*Rouen*	*Normandie*	*On y joint pour tarre* 10 *pour* 100.	*Miel*	”	110
			Idem.	*Eau de vie.*	”	110
	Lyon	*Lyonnois*	*Tarre de* 15 *pour* 100.	*Huile.*	”	115
	Bordeaux	*Bordelois*	*Tarre de* 17 *pour* 100.	*Huile.*	”	117
	Nancy	*Lorraine*	*Tarre de* 8 *pour* 100.	*Idem*	”	108
R.						
Robe	*Cadix*	*Espagne*	*Se divise en livres*	*Idem.*		10
Roder	*Cologne*	*Allemagne*	2 *Feoders* ½ de 6 ames chacun.	*Bierre.*	1600	”
Roquille	*Par toute la France*		*Elle forme la* 16e *part de la pinte de Paris.*	*Tous liquides.*	$\frac{1}{16}$	”
Rotolis	*Palerme*	*Sicile*	*Sans divisions*	*Huile.*	$1\frac{4}{7}$	”
Rub	*Rome*	*Italie*	7 *bocals* ½	*Idem*	$8\frac{1}{2}$	”
Rube, ou Rubs.	*Livourne*	*Idem*	*Idem*	*Idem*	8	”
	Genes	*Idem*	*Se divise en livres*	*Huile*	”	$16\frac{1}{2}$

TABLE DES MESURES POUR LES LIQUIDES.

MESURES.	VILLES, &c.	ETATS.	DIVISIONS, &c.	LIQUIDES.	Réductions. Pintes.	Réductions. Poids.
Suite du Rub, Rube, ou Rubs. S.	*Turin*	*Piémont*	*Se divise en livres*	*Huile*	”	18 $\frac{3}{4}$
	Nice	*Sardaigne*	*Idem*	*Idem*	”	15 $\frac{3}{4}$
	Grace	*Languedoc*	*Idem*	*Idem*	”	16
Salme	*Palerme & Messine*	*Sicile*	*Sans divisions*	*Tous liquides.*	25	”
	Naples	*Italie*	*Se divise en 8 barils.*	*Vins*	320	”
			Se divise par livres.	*Huile*	”	51 $\frac{3}{4}$
Saum	*Basle*	*Suisse*	3 *ohms*	*Tous liquides.*	252	”
Scandal	*Marseille*	*Provence*	*Sans divisions*	*Idem*	5 $\frac{1}{2}$	”
Seilten	*Vienne*	*Autriche*	*Idem.*	*Pour Vins*	2	”
Septier	*Le septier de Jaugeage se compte dans toute la France.*			*Et pour tous les liquides*	8	”
	Observations sur les quantités de septiers qui se trouvent à diverses Jauges.	36 *septiers pour le muid de Paris.*		*Vins*	8	”
		18 … *à la feuillette*	*Idem.*			
		9 … *au quart*	*Idem.*			
		4 $\frac{1}{2}$ … *au demi quart*	*Idem.*			
		27 … *à la queue d'Orléans*				
		13 $\frac{1}{2}$ … *au quart*	*Idem.*			
		6 $\frac{3}{4}$ … *au* $\frac{1}{2}$ *quart*	*Idem.*			
		54 … *à la pipe*	*Idem.*			
		24 … *à la demi-queue de Champagne*				
		12 … *au quartaut*	*Idem.*			
		6 … *au demi-quartaut*	*Idem.*			
	Paris & presque toute la France.	*On y entend par septier la demi-pinte* [illegible]				

			forme le quart de la dite pinte.	Tous liquides	½	„
Suite du Septier.	Geneve	Suisse	24 quart. de 2 pots.	Idem	192	„
	Berne	Idem	3 muids	Idem	240	„
	Montpellier	Languedoc	Se divise en pintes.	Idem	32	„
	Jarnac	Aunis	Idem	Idem	8	„
	Orléans	Orléanois	Idem	Idem	8	„
	Neufchâtel	Suisse	16 pots $\frac{2}{3}$	Idem	21 $\frac{2}{3}$	„
Soma	Ancone.	Italie	120 mingles d'Holl.	Vins & huiles.	240	„
Staro	Florence	Toscane	3 Barils de 20 fiasques,	chacun	57	„
Stekan	Amsterdam	Hollande	16 mingles	Tous liquides.	32	„
Stof ou Stop	Breslaw	Silésie	4 quarts	Idem	4 $\frac{3}{5}$	„
	Dantzick	Pologne	Sans divisions	Idem	3 $\frac{3}{10}$	„
	Riga	Livonie	Idem	Idem	2	„
	Stockolm	Suede	Idem	Idem	2 $\frac{1}{5}$	„
Stopen	Anvers	Brabant	2 $\frac{5}{8}$ mingles d'Hol.	Idem	5 $\frac{5}{8}$	„
Stubgen	Hanovre	Allemagne	8 Nœsels	Idem	6 $\frac{1}{2}$	„
	Brunswick	Idem	Pour tous	Liquides	6	„
	Lubeck	Idem	Idem	Idem	6	environ
T.						
Teman.	Mocka	Arabie	40 Memecdas	Huile &c.	60	„
Tonne	Lille	Flandre	30 Lots, ou Pots	Huile, Colzat	60	„
Tonneau de Mer.	Le tonneau de mer, appelé aussi l'ast, est partout usité, en Europe, pour Fret ou Nolis.	Bretagne	Pour toutes marchandises		„	2200
		Presque toute la France	Idem			2000
		En Hollande, Danemarck, Suede, Pologne & tout le Nord.	Pour toutes marchandises		„	4000

TABLE DES MESURES POUR LES LIQUIDES.

MESURES.	VILLES, &c.	ETATS.	DIVISIONS, &c.	LIQUIDES.	Réductions. Pintes.	Réductions. Poids.
Tonneau des Liquides.	*Lisbonne*	*Portugal*	25 *ſtekans* $\frac{1}{2}$. . . .	*Vins, huiles.*	520	"
	Alicante	*Eſpagne*	2 *bottes, de chacune* 18 *ſtekans.* . . .	*Idem*	734	"
	Rouen	*Normandie*. . .	*On déduit* 20 *pour* 100 *de tarre*	*Huile*	"	1400
	Bordeaux. . . .	*Bordelois* . . .	4 *Barriques*	*Vins*	1000	"
			6 *Pipots*	*Miel*	"	240
	Orléans	*Orléanois* . . .	2 *Muids de Paris* . .	*Vins*	576	"
	Bourges	*Berry*				
	La	*Hollande* . . .	6 *Ams de* 4 *ankers, ou* 5 *muids* $\frac{5}{9}$ *de Paris.*	*Vins, bierre.*	1600	"
	Angleterre, Irlande, Ecoſſe . . .		252 *Gallons, ou* 3 *muids* $\frac{1}{2}$ *de Paris* . . .	*Idem*	1008	"
	La Rochelle . .	*Aunis*	73 *Weltes*	*Vins*	256	"
	Nantes	*Bretagne* . . .	2 *Pipes de deux barriques, la barrique de* 120 *Pots*	*vins, eaudevie*	960	"
W.						
Welte, Verge, ou Wilte.	*Paris & preſque toute la France.*		4 *Pots*	*Tous liquides.*	8	"
	La Flèche . . .	*Perche*	4 *Pots*	*Idem*	7 $\frac{1}{2}$	"
	Angers	*Anjou*	*Pour tous guides* . .	*environ* . . .	7 $\frac{1}{3}$	"
	Loudun	*Poitou*	*Idem*	*Juſte*	8	"
	La Rochelle . .	*Aunis.*	*idem*	*Idem.*	34	"

Suite des	*Bayonne*	*Bayonnois*	*Idem*	*Tous liquides*	5 [illegible]	»
	Montpellier	*Languedoc*	*Idem*	*Idem*	6	»
Welte, Verge	*Nerac*	*Gascogne*	*Idem*	*Idem*	6	»
& Wilte	*Pezenas*	*Languedoc*	*Idem*	*Idem*	$8\frac{3}{4}$	»
	Saintes	*Saintonge*	*Se divise par Pintes*	*Idem*	8	»
	Saumur	*Saumurois*	*Idem*	*Idem*	$8\frac{2}{3}$	»
	Angoulême	*Angoumois*	*Idem*	*Idem*	8	»
	La Tremblade	*Saintonge*	*Idem*	*Idem*	9	»
	Coignac	*Angoumois*	*Idem*	*Idem*		
Viertel	*Zurick*	*Suisse*	16 *maas*	*Idem*	35	»
Zorzec	*Cracovie*	*Pologne*	16 *Kuskas*	*Idem*	160	»

OBSERVATION.

Nous indiquons au mot tonneau de cette table, les poids communs des Tonneaux de Mer pour Frêt, ou Nolis, & nous croyons devoir informer, en outre, nos Lecteurs que, malgré cette indication juste, l'usage est qu'on ne paye de frêt que 15 onces à la livre de 16, ou que sur le pied de 93 livres, quoiqu'il y ait 100 livres pesant de marchandises voiturées.

CHAPITRE V.

TABLE considérable de Rapports des Monnoies étrangeres à celles de France, ou leurs Réductions en livres, sols, deniers & fractions de deniers tournois.

Noms des Monnoies.	Lieux où elles sont usitées.	Valeur en argent de France. Livres.	Sols.	Deniers.	Fractions.
A.					
Abagy	*Georgie*	1	16	”	”
Abassy	*Ispahan*	2	12	”	”
Abrat	*Constantinople.*	”	14	6	”
Achtealber	*Prusse*	”	6	8	”
Albus	*Cologne*	”	1	4	$\frac{8}{13}$
Altin	*Moscow*	”	3	”	”
	St. Petersbourg.	”	2	5	$\frac{7}{10}$
	Cologne	”	1	4	$\frac{8}{13}$
Atnas.	*Bengale*	”	3	1	[illegible]
Atche.	*Turquie*	”	”	4	[illegible]
Aspre	*Alger*	”	”	5	[illegible]
	Smyrne	”	”	6	”

Noms des Monnoies.	Lieux où elles sont usitées.	Valeur en argent de France. Livres.	Sols.	Deniers.	Fractions.
Asselany	*Smyrne*	”	7	6	”
	Alep	”	15	”	”
	Constantinople	2	17	6	”
Auguste d'or	*Leipsick*	20	”	”	”
B.					
Baché	*Berne*	”	3	”	”
	Zurick	”	3	1	$\frac{1}{2}$
Bajoir d'argent.	*Geneve*	”	6	5	”
Balzen	*Strasbourg*	”	2	8	”
	Franconie	”	2	2	”
Banquille	*Maroc*	”	4	2	$\frac{6}{7}$
[illegible]	*Cambaye*	2	[illegible]	”	”

Batz	Francfort-sur-le-Mein	”	2	11	”
	St. Gall Ord.	”	4	”	”
	St. Gall Bon.	”	5	”	”
Batze	Basle, ou Bâle	”	3	4	”
Bayoque	Ancone	”	1	”	$\frac{1}{2}$
	Rome	”	1	3	”
	Bologne	”	1	”	”
Bayoquelle	Rome	”	5	”	”
Bazzo	Allemagne	”	1	6	”
Belisck	Constantinople.	”	2	9	$\frac{1}{3}$
Bezo	Venise	”	”	3	”
Bissy.	Ispahan	”	6	6	”
Biza.	Pegu en Asie.	5	5	5	”
Blammyser, ou ½ Escalin.	Pays-Bas.	”	6	3	”
Blankil	Barbarie.	”	2	6	”
Blare	Berne	”	2	1	”
Bolognini.	Bologne	”	1	”	”
Bolse de Perse.	Ispahan	75000	”	”	”
Bourse	Turquie	1500	”	”	”
C.					
Cabeche double.	Ispahan	”	1	”	”
Cabeche simple.	Idem	”	”	6	”
Caboletto	Genes	”	4	”	”
Cachequadruple	Pondichery	”	3	”	”
Cache simple	Idem	”	”	9	”
Camp-ner-daller	Hollande	2	17	”	”

Caragrouch	Constantinople	3	”	”	”
	Smyrne	4	”	”	”
Carbeani	Georgie	”	3	4	”
Carl de Brunswick.	Berlin	20	”	”	”
Carl	Brunswick	18	15	2	$\frac{10}{35}$
Carlin	Naples	”	8	4	”
	Palerme	”	8	”	”
Carlin ancien.	Rome	”	7	10	$\frac{1}{2}$
Carlin neuf de cinq Pistoles	Turin	132	”	”	”
Demi-Carlin.	Idem	66	”	”	”
Carolin double & de composition	Rome	”	18	9	”
Carolin	Stockolm.	”	1	7	”
Cauris	Bengale	”	”	”	$\frac{60}{258}$
Chaouri	Perse	”	4	7	”
Cheriffin de Turquie.	Cambaye	12	”	”	”
	Constantinople.	10	”	”	”
	Ispahan	9	13	4	”
	Smyrne	9	15	”	”
Choustak	Pologne	”	8	”	”
Christine d'argent.	Suede	1	5	”	”
Clam	Perse	”	1	”	”
Coban	Japon	51	12	8	”
Cockien	Idem	8	”	”	”
Condrinck	Pekin	”	5	1	$\frac{1}{5}$
Copeck d'or	Moscovie	1	19	8	”

NOMS DES MONNOIES.	Lieux où elles sont usitées.	Valeur en argent de France. L.	S.	D.	F.
Copick ou Copeck.	*St. Petersbourg.*	„	„	9	$\frac{9}{10}$
Copick	*Moscow*	„	1	„	„
Coupan	*Indes*	„	9	5	„
Couronne	*Danemarck*	3	13	8	„
	Angleterre	5	15	11	„
	Anvers	5	15	8	$\frac{28}{49}$
Creuson	*Milanois*	5	16	„	„
Creutzer, Criche ou Kreutzer.	*Auguste*	„	„	10	$\frac{2}{5}$
	Berne	„	„	10	$\frac{9}{10}$
	Bolzam	„	1	„	[illegible]
	Breslaw	„	„	1	[illegible]
	Bude	„	„	10	[illegible]
	Cologne	„	„	8	$\frac{1}{15}$
	Francfort sur le Mein.	„	„	8	$\frac{8}{11}$
	Mantoue	„	„	10	$\frac{1}{5}$
	Munick	„	„	10	„
	Nuremberg	„	„	10	[illegible]
	Prague	„	„	10	[illegible]
	St. Gall	„	„	9	[illegible]
	Strasbourg	„	„	8	[illegible]
	Vienne	„	„	10	[illegible]
	Zurich	„	„	10	[illegible]

NOMS DES MONNOIES.	Lieux où elles sont usitées.	Valeur en argent de France. L.	S.	D.	F.
Crohol	*Suisse*	3	15	„	„
Croisat	*Ancone*	6	10	„	„
	Genes	7	5	11	„
Croisade neuve en or & argent.	*Lisbonne*	3	„	„	„
dito de change.		2	10	„	„
demi-Croisade neuve.	*Idem*	1	10	„	„
dito de change.		1	5	„	„
Croon simple, ou Thaler.	*Coppenhague.*	3	4	„	$\frac{17}{24}$
Crown	*Londres*	5	12	6	„
D.					
Daelder	*Hambourg.* imaginaire.	3	„	3	[illegible]
	Hambourg. banco.	3	11	„	„
Idem	*Kœnisberg*	2	16	„	„
Daldre, ou Daller	*Alep*	„	7	6	„
	Amsterdam	3	4	1	„
	Berlin	3	15	„	„
	Cracovie	3	18	2	„
	Smyrne	[illegible]	7	8	„

Dalare, ou *Daller.*	*Stockolm.*	de banque	6	8	”	”
		de cuivre	”	18	”	”
		courant.	4	1	1	”
Da-Otio	*Genes*		”	”	6	$\frac{1}{9}$
Denier	*Amsterdam & Anvers*	denier de gros.	”	1	”	$\frac{7}{8}$
	Barcelonne.	catalan.	”	”	1	$\frac{8}{18}$
	Hambourg.	de gros.	”	1	1	$\frac{5}{16}$
	Lille	*Idem.*	”	”	7	$\frac{1}{2}$
	Livourne.	denier d'or.	”	”	5	$\frac{1}{18}$
	Londres.	denier sterling.	”	1	10	$\frac{1}{2}$
	Midelbourg.	de gros	”	1	”	$\frac{5}{12}$
		commun	”	”	2	$\frac{1}{6}$
	Milan.	impérial	”	”	1	$\frac{4}{171}$
		courant.	”	”	”	$\frac{61}{80}$
	St. Gall		”	”	6	”
	Turin		”	”	1	$\frac{1}{10}$
	Valence		”	”	3	$\frac{9}{17}$
	Venise.	courant	”	”	”	$\frac{1}{2}$
		banco.	”	”	10	$\frac{11}{12}$
Dimpb	*Pologne*		”	15	”	”
Doubla	*Barbarie*		”	12	”	”
Drachen	*Prusse*		”	”	10	$\frac{2}{3}$

Ducat évalué à	*Amsterdam*	11	4	5	”
Ducat impérial neuf.	*Anvers*	11	1	3	$\frac{9}{20}$
Ducat d'Autriche.	*Idem*	10	16	8	$\frac{4}{10}$
Ducat Kremnitz.	*Idem*	11	2	2	$\frac{46}{49}$
Ducat d'argent.	*Idem*	6	11	3	$\frac{9}{19}$
Ducat	*Ausbourg ou Auguste.*	10	13	4	”
Ducat	*Barcelonne*	2	14	”	$\frac{8}{10}$
Ducat	*Bary*	5	3	4	”
Ducat	*Basle, ou Bâle.*	10	12	6	”
Ducat	*Berne*	10	15	10	”
Ducat, ou Hongre.	*Bologne*	9	”	”	”
Ducat d'Allemagne.	*Breslaw*	10	13	4	”
Ducat	*Bresme., ou Bremen.*	10	18	8	”
Ducat	*Brunswick*	10	6	4	$\frac{9}{35}$
Ducat	*Bude*	10	10	”	”
Ducat d'argent ancien.	*Cadix*	5	5	10	”
Ducat nouveau.	*Idem*	4	2	6	”
Ducat de change.	*Idem*	5	3	6	$\frac{1}{2}$

TABLE DE RAPPORTS DES MONNOIES ETRANGERES.

Noms des Monnoies	Lieux où elles sont usitées.	Valeur en argent de France. L.	S.	D.	F.
Ducat de Veillon.	de Cadix.	2	15	1	13/17
Ducat d'or Espece	Coppenhague	10	10	11	2/3
Ducat courant.	Idem	7	10	8	1/3
Ducat de 1757.	Idem	8	14	4	״
Ducat d'Hollande cordonné.	Cracovie	15	12	8	״
Ducat d'Hongrie.	Idem	14	15	4	1/3
Ducat d'Allemagne, Hongrie & Suede.	Bely.	12	5	״	״
Ducat de Maroc, du Caire & Salé.	Idem	12	״	״	״
Ducat	Florence	5	10	3	״
Ducat d'or	Hambourg	10	13	6	״
Ducat de George I.	Hanovre	11	4	10	״
Ducat de George II.	Idem	10	17	1	״
Ducat d'Hon- [illegible]	Ispahan	[illegible]	7	[illegible]	[illegible]

Noms des Monnoies.	Lieux où elles sont usitées.	Valeur en argent de France. L.	S.	D.	F.
Ducat de Perse.	Ispahan	4	8	״	״
Ducat de Venise	Idem	4	13	9	״
Ducat d'or	Kœnisberg	12	12	״	״
Ducat de Dantzick.	Idem	8	8	״	״
Ducat de Kœnisberg.	Idem	1	13	7	1/5
Ducat	Leipsick	8	״	״	״
Ducat	Liege	10	12	6	״
Ducat d'or, ou Ecu.	Lucques	4	״	״	״
Ducat	Malte.	12	10	״	״
Ducat d'or	Moscow	10	״	״	״
Ducat	Munick	10	״	״	״
Ducat	Naples	4	3	4	״
demi Ducat	Idem	2	1	8	״
Ducat	Palerme	10	8	״	״
Ducat de change.	Idem	4	״	״	״
Ducat	St. Petersbourg.	8	5	״	״
Ducat	Prague	10	12	״	״
Ducat	St. Gall	7	5	10	1/7
Ducat d'or	Stockolm	18	18	״	״

Ducat de Plate ou courant	*Idem*	3	2	”	”
Ducat banco.	*Idem*	1	16	”	”
Ducat ordinaire	*Vienne*	11	”	”	”
Ducat	*Zurich*	10	12	6	”
Ducat à 2 têtes	*Idem*	10	15	”	”
Ducat ou Ecu simple.	*Idem*	10	”	”	”
Ducaton d'argent.	*Amsterdam*	6	15	2	”
Ducaton	*Anvers*	6	10	4	$\frac{44}{49}$
Ducaton	*Livourne*	5	18	”	$\frac{4}{5}$
Ducaton	*Bologne*	5	2	”	”
Ducaton	*Moscow*	6	”	”	”
Ducaton ou Ecu du Pape.	*Idem*	5	2	”	”
Ducaton.	*Turin*	6	1	”	”
Ducato.	*Bergame*	3	19	8	$\frac{13}{20}$
Dargen.	*Danemark*	”	4	6	”
Dutter	*Idem*	”	2	8	”
E.					
Ecu.	*Amsterdam.* gros écu	6	8	3	”
	simple.	3	4	1	$\frac{1}{2}$
Ecu ou Croizat.	*Ancône*	6	10	”	”
Ecu de Milan	*Idem.*	5	19	7	”
Ecu du Pape.	*Idem*	5	4	”	”
Ecu blanc	*Breslaw*	4	”	”	”
Ecu d'or.	*Cadix.*	8	17	10	”

Ecu de Veillon.	*Idem*	2	10	”	”
Ecu de 60 sols tournois.	*Cambaye.*	2	18	”	”
Ecu espece	*Coppenhague*	5	10	6	$\frac{1}{9}$
Ecu d'or.	*Florence*	6	6	8	”
Ecu.	*Bologne*	5	2	”	”
Ecu de 10 Jules.	*Florence*	5	5	”	”
Ecu ou genonime.	*Genes*	7	6	11	$\frac{3}{5}$
Demi-Ecu.	*Idem*	3	13	5	$\frac{4}{5}$
Quart dito	*Idem*	1	16	8	$\frac{9}{10}$
Ecu de Suisse nouveau.	*Berne.*	6	”	”	”
Ecu de change.	*Idem*	5	”	”	”
Ecu courant. Patagon	*Geneve*	5	”	”	”
Ecu d'argent	*Hanovre.*	5	13	9	”
Ecu espece.	*Idem*	5	11	3	”
Ecu d'argent	*Koënisberg*	8	8	”	”
Ecu.	*Liege*	4	”	”	”
Ecu d'or	*Livourne*	5	10	3	”
Ecu	*Milan.*	5	19	9	”
Ecu de 6 livres.	*Nancy.*	6	”	”	”
Ecu de Lorraine	*Idem.*	2	5	”	”
Ecu de France.	*Idem*	3	”	”	”
Ecu de Sicile.	*Naples.*	5	”	”	”
Ecu d'Empire.	*Nuremberg*	5	6	8	”

TABLE DE RAPPORTS DES MONNOIES ETRANGERES.

Noms des Monnoies.	Lieux où elles sont usitées.	Valeur en argent de France. L.	S.	D.	F.
Ecu courant d'argent.	Palerme	9	12	”	”
Ecu de 6 livres.	Paris	6	”	”	”
Ecu de 3 livres.	Idem	3	”	”	”
Ecu romain.	Rome	5	5	”	”
Ecu d'estampes.	Idem.	7	17	6	”
Ecu demi-rom.	Idem.	2	12	6	”
Ecu de France.	Smyrne	3	”	”	”
Ecu neuf.	Turin	6	12	6	”
Ecu vieux	Turin	6	1	”	”
Ecu de 1733 à 1753.	Idem	5	10	”	”
Ecu de la Croix.	Venise.	6	4	”	”
Ecu	Vienne.	4	”	”	”
Ecu ou Thaler.	Zurich.	5	”	”	”
Ecu dit Ducat.	Idem.	10	”	”	”
Ecu.	Londres	5	12	6	”
Ecu.	S. Gall.	4	10	”	”
Escalin ou Schelling.	Anvers.	”	12	10	14/49
Escalin double.	S. Domingue.	1	”	”	”
Escalin.	Idem	”	10	”	”
Voyez Skalin.					

Noms des Monnoies.	Lieux où elles sont usitées.	Valeur en argent de France. L.	S.	D.	F.
Fanos d'argent.	Pondichery	”	4	”	”
Fardin	Angleterre	”	”	6	”
Fardos.	Bantaim en Asie	3	”	”	”
Fayole.	Japon	10	”	”	”
Felours	Barbarie	”	2	6	”
Fenin ou Pfening	Breslaw	”	”	2	1/3
	Cracovie. Fenin	”	”	”	16/27
	Cracovie. Pfening.	”	”	10	2/3
	Francfort sur le Mein.	”	”	2	2/11
	Hanovre	”	”	2	1/8
	Leipsick	”	”	3	1/3
	Liége	”	”	”	15/16
	Nuremberg	”	”	2	2/3
	S. Gall	”	”	3	”
	Strasbourg.	”	”	2	”
	Vienne.	”	”	2	2/3
Fetmen	Allemagne	”	6	8	”
Flamisch.	Hambourg	15	7	11	”
Florin courant.	Amsterdam	2	2	9	”
Florin de gros, dit Gulde	Idem	12	17	6	”
Florin	Anvers.	1	16	8	[illegible]/11
	Ausbourg ou				

Florin de change, dit livre.	Berlin	1	5	,,	[illegible]
Florin de Brandebourg.	Idem	2	12	,,	,,
Florin	Berne	,,	12	,,	,,
Florin goulde.	Idem	2	14	6	,,
Florin réel	Bolzam ou Bolzano	3	3	4	,,
Florin imaginaire.	Idem	2	12	,,	$\frac{8}{9}$
Florin	Breslaw	2	13	4	,,
Florin	Brunswick	2	10	,,	$\frac{11}{33}$
Florin	Bude	2	12	6	,,
Florin	Cleves	1	6	5	$\frac{5}{7}$
Florin courant.	Cologne	3	18	,,	,,
Florin de change.	Idem	2	3	,,	,,
Florin	Cracovie	1	6	,,	$\frac{3}{31}$
Florin	Curaçao	2	2	9	,,
Florin	Dantzick	,,	17	10	$\frac{1}{2}$
Florin	Francfort-Mein	2	3	7	$\frac{1}{2}$
Florin	Geneve	,,	9	6	$\frac{1}{7}$
Florin double d'or.	Hanovre	16	10	3	,,
Florin bon	Idem	2	14	4	,,
Florin ordinaire	Idem	2	16	2	,,
Florin faux	Idem	,,	[illegible]	2	,,

Florin d'or	[illegible]	6	5	,,	,,
Florin	Idem	1	5	,,	,,
Florin	Lille	1	5	,,	,,
Florin	Mantoue	2	11	,,	,,
Florin	Midelbourg	2	2	,,	,,
Florin ou Gulden.	Munick	2	10	,,	,,
Florin.	Nuremberg	2	13	4	,,
Florin ordinaire	Palerme	4	16	,,	,,
Florin ou Gulden	Prague	2	13	,,	,,
Florin, Espece.	St. Gall	2	14	6	$\frac{1}{7}$
Florin courant, ou de change.	Idem	2	5	3	,,
Florin, ou goulde	Strasbourg	2	,,	,,	,,
Florin	Trieste	2	7	4	,,
Florin, ou goulde	Vienne	2	13	4	,,
Florin	Zurich	2	10	,,	,,
Fluce	Maroc	,,	,,	2	$\frac{20}{35}$
Fouang	Siam	,,	4	8	$\frac{1}{4}$
Francesconi	Toscane	6	13	4	,,
Frédéric d'or.	Idem	18	15	,,	,,
G.					
Gandas	Bengale	,,	,,	,,	$\frac{140}{250}$
Gazana	Indes	,,	2	10	,,
Genonine	Genes, entier.	7	6	11	[illegible]
	Genes, demi.	3	13	5	[illegible]
	Genes, quart.	1	16	8	[illegible]

TABLE DE RAPPORTS DES MONNOIES ETRANGERES.

Noms des Monnoies.	Lieux où elles sont usitées.	Valeur en argent de France. L.	S.	D.	F.
Gingerli, ou Zeramabouck.	Constantinople.	6	17	5	$\frac{5}{8}$
Goulde	Berne. dite flor.	2	14	6	»
	Berne. d'empire	2	12	10	»
	Strasbourg	2	»	»	»
	Vienne entiere.	2	13	4	»
	Vienne demie.	1	6	8	»
Grace	Florence / Livourne	»	1	3	$\frac{3}{4}$
Grain	Barry	»	1	»	$\frac{3}{5}$
	Malthe	»	»	5	»
	Naples.	»	»	10	»
	Palerme.	»	»	9	$\frac{3}{5}$
Grif, ou Grive.	Moscow	»	10	»	»
	St. Pétersbourg.	»	8	3	»
Gros & Silver-gros.	Berlin.	»	»	10	»
	Breslaw, le Silvergros.	»	2	8	»
	Bresmes	»	1	1	$\frac{1}{3}$
	Cracovie	»	»	10	[illegible]
	Hanovre	»	3	5	[illegible]
	Koenisberg	»	»	11	$\frac{3}{4}$
	Venise. G. Banco.	»	4	»	»
	Venise. Dito				

Noms des Monnoies.	Lieux où elles sont usitées.	Valeur en argent de France. L.	S.	D.	F.
Gros Schoch. Bohémien	Prague.	7	19	»	»
Grossi	Bergame.	»	2	10	$\frac{25}{40}$
Grown, ou Ecu.	Londres	5	12	6	»
Guinée neuve.	Londres	24	5	»	»
Gulde	Amsterdam	12	17	6	»
Gulden	Allemagne	2	10	»	»
H.					
Heller	Cologne	»	»	2	$\frac{1}{60}$
	Zurich.	»	»	1	$\frac{1}{4}$
Hongre	Ancône. L'Hongre. d'Hongrie.	8	14	2	»
	Bologne. Idem.	9	»	»	»
	Venise. Dito d'Hongrie, d'Empire & d'Hollande	10	10	»	»
	Hongrie & Autrich. Hongre. Kremenitz.	10	6	5	$\frac{2}{5}$
	Turquie. Hongre Sultanin	9	15	»	»

Monnoie	Pays					Livre	Lieu				
Imperial . .	St Petersbourg.	1	5	[illegible]	,,	Livre de gros	Amsterdam	12	17	8	5
	Bassora . . .	4	8	6	,,	Livre de Florence.	Ancone.	,,	15	7	,,
Isolote . . .	Constantinople, Vieille. . .	2	9	9	6/8	Livre catalane.	Barcelonne . .	1	9	,,	1/8
	Idem, Neuve. .	2	4	3	5/8	Livre. . . .	Bergame . .	,,	16	5	9/10
	Smyrne. . . .	2	15	,,	,,	Livre ordinaire.	Berne . . .	1	13	4	,,
Jule, Paule ou Paoli.	Florence. . . .	,,	10	6	,,	Livre nouvelle.	Idem	1	,,	,,	,,
	Livourne. . . .	,,	10	6	,,	Livre	Bologne . . .	1	,,	,,	,,
	Rome.	,,	10	6	,,	Livre courante.	Florence . . .	,,	16	,,	2/3
	Ancone. . . .	,,	10	5	,,	Livre d'or. . .	Idem	5	1	2	2/3
	Bologne. . . .	,,	10	,,	,,	Livre de banque	Genes . . .	,,	19	,,	4/9
Justine . . .	Venise.	5	10	,,	,,	Livre courante.	Idem	,,	15	5	3/5
K.						Livre de deux.	Idem	1	10	11	1/5
Keizer-groche. .	Prusse.	,,	,,	10	2/3	Livre courante.	Geneve . . .	1	13	4	,,
Konning. . . .	Allemagne. . .	5	5	5	,,	Livre de gros ou Flamisch.	Hambourg . .	15	7	11	,,
Kreutzer. . . .	Voyez creutzer.										
Kupper-Thaler.	Suede.	,,	18	,,	,,	Livre de gros . .	Lille	7	10	,,	,,
L						Livre d'or . . .	Livourne . . .	5	1	2	11/15
Lack	Ispahan. . . .	2700	,,	,,	,,	Livre commune.	Idem	,,	16	,,	5/8
Laris.	Idem.	1	6	,,	,,	Livre sterling.	Londres . . .	22	10	,,	,,
Leuwe-daalders.	Monnoie faite en Hollande, pour Smyrne & autres échelles du Levant. . . .	2	2	,,	,,	Livre	Lucques . . .	,,	15	3	,,
						Livre de gros.	Midelbourg . .	12	12	,,	,,
						Livre Imperiale	Milan . . .	1	,,	5	1/2
						Livre courante.	Idem	,,	15	3	,,
Liard.	France.	,,	,,	3	,,	Livre de Lorraine.	Idem	,,	15	,,	,,
Liarraza. . . .	Venise.	,,	15	,,	,,	Livre effective.	Turin . . .	1	2	,,	,,
Lingondas. . .	Bengale	,,	,,	9	,,	Livre	Valence . . .	3	17	5	,,

TABLE DE RAPPORTS DES MONNOIES ETRANGERES.

Noms des Monnoies.	Lieux où elles sont usitées.	Valeur en argent de France. L.	S.	D.	F.	Noms des Monnoies.	Lieux où elles sont usitées.	Valeur en argent de France. L.	S.	D.	F.
Livre courante.	*Venise.* courante	,,	10	,,	,,	*Lyon.*	*Constantinople.*	3	,,	,,	,,
	banco.	19	4	,,	,,	M					
Livre d'Irlande	*Dublin*	20	17	7	1/7	*Maydin*	*Egypte*	1	1	8	,,
L'or.	*Ispahan.*	8	8	,,	,,	*Majou*	*Siam*	,,	9	4	[illegible]
Lort de Dantzick.	*Kœnisberg*	8	8	,,	,,	*Malmady*	*Cambaye*	1	4	,,	,,
						Malmoudy.	*Dely*	1	,,	,,	,,
Lort de Pologne	*Idem*	8	8	,,	,,	*Mamoudy.*	*Perse*	,,	12	,,	,,
Louis double	*St. Domingue.*	42	,,	,,	,,	*Maravedis*	*Espagne*	,,	,,	1	13/17
Louis quadruple	*Idem.*	84	,,	,,	,,	*Marc.*	*Bremes, ou Bremen.*	1	6	8	,,
Louis simple	*Idem*	21	,,	,,	,,						
Louis d'or de France.	*Dely*	23	8	,,	,,	*Marc*	*Coppenhague.* lubz.	1	10	1	[illegible]
							danois.	,,	15	,,	[illegible]
Louis d'or mirliton.	*Geneve*	18	15	,,	,,	*Marc*	*Ambourg.* Lubz	1	15	6	,,
							courant.	1	10	1	[illegible]
Louis de France	*Ispahan*	24	,,	,,	,,	*Marc.*	*Stockolm.* d'argent.	,,	13	6	,,
Louis de France	*Nancy*	24	,,	,,	,,		de cuivre.	,,	4	6	,,
Louis blanc de France.	*Nuremberg*	5	6	8	,,		Suédois.	,,	13	6	,,
						Mariengros	*Hanovre*	,,	2	6	,,
Louis double.	*Paris*	48	,,	,,	,,	*Mariengrosche.*	*Empire*	2	,,	2	
Louis simple.	*Idem.*	24	,,	,,	,,	*Mariengrosche.*	*Brunswick*	,,	2	1	,,
Louis demi	*Idem*	12	,,	,,	,,	*Masse*	*Pekin*	,,	15	3	[illegible]
Louis d'or de	[illegible]	24	[illegible]	[illegible]	[illegible]	*Mayon*	*Siam*	,,	16	[illegible]	[illegible]

Monnoie	Lieu				
Monaco	Italie	2	18	”	”
Morisquedouble	Alger	1	”	”	”
Moscockon, ou Moscoque.	Moscow	”	”	6	”
	St. Pétersbourg.	”	”	4	$\frac{19}{25}$
O.					
Oban	Japon	154	18	”	”
Ochavo	Espagne.	”	”	3	$\frac{9}{17}$
Oer d'argent.	Stockholm.	”	1	8	”
Oer de cuivre	Idem.	”	”	3	$\frac{1}{2}$
Once	Naples.	12	10	”	”
	Palerme.	24	”	”	”
Ongul	Samarcande, en Asie.	”	2	1	”
Onlinck	Constantinople.	”	5	6	$\frac{2}{8}$
Oort	Danemarck	6	5	”	”
Ort	Ispahan.	13	”	”	”
Ottava	Turin	”	16	6	”
Ottavo	Génes	”	18	4	”
P.					
Pagode d'or	Pondichery	8	5	”	”
Pagode	Madras	9	5	1	”
Parat	Alep, Constantinople, Smyrne	”	1	6	”
Parat, ou Medine.	Constantinople.	”	1	7	$\frac{2}{8}$
Parpayole	Genes	”	1	6	$\frac{2}{3}$
Pata	Avignon	”	”	1	$\frac{7}{12}$

Monnoie	Lieu				
Patagon, ou Ecu	Liege	5	3	1	[illegible]
Pataque	Alger	5	6	8	”
Pataque, ou demi-Ducat.	Naples	2	1	8	”
Pataque	Lisbonne	1	10	”	”
Patar	Liege	”	1	3	1
Patar.	Lille	”	1	3	”
Paule	Ancone	”	10	5	”
	Florence	”	10	6	”
	Livourne	”	10	6	”
Pecha	Indes	”	”	6	”
Pezas	Cambaye Mogol	”	1	”	”
Pezas	Dely, Mogol.	”	1	”	”
Pfenin	Cracovie	”	”	”	$\frac{16}{17}$
Pfenin	Francfort, Mein	”	”	2	$\frac{2}{11}$
Voyez	Fenin				
Philippe	Milan	5	8	6	”
Piastre	Alep	2	15	9	$\frac{1}{2}$
Piastre Algérienne.	Alger	16	”	”	”
Piastre	Ancone	2	”	8	$\frac{5}{8}$
Piastre courante	Barcelonne.	2	”	”	”
Piastre colonaire.	Idem	2	14	5	”
Piastre	Betelfagni	4	8	”	”
Piastre d'Espagne.	Bologne.	3	17	6	”

TABLE DE RAPPORTS DES MONNOIES ETRANGERES.

NOMS DES MONNOIES	Lieux où elles sont usitées.	Valeur en argent de France. L.	S.	D.	F.
Piastre de change.	*Cadix*	3	15	„	„
Piastre forte . .	*Idem*	5	„	„	„
Piastre de Gourde.	*St. Domingue.*	5	10	„	„
Piastreflorentine	*Florence* . . .	4	17	„	„
Piastre de 8 réaux.	*Livourne* . . .	4	17	„	„
Piastre banco.	*Genes*	4	16	„	„
Piastre	*Malthe*	4	3	4	„
Piastre	*Mocka*	4	6	3	½
Piastre	*Palerme, courante.*	8	„	„	„
Piastre	*Idem, imaginaire.*	5	12	„	„
Piastre	*Smyrne*	3	6	8	„
Piastre forte . .	*Espagne* . . .	5	14	3	„
Piastre	*Idem, courante, ou de change.*	3	„	„	„
Piastre d'Espagne.	*Zurich*	5	6	8	„
Picoli	*Ancone*	„	5	2	[illegible]
Picolis	*Palerme*	[illegible]	[illegible]	[illegible]	[illegible]

NOMS DES MONNOIES.	Lieux où elles sont usitées.		Valeur en argent de France. L.	S.	D.	F.
Piece de 2 sols.	*Amsterdam* . .		„	4	3	„
Petite piece . .	*St. Domingue.*		„	5	„	„
Piece	*France*	d'argent	1	4	„	„
			„	12	„	„
			„	6	„	„
		de métal	„	2	„	„
			„	1	6	„
		de cuivre	„	1	„	„
			„	„	6	„
			„	„	3	„
Piece de 4 sols.	*Genes*		„	3	1	⅓
Pieces	*Lisbonne.*	des monnoies d'or.	150	„	„	„
		simple dito.	30	„	„	„
		demie . .	15	„	„	„
		quart . .	7	10	„	„
		de 20 rés	„	2	6	„
	Naples	de 6 ducats.	25	„	„	„
		de 4 dito.	16	13	4	„
		de 2 dito.	8	6	8	„
		de 6 car[illegible]	[illegible]	[illegible]	[illegible]	[illegible]

	Naples	grains.	1	[illegible]	8	»
Suite des *Pieces*	*Rome*	double piece d'or.	31	10	»	»
		simple, neuve.	15	15	»	»
Piecette	*Ancone.*	entiere.	»	10	2	$\frac{1}{2}$
		demie.	»	5	1	$\frac{1}{4}$
		quart.	»	2	6	$\frac{5}{8}$
Pietto	*Espagne*		1	5	»	»
	Malthe		»	»	3	»
Pistole	*Ancone.*	d'Espagne.	15	19	9	»
		d'Italie.	15	5	9	»
	Barcelonne.	de change double,	9	15	»	$\frac{3}{8}$
		courante	20	7	1	$\frac{1}{3}$
		simple.	10	3	6	$\frac{2}{3}$
	Bologne.	d'Espagne.	17	10	»	»
		hors banque.	18	»	»	»
		dito d'Italie.	10	»	»	»
	Breslaw, d'Espagne.		14	13	4	»

		[illegible]blon	18	15	»	»
Suite de la *Pistole*	*Cadix*	double.	37	10	»	»
		quadruple.	75	»	»	»
		d'or de veillon.	3	11	3	$\frac{15}{17}$
			2	15	1	$\frac{12}{17}$
		dechang.	15	2	»	»
Pistole	*Dely, d'Espag.*		15	»	»	»
	Florence.		15	»	»	»
	Genes.	de 8	145	1	5	$\frac{7}{25}$
		de 4	72	10	8	$\frac{16}{25}$
		de 2	36	5	4	$\frac{8}{25}$
		simple.	18	2	8	$\frac{4}{25}$
		demie.	9	1	4	$\frac{2}{25}$
	Geneve.	ancien.	19	3	4	»
		de 1752, 53 & 54.	15	13	8	»
	Ispahan, d'Espagne.		14	19	»	»
	Livourne, de change.		5	1	2	$\frac{2}{5}$
	Milan. Idem.		18	6	»	»
	St. Gall, d'Espagne.		11	10	6	»
	Smyrne. Idem.		15	5	»	»
	Turin.	*Neuve.*	26	8	»	»
		Demie.	13	4	»	»

NOMS DES MONNOIES.	Lieux où elles sont usitées.	Valeur en argent de France. L.	S.	D.	F.
Suites des *Pistoles.*	*Zurich, d'Espagne.*	19	5	,,	,,
Pitte.	*Monnoie imaginaire usitée à St. Quentin, en Picardie, dans le Commerce des toiles.*				
	La grande est de	,,	18	,,	,,
	la petite de	,,	15	,,	,,
Plaper	*Suisse.*	,,	1	,,	,,
Plaquette	*Anvers.*		6	5	7/49
Plodingue	*Moscovie*	,,	,,	6	,,
Ploëte, ou *Rixdale.*	*Stockholm.*	5	8	,,	,,
Pouni.	*Mogol.*	,,	1	8	1/4
Portugaise.	*Lisbonne.* double	80	,,	,,	,,
	Lisbonne. simple.	40	,,	,,	,,
	St. Domingue, au cordon.	44	,,	,,	,,
Publica [illegible]	*Naples.* [illegible]	,,	1	3	,,

NOMS DES MONNOIES,	Lieux où elles sont usitées.	Valeur en argent de France. L.	S.	D.	F.
Q					
Quadruple.	*Barcelonne.*	40	14	2	2/3
	Cadix.	75	,,	,,	,,
	Turin.	42	16	,,	,,
Quadruple d'Espagne	*St. Domingue.*	84	,,	,,	,,
Quartini d'or.	*Rome.*	2	12	6	,,
Quarto.	*Cadix.*	,,	,,	7	1/17
Quatrin.	*Bologne*	,,	,,	2	,,
	Rome.	,,	,,	3	,,
Quattrina.	*Genes.*	,,	,,	3	7/75
R.					
Ratze.	*Suisse.*	,,	1	,,	,,
Réale.	*Barcelonne. Ardit.*	2	11	,,	,,
	Barcelonne. Catulan	,,	4	4	5/8
	Barcelonne. de Platte	,,	5	1	5/6
	Cadix. Mexicaine.	5	,,	,,	,,
	Cadix. de 1718	4	,,	,,	,,
	Cadix. de 4 colonnes.	2	10	,,	,,
	Cadix. Courant	1	,,	,,	,,
	Cadix. de Platte	[illegible]	9	4	[illegible]

Suite de la *Réale.*	*[Cruzade] vieille dix. de veillon.*	,,	5	2	,,
	Buenos-aires.	,,	10	,,	,,
	Arragon	,,	9	4	$\frac{16}{17}$
	Valence	,,	7	8	$\frac{9}{40}$
	Canaries, Corriente.	,,	7	7	$\frac{29}{35}$
Rés.	*Portugal*	,,	,,	3	,,
Rixdale courante.	*Aix-la-Chapelle.*	3	5	1	$\frac{8}{10}$
Rixdale, ou Patagon.	*Amsterdam*	5	6	10	,,
Rixdale, ou Patagon.	*Anvers*	4	8	2	,,
Rixdale de change.	*Ausbourg, ou Auguste.*	4	,,	,,	,,
Rixdale courante.	*Idem*	4	17	3	$\frac{4}{7}$
Rixdale, ou écu.	*Basle, ou Bâle.*	5	,,	,,	,,
Rixdale à la Croix.	*Berlin*	4	15	,,	,,
Rixdale.	*Berne*	5	,,	,,	,,
Rixdale courante.	*Bolzam, ou Bolzano*	4	15	,,	,,
Rixdale imaginaire.	*Idem.*	3	18	1	$\frac{2}{3}$

Rixdale, ou Thaler	*Bresme, ou Bremen*	4	,,	,,	,,
Rixdale	*Bude*	3	18	9	,,
Rixdale d'Empire	*Cambaye.*	4	4	,,	,,
Rixdale, ou Thaler	*Cologne.*	5	8	,,	,,
Rixdale courante, ancienne.	*Coppenhague.*	4	10	5	
Rixdale de banque, ancienne	*Idem*	5	16	,,	$\frac{5}{8}$
Rixdale, espece de 1776, nouvelle.	*Idem*	5	9	1	,,
Rixdale courante, nouvelle.	*Idem.*	4	8	10	,,
Rixdale, ou Reichtaler	*Francfort-sur-le Mein.*	3	5	5	$\frac{1}{3}$
Rixdale courante.	*Hambourg*	5	6	8	,,
Rixdale	*Koënisberg*	4	4	,,	,,
Rixdale, ou Thaler	*Leipsick*	4	,,	,,	,,
Rixdale	*Mantoue.*	3	16	6	,,
Rixdale	*Moscow*	2	14	,,	,,
Rixdale	*Munich*	3	15	,,	,,

TABLE DE RAPPORTS DES MONNOIES ETRANGERES.

Noms des Monnoies.	Lieux où elles sont usitées.	Valeur en argent de France. L.	S.	D.	F.
Rixdale	*Nuremberg*	4	”	”	”
Rixdale	*Prague*	3	19	6	”
Rixdale à la Croix.	*St. Gall*	5	4	6	$\frac{18}{20}$
Rixdale	*Stockolm*	5	8	”	”
Rixdale	*Vienne.*	5	6	8	”
Rouble	*Moscow*	5	”	”	”
Rouble.	*St. Pétersbourg.*	4	2	6	
Roupie.	*Bengale*	2	10	”	”
Roupie.	*Cambaye*	2	8	”	”
Roupie Surate.	*Idem*	1	4	”	”
Roupie d'or du Mogol	*Dely.*	24	16	”	”
Roupie d'argent	*Idem.*	2	8	”	”
Roupie d'or.	*Ispahan*	35	2	”	”
Roupie d'argent.	*Idem*	2	14	”	”
Roupie de Surate	*Pondichery*	2	5	”	”
Roupie de Pondichery.	*Idem*	2	4	”	”
Roupie d'argent.	*Bombain, ou Bombay*	2	7	10	”
Roponi	*Toscane*	33	14	1	”
Rubis	*Barbarie*	10	[illegible]	[illegible]	[illegible]

Noms des Monnoies.	Lieux où elles sont usitées.		Valeur en argent de France. L.	S.	D.	F.
Ruyder S.	*Amsterdam*		29	18	6	”
Sachi	*Samarcande, en Asie.*		”	”	5	”
Schay.	*Ispahan*		”	13	”	”
Schellin, ou Skalin.	*Amsterdam.*	*Skalin, ou Schellin.*	”	12	10	”
	Amsterdam.	*Dito mauvais*	”	11	5	”
	Coppenhag.	*Schellin Lubz*	”	2	6	$\frac{10}{72}$
	Coppenhag.	*Dito Danois.*	”	1	3	$\frac{5}{72}$
	Coppenhag.	*Sckellin ou Sol de gros.*	”	13	4	$\frac{3}{4}$
	Lille.	*Skalin, ou Schellin.*	”	14	”	”
	Lille.	*Dito courant.*	”	7	6	”
	Lion [illegible]	*Sol* [illegible]	[illegible]	[illegible]	[illegible]	[illegible]

Suite du Schellin ou Skalin.	Nuremberg.	Schellin.	”	1	9	1/3
	Strasbourg.	Dito.	”	4	”	”
	Cleves.	Dito.	”	10	”	”
	Zurich.	Schellin, ou Sol.	”	1	3	”
Schnitz	Japon (le)		30	2	9	”
Scudo	Ancone.		5	4	2	”
Scudo	Bergame		3	13	5	3/10
Schser.	Cracovie.		”	5	4	”
Seine, ou Sixain	Genes		”	”	6	1/9
Séquin	Ancone.	du Pape.	11	3	7	”
		nouveau.	9	17	7	”
		vieux.	9	7	2	”
	Cologne.	de Venise	9	10	”	”
	Cambaye.	Idem.	12	”	”	”
	Deli ou Mogol.	de Venise.	12	5	”	”
		de Turquie	10	5	”	”
	Florence		10	10	”	”
	Genes.	de Genes, Venise & Florence	10	8	10	1/28

		...nise.	[illegible]	[illegible]	[illegible]	[illegible]
		Hongre.	10	19	”	”
Séquin	Constantinople.	Fondoncly.	12	6	8	5/8
		Zenzeftis	10	10	”	”
		du Caire	8	5	”	”
		de Tunis, Alger, Tripoly, & Touzalis.	9	15	”	”
	Ispahan, de Venise.		11	5	4	”
	Rome		10	15	”	”
	Smyrne.	fondoncly.	11	”	”	”
		de Venise.	9	15	”	”
	Turin	quadruple.	42	16	”	”
		simple.	11	9	6	”
	Venise.	de Venise.	11	”	”	”
		de Florence.	10	15	”	”
		de Rome	10	10	”	”
Seraf de Perse.	Ispahan		10	8	”	”

TABLE DE RAPPORTS DES MONNOIES ETRANGERES. 84

Noms des Monnoies.	Lieux où elles font uſitées.	Valeur en argent de France. L.	S.	D.	F.
Serify	*Conſtantinople* .	9	15	»	»
Sermonpond . .	*Smyrne*	8	5	»	»
Silvergros . . .	*Breslaw*	»	2	8	»
	Leipſick	»	3	4	»
Sifon	*Valence*	»	1	11	9/10
Sispenſe	*Londres*	»	10	10	»
Sol	*Amſterdam* de gros.	»	12	10	1/3
	Anvers commun.	»	2	1	3/4
Sol, *ou Soldi*.	*Ancone*	»	»	7	1/2
Sol	*Anvers*	»	1	10	41/49
Sol	*Barcelonne* . . .	»	1	5	1/2
Sol	*Bergame* de change.	»	»	6	»
	Bergame courant.	»	»	6	12/40
Sol ordinaire.	*Berne*	»	1	8	»
Sol, *dit Bayoque*	*Bologne*	»	1	»	»
Sol	*Flo-* . . . d'or . . .	»	5	»	[illegible]

Noms des Monnoies.	Lieux où elles font uſitées.	Valeur en argent de France. L.	S.	D.	F.
Sol, *dit Soldino*.	*Genes*	»	»	9	1/3
Sol	*Geneve* courant.	»	1	8	»
	Geneve petite monnoie.	»	»	9	21/49
Sol	*Hambourg* lubz, ou banco.	»	2	9	1/8
	Hambourg courant.	»	1	10	8/13
Sol du Pays . .	*Kœnisberg* . . .	»	»	11	1/5
Sol	*Liege*	»	1	3	»
Sol, *dit patar*.	*Lille*	»	1	3	»
Sol	*Livourne* d'or.	»	5	»	2/3
	Livourne commun.	»	»	10	1/8
Sol ou Schellin.	*Londres*	1	1	9	4/5
Sol	*Lucques*, *dit Soldis*.	»	»	9	1/7
Sol	*Midelbourg* de gros.	»	12	4	4/5
	Midelbourg commun.	»	2	»	5/6
Sol	*Milan* Imperial	»	1	»	[illegible]
	Milan courant.	»	»	9	[illegible]

Sol	[illegible]	,,	[illegible]	[illegible]	[illegible]
Sol	Venise courant.	,,	,,	6	,,
	Venise banco.	,,	19	2	$\frac{1}{2}$
Sompaye	Siam	,,	1	2	$\frac{1}{16}$
Soudis	Ormus, Asie	,,	10	,,	,,
Souploka	Moscow	,,	3	,,	,,
Souverain d'or de 1759.	Anvers	37	6	,,	$\frac{3}{4}$
Souverain double.	Idem	32	15	9	,,
Souverain simple.	Idem	16	7	10	$\frac{1}{2}$
Souverain d'or.	Vienne	13	13	6	$\frac{2}{3}$
Spinack	Samarcande	,,	12	6	,,
Staerck	Pekin	7	13	,,	,,
Storax	Kœnisberg	,,	9	4	,,
Stuywer	Stockolm d'argent	,,	2	6	,,
	Stockolm de cuivre	,,	,,	10	,,
Sultanin	Constantinople.	9	15	,,	,,
Sultanine	Alger	10	13	,,	,,
T.					
Taël	Japon	7	4	,,	,,
Tahes	Pekin	30	12	,,	,,
Taker.	Pekin	,,	1	,,	$\frac{1}{4}$
Tallar, ou Thaller.	Koënisberg. Koënisberg & Dantzick.	8	8	,,	,,
		2	16	,,	,,
	Pologne.	1	13	7	$\frac{1}{3}$

Tallard	Coppenhague	3	4	,,	[illegible]
Tanga.	Malabar.	,,	5	,,	,,
Tarin	Malthe.	,,	8	4	,,
	Naples.	,,	16	8	,,
	Palerme	,,	16	,,	,,
Taris	Barry	1	,,	8	,,
Tayel	Achem.	25	13	,,	$\frac{3}{4}$
Terzo	Genes	,,	5	2	,,
Teston	Ancone.	1	11	1	,,
	Florence	1	11	6	,,
	Lisbonne.	,,	12	6	,,
	Livourne	1	11	6	,,
	Rome	1	11	6	,,
Thaler.	Brunswick.	3	15	,,	$\frac{16}{35}$
Thaler.	Coblentz	3	19	5	,,
Thaler.	Vienne.	4	,,	,,	,,
Tibosc.	Mogol.	3	,,	,,	,,
Ticul d'argent.	Siam	1	17	6	,,
Timmin	Scio, Archipel.	,,	5	,,	,,
Timpse, ou Tinf	Berlin	,,	15	,,	,,
	Cracovie	,,	16	,,	,,
	Koënisberg	1	8	,,	,,
Tolerdack.	Samarcande.	6	5	,,	,,
Toman	Bender-Abassi.	28	11	2	$\frac{1}{3}$
Toman.	Ispahan	75	,,	,,	,,
Tonne d'or	Allemagne	400000	,,	,,	,,
Tournalys, ou Monstaphoncy.	Constantinople.	8	13	10	$\frac{7}{8}$

TABLE DE RAPPORTS DES MONNOIES ETRANGERES.

Noms des Monnoies.	Lieux où elles sont usitées.	Valeur en argent de France. L.	S.	D.	F.	Noms des Monnoies.	Lieux où elles sont usitées.	Valeur en argent de France. L.	S.	D.	F.
						X					
Tourq.	*Constantinople.* .	„	19	„	„	*Xerif, ou Ducat.* . .	*Maroc.* . . .	10	5	8	$\frac{4}{7}$
V.						Z.					
Vingtain . . .	*Lisbonne.* . .	„	2	6	„	*Zwolffoer* . .	*Stockolm* . . .	2	6	9	„

CHAPITRE VI.

ETAT Alphabétique des Foires & Marchés de l'Europe.

Abbeville, en Picardie.

Marché franc tous les derniers mercredis de chaque mois.

Foires le 2 Juin, & le 2 Juillet, de quinze jours chacune.

Abbevillers, Canton de Bâle.

Foires le 17 Avril, 10 Juillet, & le 12 Septembre, de trois jours chacune.

Ablentschen, ou *Ableugen*, Canton de Berne.

Foire conséquente, le Vendredi avant la Madeleine, en Juillet, de huit jours.

Ablis, en Beauce.

Foire franche de bestiaux, chevaux, & de toutes sortes de marchandises, le lundi d'après la Chandeleur, de trois jours.

Adelbode, Comté de Sargans.

Foires, le mardi après l'Exaltation de Sainte-Croix, d'un jour. prem. mardi d'Octobre, de trois jours

Aëschy, Canton de Zurich.

Foire assez considérable le mercredi d'après la Toussaint.

Agen, en Guyenne.

Foires, le 3 Juin & le 15 Septembre; il s'y vend beaucoup de bœufs.

Aguine, en Picardie.

Foires, le 27 Avril, & le premier Août, de 2 jours chacune.

Ahun, en Haute-Marche.

Foires, le 17 Janvier, & le mercredi des Cendres, de trois jours chacune.

Foire grasse, le lendemain des Fêtes de Pâques, d'un jour.

Foires de Bestiaux, le 25 Mai, & le 23 Juin, de trois jours chacune.

Foire S. Gilles, le 2 Septembre de trois jours.

Foires grasses, le 18 Octobre, & le premier Décembre d'un jour chacune.

Aigle, ou *Aëten*, Canton de Berne.

Foires, le mercredi d'avant la S. Joseph, en mars, troisieme mercredi d'Avril, le dernier mercredi d'Octob., d'un j. chacune, & le troisieme Mercredi de Décembre, de 3 jours.

Aignan, (*St.*) en Berry.

Foire de Bestiaux, le 16 Mai, d'un jour.

Aignan, (*St.*) en Bretagne.

Foire, considérable le 14 Mai, de trois jours.

Aigney-le-Duc, en Bourgogne.

Foires, le mardi avant la Chandeleur, de trois jours, le 30 Juin, le premier Aout, le Jour de St. Michel, le 29 Octobre, & le lendemain de Saint-Thomas, d'un jour chacune.

Aiguebelle, en Picardie.

Foires, le premier Mars, le 5 Juin, & le jour de Saint-Martin, de trois jours chacune.

Airaine, en Picardie.

Marché très-considérable toutes les semaines de l'année.

Aize, en Artois.

Foires, le 16 Mai, & le 29 Novembre, d'un jour chacune.

Aix, en Provence.

Foire très-considérable le lendemain de Saint-Jacques Saint-Christophe, en Juillet, de 4 jours, & petites *Foires*, le 9 Février, & le jour de la Fête-Dieu.

Alais, en Provence.

Foires, le jour de S. Antoine, en Janvier, & le jour de S. Barthelemi, en Aout, de 3 jours chacune.

Alban (St.) en Bellay.

Foires, le lundi d'après l'Ascension, le premier Aout, & le jour de S. Luc, d'un jour chacune.

Albeck, ou *Arlebeck*, en Souabe.

Foire, le 16 Mars, de 8 jours.

Alby, en Savoie.

Foire, le jour de la Saint-Martin, d'un jour.

Alby, en Languedoc.

Foires, le 11 Novembre, ou le lundi avant, ou après la Saint-Martin, le 16 Juin, le 22 Juillet, & le 28 Octobre.

Alençon, en Normandie.

Marché les lundis, jeudis & samedis.

Il y a plusieurs *Foires*, la premiere à la Chandeleur, la deuxieme à la mi-Carême, & la troisieme à la Saint-Mathieu.

Alexandrie de la paille, Milanez.

Foires, le 24 Avril, & le 4 Octobre, de deux jours chacune.

Aligny, Bourgogne.

Foires, le 14 Janvier, le jeudi avant les Rameaux, le jour de la St. Jean, le jour de la St. Laurent, & le mardi après la St. Mathieu, d'un jour chacune.

Alize, Bourgogne.

Foire, le 11 Novembre, de trois j.

Allerton, Capit. de l'Alwerton.

Marché public toutes les semaines.

Foire très-considérable de bœufs, à la Saint Barthelemi, en Aout, de quatre jours.

Allois, Limoges.

Foire, le jour de la St. Martin, d'un jour.

Aloft, Flandre.

Il y a une foire considérable, trois jours après le premier Dimanche de Juillet.

Alstetten, Canton de Zurich.

Foires, le mercredi avant la St. Joseph, & le 16 Mai, d'un jour chacune. Le lundi après la N. D. d'Aout, & le Jeudi après la N. D. en Décembre, de trois jours chacune.

Altkirck, Sundgaw.

Foires, le deuxieme jeudi de Carême, le 13 Mai, le 15 Juillet, le 10 Aout, le 29 Septembre, & le 26 Novembre, d'un jour chacune.

Altzey, ou *Alizheim*, Souabe.

Foires, le jour de St. Antoine, en

en Janvier, de six j. le 29 Avril, de deux j.

Amance, Baillage de Gray.

Foires, le premier lundi de Carême, le Premier Mai, le 13 Août, & le 21 Décembre, d'un jour chacune.

Amand, (*St.*) en Bourbonnois.

Foire d'Orval, 20 Octobre, de huit jours.

Amberieu, Principauté de Dombes.

Foires, le Jour de St. Antoine, en Janvier, & le jour de St. Marc, en Avril, d'un jour chacune, & le 24 Août, en chevaux, de trois j.

Ambournay, en Bugey.

Foires, le samedi après la Chandeleur, le lendemain de l'Assomption, en Août, le samedi après la Nativité, en Septembre, d'un jour chacune, & le 6 Décembre, de 7 j.

Ambreterre, en Maine.

Foires, de chevaux, le 19 Février, d'un j. le prem. Août, considérable, de quinze j. 9 Septembre, de bestiaux, de deux jours, le 15 Octobre, de 2 j. & le 9 Décembre, de 2 jours.

Ambrieres, en Maine.

Marché franc tous les samedis.

Amiens, en Picardie.

Foires, le 9 Mai, franche de chevaux, & le 25 Juin, de trois j. chacune, le jeudi d'après la N. D. de Septembre, de deux j. & le 11 Novembre, de 3 j.

Amour, (*St.*) en F. Comté.

Foires, la Veille du dim. de la Passion, le 5 Juin, le 24 Août, & le 30 Novembre, de 3 j. chacune.

Amsterdam, en Pays-Bas.

Il y a un *Marché* public toutes les semaines, & trois foires considérables dans l'année. La premiere le 11, ou 12 Mars, la seconde le 11, ou 12 Juin, & la troisieme, qui est la plus conséquente, arrive le 21, ou 22 Septembre. La franchise pour ces foires est pour la sortie.

Ancenis, en Bretagne.

Foires, le 11 Juin, le 2 Juillet, & le 30 Novembre, d'un j. chacune.

Anclam, en Poméranie.

Foire, le deuxieme Dimanche d'après la N. D. de Septemb. de 8 j.

Ancre, ou *Albert*, en Pîcardie.

Marché franc de bestiaux, une fois par mois, & marché ordinaire, deux fois par semaine.

Anci-le-Franc, en Champagne.

Très-fort *Marché* tous les Jeudis. *Foires*, le 3 Mai, le 30 Juin, le 9 Septembre, le 13 Décembre, d'un jour chacune.

Andlaw, en Alsace.

Foire, le 30 Novembre, de 2 j.

André, (*St.*) en Normandie.

Marché toutes les semaines de l'année.

Andruic, en Flandre Wallonne.

Foire, le 3 Juin, d'un jour.

Angers, en Anjou.

Il y a quatre *Foires*. La premiere commence le lendemain de la Fête-Dieu, & finit à l'Octave. La deuxieme, le lendemain de la Saint-Martin, & finit à la huitaine. Les deux autres sont le premier Mai, & le 6 Août : elles ne durent qu'un jour chacune.

Angerville, en Beauce.

Marché franc tous les mercredis & samedis de l'année.

Foire, considérable, le 20 Juillet, de trois jours.

Angerville-la-Gaſte, en Normandie.

Marché tous les jeudis de l'année.

Foire, le 3 Novembre, de deux j.

Angerville-le-Martel, en Normandie.

Marché franc tous les Vendredis.

Foires, le Jour de S. Mathieu, en Septembre, & le 2 Novembre, de quatre jours chacune.

Angoulême, en Angoumois.

Foires, le 10 Mars, & le 10 Septembre, de deux jours chacune, & le 10 Novembre de 8 j.

Annaberg, en Saxe.

Marché toutes les ſemaines de l'année.

Foire célebre, en Juillet, jour de S. Jacques, de quinze jours.

Annecy, en Savoye.

Foires, le lundi de la troiſieme ſemaine d'après Pâques, le lundi avant Saint-Jacques, le premier lundi d'Octobre, & le premier lundi de Décembre, de 8 jours chacune.

Annebaut, en Normandie.

Marché tous les Jeudis de l'année.

Foire, le jour de la Saint-Michel, en Septembre, de 2 jours.

Anne-de-Vue, (*Ste.*) en Bretagne.

Foire, le 4 Avril, de 2 jours.

Annonay, en Vivarais.

Foires, le 25 Janvier, & le 30 Avril, de 4 jours chacune, le lundi avant la N. D. d'Août, de huit j. & le Jour de S. Léonard, en Novembre, d'un jour.

Antoine, (*St.*) en Dauphiné.

Foire, le lundi d'après Saint-Mathieu, en Septembre, de 3 j.

Antrain, en Bretagne.

Foires, le 10 Août, de 3 j. le 18 Octobre, de 2 j. & le 30 Novembre, d'un j.

Antuilly, en Bourgogne.

Foire, le 11 juillet, de trois jours.

Anvers, en Pays-Bas.

Il y a pluſieurs *Foires* dans l'année. La premiere à la Pentecôte, la ſeconde à la Saint-Remy, & la troiſieme à la Saint-Bavon. Le jour de St. Claude, en Juin, & en Décembre, 2 jours avant la S. Mathieu, de 8 jours chacune.

Aoſte, en Savoie.

Foires, le 15 Mai, & le lendemain de S. Simon, en Octob. de 3 j. chacune.

Apouls, en Rouſſillon.

Marché conſidérable de moutons, tous les jeudis.

Appenzel, en Suiſſe.

Foires, le lendemain de la Trinité, & le lundi après l'Exaltation, en Septembre, de trois jours chacune.

Apremont, en Fr. Comté.

Foires, les 4 Février, 4 Mars, & 24 Août, d'un jour chacune.

Aprey, en Bourgogne.

Foires, le vendredi avant la Chandeleur, mercredi après l'Aſcenſion, d'un jour chacune.

Araw, Canton de Berne.

Foires, le dernier mercredi de Février, le dernier mercredi de Mai, le premier mercredi de Juillet, & le premier dimanche d'Août, d'un jour chacune, & le mercredi avant Saint-Luc, en Octobre, de huit jours, & le mercredi après la Saint-Martin, & le mercredi avant Saint-Thomas, en Décembre, de 3 jours chacune.

Arbant, Fr. Comté.

Foires, le lundi après l'Inv. de Ste. Croix, de huit j. le premier Août d'un j, & le jour de St. Simon, en Octobre, de 8 jours.

Arberg, Canton de Berne.

Foires, le deuxieme mercredi après la Chandeleur, d'un jour, les premier & dern. mercredis d'Avril, le premier mercredi de Juillet, & le premier mercredi de Novembre, de 2 jours chacune.

Arbois, en France.

Foires, le lendemain de l'Ascension, d'un jour, le jour de la St. Denis, de trois jours, & le lendemain de la Conception, d'un jour.

Arbon, au bas de Thourgaw.

Foire, le jour de la St. Barthelemi, en Novembre, de trois jours.

Arbourg, Canton de Berne.

Foires, le jour de St. Hilaire, en Janvier, de Saint Joseph, en Mars, le dernier jour d'Avril, le jour de la Visitation, en Juillet, le lundi avant la N. D. d'Août, & le jour de N. D. de Septembre, d'un jour chacune.

Arc, ou Arcis en Barrois, en Bourgogne.

Foires, le 4 Février, le premier Mai, le 25 Mai, le 19 Juin, le 17 Août, & le 10 Novembre, d'un jour chacune.

Arc sur-Tille, en Bourgogne.

Foires, le 4 Mars, de deux jours, le lendemain de l'Inv. de Ste. Croix, le 4 Septembre, & le 4 Décembre, d'un jour chacune.

Archangel, Province de Dwina.

Foire franche très-célebre, le 20 Août, de dix jours.

Arches, en Champagne.

Foires, le 7 Juin, le 25 Juillet, & le 24 Août, d'un jour chacune.

Arcis-sur-Aube, en Champagne.

Foires, le 16 Avril, le 12 Juin, & le 24 Août, d'un jour chacune.

Arcklow, en Irlande.

Marché public toutes les semaines.

Ardach, en Irlande.

Marché public toutes les semaines.

Ardenbourg, en Pays-Bas.

Foire très-considérable de toutes sortes de marchandises, le 2 Janvier, de huit jours.

Ardfeart, Province de Munster.

Marché public tous les jeudis.

Ardres, en B. Picardie.

Foires, le 28 Février, le 10 Août, & le 21 Septembre, d'un jour chacune.

Argentan, en Normandie.

Foires, le 22 Janvier, de bestiaux, le lendemain de Quasimodo, de 3 j. chacune, le lendemain de la Pentecôte, franche, de quinze j.

Argenteuil, en France.
Foire, le jour de l'Ascenfion, en Mai, d'un jour.

Argenteuil, en Champagne.
Marché confidérable tous les vendredis.

Argenton, en Berry.
Marché confidérable tous les jeudis.

Arinto, en Fr. Comté
Foires, 22 Janvier, le 11 Juin, le 16 Aout, le 30 Octobre & le 4 Novembre, d'un jour chacune.

Arles, en Provence.
Foire confidérable de chevaux, le 14 Février, de trois jours, & de toutes fortes de marchandifes, de 15 jours.

Arley, en Fr. Comté.
Foires, le premier Aout, & 23 Novembre, d'un jour chacune.

Armagh, Province d'Ulfter.
Marché public tous les Samedis.

Armentieres, en Flandre.
Marché franc tous les premiers lundis de chaque mois. Il y a trois foires dans l'année. La premiere le 9 Mai, la deuxieme le premier Juin, la troifieme, le premier Septembre.

Arnay-le-Duc, en Bourgogne.
Foires, le 3 Février, de 8 jours, le mardi après l'Afcenfion, en Mai, de 6 j. le jour de St. Jacques, en Juillet, le 10 Aout, & le 10 Octobre, d'un jour chacune, & le jour de Ste. Luce, en Décembre, de 3 j.

Arnouville, Ifle de France.
Marché franc tous les mardis.
Foires confidérables de Beftiaux, le 25 Juin, & le 12 Novembre, de trois jours chacune.

Arpajon, Ifle de France.
Foires, le jeudi Saint, d'un j. le premier Mai, de 8 jours, le jour de Saint-Barthelemi, de deux jours.

Arpajon-le-Château, en Beauce.
Foire très-confidérable de Beftiaux, le 14 Septembre, de 3 jours.

Arques, en Normandie.
Foires, 22 Janvier, le 11 Juin, & le 29 Aout, de 3 jours chacune.

Arras, en Artois.
Foires, le 4 Avril, dans la Cité, & le 9 Octobre, dans la Ville, de trois jours chacune.

Arfchot, Pays-Bas.
Marché tous les jeudis de l'année.
Foires, le 14 Mars, & le 15 Octobre, d'un jour chacune.

Artenay, en Beauce.
Foires, le 23 Mai, & le 29 Décembre, de trois jours chacune.

Ath, Pays-Bas.
Il y a plufieurs *Foires* confidérables. Le premier Avril, de 16 j. Le jour de Saint Symphorien, en Août, de 4 jours. Le 8 Septembre, & trois jours après la Saint-Mathieu, de trois jours.

Atherdée, Province d'Ulfter.
Marché public tous les mercredis.

Athlone, Province de Connaught.
Marché public tous les jeudis de l'année.

Attalens, Canton de Fribourg.
Foires, le jour de S. Cyprien, en Mars, de trois jours, & le lundi après la Touffaint, d'un jour.

Attembourg, Pays de Liége.
Foires, le lundi après les Rogations, & le deuxieme Dimanche après le 4 Septembre.

Attigny, en Champagne.
Marché tous les mardis de l'année.
Foires, le mardi d'après la Saint-Martin, d'un jour.

Attin, en Picardie.
Foires, le 3 Mai, & le 28 Septembre, d'un jour chacune.

Aubenas, en Vivarais.
Il y a une *Foire* le 17 Janvier.

Aubigny, en Berry.
Il y a trois *Foires*. La premiere à la Saint-Martin, la seconde le 28 Mai, la troisieme le 28 Septembre. Il y a un *Marché* tous les Samedis, où il se vend beaucoup de grains, & particulierement du bled.

Aubin (*St.*) Canton de Fribourg.
Foires, le 7 Mars, de 2 jours, le lundi après l'Invention de Ste Croix, en Mai, de 2 jours, le lundi avant la Saint-Barnabé, en Juin, d'un jour, & 4 jours avant la Saint-Simon, en Octobre, d'un jour.

Aubin (*St.*) en Bourgogne.
Foires, le 2 Mars, d'un jour, à la Saint-Bernabé, en Juin, de deux jours.

Aubois, en Franche Comté.
Foires, le premier Avril, & le lendemain de Saint-Louis, en Aout, d'un jour chacune.

Aubonne, Canton de Berne.
Foires, le mardi avant la Saint-Antoine, en Janv., de quatre jours, le 4 Février, de trois jours, le second mardi d'Avril, les premier & dernier mardis de Mai, & le dernier mardi de Juin, d'un jour chacune, le second mardi après la Toussaint, de quinze jours.

Audeux, Franche-Comté.
Foires, le 12 Février, de six jours, le 8 Mai, le 8 Juillet, & le 18 Septembre, de deux jours chacune.

Aussay, en Normandie.
Marché tous les jeudis, vendredis & samedis de l'année.

Aulieu, Canton de Berne.
Foires, le troisieme mardi de Mai, de huit jours, & le mardi après la Saint-Mathieu, de trois jours. Le premier mardi d'Octobre, d'un jour.

Aumale, en Normandie.
Marché tous les lundis, jeudis & Samedis.
Foires, le 10 Aout, & le 29 Aout, d'un jour chacune, & le 11 Novembre, de trois jours.

Aumont, en Franche-Comté.
Foires, le 3 Juin, & le premier Septembre, d'un jour chacune.

Aunay, en Nivernois.
Foires, le 10 Janvier, le jour de l'Invention de Ste. Croix, en Mai, & le 29 Aout, d'un jour chacune; le 14 Sept. de quinze jours, & le lendemain de Ste. Catherine, d'un j.

Auneau, en Beauce.
Foires, le 22 Septembre de bestiaux, & le 2 Novembre d'un jour chacune.

Ausbourg, en Allemagne.
Foires, le 31 Mai, le 3 Juillet, & le 29 Septembre.

Ausch, en Gascogne.
Il y a trois *Foires* considérables, le 9 Septembre, le 11 Novembre, & le jour de Saint-Marc, en Avril, de 3 jours chacune.

Autrey, en Bourgogne.

Foires, le jour de St. Antoine, en Janvier, le jour de St. Georges, en Avril, & le jour de St. Thomas, en Décembre, d'un jour chacune.

Auterwiller, Pays de Tourghaw.

Foire, la veille de N. D. de Septembre, d'un jour.

Autun, en Bourgogne.

Foires, le lundi avant la Saint Antoine, en Janvier, de trois jours, le samedi après la Chandeleur, & le 18 Mars, de 2 jours chacune. Le 23 Avril, le premier samedi de Mai, & le 23 Juin, d'un jour chacune. Le 28 Juillet, de trois jours.

Grandes foires, le premier Sept. la plus considérable, de huit jours, le 19 Octobre, & le 10 Novembre, de trois jours chacune.

Auverné, en Bretagne.

Foire royale de toutes sortes de marchandises, le 29 Juin, de huit j.

Auxerre, en Bourgogne.

Foires, le lundi avant la Chandeleur en Février, le lundi avant les Rameaux en Avril, le lundi avant la Pentecôte, franche, jour de la Madeleine en Juillet, de trois jours chacune. Le lundi avant la N. D. de Septemb., de six jours, & le jour de la St. Martin, de trois jours.

Auzane, ou *Auzance*, en Haute-Marche.

Foires de bestiaux, jour de St. Vincent, en Janvier, de deux j. Grasse & de bestiaux, le deuxieme lundi de Carême, le 4 Juillet, le lendemain de St. Laurent, en Aout, & le 13 Octobre, d'un jour chacune. Le jour de St. Martin, de trois jours.

Marché de bestiaux tous les mardis, depuis le deuxieme mardi de l'Avent, jusqu'au mardi gras.

Avalon, en Bourgogne.

Foires, le jeudi gras, le lundi avant les Rameaux, le premier Mai, le 23 Juin, le jour de Saint Simon, & le 15 Décembre, d'un jour chacune.

Avaux-la-Ville, en Champagne.

Marché considérable tous les mardis de l'année.

Avenche, Pays de Vaud.

Marché les premier & dernier vendredis de chaque mois.

Foires, le deuxieme vendredi de Mai, & le deuxieme vendredi après la St. Martin, de trois jours chacune.

Avesne, en Hainaut.

Marché franc, le huit de chaque mois.

Foire franche de bestiaux, le huit Janvier, de huit jours.
Idem. huit Février, de huit jours.
Idem. huit Mars, de huit jours.
Idem. huit Avril, de huit jours.
Idem. huit Mai, de deux jours.
Idem. huit Juin, de deux jours.
Idem. huit Juillet, de deux jours.
Idem. neuf Aout, de deux jours.
Idem. huit Septembre, de deux j.
Idem. huit octob., de deux jours.
Idem. huit Novembre & huit Décembre, d'un jour.

Avesne-le-Comte, Artois.

Foires, le 3 Mai, de deux jours, & le 25 Octobre, de trois jours.

Avignon, Capitale du Comtat du même nom.

Foires, pour cuirs seulement, le jour de saint Martin, le 6 Mai, & le 30 Novembre.

Avouzon, Canton de Berne.

Foire, le lendemain de la N. D. de Septembre, de huit jours.

Avranches, Basse Normandie.
Marché tous les mardis, jeudis & samedis.
Foire, le lendemain de Saint-André, de trois jours.

Ayon, Canton de Berne.
Foire de Saint-Georges, en Avril, ou remise deux jours avant la Saint-Marc, de trois jours.

B.

Baar, ou Barr, en Alsace.
Foires, le premier Mai, & le 29 Septembre, de 6 jours chacune.

Bade, Canton de Berne.
Foires, le jour de S. Georges, en Avril, le premier Septembre, & le sixieme jour après la S. Martin, de trois jours chacune.

Badenvillers, en Lorraine.
Foires, le 18 Février, le 5 Avril, le 7 Mai, le 25 Mai, le 11 Juin, le 24 Septembre, & le 8 Novembre, d'un jour chacune.

Bagneux, en Bourgogne.
Foires, la veille du dimanche gras, la veille du dimanche des Rameaux, le 12 Juin, & le jour de Saint-Luc, en Octobre, d'un jour chacune.

Baigne, en Franche-Comté.
Foires, le 20 Mai, & le 28 Septembre, de deux jours chacune.

Bailleul, Pays-Bas.
Foires, le deuxieme jour après la Saint-Marc, en Avril, & le 20 Septembre, d'un jour chacune.

Bains, en Basse-Bretagne.
Foires, le 15 Février, & le 15 Mai, de 3 jours chacune. Le 10 Aout, de 2 jours, le 3 Septembre, de trois jours, & le 28 Novembre, de deux jours.

Baize ou Beze, en Champagne.
Foires très-célebres, le 3 Mai, le 3 Septembre, le 25 Octobre, & le 25 Décembre, de quatre jours chacune.
Marché considérable tous les mercredis.

Bâle, en Suisse.
Foire, le jour de Saint-Simon, en Octobre, de trois jours.
Marché tous les Mardis.

Balons, en Dauphiné.
Foire conséquente le 2 Mai, de six jours.

Ballon, Canton de Berne.
Foires, le mercredi après l'Invention de Sainte-Croix, en Mai, & le jour de la Saint-Louis, en Aout, de deux jours chacune.

Balme Despy, en Franche-Comté
Foire, le 25 Aout, de trois jours.

Baudon Doublet, en Torgaw.
Foire, le 2 Mai, de deux jours.

Bangor, en Grande Bretagne.
Marché public tous les Jeudis.

Bapaume, en Artois.
Foires, le 3 Mai, de huit jours, & le 14 Septembre, de 3 jours.

Baqueville, en Normandie.
Marché considérable tous les mercredis.

Barcelonne, en Catalogne.
Foire, le 11 Juin, de huit jours.
Marché tous les mercredis.

Bardt, en Haute Saxe.
Foire célebre, de toute nature de

marchandises, le dimanche d'après la St. Michel, de quinze jours.

Barenton, en B. Normandie.
Marché célebre tous les mercredis.

Barfleurs, en B. Normandie.
Marché tous les vendredis.

Barmont, en Haute-Marche.
Foire, le jour de la St. François en Octobre, de trois jours.

Bar-sur-Aube, en Campagne.
Foires, la Veille des Rameaux, de deux jours. Le 27 Aout, de 3 j.
Il y a aussi tous les samedis un fort *Marché* à grains.

Bar-sur-Seine, en Bourgogne.
Foires, le 27 Aout, & le 29 Septembre, de trois jours chacune. Le 2 Décembre, de dix jours.
Marché tous les mardis & samedis.

Bar-le-Roi, en Bourgogne.
Foire, le premier mardi d'Octobre, de trois jours.
Marché tous les mardis de l'année.

Bassecours, en Bourgogne.
Foire, le 13 Mai, de deux jours.

Bassée, (*la*) en Flandre Wallonne.
Foires, le 10 Janvier, considérable, de dix jours. Le 19 Avril, le 19 Juillet, & le 19 Octobre, de trois jours chacune.
Marché franc le deuxieme Samedi, de chaque mois.

Baugy, en Berry.
Foires, le jour de St. Barthelemi, en Aout, & le jour de St. Mathieu, en Septembre, d'un jour chacune.

Baume-les-Nones, en Franche Comté.
Foires, le 31 Janvier, le premier Mai, le 13 Aout, & le 11 Novembre, de deux jours chacune.

Baume, en Bourgogne.
Foire, le lendemain de St. Simon, de trois jours.

Bauschs, Comté de Verdenb.
Foires, le jour de St. Maurice, en Octobre, & le jour de la St. Simon, d'un jour chacune.

Bavay, en Hainaut.
Foire, le premier Mai, d'un jour.

Bayeux, en B. Normandie.
Foire, le jour des Morts, d'un j.

Bayonne, en Gascogne.
Foires très-considérable, le mercredi des Cendres, le premier Mars, & le premier Aout, de quinze jours chacune.
Nota. On y jouit de beaucoup de franchises & d'exemptions.

Bazonges, en Anjou,
Foires, le 23 Avril, de trois j. le 22 Juillet, de deux jours, le 24 Aout, d'un jour, le 29 Septembre, de trois jours, & le 28 Octobre, de deux jours.

Beaucaire, en Languedoc.
Foire franche de tous droits, très-fameuse & très-considérable, de toutes les marchandises qu'on peut s'imaginer, les Etrangers des quatre parties du monde y viennent à la Madeleine, le 22 Juillet; elle est de trente jours.

Beaufois, Évêché de Liege.
Foires, le lendemain de St. Marc, en

en Avril, de deux jours, le jour de St. Michel, en Septembre, d'un j.

Beaufort-en-Vallée, en Anjou.

Foires franches & considérables pour les bestiaux, le lendemain de l'Annonciation, de trois jours, le jour de St. Jean-Baptiste, en Juin, d'un jour, le mercredi avant la St. Martin, de trois jours.

Beaufort, en Franche-Comté.

Foires, le lendemain de St.-Marc, en Avril, & le lendemain de Saint Thomas, en Décembre, d'un jour chacune.

Beaufort, en Savoie.

Foires, le 25 Mai, & le jour de St. Michel en Septembre, de trois jours chacune.

Beaugé, en Anjou.

Foires, les lundi de Pâques, le lundi d'avant la Pentecôte, le lendemain de la Saint Laurent, & le 13 Décembre, pour toiles, grains & bestiaux.

Beaulieu, en Bourgogne.

Foire, le 26 Mai, d'un jour.

Beaumenil, en Normandie.

Foire, le jour de St. Simon, en Octobre, d'un jour.

Marchés tous les lundis.

Beaumont-en-Auge, en Normandie.

Marchés célebres pour les bestiaux, tous les jeudis de l'année.

Beaumont-le-Roger, en Normandie.

Marchés tous les mardis & samedis.

Foire, le jour de St. Michel, en Septembre, de trois jours.

Beaumont, en Hainaut.

Foires, le 19 Mars, le 25 Juin, le 14 Septembre, & le 12 Novemb. de 3 j. chacune.

Beaumont, en Gâtinois.

Marchés, tous les mardis de l'année.

Foires, le jour de S. Mathias, en Février, le 2 Mai, la Veille de S. Fiacre, en Août, d'un jour chacune, & le 30 Novembre, de 8 j.

Beaune, en Bourgogne.

Foire, le jour de la Saint-Martin, de 8 jours.

Beauvais, en Beauvoisis.

Marchés francs les premiers Samedis de chaque mois & *Marchés* ordinaires, les mercredis & samedis.

Bec (le), en Normandie.

Foires, le vendredi saint, le j. de Saint-André, de deux j. chacune.

Beford, ou *Betfort*, en Alsace.

Foires, le 9 Février, de 9 jours, le 16 Aout, de trois j.

Bellevoye, en Franche-Comté.

Foires, le prem. Mars, le 7 Juin, le 23 Aout, le 6 Décembre, d'un j.

Bellay, en Anjou.

Foire, le 25 Juin, de trois jours.

Bellegarde, Canton de Fribourg.

Foires, le mardi Gras, & le dernier lundi de Juillet, de 2 jours chacune.

Bellegarde, en Bourgogne.

Foires, le lendemain de la Trinité, en Juin, & le 22 Août, d'un jour chacune.

Bellenave, en Bourbonnois.

Marchés tous les mardis de l'année.

Bellencomble, en Normandie.
Marché tous les Lundis de l'année.

Belley, en Bugey.
Foires, le lendemain de l'Invocation de Ste. Croix, en Mai, à la St. Jean, en Juin, d'un jour chacune, & le neuf Novembre, de trois jours.

Bellou, en Basse Normandie.
Marchés tous les jeudis de l'année.

Bendorff, en Haute Alsace.
Foires, le 2 Juillet, & le 12 Novembre, d'un jour chacune.

Benfels, en Basse-Alsace.
Foires, le 24 Février, le 25 Juillet, & le 10 Aout, d'un jour chacune.

Benoît-du-Sault, (*St.*) en Berry.
Marchés tous les lundis & samedis.

Bensheim, en Franconie.
Marché tous les mardis, & *foire* très-célebre, le 10 Aout, de quinze jours.

Beny, (*le*) en B. Normandie.
Marché toutes les semaines de l'année.

Bergerac, en Perigord.
Foires, le 14 Fév., & 14 Mars, d'un jour chacune, & le lendemain de la St. Martin, de trois j.

Bergers, en Champagne.
Foires, le 8 Mars, de deux j. & le jeudi avant la St. Martin d'un jour.

Berghen, en Norwege.
Foires, le 15 Mars, de huit j. le 20 Aout, de deux jours, & le 10 Novembre, de huit jours.

Bergues, en Fland. Françoise.
Foire le 23 Mai, d'un jour.

Berlin, en Allemagne.
Foires, le dimanche avant la Passion, & le 1 Novembre.

Bernay, en Normandie.
Marché considérable tous les samedis.
Foire, le dimanche avant les Rameaux, de 2 jours.

Berne, en Suisse.
Marchés, le mardi avant Saint Antoine, en Janvier, de huit jours, le mardi gras, en Fev., le mardi de Quasimodo, & le premier mardi de Septembre, d'un jour chacune.
Foires, le dernier jeudi d'Octobre, de vingt-un jours, & le mercredi d'après Ste. Catherine, de six j.

Bermeck, en Basse-Autriche.
Foire, en Avril, jour de Saint-Marc, de trois jours.

Berthoud, Canton de Soleure.
Foires, le jeudi avant Saint-Joseph, en Mars, le dernier jeudi de Mai, & le 4 Juin, d'un jour chacune. La veille de St. Luc, en Octobre, de huit jours, & le jeudi après la Toussaint, d'un jour.

Besançon, en Franche-Comté.
Foires, le lundi après la Chandeleur, & le premier Avril, de 2 jours chacune. Le 8 Mai, & le lundi après l'Ascension, d'un jour chacune. Le lundi après la Saint-Barthelemi, en Aout, de 2 jours. Le lundi après la Saint-Martin, de trois jours.

Besons, Isle de France.
Foire, le 30 Aout, ou le dimanche après la St. Fiacre, d'un jour.

Bignon, (*le*) en Bretagne.
Foire, le 3 Mai, d'un jour.

Besse, en Auvergne.
Foire, le 16 Novembre, de 2 j.

Bethune, en Artois.
Foires, le 3 Février, & le 25 Aout, de trois jours chacune.

Beuvraye, en Bourgogne.
Foire, le premier mardi de Mai, de trois jours.

Beuvron, en B. Normandie.
Marché considérable tous les jeudis.

Beux, ou *Bex*, en Bourgogne.
Foires, le 2 Mai, le 26 Septembre, le 2 Novembre, le 28 Novembre, & le 26 Décembre, d'un jour chacune.

Bevais, en Suisse.
Foires, le premier vendredi de Juillet, & le vendredi après la Saint-Martin, d'un jour chacune.

Beverein, Flandre Autrich.
Foire, le 29 Octobre.

Beziers, en Languedoc.
Marché, tous les vendredis.

Bienne, ou *Biel*, en Suisse.
Foires, le premier jeudi de Mars, le dernier jeudi d'Avril, le premier jeudi de Juin, le jeudi avant Saint-Mathieu, en Septembre, & le jeudi avant la St. Simon, en Octobre, d'un j. chacune. Le jeudi après les fêtes de la Toussaint, de 8 j., & le dernier jeudi de Décembre, d'un jour.

Bievre-le-Château, Isle de France.
Foire, le 6 Décembre, de 2 jours.

Billias, en Bugey.
Foire, le jour de Saint André, en Novembre, d'un jour.

Binche, Pays-Bas Autrich.
Foire, le 10 Mai, d'un jour.

Bischoffzell, en B. Tourgaw.
Foires, le 6 Mai, le 6 Juin, le jour de Saint Augustin, en Aout, le 14 Octobre, & le 14 Novembre, d'un jour chacune.

Bisot, Franche-Comté.
Foires, le 23 Avril, le 8 Septembre, & le 19 Novembre, d'un j. chacune.

Blagny, en Bourgogne.
Foire, le jour de St. Mathieu, en Septembre, de deux jours.

Blain, en Bretagne.
Foire, le 6 Aout, d'un jour.

Blaise, (*St.*) en Suisse.
Foires, le dernier mardi d'Avril, de 4 jours, & le mardi après la St. Martin, d'un jour.

Blaisois-sur-Loire, en Anjou.
Fort *Marché*, le mardi, & *Foire* franche, le 9 Septembre.

Blamont, en Lorraine.
Foires, le 14 Mars, la veille de l'Ascension, en Mai, le 18, ou le troisieme jeudi de Juillet, & le 23, ou le quatrieme mardi d'Octobre, d'un jour chacune.

Blandi, Isle de France.
Foire, le 21 Septembre, d'un jour.

Blangy, en Normandie.
Il y a trois *Marchés* de grains par semaine, les lundi, mercredi & vendredi; & il y a une *Foire* de

bestiaux, le troisieme mercredi de chaque mois; où se vendent beaucoup de bestiaux pour le tirage, du fil, des toiles, & autres denrées.

Bletterans, Fr. Comté.

Foires, le lendemain de Quasimodo, en Avril, de vingt-un jours, & le 9 Octobre, de 3 jours.

Bligny, en Bourgogne.

Foire, le jour de Saint-Antoine, en Janvier, le 12 Avril, & le mardi après la Trinité, d'un jour chacune.

Blois, en Blaisois.

Foire, le jour de la Décolation, en Aout, de six jours, & à la fin d'Octobre.

Boen, en Forez.

Marché, tous les jeudis de l'année.

Bois-Ste.-Marie, en Bourgogne.

Foire, le jeudi de la Pentecôte, d'un jour, & le 27 Novembre, de 2 jours.

Bois-de-Sene, en Bretagne.

Foire, le 28 Aout, d'un jour.

Bois-Halbout, en Basse Normandie.

Marché, le mardi de chaque semaine.

Bois-le-Duc, en Pays-Bas.

Foires, le 11 mars, de 15 jours, le 10 Mai, 4 jours avant la Saint-Jean, le jour de Saint-Martin, & 4 jours avant la N. D. d'Aout, d'un jour chacune.

Bolehard, en Normandie.

Foires, le jour de St. J. B. en Juin, & le 2 Décembre, d'un jour chacune.

Marché tous les mercredis.

Bollebec, en Normandie.

Il y a une *Foire* très-considérable le jour de Saint-Michel, & il s'y tient un fort marché tous les lundis.

Bologne, ou **Boulogne**, en Gascogne.

Foires, le mercredi après les Rois, le 28 Mai, le mercredi après la Saint-Jean, en Juin, le jour de la Transfiguration, en Aout, & le jour de Saint-Martin, de huit jours chacune.

Marché tous les mercredis de l'année, de quinze jours en quinze.

Bolzam, ou **Bolzano**, en Tirol.

Il y a quatre *Foires* par an, de quinze jours de durée chacune. La premiere à la mi-carême, la seconde le lundi après la Fête-Dieu, la troisieme qu'on nomme foire d'*Egide*, ou *Saint-Gilles*, ouvre le lendemain de la Nativité de la Vierge & la quatrieme commence le jour ouvrable qui suit la St. André.

Bonne, ou **Bonna**, en Savoie.

Foire, la veille de N. D. de Décembre, de trois jours.

Bonneville, en Savoie.

Foire, le lundi après la saint-Martin, d'un jour.

Bonnet-de-Joux, (St.) en Bourgogne.

Foires, le 15 Janvier, le 6 Mars, le jeudi de Pâques, le 19 Mai, le jour de St-Mathieu, en Septemb. le 4 Octobre, & le lundi après la saint-Martin, d'un jour chacune.

Bonnestable, au Maine.

Marché franc tous les mardis de l'année.

Foires, le mardi après la Chandeleur, & avant la mi-Carême le deuxieme mardi après la Pentecôte, le mardi après la saint-Gervais, d'un jour chacune. (*Cette Foire est remise au mercredi, si celle du Mans tient le mardi.*) Les autres *Foires* sont le mardi avant la N. D. de Septembre, le jour de saint-Michel, le mardi après la Toussaint, & le mardi avant St. Nicolas, d'un jour chacune.

Bordeaux, en Guyenne.

Il y a trois *Foires* par année, la premiere grasse, le premier Janvier; elle ne dure qu'un jour; la seconde, le premier Mars, & la troisieme le 15 Octobre. Elles ont chacune 15 jours de franchise, & cette franchise consiste dans l'exemption des droits de *comptablie*.

Borderaelle, (*la*) en Fr. Comté.

Foire, le 9 Octobre, d'un j.

Bouchante, en Flandre.

Foire, le 12 Septembre.

Bouchain, en Hainaut.

Foire, tous les premiers vendredis de chaque mois, d'un j.

Bouchoux, en Fr. Comté.

Foires, le 16 Aout, & le 4 Octobre, d'un jour chacune.

Bouclans, en Fr. Comté.

Foires, le quatrieme vendredi de Carême, de deux jours, tous les vendredis de 15ne. en 15ne. jusqu'à l'Ascension, le 14 Juin, le 22 Juillet, le 11 Septembre, & le lundi après la Toussaint, d'un jour chacune.

Boudevilliers, en Suisse.

Foire, le jour de saint-Urbain, en Mai, d'un jour.

Boudry, Principauté de Neuchâtel.

Foires, le premier mercredi de de Juin, de huit jours, & 2 jours avant la St. Martin, de deux jours.

Bouille, (*la*) en Normandie.

Marchés, tous les jeudis, & de bestiaux, tous les samedis.

Boujeaille, en Franche-Comté.

Foires, le 7 Mai, & le 4 Octobre, d'un jour chacune.

Boullaye, (*la*) en Normandie.

Foire, le 25 Novembre, de trois jours.

Boulogne-sur-mer, en Picardie.

Foire franche, le 11 Novembre, & *Marché* franc tous les mercredis.

Bourbon-Lancy, en Bourgogne.

Foire, le jour de la St. Denis, de trois jours.

Marché considérable tous les samedis du mois de Mai.

Bourbonne-les-bains, en Campagne.

Foire, le 28 Juillet, de quatre j.

Bourdiniere, (*la*) en Bretagne.

Foire, le premier Aout, d'un j.

Bourg, en Bresse.

Foires franches, le jour de St. Marc, & le 15 Juin, de trois j. chacune. *Foires* ordinaires le lendemain de l'Invention de Ste. Croix, le jour de St. Léonard, en Novembre, & le jour de saint-Nicolas, en Décembre, d'un jour chacune.

Bourg-de-Thisi, en Bourgogne.

Foire franche, le jour de St. Michel, en Septembre, de quatre jours.

Bourg-d'Oyſans, en Dauphiné.
Foires, le jour de Saint Laurent en Aout, & le jour de St. Mathieu, d'un jour chacune.

Bourg, en Savoie.
Foires, le jour de St. Laurent, & le 11 Septembre, d'un jour chac.

Bourg-de-Bons, en Savoie.
Foires, le 2 Mars, le premier Mai, le 7 Juillet, & le 9 Aout, d'un jour chacune.

Bourg-Achard, en Normandie.
Marché conſidérable tous les jeudis.

Bourbourg, en Flandre.
Foire, le 8 Septembre, de trois jours.

Bourges, en Berry.
Foires, le 3 Mai, & le lundi de la Pentecôte, d'un jour chacune, le 16 Octobre, de huit jours, le 5 Avril, d'un jour, le 27 Décembre, d'onze jours.

Bourgneuf, en Bretagne.
Foire, le 6 Aout, de trois jours.

Bourgtheroulde, en Normandie.
Foires, le 10 Aout, & le 10 Septembre, d'un jour chacune.
Marché tous les ſamedis de l'année.

Bourmont, en Barrois.
Foires, le 22 Février, de deux j., le mardi de Pentecôte (conſid.) de ſix jours, le 13 Aout, & le 29 Octobre, d'un jour chacune.

Bouſſac, en Berry.
Marchés tous les lundis & jeudis.

Boz, en Bourgogne.
Foire, le lendemain de St. Mathias, en Février, d'un jour.

Braine-le-Comte, Pays-Bas Autrichiens.
Foires, le 2 Mai, & jour de l'exaltation de Ste. Croix, de deux jours chacune.

Braine, en Soiſſonois.
Foires, le 6 Mai, de beſtiaux, le 14 Septembre, & le 14 Décembre, d'un jour chacune.
Marché franc très conſidérable, le le troiſieme mercredi de chaque mois.

Brancion, en Bourgogne.
Foires, le 22 Février, & le premier Aout, d'un jour chacune.

Branchier, en Suiſſe.
Foires, le premier Mai, de douze jours, & la veille de St. Mathieu, de trois jours.

Branſle, en Gatinois.
Foires, le jour de l'Invent. de Ste. Croix, d'un jour, franche le premier Septembre, de huit jours.

Braſſieux, en Pologne.
Marché tous les jeudis de l'année.

Bray, en Champagne.
Foire, le 9 Septembre, d'un j.

Braxe, en Bourgogne.
Foires, le 20 Juin, le jour de Ste. Urſule, en Octobre, la veille de Saint-Martin, & la veille de St. Nicolas, d'un jour chacune.

Breda, Pays-Bas Hollandois.
Foires, quatre jours avant Saint-Jean, en Juin, de 4 jours, le 4 Octobre, de 17 jours, la veille de la Saint-Martin, & la veille de la Saint-Nicolas, de 2 jours chacune.
Marché tous les Mardis.

Brehal, en Normandie.
Marché le jeudi de chaque ſemaine.

Bremgarten, en Suisse.
Foires, le mercredi des Cendres, le mercredi de Pâques, le mercredi de Pentecôte, le jour de St. Louis, le lendemain de Saint-Simon, & le lendemain de St. Thomas, d'un jour chacune.

Brempt, en Allemagne.
Foire, trois jours avant la Saint-Martin, de 3 jours.

Brenets, (*les*) en Suisse.
Foires, le 16 Mai, & le lundi après la Toussaint, d'un jour chacune.

Breslaw, en Silésie.
Il y a deux *Foires*, qui durent deux jours chacune. La premiere commence après le quatrieme dimanche de Carême, & la seconde, le lundi avant la Nativité de la Vierge.

Breteuil, en Normandie.
Foire, le jour de Saint-Marc, en Avril, de trois jours.
Marchés, tous les lundis & samedis.

Breteuil, en Picardie.
Marché considérable, les mercredis.

Breuveray, en Suisse.
Foire, le mercredi après l'Invention de Ste. Croix, d'un jour.

Breveu-en-bois, en Basse Bretagne.
Foire, le 22 Juillet, d'un jour.

Brevine, (*la*) en Suisse.
Foires, le 28 Mars, le 22 Mai, le jour de St. Maurice, en Septembre, & le 23 Octobre, d'un jour chacune.

Brevray, en Franche-Comté.
Foires, le jour de la Conversion de Saint-Paul, en Janvier, & la veille de Saint-Médard, en Juin, d'un jour chacune.

Briançon, en Dauphiné.
Foires, le premier Septembre, & le 16 Novembre, de neuf jours chacune.

Brie-sur-Marne, Isle de France.
Foire, le 17 Janvier, d'un jour.

Brie-comte-Robert, en Brie.
Foires, le 14 Septembre, le 28 Octobre, & le jour de Saint-André, de trois jours chacune.
Marchés considérables, tous les lundis, & jeudis.

Brienne, en Champagne.
Foires, le 8 Janvier, & le 8 Mai, de trois jours chacune. Le jeudi avant la Saint-Simon, & le premier Décembre, d'un jour chacune.

Briénon, en Champagne.
Foires, le 25 Janvier, le vendredi Saint, le 2 Septembre, & le 25 Novembre, d'un jour chacune.

Brientz, en Suisse.
Foire, le mercredi après la Saint-Martin, d'un jour.

Brig, en Suisse.
Foires, le jour de Saint-Antoine, en Janvier, le jour de N. D. d'Août, & le jour de Saint-Gall, en Octobre, d'un jour chacune.

Brignais, en Lyonnois.
Marchés tous les mercredis & vendredis.

Brinon, en Nivernois.
Foire, en Mai, le jour de Saint-Jean-Porte-Latine, d'un jour.

Brion, en Champagne.
Foire, le 3 Mai, d'un jour.

Brioude, en basse-Auvergne.
Foires considérables, de bestiaux, le 25 Mai, & le jour de St. Jean, en Juin, de 3 jours chacune. *Foire* franche, le jour de la Madeleine, d'un jour.

Brionne, en Normandie.
Foire, le jour de Saint-Denis, & le 9 Octobre, d'un jour.
Marché tous les jeudis de l'année.

Briquebec, en Normandie.
Marché, toutes les semaines de l'année.

Brisach-neuf, en Alsace.
Foires, le 17 Janvier, le 19 Mars, le premier Mai, le 25 Juin, le 29 Septembre, & le 21 Novembre, d'un jour chacune.

Brisach-vieux, en Allemagne.
Foires, le 6 Mars, de six jours, le jour de l'Exalt. de Ste. Croix, & le jour de St. Simon, de deux jours chacune.

Brissac, en Anjou.
Foires, le 22 Janvier, le 22 Mars, le 22 Mai, le 22 Juillet, le 22 Septembre, & le 22 Novembre, pour bestiaux & grains, d'un jour chacune.

Brives-la-Gaillarde, en Limosin.
Il y a foire tous les mois, où se trouvent toutes sortes de marchandises, & beaucoup de bestiaux.

Broug, en Suisse.
Fories, le deuxieme mardi après la Chandeleur, le mardi après l'Inv. de Ste. Croix, & le jour de Saint Denis, en Octobre, de six jours chacune. Le mardi après la N. D. de Décembre, de trois jours.

Broumat, en basse-Alsace.
Foires, le 24 Aout, d'un jour.

Bruges, en Flandre Impériale.
Foires, le jour de St. Antoine, en Janvier, le 28 Mars, le 5 Avril, le jour de l'Inv. de Ste. Croix, le jour de St. Luc, en Octobre, & le 3 Mai, d'un jour chacune.

Brunstatt, en Haute-Alsace.
Foires, le premier Mai, & le 22 Octobre, de six jours chacune.

Brunswick, en Allemagne.
Foire, le lundi après la Chandeleur, de 6 jours. *Foire* franche & très-considérable, le dimanche après la St. Laurent, de quinze jours.

Bruxelles, Pays-Bas Autrich.
Foires, le 19 Janvier, le 15 Février, & 2 Septembre, de 3 jours chacune. *Foire* qui ouvre le 18 Octobre, & qui dure jusqu'à la Toussaint. Il y a un grand *Marché*, tous les vendredis.

Bruyeres, en Lorraine.
Foires, le premier Mai, le 30 Juin, & le 6 Décembre, d'un jour chacune.

Buchy, en Normandie.
Foires, le jour de la Chandeleur, le jour de la N. D. de Mars, le jour de la N. D. d'Aout, le jour de la N. D. de Septembre, d'un jour chacune.
Marché considérable, tous les lundis.

Bude, ou *Offen*, en Basse-Hongrie.
Deux *Foires* dans l'année, & *Marché* public, toutes les semaines.

Buffon, en Bourgogne.

Foires, à la Saint-Mathias, en Février, d'un jour. Le 10 Mars, de quinze jours. Le 10 Mai & le premier Septembre, d'un jour chacune, & le 7 Novembre, de 10 jours.

Bullos, en Suisse.

Foires, le dernier jeudi de Janvier, le dernier jeudi de Février, & le second jeudi de Mars, d'un jour chacune. Le jeudi avant la N. D. de Septembre, de 8 jours, le jeudi après la Toussaint, & le second jeudi de Décembre, d'un j. chacune.

Bulle, en Franche-Comté.

Foires, le 17 Janvier, de 12 j., le jour de Sainte Marguerite, de 5 jours. Le 8 Novembre, & le 13 Décembre, de deux jours chacune.

Bure-les-Templiers, en Bourgogne.

Foire, le jour de Ste. Marguerite, d'un jour.

Buren, en Suisse.

Foires, le dernier mercredi de Février, le premier mercredi de Mai, le dernier mercredi de Juin, les premier & dernier mercredis d'Octobre, & le dernier mercredi de Novembre, d'un jour chacune.

Burgheim, en Basse-Alsace.

Foires, le 19 Janvier & le 16 Octobre, d'un jour chacune.

Bussiere, en Limosin.

Foire de bestiaux, le jeudi après Pâques, d'un jour.

Bussiniere, en Bretagne.

Foire, le jeudi avant les Rameaux, d'un jour.

Buttes, en Suisse.

Foires, le second lundi de Mai, le troisieme lundi de Juillet, & le premier lundi d'Octobre, d'un jour chacune.

Buxieres, en Bourbonnois.

Foire, le jour de St. Mathieu, en Septembre, d'un jour.

Buzançois, en Berry.

Marchés tous les mardis & vendredis.

C.

Cadenet, en Provence.

Foire, le jour de Saint-Laurent, d'un jour.

Cadix, en Espagne.

Foires, le 10 Mars, & le 10 Novembre, de quinze jours chacune.

Caen, en Basse-Normandie.

Foires de bestiaux, le premier lundi de Carême. *Foire* franche, 8 jours après la Quasimodo, de 15 j. & le 18 Juillet, de 8 jours.

Marché très-considérable de chevaux, à Pâques.

Cahors, en Guyenne.

Foires, le 10 Mars, le 10 Juillet, le 10 Septembre, & le 10 Novembre, de 4 jours chacune.

Marchés tous les mercredis & samedis.

Cailly, Pays de Caux.

Marchés toutes les semaines de l'année.

Calais, en Picardie.

Foires, le 9 Mai, de chevaux & poulains, & le 6 Octobre, de deux jours chacune.

Cambray, en Cambresis.

Foires, le 2 Mai, le 16 Août & le 29 Octobre, de 2 jours chacune.

Marché franc, les derniers vendredis de chaque mois.

Cambridge, en Angleterre.

Marché public tous les jeudis.

Cammin, en Allemagne.

Foires, célèbres, le second dimanche de Carême, le dimanche de la Trinité, & le jour de l'Exaltation de Ste. Croix, d'un jour chacune.

Cani, Pays de Caux.

Foires, le jour de Quasimodo, & le jour de Saint-Barnabé, en Juin, d'un jour chacune.

Marché considérable tous les lundis.

Candé, en Anjou.

Foires, le jour de la mi-Carême, le 9 Mai, le jour de la Translation de S. Nicolas, & le 2 Juillet.

Carhaix, en Basse-Bretagne.

Foires, le jour la mi-Carême, de 15 jours, le jour de la Toussaint, de 6 jours.

Carneille, (*la*) en Basse-Normandie.

Marché toutes les semaines de l'année.

Carnols, en Languedoc.

Foire, le 22 Mai, de 2 jours.

Carpentras, Comtat d'Avignon.

Marché franc tous les vendredis, & *Foires*, le 21 Septembre, & le 21 Novembre, d'un jour chacune.

Carrick, en Irlande.

Marché public tous les jeudis.

Cassel, Flandre Françoise.

Foires, le 5 Janvier, & le 25 Mars, de 2 jours chacune, & tous les mercredis de Carême.

Cassel, en Allemagne.

Foires, trois semaines avant les Foires de Francfort, & le 18 Août.

Catane, en Italie.

Foire célèbre de Ste. Agathe, le 5 Février, de 8 jours.

Caterlach, en Irlande.

Marché public tous les mardis de l'année.

Caudebec, en Normandie.

Foire, le 21 Septembre, & *Marché* considérable tous les samedis de l'année.

Caumont, en Basse-Normandie.

Marché toutes les semaines de l'année.

Cavaillon, Comtat Venaissin.

Foire, le premier Mai, d'un jour.

Carvin, en Artois.

Foires, le 6 Mars, de 2 jours, le 6 Novembre, de 5 jours.

Ceacu, en Picardie.

Foire, à la Saint-Mathieu, d'un jour.

Cernin, (*St.*) en Guyenne.

Cinq *Foires* considérables dans l'année, de 2 jours chacune.

Chablis, en Campagne.

Foires, le 27 Décembre.

Chagny, en Bourgogne.

Foires, le jeudi après la Chandeleur, le lendemain de Saint Barnabé, en Juin, le 27 Août, le 27 Novembre.

& le jour de Ste Luce, en Décembre, d'un jour chacune.

Chailly, en Bourgogne.

Foire, le mardi de Pâques, de 3 jours.

Challans, en Poitou.

Foire franche, le 15 Juin, de 3 jours.

Chalonne, en Anjou.

Marché ordinaire tous les mardis. Grand *Marché* tous les premiers mardis de chaque mois, & *Foires*, le mercredi d'après la Pentecôte, le premier Aout, le 13 Septembre, le 16 Octobre, & le 25 Novembre, d'un jour chacune.

Chalons-sur-Marne, en Champagne.

Foires, le 6 Février, de 3 jours. Le vendredi de la semaine de la Passion, d'un jour. Les fêtes de Pâques, de 15 jours. Le vendredi après la Pentecôte, le 24 Juin, & le 9 Septembre, de 3 jours chacune. Le vendredi après la Saint-Denis, d'un jour, & le vendredi après la Saint-Martin, de 2 jours.

Chalons-sur-Saône, en Bourgogne.

Foires, le 4 Février, & le 24 Juin, d'un mois chacune. Le jour de Saint-Laurent, en Aout, de 8 jours, & une très-considérable, pour fers, le jour de Saint-Simon, de 3 jours.

Chambois, en Basse-Normandie.

Marché toutes les semaines de l'année.

Chambon, en Limosin.

Foires, grasse, de bestiaux, le 17 Mai, & le lendemain de la N. D. de Décembre, de deux jours chacune.

Chambrais, en Normandie.

Marché très-considérable de grains & de lins, tous les jeudis.

Chamberi, en Savoie.

Foires, le dernier lundi de Mai, le 10 Juillet, & la veille de N. D. de Septembre, d'un jour chacune.

Chamoy, en Champagne.

Foires, le 11 Juin, & le 27 Septembre, d'un jour chacune.

Chamond, ou *Chaumont*, (*St.*) en Lyonnois.

Foires, le jour de Saint-Antoine, & le lendemain des fêtes de Pâques, d'un jour chacune.

Champagne, en Bugey.

Foire, le jour de Saint-Médard, en Juin, d'un jour.

Champagnole, en Franche-Comté.

Foires, le 16 Juin, le 4 Juillet, & le 26 Novembre, d'un jour chac.

Champchevrier, en Touraine.

Foires, le lundi-gras, le jeudi après la Quasimodo, de bestiaux, le 9 Juin, le 6 Septembre, le jour de Saint-Simon, en Octobre, & le jour de Ste. Catherine, d'un jour chacune.

Marché franc tous les jeudis de l'année.

Champlête, en Franche-Comté.

Foires, le 19 Février, le 6 Mars, le 10 Aout, le 28 Octobre, & le 30 Novembre, d'un jour chacune.

Chandon, en Forez.

Foires, le 14 Mai, & le jour de Saint-Leu, en Septembre, d'un j. chacune.

Chaource, en Champagne.

Foires, le lundi-gras, très-considérable de grains & de bestiaux ; le 3 Mai, le 2 Juin, le lundi avant la la Décolation de Saint-Jean, & le 18 Octobre, d'un jour chacune.

Chappelle-Breton, en Bretagne.
Foire, le 29 Aout, d'un jour.

Chappeze, en Bourbonnois.
Foires, le jeudi de Pâques, & le lendemain de l'Assomption, d'un jour chacune.

Charabarat, en B. Auvergne.
Foire, le lundi avant la St.-Jean, en Juin, d'un jour.

Charenton, Isle de France.
Foire franche, le 29 Octobre, de 4 jours.

Charesier, en Franche-Comté.
Foire, en Mai, le jour de l'Invention de Ste-Croix, d'un jour.

Chariez, en Franche-Comté.
Foires, le 25 Février, le 8 de Juin, le 5 Septembre, & le 18 Octobre, d'un jour chacune.

Charité-sur-Loire, en Nivernois.
Foires, les veilles des Fêtes N. D. de deux jours chacune.
Marché, tous les samedis.

Charleroy, Comté de Namur.
Foires, le premier Mai, d'un jour, le jour de Ste. Anne, en Juillet, de trois jours, & le jour de St. Martin, d'un jour.

Charleville & Mezieres, en Champagne.
Il y a trois *Foires* par an. La premiere, le lundi de la Quasimodo, la seconde, le lundi d'après la Saint-Remi, & la troisieme, le jour de la Sainte Catherine, le 25 Novembre.

Charlieu, en Bourgogne.
Foires, le 20 Février, de 15 jours, & le jour de St. Bernard, en Aout, de 8 jours.

Charmes, en Lorraine.
Foire, le 22 Mars, d'un jour.

Charmey, en Suisse.
Foires, le jour de St. Gabriel, en Mars, le jour de St. Georges en Avril, la veille de St. Barthelemi, en Aout, & le mardi après la St. Luc, d'un jour chacune.

Charmoy, en Bourgogne.
Foire, le lendemain de la Chandeleur, d'un jour.

Chartres, en Beauce.
Foires, le premier & le 18 Avril, d'un jour chacune, le 11 Mai des Barricades, de 8 jours, le 24 Aout franche, de bestiaux & bois, de trois jours, le jeudi de Juillet, de moutons, d'un jour, le 8 Septembre, de filasse, de 8 j. le 30 Novembre, d'un jour.

Chassey-les-Rougemont, en Franche-Comté.
Foire, le 12 Mai, d'un jour.

Château-d'Aix, en Provence.
Foires, le premier Février, de 6 jours, le 15 Mai, le mercredi avant la St. Mathieu, le lundi après la St. Luc, le jeudi après la Ste. Catherine, d'un j. chacune.

Château-Gontier, en Anjou.
Foires, le jour de la mi-Carême, le premier Mai, le 30 Aout, & le premier mardi d'après la Toussaint.

Château l'Abbaye, en Hainaut.
Foire, le premier Octobre, d'un j.

Château-Blanc, en Fr. Comté.
Foire, le jeudi avant la St. André.

Château-Cambresis, en Cambresis.

Foires, le 22 Septembre, de 8 j. & le 22 de chaque mois, d'un j.

Châteaudun, en Beauce.

Foires, le dernier jeudi de Janvier, considérable, de trois jours, le jeudi de la mi-Carême, le premier jeudi de Mai, le premier jeudi de Juillet, le jour de la Madeleine, franche, d'un jour chacune. Le dernier jeudi d'Aout, très-considérable, & le dernier jeudi d'Octobre, très-considérable, de 6 jours chacune.

Châteaufort, Isle de France.

Foire, le jour de St. Simon, d'un j.

Château-des-Prés, en Franche-Comté.

Foires, le 23 Juillet, de 8 jours, le lundi après la St. Luc, d'un j.

Château-Chinon, en Nivernois.

Foires, le premier jeudi de Carême, le 25 Juillet, le lundi après la Toussaint, d'un jour chacune.

Foires grasses & de bestiaux, la veille de l'Ascension, tous les lundis depuis le premier Septembre, jusqu'à Pâques, d'un jour chacune.

Marchés, tous les lundis & jeudis.

Château-Lin, en Bretagne.

Il y a quatre *Foires* par an. La premiere, le 12 Mars, la seconde, le 6 Mai, la troisieme, le 18 Octobre, & la quatrieme, le 23 Novembre. Il se vend beaucoup de chevaux & bidets à ces foires, & d'autres pour le tirage, les rouliers & la poste, bœufs, vaches, cochons & beurres salés en pots.

Château-Meillant, en Berry.

Six Foires dans l'année, chacune d'un jour.

Marchés, tous les vendredis.

Château-Neuf, en Anjou.

Foires, les mardi d'avant la mi-Carême, 27 Avril, 27 Mai, 16 Aout, & 30 Novembre, d'un jour chacune.

Château-Neuf, en Bourgogne.

Foires, le jour de St. Jacques en Juillet, le jour de St. Barthelemi, en Aout, & le trois Novembre, d'un jour chacune.

Château-Neuf, en Berry.

Foires, le lendemain des Rois, le jour de St. Blaise, en Février, d'un jour chacune.

Château-Salins, en Lorraine.

Foire, le lundi après la N. D. de Septembre, d'un jour.

Château-Regnard, en Gatinois.

Foires, le 18 Avril, le 11 Mai, & le jour de la Toussaint, d'un jour chacune.

Château-Roux, en Berry.

Foire, le jour de St. Blaise, en Février, d'un jour.

Château-Thierry, en Champagne.

Foires, le jour de l'Ascension, en Mai, & franche le 9 Juin, d'un jour chacune.

Château-Villain, en Champagne.

Foires, le 25 Avril, le 10 Aout, & le 18 Octobre, d'un jour chac.

Châtel-St.-Denis, Canton de Fribourg.

Foires, le 16 Avril, de 8 jours, 2 jours après l'Invention de Sainte Croix, d'un jour, & le 22 Octobre, de 6 jours.

Châtel-sur-Mozelle, en Lorraine.

Foires, le mardi de la Pentecôte, & le 11 Octobre, d'un jour chac.

Châtel-de-Neuve, en Bourbonnois.

Foire, le jour de Saint-Mathieu, en Septembre, d'un jour.

Châtel-sur-Mural, en Auvergne.

Foires, le 21 Mai, le lendemain de N. D. de Septembre, & le jour de Saint-Martin, d'un jour chacune.

Châtellerault, en Poitou.

Foire, le premier Mai, de 8 j.

Châtelard, (*le*) Principauté de Dombes.

Foires, le 6 Mai, de 15 jours, & le 18 Novembre, de 12 jours.

Châtelay, (*le*) en Fr. Comté.

Foire, le 22 Aout, de 8 jours.

Châtelard, Canton de Berne.

Foire, 2 jours après la Saint-Martin, d'un jour.

Châtelet, (*le*) en Gatinois.

Foire, le jour de Saint-Symphorien, en Aout, d'un jour.

Châtelus, en Haute-Marche.

Deux *Foires* par mois, d'un jour chacune.

Châtenay, en Basse-Alsace.

Foire, le 23 Avril, d'un jour.

Châtenay, en Fr. Comté.

Foire, le premier Mai, d'un j.

Châtillon, en Savoie.

Foires, le 6 Mai, & le 4 Octobre, d'un jour chacune.

Châtillon, Isle de France.

Foire le lundi d'après le 14 septembre, d'un jour.

Châtillon-de-Michaille, en Bugey.

Foire, le 9 Avril, de 8 jours, le 28 Mai, & le jour de Saint-Jean-Baptiste, d'un jour chacune.

Châtillon-les-Bombes, en Bresse.

Foires, le premier vendredi de Carême, de 6 jours. La veille des Rameaux, de 15 jours. Le lendemain de l'Ascension, le lendemain de Saint-Jean-Baptiste, le lendemain de Saint-Mathieu, & la veille de Saint-Simon, d'un jour chacune.

Châtillon sous-Courtine, en Bourgogne.

Foires, le jour de l'Invention de Ste Croix, le jour de la Madeleine, le lundi avant la N. D. d'Aout, le jour de l'Exaltation de Ste-Croix, en Septembre, d'un jour chacune.

Châtillon-sur-Loing, en Gâtinois.

Cinq *Foires* dans l'année, d'un jour chacune.

Châtillon-sur-Seine, en Bourgogne.

Foires, le jour de Saint-Sébastien, en Janvier, & le troisieme lundi de Carême, d'un jour chacune. Le jour de Saint-Barnabé, de 15 jours. Le jour de Saint-François, & le premier Décembre, d'un jour chacune.

Châtillon sur Indre, en Touraine.

Foire, le 28 Avril, de 2 jours.

Châtre, (*la*) en Berry.

Foire, le jour de Saint-Barthelemi, d'un jour.

Marchés considérables de bestiaux.

tous les mercredis & samedis de l'année.

Chaudefont, (*la*), en Suisse.

Foires, le 26 Février, le 30 Mai, 2 jours avant la N. D. de Septembre, & 2 jours avant la Saint-Simon, d'un jour chacune.

Chaumes, en Brie.

Marchés francs de chevaux & de bestiaux, tous les 15 de chaque mois de l'année.

Chaumont, en Champagne.

Il y a quatre *Foires*, peu conséquentes. La premiere en Janvier, la deuxieme, à Pâques, la troisieme, à la Saint-Jean, & la quatrieme, à la Saint-Remy.

Chaumont, Pays-Bas Autrich.

Foires, le jour de Saint-Hilaire, en Janvier, d'un jour chacune.

Chaumont, en Bassigni.

Foire grasse en Avril, ou le lendemain des fêtes de Pâques.

Chaumont, en Savoie.

Foires, le 5 Février, le lundi de Pâques, le 30 Mai, le mardi après la Saint-Jean, en Juin, le jour de Saint-Remy, d'un jour chacune.

Chaulnes, en Picardie.

Foires, le jeudi après la Passion, le mardi après la Saint-Pierre, & le 19 Octobre, d'un jour chacune.

Marché tous les jeudis de l'année.

Chaussin, en Bourgogne.

Foire, le 10 Mai, le 20 Septembre, & à la fête de Ste-Croix, d'un jour chacune.

Chauverey, en Fr. Comté.

Foires, le 24 Aout, & le 6 Décembre, d'un jour chacune.

Chauvin, en Bourgogne.

Foire, le 3 Juin, de 20 jours.

Chavin, en Beauce.

Foires, le 25 Mai, le 3 Juin, & le 2 Octobre, d'un jour chacune.

Chauvigny, en Poitou.

Foires, le jour de St. Pierre, en Juin, & le 6 Octobre, d'un jour chacune.

Chaux-de-Cretenay, (*la*) en Suisse.

Foires, le jour de la Décolation de St. Jean, 2 jours avant St. André, d'un jour chacune.

Chavanne, en Fr. Comté.

Foires, le 3 Mai, & le 21 Septembre, d'un jour chacune.

Chely-d'Apchier, (*St.*) en Bas-Languedoc.

Foires, le premier Mai, le lundi, avant la St. Médard, en Juin, le jour de St. Jacques, le jour de Ste. Croix, & le jour de la Décolation de St. Jean, d'un jour chacune.

Chelles, en Brie.

Foires, le 31 Janvier, d'un jour, & le jour de la Madeleine, franche, d'un jour.

Marché franc, tous les mercredis.

Chemillé, en Anjou.

Foires, le lendemain des Cendres, le jour de la mi-Carême, le jeudi d'après Pâques, le 29 Avril, le jour de l'Octave de la Fête-Dieu, le 22 Juillet, le premier Septembre, & le 6 Novembre, d'un jour chacune.

*Cheneraille*s, Haute-Marche.

Marchés, de bestiaux, les premiers mardis de chaque mois.

Chervais, en Champagne.

Foires de bestiaux, le 4 Mai, & le 27 Septembre, d'un jour chacune.

Marché franc tous les lundis.

Cherveux, en Poitou.

Foire, le jour de St. Antoine, d'un jour.

Cheffey, en Lyonnois.

Foires, le 8 Mai, le jour de St. Jacques, & le lendemain de St. Simon, d'un jour chacune.

Chevreuse, Isle de France.

Foires franches, le jour de la Madeleine, d'un jour, & le 12 Novembre, de 3 jours.

Chiavenne, en Suisse.

Foire, le 5 Mars, d'un jour.

Chille, ou *Chilly*, en Fr. Comté.

Foires, le 3 Août, & le 29 Août, d'un jour chacune.

Choin, en Bresse.

Foires, le jour de St. Vincent, & le 24 Mars, d'un jour chacune.

Choisi-sur-Seine, Isle de France.

Foires franches, le 16 Mai, & le 18 Octobre, de 8 jours chacune.

Marché, tous les jeudis de l'année.

Cholet, en Anjou.

Foires, le 17 Janvier, le samedi avant les Rameaux, le 23 Avril, & le 11 Octobre, de 3 j. chacune.

Marché considérable, de 15 jours en 15 jours, à commencer du Samedi de la premiere semaine de Carême, jusqu'à la St. Jean.

Ciel, en Bourgogne.

Foire, après la N. D. de Septembre, d'un jour.

Cier, en Gascogne.

Foire, le lendemain de la N. D. de Septembre, d'un jour.

Ciney, Pays-Bas Autrich.

Foires, le 2 Avril, le 25 Mai, le lendemain de la Saint-Jean, en Juin, le premier Octobre, & le 29 Octobre, d'un jour chacune.

Civray, en Poitou.

Foires, le jour de Saint-Antoine, d'un jour. Le lundi avant la mi-Carême, de 15 jours, & le 13 Novembre, d'un jour.

Clair-sur-Epte, (*St.*) en Vexin.

Foire considérable, le 18 Juillet, de 13 jours.

Claude, (*St.*) en Fr. Comté.

Foires, le premier Janvier, le premier samedi de Carême, le 5 Juin, le 21 Septembre, le 11 Novembre, & le 30 Décembre, d'un jour chacune.

Clees, (*les*) en Suisse.

Foire, le jour de Sainte-Lucie, d'un jour.

Clemente, (*St.*) en Espagne.

Foire, franche, le 14 Septembre, de 3 jours.

Marché franc, tous les jeudis de l'année.

Clermont, en Auvergne.

Foires, le jeudi-saint, le lendemain de l'apparition de saint-Michel, en Mai, & le jour de la Transfiguration, en Août, d'un jour chacune, & le lendemain de Saint-Martin, de 3 jours.

Clermont, en Languedoc.

Marché tous les jeudis de l'année.

Clervant, en Poitou.
Foire, le lundi de la Touſſaint, d'un jour.

Clete, (*la*) en Bourgogne.
Foire, le lundi de la mi-Carême, d'un jour.

Clerval, en Fr. Comté.
Foires, le premier lundi de Carême, le 16 Juin, le 2 & le 30 Décembre, d'un jour chacune.

Clerval, en Fr. Comté.
Foires, le 12 Mars, le 11 Juin, le 24 Aout, le 30 Novembre, & le 17 Décembre, d'un jour chacune.

Cliſſon, en Bretagne.
Foires, le 18 Janvier, d'un jour. Le jour de la mi-Carême, de 15 j. & le 19 Mai, d'un jour.

Cloud, (*St.*) Iſle de France.
Foires, le 8 Mai, le 11 Août, (de chevaux) d'un jour chacune. Le 7 Septembre, de 8 jours, & le 22 Octobre, de 3 jours.

Claze, (*la*) en Fr. Comté.
Foires, le 14 Septembre, & le 30 Novembre, d'un jour chacune.

Cluze, (*la*) en Savoie.
Foires, le premier Juin, de 6 j. Le 15 Septembre, & le 18 Octobre, d'un jour chacune.

Coffrant, en Suiſſe.
Foires, le 28 Avril & le 28 Octobre, d'un jour chacune.

Coize, en Suiſſe.
Foires, le premier Janvier, le 4 Février, le 12 Mai, le 22 Novembre, & le 12 Décembre, d'un jour chacune.

Coligny, en Fr. Comté.
Foire, le 5 Mai, d'un jour.

Colliognaz, en Breſſe.
Foires, le 18 Octobre, & le 30 Novembre, d'un jour chacune.

Colmar, en Haute-Alſace.
Foires, le 7 Mars, d'un j., le 9 Mai, de 15 j., le 6 Juin, le 18 Septembre, le 11 Novemb. & le 18 Décembre, d'un jour chacune.

Colombey, en Bourgogne.
Foires, le 9 Février, le jour de N. D. de Mars, le 12 Mai, & le 23 Octobre, d'un jour chacune.

Colonges, au Pays de Gex.
Foires, le 23 Avril, & le 2 Novembre, d'un jour chacune.

Combeaufontaine, en Franche-Comté.
Foires, le 20 Janvier, le 25 Mai, le 10 Août, & le 3 Novembre, d'un jour chacune.

Combourg, en Bretagne.
Foires, le 14 Avril, le 15 Mai, le premier Juillet, le 5 Août, le 9 Septembre, & le 2 Octobre, d'un jour chacune.

Commerci, en Lorraine.
Foires, le premier lundi de Carême, le premier lundi de Mai, le 15 Septembre, & le 6 Décembre, de 15 jours chacune.

Compans-la-Ville, en Brie.
Foires, le 21 Avril, franche, de 6 jours, le 21 Mai, & le 21 Novembre, de 3 jours chacune.
Marché conſidérable, les mercredis de chaque mois.

Compiegne, Iſle de France.
Foire, le jeudi de la mi-Carême, de 15 j.

Conches, en Normandie.
Foire, le 29 Juin, d'un jour.
Marché tous les jeudis de l'année.

Concise, en Poitou.
Foires, le 8 Mai, le 7 Juillet, & le 8 Novembre, d'un jour chacune.

Condé-sur-le-Noireau, en Basse-Normandie.
Foire, le premier Octobre, de trois jours.

Condé-sur-Ston, en Normandie.
Foire, le 29 Septembre, d'un j.
Marché tous les jeudis de l'année.

Condé, Pays-Bas *François*.
Marché franc, tous les deux de chaque mois.
Foire, le 2 Octobre.

Cosne, en Auxerrois.
Foires, le premier Mai, & le jour de St. Claude en Juin, d'un jour chacune.

Conflans-St.-Honorine, Isle de France.
Foire, le 27 Février, de trois j.

Conflans-sur-Lautenot, en Franche-Comté.
Foires, le 26 Mai, le 30 Septembre, & le 11 Novembre, d'un jour chacune.

Conflans, en Savoie.
Foires, le 2 Mai, & le 22 Septembre, d'un jour chacune.

Conliege, en Franche-Comté.
Foires, le 7 Février, le 16 Août, & le 4 Septembre, d'un jour chacune.

Constance, en Allemagne.
Foires, le 6 Septembre, & le 16 Novembre, d'un jour chacune.

Conteville, en Normandie.
Marché toutes les semaines de l'année.

Contres, en Blaisois.
Marchés tous les lundis & vendredis.

Conty, en Picardie.
Marché tous les lundis.

Coppet, en Suisse.
Foires, le mercredi après la N. D. de Mars, d'un jour, le 4 Septembre, de huit jours, & le mardi après la St. Martin, de six jours.

Corbeil, Isle de France.
Foire, le 11 Mai, de huit jours.
Marchés tous les mercredis & vendredis.

Corcondray, en Franche-Comté.
Foire le premier Aout, d'un jour.

Corlin, en Prusse.
Foires, le 23 Mars, célebre, & le jour de l'Ascension, de huit jours chacune.

Cormeilles, Isle de France.
Marché tous les mardis.

Cormeilles, en Normandie.
Foires, le 21 Septembre, de deux jours, & le 29 Septembre, d'un j.
Marché considérable tous les vendredis.

Cosme, en Basse-Normandie.
Foire de chevaux & bestiaux le 27 Septembre, d'un jour.

Cossonet, Canton de Berne.

Foires, le premier jeudi de Janvier, le deuxieme jeudi de Février, le dernier jeudi de Mai & d'Aout, le premier jeudi de Septembre, & de Novembre, d'un jour chacune.

Coublanc, en Bourgogne.

Foires, le mercredi avant le dimanche gras, le mercredi Saint, la veille de St. Georges, le samedi avant St. Pierre, & le mercredi avant la St. Martin, d'un jour chacune.

Couches, en Bourgogne.

Foire, le premier Octobre, d'un j.

Coué, en Maine.

Foire, le jeudi avant la St. Martin, d'un jour.

Coué, en Poitou.

Foire, le jeudi avant la St. Martin, d'un jour.

Coueron, en Bretagne.

Foire, le 22 Aout.

Coulommiers, en Brie.

Foire, de bestiaux, le 10 Aout de huit jours.

Marché franc, les premiers mercredis de chaque mois.

Courchaton, en Franche-Comté.

Foire, le 13 juin, d'un jour.

Courdemanche, en Champagne.

Foire, le 18 Octobre, d'un jour.

Courlaon, en Franche-Comté.

Foires, le lundi après les Rois, & le 16 Aout, d'un jour chacune.

Coutances, en Normandie.

Foire, le 29 Octobre, de trois j.

Courtavon, en Haute-Alsace

Foires, le 8 Avril, le 17 Juin, & le 14 Octobre, d'un jour chacune.

Courtomer, en Brie.

Foire, le 13 janvier, d'un jour.

Courtelary, en Suisse.

Foire, le 24 septembre, de trois j.

Courtray, Pays-Bas Autrich.

Foire, le 6 Avril, de six jours.

Courzieux, en Lyonnois.

Foire, le lendemain des Fêtes de Noel, d'un jour.

Couver, en Suisse.

Foires, le dernier Mai, & le jour de St. Martin, de trois jours chacune.

Couwin, en Hainaut.

Foires, le 2 Janvier, avant St Mathias, & le lendemain de St. Mathieu, d'un jour chacune.

Craon, en Anjou.

Marché tous les lundis; *foires*, le lundi d'après la Quasimodo, le lundi d'après la Trinité, & le 25 Juillet.

Cravant, en Bourgogne.

Marché tous les jeudis.

Cray, en Bourgogne.

Foire le 12 Juin, d'un jour.

Crecy, *en Ponthieu*, Basse-Picardie.

Marché tous les mardis.

Crecy, en Brie.

Foire le 29 Septembre, de deux j.

Crespy, en Champagne.
Foires, le 9 Février, de trois jours; & le 22 Février, de deux jours.

Crespy, en Vallois.
Foires, le 14 Février, considérable en toiles, lins, chanvres, vins, chevaux & bestiaux, & le trois Novembre, *idem*, de huit jours chacune.
Marché franc, tous les premiers mercredis de chaque mois, avec exemption de droits de gros.

Creste, (*la*) en Champagne.
Foire, le jour de St. Barnabé, de trois jours.

Creste, (*le*) en Dauphiné.
Foires, le premier Septembre, & le premier Décembre, de trois jours chacune.

Cressy, en Bretagne.
Foire, le vendredi après l'Ascension, d'un jour.

Créta, en Savoie.
Foires, le premier Septembre, & le premier Décembre, d'un jour chacune.

Cretta, en Suisse.
Foire, le lendemain de l'Exaltation de Ste. Croix, d'un jour.

Crevecœur, en Normandie.
Marché tous les jeudis de chaque semaine.

Crevecœur, en Picardie.
Marché tous les mardis de l'année.

Creveney, en Franche-Comté.
Foire, le 24 Octobre, d'un jour.

Criel, en Basse-Normandie.
Marché tous les jeudis de chaque semaine.

Criquetor, en Normandie.
Marché tous les lundis.

Cromary, en Franche-Comté.
Foires, le 25 Janvier, d'un jour, le 15 Mai, de cinq jours, le 10 Aout, & le 15 Octobre, d'un jour chacune.

Crossiére, (*la*) en Bretagne.
Foire, le 24 Juin, d'un jour.

Croydon, en Angleterre.
Foire, le jour de la Pentecôte, d'un jour.
Marché public tous les mardis.

Croix, (*Ste.*) Canton de Berne.
Foires, le premier jeudi d'Avril, le jeudi après la St. Barnabé, & le premier jeudi d'Octobre, d'un jour chacune.

Crusilles, en Bourgogne.
Foires, le lendemain de Quasimodo, le lundi après les Fêtes de la Pentecôte, & le lendemain de N. D. de Septembre, d'un jour chacune, le jour de la St. Martin, de huit jours.

Creuzy, en Champagne.
Foires, le premier Mai, de huit jours, le 17 Août, d'un jour, & le 30 Novembre, de huit jours.

Cubléze, en Beaujolois.
Foires, le 6 Avril, le jour de St. Barnabé, & le lendemain de St. Martin, d'un jour chacune.

Cudrefin, Canton de Berne.
Foires, le premier Mars, & le jour de Ste. Ursule, d'un jour chacune.

Cugney, en Franche-Comté.
Foire, le 25 Mai, d'un jour.

Cuizeau, en Bresse.
Foires, le 22 Janvier, & le premier Mai, d'un jour chacune.

Culey, en Basse-Normandie.
Marché tous les mardis de l'année.

Cully, Canton de Berne.
Foire, le 15 Novembre, de quatre jours.

Curzay en Poitou.
Marché, tous les vendredis.

Cuzance, en Franche-Comté.
Foires, le lundi après la St. Barthelemi, & le 11 Octobre, d'un jour chacune.

Cusset, en Bourbonnois.
Marchés, les mardis & vendredis.

Cussey, en Franche-Comté.
Foire, le 17 Janvier, d'un jour.

Cussy, en Bourgogne.
Foires la veille de St. Georges, le 26 Juin, le 31 Aout, & la veille de St. Martin, d'un jour chacune.

Cuves, en Normandie.
Marché toutes les semaines de l'année.

D.

Dam, en Allemagne.
Foires, le 22 Février, le 23 Mars, & le 29 Septembre, d'un jour chacune.

Dambelin, en Franche-Comté.
Foires, le 4 Avril, le 20 Juin, le 29 Aout, & le 25 Novembre, d'un jour chacune.

Dame-Marie, en Beauce.
Foires, le 9 Janvier, le 27 Mars, le 4 Juin, le 28 Aout, & le 23 Octobre, d'un jour chacune.

Dampierre, en Franche-Comté.
Foires, le 25 Janvier, le 18 Mai, & le 29 Juin, d'un jour chacune, le premier Aout, de 22 jours.

Dampmartin, en Franche-Comté.
Foire, le 6 Décembre, d'un jour.

Damville, en Normandie.
Marché considérable tous les mardis.

Dann, en Lorraine.
Foires, le 24 Février, le premier Juillet, & le 8 Septembre, d'un jour chacune.

Dantzick, en Prusse.
Foires célèbres & renommées, le 4 Aout, de quinze jours, & à la St. Martin, de huit jours.

Darmstadt, en Allemagne.
Foires, le 26 Mars, le lendemain de St. Jean, & le lendemain de St. Mathieu, d'un jour chacune.

Darnay, en Lorraine.
Foires, le 30 Janvier, de deux jours, le 2 Juillet, le 26 Septembre, & le premier Octobre, d'un jour chacune.

Darnetal, en Normandie.
Marché tous les jeudis.

Dax, en Gascogne.
Foires, le 28 Janvier, de 4 jours, le 17 Mars, d'un j. le 15 Septembre, de 8 j., & le 6 Décembre, d'un j.
Marché considérable tous les samedis.

Deingen, en Suisse.
Foires, le jour de la Chandeleur,

le lundi de Quasimodo, & le jour de St. Barthelemi, d'un jour chacune.

Deinse, en Flandre-Autrich.
Foires franches, le mardi de Quasimodo, de 8 jours, & le jeudi de St. Luc, de 15 jours.
Marché tous les mercredis.
Nota. Pendant la durée des foires, on ne peut arrêter personne.

Delle, en Haute-Alsace.
Foires, le 19 Janvier, le 27 Avril, le premier Juillet, & le 27 Septembre, d'un jour chacune.

Delsperg, en Suisse.
Foires, le jour de Ste. Dorothée, en Février, trois jours avant St. Marc, le lundi après St. Mathieu, & le lendemain de St. Martin, d'un jour chacune.

Denain, Pays-Bas François.
Foire, le 2 Novembre, d'un jour.

Dendermonde, Pays-Bas Autrichiens.
Marché considérable de lin, tous les jeudis.

Denis, (*St.*) Isle de France.
Foires franches, & de bestiaux, le lundi après la St. Barnabé, de quinze j., & le 10 Octobre, de 8 j.
Marché de moutons tous les mardis.

Denis-le-Gats, (*St.*) en Basse-Normandie.
Marché tous les jeudis de l'année.

Denis-du-Peon, (*St.*) en Bourgogne.
Foire, le premier Mai, d'un jour.

Deventer, Pays-Bas Holland.
Foires, à la mi-Carême, à la St. Jean Baptiste, le jour de St. Jacques, le jour de St. Levin, en septembre, & le jour de la St. Martin, d'un jour chacune.

Desvres, en Picardie.
Foires, le lundi après la mi-Carême, & le 18 Octobre, de quinze jours chacune.
Marchés célèbres, tous les mardis & samedis de l'année.

Dienville, en Champagne.
Il y a 4 *Foires*. La premiere, le 25 Janvier, la deuxieme, le vendredi avant la Pentecôte, la troisieme, le lendemain de la Nativité, & la quatrieme, le 29 Octobre. On y vend beaucoup de bestiaux.

Dieppe, en Normandie.
Il y a une *Foire* considérable en Décembre, dont la franchise & la durée sont de 15 jours.

Dierte, Pays-Bas Autrichien.
Foires, le 25 Janvier, le 4 Mars, & le premier dimanche de Juillet.

Diessenhoffen, en Suisse.
Foires, le lundi après la Chandeleur, & le lendemain de St. Mathieu, d'un jour chacune.

Dieze, en Lorraine.
Foires, le 26 Mars, la veille de l'Ascension, le 20 Juin, le 10 Août, & le lundi après la N. D. de Septembre, d'un jour chacune.

Dignan, en Italie.
Foire, le 2 Novembre, de trois j.

Digne, en Savoie.
Foires, le 28 Mai, & le jour de la Toussaint, de deux jours chacune.

Digne, en Provence.
Foire, le premier lundi de Carême, de huit jours.

Digoin, en Bourgogne.

Foires, le jour de la Madeleine, le 27 Aout, & le jour de St. André, d'un jour chacune.

Dijon, en Bourgogne.

Il y a trois *Foires* par an; la premiere, le 10 Mars est de trois jours, la seconde, la veille de la Fête-Dieu, de huit jours, & la troisieme, le jour de la St. Martin, est également de huit jours.

Dillenbourg, en Allemagne.

Foires, le dimanche après celui de la Passion, & le lundi après la Ste. Marguerite, d'un jour chacune.

Dinan, en Bretagne.

Foire, le jour de la mi-Carême, de quinze jours.

Dinant, au Pays-Bas.

Foire, le jour des Rois, de huit jours.

Dingier, en Franche-Comté.

Foire, le 10 Aout, d'un jour.

Dolce-Aqua, en Piémont.

Foires, la veille de St. Mathias, le 9 Juin, & le 15 Décembre, d'un jour chacune.

Dol, en Bretagne.

Foires, le 29 Juillet, le 10 Aout, & le 2 Décembre d'un jour chacune.

Dole, en Franche-Comté.

Foires, le 15 Février, de six jours, tous les vendredis de Carême, le lendemain des Fêtes de la Pentecôte, de six jours, le jeudi après la St. Denis, de 2 jours, & le premier jeudi de Décembre, d'un jour.

Domo, en Italie.

Foires, le lundi de la Quasimodo, & le premier Octobre, d'un jour chacune.

Domorre, en Basse-Picardie.

Foire, le 11 Novembre, d'un j.

Donat, (*St.*) en Dauphiné.

Foire, le jour de St. Michel, d'un jour.

Donatire, en Franche-Comté.

Foire, le 26 Décembre, d'un jour.

Donchery, en Champagne.

Marché tous les mercredis.

Donjon, (*le*) en Bourbonnois.

Foire, le premier jeudi de Carême, d'un jour.

Dormelle, en Italie.

Foire, le jour de St. Jean Baptiste, de trois jours.

Dortan, en Franche-Comté.

Foires, le jour de St. Marc, le jour de St. Urbain, le jour de N. D. de Septembre, & le lendemain de la St. Martin, d'un jour chacune.

Douay, en Artois.

Foires, le premier Aout, & le premier Octobre, de trois jours chacune.

Doué, en Anjou.

Foires, le lundi de la mi-Carême, le lundi de la Semaine Sainte, le lundi des Rogations, & le 9 Octobre, d'un jour chacune.

Dourdan, Isle de France.

Il y a, tous les lundis, un *marché* de bled, très-considérable, & deux *foires* franches par an; la premiere, le 10 Aout, & la seconde, le troisieme lundi de Septembre.

Dourlach, en Allemagne.
Foires, le jour de St. Jacques, & deux jours avant la St. Luc, de deux jours chacune.

Dourlens, en Picardie.
Foire, le 10 Aout, de trois jours

Douze, en Périgord.
Foire, le 9 Juillet, d'un jour.

Dovaine, en Savoie.
Foire, le 28 Juillet, de trois j.

Dozulé, en Basse-Picardie.
Marché tous les mardis de chaque semaine.

Dreux, Isle de France.
Il y a deux *Foires* par an. La premiere à la Saint-Gilles, la seconde à la Pentecôte, & grand *Marché* pour les chevaux, le lundi des deux premieres semaines de chaque mois.

Ducey, en Basse-Normandie.
Marché considérable tous les mardis.

Ducler, en Normandie.
Marché considérable tous les mardis.

Dun-les-Places, en Nivernois.
Foire, le jour de Saint-Marc, d'un jour.

Dunkerque, Flandre Françoise.
Foire, le premier Janvier, de 3 j.

Dupot, en Provence.
Foire, le jour de Saint-Hilaire, d'un jour.

E.

Ebersmunter, en Basse-Alsace.
Foire, le 21 Septembre, de 2 j.

Echaufour, en Normandie.
Marché tous les mercredis.

Echirey, en Bourgogne.
Foire, le jour de Saint-Augustin, d'un jour.

Ecluse, (*l'*) Pays-Bas Hollandois.
Foire le 2 Septembre.

Ecouchay, en B. Normandie.
Marché tous les jeudis.

Ecouis, en Vexin.
Marché tous les mardis.

Eersel, Pays-Bas Hollandois.
Foire, le 14 Novembre, de 2 j.

Eglises, (*cinq*) en B. Hongrie.
Foires, le jour de Saint-Georges, & le lendemain de la Madeleine, d'un jour chacune.

Eglisow, Canton de Zurich.
Foire, le jour de Sainte-Agathe, & le jour de Saint-Georges, d'un jour chacune.

Egra, en Bohême.
Foires, le 14 Juin, & 2 jours après la N. D. de Septembre, d'un jour chacune.

Egue, en Poitou.
Foire, le jour de Saint-Blaise, en Février, d'un jour.

Einsidlen, en Suisse.
Foire, le premier Septembre, d'un jour.

Eisenach, en Allemagne.
Foires, le dimanche de la Quadragésime, en Février, le second

mercredi après la Quasimodo, le mercredi après la Saint-Michel, & le mercredi après la Saint-Martin.

Elbing, en Pologne.

Foires, le 6 Mai, & le lendemain de Saint-Simon, d'un jour chacune.

Elbeuf, en Normandie.

Foire, le premier Septembre, d'un jour.

Marchés, tous les mardis, vendredis & samedis.

Elfeld, en Allemagne.

Foire, le jour de Saint-Jacques, en Juillet, de 3 jours.

Ell, en Basse-Alsace.

Foire, le 15 Avril, d'un jour.

Elsastzabre, en Franconie.

Foires, le 18 Juin, & 2 jours après la N. D. de Septembre, d'un jour chacune.

Ending, en Allemagne.

Foires, le jour de Saint-Mathias, le 31 Mars, le jour de Saint-Barthelemi, & le 16 Novembre, d'un jour chacune.

Engen, en Allemagne.

Foires, le premier Mars, de 8 j. Le lendemain de Saint-Honoré, cinq jours après la N. D. d'Août, & le lendemain de Saint-Martin, d'un jour chacune.

Engern, en Allemagne.

Foires, le jour de la Conversion de Saint-Paul, & 2 jours avant la Saint-Mathias, d'un jour chacune.

Ensisheim, en Haute-Alsace.

Foires, le 24 Mai, le 14 Juin, & le 24 Août, d'un jour chacune.

Ente, en Champagne.

Foires, le 25 Mai, & le 16 Octobre, d'un jour chacune.

Epinay, Isle de France.

Foires, le 2 Mai, & le 4 Juillet, d'un jour chacune.

Epoisses, en Bourgogne.

Foires, le lendemain de la Chandeleur, le lendemain de Quasimodo, le lendemain de Saint-Roch, & le 3 Novembre, d'un jour chacune.

Erfort, en Allemagne.

Foires, le jour de la Trinité, le 24 Août, & le 10 Novembre, d'un jour chacune.

Erlach, Canton de Berne.

Foires, le dernier mercredi de Janvier, le mercredi après l'Invention de Ste. Croix, le dernier mercredi de Novembre, & le premier mercredi de Décembre, d'un jour chacune.

Erlang, en Allemagne.

Foire, le jour de Saint-Laurent, d'un jour.

Erlenbach, en Haute-Alsace.

Foires, le second mardi de Carême, de quinze jours. Le jour de la Madeleine (franche) d'un jour. Le 14 Septembre, de 15 jours, & le lundi avant la Toussaint, de 8 jours.

Erstein, en Basse-Alsace.

Foires, le 24 Mars, le 17 Avril, le 28 Mai, le 13 Août, & le 26 Novembre, d'un jour chacune.

Eschallens, Canton de Berne.

Foires, le premier jeudi d'Avril, de 8 jours. La veille de Saint-Gervais, & le lendemain de Saint-Michel, d'un jour chacune. Le jeudi après la Saint-Martin, de 8 jours, & le dernier jeudi de Décembre, d'un jour.

Eschay, en Franche-Comté.

Foire, le 4 Novembre, d'un j.

Eschandelis, en Auvergne.

Foire, le 2 Janvier, & le lendemain de Noël, d'un jour chacune.

Escherange, en Lorraine.

Foire, le lundi avant St. Jacques, d'un jour.

Eschlismat, en Haute-Alsace.

Foire, le 4 Septembre, d'un jour.

Esgreville, en Gâtinois.

Foire, le 4 Juillet, d'un jour.

Espernay, en Champagne.

Foires, le jeudi de la mi-Carême, de 15 jours. Le jour de la Madeleine (franche) d'un jour. Le 14 Septembre, de 15 jours, & le lundi avant la Toussaint, de 3 jours.

Espernon, en Beauce.

Foires, le jeudi de la mi-Carême, de 15 jours. Le jour de la Madeleine (franche,) de 3 jours. Le 14 Septembre, de 15 jours, & le lundi avant la Toussaint, de 3 jours.

Espinal, en Lorraine.

Il y a plusieurs *Foires*, qui sont, 1°. le second mercredi d'après la Purification; 2° le premier mercredi d'après Pâques; 3°. le premier mercredi d'après l'Ascension; 4°. le lendemain de l'Assomption; 5°. le lendemain de la Saint-Remi, & 6°. le lendemain de la Saint-André.

Outre ces Foires, il y a un *Marché* tous les samedis.

Espinchant, en Artois.

Foires, le 23 Juin & le 2 Octobre, d'un jour chacune.

Essey, en Normandie.

Marché considérable tous les mardis.

Essoye, en Champagne.

Foires, le 23 Mai, & le 29 Septembre, d'un jour chacune.

Estaire, Pays-Bas François.

Foires, le 22 Juillet, & le 25 Octobre, d'un jour chacune.

Marché franc le troisieme jeudi de chaque mois.

Estaples, en Picardie.

Foire franche, le 6 Décembre d'un jour.

Marché considérable les jeudis de l'année.

Estavayer, Canton de Fribourg.

Foires, le jour de Saint-Georges en Avril, le lendemain de Saint-Laurent, le jour de Saint-Mathieu, & le jour de Ste. Luce, d'un jour chacune.

Esternor, en Franche-Comté.

Foire, le 10 Août, d'un jour.

Estival, en Franche-Comté.

Foires, le 29 Janvier, le troisieme mardi de Février, le 21 Mai, le mardi avant Saint-Jacques, d'un jour chacune, & le 9 Octobre, de 6 jours.

Estrepagny, en Normandie.

Foire, le 29 Août, de 3 jours.

Marché considérable tous les mardis.

Etampes, en Beauce.

Foires, le 2 Septembre, & le 29 Septembre, de trois jours chacune.

Etten-Munster, en Haute-Alsace.

Foire, le 12 Novembre, d'un j.

Etienne-de-Mourlue, (*St.*) en Bretagne.

Foire, le 3 Aout, d'un jour.

Eu, en Haute-Normandie.

Il y a *Foire* le 10 Aout, dont la durée & la franchise sont de 15 jours.

Evian, en Savoie.

Foires, le 27 Avril, le 30 Aout, & le lundi après la St. Martin, d'un jour chacune.

Evreux, en Normandie.

Marchés les mardi, jeudi & Samedi, ce dernier est très-considérable.

Evrecy, en Normandie.

Marché tous les mercredis.

Evroul, (*St.*) en Normandie.

Marché tous les lundis de l'année.

Eyndhove, en Hollande.

Foires, la veille de St. Claude, le jour de Ste. Anne, & le 6 Octobre, d'un jour chacune.

F.

Fargeau, (*St.*) en Gâtinois.

Foire grasse, le jour de St. Martin, & le jour de St. Thomas, d'un jour chacune.

Faremoutier, en Brie.

Foire, le lundi de la Semaine Sainte, d'un jour.

Marché considérable tous les lundis.

Faucogney, en Franche-Comté.

Foires, le premier jeudi de Carême, & le jeudi après la Toussaint, d'un jour chacune.

Faulquemont, en Lorraine.

Foires, le 21 Janvier, d'un jour, le 12 Mai, de douze jours, & le 5 Juin, d'un jour.

Fauquemont, Duché de Limbourg.

Foires, le jour de Ste. Agnès, d'un j., le 12 Mai, de douze jours, & le 5 Juin, d'un jour.

Faustriere, en Champagne.

Foires, le 25 Juin, le 3 Novembre, & le premier Décembre, d'un jour chacune.

Faux-le-Duc, en Champagne.

Foire, le 25 Janvier, d'un jour.

Favernay, en Franche-Comté.

Foires, le lundi après les Rois, le 3 Février, le 26 Mars, le 5 Juillet, le 16 Aout, le lendemain de N. D. de Septembre, & le lendemain de la Conception, d'un jour chacune.

Fay-Billot, (*le*) en Bourgogne.

Foire, le lendemain de la Chandeleur.

Felicien, (*St.*) en Vivarais.

Foire, le troisieme dimanche de Septembre, de trois jours.

Felines, en Haute-Auvergne.

Foires, le 4 Juillet, le jour de St. Laurent, le jour de St. Michel, & le jour de St. Nicolas, d'un jour chacune.

Félix, (*St.*) en Bourbonnois.
Foire, le lendemain de la Décolation de St. Jean-Baptiste, d'un jour.

Feneu, en Anjou.
Foires, la veille de la St. Pierre, & la veille de la St. Martin, d'un jour chacune.

Fere, (*la*) en Picardie.
Foire, le 25 Septembre, de deux jours.

Fère-en-Tardenois, en Champagne.
Foires considérables de chevaux, & de bestiaux, le 7 Janvier, le jeudi de la mi-Carême, le 24 Juin, & le premier Octobre, d'un jour chacune.
Marché franc les premiers mercredis de chaque mois, avec exemption de droits de gros des Aides.

Ferrette, en Haute-Alsace.
Foires, le lundi de Pâques, le 4 Juin, le 8 Septembre, & le 6 Décembre, d'un jour chacune.

Ferté-Alais, en Gâtinois.
Foires, le jeudi de la mi-Carême, & le 25 Septembre, d'un jour chacune.

Ferté-sur-Aube, (*la*) en Champagne.
Foires, le 13 Mars, le 14 Juillet, & le 11 Novembre, d'un jour chacune.

Ferenbach, en Baviere.
Foire, le 3 Septembre, de trois jours.

Fescam, au Pays de Caux.
Marché considérable tous les jeudis.

Fessigny, en Franche-Comté.
Foire, le premier Mai, de trois j[ours].

Feuilletin, en Haute-Marche.
Marché de bœufs & moutons, une fois par mois, & *Marchés* ordinaires tous les lundis & vendredis.

Fevrol, en Brie.
Foire, le 26 Juin, d'un jour.

Flagey, en Bourgogne.
Foire, les Fêtes de la Pentecôte, de trois jours.

Flavigny, en Bourgogne.
Foires, le jour de St. Pierre, & le jour de St. Simon, d'un jour chacune.

Fleche, (*la*) en Anjou.
Il y a quatre *Foires* franches par an, de huit jours chacune. La premiere, le mercredi d'avant le Carême, la seconde, le mercredi d'après la Quasimodo, la troisieme, le mercredi d'avant la Pentecôte, & la quatrieme, le mercredi d'après la Toussaint.
Marché franc tous les mercredis.

Fleurmont, en Haute-Alsace.
Foires, le lendemain des Fêtes de Pâques, & le mercredi après la St. Simon, d'un jour chacune.

Florentin, (*St.*) en Champagne.
Foires, la veille des Rois, le premier lundi de Carême, le 22 Juin, le 13 Août, le jour de St. Simon, & le 27 Novembre, d'un jour chacune.
Marché tous les samedi, du premier lundi de Carême, jusqu'à la St. Jean.

Florennes, au Pays-Bas.

Foire, trois jours avant la Saint André.

Flour, (*St.*) en Haute-Auvergne.

Foires, le 30 Mai, & le 5 Novembre, d'un jour chacune.

Foligny, en Italie.

Foires, considérables, le 24 Janvier, de huit jours, & le 20 Mai, de 60 jours.

Pendant cette derniere, la Noblesse jouit d'un Privilège confirmé par plusieurs bulles, qui est de nommer cinq personnes de son corps, qui exercent, sans appel, pendant cette foire, toute jurisdiction civile, criminelle & de police; pour lors, tous les Officiers du Pape & autres n'y ont aucune autorité.

Foncine, en Franche-Comté.

Foire, le 2 Octobre, d'un jour.

Fontaine-le-Dun, au Pays de Caux.

Marché tous les mardis.

Fontaine-François, en Bourgogne.

Foires, le jour de St. Antoine, le premier Mai, le lendemain de St. Roch, & le lundi avant la Toussaint, d'un jour chacune.

Fontainebleau, Isle de France.

Foires, le lendemain de la Trinité, franche, & le 25 Novembre, de trois jours chacune.

Fontenay, en Champagne.

Foires, le jour de St. Jean Baptiste, & le 12 Octobre, d'un jour chacune.

Fontenay-Tresigny, en Brie.

Foires, le 20 Janvier, d'un jour, le premier Mai, de huit jours, le 22 Juillet, & le lundi avant la Toussaint, d'un jour chacune.

Fontenay, en Bourgogne.

Foires, le 22 Juillet, & le premier Aout, d'un jour chacune.

Fontenay-le-Comte, en bas Poitou.

Foires, le premier Mai, & le jour de St. Jean, considérable de grains & de bestiaux, d'un jour chacune, le premier Aout, de huit jours, le 11 Octobre, de trois jours, & le samedi avant la Toussaint, d'un jour.

Forcalquier, en Provence.

Il y a trois *Foires*; la premiere le lundi après la Quasimodo, la seconde, le 15 Juillet, & la troisieme, le 30 Novembre.

Forets-au-vray, en Basse Normandie.

Marché tous les jeudis de l'année.

Formigny, en B. Normandie.

Foire de chevaux & de bestiaux, le 4 Juillet, d'un jour.

Foss, au Pays-Bas.

Foire, le 31 Octobre, d'un jour.

Fomandiere, (*la*) en Bas-Poitou.

Foire, le jour de Saint-Antoine, d'un jour.

Foudremand, en Franche-Comté.

Foires, le 30 Janvier, le 3 Août,

le 29 Septembre, & tous les mardis de Carême, d'un jour chacune.

Fougeres, en Bretagne.

Foires, le 2 Février, le 25 Mai, le premier Aout, le 9 Septembre, & le 5 Novembre, d'un jour chacune.

Fougerolles, en Berry.

Foires, le lundi-gras, le 5 Mai, le jour de Saint-Jean-Baptiste, le lendemain de Saint-Barthelemi, & la veille de Ste. Catherine, d'un j. chacune.

Frais, en Haute-Alsace.

Foires, le 23 Février, le 26 Avril, le 4 Aout, & le 30 Octobre, d'un jour chacune.

Frajou, (St.) en Gascogne.

Foires, le 3 Janvier, la veille de N. D. de Mars, le jour de l'Invention de Sainte-Croix, d'un jour chacune. *Foire* franche, le jour de la Madeleine, d'un jour, & *Foires* ordinaires, le jour de l'Exaltation de Ste. Croix, & le jour de Saint-André, d'un jour chacune.

Marché franc tous les mercredis.

Fraisans, en Franche-Comté.

Foires, le 16 Juin, le 12 Septembre, & le 6 Décembre, d'un j. chacune.

Frane, en Beaujolois.

Foire, le 27 Aout, d'un jour.

Frangy, en Bourgogne.

Foire, le jour de Saint-Luc, en Octobre, d'un jour.

Francfort-sur-le-Mein, en Franconie.

Il y a deux *Foires* considérables. La premiere, la deuxieme fête de Pâques, la seconde, à la Nativité de la Vierge : elles ont chacune trois semaines de durée & trois jours de franchise.

Francfort-sur-l'Oder, en Prusse.

Foires, très-célèbres & très-fameuses, en Février ou en Mars, le second lundi de Carême, de 15 j. Le 13 Juillet, d'un jour, & à la Saint-Martin, de trois jours.

Franckendal, en Allemagne.

Foires, le 9 Avril, & huit jours avant la Sainte-Catherine, d'un j. chacune.

Fresnes-en-Bogenay, en Hainaut.

Foire, le 14 Mars, d'un jour.

Freyberg, en Allemagne.

Marché public tous les jeudis.

Freystadt, en Hongrie.

Foire, le jour de la Conversion de Saint-Paul, d'un jour.

Fribourg, en Allemagne.

Foires, le 8 Mars, le lendemain de Saint-Claude, le jour de Saint-Mathieu, le 8 Novembre, & le jour de Saint-Thomas, d'un jour chacune.

Fridberg, en Allemagne.

Foire célebre, le dimanche de l'Octave de la Trinité, de 8 jours.

Fromerie, en Picardie.

Foires, le 8 Avril, le 9 Mai, le 9 Septembre, & le 28 Octobre, d'un jour chacune.

Frossay, en Bretagne.

Foires, le 8 Avril, le 9 Mai, le 9 Septembre, & le 28 Octobre.

Fruges, en Artois.

Foires, le 26 Avril, & le 25 Octobre, d'un jour chacune.

Furnes, en Autriche.

Foires, le 26 Juillet, d'un jour.

G.

Gaiete, en Italie.

Foires, le 22 Mars, de trois j. & le premier Septembre, de quinze jours.

Gaillarde, en Savoie.

Foires, le 21 Mars, le 11 Juin, le 29 Aout, & le 8 Novembre, d'un jour chacune.

Gaille-Fontaine, en Normandie.

Marché tous les jeudis de l'année.

Gau, (*St.*) en Suisse.

Foires, le lendemain de l'Invention de Ste. Croix, de 15 jours, & le 16 Octobre, de quatre jours.

Gand, Flandre Autrichienne.

Foires, le 9 Mai, hors la porte d'Anvers, le 2 Aout, autrefois dite la *Biloque*, de plusieurs jours, & *foires* de chevaux, le mardi d'avant la mi-Carême, & pour toutes autres marchandises, depuis le vendredi d'après la mi-Carême, jusqu'au mercredi Saint.

Marché public tous les vendredis.

Gamaches, en Picardie.

Marché franc très-considérable, tous les premiers mardis de chaque mois, & *marché* ordinaire tous les mercredis.

Gannat, en Bourbonnois.

Foire, le 14 Septembre, de 15 jours.

Gap, en Dauphiné,

Foires, le jour de St. Mathias, de 3 j. & le 9 Novembre, de neuf jours.

Gassey, en Normandie.

Marché tous les mercredis.

Gaudens, (*St.*) en Gascogne.

Marché très-considérable tous les jeudis.

Gaure, (*le*) en Bretagne.

Foire, le 16 Octobre, d'un jour.

Gavray, en Normandie.

Foire, le 18 Octobre, de moutons, d'un jour.

Marché tous les mardis.

Gant-les-Hameaux, en Brie.

Foire, le 20 Janvier, de deux j.

Gelnhausen, en Allemagne.

Foire célebre, le 29 Septembre, de huit jours.

Gemeau, en Bourgogne.

Foires, le mercredi des Cendres, de trois jours, & le 25 Novembre, d'un jour.

Marchés, tous les mardis & vendredis.

Gençay, en Poitou.

Foires, le 20 Janvier, d'un jour.

Gendrey, en Franche-Comté.

Foires, le 16 Avril, de six jours, le lundi après St. Barnabé, le lundi après St. Mathieu, & le lundi avant St. Thomas, d'un jour chacune.

Génes, en Italie.

Plusieurs *foires* très-considérables, & *Marché* tous les jeudis.

Genelard, en Bourgogne.

Foires, le 10 Mars, le 4 Juillet, & le jour de St. Jean.

Geneve, en Suisse.

Foires, le 5 Mars, le 20 Aout, & le 22 Novembre, de six jours chacune.

Gengoux-le-Royal, en Bourgogne.

Foire, le premier mardi de Carême, d'un jour.

Genlis, en Picardie.

Foires, le 7 Janvier, franche, le 12 Avril, le 15 Juin, & le 19 Novembre, d'un jour chacune.

Marché tous les premiers lundis du mois.

Georges, (*St.*) en Franche-Comté.

Foire, le 23 Avril, d'un jour.

Gera, en Allemagne.

Foires, le 29 Mars, le 19 Juillet, le 30 Aout, & le 11 Octobre.

Geraume, en Lorraine.

Foires, le mardi de Pâques, de 15 jours. Le 24 Aout, & le premier Octobre d'un jour chacune.

Germain-du-Bois, (*St.*) en Bourgogne.

Foire, le jour de Saint-Barnabé en Juin, d'un jour.

Gervais, (*St.*) en Bas-Poitou.

Foire, le jour de Saint-Barnabé d'un jour.

Gesté, en Bas-Anjou.

Il y a 4 *Foires* par an, de bestiaux. La premiere le premier Mai, la seconde le 11 Juin, la troisieme le premier Aout, & la quatrieme, le 5 Novembre.

Grand *Marché* tous les mardis de l'année.

Gevrey, en Bourgogne.

Foires, le lendemain de St. Vincent, le 4 Juin, & le 8 Novembre, d'un jour chacune.

Gex, en Bourgogne.

Foires, le 3 Janvier, le premier Mars, le 25 Mars, le lundi après Saint-Marc, le 31 Mai, le lundi après la S. Pierre, le 30 Juillet, le lendemain de la Décolation de Saint-Jean, le jour de N. D. de Septembre, le 16 Octobre, & le jour de Saint-André, d'un jour chacune.

Ghistel, Pays-Bas Autrichiens.

Foire, le jour de la Conception de la Vierge.

Giey-le-court, en Champagne.

Foire, le jour de Saint-Nicolas d'un jour.

Gien, en Gâtinois.

Foire, le second lundi de Carême, de 9 jours.

Giessen, en Allemagne.

Foire célebre, à Pâques, de 8 j.

Gigny, en Franche-Comté.
Foires, le premier lundi de Mai, le 29 Aout, le 9 Octobre, & le 21 Décembre, d'un jour chacune.

Gilles, (*St.*) Pays de Caux.
Foire, le premier Septembre, d'un jour.

Gilley, en Franche-Comté.
Foires, le 14 Janvier & le 23 Aout, d'un jour chacune.

Giromagny, en Haute-Alsace.
Foires, le second samedi de Carême, d'un jour. Le 17 Juin, de 6 jours. Le 6 Septembre, & le mardi après la Toussaint, d'un jour chacune.

Givry, en Bourgogne.
Foire, le lundi après la Sainte-Catherine, d'un jour.

Glavier, en Berry.
Marché tous les mardis.

Glaris, en Suisse.
Foires, le jour de Saint-Bernard, le jour de l'Exaltation de Sainte-Croix, le jour de Saint Denis, le 29 Octobre, le jour de la Présentation de N. D. en Novembre, & 2 jours après la Conception de la Vierge, d'un jour chacune.

Glys, en Suisse.
Foire, le jour de N. D. d'Aout, d'un jour.

Glos, en Normandie.
Marché considérable tous les mardis.

Goderville, en Normandie.
Marché considérable tous les mardis.

Goms, en Suisse.
Foire, le jour de Saint-Georges, ou 2 jours avant St. Marc, d'un j.

Gonesse, Isle de France.
Foire, le 3 Février, de 15 jours.
Marchés les mardis & vendredis.

Gonvillers, en Franche-Comté.
Foires, le 25 Mai, & le lundi après la N. D. de Septembre, d'un jour chacune.

Gonville, en Bourgogne.
Foire, le jour de Saint-Nicolas, d'un jour.

Gordans, en Bugey.
Foire, le lendemain des Rois, d'un jour.

Gorde, en Suisse.
Foire, trois jours avant la Saint-Barthelemi.

Gordon, dans le Quercy.
Il y a six *Foires* par an, de deux mois en deux mois.

Gorgue, Pays-Bas.
Foire fameuse, le premier Mai, de 8 jours; elle est célebre, pour toiles ouvrées & unies.

Gorjon, en Franche-Comté.
Foire, le lundi après la N. D. de Septembre, d'un jour.

Gotha, en Allemagne.
Foires, le cinquieme mercredi d'après Pâques, le mercredi après la Sainte-Marguerite, & le mercredi avant la Toussaint.

Goumoy, en Franche-Comté.
Foires, le 12 Mai, & le 10 Octobre, d'un jour chacune.

Grace, en Bretagne.
Foire, le 24 Juin, d'un jour.

Grammont, en Bourgogne.
Foires, le jour de Saint-Vincent,

de 8 jours. Le jour des Rameaux, le jour de la N. D. d'Août, & le premier Décembre (pour chevaux & poulains,) de 3 jours chacune.

Grammont, en Flandre Autrichienne.

Foires, le premier lundi de Février, le premier lundi de Mars, le premier lundi d'Avril, & le lundi après la Saint-Barthelemi.

Granrey, en Champagne.

Foires, le lundi avant la Chandeleur, le 9 Mai, & le 6 Décembre, d'un jour chacune.

Grand-Fontaine, en Franche-Comté.

Foires, le premier lundi de Mai, & le 9 Octobre, d'un jour chacune.

Grand-Sancey, en Franche-Comté.

Foires, le premier mardi de Carême, le 25 Juin, le mardi avant St. Mathieu, & le mardi avant Saint-Thomas, d'un jour chacune.

Grand-Val, Canton de Berne.

Foires, le jour de la Madeleine, le mardi avant la Saint-Luc, d'un jour chacune.

Grand-Vaux, en Bourgogne.

Foires, le mercredi de Pâques, d'un jour.

Grand-Villars, en Alsace.

Foires, le mardi après la Saint-Mathias, le 7 Mai, le mardi après la N. D. de Septembre, & le mardi après la Saint-Martin, d'un jour chacune.

Grand-Villers, en Picardie.

Foire, le premier Septembre, d'un jour.

Marché tous les lundis.

Granges, (*les*) en Franche-Comté.

Foires, le 3 Janvier, le Jeudi de Pâques, & le jour de Saint-Mathieu, d'un jour chacune.

Granges, (*les*) en Lorraine.

Foires, le 2 Mars, les vendredis de Carême, le premier Juin, le [illegible] Aout, & le 2 Novembre, d'un [jour] chacune.

Granges, (*les*) en Bresse.

Foire, le jour de la Madeleine, d'un jour.

Granson, en Suisse.

Foires, le dernier mercredi d'Avril, le mercredi après la Saint-Jean, d'un jour chacune, & le mercredi après la Saint-Martin, de 8 j[ours].

Gravelines, en Flandre-Françoise.

Foire, le 15 Aout, de 8 jours.

Gray, en Franche-Comté.

Foires, le 14 Janvier, de six [jours]. Le jeudi de Pâques, le 12 Juin, le lundi avant Saint-Jacques, & le [illegible] Septembre, d'un jour chacune.

Greisi, en Lyonnois.

Foire, le jour de Saint-Marc, d'un jour.

Grenoble, en Dauphiné.

Foires, le jour de Saint-Vincent en Janvier, de 8 jours. Le jour des Rameaux, le jour de N. D. d'Août, & le premier Décembre (de chevaux & poulains) de 3 jours chacune.

Grez, en Anjou.

Foires, le 10 Mai, le premier Juin, & le 28 Octobre, d'un jour chacune.

Griffenhagen, en Prusse.

Foires, très-célebre, le deuxieme jeudi de Carême, de huit jours, le jour de la Trinité, & le jour de St. Simon, d'un jour chacune.

Gripswald, en Allemagne.

Foires, le jour de St. Jacques, & le jour de la Toussaint, d'un jour chacune.

Guemenée, en basse-Bretagne.

Foire, le 29 Septembre, d'un j.

Guenguebach, en Suisse.

Foire, le lendemain de St. Martin, d'un jour.

Guerande, en Bretagne.

Foire, le 18 Octobre, d'un jour.

Guerwiller, en Haute-Alsace.

Foire, le 30 Novembre, d'un j.

Guibray, en basse Normandie

Il y a trois *foires* célebres. La premiere commence le 6 Aout, & ne dure que 3 jours. La seconde, le 16 Aout, dont la durée & la franchise sont de 15 jours, la plus grande renommée de cette foire, est pour la vente des chevaux, & la troisieme, le 15 Septembre, de quinze jours.

Guillain, en basse-Normandie.

Foire, le premier Mai, pour chevaux, bœufs & bestiaux, de deux j.

Marché tous les jeudis.

Guillain, (*St.*) Pays-Bas Autrichiens.

Foire, le jour de St. Denis, d'un jour.

Guillestre, en Dauphiné.

Foires, le 30 Mai, & le jour de St. Luc, d'un jour chacune.

Guillon, en Bourgogne.

Foires, le jour de Saint-Sébastien, les jours de Saint-Marc & de Saint-Nicolas, d'un jour chacune.

Guimaraens, en Portugal.

Foire de bestiaux, le premier dimanche d'Aout, de trois jours.

Guingamp, en basse-Bretagne.

Foires, le 2 Mai, & le 6 Juin, d'un jour chacune.

Guiscard, en Picardie.

Marché, tous les jeudis de chaque semaine.

Guié, en Champagne.

Foires, le 25 Janvier, d'un jour.

Gy, en Franche-Comté.

Foires, le premier samedi de carême, le 29 Juin, le lendemain de Saint-Gilles, & le lundi après la Toussaint, d'un jour chacune.

Gyseux, en Anjou.

Foires, le premier lundi de Carême, le 9 Mai, le 26 Juillet, & le 21 Septembre, d'un jour chacune.

H.

Habsheim, en Haute-Alsace.

Foire, le 29 Octobre, d'un jour.

Haguenaw, en Basse-Alsace.

Foires, le 3 Mai, le 7 Juin, le 14 Septembre, & le 8 Novembre, d'un jour chacune.

Hain, en Allemagne.

Foires, le dimanche de la Trinité, & le jour de Saint-Michel, d'un j. chacune.

Halle, en Allemagne.

Foire, le jour de la Saint-Martin, d'un jour.

Hambis, en B. Normandie.
Marché, toutes les semaines de l'année.

Hambourg, en Allemagne.
Foire célèbre, le samedi après l'Annonciation, de 8 jours, & *Foires* ordinaires, le 15 Juin, le 25 Juillet, & le 20 Octobre, d'un jour chacune.

Hamme, au Pays-Bas.
Foire, le 17 Septembre.

Hanau, en Allemagne.
Foire, en Librairie, le premier Aout.

Hanovre, en Allemagne.
Il y a 4 *Foires* par an, qui attirent beaucoup d'Etrangers, particuliérement pour les chevaux.

Haras, en Normandie.
Foire franche, de jeunes poulains, le 9 Octobre, d'un jour.

Harcourt, en Normandie.
Marché tous les jeudis.

Harcourt, Basse-Normandie.
Marché tous les mardis de l'année.

Hardivilliers, en Picardie.
Foires, les seconds mardis de Janvier, de Mars & de Mai, le 30 Juin, les seconds mardis de Juillet, de Septembre de Novembre, & le 20 Décembre, d'un jour chac.
Marchés tous les mardis & les premiers mercredis de chaque mois.

Harfleur, en Normandie.
Foire, franche & très-considérable, à la Translation de Saint-Martin, de 8 jours. *Foire* ordinaire, le 11 Novembre, d'un jour.
Marché tous les mercredis.

Haslach, en Allemagne.
Foires, le 9 Février, la veille de l'Apparition de Saint-Michel, & le 4 Juillet, d'un jour chacune.

Hautevillers, en Champagne.
Foires, le premier Aout, & le 29 Septembre, d'un jour chacune.

Haye-du-Puy, en Basse-Normandie.
Marché tous les mardis.

Haye-Paisnel, en Basse-Normandie.
Marché tous les jeudis.

Haye, (*la*) en Touraine.
Marché tous les jeudis.

Heidelberg, en Allemagne.
Foires, le 16 Juillet, les lendemains de la Saint-Simon, & de la Saint-Martin, d'un jour chacune.

Heidelsheim, en Allemagne.
Foires, trois jours avant Saint-Fiacre, & le jour de Saint-Nicolas, d'un jour chacune.

Helene, (*Ste.*) en Bourgogne.
Foire, le jour des Morts d'un j.

Helmont, Pays-Bas Autrichiens.
Foires, le dernier samedi de Mars, le samedi d'après la Saint-Jean-Baptiste, le premier samedi de Septembre, & le samedi après la Sainte-Catherine, d'un jour chacune.
Marché tous les mardis.

Henichen, en Saxe.
Foires, le premier dimanche après la Pentecôte, & le jour de la Saint-Michel, d'un jour chacune.

Henrichemont, en Berry.
Marché tous les mardis.

Herantals, Pays-Bas.
Foire, le 3 Février.

Herbiers, (*les*) en bas-Poitou.
Foires de bestiaux, tous les derniers mercredis de chaque mois.

Herder, en Suisse.
Foires, le jour de Saint-Policarpe, le lendemain de la N. D. de Novembre, & le lundi avant la Saint-André, d'un jour chacune.

Hericourt, en Franche-Comté.
Foires, le 23 Avril, le 3 Mai, le 30 Juin, le 24 Aout, & le 28 Octobre, d'un jour chacune.

Herisaw, en Suisse.
Foires, le jour de la Chandeleur, les jours de Saint-Georges, & de Saint-Michel, & le lendemain de Ste. Catherine, d'un jour chacune.

Herisson, en Bourbonnois.
Foire, le 2 Septembre, d'un jour.
Marché tous les mardis.

Hermances, en Savoie.
Foire, le 25 Octobre, d'un jour.

Hermites, en Champagne
Foires, le 31 Aout, & le 11 Novembre, d'un jour chacune.

Hervelinghen, en B. Picardie.
Foire, le 6 Novembre, d'un jour.

Hesdin, en Artois.
Foire, le premier Avril, d'un jour.
Marché franc tous les seconds mardis de chaque mois.

Hiemes, en Basse-Normandie.
Marché, tous les jeudis.

Hierres, Isle de France.
Foires, le 3 Mai, considérable en bestiaux, & le 31 Aout, de trois jours chacune.

Hilaire, (*St.*) en Franche-Comté.
Foire, le 24 Aout, d'un jour.

Hilaire du-Harcouet, (*St.*) en Basse-Normandie.
Marché tous les mardis.

Hippolite, (*St.*) en Franche-Comté.
Foires, le 12 Janvier, le premier Mai, le 25 Juillet, le 21 Septembre, & le lundi avant Saint-Simon, d'un jour chacune.

Hochfelden, en Basse-Alsace.
Foire, le 24 Février, d'un jour.

Hondschotte, Pays-Bas.
Foire, le 11 Juin.

Honoré, (*St.*) en Dauphiné.
Foires, le 14 Mai & le lendemain de la Saint-Martin, d'un jour chacune.

Hoogstraette, Pays-Bas.
Foire, le 6 Décembre.

Houssaye, (*la*) en Bretagne.
Foire, le 6 Septembre, de 8 jours.

Huguelers, en b. Picardie.
Foire, le premier Décembre, d'un jour.

Hui, Pays-Bas.
Foires, le jour de Saint-Denis, & la veille de Saint-Martin, d'un jour chacune.

Humbert, (*St.*) en Lorraine.
Foires, le 12 Janvier, de 2 jours, & le 3 Novembre, de 8 jours.

Hurjel, en Bourbonnois.
Foire considérable, le jour de St. Michel, de 15 jours.

Husum, en Danemarck.
Marché de bestiaux tous les mardis.

Hutwil, en Suisse.
Foires, le 21 Février, le 8 Mai, le 8 Aout, le 17 Octobre, & le 5 Décembre, d'un jour chacune.

I.

Igny, en Franche-Comté.
Foires, le 29 Aout, le 9 Octobre, & le 21 Décembre, d'un jour chacune.

Ilantz ou **Illens**, en Suisse.
Foires, le 11 Janvier, le 13 Février, le 13 Mars, le 15 Mai, le 27 Juillet, le 15 Novembre, & le 13 Décembre, d'un jour chacune.

Imier, (St.) en Suisse.
Foires, le 8 Juin, le 20 Aout, & le 21 Novembre, d'un jour chacune.

Indevillars, en Haute-Alsace.
Foires, le 30 Avril, & le 25 Septembre, d'un jour chacune.

Ingrande, en Anjou.
Foires, le jour de la mi-Carême, le 24 Mai, le 22 Juin, & le 21 Septembre, d'un jour chacune.

Inguewiller, en Haute-Alsace.
Foire, le 22 Juillet, de trois j.

Ipres, en Flandre-Autrichienne.
Foires, le deuxieme lundi d'après les Cendres, & le 3 Aout.

Irson, en Hainaut.
Foire, le 25 Novembre, d'un j.

Isseghem, au Pays-Bas.
Foires, le quatrieme samedi de Carême.

Isigny, en Basse-Normandie.
Marché, tous les jeudis de chaque semaine.

Isle-sur-le-Doux, en Franche-Comté.
Foires, le lendemain de Quasimodo, de trois jours, le jour de la Trinité, le 14 Septembre, & le 21 Décembre, d'un jour chacune.

Isle-Bouchard, en Tourraine.
Marché, tous les jeudis de l'année.

Isle-Jourdain, en Poitou.
Foire, le jour de St. Sébastien, en Janvier, de huit jours.

Isle-sous Montréal, en Bugey.
Foires, le lundi gras, le jour de St. Georges, en Avril, le mardi de la Pentecôte, le 26 Juin, le jour de St. Barthelemi, le jour de St. Denis, le jeudi avant la St. Martin, & le lendemain de la Conception, d'un our chacune.

Issoudun, en Poitou.
Foires, le jour de la Conversion de St. Paul, le jour de la mi-Carême, le jour de St. Jean-Baptiste, le jour de la Madeleine, le jour de N. D. de Septembre, & la veille de Ste. Catherine, d'un jour chacune.
Marché tous les samedis de l'année.

Issurtille, en Bourgogne.
Foires, le mardi avant la Chandeleur, le premier lundi de Carême, le lendemain de St. Barnabé, le jour de St. Barthelemi, le jour de St. Luc, & le lundi après la N. D. de Décembre, d'un j. chacune.
Marché, les mardis & samedis.

Ivry, en Normandie.

Marché tous les mercredis.

Jacques-en-Tillay, en Bas-Poitou.

Foire, le jour de St. Jacques, en Juillet, d'un jour.

Jallais, en Anjou.

Foire, le 24 Aout, & en Novembre.

Jama, en Russie.

Foire, le 4 Mars, de huit jours.

Jaroslow, en Russie.

Foire très-célèbre le jour de l'Assomption, de cinquante jours.

Jasnay, en Franche-Comté.

Foires, le premier vendredi de l'année, le 22 Mars, le 2 Juillet, le 16 Aout, le 27 Octobre, & le 6 Décembre, d'un jour chacune.

Jean-de-Launé, (*St.*) en Bourgogne.

Foires, le jour de N. D. de Mars, le 27 Mai, le 21 Juin, le jour de la décol. de St. Jean Baptiste, le jour de St. Côme, & le 4 Novembre, d'un jour chacune.

Jean-de-Mont, (*St.*) en Poitou.

Foires, le 6 Mai & le jour de Saint-Jean, d'un jour chacune.

Jean-de-Maurienne, en Savoie.

Foires, le vendredi avant les Rameaux, d'un jour. Le jour de l'Inv. de Ste-Croix, de 24 j. Le vendredi avant la Saint-Jean, le premier vendredi de Juillet, le dernier vendredi d'Aout, & le dernier vendredi d'Octobre, d'un jour chacune.

Jean-le-Vieux, (*St.*) en Suisse.

Foires, le 24 Février, le mardi de Pâques, & le jour de Saint-Jean, d'un jour chacune.

Jean-le-Vieux, (*St.*) en Bugey.

Foires, le jour de St. Mathias, le mardi de Pâques, & le jour de St. Jean-Baptiste, d'un j. chacune.

Joachimsthal, en Bohême.

Foires, très-célèbre, le 15 Juillet, de 20 jours.

Joigny, en Champagne.

Foire, le 2 Janvier, de 10 jours. Le 10 Aout, d'un jour. Le 15 Septembre, de 4 jours, & le premier Octobre, d'un jour.

Marchés tous les mercredis & samedis.

Joire, (*St.*) en Savoie.

Foires, le 6 Juin, le 7 Septembre, & le 17 Octobre, d'un jour chacune.

Jonville, en Franche-Comté.

Foires, le 22 Janvier, le lendemain de Quasimodo, & le 14 Septembre, d'un jour chacune.

Joué, en Bretagne.

Foire, le 24 Mai, de trois jours.

Jougné, en Franche-Comté.

Foires, le 24 Février, & le 29 Aout, d'un jour chacune.

Jouques, en Provence.

Foire, le jour de Saint-Jean-Baptiste, de trois jours.

Jousse, en Poitou.

Foires, les jours de Saint-Lambert & de Saint-Martin, d'un jour chacune.

Joux, (*la*) en Franche-Comté.
Foires, le 17 Septembre, & le 9 Octobre, d'un jour chacune.

Jouzey, en Bourgone.
Foire, le jeudi d'avant l'Ascension, d'un jour.

Judenbourg, en Allemagne.
Foire, le jour de l'Ascension, & le jour de Ste. Ursule, d'un jour chacune.

Julien-de-Concelles, en Bretagne.
Foire, le 24 Aout, d'un jour.

Julien-de-Vauvantes, en Bretagne.
Foires, le 17 Janvier, le 5 Juin, le 28 Aout & le 10 Décembre, d'un jour chacune.

Julien-le-Faucon, en Normandie.
Marché tous les mercredis.

Julien-sur-Sarthe, en Normandie.
Foire, le 27 Janvier, d'un jour.

Julienne, (*Ste.*) en Beauce.
Foires, les fêtes de la Pentecôte, de 3 jours.

Jumiege, en Normandie.
Marché tous les jeudis de l'année.

Jussey, en Franche-Comté.
Foires, le premier mardi de Carême, le mardi après la St. Jacques, & le mardi après la Saint-Simon, d'un jour chacune.

Jussy, près Geneve.
Foires, le jour de Saint-Marc, & le 4 Septembre, d'un jour chacune.

Just, (*St.*) en Auvergne.
Foire, le jour de Saint-Luc, d'un jour.

Juvigny, en Normandie.
Marché tous les mardis.

K.

Kaysserberg, en Basse-Alsace.
Foires, le 29 Septembre, & le 6 Décembre, d'un jour chacune.

Kelso, en Ecosse.
Marché public tous les mardis.

Kempten, en Allemagne.
Foires, le 10 Mai, & le jour de Saint-Pierre, d'un jour chacune.

Kentzingue, en Allemagne.
Foire, le jour de Saint-Georges en Avril, d'un jour.

Kestching, en Allemagne.
Foire, le jour de Saint-Georges, en Avril, d'un jour.

Kiel, (*le*) *Kielerumschlag*, en Allemagne.
Foire, le jour des Rois, d'un j.

Kiell, en Basse-Saxe.
Foire célèbre & fameuse, le lendemain des Rois, de quinze jours.

Kildare, en Irlande.
Marché public tous les mardis.

Kilkenni, en Irlande.
Marché public tous les jeudis.

Killalow, en Irlande.
Marché public tous les samedis.

Kengershaim, en Haute-Alsace.
Foire, le 29 Aout, d'un jour.

Kingsall, en Irlande.
Marché public, tous les mardis.

Kingtstown, en Irlande.
Marché public tous les lundis.

Kirkwal, en Ecosse.
Foire célèbre, le 10 Août, de 3 jours.
Marchés les jeudis & samedis.

Knocfergus, en Irlande.
Marché public tous les mardis.

Konigsberg, en Prusse.
Foires, le 10 Août, de trois jours. Le 20 Septembre, de 8 jours. Le 10 Décembre, & le lundi après la Saint-Jean, de trois jours chacune.

L.

Ladenbourg, en Allemagne.
Foire, le jour de St. Bernard, en Août, de trois jours.

Lagos, en Portugal.
Marché public tous les jeudis.

Lagny, Isle de France.
Foires, le 3 Février, de quinze jours, & le 3 Novembre, de trois j.

Laignes, en Champagne.
Foires, le 6 Mai, d'un jour, & le 11 Novembre, de trois jours.

Laira, en France,
Foire, le 26 Septembre, de quatre jours.

Laleyria, en Bresse.
Foire, le 13 Juin, de trois jours.

Lamballe, en Bretagne.
Marché tous les mercredis.

Lamberge, en Allemagne.
Foire considérable en Janvier.

Landau, en Basse-Alsace.
Foires, le 3 Mai, le lundi avant la Madeleine, & le 14 Septembre, de quatre jours chacune.
Marchés, les mardis & vendredis.

Landeron, en Suisse.
Foires, le 24 Mars, le 11 Juin, & le premier Novembre, d'un jour chacune.

Landelle, Basse-Normandie.
Marché tous les jeudis.

Landernau, Basse-Bretagne.
Foires, le 25 Mai, & le 28 Juillet, d'un jour chacune, le 26 Septembre, de trois jours, & le 25 Novembre, de six jours.

Landrecy, en Hainaut.
Foires, le 18 Janvier, le 7 Mars, & tous les 18 de chaque mois, d'un jour chacune.

Landser, en Alsace.
Foires, le premier mercredi de Carême, & le jour de N. D. d'Août, d'un jour chacune.

Landmut, en Suisse.
Foire le 24 Août, d'un jour.

Landstal, en Allemagne.
Foires, le mardi après l'Ascension, le jeudi avant Notre-Dame de Septembre, & deux jours après Sainte Catherine, d'un jour chacune.

Laneaux, en Bourgogne.
Foires, le 27 Février, de trois j., le 20 Mars, de huit jours, le 12 Avril, de douze jours, le mercredi avant la Madeleine, de trois jours, & le mercredi avant Saint Mathieu, d'un jour.

Langensalza, en Allemagne.
Foires, le jour de la Quasimodo, le mardi après la visitation de la Vierge, le 7 Juillet, le mardi après Saint-Gilles, & le 8 Septembre, d'un jour chacune.

Langres, en Champagne.

Foires, le 7 Janvier, de dix-neuf jours, le 15 Février de huit jours, le lundi avant la Madeleine, d'un jour, & le 21 Septembre, de sept jours.

Langtall, en Suisse.

Foires, le mardi après l'Ascension, le 6 Septembre, & le 27 Novembre, d'un jour chacune.

Lanion, en Bretagne.

Foires, le 26 Juin, & le 29 Septembre, d'un jour chacune.

Laon, en France.

Foires grasses, le premier lundi de l'année, d'un jour, & le lendemain de la Chandeleur, de trois jours.

Laone, en Bourgogne.

Foire le jour de St. Luc, en Octobre, de trois jours.

Lassai, en Maine.

Foire considérable, de bestiaux, de toutes sortes de marchandises, fil, laine, plume & autres, le 15 Mai, de 6 jours.

Foires franches, le premier Septembre, de huit jours, le 14 Septembre, de bestiaux, le 30 Novembre, & le 15 Décembre, de trois jours chacune.

Marché public & très-considérable tous les quinze jours, & franc tous les mercredis.

Lastie, en Auvergne.

Foires, le 22 Mai, & le lundi après la St. Denis, d'un jour chacune.

Marché très-considérable tous les Samedis.

Latrecy, en Champagne.

Foires, le jour de St. Mathias, en Février, le jeudi saint, le jour de la Madeleine, & le jour de St. Mathieu, d'un jour chacune.

Lautrecy, en Anjou.

Foire franche, le 4 Octobre, de trois jours.

Laupen, en Suisse.

Foires, le jeudi de Pâques, & le jeudi après la Toussaint, d'un jour chacune.

Lauffenbourg, en Allemagne.

Foires, la veille de St. Apoline, en Avril, & le 3 Juin, d'un jour chacune, le premier jour d'Octobre, de trente jours.

Lauffen, en Suisse.

Foires, le 24 Février, le premier Mai, le jour de St. Barthelemi, & le jour de St. Luc, d'un jour chacune.

Laurent, (*St.*) en Nivernois.

Foire, le jour de St. Jean-Baptiste, d'un jour.

Laurent-sur-mer, en Basse-Normandie.

Foire de chevaux, le 11 Aout, de deux jours.

Lausanne, en Suisse.

Foires, le lendemain de Ste. Heleine, en Février, le vendredi de Quasimodo, la veille de l'Exalt. de Ste. Croix, & le jour de la Toussaint, d'un jour chacune.

Lavaux, en Bretagne.

Foire, le 23 Aout, de trois j.

Laviney, en Franche-Comté.

Foire, le 24 Aout, de trois j.

Lavingue, en Allemagne.

Foire, le lendemain de St. Mathieu, de trois jours.

Lavoncourt, en Fr.-Comté.

Foires, le 14 Février, & le 2 Juin, d'un jour chacune.

Lay, en Beaujolois.

Il y a cinq *Foires* par an, la premiere, le 2 Janvier, la seconde, le lundi gras, la troisieme, le lundi de la Quasimodo, la quatrieme, le lundi avant la Saint-Jean, & la cinquieme, le 30 Septembre.

Lectoure, en Gascogne.

Il y a neuf *Foires* par an, & les *Marchés* se tiennent les mercredis & samedis.

Leger, (*St.*) en Bas-Languedoc.

Foires, le 13 Mars, & le jour de St. Nicolas, d'un jour chacune.

Legier-de-Manvieres, (*St.*) en Berry.

Foire, le lendemain de St. Martin, de 15 jours.

Leipsick, en Allemagne.

Foires célèbres, le premier Janvier, le troisieme lundi après Pâques, & le dimanche après Saint-Michel, de 15 jours chacune, & le 7 Mai, de trois jours.

Lens, en Flandre.

Foire, le 8 Octobre, d'un jour.

Léopol, en Pologne.

Foire très-considérable, le jour de Sainte-Agnès, d'un jour.

Lesné, en Franche-Comté.

Foires, le jour de Saint-Marc, & le 18 Octobre, d'un jour chacune.

Lespaux, en Limosin.

Foires, le 17 Janvier, pour bestiaux, de trois jours, & le jour de Sainte-Catherine, d'un jour.

Leuck, en Suisse.

Foire, le dernier lundi de Juin, d'un jour.

Leuse, Pays-Bas Autrichiens.

Foire, le 9 Février, d'un jour.

Lentzbourg, en Suisse.

Foires, le premier jeudi de Février, le premier mercredi de Mai, le premier jeudi de Septembre, & le jeudi après la N. D. de Décembre, d'un jour chacune.

Lessine, Pays-Bas Autrichiens.

Foires, le 29 Avril, & le 17 Octobre.

Leyde, en Hollande.

Foire, le 6 Octobre, de trois j. *Marché* public tous les jeudis.

Lichtenstein, en Suisse.

Foires, le vendredi-saint, de trois jours. Le jour de Saint-Georges, le jour de Saint-Barnabé, & le lendemain de St. Denis, d'un jour chacune.

Lichstall, en Allemagne.

Foires, le troisieme mercredi de Janvier, le dernier mercredi de Mai, & le premier mercredi d'Octobre, d'un jour chacune.

Liege, en Allemagne.

Foires, le jour de Ste-Ursule, de six jours, & la veille de Saint-Martin, de 3 jours.

Lieu-Croissant, en Franche-Comté.

Foires, le mardi de la Pentecôte, de 2 jours, & le premier Octobre, de sept jours.

Lievray, en Normandie.

Marché tous les jeudis.

Ligné, en Bretagne.

Foire, le 10 Mai, de 2 jours.

Ligniere, en Suisse.

Foires, le lundi après l'Invention

de Ste. Croix, & la veille de St. Côme, de trois jours chacune.

Ligny, en Lorraine.

Foires, le 3 Janvier, de 2 jours, le premier Mai, de trois jours, & le 4 Septembre, de deux jours.

Lille, en Flandre-Françoise.

Foires, le 20 Janvier, le 30 Mars, & le 8 Avril, de 2 jours chacune. Le 18. Mai, de 12 jours. Le 27 Février, de chevaux, d'un jour. *Foire* franche, le 30 Avril, de 7 jours. *Foires* ordinaires, le 5 Juin, & le 13 Décembre, d'un jour chacune, & grand *Marché* de chevaux tous les seconds mercredis des mois de Mars, de Juin & de Décembre.

Lille-en-Boudon, en Gascogne.

Foire très-considérable, pendant l'octave de Saint-Michel, de 8 jours.

Lillers, en Artois.

Foires, le 10 Mars, & le 13 Juin, d'un jour chacune.

Marché franc, les premiers mercredis de chaque mois.

Limoges, en Limosin.

Foire, le 22 Mai, de 8 jours.

Limerick, en Irlande.

Marché public tous les mardis.

Lindau, en Allemagne.

Foires, le 5 Mai, & le lendemain de Saint-Simon, de trois jours chacune.

Marché très-considérable tous les mardis.

Lintz, en Allemagne.

Foires, le lendemain de Quasimodo, de 3 jours, & le jour de Saint-Barthelemi, d'un jour.

Liques, en Picardie.

Foires, le 3 Mai, & le 22 Juillet, d'un jour chacune.

Lire, ou **Liere**, Pays-Bas Autrichiens.

Foires, 2 jours après la Saint-Denis, & le 7 Novembre, d'un jour chacune.

Lisme, Pays Bas Autrichiens.

Foires, le jour de St. Antoine, & le 28 Mai, d'un jour chacune.

Livray, en Anjou.

Foire, le 17 Janvier, d'un jour.

Livrée, en Anjou.

Foires, le mercredi-gras, le mercredi avant la Pentecôte, & le mercredi avant la Toussaint.

Lizieux, en Normandie.

Foire, le jour de Ste. Ursule, de trois jours.

Lo, (*St.*) en Normandie.

Foires franches, le jeudi de la mi-Carême, & le jour de la Madeleine, de 15 jours, le jeudi après St. Gilles, de trois jours, & le 21 Septembre, d'un jour.

Marchés, les lundis, mercredis & samedis.

Locarno, en Suisse.

Marché considérable, tous les mardis.

Locle, (*la*) en Suisse.

Foires, le jour de Saint-Joachim, en Mars, de 3 jours. 2 jours avant la Saint-Pierre, & le troisieme vendredi d'Octobre, d'un jour chacune.

Marchés aux chevaux, tous les samedis de Janvier, Février, Mars & Avril.

Lohr, en Basse-Alsace.

Foires, le 27 Janvier, le 25 Juillet, & le 30 Novembre, d'un jour chacune.

Lokeren, Pays-Bas Autrichiens.

Foire, le 23 Octobre, de 3 jours.

Loitz, en Allemagne.

Foire considérable le lundi avant le Carême, de quinze j., & *Foires* ordinaires, le lundi avant la Pentecôte de 5 j., quinze j. après la Saint-Jean, en Juillet, & quinze jours après la Saint-Michel, de 8 jours chacune.

Londres, en Angleterre.

Foires, dans la Ville, le 24 Aout, de trois jours. Au fauxbourg de Stoutvarck, de 15 jours.

Marchés publics, 2 fois par semaine.

Longchaumois, en Franche-Comté.

Foire, le 30 Septembre, d'un j.

Longley, en Bourgogne.

Foire, le lendemain de Saint-Michel, d'un jour.

Longjumeau, Isle de France.

Foire, aux œufs, le mercredi de la Passion. *Foires* franches, le lundi après la Saint-Jean, & le 29 Septembre, de trois jours chacune. Le 30 Novembre, & le 21 Décembre, de 8 jours chacune.

Marché tous les mardis.

Longny, en Perche.

Foires, le 24 Février, & le premier Mai, pour chevaux & bestiaux, d'un jour chacune.

Longueville, en Normandie.

Marché tous les mardis.

Lons-le-Saunier, Fr. Comté.

Foires, le premier jeudi de Mars, & tous les jeudis de Carême, d'un jour chacune. Le jeudi avant la Pentecote, de quinze jours. Le vingt-huit Juillet & le 21 Septembre, d'un jour chacune, & le 6 Décembre, de 6 jours.

Lorme, en Nivernois.

Foires, le lendemain de Saint-Antoine, le lendemain de la Chandeleur, & le jour de Saint-Marc, d'un jour chacune. Le 10 Mai, de 10 j., le j. de St.-Jean Baptiste, le j. de Saint-Laurent, le premier Octobre, & le 4 Déc., d'un j. chacune.

Loroux, en Bretagne.

Foires, le 3 Février, le 24 Juin, le 6 Aout & le 25 Novembre, d'un jour chacune.

Louans, en Bourgogne.

Foires, le premier lundi de Carême, le lendemain de Saint-Barnabé, le jour de Saint-Laurent, & le jour de Saint-Nicolas, d'un jour chacune.

Marchés, le lundi avant Noel, & tous les lundis suivans, jusqu'au Carême.

Loudeac, en Bretagne.

Foires, le 8 Avril, & le 26 Décembre, de 3 jours chacune.

Loudon, en Poitou.

Il y a plusieurs *foires* dans l'année, de trois jours chacune, où il se vend beaucoup de bestiaux, & surtout de chevaux.

Loup, (*St.*) Franche-Comté.

Foires, le 22 Janvier, le 20 Mars, le 5 Juin, le premier Aout, le jour de St. Luc, & le 29 Décembre, d'un jour chacune.

Loup-sur-Allier, en Bourbonnois.

Foire, le premier Septembre, de trois jours.

Loup, (*St.*) en Berry.

Foire, le premier dimanche après la St. Leu, d'un jour.

***Loup*, (*St.*) en Bas-Poitou.**

Foire, le jour de St. Hilaire, d'un jour.

***Loupe*, (*la*) en Beauce.**

Foire, le premier mercredi d'Octobre, d'un jour.

***Louvain*, Pays-Bas Autrichiens.**

Foire, le 2 Septembre, de huit j.

***Louvres*, Isle de France.**

Foires, le premier Mai, de huit jours, & grasse le 25 Novembre, d'un jour.

***Loye*, (*la*) en Bresse.**

Foire, le jour de St. Jean-Baptiste, d'un jour.

***Lublin*, en Pologne.**

Foires, le premier Janvier, le premier Avril, & le premier Octobre, de trente jours chacune.

***Lucé*, en Bourgogne.**

Foire, le 26 Octobre, de dix jours.

***Lucenay*, en Bourbonnois.**

Foires, le 6 Mai, le jour de St. Claude, & le jour de St. Jacques, d'un jour chacune.

***Lucernay*, en Bourgogne.**

Foires, le mercredi de la Pentecôte, le jour de la Madeleine, le mardi après l'Assomption, le jour de St. Mathieu, le jour de St. Denis, le 27 Novembre, & le mardi après la N. D. de Décembre, d'un jour chacune.

***Lucerne*, en Suisse.**

Foires, le mardi-gras, le mardi de Pâques, le mardi de la Pentecôte, & le premier mardi d'Octobre, d'un jour chacune.

***Lude*, (*le*) en Anjou.**

Foires, le premier Mai, le premier Juin, le lendemain de Langevine, le 29 Octobre, & le premier samedi d'après la Notre-Dame, d'un jour chacune.

***Lunéville*, en Lorraine.**

Foires, le lundi gras, le 23 Avril, le 17 Juin, & le premier Octobre, de trois jours chacune.

***Lure*, en Franche-Comté.**

Foires, le 19 Janvier, le 16 Avril, le mardi avant la St. Jean, le mardi avant St. Mathieu, & le jour de Ste. Elisabeth, d'un jour chacune.

***Lurey*, en Bourbonnois.**

Foire, le 16 Avril, de huit jours.

***Lussac*, en Poitou.**

Foires, le jour de St. Antoine, & la veille de la Pres. de la Vierge, d'un jour chacune.

***Lutter*, en Haute-Alsace.**

Foires, le 21 Juin, & le 21 Novembre, d'un jour chacune.

***Lutry*, Canton de Berne.**

Foires, le dernier jeudi d'Avril, le troisieme jeudi de Juin, & le dernier jeudi de Novembre, de deux jours chacune; & le premier jeudi de Décembre, d'un jour.

***Luxenil*, en Franche-Comté.**

Foires, le 2 Janvier, de quinze jours, le 16 Juin, le 6 Juillet, & le 14 Septembre, de trois jours chacune, & le 6 Décembre, de deux jours.

***Luzarches*, Isle de France.**

Foires, le 27 Septembre, & le 28 Octobre, d'un jour chacune.

***Luzy*, en Nivernois.**

Foires, le lundi de la mi-Carême, le jour de St. Jean-Baptiste, & la veille de St. Nicolas, de trois jours chacune.

Lyon, en Lyonnois.

Foire, le lundi après les Rois, le lundi après la Quasimodo, le 4 Aout, & le 3 Novembre, de 15 jours chacune.

NOTA. Ces quatre foires sont très-considérables ; elles sont franches, & ces franchises consistent en exemption des droits de sortie du Royaume, excepté ceux de la traite Domaniale ; il faut, pour que les ballots jouissent de cette franchise, qu'ils soient marqués des armes de cette Ville & accompagnés de certificats.

Autres foires de chevaux, le jour de St. Georges, & le lendemain de l'Exaltation de Ste. Croix, d'un jour chacune.

Epoques des payemens des Foires.

Payement des Rois. . . 1 Mars.
Payement de Pâques . . 1 Juin.
Payement de N. D. d'Aout 1 7bre.
Payement de Toussaint . 1 xbre.

M.

Machecou, en Bretagne,

Foires, le 16 Mai, & le 19 Octobre, d'un jour chacune.

Mâcon, en Bourgogne.

Foires, le 29 Janvier, & le 7 Février, de 4 jours chacune, le lundi de la Pentecôte, de 2 jours, & le jour de St. Laurent, d'un jour.

Madeleine, (*la*) en Savoie.

Foires, le 20 Juillet, de 3 jours.

Maeseck, Pays de Liege.

Foire, la veille de la St. Jean, en Juin, de 3 jours.

Magdebourg, en Allemagne.

Foire considérable le jour de la St. Maurice, le 22 Septembre.

Magny, en Vexin.

Marché considérable, pour froment & cidre, tous les samedis.

Maiche, en Franche-Comté.

Foires, le 15 Mars, le 25 Mai, le 28 Septembre, & le 22 Novembre, d'un jour chacune.

Maineville, en Normandie.

Foires, le 29 Octobre, d'un jour.
Marché tous les samedis.

Mairey, en Bourgogne.

Foires, le premier lundi de Carême, de 2 jours,

Maixent, (*St.*) en Poitou.

Foire, le jour de Saint-Antoine, de 3 jours.

Malancene, en Allemagne.

Foire, le 29 Septembre, d'un j.

Malicorne, en France.

Foires, le 22 Janvier, le 25 Avril, le jeudi de la Pentecôte, & le 7 Septembre, d'un jour chacune.

Maligny, en Champagne.

Foires de bestiaux, le 22 Janvier, le 17 Aout, & le 30 Novembre, d'un jour chacune.

Marchés francs de chevaux, bœuf, & bestiaux, tous les mardis.

Malines, Pays - Bas Autrichiens.

Foire, le 5 Juillet, de 15 jours.

Malleray, en Bourbonnois.

Foires, le 28 Avril, & le jour de St. Michel, d'un jour chacune.

Malo, (*St.*) en Bretagne.

Foire, le 23 Juillet, de 3 jours.

Malters, en Suisse.

Foire, en Aout, le jour de St. Bernard, d'un jour.

Mamel, en Beaujolois.

Foires, le 2 Janvier, & le jour de St. Luc, d'un jour chacune.

Mamers, en Maine.

Foires, le 29 Août, de trois jours. & le 14 Septembre, de quinze jours.
Marché franc tous les lundis.

Manheim, en Allemagne.

Foires, le premier Mai, & le jour de St. Mathieu, de cinq j. chacune.

Mans, (*le*) en Maine.

Foire considérable de bestiaux, le lendemain des fêtes de la Pentecôte, de trois jours, & le 19 Juin, le jour de la Toussaint, & le premier Novembre, d'un jour chacune.
Marchés les lundis & vendredis.

Mantes, Isle de France.

Foires, le 22 Juillet, de quatorze j. le 3 Octobre de quatre jours, & le mercredi après le 30 Novembre d'un j.
Marché tous les mercredis, exempt de tous droits sur les vins vendus en gros.

Manthe, en Dauphiné.

Foire, le jeudi avant la St. Simon, de huit jours.

Marans, Pays d'Aunis.

Marché considérable tous les jeudis.

Marc-de-Grainé, (*St.*) en Basse-Normandie.

Marché tous les mardis.

Marche, (*la*) en Suisse.

Foires, le 2 Mai, & le jour de la transfiguration, & le lendemain de St. Simon, d'un jour chacune.

Marche, (*la*) en Bourgogne.

Foires, le jour de St. Georges en Avril, le 2 Aout, le j. de St. Luc, & le lendemain des fêtes de Noel, d'un jour chacune.

Mard-en-Othe, en Champagne.

Foires, le 25 Février, le 25 Mai, le 21 Septembre, & le 6 Décembre, d'un jour chacune.

Marie-aux-mines, en Alsace.

Foires, le 8 Mai, le 4 Septembre, & le 6 Novembre d'un j. chacune.

Marieuzel, en Autriche.

Foires, le premier Octobre, & le premier Novembre, d'un j. chacune.

Marigny, en Franche-Comté.

Foires, le mercredi après la Quasimodo, le mercredi après la Pentecôte, le 27 Aout, le 27 Octobre, le 27 Novembre, & le 9 Décembre, d'un jour chacune.

Marigny, en Nivernois.

Foire, le jour de St. Pierre & St. Paul, d'un jour.

Marigny, en Basse-Normandie.

Foires, le 17 Janvier, le 2 Février, & le 22 Février, d'un jour chacune.
Marché tous les mardis.

Marilley, (*le*) en Anjou.

Foires conséquentes, l'une à la Saint-Jean, en Juin, & l'autre, le 8 Septembre, de deux jours chacune. Elles consistent en toutes sortes de marchandises communes, & principalement en laines, plumes, bestiaux & graine de lin en abondance.
Il y a aussi une petite *Foire*, le 25 Mars.

Marines, Isle de France.

Marché tous les mardis.

Marizy, en Bourgogne.

Foires, le 29 Juin, & le premier Aout, d'un jour chacune.

Marmande,

Marmande, en Guyenne.

Foires, le premier mardi de Carême, le mardi de la Pentecôte, le 19 Juin, célebre pour les bestiaux, le 22 Juillet, franche, & le mardi après St. Martin, d'un jour chacune.

Marnay, en Franche-Comté.

Foires, le 12 Février, le 11 Juin, le 5 Septembre, & le 30 Novembre, d'un jour chacune.

Marpourg, en Allemagne.

Foire, 4 jours avant N. D. de Mars, de trois jours.

Marquise, en Basse-Picardie

Foires, le 8 Mai, & le 25 Juillet, d'un jour chacune.

Mars-de-la-Jaille, en Bretagne.

Foires, le 8 Juin, & le 19 Août, d'un jour chacune.

Marsan, en Gascogne.

Marché tous les jeudis de l'année.

Marseilles, en Picardie.

Marché tous les mardis.

Marseille, en Provence.

Foires considérables, le 10 Mars, de 15 jours, le 20 Juillet, de huit jours, & le 17 Octobre, de quinze jours.

Martigny, en Suisse.

Foires, le deuxieme lundi de Février, le deuxieme lundi de Juin, & le troisieme lundi d'Octobre, d'un jour chacune.

Martin-la-Ville, en Bretagne

Foires, le 2 Avril, & le 30 Novembre, d'un jour chacune.

Martin, (*St.*) en Normandie.

Foire, de chevaux, le 4 Juillet, d'un jour.

Martin-aux-Buneaux, Pays de Caux.

Marché tous les mardis.

Martin-les-Ormes, en Poitou.

Foires, le jour de St. Antoine, le 30 Avril, & le lundi après la Toussaint, d'un jour chacune.

Martin-le-Château, en Bresse.

Foires, le Mercredi de Pâques, & le premier Décembre, d'un jour chacune.

Martin, (*St.*) en Savoie.

Foires, le 4 Juillet, de chevaux, d'un jour, & le jour de St. Martin, de trois jours.

Martincourt, en Picardie.

Foire, le 21 Mars, d'un jour.

Masmunster, Haute-Alsace.

Foires, le 15 Janvier, & le 8 Octobre, d'un jour chacune.

Massingy, en Bourgogne.

Foire, le jour de St. Jean-Baptiste, d'un jour.

Mastricht, Pays-Bas Hollandois

Foires, le 13 Mai, considérable, de quinze jours, le 17 Juillet, de trois jours, & le 20 Novembre, de quinze jours.

Marchés célèbres tous les mercredis & samedis.

Maubeuge, Pays-Bas François.

Foires, tous les 6 de chaque mois, d'un jour, & le 13 Septembre, de huit jours.

Maurice, (*St.*) en Suisse.

Foires, le jour de St. Urbain,

en Mai, d'un jour, le 31 Octobre, ou la veille de la Toussaint, de huit jours, & le 31 Décembre, d'un jour.

Mauves, en Bretagne.

Foire, le 9 Octobre, de dix-neuf jours.

Mawe, Pays de Liege.

Foire, le premier Décembre, de trois jours.

Maximin, (*St.*) en Provence.

Foires, le 26 Mai, de deux jours, & le jour de la Madeleine, d'un jour.

May, (*le*) en Anjou.

Foire, le 25 Août, d'un jour.

Mayet-de-Montagne, en Bourbonnois.

Marché considérable, de bestiaux, tous les vendredis.

Mayence, en Allemagne.

Foires, le 8 Mars, de dix-huit jours, le jour de St. Jacques, de trois jours, le jour de St. Bernard, & le jour de St. Mathieu, d'un jour chacune, le lendemain de St. Martin, de trois jours.

Meaux, en Brie.

Foires, le 15 Mai, de trois jours. & le 2 Novembre, de neuf jours.

Meche, en Berry.

Foire, le 15 Mars, d'un jour.

Medavy, en Normandie.

Marché tous les vendredis.

Megesvar, en Transilvanie.

Foires, le 11 Juin, de 13 jours, & la veille de N. D. de Septembre, de trois jours

Mehun, en Berry.

Foires, le premier samedi de Carême, & le jour de St-André, d'un jour chacune.

Mêle-sur-Sarte, en Perche.

Marché tous les mardis de l'année.

Meldorp, en Basse-Saxe.

Marché célèbre tous les mardis.

Melin, en Franche-Comté.

Foire, le jeudi avant le jour de la Passion, jusqu'au mardi de Pâques, de vingt jours.

Melises, en Champagne.

Foires, le 12 Mars, le 21 Mai, le 18 Juin, le 16 Juillet, le 17 Septembre, & le jour de Ste. Catherine, d'un jour chacune.

Mellingen, en Suisse.

Foires, le lundi de la Pentecôte, & le lendemain de Ste. Catherine, de trois jours chacune.

Memmingen, en Allemagne.

Foire, le 4 juillet, de quatre j.

Mende, en Gévaudan, Province du Languedoc.

Foire, le 2 Novembre.

Ménehould, (*Ste.*) en Champagne.

Foires franches, le 13 Février, de neuf jours, le 25 Août, le 4 Septembre, & le 12 Novembre, d'un jour chacune.

Marché, les mercredis & samedis.

Menerbe, Comtat Venaissin.

Foire, le jour de St. Jean-Baptiste, d'un jour chacune.

Menin, Flandre-Autrichienne.

Foires, le jour de St. Jean, en Juin, & le 18 Octobre, d'un jour chacune.

Menil-St.-Denis, Isle de France.

Foires, le 5 Juillet, de deux jours, les 2 & 11 Septembre, & le 21 Décembre, d'un jour chacune.

Marché franc, le premier lundi de chaque mois, excepté en Juillet & Septembre. Les droits de gros des Aides sur les vins d'Estapes, n'ont pas lieu les jours de foires.

Mennecy, Isle de France.

Foire de chevaux & bestiaux, le 9 Octobre, d'un jour.

Menoux, (*Ste.*) en Bourbonnois.

Foires, le lendemain de la Chandeleur, le mardi de la Pentecôte, le jour de St. Barnabé, le jour de St. Barthelemi, & le 30 Octobre, d'un jour chacune.

Méral, en Anjou.

Il y a six *Foires* par an, tous les derniers vendredis des mois d'Avril, Mai, Juin, Juillet, Août & Septembre, d'un jour chacune.

Méran, en Allemagne.

Foires, le jeudi avant St. Joseph, en Mars, de 15 jours, & le mardi de Pâques, d'un jour.

Mere-Eglise, (*St.*) en Basse-Normandie.

Marché tous les jeudis.

Meru, en Picardie.

Marché considérable tous les vendredis.

Mervans, en Bourgogne.

Foire, le jour de St. Martin, d'un jour.

Mereville, en Gâtinois.

Foires franches, le 14 Mars, & le lendemain de l'Exaltation, de trois jours chacune, le lendemain de l'Apparition de St. Michel, & le jour de St. Thomas, d'un jour chacune.

Marché franc tous les mardis.

Merville, Pays-Bas-François.

Foire, le 14 Septembre, de trois j.

Marché franc, le deuxieme mercredi de chaque mois.

Mesleraut, en Normandie.

Foires, le 25 Avril, & le 18 Octobre, d'un jour chacune; de bestiaux, le 21 Septembre, de huit jours, & le 6 Décembre, de trois jours.

Marché célèbre tous les mardis.

Messe, en Gâtinois.

Foires, le jour de St. Médard, en Juin, de trois jours, grasse, le jour de Ste. Catherine, d'un jour.

Messines, Flandre-Impériale.

Foire, la veille de Ste. Therese, en Octobre, de huit jours.

Metz, en Pays-Messin.

Foires, le 10 Juillet, de 8 jours, & le 15 Octobre, de quinze jours.

Meudon, en Bretagne.

Foire Royale, le premier Juin, de trois jours.

Meyenberg, en Suisse.

Foires, le jour de la Conversion de St. Paul, de trois jours, & le 4 Juillet, d'un jour.

Meyenfeld, en Suisse.

Foires, le dernier lundi d'Avril, & le dernier lundi de Septembre, ou le premier Octobre, d'un jour chacune.

Mezin, en Condomois.

Il y a une Foire qui se tient le 9 Décembre de chaque année.

Michel, (*St.*) en Lorraine.
Foire, le 13 Septembre, d'un j.

Michel, (*St.*) en Savoie.
Foire, le 29 Septembre, d'un j.

Middelbourg, en Zélande.
Foire, le 19 Mars, de trois j.

Migron, en Saintonge.
Foire, le premier Août, d'un j.

Milly, en Gâtinois.
Foires, de bestiaux, le 22 Janvier, le 3 Mai, & le 28 Octobre, d'un jour chacune.
Marché tous les mardis.

Mimure, en Bourgogne.
Foires, le mardi Saint, & le lendemain de St. Barnabé, d'un jour chacune.

Mirande, en Armagnac.
Foires, à la St. Denis & à la Ste. Genevieve ; elles sont toutes deux très-conséquentes.
Marché tous les lundis de chaque semaine.

Mirebeau, en Bourgogne.
Foires, le lendemain de la N. D. de Septembre, d'un jour, & le jour de St. Denis, de trois jours.

Mirecourt, en Lorraine.
Foires, le 13 Février, le 27 Mai, & le 13 Décembre, de quinze jours chacune.

Mitry, en Brie.
Foire considérable de toutes sortes de marchandises, & de bestiaux, le 18 Octobre, de trois j.
Marché tous les vendredis.

Moirans, en Franche-Comté.
Foires, le 4 Février, le 4 Mars, le 10 Mai, le 10 Août, le 28 Octobre, & le 23 Novembre, d'un jour chacune.

Molesme, en Champagne.
Foires, le lundi avant les Rameaux, le 22 Juillet, & le 10 Octobre, d'un jour chacune.

Moll, Pays-Bas Autrichiens.
Foire, deux jours avant Noël, d'un jour.

Molsheim, en Haute-Alsace.
Foire, le 29 Juin, d'un jour.

Moncel, en Franche-Comté.
Foires, le 30 Aout, & le 9 Octobre, d'un jour chacune.

Mondeleron, en Dauphiné.
Foire, le lendemain de N. D. d'Août, d'un jour.

Monestier, en Dauphiné.
Foire, le jour de St. Michel, d'un jour.

Monfaucon, en Anjou.
Foires, le 25 Janvier, le quatrieme mercredi de Carême, le lundi de la Quasimodo, le mardi de la Pentecôte, le 25 Juin, le 25 Juillet, le 30 Novembre, & tous les premiers jeudis de chaque mois, excepté dans le mois de Septembre, où elle est remise au 22, jour de St. Maurice.

Monroye, Flandre-Wallone.
Foires, le 29 Juin, & le 27 Novembre, d'un jour chacune.

Mons, en Limoges.
Foire franche, le jour de St. Michel, de quatre jours.

Mons, Hainaut-Autrichien.
Foire, le jour de la Toussaint, de huit jours.

Monsaureau, en Anjou.

Foires, le mercredi après Pâques, le 22 Juillet, & le 30 Novembre. On y vend toutes sortes de marchandises & bestiaux.

Marché tous les vendredis de l'année.

Monstiers, en Savoie.

Foires, le mercredi de la Passion, de neuf jours, le jour de l'invent. de Ste. Croix, le jour de St. Léon, en Juin, & le 13 Septembre, d'un jour chacune.

Montagnac, en Languedoc.

Il y a plusieurs *Foires* considérables dans l'année.

Montagne, (la) en Nivernois.

Foire, le lendemain de St. Martin, d'un jour.

Montaigu, en B. Auvergne.

Foire considérable de bestiaux, en Novembre, qui dure trois mardis consécutifs.

Montapas, en Nivernois.

Foire franche & Royale, le lundi après St. Roch, de trois jours.

Montargis, en Gâtinois.

Foires, le jour de St. Vincent, le 15 Février, & le mardi de Quasimodo, de huit jours chacune; le jour de la Madeleine, d'un jour, & le premier Octobre, de huit jours.

Montau, en Forez.

Foires, le jour de la Conversion de St. Paul, le 31 Mars, le lundi avant St. Médard, & le 7 Novembre, d'un jour chacune.

Montay, en Savoie.

Foires, le premier Février, le mercredi de Pâques, le jour de St. Jean-Baptiste, le jour de St. Roch, le 8 Septembre, & le 31 Décembre, d'un jour chacune.

Montbard, en Bourgogne.

Foires, le jour de St. Mathieu, le lendemain de l'Apparition de St. Michel, le lendemain de St. Jacques, le jour de l'exaltation de Ste. Croix, le lendemain de St. Martin, & le jour des Innocens, d'un jour chacune.

Montbozon, en Franche-Comté.

Foires, le lundi après la Chandeleur, de 15 jours, & tous les lundis de Carême, le premier Mai, le 16 Juin, & le lendemain de N. D. de Septembre, d'un jour chacune.

Marché tous les mercredis.

Montbelliard, en Allemagne.

Foires, les 12 Mars, de quatorze jours le jour de St. Urbain, le 18 Juin, le premier Octobre, & le lendemain de St. Martin, d'un jour chacune.

Montbré, en Normandie.

Marché tous les jeudis.

Montcénis, en Bourgogne.

Foires, le Mercredi avant les Rois, & les mercredis suivans, jusqu'au Carême, le mercredi Saint, le jour de St. Laurent, le jour de St. Denis, & le jour des Morts, d'un jour chacune.

Montecheroux, en Franche-Comté.

Foires, le deuxieme mardi d'Avril, d'un jour, & le mercredi après N. D. de Septembre, de six jours.

Montdidier, en Picardie.

Foires, le deuxieme mardi de Mai, de bestiaux, & le mardi après N. D. de Septembre d'un jour chacune.

Marché franc, tous les premiers samedis de chaque mois.

Montebourg, en Basse-Normandie.
Marché considérable tous les mardis.

Montery, en Brie.
Foire de bestiaux, le 8 Septembre, de deux jours.

Montet-aux-Moines, en Bourbonnois.
Foires, le jeudi de Carême, le lendemain de St. Jean, la veille de St. Barthelemi, d'un jour chacune.
Marchés tous les mercredis & samedis.

Montfaucon-en-Argonne, en Champagne.
Foires, le samedi avant la Chandeleur, d'un jour, le 14 Mars, de six jours, & le 12 Septembre, d'un jour.

Montfercueil, Isle de France.
Foire, le 29 Septembre, d'un j.

Montferrand, en Auvergne.
Foires, le mercredi avant le Carême, de six jours, la veille de N. D. de Mars, le jour de St. Michel, & la veille de St. André, d'un jour chacune.

Montferrant, en Franche-Comté.
Foire, le jeudi gras, d'un jour.

Montfleur, en Franche-Comté.
Foires, le 23 Avril, le 5 juin, le lendemain de N. D. de Septembre, & le lendemain de St. Catherine, d'un jour chacune.

Montfort, en Normandie.
Marché tous les mardis de l'année.

Montier-en-der, en Champagne.
Foires, le mercredi Saint, le 30 juin, & le 16 Août, d'un jour chac. & le 10 Octobre, de dix-huit jours.

Montier-haute-Pierre, en Franche-Comté.
Foires, le 12 Avril, & le jour de Saint-Simon & St.-Judes, d'un jour chacune.

Montiers, en Normandie.
Marché tous les mardis.

Montigny-le-Roi, en Champagne.
Foires, le 8 Mai, & le 27 Juillet, d'un jour chacune.

Montigny, en Bourgogne.
Foires, le jour de St. Grégoire, en Mars, le 3 Septembre, la veille de St. Luc, & le jour de St. Nicaise, en Décembre, d'un j. chacune.

Montereau, en Brie.
Foires, le 25 Juillet, & le 7 Septembre, d'un j. chacune.

Montréal, en Bugey.
Foires, le jour de St. Hilaire, le lendemain de N. D. de Mars, le jour de l'Invention de Ste. Croix, le lendemain de St. Barnabé, la veille de St. Barthelemi, & le premier Décembre, d'un jour chacune.

Montreuil, en Basse-Picardie.
Foire, le 15 Mai, d'un jour.

Montreuil-Belley, en Anjou.
Foires, le mardi après la Saint-Pierre, le mardi après l'Assomption, le mardi après la Toussaint, & le 21 Décembre.

Montrevaux, en Anjou.
Marché considérable de bestiaux, tous les jeudis.

Montrichard, en Touraine.

Il y a cinq *Foires* par an, de deux à deux mois. Il s'y vend beaucoup d'étoffes en laine.

Montrond, en Franche-Comté.

Foires, le jour de la St.-Denis, & le lendemain de Ste.-Catherine, d'un jour chacune.

Mont-St.-Jean, (*le*) en Bourgogne.

Foires, le premier Juillet, de quatre jours, le jour de St. Michel, d'un jour, & la veille de Ste. Elisabeth, de trois jours.

Monsaugeon, en Champagne.

Foire, le jeudi après la N. D. de Décembre, de trois jours.

Mont-sous-Vaudray, en Franche-Comté.

Foire, le jour de St. Antoine, d'un jour.

Mont-Valerien, Isle de France.

Foires, le 3 Mai, & le 14 Septembre, de huit jours chacune.

Mony-Jutin, en Franche-Comté.

Foires, les jour de St. Mathias en Février, & le lendemain de St. Pierre & St. Paul, d'un jour chacune.

Morannes, en Anjou.

Foires, le 3 Mai, & le 6 Septembre.

Morat, en Suisse.

Foires, le Mercredi de la premiere semaine de Carême, le mercredi de la Pentecote, le mercredi avant St. Barthelemi, & le mercredi avant la Ste. Catherine d'un j. chacune.

Moret, en Gâtinois.

Foires, le 26 Février, le 8 Avril, & le 3 Mai, d'un jour chacune.

Morey, en Franche-Comté.

Foires, le jour de l'Invention de Ste. Croix, le jour de l'exaltation de Ste. Croix, & le jour de St. Martin, d'un jour.

Montlain, en Bresse.

Foires, le lendemain de la Chandeleur, & le jour de St. Barthelemi, d'un jour chacune.

Mont-Louis, en Touraine.

Foire franche le jour de St. Martin, de trois jours.

Mont-Luçon, en Bourbonnois.

Foire, le jour de l'Octave de St. Michel, de quatre jours.

Montmarauh, en Bourbonnois.

Foires, la veille de l'Ascension, le 30 Juin, & le premier Septembre, d'un jour chacune.

Marché tous les jeudis.

Montmartin, en Franche-Comté.

Foires, le 22 Janvier, le 11 Juin, & le 25 Octobre, d'un jour chacune.

Montmeillan, en Savoie.

Foires, le 9 Septembre, le premier Octobre, le 25 Novembre, & le jour de St. Etienne, en Novembre, d'un jour chacune.

Montmerle, Principauté de Dombes.

Foires, le jour de N. D. de Septembre, d'un jour.

Montmirel, en Franche-Comté.

Foires, le 25 Janvier, le jour

de l'Exaltation de Ste. Croix, d'un jour chacune.

Montmorillon, en Poitou.

Foire, le jour de St. Blaise en Février, d'un jour.

Marchés les mardis & vendredis.

Montmorot, en Fr.-Comté.

Foires, le 19 Mars, le 12 Avril, le 3 Août, le jour de St. Luc, & le jour de St. Jean, en Décembre, d'un jour chacune.

Montpellier, en B. Languedoc.

Foires, le 10 Mars, & le 15 Septembre, de quinze jours chacune.

Marché considérable, tous les mercredis.

Montpont, en Bourgogne.

Foires, le 4 Janvier, le 30 Mai, d'un jour chacune.

Motte-Ternan, (*la*) en Bourgogne.

Foires, le lendemain de St. Benoit, en Mars, le 11 Juillet, la veille de St. Denis, d'un jour chacune.

Motrille, au Royaume de Grenade.

Foire franche & considérable, de 15 jours, qui commence le lendemain de Pâques.

Moudon, en Suisse.

Foires, le premier mercredi de Février, le premier mercredi de Mars, le dernier mercredi d'Août, le mercredi avant Ste. Catherine, & le jour de St. Jean, en Décembre, d'un jour chacune.

Moulierne, en Anjou.

Foires, le 24 Février, le 11 Juin & le 23 Septembre.

Moulins, en Bourbonnois.

Foires, le premier jeudi de Carême, le 23 Avril, & le mercredi de la Pentecôte, d'un jour chacune, le jour de la Decol. de St. Jean, franche, de quatre jours.

Mours, en Dauphiné.

Foires, le jour de St. Médard, de 15 jours, le premier Octobre, & le 8 Novembre, d'un jour chacune.

Moustier, en Provence.

Foire, la veille de St. Pierre & St. Paul, de trois jours.

Mouterot, en Franche-Comté.

Foire, le 29 Août, d'un jour.

Moutier-St.-Jean, en Bourgogne.

Foires, le 13 Mars, le mercredi de la Pentecôte, le 27 Août, & le jour de St. Mathieu, d'un jour chacune.

Moutier, Canton de Berne.

Foire, le 13 Avril, de trois jours.

Moutiers, en Suisse.

Foires, 4 jours avant St. Joseph, en Mars, le vendredi avant la St. Jean, le premier vendredi de Septembre, & le dernier mardi d'Octobre, d'un jour chacune.

Mouy, en Picardie.

Il y a plusieurs *Foires* dans l'année.

Marché toutes les semaines.

Mouzeil, en Bretagne.

Foire, le 29 Septembre, d'un j.

Mulhausen, en Allemagne.

Foires, le mardi de Pâques, le mardi de la Pentecôte, le jour de

l'Exaltation

l'Exalt. de Ste. Croix, & le jour de St. Nicolas, d'un jour chacune.

Morges, Canton de Berne.

Foires, le premier mercredi de l'année, le dernier mercredi de Février, & le mercredi de Pâques, d'un jour chacune; le mercredi avant la St. Jean, de huit jours, le premier mercredi de Septembre, le premier mercredi d'Octobre, & le mercredi après la St. Martin, d'un jour chacune.

Morlaix, en Basse-Bretagne.

Foires, le 28 Mai, le 4 Juillet, franche, & le 16 Octobre, franche, d'un jour chacune.

Marchés considérables, les mercredis & samedis.

Mormand, en Brie.

Foire considérable & franche, le 15 Octobre, de trois jours, & *Foires* ordinaires, le jeudi de la Passion, franche, le premier lundi d'Août, & le 24 Octobre, d'un jour chacune.

Mornzheim, en Allemagne.

Foires, le jour de St. Médard, de quinze jours, le premier Octobre, de trois jours, & 3 jours avant la St. Martin, d'un jour.

Mortagne, au Perche.

Foires, le jeudi de la mi-Carême, pour chevaux, le samedi après la mi-Carême, franche, le lendemain de St. André, le lendemain de la Quasimodo, le 24 Juin, le 25 Juillet, & le premier Décembre, d'un jour chacune.

Mortrée, en Normandie.

Marché tous les mardis.

Morvillars, en Haute-Alsace.

Foires, le 13 Mars, de quinze jours, & le 23 Octobre, d'un jour.

Motta, Canton de Berne.

Foires, les troisiemes vendredis de Février & de Mars, d'un jour chacune.

Mothe, en Franche-Comté.

Foire, le 14 Février, de trois j.

Mothe, (*la*) en Franche-Comté.

Foires, le jour de St. Benoît, & le 28 Juin, d'un jour chacune.

Munich, en Baviere.

Foires, le jour des Rois, & le jour de St. Jacques, de quinze jours chacune.

Munster, en Haute-Alsace.

Foires, le lundi après la Chandeleur, le 12 Mars, le 20 Mai, le jour de St. Barthelemi, d'un jour chacune, & le 18 Décembre, de six jours.

Munster, en Suisse.

Foire, le jour de St. Alexis, en Juillet, de trois jours.

Mursaut, en Bourgogne.

Foires, le 10 Mai, le 3 Septembre, & la veille de St. Thomas, d'un jour chacune.

Mury, en Suisse.

Foire, le jour de St. Mathieu, en Septembre, d'un jour.

Mussy-l'Evêque, en Bourgogne.

Foires, le lendemain de St. Vincent, le jour de St. Marc, & le lendemain de St. Martin, d'un j. chacune.

Muy, (*le*) en Franche-Comté.

Foire, le 25 Août d'un jour.

N.

Naimes, en Franche-Comté.

Foire, le premier Octobre, d'un j.

Nagera, en Espagne.

Foire, le 29 Septembre, d'un j. *Marché* tous les mardis.

Namur, Pays-Bas-Autrichiens.

Marché considérable tous les jeudis. *Foire*, le 9 Octobre.

Nancy, en Lorraine.

Marchés tous les mardis & vendredis.

Nangis, en Brie.

Foire, le 4 juillet, de chevaux, de quatre jours.
Marché franc tous les premiers mardis de chaque mois.
Marché ordinaire, tous les mercredis.

Naples, en Italie.

Foire, les 19 Septembre, de quatorze jours, & le 20 Octobre, de quinze jours.

Nantes, en Bretagne.

Il y a deux *Foires* assez conséquentes. La premiere ouvre le 2 Février & dure 5 jours, & la seconde, le 24 du même mois, de trois jours. Il y en a aussi une troisieme appelée la *foire Nantoise*, en Juin, dont la durée est de 15 jours.

Nantua, en Bugey.

Foires, le lendemain de St. Jean en Juin, d'un jour, le 22 Août, de huit j. le 12 Octobre, & le lendemain de St. Martin, d'un jour chacune.

Naumbourg, en Allemagne.

Foire célèbre en Juin, le jour de St. Pierre & St. Paul, de huit jours.

Nan-sur-Tille, en Bourgogne.

Foires, la veille de St. Georges, en Avril, le jour de Ste. Marguerite, & le lendemain de St. Martin, d'un jour chacune.

Némours, en Gâtinois.

Foires, le 20 Janvier, de six j. & le 25 Juin, de trois jours.

Nerac, en Gascogne.

Marché considérable de bestiaux tous les jeudis.

Neubourg, en Normandie.

Foires, le premier Mai, le premier Octobre, & le premier Décembre, de huit jours chacune.
Marché célèbre de bestiaux tous les jeudis.

Neubourg, en Palatinat.

Foires, le jour de l'Ascension, & le jour de St. André, de trois jours chacune.

Neubourg, en Allemagne.

Foires, le 6 Mars, & le jour de St. Georges, en Avril, de trois j. chacune.

Neuchâteau, en Lorraine.

Foires, le 9 Avril, de six jours, & le 29 Septembre, de deux jours.

Neufchâtel, en Normandie.

Foires, le 10 Mars, de deux j. & le 10 Septembre, de six jours.

Neufchâtel, en Suisse.

Il y a trois *Foires* par an. La premiere, à la Chandeleur, la seconde, à la Saint-Jean, & la troisieme, à la Toussaint. Elles ont chacune 12 jours de durée. Il y a aussi un *marché* tous les jeudis.

Neugarten, en Allemagne.

Foire célèbre, le premier Dimanche après l'Assomption, de quinze j.

Neuille-Pont-Pierre, près Tours.

Il y a plusieurs *Foires* dans l'année, & un *Marché* tous les lundis.

Neuilli-St.-Front, en Soissonnois.

Foires, le premier lundi de Carême, le premier Septembre, le samedi après la St. Denis, d'un jour chacune.

Neustadt, en Allemagne.

Foires, le 6 Mars, le lundi après l'Ascension, le jour de la Madeleine, & le lendemain de St. Simon, d'un jour chacune.

Neustadt, en Palatinat.

Foires, en Juin, le jour de St. Jean, & le 5 Août, d'un jour chacune.

Nevers, en Nivernois.

Foires des Brandons, le premier lundi de Carême, de huit jours, le 16 Juin, de 6 jours, le premier Septembre, & le lendemain de St. Denis, de trois jours chacune.

Neuvy, en Bourgogne.

Foires, le 2 Avril, & le 31 Juillet, d'un jour chacune.

Neuvy, en Touraine.

Foire, en Novembre, le jour de Ste. Catherine, d'un jour.

Neuville, en Basse-Alsace.

Foires, le 28 Mai, le mardi après St. Barthelemi, & le mardi avant St. André, d'un jour chacune.

Neuville, Canton de Berne.

Foires, le mardi après la N. D. le Mars, le dernier mardi de Mai, le dernier mardi d'Août, & le mardi avant St. André, d'un jour chacune.

Nicolas, (*St.*) en Lorraine.

Foires, le lundi après les Rois, & le 6 Décembre, d'un jour chacune.

Nidau, en Suisse.

Foires, le premier mardi de Mai, de quinze jours, le premier mercredi de Septembre, de cinq jours, & le mercredi après N. D. de Décembre, de trois jours.

Nieuil, en Bas-Poitou.

Foire, la veille de la Présentation de N. D. en Novembre, d'un jour.

Nieuport, Pays-Bas Autrichiens.

Foires, le 30 Juin, & le 30 Septembre.

Ninove, Pays-Bas Autrichiens.

Foires, le 10 Avril, le 26 Juillet & le 14 Septembre.

Niort, en Bas-Poitou.

Foires, le 6 Février, & le 24 Février, de huit jours chacune, le 6 Mai, & le lendemain de St. André, franche, de trois jours chacune, & le premier Décembre, d'un jour.

Nitry, en Champagne.

Foire, le 6 Février, d'un jour.

Nodz, en Franche-Comté.

Foires, le jour de l'Ap. de St. Michel, & le jour de St. Michel, d'un jour chacune.

Nogent-sur-Seine, en Champagne.

Foire de chevaux, le 11 Août, d'un j., & le 28 Octobre, de trois jours.

Noirmoutier, en Touraine.

Foire, le 17 Avril, franche, de trois jours.

Nolay, en Bourgogne.

Foires, le premier Dimanche de Mai, le jour de l'Exaltat. de Ste. Croix, & le 18 Novembre, d'un jour chacune.

Nomeny, en Lorraine.

Foire, le jour de St. Barthelemi, d'un jour.

Nonant, en Basse-Normandie.

Foires, le 3 Février, de 15 j. le vendredi avant le Dimanche de la Passion, de trois jours, le premier Mai, de huit jours, le 16 Juin, & le 22 Septembre, d'un j. chacune.

Noroy-l'Archevêque, en Franche-Comté.

Foires, le 13 Février, de 15 j. le lundi après l'Inv. de Ste. Croix, le 18 Septembre, & le jour de St. Martin, d'un jour chacune.

Noroy-les-Jussey, en Franche-Comté.

Foire, le jour de St. Mathias, d'un jour.

Nort, en Bretagne.

Foires, le 24 Juin, le 6 Août, & le 11 Novembre, d'un jour chacune.

Notre-Dame-d'Abondance, en Savoie.

Foires, le dernier lundi de Mai, & le 4 Octobre, de trois j. chacune.

Novi, République de Gênes.

Foires, le premier Février, le 2 Mai, le premier Août, & le 2 Novembre, de huit jours chacune.

Noyal, en Basse-Bretagne.

Foire, le 3 Juillet, de huit j.

Noyers, en Bourgogne.

Foires, le jour de St. Antoine, & le premier lundi de Carême, d'un jour chacune, la veille des Rameaux, de dix jours, le 6 Mai, le jour de St. Claude, le 1er. Août, & le jour de St. Mathieu, d'un j. chacune.

Nozeroy, en Franche-Comté.

Foires, le lundi après la Chandeleur, le lendemain de Quasimodo, le 17 Juin, le 8 Juillet, le premier Août, le lundi après St. Mathieu, & le lundi après la Toussaint, d'un jour chacune.

Nuremberg, en Franconie.

Foires, le jour des Rois, d'un j. le 22 Avril, ou le mercredi après Pâques, de 3 semaines, & le premier Septembre, d'un jour.

Nyon, Canton de Berne.

Foires, les premiers jeudis de Février, de Mars, de Mai, de Juin, & de Juillet, d'un jour chacune, le premier jeudi de 7bre., de 30 j. & le dernier jeudi de 9bre., d'un j.

O.

Oberkirck, en Basse-Alsace.

Foire, le 6 Décembre, d'un j.

Obresibetal, en Basse-Alsace.

Foires, le 29 Septembre, & la veille de St. Luc, d'un j. chacune.

Oirschot, Brabant-Hollandois.

Foires franches, le mardi d'après St. Antoine, le mardi de la semaine Sainte, le lendemain de St. Servais, le lendemain de St. Hubert, & le 19 Octobre, d'un jour chacune.

Oisemont, en Picardie.

Marchés les mardis & vendredis.

Oira, Royaume de Naples.

Foire, le 20 Août, d'un jour.

Oldenzeel, Pays-Bas Holland.

Marché tous les mardis de l'année.

Olon, Canton de Berne.

Foires, le troisieme vendredi de Mai, d'un jour, & le vendredi après la St. Martin, de huit jours.

Olff, en Bohême.

Marché tous les mardis.

Olten, en Suisse.

Foires, le dernier lundi de Janvier, le premier lundi de Mai, le lundi après St. Barnabé, & le lundi avant St. Barthelemi, d'un jour chacune, le lundi avant St. Simon, de huit jours, & le lundi après la N. D. de Décembre, d'un jour.

Omer, (*St.*) en Artois.

Foires, le 9 Janvier, le 20 Février, & le 29 Septembre, d'un j. chacune.

Marché, deux jours par semaine.

Onnans, en Franche-Comté.

Foire, le 10 Février, de quinze j.

Oosterwyk, Brabant-Hollandois.

Foires, le 2 Mai, le jour de St. Barthelemi, & le jour de St. Simon St. Jude, d'un jour chacune.

Opdorp, en Bas-Anjou.

Foires, le 4 Juillet.

Oppede, en Provence.

Foire, le jour de St. Laurent, d'un jour.

Orange, en Dauphiné.

Foires, le 24 Août.

Orbe, en Suisse.

Foires, le deuxieme lundi de Février, le lundi de Quasimodo, le deuxieme lundi de Juillet, & le lundi avant la St. Denis, d'un j. chacune. le premier lundi de Décembre, de huit jours & le 26 Décembre, d'un jour.

Orbec, en Normandie.

Marché considérable de bestiaux, tous les mardis.

Orchamps-en-Vanne, en Franche-Comté.

Foires, le jour de la Chair St. Pierre, en Février, le premier Juillet, & le premier Août, d'un jour chacune.

Orchamps-en-Vosge, en Franche-Comté.

Foires, le deux Août, & le deux Novembre, d'un jour chacune.

Orchies, Pays-Bas.

Foire, le 13 Septembre, d'un jour.

Orgelet, en Franche-Comté.

Foires, le 15 Janvier, & le 16 Février, d'un jour chacune, le 23 Mars, de quinze jours, le lendemain de St. Jacques, le premier Juin, le premier Juillet, la surveille de N. D. de Septembre, le lendemain de St. Michel, le lendemain des Fêtes de la Toussaint, & le lendemain de N. D. de Décembre, d'un jour chacune.

Orgens, en Franche-Comté.

Foire, le jour de St. Etienne, d'un jour.

Orgueil, en Normandie.

Marché tous les mardis de l'année.

Orléans, en Orléanois.

Foire considérable, dite de St. Agnan, mais d'un jour seulement. Elle se tient le 18 Novembre. On y trouve toutes sortes de marchandises en quincaillerie, & des bestiaux de toute espece ; les porcs, surtout, y sont très-beaux, & s'y-

vendent en grande quantité. Forts *Marchés* en grains, tous les mercredis & Samedis de chaque semaine, & *Marché*, pour veaux & porcs, tous les vendredis.

Ormont, en Lorraine.

Foires, le 18 Mai, & le 14 Octobre, d'un jour chacune.

Ormont-sous-Mozelle, en Lorraine.

Foires, le 13 Mai, le 26 Août, & le jour de Ste. Ursule, d'un jour chacune.

Ornans, en Franche-Comté.

Foires, le 10 Février, le 10 Mai, le 10 Septembre, & le jour de la Présentation de N.D. d'un j. chacune.

Oron, en Lorraine.

Foire, le 3 Avril, d'un jour.

Oron, Canton de Berne.

Foires, le mercredi de Pâques, & le mercredi avant St. Martin, d'un jour chacune.

Orvaux, en Bretagne.

Foire, le jeudi avant les Rameaux, d'un jour.

Oss, Brabant-Hollandois.

Foires, la veille de la Fête-Dieu, la veille de St. Michel, d'un jour chacune.

Marché tous les mercredis.

Ostende, Pays-Bas Autrichiens.

Foires, le 29 Juin, & le 25 Novembre.

Overmer, Pays-Bas.

Foires, le 4 Janvier, & le 18 Août.

Oudenarde, Pays-Bas Autrichiens.

Foires, le 2 Mai, d'un jour, & le premier Octobre de 9 jours.

Marché tous les jeudis.

Oudenbosch, Brabant-Hollandois.

Marché considérable tous les jeudis.

Oudenbourg, Pays-Bas.

Foire, le 2 Janvier.

Ourciers, en Dauphiné.

Foires, le jour de St. Mathieu, & le jour de St. François, d'un j. chacune.

Ourville, en Normandie.

Marché tous les mardis de l'année.

Ousches, en Bourgogne.

Foires, le premier Février, de huit jours, le 15 Mai, le 15 Septembre, le mercredi avant St. Mathieu, le jour de St. Luc, & le jeudi avant St. André, d'un jour chacune.

Oze, en Dauphiné,

Foire, le 9 Juillet, de trois j.

Oyzelay, en Franche-Comté.

Foires, le jour de St. Georges, le 5 Juin, & le jour de la Décolation de Saint-Jean-Baptiste, d'un jour chacune.

P.

Pacy, en Normandie.

Foire, le 2 Novembre, de trois jours.

Marché considérable tous les jeudis.

Pagny-la-Ville, en Bourgogne.

Foires, le jour de St. Sébastien, le 6 Avril, le jour de St. Mathieu, & le jour de Ste. Elisabeth, d'un jour chacune.

Pagny-le-Château, en Bourgogne.

Foires, le jour de la Conv. de St. Paul, trois jours avant N. D. de Mars, & quatre jours avant la St. Jean, en Juin, d'un jour chacune.

Painbœuf, en Bretagne.

Foires, le 9 Avril, de trois jours, le 3 Mai, & le 28 Août, d'un jour chacune, & le 3 Novembre, de huit jours.

Painpont, en Bretagne.

Foire, le 29 Septembre, d'un j.

Pal, (le) en Basse-Normandie.

Foire, le 9 Septembre, d'un jour.

Palais, (le) en Bretagne.

Foire, le lundi après la Trinité, d'un jour.

Palaiseau, Isle de France.

Foire, le 3 Février, grasse, le 25 Novembre, d'un jour chacune.

Palaiseul, en Champagne.

Foire, le 24 Octobre, de huit j.

Palice, (la) en Bourbonnois.

Foires, le 7 Septembre, de trois jours, & le 17 Septembre, de six j.

Pallenge, en Bourgogne.

Foires, le 29 Mars, & le jour de St. Laurent, de trois jours chacune.

Pampelune, en Espagne.

Foire, le 25 Septembre, de quinze jours.

Marché public tous les lundis.

Pamprou, en Bas-Poitou.

Foire, le jour de St. Martin, d'un jour.

Parnac, en Berry.

Foire, le lendemain de St. Martin, d'un jour.

Paris, en France.

Voyez les *Foires* & les *Marchés* de cette Ville au premier Volume, page 640.

Parray, Isle de France.

Foire, le 21 Septembre, d'un j.

Paray-le-Monial, en Bourgogne.

Foire, le lendemain de la Chandeleur, d'un jour.

Paroy, en Nivernois.

Foires, le lendemain des Fêtes de la Pentecôte, & la veille de St. Barthelemi, d'un jour chacune.

Pau, en Bearn.

Marchés tous les lundis & jeudis.

Paul-de-Leon, (*St.*) en Basse-Bretagne.

Foires, le 12 Mars, de huit jours, le 12 Juillet, & le 11 Novembre, d'un jour chacune.

Pavilly, Pays-de-Caux.

Marché considérable tous les jeudis.

Payerne, Canton de Berne.

Foires, le premier jeudi de Carême, d'un jour, le jeudi de Pâques, de huit jours, le jeudi après l'Ascension, le jeudi avant St. Mathieu, & le jeudi avant St. Martin, d'un jour chacune, & le jeudi avant St. Thomas, de trois jours.

Pazanne, (*St.*) en Bretagne.

Foires, le 15 Avril, le 19 Mai, & franche, le jour de la Madeleine, d'un jour chacune.

Pelerins, (les) en Bretagne.

Foire très-considérable, le 16 Août, de trois jours.

Pere-en-Rets, (St.) en Bretagne.

Foire, le 29 Octobre, d'un jour.

Perecy, en Bourgogne.

Foires, le jour de St. Benoît, en Mars, le jour de l'Inv. de Sainte-Croix, en Mai, le jour de St. Claude en Juin, le 11 Juillet, le premier mercredi d'Août, le jour de l'Exal. de Ste. Croix, en Septembre, le jour de St. Simon, & le premier mercredi d'après St. Martin, d'un jour chacune.

Periers, en Basse-Normandie.

Marché célèbre tous les samedis.

Periez, en Vexin.

Foire, le 20 Juin, de deux jours.

Pernes, en Artois.

Foires, le 9 Mai, & le 14 Septembre, d'un jour chacune.

Peronne, en Picardie.

Foire franche, le 29 Septembre, de quatre jours.

Perpignan, en Roussillon.

Il y a quatre *Foires* dans l'année, de peu de jours chacune, & très-peu conséquentes.

Marché tous les mercredis.

Pertuis, en Provence.

Marché considérable de bled, tous les mardis.

Peseux, en Franche-Comté.

Foire, le lendemain de la Décol. de St. Jean, d'un jour.

Pesme, en Franche-Comté.

Foires, le lendemain de la Chandeleur, le jour de l'Inv. de Ste. Croix, le jour de l'Inv. de Saint-Etienne, & le jour de St. Simon, d'un jour chacune.

Pesth, en Prusse.

Foire considérable, dite de Saint-Médard, dont l'ouverture se fait communément le 6 Juin.

Petit-Mars, en Bretagne.

Foires, le 6 Août, & le 8 Septembre, d'un jour chacune.

Pesselliere, en Berry.

Foires, le lundi avant les Rameaux, le premier Juin, le jour de St. Barthelemi, & le jour de St. Luc, d'un jour chacune.

Peulendorff, en Allemagne.

Foire, le 6 Mai, de six jours.

Peyn, en Suisse.

Foire, le jour de St. Nicolas, d'un jour.

Pezenas, en Languedoc.

Foires, le lundi après la Fête-Dieu, le lundi après le 14 Septembre, & le lundi après la St. Martin, de huit jours chacune.

Pfortzheim, en Allemagne.

Foire, le 10 Juillet, d'un jour.

Phal, (St.) en Champagne.

Foire, le 10 Octobre, d'un jour.

Philibert, (St.) en Normandie.

Marché tous les mardis.

Pierre-de-Bougenais,

Pierre-de-Bougenais, en Bretagne.

Foire Royale, le 29 Juin, d'un j.

Pierre-Eglise, (*St.*) en Basse-Normandie.

Marché pour fil, tous les mercredis.

Pierre-sur-Dive, (*St.*) en Basse-Normandie.

Marché franc tous les lundis.

Pierre-Fontaine, en Franche-Comté.

Foires, le lendemain des Rois, & le jour de St. Grégoire, en Mars, d'un j. chacune, le 3 Juin, de 15 j., le lendemain de la N. D. de 7bre., & le jour de St. Thomas, d'un jour chacune.

Pierre-le-Moustier, (*St.*) en Nivernois.

Foires, le jeudi après la mi-Carême, grasse, le lendemain des Fêtes de Pâques, le mercredi de la Pentecôte, & le 27 Novembre, d'un jour chacune.

Pigné, en Champagne.

Foire, la veille de St. Vincent, en Janvier, le jour de St. Jacques & St. Philippes, le jour de la Madeleine, & le premier Octobre, d'un jour chacune.

Pionsat, en Bourbonnois.

Foire, le jour de l'Exalt. de Ste. Croix, de quinze jours.

Marché très-considérable tous les jeudis.

Pissy, en Bourgogne.

Foire, le 2 Janvier, d'un jour.

Pitié, Pays de Caux.

Marché tous les jeudis.

Pittene, en Basse-Autriche.

Foire, le lendemain de St. Martin, d'un jour.

Plessis, (*le*) en Normandie.

Foire, le 24 Juin, d'un jour.

Plessis-Grimoult, (*le*) en Normandie.

Marché tous les mardis.

Plombieres, en Lorraine.

Foires, le 5 Mars, le 6 Mai, & le 16 Septembre, d'un jour chacune; le 12 Novembre, de six jours.

Plondiry, en Basse-Bretagne.

Foires, très-renommée de chevaux, le deuxieme dimanche de Juillet, de quatre jours.

Pluviers, en Beauce.

Marché tous les mercredis.

Poissy, Isle de France.

Marché de bœufs tous les jeudis de l'année, à l'exception du Carême, où il ne se tient que le mardi de la Semaine sainte. Ce *Marché*, dans la semaine de la Fête-Dieu, n'a lieu que le vendredi.

Poitiers, en Poitou.

Foires, le 13 Janvier, & le 16 Fév. d'un j. chacune, le jour de la mi-Carême, très-considérable, de 15 jours, & le 6 Décembre, d'un jour.

Pol, (*St.*) en Artois.

Foires, le 26 Janvier, & le 30 Juin, d'un jour chacune.

Polegny, en Franche-Comté.

Foires, le lundi après l'Ascension, le 16 Août, & le lendemain de N. D., d'un jour chacune.

Poncey, en Bourgogne.

Foires, le jour de St. Hilaire, en

Janvier, & le 19 Mars, d'un jour chacune.
Marché tous les vendredis.

Pontaillier, en Bourgogne.
Foires, le premier Mars, le jour de St. Jean-Baptiste, & le j. de St. Michel, d'un jour chacune.

Pont-à-Mousson, en Lorraine.
Foires, le premier Février, le premier Juin, le premier Septembre, & le premier Décembre, de trois jours chacune.

Pontarlier, en Franche-Comté.
Foires, le 14 Février, le jour de St. Benoît, en Mars, le jour de St. Georges, en Avril, le jour de St. Luc, en Octobre, & le lendemain de N. D. de Décembre, d'un jour chacune.

Pontcey, en Franche-Comté.
Foires, le lendemain de St. Grégoire, en Mars, de six jours, le 7 Mai, le 11 Juin, le mardi avant N. D. d'Août, & le mardi avant St. Luc, en Octob., d'un j. chacune.

Pont-de-Vaux, en Bresse.
Foires, le mardi gras, le mardi de Pâques, le jour de Ste. Marthe, en Juillet, le 26 Août, le jour de St. François, en Octobre, & le jour de St. Simon St. Jude, d'un jour chacune.

Pont-Audemer, en Normandie.
Foires, les lundi & mardi gras, de deux jours, & le premier Septembre, d'un jour.
Marchés tous les lundis & vendredis

Ponté-Soura, en Italie.
Foire, le 8 Septembre, d'un jour.

Pont-Douilly, en Normandie.
Marché tous les mercredis.

Pont-Farey, en Normandie.
Marché tous les mercredis.

Pontigny, en Champagne.
Foires, le 30 Mars, d'un jour, le premier Mai, de huit jours, le 2 Juin, & le 20 Décembre, d'un jour chacune.

Pontivy, en Bretagne.
Foires, le 3 Juillet, de trois jours, & le 6 Septembre, de huit jours.

Pont-l'Abbé, en Basse-Normandie.
Marché tous les mercredis de l'année.

Pont-l'Évêque, en Basse-Normandie.
Foires, le 29 Septembre, & le 11 Novembre, de trois j. chacune.
Marché tous les lundis.

Pont-Ste.-Maixence, Isle de France.
Il y a un *Marché* de grains toutes les semaines.

Pont-St.-Pierre, en Basse-Normandie.
Marché tous les samedis.

Pont-sur-Seine, en Champagne.
Foire, le jour de St. Barthelemi, en Août, & le jour de St. Thomas, d'un jour chacune.

Pontoise, en Vexin.
Foire, le 11 Novembre, de trois j.

Poperingue, en Flandre-Impériale.
Foire, le 13 Avril, d'un jour.

Porentru, en Suisse.

Foires, le jour de St. Grégoire, en Mars, le troisieme lundi de Juin, le lundi après l'Exal. de Sainte-Croix, en Septembre, & le premier lundi de Décembre, d'un jour chacune.

Pornid, en Bretagne.

Foire, le premier Septembre, & le 30 Novembre, d'un jour chacune.

Porto - Belo, dans l'Amérique Espagnole.

Foire considérable, lors de l'arrivée de la flotte des Gaillons d'Espagne, & qui dure pendant tout leur séjour dans ce Port.

Pouancé, en Anjou.

Foires, le 21 Juin, le 22 Juillet, le 23 Septembre, le 8 Octobre, le 11 Novembre, le premier Décembre, & le jour de la mi-Carême, d'un jour chacune.

Pouilly, en Bourgogne.

Foires, le jour de St. Antoine, & le lendemain de l'Ascension, d'un jour chacune.

Marché tous les lundis.

Pouillon, en Bourgogne.

Foire, le jour de St. Roch, d'un j.

Pourlans, en Bourgogne.

Foire, le 27 Août, de trois jours.

Prague, en Allemagne.

Il y a deux *Foires* par an, de trois semaines de durée chacune; la premiere, à la mi-Carême, & la seconde, à la Saint-Wenceslas.

Precy - sous - Tille, en Bourgogne.

Foires, le mardi avant la Chandeleur, de trois jours, le jour de St. Claude, en Juin, de deux jours, le 11 Juillet, de trois jours, & le lundi après la N. D. de Septembre, d'un j.

Pressy, en Bourgogne.

Foires, le jour de St. Simon - St. Jude, & le jour de Ste Barbe, d'un jour chacune.

Prettot, en Normandie.

Marché tous les lundis.

Prez - en - Paille, en Maine.

Marché franc de bestiaux, tous les jeudis.

Prinqueau, en Bretagne.

Foire, le 8 Septembre, d'un jour.

Prix, (*St.*) Isle de France.

Foire, le 12 Juillet, d'un jour.

Provencheres, en Franche-Comté.

Foires, le 10 Janvier, le jour de Ste Sophie, & le lendemain de St. Roch, d'un jour chacune.

Provins, en Brie.

Foires, le mardi des Rogations, en Mai, de 46 jours, le 14 Septembre, de 17 jours, & le 29 Novembre, de trente jours.

Marché franc, tous les samedis.

Purgeroy, en Franche-Comté.

Foires, le lendemain de St. Mathias, en Février, le 4 Juillet, le jour de St. Denis, & le jour de St. Martin, d'un jour chacune.

Pui - Notre - Dame, (*le*) en Anjou.

Foires, le 25 Août, & le 8 Septembre, franche de tous droits de minage, d'un jour chacune.

Puis, en Bourgogne.

Foires, le 2 Mai, de 15 jours, & le jour de St. Michel, d'un jour.

Puy, (le) en Bas-Languedoc.
Il y a plusieurs *Foires* dans l'année.

Puiseaux, en Orléanois.
Foire considérable, le jour de la Madeleine, d'un jour.

Q.

Quarré - les - Tombes, en Bourgogne.
Foire, en Avril, le jour de St. Marc, d'un jour.

Queenestown, en Irlande.
Marché public tous les jeudis.

Quentin, (St.) en Picardie.
Il y a une *Foire* considérable tous les ans; elle s'ouvre le 9 Octobre, jour de Saint-Denis, & a 9 jours de franchise.

Quethou, en Basse-Normandie.
Marché tous les mardis.

Querhoent, en Maine.
Foires, le premier mercredi de Mars, le deuxieme mardi après la Pentecôte, le 11 Août, le 26 dudit mois, le 14 Septembre, & le 28 Octobre, d'un jour chacune.
Marché franc tous les mercredis.

Quiers, en Piémont.
Marchés, les mardis & vendredis.

Quesnoy, (le) Flandre-Françoise.
Foires, le 25 Octobre, de quinze jours.
Marché franc, les 12 de chaque mois.

Quievrain, Pays - Bas François.
Foires, le 28 Octobre, de trois j.

Quingey, en Franche-Comté.
Foires, le 2 Mars, de trois jours, le lendemain des Fêtes de Pâques, le jour de St. Boniface, en Juin, d'un jour chacune, & le premier Août, de quatorze jours; le 24 Octobre, & le jour de St. Martin, d'un jour chacune.

Quintin, en Basse-Bretagne.
Foires, le premier Avril, le 13 Juillet, le premier Août, le 31 Août, & le 11 Novembre, d'un jour chacune.

R.

Radegonde, (Ste.) en Bourgogne.
Foires, le lendemain de la transfiguration de N. S. d'un jour.

Raguse, en Dalmatie.
Foires, en Février, le jour de St. Blaise, de quatre jours.

Rambere-de-Joux, en Bugey.
Foires, le jeudi avant la Chandeleur, le jeudi de Pâques, le 13 Juin, le jour de St. Mathieu, & le lundi après la Ste. Catherine, d'un jour chacune.

Rambouillet, Isle de France.
Marché tous les jeudis de l'année.

Rambervilliers, en Lorraine.
Foires, le samedi après St. Vincent en Janvier, le jour de l'Invention de Ste. Croix, le jour de la Madeleine, & le jour de St. Martin, d'un jour chacune.
Marché considérable de blés & grains tous les mercredis.

Rances, en Champagne.
Foires, le 5 Septembre, le lendemain de Ste. Ursule, & le jour de la Toussaint, d'un jour chacune.

Raperswyl, en Suisse.

Foires, le jour de N. D. de Mars, le dernier mercredi de Janvier, le mercredi de Pâques, le mercredi de la Pentecôte, le mercredi avant Saint-Barthelemi, le premier mercredi d'Octobre, & le mercredi avant St. Thomas, d'un j. chacune.

Raon, en Lorraine.

Foires, le 28 Janvier, la veille de l'Appar. de St. Michel, en Mai, le jour de l'Exaltation de Ste. Croix, & en Septembre, d'un jour chacune.

Ravensberg, en Allemagne.

Foire, le lendemain de St. Martin, de trois jours.

Ravieres, en Champagne.

Foires, le jour de la Chandeleur, le mardi de la mi-Carême, le mardi de la Pentecôte, le jour de St. Roch, en Août, le 29 Octobre, & le mercredi avant St. Thomas, d'un jour chacune.

Marchés tous les mardis & vendredis.

Ray, en Franche-Comté.

Foires, le premier Mars, le 12 Mai, le jeudi avant St. Laurent, & le jour de St. Martin, d'un jour chacune.

Realville, en Guyenne.

Marché tous les jeudis.

Reccanati, en Italie.

Foire, le premier Août, de quinze jours.

Reggio, en Lombardie.

Foire très-célèbre, le 15 Septembre, de 15 jours.

Regney, en Franche-Comté.

Foire, le 27 Juillet, d'un jour.

Reichensée, en Suisse.

Foires, le jour de Ste. Gertrude, en Mars, le jour de St. Laurent, & le jour de l'Exaltation de Sainte-Croix, en Septembre, d'un j. chac.

Remigny, en Bourgogne.

Foire, le jour de la Madeleine, d'un jour.

Remy, (*St.*) en Bourgogne.

Foires, le 6 Mars, le 17 Juillet, le jour de St. Michel, d'un jour chacune.

Remy, (*St.*) en Forez.

Foires, le jour de St. Barnabé, & le 3 Octobre, d'un jour chacune.

Remiremont, en Lorraine.

Foires, le jour du mardi gras, d'un jour, le 22 Juin, de huit j., & le mardi après la Toussaint, d'un j.

Renai, Pays-Bas Autrichiens.

Foires, le dimanche de la Trinité, & le 30 Août.

Renen, en Basse-Saxe.

Foires, le 9 Novembre, de trois j.

Rennes, en Bretagne.

Foire, depuis le premier lundi avant le dimanche gras, jusqu'au premier lundi de Carême, de quinze j.

Marché franc de chevaux, bœufs & autres, tous les mardis de l'année.

Resovie, en Pologne.

Foire très-fameuse, pour les toiles, le 24 Avril, de huit jours.

Reuilly, en Berry.

Marché, tous les vendredis.

Reymont, en Berry.

Foire, le premier Septembre, d'un jour.

Rheims, en Champagne.

Foires franches, le lendemain des Rois, & le lendemain de Pâques, de quinze jours chacune.

Foires, le 10 Janvier, pour les Privilèges, de 20 j., le 10 Avril, franche de tous droits, de 15 j., le lundi avant la Madeleine, de 3 j. & pour les Privilèges, francs de tous droits, de 15 jours, & le premier Octobre, de trois jours.

Rheineck, en Suisse.

Foire, le jour de St. Marc, en Avril, d'un jour.

Rheinfeld, en Allemagne.

Foires, le jeudi avant la Chandeleur, le dernier jeudi d'Avril, le dernier jeudi d'Août, & le jeudi après la St. Martin, d'un jour chacune.

Rhenen, Pays-Bas Hollandois.

Foire, le 10 Mai, d'un jour.

Riaillé, en Bretagne.

Foire, le 6 Août, de dix-neuf j.

Rian, en Berry.

Foire, le jour de St. Jacques, en Juillet, d'un jour.

Ribauviller, en Haute-Alsace.

Foires, le jour de N. D. de Septembre, & le 7 Novembre, d'un jour chacune.

Riceys, (*les*) en Bourgogne.

Foires, le jour de St. Hilaire, en Janvier, le 22 Février, le jour de Saint Marc, en Avril, le lendemain de St. Barnabé, en Juin, le jour de St. Jacques, en Juillet, le 31 Août, le 2 Octobre, le lendemain de St. Simon, & le lendemain de St. Martin, d'un jour chacune.

Rickebach, en Haute-Alsace.

Foires, le mardi avant St. Michel, en Septembre, le mardi après la St. Simon, & le mardi après N. D. de Septembre, d'un jour chacune.

Rié, en Normandie.

Foire, le 2 Décembre, d'un jour.

Riga, Capitale de la Livonie.

Il y a deux *Foires* considérables dans l'année ; une au mois de Mai, & l'autre au mois de Septembre ; elles sont fréquentées particuliérement par des Anglois, Hollandois & Suédois. Les marchandises qui s'y trouvent, sont, en partie, les productions de la Russie.

Rigney, en Franche-Comté.

Foires, le 16 Juin, & le jour de St. Thomas, d'un jour chacune.

Riquier, (*St.*) en Basse-Picardie.

Marché tous les mardis de l'année, & franc, une fois dans le mois.

Ris, Isle de France.

Foires, le 3 Janvier, & le 4 Juillet, d'un jour chacune.

Rivet, en Bourgogne.

Foire, le premier Mars, d'un j.

Rivieres, (*les*) en Franche-Comté.

Foire, le jour de St. Michel, en Septembre, d'un jour.

Roche, (*la*) Pays-Bas-Autrichiens.

Foires, le jour de la Conversion de St. Paul, le lendemain de Saint Barnabé, le lendemain de St. Laurent, trois jours avant St. Mathieu,

& la veille de St. Nicolas, d'un jour chacune.

Roche, (*la*) en Suiſſe.

Foires, le jour de St. Thomas, le jour de Sainte-Urſule, le lundi après la Saint-Luc, & le lundi après la St. Martin, d'un jour chacune.

Roche, en Savoie.

Foires, le jour de St. Jacques, le jour de St. Denis, & le jour de St. Luc, d'un jour chacune.

Roche-en-Breny, (*la*) en Bourgogne.

Foire, le 21 Juin, d'un jour.

Rochefort, en Suiſſe.

Foires, le premier vendredi de Mai, & le vendredi avant la Saint-Simon, d'un jour chacune.

Rochefort-en-Ardènes, Pays-Bas.

Foire, le jour de St. Mathias, d'un jour.

Roche-Guyon, (*la*) Iſle de France.

Marché tous les mardis de l'année.

Rochefort-ſur-Loire, en Anjou.

Foires, le 24 Février, le 3 Mai, le 29 Juin, & le 14 Septembre, d'un jour chacune.

Roche-Jean, en Franche-Comté.

Foires, le premier Mai, & le jour de St. Denis, d'un jour chacune.

Roche-Millay, (*la*) en Nivernois.

Foire, le lendemain de la Chandeleur, d'un jour.

Rockenbourg, en Allemagne.

Foire, le 22 Octobre, d'un jour.

Rochopot, (*la*) en Bourgogne.

Foires, le mardi de Pâques, & le 17 Novembre, d'un jour chacune.

Rochelle, (*la*) Pays d'Aunis.

Il y a pluſieurs *Foires* & *Marchés*, dans l'année.

Rochetaillé, en Franche-Comté.

Foire, le 6 Mai, d'un jour.

Rochette, (*la*) en Bourgogne.

Foire, la veille de Saint-Simon, d'un jour.

Rodes, en Guyenne.

Foires conſidérables, pour la vente des mules & mulets pour l'Eſpagne, le jour de la mi-Carême, de trois jours, le jour de St. Jean, en Juin, le jour de N. D. de Septembre, & le jour de St. André, d'un jour chacune.

Roiſſy, Iſle de France.

Foires, le 25 Juin, & le 2 Novembre, d'un jour chacune.

Rolle, en Suiſſe.

Foires, le vendredi Saint, & le vendredi après la St. Martin, d'un jour chacune.

Romain, (*St.*) en Baſſe-Normandie.

Marché tous les mardis de l'année.

Romain-de-Colboſc, en Baſſe-Normandie.

Foires, le 18 Juin, le 24 Octobre, & le lendemain de St. Romain, d'un jour chacune.

Marché conſidérable tous les jeudis.

Romain-Motier, en Suisse.

Foires, le vendredi de la deuxieme semaine de Pâques, de quatre jours, le dernier vendredi de Juin, le vendredi après la St. Denis, & le vendredi avant Ste. Catherine, d'un jour chacune.

Romalé, en Bourgogne.

Foires, le jour de Ste. Bathilde, & le premier Décembre, d'un jour chacune.

Romanay, en Bourgogne.

Foire, le jour des Rameaux, d'un jour.

Romans, en Dauphiné.

Foire, le jour de St. Georges, en Avril, d'un jour.

Romont, en Suisse.

Foires célèbres, le jour de Saint Mathias, le jour de St. Marc, le jour de St. Roch, le jour de St. François, & le jour de St. André, d'un jour chacune.

Marchés, le mardi après les Rois, le mardi après St. Médard, & le deuxieme mardi de Juillet, d'un jour chacun.

Ronchamps, en Franche-Comté.

Foires, le 14 Mai, le lendemain de St. Jean-Baptiste, & le jour de St. Michel, en Septembre, d'un jour chacune.

Ronchaux, en Franche-Comté.

Foires, le jour de St. Vincent, le 4 Juin, & le jour de la Décol. de St. Jean, en Août, d'un jour chacune.

Ronda, ou *Arunda*, en Espagne.

Foire, le 20 Mai, d'un jour.

Rosay, ou *Rosoy*, en Brie.

Foires, le 26 Juin, le jour de St. Martin, d'un jour chacune.

Marché considérable tous les samedis.

Rosieres, en Lorraine.

Foire, le 3 Janvier, d'un jour.

Rosieres, (*les*) en Anjou.

Marché considérable tous les lundis.

Rosureux, en Franche-Comté.

Foires, le lendemain de N. D. de Mars, le jour de St. Roch, le lundi après l'exaltation de Ste Croix, la veille de la St. Denis, & le lendemain des Fêtes de Noel, d'un j. chacune.

Rostock, en Basse-Saxe.

Foires, le premier mercredi après la Pentecôte, & le jour de Saint-Michel.

Rotwill, en Allemagne.

Foires, le jour de l'Exaltation de Ste Croix, en Septembre, le jour de St. Luc, en Octobre, le jour de St. Georges, en Avril, & le lundi avant St. Pierre, d'un jour chacune.

Rouen, en Normandie.

Foires, franche, le 3 Janvier, de 15 jours, le premier Mars, d'un j. le lendemain de la Pentecôte, de 15 jours, le premier Juillet, de 9 jours, le 18 Octobre, & le 23 *dito*, d'un jour chacune.

Foire, appelée le *pardon*, le jour de St. Romain, & le 12 Novembre, de quinze jours chacune.

Marché de veaux & bestiaux, toutes les semaines, & de chevaux, à la Rougemare, tous les vendredis.

Rougemont, en Champagne.

Foires, le jour de St. Mathias, le jour de St. Jacques, & le jour de St. Simon St. Jude, d'un jour chacune.

Rougemont, Canton de Berne.

Foires, le jour de St. Antoine, le troisieme mercredi de Mars, la veille de la Nativité de N. D. & le mardi avant St. Simon, d'un jour chacune.

Rousselard, Pays-Bas Autrichiens.

Foire, deux jours avant la Saint-Martin, d'un jour.

Rousses, (les) en Franche-Comté.

Foires, la veille de St. Marc, en Avril, le lundi avant la N. D. d'Août, & le 24 Septembre, d'un j. chacune.

Rousset, en Bourgogne.

Foire, le jour de St. Denis, d'un jour.

Roussillon, en Dauphiné.

Foire, le 8 Décembre, de neuf j.

Routot, en Normandie.

Foires, le 23 Juin, le 23 Août, d'un jour chacune.

Marché tous les mercredis.

Routot, Pays de Caux.

Marché, tous les mercredis.

Rouvray-St.-Florentin, en Beauce.

Foires franche, le premier samedi de Carême, le 5 Mai, le 30 Juin, le 30 Août, le 30 Octobre, & le 28 Novembre, d'un jour chacune.

Marché franc tous les mardis.

Rouvray, en Bourgogne.

Foires, le jeudi avant la Chandeleur, le jeudi de Pâques, le 17 Mai, le 2 Juillet, le lundi après la St. Remi, & le jeudi après la Ste. Catherine, d'un jour chacune.

Rouvre-sur-Aube, en Champagne.

Foires, le mardi de la Pentecôte, le 25 Juin, le 14 Septembre, le 10 Octobre, le 3 Novembre, & le 29 Décembre, d'un jour chacune.

Royale, (la) en Bretagne.

Foire, le 5 Juillet, d'un jour.

Roye, en Picardie.

Foire, le lendemain de Quasimodo, d'un jour.

Marché, tous les mercredis de chaque mois.

Rue, en Picardie.

Foire, le premier Octobre, de trois jours.

Marchés tous les mardis & vendredis.

Rue, ou **Ruw**, en Suisse.

Foires célèbres le deuxieme lundi après la Chandeleur, de trois jours, le 30 Avril, le jour de la Madeleine, le jour de St. Mathieu, le jour de St. Simon, & le jour de Saint-Thomas, d'un jour chacune.

Marché considérable, tous les mercredis.

Ruffache, en Haute-Alsace,

Foires, le 14 Février, le 30 Mars, le lundi des Rogations, le lundi après la N. D. d'Août, & le lundi après la N. D. de Septembre, d'un j. chacune.

Ruffec, en Angoumois.

Foire, la veille de Pâques, d'un jour.

Ruffey, en Franche-Comté.

Foires, le jour de St. Mathias, le lendemain de l'Appar. de St. Michel, & le jour de St. François, d'un jour chacune.

Rugles, en Normandie.

Foires, le premier Jeudi de Septembre, & le 25 Novembre, d'un jour chacune.

Marché considérable tous les vendredis.

Rupt, en Franche-Comté.

Foires, le 16 Juin, & le 14 Novembre, d'un jour chacune.

Ruremonde, Pays-Bas Autrichiens.

Foires, le 26 Janvier, & le jour de l'Invention de Ste. Croix, d'un jour chacune.

Russet, en Franche-Comté.

Foires, le 7 Mars, le jour de St. Jean-Porte-Latine, le premier Octobre & le jour de St. Nicolas, d'un jour chacune.

Ry, en Normandie.

Foires, le jour de St. Mathieu, & le 21 Septembre, d'un j. chacune.

Marché tous les samedis.

S.

Saen, (*St.*) Pays de Caux.

Foire, le 25 Novembre, d'un j.

Marché considérable tous les jeudis.

Sagne, (*la*) en Suisse.

Foires, le premier mardi d'Avril, & le deuxieme mardi d'Octobre, d'un jour chacune.

Sagne-Leger, en Suisse.

Foires, le lundi gras, de huit jours, le lendemain de l'Invention de Ste. Croix, de quatre jours, le lundi avant St. Jacques, d'un j. & le premier lundi d'Octobre, de quatre jours.

Saint-Dizier, en Champagne.

Il y a trois *Foires* par an; la premiere, le 3 Mai, la seconde, le 22 Juillet, & la troisieme, le 25 Novembre.

Saint-Paul-trois-Châteaux, en Dauphiné.

Il y a deux *Foires* par an; l'une se tient le premier Mai, & l'autre le 18 Octobre.

Saint-Pons-de-Tomieres, en Bas-Languedoc.

Foires le 30 Avril, le 11 Août & le 13 Décembre.

Saint-Puy, en Gascogne.

Il y a plusieurs *Foires* dans l'année.

Saint-Tibery, en Bas-Languedoc.

Il n'y a qu'une *Foire* dans l'année; elle se tient le 18 Octobre, & ne dure qu'un jour. La plus grande partie des Marchands de Paris & de Geneve s'y réunissent pour l'achat de ses vins & de ses huiles.

Saint-Zakarie, Diocèse de Marseille.

Marché tous les samedis, & *Foires* établies en Juillet 1782, le 14 Août, le 5 Novembre, & le 2 Janvier, d'un jour chacune.

Salanches, en Savoie.

Foires, le 2 Mars, le premier Mai, le jour de la transfiguration, le 29 Octobre, d'un jour chacune.

Saligney, en Franche-Comté.

Foire, le 27 Août, d'un jour.

Salins, en Franche-Comté.

Foires, le jour de St. Charlemagne, en Janvier, le premier samedi de Carême, le vendredi avant les Rameaux, le lundi des Rogations, & 3 jours avant la N.D. d'Août, le lendemain de St. Luc, le jour de St. Léonard, & de St. Thomas, d'un jour chacune.

Salive, en Bourgogne.

Foire, le jour de St. André, d'un jour.

Salle, (*la*) en Bourgogne.

Foire, la veille de St. Martin, d'un jour.

Samer-aux-Bois, en Basse-Picardie.

Foires franches, le premier lundi de Carême, le 8 Juillet, & le 20 Juillet, d'un jour chacune.

Marchés tous les lundis & vendredis.

Samoen, en Savoie.

Foires, le jour le St. Ambroise, en Avril, & le jour de St. Michel.

Marché très-célèbre pour les fromages appelés *Vacherine*.

Santaren, en Portugal.

Foire, appelée Ste. Irene, le 20 Octobre, de huit jours.

Santenay-le-Haut, en Bourgogne.

Foires, le premier Avril, le jour de l'Invention de Ste. Croix, le jour de St. Roch, & le jour de St. Jean, en Décembre, d'un jour chacune.

Sarnem, en Suisse.

Foire, le jour de St. Roch, en Août, d'un jour.

Sarra, (*la*) en Franche-Comté.

Foires, le mardi après la Chandeleur, d'un jour, le lendemain de St. Georges, en Avril, de huit jours, le jour de St. Jacques, & le lendemain de la St. Denis, d'un jour chacune.

Sarra, (*la*) Canton de Berne.

Foires le mardi après la Chandeleur, le dernier mardi d'Avril, le mardi avant la St. Pierre, le jour de St. Denis, ou le mardi avant St. Denis, d'un jour chacune.

Sartilly, en Basse-Normandie.

Marché tous les jeudis.

Saulge, (*St.*) en Nivernois.

Foire franche, le jour de St. Michel, de quatre jours.

Saulieu, en Bourgogne.

Foires, le samedi avant la Chandeleur, le samedi de la mi-Carême, le jeudi de Quasimodo, le lendemain de l'Ascension, le 22 Juin, le jour de la Madeleine, le lendemain de St. Barthelemi, & le 14 Septembre, de bestiaux, d'un jour chacune; le 21 Septembre, de huit jours, le jour de Ste. Cecile, & le jour de Saint Thomas, d'un jour chacune.

Saulx-le-Duc, en Bourgogne.

Foires, le 14 Février, de dix j. & le 16 Juin, d'un jour.

Saumaise, en Bourgogne.

Foires, le premier Mai, le jour de St. Laurent, le jour de St. Denis, & le jour de St. André, d'un jour chacune.

Saumur, en Anjou.

Il y a deux *Foires* considérables, de cinq jours chacune. La premiere ouvre le troisieme mardi de Pâques, & la seconde, le mardi d'après la Saint-Nicolas: ce qu'on y vend de plus est en grains, haricots, pois, fèves, bestiaux en quantité, & surtout des bœufs.

Marché considérable tous les samedis.

Sautron, en Bretagne.

Foire, le premier Mai, d'un jour.

Sauvenet-sur-Dive, en Normandie.

Marché considérable tous les jeudis.

Sauveur, (*St.*) en Bourgogne.

Foire, le jour de St. Bernard, en Août, d'un jour.

Saverne, en Basse-Alsace.

Foire, le lendemain de Sainte-Croix, en Mai, d'un jour.

Savigny, Isle de France.

Foire, le jour de St. Martin, d'un jour.

Savigny-en-Revermont, en Bourgogne.

Foires, le jour de Saint-Maur, en Janvier, & le lendemain de St. Marc, en Avril, d'un jour chacune.

Savigny-sur-Orge, en Bourgogne.

Foires, le jeudi gras, d'un jour, & le 10 Mai, de dix jours.

Savin, (*St.*) en Poitou.

Foire, la veille de Ste. Catherine, d'un jour.

Savoisy, en Bourgogne.

Foires, le jour de St. Marc, en Avril, le 5 Juillet, le 3 Novembre, & le jour de St. Nicolas, d'un jour chacune.

Scey-la-Ville, en Franche-Comté.

Foires, le jour de l'Invention de Ste. Croix, en Mai, le jour de l'Exal. de Ste. Croix, en Septembre, & le jour de la St. Denis, d'un jour chacune.

Schaffhouse, en Suisse.

Foires, le jour de St. Barthelemi, en Août, le lendemain de N. D. de Septembre, & le jour de St. Martin, d'un jour chacune.

Marchés, le mardi avant St. Mathias, en Février, le mardi de la premiere semaine de Carême, & le mardi de la Pentecôte, d'un jour chacun.

Schwartsbourg, en Suisse.

Foires, le jeudi après l'Invention de Ste. Croix, & le jeudi avant la Saint-Michel, d'un jour chacune, le jeudi avant St. Simon, de huit jours.

Schelestat, en Basse-Alsace.

Foires, le mardi Saint, le 12 Mai, le jour de Saint-Boniface, le jour de St. Barthelemi, & le jour de Ste. Elisabeth, d'un jour chacune.

Schliengen, en Suisse.

Foires, le lundi après St. Mathias, en Février, le lundi après St. Médard, le jour de St. Mathieu, & la veille de St. André, d'un jour chacune.

Schopffen, en Suisse.

Foire, le jour de Ste. Luce, de quatre jours.

Marchés, le premier jeudi de l'année, le dernier lundi d'Avril, le premier mardi de Juin, le premier mardi d'Août, & le premier mardi d'Octobre, d'un jour chacun.

Schupffen, en Haute-Alsace.

Foires, le 3 Janvier, le lundi après la St. Marc, le jour de St. Boniface, le lendemain de la Transfiguration, le lendemain de St. Remi, & le 13 Décembre, d'un jour chacune.

Schwitz, en Suisse.

Foires, le dernier lundi de Janvier, le troisieme lundi de Mars, le premier lundi d'Août, le jour de St. Gall, en Octobre, & le jour de St. Martin, d'un jour chacune.

Scolasse, (*Ste*) en Normandie.

Marché tous les mardis.

Sceaux, Isle de France.

Marché considérable de bœufs, tous les lundis.

Seez, en Normandie.

Foires, de chevaux, le mercredi des Cendres, & le jeudi après N. D. de Septembre, de quatre jours chacune, & le 11 Novembre, de huit jours.

Marchés, les mercredis & samedis.

Seckingen, en Allemagne.
Foires, le jour de St. Hilaire, le jour de St. Marc, le jour de St. Jacques, d'un jour chacune.

Segré, en Anjou.
Marché confidérable tous les mercredis.

Seignelay, en Bourgogne.
Foires, le jour de la Chandeleur, de 9 j., le lendemain de l'Invention de Ste. Croix, le 2 Juillet, le jour de St. François, d'un jour chacune.

Seine, (*St.*) en Bourgogne.
Foires, le mercredi après la Chandeleur, le 2 Septembre, & le 31 Décembre, d'un jour chacune.

Sellieres, en Franche-Comté.
Foires, le 27 Janvier, le mercredi de Quafimodo, le jour de St. Simon, d'un jour chacune, & le 2 Décembre, de 5 jours.

Selongey, en Bourgogne.
Foires, le vendredi avant les Rameaux, le jour de la Tranflat. de St. Martin, le jour de St. Michel, la veille de St. Martin, & le jour de St. Thomas, d'un jour chacune.

Sempach, en Suiffe.
Foires, le 2 Janvier, & le jour de St. Cyrille, en Juillet, d'un jour chacune.

Semur, en Bourgogne.
Foires, le lundi avant les Rameaux, le jeudi de la Pentecôte, le jour de St. Jean-Baptifte, & le lundi avant St. André, d'un jour chacune.

Senay, en Lorraine.
Foires, le premier mardi de Carême, & le jour de St. Simon, d'un jour chacune.

Senecé, en Poitou.
Foire, le jour de St. Sébaftien, en Janvier, d'un jour.

Senecey, en Bourgogne.
Foire, le 30 Avril, d'un jour.

Senneterre, Ifle de France.
Foire, le 9 Mai, d'un jour.

Senlis, Ifle de France.
Foires, le premier famedi de Carême, de quinze jours, le 5 Juin, franche, de huit jours, & le lundi après la St. Luc, de fix jours.

Sennenghem, en Suéde.
Foire, le lendemain de St. Denis, d'un jour.

Senones, en Lorraine.
Foires, le 6 Avril, le premier Juin, les veilles de St. Mathieu, & de St. Thomas, d'un jour chacune.

Sens, en Champagne.
Foires, le 21 Mars, d'un jour, & le 17 Octobre, de trois jours.
Marchés, les mardis & vendredis.

Sens, en Bourgogne.
Foires, le 8 Mars, le 16 Avril, le 2 Mai, le jour de St. Simon, le lendemain de St. Martin, d'un jour chacune, & la plus forte eft le 17 Octobre.

Sept-Moncel, en Franche-Comté.
Foire, le lendemain de la Décolation de St. Jean-Baptifte, d'un j.

Servance, en Franche-Comté.
Foires, le jour de St. Guillaume, en Janvier, le 31 Mars, & le 6 Octobre, d'un jour chacune.

Severin, (*St.*) en Haute-Marche.
Foires, le jour de St. André, le lendemain des Innocens, d'un jour chacune.

Seure, en Bourgogne.
Foires, au Carnaval, & tous les

mardis de Carême, de quinzaine en quinzaine. On y vend des grains, chevaux, & autres bestiaux, & quelque peu de vins.

Sey-sur-Saone, en Franche-Comté.

Foires, la veille de St. Mathias, en Février, le jour de St. Anastase, en Avril, le lendemain de N. D. de Septembre, & le jour de St. Martin, d'un jour chacune.

Marché toutes les semaines de l'année.

Seyssel, en Bugey.

Foires, le lendemain de St. Simon, & le lendemain de St. Martin, d'un jour chacune.

Sezanne, en Brie.

Foire franche, le 25 Juin, de 8 jours.

Sierenta, en Haute-Alsace.

Foires, le jour de St. Joseph, en Mars, & le jour de St. Mathieu, d'un jour chacune.

Signy, en Champagne.

Foire en Juin, trois jours avant la St. Jean, d'un jour.

Silvin, (*St.*) en Basse-Normandie.

Marché tous les mardis.

Sinigaglia, en Italie.

Cette *Foire* est, pour l'Italie, ce que celle de Beaucaire est pour la France. Elle se tient les huit derniers jours de Juillet, & attire des Etrangers de toutes les Nations. La République de Venise envoie, le troisieme jour, une escadre à la Hauteur du Port, sous prétexte de la protéger, mais en effet, pour exiger un tribut, comme Souveraine du Golfe Adriatique.

Sintzheim, en Allemagne.

Foires, 8 jours après Pâques, & le jour de St. Barthelemi, d'un j. chacune.

Sion, en Suisse.

Foires, le 6 Mai, le samedi après la Toussaint, de vingt-quatre jours chacune.

Sirek, en Lorraine.

Foire, le Jeudi après la N. D. de Septembre, d'un jour.

Sissac, en Suisse.

Foires, le deuxieme mercredi d'Avril, de vingt-quatre jours, le premier mercredi de Juillet, & le mercredi avant Ste. Catherine, d'un jour chacune.

Sleego, en Irlande.

Marché tous les mercredis.

Soignies, Pays-Bas Autrichiens.

Foire, le jour de St. Honoré, en Mai, d'un jour.

Soissons, Isle de France.

Foires, le 16 Mai, de 12 jours, & le premier lundi après la St. Martin, de huit jours.

Marché considérable, tous les troisiemes mardis de chaque mois.

Soleure, en Suisse.

Foires, le premier mardi de Janvier, de huit jours, le premier mardi de Février, & le premier mardi de Mars, de vingt-quatre jours chacune, le premier mardi d'Avril, & le troisieme mardi de Mai, de trente jours chacune, le premier mardi d'Août, d'un jour, 2 jours après la N. D. de Septembre, de 12 jours, le mardi après la St. Luc, & le mardi après la St. Martin, d'un jour chacune.

Sombernon, en Bourgogne.

Foires, le jour de St. Didier, en

Mai, le jour de la Madeleine, le jour de St. François, & le jour de St. Edme, en Novembre, d'un j. chacune.

Somerton, en Angleterre.

Foire de bœufs, très-fameuse, de quarante jours.

Son, Brabant - Hollandois.

Foires, le premier jeudi après la mi-Carême, le mardi après le deuxieme dimanche de l'Assomption, & le mardi après le deuxieme dimanche de la Toussaint, d'un jour chacune.

Sorlin, (*St.*) en Bugey.

Foire, le jour de St. Michel, d'un jour.

Sotteghem, Pays-Bas Autrichiens.

Foire, le mardi après Saint-Marc, d'un jour.

Sotteville, en B. Normandie.

Foires, le 8 Mai, & le 29 Septembre, d'un jour chacune.

Souvans, en Franche-Comté.

Foires, le jour de l'Invention de St. Etienne, & le jour de St. Thomas, d'un jour chacune.

Spire, en Allemagne.

Foires, le 24 Mai, & le lendemain de St. Michel, d'un jour chacune.

Stavelo, Pays de Liége.

Foires, le 5 Juin, & le 2 Septembre, d'un jour chacune.

Steckborn, en Suisse.

Foire, le 26 Avril, ou le lendemain de St. Marc, d'un jour.

Stein, en Suisse.

Foires, le jour de St. Marc, & le premier mercredi d'Octobre, d'un jour chacune.

Stekene, Pays-Bas.

Foire, le lundi de la cinquieme semaine de Carême, d'un jour.

Stenay, Duché de Bar.

Foires, le jour de la Conv. de St. Paul, & le lendemain de l'Ascension, d'un jour chacune.

Stetin, en Haute - Alsace.

Foires, le dimanche après la N. D. d'Août, le jour de St. Gall, & le jour de Ste. Catherine, d'un j. chac.

Marché très fameux, pour les chevaux, le vendredi.

Stolhoffen, en Allemagne.

Foires, le premier Mai, & le lendemain de St. Martin, d'un j. chacune.

Strasbourg, en Basse - Alsace.

Foires franches, le jour de Saint Jean-Baptiste, & le jour de Saint-Etienne, de huit jours chacune.

Stulingen, en Suisse.

Foires, le jour des Rois, le jour de St. Benoît, & le jour de St. Georges, d'un jour chacune.

Suippes, en Champagne.

Il y a 4 *Foires* par année. La premiere, le 9 Mai, la seconde, le 29 Août, la troisieme, le 21 Septembre, & la quatrieme, le 3 Novembre. Elles sont renommées par la quantité de bêtes à laine qui s'y trouvent.

Sulpice-de-Lesadois, (*St.*) en Haut - Languedoc.

Foires, le lendemain de l'Invention Ste. Croix, d'un jour, le 16 Juin, de trois jours, le jour de la Madeleine, en Juillet, la veille de l'Exal.

de Ste. Croix, & le 20 Novembre, d'un jour chacune.

Sultz, en Suiffe.

Foires, le troisieme samedi de Mars, le samedi après St. Mathieu, & le jour de St. Gall, d'un jour chacune.

Surzée, en Suiffe.

Foires, le 6 Mars, 2 jours après la St. Jean, en Juin, le jour de St. Augustin, en Août, la veille de St. Denis, & le jour de St. Nicolas, d'un jour chacune.

Marchés, le lundi après les Rois, le lundi après St. Marc, & le lundi après la Touffaint, d'un jour chacun.

Survie, en Normandie.

Marché tous les vendredis.

Suffy, Isle de France.

Foire de bestiaux, le 24 Septembre, d'un jour.

T.

Tagiere, (*la*) en Breffe.

Foire, la veille de St. Barthelemi, d'un jour.

Talavera-la-Reyna, en Espagne.

Foires, le 5 Mai, & le 28 Novembre, d'un jour chacune.

Talissieu, en Bugey.

Foires, le jour de St. Jacques, & le jour de St. Simon, d'un jour chacune.

Taninge, en Savoie.

Foires, le lundi après les Rois, le lundi avant St. Marc, le lundi après la Madeleine, & le lundi après St. Barthelemi, d'un jour chacune.

Tanlay, en Bourgogne.

Foires, le lendemain de l'App. de St. Michel, en Mai, le 27 Août, & le jour des Innocens, d'un jour chacune.

Tannai, en Nivernois.

Cette Ville a plusieurs *Foires*; savoir le 27 Janvier, le 22 Février, le 8 Mai, le 27 Juin, le 6 Août, le lundi d'après le 8 Septembre, & le 25 Novembre.

Tannes, en Haute-Alsace.

Foires, le jour de St. Mathias, le premier Juillet, & le jour de la N. D. de Septembre, d'un jour chacune.

Tarascon, en Provence.

Foire, le lendemain de Ste. Anne, de six jours.

Tarascon, en Haut-Languedoc.

Foires franches, le 8 Mai, & le lendemain de St. Michel, de trois jours chacune.

NOTA. On ne peut arrêter personne pour dettes durant ces foires.

Tartas, en Gascogne.

Marché considérable, tous les mardis.

Tauste, en Espagne.

Marché considérable de bleds, tous les mardis.

Tavila, en Portugal.

Foires, le 8 Septembre, le 4 Octobre, d'un jour chacune.

Teilleul, (*le*) en Basse-Normandie.

Marché tous les mercredis.

Tengen-in-Hegow, en Allemagne.

Foires, le jour de St. Georges,

Avril, & le jour de St. Barthelemi, d'un jour chacune.

Tentugal, en Portugal.

Foire, le premier Novembre, d'un jour.

Terlon, en Hainaut.

Foire, le 17 Septembre, d'un j.

Termini, en Sicile.

Marché, tous les mercredis.

Termonde, Pays-Bas Autrichiens.

Foire, le 21 Août.

Terni, en Italie.

Foires franches, le 10 Février, pendant laquelle le gouvernement de la Police de la Ville est entre les mains des bourgeois que le corps de Ville élit pour cette fonction; & une autre *foire* franche le 19 Septembre, pendant laquelle la Police est entre les mains des confreres de Ste. Lucie. Ces deux *Foires* durent huit jours chacune.

Tessy, en Basse-Normandie.

Marché, principalement pour les veaux, tous les samedis.

Themar, en Franconie.

Foire, le 4 Juin, d'un jour.

Theux, en Dauphiné.

Foires, le 25 Mai, & le 3 Novembre, d'un jour chacune.

Thillot, en Bourgogne.

Foires, le 30 Mars, la veille de St. Georges, en Avril, & le jour de St. Luc, en Octobre, d'un jour chacune.

Thoissey, Principauté de Dombes.

Foires, le jour de St. Vincent, en Janvier, & le jour de St. Léonard, en Novembre, d'un jour chacune.

Thonna, en Saxe.

Foires, le 16 Février, le 13 Mars, le 8 Mai, le mercredi après St. Mathieu, & le mercredi avant Saint-Thomas, d'un jour chacune.

Thonon, en Savoie.

Foires, le 9 Mai, le premier samedi de Juin, & le lundi après St. Mathieu, d'un jour chacune, le jour de St. Martin, de six jours.

Thoren, en Allemagne.

Foire, le 21 Mars, d'un jour.

Thorhout, en Flandre Hollandoise.

Foire, le 12 Mai, d'un jour.

Thorn, en Pologne.

Foires, le 6 Janvier, le dimanche de la Trinité, & le 28 Octobre, d'un jour chacune.

Thouars, en Bas-Poitou.

Foire, le premier lundi, ou jeudi de l'Avent, de trois jours.

Thoun, Canton de Berne.

Foires, le lendemain de N. D. de Mars, trois jours après la St. Denis, le dernier jeudi d'Avril, le premier jeudi de Juillet, & le premier jeudi d'Août, d'un j. chacune, le premier jeudi de Décembre, de quinze jours.

Thumeries, Pays-Bas François.

Foire, le 17 Janvier, d'un jour.

Tilborekh, Pays-Bas Hollandois.

Foire, le 30 Mars, d'un jour.

Tilbourg, Frandre Hollandoiſe.

Foires, le lendemain de la Conv. de St. Paul, le lundi Saint, le jour de St. Jean-Baptiſte, & le lundi après la St. Simon, d'un jour chacune.

Marché tous les ſamedis de l'année.

Tillard, en Picardie.

Marché, tous les vendredis.

Tillimont, Pays-Bas Autrichiens.

Foire, le premier Octobre, de ſix jours.

Marché, tous les mercredis.

Tilliers, en Normandie.

Marché très-conſidérable, tous les mardis.

Tilloy, Flandre-Wallonne.

Foire, le 14 Janvier, de trois j.

Tilly-d'Orceau, en Baſſe-Normandie.

Foires, tous les premiers lundis du mois, d'un jour, & conſidérable, le 22 Juillet, de huit jours.

Marché, tous les lundis de l'année.

Tinchebray, en Baſſe-Normandie.

Foires, le jour de Quaſimodo, de trois jours, & le 22 Juillet, d'un jour.

Marché conſidérable tous les lundis.

Toiſy-la-Breche, en Bourgogne.

Foires, le jour de St. Claude, en Juin, & le jour de St. Luc, en Octobre, d'un jour chacune.

Tolentin, en Italie.

Foire très-célèbre, le 10 Septembre, de quinze jours.

Tomar, en Portugal.

Foire, le 20 Octobre, de huit j.

Tonnere, en Champagne.

Foires, le lundi gras, le jour de St. Eloi, le jour de St. Michel, & le lendemain de St. Martin, d'un jour chacune.

Tongelrée, Brabant-Hollandois.

Foires, le jeudi avant la Pentecôte, le deuxieme mardi avant la St. Denis, & le troiſieme Mardi après Ste. Lucie, d'un jour chacune.

Tongerlos, en Weſtphalie.

Foire, trois jours avant St. Thomas, d'un jour.

Tongres, en Allemagne.

Foire, le 21 Octobre, d'un jour.

Tonningen, en Danemark.

Foire, le jour de St. Georges, en Avril, d'un jour.

Torey, Iſle de France.

Foires, le premier lundi de Mai, d'un j. le 16 Août, de 15 jours, & le 9 Décembre, d'un jour.

Torey-le-Grand, Pays de Caux.

Marché, tous les mercredis de l'année.

Toro, en Eſpagne.

Foire, le 24 Août, d'un jour.

Marchés, tous les lundis & vendredis.

Terres-Novat, en Portugal.

Foire, le 12 Mars, de huit jours.

Torigny, en Baſſe-Normandie.

Foires, le 24 Février, le 28 Juin, le 4 Juillet, & le 11 Novembre, d'un jour chacune.

Marché, tous les lundis de l'année.

Tostes, en Normandie.
Marché, tous les lundis.

Touarcé, en Anjou.
Marché considérable tous les mardis.

Toul, en Lorraine.
Foire, le 4 Septembre, de huit j.

Toulon, en Provence.
Foire célèbre, le 3 Novembre, de quinze jours.

Toulon, en Bourgogne.
Foires, le jour de la Toussaint, pour toutes marchandises, de huit jours, le jour de St. Antoine, le jour de St. Mathias, le jour de St. Marc, le jeudi après l'Ascension, le jour de Ste. Marguerite, le jour de l'Exaltation de Ste. Croix, & la veille de St. Martin, d'un jour chacune.
Marché, tous les mardis, si le lundi n'est pas Fête.

Toulouze, en Languedoc.
Foires, le 26 Juin, le 25 Août, & le 30 Novembre, de huit jours chacune.
Marché considérable, toutes les semaines.

Touques, en Normandie.
Marché considérable tous les lundis.

Touquin, en Brie.
Foire, le jour de St. Luc, en Octobre, d'un jour.

Tourcoing, Pays-Bas.
Foire, le 25 Juillet, d'un jour.

Tour-du-Meix, en Franche-Comté.
Foires, le lundi après la St. Barnabé, & le jour de St. Jacques, d'un jour chacune.

Tournans, en Brie.
Marché considérable tous les lundis.

Tournay, Pays-Bas Autrichiens.
Foires, le lendemain de l'Ascension, de 8 jours, & à la Saint-Mathieu, de plusieurs jours.
Marché ordinaire, tous les samedis.

Tourny, en Vexin.
Foire, le 21 Septembre, d'un j.

Tournon, en Bas-Languedoc.
Foires, le jour de la Décolation de St.-Jean-Baptiste, de trois jours, & le premier Décembre, d'un jour.

Tournus, en Bourgogne.
Foires, le lendemain des Rois, le jour de St. Jacques, le lendemain de St. Louis, & le jour de St. Luc, d'un jour chacune.

Toury, en Orléanois.
Foire, le jour de St. Denis, d'un jour.

Tourry-Ferrottes, en Brie.
Foires, le lendemain de N. D. d'Août, & le jour de St. Denis, d'un jour chacune.

Tramen, en Italie.
Foire, le 25 Octobre, de trois j.

Trancose, en Portugal.
Foire, le 24 Août, de trois jours.
Marché tous les jeudis.

Travers, en Suisse.
Foires, le jour de la Décolation de St. Jean, le j. de St. Denis, le mercredi après la St. Martin, & le samedi avant la N. D. de Mars, d'un

jour chacune; le premier samedi de Juin, de 15 jours, & le dernier samedi de Novembre, d'un jour.

Treguier, en Basse-Bretagne.
Foire, le lundi après la Fête-Dieu, d'un jour.

Treliaires, en Bretagne.
Foire, le 4 Mai, d'un jour.

Treport, Pays de Caux.
Foire, le 29 Septembre, d'un j.
Marchés, tous les mardis & samedis.

Treptow, en Haute-Saxe.
Foires, le Dimanche après la Quasimodo, & le jour de St. Pierre, d'un jour chacune.

Treteau, en Bourbonnois.
Foire, le jour de St. Maurice, en Septembre, de trois jours.

Treves, en Anjou.
Foires, le jour de Saint-Mathieu, le mardi après la Toussaint, & le jour de Sainte-Catherine.

Trevieres, en Basse-Normandie.
Marché très-considérable de beurre & de veaux, tous les jeudis.

Trevoux, Principauté de Dombes.
Foires, la veille de la St. Martin, d'un jour.

Treytorrens, en Suisse.
Foire, le jour de la Madeleine, d'un jour.

Trevier, (*St.*) en Bresse.
Foire, le 5 Novembre, d'un jour.

Trovard, en Basse-Normandie.
Marché tous les jeudis.

Trond, (*St.*) Pays de Liége.
Foire, le jour de St. Augustin, en Août, d'un jour.

Trouhaut, en Bourgogne.
Foire, la veille de St. Martin, d'un jour.

Troyes, en Champagne.
Foires franches, le deuxieme lundi de Carême, & le premier Septembre, de huit jours chacune, le 29 Avril, de 5 jours, & le lendemain des Morts, d'un jour.

Trun-sur-Dive, en Basse-Normandie.
Foire, le 6 Mai, d'un jour.
Marché tous les jeudis.

Truxillo, en Espagne.
Foires, le premier jeudi après le 15 Mai, & le 25 Juillet d'un jour chacune.

Tschangnaux, en Suisse.
Foire le jour de la Décolation de St. Jean, d'un jour.

Tubingen, en Allemagne.
Foire, le jour de St. Georges, en Avril, d'un jour.

Turcoing, Flandre-Wallonne.
Foire, le 25 Juillet, d'un jour.

U.

Uberlingen, en Allemagne.
Foires, le 4 Juillet, le lendemain de Ste. Ursule, & le jour de St. Nicolas, d'un jour chacune.
Marché très-considérable de bled, tous les mercredis.

Ulm, en Allemagne.

Foires, 4 jours après la St. Barnabé, & le jour de St. Mathieu, d'un jour chacune.

Underseen, Canton de Berne.

Foires, le jour de St. Mathieu, le dernier mercredi de Janvier, & les premiers mercredis de Mars, de Mai, de Juillet, & d'Octobre, & le mercredi avant Ste. Catherine, d'un jour chacune.

Upsal, en Suéde.

Foire, le premier Février, de quinze jours.

Uri, en Suisse.

Foires, le dernier jeudi de Mars, de quinze jours, le troisieme jeudi de Mai, de vingt-quatre jours, le jeudi après la St. Denis, d'un jour. le premier jeudi de Novembre, de vingt-quatre jours, & le premier jeudi de Décembre, d'un jour.

Ursane, en Suisse.

Foires, le 11 Juillet, d'un jour, le jour de Ste Ursule, de huit jours, le lundi après les Rois, d'un jour, le troisieme lundi d'Avril, de huit jours, & le dernier lundi d'Octobre, de quinze jours.

Ussy, en Bourgogne.

Foire, le jour de St. André, d'un j.

Utrecht, Pays-Bas Hollandois.

Marché tous les mardis.

Uzel, en Basse-Bretagne.

Foires, le 26 Mars, le 19 Mai, le 18 Juillet, le 18 Octobre, & le 21 Novembre, de huit jours chacune.

Marché très-considérable, tous les mercredis.

V.

Vacheresse, en Beauce.

Foire, le 18 Octobre, d'un jour.

Vagney, en Lorraine.

Foires, le jour de la Conversion de St. Paul, le 29 Juillet, le lendemain de la N. D. de Décembre, d'un jour chacune.

Vallay, en Franche-Comté.

Foires, la veille des Rois, & le 5 Juin, d'un jour chacune.

Val-d'Illiez, en Suisse.

Foires, la veille de la Madeleine, 3 jours après la N. D. d'Août, le jour de St. Cosme & St. Damien, & le jour de St. Luc, d'un jour chacune.

Valdajol, en Bourgogne.

Foires, le lendemain de la Chandeleur, & le lendemain de la N. D. d'Août, d'un jour chacune.

Val-du-Saulgen, en Allemagne.

Foires, le jour de St. Hilaire, le j. de St. Mammers, en Mai, & le j. de St. Simphorien, en Août, d'un jour chacune.

Valence, en Dauphiné.

Foire, le jour de St. Félix, en Mai, d'onze jours.

Marché tous les mardis.

Valenciennes, Flandre Françoise.

Il y a une *Foire* assez considérable chaque année; elle est de 12 jours, & commence le 8 Septembre. Il y a, en outre, deux marchés francs, d'un jour chacun; le premier, le lendemain de la Saint-Gery, & le deuxieme le 4 Octobre. Enfin il s'y tient un fort marché aux chevaux & bestiaux, le 10 de chaque mois.

Valengen, en Suisse.

Foires, le premier lundi de Juin, le lendemain de la N. D. d'Août, &

le jour de St. Mathieu, en Septembre, d'un jour chacune.

Valery, (*St.*) Pays de Caux.
Foires, les Fêtes de la Pentecôte, & le 3 Octobre, de trois jours chacune.
Marchés tous les lundis & vendredis.

Vallier, (*St.*) en Bourgogne.
Foires, le jour de St. François de Salles, le lendemain de St. Jacques, & 3 jours après la N. D. de Septembre, d'un jour chacune.

Vallorbe, en Suisse.
Foires, le 2 Avril, de huit jours & le jour de Ste. Thérese, en Octobre, d'un jour.

Valmont, Pays de Caux.
Foires, le 25 Juillet, & le 6 Décembre, d'un jour chacune.
Marché tous les mercredis.

Val-Teline, en Suisse.
Foire, le lendemain de St. François, ou quatre jours avant la St. Denis, d'un jour.

Val-Tornanche, en Suisse.
Foire, 2 jours après la N. D. de Septembre, d'un jour.

Vandeuvres, en Champagne.
Foire, le jour de St. Antoine, d'un jour.

Vanvey, en Bourgogne.
Foires, le jour de St. Honoré, & le 3 Novembre, d'un jour chacune.

Varaise, en Saintonge.
Foires, le 24 Février, de huit j., le lundi de Pâques, le 28 Mai, le 15 Juillet, le jour des Morts, & le lendemain de Noel, d'un jour chacune.

Marché franc, tous les mercredis.

Vassy, en Basse-Normandie.
Marché tous les mardis de l'année.

Vassy, en Champagne.
Foires, le jour de N. D. de Mars, le jour de la Pentecôte, le jour de la N. D. de Septembre, le lendemain de St. Nicolas, d'un jour chacune.
Marché tous les jeudis.

Vaufrey, en Haute-Alsace.
Foires, le 10 Mai, & le lendemain de la N. D. de Septembre, d'un jour chacune.

Vaugirard, près de Paris.
Foire, le 17 Septembre, d'un j.

Vauhallant, Isle de France.
Foire, le 24 Août, d'un jour.

Vauvillers, en Franche-Comté.
Foires, le 4 Juillet, la veille de la N. D. de Septembre, & le jour de St. André, d'un jour chacune.

Vauvry, en Bourgogne.
Foires, le lendemain de la N. D. de Septembre, le jour de St. Jérôme, le 3 Octobre, & le jour de St. Brice, d'un jour chacune.

Venant, (*St.*) en Artois.
Foires, le 10 Octobre, d'un j.

Venasque, en Provence.
Foire, le 21 Août, d'un jour.

Vendôme, en Beauce.
Foire, le 11 Novembre, d'un j.

Venloo, en Hollande.
Foire, le 25 Juin, d'un jour.

Ventes-d'Eauy, (*les*) Pays de Caux.

Marché, tous les mardis de l'année.

Vercel, en Franche-Comté.

Foires, le premier vendredi de Carême, le 2 Avril, & le lundi après la Toussaint, d'un jour chacune.

Verceil, en Italie.

Foires, le 2 Avril, de dix jours, & le 4 Mai, de quinze jours.

Verdine, (*la*) en Berry.

Foire, le lendemain de St. Mathieu, d'un jour.

Verdun, en Bourgogne.

Foire franche & très-célèbre, le jour de la St. Simon, St. Jude, de quinze jours.

Vergy, en Bourgogne.

Foires, la veille de St. Marc, d'un jour.

Vernantes, en Anjou.

Foires, le jour de St. Marc, le lundi de la Pentecôte, le premier Juillet, le 6 Août, le jour de St. Luc, & le premier Décembre, d'un jour chacune.

Marché tous les vendredis.

Verneuil, en Beauce.

Foire, le jour de St. André, d'un jour.

Verneuil, en Normandie.

Foire, le 9 Octobre, d'un jour.

Vernon, en Normandie.

Marchés tous les mardis, jeudis & samedis ; ce dernier est une espece de foire.

Verres-le-Petit, en Franche-Comté.

Foire, le jour de St. Léonard, d'un jour.

Verrieres, (*les*) en Suisse.

Foires, le jour de St. Benoît, en Mars, le 18 Mai, le lundi après l'Exalt. de Ste. Croix, & le lundi après la St. Denis, d'un jour chacune.

Verrieres - de - Joux, en Franche - Comté.

Foires, le lendemain de St. Joseph, le jour de St. Marc, en Avril, & le sur-lendemain de l'Exalt. de Ste. Croix, d'un jour chacune.

Vers, en Bourgogne.

Foires, le jour de St. Laurent, & le jour de St. André, d'un jour chacune.

Versailles, Isle de France.

Il y a trois *Foires* franches dans l'année. La premiere, le premier Mai, la seconde, à la St. Louis, & la troisieme à la St. Denis ; elles durent quatre jours chacune.

Verviers, Pays de Liege.

Foire, le 6 Novembre, d'un jour.

Veteuil, Isle de France.

Marché tous les mardis.

Veulles, Pays de Caux.

Foires, le 13 Juillet, & le 13 Novembre, d'un jour chacune.

Marchés, tous les mercredis & samedis.

Vevay, en Suisse.

Foires, le mardi après la St. Vincent, d'un jour, le 24 Avril, de six jours, le mardi avant St. Jacques, & le mardi après Ste. Catherine, d'un jour chacune.

Marché, tous les mercredis.

Vezelay, en Bourgogne.

Foires, le jour de Ste. Marguerite, le jour de l'Exaltation de Ste. Croix, & le lendemain de la Conception, d'un jour chacune.

Veselize, en Lorraine.

Foire, le jour de St. Vincent, d'un jour.

Vesoul, en Franche-Comté.

Foire, tous les lundis de Carême, la veille de St. Marc, & le jour de St. Jean-Baptiste, d'un jour chacune, le 12 Septembre, de douze jours, & le jour de Ste. Catherine, d'un jour.

Vicence, en Italie.

Foire très-fameuse, le 15 Octobre, de quinze jours.

Vichery, en Lorraine.

Foire, le jour de St. Joseph, d'un jour.

Vienne, en Dauphiné.

Foire, le 24 Septembre, d'un jour.

Vienne, en Autriche.

Il y a deux *Foires* franches par an, dont la durée est d'un mois pour chacune. La premiere ouvre le lundi de Pâques, & la deuxieme, à la Toussaint.

Vierzon, en Berry.

Foires, le jour de St. Blaise, en Février, le mercredi après la Pentecôte, le jour de St. Pierre, & le lendemain de St. Barthelemi, d'un jour chacune.

Marché, tous les samedis.

Viez, en Poitou.

Foires Royales, le premier Juin, de trois jours, le jour de St. Luc, de dix jours, & le jour de St. Nicolas, de trois jours.

Vigan, dans les Cevennes.

Foire considérable, le 9 Septembre, de trois jours ; elle abonde en bestiaux, sur tout en mulets & chevaux. Il s'y vend des soies, trames d'Alais, bas de soie, dits de gauche & de coton, dont il y a, dans les environs, une manufacture très-considérable. Il s'y vend de plus des étoffes de laines & autres.

Vignacourt, en Picardie.

Foire de poulains de lait, le premier Décembre, d'un jour.

Vihiers, en Anjou.

Foire considérable, de bestiaux & de toiles, appelées *cholet*, le premier Juin, de huit j. *Foires* ordinaires le 24 Février, le 26 Juillet, le 29 Août & le 25 Novembre, d'un jour chacune.

Marché, tous les mercredis.

Villedieu-les-Poësles, en Basse-Normandie.

Foires, le 3 Mai, le 9 Septembre, & le 25 Novembre, d'un jour chacune.

Marché, tous les mardis de l'année.

Villefarlay, en Franche-Comté.

Foire, la veille de St. Marc, en Avril, d'un jour.

Villefort, en Bas-Languedoc.

Foires, le jour de St. Sébastien, en Janvier, & le lendemain de N. D. de Mars, d'un jour chacune, le 3 Mai, de vingt jours, le lendemain de St. Jean-Baptiste, d'un jour, le jour de la Madeleine, de dix jours, le jour de l'Exalt. de Ste. Croix, de vingt jours, le jour des Morts, le jour de Ste. Catherine, & le jour de St. Nicolas, d'un jour chacune, & le jour de St. Thomas, de huit jours.

Villefranche, en Bourbonnois.
Foire franche, le premier Septembre, d'un jour.

Villemer, en Champagne.
Foire, le jour de St. Benoît, en Mars, d'un jour.

Villenaux, en Champagne.
Foires, le 5 Février, le lendemain de la N. D. de Mars, le jour de St. Jacques, & le jour de St. Michel, d'un jour chacune.

Villeneuve, Principauté de Dombes.
Foires, le 7 Juin, le jour de St. Michel, & le jour de St. Nicolas, d'un jour chacune.

Ville-neuve-d'Avignon, en Provence.
Foire, le jour de St. André, de quinze jours.
Marché tous les mercredis.

Villeneuve, Canton de Berne.
Foire, le 8 Novembre, d'un j.

Villengen, en Allemagne.
Foires, le 17 Avril, & le 5 Juin, d'un jour chacune.

Villenouvette, en Bas-Languedoc.
Marché tous les mardis de l'année.

Villers-en-Bocage, en Basse-Normandie.
Foire, le 28 Juin, d'un jour.
Marché considérable pour le Beurre, tous les mercredis de l'année.

Villers-Seyssel, en Franche-Comté.
Foires, le 10 Janvier, de 6 jours. le mercredi de la Passion, le jour de la Madeleine, & le jour de St. Simon St. Jude, d'un jour chacune.

Villers-sur-Scey, en Franche-Comté.
Foire, la veille de St. Barthelemi, d'un jour.

Villers, Brabant-Autrichien.
Foires, le 19 Mars, & le jour de St. Lambert, d'un jour chacune.

Villevorde, Brabant-Autrichien.
Foires, le premier Août, & le premier Octobre, d'un jour chacune.

Villiers, en Gâtinois.
Foire, de chevaux, le 10 Août, d'un jour.

Vimoustier, en Basse-Normandie.
Marché considérable tous les lundis.

Vincent, (*St.*) en Bourgogne.
Foires, le premier Mai, & le jour de St. Mathieu, d'un jour chacune.

Vire, en Normandie.
Foires, le vendredi d'après Pâques, le 19 Septembre, & le 25 Novembre, d'un jour chacune, & le premier Décembre, de cinq jours.
Marché considérable tous les vendredis.

Viry, en Bourgogne.
Foires, le jour de St. Sébastien, en Janvier, d'un jour, le jour de N. D. d'Août, de seize jours, & le jour de St. Luc, d'un jour.

Viry, en Savoie.
Foires, le 14 Février, le jeudi Saint, & le 24 Juin, d'un j. chacune, le jour de la N. D. d'Août, de quinze jours.

Visey, Brabant-Autrichien.
Foire, le 20 Novembre, d'un j.

Vitfleurs, Pays de Caux.

Foires, les deux jours de Saint-Martin, d'un jour chacune.

Marché tous les samedis de l'année.

Vitteaux, en Bourgogne.

Foires, le jeudi gras, le lendemain de l'Appar. de St. Michel, le j. de St. Michel, le jour de Ste. Anne, le jour de St. Mathieu, le 30 Octobre, & la veille de St. Thomas, d'un jour chacune.

Vitel, en Lorraine.

Foires, le 20 Février, le samedi après l'Appar. de St. Michel, le lendemain de St. Laurent, & la veille de St. Luc, d'un jour chacune.

Vitry-le-François, en Champagne.

Foires franches, le jour de St. Mathias, & le jour de la Madeleine, de 8 j. chacune, le lendemain de St. Laurent, d'un jour, le premier Septembre, d'onze jours, & *foire* de poulains de lait, le premier Décembre, d'un jour.

Vivonne, en Poitou.

Foire, le jour de St. Antoine, d'un jour.

Void, en Lorraine.

Foires, le premier samedi de Carême, le premier Mai, le jour de St. Barnabé, le jour de St. François, & le 23 Novembre, d'un jour chacune.

Marché tous les samedis.

Voisey, en Franche-Comté.

Foires, le premier Février, le jour de St. Bonaventure, le lendemain de l'Exaltation de Ste. Croix, & le lendemain de St. Martin, d'un jour chacune.

Voiron, en Dauphiné.

Marché tous les mercredis.

Volent, Isle de France.

Foire, le premier Septembre, ou le dimanche après la St. Fiacre, d'un jour.

Vouhenans, en Franche-Comté.

Foire, le jour de St. Michel, de deux jours.

Vouray, en Franche-Comté.

Foire, le jour de St. Antoine, d'un jour.

Vousy, en Champagne.

Foire, le lendemain des Cendres, la veille des Rameaux, le 25 Août, le samedi après la St. Louis, & le 15 Septembre, d'un jour chacune.

Marché tous les samedis.

Vrecours, en Franche-Comté.

Foires, le jour de St. Vincent, le 30 Avril, le jour de la Madeleine, & le jour de la St. Denis, d'un jour chacune.

Vuillafans, en Franche-Comté.

Foires, le jour de St. Marc, le jour de St. Mathieu, le jour de St. Simon, & 3 jours après la St. Martin, d'un jour chacune.

W.

Waelre, Brabant-Hollandois.

Foires, le premier mardi de Carême, le mardi après l'Assomption, & le mardi après la St. André, d'un jour chacune.

Waelwich, Brabant-Hollandois.

Foires franche, le jour de St. Thomas, en Mars, & 2 jours après St. Laurent, d'un jour chacune.

Marché tous les vendredis.

Waes-Munster, Pays - Bas-Autrichiens.

Foire, le jour de St. Nicolas, d'un j.

Walcourt, Pays - Bas Autrichiens.

Foire, le lendemain de la N. D. de Décembre, d'un jour.

Waldshut, en Allemagne.

Foires, le premier Mai, le jour de St. Jacques, le jour de St. Gall, en Octobre, & le jour de St. Nicolas, d'un jour chacune.

Wallebourg, en Suisse.

Foires, le 14 Février, le lundi avant St. Jacques, & le jour de St. Mathieu, d'un jour chacune.

Waren, Pays - Bas Autrichiens.

Foire, le jour de la Madeleine, d'un jour.

Warmister, en Angleterre.

Marché considérable en bled, tous les mardis.

Warwick, en Angleterre.

Marché public tous les mercredis.

Wasselonne, en Basse-Alsace.

Marché considérable tous les lundis.

Wassigny, en Picardie.

Foires, le 25 Juin, & le premier Décembre, d'un jour chacune.

Marché tous les vendredis.

Waterford, en Irlande.

Marché public tous les lundis.

Watwyl, en Suisse.

Foires, le 3 Août, de 6 jours, le premier mardi d'Avril, & le dernier mardi d'Octobre, d'un jour chacune.

Wangen, Canton de Berne.

Foires, le jeudi après la St. George en Avril, le mercredi après l'Invention de Ste. Croix, & le jeudi avant Ste. Ursule, d'un j. chacune.

Wavre, Pays - Bas Autrichiens.

Foires franche, le lendemain de la N. D. de Septembre, & le jour de St. Mathieu, d'un jour chacune.

Weert, Brabant-Hollandois.

Foires, la veille de St. Mathias, & le 4 Décembre, d'un j. chacune.

Weismar, en Allemagne.

Foires, le premier Juin, & le lundi après la Sainte-Marguerite.

Weissembourg, en Haute-Alsace.

Foires, le premier Mai, & le 15 Octobre, d'un jour chacune.

Werne, en Westphalie.

Foire, le 4 Juillet, d'un jour.

Wettischwyl, en Suisse.

Foires, le premier jeudi d'Avril, & le jeudi avant Ste. Ursule, d'un jour chacune.

Wexford, en Irlande.

Marché public, tous les lundis.

Wicklow, en Irlande.

Marché, tous les lundis.

Wietlispach, Canton de Berne.

Foires, le 7 Mai, de huit jours, & le jour de St. Simon, d'un jour.

Marché considérable, tous les lundis.

Wighton, en Ecosse.

Marché public, tous les lundis.

Willemstadt, Brabant-Hollandois.
Marché tous les jeudis.

Willisaw, en Suisse.
Foires, le jour de St. Laurent, & le jour de St. Luc, d'un jour chacune, le mardi avant St. Thomas, de huit jours.
Marchés; le 4 Mars, le 4 Mai, & le 4 Juillet, d'un jour chacun.

Winchester, en Angleterre.
Marché public, tous les mardis.

Winterthour, en Suisse.
Foires, le jeudi avant la Chandeleur, d'un jour; le premier jeudi de Mai; de quinze jours, le jeudi après la St. Denis, le jeudi avant la St. Martin, & le jeudi avant St. Thomas, d'un jour chacune.

Wismas, en Allemagne.
Foire, le 8 Mars, & 8 jours après la Pentecôte.

Woodbridge, en Angleterre.
Marché public, tous les lundis; il est célèbre en planches de vaisseaux, serges, beurre & fromage.

Worms, en Allemagne.
Foires, le 11 Mai, le 4 Juin, & le jour de la Visitation de la Vierge d'un jour chacune.

Wordt, en Basse-Alsace.
Marché tous les lundis.

Wuippens, en Suisse.
Foire, le jour de Ste. Sophie, en Mai, d'un jour.

Wurtzbourg, en Allemagne.
Foires, le 9 Mars, le 9 Juillet, & le jour de St. Michel, d'un jour chacune.

Y.

Yenville, en Orléanois.
Marché franc, tous les Mercredis.

Ypres, Pays-Bas Autrichiens.
Foire, le premier Mars, d'un jour.

Ysernay, en Anjou.
Foire, le 29 Septembre, jour de Saint-Michel, d'un jour.

Yverdun, en Suisse.
Foires, le 5 Juin, & le jour de St. Etienne, de trois jours chacune.
Marchés, le mardi avant la Chandeleur, d'un jour, le dernier mardi de Mars, de 15 jours, le deuxieme mardi après l'Invention de Ste. Croix de huit jours; le premier mardi de Septembre, & le mardi avant St. André, d'un jour chacun.

Yvetot, en Normandie.
Il y quatre *Foires* par an, à deux mois de distance chacune, elles jouissent de toutes franchises.
Marché, tous les mercredis.

Z.

Zele, Pays-Bas Autrichiens.
Foire, le premier Octobre.

Zerbst, en Franconie.
Foire, le jour de St. Barthelemi, d'un jour.

Zoffingue, Canton de Berne.
Foires, le jour des Rois; le jour de St. Barthelemi, & le 16 Novembre, d'un jour chacune.
Marchés, le mardi gras, le mardi après Pâques, le mardi de la Pentecôte, le premier mercredi de Septembre, & le premier mercredi d'Octobre, d'un jour chacun.

Zug, en Suisse.

Foires, le 12 Mai, de 12 jours. le jour de la Décolation de St. Jean, le jour de St. Gall, en Octobre, & deux jours avant St. Luc; d'un jour chacune.

Zurich, en Suisse.

Foires, le premier Mai, d'un jour, le 3 Juin, de quinze jours, 3 jours après la N. D. de Septembre, & le jour de la St. Martin, d'un jour chacune.

Zurzach, en Suisse.

Foires, célèbre, le dimanche après la Trinité, d'un jour, & ordinaire, le 26 Août, de quatre jours.

Zutphen, Pays-Bas Hollandois.

Foire, le lendemain de St. Luc, d'un jour.

Zweysimmen, en Suisse.

Foires, le jour de St. Mathieu, le mercredi après la Chandeleur, & le jeudi de Pâques, d'un jour chacune, le mercredi avant St. Barthelemi, de 8 jours, le jeudi avant St. Simon, le mercredi après la St. Martin, & le jeudi après la N. D. de Décembre, d'un jour chacune.

OBSERVATION GÉNÉRALE.

Toutes les Foires, *en général, qui se rencontrent le Dimanche, s'ouvrent la veille, ou sont remises au lendemain.*

CHAPITRE VII.

INDICATION Alphabétique des Productions Locales & d'Industrie des quatre Parties du Monde ; les lieux où elles se trouvent, ceux où l'on en tient magasins, & quelques Détails sur leur nature & propriété.

AB. AC. — ACH.

Abaca.

Sorte de lin provenant du Bananier. Il se tire des Isles Manilles ; Il y en a deux sortes : l'une blanche, qui s'emploie pour la toile fine ; & l'autre, grise, dont on fait des cordages.

Abel-Mosc.

Semence d'une plante qui entre dans la poudre de Chypre. Elle se tire de l'Egypte, de l'intérieur de l'Afrique.

Ablaque.

Soie Ardassine, qui se tire de Perse par la voie de Smyrne.

Abrohani.

Sorte de mousseline très-fine de l'Inde, qui se tire du Bengale. La piece porte 3|4 & 5|8 de large, sur 16 aunes de France de longueur.

Acacia-Vera.

Gomme rougeâtre, propre pour les Drogues. Elle se tire du Levant : il y a aussi *l'Acacia Germanica*, qui contrefait l'autre, en qualité fort inférieure, & dont la couleur est un peu noire.

Acajou.

Semence d'un arbre du même nom, qui croît au Bresil, & dont on exprime une huile salutaire pour extirper des dûretés aux pieds ; le bois de cet arbre sert pour les meubles.

Acapalti.

Plante de la Nouvelle Espagne, qui porte le poivre long.

Achia.

Sorte de canne des Indes Orientales, que les Hollandois font confire, & dont ils font beaucoup de consommation en Europe ; on en sert au dessert.

NOTA. *On rend compte, dans ce Chapitre, des Villes qui font le plus d'Armemens, & celles où se trouvent les Banques & les Chambres d'Assurance.*

Quant aux prix communs de diverses Marchandises, nous les aurions volontiers indiqués dans ce Chapitre, si nous n'en eussions pas senti l'inutilité occasionnée par une foule de circonstances qui les font varier sans cesse.

Acicosa.

Herbe du Pérou. Elle a la vertu de celle du Paraguay.

Acier.

Fer fin, blanc, raffiné & très-solide. Il se fabrique à Vienne, & diverses Villes d'Allemagne, Hongrie, Espagne, Angleterre, Italie, Piémont; & en France, à Vienne, Rive, Clamecy, Nevers, Némours, Saint-Dizier, la Charité-sur-Loire, Dyon, Vesoul & Besançon, en Franche-Comté.

Le meilleur est celui dit *Carme*, qui se fabrique à Kernent, en Allemagne, & sert aux ouvrages les plus fins.

Acori. Voyez *Corail.*

Acorus.

Plante médicinale, qui se tire de Pologne, de la Tartarie, & de l'Isle de Java. Les Hollandois en vendent beaucoup.

Acremens.

Peaux de bœufs & de vaches, qui se tirent de la Mer Noire par Constantinople.

Adatais.

Mousseline claire & fine des Indes, qui se tire du Bengale.

Aden.

Nom du café de premiere qualité de l'Arabie. Il se tire du Levant par les Marseillois.

Adenos.

Coton qui se tire d'Alep, *par la voie de Marseille.*

Adraganth.

Sorte de gomme, propre à la médecine, & à la préparation des cuirs. Elle se tire de l'Isle de Candie, par les Hollandois.

Aes-ustum.

Cuivre brûlé rouge. Voyez Cuivre.

Afioume.

Sorte de lin que les Marseillois tirent du Levant.

Agallocum.

Bois pour la médecine, il se tire des Indes Orientales.

Agaric.

Sorte d'excroissance d'arbre, dit *Melaise*, ou *Garix*; il y en a trois sortes, appelées mâle, femelle & faux. L'agaric se tire du Levant, par Smyrne, & s'employe pour la teinture & la médecine.

Agathes.

Pierres fines, dites *Sardoines*, *Quix*, *Sardouix*, *&c.* Les Etats du Mogol, les Indes, la Sicile, le Japon, l'Egypte & la Calcédoine en fournissent beaucoup.

Aggoued-Bund.

Meilleure Soie du Mogol.

Agneaux.

Les Peaux d'Agneaux de Perse & de la Tartarie, sont renommées pour les fourrures Moscovites, & celles de Lombardie pour leur beau noir.

Agra.

Bois de senteur, qui se tire de la Chine.

Aiguilles.

Toiles de coton, qui se tirent d'Alep.

Aiguilles. Voyez *Epingles.*

Aiguitran. Voyez *Poix.*

Aigle. (*Bois d'*) Voyez *Aloës.*

Aigrefin.

Poisson de Mer, semblable au Merlan, dont on fait une forte pêche sur les côtes d'Ecosse.

Aigrette.

Oiseau, dont la plume de la tête procure les aigrettes, & dont on fait des panaches. On tire ces plumes du Levant.

Aimant.

Pierre minérale presque noire, qui se tire dans différentes mines de métaux en cuivre & fer ; sa propriété est trop connue pour en parler.

Airain. Voyez *Cuivre.*

Ais.

Sorte de bois de sciage peu épais.

Albâtre. Voyez *Marbre.*

Alênes. Voyez *Mercerie.*

Algatrane.

Sorte de bois des Isles.

Alibanies.

Nom d'une toile de coton des Indes Orientales & Hollandoises.

Aliconde.

Arbre de la Nigritie, dont l'écorce se file, & dont on fait de belles toiles.

Allegeas.

Etoffes des Indes Orientales, en coton & herbe.

Allumelle.

Fer préparé pour faire des lames.

Aloës.

Bois résineux & odoriférant. Il se tire de Socotora, dans l'Inde, & Cochinchine ; & sert pour la médecine.

Aloses.

Poissons de Riviere de Loire, & autres. On fait Commerce de ses œufs dans les Indes Orientales.

Alouchi.

Sorte de gomme, produite par le Cannelier blanc.

Alpagne.

Quadrupede du Pérou, dont la laine est souvent vendue en Espagne, pour celle de Vigogne : cet animal est d'une utilité & d'un profit étonnant aux Péruviens.

Alphœnix.

Nom donné à un sucre d'orge blanc. Il est estimé pour les rhumes.

Alquifoux.

Plomb minéral, qui se tire d'Angleterre, & sert pour les Potiers de terre.

Alude. Voyez *Basane.*

Alun.

Espece de sel fossile, ou minéral blanc, qui se distingue de plusieurs sortes, dites de *Rome*, de *Civitavechia*, d'*Angleterre*, de *Roche*, de *Liége*, de *Mezieres*, & *alun blanc* ; les noms ci-dessus de Rome, de Civitavechia, d'Angleterre, de Liége & de Mezieres, sont ceux des lieux où l'on prépare beaucoup d'Alun, que l'on tire aussi de Gênes, des Pyrenées, de la Silésie & du Levant, par Constantinople & Smyrne. Son principal usage est pour la médecine.

Alypon-Montis-Cety, ou *Turbit blanc.*

Plante, qui tient lieu du séné, & croît abondamment en Provence & Languedoc.

Amadouri.

Coton d'Alexandrie.

Amandes.

Fruits, qui se tirent d'Espagne, d'Italie, de Provence, & du Languedoc.

Ambre.

Gris & Jaune, substance résineuse & inflammable, dont l'emploi est à divers usages, surtout en médecine : il se trouve dans les Indes, en Italie, en Pologne, en Hongrie, en Portugal, & dans la Perse.

Ambrette.

Graine qui se tire de l'Egypte & des Isles Antilles. Elle a l'odeur du musc & sert aux parfumeurs.

Amethyste.

Pierre précieuse & violette. On en tire de l'Isle de Madagascar, de Carthagène & d'Allemagne.

Amidon.

Propre à faire de la colle & de la poudre à cheveux. Il se trouve à Nantes, à Paris, à Tarascon, en Hollande & autres lieux.

Ammi.

Graine qui se tire du Levant, & qui entre dans la composition de la thériaque.

Ammoniac.

Gomme médicinale. Voyez *Gommes.*

Amome.

Fruit des Indes qui sert à la médecine.

Amphiam. Voyez *Opium.*

Amurca.

Lie d'olives pressurées, dont la vertu est astringente.

Amyante.

Sorte de pierre, qui se trouve en Allemagne. On en tire un fil qui se fabrique en toile incombustible, on en a fait l'expérience à Vienne, en 1782.

Anacardes.

Fèves des grandes Indes, dont l'usage est pour la médecine.

Anacoste.

Etoffe de laine, rose, croisée, & imitant la serge. Elle se fabrique en Hollande & dans les Pays-Bas Autrichiens & François.

Ananas.

Fruit fort estimé aux Isles Antilles & autres de l'Amérique, où il croît abondamment. Quoique son usage soit pour les desserts, on s'en sert, cependant, en médecine, & l'Europe en tire beaucoup de confits.

Anate.

Sorte de fleur qui se prépare comme l'indigo & sert à la teinture. Les Anglois & les Espagnols en font un grand commerce, & en tirent beaucoup de la baye d'Honduras, dans la Nouvelle Espagne, contrée de l'Amérique Septentrionale.

Anchois.

Poisson de mer. La pêche s'en fait sur les Côtes de Gibraltar, de Gênes, de Catalogne, Gorgone & la Provence.

Anime.

Gomme qui se tire de la Nouvelle Espagne.

Aninga.

Racine propre à l'affinage du sucre. Elle se tire des Antilles.

Anabasses.

Couvertures communes qui se fabriquent en Pagnes, à Rouen, & en Hollande. Elles sont rayées en bleu & blanc, & servent à la traite des Noirs.

Anis.

Sorte de plante dont on tire l'indigo. Il y en a en semence que l'odeur & le goût aromatiques font employer en dragées, qui se tirent d'Alicante, de Venise, de Rome, de Malthe, de Magdebourg, de Montpellier, de Verdun & de la Hollande qui en fait un fort commerce en verd, dont on exprime l'huile, & que l'on distille en liqueur.

Antalé.

Sorte de coquillage, que les chymistes employent comme alkalis.

Antigorium. Voyez *Azur.*

Antimoine.

Substance métallique, propre à la médecine, & en divers ouvrages en cuivre & étain. Il se trouve en Bohême, en Saxe, en Hongrie, en Transilvanie, en Bretagne, en Poitou, en Auvergne, & à Moulins en Bourbonnois.

Apios.

Racine de pure curiosité. Elle se tire de Candie.

Appeau.

Sorte d'étain en feuille, qui se tire de Hollande.

Arabique,

Sorte de gomme d'Egypte, qui se tire du Levant.

Arains.

Sortes de taffetas Armoisins, qui viennent des Indes.

Arak.

Liqueur forte, qui se fait en Tartarie & Moscovie.

Aranson.

Sorte de bray sec, qui se tire de Bordeaux & Bayonne, on en fait de la poix noire.

Archal.

Fil de fer, Voyez, *fil.*

Ardasses.

Soies grossieres de Perse.

Ardoises.

Pierres plattes & bleuâtres, pour les couvertures des maisons. Elles se trouvent à Angers & aux environs, ainsi qu'à Charleville & Sédan.

Argent.

En lingots. Il se tire de Cadix, Lisbonne, Londres, & Amsterdam.

Argent vif. Voyez *Vif-Argent.*

Argentures.

Les plus belles se font à Paris, Lyon & Cadix.

Argoudan.

Sorte de coton Chinois.

Aridas.

Taffetas des Indes-Orientales.

Aristoloche.

Plante médicinale, qui se trouve abondamment en Languedoc, on s'en sert pour la thériaque.

Arlet. Voyez *Cumin.*

Armemens.

Les villes de France qui en font le plus, sont Nantes, le Havre, Marseille, Bordeaux, l'Orient, la Rochelle, Saint Vallery, Dunkerque, Bayonne, Honfleur, Saint-Malo, Brest, Rochefort, Toulon, & nombre de villes étrangeres & anséatiques, comme Londres, Amsterdam, Hambourg, Dantzick, Copenhague, Stockholm, &c. &c.

Armenienne.

Pierre précieuse, d'un verd azur.

On la trouve dans le Tirol, la Hongrie & la Tranfilvanie, elle s'emploie dans de beaux ouvrages de rapport en marbres rares.

Armes à feu.

Elles se fabriquent à Paris, Vienne, Liége, Klingentale, Prague, Londres, Schefield, Birmingham, Berlin, Sédan, Sens, Saint-Etienne & Charleville.

Armoniac.

Sel pour les drogues. Il se tire des Indes-Orientales.

Aromats, ou *Aromates.*

Gommes, fruits & bois odoriférans, qui se tirent tous d'Orient & de la Hollande, & servent à la droguerie.

Arsenic.

Minéral caustique & poison violent; il y en a du rouge, du jaune & du blanc. Il se tire de la Hollande: son usage est pour la pharmacie, les maréchaux & les teinturiers, on ne peut en vendre qu'à des personnes très-connues.

Artifices

Les plus belles pieces en ce genre se font à Paris, en Italie, à Vienne, &c. &c.

Asbette. Voyez *Amyante.*

Asphalate.

Bois aromatique, qui se tire du Levant.

Aspic.

Plante dont on exprime une huile propre aux peintres & autres artisans. Elle croît abondamment dans le Languedoc & la Provence.

Assa-Fœtida.

Gomme médicinale, qui se tire des Indes, de la Perse & du Levant.

Assurances.

Pour les armemens. Dunkerque, Nantes, Rouen, Bordeaux, la Rochelle, le Havre, Marseille, Londres, Amsterdam, Rotterdam, Bilbao, Coppenhague, Embden, Bruges, Gand, Anvers, Trieste, Hambourg, Gênes, Venise, Brême & Stockholm, sont toutes villes qui ont des chambres d'assurance & de commerce.

Nota. Il faut voir ces villes dans la seconde partie du premier volume, pour connoître la solidité de leurs chambres d'assurance.

Aulas.

Satins de soie des Indes. Il y en a en fleur d'or qui sont d'une grande beauté.

Auole.

Sorte de teinture rouge, voyez Anate.

Auripeau.

Sorte de cuivre, appelé faux or.

Automates.

Figures mécaniques. Les plus belles se trouvent à Nuremberg.

Autour.

Sorte d'écorce, qui se tire du Levant & sert à la composition du Carmin.

Autruche.

Oiseau dont les plumes & le duvet qu'on en tire du Levant, procurent un grand commerce à Marseille.

Auxi.

Nom des laines qui se filent aux environs d'Abbeville, en Picardie.

Aveline.

Fruit semblable à la Noisette. On

en tire beaucoup de la Provence; de l'Italie & du Languedoc; on en confit en dragées.

Aventurine.

Superbe pierre jaune, remplie de points d'or. Elle se trouve en Bohême & en Silésie.

Avoines.

Grains, dont les Provinces de France les plus abondantes, sont la Picardie, la Champagne, & le Poitou.

Azarum.

Racine médicinale, qui croît au Canada & dans les environs de Lyon. Elle est très-utile aux Maréchaux.

Azerbe. Voyez *Muscade.*

Azur.

Pierre fine, qui se tire d'Allemagne, d'Italie, de la Perse & des Indes-Orientales.

B.

Baffetas.

Toile très-grosse en fil de coton blanc. Elle se tire de Surate, dans les Indes.

Baillarge.

Nom donné à un grain mêlé d'orge & de seigle.

Bailloque.

Surnom donné à la plume d'Autruche. Voyez Autruche.

Baique.

Etoffe de laine usitée en Flandre, & qu'en France, on nomme *Bayette.*

Balancons.

Bois de sapin, débité en petit. On en tire beaucoup du Languedoc.

Balassor.

Etoffe d'écorce d'arbre, que les Anglois apportent des Indes Orientales; la piece porte 3/4 de large sur 8 aunes de long.

Balastri.

Nom donné aux plus beaux draps d'or, qui se fabriquent à Venise.

Balanstes.

Fleurs de Grenadiers sauvages qui se tirent du Levant, & s'emploient en médecine.

Balazées.

Toiles blanches de coton, de 7/8 de large, sur 13 aunes 1/2 de long. Elles se tirent de Surate, dans les Etats du Mogol.

Baleine.

Le plus gros poisson de Mer connu. Amsterdam, Hambourg, Coppenhague, Bergen, Bremen, Lubec & divers Ports de France arment pour cette pêche, dont nous avons parlé au mot *Pêche* de la *troisieme Partie de ce Volume.* On trouve de belles & d'abondantes baleines sur les parages des Nouveaux Etats-Unis de l'Amérique; mais les plus belles se pêchent dans la Mer du Nord, vers le Spitzberg.

Bambouc.

Roseaux des Indes, très-noueux; il sert de canne légere en Europe.

Bange.

Etoffe qui se fabrique en Bourgogne, & se vend à Lyon.

Banilla.

Nom Espagnol donné à la Vanille. Voyez *ce dernier mot.*

Banques, & Caisses d'Escompte.

Les Villes qui font le plus d'affaires en banque, ou finance sont, Amsterdam, Hambourg, Coppenbague, Stetin, Londres, Francfort, Leipsick, Bâle, Geneve, Gênes, Livourne, Lyon, Cadix, Madrid, Milan, Paris, Prague, Turin, Bordeaux, Rouen, Marseille, Montpellier, Nantes, Gand, Ostende, Bruxelles, Trieste, Bruges, Venise & Rome. Philadelphie, en Amérique, vient d'établir une banque publique. On vient aussi d'en établir en Russie, dans les villes de Casan, Archangel, Cherson, Riga & Revel.

Baquier.

Coton de médiocre qualité, qui se tire de Smyrne.

Baracan.

Sorte de camelot à gros grains, étoffe de laine fort estimée. Elle se tire, en quantité, d'Abbeville, d'Amiens, de Lille, de Rouen, de Bruxelles & de Valenciennes.

Baras. Voyez *Borax.*

Barbe.

Cheval de Barbarie fort estimé par la légereté de sa Course.

Barbe de Regnard. Voyez *Adraganth*

Barbotine.

Graine médicinale, qui se tire de la Perse & de la Moscovie.

Bardeau.

Sorte de petit bois merain. On en couvre les maisons.

Barfouls.

Etoffe grossiere, dite *Pagne*. Les Négres s'en vétissent; on la tire du Royaume de Cantor, situé sur les bords de la Riviere de Gambie: les Européens l'achetent en échange contre des barres de fer.

Bariga - de - More.

Sorte de Soie, que les Hollandois apportent des Indes Orientales.

Barille.

Soude que les Espagnols composent avec des herbes brûlées. Elle se tire de divers Ports d'Espagne.

Barillé.

Soie de médiocre qualité, que les Portugais apportent des Indes Orientales.

Baroques.

Perles irrégulieres. Voyez *Perles.*

Barrage.

Linge ouvré en commun & fin. Il se tire de la Basse-Normandie, & particuliérement de Caen.

Barras.

Sorte de résine provenante du Pin, & dont on fait l'encens. On en tire beaucoup de la Provence.

Barses.

Boëtes d'étain, dans lesquelles on apporte le thé de la Chine, elles pesent, depuis une livre, jusqu'à 10.

Bas.

Ceux de *laine*, se tirent de Londres, Edimbourg, Dublin, Berne, Caen, Dourdan, Evreux, Gien, Granvilliers, Hambourg, Lille, Lunéville, Metz, Mezieres, Montdidier, Angers, Roye, Nantes, Narbonne, Nogent-le-Roi, Nismes, Orléans, Paris, Poitiers, Rheims, Saint-Malo, Saint-Maixent, Sedan, Château-Gontier & Vienne.

Ceux *drapés*, se tirent en France, de Chartres, Gien, Nismes, Orléans, Paris, Beauvais, St. Maixent, Saint-Malo, & Londres; ces derniers sont d'une qualité & d'une beauté rares.

Ceux de *fil* se tirent d'Angers, Dourdan, Neuf-Châtel, Nismes, Orléans, Paris, Rennes, Vitré, Saint-Malo, Zurich & Tournay.

Ceux de *coton*, se fabriquent en quantité à Arcis-sur-Aube, Dourdan, Moulins, Nismes, Nogent-le-Roi, Orléans, Paris, Saint-Germain-en-Laye, Saint-Malo, Sens, & Zurich, en Suisse.

Ceux de *soie* se tirent de Cadix, Clermont-en-Auvergne, Dourdan, Hambourg, Londres, Moulins, Naples, Gênes, Livourne, Nismes, Lyon, Orléans, Paris, Tours, Vienne & Venise; enfin on en tire de *Gallipoli*, en Sicile, d'une qualité si belle, quoiqu'en pur coton, qu'elle est la plus recherchée aux Isles Antilles de l'Amérique.

Basanes. Voyez *Cuirs*.

Basins.

Etoffes croisées en fil & coton; les plus belles pieces en ce genre, se fabriquent en Hollande, Bruges, Leipsick, Paris, Rouen, Troyes, Saint-Simphorien, Bengale, Pondichery & Bellassor, aux Indes.

Basse-Lisse. Voyez *Tapisseries*.

Bastes.

Nom que les Autrichiens donnent à l'étoffe d'écorce d'arbre.

Batunomes.

Toiles de coton qui s'achetent au Caire.

Batistes.

Toiles de lin très-fines & très-blanches. On les tire de Cambray, Douay, Nuremberg, Péronne, Arras, Noyon, St. Quentin & Valenciennes. Il s'en fait aussi de belles en Silésie, mais celles de France sont les plus en vogue dans le commerce, dont elles font une des fortes branches, surtout pour l'Espagne & l'Italie.

Batterie de cuisine.

Il vient de s'en élever une manufacture considérable à Paris, entre Belleville & la Barriere du Temple. Les ustensiles qu'on y fabrique sont en cuivre doublé de fer, pour éviter au danger du vert-de-gris.

Battins.

Espece de jonc d'Espagne.

Baudruche.

Peau très-fine du boyau de bœuf. Elle sert au batteurs d'or, & après leur avoir servi, elle est précieuse pour appliquer sur des écorchures faites en quelque partie du corps que ce soit, il faut seulement la piquer & la coller ensuite sur le mal, avec de la salive.

Bauge.

Nom d'un droguet, qui se fabrique en Bourgogne.

Baume.

Gomme souveraine pour les plaies. Il y en a de plusieurs sortes; celui du *Levant* & celui du *Pérou*; ce dernier surtout jouit, avec justice, de la plus grande réputation. On estime aussi beaucoup en France, le baume de *Copau*, qui vient du Brésil, & celui de *Tolu* qui se prépare à Saint-Domingue.

Bayettes.

Grosses flanelles en laines croisées. Elles se fabriquent en Flandre, en Angleterre, & en diverses Provinces de France.

Bazac.

Coton filé très-beau. Il se tire du Levant.

Bazat.

Autre sorte de Coton, qu'on tire *de Seyde, par Marseille*. On en distingue de trois sortes.

Beby.

Toile de coton d'Alep.

Béche.

Instrument de jardinage. Voyez *Tallanderie.*

Beculo. Voyez *Ipécacuhana.*

Bedelium.

Gomme aromatique, qui se tire du Levant.

Beguquela. Voyez *Ipécacuhana.*

Beid.

Plante d'Egypte, qui produit du coton, & dont les feuilles cuites, guérissent des humeurs froides.

Beige.

Nom d'une serge, noire, grise, ou tannée, qui se fabrique en Poitou.

Belchitte. Voyez *Laines.*

Belelacs.

Etoffe de soie du Bengale. Elle est recherchée à Madras & aux Isles Manilles.

Ben, ou *Behen.*

Drogue médicinale, qui se tire du Levant. Il y en a de deux sortes; l'une, en racine bonne pour contre-poison, l'autre, en fruits dont on exprime une huile utile aux parfumeurs.

Bengle. Voyez *Bure.*

Benjoin.

Substance résineuse, qui vient de Sumatra & des Isles Philippines.

Bergame.

Grosse tapisserie de laine, & en points d'Hongrie. Elle se fait à Rouen, en divers lieux de la Normandie & à Strasbourg.

Béril.

Pierre précieuse, semblable au cristal. On la tire des Indes & surtout de Cambaye, Martaban & de Ceylan.

Bestiaux.

Sous laquelle dénomination sont compris les bœufs, vaches, taureaux, mules, mulets, chevaux, ânes, moutons, chevres, boucs, porcs & veaux, viennent de différens pays, savoir: Les taureaux viennent d'Alençon, Autun, Bernay, Besançon, Bourges, Brives, Caen, Cherbourg & Ispahan, Issoudun, Langres, Lille, le Mans, Lisieux, Némours, Neuf-châtel, Perpignan, Poissy, Poitiers, Sedan, Saint-Léonard, Sens, Seurre, presque tous ces lieux sont abondans en bœufs, vaches, veaux, boucs, moutons & chevres. Le Poitou & l'Anjou fournissent beaucoup de porcs. Il se fait à Guibrai un commerce de chevaux. Le Poitou, & particuliérement Chinon, Châtellerant & Issoudun, fournissent aussi beaucoup de mules, mulets & ânes, mais surtout des mulets.

Bétilles.

Belles Mousselines blanches, qui se fabriquent à Pondichery, dans l'Inde.

Beurre.

Substance grasse. Les Villes & Lieux qui en procurent en meilleure qualité sont: Dixmude, Amsterdam, Cherbourg, Gravelines, Issigny, Landerneau, Gournay, Lille, Morlaix, Nantes, Rennes, Némours, Saint-Vallery & la Suisse.

Bezoard.

Pierre médicinale, dont la vertu est de servir de contre-poison. Elle provient d'un animal quadrupede, qu'on nomme *Bazan*, & qui est fréquent dans la Corse, le Pérou & les Indes.

Biaris.

Surnom du Cachalot. Voyez Baleine & pêche, dans la troisieme partie de ce Volume.

Biere. Voyez *Brasserie.*

Bievre. Voyez *Castor.*

Bijouteries.

En or, argent, & pierreries. Les plus renommées se font à Berlin, Genève, Leipsick, Lausane, Londres, Nuremberg, Paris, Prague, Rome, Cadix, Francfort, Bruxelles, Venise & Vienne.

Bimbloterie.

Joujoux d'enfant, en verre, plomb & étain. On en tire beaucoup de Paris.

Bindely.

Passement de soie, qui se tire d'Italie.

Birotine.

Soie du Levant, qui se trouve en grande quantité à Amsterdam.

Biscuit, ou *Pain pour la Mer.*

Ceux de France les plus estimés se tirent de Nérac, Moissac, Montauban, Brest, Nantes, Bordeaux, &c.

Bisette.

Petite dentelle blanche, en fil de lin, qui se fabrique en France, à Gisors, St. Denis, Montmorenci & Villiers-le-Bel.

Bismuth.

Minéral à demi métallique. Les Potiers d'étain s'en servent au lieu de régule d'antimoine; On le tire d'Angleterre.

Bistorte.

Plante médicinale qui croît dans les Alpes, les Pyrennées & l'Auvergne: elle entre dans la thériaque.

Bistre.

Suie de cheminée, préparée pour la teinture noire.

Bithume.

Matiere grasse, & inflammable; on en tire de la Judée, de l'Auvergne, & de l'Italie.

Blanc d'Espagne, & de Plomb.

Leur usage est pour la teinture.

Blancards.

Toiles de lin qui se fabriquent à Bernay, Lisieux, Pont-eaudemer en Normandie, & se vendent pour les colonies Espagnoles.

Blanchisseries.

Les plus renommées pour la cire se font à Bernay, Caen, Laval, Semans, Orléans, Poitiers, Rennes, Sens, Amsterdam & Venise.

Celles pour les *toiles,* sont aussi très-estimées à Amsterdam, Harlem & autres villes de Hollande, Anvers, Angers, Bâle, Bernay, Cantsade, Douay, Harfleur, Laval, Pouviers, St. Quentin, Beauvais, Amiens, Sens, Troyes & Valenciennes.

Blata-Bizantia.

Coquillage servant à la droguerie. Il se tire du Levant.

Bleds, ou *Froments.*

Les lieux les plus abondans sont en Flandre, Beauce, Normandie, Quercy, Guyenne, Rouergue, Mulcien, Brie, Picardie, Poitou, Angoumois, Anjou, Champagne, Lor-

raine,

raine, Alsace, Franche-Comté, Languedoc, la Pologne, dont les magasins sont immenses : la Nouvelle Angleterre, l'Egypte, la Sicile, la Turquie, la Russie, & partie de l'Allemagne.

Blereau.

Animal quadrupede, dont la peau est bonne pour les fourrures, & la graisse pour les maux de reins.

Bleu, pour la Teinture.

Il y en a de plusieurs sortes. Celui de *Montagne* est une sorte de minéral qui se trouve en France, en Italie, au Tirol, & dans divers lieux de l'Allemagne. Celui de *Prusse* est une Composition de sang de bœufs, d'*alun*, & de vitriol : celui qui se fait en Prusse est le plus estimé ; celui de *Tournesol* se fait en divers lieux de l'Europe ; & ceux de *Flandre* & d'*Outremer* sont aussi très-estimés.

Blicourt.

Sorte de serge, façon d'Aumale, qui se fabrique à Granvilliers.

Blonde.

Espece de dentelle de soie qui se fabrique à Paris, Lyon, Tours, Vienne, Orléans, Gisors, Bar-le-Duc & Magny.

Bocage. Voyez *Linge-ouvré.*

Boë & Bou.

Qualités diverses de thé de la Chine.

Boie.

Étoffe, dite *Rechêve*, qui se fabrique à Amiens ; elle est en laine.

Bœufs. Voyez *Bestiaux.*

Le bœuf salé le plus estimé pour la Mer, est celui d'Hambourg & d'Irlande.

Bois.

Substance dure & compacte des arbres. Celui de *charpente* & de *menuiserie* se trouve en quantité en France & en divers États de l'Europe. Pour le *charronage*, on se sert de bois d'*orme*, de *charme*, de *chêne* & de *Frêne*. Les merrains, ou mairrains se font de *chêne* & de *hêtre*. Ceux de *buis*, & d'*ifs* se trouvent dans les mêmes Villes que ci-dessus, & sur tout à Smyrne. Celui du *Brésil*, les Portugais le tirent de Saint Salvador & de Siam. Celui de *Palissandre* se tire par la voie de la Hollande. Celui de *Santal*, vient de la côte de Coromandel & de l'Isle de Timor. Celui d'*Ebène* se tire de Madagascar, & de l'Isle Morice, dans l'Inde. Celui de *Fustel*, vient de la Provence & du Languedoc. Celui de *Rosat* vient des Isles des Antilles. Celui de *Java* se tire des Indes, celui de *Campeche*, dit d'*Inde*, de la Nouvelle Espagne. Celui d'*Acajou* se trouve en divers lieux de l'Amérique, & celui de *Construction* pour les navires, se tire de divers lieux du Nord, de la Macédoine, & de la Thrace. La Province de Kasan, en Russie, produit aussi beaucoup de beaux bois de *Construction*, & surtout des *mâtures*. Le bois de *Marqueterie* est composé de rapport de divers bois de couleurs, dont on fait des ouvrages curieux. Les plus beaux, en ce genre, sont les tapisseries, ou tableaux de bois qui se font à Neuvied, en Allemagne. *Voyez* ce que nous avons dit, à cet égard, à l'article de cette Ville, dans la seconde partie du premier Volume. Quant aux *bois à brûler*, dits *bois neuf* & *bois flotté*, ce sont le *hêtre*, le *charme* & le *chêne*, qui se tirent de France, de la Champagne, de la Bourgogne, de la Brie, de la Picardie & de la Normandie : les *bois blancs* sont d'un très-mauvais usage.

Boîtes.

De corne & ivoire. Elles se tirent de Dieppe & de ses environs.

Bokas. Voyez *Toiles de Coton.*

Bol.

Sorte de terre propre à la Médecine & à la teinture. Elle se tire du Levant.

Bolzas.

Coutil des Indes.

Bombasins.

Etoffes en soie, ou fil & coton. Les plus belles se fabriquent à Milan, & les inférieures en diverses villes de France.

Bonneteries.

Les plus renommées sont celles d'Amsterdam, Annonay, Bâle, Bar-le-Duc, Dijon, Bergerac, Bourges, Gien, Dourdan, Edimbourg, Gênes, Evreux, Granvilliers, Hambourg, Joinville, Ispahan, Issoudun, Lille, la Ferté-Milon, Lisbonne, Londres, Lunéville, Lyon, Magny, Marseille, Metz, Montauban, Montdidier, Moulins, Nancy, Nantes, Naples, Narbonne, Nérac, Neufchâtel, Nismes, Nogent-le-Roi, Oisonville, Orléans, Paris, Poitiers, Rheims, Rennes, Rouen, Saint-Dizier, Saint-Maixent, Saint-Malo, Schaffouse, Sens, Sédan, Tournay, Turin, Versailles, Saint-Germain-en-Laye, Angers, Vienne, Vitrée, Zurich, &c.

Nota. Divers lieux de la Provence, & surtout Toulon & Marseille, fabriquent des bonnets de laine pour le Levant, & dont les Turcs font leurs Turbans.

Bontant.

Couvertures de coton, rayées de rouge, qui se tirent de divers lieux de la Riviere de Gambie, & servent à la traite des Noirs.

Borax.

Minéral pour Souder l'or & autres métaux; il y en a de naturel & d'artificiel; le premier se tire de la Perse & le second de Venise & de Hollande; le borax est essentiel pour l'essai des mines.

Boucassins. Voyez *Bougrans.*

Bouc.

Animal quadrupede qui fournit au commerce du baume, du sang pour drogues, des peaux qui se passent en maroquin, du suif, & une drogue appellée Lapdanum. Les Orientaux & les Arabes passent l'Euphrate & autres fleuves sur les peaux de boucs remplies de vent, & ne courent point de risque.

Bouge.

Nom d'une étamine fine, blanche & claire pour les chemises de religieux.

Bougies de cire.

On en fabrique beaucoup à Annonay, Bernay, le Mans, Rennes, Paris, Sens, &c.

Bougies économiques.

On ne les fabrique qu'à Bernay seulement.

Bougrans.

Toile cirée qui se fait à Paris & à Alençon.

Bouracan. Voyez *Baracan.*

Bourserie.

On la tire de Paris, Lyon, & de diverses autres villes.

Bourdalone.

Sorte de linge ouvré, qui se fabrique à Caen, en Normandie.

Bourde.

Sorte de soude de mauvaise qualité.

Bourre.

Poil de plusieurs animaux, *qui sert aux ouvrages des selliers & bourreliers*; on en fait une grande consommation à Paris & dans toutes les grandes Capitales.

Il y a d'autres sortes de bourres, dites *bourre-tontisse* qui provient de la tonte des draps, & sert à faire des tapisseries. *Bourre de laine*, voyez *laine & bourre de soie*, surnommée *filoselle* ou *fleuret*, voyez ces deux derniers mots.

Marseille est la ville de France qui fournit le plus de toutes ces bourres, & même de la bourre de coton.

Bourre se dit aussi d'une *étoffe moërée en soie* qui se fabrique à Marseille, Montpellier, Paris, Lyon, Nismes, & Avignon.

Bouteilles. Voyez *Verreries*.

Boutonneries.

De toute espece. Elles se tirent de la Normandie, de la Flandre, de la Hollande, de Rouen, de Limoges, de Liége, de Paris & de Londres.

Brabantes, ou *Prexillas-crudos.*

Sortes de toiles d'étoupe de lin, qui se fabriquent dans les Pays-Bas Autrichiens, & surtout aux environs de Bruges, Ypres, Courtray & Gand. On en fait un fort commerce.

Brasseries.

Les plus renommées, sont celles d'Amsterdam, Aubusson, Harfleur, St. Vallery, Nantes, Paris, Louvain, la Flandre, le Cambraisis, l'Allemagne, l'Angleterre & la Prusse.

Brauls.

Toiles des Indes, rayées en bleu & blanc, elles se vendent, pour en faire des turbans, sur les côtes d'Alger, Tunis, &c. en Afrique.

Bray.

Composition d'une gomme résineuse, propre à Calfater les vaisseaux. On en tire beaucoup des nations du Nord, & surtout de la Hollande & la Pologne.

Breluche.

Droguet de fil & de laine, qui se fabrique en Normandie, & qui se tire de Rouen.

Bretagne.

Toiles crues qui se fabriquent à Morlaix, & autres villes de la Bretagne, & se vendent pour le commerce des Isles.

Brignoles.

Prunes séchées, qui se trouvent en Provence.

Brionne, ou *Breaune.*

Toile de lin blanche & claire, qui se fait en Normandie.

Brique.

On connoit trop la brique à bâtir & pour carreaux, pour en parler ici; mais on ne connoit pas une nouvelle façon de boulets de terre cuite, qui se fabrique, à Wiedent en Allemagne, & dont on peut faire usage pour les combats en mer; leur effet est de déchirer les voiles & casser les cordages.

Briqueteries.

Il n'y en a en France, que dans la Champagne, la Flandre & le Gâtinois.

Brocard.

Etoffe d'or, d'argent & de soie: les plus riches se tirent de Gênes & Venise, pour les vendre en Turquie; on en fait aussi à Lyon.

Brocatelle. Voyez *Ligature*, ou *Meseline*.

Broderies.

Lyon, Paris, Rennes, & Vienne, font les Villes qui font les plus beaux ouvrages en ce genre.

Bronze.

Métal factice qui se compose en tout Pays, par le mélange de plusieurs métaux. Le bronze s'employe ordinairement pour des statues & des ornemens d'appartemens.

Brosseries.

De toute espece; celles de Paris, sont les plus renommées.

Bucioche.

Draps de Provence & de Languedoc, qui se vendent au Caire & à Alexandrie.

Bufle.

Gros cuir préparé, propre à faire des culottes, &c. Niort, Blois, Rouen, Saumur, Lyon, Corbeil, Etampes & Paris, préparent très-bien le bufle, dont les meilleures peaux se tirent de Congo, en Afrique, & du Levant.

Burail.

Etoffe de laine, de poil, de fil, de coton & quelquefois de soie. Elle se fabrique à Amiens. La piece est de 20 aunes 1/2.

Burat.

Etoffe de laine glacée qui se fabrique comme l'étamine; la plus belle se tire d'Angleterre; on en fabrique aussi à Lille, Nismes, Reims, Pamiers, Rodez, Roubais, & Turcoing, en Flandre.

Il y a une sorte d'étoffe, dite *Moncaihiard*, dans laquelle il entre de la soie & du fil de laine sayette. Elle se fabrique dans les lieux ci-dessus, & porte aussi le nom de *Burat.*

Bure.

Grosse étoffe de laine à long poil. Il s'en fabrique beaucoup à Gisors, Beaucamp, & Thevilliers, en France.

C.

Cabillaud. Voyez Morue.

Cabinets.

Petites armoires en bois choisis & ornés. Ils se tirent de la Chine & de l'Allemagne.

Cables.

Gros cordages pour les bateaux & vaisseaux. Ils se fabriquent dans tous les Etats de l'Europe.

Caboches.

Noms des vieilles ferailles.

Cacas. Voyez Cacao.

Cacao.

Fruit propre à faire du chocolat, des confitures, &c. Nicaragas, Guatimala, la Martinique, & St. Domingue, en produisent beaucoup. Il se tire aussi de diverses Places Maritimes, surtout de Cadix.

Cachalot.

Petite baleine. Voyez *baleine*, & sur tout le mot de pêche, dans la troisieme partie de cet Ouvrage.

Cachatin.

Sorte de gomme laque, qui se vend avantageusement à Smyrne.

Cachou.

Drogue médicinale & aromatique qui se compose par le mélange de plusieurs autres.

Cadenas.

Sorte de serrures portatives. On les tire de divers lieux de l'Allemagne, & surtout de Liége.

Cadene.

Tapis du Levant qui se tirent de Smyrne, par la voie de Marseille.

Cadicée.

Droguet qui se fabrique en Poitou.

Cadis, ou *Serge étroite.*

Sorte d'étoffe croisée en laine, qui se tire de Caussade, Cahors, Montauban, Nay, Negrepelisse, Pamiers, Paris, Toulouse & Pezenas.

Café.

Fruit connu. Les meilleurs sont ceux de Moka, en Arabie, & de l'Isle de Bourbon : ensuite viennent ceux de la Martinique, St. Domingue & autres Isles de l'Amérique méridionale.

Caffa.

Toile de coton qui s'achete au Bengale.

Caffard.

Etoffe grossiere en laine & fil, tantôt mêlée, & tantôt séparée.

Cagosanga.

Plante Souveraine pour la dyssenterie.

Cahoanne & Caivava. Voyez *Tortue.*

Caillotis.

Sorte de soude fort estimée, qui se tire de l'Espagne.

Caillou.

Sorte de pierre propre à faire des tabatieres. Elle se tire de divers lieux & surtout de l'Allemagne.

Caladaris.

Toile de coton rayée en rouge & noir. Elle se tire du Bengale.

Calamine.

Sorte de minéral, ou terre fossile, qui sert en médecine, & pour la teinture. Il y en a de deux sortes : l'une, *grise*, se tire d'Allemagne, d'Angleterre & du Pays de Liége ; & l'autre, *rouge*, se trouve près Saumur, en Anjou, & Bourges, en Berry.

Calamite.

Pierre minérale, plus connue sous le nom Aimant.

Calcédoine. Voyez *Agate.*

Calembac. Voyez *Aloës.*

Calendras.

Toiles peintes des Indes & de la Perse. On les tire de Smyrne.

Calin.

Métal plus beau que le plomb. On le trouve au Japon, à Siam, &c. & les Chinois en font leurs Boites à thé pour l'Europe.

Calmande.

Etoffe en laine, de bon usé. Elle se fabrique à Lille, Niort, Paris, Rennes, Bruxelles, Tournay, &c.

Cambayes.

Toiles de coton. Les Anglois les tirent de Madras, pour les Isles Manilles.

Cambraisine.

Toile de beau lin, très-blanche & très-fine. On en tire d'Egypte, de Perse, de Smyrne, & surtout de Cambrai.

Camelot.

Etoffe non croisée, en laine pure, & mêlée de poils de chèvre & de soie. Il se fabrique à Amiens, Bruxelles, Arras, Neuville, Lille, & partie de la Flandre & du Hainaut, Paris, Saint

Vallery & verſailles. On la tire auſſi de la Hollande & de l'Angleterre.

Campanini.

Marbre qui ſe tire près Carrare & Pietra Santa, en Italie.

Camphre.

Gomme très-réſineuſe. On la tire de Borneo, dans l'Inde, & elle ſert en médecine.

Cancamum.

Eſpece de gomme laque.

Canelle.

Ecorce pour épicerie & droguerie. Les Hollandois la tirent de l'Isle de Ceylan, & du Malabar.

Canetille.

Eſpece de fil d'or, ou d'argent, fin ou faux, qui ſe fabrique à Paris, Lyon, &c.

Caneſſe-de-More.

Soie, qui ſe tire des Indes, & qu'on achete en Hollande.

Canevas.

Groſſe toile très-claire, propre à faire des tapiſſeries; elle ſe fabrique en Angleterre, Monfort-Lamaury, Rouen, &c. Il y a une ſorte de canevas dont les Hollandois font des voiles de navires.

Canifs. Voyez *Coutellerie.*

Cannequins.

Toiles de coton blanches, qui ſe tirent des Indes & ſervent à la traite des Négres.

Canons.

Ceux de France ſe font à Putange, ceux pour les fuſils ſe font à Sédan, Saint-Etienne, Liége, &c.

Canques.

Toiles de coton qui ſe tirent de la Chine.

Cantaride.

Mouche connue & employée en médecine.

Capillaire.

Plante dont le ſirop eſt très-connu; le meilleur ſe tire de Montpellier.

Capre.

Fruit qui ſe confit. On tire les meilleures Capres d'Italie, d'Avignon, de la Provence & du Languedoc.

Carabé.

Ambre jaune réduit en poudre, voyez Ambre.

Caracteres.

Pour l'Imprimerie. Les plus beaux ſe fondent en Allemagne, Harlem, en Hollande, Bale, en Suiſſe, Londres, Paris, Bruxelles, &c.

Caragach.

Sorte de coton du Levant.

Caragne.

Gomme rare de la Nouvelle Eſpagne, on en fait un baume ſouverain pour les hémorhoïdes & autres maux.

Cardanome.

Plante & graine médecinale, qui ſe tire de l'Afrique, du côté du petit Dieppe. L'Europe s'en procure par la voie de la Hollande.

Carde.

Peigne pour les laines, coton, bourre, &c. On en fait beaucoup en Hollande, à Paris, à Rouen & Dreux.

Caret. Voyez *Tortue.*

Cariset.

Etoffe de laine croisée, qui se fait en Angleterre & en Ecosse.

Carla.

Toile des Indes, qui se tire de Cananor & de Pondichery.

Carloeck. Voyez *Colle de Poisson.*

Carmeline. Voyez *Vigogne.*

Carmin.

Couleur rouge très-fine.

Caroline.

Plante médicinale & souveraine pour contre-poison.

Carret.

Gros filet pour coudre les voiles des navires.

Carrieres.

Où sont les pierres & carreaux pour meules à grains & autres usages, elles sont abondantes à la Ferté-sous-Jouarre, Alençon, Blois, Montpellier, Nantes, Nevers, Rheims, Sédan, Saumur & Chatelleraut; celles de la Ferté-sous-Jouarre, sont renommées pour les meules à grains.

Carosserie.

Les plus belles pieces en ce genre se font à Paris, Bruxelles & à Londres.

Cartelles.

Planches pour marqueterie, &c. Elles se tirent de la Hollande.

Cartes à jouer.

Elles se fabriquent en diverses Villes de France, & surtout à Paris & à Rennes. *Celles géographiques*, pour la France, ne se font qu'à Paris.

Cartésiennes.

Sorte de soie, que les Hollandois tirent de l'Italie, & surtout de Milan.

Cartons.

Se font à Mazamet, Paris & Rennes: depuis 1782, il y a à Uzés, en Languedoc, une fabrique de cartons Anglois, dont l'usage est infiniment précieux pour l'apprêt des étoffes.

Carui.

Plante aromatique qui se tire de la Provence & du Languedoc.

Casse.

Drogue médicinale, qui se tire du Brésil, des Isles Antilles, de l'Egypte & du Levant.

Cassonade.

Sucre qui n'a pas été affiné.

Castagnette.

Etoffe de soie, de laine & de fil, qui se fabrique à Amiens.

Castelognes.

Couvertures de laine très-fines. Elles se tirent de Barcelonne, de Catalogne, de Montpellier & de divers lieux du Languedoc.

Castor.

Animal amphibie, qui est commun en Moscovie & en Siberie. Son poil est précieux pour la chapellerie, & depuis peu d'années, pour la bonneterie.

Cedre.

Arbre dont on tire de la gomme & de la térébenthine.

Cendres.

Celles de la Mer-Noire, pour l'engrais des terres, se tirent de

Constantinople, de Smyrne, & autres lieux du Levant. Celles pour les blanchimens se tirent de Brives, Saint-Vallery, Dieppe, Amsterdam, &c.

Cerceaux.

Pour tonneaux, se tirent de la Picardie & la Champagne.

Chagrin.

Cuir très-dur & parsemé de petits grains. On le tire des Echelles du Levant, de la Barbarie & de la Perse.

Chaînes.

De la plus grande finesse, se tirent de Nuremberg.

Chair salée.

Il en vient d'Irlande, de Bayonne & de Brest.

Chalcite.

Vitriol naturel, qui se tire de la Suède & de l'Allemagne.

Chameau.

Quadrupede d'Asie & d'Afrique, dont le poil se file, dont on fait un grand Commerce; on le tire du Levant par Marseille.

Chamoiserie.

Ouvrages en peaux de chamois. Les meilleurs se font à Annonay, Lausanne, Lodeve, Nismes, Niort, Paris & Poitiers.

Chandelles.

Toute la France, surtout Senre & Rheims en font un fort Commerce. On vient d'en établir une fabrique à Coppenhague, qui égale la beauté de la bougie, & ne se vend que la moitié du prix de la bougie.

Changeant.

Nom d'un camelot qui se fabrique à Lille & qui est estimé.

Chanvre.

Plante qui se file. On le tire de Blois, Bourges, Caussade, Dol, Gand, Harfleur, la Ferté-Milon, Angers, la Rochelle, Laval, Lisieux, Neuf-Châtel, Orléans, Pétersbourg, Grenoble, Rennes, Saumur, Sedan, Sens, Seure, Strasbourg, Talandre, Troyes & Ingrande, en Bretagne.

Chapeaux.

De divers poils de laines & de soies. Les Villes les plus renommées en chapelleries sont: Amsterdam, Bâle, Donchery, Grenoble, Joinville, Issoudun, la Ferté-Milon, Lille, Lisbonne, Lodeve, Londres, Lyon, Mâcon, Marseille, Montauban, Némours, Paris, Pau, Prague, Rennes, Rome, Rouen, St. Aignan, St. Dizier, Seurre, &c.

Charbons.

De bois & de terre. Le premier se tire de Sens & de ses environs, & le second, de Courcouson, Langres, Edimbourg, Londres, Moulins, Neuf-Châtel, Niort, Saint-Etienne, St. Georges, Saint-Malo, St. Vallery, la Flandre & le Hainaut.

On vient de mettre des mines de ce charbon en exploitation dans le Boulonnois; & la Ville de Paris a l'avantage d'en posséder plusieurs dans ses environs, & dont le Gouvernement est prêt d'ordonner & d'encourager l'exploitation. Ces dernieres découvertes sont dues au Ministere de M. de Calonne.

Charcanas.

Etoffe en soie & coton des Indes Orientales. Elle porte 5|6 de largeur sur 7 à 8 aunes de longueur.

Chardon.

Plante dont on se sert pour les étoffes & les ouvrages de bonneterie. Le plus grand usage s'en fait à Sedan & à Louviers.

Chataignes,

Chataignes.

Les meilleures viennent du Mans & de l'Anjou.

Chaudronnerie.

On en tire beaucoup de Dinant, Hambourg, Nérac, Neuf-Châtel, Rendannay, Saint-Hyppolite, Saumur, Sédan & Vire.

Chauf. Chaufetes, ou *Chouf.*

Soies de Perse, qui se tirent du Levant.

Chauonis.

Mousseline, qui se tire des Indes Orientales.

Chaussettes.

Bas de fil blanc, qui se fabriquent à Vitré, en Bretagne.

Chaussures de cordes.

Elles se fabriquent à Langres.

Chaux.

Pierre calcinée. On en fait dans presque dans tous les pays. Elle sert pour les bâtimens, & pour échauffer les terres, elle se tire de divers lieux de la France, dont les plus renommées sont Melun, Corbeil, Essonne, Champigny, près de Paris. On en fait aussi un grand commerce à Tournay.

Cheit-à-bunb.

Deuxieme qualité de soie du Mogol.

Chelles.

Toiles de coton à carreaux de diverses couleurs, que l'on fait à Surate. La piece porte 3/4 de large, sur 13 à 14 aunes de long.

Chembalis.

Sortes de cuirs qui se tirent du Levant par la voie de Marseille.

Chemises toutes faites.

Elles se trouvent en quantité à Laval & Mayenne.

Cherconnée.

Etoffe des Indes en soie & coton.

Chevaux.

Le Commerce qu'on en fait en France est immense. On les distingue par les Contrées mêmes, où ils ont pris naissance. Les plus estimés sont : les chevaux *Arabes* que l'on considere comme les plus beaux. Les chevaux *Barbes* recherchés pour leur légéreté. Les chevaux *Turcs* sont grands travailleurs. Ceux d'*Espagne* sont préferés pour la guerre & le manége. Ceux *Anglois* sont estimés pour la course & la fatigue. Ceux d'*Italie* sont pour l'attelage, ainsi que les *Danois*. Ceux d'*Allemagne* sont pour le tirage & peu courageux. Les chevaux *Hongrois* & *Transilvains* sont bons pour la course. Ceux d'*Hollande* & de *Flandre* sont pour le carrosse, & la plupart de ceux de *France* sont pour l'attelage des grosses voitures & pour la selle ; les premiers se tirent du *Boulonois* & de la *Franche-Comté*, & les derniers du *Limosin* & de la *Normandie*. Le *Cotantin* procure aussi de très-bons chevaux pour le carrosse. Outre ces divers chevaux, on doit aussi faire cas de ceux de la Russie, qui sont aussi légers qu'infatigables & peu sujets aux maladies.

Les Foires les plus considérables de chevaux se tiennent à Rouen, Guibray, Coutances, en Normandie, à Dinant, Treguier, Pornic, en Bretagne, à Fontenay & Niort, en Poitou, à Besançon, Gray, Vesoul & Vosge, en Franche-Comté, à Chalus & Angas, en Limosin, au Mans, dans le Maine, à Angers & Ingrande en Anjou, à Clermont, en Auvergne, à Nogent-sur-Seine, en Champagne & à Paris, où il y a deux forts Marchés par semaine.

NOTA. Pour les Foires ci-dessus,

voyez l'Etat des Foires, au Chapitre VI de cette Partie.

Cheveux.

Pour perruques. Ceux de femme sont les préférés ; ils se trouvent en Europe : & le plus estimés sont ceux qui se tirent des Pays les plus Septentrionaux de l'Europe. Ceux d'Hollande & d'Angleterre sont aussi fort estimés.

Chevreaux & Chèvres. Voyez *Poils.*

Chevron.

Sorte de laine imitant la vigogne. On la tire du Levant.

Chien de mer.

Dont la peau est seule estimée ; la pêche s'en fait dans la Zône-Torride.

Les peaux de chiens de terre sont employées pour gants ; les plus estimées se tirent du Danemarck, par Hambourg & la Hollande.

Chiffons.

De vieux linges, pour la fabrique du papier. Ils se trouvent dans toute l'Europe.

Chillas.

Toiles de coton du Bengale. Elles sont à carreaux.

China.

Racine médicinale, qui se tire du Levant & de la Barbarie.

Chites.

Toiles de coton des Indes. Les plus belles se tirent de Masulipatan & de Golconde.

Chocolat.

Pâte dont la base est le cacao. Il se fabrique en tout pays de l'Europe ; mais le plus estimé se tire de l'Italie & de l'Espagne.

Cholet.

Toiles fort estimées que l'on tire de l'Anjou.

Chrysocole. Voyez *Borax.*

Crysolite. Voyez *Topaze.*

Cidre.

Pour boisson ; les meilleurs se font à Alençon, Bernay, Granvilliers, Lisieux, Magny, Isligny, Rennes, & Saint-Vallery en Caux.

Cierges. Voyez *Cire.*

Cigaros.

Nom du tabac de l'Isle Cuba ; on en fait un fort commerce à la Havanne.

Cinabre.

Pierre minérale qui sert à la médecine ; elle se tire de la Hollande.

Cire.

Matiere molle & jaunâtre, pour les bougies & les cierges. On la tire de Brives, Caen, Dreux, Constantinople, Alger, Tunis, le Mans, Paris, Moulins, Orléans, Poitiers, Rennes, Sens, Saumur, Smyrne, Cadix, Venise, Dantzick, & divers lieux du Nord.

La cire à cacheter se tire de Cadix, de Paris, de Londres, &c.

Cirsakas.

Etoffes des Indes composées de coton & mêlées d'un peu de soie. Elles sont à raies jaunes & blanches.

Citron.

Fruit qui se tire des pays chauds. Il se vend vert & confit.

Civette.

Parfum qui provient d'un animal du même nom; il se tire par les Hollandois, de Calcut & Bassora, dans l'Inde.

Clouterie.

Se tire de Dorainville, de Liége, de Limoges, Rendaney, St. Etienne, & Valenciénnes.

Cochenille.

Drogue pour la teinture. On la tire du Mexique & du Pérou, & l'on se la procure par l'Espagne, la Hollande, l'Angleterre & Marseille.

Coco.

Arbre des Indes, avec l'écorce duquel on fait, à Paris & à Dieppe, de très-beaux ouvrages de tabletterie & de tour.

Cogmoria.

La plus belle mousseline connue des Indes Orientales. Ce sont les Anglois qui en apportent en Europe. La piece porte 7/8 de largeur sur 16 aunes de longueur.

Colles.

Celle de poisson se tire d'Amsterdam & de Pétersbourg. Et la colle forte se fait en diverses villes de France.

Cologne.

Fil blanc renommé, qui se fabrique à Morlaix, en Basse-Bretagne.

Colsat.

Graine propre à faire de l'huile très-commune Elle vient du Hainaut, de la Flandre Françoise & Autrichienne.

Conchi.

Sorte de canelle des Indes, que l'on tire du Caire.

Confitures.

On en tire beaucoup de Clermont-en-Auvergne, Gênes, Lauzanne, Lisbonne, Metz, Moulins, Niort, Paris, Bordeaux, Dijon, Verdun, Orléans & Rouen; *la gelée de pomme* de cette derniere ville est très-renommée.

Conterie.

Grosse verroterie qui se fait dans les verreries de Venise, & sert pour la traite des Negres.

Contrebrodé. Voyez *Rassade.*

Copou.

Nom d'une toile de la plante ortie, que l'on fabrique en Chine, & qui tient le corps frais dans les plus grandes chaleurs.

Coque-de-Levant.

Drogue pour faire mourir la vermine.

Coquilles.

Celles de curiosité se tirent de divers lieux des mers; & celles pour les peintres se tirent d'Allemagne.

Corail.

Espece de végétation marine. Il s'en tient à Gênes, Lisbonne & Marseille, qui la tire du Golfe Persique, la Mer-Rouge, la Côte d'Afrique, celles de Provence, &c.

Coraline.

Plante qui se trouve attachée aux rochers baignés par les mers. On en prend en Afrique, près le bastion de France.

Cordages.

Pour les navires & bâteaux. Ils se fabriquent à Amsterdam, Brest, Nantes, Saint-Malo, &c.

Cordelat.

Petite étoffe de laine, qui se fabrique à Alby & autres Villes du Languedoc.

Cordeliere.

Serge rose qui se fait en Champagne & surtout à Rheims.

Cordonneries.

Les plus renommées sont celles de Langres, Magny, Ispahan, Paris, & autres lieux.

Cordouan.

Sorte de cuir, ou maroquin, qui se tire du Levant.

Coriandre.

Plante & graine médicinale, qui se cultive en divers pays de l'Europe, & même aux environs de Paris.

Coris.

Coquilles que les Européens transportent, des Isles Maldives, à la côte de Guinée, pour les échanger dans leur traite des Noirs.

Cornaline.

Pierre précieuse, rouge & transparente; qui se tire des environs de Babylone, de la Silésie, de la Bohême & des environs du Rhin.

Cornes.

Celles pour les lanternes viennent de Rouen, & celles pour les peignes, viennent d'Angers & de Saint-Vallery.

Coton.

Sorte de bourre blanche qui se vend en laine & filée. Le coton en laine se tire de Gênes, Ispahan, des Indes, de Lisbonne, Marseille, Nantes, Paris, Rennes, Rouen, St. Domingue, Schaffouse, Smyrne, Damas, &c.

Le coton filé se tire, en grande partie, de Bar-le-Duc, Falaise, Gênes, Ispahan, des Indes, Marseille, Niort, Paris, Pondichery, Rennes, Rouen, Schaffouse, Smyrne & autres lieux.

Cotonine.

Grosse toile, propre aux voiles des vaisseaux de Roi.

Couperose.

Minéral vitriol, qui se trouve dans les mines de cuivre; on en tire d'Allemagne, d'Hongrie, de Chypre, d'Italie, & d'Angleterre. Son usage est pour la Medécine & la teinture.

Coupis.

Toiles de Coton des Indes, à carreaux; la piece porte 3/4 à 3/4 de large, sur 8 aunes de long. On les tire du Bengale.

Couteline.

Grosse toile de coton, blanche ou bleue, qui se tire de Surate. Largeur de 3/4 à 5/6, longeur de 13 à 14 aunes.

Coutellerie.

Les Villes ou elle est renommée sont, Blois, Langres, Paris, Chatellerault, Moulins, Neufchâtel, St. Flour, Thiers, St. Etienne, Rennes, & Namur.

Coutil.

Sorte de grosse toile de fil, pour matelats & autres usages; on en fabrique à Canisy, Evreux, Lille, Paris, Riom, Bruxelles, & dans la Normandie, la Bretagne, & la Flandre.

Couverture.

Etoffe qui est ordinairement blanche; celles de laines se tirent de Darnetal, Lisieux, Londres, Montpellier, Nantes, Paris, Rheims, Perpignan, Strasbourg, Toulouse &c.

Et celles de *coton*, viennent de Rouen, Nantes, St. Malo, l'Orient, & Orléans.

Craye.

Pierre blanche & tendre, qui sert à blanchir; on la tire de la Champagne & de la Franche-Comté.

Crayons.

Les plus estimés, sont ceux de Londres.

Crême de Tartre.

Pour les drogues; elle se tire de Gênes.

Crêpe.

Etoffe de soie, Greze, ou Grège, aussi claire que la gaze, & dont on se sert pour le deuil; on en fabrique beaucoup à Lyon, à Avignon, & à Bologne, en Italie.

Crépons.

Autres étoffes en laine & soie, pures, ou mêlées, mais toujours non croisées: les villes qui en fabriquent le plus, sont, Naples & Zurich.

Creuzets.

Pots de grès, composés pour la fonte de métaux; ils se tirent en France, de Bar-le-Duc.

Crins de chevaux.

Pour matelats, ou autres usages. Ils se tirent de la Russie, du Danemarck, de la Pologne, de Hambourg, & en partie des Provinces de Normandie & de Flandre.

Cristal.

Minéral transparent, propre à faire des vases, &c. L'on en trouve dans toutes les Parties du Monde, mais la Suisse est le Pays de l'Europe qui en fournit le plus. L'on peut en tirer d'Ispahan, de Lisbonne, de Nevers, de Paris, de Saumur, & de Venise.

Quoique l'Angleterre & Venise possedent de superbes manufactures de cristaux, on vient d'en établir une à St. Cloud, près Paris, qui leur est supérieure; elle a formé son dépôt, rue de Tournon, à Paris.

Cubebe.

Sorte de poivre à queue. Voyez poivre.

Cuirs forts de bœufs, vaches & taureaux.

Ceux *Salés* viennent de Boulogne-sur-Mer, & de St. Pétersbourg.

Ceux préparés se tirent d'Alençon, Amsterdam, Annonay, Argentan, Aubusson, Begerac, Bernay, Beziers, Cadix, Caussade, Clermont-en-Auvergne, Constantinople, Estampes, Estrepagny, Ispahan, Laigle, Landerneau, le Peck, Liége, Marseille, Metz, Morlaix, Mortagne, Nantes, Naples, Nérac, Narbonne, Nemours, Nevers, Nismes, Nogent-le-Rotrou, Nuremberg, Niort, Paris, Pétersbourg, Poitiers, le Puy, Rheims, Rennes, St. Denis, St. Dizier, St. Flour, St. Germain-en-Laye, St. Léonard, St. Lô, St. Malo, St. Pol-de-Léon, Saintes, Sarguemines, Saumur, Sédan, Sens, Séville, Smyrne, Strasbourg, Toulouse, Troyes, Vienne & Vitré.

Les cuirs verts de Taureaux sauvages se tirent de Buenos-Aires, par la Hollande, l'Espagne, le Portugal, &c.

Et les cuirs dorés, viennent de Bruxelles, Mâcon, Mortagne & Paris.

Cuivre.

Métal dont il y a un nombre de Mines en Europe; les villes qui en tiennent de forts Magasins, sont, Lisbonne, Nantes, Nuremberg, Hambourg, Amsterdam, Prague, Orléans, Paris, St. Vallery, Saumur, Stockolm, Vienne, Zurich, & Londres.

Culottes & Vestes de peaux.

Se fabriquent à Niort, Poitiers, Paris, &c.

Cumin.

Graine médicinale, qui se recueille abondamment dans l'Isle de Malthe.

Curanderie, ou *Buanderie.*

Lieux où se blanchissent les toiles & mousselines; celles établies en la Ville de Louviers, en Normandie, sont au nombre de 10, on y envoie des toiles de divers lieux du Royaume.

Cygne.

Oiseau aquatique, dont la plume, le duvet & la peau même, forment autant d'objets de Commerce, qui se tirent tous de la Hollande.

Cylindres.

Pour les étoffes & glaces; ils se tirent de Douay, en Flandre.

Cyprès.

Arbre dont on tire de la résine, pour la Médecine. Il se trouve dans les Pays les plus Méridionaux de l'Europe.

D.

Dabas.

Nom des étoffes de laines, qui se fabriquent en Bas-Languedoc.

Dalles.

Pierre propre aux rémouleurs, pour le repassage des Outils tranchans. On les tire du Lyonnois, de l'Auvergne, & du Piémont.

Damas.

Etoffe de soie pour meubles; les fabriques les plus estimées en ce genre, sont celles de Tours, de Venise, de Turin, de Lucques, de Gênes, de Rome, d'Abbeville, de Paris, & de Riom.

Damasquette.

Etoffe de soie à fleurs d'or, qui se fabriquent à Venise, & se vendent pour le Levant.

Damasquinerie.

Art de ciseler le fer & l'acier, pour y incruster de la dorure. Les plus belles Damasquineries se font à Paris & à Londres.

Damassé.

Nom d'un linge ouvré, qui se fabrique dans la Flandre Autrichienne, & particuliérement à Courtray.

Damites.

Toile de coton, qui se fabrique dans l'Isle de Chypre.

Dariabadis.

Toile de coton blanche, qui se tire de Surate.

Daridas.

Taffetas des Indes fait avec de la soie d'herbes.

Darins.

Toile de chanvre qui se fabrique en Champagne.

Datte.

Fruit médicinal qui se tire de la Provence, de la Barbarie & du Levant. Marseille en fournit à tout le Commerce de France.

Dauphine.

Etoffe de laine non croisée, dite *Droguet léger.* On en fabrique beaucoup à Rheims & Amiens. Les pieces portent 1/2 aune de large, sur 36 à 40 de longueur.

Demittes & *Demittons.*

Toiles de coton qui se tirent de Smyrne.

Dentelles.

Ouvrage de fuseau fait en fil, soie, or & argent. Les *dentelles d'or & d'argent* en fin & faux, se tirent de Paris, de Lyon, de Berlin, de Genève, de Vienne, de Nantes & de diverses Villes d'Italie. Celles de *soie* ordinairement teintes en noir, se font & se tirent de Fontenay, Morgas, Puisieux, Louvre, St. Denis, Montmorenci, Ecoan, Villier-le-Bal, près de Paris & Gisors.

Celles *de fil blanc* se tirent & se fabriquent à Anvers, Bruxelles, Malines, la broderie de celle-ci est très-estimée; Louvain, Gand, Valenciennes, celles-ci jouissent de la plus grande réputation par leur solidité; Charleville, Sédan, Dijon, Douay, Lille, le Havre, Dieppe, Argenteau & Alençon, celles de ces deux Villes sont recherchées par la beauté de leurs points: Caen, Donchery, Estrepagny, Mâcon, Genève, Orléans, Paris, le Puy-en-Velay, Venise, son point est fort estimé, ainsi que celui de Londres; enfin Rome, Versailles, Arras, Bapaume, Vire, Niort, Mirecourt, Neuf-châtel, la Lorraine & surtout Nancy, Honfleur, Fescamp, Eu, Donchery, Nantes, Cadix & Bruges, sont autant de lieux où l'on fabrique & tient magasins de belles dentelles. On comprend aussi, sous le mot de *dentelle*, la *bisette*, la *gueuse*, la *campane*, la *guipure* & la *mignonette*.

Dents d'Eléphants.

Elles se tirent de l'Asie & de l'Afrique. *Voyez* Ivoire.

Deribans.

Toiles blanches de coton des Indes Orientales.

Diamans.

Pierres précieuses qui se pesent au Karat. Les plus fins se tirent de Lisbonne, Amsterdam, Paris, Smyrne & Pondichery.

Les *faux* se tirent de divers lieux, & surtout de Chatelleraut & de Paris.

Dimite.

Toile de coton, qui se tire des Isles de l'Archipel.

Dinanderies.

Ustensiles de cuivre que le Pays de Liége fournit en quantité.

Dominoterie.

Sorte de papiers peints, qui se fabriquent en diverses Villes de France & de l'Etranger.

Doreas.

Mousseline des Indes, rayée & à carreaux. La piece porte 7/8 de large & 16 aunes de longueur.

Dor-émul.

Belle mousseline à fleurs. Les Anglois la tirent des Indes.

Dorures sur métaux.

Les plus belles se font à Paris & à Londres.

Doubles-broches.

Sortes de draps superfins, qui se fabriquent à Elbœuf, en Normandie.

Doucette. Voyez *Chien-de-mer.*

Douillon.

Nom d'une laine commune du Poitou.

Doutis.

Toile blanche, ou coton de Surate.

Draperies.

Ordinaires en fines qualités, moyennes & communes. Les Villes où elles se fabriquent sont : Abbeville, Annonay, Auxerre, Auxonne, Bâle, Berne, Bruxelles, Carcassonne, Chartres, Cherbourg, Dantzick, Darnetal, Douay, Edimbourg, Gênes, Elbœuf, Genève, Gien-sur-Loire, Grenoble, Joigny, la Rochelle, Liége, Lausanne, Limoges, Limbourg, Lodeve, Londres, Lunéville, Lyon, Maringues, Marseille, Mazamet, Messine, Metz, Montpellier, Moulins, Nancy, Naples, Nemours, Nérac, Nevers, Nismes, Niort, Nuremberg, Paris, Orléans, Périgueux, Perpignan, Pézenas, Peringen, Poitiers, Rheims, Rennes, Rome, Romorantin, St. Aignan, St. Antoine, St. Aubin, St. Flour, St. Gall, St. Geniez, St. Léonard, St. Vallery-en-Caux, & Picardie, Saintes, Sarguemines, Schaffouse, Sédan, Sens, Seure, Suipes-la-Longue, Thiers, Toulouse, Tours, Troyes, Versailles, Venise, Verviers, Vire & Vienne, en Autriche. Quant à la Hollande, *Voyez* Ratines pour lesquelles elle est très renommée.

Draps.

Les *draps fins*, se tirent d'Elbeuf, Gisors, Sédan, Toulouse & Venise.

Les *superfins* se tirent d'Abbeville, Beziers, Louviers, Londres, Ségovie, en Espagne, où se font les plus beaux connus ; Paris, Sedan & Limbourg.

Les *vigognes* se tirent de Ségovie en Espagne.

Drogueries.

Elles se trouvent toutes dénommées au chapitre suivant, & se tirent de la Hollande, des Isles & du Levant. Les villes qui en tiennent magasins, sont Bernes, Brives, Cadix, Amsterdam, Cherbourg, Dantzich, Hambourg, Francfort, Gênes, la Rochelle, Gien, Bordeaux, Liége, Lyon, Lisbonne, Marseille, Montpellier, Moulins, Nancy, Naples, Nismes, Niort, Nuremberg, Paris, Palerme, Pragues, Rennes, Rouen, Aix, Rome, St. Malo, St. Vallery, Sens, Smyrne, Toulouse, Vienne, Venise pour la thériaque, & Zurich.

Drogues.

Pour les teintures. Elles se tiennent en magasins à Bernay, Amsterdam, Hambourg, Gênes, Lisbonne, Londres, Marseille, Nantes, Paris, Bordeaux, Lyon, &c.

Droguet.

Etoffe en laine, fil, & quelquefois mêlée de l'un & l'autre, & d'un peu de soie. On en fabrique à Autrey, Bezieres, Bourg, en Bresse, Bourges, Canisy, Dijon, Joigny, Joinville, Mâcon, Issoudun, la Ferté-Bernard, Langres, Châlons en Champagne, Lamballe, Laval, Limoges, Chaumont-en-Bassigny, Lyon, Mayenne, Metz, Montagnac, Moulins, Nogent-le-Rotrou, Paris, Rheims, Rouen, St. Léonard, Partenay, Saintes, Troyes, Verneuil, au Perche, Toulouse, Amboise, le Lude, Niort, &c.

Dury-Agra.

Toile de coton des Indes ; elles sont rayées, bleues & blanches : la piece porte une demi aune de large, sur 11 de longueur.

Duvets.

Plumes d'oiseaux. Celles d'*Autruche* se tirent d'Egypte, de Barbarie, d'Alep, de Seyde & de l'Ethiopie. Celles d'*Edredon* viennent de la Russie, de la Suéde, & du Danemarck.

Les *Edredons* ne se trouvent que dans quelques rochers qui bordent les mers du Nord.

Quant aux autres duvets, ils se

tirent

tirent de la Gafçogne, la Normandie, & le Nivernois.

E.

Eau-de-vie.

Liqueur ſpiritueuſe, forte & inflammable. Les villes qui en diſtillent le plus, ſont; Angers, Beziers, Blois, Boulogne-ſur-Mer, Cognac, le Croiſic, Dantzick, Jarnac, Iſſigny, la Rochelle, Lisbonne, Marſeille, Mirecourt, Montauban, Nantes, Nérac, Orléans, Paris, Périgueux, Pons, Pezenas, Poitiers, Roux, Rouen, St. Malo, St. Pol-de-Léon, Strasbourg, Taraſcon, & Turin.

On en connoît des deux ſortes, l'une de *vin*, qui eſt la préférée, & l'autre de *grains* qui ſe fait en Hollande, en Flandre, & dans tous les pays qui ne recueillent pas de vin; celle d'Hollande prend le nom de Genievre. Depuis 1781, les villes de Hongrie s'occupent auſſi de fabriquer des *eaux-de-vie* pour la Turquie.

Eau de Senteur.

Les plus eſtimées ſe diſtillent à Nard, Naples, Bologne, Montpellier, Aix en Provence, Grâce, Avignon, Paris, &c.

Eau forte.

On en fait & tient magaſins à Amſterdam, Londres, Lyon, Paris, Bordeaux, &c. Son uſage eſt pour diſſoudre les métaux.

Ebene. Voyez *Bois.*

Ebeniſterie.

Sorte de menuiſerie en bois de couleur; l'ébeniſterie de Paris eſt eſtimée de toute l'Europe. Le bois d'Ebene ſe tire, en partie, de l'Isle de Bourbon.

Ecaille. Voyez. *Tortue.*

Ecarlate.

Draps ratiné & teint en rouge. Lisbonne, Londres, Strasbourg & Paris, en fabriquent. Mais la derniere Ville eſt préférée à toutes les autres, pour la teinture & la fineſſe.

Ecorces d'arbres.

Celles pour les étoffes ſe tirent des Indes, & celles pour les tans à tanner les cuirs, proviennent du chêne, arbre très-fréquent en Europe.

Edredon Voyez *Duvets.*

Elatches.

Etoffes des Indes en ſoie & coton.

Elemy.

Gomme qui tient lieu de baume; elle ſe tire de Marſeille & de la Hollande, qui la tire des Iſles de l'Amérique.

Eléphant,

Quadrupede monſtrueux, qui ſe trouve dans les grandes Indes & ſur les côtes d'Afrique. Ce ſont ſes dents qui procurent l'ivoire que l'on ſurnomme *morfil.*

Ellébore.

Plante médicinale, plus propre aux maréchaux qu'à la médecine. Les montagnes du Dauphiné, de la Suiſſe, de la Bourgogne & l'Angleterre ſont les lieux qui produiſent cette plante.

Email.

Verre coloré qui s'emploie dans des joyaux & bijous. On en fabrique beaucoup à Nevers, à Veniſe & St. Cloud près Paris.

Emeraudes.

Pierres tranſparentes, vertes & très-précieuſes. Celles de l'Amérique ſe tirent de Tunia, Tomona, Carthage, & des montagnes de Grenade

& Popayan, & celles d'Europe viennent d'Italie, de Chypre, de l'Allemagne, de la Hollande & de l'Angleterre.

Emeril.

Pierre métallique de la plus grande dureté. Elle sert aux vitriers pour couper le verre, & à d'autres ouvriers en métaux, pour polir leurs ouvrages; il s'en tire du Pérou, du Danemarck, de la Suéde, & de l'Isle de Guernesey.

Encens.

Sorte de parfum, ou gomme odoriférante. On le tire de l'Arabie, de la Saxe & de la Turinge.

Encre de la Chine.

Petites tablettes noires, dont la propriété est pour dessiner & laver des plans. La bonne se tire de la Chine, mais on la contrefait en Hollande & en France.

Encre d'Imprimerie.

Composée de corps gras, térébenthine & noir de fumée. On en tire de divers pays & surtout de la Hollande, Liége & Anvers, où elle est de bonne qualité.

Enduit.

Liqueur propre au vernissage. On vient d'en composer une à Boon, en Suisse qui garantit des vers, les navires, bâtimens, maisons & meubles.

Enversin.

Etoffe de laine, qui se fabrique à Châlons-sur-Marne.

Eperonnerie.

Pour chevaux, consistant en mors, étriers, &c. Paris, Londres, & Liége sont renommés à cet égard.

Epiceries.

De toutes sortes, dont les noms sont indiqués au chapitre suivant. Les villes qui font plus de commerce en épiceries, sont, Amsterdam, Bâle, Berlin, Berne, Boulogne, Brives, Caen, Châlons-sur-Saône, Dantzick, Francfort, Geneve, Gien, Ispahan, la Rochelle, Bordeaux, Lausanne, Lisbonne, Lyon, Marseille, Metz, Moulins, Montpellier, Nancy, Poitiers, Pondichery, Rennes, le Cap-François, Saint-Vallery, Saintes, Sarguemines, Saumur, Sens, Schaffouse, Senre, Troyes, Zurich, Venise, Palerme, Vienne, & autres villes étrangeres.

Epingles & Aiguilles.

Elles se tirent de l'Aigle, de Limoges, de Paris, de Rugles & de Vienne. Les aiguilles de Londres sont très-renommées.

Eponge.

Mousse de mer que l'on tire de Palerme & du Levant.

Eque-Marine. Voyez *Béril.*

Equipages, ou Voitures. Voyez *Sellerie.*

Escamite.

Toile de coton du Levant, qui se tire de Smyrne.

Escarboucle.

Nom donné aux plus beaux rubis.

Escart-Douce.

Sorte de coton d'Alep, que la France tire de Marseille.

Espagnolette.

Etoffe de laine ratinée. On en fabrique à Beauvais, Paris, Rouen, Sainte-Hyppolite, & Châlons-sur-Marne.

Esprit-de-vin.

Le meilleur se tire de Cognac, la Rochelle, Nantes & Paris.

Esquine

Racine médicinale qui croît à la Chine, aux Indes & dans les Isles Antilles; elle est salutaire dans les maladies qu'occasionne la débauche.

Essaye.

Racine dont les Indiens se servent pour la teinture écarlate; elle croît sur la Côte de Coromandel, proche de Masulipatan.

Estampes, ou Gravures.

Les plus belles se trouvent à Paris, à Londres & à Vienne.

Esturgeon.

Gros poisson de Mer qui se pêche à l'embouchure du Volga, dans la Mer Caspienne & dans le Pô, en Italie. On fait une grande consommation à Milan, en Lombardie, des œufs de ce poisson. C'est de ces œufs que se trouve composé le *Kavia*, ou Cavial; on en tire beaucoup de Cavia, des Villes d'Azach & de Kily.

Etaim.

Nom qui se donne à la laine peignée, ou cardée. Les etaims de Milan, d'Italie & du Languedoc, sont, après les laines fines d'Espagne, les plus estimées.

Etain.

Métal blanc & flexible. Hambourg, Hollande, Londres, Metz, Morlaix, Nantes, Paris, Rennes, St. Malo, St. Vallery & Saumur, en composent beaucoup. La vente s'en fait en Saumon, & on en tire aussi des Indes.

Etamet.

Petite étoffe de laine, qui se fait en Champagne & surtout à Châlons, & ses environs.

Etamines.

Etoffes de laine très-legeres, non croisées & d'un très-bon usage pour les habillemens & bluteaux de moulins. Les Villes de France qui en fabriquent le plus, sont : Alençon, Amiens, Angers, Autun, Caussade, Châlons, Château-Gonthier, Chinon, Chatelleraut, Dinant, la Ferté, Bernard, Lamballe, Laval, le Mans, Montmirel, Metz, Moulins, Naples, Niort, Nogent-le-Rotrou, la Flêche, Paris, Poitiers, Rheims, Rhodez, St. Léonard, Saintes, en Saintonge & Thouart.

Il y a aussi une *étamine de soie crue*, pour les bluteaux de boulangers, & pour les tamis de cuisine; elle se tire de Rheims & de Lyon.

Etoffes.

Elles sont décrites, dans ce chapitre, sous leurs diverses Dénominations.

Etoupes.

Bourres de chanvre & de lin, ainsi, *voyez* chanvre, lin & bourre.

Euphorbe.

Gomme qui entre dans les drogues médicinales & celles des maréchaux. On la prétend très-bonne pour le farcin & la galle des chevaux, & pour faire des emplâtres résolutifs. Elle se tire de la Libie, en Afrique, des Isles Canaries, & des Indes Orientales.

Eventails.

Les plus riches se tirent de Paris, Lyon, Venise, Gênes, & Londres; mais les premiers sont les préférés pour la beauté & l'agrément des broderies & dessins. Les communs se trouvent dans toutes les grandes Villes de l'Europe.

Extremenas.

Laines d'Espagne fort recherchées des Bayonnois.

F.

Failine.

Sorte de serge, qui se fabrique en Bourgogne.

Failles.

Espece d'étamine noire, dont les femmes se voilent en Flandre. La plupart sont en laine, & très-peu en soie. Beaucoup de Villes de la Flandre, du Brabant & du Hainaut François & Autrichien en fabriquent.

Famis.

Nom des draps d'or, qui se portent à Smyrne, & qui payent d'entrée 5 aspres par pic.

Fanons de Baleine. Voyez Baleine.

Farine.

Economique, blutée, dite *de minot, convenable pour le plus beau pain & les armemens.* Les plus belles de l'Europe se tirent de Marseille, Montauban, Nérac, Moissac, Niort, Poitiers, Rouen, Nantes, Bayonne, Saint Vallery, en Picardie, Paris & toute l'Isle de France.

On s'occupe actuellement (en 1785.) de former des établissemens, en ce genre, dans les Pays-Bas Autrichiens, qui jouissent de très-beaux froments.

Fayances.

Fines & communes. Il y a des belles manufactures en ce genre à Alençon, Bar-le-Duc, Bordeaux, Hambourg, Langres, la Rochelle, Lille, Nantes, Marseille, Moyenvie, Nevers, Paris, Rennes, Rembervilliers, Rouen, Saint-Malo, Saintes, Tournay & Strasbourg. Cette derniere, & celles de Rouen & de Venise, sont les plus belles connues.

Fenouil & Fenouillette.

La premiere est une *semence* qui s'emploie par les droguistes, & les chymistes. Elle se tire des environs de Montpellier : la fenouillette est une *liqueur* qui s'exprime de la graine ci-dessus.

Fer.

Métal d'un usage presque général. Il y en a nombre de mines en Europe, mais les plus estimées par la qualité de leur fer, sont celles de Suéde, & de quelques cantons de l'Allemagne. La France en possède de très-bonnes dans le Berry, la Champagne, le Nivernois, la Franche-Comté, & près d'Ingrande en Anjou.

Ce métal se vend ordinairement en saumons, gueuses, socs & barres plattes, ou carrées. Les premieres formes sont pour les gros ouvrages. Les Villes qui travaillent le mieux le fer, sous toutes les formes, & pour tous les usages possibles sont : Amsterdam, Besançon, Bourges, Cadix, Chalons-sur-Saône, Couches, Dinant, Dorainville, Douay, Gray, la Charité-sur-Loire, Langres, Laval, le Mans, Liége, Moulins, Nancy, Nantes, Nevers, Niort, Nogent-le-Roi, Nuremberg, Paris, Périgueux, Perpignan, Poitiers, Randaney, Rennes, Saint-Etienne-en-Forez, St. Vallery, Saintes, Saumur, Sédan, Sens, Toulouse, Troyes, Vienne, Zurich, Londres & nombre de Villes d'Allemagne, & d'autres Etats de l'Europe.

Ferandine. Voyez Burail.

Fer-blanc, Ferblanterie, & Fer en feuille, dite Tôle.

Il y a des manufactures de ces *fers* à Amsterdam, Besançon, Morambert, Lainon, Lorraine, Gray, Hambourg, Paris, Moiseaux, en Alsace, Londres, Rouen, Nevers, Saint-Vallery, Saumur, & Saint-Omer.

Feutre.

Etoffe de laine, ou de poil, dont on fait les chapeaux.

Figue.

Fruit dont la Provence fait de forts envois à Paris, & autres Villes de grande consommation.

Fils.

Pour dentelles, toiles & coutures. Les Villes qui s'occupent du filage des meilleurs *fils* & des plus fins, sont : Anvers, Cauffade, Cologne, Douay, Gênes, Landernau, Laval, Morlaix, Moulins, Nogent-le-Rotrou, Paris, Londres, Venise, Amsterdam, Périgueux, Prague, Rennes, St. Germain-en-laye, St. Pol-de-Léon, St. Quentin, St. Vallery & Saumur.

NOTA. Plusieurs Villes de la Flandre Françoise & Autrichienne, & du Hainaut, préparent & tiennent des *fils* pour dentelles de la plus grande beauté, ainsi que la Bretagne en tient de très-estimés pour les toiles & la couture.

Fils de toutes sortes.

Celui de *poil de chevre*, se tire d'Amsterdam, de Bruxelles, de Londres, de Constantinople, de Paris, &c.

Celui de *fleuret* se trouve à Berne, en Suisse.

Le *fil de laiton*, se tire d'Hambourg, de Paris, de Rouen, de Vienne & de Londres, & pour *le fil-de-fer*, il s'en tient magasin à Besançon, Gray, l'Aigle, Limoges, Paris & Rouen.

Filoselle, ou Rebut des fines Soies.

Elle se tire de Gênes, de Livourne, de Paris, de Lyon & de Tours.

Filagrammes.

Ouvrages d'orfévrerie, en fils d'or, d'argent, &c. On les tire de quelques Villes d'Allemagne, & surtout d'Aix-la-Chapelle & Nuremberg.

Filieres.

Plaques de fer, servant à tirer le fil d'archal. Elles se tirent d'Allemagne, &c.

Flacons.

En verre, cristal, ou cristallins. On en tire de divers lieux, & particuliérement de Venise, d'Angleterre, d'Ecosse & d'Irlande.

Flanelle.

Etoffe de laine, claire, chaude, légere & très-salutaire pour les transpirations. Elles se fabriquent à Nuremberg, Paris, Rheims, Rennes Saint-Geniez, St. Hyppolite & Vitré, en Bretagne ; mais les plus estimées sont celles de Beauvais, Bernay, Hambourg, Limoges, Lisieux & Londres.

Fleuret.

Fil de bourre de soie, qu'on peut tirer de Lyon, Tours, Gênes, &c. *Fleuret* est aussi une toile de lin qui se tire de la Bretagne, pour le Commerce des Indes.

Fleuron.

Légere étoffe de laine, de soie & de fil, qui se fabrique à Amiens.

Fleurs artificielles.

Il s'en fait de très-belles en Italie, Lausanne & Paris.

Florentine.

Etoffe de soie, que la France imite aussi bien qu'à Florence. Elle approche du Satin.

Fonderies.

Pour les canons, mortiers, bombes, boulets & pierriers. Les plus renommées font celles d'Abbeville, Douay, Paris, Rugles, Saumur, Pitange, Weiden, Liége, la Fere, en Picardie, Metz, Strasbourg, l'Allemagne, &c.

Fonte de Caracteres d'imprimerie. Voyez *Caracteres*.

Forsette.

Excellente qualité de lin, qui s'achete au Caire.

Forges à fer & potin.

Il s'en trouve à Alençon, Autrey, Bergerac, Bernay, Brives, Dampierre, Dorainville, la Charité-sur-Loire, Langres, le Mans, Nevers, Orléans, Périgueux, Perpignan, Poitiers, Rendaney, Rugles, St. Etienne, Saumur, Sedan, & proche Ingrande, en Bretagne.

Fottes.

Toiles des Indes, en coton & à carreaux.

Fougere.

Herbe qui sert aux verreries, & dont la cendre se vend très-bien; la meilleure se tire de la Lorraine.

Foulards.

Sortes de mouchoirs & petites étoffes de soie qui se fabriquent à Bourges.

Fourrages, ou Foins.

Le Bourbonnois, la Lorraine, l'Anjou, la Champagne & l'Alsace, sont les provinces de France qui en font plus de récolte.

Fourrures. Voyez *Pelleteries*.

Franges.

Ornemens pour les meubles & pour les églises. Il s'en fait en or, argent, en soie, fils, laine & coton. Paris, Lyon & diverses villes de l'Italie & d'autres états de l'Europe, en fabriquent en tous genres.

Frise.

Etoffe de laine, en forme de ratine, qui se fabrique en Angleterre & en Languedoc.

Frise se dit aussi d'une toile de Hollande fort estimée qui se fabrique dans la Province de Frise.

Frocs.

Sortes de flanelles, qui se fabriquent à Bernay, Lisieux, & Saint-Vallery-en-Caux.

Fromages.

Il y a une infinité de sortes de ces comestibles; mais les plus estimés se tirent d'Amsterdam, de Besançon, de Clermont, en Auvergne, Gravelines, Grenoble, Langres, Milan, St. Malo, St. Vallery, Maroles, Rouen, la Brie & la Suisse. Les plus estimés se tirent du Parmesan & de la Toscane.

Froments. Voyez *Bleds*.

Fruits.

Verts, secs, confits & cuits. Ils se tirent de Granvilliers, Langres, Lisbonne, Marseille, Messine, Montauban, Moulins, Pezenas, Rheims, Rouen, Rome, Saint-Antonin, Saint-Geniez, Saumur, Sédan, Séville, Talandre, Tours, Toulouse, &c. Le Languedoc en fournit beaucoup.

Furie.

Sorte de satin des Indes, qui est actuellement plus qu'imité en France.

Fusils, Mousquets & Pistolets.

Les plus beaux, & ceux propres à la chasse, se fabriquent à Paris, à Londres, & à Liége; il y en a du prix de 600 livres: Saint-Etienne-en-Forez, Sedan, Cronenbourg, le Danemarck, & diverses autres villes en fabriquent aussi, mais ils sont bien inférieurs aux premiers, & sont destinés aux troupes & aux armemens pour la côte de Guinée.

Fusts & Futailles.

Pour vins & autres liquides. Laval, Nantes, Angers, St. Dizier & diverses villes de France en fournissent beaucoup. Il s'en fait aussi à Cadix, Hambourg, Amsterdam, Londres, &c.

Fustok.

Autre bois propre à la teinture & aux ouvrages de marqueterie. Il se tire des Isles Antilles & particuliérement de Tabago.

Futaines.

Sortes d'étoffes en fil de coton. On en fabrique à Caën, Lille, Lyon, Nantes, Negrepelisse, Paris, Troyes, Rouen, Marseille & Versailles. Il s'en fait aussi à Milan, Cremones, Chambery, Ulm, Ausbourg, en Hollande, en Angleterre, & dans les Pays-Bas Autrichiens, les dernieres sont très-communes.

Futel.

Bois propre à la teinture & dont les feuilles & les branches servent à la préparation des cuirs : On en tire de la Provence, de l'Angleterre & de la Hollande.

G.

Gaban.

Sorte de manteau grossier, que les Provençaux portent au Levant, & qu'ils tirent particuliérement de Miquenez, en Afrique.

Gabillaud.

Nom de la morue verte qui se tire de l'Irlande & de la Hollande.

Gaffe.

Nom des grandes morues vertes, qui se vendent en Normandie.

Gaines.

Étuis pour divers outils, & autres objets, revêtus de chagrin, galucha, marroquin &c. Les mieux conditionnés, se tirent de Paris, pour toute la France, & même de l'Etranger.

Galbanum.

Drogue, ou plutôt gomme médicinale, qui se tire des Indes, & particuliérement du Levant, par la voie de Marseille.

Galet.

Espece de Diamant de cristal, qui se trouve parmi les cailloux, galets, des Côtes de Normandie : il y a deux autres significations du mot *galet* ; l'une indique un caillou qui se trouve en Canada, sur les bords de la mer, & qui sert à la préparation de la morue seche, & l'autre indique une sorte de verroterie, rouge & noire, qui sert à la traite des Negres.

Galipot.

Sorte de résine, surnommée encens blanc ; il sert aux églises de campagnes, & s'emploie dans la térébenthine, à la composition de la poix, & pour l'encre des Imprimeurs. On en tire beaucoup de la Hollande, de Marseille, de Londres, de Bordeaux, & de quelques Cantons de l'Amérique.

Galle.

Sorte de Noix propre à la teinture ; il y en a de trois couleurs, l'une *noirâtre*, l'autre *verte*, & la troisieme, presque *blanche*. Il s'en trouve en Gascogne, & en Provence, mais les meilleures se tirent du Levant, & surtout de Smyrne, Alep & Tripoly.

Galons d'or & d'argent.

On en fabrique beaucoup à Bruxelles, Francfort, Hambourg, Lyon, Cadix, Lisbonne, Montpellier, Londres, Niort, Paris, & Vienne.

Gamuto.

Chanvre qui se tire du cœur de

Palmier, arbre commun dans les Indes, & aux Isles Philippines, Les Hollandois tirent beaucoup de ce chanvre, à Muidanao, Capitale de la plus grande Isle Philippine.

Gannegard.

Toile propre au Commerce de l'Afrique.

Ganterie, ou Gants.

Ceux en peaux de toutes sortes, se tirent en France, de Blois, Dinant, Dourdan, Gênes, Avignon, Grenoble, Montpellier, Limoges, Neufchâtel, Niort, vendôme, Poitiers, Paris, Vienne, &c.

Ceux *brodés* se font le plus supérieurement à Blois & Paris.

Ceux de *Cannepin*, ou de *peau de poule*, se tirent de Rome.

Garance.

Racine propre à la teinture en rouge; on la cultive en Flandre, en Zélande, en Gâtinois, en Siléfie, en Alsace, & autres lieux. La meilleure est la *garance robée*, appelée *garance grappe*.

Garras.

Toile de coton blanche, qui se fabrique à Surate; la pièce porte 7|8 de large, sur 14 aunes de longueur.

Gargouche.

Nom du papier gris commun.

Garouille.

Drogue pour la teinture, on la tire de la Provence, du Languedoc, & du Roussillon.

Gaude.

Plante propre à la teinture jaune; on en trouve beaucoup dans les environs de Pontoise, & dans ceux de Paris.

Gaudron. Voyez *Goudron.*

Gaze.

Tissu de fil ou soie, mêlé ou non mêlé, léger & très-clair, à fleur d'or & d'argent; on en tire des Indes.

La *gaze* en soie, de divers dessins, se fabrique à Brives, Paris, Lyon, Londres, St. Quentin, Tournay, & autres lieux.

Geinbriel.

Sorte de laque qui se tire de Smyrne.

Gelée de pomme. Voyez *Confitures.*

Gemme.

Sel qui s'emploie dans la salaison & les teintures. On en trouve des mines à Wilisca, en Pologne, Eperies, en Haute-Hongrie & Cardonne, en Catalogne.

Gendasse.

Sorte de gravelée propre à la teinture.

Genestrole.

Herbe commune en plusieurs endroits de la France, & dont l'usage est pour la teinture.

Genievre.

Arbre qui produit une gomme blanche que l'on nomme sandaraque.

Gentiane.

Racine médicinale, elle croît en Bourgogne, dans les Alpes & les Pyrennées.

Gerofle.

Fruit Aromatique que les Hollandois tirent des Indes.

Gengembre.

Drogue qui croît aux Isles Antilles.

Gingiras.

Etoffe de soie des Indes. La pièce

est

est de 2/3 de large sur 9 aunnes 1/2 de long.

Gin-Seng.

Plante aromatique, qui se tire de la Tartarie, & dont les Hollandois font un grand Commerce.

Glaces pour miroirs.

On en coule à Cherbourg, Niort, Rouelle, St. Gobin, Venise, Paris & Bade, en Basse Autriche, où elles portent 120 pouces de hauteur, sur 60 de largeur; enfin Venise & Paris sont renommées pour la beauté du poli & du tain

Glu, ou *Glue.*

Son usage est connu pour la chasse; *c'est une drogue* qui se tire de l'écorce de bois, dit *houx* qui est fréquent en Normandie & dans l'Orléanois.

Gommes.

Pour drogues, *Peinture & autres usages. Voyez* le Chapitre suivant au mot *gomme*, pour leurs dénominations; elles se tirent presque toutes du Levant & du Sénégal, & c'est par la voie de Marseille & de la Hollande qu'on peut se les procurer, de quelques qualités qu'on les desire.

Gorao.

Belle étoffe de soie, qui se fabrique en Chine.

Gorgonelles.

Toiles qui se fabriquent en Hollande, & Hambourg. Elles servent au Commerce des Isles Canaries.

Goudron.

Sorte de résine noire pour les vaisseaux & bateaux. Les Villes qui en tiennent magasin, sont: Amsterdam, Cadix, le Peck, Bordeaux, Rouen, Nantes, Saint-Malo, St. Pétersbourg, Wibourg, Stockolm, &c. On en tire beaucoup aussi de la Caroline, dans l'Amérique Septentrionale.

Gouthiou.

Arbre du Chily, dont le bois convient à la teinture noire.

Graines.

Celles de *lin*, *chénevis* & *colsat*, se tirent abondamment de Cognac, Rennes, Saumur, la Flandre, &c.

Celles de *jardin* viennent de Nismes, de Rouen & Saumur.

Il y a plusieurs autres graines rares, qui se trouvent à Bruges, Lille, Perpignan, Pondichery, Sens, Smyrne, &c.

Graine d'Avignon.

Surnommée grainette. Elle se tire de la Provence, du Dauphiné & du Languedoc, & sert pour teindre en jaune.

Grains. Voyez *Bleds.*

Gratienne.

Toile de lin d'un assez beau blanc. Elle se fabrique & se tire de la Bretagne.

Gravelée.

Cendre de lie de vin, desséchée & calcinée, dont on se sert pour la teinture; la meilleure se tire de la Bourgogne & de Lyon.

On en tire aussi de la Pologne, de Dantzick & de la Moscovie: mais celle-ci est plus connue sous le nom *potasse*, ou *vedasse.*

Gravures, ou *Estampes.*

Les plus belles se tirent de Paris, de Vienne & de Londres.

Grege, ou *Greze.*

Nom de la soie qui n'a encore reçu aucun apprêt.

Grelot.

Nom d'un fil très-fin & recherché, pour broder à l'aiguille. Il se tire de Dorpt, en Hollande & de quelques lieux de la Flandre. Ce fil est blanc & plat.

Grenade.

Linge ouvré qui se fait en Basse-Normandie & surtout à Caen.

Grenade se dit aussi des belles soies qui se tirent du Royaume de Grenade, en Espagne.

Grenat.

Pierre rouge & précieuse. On en tire des grandes Indes, de l'Espagne, de la Silésie & de la Bohême. Ces derniers sont les préférés parmi les Grenats Occidentaux.

Griers.

Sorte de fromage estimé qui se tire de la Suisse.

Grille.

Nom d'une mere-laine d'Espagne, une des plus estimées.

Grisette.

Etoffe légere faite en soie mêlée de fil, laine, coton, & quelquefois de laine pure. On en vend considérablement à Paris.

Groizon.

Pierre, ou craye blanche, qui, réduite en poudre, sert à la préparation du parchemin.

Gros de soies.

Etoffes fortes. Ceux de Naples, se font à Naples, Lyon & Paris; ceux de Montauban se font, tant en cette ville, qu'à Montagnac, & ceux de Tours se fabriquent à Lyon, Nismes, Paris & Tours.

Gruau.

Cœur d'un grain moulu. L'usage du Gruau d'orge est bon pour rafraîchir & engraisser; les épiciers & grainiers de Paris, le tirent de la Bretagne & de la Touraine.

Gruyere. Voyez *Griers.*

Gueuse.

Nom d'une dentelle qui n'est plus en usage, & d'une petite étoffe de laine appelée aussi picotte, *qui se fabrique en Flandre.*

Guibert.

Toile de lin blanche, qui se fabrique à Louviers, en Normandie, & dont la consommation, pour draps & chemises, est considérable à Paris.

Guildine.

Eau-de-vie de sucre, que les Portugais tirent du Brésil.

Guinéatuf-Longée.

Toile de coton de soie des Indes Orientales, dont les pieces portent 2/3 à 3/6 de large, sur 6 à 13 aunes de long.

Guinée.

Autre toile de coton blanche, d'une assez belle finesse; on la tire de Pondichery, & elle se porte à la traite des Noirs.

Guingans.

Autre toile de fil de coton, mêlée quelquefois de fil d'écorce d'arbre; elle n'est ni fine, ni grosse; il y en a en bleu & blanc, elles se tirent du Bengale, & servent à la traite des Negres.

Guinguet.

Camelots légers, unis & rayés qui se fabriquent à Amiens.

Guipure.

Petite dentelle commune, pour les femmes de campagne; on en tire de diverses Villes de France, pour l'Espagne, le Portugal, les Indes Espagnoles, & l'Allemagne.

Gur

Toile de coton blanche, en 7/8 de large, sur 14 aunes de longueur. Les Anglois la tirent de Indes Orientales.

Guraes.

Toiles peintes du Bengale, qui se vendent aux Isles Manilles.

Guy-de-chêne.

Excroissance d'arbre, de vieux chênes; on s'en sert pour la droguerie.

Gyps.

Sorte de Talc, ou pierre brillante, qui se trouve dans les carrieres de Montmartre, près de Paris. Cette pierre calcinée, réduite en poudre, pétrie avec de l'eau & des couleurs, contrefait le marbre au point de tromper, à la fois, l'œil & la main; on décore aujourd'hui beaucoup de Salons de cette maniere.

H.

Habillemens d'Hommes & de Femmes.

Ceux de Marseille, de Némours, de Paris, de Lyon, de Bordeaux, &c. sont très-renommés.

Halles crues.

Sorte de toiles qui se fabriquent en Bretagne, & qui sont recherchées, pour les Isles Canaries.

Hamac.

Lit de coton, qui se suspend aux extrémités; il est en usage dans l'Amérique méridionale. Il se fabrique & se tire de la Guyane, & du Brésil.

Hamans.

Toiles de coton blanches, très-fines & très-serrées. Elles se tirent du Bengale: & la piece porte 7/16 de large, sur 9 aunes 1/2 de long.

Hansard.

Serpe de fer, qui sert au Commerce de la Guyane.

Happelourde.

Faux diamant, ou pierre contrefaite avec le cristal & le verre. Happelourde se dit aussi du diamant qui n'est pas encore travaillé avec perfection.

Hareng.

Poisson de mer. Les Villes qui s'occupent de cette pêche, sont: Boulogne-sur-Mer, Cadix, Dieppe, le Peck, le Havre, Honfleur, Nantes, St. Malo, Pezenas, Rotterdam, Amsterdam, Enckusen, & diverses villes d'Irlande, Saint-Vallery, en Picardie & en Caux, Calais, Fécamp & Tréport, Ostende, Nieuport & Blanckenberg, en Flandre Autrich. *Voyez* le mot *Pêche*, à la premiere Partie de ce Volume, page 105.

Haricots & Faséoles.

Légumes farineux, très-utiles aux armemens. Les Villes qui en débitent le plus, sont: Soissons, & diverses Villes de la Normandie, de la Picardie, du Poitou & autres Provinces, ainsi que Saumur, & Rouen.

Harnois de chevaux.

On en fait considérablement à Paris, Londres, Bruxelles, &c.

Haubelonnés.

Fromages dont les Hollandois font un grand débit.

Haute-Lisse.

Tapisserie en soie & laine, quelquefois rehaussée en or & argent. La Flandre Autrichienne a été longtemps renommée pour ce genre supérieur de tapisserie: mais cet art étant passé en France ; où il s'est fixé à Beauvais, Felletin, en Haute-Marche, Aubusson, en Auvergne ; & surtout à la célèbre manufacture des Gobelins ; à Paris ; la Flandre n'a plus que deux manufactures de cette tapisserie en vigueur ; elles sont à Bruxelles & Anvers, & c'est par erreur que des ouvrages très-modernes, quoiqu'antérieurs à celui-ci, en indiquent en d'autres Villes de la Flandre Autrichienne.

Haute-Lisse se dit aussi de plusieurs étoffes qui se fabriquent à Amiens, dont la chaîne est en soie, & la trame en laine : il y en a même entiérement en soie.

Hauts-Brins, ou *Grands-Brins*.

Sortes de toiles de Halles assorties, qui se fabriquent à Dinant & autres lieux de la Bretagne.

Hedré.

Espece de Gomme résine qui est estimée pour la guérison de certaines plaies. On la tire des Indes, de l'Italie, du Languedoc & de la Provence.

Heliotrope.

Drogue propre à la teinture. Voyez Tournesol.

Heliotrope, *sorte de jaspe, ou pierre précieuse verte & mêlée de veines rouges, qui s'emploie aux plus beaux ouvrages de marbre.* On en tire de l'Allemagne & de la Bohême.

Helston.

Surnom d'un étain Anglois, qui se tire du Comté de Cornouailles.

Hematite.

Sorte de minéral rouge qui sert à brunir les dorures ; & qui est de quelqu'usage pour la Peinture & la Médecine. On le tire de divers lieux de l'Espagne.

Hermines.

Pour fourrures ; les Hollandois & les Anglois qui en fournissent beaucoup, les tirent de divers pays du Nord, & particuliérement de la Sibérie ; & de la Moscovie.

Hermodate.

Plante, ou fruit qui sert à la médecine, & qui se tire de l'Egypte.

Héron.

Grand oiseau, dont les plumes forment de très-beaux panaches pour la coiffure.

Hidromel.

Boisson d'eau & de miel ; qui se fabrique & se consomme dans les Pays du Nord.

Hippopotame, ou *Cheval marin*.

Animal amphibie ; qui se trouve fréquemment sur les bords du Nil, & du Nigor, & dans quelques Isles de l'Afrique.

Holans.

Espece de batiste flamande, qui est fort estimée en Espagne ; & aux Indes.

Hollandillas.

Belles toiles qui se tirent & se fabriquent en Hollande ; & en Silésie.

Hongrie.

Tapisserie en soie, ou *laine* ; & *à points* ; Il s'en fabrique en divers Pays, & surtout à Rouen.

Horlogerie.

On en fait considérablement à Chatellerant, Echouchay, Fernay, Lausanne, Geneve, Londres ; Paris, Neufchâtel, & Nion.

Le Roi de Prusse vient d'établir, depuis peu, des fabriques de *Montres Genevoises*, à Frieduchtal, & Spechtohausen.

Houblon.

Fleur très-utile pour la bierre; il s'en cultive en diverses Provinces de France, & beaucoup dans la Flandre, les Pays-Bas, surtout les Autrichiens, la Hollande, l'Allemagne, & l'Angleterre.

Houille. Voyez *Charbon de terre.*

Housset.

Belle soie de Perse, qui se tire d'Alep.

Huiles.

Il y en a de plusieurs sortes, savoir; l'huile de *colsat*, se tire de Douay, de Gand, & partie de la Flandre, de St. Omer & Seure; celle de *lin* se tire de St. Quentin, de Cambrai, du Hainaut & de la Flandre. Celle de *navette* vient de Luneville, en Lorraine, & de Seure, en Bourgogne. Celle de *noix* se trouve à Brives, Saumur, Angers, Poitou & Bretagne. Celle de *palme* vient du Sénégal & de diverses côtes d'Afrique. Celle de *pétrole*, se tire du Duché de Modene, en Italie & de Beziers, en Languedoc. Celles d'*olives* & d'*amandes* viennent de Cadix, Gênes, Lisbonne, Naples, Nismes, Pezenas, Rome, Aix, en Provence, Toulon, Marseille, l'Isle Majorque, Smyrne, l'Egypte, l'Afrique, Tarascon, Toulouse, Cette, &c.

On tire aussi de l'Italie une certaine huile de *raisin*, qui peut suppléer à celle *d'olive commune*, dans des tems de disette. *Voyez* le chapitre suivant pour les noms de diverses autres huiles.

Enfin on vient d'établir à Paris, une raffinerie d'*huile à brûler*, qui ne fatigue point la vue.

Huître.

Poisson de mer qui est abondant sur diverses côtes de l'Europe. On estime beaucoup, en France, celles d'Angleterre & de Dieppe.

Hyacinthe.

Pierre précieuse. Les plus belles se tirent de Calicut & de Cambaye, & les plus communes viennent de la Pologne, la Bohême, la Silésie & quelques lieux de l'Italie. On trouve aussi en Auvergne, & quelques autres endroits de la France, une fausse Hyacinthe que l'on surnomme jargon.

On appelle *Hyacinthe*, confection d'une espece de syrop épais, qui sert pour la médecine.

Hypocistis.

Plante & suc, qui se tire de la Provence & le Languedoc, & entre dans la composition de la thériaque.

Hypolapathum. Voyez *Rhubarbe.*

J.

Jade.

Très-belle pierre verdâtre dont les Orientaux, & les Polonois font des manches & poignées de sabres & couteaux. Cette pierre surnommée *divine*, se tire de divers lieux de l'Orient & de l'Amérique.

Jais.

Pierre minérale, dont il se trouve des mines en Dauphiné, en Languedoc, Gévaudan, Vivarais, Irlande, Suéde, & quelques lieux de l'Allemagne.

Jalap.

Racine médicinale qui se tire de Madere & des Indes Occidentales.

Jamavas.

Taffetas des Indes à fleurs d'or,

ou de soie, *& brodés*. Les pieces portent de 5|6, 5|8 à 7|8 de largeur, sur 5 à 8 aunes de longueur.

Jambette.

Petite fourrure provenant de la Martre-Zibeline; On en emploie beaucoup dans la Traite des Noirs.

Jambons & Cuisses d'oies.

On en tire beaucoup de Mayence, de Bayonne, de Bordeaux, Angers, de quelques Villes de Westphalie & de la Hollande.

Jamis.

Toile de coton qui se tire d'Alep.

Jannequin.

Coton filé, une des médiocres qualités qui se tire du Levant.

Jargons.

Pierres qui imitent les hyacinthes. Il s'en trouve en divers lieux de l'Europe; celles de France se tirent de Puy-en-Velay.

Jaspe.

Pierre rare, assez semblable à l'agate; On en tire des Pyrennées, & on l'emploie dans la marqueterie, & les ouvrages les plus curieux.

Jaspé.

Se dit de quelques petites étoffes, ou étamines jaspées, qui se fabriquent à Amiens.

Idis.

Sorte de verroterie, ou perle de verre applatie par les bouts. On s'en sert pour la Traite des Negres.

Images. Voyez *Estampes & Gravures.*

Impératoire.

Racine médicinale. On en tire beaucoup de l'Auvergne.

Impériale.

Sorte de serge, ou étoffe de laine, qui se fabrique dans le Bas-Languedoc, & s'expédie pour l'Italie & l'Espagne.

Indiennes, ou *Toiles peintes.*

On en tire des Indes Orientales, & les plus renommées de celles qui se font en Europe, sont les toiles de coton d'Hambourg, & les toiles peintes d'Angers, Corbeil, Lauzanne, Geneve, Lisbonne, Jony, près Versailles, Neuf-Châtel, Niort, Paris, Saint-Gall, Saint-Vallery, Saumur, Schaffouse, Vienne, Zurich, Amsterdam, & plusieurs Villes de la Hollande, & des Pays-Bas Autrichiens, particuliérement celles de Gand, Tournay & Bruxelles.

Indigo.

Drogue estimée pour la teinture. Cerqués, la Jamaïque, Java, le Laure, Saint-Domingue, Guatimala, le Bengale, Surate, le Brésil, & autres cantons de l'Amérique, sont les lieux d'où on le tire. Quant aux villes où l'on en tient magasin, *voyez* Amsterdam, Cadix, Dantzick, Lisbonne, Bordeaux, Nantes, Londres, Marseille, Saint-Vallery, Saint-Malo, Nuremberg, Paris, Rouen, le Havre, &c.

Inramo.

Coton non filé & en masse. Il se tire du Levant & d'Egypte, par la voie du Caire.

Instrumens divers.

Ceux de *Mathématique* se tirent de Paris & de Londres, & ceux de *Musique* se font à Mirecourt, Paris, & dans quelques Villes d'Italie & d'Allemagne.

Joseph Lassat.

Sorte de coton qui se tire de Smyrne.

Jouaillerie. Bijoux en or, argent & diamans, &c.

La plus belle Bijouterie se tire de Paris, Londres, Liége, Prague, Rennes & Vienne : mais celle de France est la plus recherchée.

Jouets d'enfans. Voyez *Bimblotterie.*

Ipécacuanha.

Racine médicinale, très-souveraine pour les fièvres & les dyssenteries. Elle se tire du Brésil, & l'Europe s'en procure par les voies de Lisbonne, de Marseille & de la Hollande.

Iris.

Plante dont on fait une couleur fine, pour peindre en miniature. On la tire d'Angleterre, de Portugal, de Suse, en Italie, & de Florence. Cette derniere est la plus estimée.

Jubis.

Raisins séchés au soleil. On en tire considérablement de la Provence & du Languedoc.

Jujubes.

Fruits qui servent à la Médecine. Ils croissent abondamment dans les Pays chauds, & surtout en Provence & en Languedoc.

Juncus-odoratus.

Plante aromatique qui se tire de l'Arabie, par la voie de Marseille.

K.

Karabé.

Surnom donné au véritable Ambre jaune. Voyez *Ambre.*

Karague.

Gomme médicinale qui se tire de la Nouvelle Espagne.

Kattequin.

Toile de coton bleue qui se tire de Surate.

Kavia, ou *Cavial.* Voyez *Esturgeons.*

Kemeas.

Taffètas des Indes; ils sont ordinairement à fleurs.

Kermes.

Insecte, en forme de graine, qu'on nomme Graine d'écarlate. Les diverses Villes du Levant, la tirent de la Perse & de l'Andalousie. C'est par la voie de Marseille que la France peut s'en procurer.

Kinkina. Voyez *Quinquina.*

Kiste.

Espece de Laine qui se tire d'Allemagne : elle est peu estimée.

Kitai.

Sorte de damas de la Chine. Kitai se dit aussi de diverses toiles chinoises de coton, teintes en diverses couleurs. Ces marchandises sont apportées en Europe, par les Caravanes qui vont de *Moscou* à *Pékin*, en traversant la Sibérie entiere.

Koum-Poulaty.

Sorte d'acier excellent, surnommé Acier de *Damas.* Il se tire de la Perse.

L.

Labiza.

Espece d'Ambre, ou *Gomme aromatique.* Elle se tire de la Caroline.

Lacis. Voyez *Marly.*

Lacs-d'amour.

Sorte de linge ouvré qui se fabrique

en Basse-Normandie, & particuliérement à Caen.

Ladanum.

Plante médicinale qui se tire de l'isle de Chypre & de celle de Candie.

Ladog.

Sorte de hareng qui se pêche dans le lac de Ladoga, en Moscovie.

Lagias.

Très-belles toiles peintes des Indes. On les tire du Royaume de Pégu.

Laines.

Poils d'agneaux, de moutons, de brebis & de béliers. Ils s'emploient à la fabrication d'une multitude d'étoffes, &c.

On en distingue de quatre sortes principales; 1°. La *mere-laine*, qui est celle par-dessus le col & le dos des bestiaux susdits; 2°. la *laine des queues & des cuisses*; 3°. *la laine du dessous du ventre*, celle de la *gorge* & d'autres parties du corps; & 4°. la laine, dite *Crotron*, ou *Crotin*, en ce qu'elle est gâtée par les excrémens; cette derniere est, à proprement parler, la laine de rebut. Ces quatre sortes de laines se divisent encore en plusieurs autres. Le commerce des laines étant un des plus considérables de l'Europe, nous allons dire un mot sur les lieux qui en produisent le plus, & sur les dénominations des principales sortes les plus recherchées des nations Européennes. *La France*, l'*Espagne*, le *Portugal*, la *Hollande*, l'*Angleterre*, l'*Ecosse*, l'*Irlande*, l'*Allemagne*, & divers *Cantons du Nord*, *& le Levant* ont toutes leurs laines particulieres.

Celles de France, à peine suffisantes pour la consommation de ses manufactures, se tirent du Languedoc, du Berry, de la Normandie, de la Bourgogne, la Picardie, la Champagne, la Lorraine qui en fournit abondamment, la Guyenne, & autres Provinces, moins abondantes que celles que nous venons de dénommer; les préférées, sont celles des Provinces méridionales, ainsi que de la Normandie, & particuliérement celles de *Valogne*, & du *Cotantin*.

Les *laines d'Espagne* sont, en général, les plus estimées de toute l'Europe. On leur donne le nom de *Prime*, en y ajoutant celui du lieu d'où elles viennent, la qualité qui suit la prime, & la seconde, dite *fleuret*, ou *Segoviane*, la troisieme qualité, s'appelle *tierce*, & la quatrieme, dite *rebut*, est appelée *mignot*. Les laines d'Espagne les plus recherchées, sont celles de Sarragosse, en Arragon, & de Ségovie en Castille; elles se tirent ordinairement de Bilbao: enfin les principales qualités de laines, que l'Espagne exporte à l'Etranger, sont, l'*Albarazin*, la *Sorie Segoviane*, ou *Dellos-Rios*, la *Sorie Commune*, les *Caséres*, ou petite *Ségovie*, la *Segeweuse*, *Segovianne*, la *Segeweuse de Moline*, *les Floretonnes de Ségovie*, *les Floretonnes communes de Navarre & d'Arragon*, les *Cabesas d'Estramadoure*, & les petites *Campo de Séville*, *& de Mallagis*. Toutes ces laines se trouvent abondamment emmagasinées à Bilbao, St. Sébastien, Cadix, & Barcelonne; c'est particuliérement de cette derniere Ville, que se tirent les laines, dites *Moliennes*.

Les *laines de Portugal*, sont à-peu-près semblables à celles de Ségovie, mais elles ne peuvent s'employer seules, parce qu'elles foulent sur la longueur du draps, & non sur la largeur, ce qui rend les pieces trop courtes. On y remédie, en les mêlant avec des meres-laines d'Espagne.

Les *laines* du cru de la Hollande & celles qu'elle se procure de l'Allemagne, la Poméraine, la Prusse, &c. ne sont pas sans réputation. On en trouve d'immenses magasins en diverses villes Hollandoises, & particuliérement à Amsterdam & Rotterdam où toutes les qualités de laines connues en Europe peuvent s'acheter par assortiment. Elles sont ordinairement peignées & filées.

Les *laines* d'*Irlande*, d'*Ecosse* & d'*Angleterre* sont aussi en grande réputation, particuliérement celles d'Angleterre & celles provenantes des Provinces d'*Herford*, de *Glocestershire* & de l'Isle de *Wight*, dans le *Hampshire*. C'est par la voie de Cantorbéry qu'on peut s'en procurer en fraude, car la sortie des laines des trois Royaumes est défendue, sous peine de mort. Ces laines sont très-recherchées pour la fabrique des draps fins imités de l'Anglois, des tapisseries de Haute & Basse-Lisse, des ouvrages en broderie, sur canevas, & généralement pour la bonneterie.

Les laines d'*Allemagne* & du *Nord*, beaucoup moins estimées que celles dont nous venons de parler, sont fort abondantes. Les meilleures sont celles dites *bluettes du Rhin*, *d'été de Pologne*, *brunyere du Rhin*, & de *Wismar*, *Pluré de Mulhausen* & de *Wismar*, *Fine Grise* & *Kiste du Rhin*; & enfin les laines de *Rostoc*, *Gripsw*, *Stralsund*, *Anclam*, *Stetin*, *Thoorn*, *Dantzick*, &c.

Plusieurs nations d'Europe, & surtout la France, tirent quantité de laines du Levant, ou de *Constantinople*, *Smyrne*, *Alexandrie*, *Alep*, *Chypre*, *la Morée* & la *Barbarie*. Les deux premieres villes fournissent les meilleures. Toutes les laines de ces Cantons sont désignées comme suit : *Pelades* fines & communes, *Tresquilles*, ou *Surges*, *Bâtardes*, *Iposla* & *Estain* de Constantinople, *Surges & bâtardes noires* d'Alep, *Chevrons noirs* & *roux* de Smyrne & de Perse, & *Mattelins* de Morée & de Barbarie.

On emploie encore diverses autres sortes de laines ; savoir :

Les *laines d'Agnelins* ne sont propres que pour la fabrique des chapeaux ; les meilleures se tirent d'Espagne, où l'on en distingue de plusieurs sortes ; dites *Laines* d'*Agnelins lavées de Ségovie*, *Sor Ségovie* & de *Moline*, de *Castille*, d'*Albarasin* & de *Navarre*, *& Ségovie non lavées*.

La *laine de Vigogne* se tire aussi d'Espagne, qui se la procure du Pérou. Elle s'emploie en étoffe très-chere & en bonneterie. La *laine d'Autruche*, qui s'emploie pour la fabrique des chapeaux & des lisieres de draps, se tire du Levant. La *laine de Moscovie* est le duvet des castors, qui s'emploie aussi en chapeaux fins.

Enfin on donne encore aux laines divers autres noms, selon leur plus ou moins de préparation & propriété. On appelle *laine basse*, une laine très-fine, qui s'emploie à la trame des tapisseries des Haute & Basse Lisses, & à celles des ratines & autres étoffes fines. La *laine cardée* est celle qui a été dégraissée, lavée, battue, & qui a passé par les cardes. Elle sert à garnir des matelats, des courtes-pointes & des robes de chambre. La *laine* en *suif*, ou en *suin*, autrement appelée *laine surge*, est celle qui n'a reçu aucune préparation ; la *laine crue* est aussi une laine sans apprêt : & la *laine filée* est une laine prête à employer aux étoffes, & aux tapisseries ; on la nomme aussi *laine en fil de sayette.*

Laiton.

Ou préparation de cuivre rouge, de calamine & Rosette. On le tire de Suéde, Hongrie, Nuremberg, Aix la-Chapelle, Salzbourg, Ville-Dieu, en Normandie, &c.

Lakense-Dorynkens.

Beaux draps de Nortfolk, en Angleterre, dont les pièces portent 18 aunes.

Lames.

Pour épées, sabres & couteaux de chasse. Les plus estimées se fabriquent à Damas, en Syrie, & en Angleterre ; celles Françoises se fabriquent à Vienne, en Dauphiné.

Lamon.

Nom d'un bois du Brésil, qui se tire de la Baye des Saints.

Lamparillas, ou *Nompareille.*

Camelot léger, qui se tire de la Flandre, & particuliérement de Lille.

Lampas.

Superbes étoffes de soie damassées; elles se tirent de la Chine.

Lampas, ou *Lampasse*, se dit aussi *des toiles peintes* qui se font aux Indes Orientales.

Lampes économiques.

Elles se trouvent à Paris, en Hollande, & en Angleterre.

Lapins.

Pour fourrures & chapeaux; les peaux les plus estimées pour fourrures, & le poil pour chapeaux, se tirent de la Flandre, d'Angleterre, de Lubeck, d'Hambourg, de la Hollande, de Boulogne-sur-Mer, & de Moscovie.

Lapis. Voyez *Azur.*

Laques.

Il y en a de diverses sortes, & pour divers usages.

Celles pour les peintres, se tirent de Paris & de Venise : mais la derniere est la préférée.

Celles pour la teinture & la cire à cacheter, sont tirées, par les Anglois & Hollandois, des Royaumes du Bengale & de Ségu, aux Indes ; & celle pour la médecine se tire de l'Isle Saint-Christophe & du Brésil.

Lard. Voyez *Chair salée.*

Lassis.

Surnom donné à la bourre de soie.

Laster blanc.

Nom que les Orientaux donnent aux vitrages, ou verres blancs.

Lattes.

Petites planchettes de chêne qui servent pour la couverture des maisons. Il s'en fait considérablement en champagne, en Picardie, en Lorraine, en Normandie, en Bourgogne & en Brie.

Lavande.

Plante aromatique dont les Provençaux & les Languedociens expriment une huile propre à plusieurs usages.

Laveton.

Sorte de bourre de laine, dont on ne fait que des matelats.

Laurier.

Arbre dont les feuilles sont très odoriférantes. On en fait une huile propre pour la médecine. La meilleure vient du Languedoc, de la Provence & particuliérement de Montpellier.

Layeterie.

Boîte de bois. On en fait beaucoup à Paris, & en diverses villes de France & d'autres Nations.

Légatines.

Nom commun à plusieurs petites étoffes composées de poil de fleuret, de fil, de laine & de coton.

Legis.

Belles soies de Perse, que l'on tire de Smyrne.

Légumes.

Se dit de plusieurs plantes & graines. Les farineux, comme pois, féves, Haricots, lentilles, féverole les, & vesse se tirent abondamment d'Aubusson, Blois, Châlons-sur-Saône, Cherbourg, Gravelines, Langres, Moulins, Saint-Omer, Saumur, les Roziers, Sedan, Seure, Orléans, Soissons, &c. Les haricots blancs de Soissons sont très-recherchés, de même que les artichauts de Laon.

Leipzis.

Serge qui se fabrique & se tire d'Amiens.

Lenpe.

Sorte de perle, que les Portugais tirent du Brésil.

Lentisque.

Arbre qui croît aux Isles Orientales, dans l'Isle de Chio, en Egypte & dans quelques lieux de l'Italie. Il produit le mastic; on en exprime une huile bonne pour la dyssenterie, & son bois, assez recherché des Hollandois & des Anglois, est bon pour faire des cure-dents.

Léoneses.

Nom des belles laines d'Espagne, qui se tirent du Royaume de Léon; Elles sont appelées, par les Espagnols *Ségovies léoneses*.

Letterhout.

Bois rougeâtre, tirant sur le violet. Il sert pour la teinture & la marqueterie; on le tire d'Espagne qui en fait faire la coupe dans la Guyane, contrée de l'Amérique méridionale.

Levure.

Mousse, ou écume de bierre. Son utilité consiste à lever le pain en pâte, & à tenir lieu de levain aux boulangers.

Librairie.

Se dit d'un Commerce de livres. Les Villes de l'Europe qui s'en occupent le plus, sont Berne, Besançon, Bordeaux, Dublin, Douay, Francfort, Geneve, Lauzanne, la Haye, Liége, Leipsick, Lyon, Manheim, Montauban, Milan, Montpellier, Nismes, Orléans, Paris, Prague, Londres, Amsterdam, Bruxelles, Rennes, Saint-Malo, St. Quentin, Rotterdam, Toulouse, Turin, Vienne, &c.

Libongos.

Grosse étoffe, qui sert à la traite des Noirs.

Liby.

Sorte de lin qui se recueille à Mindanas, grande Isle des Philippines. Les habitans de cette ville en font un très-bon filage, & surtout une huile très-estimée dans différentes Isles de la Sonde, en Chine & en Espagne: son usage est pour la médecine.

Lichen.

Plante qui se tire des rochers d'Amorgos & de Nicouria, en Archipel; elle sert pour la teinture en rouge, & c'est par la voie d'Alexandrie que l'on peut s'en procurer.

Liége.

Propre à faire des bouchons, &c. Il vient de l'écorce d'une espece de chêne vert. Il se trouve aux chênes qui bordent les côtes de la Méditerranée: celles de France en produisent du blanc, & celles d'Espagne en produisent du noir. Marseille en fournit beaucoup au Commerce de France.

Lierre.

Plante fréquente dans tous les lieux de l'Europe. Ses feuilles & ses baies sont de quelqu'usage en medécine; elles sont du nombre des drogues détersives & vulnéraires.

Lievre.

Sorte de gibier assez abondant en Europe; sa peau préparée sert de fourrure, & son poil entre dans la fabrique des chapeaux. Les peaux de lievre de Moscovie, sont les préférées.

Ligature, Brocatelle, ou Mezaline.

Petite étoffe commune en laine & fil; il y en a à carreaux & à fleurs. Elles servent pour meubles, & se fabriquent à Rouen, Lille, Menin, Commine, Pont-St-Pierre, Gand & Harlem. Ces trois derniers lieux les font en soie & fil.

Limaille.

Particule de métaux détachée par la lime. Celle d'Espagne est la plus recherchée.

Limes d'acier.

Elles se tirent d'Allemagne & de la Province du Forez, en France; on en fait aussi à Paris.

Limon.

Fruit qui se tire de Gênes.

Lin.

Plante de laquelle on exprime de l'huile, & dont on tire un fil précieux, pour toiles, dentelles, coutures, &c. Douay & toute la Flandre & le Hainaut, Angers, Fécamp, Gand, la Charité-sur-Loire, Laval, Lille, Lisbonne, Lisieux, Marseille, Neufchâtel, Saint Pol-de-Léon, St. Quentin, Sedan & Troyes, en fournissent beaucoup.

Il s'en tire aussi de la Moscovie, & de la Livonie, par Riga, du Levant, de l'Egypte & de Kœnisberg. Ces derniers sont préférés à tous les autres, sauf ceux de Flandre.

Linette.

Nom de la graine de lin que l'on tire du Nord, par divers ports de la Mer-Baltique.

Linges. Voyez *Toiles.*

Le *linge de table non ouvré* se tire de la Flandre, la Picardie, l'Anjou, la Basse-Normandie, le Beaujolois, & Mortagne, au Perche.

Le linge ouvré se fait dans les Pays de Gorgue & Lalen, Lille, Courtray, Menin, Bruges, Caen & ses environs, Reygnie, en Beaujolois, Bayonne, &c.

Lingettes.

Petites serges surnommées *flavel*, qui se fabriquent à Vire en Normandie. Les Anglois appellent aussi de ce nom, une étoffe de laine non croisée qui est nommée *flanelle* par les François.

Linon.

Toile de lin, très-blanche, très-fine, & très-claire. Il y en a d'unies, de rayées & de mouchetées. Les lieux où on les fabrique, sont Cambray, Arras, Douay, Bapaume, Niort, Noyon, Paris, Péronne, St. Quentin, Vervins & Valenciennes.

Lion.

Nom d'un linge ouvré, qui se fabrique dans la Province du Beaujolois.

Liqueurs.

En eau & huile, & non en vin. On les tire d'Ispahan, Marseille, Metz, Montpellier, Nancy, Nantes, Nismes, Paris, Rouen, Turin, & la Martinique.

Liquid-Ambar.

Sorte de résine rougeâtre, que les Espagnols tirent de la Nouvelle Espagne, & dont ils font quelqu'usage en médecine.

Lisatz.

Sorte de toile qui se tire des Indes, de Perse & de la Mecque, par la voie de Marseille.

Liſtaos.

Toiles rayées de blanc & de bleu. Elles ſe fabriquent en divers lieux de l'Allemagne & ſe tirent particuliérement d'Hambourg.

Litarge.

Minéral provenant du plomb, & ſervant à l'affinage des métaux. Il ſe tire de la Suéde, la Pologne, le Danemarck, l'Angleterre & l'Allemagne. C'eſt par Amſterdam, Hambourg & Londres qu'on peut s'en procurer.

Lizardes.

Toiles qui ſe fabriquent au Caire & à Alep.

Lo.

Non d'une gaze qui ſe fabrique en Chine.

Locrenan.

Nom d'une groſſe toile de chanvre écrue, ſurnommée *toile d'Olone* par les Eſpagnols ; elle ſe fabrique en Baſſe-Bretagne & ſurtout à Quimper-Corentin. Elle eſt recherchée pour en faire des voiles de barques & de chaloupes.

Lodier, ou Loudier.

Se dit de groſſes couvertures piquées : Elles ſont de laine miſe entre deux toiles.

Loncloath.

Toiles blanches, ou bleues de coton. Elles ſe font à la côte de Coromandel, & ſe vendent par les Hollandois & les Anglois, aux Isles Manilles.

Londres & Londrins.

Sortes de draps en laine ; les principales fabriques ſont en Provence, Languedoc & Dauphiné, d'où on les tire pour le commerce du Levant.

Longuis.

Nom de divers taffetas des Indes à carreaux.

Loquis.

Sorte de verroterie rouge, que les François emploient à la traite des Negres, au Sénégal.

Loung.

Drogue pour la peinture jaune. Elle ſe tire de Siam, de Cambaye & de la Chine.

Loups cerviers, & autres.

Leurs peaux ſervent pour les fourrures. Le loup marin a pluſieurs propriétés ; ſa peau ſert à couvrir des malles, ſes dents ſont bonnes pour des ouvrages d'ivoire, & ſon huile s'emploie aux mêmes uſages que les autres huiles de poiſſon.

Les peaux de *loups* ſe tirent de la Moſcovie, du Levant, du Canada, de la Nouvelle Angleterre & de l'Eſpagne.

Loutres.

Animaux dont les peaux ſervent auſſi pour les fourrures. Il s'en trouve beaucoup en Europe, mais les préférées ſont celles du Canada.

Lumignan.

Se dit d'un fil d'étoupe de chanvre écru, qui ſert à faire des mèches de flambeaux communs & de torches.

Lunettes.

Sortes de verres qui ſervent à groſſir les objets, & à conſerver la vue. Les meilleures ſe tirent d'Angleterre. *Lunette* ſe dit auſſi d'un *inſtrument de fer,* propre à parer & ratiſſer le cuir. Les outils de cette ſorte ſe tirent de l'Allemagne.

Lupin.

Gros pois bon à la nourriture des

animaux, & à quelqu'usage de médecine.

Liquoises.

Etoffes de soie que la France a imitées sur celles des fabriques de Luques, en Italie. Il y en a d'unies & de faconnées en or & argent.

Lustrines.

Autres étoffes de soie, imitées du droguet & dont les fleurs sont satinées. Les plus belles se tirent de Lyon.

Luth, Voyez *Instrument de musique.*

M.

Maaypoosten.

Étoffes de soie que les Hollandois tirent des Indes Orientales.

Macaroni.

Sorte de vermiselli, ou pâte faite avec de la farine de ris. On en tire beaucoup d'Italie.

Macer.

Arbre qui croît en Barbarie, & dont l'écorce sert pour la médecine.

Mache-fer.

Écalles de fer, qui se trouvent chez les maréchaux; on s'en sert en medécine.

Macis.

Voyez *muscade, dont le macis est la seconde écorce.* On en tire beaucoup de la Hollande.

Magalaise, ou *Maganaise.*

Minéral presque semblable à l'antimoine. Il s'emploie dans les verreries, pour purifier le verre; on le tire de plusieurs carrieres du Piémont.

Magalep.

Noyau d'un fruit commun en Angleterre; Il est de quelqu'usage en médecine, & surtout aux parfumeurs.

Magdaléon.

Nom donné à un pain de soufre. Voyez *soufre.*

Magnette.

Nom de quelques toiles qui se fabriquent en Hollande.

Magrabines.

Toiles de lin d'Egypte, qui se tirent du Caire.

Mahaleb.

Bois de marqueterie, dit de Ste. Lucie. On en tire de la Lorraine & de l'Angleterre.

Maholits.

Draps en laine qui se vendent pour le Levant. Ils se fabriquent en Angleterre, en Provence, en Languedoc & en Dauphiné.

Mairin, ou *Merrain.*

Bois de chêne refendu, & dont l'usage est pour faire des tonneaux. On en tire considérablement de la Champagne.

Malaguette.

Sorte de poivre appelé *aussi grand cardamome.* On le tire de la côte de Malaguette, en Guinée.

Malherbe.

Plante qui croît en Provence & en Languedoc; elle sert, mais en fraude, pour la teinture.

Mallemole.

Nom donné aux mousselines, ou toiles de coton blanches, claires &

très-fines, que l'on tire des Indes Orientales, & surtout du Bengale. La Hollande en a de très-forts magasins.

Malt, ou *Drêche*.

Grain germé & moulu, que les Anglois & les Flamands emploient dans la bierre.

Malvoisie.

Vin grec, provenant des Isles de l'Archipel, & surtout de Candie.

Mamotbani.

Mousselines fines, blanches & rayées, qui se tirent du Bengale. Les pieces portent 8 aunes de longueur, sur 3|4 à 5|6 de largeur.

Mamoudis.

Toiles peintes du Mogol. On les tire de Surate; leur entrée en France est défendue.

Manchon.

Sorte de Fourrure que l'on fait en divers pays d'Europe. Ceux de Geneve & de Neuf-Châtel, composés de peaux de greges, ou oiseaux aquatiques des Alpes, sont très-estimés.

Mandians.

Se dit de quatre sortes de fruits secs, tels que la figue, le raisin, l'aveline & l'amande, qui se vendent mêlés, pour les desserts. On en tire beaucoup de la Provence & du Languedoc.

Mandragore.

Plante médicinale qui se tire de l'Italie.

Mandramaque.

Toile de coton & de fil de Palmier; elle se fabrique aux Isles Philippines.

Maneque.

Sorte de muscade, qui se tire de la Hollande.

Manicordion.

Fil de laiton, ou de fer, qui sert pour des instrumens de musique; on le tire d'Allemagne & d'Angleterre.

Manille, ou *Menille*.

Anneau de cuivre jaune, assez grand pour servir de brasselet. On en porte à la traite des Negres.

Manne.

Drogue mielleuse & purgative. On en tire de la Sicile, de la Perse, de l'Arabie & du Dauphiné; mais la préférée est celle de la Calabre, & surtout de Gallipoli, en Sicile.

Manouf.

Sorte de lin d'Egypte, qui se tire du Caire.

Manteau.

Grand vêtement très-ample; on en fait actuellement des pacotilles, pour la traite des Negres.

Manteque.

Se dit d'un sain-doux, ou graisse que les habitans de Saint-Domingue tirent des sangliers qu'ils tuent dans leurs chasses.

Mantes.

Sortes de manteaux, ou plutôt d'écharpes, qui se portent à la traite des Noirs; on les tire de Rheims, en Champagne.

Maquereau.

Poisson de mer fort estimé, lorsqu'il est frais. Barfleur, Boulogne, Dieppe, le Peck, Saint-Pol-de-Léon, & le Havre, sont les villes de France qui s'occupent le plus de cette pêche : la Hollande en fournit beaucoup de salé.

Marbre.

Pierre très-dure, à laquelle on donne un poli superbe. Il y en a de fortes carrieres en Espagne, en Italie, dans le Pays Liégeois, en Flandre, en Provence, Languedoc, Bourbonnois, Roussillon, & proche les villes d'Angers, Dinant, Gênes, Nancy & Moulins. Les plus beaux se tirent de l'Italie.

Marcassite.

Espece de minéral, appelé métallique, parce qu'il se tire de divers métaux, des quatre parties du monde. On s'en sert pour la médecine.

Marée.

Se dit des divers poissons de mer, qui se conservent salés, & sont d'une bonne nourriture. Les villes de Fécamp, Dieppe & autres ports de Normandie en tiennent de forts magasins, ainsi que le Peck, près Paris. Il vient à Paris beaucoup de marée de la Flandre Françoise & Autrichienne.

Margriette.

Grosse verroterie qui sert à la Traite des Negres.

Margritin.

Sorte de plassade, ou rocaille fine & émaillée. On vend le margritin en grains enfilés comme des chapelets. On en tire de l'Allemagne, de Rouen, & les plus beaux viennent de Venise : Ils servent au Commerce d'Afrique.

Marguerite.

Petite étoffe en soie, laine & fil, qui se fabrique à Amiens.

Marjolaine.

Herbe odorante qui croît en Languedoc & Provence. On en tire une huile fort agréable.

Marmelade.

Sorte de confiture de pêche & d'abricot. La plus estimée se tire de Rouen.

Marouchin.

Plante des feuilles de laquelle on fait un médiocre pastel pour teindre en bleu.

Marqueterie.

Ouvrages de Menuiserie en bois de couleur, ainsi qu'en écaille de tortue, ivoire cuivre, &c., & travaillés très-artistement. Paris, Londres, Amsterdam & Newied, en Allemagne, en fournissent beaucoup, dans le meilleur goût, & avec le plus beaux dessins.

Marron.

Sorte de grosses châtaignes & d'un bon goût. On les tire du Forêt, du Vivarais & du Dauphiné.

Marroquins.

Ou peaux de boucs & de chèvres qui, par leur préparation, prennent le nom de *marroquin*. On les tire du Levant, de la Barbarie, de l'Espagne, de la Flandre, d'Avignon, Lyon, Paris, Limoges, Rouen, Vienne, Séville, Maringes & St. Germain-en-Laye.

Marsouin.

Poisson de Mer, de la graisse duquel on tire une huile fort estimée par les droguistes.

Martinets.

Marteaux de forces pour moulins & fabriques. Les mieux estimés se tirent de Bergerac, Nérac & Saint-Etienne.

Martres.

Animaux dont les peaux sont très-estimées en fourrures, & surtout les martres Zibelines.

Le Canada, la Biscaye, la Prusse, la Laponie, la Sibérie & la Moscovie en fournissent à toute l'Europe.

Marum.

Plante médicinale, & d'un goût aromatique. Elle se tire de l'Espagne.

Masques.

Pour déguisemens. Les beaux viennent de Venise, les moins fins de Paris, & les communs de Rouen.

Massicot.

Céruse blanche, jaune & dorée. Elle sert pour la teinture. C'est une sorte de composition qui se tire de la Hollande.

Mastic.

Résine propre à divers usages. On le tire de l'Isle de Chio & du Levant.

Masulipatan.

Nom des plus belles toiles peintes des Indes. Elles sont pour mouchoirs & d'un grand prix.

Matasse.

Nom donné à la soie qui est sans apprêt; on l'appelle aussi *soie de grège.*

Maté.

Surnom de l'Herbe du Pérou, ou du Paraguay.

Matelins.

Nom des laines qui se tirent du Levant.

Mâtures pour Navires.

Elles se tirent de Dantzick, Petersbourg, Hambourg, Bordeaux, Nantes, St. Malo & Marseille.

Maug-bund.

Sixieme sorte de soie qui se tire du Mogol.

Mauris, ou *Percale.*

Toile de coton blanche qui se tire des Indes Orientales.

Mays.

Nom du bled d'Inde & de Turquie, dont la farine est propre à rafraîchir, à engraisser, & est, par conséquent, d'une bonne nourriture. Elle est ordinairement très-blanche.

Mechoacam, ou *Macadosin.*

Racine médicinale surnommée *Rhubarbe blanche.* Elle se tire de la Nouvelle Espagne.

Médoc.

Caillou brillant, ou *espece de diamant*, qui se tire du Pays de Médoc, en Bordelois.

Mégisserie, ou *Peaux apprêtées.*

Elles se préparent à Annonay, Epernay, la Ferté-Milon, Vendôme, Grenoble, Blois, Maringues, Paris, Rheims & Vienne.

Méhon.

Plante médicinale propre à la thériaque.

Mélasses.

Sirops communs provenant du raffinage des sucres. Bordeaux, Nantes, Rouen, Orléans &c., en font quantité, qui s'envoient en Hollande.

Méleze.

Arbre des Alpes, dont le bois est bon à bâtir. On en tire de la Résine, de la Térébenthine, de l'agaric & de la Manne.

Menille. Voyez *Manille.*

Menuf.

Lin qui se tire d'Egypte, par la voie du Caire.

Merceries.

Le chapitre suivant sur les droits, indique les marchandises qui sont désignés sous ce mot.

Caen, Francfort, Gien-sur-Loire, la Rochelle, Lauzanne, Lyon, Moulins, Nantes, Niort, Nemours, Nuremberg, Paris, Singen, Prague, Rheims, Rennes, Rome, Rommorantin, Rouen, Saintes, Sarguemines, Schaffouse, Sedan, Sens, Seure, Toulouse, Troyes, Versailles & Zurich en tiennent de forts magasins, ainsi que Londres, Amsterdam, Bordeaux, Lyon, Marseille, &c.

Mercure, ou *Vif-Argent.*

Corps minéral & liquide qui se trouve en plusieurs mines de la Carinthie, en Allemagne; il sert à divers usages dans la médecine & les arts, mais avec des préparations d'autant plus nécessaires que l'emploi, sans de grandes connoissances, en est très-dangereux.

Mere-Laine. Voyez *Laines.*

Mere-Perle.

Sorte d'huître où se trouve la perle. *Voyez* perles.

Mérisier.

Cerisier sauvage, dont le bois, d'une couleur jaune-pâle, sert aux ouvrages de tour & de marqueterie.

Merluche. Voyez *Morue.*

Meslins.

Toiles de chanvre, qui se fabriquent en Champagne.

Meslis.

Toiles à voiles qui se fabriquent en Bretagne, & surtout aux environs de Rennes. Elles portent 28 pouces de largeur.

Messalines.

Toiles d'Egypte qui se tirent du Caire & d'Alexandrie.

Méteil.

Bled mêlé de froment & de seigle. Voyez grains.

Meubles.

Ceux de Paris, Lyon & Londres surpassent tous les autres autant par l'élégance que par la richesse.

Meules.

Pour moulages & autres usages. Voyez carrieres.

Meum.

Plante médicinale, qui croît dans les Alpes & les Pyrennées.

Mezeline. Voyez *Brocatelle*, ou *Ligature.*

Micocoulier.

Grand arbre qui croît en France, le long des Côtes de la Méditerranée. Son bois, très dur, sert à monter les outils des menuisiers & autres.

Microscope.

Instrument à verre, propre à grossir les objets. Les meilleurs se tirent de Londres, d'Italie, & de Paris.

Miel.

Suc provenant des Abeilles. On en tire de divers lieux & surtout de Dreux, Morlaix, Nantes, Saumur, Bordeaux, Paris & Narbonne; le dernier est préféré de toute la France. On en tire aussi beaucoup du Levant, & particuliérement de Candie & des Isles de l'Archipel.

Miliorati.

Sorte de soie qui se tire de Milan & Bologne, en Italie.

Mille-pertuis.

Plante médicinale, & de laquelle

on tire une huile fort estimée pour les blessures.

Millet.

Graine farineuse, dont le plus grand usage est pour la nourriture des oiseaux.

Milmils.

Toiles de coton des Indes Orientales. Elles se tirent de la Hollande.

Mine-de-plomb.

Pierre minérale, d'un noir argenté & luisant. La meilleure se tire d'Angleterre, & sert pour des crayons.

Mines.

Parties de la terre, où se trouvent des métaux, des minéraux, & mêmes des pierres précieuses. Voici l'indication des mines les plus abondantes en différens genres.

Celles de *diamant* se trouvent dans Grandes Indes & au Brésil. *Voyez diamans.*

L'or & l'argent se tirent des mines du Chilly, du Mexique, & de Pérou. Il y en a aussi en Sibérie, & l'Alsace possede quelques mines d'argent. L'*antimoine* vient de nombre de mines qui se trouvent en Bohême, en Saxe, en Transilvanie, en Hongrie, & en France, dans les Provinces du Poitou, de l'Auvergne, de la Bretagne, & surtout proche de Moulins, en Bourbonnois

L'alun a des mines dans le Comté de la Marck, en Silésie, en Angleterre, en Suéde, dans le Levant, dans le Pays de Liége, & quelques lieux de l'Italie. *Voyez* alun.

Le *soufre* provient aussi des mines. Il y en a en divers lieux de l'Europe & de l'Amérique. Celles d'Europe sont en Sicile, & il s'en trouve une près de Vienne, en Autriche.

Le *vif-argent* a des mines en Italie, en Hongrie, en Autriche, dans le Duché de Deux-Ponts, en Espagne, dans l'Etat de Venise, & la mine la plus renommée est celle de Frioul, en Italie.

Le *vitriol* se tire des mines de la Silésie, de quelqu'autres lieux de l'Allemagne, & de l'Angleterre, de la Suéde, de la Hongrie, & des environs de Rome.

Le *cuivre* a des mines en divers cantons de la Suéde, du Danemarck, de la Sibérie, & aux Bayes d'Hudson, & de Baffin.

Le *plomb* vient des mines de l'Angleterre, de l'Irlande, de l'Ecosse, de la Pologne, de l'Allemagne, de la France, où la plus abondante est près de Rennes, en Bretagne, & du Comté de Namur, proche la ville même.

Le *fer* a un nombre infini de mines; presque tous les Etats de l'Europe en possedent. Les plus renommées sont celles de Suéde, de Sibérie, de Koulsk & Dolkusck, en Pologne, du Pays de Field, en Allemagne, des environs de Vienne, en Autriche, & des Provinces de Champagne, du Nivernois & du Berry, en France : ce dernier Royaume n'a presque pas de Provinces qui ne renferment de ces mines.

Le *charbon de terre* a aussi nombre de mines, dont les plus estimées sont celles de l'Angleterre, l'Irlande, l'Ecosse, & la Flandre Françoise & Autrichienne. L'Allemagne & surtout le Comté de la Marck, la Lorraine, l'Auvergne, la Picardie, le Hainaut, la Normandie & le Forez possedent aussi d'abondantes mines de charbon.

L'étain a des mines en Chine, au Japon, dans les Indes Orientales, en Allemagne, en Bohême, dans les Provinces de Cornouailles & de Devonshire, en Angleterre, dont l'etain est le plus estimé, & la France en possede une près de Rennes, en Bretagne.

Enfin *le sel fossile* a aussi des especes de mines en Pologne, en Hongrie, dans la Catalogne & près de Vienne, en Autriche. *Voyez* sel.

NOTA. On aura plus de renseignemens, en cherchant les divers minéraux ci-dessus par leurs propres noms, ainsi *voyez* Diamans, Or, Argent, Fer, Cuivre, Plomb, &c.

Minium. Voyez *Vermillon.*

Mioſtade.

Sorte de petite ſerge qui ſe fabrique en Angleterre & à Amiens.

Mirabolan.

Fruit purgatif.

Miroirs & Miroiterie. Voyez *Glaces.*

Mirre. Voyez *Mirrhe.*

Mitaines. Voyez *Bonneterie*, ou *Bas.*

Mithridate.

Drogue pour contrepoiſon. On la tire d'Italie & du Levant.

Mitraille.

Vieux cuivres en morceaux. On en tire conſidérablement de la Hollande, de Hambourg, & de Stockolm; ce ſont les fondeurs qui en font uſage.

Modes, ou *divers Ajuſtemens de femmes.*

Londres, Manheim, Naples, Palerme, Paris & diverſes Villes de France & de l'Etranger, en tiennent des magaſins conſidérables.

Moëllon.

Pierre à bâtir. Il y en a des carrieres dans preſque toute l'Europe. Il y a de ces pierres qui, bien choiſies, ſervent à adoucir les petites glaces.

Moges de Morue.

Se dit des tripes de ce poiſſon.

Mohabut.

Toile de coton en couleur que l'on tire des Indes.

Moires.

Etoffes de ſoie, d'un grain fort & très-ſerré. Lille, Londres, Lyon, Niſmes, Paris & Tours, en fabriquent beaucoup, tant unies que façonnées. Celles d'Angleterre font très-eſtimées, mais défendues.

Moiſſe.

Nom de la vache marine.

Molete.

Se dit d'une ſorte de pierre platte & unie, & propre à broyer ſur le marbre.

Moline. Voyez *Laines d'Eſpagne.*

Molleton.

Petite ſerge en laine croiſée & tirée à poil d'un côté. On en fabrique à Saumiers, en Languedoc, Beauvais, Dinant, Rouen, Lamballe, Londres, Paris & Saint-Hyppolite.

Moltolinos.

Peaux de moutons apprêtées, qui ſe tirent du Levant.

Molue. Voyez *Morue.*

Momies.

Corps embaumés & deſſéchés. Elles ſe trouvent dans les ſables de la Libie, en Egypte & en Arabie; & on s'en procure, en France, par Marſeille.

Mon.

Bierre renommée à Brunswick. Les Hollandois en envoient aux Indes.

Moncahiard. Voyez *Burat.*

Mongopoës.

Toiles de coton des Indes. Elles imitent celles dites *Cambayes*.

Montbelliard.

Nom d'une toile commune pour les matelats. Elle se tire de la ville du même nom, en Allemagne.

Montassins.

Cotons filés qui se tirent du Levant, par la voie de Marseille.

Montichicours.

Etoffes des Indes Orientales. Elles sont en soie & coton; les pieces portent 3/4, à 5/6 de large, sur 5 à 8 aunes de long.

Montres.

Pour celles ordinaires. *Voyez* horlogerie.

Montres à l'eau se trouvent à Sens.

Moquettes.

Etoffes veloutées pour meubles. On les fabrique à Abbeville, Lille, Rouen, Paris, Strasbourg & Tournay, en Flandre.

Moraines.

Nom donné aux laines de rebut.

Morfil.

Dents entieres d'Eléphant. Elles se tirent de la traite des Negres, en Afrique. Le morfil prend le nom d'ivoire, lorsqu'il est coupé & travaillé.

Morillons.

Nom donné aux émeraudes brutes qui se vendent au marc.

Morues.

Gros poissons de Mer, qu'on distingue *en morues vertes & blanches*, *morues séches*, ou *merluches*, & *morues salées*. On les distingue aussi par grandes, moyennes & petites, ou *raguet & rebut*.

L'Isle St-Pierre-Miquelon, celle de sable, & le grand Banc de Terre-Neuve, sont les lieux les plus favorables à cette pêche. Les ports & villes qui s'en occupent le plus, sont : Amsterdam, Londres, les nouveaux Etats-Unis, Cadix, Dieppe, Bordeaux, Honfleur, Le Havre, la Rochelle, le Peck, Nantes, Pézenas, St-Vallery, en Picardie, & en Caux & Barfleur, *pour la morue verte*, &c.

Voyez *pêche*, à la troisieme partie. Voici encore quelques détails sur la morue.

On tire aussi des morues, de la Norwege, & de l'Islande, & comme ce sont les Hollandois qui les procurent à la France, elles y sont appelées *morues d'Hollande*.

Les diverses préparations, qu'on fait à la morue, lui font donner les noms suivans.

La morue salée s'appelle, *Saltet-Torch*, la morue sechée, est le *Stockfiseh*, & le *Rots-Kioer*, & la morue salée, avant d'être séchée, est le *Klipfisk*.

Enfin la *Rogue*, ou le *Raguet*, est un poisson qui se trouve dans la morue femelle, & qui sert d'apprêt pour la pêche de la Sardine.

Mortodes.

Perles fausses, dont on fait commerce au Sénégal, & en Guinée, pour la traite des Noirs.

Mosch. Voyez *Ambrette.*

Moscouade.

Surnom du sucre brut & non raffiné. Voyez *sucre*.

Mouchoirs.

Toiles de fil, soie & coton pur, & quelquefois mêlées; elles sont presque toutes à carreaux de diverses couleurs.

Les plus beaux en *coton*, & d'un excellent teint, se tirent des Indes, & surtout de Masulipatan. Ceux du Béarne en *fil*, sont très-estimés, ainsi que ceux de Cholet, en Anjou; quant aux fabriques de mouchoirs en *fil* & *coton*, purs ou mêlés, il y en a à Bourges, Angers, Brives, Leipsick, Niort, Moncontour, Paris, Prague, Rouen, Riom, & Saumur. Enfin les Villes qui tiennent des fabriques de mouchoirs de soie, sont Lyon, Tours, Bourges, Nismes, Brives, Paris, Zurich, & quelques Villes d'Italie.

Moulins.

Invention mécanique qui est agitée, soit par l'eau, soit par le vent, soit enfin par les chevaux & les bras d'hommes. La Hollande est le pays de l'Europe qui en possede le plus, & dans tous les genres possibles. Il y a des moulins à *dévider & filer la soie*, à Hambourg & à Lyon; des moulins à *grains* chez toutes les Nations Européennes: il s'en trouve même à Philadelphie; & dans l'Isle de Bourbon, ceux-ci sont montés à l'économie, à *l'instar* de ceux de quelques Provinces de France, & de quelques Cantons de l'Allemagne: on appelle *moulins à l'économie*, ceux qui, en moulant le grain, extraient la farine, ou *fleur*, *du son*. Les moulins à *huile*, se trouvent en tous Pays, ainsi que ceux à papiers, à fouler les draps, à scier des *planches*, & même des *pierres*. La Hollande a des moulins pour ratiner les étoffes, d'autres à tabac; l'Angleterre en a pour laminer le plomb, d'autres pour travailler l'acier, & le fer blanc: la France en a pour *manœuvrer le cuivre*, d'autres à *tan*, d'autres pour préparer des *cuirs*, d'autres pour faire le *fil de fer*, le *fil d'or*, & le *laiton*. Elle a aussi plusieurs martinets pour les gros ouvrages en fer, beaucoup de moulins à *fouler* les *draps*, & il se trouve à Sens un moulin pour ratiner les étoffes, comme en Hollande.

L'Allemagne & le Nord ont aussi une grande quantité de martinets. La plupart des Puissances ont des moulins à poudre à canon. Les Pays-Bas Autrichiens & Hollandois ont un grand nombre de moulins à *tabacs*; enfin l'Amérique a un nombre infini de moulins à *sucre*.

Moultans.

Toiles peintes qui se font dans le Mogol, & se tire de Surate.

Mousseline.

Toile en fil de coton des Indes.

Quoique nous rendions compte dans ce chapitre, de la plupart des sortes de mousselines, & des lieux où elles se fabriquent, nous croyons cependant en devoir rassembler ici les principales sortes, pour mieux faciliter les recherches des lecteurs.

Ces diverses sortes sont:

Des *Betilles simples.*
Des *Betilles Organdy.*
Des *Betilles Tarnatanes.*
Des *Tarnatanes Chanonis.*
Des *Adatais.*
Des *Mametiaty.* }
Des *Abrohany.* } Ces qualités sont des Mallemolles simples, & des Mallemolles tarnatanes.
Des *Doulebjais.* }
Des *Hamedis.* }
Des *Casses.*
Des *Chabnams*, *ou rosées.*
Des *Doreas.*
Des *Mamothanis.*
Des *Tanjebs.*
Des *Terindanes.*
Des *Toques.*
Des *Togmoria.*
Des *Tans.*
Des *Bans.*
Des *Cosus.*
Des *Muls.*
Des *Mosses.*
Des *Seer-Cossas.*
Des *Dom-Cossas.*
Des *Bords-Cossas.*
Des *Torps-Cossas.*
Des *Tangs.*

Et des Cravates brodées & rayées.

Ces diverses qualités sont particuliérement apportées en Europe, par les vaisseaux François & Anglois; & elles se tirent toutes du Bengale, & de Pondichery, dans les Indes-Orientales.

Outre ces mousselines, on en tire du Levant qui sont brodées en or, argent & soie, & l'on en fabrique en France & en divers états de l'Europe. Les villes qui tiennent magasin de ces dernieres, sont: Berlin, Neugard en Pomeranie, Brives, Bruxelles, Geneve, Niort, Lunéville, Nuremberg, Paris, le Puy, Saint-Gall, Rouen, Marseilie, Lyon, &c.

Mouta.

Sortes de soies qui se tirent du Bengale; elles sont appelées *fleurets* par les François.

Moutarde.

Composition de graine de Sénevé & de vinaigre; la meilleure se tire d'Angleterre, de Dijon & de Besançon.

Moutons. Voyez *Bestiaux.*

Moyen-Caen.

Linge ouvré qui se fabrique en Normandie, & se tire de Caen.

Moyen-Lyon.

Autre linge ouvré qui se tire de Regnie, en Beaujolois.

Moyeux.

Prune dont on fait à Dijon des confitures, & dont la consommation pour Paris est considérable.

Mude.

Etoffe d'écorce d'arbre, qui se fabrique & se tire de la Chine, pour servir au commerce de Tunquin.

Mul.

Mousseline unie & fine de 3|4 *de large, sur* 16 *aunes de long.* Les Anglois la tirent des Indes Orientales.

Mules & Mulets.

Les meilleurs se tirent d'Ispahan, Poitiers, le Puy & Saint Flour; l'Espagne, & Labrixa, fournissent les meilleures mules connues.

Mules de cordes.

Pour chaussures d'hommes & de femmes; on les tire de Langres.

Mulle.

Sorte de Garance, qui se tire de la Zelande.

Mûrier.

Arbre commun dans les pays chauds de l'Europe, & même les tempérés. C'est de ses feuilles que se nourrissent les vers à soie, aussi leur culture est-elle très-précieuse au commerce.

Musc.

Parfum qui vient d'un animal appelé Musc. Il se tire par la Hollande, des Royaumes de *Boutan*, de *Tunquin*, de la *Cochinchine* & du Bengale, aux Indes.

Muscade.

Noix aromatique, que les Hollandois cultivent dans leurs possessions, aux Indes-Orientales, & dont ils approvisionnent toute l'Europe.

Myra-Bolts.

Sorte de Myrrhe, qui se tire de l'Arabie & de Surate.

Myra-Gilet.

Autre sorte de Myrrhe, moins estimée que celle ci-dessus.

Myrrhe.

Gomme résineuse & médicinale, qui se recueille en Arabie, en Egypte

& en Ethiopie, & qui ſe tire du Levant par la voie de Marſeille.

N.

Nacarat de Bourre.

Se dit d'une des ſept couleurs rouges pour la teinture.

Nacre de perles.

Coquilles où ſe forment les perles. Ces coquilles s'emploient pour des bijous, & des ouvrages de marqueterie. *Voyez* perles.

Nadieu.

Eſpece de bure, qui ſe tire de Villefranche & de Montauban.

Nain-Londrins.

Draps très-fins d'Angleterre. On en fabrique auſſi à Carcaſſonne. ils ſe vendent pour le Levant.

Naptha.

Sorte de bitume, preſque ſemblable à la poix. On en tire beaucoup de l'Auvergne.

Narwal.

Gros poiſſon des mers glaciales. Les Danois qui en font la pêche, en tirent de l'huile & de l'ivoire. Cet ivoire provient de ſa corne & de ſes dents.

Natron.

Sel d'Egypte, très-propre au blanchîment des toiles. On s'en procure en France par les villes de Rouen & Marſeille.

Nattes de joncs.

Pour les emballages & autres uſages. Iſpahan, le Levant, Petersbourg, la Provence & autres lieux en produiſent beaucoup.

Navets.

Légumes; les plus eſtimés viennent de Ferneuſe & de Langres.

Navette.

Graine très-cultivée en France, ſous le nom de *colſat*, & dont on exprime une huile.

Nécanées.

Toiles des Indes, rayées en bleu & blanc. On s'en ſert pour la Traite des Noirs.

Néflier.

Arbre commun en Europe. Son bois, très-dur, eſt bon pour des chevilles & des fuſeaux.

Negres.

Peuples noirs d'Afrique que les Européens vont acheter, pour tranſporter dans leurs Colonies, & y travailler à la culture de leurs habitations. Les meilleurs ſe tirent du Cap-Verd, d'Angola, du Sénégal, de la riviere de Gambie & des Royaumes de Jaloffes, de Galland, de Damel, &c. Voyez *Traite des Negres*, dans la troiſieme partie.

Negres-Cartes.

Sortes d'émeraudes brutes, & les plus belles. *Voyez* Emeraudes.

Nembroiſi.

Safran très-eſtimé qui ſe tire d'Egypte, par la voie de Smyrne.

Néphrétique.

Pierre précieuſe preſque ſemblable au jaſpe. Elle ſe tire de la Nouvelle Eſpagne. Il croît auſſi dans cette même contrée un arbre appelé *Néphrétique*. On le croit ſouverain pour la colique du même nom.

Nérinde.

Toile de coton des Indes, blanche. Voyez *Baffetas*.

Nicotiane.

Nom d'une eſpece de tabac de l'Amérique. Voyez *Tabac*.

Nillas.

Etoffe des Indes qui est faite d'écorce d'arbre & de soie.

Nitre.

Sorte de sel qui se tire du salpêtre. *Voyez* sel & salpêtre.

Nœud.

Roseau jaunâtre des Indes Orientales. On en fait des cannes.

Noir pour couleur & teinture.

Il y en a de plusieurs sortes, dites *noir d'Allemagne*, *noir d'ivoire*, *noir d'os*, *noir de cerf*, *noir d'Espagne*, *noir de fumée*, *noir de terre*, *noir de corroyeurs*, *noir de rouille*, & *noir de soie*. Ces trois dernieres sortes sont pour les Corroyeurs. La plupart de ces noirs se tirent de la Hollande, de l'Allemagne & de l'Espagne.

Noir-prun, ou *Ner-prun.*

Arbrisseau épineux, dont le fruit est bon pour en faire les couleurs vertes, bleues & jaunes. Cet arbrisseau se trouve du côté d'Avignon.

Noisettes.

Fruits. Besiers en fournit beaucoup.

Noix.

Fruit d'un arbre commun en Europe. On en tire une huile bonne à manger, à brûler & à peindre. Les noix de *Cyprès*, de *Galle*, d'*Inde*, *véronique* & *muscade*, sont aussi des fruits d'arbres qui croissent aux Indes, en Egypte & en Perse; elles se tirent du Levant, par Marseille & Dantzick, & servent pour la médecine & la teinture.

Nompareille.

Etoffe. Voyez *Lamparillas*. *Nompareille* se dit aussi d'un des plus petits caracteres de l'Imprimerie; il est entre la *Parisienne* & la *mignone*.

Nossaris.

Sorte de baffetas. Voyez *baffetas*.

Noues, ou *Nos.*

Tripes de morues.

Noyalle.

Toiles de chanvre écrues, fortes & serrées. Elles se fabriquent en Bretagne, & servent pour les voiles de navires.

Nuna.

Toiles blanches de la Chine, d'où on les transporte au Japon. Le Commerce en est immense.

O.

Ocre.

Terre fossile pour teinture jaune, rouge, &c. Les mines du Berry, en France, produisent la meilleure; on en tire aussi d'Angleterre.

Œufs.

On ne fait commerce que de ceux d'esturgeon salés, qui se tirent de Constantinople & de la Moscovie.

Olives.

Fruit que l'on tire en abondance de l'Espagne, l'Italie, le Piémont, la Provence, le Languedoc, & surtout de Gênes.

Orange.

Fruit très-salutaire, dont on tire de l'huile, de l'eau de senteur, & dont l'écorce se confit. Les fleurs d'orange servent pour la médecine, les odeurs & la liqueur. Ce fruit & ce qui en provient se tirent de diverses Isles de l'Amérique, du Portugal, de Gênes & autres lieux de l'Italie, de l'Espagne, de la Provence & du Languedoc.

Organsin.

Soie ouvrée & apprêtée, c'est-à-

dire, *moulinée & filée*. Les préférées se tirent de Messine, Bresse, Piémont, Reggio, Bergame, Milan, & surtout de Bologne, en Italie.

Orge. Voyez *Grains*.

L'orge mondé est un grain d'orge dépouillé de son écorce; on en fait des bouillons rafraîchissans.

Origan.

Plante médicinale. L'origan sauvage se tire de Venise & de Candie.

Orléane. Voyez *Orellane*.

Orobe.

Plante dont la racine & la semence servent pour la teinture & la médecine.

Oronoco.

Nom d'une espece de tabac qui croît en Virginie.

Orphévrerie.

Ou ouvrages d'or & d'argent. Les villes où l'on s'en occupe le plus, sont : Blois, Geneve, Paris, Berlin, Londres, Lauzanne, Prague, Nuremberg, Rennes, Rome, Rouen, Lisbonne, Sens, Vienne, Liége, Amsterdam, Bruxelles, &c.

Orpiment.

Minéral de substance pierreuse qui tient de la nature de l'arsénic, & dont la vente est soumise à la police des villes. Il sert pour la peinture & la Médecine. Il y a un *orpiment artificiel* qui se tire d'Allemagne.

Orseille.

Drogue pour la teinture. Elle se forme en croûte sur des pierres, des rochers & des montagnes. On en compose dans l'isle de Candie & celle de Ténérif, & l'on en tire de l'Auvergne, de Lyon, de la Hollande, de Gênes, Nismes, Montpellier & Clermont, en Auvergne.

Ortie.

Plante très-commune en France. Elle s'emploie en médecine, & l'on en tire une espece de filasse dont on fait de la toile.

Ortolan

Petit oiseau d'Europe, très-délicat & très-gras. Il y en a beaucoup en Languedoc.

Os-de-seche.

Arêtes de poisson dont les Fondeurs & les Orfèvres font des moules.

Osier.

Arbrisseau très-connu en Europe, & des rameaux duquel on fait des paniers & autres ouvrages en vannerie.

Ostéocolle.

Sorte de pierre commune en Saxe & en Silésie. On en compose des emplâtres propres à consolider des os rompus, ce qui la fait appeler *Colle d'os*.

Othoune.

Nom d'une plante médicinale qui a la vertu de la Camomille.

Ouate.

Espece de coton très-fin pour les doublures d'habillement; on la tire d'Egypte & du Levant, par la voie de Marseille.

Ourdon.

Plante médicinale qui approche du séné.

Ours.

Animal quadrupede, très-commun dans le Nord; sa peau est une sorte de fourrure, & sa graisse est de quelqu'usage en médecine. On tire de cette graisse, du Canada, & de la Suisse.

Ourſin & Ourſon.

Petit ours, Voyez ci-deſſus *Ours.*

Outremer.

Drogue pour la teinture; on la fabrique en diverſes grandes villes d'Europe, & ſurtout en Italie & Amſterdam. Elle ſe compoſe avec la pierre d'azur calcinée, du porphyre, & une cire d'huile, & de poix graſſe.

Ouvrages divers.

Ceux en *buis*, ſe tirent d'Iſpahan & Paris, ceux en *grains*, ſe tirent d'Antrey, en Bourgogne, de Paris, & de Saumur; les plus beaux en *bois*, ſe tirent de Metz, Paris, Nuremberg, Newied, & autres villes d'Allemagne, ceux en *cornes*, ſe tirent d'Angers, & aux environs de Rouen, & Saumur, ceux en *os* & *ivoire*, ſe font à Dieppe, Paris, & diverſes Villes d'Allemagne, & ſurtout Nuremberg, ceux en *oſier fin* viennent de la Flandre, & ceux en *terre-de-pipe*, ſe font à Amſterdam & Bar-le-Duc.

Oxycedre, ou *Cadé.*

Arbre genevrier, dont on tire une gomme claire, qui eſt la ſandaraque, & une huile qui s'emploie en médecine, & par les maréchaux. Cet arbre eſt commun dans les pays chauds, & ſurtout en Provence & Languedoc.

Oye.

Gros oiſeau très-commun, & de la plume duquel on ſe ſert pour écrire; ſon duvet eſt employé pour les lits, ſes cuiſſes, conſervées dans le ſel, procurent un comeſtible eſtimé; on en tire de Bayonne & d'Auſch: enfin ſa graiſſe eſt auſſi de quelqu'uſage en médecine.

P.

Paco.

Brebis du Pérou, de laquelle on retire une des belles laines connues.

Padou.

Ruban commun en fil, ſoie, ou fleuret; on en fabrique à Saint-Etienne, &c.

Pagnes.

Couvertures qui ſe portent à la traite des Negres; elles ſont de laines & ordinairement teintes en bleu.

Pagnon.

Nom d'un ſuperbe draps fin, noir, qui ſe fabrique à Sédan.

Paillette.

Particule d'or qui ſe trouve dans quelques lieux & quelques rivieres des Côtes d'Afrique.

Pain d'épice.

Paris, Reims, Anvers, ſont les Villes où il eſt le plus renommé.

Paklakens.

Eſpece de draps qui ſe fabrique en Angleterre.

Palanche.

Étoffe groſſiere en laine & fil; elle ſert à doubler les capotes de marins.

Palempurez.

Nom de tapis de toile peinte des Indes.

Palixandre.

Sorte de bois violet très-veiné, que les Hollandois vendent, & dont on fait des ouvrages de marqueterie.

Palma-Chriſti.

Plante médicinale, de laquelle on tire une huile pour drogues, & pour brûler. Cette plante eſt commune aux Antilles.

Palmier.

Arbre, dont on tire des dattes bonnes pour la médecine, de l'huile, du vin, & dont le bois & les feuilles ſervent à différens uſages. Cet arbre est commun en Asie & en Afrique.

Panelle.

Surnom qui se donne au sucre brut.

Pangfils.

Etoffes de soie qui se font à la Chine, & surtout à Nanquin.

Paniers.

En joncs & osier. Les plus beaux se tirent d'Ispahan.

Panne.

Etoffe de laine faite en façon de velours. Elle est du plus grand usé; il s'en fabrique en Normandie & à Amiens, Lille, Londres, Paris, Tours, & il vient de s'élever une célebre manufacture de pannes Angloises à Florence, elles sont très-estimées.

Paon.

Oiseau des Indes Orientales, & des plumes duquel on fait un bon Commerce en Perse, au Mogol & en Chine.

Papeline.

Sorte d'étoffe en soie & filoselle, qui se fabrique à Gênes, en Italie & à Avignon.

Papier.

Composition de vieux linges, pilés, reduits en bouillie, étendus en feuilles, & que l'on laisse sécher ensuite. Il y a en Europe une infinité de Moulins à papiers; presque toutes les Provinces en possedent: celles de la Hollande, des Pays-Bas Autrichiens, & surtout de Gand, Bruxelles, & Luxembourg; celles d'Auvergne, du Limosin, de l'Angoumois, du Périgord, de la Normandie, de la Bretagne, la Champagne, le Dauphiné, le Beaujolois, le Vivarais, le Poitou, la Provence & le Gâtinois en France, font les manufactures les plus renommées de l'Europe. Les villes & lieux où se trouvent les manufactures & magasins les mieux assortis sont: Annonay, Alençon, Bergerac, Beruay, Besançon, Montargis, Langlée, près Montargis, Carcassonne, Essonne près Corbeil, Casites, Douay, Dreux, Gênes, Liége, Limoges, la Hollande, Londres, Lisbonne, Marseille, Mazamet, Nantes, Orléans, Paris, Rennes, Rouen, Saint-Antonin, St. Léonard, St. Malo, St. Quentin, Sourdeval, Sedan, Thiers, Venise, Versailles & Nemours; il vient d'être formé depuis peu, à Friedrischstal & Spechshausen, dans les Etats du Roi de Prusse, de très-belles manufactures de papiers, façon d'Hollande.

Les diverses sortes ou dénominations de papiers, sont:

1°. *Grande Sorte.*

Le Grand Jesus.
La Petite & Grande Fleur de Lys.
Le Chapelet.
Le Colombier.
Le Grand-Aigle.
Le Dauphin.
Le Soleil.
L'Etoile.
Et le Grand-Monde, qui est le plus grand connu.

2°. *Moyenne Sorte.*

Grand Raisin simple.
Carré simple.
Cavalier.
Lombart. *Ces quatre sortes sont pour l'Impression.*
L'Ecu, ou Papier de Compte.
Carré double.
Ecu double.
Grand Raisin double.
Couronne double.
Pantalon.
Grand Cornet.

3°. *Petite Sorte.*

Petite Romaine.
Petit Raisin.
Petit nom de Jesus.
Petit à la main.
Papier de Cartier.

Papier à la Couronne.

Papier à la Telliere, *dit* de Ministres.

Papier Champy à Chassis.

Et Papier Serpent propre aux éventaillistes.

Outre ces qualités de papiers, qui sont en blanc, il y en a en gris, bleu, d'autre gris & très-commun, d'autre bleu & fort pour enveloppe de sucre, d'autre très-fin, *dit* de brouillard, qui sert pour distiller, & d'autres fins de plusieurs couleurs.

Les papiers peints & à dessins pour meubles, ont leurs manufactures particulières; les plus renommées en ce genre sont celles de Paris, Londres, Bruxelles, Orléans, & quelques autres villes de l'Europe.

Paraguay.

Plante, ou arbrisseau du Paraguay. Il produit une herbe souveraine pour diverses maladies, & surtout pour le scorbut & les fièvres putrides.

Parangon.

Nom qui se donne aux perles, diamans, rubis & saphirs, suivant leur grosseur, beauté & prix.

Parangon

Nom d'un caractere d'imprimerie, qui suit le *Petit-Canon.*

Parchemin.

Peau de chevre, brebis ou mouton, préparée pour écrire. Le Berry, le Poitou, la Normandie, l'Auvergne, la Picardie & le Limosin en fabriquent beaucoup, ainsi que Lamballe en Bretagne.

Parfums.

En tous genres. Ils se font avec le musc, l'ambre, l'encens, &c. & se tirent de l'Italie, Naples, Lisbonne, Paris & Ispahan.

Parmezan.

Nom d'un excellent fromage d'Italie, qui se tire de Milan & de Lodi.

Parterres.

Satins à fleurs, ou *damas*. On en fabrique en France & à Amsterdam; ces derniers sont peu estimés.

Passarilles.

Sortes de raisins secs, qui se tirent de Frontignan.

Passe-perle.

Fil-de-fer très-fin qui se tire d'Hollande & sert à faire des cardes.

Passemens. Voyez *Rubans & Dentelles.*

Pastel.

Drogue pour la teinture bleue; le pastel provient d'une graine assez commune aux Açores.

Geneve, St. Papoul, Mirepoix, Lavaur, Alby, Lauzanne & le Languedoc en cultivent beaucoup; Paris & Londres le débitent à toute l'Europe.

Pastel se dit aussi de divers crayons en couleurs.

Pastrama.

Nom que les Turcs donnent au bœuf salé

Patach.

Cendre qui entre dans la composition du savon. Elle se tire de Syrie, & surtout de Tripoli.

Pâte de réglisse.

On en fait beaucoup à Blois.

Patins.

Ferremens dont on se sert pour courir sur la glace. On en tire considérablement de Nuremberg.

Patoles.

Etoffes de soie peintes en figures. On les tire de Surate, pour les vendre aux Isles de la Sonde.

Pautkas.

Toiles de coton des Indes. Il y en a de la blanche, de la bleue & de la brune.

Payas.

Soie blanche du Levant. Elle se tire d'Alep, par la voie de Marseille.

Payas est aussi une sorte de coton qui se tire d'Alep.

Peausserie.

Peaux de toutes especes préparées pour divers usages. Constantinople, Liége, Maringues, Marseille, Narbonne, Corbeil, Niort, Nyon, le Mans, Paris, Nantes, Poitiers, Bordeaux, St. Germain-en-Laye, St. Malo, Saumur, Smyrne, Troyes, Londres & Vienne, en fabriquent considérablement. *Voyez* le chapitre suivant, pour les noms des diverses peaux & les droits qu'elles payent.

Peck.

Nom qui se donne aux harengs & anchois fraîchement salés.

Peignes.

Pour cheveux. Il s'en fait en ivoire, écaille, os, corne & buis; les meilleurs se tirent de Paris, Rouen, Angers, Saumur, &c.

Peilles.

Surnom des chiffons dont on fait du papier.

Peintures.

Les plus beaux ouvrages, en ce genre, se font à Anvers, Rome, Paris & Londres.

Pelache.

Sorte de peluche grossiere en fil & coton.

Pelades.

Sortes de laines de rebut.

Pelinge.

Etoffe de soie, qui se fabrique en Chine.

Pelleteries.

Peaux d'animaux préparées pour fourrures; elles se tirent des pays Septentrionaux, & se préparent à Amsterdam, Angers, Ispahan, Lauzanne, Liége, Londres, Paris, Poitiers, Rennes, St. Vallery, Stockolm, &c. *Voyez* le Chapitre suivant, pour les noms des diverses peaux, & les droits qu'elles payent.

Pelotage.

Troisieme sorte de laine de Vigogne; elle se tire d'Espagne.

Pelote.

Se dit de quelque cuivre en feuilles prêt à mettre au creuset, & des soies greges, qui se tirent de Messine.

Peluche.

Etoffe en soie, en laine, ou en coton à long poil; on en fabrique considérablement dans la Flandre, le Lyonnois & la Picardie: leur largeur ordinaire, est des 11/24 de l'aune de Paris.

Pemiston.

Sorte de molleton Anglois. Voyez *molleton.*

Pennes.

Déchets des métiers, d'étoffes en laine & fil; ceux de laine servent pour tapisserie, & ceux de fil servent aux chandeliers.

Pépinieres d'arbres.

Ordinaires & à fruits. Les plus abondantes sont celles de Sens, Némours, & des environs de Paris, du côté de Villejuif.

Pepitas.

Nom qu'on donne à des morceaux d'or pur, qui se trouvent dans les mines du Pérou.

Percalles-Moris.

Belles toiles de coton blanches de 918 de large, sur 7 aunes 1/4 de long. Elles se tirent de Pondichery, dans l'Inde.

Perelle.

Plante commune en Auvergne. Elle entre dans la composition de l'orseille. Ainsi *voyez* ce mot.

Peridot.

Pierre précieuse dans le genre de l'émeraude.

Périgord, ou *Périgueux.*

Sorte de pierre dure & noire qui sert aux émailleurs. Elle se trouve dans quelques mines du Dauphiné & de l'Angleterre.

Perles.

Pour joyaux, bijoux, &c. Les fines se pêchent, 1°. dans les mers des Indes Orientales, 2°. dans quelques-unes de celles de l'Amérique, 3°. le long des côtes de la Nouvelle Espagne ; & 4°. le long de quelques côtes & rivieres d'Europe. Ces dernieres sont peu estimées. Les villes qui en fournissent au commerce sont : Cadix, Amsterdam, Smyrne & Ispahan. Les *fausses* composées de cire, couvertes de colle de poisson brillante, se tirent & se font à Paris.

On vient de découvrir que les rivieres de l'Esclavonie fournissent des coquillages qui produisent la perle ; il s'en trouve du poids de deux grains, & d'une beauté presqu'égale à celles de l'Orient.

Perrieres.

Nom des carrieres d'ardoises ; les plus estimées sont celles de l'Anjou, & surtout des environs d'Angers.

Perses.

Toiles peintes & fabriquées aux Indes & surtout en Perse.

Persil de Macédoine.

Plante du Levant, dont la semence entre dans la thériaque.

Perte.

Sorte de toile qui se fabrique à Vitré, en Bretagne, elle est plus commune que fine.

Petnuche.

Bourre de soie inférieure au fleuret. Elle ne s'emploie que dans des étoffes communes.

Petit-Barrage.

Linge ouvré qui se tire de Caen.

Petit-Lyon.

Autre linge ouvré qui se tire de Reynie, en Beaujolois.

Petite-épice.

Surnom que l'on donne au gingembre battu.

Petites-venises.

Linge ouvré qui se fait en Basse-Normandie.

Petites-Olonnes.

Toiles de chanvre écrues pour voiles. On les fait en Bretagne.

Petits-fins.

Seconde sorte des fils de sayette, ou laines filées en Flandre.

Pétrifications.

Coquillages & autres productions terrestres. Ils ne sont recherchés que par les Naturalistes, & se tirent, pour la plupart, de l'Italie, où se trouvent des *Coraux*, des *Astroïtes*, des *Tubulaires*, des *Madrépores*, des *Champignons* & *Agarics de Mer*, des *Balemnistes*, des *Pierres matrices remplies d'insectes marins*, des *Limaçons*, des *Caryophiles*, *divers animaux terrestres*, des *Poissons*, *des plantes marines*, *des conques*, &c.

Pets.

Etoffes de laines qui se fabriquent en Ecosse, ainsi qu'à Leyden, en Hollande.

Philosophie.

Sorte de caractere d'Imprimerie. Il est entre le *petit romain* & le *cicero.*

Pichina.

Etoffe de laine, propre à l'habillement des Carmes. Il s'en fabrique beaucoup près de Lille en Flandre.

Picote, ou *Gueuse.*

Autre étoffe de laine, en espece de camelot. Elle se vend pour l'Espagne, & se fabrique à Lille.

Pierreries pour joyaux.

Les *fines* se tirent de Cadix, Amsterdam, Londres, Paris, Lisbonne, Pondichery, Prague, Smyrne, &c. & les *fausses* se composent & se trouvent en divers lieux de l'Europe.

Les divers noms des Pierres fines, font :

La *Topase* dont la couleur est jaune d'or.

L'*Hyacinthe* est d'un jaune rougeâtre.

Le *Grenat* est couleur de feu.

Le *Rubis Oriental* est d'un rouge vif.

Le *Rubis balais* est de couleur cramoisie.

L'*Escarboucle* est d'une belle couleur sanguine.

Le *Rubis spinelle* est de couleur de rose.

L'*Améthyste* est couleur de pourpre.

Le *Saphir* est d'un beau bleu.

Le *Saphir d'eau* est un peu moins bleu que le précédent.

L'*Aigle marine* est couleur vert-de-mer.

L'*Emeraude* est d'un vert-de-prés.

La *Chrysolite* est d'un vert obscur, un peu mêlé de jaune.

Le *Cristal* est blanc, ainsi que la plupart des diamans.

Le *Diamant à damas*, est un des plus brillans connus. *Voyez* diamans, & les divers noms ci-dessus.

Pierres diverses.

On en distingue d'une infinité de sortes dont les principales sont : la *pierre à bâtir*, la *pierre à plâtre*, qui se calcine par le feu, la *pierre à chaux* qui se calcine comme l'autre, la *pierre à fusil* qui est un caillou très-commun en Berry, la *pierre à aiguiser*, qui est une espece de grès, la *pierre ponce* qui sert en médecine & pour les parcheminiers, Potiers d'étain & corroyeurs : elle se trouve aux environs des volcans; la *pierre de touche*, qui sert à éprouver les métaux; elle se tire de l'Asie Mineure; la *pierre de cerf*, qui se trouve au bois de cet animal, & a la vertu du Bézoard; la *pierre d'écrevisse*, qui se trouve dans les yeux de ce poisson. La *pierre d'éponge* qui se tire de l'éponge même & sert en médecine. La *pierre arménienne*, voyez ce mot. La *Pierre judaïque*, qui se tire de la Judée, & sert en médecine; la *pierre infernale* est un argent dissout & cristallisé, la *pierre d'aigle*, voyez ce mot; la *pierre calaminaire*, voyez *calamine*; la *pierre di ine*, voyez *jade*, la *pierre de fiel*, voyez *Bézoard*; la *pierre d'aimant*, voyez ce mot; la *pierre de Boulogne* est une espece de *Phosphore*, en ce qu'elle est lumineuse, a *pierre Naxienne*, qui sert à aiguiser les faux, se tire de la Lorraine; enfin *voyez*, pour d'autres pierres, meules, carrieres, &c.

Pierriers.

Pour l'artillerie; ils se font à Putange, & nombre d'autres villes.

Pignon.

Amande qui se trouve dans la pomme du pin. On en tire une fort bonne huile, dont on se sert en médecine. Cette sorte d'amande se tire de la Provence, du Languedoc & de la Catalogne.

Pignon d'Inde.

Fruit purgatif qui se tire des Indes. *Pignon*, ou *Peignon* est le nom de la laine de médiocre qualité.

Pile.

Nom d'une laine-prime d'Espagne. On dit *Pile de Chartreux* & *Pile de Jésuites.*

Pin.

Arbre qui produit les pignons. On en tire aussi une sorte de résine ; il est commun en Europe.

Pinangue, ou *Aréque.*

Fruit d'une espece de palmier des Indes.

Pinasse.

Etoffe d'écorce d'arbre, qui se fabrique aux Indes.

Pinceau. Voyez *Brosserie.*

Pinchinats.

Etoffes de laines non croisées. Elles se fabriquent à Toulon, Bourges, Lille, Issoudun, Metz, Niort, Poitiers, &c.

Pinée.

Surnom donné à la morue seche.

Pinne-marine.

Poisson dont la ville & le Port de Tarente, en Italie, tirent une grande quantité de soie, & dont ils entretiennent plusieurs manufactures.

Pipes de terre.

Pour fumer. Les meilleures fabriques sont en Hollande, à Rouen, & dans la basse ville de Dunkerque, &c,

Pissaphalte.

Sorte de Bitume qui est de quelqu'usage en médecine ; on en tire de l'Italie & de l'Auvergne.

Pistaches.

Sorte de fruit sec, que l'on tire d'Arabie, de Perse, de Syrie, de Sicile & des Indes. C'est Marseille qui les procure à toute la France.

Pistolets. Voyez *Armes & Fusils.*

Pitte.

Espece de chanvre, ou *de lin*, qui se recueille près de la riviere de l'Orénoque, en Amérique.

Plaindin.

Espece de serge qui se fabrique en Ecosse, & dont les pieces portent 25 aunes de long.

Planches.

Bois de sciage peu épais. On en tire quantité du Nord, par Dantzick, Hambourg, la Hollande, &c.

Plantes médicinales.

Voyez Sedan, en Champagne, (*dans la seconde Partie de cet Ouvrage.*) On y trouve l'indication d'une infinité de plantes, ou simples médicinales, &c.

Plasmes.

Nom des émeraudes brutes. Voyez *Emeraude.*

Plata-Blanca.

Sorte de minéral qui se tire des mines d'argent du Potosi.

Platilles.

Sortes de toiles de lins, très-blanches. Il s'en fabrique à Cholet, en Anjou, Beauvais en Picardie, & Breslaw, en Silésie, &c.

Plâtre

Pierre cuite, ou non cuite, qui se tire de diverses carrieres d'Europe, & surtout de France, & qu'on emploie en construction de bâtimens. Le plâtre cuit, se vend en poudre. *Voyez* muid, à la table de mesures des grains.

Plis.

Nom d'une qualité de laine inférieure.

Ploc,

Se dit des poils de vaches, chèvres, chiens & chevrotins.

Plomb.

Métal mou, pliant, noir, pesant, & luisant. Voyez *mines*, dans ce chapitre, auquel mot nous avons oublié de parler des mines de plomb du Lyonnois, & surtout de celle de *Chasselay* qui est une des plus importantes de la France; *voyez* aussi *métaux*, dans la troisieme partie de cet ouvrage.

Plomo-Ronco.

Minéral d'argent qui se tire des mines de Chilly & du Pérou.

Pluches.

Étoffes en soie, en laine, à poils longs, & qui se fabriquent à Lille, à Amiens, dans le Lyonnois, & à Nismes, en Languedoc.

Plumes.

Pour duvets, panaches, l'écriture &c. On les tire de Chinon, Amsterdam, Ispahan, Paris & Saint-Malo. *Voyez* Duvets, Autruches, &c.

Poils.

Voyez *lapins*, *castor*, *lièvres & autres animaux*. Ceux de *chameaux* filés, non filés & torts, se tirent de Smyrne.

Points de dentelles fines.

Les plus beaux se font à Alençon, Argentan, Venise, Londres, Cadix, Vienne, Malines & Paris.

Poirée.

Cidre qui ne se fait guères qu'à Bernay & Alençon, en Normandie.

Pois.

Légume farineux, qui se tire, en grande quantité, de la Normandie, du Velay, & divers cantons de la France. On en fait de grandes provisions pour les navires.

Poison.

Voyez Arsénic, Sublimé, Céruse, Ellébore, Orpiment, Aconit, Mandragore, &c.

Poivre.

Fruit pour les épices, ou *assaisonnemens d'alimens*, & dont on se sert dans divers remedes.

La Hollande qui en fournit presque toute l'Europe, le tire de Java, Malaca, Sumatra, aux Indes; & d'autres nations en tirent de l'Éthiopie, de la Jamaïque, du Bengale, Mascaren, Madagascar, la Chine, l'Afrique & la Guinée. Enfin le Languedoc en cultive & en fournit au Commerce, sous le nom de *Piment*.

Poix.

Espece de gomme que l'on tire du Pin. Il y en a de plusieurs sortes. La *Grasse* se tire de Bourgogne & de la Franche-Comté. La *Résine* se tire de Bordeaux & de Bayonne, & la *poix noire* se tire de la Norwege & de la Suéde. La préparation de la poix se fait avec le galipot; on s'en sert en médecine, & pour divers autres usages.

Polimites.

Sortes de petits camelots qui se fabriquent à Lille. Ils sont en poils de chèvre.

Polium.

Plante odoriférante & médicinale. Elle se tire de la Provence & du Languedoc.

Polle-Davy.

Nom d'une grosse toile en chanvre écru, qui se fabrique en Bretagne.

Polosum.

Nom d'un cuivre rouge allié avec de l'étain.

Polypode.

Plante assez semblable à la fougere. Elle s'emploie en médecine, & est assez commune.

Pommades.

Graisses odoriférantes & épurées, qui servent particuliérement à la toilette, & qui se composent en Italie & en Provence.

Pommes.

Fruit assez commun en France, & surtout dans l'Auvergne & la Normandie. Cette derniere Province en fait un cidre excellent.

Pompes à feu.

On en a établi des dépôts considérables à Douay, Paris & Londres; & le succès en est reconnu infaillible.

Pompelmousse.

Orange des Indes-Orientales, dont les Hollandois ont soin de se pourvoir, pour rafraîchir leurs équipages.

Pompholix.

Matiere qui se trouve aux carreaux qui couvrent les creusets. La meilleure se tire d'Hollande. On s'en sert en médecine.

Poncé.

Sorte d'encre à marquer les toiles; c'est un composé d'huile & de noir de fumée.

Pontivy.

Toiles de lin qui se fabriquent à Pontivy, en Bretagne.

Porc.

Animal dont la chair salée & le lard sont très-utiles pour les provisions des navires, & dont le poil & la graisse forment une petite branche de commerce. Le Bayonnois, l'Anjou, le Poitou, l'Irlande & autres lieux en fournissent en quantité.

Porcelaine.

Terre fine & transparente, dont on fait des vaisseaux, &c. Les porcelaines de la *Chine*, du *Japon*, de *Siam* & de la *Perse*, ont été longtems reconnues pour les plus belles; mais aujourd'hui, la Saxe, la Hollande & la France ont atteint l'art de cette composition à un dégré très-favorable, & la beauté des couleurs, l'élégance des formes & des dessins sont estimées autant que celles des Indes. *Voyez* Paris, dans la seconde partie de cet ouvrage, pour les manufactures de France les plus célebres en ce genre. Les plus renommées chez l'Etranger sont à Naples, à Frankenstal, à Vienne, en Allemagne, Tournay, dans les Pays-Bas Autrichiens, & nombre de villes des divers états de l'Europe.

Porcelaine se dit aussi des toiles de coton peintes en bleu; les plus belles se font aux Indes; on en fabrique aussi en Europe.

Potasse.

Cendre gravelée qui s'emploie pour la teinture, le savon & divers autres usages. On la tire de Moscovie, de l'Allemagne & de la Pologne.

Poterie.

Vaisselle de terre, &c. Celles en terre & grès se fabriquent dans presque toutes les Provinces, mais celles qui se font à Beauvais, en Champagne, en Normandie, dans les Pays-Bas, & au Pont-Saint-Esprit, sont les préférées.

On a inventé en France, depuis peu d'années, une poterie fine, blanchâtre & légere, & qui résiste au plus grand feu, & peut même retenir, comme les meilleurs creusets, le verre de plomb en fusion.

Celles d'étain les plus estimées, se font à Paris, Rennes, Londres, &c.

Potin.

Cuivre composé, ou alliage de divers cuivres. Voyez *mines & cuivres.*

Pou-de-soie.

Etoffe de soie à gros grains qui se fabriquent à Naples & à Tours, mais dont l'usage est tombé par la fabrication des Gros-de-Tours.

Ponchoc.

Drogue pour la teinture jaune & la médecine. Elle se tire de la Chine.

Poudre anti-hémorragique.

Remede précieux pour arrêter toutes sortes d'hémorragies, tant internes, qu'externes: elle se trouve à Londres, en divers entrepôts, & à Paris, rue Beaubourg, n°. 75.

Poudre de chypre.

Sorte de bois vermoulu, dont on fait une pâte pour les parfums. Elle se tire de Nicosie, ville capitale de l'Isle de Chypre.

La poudre à cheveux, celle de *senteur* qui sert aussi à la coiffure, & la poudre de *violette*, se fabriquent en nombre de lieux, ainsi que la poudre qui s'emploie pour les dorures.

Poudre.

Pour les armes à feu. Mélange de charbon, de soufre & de salpêtre. Il y en a de deux sortes appelées, *poudre grenue*, & *poudre fine.* Les lieux de France où sont les moulins à poudre, sont: Essonne, près Corbeil, Saint-Jean-d'Angely, Auxonne, Toulouse, Marseille, Colmar, Charleville, Douay, Rouen, Montpellier, Toulon, Limoges, Metz, Besançon, Saint-Omer, la Fere, Brest, Brissac, Bordeaux, Perpignan, Verdun, Valenciennes, & Vienne, en Dauphiné; mais la vente en gros pour le public, ne se fait guères qu'à Paris, au bureau des poudres & salpêtres.

Poulains. Voyez *Bestiaux.*

Poulangis.

Grosse tiretaine, faite en laine & fil; elle se fabrique en Bourgogne.

Pouliot.

Plante aromatique, & fort commune; elle s'emploie en médecine.

Pourpre.

Couleur d'un rouge violet; elle se fait avec la cochenille, la graine d'écarlate, & du pastel. Le meilleur se tire d'Hollande.

Prime.

Nom de la plus fine laine d'Espagne, voyez *laines.*

Propolis.

Cire vierge, dont la vertu est for attractive; elle se trouve dans les ruches de mouches à miel, & l'on s'en sert en médecine.

Pruneaux.

Fruits secs qui se tirent de Caussade, Chinon, Montauban, Saint-

Antonin, Saumur & Tours; ces dernieres sont les plus estimées du Royaume.

Psylium.

Semence médicinale, provenant d'une plante abondante en Provence & en Languedoc.

Pyrethre.

Racine médicinale qui se tire du Royaume de Tunis, en Afrique.

Pyrites.

Nom commun à la marcassite des métaux; il différencie cependant selon le métal. On appelle *chrysite*, celle de l'or, *argyrites*, celle de l'argent, *chaleytes*, celle du cuivre, *molyldites*, celles du plomb, & *Syderi es*, celle du fer.

Pyxacanthe.

Arbrisseau épineux qui produit une graisse amere, semblable au poivre. On s'en sert en médecine.

Q.

Quantal.

Sorte de fromage qui se fait dans le Haute-Auvergne.

Quanconex.

Arbre de l'Isle de Porto-Rico, de l'écorce duquel on tire un baume que l'on prétend avoir plusieurs vertus médicinales.

Queux.

Sorte de pierre à aiguiser des instrumens tranchans.

Quincaillerie.

Ouvrages en fer, acier & cuivre. Voyez ce mot, au chapitre suivant les droits. On y détaille les divers ouvrages de quincaillerie.

La plus estimée & la premiere en rang, est celle de l'Angleterre, la seconde, celle de France, & la troisieme, ou la plus commune, celle d'Allemagne. Les villes qui s'occupent de cette branche de commerce, & qui tiennent des magasins de cette marchandise; sont: Dorainville, Geneve; Francfort; Ispahan; la Charité-sur-Loire, Liége, Londres, Lyon, Marseille, Moulins, Nancy, Nantes, Némours, Niort, Orléans, Nuremberg, Paris, Pingen, Pondichery, Prague, Rendannay, Berlin, Kœnisberg, Rennes, Rome, Rouen, Saint-Etienne-en-Forez, Saint-Flour, Saint-Vallery en Picardie, Saintes, Saumur, Sedan, Sens, Seure en Bourgogne, Strasbourg, Toulouse, Versailles, Zurich, Vienne en Autriche, Langres, Chatelleraut, Aix-la-Chapelle, Bruxelles, Amsterdam, Thiers en Auvergne, Birmingham en Angleterre, Edimbourg en Ecosse, Dublin, en Irlande, Dunkerque en Flandre, Leipsick & Dresde, en Saxe, & diverses autres villes de l'Europe.

Quinette.

Camelot de laine pure, ou mêlée de poil de chevre; il s'en fabrique à Lille & Amiens. On en envoie beaucoup en Espagne.

Quinquina.

Ecorce d'arbre précieuse pour les drogues. Les Espagnols la tirent de Quito au Pérou, pour en fournir à toute l'Europe.

Quinte, ou *Quintin.*

Toile très-fine qui se fabrique à Quintin, en Bretagne.

Quintefeuille.

Nom d'une plante aquatique, dont les feuilles & la racine servent à la médecine.

Quis.

Surnom de la marcassite de cuivre. Elle est commune en France, où l'on en fait beaucoup de vitriol.

R.

Rabes, ou *Raves*.

Œufs salés de morue. On les tire, en barils, de la Hollande.

Rabi.

Sorte de cerise médicinale qui se tire du Royaume de Fez.

Rache.

Sorte de lie du Goudron; voyez *Goudron*.

Raffes.

Rognures de peaux.

Raffineries diverses.

Celles d'Amsterdam, pour l'*azur*, le *borax*; le *camphre*, la *résine* & le *vermillon*, sont les plus renommées; la raffinerie de *sel* est aussi renommée à Amsterdam, Lille, & divers lieux de la Flandre-Autrichienne, de même que celle de Marseille, pour le *vitriol*.

Les raffineries de sucre sont aussi très-estimées à Amsterdam, Bordeaux, Hambourg, la Rochelle, Lille, Marseille, Nantes, Nuremberg, Orléans, Rouen, le Havre, Saumur, Dunkerque, Saint-Domingue, Venise, l'Angleterre, & nombre d'autres villes d'Allemagne, de la Prusse, des Pays-Bas & autres Etats-Autrichiens.

On a, depuis peu, établi à Paris, rue Charonne, une *Raffinerie* d'huiles à brûler, qui sont toutes fort estimées par leur limpidité, leur blancheur, leur qualité, sans odeur, & très-propre à conserver la vue.

Raguet.

Sorte de morue de la troisieme classe, voyez *morue & pêche*, dans la troisieme partie de cet ouvrage.

Raisins secs.

Fruit. Corinthe, les Isles de Zante, de Téachi & Céphalonie en produisent beaucoup.

Les *muscats* se tirent de Lunel, Frontignan & divers lieux du Languedoc : quant à ceux ordinaires en caisses, la Provence, Roquevaire, Oriol, Olioules, Avignon, Marseille & quelques villes d'Italie en fournissent considérablement.

Les raisins *de Damas*, en Syrie, sont très-estimés en Europe; enfin les raisins d'*Espagne*, dits *d'Arcq*, & *au soleil* sont aussi en grande réputation.

Rames.

Sortes de cotons filés, de médiocre qualité, que l'on tire de la Judée.

Rapatelle.

Toile très-claire, faite en crin, & dont l'usage est pour les tamis, sas, ou passoires; ce sont les environs de Coutances qui en fournissent le plus au Commerce, par la voie de Rouen en Normandie.

Rapontic.

Racine médicinale qui se recueille en quelques lieux de la Scythie, & se tire du Levant.

Ras.

Diverses sortes d'étoffes; celles en *laines* croisées, se tirent de Châlons, Château-Gontier, Florence, St. Lo, Lusignan, Montagnac, Montauban, Pamiers, Paris, Poitiers, Rheims, Rodes, St. Maixent, Toulouse & Versailles.

Celles *de soie*, dites de *St. Maur* & *St. Cyr*, ne se fabriquent qu'à Paris, à Lyon & à Tours.

Rase de Maroc.

Petit serge qui se fabrique en Champagne, & se tire de Rheims.

Rase.

Sorte de melange de poix & de brai, propre à calfater des vaisseaux. Voyez *Brai* & *Poix*.

Rassade.

Petite graine de verre blanc & noir; on les porte en Guinée, pour la traite des Noirs.

Ratine.

Étoffe de laine croisée, & dont le poil est frisé & boutonné. Beauvais, Elbœuf, Florence, Lille, Lisieux, Montagnac, Moulins, Nismes, Vienne en Dauphiné, Paris, Rouen, Troyes & Versailles, fabriquent des ratines ordinaires; les plus estimées sont celles d'Hollande, & ensuite celles d'Andely en France, qui imitent beaucoup les Hollandoises. On fait de ces dernieres à Elbœuf, Caen & Sens.

Ratures de Parchemin.

C'est, à proprement parler, la raclure des peaux de parchemin; on en fait de la colle qui est estimée pour les manufactures d'étoffes de laines; on en tire beaucoup du Berry, de la Normandie, de la Picardie, du Limosin, du Poitou, & surtout de Lamballe en Bretagne.

Ravansera.

Nom de l'arbre qui produit la canelle girofflée, dans l'Isle de Madagascar.

Raye.

Poisson de mer fort commun sur les Parages des Côtes de l'Europe; la plupart des Ports de Mer s'occupent de sa pêche.

Réalgal, ou *Réagar.*

Poison fort dangereux, ou suc d'arsenic, dit *orpiment rouge;* il sert aux opérations des orfevres, & on le tire de la Chine.

Recoupe.

Nom que l'on donne à la seconde qualité du son de froment; elle ne se trouve que dans la mouture économique. Les recoupes sont bonnes pour la nourriture de vaches.

Recouvées.

Voyez *Toiles crues, ou créées.* Ces toiles sont estimées à l'Amérique.

Redon.

Plante, utile aux tanneurs pour suppléer au tan. Elle est commune dans la Haute-Gascogne & quelques autres lieux de la France.

Refleuret.

Nom qui se donne à des laines de Castille, d'Arragon & de Roussillon.

Régale.

Sorte d'eau forte qui dissout l'or. *Voyez* Eau.

Réglisse.

Plante médicinale, & dont le jus est très-estimé. Elle se recueille en divers endroits de l'Italie, particuliérement dans la Calabre citérieure, dans le Royaume d'Arragon en Espagne, à l'Isle de Crête & en quelques lieux de l'Allemagne. C'est par Marseille & Rouen que la France s'en procure.

Regnie.

Nom des toiles qui se fabriquent en Beaujolois.

Régule.

Se dit de la partie pure d'un métal qui se précipite au fond du creuset, lorsqu'on fait une fonte métallique. Il y en a de deux sortes dites *Régule* d'*Antimoine* & *Régule martial.* Ils sont de couleur blanchâtre, & servent aux droguistes & aux Chimistes.

Reilbon.

Plante du Chily. Elle peut, en quelque sorte, suppléer à la garance, pour la teinture.

Renards.

Animaux sauvages, dont les peaux s'emploient en fourrures. Les peaux du premier rang, en qualité, se tirent de la Natolie, la Tartarie & de l'Arménie, celles du deuxieme se tirent, de Suéde, du Danemarck & de la Moscovie, & les plus communes viennent de Suisse, d'Espagne & de France.

Renforcée.

Sorte de toile, *à voiles*, qui se fabrique en Bretagne & surtout à Vitré.

Requin.

Poisson de mer fort abondant dans les mers d'Afrique & d'Amérique. Tout ce qu'on en tire est une huile fort bonne pour brûler.

Résine.

Nom commun à toutes les matieres grasses & huileuses. Voyez Gomme, Baume & Drogueries.

Résure.

Voyez *Raves & Rogues, ou Raguet.*

Retze.

Nom des Linons rayés qui se fabriquent en Artois.

Réverberes pour éclairer.

Les plus renommés viennent de Paris & Londres.

Revesche.

Etoffe de laine grossiere & non croisée, qui se fabrique à Amiens & Beauvais, & servent de blanchets aux Imprimeurs.

Rhaa.

Nom d'un arbre Africain, d'où se tire la gomme médicinale, dite *Sang de dragon.*

Rhapontique.

Racine médicinale & très-astringente. Elle se tire du Royaume de Pont où elle croît sur les bords du fleuve Rhaa.

Rhubarbe.

Racine médicinale qui se tire des Indes-Orientales, de la Moscovie, de la Sibérie, de la Suéde, du Levant, par Marseille, & de la Hollande.

Riabauls-Smals.

Toiles blanches de coton qui se tirent des Indes; elles n'ont qu'une demi-aune de large, sur 9 de long.

Rich.

Animal quadrupede, *dont la fourrure*, *assez semblable à celle du loup-cervier*, *est estimée.* Il s'en trouve en Perse, en Suéde, en Lithuanie, & en Pologne.

Rifflard.

Nom qu'on donne à la plus longue laine des peaux de moutons; ce nom se dit aussi d'une espece de canevas, ou étamine très-grossiere qui s'emploie dans les moulins à farines.

Ris.

Grain très-salutaire; on le tire d'Egypte, & autres lieux du Levant, des Indes Orientales, de l'Italie & du Piémont; ce dernier est préféré.

Robée.

Garance revêtue de son écorce.

Rocfort.

Nom des fromages recherchés qui se tirent du Languedoc.

Roche.

Minéral jaune, dont on se sert au lieu de Borax, pour la soudure des métaux.

Rocou.

Drogue pour la teinture en rouge. Les Hollandois qui en fournissent au Commerce, la tirent de l'Amérique Méridionale, & surtout des environs de la riviere des Amazônes.

Rodoul.

Arbrisseau dont les feuilles servent à teindre en noir les maroquins & les cuirs. On en tire beaucoup de la Catalogne & du Languedoc.

Rolette.

Belle toile de lin qui se fabrique à Ipres & Courtray.

Rolle. Voyez *Molleton.*

Romaine.

Sorte de balance à crochet; on vient d'en inventer une à cadran, au Havre de Grâce, où il y en a de différentes grandeurs pour peser depuis 50, jusqu'à 1500 livres, poids de marc, & avec toute la justesse & la commodité possible; le prix en est très-modéré; ce genre de romaine paroît être indispensable au service des navires.

Romales.

Nom d'une sorte de mouchoir, en toile de coton peinte. Elle se fabrique au Mogol, d'où elle se tire par la voie de Surate.

Romarin.

Plante aromatique, de laquelle on tire de l'huile, de l'eau, du sel, & des essences. Elle est commune dans les Pays Méridionaux de la France; *le romarin sauvage* vient de la Bohême.

Rondeletes.

Toiles à voiles qui se fabriquent à Vitré : Rondelete se dit aussi des qualités de soies communes.

Roquette.

Herbe qui, brûlée, s'emploie dans la fabrique du savon & du verre. Elle se tire du Levant, & est abondante en Syrie, à Trypoli, & à Acre.

Rosconnes.

Toiles blanches de lin qui se fabriquent & se tirent de la Bretagne. *Voyez* Toiles.

Rose.

Fleur propre à nombre d'usages; les plus estimées se tirent de Provins. On tire de la *rose* de l'huile, de l'eau & du sel, qui tous s'emploient en médecine. *Voyez* Bois de Rose.

Rosereaux.

Fourrures ainsi appelées en Moscovie, d'où l'on les tire par la voie d'Archangel.

Roses.

Petites étoffes en soie, laine & fil, qui se fabriquent à Amiens.

Rosette.

Craie rougeâtre dont on se sert pour la peinture.

Rosette se dit aussi d'une espece de linge ouvré, & d'un cuivre fort épuré. *Voyez* Toiles & Cuivre.

Rossoli.

Sorte de liqueur assez forte qui se tire de Montpellier & de Turin.

Rouen.

Nom de quelques toiles qui se fabriquent aux environs de cette Ville.

Elles sont bonnes pour le commerce des Isles Canaries.

Rouge.

Couleur qui se divise en sept classes propres au bon teint dites, 1°. *Rouge écarlate*, ou *des Gobelins.* 2°. *Rouge cramoisi.* 3°. *Rouge garance.* 4°. *Rouge demi-garance.* 5°. *Rouge demi-cramoisi.* 6°. *Rouge navaret*, ou *de Bourre.* Et 7°. *Rouge écarlate d'Hollande.* Il y a un huitiéme Rouge, dit *du Brésil*, mais qui est d'une couleur fausse, & un *Rouge d'Indes*, ou *de terre*; ce dernier ne sert qu'aux cordonniers, pour teindre les chaussures.

Roure. Voyez *Sumac.*

Roussi. Voyez *Cuirs.*

Rouverain.

Nom d'un mauvais fer très-cassant.

Rubans de toutes sortes.

Ce sont des tissus fabriqués à la navette. Il y en a en soie & dorure, en laine & en fil; la plupart sont en couleurs.

Les villes qui en fabriquent le plus, sont: Amsterdam, Clermont en Auvergne, Bâle, Lyon, Magny, Nantes, Paris, Rugles, St. Etienne, St. Germain en Laye, Londres, Saumur, Tours, Vienne, St. Chaumont, Lille & diverses Villes de Flandres.

Rubis.

Pierre précieuse du premier ordre, elle est rouge & transparente. Les plus beaux rubis se tirent de Pégu & de l'Isle de Ceylan, & l'on en trouve des moindres en Hongrie & en Bohême.

Rum.

Liqueur très-spiritueuse faite d'eau-de-vie & de sucre; elle se tire de la Barbade & de quelques autres Isles Antilles.

Rusma.

Minéral qui sert en médecine. Il ressemble au mâche-fer, & se tire du Levant.

Sable de Riviere.

On l'emploie dans la composition du verre, & pour faire des moules de fondeurs. *Sable* est aussi un surnom que les habitans du Nord donnent à la Martre-Zibeline.

Sabres. Voyez *Lames.*

Safran.

Drogue médicinale & pour la teinture. C'est une plante dont la racine est tubéreuse. On en tire du Levant, mais elle se cultive aujourd'hui en nombre de Pays de l'Europe, en Hollande, en Angleterre, en Allemagne, & en France, à Capsade, Boisne, & Bois commun en Gâtinois, Ispahan, Marseille, St. Antonin, Saint-Vallery & Strasbourg. Les Chymistes donnent le nom de safran à *l'antimoine préparé*, & à la *rouille de fer*; ils en distinguent encore deux autres sortes appelées *safran de Mars apéritif*, & *safran de Mars astringent.*

Safranum.

Est aussi une espece de safran bâtard dont on se sert en médecine, & pour teindre en rouge; il ne croît que dans les Pays chauds.

Safre.

Terre minérale qui se tire des Indes Orientales; elle sert à colorer en bleu les émaux.

Sagapenum.

Suc gommeux & résineux qui s'emploie en médecine, & se tire de la Perse & autres lieux Orientaux.

Sagou.

Arbre commun aux Isles Manilles, aux Isles Moluques, & autres isles des Indes. On en tire une farine qui ne sert qu'au commerce desdites Indes, & dont on ne se sert, en Europe, que pour des soupes restaurantes pour des malades.

Saint-Jean.

Sorte de toile grossiere, qui ne se fabrique que dans le Beaujolois.

Sainte-Lucie.

Nom d'une sorte de soie d'Italie, & surtout de Messine.

Salaisons.

Se dit de poissons de mer de diverses sortes. Boulogne, le Peck, Naples, Orléans, Paris, Pezenas, Saint-Pol-de-Léon, Saint-Vallery en Picardie, & Saint-Vallery en Caux, l'Angleterre, la Hollande, l'Irlande, Hambourg, & la Russie, en fournissent considérablement.

Salampouris.

Toiles de coton blanches & bleues de la côte de Coromandel; Elles se tirent de Pondichery.

Salans.

Marais qui produisent le sel. *Voyez* Salines.

Saldits.

Plante médicinale qui se tire de Madagascar.

Salicot, ou *Salicote.*

Sorte de soude. Voyez *ce dernier mot.*

Salines.

Où se fabrique le sel qu'on appelle aussi marais salans. Plusieurs Etats de l'Europe en possedent; Il y en a en Pologne, en Hongrie, en Catalogne, &c. On a découvert en l'année 1782, une espece de mine de sel ordinaire, près Vienne, en Autriche: une à Bukovine, une à Halle en Allemagne, & une toute nouvelle à Cette en Provence. Les autres salines de France sont à Brouage, Marans, Bourgneuf, l'Isle de Rhé, le Croisic, Guerande, Salins, Château-Salins, Rozieres, Dieuse, Avranches, Coutance, Carantan, Valogne en Lorraine, Pont-l'Evêque, Bayeux, &c. On appelle aussi *saline*, le Commerce qui se fait en poissons salés.

Salpêtre.

Sel, dont l'usage est pour la médecine, teinture & la composition de la poudre à feu; il s'en trouve & s'en fait dans tous les Etats de l'Europe, surtout en Russie, dans la Province d'Astracan.

La ville de Limmerick en Irlande, vient d'établir la plus belle raffinerie de salpêtre connue. On tire du Mogol un salpêtre naturel qui est très-blanc, & de l'Egypte un autre salpêtre appelé *Natrum*. Enfin le *salpêtre en glace* & le plus beau, est celui qui sert pour la poudre à canon.

Salsepareille.

Plante médicinale de l'Amérique. On la tire en France, de Marseille & de la Hollande.

Sanas.

Toiles de coton blanches & bleues qui se tirent du Bengale.

Sandaline.

Petite étoffe propre au Commerce des Indes Occidentales. Elle se tire de Venise.

Sandaraque.

Substance blanche & résineuse. On s'en sert en médecine, ainsi que pour la composition du vernis, &

elle est fort utile, pour empêcher le papier gratté de boire; on en tire beaucoup d'Hollande.

Sandix. Voyez *Massicot.*

Sang de Bouc.

Sang réel de cet animal. On s'en sert pour la médecine, & les ouvrages de vernis. On le tire de la Suisse.

Sang de Dragon.

Sorte de drogue utile en médecine & pour les doreurs. On la tire des Isles Ténérife & de Madagascar.

Sangles.

Celles de chanvre, pour les chevaux, se fabriquent à Argenteuil, Carbonne en Picardie, Châlons en Champagne, Londres, Paris, Rouen, &c.

Sangles-blancs.

Nom des fils d'Hollande, qui s'emploient pour faire les picots de dentelles.

Sangles-bleus, fils teints, qui se tirent de Troyes, & servent à faire des linteaux au linge de table.

Sanguine.

Pierre de couleur rouge, pour dessins. Elle se tire d'Angleterre.

Santal. Voyez *Bois.*

Sapan.

Bois rouge comme celui du Brésil. Les Hollandois le tirent du Royaume de Siam & de la côte de Malabar.

Saphir.

Pierre précieuse, d'un bleu éclatant. Il y a le *Saphir mâle* & le *Saphir femelle.* Les plus beaux se tirent des pays Orientaux, & surtout de la Calcédoine, Pegu, Calicut, Zeilan & Bisnagar; & les plus communs, dits *Saphir d'eau* & *Saphir de puits,* se tirent de la Silésie & de la Bohême.

Sapin.

Arbre de bois blanc commun dans le Nord, l'Allemagne; & en France, dans la Franche-Comté, l'Auvergne, le Dauphiné, le Forez, le Haut-Perche, &c. Il est essentiel pour les mâts de vaisseaux, la charpente, la menuiserie, & l'on en tire des résines qui forment la térébenthine.

Sarcocolle.

Gomme médicinale qui se tire de la Perse & de l'Arabie heureuse par la voie de Smyrne.

Sardine.

Petit Poisson de mer très-estimé, lorsqu'il est frais, & que l'on peut conserver, en le préparant comme l'anchois. La pêche s'en fait le long des côtes de la Bretagne, & surtout entre Brest & les Sables d'Olonne; il s'en trouve aussi sur les côtes de la Provence & du Languedoc.

Sardis.

Etoffe grossiere en laine. On en fabrique à Clugny, Mâcon, Montluel, Bourg en Bresse, & autres lieux de la France. Elle n'a qu'une demi-aune de large.

Sardoine.

Pierre précieuse assez semblable à la cornaline; on la tire de l'Arabie & des Indes.

Sartelle.

Plante pour la teinture jaune; elle croît en divers lieux de la France.

Sassafras.

Bois utile en médecine: on le tire de la Floride & de la Louisiane.

Sassenage.

Fromage très-estimé qui se tire du Dauphiné.

Satin.

Étoffe de soie très-luisante ; on en fabrique à Brives, Florence, Gênes, Lyon, Paris, Tours, Troyes, Bruges, & la Chine : mais l'entrée de ces derniers est défendue. On fait à Bruges, des satins en soie, fil & coton ; les noirs sont très-beaux.

Saucissons.

Chair de porc préparée. Les meilleurs se tirent de Bologne en Italie.

Sauge.

Plante médicinale & odoriférante ; elle est fort commune : mais la meilleure vient de la Provence.

Saute.

Arbre très-commun, & dont le charbon entre dans la composition de la poudre à canon.

Saumon.

Poisson de mer très-estimé, soit frais ou salé. Les pêches les plus favorables se font sur les côtes d'Angleterre, d'Ecosse & d'Irlande, & les villes qui en tiennent magasin sont : Barwick en Angleterre, Cadix, Pétersbourg, Nantes & autres villes de France, Amsterdam, &c.

Sauvagagi.

Toile de coton blanche qui se tire de Surate.

Sauvaguzées. Voyez *Sauvagagi.*

Savon.

Composition d'huile d'amidon, de chaux & autres ingrédiens. Le *marbré* se tire d'Alicante, de Carthagènes, de Venise, de Gênes, Marseille, Toulon & Paris. Le *noir* & le *vert* se fabriquent à Amiens, Abbeville, Calais, Dunkerque, Aumale, Boulogne-sur-Mer, Douay & Paris. Enfin le savon *blanc* ou *ordinaire* se fait en quantité à Amiens, Carthagènes, Boulogne-sur-Mer, Cadix, Gênes, Lille, Marseille, Nantes, Naples, Paris, Saint-Malo, Saint-Vallery, Stetin en Poméranie, & diverses villes des Pays-Bas Autrichiens.

Savonnettes.

Savon préparé pour laver la barbe. Gênes, Livourne, Rome, Grâce & Marseille, fournissent les plus estimées, ainsi que Aix en Provence.

Saxifarge.

Plante médicinale des Alpes ; elle ressemble au thin.

Saye.

Etoffe de laine croisée ; elle est en usage chez les Religieux, & se fabrique à Lille, Amiens, Arras, &c. *Saye* ou *Saya*, se dit d'une étoffe de soie de la Chine.

Sayette.

Etoffe de laine, & tantôt mêlée de soie ; elle se fabrique en Flandre, en Angleterre, & surtout à Amiens.

Scamite.

Toile de coton qui se fait au Levant.

Scamonée.

Drogue résineuse, ou sorte de gomme, qui se tire d'Alep, de Smyrne & de St. Jean d'Acre.

Scavisson.

Sorte de canelle qui se tire de la Hollande.

Scherbasi.

Nom d'une des plus belles soies de la Perse, d'où elle se tire par Smyrne.

Scilles.

Plante médicinale qui croît le long de la mer, en Normandie, en Sicile, en Portugal & en Espagne.

Scinc-marin.

Petit animal amphibie presque semblable au Lézard. Il sert à la médecine, & se tire du Nil, par la voie de Marseille.

Scordium.

Plante médicinale qui se tire de Candie.

Scorpiojelle.

Nom de l'huile de scorpion.

Scorpion.

Insecte ressemblant à une petite écrevisse. Il est abondant dans les pays chauds & surtout en Italie, en Espagne, en Provence & en Languedoc. On en tire une huile que l'on dit bonne pour rompre la pierre & préserver de la peste. On a longtems cru la piqûre de cet animal très-dangereuse & même mortelle : mais des expériences répétées à cet égard ont démontré que cette piqûre n'étoit pas plus inquiétante que celle des mouches dites *cousins.*

Sculptures.

Les plus beaux ouvrages en ce genre, se font à Rome & Paris.

Sebeste.

Fruit dont on se sert en médecine. Il croît dans l'Egypte, la Syrie, l'Arabie, le Malabar, & se tire d'Alexandrie & Seyde, par la voie de Marseille. On en fait d'excellens cataplasmes pour des ulceres & des tumeurs.

Seche.

Poisson de mer qui porte sur le dos un os dur & lissé, qui sert aux opérations des Orfevres, & s'emploie en médecine ; il est abondant sur les bords de l'Océan & de la Méditerranée.

Secreton.

Toile blanche de coton, dont la piece porte 5/6 de large, sur 15 aunes de long. Elle se tire de Pondichéry.

Sédanoise, ou *Parisienne.*

Nom du plus petit caractere de l'imprimerie.

Segoviane & Segovie. Voyez *Laines.*

Seigle. Voyez *Grains.*

Le Maine, la Bretagne & la Champagne sont les provinces de France qui produisent le plus de seigle.

Seigneur.

Sorte d'étoffe. Voyez Serge.

Seincos.

Nom d'une espece de petit crocodile qui se tire du Nil, & dont les Vénitiens font quelqu'usage en médecine.

Sel.

Eau de mer coagulée, & qui sert à l'assaisonnement & à la conservation des viandes. Ce sel se tire des lieux appelés Salines. Ainsi *voyez* ce dernier mot. Il y a trois sortes de sels de cette espece, le *sel marin*, le *sel terrestre*, ou *fossile*, & le *sel des fontaines & puits salés.*

La France est la nation qui abonde le plus en *sels marins* gris & blanc ; la Pologne, quelques lieux de l'Allemagne, surtout la Hongrie & la Catalogne, procurent le *sel fossile*, dit *sel Gemme* ; & la Franche-Comté, le Tirol & la Lorraine, sont les Cantons où se trouvent les *sels de fontaines.*

Les chimistes & les droguistes distinguent plusieurs autres sortes de *sels*, dont les principales sont appelées : *sels alkalis*, *volatils*, & *fixes*; *sel ammoniac* & *sel de nitre*; ce dernier se tire de l'Inde, & depuis peu de la Pouille, dans le Royaume de Naples, d'où il sort pur & raffiné de la mine, sans aucun mélange de sel marin, & dont la qualité est supérieure aux nitres artificiels, & égale à celui de l'Inde.

Enfin il vient de s'établir depuis peu à Javelle, près de Paris, une très-belle fabrique de sels & d'acides minéraux, sous la protection de *Monseigneur le Comte d'Artois*; on en vante beaucoup l'huile de vitriol, qui égale au moins celle qui se fait à Rouen.

Selleries.

Ouvrages en harnois de chevaux de voitures & de main, & qui concernent aussi la perfection des équipages. Celles de Paris, Londres & Bruxelles sont les plus estimées de l'Europe.

Semences.

Se dit de la plupart des Graines; mais nous n'entendons parler ici que de celles appelées *Semences froides* & *Semences chaudes*, dont l'usage est très-fréquent en médecine. Les Semences froides, au nombre de quatre, sont : les graines de *Courge*, de *Citronelle*, de *Concombre* & de *Melon*; & les Semences chaudes, pareillement au nombre de quatre, sont : les graines d'*Anis*, de *Fenouil*, de *Cumin* & de *Carvi*. Les premieres se tirent de l'Italie & de la Turquie, & les secondes se tirent, presque toutes, de la Hollande, de la Provence, & de quelques Pays chauds.

Sempiterne, ou *Perpétuane.*

Etoffe de laine croisée qui approche de la serge. Elle se fabrique à Clochester & Excester, en Angleterre, Beauvais en Picardie, & divers lieux du Languedoc.

Sempiternelle.

Se dit d'une étoffe semblable à celle ci-dessus, & qui se fabrique aux mêmes lieux. On fait, depuis quelques années, en France, une autre sorte de *Sempiternelle* qui est une étoffe rayée, de diverses couleurs : elle est mêlée de soie, de coton & de fil, & a l'œil d'un cannelé de soie.

Séné.

Plante assez abondante au Levant, d'où elle se tire pour l'usage de la médecine.

On en distingue de trois sortes, dites *Séné Alpate* ou *de Seyde*, *Séné d'Alexandrie* ou de *Tripoli* & *Séné de la Pique* ou de *Moka*. Le Séné de Seyde est surnommé *Séné Oriental*, il est le plus estimé; & le Séné d'Alexandrie a quelquefois le surnom de *Séné d'Italie*. La France produit une sorte de Séné dont la qualité est fort inférieure à celui du *Levant*.

Senegré.

Plante de laquelle on tire une farine qui est de quelqu'usage en médecine. Cette plante ressemble au trefle, & est assez commune en Europe.

Seneka.

Racine médicinale. Elle est estimée pour la pleurésie, & par son efficacité contre la morsure du serpent; elle se tire de la Virginie.

Sénevé.

Se dit d'une graine de moutarde, qui se tire de l'Alsace & de la Franche-Comté.

Serasses.

Toiles de coton qui se tirent de Cambaye & de Surate, dans les Indes.

Serge.

Etoffe de laine croisée. On en distingue de plusieurs sortes. Celles dites *Façon de Londres*, se fabriquent à Amiens, Abbeville, Aumale, Autun, Auxonne, Beauvais, Bourges, Caen, Cahors, Chartres, Gournay, Château-Gonthier, Auxerre, Crêvecœur, Mouy, Blicourt, Châtellerant, Crest, Dinant, Donchery, Ecouchay, Epernay, Eu, Falaise, Fécamp, Gien, Granvilliers, Hambourg, Joinville, Seignelay, Issoudun, Londres, Lyon, Limoges, Lisbonne, Mende, Lunéville, Metz, Montauban, Moulins, Mayenne, Nantes, Nevers, Nismes, Niort, Nuremberg, Paris, Poitiers, Pezenas, Rennes, Riom, Sedan, Sens, Troyes, Vire, &c. Les *Serges à poil* se font à Beauvais & Tricot: celles *à deux envers* se font aussi à Beauvais: celles *de Seigneur* se fabriquent à Hambourg, Rhodez, &c. Les *Fines* viennent de Saint-Maixent & Montagnac; celles *de coton* se font à Riom en Auvergne, & celles *de soie* se fabriquent à Lyon, Montagnac, Paris & Tours.

Sergette.

Sorte de petite Serge, ou *Droguet croisé & drapé*. elle se fabrique en Poitou, & se tire particuliérement de Poitiers.

Serin.

Oiseau recherché par son plumage & son chant. L'Europe en tire beaucoup des isles Canaries.

Serpentaire.

Plante médicinale dont la meilleure qualité se tire de la Virginie. Celle d'Europe porte des feuilles propres à composer des vulnéraires.

Serpentine.

Pierre verdâtre dont les Allemands, & surtout les Saxons, font des ouvrages curieux.

Serpilliere.

Grosse toile d'emballage. On en fait en tous pays de l'Europe.

Serrures. Voyez *Quincaillerie.*

Sersukers.

Etoffe des Indes en soie & coton qui se tire du Bengale.

Serviettes à café.

Elles sont en soie, & se tirent de la Chine.

Seseli.

Espece de fenouil aromatique qu'on emploie dans la thériaque. On en tire de Candie, par Marseille, & de quelques lieux de la Provence.

Seydavi.

Sorte de soie qui se recueille près de Seyde, au Levant.

Shaub. Voyez *Baffetas.*

Siamoise.

Etoffe de fil & coton, rayée. On en fabrique beaucoup à Alençon, Paris, Brives, Niort, Riom, Rouen, &c.

Siderite.

Surnom donné à l'aimant.

Sigillée.

Terre dont les Orientaux forment des pastilles rouges & cendrées. Elles s'emploient en médecine, & se tirent de Constantinople.

Silésie.

Sorte de draps léger qui se fabrique à Elbeuf, Paris & Rheims.

Simarouba.

Arbre qui croît dans la Guyane, & dont l'écorce est considérée en France comme un bon remede contre la dyssenterie.

Similor.

Composition de cuivre qui semble doré. On en fait de beaux ouvrages en flambeaux, boucles & tabatières, à Paris & Londres ; on tire aussi des ouvrages de ce métal, composés à Manheim en Allemagne ; on les surnomme alors *or de Manheim.*

Sina.

Nom d'une soie Chinoise qui s'emploie dans la fabrique des gazes. Il y en a de plusieurs sortes.

Siramanghits.

Nom d'un arbre aromatique de l'Isle de Madagascar. On en tire une résine très-odoriférante.

Smalkens.

Nom de plusieurs petites étoffes qui se font à Harlem.

Smectin.

Sorte de terre glaise très-grasse, qui se tire d'Angleterre, & sert au lieu de savon, pour le lavage & la préparation des laines.

Soie.

Production de certains vers nommés *vers à soie* ; elle est précieuse pour la fabrique des plus belles étoffes. On en distingue de plusieurs sortes : on appelle *soie crue*, celle qu'on tire sans feu & qu'on dévide, sans faire bouillir le *cocon* ; *soie cuite*, celle qu'on a fait bouillir pour la dévider plus aisément ; *soie apprêtée*, celle qui est *filée & moulinée.* Il y a une infinité d'autres noms détaillés dans le cours de ce chapitre, & qu'il seroit trop long de réunir ici, c'est pourquoi nous allons nous borner à indiquer les lieux qui produisent les soies propres à tel ou tel usage.

Celles du *Dauphiné* & du *Vivarais* sont les plus estimées de la France, pour faire des *trames.*

Celles de la *Provence* & du *Languedoc*, qui s'emploient au même usage, sont moins fines que les précédentes.

Celles d'*Avignon* s'emploient pour les taffetas & autres *étoffes* dites *d'Angleterre.*

Celles de la *Suisse* servent à fabriquer des *mouchoirs*, des *galettes* pour ras de St. Cyr, des *strasses* pour Cordelines, & des *cresentunes* pour padoux.

Celles du *Piémont*, qui ne se reçoivent qu'en *organsins*, se consomment à Amiens pour la fabrique des *étamines* & *camelots*, & pour la chaîne de toutes étoffes de soie.

Les *soies*, ou *organsins* de *Bergame*, *Modene*, *Reggio*, *Milan*, *Parme*, *Venise*, *Bologne*, & de quelques autres lieux de l'Italie, quoique moins fines que celles de France, servent cependant, comme elles, à faire des trames.

Celles de la *Romagne* & de *Naples*, tant *greses* qu'*ouvrées*, sont recherchées à Lyon pour la fabrique des droguets & des étoffes fortes. Les *soies greses* se distinguent en *Montéleone*, *trata de Coste*, *Payanne*, *appalto-di-Cizella*, *Belvedere*, *greses au petit tour*, *&c.* Les *soies de Sicile* se distinguent par les marques suivantes, savoir : les *Messines greses* en *M. MB. MB-O. OB-O. OB. OB-V. AV. AV-M.* Les *Palermes* en *M. MB. O.* & les Calabres en *O-OB.*

Les *soies d'Espagne* & celles *d'Alais* en Languedoc, sont recherchées pour les fabriques de bas.

Celles du *Levant* qui comprenent les *soies du Ghilan* & du *Masenderan* en Perse, se distinguent &

s'emploient comme suit, savoir : les *brouffes* pour trames; les *tripolines* servent aussi pour trames & pour galons & rubans; les *Burantines & les Morées* ont le même usage; les *Schydavi & les Chypres* se filent en 3-4 & 5 brins. Les *Ardasses & les schouss* se montent pour soie à coudre. Toutes ces soies se tirent, par Marseille, de Constantinople, de Smyrne, d'Alep, du Caire, &c.

La *Hongrie*, & surtout Presbourg, produit aussi des soies, mais elles ne sont que pour la consommation du Pays & celle de Vienne en Autriche.

Les *soies de la Chine*, dites *Tanys*, sont désignées par ST-N°. 1, ST-N°. 2, & par les Nos. 3-4 & 5. Les *gresses de Nanquin*, sont supérieures à celles de l'Europe, par leur qualité & blancheur; & ces soies apportées en Europe, par les Nations Hollandoise & Françoise, semblent mieux choisies par cette dernière, puisque ses cargaisons en ce genre sont préférées à celles de la Hollande.

L'article des *soies* étant un des plus importans au commerce, & surtout à celui de la France, nous croyons faire plaisir à nos lecteurs en leur donnant ci-après le rapport de quelques poids étrangers, pour soie, à celui de Lyon, pour le même objet.

Les *soies des Indes*, ou de la Chine ne se vendent en Europe qu'au poids de marc, avec un rabais de 2 pour cent seulement pour bon poids.

Celles *du Levant* s'achetent au Batman. 10 Batmans font 180 liv. de Marseille & seulement 145 de Lyon.

Les autres rapports de poids sont comme suit, savoir :

100 liv. de Valence, rendent net au poids de Lyon, en payement, - - - - 72-1/2 liv.
100 liv. de Murcie, *id.* 93 *id.*
100 liv. de Naples, *id.* 66 2/3 *id.*
& 136 liv. de Piémont, avec rabais de 5 1/2 liv. pour 100 de bon poids, ne font à Lyon que 103 1/2 liv.

Enfin les villes qui s'occupent du commerce des soies en filasse, & de leur préparation, sont : Amsterdam, Bâle, Berlin, Florence, Lauzanne, Lisbonne, Londres, Lyon, Marseille, Messine, Milan, Montpellier, Moulins, Naples, Nismes, Palerme, Paris, Poitiers, Prague, St. Hyppolite, Saumur, Smyrne, Tours, Turin, Zurich, &c.

Soie de Porc.

Se dit du poil de porc, ou de sanglier. Plusieurs ouvriers en gros cuirs s'en servent, & l'on en fait des brosses, vergettes, &c. On le tire de Moscovie, de Pétersbourg & de la Lithuanie, *par la Hollande & Hambourg.*

Soie se dit aussi d'un petit taffetas de ce nom, qui se fait à Canton en Chine.

Soin, ou *Suint*. Voyez *Œsype*.

Sol, ou *Sor*.

Raisin sec & égrené, qui se tire d'Espagne.

Sommiere.

Étoffe en laine non croisée; elle sert pour doublures, & se fabrique à Sommieres en Languedoc, & divers lieux de la Picardie.

Son.

Peau des grains moulus, & dont la farine est totalement extraite; les amidoniers en consomment beaucoup, & cette denrée est très-propre à rafraîchir les chevaux, & les tenir dans un bon état.

Sor-Ségovie. Voyez *Laines*.

Sorbec.

Raisin très-salutaire qui se tire de l'Égypte.

Sorie.

Sorte de laine d'Espagne. Voyez laine.

Sory.

Minéral qui a la vertu de dissiper les douleurs des dents, & de provoquer le sommeil; il se trouve dans des mines de cuivre, & particuliérement dans celles de l'Afrique & de l'Espagne.

Sosie.

Étoffe d'écorce d'arbre qui se fabrique aux Indes Orientales.

Souchies.

Toiles de soie rayée en diverses couleurs; il y en a de mêlée en coton & fil d'or. Elles se fabriquent aux Indes, & se tirent du Surate.

Soude.

Herbe marine, dont on compose une espece de sel gris, appelé *sel lexivial*, qui entre dans la composition du savon-blanc, & marbré; cette herbe séchée, brûlée, & réduite en cendre, forme la *soude*, si précieuse aux verreries. On en distingue de quatre sortes; celle d'*Alicante*, dite *soude barille*; celle de *Carthagenes*, la *soude des Bourdes*, & celle de *Cherbourg*, dite *varech*; les deux premieres sont les préférées. La Hongrie en fabrique depuis peu, & d'une qualité au moins égale à celle d'Espagne.

Soufre.

Minéral bitumineux gras & inflammable; on s'en sert pour le blanchissage des soies, pour la fabrication de la poudre à canon, pour composer des glaces pour la table, & on en fait aussi usage en médecine & en chimie. On en tire de la Sicile, de Quito, & de la Guadeloupe en Amérique; ceux-ci sont fort estimés, & la Hollande, Marseille, Venise & Liége, en procurent aussi beaucoup au Commerce.

La fleur de ce minéral, dite *fleur de soufre*, dont l'usage est très-fréquent en médecine, se tire de Rouen, Liége, Amsterdam, Paris, Marseille, &c.

Sourbastis.

Nom donné aux plus belles & aux plus fines soies de Perse. Elles se tirent de Smyrne.

Souris.

Surnom des fourrures de Martres Zibelines de la Moscovie & de la Sibérie.

Spalme.

Goudron incorruptible, pour les enduits des bateaux & vaisseaux. C'est une invention nouvelle & précieuse pour la navigation; on en tient des forts magasins au Peck, près Paris.

Spalte.

Pierre luisante, écailleuse & blanche dont on se sert pour faciliter la fonte des métaux. Elle se tire de l'Allemagne & de l'Angleterre.

Speauter.

Métal blanc & dur des Indes; il s'emploie dans des ouvrages de fonte. On le tire de la Hollande.

Sperma-Ceti.

Blanc de baleine; on s'en sert en médecine, & pour faire des bougies. On en tire beaucoup de Bayonne & de St. Jean-de-Luz. *Voyez* Baleine & Cachalot.

Spica-Nardi.

Plante médicinale; il y en a deux sortes, l'une dite *nardus-nidica* qui se tire des Indes ; & l'autre dite *nard-celtique* qui vient sur les Alpes. On en trouve aussi d'autres sortes en Languedoc, mais celle des Indes est la préférée.

Spode.

Drogue médicinale composée d'ivoire calciné ; on ne s'en sert qu'en médecine, & l'on en tire beaucoup de Montpellier & d'Amsterdam.

Spreyen.

Couverture de lit en Indienne ; on en tire de superbes, & d'un seul morceau, de la Côte de Coromandel.

Squille.

Nom d'une plante dont la racine est purgative ; on la tire de l'Italie, de Sicile, d'Espagne & de Portugal.

Squine.

Plante, ou racine médicinale ; on en tire de la Chine, de la nouvelle Espagne, du Pérou, du Brésil, de quelques isles Antilles, & surtout du Levant.

Stamette.

Etoffe de laine qui se fabrique en Hollande.

Staphisagre.

Graine médicinale & bonne à détruire la vermine des enfans. Elle se tire du Languedoc & de la Provence, où elle croît abondamment.

Stil.

Drogue composée pour peindre en jaune. On la tire de la Hollande.

Stockfisch.

Poisson de mer, ou sorte de morue sèche dont les Hollandois font un grand débit pour les approvisionnemens des navires.

Stoechas, ou Stecas.

Plante médicinale dont la fleur entre dans la thériaque & la mithridate. Elle se tire du Languedoc, & surtout des Isles d'Hieres.

Storac.

Drogue médicinale ; il y en a de deux sortes dites, *storax sec* & *storax liquide* : le storax sec se divise en deux qualités appelées *storax calamite* & *storax commun* ; ou en *masse* ; & le *storax liquide* se divise aussi en *storax pur* & *storax grossier.* Les deux premieres qualités se tirent de Marseille & de la Hollande ; & les secondes proviennent du Levant & de la Provence ; ainsi dans tous les cas, la France ne s'approvisionne de cette drogue que par la voie de Marseille.

Strasse.

Sorte de bourre de soie.

Strasse.

Se dit aussi des gros papiers propres à empaqueter, & de faux diamans inventés par un jouillier nommé Strasse.

Stuc.

Nom d'un mortier blanc & fin, composé de chaux & de poudre de marbre blanc que l'on pétrit ensemble, & dont la pâte sert à faire divers ouvrages qui ressemblent au marbre, par la beauté de leur poli. Cet art a été inventé en Italie ; & se pratique aujourd'hui beaucoup en France & autres Nations.

Sublimé.

Préparation chimique du plus violent poison qui ne se vend & ne s'emploie qu'avec les plus grandes précau-

tions. Cette drogue se compose en France, à Venise, à Smyrne & en Hollande.

Sucre.

Substance terreuse qui s'exprime d'une espece de canne qui croit en divers lieux de l'Amérique. On en distingue, aux Isles, de dix sortes, savoir : le *brut*, dit *moscouade*; le *passé*, ou *cassonnade grise*; le *terré*, ou *cassonnade blanche*; le *raffiné*, le *royal*, le *tapé*, le *candi*, le *sucre d'écume*, celui *de syrop fin*, & celui de *gros syrop*.

En Europe, on n'en connoît que de quatre sortes; *le Blanc*, *le Royal*, *le Gris*, & *la Cassonnade*.

Amsterdam, Anvers, Bordeaux, Boulogne-sur-mer, Dunkerque, le Croisic, le Havre, Dantzick, Cadix, Gand, Hambourg, la Rochelle, Lille, Londres, Marseille, Nantes, Naples, Nuremberg, Orléans, Paris, Rouen, Saint-Vallery, Saumur, Trieste, Venise, &c. sont les villes qui tiennent magasins de sucres raffinés, de toutes especes, elles les tirent bruts & terrés de Saint-Domingue, du Brésil, de la Martinique, de la Guadeloupe, des Indes Orientales, des Barbades, de Surinam, de la Cayenne, &c.

Il y a d'autres sortes de sucre que celles ci-dessus, savoir : le *Sucre rouge*, dit *de chypre*, ou *vergeois*, qui provient du syrop.

Le *Sucre d'orge* qui est cuit avec de l'orge même, & se vend en tablettes. Le *Sucre rosat* qui est cuit avec de l'eau de rose, se vend aussi en tablettes; enfin on tire du sucre des *eaux-de-vie*, de la *mélasse* & du *tassiat*, dont l'usage est actuellement très-connu en Europe.

On donne aussi le nom de *Sucre d'alun* à une préparation d'alun. On appelle *Sucre de Saturne* une composition de chaux & de plomb; & *Sucre de Jupiter*, une préparation d'étain granulé, &c. Ces sortes de sucres ne s'emploient qu'en médecine.

Suif.

Graisse fondue de divers animaux. Les Villes desquelles on les tire, sont Amsterdam, Anvers, Dublin, Edimbourg, Landernau, Londres, Morlaix, Moscow, Saint-Pétersbourg, & la Province d'Orenbourg en Russie, Dantzick, Nantes, Saint-Pol-de-Léon, Saint-Vallery-sur-Somme, Seure, Strasbourg, &c. On en tire aussi de Buénos-Aires, par Cadix.

Sumach.

Drogue pour la teinture en vert, & l'apprêt des marroquins & autres peaux. On la tire de l'Amérique & des provinces méridionales de l'Europe; particuliérement de Porto en Portugal. Marseille, Rouen & Amsterdam sont les villes qui en procurent le plus au commerce.

On tire de la Russie une sorte de *Sumach* qui est un fruit dont on fait du vinaigre, & qui est très-salutaire pour la dyssenterie.

Surges.

Nom donné aux laines brutes de l'Espagne & du Levant.

Surpoint. Voyez *Raclures*.

Sycomore.

Nom d'un arbre qu'on a transporté d'Egypte en Europe. Il tient à quelque chose du figuier, & produit une sorte de figue très-rafraîchissante.

Syrop. Voyez *liqueurs & huiles*.

Les principaux syrops sont ceux de *sucre d'alcermes*, de *diacode*, de *capillaire*, de *limon*, de *violette*, de *fleurs de pêchers*, d'*orgeat*, de *groseille*, de *mûre*, &c. Ils s'emploient tous en médecine, & presque tous les Apothicaires en connoissent la préparation; mais les meilleurs syrops se tirent de la Provence &

du Languedoc. On en tire aussi de Paris, Nancy & diverses grandes villes de France & de l'Etranger.

On en fait à l'Amérique des qualités aussi rares qu'estimées sur-tout à St. Domingue, où l'on fait grand cas du *sirop de charpentier*.

T.

Tabac.

Plante très-connue, & que l'on traite de plante médicinale. Le tabac se cultive en Italie, en Allemagne, en Suisse, en Espagne, en Hollande, dans les Pays-Bas Autrichiens, peu en France, mais beaucoup à l'Amérique, & surtout à la Havanne, la Virginie, le Maryland, & l'isle Saint-Vincent : ces derniers sont les préférés.

Les villes qui en tiennent magasins, sont : Amsterdam, Anvers, Bâle en Suisse, Berne, Presbourg en Hongrie, Dieppe où il y a une manufacture considérable ; Ispahan, Cadix, Londres, Lille, Liége, Lisbonne, Paris, Strasbourg, &c.

Tabatieres.

On en compose de toutes manieres, en or & argent, enrichies ; en cuivre doré, qu'on appelle *or de Manheim* ; en écaille, en ivoire, en cuir, en jaspe, en nacre de perle, en baleine, en carton, en corne & en bois divers. Les plus belles, en tous les genres, se tirent de Paris : celles en cuir & baleine viennent de Londres, & les tabatieres communes se tirent de l'Allemagne.

Tabis.

Surnom donné à une étoffe appelée Moire & Gros-de-Tours.

Tableaux en peintures.

Les plus rares viennent d'Italie, de Flandre, de Hollande & de France ; ils doivent être en originaux de grands maîtres, dont les anciens sont : *Michel-Ange*, *Raphaël*, *Rubens*, *Baptiste*, *Caraches*, *Vanloo*, *Jean-de-Bruges*, *Schut*, *Seghers*, *Jaussens*, *Jordaens*, *Ottovenius*, *Bibiena*, *Van-Artois*, *Vander-meulen*, *Van-helmont*, *Vandych*, *Van-oort*, *Van-orley* & *Vanloon* : ce sont les plus anciens Maîtres, & tous ceux dont les noms commencent par la syllabe *Van* sont de l'Ecole Flamande. Les grands Peintres modernes sont *Paul-Veronese*, *Poussin*, *le Brun*, *Mignard*, *Bourdon*, &c., & ceux actuellement existans en France sont : *De la Tour*, *Vernet*, *Roslin*, *Huet*, *Greuze*, *Madame le Brun*, *Vincent*, *Sauvage*, *Césard* & *Antoine Vanloo*, *Doyen*, *le Sueur*, *Rolland de la Porte*, *Bellenger*, *Van-Spandouck*, &c. &c.

Les villes d'Amsterdam, Anvers, Paris, Munick, &c. tiennent des collections de tableaux aussi rares que précieuses, & recherchées de toute l'Europe.

Tabletterie.

Ouvrages de marqueterie, en bois de couleur, ivoire, &c. Liége, Londres, Amsterdam, Rouen & Paris travaillent beaucoup en ce genre.

Tacamahaca.

Résine médicinale qui se tire de la Nouvelle-Espagne. Il y en a de deux sortes. La premiere est surnommée *sublimé*, & la seconde est la *gomme tacamaque*, qui est semblable au Galipoli.

Taffetas.

Etoffe de soie fort légere, très-fine & très-serrée. Ceux pour vêtemens se font à Florence, Lisbonne, Lyon, Nismes, Paris, Londres, le Puy, Tours, Avignon, &c. & ceux pour coupures & plaies, se tirent de Londres.

On tire aussi des *taffetas des Indes*, dont les principaux sont appelés *calquiers*, *longis*, *grains*, *Kemeas*, &c. & une sorte de *taffetas d'herbe* qui se fabrique en Chine.

Enfin, on vient d'établir, depuis peu, à Paris, une manufacture de taffetas & toiles gommés, impénétrables à l'eau. On en fait différens vêtemens pour garantir de la pluie. On en trouve des dépôts rue des Noyers, sous les Arcades du Louvre, & rue Boucher, près de la rue du Roulle.

Tafia.

Sorte d'eau-de-vie de sucre qui n'est en usage que pour les Marins, & à l'Amérique où les Negres en font souvent un usage immodéré.

Taillanderie.

Nom commun à la plupart des gros ustensiles de fer, comme socs de charrue, haches, coignées, couperets, enclumes, gros cloux, bêches, broches, gros outils de charpentiers, de serruriers, &c. On en fait en nombre de villes d'Allemagne, de Suisse, d'Angleterre, d'Hollande & de France, où l'on en tire du Forez; il s'en fait aussi beaucoup dans le pays de Liége.

Talanche.

Espece de droguet d'une demi-aune de large, qui se fabrique en Bourgogne.

Talc.

Matiere minérale qui se trouve dans les carrieres. On en tire de Venise, de Moscovie, de Perse, des Montagnes d'Allemagne & d'Albanes en Italie. Les plus estimés sont ceux de Venise & de Moscovie. Le premier entre dans la composition du fard, & le second ayant la facilité de se séparer en feuilles minces, douces, luisantes & transparentes, sert à faire des lanternes & des carreaux aux fenêtres. Celui d'Italie est blanc, & celui de Perse rougeâtre.

Talons de bois.

Pour chaussures. On en tire beaucoup de Nemours.

Tamarin.

Fruit d'un arbre qui croît au Sénégal, en divers lieux des Indes Orientales & en Languedoc. Il est précieux en médecine & surtout contre les fievres chaudes & les chaleurs de foie. Celui des Indes se tire du Levant.

Tamarise.

Arbre commun au Levant & dans le Languedoc. Son fruit sert à la teinture, & tient lieu de noix de galle; ses feuilles s'emploient contre les obstructions de la rate, & l'on tire de son bois un sel blanc & médicinal, appelé *Sel tamarise.*

Tambourecise.

Arbre de l'Isle de Madagascar. Il produit une espece de pomme dont on tire de la peau une sorte de teinture semblable à celle du *Rocou.*

Tamettes.

Mouchoirs de toile de coton qui se font dans les Indes Orientales.

Tan.

Ecorce d'arbre de chêne qui, mise en poudre, sert à l'apprêt des cuirs, dans les tanneries. Les villes qui ont des moulins à tan, sont: Alençon, Amsterdam, Annonay, Argentan, Aubusson, Angers, Bernay, Bergerac, Beziers, Caen, Corbeil-sur-Seine, Dinant, Epernay, Grenoble, Joinville, La Ferté-Milon, Liége, Lille, Limoges, Le Mans, Lisieux, Louviers, Marseille, Montpellier, Nantes, Némours, Nérac, Neuf-châtel, Nevers, Nogent-le-Rotrou, Nion en Suisse, Paris, Poitiers, Rheims, Saint-Denis-lès-Paris, Saint-Dizier, Saint-Flour, Saint-Germain, Saint-Hyppolite, Saint-Léonard, Saint-Lô, Saint-Pol-de-Léon, Sarguemines, Saumur, Sedan, Smyrne, Strasbourg, Toulouse, Tours, Troyes, Vienne, Vitré, Londres, &c.

Tang.

Mousseline unie, brodée & rayée, que les Anglois tirent des Indes Orientales.

Tani.

Nom des soies qui se tirent des Indes & de la Chine.

Tanjebs.

Autre sorte de mousseline claire & forte, brodée ou unie, qui se fabrique aux Indes Orientales.

Tannerie.

Lieu où l'on prépare les cuirs avec le tan. Les villes indiquées au mot *Tan* ci-dessus, possedent toutes des tanneries, & les plus estimées sont celles de Liége, de l'Angleterre, de plusieurs villes des Pays-Bas François & Autrichiens, & de divers cantons de l'Allemagne.

Tapirette, ou *Tapiréete.*

Nom d'une vache sauvage qui se trouve en divers pays de l'Amérique. On prétend que c'est dans ses entrailles que se trouve la pierre dite *Bézoar*.

Tapis.

Pour appartemens. Ouvrages en laine & en soie pure ou mêlée; ceux de Perse & de Turquie ont été longtems fort estimés, mais il s'en fabrique aujourd'hui à la manufacture royale de savonnerie au Cours-la-Reine, près Paris, dont on fait plus de cas, & qui tiennent le premier rang dans l'Europe. Ceux du second rang se fabriquent en d'autres villes de France telles qu'à Paris, Rouen, Arras, Feuilletin, Aubusson, &c. & ceux du troisieme se font en Allemagne, en Flandre & en Angleterre. Ces derniers mêmes approchent du second rang.

Tappissendis.

Nom donné à plusieurs toiles peintes de coton des Indes. Elles se tirent de Surate; on en fait des tapis, des couvertures & des mouchoirs.

Tapisseries.

Etoffes pour meubles en laines, soies, velours, damas, &c. Les villes qui en fabriquent le plus, sont: Aubusson, Charleville, Amiens, Feuilletin, Lille, Marseille, Niort, Paris, Rouen & Strasbourg. La manufacture des Gobelins de Paris, est la plus renommée de l'Europe. Les manufactures de Haute & Basse-Lisse de Bruxelles & d'Anvers, sont aussi en réputation. Il y a une tapisserie commune dite *Bergame*, qui se fabrique à Rouen, à Tournay & à Elbeuf en Normandie.

Tapsel.

Grosse toile de coton rayée en bleu. On la tire du Bengale, & elle s'emploie dans la traite des Négres.

Taquis.

Autre toile de coton qui se tire du Levant & surtout d'Alep.

Taragas.

Animal quadrupede, dans les entrailles duquel on prétend aussi que se trouve le Bézoar Occidental.

Tarare.

Nom d'une qualité de toile qui se fabrique dans une partie du Lyonnois, & surtout à Tarare.

Tarnatanes.

Nom donné à des mousselines très-claires, qui se tirent des Indes-Orientales, & se fabriquent particulièrement à Pondichery.

Tartre.

Acide congulé du vin, ou matiere pierreuse qui se trouve attachée dans les tonneaux de vin. Les Chimistes en font plusieurs compositions propres à divers médicamens.

On en fait de la crême, ou crystal de tartre, un tartre vitriolé, & un tartre martial, tartre soluble, tartre émétique, sel volatil de tartre, huile & esprit de tartre, &c. On fait usage de ces sortes de tartres en médecine & pour la teinture; les meilleures qualités se tirent de la Provence, du Languedoc & de l'Allemagne.

Taureaux.

Animaux quadrupedes dont les cuirs sont très-utiles. On en tire de Barbarie, d'Egypte, du Cap-verd, de St. Domingue, la Havane & Buénos-Aires. C'est surtout à Cadix que l'on peut se procurer des cuirs de Buénos-Aires, & de la Havane qui sont les préférés.

Tcheouse.

Tissus de la Chine qui peut tenir lieu de toile, par la souplesse & la commodité qu'on a de la pouvoir laver comme de la toile même.

Telarsky-Bielky.

Fourrure très-blanche, très-grande & la plus précieuse connue; elle se tire de la Sibérie.

Telephe.

Sorte de pourpier, ou plante abondante dans les cantons vignobles. Elle a beaucoup de vertus pour les ulcères.

Tepis.

Etoffe de coton & de soie, qui se fabrique aux Indes-Orientales.

Térébenthine.

Sorte de résine qu'on emploie dans les drogues & les arts & métiers. On en tire de l'Isle de Chio, des Bois de Pila, de la Russie, du Dauphiné, du Forez, & de Marseille & Bordeaux.

Téréniabin.

Nom d'un miel blanc, ou miel de rosée, qui se tire sur certaines plantes du Levant. Ce miel est fort estimé en médecine.

Térindannes.

Mousselines, ou toiles de coton fines, qui se tirent du Bengale.

Terre Castine.

Sorte de minéral qui sert à la fonte du fer. Terre Bellievre est une sorte de terre qui se tire de Forges en Normandie; elle est essentielle pour la construction du dedans des fours à glaces.

Terre.

Substance qui s'emploie en peinture, teinture, pharmacie & diverses manufactures, celle pour les couleurs & le dégraissage se tire de divers lieux de l'Europe & surtout de l'Angleterre. Les autres, surtout celles d'ombre, viennent du Levant, de diverses Isles de l'Archipel & de la Hongrie.

Thé.

Feuille desséchée qui, prise en infusion, est très-salutaire. Il y en a de plusieurs sortes dites *thé vert*, *thé Bohé*, *thé Impérial*, &c. Les Hollandois qui en fournissent à presque toute l'Europe, le tirent du Royaume de Siam, de la Chine & du Japon. Il en croît cependant aux Indes & Colonies Angloise & Françoise, mais d'une qualité bien inférieure à celle que nous procurent les Hollandois.

Il y a aussi une sorte de *thé des Alpes*, qui est un choix de fleurs des vulnéraires Suisses; on lui attribue plusieurs propriétés très-salutaires: toutes les grandes Villes en tiennent par entrepôt: celui de Paris est chez le Sr. Guyot, rue Mouton, près l'Hôtel-de-Ville.

Thériaque

Drogue composée pour la médecine. Venise, Paris, Lyon & Montpellier en composent beaucoup; celle de Venise est la préférée.

Thimelie.

Plante qui croît dans les pays chauds, & dont la racine est bonne en médecine.

Thon.

Poisson de mer qui, mariné, est agréable à manger, & dont le débit est assez conséquent. Les pêches s'en font en Océan & Méditerranée, sur les Côtes de Provence & de Gibraltar; Marseille, Toulon & Nice en fournissent en quantité.

Thym.

Herbe dont les parfumeurs tirent une eau & une huile agréable. Le Languedoc & la Provence en font un fort commerce.

Thymiame.

Écorce de laquelle se tire une gomme odoriférante, & dont les fumigations ont la vertu d'affermir les chairs dans certaines parties.

Tigre.

Animal commun en Asie & en Afrique, & dont la peau est estimée pour fourrure. Le Levant, l'Angleterre & la Hollande en approvisionnent le commerce.

Tilleul.

Arbre très-commun en Europe, & dont la fleur, l'écorce, & la semence sont en usage pour la médecine.

Tintenaque.

Sorte de cuivre de la Chine. C'est le meilleur connu : les Irlandois sont presque les seuls Européens qui en mettent en œuvre.

Tirebottes.

Ustensiles de bois pour tirer les bottes. On en fait en quantité à Paris, Londres & Lille.

Tiretaine.

Etoffe grossiere en fil & laine. Elle se fabrique à Rheims, en Poitou & en Picardie.

Tissu.

Nom commun à plusieurs étoffes fonds d'or & d'argent. On en fait beaucoup à Lyon, Venise, &c.

Tlapsi.

Plante abondante dans le Languedoc & la Provence. Sa graine entre dans la composition de la thériaque.

Toile.

Tissu de fils entrelacés. Il y en a d'une infinité de sortes dites de *lin*, de *chanvre*, de *coton*, & d'autres dites *peintes*, *cirées* & *à voiles* : indépendamment des détails ci-après, voyez *Indiennes, treillis & mousselines*.

Nous allons indiquer les productions en toiles de chaque pays.

La *Silésie* & la *Bohême* procurent une très-grande quantité de toiles de lin qui sont des plus estimées; les principales qualités sont l'*Hollandille* & la *Platille*; la *Suisse* qui en tire beaucoup, en fait un très-grand commerce. On en envoie considérablement au Mexique & au Pérou; les autres toiles d'*Allemagne* sont, pour la plupart, des toiles grossieres connues sous les noms d'*Estopilles*, *Enrolades*, *Bocadilles*, *Bombasis* & *Montbelliard*; ces dernieres sont à carreaux bleus & blancs. C'est la ville d'Hambourg qui en procure presque seule le débouché, ainsi que pour les toiles de Westphalie, & ce débouché est pour l'Espagne & les Indes. A *Scharembeck*, dans le duché de Brême, il y a, depuis 1782, une célebre manufacture de *toiles à voiles*, à l'instar de celles Hollandoises.

La *Hollande* qui passe pour avoir les plus belles toiles de l'Europe, les tire presque toutes de la Flandre Autrichienne; mais elle les tire écrues, & leur donne ensuite le blanchiment. Ainsi, *voyez*, ci-après, *les toiles de Flandre*.

La *Flandre* est généralement estimée par la beauté & la finesse de ses toiles de lin: elle en vend d'écrues & de non écrues. Les dernieres se tirent de Gand, Courtray, Menin, &c. Les plus fines portent 2/3 & 3/4 de large. Les environs de Gand fabriquent les *bresilles & brabantes*, & les toiles écrues, ou à blanchir se fabriquent presque toutes dans les Châtellenies d'Audenarde & d'Alost & les environs de Deinse & Thielt: on y en trouve de toutes qualités, largeurs & finesses. Il y en a de $\frac{5}{8}$, $\frac{2}{3}$, $\frac{3}{4}$, $\frac{7}{8}$, $\frac{9}{8}$, $\frac{5}{4}$, $\frac{6}{4}$, $\frac{9}{4}$, & même de trois aunes de France de largeur. Ces dernieres se fabriquent près Audenarde, dans laquelle ville il y a, tous les jeudis, un immense marché de toiles. C'est entre cette ville & Grammont que se fabriquent les *toiles grises*, *ardoisées* ou presque *bleues*, & surnommées, par les François, *petit Rouen gris*, & par les Espagnols, *Ap-Lomados*; elles portent de 5 à 7/8 de largeur. Courtray & Ypres fabriquent des toiles de lin, dites *rolettes*, qui sont des especes de grosses batistes, & des linges de table ouvrés dont le débit est considérable. Enfin on tire aussi de la Flandre quantité de toiles rayées & à carreaux blancs & bleus, dont l'usage est pour chemises de Marins, matelats & linge commun de cuisine. Gand, Bruges & Commines sont les lieux de la Flandre qui en fabriquent le plus.

La *Suisse* tire de l'Allemagne une grande quantité de toiles de lin blanches; celles qu'elle fabrique sont aussi en lin, blanches, ou teintes en différentes couleurs, en fines, moyennes & grosses. Les plus fines sont satinées, ou lissées de deux côtés, & les grosses ne le sont que d'un seul côté. Ces sortes de toiles ne servent guères que pour doublures.

L'*Angleterre*, l'*Ecosse* & l'*Irlande* fabriquent aussi des toiles, & même de très-belles; mais elles ne sont pas suffisantes pour les besoins des trois Royaumes & leurs possessions d'Outremer. Les toiles dites *bombasins* d'Angleterre sont cependant quelquefois achetées en partie par les Espagnols, mais en petite quantité.

La *France* est une des nations de l'Europe qui fabrique le plus de toiles en lin, chanvre & étoupes. Leurs noms & qualités sont si multipliés, que nous croyons ne pouvoir mieux faire qu'en rendant un compte rapide des productions particulieres de chaque province, en ce genre.

La *Flandre*, le *Hainaut*, le *Cambraisis*, l'*Artois* & partie de la *Picardie* fabriquent des *batistes*, des *linons* & des *cambrais*, qui se tirent particuliérement de Péronne, Arras, Noyon, Cambrai, Vervins, Valenciennes & Saint-Quentin. Cette derniere ville fait surtout des batistes écrues, que l'on nomme *toiles d'orties*. Toutes ces toiles sont de pur lin. *Beauvais*, *Compiegne*, *Bulle*, & autres lieux circonvoisins fabriquent aussi des toiles en pur lin, dites *demi-hollande*, *truffettes*, *platilles*, &c. Divers lieux de la Picardie fabriquent des *linges de table*, des *toiles d'étoupe*, de *chanvre* pour *emballage*, & d'autres pour faire des *sacs*. Ces dernieres se font en grande quantité du côté de Chauny & de Pont-Sainte-Maxence.

Les toiles de la *Normandie* sont, savoir: à *Bolbec* & *Ourville*, des toiles de lin nommées *toiles brunes*; à *Vimoutier*, des toiles de chanvre écrues, dites *Cannevas*; à *Tilliers* & *l'Aigle*, des grosses toiles de chanvre mi-blanches, appelées *toiles boulvardées*; à *Louvier*, de belles toiles blanches de lin, qui sont appelées *toiles Guibert*; à *Mamert*, des toiles de chanvre pour linges de tables; à *Lisieux*, des très-belles toiles blanches de lin appelées *cretonnes*, & d'autres en lin, dites *toiles blancards* ; à *Saint-Georges* ; de grosses toiles de lin blanches, mais dont l'usage est pour le commun du peuple ; à *Brionne*, *Louviers*, *Evreux*, *Bernay* & *Beaumont*, des toiles de lin fines ; appelées *toiles de Coffre* ; & d'autres en lin ; blanches & claires ; nommées *Brionnes* ; à *Alençon* ; plusieurs sortes de toiles de chanvre, dites *boulvardées*, *jaunes*, *lessivées* ; *Canevas* & *linges de table* ; à *Rouen* & divers lieux du pays de *Caux* ; quantité de toiles à matelats, & autres en façon, dites *siamoises*. Ces dernieres sont en façon d'étoffe ; & servent pour meubles. Ensin on fait à *Caen* beaucoup de linge ouvré.

L'*Anjou* fournit aussi quantité de toiles en chanvre & lin. La plupart sont écrues ; & se tirent de *Beaufort*, pour Nantes, La Rochelle & l'Orient ; qui les font blanchir & les envoient aux Isles. *Chole* & *Château-Gonthier* fabriquent des toiles de lin ; fines ; moyennes & grossieres ; les unes, en blanc ; appelées *plaulles*, & les autres, en lin écru ; sont fines ; unies & rayées en couleurs.

La *Bretagne* a aussi ses fabriques de toiles particulieres. Celles à voile ; en chanvre écru ; sont appelées, pour la plupart ; des noms des lieux où elles sont fabriquées. *Polledavy*, *Lamballe* ; *Petite-Olonne*, *Lovrenan*, *Perte* & *Royalles* sont les principales qualités de toiles à voiles. *Morlaix* & ses environs fournissent cinq sortes principales de toiles de lin ; dites *les Crés* ; en 3/4 de large, les *crés communes*, les *crés graciennes*, les *crés rosconnes* ; & les toiles de Morlaix, qui sont les préférées. A *Fougeres* & *Vitré* ; se fabriquent des toiles très-fines ; en lin ; & recherchées. A *Dinant* ; se font des toiles appelées *grands* ou *hauts-brins* ; & *toiles de halle* ; *assorties*. A *Clisson* ; sont des toiles de lin blanches, appelées *Clisson*. A *Quintin* ; sont d'autres toiles de lin blanches, en diverses qualités. Les plus fines sont semblables aux *cambraisines* : d'autres sont bleuâtres, très-claires & gommées ; & sont appelées *toiles à tamis*, parce qu'en effet ; elles ne servent qu'à cet usage. Les toiles *Nantoises*, ainsi appelées, parce qu'elles se fabriquent dans les fauxbourgs de *Nantes* ; sont en lin demi-blanc. La plus grande partie de ces toiles s'envoie aux Isles. Enfin les toiles de *Pontivy* sont aussi de lin ; elles sont blanchies sur les lieux, & expédiées ; en grande partie pour l'Espagne. Il y en a en 2/3 & 5/4 d'aune de large.

Mortagne & *Belesme au Perche*, fabriquent beaucoup de toiles de chanvre ; les unes pour serviettes, d'autres pour *canevas* & *linge de cuisine*, des *treillis* & des toiles ; dites *bises*, destinées pour la teinture. Celles pour serviettes sont en grande quantité & assez estimées.

Laval & divers lieux du *Maine* fabriquent quantité de toiles de lin ; fines ; moyennes & grosses ; elles sont écrues ; une partie s'achete par les Marchands de Troyes ; & est vendue par eux, sous le nom de *toiles de Troyes* ; parce qu'elles y sont blanchies, & l'autre partie se vend pour faire des vestes & doublures : elles sont ; en général ; fort estimées.

La *Champagne* fabrique aussi des toiles de lin, dont le commerce se fait à *Troyes* ; les qualités qu'on y trouve sont des toiles mi-blanches ; dites *boulvardées* ; & d'autres *fines*, qui imitent les Cambrays.

On tire du *Beaujolois* diverses toiles de chanvre, appelées *regnies* ; *Saint-Jean*, *rouleaux de Beaujeu* ; *tarare* ; *linges façonnés pour table* ; &c. Toutes ces toiles ; quoique grossieres, sont estimées ; & leur commerce s'en fait à *Villefranche* & *Lyon*.

Enfin le *Dauphiné* fabrique plusieurs qualités de toiles de chanvre & des fils pour la couture & la bonneterie. Ses principales fabriques, en ce genre, sont à *Artas*, *Boujoin* ; *Ruy*, *la Tour-du-Pin*, *Voiron*, *la Buisse*, &c. Le plus grand commerce s'en fait à *Valence*, *Embrun*, *Grenoble*, &c.

Tous les détails ci-dessus ne sont relatifs qu'aux toiles de lin, chanvre

& étoupes. Il nous reste à parler de celles de coton & des Indiennes.

Les plus belles *toiles de coton* se tirent des Indes Orientales, par *Amsterdam*, *Londres*, *l'Orient*, &c. Les principales sont les *coupis*, *tapsel*, *caladaris*, *chillas*, *guinées*, & surtout celles de Negapatnam; *Salempouris*, *Percales-mauris*, *Baffetas*, *Secreton*, *Coutelines*, *Berams*, *Chacaris*, *Chelles*, *Doutés*, *Floretes*, *Garas*, *Sanas*, *Hamans*, *Koratlies*, *Kuitegui*, *Sauvagagis*, ou *Sauvaguzées*, &c. Elles sont, pour la plupart, détaillées sous leurs noms, dans ce chapitre, & celles pour mousselines sont aussi indiquées sous leurs noms particuliers & sous le mot *Mousseline*.

Quant aux *Indiennes*, ou *toiles de coton peintes*, on en tire des Indes Orientales, & l'on en fabrique considérablement en Europe, & surtout en Hollande, en Angleterre; à Hambourg, où il y a dix manufactures célèbres en ce genre, en Suisse, à Geneve & divers lieux de l'Allemagne; à Tournay, Anvers, Gand; Bruxelles, &c. dans les Pays-Bas Autrichiens; & en France, à Joui, près Versailles, dont les toiles sont très-estimées, ainsi que celles de la nouvelle manufacture de Colmar en Alsace, à Corbeil-sur-Seine, à Angers, Nantes, Saumur, &c. *Voyez* Indiennes.

Outre les toiles dont nous venons de parler, on en fabrique d'autres dites *toiles cirées*. Les plus estimées se tirent de Leipsick, Londres, Amsterdam & Vienne; & les inférieures se font à Paris, Rouen, &c.

On fait aussi, en France, & surtout à Paris, une *toile veloutée*, dite *tapisserie soufflée*, en laine hachée, où l'on représente des sujets de l'Histoire, ou autres objets en verdure, paysages, &c.; mais depuis que les papiers peints, veloutés, damassés, chinés & autres, sont en usage, cette sorte de toile n'est plus en vigueur.

Toilettes.

Nom des baustes écrues & des linons unis & rayés qui se fabriquent en Artois, & surtout à Bapaume.

Tokay.

Excellent vin de Hongrie, voyez *vins*.

Tôle. Voyez *Fer-blanc*.

Tombac.

Composition de cuivre; il s'en fait par toute l'Europe. *Voyez* Similor.

Tonquin.

Etoffe de soie blanche qui se tire de la Chine.

Topases.

Pierres précieuses & transparentes qu'on emploie en bijoux. Les Indes, l'Ethiopie, le Pérou & l'Arabie, produisent les plus belles; la Silésie, la Bohème & la Saxe procurent les plus communes.

Toque.

Nom d'une sorte de mousseline des Indes-Orientales.

Toraille.

Sorte de corail brut qui ne se porte qu'au Caire & à Alexandrie.

Torche.

Sorte de résine produite par les pins & les melesses; on en fait de la poix.

Tormentille.

Plante dont la racine est sudorifique, astringente & vulnéraire; elle se tire des Alpes & des Pyrennées.

Tortue.

Animal amphibie. Sa chair est saine & très-nourrissante. Sa graisse procure une huile recherchée par sa fraicheur, & son écaille donne lieu à une forte branche de commerce; on en distingue trois sortes principales, appellées *tortue franche*, *tortue caret*, *tortue kaouanne*. On en trouve en Amérique, dans la Perse, & surtout le Masenderan, & dans divers parages des Pays chauds. Celles qu'on trouve en Europe sont peu estimées; on ne les recherche que pour mettre dans des jardins.

Touanse.

Sorte de satin uni, à fleurs & en diverses couleurs & dessins; on en fait en France, & l'on en tire de la Chine.

Touche.

Pierre noire & luisante qui sert à éprouver les métaux. On la tire du Levant.

Tourangettes.

Nom donné aux petites serges qui se fabriquent à Montoir en Orléanois.

Tourbe.

Terre noire & sulfureuse dont on se chauffe en Hollande & en Flandre. La Normandie en fournit beaucoup.

Tournesol.

Plante propre à la teinture; les environs de Massilargues, Lunel, Gallargues & autres lieux du diocèse de Nismes & du Languedoc en produisent en quantité.

Tournesol de Constantinople.

C'est une toile teinte dont les Turcs font un grand usage. Tournesol se fait d'un coton plat qui se tire de Portugal, & d'une drogue pour la teinture, surnommée *Orseille*, qui se tire de la Hollande.

Tourteaux & Tourtes.

Marcs de divers grains, ou fruits dont on exprime de l'huile. Ces noms & cet usage sont également connus dans toute l'Europe.

Trace.

Nom qui se donne au gros papier gris duquel on se sert pour la fabrication des cartes & cartons.

Tragorican.

Serpolet sauvage & médicinal. Il se tire de la Natolie & des Isles de l'Archipel.

Trait.

Fil de métal, comme or, argent, cuivre, &c. *Voyez* ces mots.

Transillas.

Sorte de dentelle que l'Espagne tire de la Hollande.

Treillis.

Grosses toiles de chanvre très-fortes. Ceux en toiles écrues pour sacs, &c. se fabriquent en quantité dans le Bourbonnois, le Forez, le Perche, le Maine, la Normandie, la Picardie, & quelques cantons de la Champagne, du coté de Vitry. On en tire aussi de Saint-Gall, que l'on appelle *Treillis d'Allemagne*.

Ceux dits *toiles teintes & gommées* se tirent de l'Allemagne, de la Suisse, surtout de Saint-Gall & Lyon.

Tremble.

Bois léger & très-commun en France. On en fait des sabots & talons pour chaussures, &c.

Trentanelle.

Plante qui s'emploie pour la teinture, & dont l'usage n'est pas autorisé par les réglemens. On la tire de la Provence & du Languedoc.

Tresquilles.

Laines communes du Levant. On les surnomme *surges* ou *suint.*

Tresses. Voyez *Rubans & Passemens.*

Tricolor.

Peau de chat marquée de trois couleurs; elle fait partie des pelleteries communes.

Tricots.

De laine à l'aiguille, pour bonneterie.

Les lieux qui en font le plus en France, sont, Dourdan, Gien, Narbonne, Granvilliers, Orléans, Paris, St. Malo, &c.

Tricots divers.

Ceux de fil à l'aiguille se font à Rennes, St. Malo & Vitré, & ceux de soie à l'aiguille, à Dourdan.

Trie.

Surnom que l'on donne, en Normandie, à la morue verte triée.

Tripe.

Etoffe veloutée en laine & chanvre; il y en a d'unie, de rayée & en diverses couleurs. Il s'en fabrique beaucoup à Lille, Orchie, Tournay & autres villes de la Flandre Françoise & Autrichienne.

Tripoli.

Pierre légere, d'un blanc rougeâtre; elle sert à blanchir & polir les ouvrages de lapidaires, orfèvres & chaudronniers. On en tire près de Rennes en Bretagne, de l'Auvergne & de l'Italie.

Truite.

Poisson d'eau douce dont Genève & l'Ecosse font quelque peu de commerce, en le salant & le vendant en barils, comme le saumon.

Truffe.

Sorte de racine commune en Angoumois, dans le Périgord, le Languedoc & la Provence. Elle est devenue comestible pour les mets des gens riches.

Trufflettes.

Toiles blanches, en lin, qui approchent de la demi-Hollande. Les principales fabriques sont en Picardie. *Voyez* Toiles.

Tuf.

Etoffe très-grossiere, composée de fils d'étoupes & de poils de bœuf filés. On en fabrique assez à Beauvais, & elle est à très-bon prix.

Tulipe.

Nom d'une fleur dont on fait un objet de commerce pour certains amateurs, par le haut prix que l'on paye quelquefois des oignons de tulipes, dont la fleur est connue rare & belle. On tire de ces oignons de la Turquie, de la Tartarie & de la Hollande.

Tuiles.

Morceaux de terre cuite, que l'on emploie pour la couverture des maisons. On en fait dans tous les pays de l'Europe, & la France tire les siennes de la Bourgogne où il y a quantité de tuileries; elle s'en procure aussi de l'Orléanois, la Champagne & le Gâtinois, où il s'est formé, depuis peu, deux belles tuileries, ou briqueteries, proche Châtillon-sur-Loing, & dont les tuiles sont à bon compte: on en fait aussi dans la Flandre, le Cambraisis, & partie de l'Artois.

Tuna.

Arbre du Mexique, sur lequel se trouve la Cochenille, sorte d'insecte qui vient s'attacher & se grossir sur les feuilles dudit arbre.

Turbans.

Toiles de coton rayées, bleues & blanches, qui se tirent des Indes Orientales, & servent au commerce de la Guinée.

Turbith.

Racine médicinale & purgative qui croît dans l'isle de Ceylan & à Malagar.

Turbot.

Poisson de mer estimé qui se pêche par les Hollandois & les Pêcheurs des Pays-Bas.

Turquoises.

Pierres précieuses, de couleur bleue & transparente. Les plus belles se tirent de la Turquie, de la Perse, & Zamora en Espagne, & les fausses viennent de divers lieux de l'Allemagne.

Tutie.

Suie du feu des fonderies en divers métaux & surtout en cuivre, autrement appellée, *suie métallique*. On s'en sert en médecine, & l'on en tire beaucoup de la Suéde, de l'Allemagne & surtout du pays de Liége.

V.

Vaches. Voyez *Bestiaux.*

Les os de vache sont ceux dont on fait la teinture noir-d'os, par l'action du feu. Ses cornes s'emploient aux ouvrages de tabletterie, parce qu'elles s'amollissent au feu; les rognures de sa peau & cartilages de ses pieds servent à la colle-forte; sa graisse forme un suif pour chandelles, & le poil de sa queue s'emploie dans la fabrique des tapisseries dites *Bergame*, & tient lieu de crin aux selliers & aux tapissiers.

Il y a des *vaches marines* qui se trouvent sur quelques côtes d'Afrique & d'Amérique.

Vahats.

Arbrisseau qui est commun à Madagascar. Sa racine sert à teindre en rouge & en jaune, en y joignant du jus de citron.

Vaisselles.

Ustensiles de table, Voyez Paris, page 622, tome I. On indique différens genres de vaisselles en composition de métaux, tant pour la propreté, que pour éviter aux accidens du vert-de-gris, voyez au batterie de cuisine dans ce chapitre.

Il y a, depuis peu, à Londres une célèbre manufacture de vaisselles plates, ustensiles de cuisine & de toilette; ces objets sont d'un métal cuivreux, mais revêtus en-dedans & au-dehors d'un étamage d'argent que le feu ne peut dissoudre; ce métal est aussi propre & dure aussi longtems que l'argent même.

Vaisseaux, ou *Batimens de Mer.*

Nous ne parlons de ce titre que pour faire connoître une découverte précieuse pour la Marine, relativement au doublage en cuivre des vaisseaux.

Une compagnie de commerce vient d'établir à Nantes une célèbre manufacture d'un métal incorruptible & par-là même très-important pour le doublage des vaisseaux en cuivre, & elle possède en même tems un verni métallique que nous indiquons au mot verni.

Valeriane.

Nom d'une plante dont la racine entre dans la thériaque.

Vanille.

Plante qui s'emploie en liqueurs & dans la fabrication du chocolat.

On

On la tire de la Nouvelle Espagne, de Caraca, de Maracaybo, & de quelques lieux du Pérou. C'est par la voie de l'Espagne que l'Europe entiere s'en procure.

Vaquettes.

Surnom des petites peaux de vaches, qui se tirent de Senfal, Meleven, Baliambrod & Josselar, par la voie de Smyrne.

Varech.

Herbe maritime dont on se sert pour fumer les terres & qui, brulée, forme la soude *dite de* Cherbourg, *dont la propriété n'est que pour fondre le verre commun.* Cette herbe est assez commune sur les rivages de la Normandie, où elle est jetée par les flots de la mer.

Vautour.

Oiseau de proie dont la graisse sert à divers médicamens, & la peau entre dans le commerce de la pelleterie.

Veau.

Voyez Bestiaux & Peaux. C'est de la peau de veau mort-né, ou veau de lait, que se fait le vélin. Les autres peaux de veaux sont employées par les Cordonniers, relieurs de livres, Bourreliers, Selliers, &c. Les veaux recherchés pour la consommation des gens riches, à Paris, sont ceux de riviere, qui s'engraissent aux environs de Rouen & de Pontoise.

Le *Veau-marin* est un objet de commerce dans les pays qui avoisinent la mer glaciale, où il se trouve assez abondamment du côté de l'Ouest. Comme cet animal est amphibie, on le pêche & on le chasse, & ce qu'on en tire ne consiste qu'en une huile qu'on estime être la meilleure des huiles de poisson, & sa peau est très-bonne pour des housses de chevaux, couvertures de coffre, & manchons de fatigue, &c.

Vélin.

Parchemin très-blanc. Il provient de la peau de veau mort-né; *voyez* Parchemin.

Velours.

Etoffes en soie, ou coton. Elles sont d'un poil épais, court & très-doux. Il y en a de diverses qualités dites *Ras cannelés, ciselés, pleins, frisés & unis.* Ces derniers se distinguent en velours à deux poils, 2-1|2 3 & 4, sur une largeur uniforme de 11|24 de l'aune de France; enfin il y a aussi des *velours à ramage* & d'autres gauffrés. Les plus beaux *velours de soie* & en *dorure*, se tirent de Gênes, Lyon, Venise, Rome, Paris, Amsterdam, Tours, Cadix; & ceux en *coton* se fabriquent en nombre d'endroits & particuliérement à Evreux, Lille, Hambourg, Nantes, Saint-Symphorien, Sens & plusieurs villes de la Hollande. Les plus beaux se tirent d'Anvers & de Rouen où l'on en fabrique considérablement. On trouve à Neuville-l'Archevêque en Lyonnois, une belle manufacture en velours de soie & coton mêlés.

Ver-à-Soie.

Insecte, ou Chenille précieuse par sa production. On en éleve dans tous les pays chauds, & leur substance est toujours la feuille de mûrier. La graine de ces vers est un objet de commerce; elle est fort chere, quand les acheteurs savent distinguer celle des vers mâles, d'avec celle des femelles: les Provinces de France, qui s'occupent le plus de cette espece de culture, sont: le Languedoc, la Provence, le Lyonnois, la Touraine & le Dauphiné.

Verdet.

Se dit d'une composition de vert-de-gris, distillé & cristallisé; on s'en sert pour drogues, & on en fabrique considérablement à Montpellier; le verdet est tiré du cuivre, par le moyen du marc de raisin, & sa couleur verte, le fait surnommer *vert-de-gris*.

Vergettes, ou *Brosses*.

Pour tous usages. Celles en crin & soie de porc, ou sanglier, se tirent de la Moscovie, de la Russie, de l'Allemagne, du Danemarck, & autres Pays du Nord; celles en chiendent, viennent de la Provence.

Verine.

Nom de la meilleure sorte de tabac qui se tire de l'Amérique.

Vermeille.

Se dit d'une couleur d'or qui se donne aux ouvrages d'argent.

Vermeille.

Pierre précieuse, d'un rouge cramoisi noirâtre. C'est une espece de grenat qui se trouve en Bohême, en Italie & dans quelques lieux de la France.

Vermicelli.

Pâte de farine de ris & de froment, dont on se sert dans les potages: On en fait beaucoup dans l'Italie, le Languedoc, le Dauphiné, le Lyonnois & à Paris même; le plus gros *vermicelli* est appelée *macaroni*.

Vermillon.

Couleur rouge aussi vive que belle; sa meilleure fabrication est en Hollande, d'où l'on le tire ainsi que de la Russie; ce dernier est appelé *minium*.

Verni.

Matiere liquide qui sert à donner le plus beau luisant à diverses ouvrages & peintures. Il s'en compose en divers Etats de l'Europe, qui ont peine à approcher de celui de la Chine; on en tire beaucoup de la Perse, de Venise, de Hollande & de Paris. Cette derniere ville possede, depuis peu, un verni propre aux étoffes & aux cuirs, & qui est impénétrable à l'eau. Son dépôt est près le Palais-Royal, à l'enseigne de la Civette. Une manufacture plus importante en verni vient d'être établie à Nantes. Ce verni, appelé *métallique*, est précieux pour conserver la ferrure des vaisseaux.

Veronique.

Plante très-commune en Europe. Elle s'emploie en médecine & pour la teinture; elle est surtout un assez bon vulnéraire.

Verre.

Matiere fragile & transparente, composée de sels alkalis, de varech, de soude & de sables, le tout par l'action d'un grand feu. Voyez *Verreries*, pour les ouvrages qui en proviennent, &c. Il y a, en Hongrie, des manufactures de verres de crailes que la ville de Winterberg fournit pour l'Espagne, le Portugal & l'Amérique.

Verreries.

Manufactures où se font les ouvrages en verre, pour bouteilles, gobelets, vitres, &c. Alençon, Bernay, Bordeaux, Boulogne-sur-mer, Blois, Langres, Laval, Liége, Ingrande, Lille, Némours, Pragues, Saumur, Sedan, Venise & diverses autres villes du Hainaut, de l'Anjou, la Normandie, le Maine, la Lorraine, la Champagne, la Picardie, le Pays des Voges & le Lyonnois, font exploiter des verreries en différens genres, & presque toutes renommées, surtout les verreries royales de Saint-Louis, près de Bitche en Lorraine, où l'on fait un nouveau cristal qui est égal à celui d'Angleterre. Les verres de table & vitres qui sortent de ces verreries sont aussi fort estimés. Il y en a un entrepôt à Paris, Cloître Saint-Jacques-la-Boucherie.

Enfin tous les Etats de l'Europe possedent aussi des verreries, & celles des Pays-Bas Autrichiens sont à Hanost, Barbançon, Bruxelles & Louvain. Celles d'Angleterre sont aussi en réputation.

Verroterie.

Menus grains de verres percés & de diverses couleurs. On en porte beaucoup à la traite des Noirs & sur diverses côtes, & surtout au Sénégal, mais il faut qu'il y ait un assortiment de toutes les sortes suivantes: d'*ambréa*, de *rouge à facettes*, de *compte ou de goutte de lait*, qui est une espece de petite perle; de *galet*, de *cristaux à facettes*, de *comptes brodés*, de *rassade*, de *verrot*, de *pesants*, d'*olivettes*, de *margriettes*, de *loquis*, de *grains & d'Jdis*.

Verrucaire.

Plante purgative, presque semblable au basilic. Elle ne croît que dans des lieux âpres.

Vert.

Couleur composée ou de pierres rares, ou de marbre, ou d'herbes, ou de plantes. Ses gradations sont le *vert jaune*, *vert d'herbe*, *vert molequin*, *vert de Saxe*, *vert obscur*, *vert Laurier*, *vert naissant*, *vert gay*, *vert brun*, *vert céladon*, *vert de perroquet*, *vert de mer*, *vert de chou*, *vert d'oie*, *vert de Montagne ou d'Hongrie & vert de vessie*; tous ces verts servent pour les teinturiers & les peintres. Le *vert de corroyeur* ne sert que pour teindre les cuirs.

Enfin il est un *vert d'eau* appelé *vert-de-gris*, qui se compose à Montpellier, Gignac & Paris, qui sert aux teintures, aux peintures & pour drogues, & dont l'emploi en tous genres exige beaucoup de précautions, en ce qu'il est un poison vif.

Veule.

Surnom qui se donne au Castor

Viande salée.

Celle pour les armemens se tire d'Hambourg, de l'Irlande, de la Hollande, de divers ports de France, & l'on en tire aussi beaucoup de Fiume en Morlaquie.

Vieux-Oing.

Graisse de porc: on en fait dans beaucoup de pays de l'Europe, parce qu'elle est employée à plusieurs usages

Vif-Argent.

L'Italie, la Hongrie, l'Espagne & la France en possédent; il s'en trouve aussi aux environs de Vienne en Autriche.

Vigans.

Draps grossiers en laine. L'on en trouve en quantité aux foires d'Anduse, Beziers & Pézenas en Languedoc.

Vigogne.

Animal quadrupede qui est fréquent au Pérou. Les Espagnols en tirent une laine fort estimée pour leurs fabriques de draps de ce nom. Cette laine se distingue en trois qualités dites *fine*, *carmeline* ou *bâtarde* & *pelotage*. En France ces laines ne s'emploient que dans la fabrique des chapeaux, du moins les réglemens ne permettent pas qu'elles aient d'autre usage.

Vin.

Liqueur agréable & estimée de tous les Peuples. Il y a un nombre infini de qualités de vins. La France est de toutes les nations de l'Europe, celle qui en fait le plus grand commerce, que l'on peut dire être immense; les Provinces qui en recueillent le plus, & dont les qualités sont recherchées, sont la *Bourgogne*, le *Languedoc*, la *Guyenne*, la *Champagne*, l'*Anjou* & l'*Orléanois*. La *Bourgogne* distingue ces vins par les noms mêmes des crus qui les produisent, & dont les meilleurs sont : *Auxerre*, *Coulanges*, *Ireney*, *Tonnere*, *Avalon*, *Joigny*, *Chablis*, *Pomar*, *Chambertin*, *Beaune*, le *Closvougeot*, la *Morande*, *Morache*, *Vollenay*, *Montrachet*, *Nuits*, *Chassagne* & *Mursault*.

Tous ces lieux produisent les premieres qualités de la Bourgogne, & les secondes viennent des crus d'*Aloes*, de *Savigny*, du *Chalonnois*, & du *Mâconnois*. Les lieux le plus estimés de ces deux derniers cantons, sont : *Chenas*, *Fleurie*, *St. Leger*, *Jullié*, les *Torrins*, *Brouilly*, & *Charenay* en Mâconnois; & *Ouly*, *Limas*, *Pomier*, *Chalier*, *Denisé*, *Montmelas*, *Blacé*, *St. Etienne*, *Quincit*, *Véaux*, &c. en Beaujolois.

Après ces vins viennent ceux du Rhône, en rouge, & connus sous les noms de l'Hermitage, de Côte-Rotie, de St. Perrey & de Chanas.

Les vins muscats du Languedoc; & surtout ceux de *Frontignan*, *Lunel*, *Beziers* & *Rivezaltes* sont aussi très-estimés chez l'Etranger, & ceux non muscats, de *Tavel*, *Moret*, *Nairac*, *St. Genis*, *Condorin*, *St. Laurent* & *Roquemaure*, ne sont pas moins recherchés. L'*Aunis* produit quelques vins dont le plus estimé est celui de l'Isle de *Ré*, les autres se brûlent pour eau-de-vie, qui se tirent par la Rochelle.

Les qualités de vins les plus en réputation parmi les *crus de la Champagne* sont pour les vins blancs, les crus d'*Ay*, d'*Hautvilliers*, *Pierry*, *Avenay* & *Sillery*; & pour les *vins rouges*, ce sont les crus de *Montagne*, *Versenay*, *Bousy*, *Thefly*, *Versy*, *Mailly*, *Rilly*, *Chigny*, *Ludu*, *Villers*, *Monbré*, *Allerand*, &c. Tous ces vins sont presqu'aussi estimés que les premieres qualités de la Bourgogne. Les secondes qualités des vins de Champagne proviennent des crus de *Coucy*, *Parghant*, *Bar sur-Aube*, *Oxmery*, *Mussy*, *Ejoy*, *Dormans*, *Vertus*, *Quincy*, *Gié* & *Chatillon*; ces vins, quoiqu'inférieurs aux premieres qualités, sont encore très-bons. Les vins de *Bordeaux*, ou de *Guyenne* & du Quercy, sont aussi très-recherchés de l'Etranget, & même de l'intérieur du Royaume, les meilleures qualités de ces vins sont : celles des Cantons de *Cahors*, l'*Angon*, *Preignas*, *Sauternes*, *Bommes*, *Barsac*, des *Graves*, de *Médoc*, *Montauban*; *Gonsac*; *Ste Foye*, *Gaillac*; *Agenois*, *Picardun*; *Bazadois*, *Bergerac*; *Pondensac*, & *Castres*. La plupart de ces vins sont en blancs, & les rouges les plus estimés, sont : ceux des *Graves*, de *Médoc*, de *Pondensac*, & de *Castres*; quoi qu'il en soit de la réputation, & même de la cherté de ces vins, dont les rouges ne se perfectionnent, qu'en passant & repassant les mers, les qualités de Bourgogne & partie de celle de Champagne, leur sont souvent préférées; le *Bayonnois* a aussi ses vins particuliers & connus, sous les noms de *Rigue-Pont*, de *Haute*, *Basse* & *Petite Chalosse*, du *Haut* & *Bas Tursan*, de *Juranson*, & du *Cap-Breton*; tous ces vins se vendent à très-bon compte, puisque le dernier, qui est le plus estimé, ne se vend qu'au plus 75 livres la barique, rendue franche à bord du navire.

Enfin, après tous les vins ci-dessus, viennent ceux de l'*Orléanois*, de la *Touraine*, en rouges, & de l'*Anjou*, en blanc. Cette derniere Province possede des cantons dont les qualités semblent disputer celle du vin de l'*Angon*, compris dans ceux de *Bordeaux* ci-dessus; on distingue surtout en *Anjou*, les Cantons de *St. Barthelemi*, *Foix*, *Ste. Jemes*, &c.

On tire de l'Etranger des vins délicieux, mais presque tous liquoreux, sauf ceux du *Rhin*, & de la *Moselle*, qui sont des vins secs, & blancs fort estimés. Ceux d'Hongrie, sont en grande réputation; les principales qualités de la haute Hongrie, sont : le *Tokay*, le *Muschiac*, le *Mischker* & l'*Erlan*; & ceux de la Basse-Hongrie, sont : l'*essence*, l'*Ausbruch*, le *Muschlac* & le *Landevin*.

Les Isles, l'Espagne, le Portugal, & les Royaumes de Naples & Sicile, procurent au Commerce les vins de *Canaries*, *de Madere*, *de Porto*, de *Malvoisie*, de *Chypre*, de *Xeres*, de *Malaga*, *d'Aliante*, de *Tinto*, de *Rota*, de *Pacaret*, de *Lacrima-Christi*, de *Sait-Lucar*, *Torres*, *carcavelos*, *Lavadrio*, *Vedras*, *Mogofores*, *Anadix*, *Alanquer*, &c., & l'excellent vin connu sous le nom du *Cap*. On peut se procurer de ce dernier par la voie de la Hollande; enfin on tire de l'Italie deux autres sortes de vin, savoir: un vin *Grec jaune* qui se recueille près Geracé dans la Calabre ultérieure, & un *vin blanc* dit *verdée*, à cause de sa couleur verdâtre qui se trouve dans les environs de Florence.

Nous croyons ne pouvoir mieux terminer cet article qu'en prévenant que l'on trouve à Paris, chez le Sieur Dubuisson, rue Bourg-l'Abbé, une *liqueur précieuse au Commerce*, par la propriété infaillible *pour restaurer les vins gâtés* de quelques qualités qu'ils soient, surtout les vins François.

Vinaigre.

Vin aigre & préparé. La ville d'Orléans en fait un immense commerce. On compose, tant en cette ville qu'à Paris, des vinaigres de toutes especes qui prennent le goût des plantes, fleurs, fruits, liqueurs, graines, &c. qu'on puisse désirer, mais le préféré de tous ces vinaigres est celui d'estragon.

On trouve à Paris, chez le Sieur Maille, vinaigrier, rue St. André des Arts, plus de 200 sortes de vinaigres, pour la toilette, les bains, la table & la médecine même. On vante surtout le *vinaigre Romain*, pour blanchir les dents, & le vinaigre blanc dit *Balsamique* pour conserver le peau fraîche, &c. Le débit en est considérable.

Vingtains.

Nom commun à plusieurs sortes étoffes de laines, qui se fabriquent dans le Dauphiné, le Languedoc & la Provence. On entend par ces étoffes celles dont la chaîne est composée de 2000 fils.

Violet.

Couleur dont les deux principales gradations sont le *violet fin*, & le *violet commun*, ou *faux*.

Violon.

Instrument de musique. On en fait de très-bons à Londres, Paris, Nuremberg & surtout à Mirecourt en en Lorraine.

Vipere.

Serpent terrestre, du foie duquel on fait une poudre qui sert à la médecine. On en tire de Montpellier, Padoue, & des villes où l'apothicairerie est renommée.

Viré.

Nom d'une petite étoffe, ou étamine qui se fabrique à Amiens, où l'on en distingue de deux sortes dites *jaspées* & *doubles* de soie.

Vitré.

Nom commun aux diverses toiles, qui se fabriquent dans les environs & la ville même de Vitré en Bretagne.

Vitriol.

Sel minéral qui se tire du salpêtre, d'une espece de marcassite dite pyrite, & qui se trouve en diverses mines. Il y en a de plusieurs sortes, dites *blanc*, *vert*, *bleu* & *rouge*. Le vert se divise en trois especes appelées *vitriol d'Allemagne*, *vitriol d'Angleterre* & *vitriol Romain*. Le vitriol bleu est surnommé de *Chypre*, ou *d'Hongrie*, & le rouge est appelé *Colcothar*. On se sert du vitriol pour les teintures, la chimie & la médecine, & l'on en compose surtout la poudre appelée simpathique, qui est si précieuse pour les hémorragies. Les meilleurs vitriols se tirent de l'Allemagne, la Bohême, la Suède, la Hollande, &

l'Angleterre; *voyez* la fin de l'article sel dans ce chapitre.

Voame.

Nom d'une sorte de poix rouge d'Afrique dont la poudre mêlée avec du suc de limon, tient lieu de Borax pour souder l'or. Cette poix se tire des Echelles de Barbarie & de celles du Levant.

Voile.

Espece d'étamine légere qui se fabrique à Rheims, au Mans, & quelques lieux d'Anjou. Il y en a des blancs & des noirs; elles servent pour l'habillement des personnes cloîtrées.

Voiles.

De navire, barques, &c. Les meilleures se fabriquent en Hollande, en Bretagne, en Russie, en quelques lieux de l'Allemagne, surtout à Kœnisberg & dans les Royaumes d'Angleterre, d'Ecosse & d'Irlande, & dans les Etats-Unis de l'Amérique, &c. *Voyez* Toiles.

Volailles.

Celles du Mans & de Némours sont les plus estimées de la France.

Vouede, ou *Voide.*

Nom d'une plante commune en Normandie & dans le Languedoc; on en fait une espece de pastel qui peut en quelque sorte suppléer à l'indigo pour la teinture.

Vourine.

Surnom de la soie legis, la plus fine de toutes les soies de Perse.

Vrueu.

Surnom du Rocou, *voyez* ce dernier mot.

Vulnéraires suisses.

Sortes d'herbes ou de plantes, dont le Mille-pertuis est une des principales. Elles croissent dans les Montagnes de la Suisse. Leurs propriétés en médecine sont aussi connues que salutaires; toutes les grandes villes en ont des entrepôts & celui de Paris est chez le Sr. Guyot, rue du Mouton, près de l'Hôtel-de-Ville.

Usnée.

Mousse qui croit sur le chêne & le cedre. Elle s'emploie en pharmacie & l'on lui attribue des vertus contre l'épilepsie; elle entre aussi dans la composition de diverses poudres odoriférantes.

W.

Walrc, ou *Walros.*

Animal amphibie que l'on considère comme la vache marine. Il se trouve dans les Régions glaciales; ses dents sont semblables à l'ivoire, & sa peau à celle du chien marin; les Russes tirent parti de ces deux objets & surtout des dents de ce poisson, que l'on connoît sous le nom de *Walros.*

Walrus. Voyez *Narval.*

Nous croyons que ce poisson est l'animal amphibie, dont nous venons de parler.

Wiloc.

Espece de feutre foulé à la méthode des chapeliers. Il y en a d'un pouce & d'un demi-pouce d'épaisseur; son usage n'est guères que pour les tentes & matelats des Tartares.

X.

Xalane.

Racine des Indes, dont on fait un excellent syrop purgatif & très-salutaire.

Xilobalsamum.

Arbrisseau dont le bois médicinal se tire du Caire par la voie de Marseille.

Xilon.

Arbrisseau d'Egypte qui produit

du coton; on tire de sa semence une huile estimée pour les maux de reins & de poitrine. Cette huile ne passe en Europe que par le Levant.

Xiris.

Plante médicinale, résolutive & attractive. Elle croît abondamment en Italie.

Xiste.

Sorte de jaspe qui se trouve dans l'Inde.

Xocochiti.

Arbre de la Nouvelle Espagne, qui produit un fruit médicinal appelé *poivre Tabasco.*

Y.

Ycolt.

Arbre palmier de la Nouvelle Espagne, dont les feuilles procurent un très-bon fil pour toiles.

Ynchic.

Fruit du Pérou de l'amande duquel on tire une huile dont on fait cas en médecine.

Yvoire, ou Ivoire.

Dents d'Elephans, de Walros & de Walrus, voyez *ces mots.* Les Portugais tirent leur ivoire du Brésil; & l'on trouve en Sibérie une sorte *d'ivoire fossile.* Outre les ouvrages que l'on fait en ivoire, on en fait aussi quelqu'usage en médecine, tant par le sel volatil & l'esprit, que par le spode qu'on en tire: & l'on en compose, en le brûlant, un noir fort estimé pour les peintures fines.

Z.

Zafre. Voyez *Safre.*

Zarza. Voyez *Salsepareille.*

Zedoaire.

Racine médicinale & surtout sudorifique & excellente pour l'estomac & contre les vers. Elle se tire de divers lieux des Indes & particuliérement de Ceylan.

Zibeline. Voyez *Martre.*

Elle est une des belles fourrures de la Russie & surtout de la Sibérie.

Zinc, Zain, ou Zim.

Minéral dont on se sert, comme de la calamine pour teindre le cuivre rouge en jaune, & pour blanchir & purifier l'etain. On en tire des mines de Goslar en Basse-Saxe, mais le meilleur vient de l'Egypte.

Zingi.

Fruit ou semence des Indes-Orientales, surnommée Anis des Indes. Les Orientaux & les Hollandois le prennent en guise de thé.

Ziziphe.

Arbre qui produit le jujube. Voyez *ce mot.*

Zoroche.

Espece de minéral d'argent qui se trouve dans les mines du Potosi au Pérou.

Fin des Productions locales.

CHAPITRE VIII.

TABLE Alphabétique des Droits perçus en France, sur toutes les Marchandises Nationales & Etrangeres, tant à leur importation qu'à leur exportation, avec des Détails sur quelques Droits particuliers (1).

Accacia, drogue.

Le *vera*, ou *vrai*, paye d'*entrée*, par cent livres pesant, 7 liv. 10 f.
Le *commun*, idem, 2 liv. 10 f.

Accise.

Droit usité en Hollande, sur diverses marchandises & denrées. Il est de 30 sols par last de froment.

Acier.

Le *non ouvré* paye d'*entrée*, par cent pesant, 1 liv. 8 f. & de *sortie*, 1 liv. 2 sols.
L'*ouvré*, voyez Quincaillerie.

Acorus-verus, drogue.

Le cent paye d'*entrée* 2 liv. 10 f.

Adraganth. Voyez Gomme.

Administration.

Droit qui se paye sur les côtes de la mer du Sud, sur le pied de 13 à 16 pour 100 du prix de la vente des marchandises d'Europe, auquel droit on joint 3 pour 100, également sur le produit des ventes, & ce, en faveur des Consuls des Nations Européennes.

(1) *La nature de cet Ouvrage ne nous permettant pas d'offrir à nos Lecteurs, dans ce Chapitre, tous les renseignemens relatifs à la multitude des droits établis en France, nous nous bornons à les indiquer, conformément au tarif de* 1664, *à l'Ordonnance de* 1681, & *à nombre de Réglemens postérieurs, jusqu'en* 1760; *mais comme, depuis, il y a eu des variations sur presque tous les Droits, & que nous ne rendons compte que de quelques-uns dont les changemens se sont opérés depuis trois années,* (avant 1785) *nous croyons devoir inviter ceux de nos Lecteurs, qui consulteront ce Chapitre, pour les renseigner dans leurs spéculations, à estimer devoir payer environ le dixieme en sus des Droits d'entrée & de sortie indiqués dans cette Table, & à se faire informer, autant qu'ils le pourront, des Droits de ville & autres seigneuriaux qu'ils pourroient avoir à acquitter dans le transport des marchandises sur lesquelles ils spéculeront.*

Aes-Ustum,

Aës-ustum, ou *Cuivre rouge brûlé*.

Le cent paye d'*entrée* 4 liv.

Affûts, Chariots d'artillerie.

La sortie de France en est expressément défendue.

Agaric, drogue.

Le *fin* paye d'*entrée* 7 liv. 10 sols par cent. Le *gros*, idem, 3 liv.

Agate, pierre fine pour bijous.

Elle paye, à l'*entrée* & à la *sortie*, 5 pour 100 de sa valeur.

Agneau, petit mouton.

Il paye, par chaque tête, 3 liv. d'*entrée* & 40 sols de *sortie*.

Agnus-castus, pour drogues.

Il paye 2 liv. 10 sols d'*entrée* par cent pesant.

Agréage.

Droit de 5 sols qui se paye à Bordeaux, par pipe de cinquante veltes d'eau-de-vie.

Aiguilles.

Elles payent, par cent pesant, 4 liv. d'*entrée*, & 40 sols de *sortie*.

Ail, plante.

Elle paye, par charge, 5 sols d'*entrée* & 5 sols de *sortie*.

Airain non-ouvré, ou *cuivre rouge*.

Le cent pesant paye 2 liv. 10 sols d'*entrée* & 3 liv. de *sortie*.

Ais, bois de sciage de sapin.

Il paye du cent, en nombre, 2 liv. 10 sols d'*entrée*, & 3 liv. 10 sols de *sortie*.

Alcavala.

Droit qui se paye dans les Colonies Espagnoles & les Royaumes d'Espagne, à l'*entrée* de toutes les marchandises, & sur le pied de 5 p. 8 de leur valeur.

Albâtre, marbre tendre.

Il paye, par chaque pied, 4 sols d'*entrée* & 4 sols de *sortie*.

Alênes, outils d'acier. *Voyez* Mercerie.

Allumettes soufrées.

Elles payent, par cent pesant, 2 sols d'*entrée* & 1 sol de *sortie*.

Almoxarisfasgo.

Droit ainsi appelé dans les Indes, & particulierement à Buénos-Aires; il est de 2 1/2 p. 8 de la valeur des peaux de Taureaux, que les Européens tirent de cette Contrée.

Aloes, bois résineux.

Le *socotrin* paye, par cent pesant, 10 liv. d'*entrée*. Le *citrin* idem, 3 l. 15 sols. Le *lignum fin* idem, 25 liv. Le *lignum moyen*, idem, 3 liv.

Aloses, poissons.

Elles payent 20 sols d'*entrée*, par cent, en nombre.

Alquifoux, plomb minéral.

Le cent pesant paye 10 liv. d'*entrée*.

Alumelles, fer plat pour lames d'épée, &c.

Elles payent d'*entrée*, par cent pesant, 1 liv. 10 sols.

Alun, espece de sel.

Celui *du Levant* paye 1 p. 8 de sa valeur, à l'*entrée* comme à la *sortie*. Celui *d'autres lieux* paye, par cent pesant, 3 liv. d'*entrée* & 3 l. de *sortie*.

Amadou, espece d'Agaric desséchée au four.

Elle paye, d'*entrée* & de *sortie*, 5 p. 8. de sa valeur, estimée à 40 l. le cent pesant.

Amandes.

Les *non-cassées* payent, par cent pesant, 15 sols d'*entrée* & 12 sols de *sortie*. Les *cassées & ameres*, idem, 18 sols d'*entrée*, & 12 sols de *sortie*.

Ambre, pour drogues.

Le *gris* paye, par livre, 8 liv. d'*entrée*. Le *jaune*, ou *karabé*, paye par cent livres pesant, 3 liv. d'*entrée*. Celui *en huile*, idem, 10 livres d'*entrée*.

Amidon, pour la poudre à cheveux.

Tous les droits réunis à cet article, en 1782, peuvent aller ensemble à 2 f. 6 d. par liv., d'*entrée* & autant de *sortie*.

Amatiste, pour drogues.

Paye, par 100 pesant, 5 liv. d'*entrée*.

Améthyste, pierre de couleur.

Elle paye, par 100 pesant, 5 liv. d'*entrée*.

Amni, graine pour drogues.

Elle paye, par 100 pesant, 1 liv. d'*entrée* & 1 liv. de *sortie*.

Ammoniac.

La *gomme* paye, par cent pesant, 4 liv. d'*entrée*; le *sel* paye, par cent pesant, 4 liv. d'*entrée*.

Amomum.

Paye, par cent pesant, 4 liv. d'*entrée*.

Anacarde, fruit.

Il paye, par cent pesant, 1 liv. 15 f. d'*entrée*.

Anchois.

Ceux de *Provence* payent, par cent pesant, 16 f. d'*entrée* & 14 f. de *sortie*. Ceux de l'*Etranger*, payent, pour droit de consommation, par cent pesant, 1 liv. 7 f. d'*entrée*; & pour droit d'abord, idem. 1 liv. d'*entrée*.

Ancres de Mer.

Elles payent, par 100 pesant, 2 liv. 10 f. d'*entrée*.

Anes & Anesses.

Ils payent, par tête, 6 f. d'*entrée* & 18 f. de *sortie*.

Angéliques, pour drogues & desserts.

Elles payent, par 100 pesant, 1 liv. d'*entrée*.

Anguilles.

Les anguilles payent de droits par 100 en nombre, par tout le Royaume, 10 sols d'*entrée* & 14 de *sortie*.

Les droits à Paris sur le poisson d'eau-douce, se payent par cent pesant, à raison de 6 liv. 7 f. 6 d. d'*entrée*.

Anis, vert & en grain.

Ils payent, par 100 pesant, 1 liv. d'*entrée*.

Antimoine, pour drogues & divers Arts.

Le *cru*, paye du cent pesant, 15 f. d'*entrée*. Le *préparé* paye, du cent pesant, 3 liv. d'*entrée*.

Antofle. Voyez *Girofle*.

Apios, racine curieuse.

Elle paye, par 100 pesant, 2 liv. 10 f. d'*entrée*.

Arcanson. Voyez *Bray*.

Ardoises.

Celles en *tables*, payent 5 p. 10° d'*entrée* & de *sortie*.

Celles au *Millier*, payent, 10 f. d'*entrée* & 15 de *sortie*.

Argent.

Le *monnoyé*, point de droits. L'*ouvragé*, 6 p. 8 de *sortie* de sa valeur. Le *trait-filé*, 6 liv. de *sortie* par livre pesant.

Celui en *masse*, ou *lingots*, ne peut sortir que par passe-ports, en payant 30 f. de *sortie* du marc.

Aristoloche, plante médicinale.

Elle paye, par cent pesant, 1 liv. d'*entrée*.

Armes à feu.

Elles payent, par 100 liv. pesant, 2 liv. d'*entrée*. Quant à la sortie, elle ne peut se faire que par ordre du Roi.

Arsenic, pour drogues.

Il paye, par 100 pesant, 1 liv. 5 f. d'*entrée*.

Asarum, dite, *oreille d'homme*. Remede pour les chevaux.

Il paye, par cent liv. pesant, 2 liv. 10 f. d'*entrée*.

Aspalat, bois d'Inde, pour la pharmacie.

Il paye, par cent liv. pesant, 3 liv. d'*entrée*.

Asphalte. Voyez *Bitume*.

Aspic, huile.

Elle paye, par cent liv. pesant, 7 liv. 3 f. 4 den. d'*entrée*.

Asphaltum, pierre minérale.

Le cent pesant paye 5 liv. d'*entrée*.

Aspalatum, pour drogues.

Le cent pesant paye 3 liv. d'*entrée*.

Assa-Fœtida, pour drogues.

Paye *d'entrée*, 30 pour cent de sa valeur, estimée être de 150 liv. le cent.

Asserbes, pour drogues.

Payent, par 100 pesant, 30 liv. d'*entrée*.

Avelines.

Elles payent, par cent pesant, 16 f. d'*entrée* & 12 de *sortie*.

Avirons, ustensiles de bateaux.

L'*entrée* est de 50 sols du cent en nombre, & la *sortie* défendue.

Avoine.

Quand l'exportation est permise, la *sortie* se paye, par muid de Paris, 1 liv. 3 sols. L'*entrée* par tout le Royaume est, par chaque muid, de 10 sols, & par septier, de 24 boisseaux, à Paris, 1 liv. 15 sols.

Autruche.

Les *plumes de Barbarie* payent, par livre, 1 liv. d'*entrée*.

Celles, du *Levant*, payent d'*entrée*, 20 pour cent, en sus de leur valeur, c'est-à-dire, qu'une caisse pesant 170 livres, estimée 2000 livres, payera 400 liv. d'*entrée*. Celles *de Barbarie en noires*, *sans mélange*, payent, du 100 pesant, 14 liv. d'*entrée*. Celles *du Levant* payent, par caisse estimée 200 livres, 40 liv. d'*entrée*. Les *Plumes apprêtées* payent, par livre, 6 f. d'*entrée*. Et celles *sans apprêt*, idem, bouts compris, 3 sols *d'entrée*.

Azur.

Celui de *Roche fin* paye, par cent pesant, 40 liv. d'*entrée*. Celui *d'Email*, idem, 3 liv. d'*entrée*. Celui dit *Lapis-Lazuli vrai*, idem, 30 liv. d'*entrée*, & le *Lapis-faux*, *ou commun*, idem, 5 liv. d'*entrée*.

B.

Bagues, anneaux d'or ou d'argent.

Elles payent suivant leur valeur, 5 p $\frac{0}{0}$ d'*entrée* & 6 p $\frac{0}{0}$ de *sortie*.

Balastri, beaux draps d'or de Venise.

Ils payent, à la douane de Smyrne & autres lieux du Levant, 5 *piastres* par chaque piece.

Balaustes, pour drogues.

Les *communes* payent, par 100 pesant, 2 liv. d'*entrée*. Les *fines*, idem, 5 liv. d'*entrée*.

Baleines.

Celles *coupée & apprêtées*, *de la pêche Françoise*, payent, par 100 pesant, 2 liv. 10 sols d'*entrée*. Celles *de la pêche Étrangere*, idem, 15 liv. d'*entrée*. Des Villes de *Lubec*, *Bremen*, *Hambourg & Dantzick*, idem, 9 liv. d'*entrée*.

Les fanons de pêche Françoise, payent par 100 en nombre, 3 liv. d'*entrée*. Dito, *de pêche Etrangere*, idem 30 liv. d'*entrée*.

L'*huile* ou *graisse*, faite par les François, paye par barique de 500 liv. à 520 liv., 3 liv. d'*entrée*.

L'*huile* ou *graisse*, faite par les Hollandois, les *Villes Anséatique* ci-dessus, & celle de *Dunkerque*, paye par barique, de 500 à 520 liv. 7 liv. 10 sols d'*entrée*.

Les Droits de Sortie se payent comme ci-après, de tous les Ports du Royaume, sauf les *huiles des pêches de Bayonne*, *St. Jean-de-Luz*, & de *l'Isle Royale*, qui sont exemptes desdits droits ci-après.

La *baleine coupée & apprêtée* paye, par 100 pesant, 15 liv. de *sortie*.

L'*huile* ou *graisse*, idem, 8 sols de *sortie*.

Balines, étoffes d'emballage.

Elles payent, par 100 pesant, 15 sols d'*entrée*.

Balles, nattes d'emballage.

Elles payent, par douzaine, 6 sols d'*entrée* & 2 de *sortie*.

Bandoulieres de cuir. Voyez *Mercerie.*

Barbotine, graine médicinale.

Elle paye, par 100 pesant, 35 liv. d'*entrée*.

Barage.

Droit peu conséquent, de 3 sols au plus par voiture, & qui se paye à Paris, pour ce qui y arrive, soit par terre, ou par eau.

Bardeau, planches pour couvertures de maison. *Voyez* Merrain.

Barils & futailles.

Le *last* de douze barils, paye 16 sols d'*entrée*, & 8 sols de *sortie*.

Bas.

Ceux de soie étrangers, & *filoselle*, qui ne peuvent entrer dans le Royaume, que par Marseille, & le Pont-de-Beauvoisin, payent par paire, 2 liv. d'*entrée*. Ceux *idem*, des Provinces étrangeres, payent, par paire, 15 sols d'*entrée*. Ceux *de coton* de l'Etranger, payent, par douzaine de paire, 4 liv. d'*entrée*. Ceux *idem*, des Provinces réputées étrangeres, payent, par douzaine de paire, 2 liv. d'*entrée*. Ceux *de fil* d'une Province de France à l'autre, payent, d'*entrée*, 2 liv. 10 sols, la douzaine de paires. Ceux de la province de Bretagne payent, par cent pesant, 20 liv. d'*entrée*.

Pour ceux de divers lieux du Royaume, les Droits sont, savoir: pour hommes & femmes, par douzaine de paires 1 liv. 10 sols d'*entrée*. Dito, pour enfans, *idem*, 15 sols d'*entrée*. *Chaussons* & *chaussettes*, idem, 7 sols & 6 den. d'*entrée*. *Calottes*, idem, 5 sols d'*entrée*. Grands *gants*, idem, 6 sols d'*entrée*. Petits *gants*, idem, 3 sols d'*entrée*. Grandes *mitaines*, idem, 5 sols d'*entrée*. Petites *mitaines*, idem, 3 sols d'*entrée*. Les *camisoles* & *caleçons* payent, par paire, 10 sols d'*entrée*.

Les bas *de laine* & *d'estame*, des Provinces réputées étrangeres, la douzaine paye 3 liv. 10 sols d'*entrée*. Ceux *idem*, des Pays étrangers, payent par douzaine de paires, 8 liv. d'*entrée*. Ceux a botter, en laine, payent, par douzaine de paires, 3 l. liv. & 12 sols d'*entrée*. Ceux de *chausses* payent, par douzaine de paires, 1 liv. 16 sols d'*entrée*.

Bonneterie. Par Arrêt du Conseil d'Etat, du 25 Octobre 1781, toutes les bonneteries étrangeres sont fixées à 6 pour cent d'*entrée* dans le Royaume, & à 5 pour cent, en venant des Provinces réputées étrangeres, dans les cinq grosses fermes.

Nota. Tous les objets de bonneteries, faits en France, n'en peuvent sortir qu'en payant les droits comme mercerie.

Basanes.

Celles des *Provinces réputées étrangeres* payent, par chaque douzaine, 6 sols d'*entrée* & 6 de *sortie*. Celles des *Pays étrangers*, idem, 3 liv. d'*entrée*.

Basins étrangers.

L'entrée en est défendue en France.

Bateaux neufs.

Ils payent chacun 2 liv. 10 sols d'*entrée*. La sortie en est très-défendue.

Batiste. Voyez Toile.

Batterie de cuisine, en cuivre ou airain.

Elle paye, par cent pesant, 5 liv. d'*entrée*, & 2 liv. 10 sols de *sortie*.

Battin, ou joncs d'Espagne.

Il paye, par cent pesant, 1 liv. 5 sols d'*entrée*, & 1 liv. 10 sols de *sortie*.

Baume.

Le *blanc* paye, par chaque livre, 7 sols d'*entrée*. Le *carpo-balsamum* paye, par cent pesant, 3 liv. d'*entrée*. L'*huile de baume* paye, par cent pesant, 25 liv. d'*entrée*.

Baudriers.

Ceux en *broderies d'or & d'argent fin* payent, chacun, 1 liv. d'*entrée*, & ceux *galonnés en or & en argent fin* payent, chacun, 12 sols d'*entrée*.

Bayettes, étoffes.

Celles dites *revêches de Flandre*, payent, par piece de 20 aunes, 4 liv. d'*entrée*. Celles *des provinces de France réputées étrangeres* payent, par piece de 20 aunes, 4 liv. d'*entrée*. Celles *de tous pays étrangers*, *sauf l'Angleterre*, payent, par pieces de 25 aunes, 20 liv. d'*entrée*, pour les *bayettes simples*, & 60 liv. d'*entrée*, par piece de 50 aunes, pour les *bayettes doubles*.

Nota. Les *bayettes* sortant des 15 grosses fermes, payent, par piece, 3 liv. Celles sortantes par les Bureaux de *Châlons*, & *Ste Ménéhould*, pour les villes & pays de Metz, *Toul & Verdun* ne doivent aucuns droits, & lorsqu'elles passent à l'Etranger, elles jouissent des exemptions des manufactures Royales du Royaume, pourvu qu'elles soient plombées & accompagnées d'acquit.

Bédélion, gomme aromatiq.

Celle *du Levant* paye, par cent pesant, 28 liv. 15 sols d'*entrée*. Celle d'*autres lieux*, idem, 4 liv. d'*entrée*.

Bêche, pour jardinage.

La douzaine paye 6 sols d'*entrée*, & 5 sols de *sortie*.

Behem blanc & rouge, pour drogues.

Il paye, par cent pesant, 40 sols d'*entrée*.

Benjoin, substance résineuse.

Celle *du Levant* paye, d'*entrée*, 20 p. 8. de sa valeur. Celle d'*autres lieux* paye, par cent pesant, 6 liv. d'*entrée*.

Berçeaux d'osier, pour enfans.

La charretée paye 10 sols d'*entrée*, & 1 sol la douzaine de *sortie*.

Bergame, tapisserie.

Le cent pesant paye 10 liv. d'*entrée*.

Beurre.

Celui de *divers lieux* paye, par cent pesant, 12 sols d'*entrée*. Celui d'*Hollande* & d'*Angleterre*, idem, 20 s. d'*entrée*. La *sortie*, sauf pour les Colonies Françoises, paye, par cent pesant, 1 liv. 6 sols.

Bezoart, pour drogues.

Celui *du Levant* paye, par livre, 15 liv. d'*entrée*. Celui *du Ponent*, idem, 3 liv. d'*entrée*.

Bierre.

Celle d'*Angleterre* paye, par bouteille, 10 sols d'*entrée*. Celle d'*Hollande*, paye 12 s. d'*entrée* par baril, & pour subvention, par muid de 144 pots, 1 liv. 7 sols d'*entrée*. Celle *de France*, par tonneau de 4 barils, paye 2 liv. 8 sols d'*entrée*, & 1 liv. 6 sols de *sortie*.

Billos.

Droit sur les vins, exercé en Bretagne, d'environ 40 sols par barrique.

Bimblotterie, poupées & joujous d'enfans.

Celle, en *commun*, paye, par cent pesant, 3 liv. d'*entrée* & 3 liv. de *sortie*. Celle *en fin*, *en riches joujoux* paye comme modes & par estimation.

Binnenlandse-passé.

Passe-port usité en Hollande, pour le transport des marchandises d'une ville à l'autre, lequel passeport se paye 20 sols, & évite aux marchandises tous droits d'*entrée* & *sortie* des villes Hollandoises.

Nota. Il faut rapporter ledit passeport, au bout de 6 semaines, au Bureau où on l'a pris, & qu'il soit acquitté par des Commis.

Bismuth, substance métallique.

Le cent pesant paye 4 liv. d'*entrée*.

Blanc de plomb.

Le cent pesant paye 15 liv. d'*entrée*.

Blatabizantia, pour drogues.

Le cent pesant paye 3 liv. 10 sols d'*entrée*.

Bled. Voyez *Grains*.

Bleu pour teinture.

Le cent pesant paye 1 liv. 10 sols d'*entrée*.

Blondes.

Celles de l'*Etranger* payent d'*entrée* 10 p. 8. de leur valeur. Celles des *provinces réputées étrangeres* payent d'*entrée* 5 p. 8 de leur valeur. La *sortie* est, sur toutes sortes, à 5 p. 8. de leur valeur.

Bœufs.

Ceux des *provinces de France* où les Aides n'ont point cours, payent, par chaque tête, 20 sols d'*entrée*, & 2 liv. 10 sols de *sortie*. Ceux de l'*Etranger* ne payent point de droits d'*entrée*, mais 2 liv. 10 sols de *sortie*. La *chair de bœuf* & *langues salées* payent, par cent pesant, 2 liv. d'*entrée* & 2 liv. de *sortie*.

Nota. Ce qui passe aux Colonies Françoises ne paye point de *sortie*.

Bois de toutes sortes.

Bois *de gayac, pour drogues*. Il paye, par cent pesant, 15 sols d'*entrée*. Dito *néfrétique, pour drogues*, paye, par cent pesant, 3 liv. 15 sols d'*entrée* & 13 sols de *sortie*. Dito *de campêche*, paye, par cent pesant, 12 sols d'*entrée* & 13 sols de *sortie*. Dito *de chêne* paye, par piece de 25 à 30 pieds de longueur, sur 6 pouces d'écarrissage, 6 sols d'*entrée*, & 7 sols de *sortie*. Dito *à sommiers*, par piece de 25 à 30 pieds de long, 20 sols d'*entrée*, & 1 l. 6 sols de *sortie*. Dito *à bâtir*, par piece, comme au sommier, 20 sols d'*entrée*, & 1 liv. 6 sols de *sortie*. Dito *à bâtir, ouvré*, par char, paye 12 sols d'*entrée*, & 1 liv. 2 sols de *sortie*. Dito *scié en barreaux*, par cent en nombre, 16 sols d'*entrée*, & 3 liv. de *sortie*. Dito *scié en planches*, par cent en nombre, 1 liv. 10 sols d'*entrée*, & 1 liv. 10 sols de *sortie*. Dito *douves à pipes*, par millier en nombre, 15 sols d'*entrée*, & 5 liv. de *sortie*. Dito *douves à barils*, par millier en nombre, 19 sols d'*entrée*, & 3 sols de *sortie*. Le *merrain, pour futailles*, par millier en nombre, 13 sols d'*entrée*, & 8 sols de *sortie*.

Nota. Dans ces trois derniers articles sont compris 500 d'enfonçures au millier.

Le *bouis, pour peignes*, paye, par cent pesant, 10 sols d'*entrée* & 10 sols de *sortie*. Le bois *à brûler* paye, par charriot chargé, 6 sols d'*entrée* & 4 sols de *sortie*; & par charrette chargée, 4 sols d'*entrée* & 2 sols de *sortie*. Dito *à gainiers*, par paquet de 50 à 60 feuilles, 3 f. d'*entrée* & 5 sols de *sortie*. Dito *à éventails communs*, voyez *Mercerie*. Dito *de brésil*, paye, par cent pesant, 20 f. d'*entrée* & 13 sols de *sortie*. Dito *de teinture*, paye, par cent pesant, 12 f. d'*entrée* & 13 sols de *sortie*. Dito de *santal moulu*, paye, par cent pesant, 3 liv. d'*entrée*. Dito *de violette, & autres pour marqueterie*, payent, par cent pesant, 20 sols d'*entrée* & 13 sols de *sortie*. Dito d'*ébene*, idem, paye, par cent pesant, 15 sols d'*entrée* & 10 sols de *sortie*. Dito de *fustel*, idem, paye, par cent pesant, 8 sols d'*entrée* & 10 sols de *sortie*. Dito de *rosat, rouge, d'if* & de *rouage*, payent, par cent pesant, 10 sols d'*entrée* & 10 sols de *sortie*. Ceux *de construction, pour les navires*, sont exempts d'entrée, & ne peuvent sortir qu'avec des permissions.

Nota. Malgré les droits indiqués ci-dessus, à la sortie des bois *merrain*, ils ne peuvent être exportés hors le Royaume, sans risques de 1000 liv. d'amende & de confiscation. Quant aux bois *ouvragés en menuiserie*, ils sont exemptés par un arrêt du 11 Août 1720.

Bois de chauffage.

Par une déclaration du Roi, du 8 Juillet 1784, l'entrée sur la voie de bois neuf, à Paris, est augmentée de 2 liv. 10 sols, & sur la voie de bois flotté, de 1 liv. 14 sols.

Boîtes.

Celles *ferrées*, ou *malles*, par cent pesant, payent 11 liv. 6 sols d'*entrée* & 1 liv. 6 sols de *sortie*. Celles de *sapins, peintes, cabinets d'Allemagne & autres lieux*, payent, par cent pesant, 3 liv. d'*entrée*, & pour la *sortie*, voyez *Mercerie*. Celles de *sapins*, *sans ferremens*, *& très-communes*, payent, par char, 16 sols d'*entrée* & 2 liv. de *sortie*. Celles *en cabinets*, *non peintes*, *mais bien finies*, payent, par cent pesant, 1 liv. 10 sols d'*entrée* & 1 liv. 10 sols de *sortie*.

Bol, pour drogues.

L'*armenique* paye, par cent pesant, 10 sols d'*entrée*. Le *fin du Levant* paye, par cent pesant, 1 liv. 10 sols d'*entrée*.

Bombazins & Futaines, *en soie, fil & coton*, *& croisés*.

Ceux de *soie* payent, à la douane de Lyon, par balle, 9 liv. d'*entrée*. Ceux de *Lille* payent, par pieces de 12 aunes, 15 sols d'*entrée*. Ceux de l'*Etranger* payent, même en tems de foires, 4 liv. d'*entrée*. Ceux de l'*Etranger*, à fleurs, ne peuvent entrer en France. Ceux de *Suisse* sont exempts de droits, en n'entrant en France que par les bureaux de Coulonge, Gex & St. Jean de Laune. Ceux de *France* peuvent passer sans droits chez l'Etranger. Ceux destinés pour les *Provinces* réputées étrangeres payent, par cent pesant, 3 l. de *sortie*. Ceux pour *Metz*, *Toul & Verdun* payent, par cent pesant, 2 liv. de *sortie*.

Bonnets. Voyez *Bas*.

Borax, pour drogues.

Le *gras* paye, par cent pesant, 4 liv. d'*entrée*, & le *rafiné* paye 7 liv. d'*entrée*.

Bords de manchons de Fouines, *teints*.

La *piece* paye, 12 sols d'*entrée*.

Bottes de cuirs, *de toutes sortes*.

Elles payent, par douzaine, 6 liv. d'*entrée*, & 3 liv. 10 sols de *sortie*.

Boucs, & *Chevres vivans*.

Ils payent, par tête, 3 sols d'*entrée* & 5 de *sortie*.

Boucassin. Voyez *Bougran*.

Bouchons de Liege.

Ils payent, par cent pesant, 5 liv. d'*entrée*.

Bougie, Cire.

Le cent pesant paye 4 liv. de *sortie*.

Bougran, pour doublures d'Habits.

Le cent pesant paye 4 liv. 10 sols d'*entrée*, & 4 sols de *sortie*.

Boules, à jouer au mail.

Le cent pesant paye 15 sols d'*entrée*, & 2 liv. 10 sols de *sortie*.

Boulets, de Fonte.

La *sortie* de France en est très-défendue.

Bouracans.

Ceux d'*Hollande* payent 5 liv. d'*entrée* de la piece de 22 aunes, & ne peuvent entrer que par Calais & St. Vallery en Picardie.

Ceux des *autres Pays Etrangers* payent 30 pour cent de leur valeur, & ne doivent entrer que par les Ports ci-dessus.

Ceux de *France* payent par piece de 22 aunes, 3 liv. d'*entrée*.

Bourres.

Celles de *soie* payent, par cent pesant, 2 liv. 10 sols d'*entrée*, & 5 liv. de *sortie*. La *chiquette*, ou *bourre commune*, paye, par cent pesant, 10 sols d'*entrée*, & 18 de *sortie*. La *nice* paye, par cent pesant

1 liv.

1 liv. d'*entrée*, & 1 liv. 16 sols de *sortie*. La *rouge & pour lits* paye, par cent pesant, 13 sols d'*entrée*, & 2 liv. 10 sols de *sortie*.

NOTA. Les bourres nationales ont été exemptées de tous droits par arrêt & décision du Conseil de 1750 & 1755; & celles de l'*Étranger* ne doivent entrer en France que par le Pont-de-Beauvoisin & la Ville de Marseille.

Bourses.

Celles en *broderies & garnies d'or & d'argent*, payent, par livre, 2 liv. d'*entrée*, & 1 liv. 10 sols de *sortie*. Celles *brodées ou garnies en soie*, payent, par livre, 15 sols d'*entrée*, & 18 sols de *sortie*. Celles *communes sans or, ni argent & broderie*, payent, par cent pesant, 10 liv. d'*entrée*, & 3 liv. de *sortie*.

Bouteilles.

Celles de *terre* payent, par douzaine, 2 sols d'*entrée*, & 1 sol de *sortie*. Celles de *verre* payent, par douzaine, 2 sols de *sortie*; & par cent pesant, 10 liv. d'*entrée*.

Boutons.

Ceux d'*or ou d'argent fin* payent, par livre, 1 liv. 10 sols d'*entrée*. Ceux d'*or ou d'argent faux*, payent, par livre, 15 sols d'*entrée*, & 12 sols la livre de *sortie*. Ceux de *soie*, payent, par livre, 16 sols d'*entrée*. Ceux de *laine*, *verre & rocaille*, provenans de l'Etranger, payent par cent pesant, 15 liv. d'*entrée* & 3 de *sortie*. Ceux *idem* des Provinces réputées Etrangeres, payent, par cent pesant, 4 liv. d'*entrée*, & 3 de *sortie*. Ceux de *crin* provenans de l'Etranger, payent, par cent pesant, 15 liv. d'*entrée* & 3 de *sortie*. Ceux *idem* des Provinces réputées étrangeres, payent, par cent pesant, 4 liv. d'*entrée* & 3 de *sortie*. Ceux de toutes sortes venans de l'Angleterre, sont défendus à l'*entrée*. Ceux de *Pinsbeck ou cuivre dorés*, sont aussi défendus à l'*entrée*. Ceux de *poil de chèvre*, payent comme Mercerie. Ceux d'*étain* payent, par cent pesant, 17 liv. 10 sols d'*entrée*.

Blanche de Cyprès.

Droit de Balise qui se paye à Blaye, à raison de 4 sols 6 deniers par vaisseau venant de Bourg, Libourne & Bordeaux.

Brai.

Ceux de l'Etranger payent, par last de 12 barils, 8 liv. d'*entrée*, & 1 liv. 12 sols de *sortie*. Ceux des Provinces où les Aides n'ont point cours, payent, par last de 12 barils, 1 liv. d'*entrée*, & 1 liv. 12 sols de *sortie*.

Brebis.

Les droits de sortie par tête, étoient de 4 sols, mais la sortie du Royaume en est défendue.

Brignoles, prunes séchées.

Elles payent, par cent pesant, 1 liv. 10 s. d'*entrée*.

Briques, pour bâtisse & carreaux.

Le 1000 paye 8 sols d'*entrée* & 5 s. de *sortie*.

Brochets, poissons.

Ils payent, par 100 en nombre, 15 sols d'*entrée* & 1 liv. 15 s. de *sortie*, & à Paris, le 100 pesant paye 6 liv. 7 s. 6 d. d'*entrée*.

Brosses, ou *Vergettes*, Voyez *Mercerie*.

Bruyeres, pour Vergettes & Balais.

Le 100 pesant paye 1 liv. d'*entrée* & 2 liv. 6 s. de *sortie*.

Buffles & Buffletins.

Les *Buffles*, *Elans* & *Cerfs*,

passés en Buffles, payent d'*entrée*, savoir : le cent pesant venant de l'Etranger, 40 liv., ceux du Levant payent, d'*entrée*, 20 pour cent de leur valeur, & le cent pesant venant des Provinces réputées étrangeres, ne paye d'*entrée* que 15 liv. Quant à la *sortie*, elle est de 24 sols par piece de *Buffles*, & de 12 sols par piece de *Buffletins*.

Burails, étoffes.

Ceux de *Zurich* payent, par piece de 20 aunes, 5 liv. d'*entrée*, & ne doivent entrer que par Lyon & Auxonne. Ceux *Croisés*, les pieces de 25 aunes payent chacune, 16 liv. d'*entrée*, & ne doivent entrer que par Calais & St. Vallery. Ceux *simples*, *ou de Flandre* payent, par piece de 25 aunes, 8 liv. d'*entrée*. L'entrée ne peut s'en faire que par Calais & St. Vallery.

Droits de sortie.

Les *Burails*, *Lis*, *croisés & autres sortes* payent, par cent pesant, 7 liv. & ceux d'*étoupes*, le cent pesant, comme mercerie, paye 3 liv.

Bure, *étoffe de laine à longs poils.*

La piece de 12 aunes paye 2 liv. d'*entrée*, & le cent pesant paye 4 liv. de *sortie*.

Burette, *étoffe*.

La piece de 12 aunes paye 1 liv. 16 f. d'*entrée*.

C.

Cabinets, petites armoires, ou coffres de la Chine & autres lieux, soit en Ebene, Lac, &c. & enrichis.

Ils payent de leur valeur, 6 p 8 d'*entrée* & 6 p 8 de *sortie*.

Cables, *gros Cordages*. Voyez *Cordages*.

Caboches, vieux cloux.

Le cent pesant paye 6 f. d'*entrée* & 5 f. de *sortie*.

Cacao, fruit.

Celui des *Isles Françoises de l'Amérique*, entrant par les Ports de Calais, Dieppe, le Havre, Honfleur, Rouen, St. Malo, Morlaix, Brest, Nantes, Bayonne, Bordeaux, la Rochelle & Marseille, paye 10 liv., par 100 pesant, d'*entrée*; celui de la traite des Negres, paye, par cent pesant, 5 liv. d'*entrée*. Celui *broyé & en pâte avec du sucre*, doit, par livre, 1 liv. 1 sol d'*entrée*. Idem, *sans sucre*, paye, par cent pesant, 10 liv. d'*entrée*. Celui de l'*Etranger* paye, par cent pesant, 2 liv. 10 f. d'*entrée*, & par chaque livre, 15 f. d'*entrée*, plus pour le domaine, 3 pour cent de sa valeur.

Cacar, pour drogues.

Le cent pesant paye 2 liv. 10 f. d'*entrée*.

Cachou, pour drogues.

Le cent pesant paye 5 liv. d'*entrée*.

Cadis, étoffe de laine.

Paye, par cent pesant, 4 liv. de *sortie*.

Café.

Celui des *Possessions Françoises aux Indes & dans l'Amérique*, paye, par cent pesant, 10 liv. d'*entrée* & 10 liv. de *sortie*. Idem, les 4 f. pour livre du droit ci-dessus, pour l'*entrée*.

Nota. Ces 4 f. pour livre n'ont pas lieu pour les cafés qui entrent par les Ports de Calais, Dieppe, Dunkerque, le Havre, Honfleur, Rouen, Nantes, St. Malo, la Rochelle, Bordeaux, Bayonne, Cette, Marseille, Boulogne, Agde & Toulon, & par les Villes de Caen & Lille; mais tous les cafés des Isles sont assujettis au droit du domaine d'Occident, qui est de 3 pour cent de la valeur.

Le café du levant est sujet à un droit particulier de 20 pour cent de sa valeur, & ne peut entrer en France que par la voie de Marseille.

Caillou, *pour bijoux.* Voyez *Bijouterie.*

Calamine, pour drogues.

Le cent pesant paye 10 s. d'*entrée.*

Calamus, pour drogues.

Le cent pesant paye 16 s. d'*entrée* & 16 s. de *sortie.*

Caleçon de fil. Voyez *Bas.*

Calmandes de Lille.

Leur *entrée* dans les cinq grosses fermes est de 3 liv. par piece de 10 aunes; & pour celles tirées aussi de Lille, par la ville de Marseille, & qu'elle expédie où bon lui semble, les droits de toute espece sont, par chaque piece, de 8 liv. 19 sols 8 d. d'*entrée.*

Calottes de fil de Bretagne.

Le cent pesant paye 20 liv. d'*entrée.*

Cambraisine. Voyez *Toiles.*

Camelots.

Ceux *de poil*, ou *mêlés de soie & laine*, venans de l'Etranger, payent d'*entrée* 30 p. 8. de leur valeur. Ceux *de Bude & Turquie* payent, par piece de 10 aunes, 5 liv. d'*entrée.* Ceux *de laine pure & venant de l'Etranger*, payent, par piece de 20 aunes, 12 liv. d'*entrée.* Ceux de la Flandre Françoise, *en poil de chevre & chameaux*, payent, par piece de 20 aunes, 3 liv. d'*entrée.* Ceux *idem*, *en laine pure*, ou *mêlée de fil*, & dont le plomb porte: *Manufacture de la Flandre Françoise*, payent, par piece de 20 aunes, 30 sols d'*entrée.*

Droits de sortie.

Ceux *à eau*, *sans eau*, *laine*, *poil*, *ondes*, *sans ondes*, payent, par cent pesant, 7 liv. de *sortie.* Ceux des fabriques d'Amiens payent, par cent pesant, 3 liv. de *sortie.*

Nota. Les *camelots étrangers* ne peuvent entrer en France que par les ports de Calais & Saint-Vallery, & ceux de la Flandre Françoise, que par Amiens, Péronne & Saint-Quentin.

Camphre, pour drogues.

Le cent pesant paye 15 liv. d'*entrée.*

Canal. (droit de)

Droit usité en Languedoc, le long du canal qui le traverse; il est de 4 deniers par lieue, pour le quintal ou cent liv., poids de marc, de toutes les marchandises qui y passent.

Canelle.

Celle *en écorce* paye, par cent pesant, 27 liv. d'*entrée.* Celle *en huile* paye, par livre, 20 s. d'*entrée.* La *sortie*, pour l'Etranger, est sans droits.

Canetilles, ou *Fils d'or*, *argent*, *&c.*

Ceux *d'or & d'argent fin* payent, par livre, 3 liv. 4 sols de *sortie.* Ceux *appliquées sur étoffes* payent, par livre, 2 liv. 6 sols de *sortie.*

Cannevas.

Ceux de l'Etranger, *en lin*, payent, par piece de quinze aunes, 8 liv. d'*entrée.* Ceux *en chanvre* payent, par piece de quinze aunes, 4 liv. d'*entrée.* Il faut qu'ils entrent par Amiens, Péronne & Saint-Quentin. Ceux d'*Angleterre*, en entrant par Rouen, Lyon, & non par d'autres villes, payent 50 p. 8. de leur valeur. Ceux *de Suisse* ne payent pas d'*entrée*, en passant par Coulonge, Gex & Saint-Jean-de-Laune, & étant accompagnés d'acquits; mais ils payent, par piece, 3 liv. 10 sols de *sortie*, sauf le cas où ils passent directement à l'Etranger, où ils ne payent pas de *sortie*.

Canif, outil d'acier. Voyez *Mercerie*.

Cannes de jonc.

Celles *non montées* payent les droits comme *mercerie*.

Canon d'artillerie,

La *sortie* de ceux pour l'Etranger est expressément défendue. Ceux pour les provinces réputées étrangeres payent, par millier pesant, 1 liv. 15 sols de *sortie*.

Cantharides, mouches pour médecine.

Le cent pesant paye 4 liv. d'*entrée* & 3 liv. de *sortie*.

Capebalsamum, pour drog.

Le cent pesant paye 3 liv. d'*entr.*

Capettes, ou *Tapis à emballer*.

La douzaine paye 16 sols d'*entrée*, & 2 liv. 4 sols de *sortie*.

Capiton, espece de bourre.

Le cent pesant paye 2 liv. 10 sols d'*entrée* & 5 liv. de *sortie*.

Câpres, fruit.

Le cent pesant paye 1 liv. 16 sols d'*entrée*, & 12 sols de *sortie*.

Caracteres d'imprimerie.

Le cent pesant paye 3 liv. de *sortie*.

Cardamum, pour drogues.

Celui du *Levant* paye, d'*entrée*, par cent pesant, 20 p. 8. de sa valeur. Celui d'*autres lieux* paye, par cent pesant, 5 liv. d'*entrée*.

Cardes, ou *peignes pour les laines*.

Les *neuves* payent, par cent pesant, 1 liv. 10 sols d'*entrée*. Les *vieilles* payent, par cent pesant, 20 sols d'*entrée*. La *sortie* en est expressément défendue.

Carizets, ou *Crézeaux*, étoffes.

La piece de 13 aunes paye 3 l. 12 sols d'*entrée* & 5 liv. de *sortie*.

Carny, pour drogues.

Le cent pesant paye 20 sols d'*entrée*.

Carpeaux, dits *Alvins*.

Le cent en nombre paye 5 l. d'*entrée* & 8 sols de *sortie*.

Carpes, ou *Poissons*.

Le cent en nombre paye 15 sols d'*entrée* & 1 liv. 6 sols de *sortie*.

Carreaux.

Ceux de *tuile* payent, par millier, 15 sols d'*entrée*, & 8 sols de *sortie*. Ceux de *meulage* de Brie payent, par 100 en nombre, 1 liv. 15 sols d'*entrée*, & 2 liv. de *sortie*. Ceux *idem* de France payent, par 100 en nombre, 1 liv. 10 sols d'*entrée*, & 1 liv. 10 sols de *sortie*.

Cartelets, ou *Cassarts*, *Mezelaines*, *Picottes*, *Plumettes & autres étoffes de soie*.

La piece de 10 aunes paye 2 l. d'*entrée*, & de *sortie* 3 liv. par cent pesant.

Cartes à jouer.

Celles des fabriques du Royaume

payent, par cent pesant, 4 liv. d'*entrée*, & 20 sols de *sortie*. Il ne peut en entrer des fabriques étrangeres.

Cartamy, pour drogues.

Le cent pesant paye 1 liv. 5 sols d'*entrée*.

Carvi, pour drogues.

Le cent pesant paye 20 sols d'*entrée*.

Casse.

Celle du *Levant* paye 20 p. 8. de sa valeur. Celle *des Isles Françoises* paye, par cent pesant, 20 s. d'*entrée*; & pour le Domaine, elle paye d'*entrée* 3 p. 8. de sa valeur. Celle de *la traite des Noirs* paye 10 s. d'*entrée*, par cent pesant. Celle *idem*, pour le Domaine, paye d'*entrée* 1-1/2 p. 8. de sa valeur. Celle *confite du Levant* paye d'*entrée* 20 p. 8. de sa valeur. Les *Casses fistules*, pour drogues, payent 5 liv. d'*entrée* par cent pesant.

Cassia-Lignea, pour drogues.

Le cent pesant paye 4 liv. d'*entrée*.

Cassonade. Voyez *Sucre*.

Castelognes, Couvertures.

Elles payent, par douzaine, 6 liv. d'*entrée* & 3 liv. de *sortie*; mais en les déclarant faites pour l'Etranger, elles ne payent pas de droits de sortie de France.

Castoreum, pour drogues.

Le cent pesant paye 5 liv. d'*entrée*.

Castors.

Les peaux payent 36 liv. d'*entrée* par cent livres pesant.

Catholicum, pour drogues.

Le cent pesant paie 15 liv. d'*entrée*.

Ceintures.

Celles de *capiton* ou *filoselle* paient, par cent pesant, 10 liv. d'*entrée*. Celles de *fil & laine* payent même prix que ci-dessus, quand elles viennent de l'Etranger, mais si elles viennent des provinces réputées étrangeres, elles ne paient d'*entrée* que 4 l. par cent pesant. Toutes ceintures *garnies en soie*, *or & argent*, *fin ou faux*, paient, d'*entrée*, 20 pour cent de leur valeur. *Voyez*, ci-après, la sortie.

Droits de sortie.

Celles *brodées en or & en argent fin*, payent 10 sols par livre. Celles *brodées en soie*, paient, par douzaine, 18 sols. Celle *en filoselle* payent, par cent pesant, 8 liv. 8 sols. Celles *en fil & laine* paient 3 liv. par cent pesant; & toutes ces sortes de ceintures, sortans directement pour l'Etranger & les villes de Marseille, Dunkerque & Bayonne, le cent pesant ne paie que 2 liv.

Cedre, pour drogues.

Le cent pesant paye 2 liv. 10 sols d'*entrée*.

Cendres.

Les *communes*, par leth de 12 barils, payent 1 liv. 10 sols d'*entrée* & 1 liv. 16 sols de *sortie*. Celles du *Levant* paient d'*entrée* 20 p. 8. de leur valeur. Celle *gravelée* paie, par cent pesant, 15 sols d'*entrée* & 2 liv. de *sortie*. Celle *de plomb* paye, par cent pesant, 15 sols d'*entrée* & 7 s. de *sortie*. Celle *de verre* paye, par cent pesant, 4 liv. d'*entrée*. Et celle *verte* paie, par cent pesant, 4 liv. d'*entrée*.

Cerceaux & Cercles, pour futailles.

Le mille, en nombre, paye 6 sols d'*entrée* & 30 sols de *sortie*.

Cerfs, peaux.

Celles *de cerf & chevreuil*, non apprêtées, payent, par piece, 4 sols d'*entrée* & 6 sols de *sortie*. Celles *apprêtées*, & venant des provinces réputées étrangeres, payent, par cent pesant, 15 liv. d'*entrée*, & 12 sols de *sortie* par piece. Celles *apprêtées* des pays étrangers payent, par cent pesant, 40 liv. d'*entrée*, & de *sortie*, 12 sols la piece.

Céruse, ou *Blanc de plomb.*

Le cent pesant paye 15 s. d'*entrée*.

Céruse, pour drogues.

Le cent pesant paye 20 s. d'*entrée*.

Chagrin.

Celui du *Levant* paye d'*entr.* 20 p. 8. de sa valeur. Celui d'*autres lieux* paye, par douzaine, 1 liv. 5 sols d'*entrée*.

Chair salée.

Celle de *l'Etranger* paye, par cent pesant, 5 liv. d'*entr.* Celle des *provinces* dites *étrangeres*, paye 2 liv. d'*entr.* par cent pesant. Celles d'*Angleterre & d'Irlande*, en entrant par Nantes, Saint-Malo, la Rochelle, Bordeaux & le Havre, ne payent point de droits.

La sortie de toute chair salée est absolument défendue, sauf les expéditions qui en sont faites dans les Colonies Françoises.

Chameau, poil.

Celui *du Levant* paye, à Marseille, 20 p. 8. de sa valeur, d'*entr.* & 6 de *sortie*.

Nota. Les poils de chameaux filés & non filés, sont exempts d'entrée par tout le Royaume, sauf ceux du Levant qui entrent par Marseille, & payent, comme ci-dessus, 20 p. 8. de leur valeur.

Chamois, peaux apprêtées.

Celles venant de l'Etranger, payent par douzaine, 3 liv. d'*entrée* & 1 liv. 16 s. de *sortie*; & celles *des Provinces réputées étrangeres*, payent, par douzaine, 1 liv. 10 s. d'*entrée* & 1 liv. 16 s. de *sortie*.

Chandelles de toutes especes.

Le 100 pesant paye 2 livres d'*entrée* & 1 liv. 6 s. de *sortie*.

Changeant, camelot de pure laine.

Celui de *Lille* ne peut entrer que par Amiens, Péronne & St. Quentin, & la piece de 20 aunes paye 1 liv. 10 s. d'*entrée*.

Chantepleurs, ou *Chapelets*.

Le cent pesant paye 1 livre 5 s. d'*entrée* & 2 liv. de *sortie*.

Chanvre.

Celui de l'*Etranger* est exempt de droits d'*entrée* & de *sortie*; & celui de *France* ne peut sortir sans permission.

Chapeaux.

Ceux de *Castors*, la douzaine paye 20 liv. d'*entrée*. Ceux de *demi-Castors*, idem, 8 liv. d'*entrée*. Ceux de *vigognes*, idem, 18 liv. d'*entrée*. Ceux de *Feutre*, *laine & autres poils*, idem, 12 liv. d'*entrée*; & ceux de *paille*, idem, paye 3 s. d'*entrée* & 3 s. de *sortie*.

Droits de sortie.

Les chapeaux de *Castors*, pour les Provinces réputées étrangeres payent par douzaine, 12 liv. de *sortie*. Ceux de *demi-Castors*, *Vigognes & autres poils fins*, payent, *idem*, 2 liv. de *sortie*. Ceux de *Feutre & poils communs*, *ou laines*, la douzaine paye 3 liv. de *sortie* (1). Suivant l'Arrêt du Conseil du 12 Décembre 1781, l'entrée des chapeaux dans les cinq grosses fermes est fixée, savoir: par douzaine de chapeaux de *castor*, 12 liv. Idem de *demi-castor*, 4 liv. 8 s. Idem de *feutre*, 1 liv. 4 s.

(1) Ceux allant à Dunkerque, Bayonne, Metz, Toul, Verdun & Marseille, ne doivent que moitié des droits de *sortie* ci-dessus. Et ceux qui

passent directement à l'Etranger, ne payent aucuns droits.

Charbon de terre.

Celui des *pays étrangers* paye, par baril de 300 livres, 1 liv. 10 f. d'*entrée*. Celui de *Flandre & Hainaut*, idem 10 sols d'*entrée*. Celui des *divers lieux du Royaume*, idem 6 den. d'*entrée*. Idem, *par char & en sacs*, 12 sols d'*entrée*. Idem, *par charreté*, 5 sols d'*entrée*. Le cent de barils paye 8 liv. de *sortie*. Le charbon dit *houille*, de l'intérieur du Royaume, la charretée de 5 poinçons 2/3 paye, 1 liv. 2 f. de *sortie*.

Charbon de bois.

Suivant les anciens tarifs, la banne, ou le char chargé en sacs, paye également 12 liv. d'*entrée* & 1 liv. 6 f. de *sortie*. Et la charreté paye 18 f. d'*entrée* & 1 liv. 19 f. de *sortie*. (1) Ce charbon est réduit à ne payer d'*entrée* que trois f. 9 den. par voie, & celui de terre est aussi réduit à ne payer que 3 liv. par voie, au lieu de 8 liv. qu'il payoit, tant pour Paris, que pour la Banlieue, avant la déclaration du Roi, du 8 Juillet 1784, qui a établi les réductions ci-dessus.

(1) Depuis ce tarif, la sortie pour l'Etranger est défendue, sous peine de confiscation, & 3000 livres d'amende.

Chardon, plante.

La balle de 150 liv. pesant, paye [illegible] liv. d'*entr.* & 4 liv. de *sortie*.

Chat, ou *Fleur de thé*.

Le cent pesant paye 20 livres d'*entrée*.

Chataignes, fruit.

Le cent pesant paye 10 f. d'*entr.* & 2 f. de *sortie*.

Chaudron de cuivre, ou d'airain.

Le cent pesant paye 2 liv. de *sortie*.

Chaudieres & pots de fer, ou de fonte.

Le cent pesant paye 8 f. de *sortie*.

Chaussons. Voyez *Bas*.

Chaux ou *pierres calcinées*.

Le tonneau de 2 queues paye 10 f. d'*entr.* & 8 f. de *sortie*. Mais la sortie ne peut se faire par les Provinces de Normandie & de Bretagne.

Chembalis, cuirs du Levant.

Payent 20 pour cent d'*entrée* de leur valeur.

Chemises, *pour les l'entée*. Voyez *toiles*.

Celles garnies de mousselines ou de batistes soit brodées, ou unies, ne payent point de droits de sortie.

Chenevi, Graine de Chanvre.

Le baril paye 4 liv. d'*entrée*, & le cent pesant paye, en outre, 1 liv. 5 f. d'*entr.* & 1 liv. du cent pesant de *sortie*.

Chevaux.

Ceux de l'*Étranger*, du prix de 90 livres, payeront par chaque tête, 10 liv. d'*entrée*; & ceux d'un prix plus fort, 20 liv. Ceux des Provinces où il n'y a point de bureaux établis, comme la Bretagne, l'Auvergne, le Limosin & autres, il sera payé, par chaque cheval, ou mulet mâle ou femelle, 4 liv. d'*entr.*

Droits de sortie.

Les chevaux, ou mulets de portage, chaque tête payera 6 livres

Les petits chevaux & jumens, *idem*, 2 liv. Les poulains de 3 à 4 ans, *idem*, 6 liv. de *sortie*. Ceux de 2 à 3 ans, *idem*, 2 liv. 10 f. de *sortie*. Ceux d'un an à 18 mois, *idem*, 2 liv. de *sortie*. Les poulains de lait de 6 mois, *idem*, 1 liv. Un arrêt du conseil du 3 janvier 1782, ordonne, que les chevaux, poulains, mulets & mules, payeront un droit uniforme de 3 liv. par tête avec les sols pour liv. à leur sortie des cinq grosses fermes.

Cheveux pour Perruques.

Le 100 pesant paye 10 sols d'*entrée*.

Chevres & Chevreaux.

Les peaux de chevres non apprêtées, venant de la Barbarie, payent par douzaine, 10 sols d'*entrée* & 10 sols de *sortie*. Celles *tannées*, idem, payent 16 sols d'*entrée*, & 16 sols de *sortie*; & celles de *chevreaux*, passées à l'huile, *idem*, payent 16 sols d'*entrée*, & 16 sols de *sortie*.

Chiarwatar.

Droit usité en Perse, en faveur d'un Officier de la Douane, & qui se paye à raison de 4 sols de France, par chaque *man* du poids de 6 liv. *de marc*; il se perçoit sur toutes les marchandises, & sur les personnes mêmes, que l'on estime peser chacune 33 *mans*, ou 198 liv. *poids de marc*.

Chien de Mer.

Les peaux de ce poisson appretées, payent, par douzaine, 1 liv. 10 sols d'*entrée*, & à la *sortie*, le cent pesant paye 6 sols.

Chicotin, pour drogues.

Le cent pesant paye 10 liv. d'*entrée*.

Chiffons de vieux Linges.

L'*entrée* est à raison de 10 sols du cent pesant.

Droits de sortie.

Ceux pour l'*Etranger* payent, par cent pesant, 30 liv. Ceux pour les Provinces réputées étrangeres, le cent pesant paye 1 liv. Ceux pour le territoire de Marseille, payent, par cent pesant, 1 liv., & ceux pour les directions *de Moulins*, *la Rochelle*, *Tulle*, *Auvergne*, *Angoulême*, & *Limoges*, payent, par mille pesant, 1 liv. 7 sols.

Chocolat.

Celui des *Provinces réputées étrangeres*, paye, par cent pesant, 5 liv. d'*entrée*, & ceux de divers lieux, payent aussi 5 liv. d'*entrée*; plus par chaque livre, 1 liv. d'*entrée*.

Cidre.

Celui de poire paye, par tonneau ou muid, 3 liv. 10 sols d'*entrée*, & 1 liv. 6 sols de *sortie*. *Celui de pomme*, idem, paye 7 liv. d'*entrée*, & 1 liv. 6 sols de *sortie*.

Cinabre, Minéral.

Le cent pesant paye 5 livres d'*entrée*.

Cires.

Celle *blanche*, de divers Pays étrangers, paye, par cent pesant, 20 liv. d'*entrée*, & 4 liv. de *sortie*. Celle *idem*, *jaune*, paye, par cent pesant, 5 liv. d'*entrée* & 6 liv. de *sortie*. Celles du *Levant* & de *Barbarie*, le cent pesant est estimé valoir 180 liv., & paye, de sa valeur, 20 pour cent d'*entrée*. Pour celles des Provinces de France, les droits d'*entrée* sont : Sur la *cire blanche*, 5 liv. par cent; sur celle à *cacheter*, par cent pesant, 6 liv., & sur celles d'*Espagne*, idem, 6 liv. d'*entrée*.

Ciseaux.

Ils payent comme *Mercerie*, Voyez ce *mot*.

Citouart ou *Zedouart.*

Le cent pesant paye 5 livres d'*entrée*.

Citrons, fruits.

Les *aigres* payent, par cent en nombre, 5 liv. d'*entr.* & les *doux*, idem, payent 15 sols d'*entr.* & 10 de *sortie*. Le *suc de citron* paye, par cent pesant, 1 liv. 10 sols d'*entrée*, & l'*écorce* ou *bois de citron*, idem, paye 12 sols d'*entrée*.

Citrouilles, pour drogues.

Le cent en nombre paye 10 sols d'*entrée*.

Civette, parfum pour drogues.

Chaque livre pesant paye 5 liv. d'*entrée*.

Clincaillerie. Voyez *Quincaillerie*.

Cloches, Métal.

Le cent pesant paye 2 livres d'*entrée*, & 2 liv. 10 sols de *sortie*.

Clous.

Les *gros* payent, par cent pesant, 2 liv. 10 sols d'*entrée*, les *moyens idem*, payent 5 liv. Ceux des manufactures de *Valenciennes* payent, par cent pesant, 2 liv. d'*entr.* Ceux des Provinces dites *étrangeres*, les *gros* payent, par cent pesant, 10 sols d'*entrée*; les *moyens* & *petits*, idem, payent 1 liv. d'*entrée*, & ceux de *cuivre* payent comme *Mercerie*.

Nota. Tous les *clous*, sauf ceux de cordonniers, payent, par cent pesant de *sortie*, 8 sols, & ceux de cordonniers payent comme *Mercerie*.

Cochenille.

La *campeschane* pour drogues, paye, par cent pesant, 20 liv. d'*entr.* Les *mestec*, *demi-mestec* & *treschal*, idem, payent 40 liv. d'*entr.* La *silvestre*, idem, paye 10 liv. d'*entrée*.

Cochons.

Voyez *Bœufs*, pour les droits d'*entrée* & de *sortie*. Les *cochons de lait* payent, par tête, 2 liv. de *sortie*.

Coco, ou *Noix des Indes.*

Le cent pesant paye 3 livres d'*entrée*.

Cocque de Levant.

Le cent pesant paye 2 liv. 10 sols d'*entrée*.

Coffres de Cyprès.

Ceux de *Flandre* & autres *Pays*, payent par *coffre*, ou *bahut* vide, 1 liv. 5 sols d'*entrée*, & 1 liv. par cent pesant de *sortie*.

Colle.

La *colle forte* de divers lieux, paye, par cent pesant, 18 sols d'*entrée*; celle d'Angleterre, *idem*, paye 20 liv. d'*entrée*, celle de poisson, *idem*, paye 3 liv. d'*entrée* & 1 liv. de *sortie*. Celles de rognures de gants, sans chiffons, *idem*, 4 liv. d'*entrée* & 6 liv. de *sortie*, & celle de rognures avec chiffons de linge, *idem*, paye 30 liv. de *sortie*.

Collets.

Ceux *de chemises*, venant de Flandres, payent, par douzaine, 20 sols d'*entr.* & 10 sols de *sortie*. Ceux *idem*, venant des manufactures de France, payent, par douzaine, 7 f. 6 den. d'*entr.* & 7 sols 6 den. *de sortie*. Les *collets*, dits *juste-au-corps*, en buffle, payent, par cent pesant, 40 l. d'*entr.* & 16 sols de *sortie* par piece.

Colliers de chevaux.

La piece paye 2 sols de *sortie*.

Cologne (fil de).

Le cent pesant paye 3 liv. 10 sols d'*entreé.*

Coloquinte, pour drogues.

Celle en *grabaut*, paye d'*entr.* 20 p. $\frac{0}{0}$. de sa valeur. Plus, par cent pesant, 4 liv. 10 sols d'*entr.* Dito *en pommes*, paye d'*entr.* seulement 20 p. $\frac{0}{0}$. de sa valeur.

Concombre, pour drogues.

Le cent, en nombre, paye 10 s. d'*entr.*

Confection, pour drogues.

Celle d'*hamech*, paye, par livre, 5 sols d'*entr.* Celles d'*hyacinthe* & d'*alkerme* payent, par livre, 7 sols d'*entr.* Leur *sortie* est, pour chacune, de 8 sols par liv.

Confitures, de toutes sortes.

Le cent pesant paye 7 liv. 10 sols d'*entr.* & 5 liv. de *sortie.*

Consulat.

Droit usité en Portugal; il est de 7 1/2 p. $\frac{0}{0}$. sur tout ce qui s'exporte en ce Royaume.

Consuls.

Droits établis en divers lieux, en faveur des Consuls de commerce, savoir : à Marseille, sur les marchandises de Smyrne, 18 liv. d'*entr.* par tonneau; sur celles d'Alep, Seide, & Tripoly, 14 livres *idem*, sur celles d'Egypte, 10 livres *idem*; sur celles de la Morée, Barbarie, Salé, &c., 6 livres. *idem*; & sur celles de Candie, 5 liv. par tonneau. En divers Ports du Royaume d'Espagne, pour chaque navire & barque françoise chargeant dans les provinces de Biscaye & de Galice, il se paie aux Consuls de France, en Espagne, 24 réaux de platte de *sortie.*

Nota. Le réal de platte équivaut à 9 sols 4 den. 1/2 de France.

Pour les navires chargeant dans les ports de Huelus, Séville, San-Lucar, Sainte-Marie & Cadix, 70 réaux de *sortie* par navire. Pour chaque barque, seytie & polacre, chargeant dans les ports d'Espagne, 32 réaux de *sortie.* Pour les navires chargeant dans les ports du Détroit de Gibraltar & de Catalogne, 36 réaux de *sortie* par navire; & par chaque barque, seytie & polacre, 24 réaux de *sortie.*

Contrayerva, pour drogues.

Le cent pesant paye 5 liv. d'*entr.*

Copeaux de buis. Voyez *Bois.*

Coquilles.

Celles du *Levant* payent d'*entr.* 20 p. $\frac{0}{0}$. de la valeur estimée à 62 liv. le cent pesant. Celles *des autres lieux*, soit en nacre ou autres coquilles, payent, par cent pesant, 10 liv. d'*entrée.*

Corail.

Le *blanc & rouge*, de divers lieux, paye, par cent pesant, 5 liv. d'*entr.*

Le *corail de jardin*, dit *piment*, paye, par cent pesant, 3 liv. d'*entr.* Celui du *bastion* paye d'*entr.* 20 p. $\frac{0}{0}$ de sa valeur.

Coraline, plante curieuse.

Elle paye, par cent pesant, [illegible] liv. d'*entrée.*

Corbeilles, ouvrages d'osier, *dits* de vannerie.

Le cent pesant paye 1 liv. 10 s. d'*entr.* & 3 liv. de *sortie*; mais la déclaration de sortie étant faite pour l'Etranger, on ne paie que 40 sols de *sortie* au lieu de 3 liv.

Cordages & Ficelles, pour agrêts de vaisseaux, & autres usages.

Le cent pesant paye 15 sols d'*entr.* & 2 liv. de *sortie.*

Cordes de boyaux.

Le cent pesant paye 10 liv. d'*entr.* & 3 liv. de *sortie*; en déclarant pour l'Etranger, la *sortie* n'est que de 2 l.

Cordelats, draps.

Ceux *de l'Etranger & autres lieux de la France* payent, par piece de 28 aunes, 3 liv. d'*entr.*, & de *sortie*, 4 liv. par cent pesant. Ceux *de l'Etranger*, & dont l'entrée ne doit se faire que par Calais & Saint-Valery, payent d'*entr.* 30 p. % de leur valeur, & de *sortie*, 4 liv. par cent pesant.

Cordons.

Ceux *en laine & crin*, payent comme mercerie. *Voyez* ce mot & celui de *Tresses*. Ceux *à franges d'or, d'argent & de soie*, payent, par livre, 2 liv. 10 sols d'*entr.* Ceux *en faux*, *idem*, 16 sols d'*entrée*, & ceux *en soie*, idem, 1 liv. 5 sols.

Nota. Ces cordons ne peuvent entrer que par le Pont de Beauvoisin & par le Port de Marseille.

Cordons dits *Queues de Martres-Zibelines, & autres Pelleteries.*

Ceux *à grandes queues* payent les droits d'*entrée*, proportionnément à leurs grandeurs. Le cordon *de quatorze petites queues*, paye 16 sols d'*entr.* Les *pointes* paient, par chaque cent, en nombre, 2 liv. d'*entrée*. La sortie se paye à raison de 13 s. le cordon de moyenne grandeur, & les autres à proportion.

Cordouans, cuirs.

Ceux de *divers lieux* payent, par douzaine, 2 liv. d'*entrée*, & 1 liv. 5 s. de *sortie*; & ceux du *Levant* payent, de leur valeur, 20 pour cent d'*entrée*.

Coriandre, graine pour drogues.

Le cent pesant paye 12 s. d'*entr.*

Cornes.

Celle de *licorne*, la livre pesant paye 2 liv. 10 s. d'*entrée*. Celles de *bœufs & vaches*, le millier en nombre paye 10 s. d'*entr.* & 14 s. de *sortie*. Celles de *cerfs* payent, par cent pesant, 5 s. d'*entr.* & 10 s. de *sortie*. Celles de *moutons* payent, par cent pesant, 2 s. d'*entr.* & 3 s. de *sortie*.

Celles de *cornes plates, pour peignes*, payent, par cent pesant, 15 s. d'*entrée*, & celles *pour lanternes*, payent, *idem*, 3 s. de *sortie*.

Coro.

Droit perçu sur le produit des mines du Chilly & du Pérou, pour le compte du Roi d'Espagne. Il est du 20eme. sur l'or, & du 5eme. sur l'argent.

Cortex, pour drogues.

Le cent pesant paye 2 liv. 10 s. d'*entrée*.

Costus-verus, pour drogues.

Le cent pesant paye 5 liv. d'*entrée*.

Côtes de baleine.

Le cent pesant paye 15 sols de *sortie*.

Cotons.

Ceux *en laine*, venant de l'Etranger, ou des Provinces réputées étrangeres, sont exempts de droits. Ceux du *Levant* payent, de leur valeur, 20 pour cent d'*entr.* Ceux des *Isles* payent, pour droit de domaine d'Occident, 3 1/2 pour cent d'*entrée*.

Nota. La sortie des cotons en laine est de 8 liv. du cent pesant, & pour les filés 10 liv. aussi du cent pesant.

Cotons filés & teints en rouge, &c.

Celui du *Levant*, paye, 20 pour cent, de sa valeur. Ceux des *Isles Françoises* payent, par cent pesant, 10 liv. d'*entr.* Celui de la *traite des Negres* paye, par cent pesant, 5 liv. d'*entr.* & pour droit de domaine, il est dû 3 1/2 pour cent. Celui teint en rouge, la livre paye 5 liv. d'*entrée*.

Nota. Les cotons blancs ou teints, filés ou non filés, & passant d'une Province à l'autre, ne doivent, dans leur transport, aucuns droits d'*entr.* ou de *sortie*.

Couperose, pour drogues.

La *verte* paye, par cent pesant, 12 s. d'*entr.* & la *blanche*, par cent pesant, 1 liv.

Courtage.

Droit qui se préleve à Bordeaux, soit par fixation, ou par estimation sur toutes sortes de marchandises, savoir :

Droit de fixation.

Les vins de toutes sortes payent, par tonneau, 1 liv. 10 s. d'*entrée* & 1 liv. 10 s. de *sortie*. Les *Eaux-de-vie*, la piece de 52 weltes paye 1 liv. 10 s. d'*entrée* & 1 liv. 10 s. de *sortie*. Le *vinaigre* paye, par tonneau, 1 liv. 10 s. d'*entrée* & 1 liv. 10 s. de *sortie*. Les *miels*, idem. 1 liv. 10 s. d'*entrée* & 1 liv. 20 s. de *sortie*.

Les *Prunes*, la piece de 6 quintaux paye 15 sols d'*entrée* & 15 s. de *sortie*. Les *grains de toutes sortes*, *graines de lin & moutarde*, *noix*, *chataignes*, *&c.* payent, par tonneau, 10 s. d'*entrée* & 10 s. de *sortie*.

Le droit par estimation se perçoit sur toutes les marchandises à l'entrée comme à la sortie, & sur le pied d'un pour cent de leur valeur. Enfin le droit de *courtage* se perçoit aussi sur le premier tonneau de fret de chaque vaisseau qui charge à Bordeaux, savoir :

Pour les ports de France ou cabotage, le premier tonneau de frêt paye 8 liv. de *sortie*, *& pour les pays étrangers*, idem. 10 liv. de *sortie*.

Nota. Ces droits n'ont lieu, cependant, que pour les marchandises qui entrent & sortent de cette ville par mer, & non pour celles qui se transportent par terre & rivieres.

Couteaux. Voyez *Mercerie*.

Coutils.

Celui de *Bretagne*, la piece de 20 aunes paye 10 sols d'*entrée*. Celui de *Flandre* & *autres lieux*, la piece de 15 aunes, paye 6 liv. d'*entrée*. Leur *sortie* se paye comme *mercerie*. Un arrêt du conseil du 10 Novembre 1784, fixe, qu'à partir du premier Janvier de la présente année 1785, les coutils étrangers payent, d'*entrée*, 01 liv. par piece de 15 aunes.

Couvertures.

Les fines en laine, *soie & coton*, venant de l'Etranger, payent, par piece, 6 liv. d'*entrée* & de *sortie*, 3 liv. du cent pesant.

Les *médiocres en laine & poils*, la douzaine paye 3 liv. d'*entrée*, & le cent pesant 1 liv. 2 s. de *sortie*.

Crayons.

Le cent pesant paye 1 liv. d'*entrée*.

Crême de tartre, pour drogues.

Le cent pesant paye 3 liv. d'*entrée*.

Crêpe.

Les *lisses & autres* payent d'*entrée* 30 p. 8. de leur valeur, & de *sortie* 8 sols par piece. Ceux *idem*, *en or & argent* payent d'*entrée* 30 p. 8. de leur valeur, & de *sortie*, 2 liv. par livre pesant.

Nota. Ceux *en soie* ne peuvent entrer que par Marseille & le Pont de Beauvoisin, & ceux *non soie*, ne peuvent aussi entrer que par Calais & Saint-Valery.

Crêpons.

Voyez *Burails*, pour *entrée*, & *Ferrandines*, pour *sortie*.

Crin droit ou frisé.

Il paye, par cent pesant, 15 sols d'*entrée* & 1 liv. 10 sols de *sortie*.

Cristaux.

Ceux *ouvrés* payent, par cent pesant, 400 liv. d'*entrée* & 3 liv. de *sortie*. Ceux *non ouvrés*, idem, paient 25 liv. d'*entrée* & 3 liv. de *sortie*. Ceux *taillés*, *montés* & *non montés* sont exempts de droits de *sortie*. Ceux *factices*. Voyez *Verres*.

Cubebes, pour drogues.

Ils payent, par cent pesant, 4 l. d'*entrée*.

Cuilliers.

Celles *en or* & *argent* payent, à l'*entrée*, 5 p. %. de leur valeur, & à la *sortie*, 6 p%., *idem*. Celles de *composition* payent, par cent pesant, 4 liv. d'*entrée* & 4 liv. de *sortie*. Celles de *tombac*, *étain* & *fer* payent, par cent pesant, 4 liv. d'*entrée* & 3 liv. de *sortie*.

Cuirs.

Ceux de *bœufs*, tannés, passés en buffle, hongrie, ou autrement, payent, par livre, 2 sols d'*entrée* & 6 liv. de *sortie* par cuir entier. Ceux de *vaches*, idem, payent, par livre, 2 sols d'*entrée*, & 6 liv. de *sortie* par cuir entier. Ceux de *chevaux*, idem, paient, par livre, 1 sol d'*entrée*, & 3 liv. de *sortie* par cuir entier.

Cuirs & Peaux.

Ceux de *veaux*, tannés, passés en chamois, mégie, saumat, &c., payent, par livre, 2 sols d'*entrée*. Ceux de *moutons*, tannés, passés en chamois, mégie, alun, basanne, housses & parchemin, payent 2 sols d'*entrée* par livre pesant. Ceux d'*agneaux & chevreaux*, en tout apprêt & pelleterie, payent, par livre pesant, 2 sols d'*entrée*. Ceux de *boucs*, en maroquin, croûte & couleur, paient, par liv. pesant, 8 f. d'*entrée*. Ceux de *chèvres*, en tout apprêt, payent d'*entr.* 6 liv. par livre pesant. Ceux de *dain*, *chevreuil* & *chamois*, idem, & passés en huile, payent, par livre pesant, 10 sols d'*entrée*. Ceux de *cerf*, d'*élan*, d'*orignac*, idem, 6 sols d'*entr.* Ceux de *porc*, *truie* & *sanglier*, par livre pesant, payent 2 sols d'*ent.*, & tous autres cuirs payent 10 p. %. de leur valeur.

La *sortie*, sur tous ces cuirs, est de 20 sols par piece.

Cuirs dorés.

Ceux de l'*Etranger* paient, par cent pesant, 30 liv. d'*entr.* & 6 liv. de *sortie*. Ceux des *provinces* dites *étrangeres*, idem, 15 liv. d'*entr.* & 6 liv. de *sortie*.

Ces derniers ne peuvent entrer que par Saint-Quentin, Péronne & Amiens. Ceux d'*Angleterre* sont défendus.

Cuivre.

Celui *tiré en or* & *argent faux*, par tout le Royaume, paye d'*entr.* 10 liv. par cent pesant, & de *sortie* 6 sols par livre pesant; & à Lyon, il ne paye que 2 liv. 10 f. d'*ent.* Celui *non ouvré*, *en rosettes* & *plaques*, paye, par cent pesant, 2 liv. 10 f. d'*entr.* & 3 liv. de *sortie*. Celui *en mitraille*, idem, 20 sols d'*entr.* & 3 liv. de *sortie*. Celui *en poudre*, idem, 3 liv. d'*entr.* & 3 liv. de *sortie* Celui en *batterie de cuisine*, &c. paye 2 liv. de *sortie* par cent pesant.

Nouveaux Droits de 1760.

Sur le cuivre *en mitraille* & *rosette*, venant de l'Etranger, il se perçoit, en sus des droits ci-dessus, 3 p. %. de la valeur desdits cuivres, à l'*entrée* comme à la *sortie*. Sur ceux qui ont une premiere main-d'œuvre, *idem* 3 p. %. à l'*entrée* comme à la *sortie*. Pour celui *en fonds* & *fourrures*, dont la sortie est accompagnée d'acquits à caution, on ne paie de *sortie* qu'un pour cent de sa valeur.

Cumin, pour drogues.

Il paye, par cent pesant, 20 sols d'*entrée*.

Cuves de bois.

Chaque cuve, contenant 10 muids, paye 3 liv. de *sortie*, & les autres à proportion de leurs grandeurs.

Cyperus, pour drogues.

Le cent pesant paye 12 sols. d'*entr.*

Cyprès, arbre dont le bois est incorruptible.

Le cent pesant paye 15 s. de *sortie*.

D.

Dagues & couteaux.

Le cent pesant paye, comme *mercerie*, 3 liv. de *sortie*.

Damas.

Ceux d'*Angleterre*, l'*entrée* en est défendue. Ceux *de divers lieux* ne peuvent entrer que par Calais & Saint-Vallery, en payant 30 p. ℅. de leur valeur, & de *sortie*, 13 liv. par cent pesant.

Dattes.

Celles de *divers lieux* payent, par cent pesant, 1 liv.-5 s. d'*entr.* Celles du *Levant* payent d'*entr.* 20 p. ℅. de leur valeur estimée à 18 liv. le cent pesant.

Dés.

Ceux d'*or* & d'*argent* payent, de leur valeur, 5 p. ℅. d'*entr.* & 6 p. ℅. de *sortie*. Ceux de *cuivre* ou *acier* payent d'*entr.* 4 liv. 10 sols par cent pesant, & 2 liv. de *sortie* pour l'Etranger.

Dents d'Eléphants.

Celles venant *d'Angleterre* payent, par cent pesant, 6 liv. d'*entrée*. & 3 liv. 12 sols de *sortie*. Celles *idem*, de *vache marine* payent, par cent pesant, 3 liv. d'*entr.* & 8 sols de *sortie*. Les dents d'éléphants & de vaches marines, de *divers lieux*, paient également, par cent pesant, 3 liv. d'*entr.* La *sortie* est comme ci-dessus.

Dentelles.

Celles *d'or* & *d'argent*, *mêlées de soie*, payent, par livre pesant, 5 liv. d'*entrée*; pour la sortie des cinq grosses fermes, 1 liv. 10 sols; & pour passer à l'Etranger 15 sols.

Celles *de soie* & *guipure*, venant d'*Angleterre* & de la *Flandre*, payent, par livre, 8 liv. d'*entrée*.

Celles *de fil*, *points coupés* & *passements*, de la Flandre-Autrichienne, d'Angleterre & de divers Pays étrangers, payent, par livre, 25 liv. d'*entrée*.

Celles *idem*, de la Flandre-Françoise, du Hainaut & de l'Artois, dont l'*entrée* est fixée par Amiens, Péronne & St. Quentin, sous peine de confiscation, & de 3000 liv. d'amende, doivent, en passant dans les cinq grosses fermes de France, payer, par chaque livre, 9 liv. d'*entrée*.

Celles de Liége & de la Lorraine, payent, par livre, 10 liv. d'*entrée*, & celles du Puy-en-Velay & de l'Auvergne, comme elles sont très-communes, payent par cent pesant, 5 liv. d'*entrée*.

Les droits de sortie de dentelles, sont comme ci-après

Celles d'*or* & *argent faux*, passant à l'Etranger, payent 5 sols la liv. & pour la *sortie* des fermes, 15 sols par livre.

Celles en *passements d'or & d'argent fin*, payent, par livre, 40 sols de *sortie*.

Celles *de fil*, dites *fines*, payent 40 liv. du cent pesant de *sortie*.

Enfin celles communes de France, Liége, Lorraine & Comté, payent 10 liv. du cent pesant

Diamans, pierres fines.

Ils ne doivent rien pour *entrée*; la *sortie* en est défendue, mais quand elle est accordée par passeport, l'on paye alors, pour droits de *sortie*, 6 pour cent de la valeur des *diamans*.

Dictamum, fleur pour drog.

Le cent pesant paye 4 livres d'*entrée*.

Dominoterie, papiers peints.

Le cent pesant paye, *non mêlé de mercerie*, 2 liv. d'*entrée*, & 1 liv. 12 sols, de *sortie*, & *mêlé de mercerie*, 4 liv. d'*entrée*, & 3 liv. de *sortie*.

Doronicum, pour drogues.

Le cent pesant paye 5 livres d'*entrée*.

Dragées, sucreries.

Le cent pesant paye 4 liv. d'*entrée*, & 4 liv. de *sortie*.

Draps.

Les *draps & toiles d'or & d'argent fins*, *satins brochés*, *velours*, *satins & damas à fleurs d'or*, &c. payent, par livre pesant, 6 l. d'*entrée*.

Les *draps de soie* de divers lieux, payent par livre, 3 liv. d'*entrée*. Ceux *idem*, *de la Flandre Espagnole* payent, par livre, 20 l. d'*entr.*

Ceux en *toutes laines*, *façons & couleurs*, (sauf ceux pour doublures) tant de France que de divers lieux étrangers, payent, par cent pesant, 5 liv. d'*entr.* Les petits draps *pour doublures*, de divers lieux, *idem*, 3 l. d'*entr.* Les draps d'*Espagne* pay. par piece de 25 aunes, 70 liv. d'*entr.* Les draps pleins de *Hollande* payent 40 livres d'*entrée* par piece de 25 aunes. Les *demi-hollande* & autres, paient, 4 liv. 10 sols d'*entr.* par piece de 9 à 10 aunes. Les draps du *Bearn* & du *Languedoc* paient 8 liv. d'*entr.* par cent pesant.

La sortie de ces draps est établie, comme suit :

Les *Etoffes d'or & d'argent* payent, par livre pesant, 2 liv. de *sortie*.

Celles *en soie*, *or & argent faux* paient 14 sols de *sortie* ; mais ces droits ne sont dûs qu'à la sortie des cinq grosses fermes ; car pour aller directement à l'Etranger, il n'en est dû aucuns.

Tous autres draps, sauf ceux mêlés de soie, & destinés pour Metz, Toul & Verdun, ne doivent pas de sortie, lorsqu'ils passent par les bureaux de Châlons & Sainte-Ménéhould.

Nota. Les draps & étoffes mêlés de soie & fil, & où il se trouve un quart, une moitié ou un sixieme de soie, comme *Ferandines & autres étoffes*, qui passent des grosses fermes aux provinces réputées étrangeres, doivent 8 liv. par cent pesant, & 20 liv., lorsqu'elles sont au-dessus du sixieme en soie.

Voyez *Etoffes*, pour plus de détails.

Drogueries, & épiceries en général.

Elles sont toutes indiquées dans le cours de ce Chapite ; mais nous croyons devoir entrer ici dans le détail suivant :

1°. Que toutes les drogueries & épiceries omises aux tarifs des Fermes, & par conséquent en cette table, doivent d'*entr.* 5 p. 8. de leur valeur, sans déduction de tare.

2°. Que celles venant du Levant sont fixées à payer, pour *entr.* 20 p. 8. de leur valeur, au poids brut de marc, & sans déduction d'emballage.

Et 3°. que ces marchandises ne peuvent, suivant divers arrêts & réglemens du Conseil, entrer en France par les ports & villes de Calais, Bordeaux, Lyon, Marseille, la Rochelle, Rouen, Nantes, & divers ports de Bretagne, Saint-Vallery, Dunkerque, Saint-Dizier, le Havre, Dieppe, Boulogne, Caen, Agde, Toulon & Cette. (Cette derniere ville est pour les drogueries du Nord) le tout à peine de 3000 l. d'amende & de confiscation, & ces villes ne sont ainsi indiquées qu'attendu la distribution des bureaux des cinq grosses fermes du Royaume.

Droguets, étoffes.

Ceux de l'*Etranger*, dont l'entrée ne peut se faire que par Calais &

Saint-Vallery, paient d'*entr.* 30 p. 8. de leur valeur. Ceux des *provinces reputées étrangeres* paient d'*entr.* 5 p. 8, de leur valeur. Ceux de *fil & laine*, passant à l'Etranger, payent, par 100 pesant, 3 liv. d'*entr.* Ceux *idem*, & *mêlés de soie jusqu'à un sixieme*, sortant des cinq grosses fermes, pour passer dans les provinces réputées étrangeres, paient, par cent pesant, 8 liv. de *sortie*. Ceux de *fil & laine*, *avec plus du sixieme en soie*, payent, par cent pesant, comme ci-dessus, 20 liv. de *sortie*.

Duvets, pour lits de plumes.

Le cent pesant paye 1 liv. 2 s. d'*entr.* & 1 liv. 12 s. de *sortie*.

E.

Eaux-de-vie.

Droits d'entrée.

Suivant le tarif de 1664, le baril d'eau-de-vie, doit d'*entrée* 25 sols, & suivant divers réglemens posterieurs, il faut aussi payer d'*entrée* ce qui suit, par muid de 144 pots de Paris; savoir : pour droit de *subvention* 5 liv. 10 sols, pour *jaugeage* 15 sols, & pour *courtage* 30 sols; outre ces droits, il y en a un établi sur la vente en gros, qui est du vingtieme du prix de la liqueur, sur la vente à pot, il est de 15 liv. du muid, & sur la vente à petites mesures, ce droit est de 10 à 12 den. au plus, par pot.

A Paris tous les droits d'*entrée* & *consommation*, par muid d'eau-de-vie, sont ensemble de 45 livres, & pour celles qui passent de bout, on ne paye que 30 liv. du muid.

Droits de sortie.

Les eaux-de-vie passant par les Bureaux de Thouars, du Maine, de l'Anjou & de la Châtellenie de Chantoceau, près la frontiere de la Bretagne, payent 12 livres par barrique.

Celles passant par Marans, payent 6 livres.

Idem, par la Rochelle, & allant à l'Etranger, payent aussi 6 livres la barrique.

Celles passant par Bayonne, payent, par pipe de 80 weltes, 4 liv. 16 s.

Et celles passant par Bordeaux, payent, par piece de 50 weltes, 23 livres 10 sols, savoir :

Pour droit de *sortie* dû par l'acheteur	19 l.	18 s.
Pour *rabattage* de piece	2	10
Pour *courtage*, ou *agréage*	»	5
Pour *arrumage* & Port à bord	»	12
Pour *entrée* & *sortie* du quai	»	5
Total, comme ci-dessus,	23 l.	10 s.

Voici deux nouveaux réglemens sur les droits des eaux-de-vie & esprit-de-vin.

1°. Il est ordonné, par Lettres Patentes du 13 Février 1782, que les eaux-de-vie doubles, ou rectifiées, payeront le double des droits des simples, & que l'esprit-de-vin payera le triple des anciens droits des eaux-de-vie simples.

Et 2°. par un Arrêt du Conseil du 21 Juillet 1784, toutes les eaux-de-vie sont exemptes de droits à leur *sortie* du Royaume; & il est accordé à leurs fabricans, la liberté de distiller les lies, les bésieres de vin, & les marcs de raisins.

Eaux de senteur.

Celles de *Nard & de Naples*, payent, par cent pesant, en fioles pleines, 2 liv. 10 sols d'*entrée*, & 3 liv. *idem*, pour les fioles de *fleur d'orange*.

Toutes les *diverses odeurs*, le sirop de Grenade, & les liqueurs de Montpellier, ne payent que 30 liv. d'*entrée* du cent pesant.

Quand à la *sortie*, elle est uniformément réglée à 3 liv. 10 sols du cent pesant.

Eau-forte.

Le cent pesant paye 3 liv. 15 sols d'*entrée*.

Écailles, Voyez *Tortues*.

Ecarlate,

Ecarlate, graine pour teinture.

Le cent pesant paye 10 liv. d'*entr.*

Echalats, bois pour les vignes.

Le char paye 6 sols d'*entrée*, & la charretée 3 sols. La *sortie* en est défendue.

Echauffettes de fer.

Le cent pesant paye 10 sols d'*entr.* & 10 sols de *sortie.*

Ecorces.

Celles de chêne, non hachées, payent, par charretée, 8 sols d'*entrée* & 20 sols de *sortie*. Celles hachées payent le double à l'*entrée* comme à la *sortie*, & celles de citrons, oranges & fleurs d'orange confites, payent, par cent pesant, 8 liv. d'*entrée* & 5 liv. de *sortie.*

Ecritoires, de bureaux & de poche.

Celles ornées & en métaux, payent suivant les métaux dont elles sont composées; & les communes payent, comme *mercerie*, 3 liv. de *sortie*, par cent pesant.

Edredon, duvet très-fin.

Il paye 5 p. 8. de sa valeur à l'*entrée* comme à la *sortie.*

Eguillettes, ou *Aiguillettes*, *& lacets de soie.*

Ils payent, par chaque livre pesant, 32 sols d'*entrée* & 12 de *sortie.*

Elemi, espece de résine.

Elle paye 5 liv. d'*entrée* par cent pesant.

Ellébore, pour drogues.

Le cent pesant paye 25 sols d'*entrée.*

Email.

Celui travaillé & monté en or & argent, paye 6 p. 8. de sa valeur, à l'*entrée* comme à la *sortie*. Celui travaillé à l'uni, ne paye que 5 p. 8 d'*entrée* comme de *sortie*; & celui qui est brut paye 10 liv. d'*entrée* & 5 liv. de *sortie*. par cent liv.

Emeraudes.

Celles non montées sont exemptes de droits, & celles montées en or & argent, payent, de leur valeur, 5 p. 8. d'*entrée* & 6 p. 8. de *sortie*. Celles non mises en œuvre ne peuvent sortir qu'avec des passeports, & en payant 6 p. 8. de leur valeur.

Emeril, fer très-dur.

Il paye, par cent pesant, 18 sols d'*entrée* & autant de *sortie.*

Encens.

Le commun, dit *galipot*, paye, par cent pesant, 12 sols d'*entrée*. L'*oliban* paye *idem* 2 liv. 10 sols d'*entrée*. L'oliban du Levant paye, à l'*entrée*, 25 p. 8. de sa valeur; & les autres qualités du Levant, ainsi que celui en manne, ne payent d'*entrée* que 20 p. 8. de leur valeur.

Eperons.

Payent comme *mercerie.*

Epieux, ou *hallebardes.*

Payent, par douzaine, 30 sols d'*entrée* & 16 sols de *sortie.*

Epinettes.

Elles payent, par piece, 3 liv. d'*entrée* & autant de *sortie* par cent pesant.

Epingles.

Celles de l'Etranger payent, par

cent pesant, 20 liv. d'*entrée*. Celles d'Angleterre ne peuvent entrer en France ; & celles des fabriques Françoises payent, de *sortie*, 3 liv. du cent pesant.

Epithyme, pour drogues.

Le cent pesant paye 2 liv. 10 sols d'*entrée*.

Eponges.

Celles de divers lieux payent, par cent pesant, 50 sols *d'entrée* & 20 sols de *sortie* ; & celles du Levant payent d'*entrée* 20 p. 8. de leur valeur, & 20 sols de *sortie* par cent pesant.

Erable, bois de marqueterie.

Le cent pesant paye 20 sols d'*entrée* & 16 de *sortie*.

Erasses, bourre de soie.

Sa *sortie* paye 5 liv. du cent pesant.

Ermin.

Droit qui se paye aux Echelles du Levant, & particuliérement à Smyrne, sur toutes marchandises étrangeres aux Etats du Grand Seigneur. Il est fixé, pour les François, à 3 p. 8. de la valeur des marchandises qu'ils y portent.

Esprit.

Celui de sel paye, par cent pesant, 20 liv. d'*entrée*. Celui de soufre & de vitriol ne paye que 3 liv. 15 f. d'*entrée* du cent pesant, & pour celui de vin, *voyez* Eaux-de-vie.

Estamet, sorte de serge en laine.

La piece de 20 aunes, paye 5 liv. d'*entrée*, & de *sortie* 4 liv. du cent pesant.

Esteres, ou *Nattes de jonc*.

Le cent pesant paye 3 liv. d'*entrée*.

Estule, pour drogues.

Le cent pesant paye 2 liv. 10 sols d'*entrée*.

Etain.

Celui d'Angleterre, non ouvré, paye 3 liv. d'*entrée* du cent pesant. Celui des Indes & autres lieux, importé par des vaisseaux françois, paye 2 l. 10 sols, comme dessus. Celui en vieille vaissele, & dont l'*entrée* n'est permise que par les Bureaux d'Amiens, Péronne & Saint-Quentin, paye 9 liv. comme dessus. L'étain ouvré & menuisé paye 5 liv. *idem*.

Nota. *Tous ces étains, sauf ceux des Indes, doivent, en outre, un droit de marquage à leur* entrée, *qui est de* 12 *liv.* 10 *sols par cent pesant.* L'étain de glace paye 4 liv. d'*entrée* du cent pesant ; & celui battu, considéré comme *mercerie*, doit 10 liv. par cent pesant, pour tous droits, suivant un réglement de 1721. Le droit de *sortie* est, en général, de 4 liv. du 100 pesant.

Etamines. Voyez *Etoffes*.

Etape.

Droit en vertu duquel un Souverain arrête les marchandises qui entrent dans ses Ports pour les faire exposer en vente dans ses états, lorsqu'il s'y trouve disette de ces sortes de marchandises. Plusieurs villes d'Allemagne dites Anséatiques, jouissent de ce droit comme les Souverains mêmes.

Etoffes.

Celles de soie & mêlées d'or & d'argent fins, autres que celles de l'Angleterre, ne peuvent entrer en France que par Marseille, & le Pont-de-Beauvoisin, d'où elles doivent passer à Lyon, pour y être plombées, & y acquitter les droits qui sont de 6 liv. par livre pesant.

Celles de soie & velours des fabriques de la Flandre Espagnole, dont l'entrée ne peut se faire que par Lille, Valenciennes, Amiens,

Péronne & Saint-Quentin, payent, par livre pesant, 20 livres d'*entrée*.

Celles en laine de tous pays, sauf d'Angleterre, doivent entrer par Calais & Saint-Vallery, & payer trente pour cent de leur valeur.

Celles en poils & fils, ou mêlées de soie, sauf celles d'Angleterre, doivent entrer, comme ci-dessus, & payer trente pour cent de leur valeur.

Les bayettes venant de l'Etranger, payent d'*entrée*, savoir : les simples, 20 liv. par piece de 25 aunes, & les doubles, 60 liv, par piece de 50 aunes.

Les burails croisés payent, par piece de 25 aunes, 16 liv. d'*entrée*; les camelots de pure laine payent, à l'*entrée*, 12 liv. par piece de 20 aunes; ceux mêlés de soie payent d'*entrée* trente pour cent de leur valeur.

L'*entrée* sur les draps d'Espagne, d'Hollande & d'autres pays Etrangers, est de cent liv. par piece de trente aunes. Les draps demi-Hollande, & ceux dits *draps de douzaine*, payent, par piece de 10 aunes, 20 liv. d'*entrée*. Les castors, droguets & peluches d'Hollande payent, à l'*entrée*, trente pour cent de leur valeur. Les ferlins payent par piece de 7 à 9 aunes, 3 liv. d'*entrée*.

Les draps & pinchinats, dits *velours de gueux*, payent d'*entrée* par cent pesant, savoir : les draps 8 liv., & les pinchinats 5 liv.

Nota. Il est à observer que les velours de gueux qui se fabriquent en Franche-Comté, & particuliérement à Héricourt, doivent être marqués aux deux bouts, au sortir du métier.

Les frises blanches de coton payent 48 liv. d'*entrée* par cent de godes formant 120 aunes.

Les lingettes payent 6 liv. par piece de 20 aunes.

Ratines, *voyez* draps.

Les molletons doubles payent, par piece de 25 aunes, 24 liv. d'*entrée*; les serges drapées payent, par piece de 13 à 15 aunes, 30 liv. Celles de seigneurs payent 24 liv. par piece de 30 aunes. Et celles demie-de-seigneurs, payent, par piece de 25 aunes, 8 liv. d'*entrée*.

Enfin les étoffes de laine, poils & fils, celles mêlées en soie, laine, coton, fils, poils & autres matieres non or & argent, qui ne sont point désignées en cette table, payent généralement à l'*entrée*, 30 p. 8. de leur valeur.

Les étoffes prohibées sont celles d'Angleterre, en toute espece & qualité; celles des Indes, de la Chine & du Levant, les velours de gueux de l'Etranger, les droguets en fils teints ou peints, les étoffes du Comtat d'Avignon, lorsqu'elles ne sont pas marquées aux armes du Pape, & le papier drapé servant à tapisser, tous ces objets sont absolument défendus en France.

Droits de sortie.

Les étoffes mêlées de soie au sixieme, doivent 8 liv. du cent pesant, & celles au-dessus du sixieme en soie, doivent 20 liv.

Les étoffes & tapisseries de pure laine, celles pures en soie, poils, coton, fils & autres mêlées de ces diverses matieres, avec or & argent, les ouvrages de bonneterie, en même matiere, & les chapeaux & toiles de toute espece, peuvent passer à l'Etranger exempts de droits, mais en les expédiant directement à leur destination, & les faisant passer par les bureaux ci-après, savoir : *pour les expéditions par mer*, par Calais, Boulogne, Dunkerque, Saint-Vallery-en-Caux & sur-Somme, le Havre, Rouen, Honfleur, Caen, Granville, Saint-Malo, Morlaix, Brest, Port-Louis, Nantes, Rochefort, la Rochelle, Bordeaux, Bayonne, Agde, Perpignan, Cette, Narbonne, Arles, Toulon & Marseille; & *pour les expéditions par terre*, elles doivent être faites par les bureaux de Dunkerque, Valenciennes, Lille, Maubeuge, Givet, Sedan, Torcy, Rocroy, Sierck,

Saint-Dizier, Sainte-Ménéhould, Thionville, Clermont, Chauffy, Courcelles, Juffey, Strasbourg, Boulon, Bourg-felden, Jougues-des-Rouffes, Morteau, Colonges, Perpignan, Pont-de-Beauvoisin, Chaparillan, Héricourt-en-Comté, St. Jean-pied-de-port, & Saint-Laurent-du-Var, mais en observant, sur le tout, les formalités portées dans les réglemens, & notamment dans une décision du Conseil du 23 Juillet 1756.

Nota. Tout cet article ne peut être rendu ici que pour observations générales; mais on peut, & l'on doit même, sur cela, consulter les arrêts, édits, déclarations, décisions & réglemens qui ont été rendus sur les draperies & étoffes, depuis l'époque du 23 Juillet 1756, qui ne peuvent être cités dans cet ouvrage abrégé.

Etoupes.

Celles blanches & de bourre payent également, par cent pesant, 6 sols d'*entrée* & 18 de *sortie*.

Etriers de fer. Voyez *Mercerie.*

Etuis.

Pour ceux en bois, ivoire & carton, *voyez* Mercerie.

Quant à ceux en or & argent, ou garnis de ces matieres, ils payent 5 p. 8. de leur valeur, à l'*entrée*, & 6 p. 8. à la *sortie*.

Eventails.

Ceux enrichis en broderies d'or & d'argent, payent, de leur valeur, 5 p. 8. d'*entrée* & 6 de *sortie*.

Les bois d'éventails garnis en bijouterie, ivoire, écaille, ambre, jaspe, corail, agate & autres matieres rares & garnies en piqûres, ciselures, ou incrustés & marquetés d'or & d'argent, payent, par douzaine, montés ou non montés en feuilles, 20 sols d'*entrée* & 20 sols de *sortie*.

Les bois en os montés ou non montés payent, par douzaine, 5 sols d'*entrée*.

Les feuilles d'éventails en soie, avec or & argent, payent, par livre pesant, deux liv. d'*entrée* & 2 liv. de *sortie*.

Les feuilles en pure soie payent, *idem*, 14 sols d'*entrée* & 14 sols de *sortie*.

Les feuilles en papier, cuir, peau, carton, vélin, calpin, &c. peintes ou non peintes, payent, par cent pesant, pour les Provinces réputées étrangeres, 3 liv. de *sortie*.

Les mêmes feuilles payent, par cent pesant, pour l'Etranger, Bayonne, Dunkerque & Marseille, 2 liv. de *sortie*.

Et les bâtons d'éventails, en os, bois, ou baleines, montés, ou non montés, mais sans soie, payent, par cent pesant, pour les provinces réputées étrangeres, 3 liv. de *sortie*.

Euphorbe, gomme pour drogues.

Le cent pesant paye 2 liv. d'*entrée*.

F.

Fagots, bois menus.

Le millier en nombre paye, d'*entrée*, 30 sols.

Faïences.

Celle d'Hollande & de l'Etranger paye, par cent pesant, 20 liv. d'*entrée*. Celle des Provinces réputés étrangeres paye 3 liv., & celle des manufactures de l'intérieur de la France, ne paye que 5 sols, toujours par cent pesant.

Fanons de Baleine.

Le cent en nombre paye 3 liv. d'*entrée*.

Farine, fleur de grain.

La farine est exempte de droits

pour le transport d'une Province à l'autre, & elle ne peut passer à l'Etranger, que lorsque son exportation est autorisée par une décision du Conseil.

Faucilles & Faux.

Instrumens tranchans en fer. *Voyez* quincaillerie.

Fenouil, pour drogues.

Celle en graine paye d'*entrée*, par cent pesant, 1 liv. 5 sols, & celle en huile paye 25 liv.

Fers.

Ceux fabriqués en batterie de cuisine payent, d'*entrée*, 40 sols du cent pesant. Ceux en plaques 20 sols. Ceux en verges plattes 6 sols. Ceux en carré bâtard, verges rondes, lames, tôles, gros-cloux, grosses chevilles & ancres, payent 10 sols, ceux en coins, haches & serpes, 40 sols, ceux en quincaillerie 20 sols, & les vieux fers ne payent que 5 sols d'*entrée*, par cent pesant, comme ceux ci-dessus.

Tous ces fers ne payent de *sortie* que 8 sols par cent pesant, soit pour l'Etranger, ou les Provinces réputées Etrangeres.

Nota. La déclaration de tous les fers doit être faite au poids de marc & non à celui des forges.

Les fers d'Espagne & autres pays Etrangers, soit en barres, en verges, ou battu, payent 32 sols d'*entrée*, par cent pesant.

Le fer blanc, en feuilles, paye, par baril de 450 feuilles doubles, 20 liv. d'*entrée*, & 10 liv. par barils de 450 feuilles simples.

Ceux des manufactures d'Alsace ne payent point d'*entrée*.

Le fer noir paye 7 liv. 10 sols d'*entrée* par barrique de 450 feuilles doubles, & 3 liv. 15 sols par barrique de 450 feuilles simples.

A ces droits d'entrée est ordinairement joint celui de marque, *qui se paye comme suit.*

Par cent livres pesant de fer ordinaire, 13 sols 6 den. *Idem* de quincaillerie, 18 sols. *Idem* en acier, 20 s. *Idem* en mine, 3 sols 4 den.

La *sortie* des fers en feuilles est de 12 sols par cent en nombre de feuilles simples, & 24 sols, *idem*, pour les doubles.

Nota. Les fers des forges de Loulans, Soran, Pont-du-Navoy, Fresancez, Châtillon, Cecy-en-Varray, Chénécé, Roche-Jean & autres lieux de la Franche-Comté, passant directement de cette province, chez l'Etranger, sont exempts des droits de *sortie*.

Ficelles, petites cordes.

Elles payent, par cent pesant, 15 sols d'*entrée* & 2 liv. de *sortie*.

Figues, fruit.

Celles sans mêlange, payent, par cent pesant, 14 sols d'*entrée* & 12 s. de *sortie*; & celles mêlées de raisins, ne payent que 10 sols d'*entrée* & 12 de *sortie*.

Fils.

Ceux *d'or ou d'argent faux*, en *trait ou filé*, payent, par cent pesant, 20 liv. d'*entrée*, & 6 liv. par livre de *sortie*. Ceux de *laiton* & à *carde* payent, par cent pesant, 4 liv. d'*entrée* & 4 liv. 4 sols de *sortie*. Ceux d'*archal* & de *fer*, payent, comme dessus, 3 liv. d'*entrée* & 2 liv. de *sortie*. Ceux *de la manufacture d'Alsace* sont exempts de droits d'*entrée*, en passant par les Bureaux de Saint-Dizier, Sainte-Ménéhould, Faybillot, Nettancourt, Pontarlier, Auxonne & Bourbonne, pourvu que les futailles qui les contiennent soient à la marque ou étampe de Grand-villars, & accompagné d'un certificat dudit lieu.

Fils pour toiles, étoffes & coutures.

Ceux de *chanvre*, teints & non teints, venant de la Bretagne, payent, par cent pesant, 3 liv. 10 s. d'*entrée*; ceux de la Hollande, *idem*

2 liv. 10 sols ; ceux de l'Etranger, *idem* 7 liv.

Ceux de *poils de chevre & chevraux*, venant de l'Etranger, sont exempts d'*entrée*, sauf ceux du Levant qui doivent 20 p. 8. de leur valeur.

Les fils de *lin*, venant d'Epinay, de la Flandre & de divers lieux de l'Etranger, payent, par cent pesant, 7 liv. d'*entrée*.

Les fils *retorts*, *bis* & *bis-blanc*, venant de la Flandre françoise, payent, d'*entrée*, 3 liv. 6 sols 6 den. par cent pesant, & ceux de l'Etranger, *idem* 10 liv.

Le fil de *caret*, venant de l'Etranger, paye, par cent pesant, 14 sols d'*entrée*.

Celui de *sayette*, *idem*, 3 liv. Celui de *chaînette*, *idem*, 30 sols, & celui d'*étoupe* écrue & blanche, *idem*, 15 sols.

Droits de sortie.

Le fil d'*arbalêtre* paye, par cent pesant, à la *sortie*, 3 liv. Celui de *caret*, *idem*, 2 liv. Celui de *chaînette*, *idem*, 2 liv. 4 sols. Ceux de *lin* & de *chanvre*, *idem*, 3 liv. Celui de *sayette*, passant d'une province à l'autre, *idem*, 3 liv. ; & sortant pour l'Etranger, 30 liv. Celui de *laine*, pour tapisseries, paye, par cent pesant, comme les précédens, 7 liv. Celui de *poil de chèvre*, *non-filé*, *idem*, 90 liv., & celui qui est filé paye, de sa valeur, 5 p. 8.

Les fils blancs, retorts & simples, en lin & chanvre, doivent payer d'*entrée*, suivant l'arrêt du Conseil du 13 Septembre 1782, 14 liv. par quintal, avec les sols pour livre de ce prix.

Filagrammes.

Ceux en orfevrerie doivent 5 p. 8. de leur valeur à l'*entrée* & 6 p. 8. à la *sortie*.

Filieres, plaques de fer ou d'acier, servant pour tirer les métaux en fil.

Elles payent, par piece, 30 sols d'*entrée* & 35 de *sortie*.

Filoselle, bourre de soie & de coton.

L'*entrée* n'en est permise en France que par le pont de Beauvoisin & Marseille. Le cent pesant paye 15 liv. d'*entrée* & 3 liv. de *sortie*.

Flacons.

Ceux en cristal & cristalin payent d'*entrée*, par cent pesant, 60 liv. Ceux en cristal de roche payent, *idem*, 400 liv. Ceux en verre ordinaire & en verre blanc de Venise & autres lieux, payent, *idem*, 20 liv. La *sortie*, sur ces derniers, est de 2 s. par douzaine de piece.

Flanelles de laines.

Celles des Provinces réputées étrangeres, payent, *d'entrée*, 5 pour cent de leur valeur. Celles de l'Etranger payent, *idem*, 30 pour cent, & celles d'Angleterre ne peuvent entrer en France. Quant à la *sortie*, elle se paye comme celle des *Etamines*; ainsi *voyez* ce mot.

Flaquieres, pour mulets.

Le cent pesant paye, d'*entrée*, 25 sols.

Fleurées, pour teintures.

Le cent pesant paye, d'*entrée*, 50 sols.

Fleuret, fil de bourre de soie.

Il paye, de *sortie*, 25 sols par cent pesant.

Fleurs, pour drogues.

Celles d'*Esquinaut* payent, par cent pesant, 4 liv. d'*entrée*. Celles de *soufre* payent, *idem*, 5 liv.

& celles de *violette* & *autres* payent, *idem*, 30 sols.

Florée, pour teinture, *voyez* indigo.

Florum Cartamy, pour drogues.

Le cent pesant paye 25 sols d'*entrée*.

Foin.

Le charriot paye 6 sols d'*entrée* & 6 de *sortie*; la charretée paye 4 sols d'*entrée* & 3 de *sortie*.

Folii-Indi, pour drogues.

Le cent pesant paye 12 liv. 10 sols d'*entrée*.

Folium, pour drogues.

L'*Indicum* paye, du cent pesant, 12 liv. 10 sols d'*entrée*, & la *Glariofilatum* paye, *idem*, 15 liv.

Forces à drapiers.

Celles de divers lieux payent, par cent pesant 2 liv. d'*entrée* & 10 sols de *sortie*. Celles des Provinces réputées étrangeres, payent, *idem*, 10 sols d'*entrée* & 50 de *sortie*, & celles d'Angleterre payent, par millier pesant, 3 liv. d'*entrée* & 4 de *sortie*.

Fragmens.

Ceux d'épiceries & drogueries, payent, par cent pesant, 6 liv. 5 sols d'*entrée*.

Franges.

Celles *d'or*, *d'argent & de soie*, en fin, payent, par livre, 50 sols d'*entrée* & 40 de *sortie*.

Celles, *idem*, en faux, payent, par livre pesant, 16 sols d'*entrée* & 5 de *sortie*. Celles en *filoselle* payent, par cent pesant, 13 livres d'*entrée* & 11 liv. 10 sols de *sortie*.

L'*entrée* de ces dernieres ne peut se faire que par Marseille & le Pont de Beauvoisin.

Celles en *soie pure* payent, par livre pesant, 4 liv. d'*entrée*, & l'*entrée* ne peut s'en faire que comme ci-dessus.

Nota. Ces droits de *sortie* pour l'Etranger ont été mis à 1 pour cent de la valeur de toutes franges.

Friperies en vieux habits.

Elles payent, par cent pesant, 3 liv. 10 s. de *sortie*.

Frises & frisons.

Ceux de *Bristol* payent, par piece de 18 aunes, 1 liv. d'*entrée*.

Ceux d'*Espagne* & de *Flandre*, payent 8 sols d'*entrée*, par piece de 20 aunes. Les Frises d'*Angleterre* payent, par piece de 18 aunes, 3 liv. d'*entrée*; & les frisons d'Angleterre payent, d'*entrée*, 30 sols par piece de 13 aunes.

Fromages.

Les *fins* de Florence & autres lieux *de l'Italie*, payent 50 sols, par cent pesant, de droits de *sortie*; ceux de divers pays étrangers payent d'*entrée*, par cent pesant, 30 sols & 8 de *sortie*; & ceux de la France payent, comme dessus, 8 sols d'*entrée* & 24 de *sortie*.

Fruits.

Ceux non confits, ni cuits, payent, par cent pesant, 12 sols de *sortie*.

Fuseaux.

Ceux en bois pour filer, payent, par mille en nombre, 3 sols d'*entrée* & 2 de sortie.

Fusils, pour armes.

En entrant comme quincaillerie,

Ils ne payent pas d'*entrée*, & la *sortie* en est très-défendue.

Fustel, plante utile pour la teinture & les cuirs.

Le cent pesant paye 8 sols d'*entrée* & 30 de *sortie*.

Futailles & futs.

Chaque poinçon, fut, ou barrique, paye 2 sols d'*entrée* & 3 de *sortie*, pour les Provinces réputées étrangeres; quant à la *sortie* pour l'Etranger, elle est défendue, sous peine d'une amende de 10,000 livres.

Futaines, étoffes de coton.

Les *petites* & *non ouvrées* pour doublures, payent, par piece de 12 aunes, 15 sols d'*entrée*; celles *à jour* & *à grain d'orge*, payent, *idem*, 30 sols. Celles de *Lille* en Flandre payent, par piece de 15 aunes, 15 sols d'*entrée*. Celles d'Angleterre payoient, par piece de 12 aunes, 25 sols *d'entrée*, mais leur *entrée* est défendue. Celles de *Suisse* sont exemptes de droit d'*entrée*, en passant par les bureaux de Gex, Lyon, Colonges & St. Jean-de-Laune, & étant accompagnées des certificats de leurs fabriques.

Nota. *Les entrées ci-dessus ont aussi été fixées, comme celles des Bombasins, à 4 liv. par piece de 15 aunes, & cette derniere fixation est la plus généralement perçue.* La *sortie* des futaines pour les Provinces réputées étrangeres est de 4 liv. par cent pesant, & pour les Pays de Metz, Toul & Verdun, en passant par Ste. Ménéhould & Châlons, elle n'est que de 2 liv. par cent pesant.

G.

Galanga, racine pour drogues.

Le cent pesant paye 8 livres d'*entrée*.

Galbanum, pour drogues.

Celui du Levant paye, d'*entrée*, 20 pour cent de sa valeur, & celui d'autres Pays, 5 pour cent.

Galipot, gomme pour drogues.

Celle du Levant paye, d'*entrée*, 20 pour cent, & celle de divers lieux 12 sols, par cent pesant.

Galles, noix pour teintures.

Celles du Levant payent, d'*entrée* 20 pour cent de leur valeur, & celles de divers lieux, 30 sols par cent pesant.

Galons.

Voyez, pour *entrée*, Franges-d'or. Les vieux galons sont exempts de droits de *sortie*. Ceux sortant pour les provinces réputées étrangeres payent, savoir: 10 sols par livre pesant de galons d'or & d'argent, mêlés de soie & dentelles, & 15 sols par livre pesant, pour ceux en or & argent faux, & en soie & dentelles. Tous galons & dentelles d'or & d'argent, fin ou faux, & de soie, qui passent à l'Etranger, ne payent que 1 p. 8 de leur valeur.

Gants.

Ceux *à broderies ou franges d'or & d'argent fin*, payent, par douzaine de paires, 2 liv. 8 sols d'*entrée* & 3 liv. de *sortie*. Ceux en *pure soie* dont l'*entrée* n'est permise que par Marseille & le pont de Beauvoisin, payent comme bas de soie. Ceux en *cuirs fins & parfumés*, venant de l'Etranger, payent, par douzaine de paires, 20 sols d'*entrée* & 8 de *sortie*. Ceux *communs*, venant de divers lieux, payent d'*entrée* 30 liv. du cent pesant, & 20 sols de *sortie* par douzaine de paires. Ceux du *Limosin* payent, comme dessus, par cent pesant, 6 liv. d'*entrée* & 3 liv. de *sortie*; & ceux de *fil*, venant de Bretagne, payent aussi, par cent pesant, 20 liv. d'*entrée*, & leur *sortie* est semblable à celle des bas de fil. *Voyez* Bas.

Garance, racine pour la teinture.

Elle paye, par cent pesant, 18 f. d'*entrée* & 13 de *sortie*.

Garnitures.

Celles de lits, en draps, serges & soie, à points coupés, passemens, & autres ouvrages d'aiguilles, soit de Flandre ou autres pays, payent, de leur valeur, 10 p. 8. d'*entrée* & 6 p. 8. de *sortie*.

Gayac, bois de marqueterie.

Le cent pesant paye 6 sols d'*entrée*.

Gazes.

Celles *de soie*, ouvrées & unies, payent comme étoffes de soie, & celles de *fil & soie* payent comme draps, ou étoffes mêlées de soie. Ainsi *voyez* Etoffes.

Genevre, ou *Genievre*.

L'huile de genevre, pour drogues, paye 10 sols d'*entrée* par cent pesant.

Gingembre, pour épiceries.

Celui des *Isles Françoises de l'Amérique*, qui entre par Calais, le Havre, Dunkerque, Dieppe, Rouen, Honfleur, Bordeaux, la Rochelle, Cette, Bayonne, Agde, Caen, Toulon & Boulogne, ne paye, du cent pesant, que 15 sols d'*entrée*. Celui *de la traite des Negres*, p. par cent pesant, 7 l. 6 den. Plus, 3 1/2 p. 8. de la valeur, pour droit de domaine. Celui *qui entre de Marseille dans les cinq grosses fermes*, & qui est accompagné de certificats, paye, par cent pesant, 15 sols d'*entrée*, & *celui de divers lieux* p., *idem*, 6 liv. d'*entrée*.

Girofle.

Les clous de girofle p. par cent pesant, 40 liv. d'*entrée*, & l'huile de girofle paye, comme dessus, 20 l. d'*entrée*.

Glaces.

Celles expédiées de la manufacture royale de Paris, pour Lyon, payent, par caisse de 200 liv. pesant, 5 liv. 13 sols 4 den. de *sortie*. Celles expediées pour le Dauphiné, le Languedoc & la Provence, payent aussi, par caisse de 200 liv. 7 l. 6 f. de *sortie*; & pour la *sortie* des cinq grosses fermes, pour quelque lieu que ce soit du Royaume, le cent pesant paye 3 liv.

Nota. Tous ces droits s'acquittent à la Douane de Paris. *Voyez* Miroirs, pour d'autres détails.

Glands.

Ceux de fil payent, par liv. pesant, 12 sols d'*entrée* & 8 de *sortie*.

Glu.

Celle du Levant paye, d'*entrée*, 20 p. 8. de sa valeur, & celle de divers lieux ne paye que 30 sols d'*entrée* par cent pesant.

Gommes.

Celle de cedre paye, d'*entrée*, par cent pesant, ...	2 l.	10 f.
Celle du pays, *idem*. .	1	10
L'animée, *idem* . . .	5	
L'adraganthe, *idem*. .	2	10
L'arabique & du Sénégal, *idem*	1	
L'Armoniac, *idem* . .	4	
L'hederée, ou de liere, *idem*	7	10
La séraphine, ou sagapenum, *idem*. . . .	6	5
La tacamaca, *idem* . .	5	5
La lacque, *idem*. . .	3	
La karaque, *idem*. . .	10	
L'elemi, *idem*. . . .	5	
Et la gutte, ou gugue, *idem*	10	

Goudron.

Celui d'Arcanfon eft exempt de tous droits. Celui des provinces réputées étrangeres paye, par leth ou laft de 12 barils, 20 fols d'*entrée*, & celui de l'Etranger paye, *idem*, 8 l. d'*entrée*, & 12 fols de *fortie*.

Grains.

Les froment, feigle, méteil, orge, baillarge, avoine, légumes farineux & pains, jouiffent d'exemption d'*entrée* & de tous droits particuliers, à moins que les grains, venant de l'Etranger, ne puiffent fervir qu'à l'amidon; dans ce cas, ils font fujets à l'*entrée*. Quant à la *fortie* des grains propres à faire du pain, elle ne peut fe faire que par déclaration du Roi, ou édit de fon Confeil.

Graines diverfes.

Celles de *jardin* payent, par cent pefant, 12 fols d'*entrée* & 26 de *fortie*. La graine *jaune* paye, *idem*, 20 fols d'*entrée*. Celles de *lin*, *luzerne* & *moutarde*, payent, par feptier de Paris, 20 fols d'*entrée*. Les mêmes graines, *venant d'Angleterre*, payent auffi 20 fols d'*entrée* par feptier de Paris. Celle de *vers à foie* eft exempte de droits d'*entrée* & de *fortie*, & celle de *Genevre* paye, d'*entrée*, 5 p. 8. de fa valeur.

Grand-acquit.

Droit ufité en France, qui eft de 14 liv. par chaque barque ou vaiffeau de fel qui fe met en coutume.

Gravelée, cendre de lie de vin.

Elle paye, du cent pefant, 15 fols d'*entrée* & 2 liv. de *fortie*.

Grenades, fleur & fruit.

Le cent en nombre paye 10 fols d'*entrée* & 10 fols de *fortie*.

Grofil, ou *Verre caffé*.

Le baril paye 1 fol d'*entrée* & 4 fols de *fortie*.

Gueldre, ou *Poudre de paftel*.

Le tonneau de 24 barils paye 15 fols d'*entrée*.

Guinée, pour épicerie.

Le cent pefant paye 10 liv. d'*entrée*.

Guy-de-chêne, pour épicerie.

Le cent pefant paye 25 fols d'*entrée*.

H.

Habillemens.

Les neufs, en étoffes de foie & broderies d'or & d'argent, payent, d'*entrée*, 10 p. 8. de leur valeur, & 40 fols par liv., de *fortie*. L'*entrée* des habits d'Angleterre eft prohibée. La *fortie* des habits neufs, en foie, eft de 16 fols par liv., 2 fols en draps & ferge, & 1 p. 8. de la valeur de ceux en pelleterie ou fourrure. Tout ce qui eft en vieux habits, eft exempt des droits d'*entrée* & de *fortie*.

Hadots & Seches.

Le millier en nombre paye 30 fols d'*entrée*.

Hache, outil tranchant.

Le cent pefant paye 10 fols d'*entrée*.

Hallebardes.

Elles payent, par douzaine, 10 l. de *fortie*.

Halecret doré, forte d'hallebarde.

La piece paye 10 fols d'*entrée*.

Harengs.

Les blancs & faurés d'Hollande & d'Angleterre, dont *l'entrée* ne peut fe faire qu'en *vrac*, payent, par leth de 12 barils, 80 liv. Plus, pour droit d'*abord*, 12 liv. 6 fols, & pour droit de *confommation*, 16 liv. 4 fols.

Les pêches Françoifes payent les mêmes droits que deffus, pour abord & confommation; mais leur *entrée* eft comme ci-après, favoir: à Fécamp, Dieppe & Saint-Vallery, 2 f. 6 den. par baril; au Havre, 30 fols par leth; à Honfleur & autres ports de Normandie, 7 fols 6 den. par leth. La *fortie* pour l'Etranger eft franche de tous droits, tandis que pour les provinces réputées étrangeres, chaque leth paye 6 liv.

Nota. Depuis le regne de Louis XVI, l'*entrée* fur les harengs falés & faurés eft fupprimée.

Haricots, légumes.

Le muid, mefure de Paris, paye 30 fols d'*entr.* & 12 de *fortie.*

Harnois de chevaux.

Ceux garnis en or & argent payent, de *fortie*, 10 pour cent de leur valeur. Les Harnois fimples payent 3 liv. d'*entr.* & 3 liv. de *fortie.*

Herbes, pour teinture.

Celles dites *fariette*, payent 2 fols d'*entrée* par cent liv. pefant, & celles bonnes à la teinture des maroquins, payent, *idem*, 20 fols de *fortie.*

Hermines, pour pelleterie.

Les 20 couples de peaux payent 6 liv. d'*entrée* & 3 liv. du cent pefant de *fortie.*

Hermodacte, racine pour drogues.

Celle de divers lieux paye, par cent pefant, 30 fols d'*entr.*, & celle du Levant paye 20 pour cent de fa valeur.

Hongrie, tapifferie.

Elle paye, du cent pefant, 10 liv. d'*entrée*, & 3 liv. de *fortie.*

Horlogerie.

Elle paye, de fa valeur, 10 pour cent d'*entrée*, & 6 pour cent de *fortie.*

Houblon, pour la biere.

Le cent pefant paye 8 fols d'*entrée* & 10 de *fortie.*

Houlles, marmites en fonte de fer ou cuivre.

Celles en *cuivre* payent, par cent pefant, 2 liv. de *fortie*, & celles en *fer*, *idem*, 8 fols.

Huiles.

Celle d'*afpic* paye d'*entrée*, par cent pefant, 3 livres. Celles de *baleine* & autres poiffons, payent, par barrique, 3 liv. d'*entrée*, & 8 fols de *fortie.* Celle d'*olive* provenante du cru de la France, paye, par cent pefant, 20 fols d'*entrée*, & 24 de *fortie*; & celle provenante de l'Etranger paye, par pipe de 800 livres, 10 liv. d'*entrée* & 24 fols de *fortie.* Les huiles de *camomille*, de *lin*, de *noix*, de *rabettes*, de *chenevis* & autres grains & graines, payent, par baril, 5 liv. 5 f. d'*entrée* & 20 fols de *fortie.*

Nota. *Ces huiles payent, en outre, par baril plâtré, & par cent liv. pefant, 2 liv. d'entrée, & par baril non plâtré, idem, 2 liv. 1 fol, 8 deniers; mais l'on déduit, fur ces derniers droits, 1/5 pour tare des barils plâtrés, & 1/6 de tare par baril non plâtré.*

L'huile *d'amande douce*, paye d'*entrée*, par cent pefant. . . . . 4 *liv.*
Celle d'*ambre*, *idem.* . 10

	l.	f.
Celle de baume, *idem*.	25	
Celle de Bénédic, *idem*.	2	10
Celle de Cade, *idem*.	1	10
Celle d'Anis, ou fenouil, *idem*.	25	
Celle de Genevre, *idem*.	3	15
Celles de girofle, macis & canelle, *idem*.	1	
Celle de Laurier, *idem*.	2	10
Celle de Pétrolle, *idem*.	5	
Celle de Pommade, *idem*.	2	10
Celle de Romarin, *idem*.	5	
Celle de Scorpion, *idem*.	3	15
Celle de Soufre & Cire, *idem*.	20	
Celle de Tartre, *idem*.	4	
Celle de Térébenthine, *idem*.	1	10
Et celle de vitriol, *idem*.	15	

Huîtres vertes.

Elles payent, d'*entrée*, 5 pour cent de leur valeur, plus pour droit d'abord, 12 liv. 6 sols par leth, & pour droit de consommation, *idem*, 16 liv. 4 sols.

Hyacinthes, pour drogues.

Le cent pesant paye 2 liv. 10 sols d'*entrée*.

Hypochistis, pour drogues.

Le cent pesant paye, d'*entrée*, 3 liv. 10 sols.

I.

Jais, ou Jayets, pierre minérale.

Les brutes, ou lisses, payent, par cent pesant, 3 liv. de *sortie*.

Jalap, racine pour drogues.

Le cent pesant paye 10 livres d'*entrée*.

Jambon.

Ceux venant de l'Etranger, payent, par cent pesant, 5 liv. d'*entrée* & 52 sols de *sortie*; & ceux venant de Bayonne, payent, comme dessus, 52 sols de *sortie*, & seulement 2 livres d'*entrée*.

Jargon, pierre pour bijouterie.

Le cent pesant paye 50 sols d'*entrée*.

Jaspe, marbre.

Celui non ouvré paye, par pied caré, 8 sols d'*entrée* & 2 sols de *sortie*, & celui ouvré paye 5 pour cent de sa valeur, à l'*entrée*.

Jetons.

Ceux d'or & d'argent payent, de leur valeur, 5 pour cent d'*entrée*, & 6 pour cent de *sortie*, & ceux de cuivre payent, par cent pesant, 3 liv. d'*entrée* & 3 liv. de *sortie*.

Images.

Leur *entrée* est de 30 sols par rame, & pour la *sortie*, voyez *dominoterie*.

Nota. Ces droits sont pour ce qui est en papier imprimé; à l'égard de ce qui est peint ou collé sur toiles ou bois, les droits se prélevent comme sur la mercerie; mais sur ce qui est imprimé en taille-douce, provenant de gravures sur cuivre, il ne se perçoit aucun droit.

Inde. Voyez Campêche.

Indigo.

Celui de l'Etranger paye, par cent pesant, 10 liv. d'*entrée*. Celui des Isles Françoises paye, *idem*, 5 [...]. Celui de la traite des Negres paye, *idem*, 50 sols.

Nota. *Ces deux derniers doivent être accompagnés de certificats.*

Enfin l'indigo moyen paye aussi 5 liv. d'*entrée* par cent pesant.

Indult.

Droit de 2 1/2 pour cent que le Roi d'Espagne fait prélever sur les marchandises particulieres qui se trouvent sur les vaisseaux des flotes & galions.

Joncs d'Espagne.

Le cent en nombre paye 30 f. de *sortie.*

Ipécacuanha, pour drogues.

Il paye, de sa valeur, 5 p. 8, d'*entrée.*

Iris, pour drogues.

Le cent pesant paye 40 sols d'*entrée.*

Jujubes, pour drogues.

Le cent pesant paye 45 sols d'*entrée.*

Jumens.

Celles pour le labour, ainsi que les chevaux & mulets pour le même travail, payent, par chaque tête, au-dessus de 30 écus, 4 liv. d'*entrée.* *Voyez* Chevaux.

Juncus-odoratus, pour drogues.

Le cent pesant paye 10 liv. d'*entrée.*

Jus.

Celui de limon & de citron paye, par cent pesant, 30 sols d'*entrée*, & celui de réglisse, 50 sols.

Ivoire. Voyez *Dents.*

Kermes. Voyez *Ecarlate.*

Labdanum, pour drogues.

Celui du Levant paye, d'*entrée*, 20 p. 8 de sa valeur, & celui de divers lieux, 40 sols.

Lacets.

Ceux de laine payent comme mercerie. Ceux de soie payent 12 f. d'*entrée* & 12 de *sortie* par chaque livre pesant, & ceux de fleuret payent, par cent pesant, 25 liv. d'*entrée.*

Laines.

Celles non filées, en matiere premiere, sont exemptes de droits, sauf celles du Levant qui payent, à l'*entrée*, 20 p. 8 de leur valeur. Les laines filées, soit fines ou grosses, payent, par cent pesant, 5 liv. d'*entrée*, d'après laquelle leur circulation dans le royaume est entiérement libre & franche.

Droits de sortie.

Les laines d'agnelin filées payent, par cent pesant, 12 livres. Les autres laines fines & filées, payent, *idem*, 15 l. Celles d'autruche payent, *idem*, 7 liv. 12 sols. Celles filées pour tapisseries & canevas, *idem*, 7 liv. Celles moyennes & grosses, *idem*, 3 liv., & celles non filées, en toute qualité, *idem*, 25 liv.

Lames d'épées.

Celles provenantes de l'Etranger payent, par cent pesant, 30 liv. d'*entrée*, & celles des Provinces réputées Etrangeres payent, *idem*, 4 livres. Quant à la *sortie*, les lames à l'usage des troupes, ne peuvent sortir du Royaume, & celles à l'usage des particuliers payent, par cent pesant, 3 liv. de *sortie.*

Landiers, ouvrages de cuivre.

Ils payent 40 sols de *sortie*, par cent pesant.

Lanternes.

Celles en bois & corne, payent, par douzaine, 6 sols d'*entrée* & 3 de *sortie.*

Lapins, peaux crues & non ouvrées, pour fourrures.

Elles payent, par cent pesant, 2 liv. d'*entrée* & 20 liv. de *sortie*; celles apprêtées, *idem*, 28 livres d'*entrée* & 3 liv. de *sortie*.

Lapis, pour drogues.

Les dentalis & entalis payent, par cent pesant,	liv.	s.
d'*entrée*.	5	
Les hematiles, *idem*. .	3	
Les indaicus, *idem*. . .	3	15
Le lazuli vrai, *idem*. .	30	
Le lazuli faux, ou commun, *idem*.	5	

Laque.

Celle de Venise pour la teinture paye, par cent pesant, 16 liv. d'*entrée*, & 22 liv. de *sortie*. Celle pour la cire à cacheter paye, *idem*, 6 liv. d'*entrée*. Les laques plates & autres pour drogues payent, *idem*, 5 liv. d'*entrée*.

Lard.

Celui des Provinces réputées étrangeres paye, par cent pesant, 1 liv. d'*entrée*, & celui venant de l'Etranger, paye, *idem*, 5 livres.

Nota. L'*entrée* des lards n'a lieu que pour les Provinces non sujettes aux gabelles. Quant à la *sortie*, elle n'est permise que pour les colonies Françoises.

Last-Gelt.

Droit usité en Hollande & à Hambourg. Celui d'Hollande est de 10 sols par vaisseau entrant, & 5 sols par ceux sortans. Ce droit se perçoit à Hambourg, sur toutes les marchandises & vaisseaux Etrangers; les François en sont cependant exempts.

Lattes, pour couverture de bâtimens.

Elles payent, par millier en nombre, 6 sols d'*entrée*.

Lavande.

Celle en huile, paye 5 liv. d'*entrée*, par cent pesant.

Laurier.

Ceux en bayes payent, par chacune, 10 sols d'*entrée*. L'huile de laurier paye, par cent pesant, 50 sols d'*entrée*.

Légumes. Voyez *grains*.

Léton, *ou laiton*, cuivre préparé.

Le cent pesant paye 3 liv. 10 sols d'*entrée*.

Librairie.

Celle qui est mêlée de mercerie paye, par cent pesant, 3 liv. d'*entrée*, & celle, sans mercerie, est exempte de droits.

Lie de vin.

Le muid paye 3 sols d'*entrée*, & la *sortie* est défendue.

Liége.

Le nom ouvré paye, par cent pesant, 10 sols d'*entrée* & 17 de *sortie*. Celui ouvré, ou en bouchon, paye, d'*entrée*, 6 liv. du cent pesant.

Liere, pour drogues.

Le cent pesant paye 20 sols d'*entrée*.

Lievre, (*peaux de*)

Celles non apprêtées payent, d'*entrée*, 5 pour cent de leur valeur, &

20 liv. du cent pesant de *sortie*. Celles mêlées de pelleteries, payent 10 liv. d'*entrée* du cent pesant, & 20 liv. *idem*, de *sortie*, & celles apprêtées payent aussi, par cent pesant, 28 liv. d'*entrée* & 3 liv. de *sortie*.

Ligatures, petites étoffes en lin, laine, fil, & mêlées de soie.

Celles *en soie*, venant des provinces réputées étrangeres, payent, d'*entrée*, 5 liv. par piece de 15 aun. Celles *en fil & laine*, payent, *idem*, 2 liv. 10 sols par piece de 12 aun. Celles en *fil*, *laine & soie*, venant de l'Etranger, & dont l'*entrée* doit se faire par Calais & Saint-Vallery, payent, d'*entrée*, 30 p. 8. de leur valeur. Celles de *Lille*, en *fil* & *laine*, & marquées d'un plomb, payent, d'*entrée*, 25 sols par chaque piece.

Droits de sortie.

Les ligatures communes payent comme mercerie. Celles de *soie* & de *fil*, passant à l'Etranger, payent 5 liv. par cent pesant, & 50 sols seulement, en ne passant qu'aux provinces réputées étrangeres. Ces dernieres ligatures, sortant par les bureaux de Châlons & Sainte-Ménéhould, pour les pays de Metz, Toul & Verdun, ne payent, du cent pesant, que 30 sols de *sortie*.

Lignum, pour drogues.

Le *balsami* paye, d'*entrée*, 3 liv. 10 sols par cent pesant. Le *cassiæ* ou *cassia* paye, *idem*, 4 l., & le *sanctum* paye, comme dessus, 6 liv.

Limaille.

Celle de *cuivre* paye 16 sols d'*entrée*, par cent pesant, & 34 de *sortie*, & celle de *fer*, *idem*, 6 sols d'*entrée* & 5 de *sortie*.

Limes.

Les *douces* payent comme mercerie, & les *rudes* comme quincaillerie. L'*entrée* des limes Angloises est absolument défendue.

Lins.

Ceux de toutes qualités, crus & en masse, mais non façonnés ni passés au serans, & prêts à être filés, sont exempts de droits d'*entrée*; & ceux du *Levant* payent 20 p. 8. de leur valeur. La *sortie* des lins n'est permise que pour les provinces réputées étrangeres, & est très-défendue pour l'Etranger.

Linges.

Ceux de table, ouvrés & non ouvrés, de divers pays, payent 40 l. d'*entrée*, par cent liv. pesant. Ceux d'Angleterre payent 50 liv. *idem*, & ces linges ne peuvent entrer en France que par les bureaux de Calais, Dunkerque, Boulogne, Amiens, Saint-Vallery, Saint-Quentin, Péronne, Dieppe, le Havre, Saint-Malo, Port-Louis, Nantes, la Rochelle, Bordeaux, Bayonne, Lille, Valenciennes, Maubeuge, Cette, Sainte Ménéhould, Torcy, Seissel, Colonge, Saint-Esprit-lès-Bayonne & Septemes. Quant à la *sortie*, voyez *Toiles*.

Lingeries, draps & chemises sans garnitures.

Celles en *toiles de lin neuves*, payent, par chaque livre, 18 s. d'*entrée*; celles en *chanvre* payent, par cent pesant, 10 liv. d'*entrée*; celles d'*étoupes* 6 liv. & celles d'*Angleterre*, 50 pour cent de leur valeur. La *sortie* des lingeries neuves est, en tous genres, de 10 liv. par cent pesant.

Lingettes, petites serges.

Celles *tarifées* payent 4 liv. d'*entrée*, par piece de 20 aunes, & celles *non tarifées* payent 5 pour cent de leur valeur à l'*entrée* comme à la *sortie*.

Liqueurs.

Celles de Montpellier & autres lieux du Languedoc, ainsi que les *sirops*, payent, par cent pesant, 30 sols d'*entrée*, plus 54 sols pour *droit de subvention*; & ce dernier droit sur les *liqueurs mêlées d'eau-de-vie*, est de 5 liv. 10 sols par chaque muid, de Paris; celles d'Angleterre & d'Irlande ne peuvent entrer en France. Pour la *sortie*, voyez *eaux-de-vie*.

Lisieres, ou bordures de *draps*.

Elles payent, par cent pesant, 13 sols d'*entrée* & 26 de *sortie*.

Lisme.

Droit ou *tribut que les François* résidens au bastion de France, sur la Côte d'Afrique, *payent aux Algériens & aux Maures*, pour avoir la liberté de la pêche du Corail, & pour faire leur commerce en cuirs, tant audit bastion de France qu'à la Calle, au Cap-de-Rose, à Bonne, à Colle & autres lieux & places de la Côte d'Afrique, vers le Royaume d'Alger.

Lits.

Ceux en coton payent, par cent pesant, 5 liv. d'*entr.* & 4 de *sortie*.

Litarge.

Ce minéral ne doit qu'à l'*entrée*, & paye 2 sols par cent pesant.

Loudiers, couvertures de ploc.

Le cent pesant paye 22 sols de *sortie*.

Loups (peaux de).

Celles des *Loups ordinaires* payent, par cent pesant, 28 liv. d'*entr.* & 3 sols par piece de *sortie*. Celles des *Loups-cerviers* payent, par piece, venant du Levant, 3 liv. d'*entrée* & 20 pour cent de leur valeur, & seulement 3 liv. de *sortie*. Celles du *Canada* payent, par piece, 4 s. d'*entrée* & 3 liv. de *sortie* du cent pesant. Celles venant de l'*Etranger*, sauf d'Angleterre & du Levant payent, par piece, 8 sols d'*entrée* & 13 sols de *sortie*. Celles de *divers Pays de la France*, & apprêtées, payent, par piece, 18 sols, d'*entrée* & 13 de *sortie*. Celles d'Angleterre payent, par cent pesant, 100 liv. d'*entrée*; & celles de *loup-marin* payent, par douzaine, 30 sols d'*entr.* & 18 de *sortie*.

Loutre.

Les peaux & le poil de cet animal ne peuvent entrer en France.

Lupin, gros pois bon en médecine.

Il paye, par cent pesant, 30 sols d'*entrée*.

Luth, instrument de musique.

Il paye, par cent pesant, 20 liv. d'*entrée* & 4 de *sortie*.

M.

Macis, pour drogues.

Celui *en écorce* paye, d'*entrée* 30 liv. par cent pesant, & celui *en huile* paye 20 sols par livre.

Mahaleb, bois de marqueterie.

Il paye, de sa valeur, 5 pour cent à l'*entrée* comme à la *sortie*.

Maillons, anneaux d'émail ou de verre.

Le cent pesant, passant aux Provinces réputées étrangeres, paye 40 sols de *sortie*, & passant à l'Etranger, il n'y a aucuns droits.

Mairain, pour futailles. *Voyez* Bois.

Malaguette. (*poivre de*)

Celui *en grain* paye, par cent pesant, 4 liv. d'*entrée*; celui du Levant paye 20 pour cent de sa valeur; & celui en poudre ne peut entrer en France.

Malles.

Celles des *fabriques de France* payent, par cent pesant, 4 liv. d'*entr.* Celles venant de l'Etranger payent, *idem*, 10 livres. Les malles vides payent, de *sortie*, 26 sols du cent pesant, & celles pleines en mercerie payent 4 liv. de *sortie*, *idem*.

Malvoisie, vin fin. *Voyez* Vins.

Manchons, fourrures.

Ils payent, de leur valeur, 6 p. 8 de *sortie*.

Mandragore, pour drogues.

Le cent pesant paye 50 sols d'*entrée*.

Maniquette, pour drogues.

Le cent pesant paye 4 l. d'*entrée*.

Manne, pour drogues.

Le cent pesant paye 14 liv. d'*entrée*.

Manteaux. (vieux) *Voyez Friperies.*

Maquereau, poisson de mer.

Les pêches de ce poisson, provenantes de divers ports de France, sauf ceux de la province de Normandie, payent, par leth de 12 barils, 12 liv. d'*entrée* & 5 de *sortie*. Ce qui provient des ports de Dieppe, Fécam, le Havre & St. Vallery, p. par baril, 2 f. 6 d. d'*entr.* Ce qui provient des autres ports de la Normandie p. 7 f. 6 d. par baril. Ce qui vient des pêches étrangeres, sauf celles d'Angleterre, dont l'entrée est défendue, paye, par *leth*, 24 l. d'*entrée*. Outre les droits ci-dessus, chaque baril paye, pour droit de consommation, 13 f. 6 d.; & pour droit d'abord, 1 f. 7 d. La *sortie* de ce poisson, de quelque pêche qu'il provienne, est généralement, comme ci-dessus, de 5 liv. par leth.

Marbres.

Le *cru*, par pied carré, p. 3 f. d'*entrée* & 2 f. de *sortie*. Celui qui est *travaillé*, & dont les masses sont au-dessus du poids de 150 liv., paye, comme dessus, 3 sols d'*entrée* & 2 de *sortie*. Celui qui est travaillé en pieces, au-dessous du poids de 150 l. paye 5 p. 8. de sa valeur, à l'*entrée* comme à la *sortie*.

Marcassite, minéral métallique.

Le cent pesant p. 5 l. d'*entrée*.

Marcaige.

Droit usité en France. Il se préleve sur la vente des poissons de mer.

Marjolaine, herbe.

Son huile p. 5 liv. d'*entrée* par cent liv. pesant.

Marmelade. Voyez *Confitures.*

Marée, ou *Poissons de mer.*

Depuis le commencement du regne de Louis XVI, jusqu'au mois de Juin 1782, les droits d'*entrée* sur la *marée fraîche* ont été fixés à 26 l. 7 sols 1 d. par 100 liv. Tournois. Quant à la *merluche*, & autres *morues & marées séchées & salées*, il n'y a aucuns droits d'*entrée* dans les cinq grosses fermes.

Marrons, fruit.

Le cent pesant paye 15 sols d'*entrée* & 6 de *sortie*.

Marroquins, cuirs.

Ceux *du Levant* payent, par chaque douzaine, 5 liv. d'*entrée*, 20 p. 8. de de leur valeur & 3 l. de *sortie*. Ceux d'*Espagne & de divers autres pays* payent, par douzaine, 4 l. d'*entrée* & 25 f. de *sortie*, & ceux *passés* en *tan* & *sumax*, payent, comme dessus, 40 s. d'*entrée* & 25 de *sortie*.

Marsouin, poisson de mer.

Ceux en *chair* payent, par cent pesant, 10 sols d'*entrée* & 18 de *sortie*; ils payent, en outre 27 sols pour *droit de consommation*. L'huile de ce poisson paye les mêmes droits que dessus. Le marsouin en chair, & son huile, provenants de l'Etranger, payent les mêmes droits que ci-dessus, & de plus, 20 sols pour *droit* d'*abord*.

Marteaux de fer.

Les *gros* payent comme fer ouvré, & les *petits* comme Quincaillerie.

Martres, peaux pour fourrures.

Les *Zibelines*, provenantes de divers lieux, payent, par timbre de vingt couples, 50 liv. d'*entrée* & 40 liv. de *sortie*. Celles de *Biscaye & de toute l'Espagne* payent, par piece, 16 s. d'*entrée*. Celles du *Canada*, lorsqu'elles sont apportées par des vaisseaux François, payent, par piece, 2 sols d'*entrée*, & 3 liv. de *sortie* du cent pesant. Enfin, les *moyennes* payent, par douzaine, 15 liv. de *sortie*, & les moindres, 5 liv. 10 sols.

Masques.

Ceux de l'Etranger payent, de leur valeur, 10 pour cent à l'*entrée* comme à la *sortie*.

Massaria.

Droit de demi pour cent sur les marchandises qui entrent dans le Portugal.

Massicot, pour drogues.

Le cent pesant p. 20 sols d'*entrée*.

Mastic.

Le cent pesant paye 8 liv. d'*entrée* & de plus, 20 p. 8 de sa valeur quand il vient du Levant.

Masulipatan. Voyez Mouchoirs.

Matelats, pour lits.

Ils payent, du cent pesant, 30 sols d'*entrée* & 30 de *sortie*.

Mâts, pour navires.

Ils sont exempts de droits d'*entrée* & la *sortie* en est très-défendue.

Méage.

Droit de *deux sols* par muid de sel, de bled, de vin, &c. qui se paye à Nantes, en montant & descendant la riviere de Loire.

Mèches, pour lampes & chandelles.

Le cent pesant paye 15 sols d'*entrée*.

Mechoacan, pour drogues.

Le cent pesant paye 10. livres d'*entrée*.

Mélasses.

Elles sont exemptes de droits sauf celles provenantes des raffineries de la Bretagne, qui payent 10 sols d'*entrée* par cent liv. pesant.

Melon, fruit.

Le cent en nombre paye 10 sols d'*entrée*.

Mercerie.

Toutes les marchandises connues

sous ce nom, & détaillées ci-après, payent 12 liv. 10 sols d'*entrée* par cent liv. pesant, & pour la *sortie*, 1 pour cent de leur valeur.

Les marchandises réputées mercerie, sont des

Alênes.
Ambre jaune ouvragé.
Balais de crin.
Bandoulieres.
Bas & bonnets de laine.
Bassins & coupes de verre.
Boites ferrées, malles & bougettes.
Boites de sapin peintes.
Boites à miroirs, non enrichies.
Bombasins.
Boucassins.
Boucles de fer, cuivre, acier & composition.
Bourses de cuir & laines.
Boutons de toutes sortes, sauf ceux où il entre des matieres d'or & d'argent.
Briquets & limes.
Brosses & vergettes.
Cabinets d'Allemagne de peu de valeur.
Cadres & bordures.
Campanes.
Canivets ou canifs.
Cannes, roseaux & jets de canne.
Cartelets.
Cartes à jouer.
Catalognes.
Ceintures de fil & laine.
Chapeaux de feutre & laine commune.
Chapelets d'ambre.
Chaussons.
Ciseaux.
Cire à cacheter & pr. les souliers.
Clous en fer & cuivre.
Colliers de verre.
Coquilles de nacré.
Cordes à boyaux.
Cordons de toutes sortes, sans or, argent, ni soie.
Cornes de lanternes.
Couteaux communs.
Cuilliers en buis, bois & tombac.
Coutils.
Décrottoires.
Demi-ceints de plomb & d'étain pour écritoires.
Dés de verre & de corne.
Dés à coudre en commun.
Ecritoires communes.
Epingles.
Eperons.
Epoussettes.
Etriers.
Fausses-pierres.
Feutres.
Fil de laine.
Fil d'arbalète.
Filatrice.
Flamme pour maréchal.
Gros tapis.
Grains de verre.
Horloges de sable.
Jais ou Jayet.
Jetons.
Lames d'épée.
Malles & bougettes.
Manches d'alênes.
Mitaines & moufles.
Moules à boutons.
Moulins à café.
Orpeaux & autres cuirs peints.
Patenôtres.
Peaux blanches & teintes.
Peignes de buis & de bois.
Pinceaux.
Pelotons.
Plumes à écrire de toutes sortes.
Poupées communes.
Raquettes.
Ramonettes.
Rubans, cordons & tresses de laine.
Sangles.
Seringues d'apothicaires.
Siamoises.
Sifflets.
Soies de porcs.
Sonnettes.
Tableaux.
Tabourets.
Tapis de Tournay.
Tapisseries & couvertures de Rouen.
Toiles peintes.
Verges & vergettes.
Vestins.
Vrilles montées.

Nota. Une partie de ces marchandises étant indiquée dans cette table, & ayant des droits différens de ceux de la mercerie simple, le *Lecteur* est prévenu qu'il faut d'abord chercher chaque marchandise par son nom propre, avant que de la chercher sous celui de *mercerie*, dont elle peut faire partie.

Mercure précipité, pour drogues.

Le cent pesant paye 15 liv. d'*entrée*.

Mesquis.

Le cent pesant paye 3 sols d'*entrée*.

Métal vieux.

Il paye, par cent pesant, 20 sols d'*entrée*.

Métiers, pour bas.

Le transport en est libre en France & pour l'Etranger.

Meules, pour moulins & autres usages.

Les *meulardeaux*, au-dessous de 4 pieds, payent, par douzaine, 4 l. d'*entrée* & 32 sols de *sortie*. Les *Meulardes*, au-dessus de 4 pieds, payent, par piece, 16 sols d'*entrée* & 16 de *sortie*. Les *Meuleaux* ou *Œillards* payent, par chaque piece, 4 sols d'*entrée* & 16 de *sortie*. Les *meules à moulin*, de 6 à 7 pieds de diamêtre, payent, chacune, 4 liv. d'*entr.*, & 8 liv. 4 sols de *sortie*. Les autres payent à proportion de leur grandeur ; & les petites meules de *gagne-petit*, payent, par piece, 2 sols d'*entrée* & 2 de *sortie*.

Miel.

Les miels de toutes qualités & provenans de tous pays, payent, par cent pesant, 20 sols d'*entrée* & 26 de *sortie*.

Millet, ou *Myl.* Voyez *Grains.*

Minage.

Droit usité en France sur les marchés de la plupart des Villes & Bourgs de ce Royaume ; il n'est assis que sur les grains, & se perçoit communément au vingtieme de la mesure, mais il varie dans presque tous les marchés, de ce tau du 20eme à un 40eme ; en général il ne s'acquitte que lors des ventes des grains faites sur les marchés, & toujours par les vendeurs desdits grains.

Mine de plomb.

Le cent pesant paye 12 sols d'*entrée*.

Mirabolan, fruit.

Ceux dits *citrins* & *secs*, pour drogues, payent, par cent pesant, 35 s. d'*entrée* ; & ceux *confits* payent, *idem*, 7 liv. 10 sols.

Miroirs.

Ceux *communs* payent comme *mercerie*. Ceux *enrichis* payent 6 pour cent de leur valeur à la *sortie*; pour plus de détails, voyez glaces.

Mirtilles, pour drogues.

Le cent pesant, paye 20 sols d'*entrée*.

Mitridate, pour drogues.

Le cent pesant paye 5 liv. d'*entrée*.

Mitraille, vieux cuivre en morceaux.

Le cent pesant paye 20 sols d'*entrée* & 40 de *sortie*.

Moges, ou *tripes de morue.*

Elles payent, de leur valeur, 5 pour cent à l'*entrée* & autant à la *sortie*.

Molleton. Voyez *étoffes.*

Momies.

Celles du Levant payent, d'*entrée* 20 pour cent de leur valeur, & celles de divers lieux 6 liv. 5 sols.

Moncahiards, ou *burails*, étoffes.

Ces étoffes étant non mêlées de soie, payent de droits, savoir, en venant des Provinces réputées étrangeres 4 liv. d'*entrée* par piece de 12 aunes ; en venant de l'Etranger 30 pour cent de leur valeur à l'*entrée*; quant à la sortie elle est de 7 liv. par cent pesant, passant à l'Etranger, & de 3 liv. 10 sols, *idem*, en passant à Metz, Toul & Verdun.

Montres.

Les pendules & tous ouvrages

d'horlogerie, montés en or, argent & cuivre doré ou argenté, payent d'*entrée* 10 pour cent de leur valeur; & par chaque montre en or & argent 6 pour cent.

Nota. *L'horlogerie Angloise ne peut entrer en France.*

Moquettes, étoffes communes.

Celles venant des Provinces réputées étrangeres, payent, par chaque piece, 3 liv. d'*entrée*; & celles venant de l'Etranger, sauf celles de l'Angleterre qui ne peuvent entrer en France, payent 30 pour cent de leur valeur à l'*entrée* qui ne peut se faire que par Calais & St. Vallery. Pour la *sortie*, elles payent comme mercerie.

Morfil, ou ivoire.

Le cent pesant paye, de *sortie*, 3 liv. 12 sols.

Morte-charge.

Droit usité en France. Il se perçoit sur les navires étrangers qui entrent dans les Ports du Royaume, à raison de 50 sols par tonneau, & pour tout le port d'un navire tant vide que plein.

Morues.

Celles provenantes des *Pêches de St. Vallery-en-Caux*, payent, par cent de compte marchand, 12 sols d'*entrée*. Celles d'*Honfleur*, *idem*, 12 sols. Celles *du Havre* payent, par compte de 132 morues, 4 sols. Celles de *Dieppe* & *Fécam*, *idem*, 4 sols. Celles du *Pays Nantois* & des *Sables d'Olonne*, payent, par cent en nombre de compte ordinaire, 3 liv. d'*entrée*, & lorsque celles d'Olonne sont apportées dans les Ports de Normandie, elles ne payent que 12 sols. Celles de *diverses pêches étrangeres* payent, par baril de 300 liv. pesant, 36 liv. d'*entrée*; plus pour *droit de consommation*, par compte marchand, 3 liv. 7 sols 3 den. Celles des pêches *Danoises* & *Suédoises*, payent 10 liv. d'*entrée* par baril de 300 liv. pesant, plus 3 liv. 7 s. 3 d. pour *droit d'abord* par compte de 132, & 4 liv. 8 d. par même compte, pour *droit de consommation*. Celles de la pêche *Hollandoise* payent aussi 10 liv. d'*entrée*, par baril de 300 liv. pesant, & 20 sols seulement pour *droits d'abord & de consommation*, par compte susdit de 132 morues. Enfin les *Merluches* provenantes des pêches d'*Hollande* & d'*Angleterre*, payent, d'*entrée*, 8 liv. par cent livres pesant; & celles des autres *pêches étrangeres* ne payent que 4 liv. *idem*.

Nota. *Les morues des pêches Françoises sont assujetties aussi aux droits de consommation & d'abord, & celles d'Angleterre, d'Irlande & d'Ecosse, sont prohibées par tout le Royaume.*

La *sortie* des morues se paye à raison de 6 liv. par leth de 12 barils; 6 liv. du millier en nombre pour les morues étrangeres; & 4 sols 6 deniers du cent pesant pour celles des pêches Françoises, le tout sur les morues seches ou vertes.

Nota. Voyez marée pour les changemens arrivés, depuis le regne de Louis XVI, sur les droits d'*entr.* des morues provenantes des pêches Françoises.

Moucade, étoffe.

La piece de 11 aunes paye 3 livres, d'*entr.* & la *sortie* est de 3 liv. par cent pesant.

Mouchoirs.

Ceux en *fils de lin* payent, par cent pesant, 3 liv. 10 sols d'*entrée*. Ceux en *coton* venant de l'*Etranger* payent 15 pour cent de leur valeur. Ceux des *Indes* payent 5 pour cent aussi de leur valeur. Ceux en *toiles peintes* venant de l'*Etranger* payent, par cent pesant, 150 liv. d'*entrée*; & *ceux des Indes*, *idem*, 90 livres. Pour la *sortie* & autres détails, *voyez* toiles.

Moulées, pour teinture.

Le baril paye 6 sols de *sortie*.

Mousselines des Indes.

Le cent pesant paye 40 livres d'*entrée*.

Moutons.

Les peaux de cet animal, lorsqu'elles sont *fraiches dépouillées*, & venant de l'Etranger, payent, par chacune, 15 sols d'*entrée*; *celles pelées*, *idem*, payent 5 liv. par douzaine, & 2 sols seulement par piece, lorsqu'elles viennent des Provinces de France; & celles *passées* en *Galle*, payent 40 sols d'*entrée* par cent liv. pesant. Quant à la *sortie*, elle est généralement de 4 sols par chaque peau.

Mulets & Mules.

Ceux des Provinces réputées étrangeres payent, par chaque tête, 4 liv. d'*entrée*. Ceux du Hainaut, de la Flandre, de l'Artois & du Cambresis, payent, par chaque tête, 9 liv. d'*entrée*. Quant à la *sortie*, elle est de 6 liv. par tête, pour les gros mulets & mules des Provinces réputées étrangeres, 2 liv. pour les petits, & 9 liv. par chaque tête, pour ceux des cantons susdits du Hainaut, de la Flandre, &c.

Musc, parfum.

La livre pesant paye 9 liv d'*entrée*.

Muscades.

Celles *non confites* payent, par cent liv. pesant, 30 liv. d'*entrée*, & celles *confites* payent 6 sols par chaque livre.

Myrrhe, pour drogues.

Elle paye, pour tous droits d'*entrée*, 25 pour cent de sa valeur.

N.

Nacre de Perles. Voyez Mercerie.

Natron, sel pour la medécine.

Le cent pesant paye 8 sols d'*entrée*, plus 20 p 8. de sa valeur, comme sel venant d'Egypte.

Nattes en jonc & paille.

Le cent pesant paye 15 sols d'*entrée*.

Nature de Baleine.

Le cent pesant paye 15 liv. d'*entrée*.

Nielle, pour drogues.

Le cent pesant paye 3 liv. d'*entrée*.

Nigella noire & grise, pour drogues.

Elles payent 3 liv. d'*entrée*, par cent pesant.

Noir pour teinture & peinture.

Le cent pesant paye 40 sols d'*entrée* & 25 de *sortie*.

Noix.

Les *Communes* payent, par muid de Paris, 5 sols d'*entrée* & 12 de *sortie*. Celles de Cyprès payent, par cent pesant, 15 sols d'*entrée*. Celles d'*Indes*, *idem*, 3 liv. Celles *vomiques* de divers lieux payent, par cent pesant, 50 sols d'*entrée*, & lorsqu'elles viennent du Levant, elles payent de plus 20 p 8. de leur valeur. Pour l'huile de noix, voyez huile.

Noues ou *Nos.*

Tripes de morues, Voyez *moges & morues*.

Noyers. Voyez Bois.

O.

Ocre, ou *Craye.*

Le baril paye 10 sols d'*entrée* & 4 de *sortie.*

Oculi, ou *yeux d'ecrevisse*, pour drogues.

Le cent pesant paye 7 liv. 10 sols d'*entrée.*

Œufs.

Le cent en nombre paye 1 sol d'*entrée* & 2 de *sortie.*

Oignon, légume.

Le cent de bottes paye 8 sols d'*entrée* & 12 de *sortie.*

Oliban, encens.

Le cent pesant paye 2 liv. 10 sols de *sortie.*

Olive, fruit.

Le cent pesant paye 40 sols d'*entrée* & 12 de *sortie.*

Olivier, Bois.

Le cent pesant paye 20 sols d'*entrée.*

Opium, pour drogues.

Le cent pesant paye 20 liv. d'*entrée*, & de plus 20 pour cent de sa valeur.

Opoponax, pour drogues.

Le cent pesant paye 15 liv. d'*entrée*, & de plus 20 pour cent de sa valeur.

Or.

Celui *battu en feuilles*, paye, par millier en nombre, 30 sols d'*entrée* & 36 de *sortie*; le fin en *trait* ou *filé*, paye, par livre pesant, 6 liv. d'*entrée* & 3 liv. 4 sols de *sortie.* Celui en *balle* ou *lingot* ne paye point d'*entrée*, & ne peut *sortir* du Royaume. L'*or travaillé en orfévrerie & bijouterie* paye 5 pour cent d'*entrée*, & 6 pour cent de *sortie.* L'*or faux en trait* paye, par cent pesant, 10 liv. d'*entrée* & 6 liv. par livre de *sortie.* Celui *en faux filé* paye, par cent pesant, 20 liv. d'*entrée* & 6 de *sortie*, par chaque livre.

Orange, fruit.

Celles *crues*, venant de divers lieux, payent, par cent en nombre, 20 sols d'*entrée* & 2 de *sortie.* Celles du cru *de Provence*, justifiées par certificats, payent, par cent en nombre, 2 sols d'*entrée* & 2 de *sortie.* Les *eaux de fleurs d'orange* payent, par cent pesant, 3 liv. d'*entrée.* Pour les *oranges confites*, voyez *Confitures.*

Orcanettes, pour teinture en rouge.

Le cent pesant paye 25 sols d'*entrée*, & de plus 20 pour cent de sa valeur, pour ce qui vient du Levant.

Oreillons ou *Rognures de cuirs.*

Le cent pesant paye 3 sols d'*entrée* & 6 liv. de *sortie.*

Orge. Voyez *Grains.*

Orme, bois.

Le cent de piece paye 10 sols d'*entrée.*

Orob, pour drogues.

Le cent pesant paye 20 sols d'*entrée.*

Orpiment, minéral.

Le cent pesant paye 5 liv. d'*entrée.*

Orseille, pour teinture.

Celle *non apprêtée* paye, par cent pesant, 10 sols d'*entrée* & 34 de *sortie*, & celle *apprêtée* paye, *idem*, 3 liv. d'*entrée* & 2 de *sortie*.

Os d'animaux.

Ceux d'Angleterre payent, par mille en nombre, 3 liv. d'*entrée* & 13 sols de *sortie*. Ceux de divers lieux ne payent, *idem*, que 10 sols d'*entrée*, & toujours 13 de *sortie*. Ceux de *cerf* payent, par cent pesant, 5 liv. d'*entrée*. Ceux de seche, dits *arêtes*, payent, *idem*, 15 sols d'*entrée* & 13 sols, comme ceux de *cerf*, de *sortie*, par mille en nombre.

Osier, baguette.

Le cent de bottes paye 40 sols d'*entrée*.

Ostade, serge.

La piece de 18 aunes paye 8 liv. d'*entrée*.

Outremer. Voyez *Azur*.

Ouvrages divers.

Ceux de Flandre, en osier fin, payent, par cent pesant, 30 sols d'*entrée* & 3 liv. de *sortie*. Ceux en toile payent, par chaque livre, 18 sols d'*entrée* & 18 de *sortie*. Ceux en orfevrerie, soit d'or, d'argent, soit d'acier & cuivre damasquiné en or & argent, payent, de leur valeur, 5 pour cent d'*entrée* & 6 pour cent de *sortie*. Ceux en acier, sans or, ni argent, autre que ce qui est considéré comme mercerie, payent comme quincaillerie. Ceux en cuivre, autres aussi que ce qui est considéré comme mercerie, payent également comme quincaillerie. Ceux en grosse taillanderie, payent d'*entrée*, 20 sols par cent pesant, & la *sortie* comme quincaillerie. Ceux en pâte d'amidon, & autres matieres peintes, payent 5 pour cent de leur valeur, à l'*entrée* comme à la *sortie*. Ceux en bonneterie de Bretagne, payent 20 liv. d'*entrée* par cent pesant, & la *sortie* comme mercerie.

P.

Padoux. Voyez *Rubans*.

Paille, fourrage.

Le char paye 4 sols d'*entrée* & 2 de *sortie*.

Pain d'épice.

Le cent pesant paye 30 sols d'*entrée* & 13 de *sortie*.

Palanches, étoffes grossieres.

Le cent pesant paye 30 sols d'*entrée*.

Panne. Voyez *Moquette*.

Panneton, étoffe de laine.

La piece de 26 aunes paye 6 liv. d'*entrée*.

Papiers.

Ceux de toutes qualités & couleurs, venant de divers lieux étrangers, payent, par rame, 30 sols d'*entrée*. Ceux d'Auvergne, de l'Angoumois, du Limosin & autres lieux de la France, payent, par cent pesant, 8 sols d'*entrée*; Quant à la *sortie*, elle est généralement de 16 sols par cent livres pesant.

Suivant un arrêt du Conseil du 30 Janvier 1782, les droits d'*entrée* sur les papiers & cartons, sont augmentés de 10 sols pour liv. de ce qu'ils avoient habitude de payer.

Parchemins.

Les neufs payent, par cent pesant, 30 sols d'*entrée*; les vieux, *idem*,

6 sols. La *sortie* est pour ceux sans mélange de vieux linges, de 6 sols par cent pesant, & pour ceux mêlés de vieux linges, de 30 liv. *idem*.

Passemens. Voyez *Dentelles*.

Les communs payent, par cent pesant, 8 liv. 8 sols de *sortie*.

Passepierre.

Le cent pesant paye 15 sols d'*entrée*.

Pastel.

Celui des Açores & autres pays Etrangers, paye, par cent pesant, 15 sols d'*entrée* & 6 sols de *sortie*.

Patenôtres.

Celles sans mêlange de Mercerie, payent, par cent pesant, 40 sols de *sortie*.

Peaux.

Les *peaux de boucs & de chevres non apprêtées*, venant d'Ecosse, payent, par douzaine, 8 sols d'*entrée* & 7 sols de *sortie*. Celles *idem*, de *Barbarie*, payent aussi, par douzaine, 10 sols d'*entrée* & 7 de *sortie*. Celles *apprêtées* & venant de *l'intérieur du Royaume*, payent, *idem*, 16 sols d'*entrée* & 12 de *sortie*. Et celles de l'*Etranger* payent, *idem*, 18 sols d'*entrée* & 12 de *sortie*. Les peaux de *chamois*, *moutons* & *chevreaux*, *apprêtées*, *façon de chamois*, payent, par douzaine, 3 liv. d'*entrée* & 16 sols de *sortie*. Celles de *cerfs*, *chevreuils & rennes non apprêtées*, payent, par grande ou petite piece, 4 sols d'*entrée* & 6 de *sortie*. Celles *idem*, *apprêtées en buffle*, payent, d'*entrée*, 40 liv. par cent pesant, & de *sortie*, 12 sols la piece. Les peaux d'*Orignaux & élans à poils*, payent, par chaque piece, l'une dans l'autre, 5 sols d'*entrée* & 10 sols de *sortie*. Celles de *veaux tannées*, *corroyées & apprêtées*, mais non passées en couleur, payent, par douzaine, 6 liv. d'*entrée*, & 32 sols de *sortie*. Celles, *idem*, *passées en couleur*, payent, de leur valeur, 20 pour cent d'*entrée*, & par douzaine, 16 sols de *sortie*. Celles, *idem*, *tannées*, payent, par douzaine, 15 sols d'*entrée* & 6 de *sortie*; & celles en *poils* payent, *idem*, 4 sols d'*entrée*, & 20 sols de *sortie*.

Les peaux *d'agneaux en laine*, payent, par douzaine, 2 sols d'*entrée* & 3 de *sortie*. Celles de *moutons & brebis en laine*, payent, par cent en nombre, 15 sols d'*entrée* & 7 de *sortie*; & celles *en mégisserie* payent aussi, par cent en nombre, 30 sols d'*entrée* & 16 de *sortie*.

Les peaux de *bœufs & vaches passées en buffle*, & venant de divers lieux, sauf de l'Angleterre, payent, de leur valeur, 20 pour cent d'*entrée*, & par chaque piece, 10 sols de *sortie*.

Les peaux *d'ours ordinaires* payent, par douzaine, 20 sols d'*entrée*, & 21 de *sortie*. Celles *d'ours marins*, payent, *idem*, 30 sols d'*entrée* & 48 de *sortie*, par cent pesant. Les peaux de *loups de bois*, sans apprêt, payent, par piece, 3 sols d'*entrée* & 3 de *sortie*. Celles, *idem*, apprêtées payent, par cent pesant, 28 liv. d'*entrée*. Celles de *loups marins* payent, par douzaine, 12 sols d'*entrée* & 18 de *sortie*. Les peaux de *loups cerviers* du Levant, payent, par piece, 3 liv. d'*entrée* & 3 de *sortie*, & 20 pour cent de leur valeur. Celles, *idem*, du Canada, payent, par piece, 4 sols d'*entrée* & 3 liv. de *sortie*, par cent pesant. Celles, *idem*, de l'Etranger, apprêtées, payent, par piece, 8 sols d'*entrée*, & 18 sols, celles non apprêtées. Leur *sortie* est de 13 sols par piece; les pelleteries d'Angleterre payent 20 sols d'*entrée* de la livre pesant, & 12 sols de *sortie* par piece.

Les *peaux de chiens d'Ecosse* payent, par cent pesant, 20 sols d'*entr.* & 20 de *sortie*. Celles de *chiens de mer* payent, par douzaine, 30 sols d'*entr.* & 20 de *sortie*, par cent pesant.

Les *peaux de vautour* apprêtées payent, par piece, 10 sols d'*entr.*, & celles *idem*, non apprêtées ne payent, par piece, que 4 sols d'*entr.*

Les *peaux parfumées* payent, par douzaine, 4 liv. d'*entr.* & 12 sols de *sortie*.

Celles de *chagrin*, venant de divers lieux, payent, par douzaine, 25 sols d'*entr.* & 20 pour cent en sus de leur valeur, en venant du Levant, & 8 sols de *sortie*, par chaque livre.

Les *peaux de lièvre* non apprêtées & mêlées de pelleterie, payent, à l'*entr.* 5 pour cent de leur valeur, & 20 liv. de *sortie*, par cent pesant. Celles, *idem*, apprêtées & mêlées de pelleterie, payent 10 liv. d'*entr.* par cent pesant, & 20 liv. de *sortie*.

Enfin celles de *lapins*, *crues & non ouvrées*, payent, par cent pesant, 40 sols d'*entr.*, & 20 liv. de *sortie*.

Nota. On trouve dans cette table d'autres détails sur les peaux, en cherchant les mots *buffle*, *chamois*, *poil*, *fourrure*, *pelleterie*, *manchons*, *cuirs*, &c.

Par un arrêt du conseil du 13 Septembre 1784, la *sortie* des peaux & cuirs secs est exempte des droits, pourvu que l'expédition en soit faite par les ports de Bordeaux, la Rochelle, Nantes, le Havre & Rouen.

Pelles.

Celles de bois payent, par cent en nombre, 6 sols d'*en.* & 6 de *sortie*, & celles de fer payent comme quincaillerie.

Pelleteries.

Celles de divers lieux, non apprêtées, payent, par cent pesant, 10 liv. d'*entr.* & 3 de *sortie*, & celles apprêtées, *idem*, 28 liv. d'*entr.* & 3 de *sortie*.

Celles d'Angleterre, en toutes especes, payent, par cent pesant, 100 liv. d'*entrée* & 3 de *sortie*.

Pelissons.

La piece paye 9 sols de *sortie*.

Peluches.

Celles provenantes des Provinces réputées étrangeres payent, par piece de 10 aunes, 36 sols d'*entr.*, & celles des fabriques de Lille ne payent, *idem*, que 10 sols d'*entrée*; pour la *sortie*, *voyez* étoffes.

Peniston. Voyez *Molleton*.

Perelle, pour teinture.

Le cent pesant paye 8 sols d'*entrée* & 9 de *sortie*.

Perles.

Les fines non montées sont exemptes de droits d'*entr.*, & ne peuvent sortir, en payant 6 pour cent de leur valeur, qu'autant qu'elles sont accompagnées de passe-ports. Les perles fines montées peuvent sortir sans aucun droit. Quant aux perles fausses, elles payent comme mercerie.

Piennes, ou *Pennes en fil ou laine.*

Le cent pesant paye 30 sols d'*entr.* & 20 sols de *sortie*.

Pierres.

Celles *précieuses*, *non montées*, sont exemptes de droits d'*entrée*, & la *sortie* ne peut s'en faire que par passeport, & en payant 6 pour cent de leur valeur. Celles montées & mises en œuvre sont exemptes de droits de *sortie*, & ne peuvent entrer en France qu'en payant 5 pour cent de leur valeur. Les pierres à bâtir payent, par tonneau de 2000 liv. pesant, 15 sols *d'entr.* & ne peuvent sortir. Pour celles à chaux, voyez chaux. Les pierres à fusil ne peuvent sortir du Royaume, & leur entrée est de 15 sols par cent liv. pesant. Celles à aiguiser payent, par cent pesant, 8 sols *d'entr.* & 12 de *sortie.* Celles de ponce payent, 16 sols *d'entr.*, par cent liv. pesant. Celles judaiques payent 15 sols *d'entrée*, *idem*, celle d'Emery paye 18 sols, *idem*, & celle d'aimant paye 3 liv. *idem.*

Pignons, pour drogues.

Ceux de divers lieux payent 24 sols *d'entr.*, par 100 pesant & 12 de *sortie*; & ceux du Levant payent, à *l'entrée*, 20 pour cent de leur valeur, & 12 sols de *sortie*, par cent pesant.

Pinchinats, étoffes.

Ceux de l'Etranger, non compris aux tarifs, payent, à *l'entrée*, 30 pour cent de leur valeur. Ceux venant des Provinces réputées étrangeres ne payent *d'entr.* que 5 pour cent de leur valeur. Ceux de Lille payent 8 liv. *d'entr.* par cent pesant, & ne peuvent entrer que par Amiens, Péronne & St. Quentin. Leur *sortie* est franche pour l'Etranger, mais pour les Provinces réputées Etrangeres, elles doivent 3 liv. de *sortie*, par cent pesant, *voyez* serges & burails.

Pipes à tabac.

Celles d'Hollande payent, par grosse, ou douze douzaines, 1 liv. 4 sols *d'entr.* Celles de Dunkerque, *idem*, 5 sols & celles de divers lieux payent, *d'entr.*, 5 pour cent de leur valeur. La *sortie* est généralement de 5 pour cent de la valeur

Piques férées, ou non férées.

Elles payent, par cent pesant, 20 sols *d'entrée* & 18 de *sortie.*

Pistaches.

Celles du Levant payent, à *l'entrée*, 20 pour cent de leur valeur, & celles de divers lieux, 40 sols par cent pesant.

Pistolets, voyez *armes.*

Planches diverses.

Celles de *sapin* payent 50 sols *d'entr.* par cent en nombre. Celles de *chêne*, d'un pouce d'épaisseur, payent, *idem*, 30 sols. Celles de *cedre* payent, par cent pesant, 20 sols *d'entr.* Les planches & bois propres à la construction des navires sont exempts *d'entr.*, & la *sortie* en est expressément défendue pour l'Etranger, mais pour les Provinces réputées Etrangeres, les planches de chêne, de 2 pouces d'épaisseur, payent, par cent en nombre, 40 sols de *sortie*, & celles de sapin, *idem*, 3 liv. 10 sols.

Plâtre.

Le muid de Paris paye 20 sols *d'entrée* & 3 de *sortie.*

Plattes, ou *Bateaux plats.*

Les moyens payent chacun, 40 sols *d'entrée* & 5 de *sortie*, & les grands payent 5 liv. *d'entrée* & 10 sols de *sortie.*

Ploc, ou *Poils de Vache, Chevre & Chien.*

Le cent pesant paye 15 sols *d'entrée* & 13 de *sortie.*

Plomb.

Celui en saumon, provenant des Provinces réputées étrangeres paye, par cent pesant, 10 sols *d'entrée.* Celui *idem* de l'Etranger, accompagné de certificats, paye, comme dessus, 40 sols *d'entrée*, & celui d'Angleterre paye aussi, par cent pesant, 3 liv. *d'entrée.*

Le plomb ouvré & laminé venant de l'Etranger, sauf celui d'Angleterre, paye, par cent pesant, 5 liv. d'*entrée*. Celui ouvré & en litarge, provenant des mines de Pont-péant en Bretagne, paye, par cent pesant, 7 sols d'*entrée*.

La *sortie* des plombs ouvrés & non ouvrés, est généralement de 12 sols par cent livre pesant.

Plumes.

Pour celles d'Autruche, *voyez* Autruche. Pour celles de lits, *voyez* Duvet; & pour celles à écrire, *voyez* Mercerie.

Poëles à frire.

Le cent pesant paye 20 sols de *sortie*.

Poids pour peser.

Ceux en cuivre & laiton payent, par cent pesant, 3 liv. de *sortie*.

Poils.

Voyez Castor, Chevre, Vache, Chien, Peaux, Ploc, Chapeaux, &c.

Points. Voyez *Dentelles.*

Poiré. Voyez *Cidre.*

Poissons.

Ceux dits *nourrain* ou *filette* payent 5 sols d'*entrée* par mille en compte. Ceux paqués en sel, ou saumure, payent d'*entrée*, par *leth* de 12 barils, 7 liv. 10 sols. La *sortie* est généralement de 5 liv. par cent pesant.

Poivre.

Le poivre long paye 10 liv. d'*entrée* par cent pesant. Celui du Brésil, dit *piment*, paye 3 liv. *idem*; & ceux de divers pays & qualités, payent 14 liv. *idem*.

Poix-résine.

Le cent pesant paye 10 sols d'*entrée* & 16 de *sortie*.

Pommes & Poires.

Elles payent, par charge de cheval, 3 sols d'*entrée* & 4 de *sortie*.

Porcs. Voyez *Cochon, Bœufs & Chair.*

Porcelaines, dites *Faiences de Hollande.*

Elles payent 20 liv. d'*entrée* par cent pesant. Celles des Provinces reputées étrangeres, payent, par cent pesant, 3 liv. d'*entrée*. Les porcelaines fines, moyennes, grandes & petites, venant des Indes, payent, par cent pesant, 100 liv. d'*entrée*. Celles des manufactures de France sont exemptes de droits de toutes especes, excepté celles montées & enrichies, qui payent 10 liv. de *sortie* par cent pesant.

Pots & Poterie.

Ceux de terre payent 2 sols d'*entrée* & 8 deniers de *sortie*, par douzaine. Ceux, *idem*, garnis en étain, payent, par douzaine, 6 sols d'*entrée* & 2 sols de *sortie*.

Potin.

Le jaune paye comme cuivre & airain; ainsi *voyez* ces mots. Le gris paye 10 sols d'*entrée*, par cent pesant.

Poudre pour les armes.

Celle de l'Etranger paye, par cent pesant, 3 liv. d'*entrée*. Celle des Provinces réputées étrangeres paye, *idem*, 1 liv. d'*entrée*.

Nota. La *sortie* pour l'Etranger est très-défendue; celle pour les Provinces réputées étrangeres doit, par cent pesant, 1 liv. & pour les munitions des Navires François, *idem*, 4 liv.

Aucune poudre ne peut circuler dans le Royaume, sans être accompagnée d'un certificat, soit du commissaire, ou du régisseur des poudres & salpêtres.

Poudres diverses.

Celle de Cyprès paye 7 liv. 10 sols d'*entrée* par cent pesant. Celle de violette paye, *idem*, 5 liv. d'*entrée*, & celle à cheveux, paye comme *Mercerie*, ainsi voyez ce mot.

Poulins. Voyez *Chevaux*, *Jumens & Genisses.*

Poundage.

Droit de tant, par livre sterling, qui se perçoit, en Angleterre, sur toutes les marchandises des vaisseaux étrangers à cette Nation.

Pruneaux, fruit.

Ils payent, par cent pesant, 6 sols d'*entrée* & 12 de *sortie.*

Prunes de Brugnolles.

Le cent pesant paye 1 liv. 10 sols d'*entrée.*

Pyrethre, racine.

Le cent pesant paye 1 liv. 10 sols d'*entrée*, plus 20 pour cent de sa valeur, comme marchandise du *Levant.*

Q.

Quensche.

Le cent pesant paye 3 sols d'*entrée.*

Quincaillerie.

La quincaillerie en cuivre, de l'intérieur du Royaume, paye, par cent pesant, 5 liv. d'*entr.* Celle en cuivre, venant des Provinces réputées étrangeres, paye, *idem*, 7 liv. 10 sols d'*entrée.* La quincaillerie en fer & acier, venant de l'Etranger, paye, par cent pesant, 2 liv. d'*entrée*, & celle venant des Provinces réputées étrangeres, ne paye, par chaque cent, que 10 sols d'*entrée.*

La *sortie* en quincaillerie de toute sorte, pour l'Etranger, paye 1 pour cent de sa valeur.

Les objets réputés quincaillerie, sont :

Agraffes.
Aiguilles à tricot.
Anneaux pour rideaux.
Armes à feu.
Bandages de roues
Bêches.
Briquets sans poli.
Broches.
Chandeliers.
Chaînes.
Chauffrettes.
Chenets de fer.
Chevilles.
Ciseaux. (gros)
Clous.
Compas de fer.
Cri pour soulever des voitures, &c.
Ecumoires.
Epines pour cordonniers.
Etrilles.
Faux *ou* faucilles.
Fers.
A cheval.
A sacs.
A piquet.
A friser.
A repasser.
A robinets.
A villebrequin.
Fiche de fer.
Forces à tondre.
Fourchettes de fer pour la table.
Grils.
Lampes.
Lichefrites.
Limes en paille.
Limesdechaudron.
Marteaux.
Mors de brides.
Mouchettes.
Pelles.
Pincettes.
Pioches.
Poêles à frire.
Réchaux.
Scies.
Serpes.
Serrures.
Targettes.
Tenailles.
Tournebroches.
Trompes *ou* Guimbardes.
Truelles de maçon.
Verges pourvitres.
Verroux.
Vrilles non montées, & autres ouvrages en fer & acier, & mêmes ornés grossiérement en cuivre.

Quinquina, pour drogues.

Il paye 5 pour cent de sa valeur.

BIBLIOTHÈQUE ROYALE

R.

Radix-dictami, pour drogues.

Le cent pesant paye 3 liv. d'*entrée*.

Raisin.

Celui du Levant, venant de Damas & Corinthe, paye, par cent pesant, 2 liv. d'*entr.*, plus 20 pour cent de sa valeur. Les raisins secs ou cuits de divers lieux payent, par cent pesant, 10 sols d'*entrée* & 12 de *sortie*.

Rapatelle, toile de crin pour tamis.

Le cent pesant paye 25 sols d'*entrée* & 12 de *sortie*.

Rapontic, pour drogues.

Cette racine avoit été fixée, à l'*entrée*, à 10 liv. par cent pesant, mais depuis 1782, l'*entrée* en est défendue en France.

Rapure d'ivoire.

Le cent pesant paye 1 liv d'*entrée*.

Raquette. Voyez *Mercerie*.

Ratines. Voyez *Draps & Etoffes*.

Réalgar, pour drogues.

Le cent pesant paye 3 sols d'*entrée*.

Réchaux. Voyez *Quincaillerie*.

Réglisse.

Cette racine paye, par cent pesant, 16 sols d'*entrée*, & celle en jus, paye, *idem*, 50 sols *idem*.

Renards, (Peaux de) Voyez *Pelleterie*.

Rets, filet de chasse & de pêche.

Le 100 pesant paye 20 sols d'*en*. & 40 de *sortie*.

Revêche, grosse étoffe de laine. Voyez *Etoffe*.

Rhubarbe, pour drogues.

Celles des Indes Orientales & de la Moscovie, apportées par les Hollandois, ainsi que celles du Levant, payent, de leur valeur, 20 pour 100 d'*en.*, & celles de divers autres pays payent, du 100 pesant, 60 liv. d'*entrée*.

Riddertole.

Droit qui se paye à Anvers pour tous bateaux & barques, non Anversois, qui passent par cette ville, ou s'y arrêtent. Il est arbitraire en ce qu'il va de 10 à 40 florins de Brabant, par chaque bateau ou barque.

Ris, grain.

Celui du Levant paye, de sa valeur, 20 pour 100 d'*entrée*, & celui de divers autres lieux, paye, par 100 pesant, 14 sols d'*entrée* & 12 de *sortie*.

Rocou, drogue pour la teinture.

Cette drogue venant de divers lieux, paye 50 sols d'*entrée* par 100 liv. pesant. Celle de la Traite des Noirs ne paye que 25 sols, *idem*. Plus pour domaine d'Occident, 3 1/2 pour 100 de la valeur.

Rognures.

Leur droit d'*entr.* est de 2 sols

par 100 liv. pesant des rognures de cartes, & 6 sols, *idem*, pour celles de peaux. La *sortie* de ces rognures pour les Provinces réputées étrangeres, est de 6 sols par 100 livres pesant, 6 liv. pour celles passant à l'Etranger, lorsqu'elles ne sont pas mêlées de vieux linges; car, dans ce cas, elles payent 30 liv. de *sortie*, par 100 liv. pesant.

Rolles. Voyez *Molleton*.

Romarin, plante.

Le 100 pesant paye 15 sols d'*entrée*.

Rose, fleur.

Le 100 pesant paye 3 liv. 15 sols d'*entr.*, & 5 liv. de *sortie*. *Rose*, (*bois de*) le 100 pesant paye 10 sols d'*entrée*.

Rosereaux, fourrures de Moscovie.

Le timbre de 20 couples paye 6 liv. d'*entrée*.

Roselles, pour drogues.

Le 100 pesant paye 15 sols d'*entrée*.

Rouges d'Inde, pour drogues.

Il paye, par 100 pesant, 15 sols d'*entrée*.

Rubans divers.

Ceux de *soie* venant de l'Etranger, & dont l'entrée ne peut se faire que par Marseille & le Pont de Beauvoisin, payent, par livre pesant, 5 liv. 10 sols d'*entr.* & 1 pour cent de *sortie*. Ceux de *fil* provenans des Provinces réputées Etrangeres, payent 8 liv. d'*entrée* par 100 pesant; ceux de divers pays Etrangers, sauf de l'Angleterre, payent 20 liv. d'*entrée* par 100 pesant; & ceux du Duché de Bergue payent aussi, par 100 pesant, 10 liv. *d'entr.* Quant à la sortie des rubans de fil, elle ne se paye que comme mercerie.

Nota. Suivant un Arrêt du Conseil, du 22 Octobre 1782, les rubans de fil teint, dits *padoux*, venant de l'Etranger, sont assujettis à un droit uniforme de 20 liv. par quintal d'*entrée*, avec les 10 sols pour liv. de ce droit. *Voyez* Tresses.

Rubiatinetorum, pour drogues.

Le 100 pesant paye 25 sols d'*entrée*.

Ruponticque, pour drogues.

Le 100 pesant paye 10 sols d'*entrée*.

S.

Sabots, pour chaussures.

Le chariot paye 15 sols d'*entrée*, & 32 de *sortie*.

Sabres. Voyez *Armes*.

Safran.

Celui pour teinture paye, par 100 pesant, 50 liv. d'*entrée* & 40 de sortie. Le safran bâtard, pour drogues, paye, par 100 pesant, 25 sols d'*entrée*, & de plus 20 pour 100 de sa valeur.

Safre, minéral.

Le 100 pesant paye 3 sols d'*entrée*.

Sal. Voyez *Sel*.

Salpêtre.

Le 100 pesant paye 20 sols d'*entrée* & 4 liv. de *sortie*.

Salsepareille, pour drogues.

Elle paye, par 100 pesant, 5 liv. d'*entrée*.

Sandaraque.

L'entrée est de 25 sols par 100 pesant.

Sang de dragon.

Le fin paye, par 100 pesant, 10 liv. d'*entrée*, & le moyen paye, *idem*, 5 liv. d'*entrée*.

Sanguine, pierre fossile.

Le 100 pesant paye 16 sols d'*entrée*.

Santal.

Celui en bois paye, par 100 pesant, 12 sols d'*entr.*, & celui en poudre paye, *idem*, 3 livres d'*entrée*.

Sapan, pour teintures.

Il paye, par 100 pesant, 12 sols d'*entrée* & 13 de *sortie*.

Sapin, bois.

Les mâts de navires ne payent point d'entrée, & ne peuvent sortir du Royaume. Les sapins pour échelles & chevrons, payent, par 100 en nombre, 20 sols d'*entrée*, & ne peuvent sortir, & ceux pour bois de pioche, & autres ustensiles, payent 15 sols d'*entr.* par 100 en nombre, & la sortie en est défendue.

Sarcocole, gomme pour drogues.

Elle paye, par 100 pesant, 4 liv. d'*entrée*.

Sardines.

Celles des pêches étrangeres sont défendues à l'entrée. Celles des pêches de Bretagne payent, par baril de 2000, l. pes. 21 sols 8 den. d'*entrée*. Celles, *idem*, d'autres Ports de France, payent, par 100 pesant, 5 sols d'*entrée*; outre ces droits d'entrée, le 100 pesant de Sardines paye 27 sols pour droits de consommation, & la *sortie* est généralement de 10 sols par baril.

Sartelle, plante pour la teinture.

Le 100 pesant paye 2 sols d'*entrée*.

Salsafras, pour drogues.

Le 100 pesant paye 5 liv. d'*entrée*.

Sassenage. Voyez *Fromage*.

Satin. Voyez *Etoffes*.

Saucisson, comestible.

La livre pesant paye 2 sols d'*entrée*.

Saumon, poisson.

Les Saumons étrangers & non salés, payent, par piece, 6 sols d'*entrée*, ceux, *idem*, salés, payent, par 100 pesant, 10 sols. Ceux d'Ecosse & d'Irlande, salés, payent, *idem*, 26 sols 8 deniers. Ceux des pêches du Royaume, payent, d'*entrée*, savoir: les non salés, 4 sols par piece, & les salés, 15 s. par baril. Outre ces droits d'*entrée*, les saumons, venant de l'Etranger, doivent payer, par chaque baril, 5 liv. 7 sols 3 deniers pour droit d'abord & de consommation, & ceux provenans des pêches de France, doivent aussi payer, par baril, 5 liv. 7 sols 3 deniers pour droit de consommation. Enfin les droits de *sortie* sur les saumons, sont généra-

lement

lement de 6 liv. par leth ou laſt, composé de 12 barils.

Savon.

Ceux de Marſeille & autres lieux du Royaume payent 3 liv. d'*entrée* par 100 peſant. Les ſavons étrangers payent, à l'*entrée*, ce qui ſuit, ſavoir : le blanc 5 livres par 100 peſant, les noirs & verts, 3 liv. 10 ſols, les ſecs blancs, 8 liv. 10 ſols : & les ſecs noirs, 6 liv. 10 ſols. Quant à la *ſortie*, elle eſt fixée à 20 ſols par 100 liv. peſant, pour les ſavons blancs, & à 10 ſols pour les noirs & verts.

Saxafras, pour drogues.

Le 100 peſant paye 5 liv. d'*entrée*.

Saxifrage, pour drogues.

Le 100 peſant paye 16 ſols d'*entrée*.

Scamonnée, pour drogues.

Le 100 peſant paye 40 liv. d'*entrée*, plus 20 pour 100 de ſa valeur.

Scaviſſon, eſpece de canelle.

Le 100 peſant paye 5 liv. d'*entrée*.

Schilles, pour drogues.

L'entrée eſt de 24 ſols par 100 peſant.

Scinc, eſpece de Lézard qui s'emploie en remedes.

Le cent peſant paye 6 liv. d'*entrée*, plus 20 pour cent de ſa valeur.

Sébeſtes, pour drogues.

Le cent peſant paye 50 ſols d'*entrée*, plus 20 pour cent de ſa valeur.

Seche, (*os de*) pour médecine & orfévrerie.

L'*entrée* eſt de 15 ſols par cent peſant, & la *ſortie* de 40 par mille en nombre.

Seigle. Voyez *Grains.*

Seilles, ou *Sceaux à eau.*

La douzaine paye 2 ſols d'*entr.* & 2 ſols de *ſortie*.

Sels.

Ceux *entrant par les Ports de Normandie & de Picardie*, payent, par muid de 17 barils, 18 liv. d'*entr.* Ceux *entrant par la Loire*, & *déchargés hors l'Anjou*, payent, par chaque muid, 3 liv. d'*entr.* & ceux *déchargés en Anjou*, ne payent que 2 liv. par muid.

Sels pour drogues.

Celui de *gemme* paye, par cent peſant, 26 ſols d'*entrée*.

L'armoniac paye, *idem*, 5 liv.

Le *ſel de verre* paye, *idem*, 16 ſols.

Et *celui de nitre* paye, *idem*, 40 ſols.

Selles, pour chevaux.

Celles en velours, brodées d'or & d'argent & galonnées, payent, de leur valeur, 6 p. $\frac{0}{0}$ de *ſortie*. Celles en velours ſans galons ni broderies, payent, de *ſortie*, 20 ſols par piece ; & celles en cuirs ne payent, par piece, que 6 ſols.

Semences, pour drogues.

Celle de *ſauge* paye, par cent peſant, 25 ſols d'*entrée* ; celle de *veronique* paye, *idem* 50 ſols ; celles *froides* payent, *idem*, 25 ſols ; & celles de *perles* payent, par livre peſant, 3 liv. d'*entrée*.

Semendancy, pour drogues.

Le cent pesant paye 50 sols d'*entrée.*

Sene, pour drogues.

Le cent pesant paye d'*entr.* 8 liv., plus 20 pour cent de sa valeur.

Seneve ou *graine de moutarde.*

Le septier de Paris paye 20 sols d'*entr.* & 26 de *sortie.*

Serges. Voyez *étoffes.*

Serins, oiseaux *dits* Canaries.

Le cent en nombre paye 10 liv. d'*entrée.*

Serrures.

Celles étrangeres payent, par piece, 30 sols d'*entrée*, & celles des Provinces réputées étrangeres, ne payent, par chacune, que 5 sols : la *sortie* est uniformément de 5 sols par piece.

Serviettes. Voyez *Linges.*

Sirops. Voyez *Huiles & Liqueurs.*

Soies.

Celles *des Indes* payent, par chaque livre, 6 sols d'*entr.* & 20 de *sortie.* Celles de *divers pays*, *bonnes à coudre*, payent, par livre, 20 sols d'*entr.* & 20 de *sortie* ; & la *soie crue* paye, par chaque livre, 16 sols d'*entr.* & 12 de *sortie.*

Sorbac, Boisson Turque.

La livre pesant paye 20 sols d'*entrée*, & de plus, 20 pour cent de sa valeur.

Soude.

Le cent pesant paye 8 sols d'*entr.* & 10 de *sortie.*

Soufflets.

Les *grands*, pour maréchaux, payent, par piece, 25 sols d'*entr.* & 6 de *sortie* ; & les *petits* payent, par douzaine, 4 sols d'*entr.* & [illegible] de *sortie.*

Soufre.

Le soufre ordinaire paye 12 [illegible] d'*entr.* par cent pesant, & celui [illegible] fleur paye 5 liv. *idem.*

Souliers.

Ceux en cuirs payent, savoir, les neufs, 20 sols d'*entr.* & 8 de *sortie* par douzaine de paires. Les vieux, 2 sols d'*entr.* & 6 den. de *sortie* par douzaine des paires ; & ceux [illegible] étoffes & dorures, &c. payent [illegible] p. 8. de leur valeur à l'*entrée*, [illegible] 6 p. 8. à la *sortie.*

Sperma-Ceti. Voyez *Baleine.*

Le cent pesant paye 15 liv. d'*entrée.*

Spica, pour drogues.

Le cent pesant de *seltica* paye 3 liv. 15 sols d'*entrée* ; & le cent pesant de *nardi*, paye le double d'*entrée.*

Spode, ou *Ivoire brûlé*, pour drogues.

Le cent pesant paye 3 liv. d'*entrée.*

Squines, pour drogues.

Celles de divers lieux payent [illegible] par cent pesant, 10 liv. d'*entr.* [illegible] celles du Levant payent 20 p. 8. de leur valeur.

Squilles marines.

Le cent pesant paye 24 sols d'*entrée.*

Staphisagre, pour drogues.

Le cent pesant paye 25 sols d'*entrée.*

Stil de grain, pour peinture.

Le cent pesant paye 30 liv. d'*entrée.*

Stinx marin, pour drogues.

Le cent pesant paye 6 liv. d'*entrée.*

Stives, pour drogues.

L'*entrée* est de 5 liv. par cent pesant.

Stoeches, pour drogues.

L'*entrée* est de 50 sols par cent pesant.

Stokfisch, morue seche.

Voyez morue pour l'*entrée*; quant à la *sortie*, elle est de 4 liv. 10 sols, par balle de mille morues.

Storax, pour drogues.

Le *storax-calamus* paye, par cent pesant, 5 liv. d'*entr.*; & le rouge & liquide payent 3 liv. 10 sols, *idem*, & de plus 20 pour cent de leur valeur.

Strasse. Voyez *Bourre de soie*.

Sublimé, pour drogues.

Le cent pesant paye 10 liv. d'*entrée.*

Sucres divers.

Ceux en *pains* venant de l'Etranger, par les Ports de Bretagne, Dunkerque & Marseille, payent, par cent pesant, 22 liv. 10 sols d'*entr.* Ceux en *cassonades*, venant comme dessus, payent, *idem*, 15 l. d'*entrée.* Les sucres *bruts*, venant aussi comme dessus, payent, *idem*, 5 liv. d'*entrée*, & ceux provenans des prises faites sur les ennemis, ne payent que 3 liv. 15 sols d'*entrée*, toujours par cent pesant.

Le sucre *raffiné* venant de Nantes & autres Villes de la Bretagne, & dont l'*entr.* doit se faire par Ingrande, paye 13 liv. 15 sols par cent pesant; & venant des Provinces réputées étrangeres, il ne paye que 3 liv. 2 sols 3 den.

Le sucre *vergeois*, provenant des raffineries de Bordeaux, paye aussi 3 liv. 2 sols 3 den. d'*entr.* par cent pesant.

Le sucre *candi* destiné à la consommation de l'intérieur des grosses fermes, paye, par cent pesant, 12 liv. d'*entr.*; & celui destiné à la consommation des Provinces réputées étrangeres, ne paye que les *droits locaux*.

Le sucre *raffiné aux Isles* paye, comme en pain, 22 liv. 10 sols d'*entr.* par cent pesant. Le *terré* ou *cassonade* des Isles, ne paye que 8 liv. *idem*. Le *brut* ou *moscouade*, paye 50 sols, *idem*; & le *blanc*, *non raffiné*, de Cayenne, paye 4 liv. *idem*.

Les sucres provenans de la *traite des negres*, ne doivent que moitié des droits d'*entr.* Ceux entrant par Nantes, Vannes, St. Malo & Brest, sont assujettis aux *droits locaux* desdits Ports & à celui de *prevôté*, qui est de 2 sols du cent pesant, & lorsqu'ils entrent dans les cinq grosses fermes, ils doivent les droits ci-dessus, sauf les blancs, non raffinés, de Cayenne qui, ne provenans pas de la traite des negres, doivent, au lieu des quatre liv. indiquées ci-dessus, 8 liv. d'*entrée* du cent pesant.

Les sucres *non tarifés* doivent 5 p% de leur valeur à l'entrée des grosses fermes. Ceux d'*Egypte* & d'*Alexandrie* doivent, outre les droits ci-dessus, 20 p% de leur valeur à l'entrée.

Les sucres bruts dont la destination est pour la haute-ville de Dunkerque, sont reputés alors passer à l'Etranger, & comme tels, exempts de droits de *sortie*, mais s'ils sont raffinés aux Isles mêmes, ils doivent 40 sols par cent pesant, pour droit du *Domaine d'Occident*, &

s'ils rentrent dans les cinq grosses fermes, ils doivent alors 22 liv. 10 sols d'*entrée* par cent pesant.

Observation sur la sortie.

Les sucres provenans des raffineries de la Rochelle, Bordeaux, Dieppe, Rouen & Cette, qui auront été tirés bruts des Isles Françoises, sortant pour les Pays Etrangers & pour la Haute Ville de Dunkerque; (que nous venons de citer) seront, non seulement exempts des droits de *sortie*, mais même sujets à une restitution de 5 liv. 2 sols 6 deniers par cent pesant, pour ce qui aura été payé à l'entrée.

Tout ce que nous venons de dire est relatif aux anciens réglemens: en voici un nouveau sur les droits d'*entrée*.

Un Arret du Conseil, du 17 Mars 1782, fixe les droits d'*entrée* par quintal de sucre raffiné, venant de l'Etranger, à 40 liv. avec les dix sols pour livre de cette somme.

Suifs.

Ceux de toutes sortes de Pays payent, par cent pesant, 30 sols d'*entrée* & 25 de *sortie*.

Sumach, pour teinture.

Le cent pesant paye 5 sols d'*entrée* & 20 de *sortie*.

Tabac.

L'*entrée* en est très-défendue dans tout le Royaume, & la *sortie* est libre.

Tableaux.

Ceux avec cadres non enrichis payent, par cent pesant, 5 liv. d'*entr.* & la *sortie* est comme mercerie. Ceux avec cadres dorés payent, à l'*entrée*, 5 p 8. de leur valeur & 6 p 8. de *sortie*. Ceux de la Flandre Autrichienne payent, par chaque liv. pesant, 20 sols d'*entrée*; & ceux de famille sont exempts de tous droits d'*entrée* & de *sortie*.

Tacamahaca, gomme médicinale.

Elle paye, par 100 pesant, 5 liv. 5 sols d'*entrée*.

Taffetas. Voyez *Etoffes*.

Tafia, liqueur provenante des sucres.

Son *entrée* en France est très-défendue.

Talc, matiere minérale.

Le cent pesant paye 5 liv. d'*entrée*.

Talons de bois, pour chaussures.

Le cent pesant paye 40 sols d'*entrée*.

Tamarin, pour drogues.

Le cent pesant paye 50 sols d'*entr.* & de plus 20 p 8. de sa valeur.

Tan, écorce de chêne non hachée.

La charretée paye d'*entr.* 8 sols. La *sortie* pour l'Etranger est défendue; mais elle est permise pour les Provinces réputées étrangeres, & dans ce cas, la charretée paye 10 sols de *sortie*.

Tapis divers.

Les droits d'*entrée* fixés sur ceux d'Angleterre sont comme suit; savoir: les tapis *velus* payent, par piece, 5 liv. Les plus *grands* payent de leur valeur, 10 p 8. Ceux pour *chaises* & *meubles* payent, du cent pesant, 30 liv. Ces fixations sont conformes aux anciens tarifs, mais par arrêt de 1725, tous les tapis Anglois doivent payer, à leur *entrée*, 50 p 8 de leur valeur.

Les grands *tapis de Turquie* payent d'*entrée* 30. p 8. de leur valeur; & les petits 5 liv. de la piece, & 20 p 8. de leur valeur.

Les tapis de *moquettes* venant de l'Angleterre sont défendus à l'*entrée*, mais venant d'autres Pays, & passant par les bureaux de Calais & St. Vallery, ils peuvent entrer en payant 30 p 8. de leur valeur.

Les tapis d'*Allemagne* payent, par piece, 3 liv. d'*entrée*; ceux de *laine* à *l'aiguille* payent, d'*entré*., 10 p 8. de leur valeur, & ceux de poils de chiens ne payent qu'un sol par piece.

Les droits de sortie sont :

Pour les *tapis de Turquie*, 8 liv par cent pesant, & pour les *moquettes*, 3 liv. *idem*.

Quant aux tapis de Rouen, on les croit exempts de droits de *sortie*, en ce qu'ils proviennent des grandes manufactures du Royaume qui jouissent, pour la plupart, de beaucoup d'exemptions.

Tapisseries diverses.

Celles d'*Angleterre* en cuirs dorés sont défendues à l'*entrée*, & celles de toutes autres especes payent 30 p 8. de leur valeur à l'*entrée*. Celles de la *Flandre Autrichienne* payent comme suit, savoir : les tapisseries d'Anvers & Bruxelles, 240 l. par cent pesé, celles d'autres lieux de la Flandre 120 l. *idem*, & celles rehaussées en soie, or & argent payent, à l'*entrée*, 20 p 8. de leur valeur. Les tapisseries de la *Flandre Françoise*, dont l'*entrée* dans les cinq grosses fermes ne peut se faire que par Amiens, Péronne & St. Quentin, payent comme suit, savoir : celles rehaussées 100 liv. du cent pesant, & celles en laine mêlée de soie ne payent que 80 liv. d'*entrée* par cent pesant, & 13 liv. de *sortie*. Toutes les autres tapisseries détaillées ci-dessus payent, à leur sortie, 6 p 8. de leur valeur.

Les tapisseries de *Felletin* & d'*Auvergne* payent comme suit : les communes 4 liv. d'*entr.* par cent pesant & 4 liv. de *sortie*; & celles de cuir doré, doivent aussi, par cent pesant, 15 liv. d'*entrée* & 6 de *sortie*.

Les *cuirs dorés* venant de l'Etranger payent, par cent pesant, 30 liv. d'*entrée* & 6 de *sortie*.

Les *tapisseries* de Bergame ne payent, comme dessus, que 10 liv. d'*entr.* & 4 de *sortie*.

Nota. Tous ces droits se perçoivent sur les tapisseries neuves ou vieilles.

Taureaux & Taurillons.

Ceux venant de l'Etranger payent, par chaque tête, 3 liv. d'*entrée*, & 26 sols de *sortie*, & ceux venant des Provinces réputées Etrangeres, payent 8 sols, seulement d'*entrée*, & 26 de *sortie* par tête.

Terebenthine de Venise.

La *fine* paye, par cent pesant, 30 sols d'*entrée*, & la *commune*, 10 sols. Leur *sortie* se paye, à raison de 5 pour cent de la valeur.

Terec.

Le baril paye 5 sols d'*entrée*.

Tera-Merita, ou *Curcuma*

Le cent pesant paye 45 sols d'*entrée*.

Terres, pour drogues & teinture.

La *sigillée*, ou *citrin* paye, par cent pesant, 2 liv. d'*entrée*, la *rouge*, *idem*, 3 sols, la terre d'*ombre*, *idem*, 10 sols, & la terre de *Moulard* paye, par baril, 2 sols d'*entrée*.

Thé.

Celui des Indes paye, par cent pesant, 6 liv. d'*entrée*. Ceux de divers Pays, sauf ceux d'Angleterre qui ne peuvent entrer en France, payent, par chaque livre pesant, 10 sols d'*entrée*.

Thériaque de Venise.

Le cent pesant paye 10 livres d'*entrée*.

Thon.

Ceux des pêches Françoises payent, par cent pesant, 20 sols d'*entrée*, & pour *droit de consommation*, 27 sols ; & ceux des pêches Etrangeres payent les mêmes droits d'*entrée* que dessus & de plus, 20 sols, par cent pesant, pour *droit d'abord*. Quant à la *sortie*, elle est généralement de 18 sols par cent pesant.

Tiretaines, étoffes grossieres en fil & laine.

Celles d'*Angleterre*, dont l'*entrée* ne peut se faire que par Calais & St. Vallery, payent 30 pour cent de leur valeur ; & celles *des Provinces réputées Etrangeres* payent, par piece de 11 à 12 aunes, 30 sols d'*entrée* ; pour la *sortie*, *voyez* étoffes.

Toiles diverses.

Celles des fabriques Etrangeres payent, à l'*entrée*, ce qui suit, savoir : Les *toiles de fil d'Angleterre* payent, de leur valeur, 50 pour cent.

Celles de lin de la Hollande & de *la Flandre Autrichienne* payent, 8 liv. par piece de 15 aunes ; & celles de *chanvre* des mêmes lieux, ne payent que 4 liv.

Celles de *Suisse*, accompagnées d'acquits & de certificats, & dont l'*entrée* ne peut se faire que par Lyon, Gex, St. Jean-de-Laune & Colonges, sont exemptes de tous droits d'*entrée*.

Celles *des fabriques du Royaume* payent comme suit ; savoir : celles de *lin & chanvre*, en grosses, moyennes & fines payent, par piece de 15 aunes, 40 sols d'*entrée* ; celles en *étoupes blanchies* payent, par piece de 20 aunes 15 sols. Les grosses toiles *de Barois & Clinchamps* payent, par cent pesant, 5 liv. Celles de *Bretagne* & surtout de *Quintin*, payent 10 sols par piece de 10 aunes. Celles d'*étoupes communes* payent 4 liv. par cent pesant. Celles à *voiles* de navires payent, 3 liv. *idem* ; & celles de *ménage* payent 7 liv. 10 sols, *idem* ; *enfin les toiles venant dans les cinq grosses fermes* pour y recevoir le blanchiment & retourner ensuite dans les lieux de leurs fabriques, payent 4 sols de *droit de marque* par piece de 15 aunes, & leur *entrée* ne peut se faire qu'avec acquits & par les bureaux de St. Quentin, Péronne & Amiens.

Les *batistes & linons* payent, d'*entrée*, 5 sols par piece de 15 aunes.

Les *toiles cirées* & peintes payent 5 pour cent de leur valeur à l'*entrée* ; & celles de *coton & mousselines*, provenantes des manufactures du Royaume, sont exemptes d'*entrée*.

Enfin les toiles passant de la Normandie, par les bureaux de Caen, aux foires de Bretagne, & qui reviennent dans ladite Province de Normandie, par défaut de vente, payent ce qui suit, savoir : celles de *lin*, 5 liv. par cent pesant ; celles de *chanvre* 35 sols, *idem* ; & celles d'*étoupes* 25 sols, *idem* ; mais ces droits ne sont ainsi modérés qu'autant que ces toiles sont accompagnées de certificats & d'acquits à caution, & qu'elles passent par le bureau de Caen.

Droits de sortie.

Les toiles qui passent directement à l'Etranger, ou dans les villes de Dunkerque, Bayonne & Marseille, sont exemptes de droits de *sortie* ; mais pour passer dans les Provinces réputées étrangeres, elles doivent payer de *sortie* ce qui suit, savoir : Les *toiles*, *fleurets* & *blancards* de Laval, Cholet & autres lieux de l'Anjou & du Maine, payent 3 liv. 10 sols, par cent liv. pesant.

Celles de *chanvre*, écrues & blanches, de toutes qualités, les *cane-*

vas & toiles d'Olone, ainsi que celles d'étoupes & de lin, payent aussi 3 liv. 10 sols par cent pesant. Celles de lin fin payent 10 liv. idem. Les gingas, 3 liv. 10 sols. Les toiles de coton & treillis, 3 liv. toujours par cent pesant.

Enfin les toiles d'étoupes de chanvre, payent toujours 2 liv. 10 sols du cent pesant, soit qu'elles proviennent des fabriques du Royaume, soit qu'elles aient été tirées de l'Etranger.

Tonnines, poissons de mer. *Voyez* Marsouins.

Tontes de draps.

Le cent pesant paye 13 sols d'*entrée*.

Tortues, ou *écailles de Tortues.*

L'*écaille de tortue franche* paye, par cent pesant, 4 liv. d'*entrée*. Celle de *tortue caouan*, paye 6 liv. *idem*, Celle de *Caret*, 12 livres, & celles provenantes de la traite des Noirs, ne payent que moitié des droits ci-dessus.

Tournesol, pour teinture. *Voyez Orseille.*

Tourteau, marc de fruit.

Le cent en nombre paye 3 sols d'*entrée* & 8 sols de *sortie*, par cent pesant.

Tourtes, autres marcs de fruits.

L'*entrée* est, sur toutes les qualités, de 16 sols par 1000 en nombre. Quant à la *sortie*, elle est de 30 sols par 1000 en nombre, pour les tourtes de noix, & de 20 sols, pour celles de navettes, rabettes & lin.

Trace, gros papier gris. Voyez *papiers.*

Trait. Voyez *or*, *argent & cuivre.*

Traite Domaniale.

Droit usité en Languedoc & diverses Provinces de France, & dont la perception, à l'*entrée* de diverses marchandises, est comme suit, savoir: par charge de *bled*, 15 sols. Par charge de *méteil & seigle*, 10 sols. Par charge d'*orge*, d'*avoine & légumes*, 7 sols 6 deniers. Par muid *de vin*, jauge du Languedoc, 3 liv. 16 sols. Par ballot de *toiles blanches*, 9 liv. Par ballots de *canevas*, *treillis*, *toiles communes & teintes*, 4 liv. 10 sols. Par charge de 300 liv. de *châtaignes*, 10 sols. Par chaque *bœuf*, *cheval*, *mulet*, *vache* ou *jument*, 30 sols. Et par chaque porc, mouton ou brebis, 5 sols.

Tranchoirs de bois.

Chaque grosse paye 2 sols d'*entrée*.

Treillis.

Ceux d'Allemagne & de divers lieux de l'Etranger, sauf la Suisse & l'Angleterre, payent, par piece de 15 aunes, 4 liv. d'*entrée*. Ceux d'Angleterre sont défendus, & ceux de la Suisse sont exempts d'*entrée*. La *sortie* de tous treillis est de 3 liv. du cent pesant.

Tresses. Voyez *passemens & rubans.*

Par un Arrêt du conseil du 13

Août 1783, il est imposé un droit uniforme sur tous les rubans, cordons en laine & fil de chèvre, tresses & passemens venant de l'Etranger, lequel droit, pour l'*entrée* en France, est de 10 pour cent de la valeur desdits objets qui est fixée à raison de 600 liv. du quintal; auquel cas, les *tresses, rubans & cordons de laine & de fil de chèvre*, ainsi que les passemens, doivent payer, d'*entrée*, 60 liv. par quintal.

Tripes, étoffes.

Celles de *velours* payent, par piece de 10 aunes, 3 liv. 10 sols d'*entrée*. Celles de *soie*, *idem*, 6 liv. Celles de *laine*, mêlées de *soie*, *poil* & *fil*, payent, de leur valeur, à l'*entrée*, 30 pour cent. Celles *Etrangeres* peuvent entrer, en payant les droits susdits, sauf celles d'Angleterre dont l'*entrée* est très-défendue. Pour la *sortie*, *voyez* étoffes.

Trousses de paille.

Le cent en nombre paye 3 sols d'*entrée*.

Truites, poissons d'eau-douce.

Le cent pesant paye 6 liv. 7 sols 2 deniers d'*entrée*, & 40 sols de *sortie*.

Tuiles, pour couvrir les maisons.

Le mille en nombre paye 10 sols d'*entrée*.

Turbith, racine pour drogues.

Le cent pesant paye 30 livres d'*entrée*.

Tutie, pour drogues.

Le cent pesant paye 3 liv. 10 sols d'*entrée*.

V.

Vaches. Voyez *Bœufs*.

Vaisselle de faïence, ou *Porcelaine contrefaite*.

Le cent pesant paye 10 livres d'*entrée*.

Vans à vanner.

La douzaine paye 6 sols d'*entrée* & 12 de *sortie*.

Vanille.

La livre pesant paye 3 liv. d'*entrée*, plus 5 pour cent de sa valeur.

Vautour. Voyez *Peaux*.

Veau. Voyez *Bœufs*, *Cuirs* & *Peaux*.

Velin. Voyez *Parchemin*.

Velours. Voyez *Etoffes*.

Verts, pour couleurs & drogues.

Le verdet paye, suivant les anciens tarifs, par cent pesant, 2 liv. 10 sols d'*entrée*, & 2 liv. 10 sols de *sortie*; mais la *sortie* vient d'être fixée par Arrêt du Conseil, du 23 Mars 1784, à 3 liv. 10 sols par quintal, ou 100 liv. pesant.

Le

Le vert distillé paye, par cent pesant, suivant les anciens tarifs, 12 liv. 10 sols d'*entrée*, & 3 liv. 10 sols de *sortie*. Le vert de *vessie* paye, *idem*, 3 liv. d'*entrée*; & celui de *Montagne* 4 liv. *idem*.

Vergettes ou *Brosses*. Voyez *Mercerie*.

Verjus.

Le tonneau paye, d'*entr.* 5 liv. & de *sortie* 24 sols.

Vermillon, pour couleurs.

Le cent pesant paye 5 livres d'*entrée*.

Verni.

Il paye, par cent pesant, 4 liv. d'*entrée*.

Verres blancs & autres.

Ceux de Clairefontaine, en Lorraine, sont exempts d'*entrée*, en passant par le Bureau de Bourbonnois & non d'autres. Les verres de table, avec boudines, payent, par chaque panier, 3 liv. d'*entrée*; les blancs sans boudines, payent, par cent pesant, 30 liv. d'*entrée*. Les verres cristallins d'Alsace & de la Franche-Comté, payent 3 liv. 10 sols d'*ent.* par cent pesant; les verres communs pour vitres, ne payent que 7 sols d'*entr.* par cent liv. pesant. Les verreries fines & étrangères, autres que celles Angloises, & les verres à boire qui en proviennent, payent 20 liv. d'*entrée*, par cent pesant. Les verres blancs & cristallins d'Angleterre payent 60 liv. d'*entr.* *idem*, & les verres à boire, & autres verreries communes, du même pays, ne payent, à l'*entrée*, que 20 liv. du cent pesant.

Nota. L'*entrée* des verreries de France ne doit se faire que conformément aux détails ci-après. Celles de Flandre doivent entrer par Lille & la basse Ville de Dunkerque; celles du Hainaut, par Givet, Maubeuge & Valenciennes. Celles de Champagne, par Saint Dizier & Ste Ménéhould; Celles de Franche-Comté, par Morteau, Jussey, Jougues & les Rousses. Celles de la Lorraine, par les Bureaux de Bourbonnois, & celles de Bretagne, par les Bureaux d'Ingrande.

Droits de sortie.

Ils sont fixés comme suit: 1°. Que les verres en table payeront 3 liv. par quatre paniers; 2°. Que ceux de Franche-Comté & les verreries encaissées des autres verreries du Royaume, payeront, par cent livres pesant, 10 sols & 6 den. & 3°. Que les verres & verreries, de toutes sortes de verres, venus de l'Etranger, ne payeront, de *sortie*, que 20 sols par cent pesant.

Vieilles Bottes.

Elles payent, par douzaine de paires, 10 sols d'*entrée*.

Vieux Drapeaux.

Le cent pesant paye 2 sols d'*entrée*.

Vieux Linges.

Le cent pesant paye 10 sols d'*entrée*.

Vieux Manteaux.

Ils payent, par cent pesant, 2 liv. 10 sols d'*entrée*.

Vieux-Oing, sorte de graisse.

Le cent pesant paye 25 sols d'*entrée*, & 20 de *sortie*.

Vieux Souliers.

La douzaine de paires payent 2 sols d'*entrée*.

Vif-Argent.

Le cent pesant paye 5 liv. d'*entrée*.

Vigogne. Voyez *Laine*.

Vins.

Ceux d'*Espagne*, *Canarie*, *Madere*, *Tinto* & autres lieux étrangers, payent, par pipe ou botte, 10 liv. d'*entr.* Les vins *muscats*, *idem*, payent 8 liv. d'*entr.* Ceux de *Lorraine & Alsace* payent, *idem*, 3 liv. Ceux de *Gascogne*, *Gaillac & Coignac* payent, par tonneau, 5 liv. Ceux de *Rez* & autres lieux, payent, *idem*, 3 liv. Les vins d'*Angleterre* pour liqueurs sont défendus. Ceux de *Frontignan* payent comme muscats.

Pour les vins de *Bordeaux*, *Cahors*, *Langon* & autres lieux de la Guyenne & du Bordelois, voyez Bordeaux, à la Deuxieme Partie du premier Volume.

Aux droits d'*entr.* ci-dessus, se joignent ceux de *subvention*, de *jaugeage* & de *courtage*, qui se payent, savoir : celui de subvention est, par chaque muid, de 54 sols d'*entrée*. Celui de jaugeage, *idem*, de 5 sols, & celui de courtage, *idem*, de 10 sols.

Droits de sortie.

Les vins sortant par les Provinces de Champagne & de Bourgogne, payent, par chaque tonneau de 3 muids, mesure de Paris, 2 liv. pour *ancien droit*, & 8 liv., pour la *traite domaniale*, faisant ensemble 10 liv. Ceux sortant par les autres provinces, de l'étendue des cinq grosses fermes, payent, comme dessus, 2 liv. pour *ancien droit*, & 10 liv. pour la *traite domaniale*, faisant ensemble 12 liv.

Ceux sortant des ville & banlieue de Rouen, soit pour les Provinces de Normandie, soit pour l'Etranger & les Provinces réputées étrangeres, payent, par chaque tonneau de 2 muids, 12 liv. pour les *droits ci-dessus*, & 12 liv. pour le *droit de massicault*, faisant ensemble 24 liv. de *sortie*; & ceux sortant par les Provinces & Villes d'Anjou, le Maine, Thoüars & la Châtellenie de Chantouceaux, payent par chaque susdit tonneau 3 liv. pour *ancien droit*, & 13 liv. pour la *traite domaniale*, faisant ensemble 16 liv.

Enfin, aux droits ci-dessus, se joignent ceux de 13 livres 10 sols par muid de vin, mesure de Paris, pour *subvention par doublement*, ainsi modérée ; lesquels 13 liv. 10

sols ne se perçoivent que sur les vins sortant des Généralités d'Amiens, de Soissons & de Châlons, pour passer chez l'Etranger, & les Provinces où les aides n'ont point cours, en exceptant cependant ceux qui passent de la Généralité d'Amiens à Calais & Ardres, qui ne sont nullement assujettis à ces derniers droits, non plus que ceux sortant par mer, (soit pour l'Etranger, ou les provinces réputées étrangeres) des Villes de Calais, Boulogne & Etaples, qui, au lieu desdits droits de 13 liv. 10 sols, ne payent que celui de *local*, fixé seulement à 45 sols par tonneau.

Lesdits droits de 13 liv. 10 sols, pour *subvention*, &c. ont été réduits comme ci-après; pour les vins provenans des crus de Langres, Chaumont, Bar-sur-Aube & St. Dizier, lors de leur *sortie* de ces territoires, soit pour les Pays Etrangers, soit pour les Provinces *dites*, ou *réputées* étrangeres; & par cette réduction, chaque muid de vin, mesure de Paris, provenant des élections de Chaumont, Bar-sur-Aube, Joinville & St. Dizier, ne paye que 6 liv. & 3 liv. seulement par chaque muid, pour les vins des élections de Langres; mais il faut que ces vins soient accompagnés de certificats des lieux de leur enlevement, ainsi que des quittances de payement du droit de gros.

Observations.

Le vins d'Anjou & autres lieux de la riviere de Loire, déclarés sortir pour les Colonies Françoises de l'Amérique, n'en sont pas moins sujets à tous les droits ci-dessus.

Ceux passant par les villes & banlieues de Rouen, en passe debout, sont exempts du *droit de massicault*; & ceux qui, après avoir été exposés en ladite ville & banlieue, en sortiront par défaut de vente, acquitteront le simple *droit de Massicault* & non d'autres.

Nota. Tous les droits détaillés au présent chapitre, & surtout à cet article (*vins*), sont seulement relatifs aux fermes & non aux octrois & autres droits particuliers des villes & pays d'Etats, dont on ne peut rendre compte dans cet abrégé, non plus que de ceux dûs aux entrées de la Ville de Paris, pour laquelle il y a des réglemens particuliers & très-étendus; nous observerons seulement que ce qui se paye par *muid de vin* qui entre & se consomme *à Paris*, va, pour réunion de tous droits, à 65 livres 2 sols 7 den. par chaque muid.

Vin.

Les droits qui se perçoivent sur les vins François, à Londres, depuis la derniere guerre, vont ensemble à trois guinées, (environ 72 liv. de France,) par chaque tonneau de Bordeaux.

Vinaigre.

Le tonneau paye 3 liv. d'*entrée* & 20 sols de *sortie*.

Vitriol.

Le cent pesant paye 7 liv. 10 sols d'*entrée*, & de plus 20 p. $\frac{0}{0}$ de sa valeur.

Vouede, pour teinture.

Le cent de bottes paye 4 sols d'*entrée* & 4 liv. de *sortie*.

Z.

Zeodaire, pour drogues.

Le 100 pesant, paye 5 liv. d'*entrée*, & de plus 20 p. $\frac{0}{0}$. de sa valeur.

Zibelines, pour fourrures.

Voyez *Martres*.

OBSERVATION GÉNÉRALE

Sur ce Chapitre.

Toutes les Déclarations relatives aux Droits d'*entrée* & de *sortie* doivent être faites à tous les Bureaux des cinq grosses Fermes de la France, en livres, poids de Marc ou de Paris, & en aunes, muids, pots, pintes & diverses mesures des grains & graines usitées en cette Capitale.

Il est, en outre, très-essentiel d'observer que toutes les expéditions des marchandises qui se font, de l'intérieur de la France, pour tous les Pays Etrangers, & même pour les Provinces réputées Etrangeres, doivent être accompagnées de deux déclarations contenant les quantités, qualités, poids, mesures & aunages des marchandises que l'on expédie, en y joignant leur valeur, en argent de France, appréciée le plus justement possible : ces doubles déclarations doivent surtout être faites pour les caisses, malles, ballots & valises contenant des effets, bijoux, petits meubles, &c. pour tels usages que ce soit, & même sur tous effets neufs, ou vieux. Quand ces sortes d'expéditions sont faites de Paris & de Lyon, il est prudent de faire plomber les malles, caisses, ou ballots à la douane de ces Villes, parce qu'alors elles sortent du Royaume sans examen, ou visite, en représentant seulement les déclarations susdites, & ayant soin d'exhiber les clefs des malles & des coffres.

CHAPITRE IX.

TARIF de l'Or par Marc, Onces, Gros, Deniers & Grains de France.

MARC DE FRANCE. à 800 *Livres.* „ „ *Tournois.*

	L.	S.	D.
1 Marc.	800	„	„
2	1600	„	„
3	2400	„	„
4	3200	„	„
5	4000	„	„
6	4800	„	„
7	5600	„	„
8	6400	„	„
9	7200	„	„
10	8000	„	„

ONCE. *ou huitieme partie du Marc à* 100 *liv.* „ „

	L.	S.	D.
1 Once.	100	„	„
2	200	„	„
3	300	„	„
4	400	„	„
5	500	„	„
6	600	„	„
7	700	„	„
8 ou égalité du Marc.	800	„	„

GROS. *ou huitieme partie de l'Once à* 12 *liv.* 10 *ſ.* „

	L.	S.	D.
1 Gros	12	10	„
2	25	„	„
3	37	10	„
4	50	„	„
5	62	10	„
6	75	„	„
7	87	10	„
8 ou égalité de l'Once.	100	„	„

DENIER. *ou troiſieme partie du Gros à* 4 *liv.* 3 *ſ.* 4 *d.*

	L.	S.	D
1 Denier	4	3	4
2	8	6	8
3 ou égalité du Gros.	12	10	„

GRAIN. *ou vingt-quatrieme partie du Denier à* „ 3 *ſ.* 5 *d.* $\frac{2}{3}$

	L.	S.	
1 Grain	„	3	5 $\frac{2}{3}$
2	„	6	11 $\frac{1}{3}$
3	„	10	5
4	„	13	10 $\frac{2}{3}$
5	„	17	4 $\frac{1}{3}$
6	1	„	10
7	1	4	3 $\frac{2}{3}$
8	1	7	9 $\frac{1}{3}$
9	1	11	5
10	1	14	8 $\frac{2}{3}$
20	3	9	5 $\frac{1}{3}$
24 ou égalité du Denier	4	3	4

TARIF DE L'OR.

MARC. à 804 liv. ” ”.	liv.	s.	d.
1 Marc.	804	”	”
2 . . .	1608	”	”
3 . . .	2412	”	”
4 . . .	3216	”	”
5 . . .	4020	”	”
6 . . .	4824	”	”
7 . . .	5628	”	”
8 . . .	6432	”	”
9 . . .	7236	”	”
10 . . .	8010	”	”

ONCE. à 100 liv. 10 sols ”.	liv.	s.	d.
1 Once.	100	10	”
2	201	”	”
3	301	10	”
4	402	”	”
5	502	10	”
6	603	”	”
7	703	10	”
8 ou égalité du Marc	804	”	”

GROS. à 12 liv. 11 ſ. 3 d.	liv.	s.	d.
1 Gros	12	11	3
2 . . .	25	2	6
3 . . .	37	13	9
4 . . .	50	5	”
5 . . .	62	16	3
6 . . .	75	7	6
7 . . .	87	18	9
8 ou égalité de l'Once.	100	10	”

DENIER. à 4 liv. 3 ſ. 9 d.	liv.	s.	d.
1 Denier	4	3	9
2	8	7	6
3 ou égalité du Gros.	12	11	3

GRAIN. à ” 3 ſ. 5 d. 7/8	liv.	s.	d.
1 Grain	”	3	5 7/8
2	”	6	11 3/4
3	”	10	5 5/8
4	”	13	11 1/2
5	”	17	5 3/8
6	1	”	11 1/4
7	1	4	5 1/8
8	1	7	11
9	1	11	4 7/8
10	1	14	10 3/4
24	4	3	9

MARC. à 808 liv. ” ”.	liv.	s.	d.
1 Marc.	808	”	”
2 . . .	1616	”	”
3 . . .	2424	”	”
4 . . .	3232	”	”
5 . . .	4040	”	”
6 . . .	4848	”	”
7 . . .	5656	”	”
8 . . .	6464	”	”
9 . . .	7272	”	”

ONCE. à 101 liv. ” ”.	liv.	s.	d.
1 Once.	101	”	”
2	202	”	”
3	303	”	”
4	404	”	”
5	505	”	”
6	606	”	”
7	707	”	”
8 ou égalité du Marc	808	[illegible]	[illegible]

GROS. à 12 liv. 12 ſols 6 d.	liv.	s.	d.
1 Gros	12	12	6
2 . . .	25	5	”
3 . . .	37	17	6
4 . . .	50	10	”
5 . . .	63	2	6
6 . . .	75	15	”
7 . . .	88	7	6
8 ou égalité de l'Once	101	[illegible]	”

DENIER. à 4 liv. 4 ſols 2 d.	liv.	s.	d.
1 Denier	4	4	2
2	8	8	4
3 ou égalité du Gros	12	12	6

GRAIN. à ” 3 ſols 6 d. 1/12	liv.	s.	d.
1 Grain	”	3	6 1/12
2	”	7	” 1/6
3	”	10	6 1/4
4	”	14	” 1/3
5	”	17	6 5/12
6	1	1	” 1/2
7	1	4	6 7/12
8	1	8	” 2/3
9	1	11	6 3/4
10	1	15	[illegible]

MARC. à 812 liv. » ».		
1 Marc. 812	»	»
2 1624	»	»
3 2436	»	»
4 3248	»	»
5 4060	»	»
6 4872	»	»
7 5684	»	»
8 6496	»	»
9 7308	»	»
10 8120	»	»

ONCE. à 101 liv. 10 sols ».		
1 Once. 101	10	»
2 203	»	»
3 304	10	»
4 406	»	»
5 507	10	»
6 609	»	»
7 710	10	»
8 ou égalité du Marc. 812	»	»

GROS. à 12 liv. 13 ſ. 9 d.		
1 Gros 12	13	9
2 . . . 25	7	6
3 . . . 38	1	3
4 . . . 50	15	»
5 . . . 63	8	9
6 . . . 76	2	6
7 . . . 88	16	3
8 ou égalité de l'Once. 101	10	»

DENIER. à 4 liv. 4 ſ. 7 d.		
1 Denier 4	4	7
2 8	9	2
3 ou égalité du Gros. 12	13	9

GRAIN. à 3 sols 6 d $\frac{7}{24}$.		
1 Grain »	3	6 $\frac{7}{24}$
2 . . . . . »	7	» $\frac{7}{12}$
3 . . . . . »	10	6 $\frac{7}{8}$
4 . . . . . »	14	1 $\frac{1}{6}$
5 . . . . . »	17	7 $\frac{11}{24}$
6 1	1	1 $\frac{3}{4}$
7 1	4	8 $\frac{1}{24}$
8 1	8	2 $\frac{1}{3}$
9 1	11	8 $\frac{5}{8}$
10 1	15	2 $\frac{11}{12}$
24 4	4	7

MARC. à 816 liv. » ».		
1 Marc. 816	»	»
2 1632	»	»
3 2448	»	»
4 3264	»	»
5 4080	»	»
6 4896	»	»
7 5712	»	»
8 6528	»	»
9 7344	»	»
10 8160	»	»

ONCE. à 102 liv. » ».		
1 Once. 102	»	»
2 204	»	»
3 306	»	»
4 408	»	»
5 510	»	»
6 612	»	»
7 714	»	»
8 ou égalité du Marc. 816	»	»

GROS. à 12 liv. 15 sols ».		
1 Gros. 12	15	»
2 . . . 25	10	»
3 . . . 38	5	»
4 . . . 51	»	»
5 . . . 63	15	»
6 . . . 76	10	»
7 . . . 89	5	»
8 ou égalité de l'Once. 101	»	»

DENIER. à 4 liv. 5 ſ. ».		
1 Denier 4	5	»
2 8	10	»
3 ou égalité du Gros. 12	15	»

GRAIN. à » 3 sols 6 d. $\frac{1}{2}$		
1 Grain »	3	6 $\frac{1}{2}$
2 . . . . . »	7	1
3 . . . . . »	10	7 $\frac{1}{2}$
4 . . . . . »	14	2
5 . . . . . »	17	8 $\frac{1}{2}$
6 1	1	3
7 1	4	9 $\frac{1}{2}$
8 1	8	4
9 1	11	10 $\frac{1}{2}$
10 1	15	5
24 4	5	»

TARIF DE L'OR.

MARC. à 820 liv. ›› ››			ONCE. à 102 liv. 10 sols ››			GROS. à 12 liv. 16 sols 3 d.			DENIER. à 4 liv. 5 sols 5 den.			GRAIN. à ›› 3 sols 6 den. 17/24		
1 Marc. 820	››	››	1 Once. 102	10	››	1 Gros 12	16	3				1 Grain ››	3	6 17/24
2 1640	››	››	2 205	››	››	2 25	12	6				2 . . . . ››	7	1 5/12
3 2460	››	››	3 307	10	››	3 38	8	9				3 . . . . ››	10	8 1/8
4 3280	››	››	4 410	››	››	4 51	5	››	1 Denier 4	5	5	4 . . . . ››	14	2 5/6
5 4100	››	››	5 512	10	››	5 64	1	3	2 8	10	10	5 . . . . ››	17	9 13/24
6 4920	››	››	6 615	››	››	6 76	17	6	3 ou égalité du Gros . . 12	16	3	6 1	1	4 1/4
7 5740	››	››	7 717	10	››	7 79	13	9				7 1	4	10 23/24
8 6560	››	››	8 ou égalité du Marc 820	››	››	8 ou égalité de l'Once 102	10	››				8 1	8	5 2/3
9 7380	››	››										9 1	12	›› 9/24
10 8200	››	››										10 1	15	7 1/12
												24 4	5	5

MARC. à 824 liv. ›› ››			ONCE. à 103 liv. ›› ››			GROS. à 12 liv. 17 sols 6 d.			DENIER. à 4 liv. 5 sols 10 den.			GRAIN. à 3 sols 6 den. 11/12		
1 Marc 824	››	››	1 Once. 103	››	››	1 Gros 12	17	6				1 Grain ››	3	6 11/12
2 1648	››	››	2 206	››	››	2 25	15	››				2 . . . . ››	7	1 5/6
3 2472	››	››	3 309	››	››	3 38	12	6				3 . . . . ››	10	8 3/4
4 3296	››	››	4 412	››	››	4 51	10	››	1 Denier 4	5	10	4 . . . . ››	14	3 [illegible]
5 4120	››	››	5 415	››	››	5 64	7	6	2 8	11	8	5 . . . . ››	17	10 [illegible]
6 4944	››	››	6 618	››	››	6 77	5	››	3 ou égalité du Gros . . 12	17	6	6 1	1	5 [illegible]
7 5768	››	››	7 721	››	››	7 90	2	6				7 1	5	›› [illegible]
8 6592	››	››	8 ou égalité du Marc 824			8 ou égalité de l'Once 103	››	››				8 1	8	7 [illegible]
9 7416	››	››										9 1	12	2 [illegible]
10 8240	››	››										10 1	15	9 [illegible]
												24 4	5	10

CHAPITRE X.

CHAPITRE X.

TARIF de l'Argent, par Marcs, Onces, Gros, Deniers & Grains, de France.

MARC. à 52 *liv.* „ „.	L.	S.	D.
1 Marc.	52	„	„
2 . . .	104	„	„
3 . . .	156	„	„
4 . . .	208	„	„
5 . . .	260	„	„
6 . . .	312	„	„
7 . . .	364	„	„
8 . . .	416	„	„
9 . . .	468	„	„
10 . . .	520	„	„

ONCE. à 6 *liv.* 10 *ſ.* „ *d.*	L.	S.	D.
1 Once.	6	10	„
2	13	„	„
3	19	10	„
4	26	„	„
5	32	10	„
6	39	„	„
7	45	10	„
8 ou égalité du Marc.	52	„	„

GROS. à „ 16 *ſ.* 3 *d.*	L.	S.	D.
1 Gros.	„	16	3
2	1	12	6
3	2	8	9
4	3	5	„
5	4	1	3
6	4	17	6
7	5	13	9
8 ou égalité de l'Once.	6	10	„

DENIER. à „ 5 *ſ.* 5 *d.*	L.	S.	D.
1 Denier	„	5	5
2	„	10	10
3 ou égalité du Gros.	„	16	3

GRAIN. à „ „ 2 17/24.	L.	S.	D.
1 Grain.	„	„	2 17/24
2	„	„	5 10/24
3	„	„	8 3/24
4	„	„	10 20/24
5	„	1	1 13/24
6	„	1	4 6/24
7	„	1	6 23/24
8	„	1	9 16/24
9	„	2	„ 9/24
10	„	2	3 2/24
20	„	4	6 4/24
24 ou égalité de Gros.	„	5	5

MARC. à 52 liv. 2 ſ. 6 d.			ONCE. à 6 liv. 10 ſ. 3 d. 3/4			GROS. à ” 16 ſ. 3 d. 15/32			DENIER. à ” 5 ſ. 5 d. 5/32			GRAIN. à ” ” 2 den. 183/256		
1 Marc. 52	2	6	1 Once. 6	10	3 3/4	1 Gros. ”	16	3 15/32				1 Grain. ”		2 183/256
2 104	5		2 13		7 1/2	2 1	12	6 30/32				2 . . . . ”		5 110/256
3 . . . 156	7	6	3 . . . 19	10	11 1/4	3 2	8	10 13/32	1 Denier.	5	5 5/32	3 . . . . ”		8 37/256
4 . . . 208	10		4 . . . 26	1	3	4 3	5	1 28/32	2 . . . . ”	10	10 10/32	4 . . . . ”		10 229/256
5 . . . 260	12	6	5 . . . 32	11	6 3/4	5 4	1	5 11/32	3 ou éga-			5 . . . . ”	1	1 147/256
6 . . . 312	15		6 . . . 39	1	10 1/2	6 4	17	8 26/32	lité du			6 . . . . ”	1	4 74/256
7 . . . 364	17	6	7 . . . 45	12	2 3/4	7 5	14	9 9/32	Gros.	16	3 15/32	7 . . . . ”	1	7 1/256
8 . . . 417			8 ou éga-			8 ou éga-						8 . . . . ”	1	9 184/256
9 . . . 469	2	6	lité du			lité de						9 . . . . ”	2	111/256
10 . . . 521	5		Marc. 52	2	6	l'Once. 6	10	3 3/4				10 . . . . ”	2	3 38/256
												24 . . . . ”	5	5 5/32

MARC. à 52 liv. 5 ſols ”.			ONCE. à 6 liv. 10 ſols 7 den. 1/2			GROS. à ” 16 ſols 3 den. 15/16			DENIER. à ” 5 ſols 5 den. 5/16			GRAIN. à ” ” 2 den. 277/384		
1 Marc. 52	5		1 Once 6	10	7 1/2	1 Gros.	16	3 15/16				1 Grain. ”	”	2 277/384
2 . . . 104	10		2 . . . 13	1	3	2 . . . 1	12	7 14/16				2 . . . . ”	”	4 170/384
3 . . . 157	7	6	3 . . . 19	11	10 1/2	3 . . . 2	8	11 13/16	1 Denier		5 5/16	3 . . . . ”	”	8 63/384
4 . . . 208	10		4 . . . 26	2	6	4 . . . 3	5	3 3/4	2 . . . . ”	5	10 10/16	4 . . . . ”	”	10 340/384
5 . . . 260	12	6	5 . . . 32	13	1 1/2	5 . . . 4	1	7 11/16	3 ou éga-	10		5 . . . . ”	1	1 253/384
6 . . . 312	15		6 . . . 39	3	9	6 . . . 4	17	11 10/16	lité du			6 . . . . ”	1	4 126/384
7 . . . 364	17	6	7 . . . 45	14	4 1/2	7 . . . 5	14	3 9/16	Gros . . ”	16	3 15/16	7 . . . . ”	1	6 39/384
8 . . . 417			8 ou éga-			8 ou éga-						8 . . . . ”	1	9 296/384
19 . . . 459	2	6	lité du			lité de						9 . . . . ”	2	” 189/384
10 . . . 521	5		Marc 52	5		l'once 6	10	7 1/2				10 . . . . ”	2	2 [illegible]
												24 . . . . [illegible]	5	5 [illegible]

MARC. à 52 liv. 7 f. 6 den.			ONCE. à 6 liv. 10 f. 11 den. $\frac{1}{4}$			GROS. à ” 16 f. 4 den. $\frac{13}{32}$			DENIER. à ” 5 f. 5 den. $\frac{15}{32}$			GRAIN. à ” ” 2 den. $\frac{559}{768}$		
1 Marc. 52	7	6	1 once 6	10	$11\frac{1}{4}$	1 gros. ”	16	$4\frac{13}{32}$				1 Grain. ”	”	$2\frac{559}{768}$
2 . . . 104	15		2 . . . 13	1	$10\frac{1}{2}$	2 1	12	$8\frac{26}{32}$				2 . . . . ”	”	$5\frac{350}{768}$
3 . . . 167	2	6	3 . . . 19	12	$9\frac{3}{4}$	3 2	9	$1\frac{7}{32}$				3 . . . . ”	”	$8\frac{141}{768}$
4 . . . 209	10		4 . . . 26	3	9	4 3	5	$5\frac{20}{32}$	1 Denier ”	5	$5\frac{15}{32}$	4 . . . . ”	”	$10\frac{700}{768}$
5 . . . 261	17	6	5 . . . 32	14	$8\frac{1}{4}$	5 4	1	$10\frac{1}{32}$	2 . . . . ”	10	$10\frac{30}{32}$	5 . . . . ”	1	$1\frac{491}{768}$
6 . . . 314	5		6 . . . 39	5	$7\frac{1}{2}$	6 4	18	$2\frac{14}{32}$	3 ou égalité du Gros. ”	16	$4\frac{15}{32}$	6 . . . . ”	1	$4\frac{282}{768}$
7 . . . 366	12	6	7 . . . 45	16	$6\frac{3}{4}$	7 5	14	$6\frac{27}{32}$				7 . . . . ”	1	$7\frac{73}{768}$
8 . . . 419			8 ou égalité du Marc. 52	7	6	8 ou égalité de l'Once. 6	10	$11\frac{1}{4}$				8 . . . . ”	1	$9\frac{632}{768}$
9 . . . 471	7	6										9 . . . . ”	2	$\frac{423}{768}$
10 . . . 523	15											10 . . . . ”	2	$3\frac{214}{768}$
												24 . . . . ”	5	$5\frac{15}{32}$

MARC. à 52 liv. 10 fols ”.			ONCE. à 6 liv. 11 fols 3 d.			GROS. à ” 16 fols 4 d. $\frac{7}{8}$			DENIER. à ” 5 fols 5 d. $\frac{5}{8}$.			GRAIN. à ” ” 2 d. $\frac{47}{64}$		
1 Marc. 52	10	”	1 Once. 6	11	3	1 Gros. ”	16	$4\frac{7}{8}$				1 Grain. ”	”	$2\frac{47}{64}$
2 . . . 105	”	”	2 . . . 13	2	6	2 1	12	$9\frac{6}{8}$				2 . . . . ”	”	$5\frac{30}{64}$
3 . . . 157	10	”	3 . . . 19	13	9	3 2	9	$2\frac{5}{8}$				3 . . . . ”	”	$8\frac{13}{64}$
4 . . . 210	”	”	4 . . . 26	5	”	4 3	5	$7\frac{4}{8}$	1 Denier. ”	5	$5\frac{5}{8}$	4 . . . . ”	”	$10\frac{60}{64}$
5 . . . 262	10	”	5 . . . 32	16	3	5 4	2	” $\frac{3}{8}$	2 . . . . ”	10	$11\frac{2}{8}$	5 . . . . ”	1	$1\frac{43}{64}$
6 . . . 315	”	”	6 . . . 39	7	6	6 4	18	$5\frac{2}{8}$	3 ou égalité du Gros. ”	16	$4\frac{7}{8}$	6 . . . . ”	1	$4\frac{26}{64}$
7 . . . 367	10	”	7 . . . 45	18	9	7 5	14	$10\frac{1}{8}$				7 . . . . ”	1	$7\frac{9}{64}$
8 . . . 420	”	”	8 ou égalité du Marc. 52	10	”	8 ou égalité de l'Once. 6	11	3				8 . . . . ”	1	$9\frac{56}{64}$
9 . . . 472	10	”										9 . . . . ”	2	” $\frac{39}{64}$
10 . . . 525	”	”										10 . . . . ”	2	$3\frac{22}{64}$
												24 . . . . ”	5	$5\frac{5}{8}$

MARC. à 52 liv. 12 s. 6 d.			
1	Marc. 52	12	6
2	105	5	”
3	157	17	6
4	210	10	”
5	263	2	6
6	315	15	”
7	368	7	6
8	421	”	”
9	473	12	6
10	526	5	”

ONCE. à 6 liv. 11 sols 6 d. $\frac{3}{4}$			
1	Once. 6	11	6 $\frac{3}{4}$
2	13	3	1 $\frac{1}{2}$
3	19	14	8 $\frac{1}{4}$
4	26	6	3
5	32	17	9 $\frac{3}{4}$
6	39	9	4 $\frac{1}{2}$
7	46	”	11
8	ou égalité du Marc. 52	12	6

GROS. à ” 16 sols 5 d. $\frac{11}{32}$			
1	Gros. ”	16	5 $\frac{11}{32}$
2	1	12	10 $\frac{22}{32}$
3	2	9	4 $\frac{1}{32}$
4	3	5	9 $\frac{12}{32}$
5	4	2	2 $\frac{23}{32}$
6	4	18	8 $\frac{2}{32}$
7	5	15	1 $\frac{13}{32}$
8	ou égalité de l'Once. 6	11	6 $\frac{3}{4}$

DENIER. à ” 5 sols 5 d. $\frac{25}{2}$			
1	Denier ”	5	5 $\frac{25}{32}$
2	”	10	11 $\frac{18}{32}$
3	ou égalité du Gros. ”	16	5 $\frac{11}{32}$

GRAIN. à ” ” 2 den. $\frac{569}{768}$			
1	Grain. ”	”	2 $\frac{569}{768}$
2	”	”	5 $\frac{370}{768}$
3	”	”	8 $\frac{171}{768}$
4	”	”	10 $\frac{740}{768}$
5	”	1	1 $\frac{541}{768}$
6	”	1	4 $\frac{342}{768}$
7	”	1	7 $\frac{143}{768}$
8	”	1	9 $\frac{712}{768}$
9	”	2	” $\frac{513}{763}$
10	”	2	3 $\frac{314}{768}$
24	”	5	5 $\frac{25}{52}$

MARC. à 52 liv. 15 sols ”			
1	Marc. 52	15	”
2	105	10	”
3	158	5	”
4	211	”	”
5	263	15	”
6	316	10	”
7	369	5	”
8	422	”	”
9	474	15	”
10	527	10	”

ONCE. à 6 liv. 11 s. 10 d. $\frac{1}{2}$			
1	Once. 6	11	10 $\frac{1}{2}$
2	13	3	9
3	19	15	7 $\frac{1}{2}$
4	26	7	6
5	32	19	4 $\frac{1}{2}$
6	39	11	3
7	46	3	1 $\frac{1}{2}$
8	ou égalité du Marc. 52	15	”

GROS. à ” 16 sols 5 d. $\frac{13}{16}$			
1	Gros. ”	16	5 $\frac{13}{17}$
2	1	12	11 $\frac{10}{16}$
3	2	9	5 $\frac{7}{16}$
4	3	5	11 $\frac{4}{16}$
5	4	2	5 $\frac{1}{16}$
6	4	18	10 $\frac{14}{16}$
7	5	15	4 $\frac{11}{16}$
8	ou égalité de l'Once. 6	11	10 $\frac{1}{2}$

DENIER. à ” 5 sols 5 d. $\frac{15}{16}$			
1	Denier. ”	5	5 $\frac{15}{16}$
2	”	10	11 $\frac{14}{16}$
3	ou égalité du Gros. ”	16	5 $\frac{13}{16}$

GRAIN. à ” ” 2 d. $\frac{287}{384}$			
1	Grain. ”	”	2 $\frac{287}{384}$
2	”	”	5 $\frac{190}{384}$
3	”	”	8 $\frac{93}{384}$
4	”	”	10 $\frac{380}{384}$
5	”	1	1 $\frac{283}{384}$
6	”	1	4 $\frac{186}{384}$
7	”	1	7 $\frac{89}{384}$
8	”	1	9 $\frac{376}{384}$
9	”	2	” $\frac{279}{384}$
10	”	2	3 $\frac{182}{384}$
24	[illegible]	[illegible]	[illegible]

Marc à 52 liv. 17 sols 6 de

à 52 liv. 17 ſ. 6 d.			
1 Marc.	52	16	6
2 . . .	105	15	»
3 . . .	158	12	6
4 . . .	211	10	»
5 . . .	264	7	6
6 . . .	317	5	»
7 . . .	370	2	6
8 . . .	423	»	»
9 . . .	475	17	6
10 . . .	528	15	»

à 6 liv. 12 ſ. 2 d. $\frac{1}{4}$			
1 Once.	6	12	2 $\frac{1}{4}$
2 . . .	13	4	4 $\frac{1}{2}$
3 . . .	19	16	6 $\frac{3}{4}$
4 . . .	26	8	9
5 . . .	33	»	11 $\frac{1}{4}$
6 . . .	39	13	1 $\frac{1}{2}$
7 . . .	46	5	3 $\frac{3}{4}$
8 ou égalité du Marc.	52	17	6

à » 16 ſ. 6 d. $\frac{9}{32}$			
1 Gros.	»	16	6 $\frac{9}{32}$
2	1	13	» $\frac{18}{32}$
3	2	9	6 $\frac{27}{32}$
4	3	6	1 $\frac{4}{32}$
5	4	2	7 $\frac{13}{32}$
6	4	19	1 $\frac{22}{32}$
7	5	15	7 $\frac{31}{32}$
8 ou égalité de l'Once.	6	12	2 $\frac{1}{4}$

à » 5 ſol 6 d. $\frac{1}{32}$			
1 Denier.	»	5	6 $\frac{1}{32}$
2	»	11	» $\frac{2}{32}$
3 ou égalité du Gros.	»	16	6 $\frac{3}{32}$

à » » 2 denier. $\frac{577}{768}$			
1 Grain.	»	»	2 $\frac{577}{768}$
2	»	»	5 $\frac{386}{768}$
3	»	»	8 $\frac{195}{768}$
4	»	»	11 $\frac{4}{768}$
5	»	1	1 $\frac{581}{768}$
6	»	1	4 $\frac{390}{768}$
7	»	1	7 $\frac{199}{768}$
8	»	1	10 $\frac{8}{768}$
9	»	2	» $\frac{585}{768}$
10	»	2	3 $\frac{394}{768}$
24	»	5	6 $\frac{1}{32}$

MARC. à 53 liv. » ».			
1 Marc.	53	»	»
2 . . .	156	»	»
3 . . .	159	»	»
4 . . .	212	»	»
5 . . .	265	»	»
6 . . .	318	»	»
7 . . .	371	»	»
8 . . .	424	»	»
9 . . .	477	»	»
10 . . .	530	»	»

ONCE. à 6 liv. 12 ſols 6 den.			
1 Once.	6	12	6
2 . . .	13	5	»
3 . . .	19	17	6
4 . . .	26	10	»
5 . . .	33	2	6
6 . . .	39	15	»
7 . . .	46	7	6
8 ou égalité du Marc	53	»	»

GROS. à » 16 ſols 6 den. $\frac{3}{4}$			
1 Gros.	»	16	6 $\frac{3}{4}$
2	1	13	1 $\frac{1}{2}$
3	2	9	8 $\frac{1}{4}$
4	3	6	3
5	4	2	9 $\frac{3}{4}$
6	4	19	4 $\frac{1}{2}$
7	5	15	11 $\frac{1}{4}$
8 ou égalité de l'Once.	6	12	6

DENIER. à » 5 ſols 6 den. $\frac{1}{4}$			
1 Denier		5	6 $\frac{1}{4}$
2	»	11	» $\frac{1}{2}$
3 ou égalité du Gros.	»	16	6 $\frac{3}{4}$

GRAIN. à » » 2 den. $\frac{73}{96}$			
1 Grain	»	»	2 $\frac{73}{96}$
2	»	»	5 $\frac{50}{96}$
3	»	»	8 $\frac{27}{96}$
4	»	»	11 $\frac{4}{96}$
5	»	1	1 $\frac{77}{96}$
6	»	1	4 $\frac{54}{96}$
7	»	1	7 $\frac{31}{96}$
8	»	1	10 $\frac{8}{96}$
9	»	2	» $\frac{81}{96}$
10	»	2	3 $\frac{58}{96}$
24	»	5	6 $\frac{1}{4}$

MARC. à 53 *liv.* 2 *sols* 6 *den.*

	liv.	sols	den.
1 Marc	53	2	6
2	106	5	,,
3	159	7	6
4	212	10	,,
5	265	12	6
6	318	15	,,
7	371	17	6
8	425	,,	,,
9	478	2	6
10	531	5	,,

ONCE. à 6 *liv.* 12 *sols* 9 *den.* $\frac{3}{4}$

	liv.	sols	den.
1 Once	6	12	9 $\frac{3}{4}$
2 . . .	13	5	7 $\frac{1}{2}$
3 . . .	19	18	5 $\frac{1}{4}$
4 . . .	26	11	3
5 . . .	33	4	,, $\frac{3}{4}$
6 . . .	39	16	10 $\frac{1}{2}$
7 . . .	46	9	8 $\frac{1}{4}$
8 ou égalité du Marc.	53	2	6

GROS. à ,, 16 *sols* 7 *den.* $\frac{7}{32}$

	liv.	sols	den.
1 Gros.	,,	16	7 $\frac{7}{32}$
2	1	13	2 $\frac{7}{16}$
3	2	9	9 $\frac{21}{32}$
4	3	6	4 $\frac{7}{8}$
5	4	3	,, $\frac{3}{32}$
6	4	19	7 $\frac{5}{16}$
7	5	16	2 $\frac{17}{32}$
8 ou égalité de l'Once	6	12	9 $\frac{3}{4}$

DENIER. à ,, 5 *sols* 6 *den.* $\frac{13}{32}$

	sols	den.
1 Denier	5	6 $\frac{13}{32}$
2 . . . . ,,	11	$\frac{13}{16}$
3 ou égalité du Gros ,,	16	7 $\frac{7}{32}$

GRAIN. à ,, ,, 2 *den.* $\frac{539}{768}$

	liv.	sols	den.
1 Grain	,,	,,	2 $\frac{539}{768}$
2	,,	,,	5 $\frac{310}{768}$
3	,,	,,	8 $\frac{331}{768}$
4	,,	,,	11 $\frac{52}{768}$
5	,,	1	1 $\frac{641}{768}$
6	,,	1	4 $\frac{462}{768}$
7	,,	1	7 $\frac{283}{768}$
8	,,	1	10 $\frac{104}{768}$
9	,,	2	,, $\frac{695}{768}$
10	,,	2	3 $\frac{516}{768}$
24	,,	5	6 $\frac{13}{32}$

MARC. à 53 *liv.* 5 *sols* ,,

	liv.	sols	den.
1 Marc.	53	5	
2	106	10	
3	159	15	
4	213		
5	266	5	
6	319	10	
7	372	15	
8	426		
9	479	5	
10	533	10	

ONCE. à 6 *liv.* 13 *sols* 1 *den.* $\frac{1}{2}$

	liv.	sols	den.
1 Once	6	13	1 $\frac{1}{2}$
2 . . .	13	6	3
3 . . .	19	19	4 $\frac{1}{2}$
4 . . .	26	12	6
5 . . .	33	5	7 $\frac{1}{2}$
6 . . .	39	18	9
7 . . .	46	11	10 $\frac{1}{2}$
8 ou égalité du Marc	53	5	

GROS. à ,, 16 *sols* 7 *den.* $\frac{11}{16}$

	liv.	sols	den.
1 Gros.		16	7 $\frac{11}{16}$
2 . . .	1	13	3 $\frac{3}{8}$
3 . . .	2	9	11 $\frac{1}{16}$
4 . . .	3	6	6 $\frac{3}{4}$
5 . . .	4	3	2 $\frac{7}{16}$
6 . . .	4	19	10 $\frac{1}{8}$
7 . . .	5	16	5 $\frac{13}{16}$
8 ou égalité de l'once	6	13	1 $\frac{1}{2}$

DENIER. à ,, 5 *sols* 6 *den.* $\frac{9}{16}$

	sols	den.
1 Denier	5	6 $\frac{9}{16}$
2 . . . . ,,	11	1 $\frac{1}{8}$
3 ou égalité du Gros . . ,,	16	7 $\frac{11}{16}$

GRAIN. à ,, ,, 2 *den.* $\frac{99}{128}$

	liv.	sols	den.
1 Grain.	,,	,,	2 $\frac{99}{128}$
2	,,	,,	5 $\frac{70}{128}$
3	,,	,,	8 $\frac{41}{128}$
4	,,	,,	11 $\frac{12}{128}$
5	,,	1	1 $\frac{111}{128}$
6	,,	1	4 $\frac{82}{128}$
7	,,	1	7 $\frac{53}{128}$
8	,,	1	10 $\frac{24}{128}$
9	,,	2	,, $\frac{123}{128}$
10	,,	2	3 $\frac{94}{128}$

MARC. à 53 liv. 7 f. 6 den.				ONCE. à 6 liv. 13 f. 5 den. ¼				GROS. à ” 16 f. 8 den. $\frac{5}{32}$				DENIER. à ” 5 f. 6 den. $\frac{23}{32}$				GRAIN. à ” ” 2 den. $\frac{599}{768}$			
1 Marc.	53	7	6	1 once.	6	13	5 ¼	1 gros.	”	16	8 $\frac{5}{32}$					1 Grain.	”	”	2 $\frac{599}{768}$
2	106	15		2	13	6	10 ½	2	1	13	4 $\frac{5}{16}$					2	”	”	5 $\frac{430}{768}$
3	160	2	6	3	20		3 ¾	3	2	10	$\frac{15}{32}$	1 Denier	”	5	6 $\frac{23}{32}$	3	”	”	8 $\frac{261}{768}$
4	213	10		4	26	13	9	4	3	6	8 $\frac{5}{8}$	2	”	11	1 $\frac{7}{16}$	4	”	”	11 $\frac{92}{768}$
5	266	17	6	5	33	7	2 ¼	5	4	3	4 $\frac{20}{32}$	3 ou égalité du Gros.	”	16	8 $\frac{5}{32}$	5	”	1	1 $\frac{691}{768}$
6	320	5		6	40		7 ½	6	5		$\frac{15}{16}$					6	”	1	4 $\frac{522}{768}$
7	373	12	6	7	46	14	¾	7	5	16	9 $\frac{3}{32}$					7	”	1	7 $\frac{353}{768}$
8	427			8 ou égalité du Marc.	53	7	6	8 ou égalité de l'Once.	6	13	5 ¼					8	”	1	10 $\frac{184}{768}$
9	480	7	6													9	”	2	1 $\frac{15}{768}$
10	533	15														10	”	2	3 $\frac{614}{768}$
																24	”	5	6 $\frac{23}{32}$

MARC. à 53 liv. 10 sols ”.				ONCE. à 6 liv. 13 sols 9 d.				GROS. à ” 16 sols 8 d. $\frac{5}{8}$				DENIER. à ” 5 sols 6 d. $\frac{7}{8}$.				GRAIN. à ” ” 2 d. $\frac{151}{192}$			
1 Marc.	53	10	”	1 Once.	6	13	9	1 Gros.	”	16	8 $\frac{5}{8}$					1 Grain.	”	”	2 $\frac{151}{192}$
2	107	”	”	2	13	7	6	2	1	13	5 ¼					2	”	”	5 $\frac{110}{192}$
3	160	10	”	3	20	1	3	3	2	10	1 $\frac{7}{8}$					3	”	”	8 $\frac{69}{192}$
4	214	”	”	4	26	15	”	4	3	6	10 ½	1 Denier.	”	5	6 $\frac{7}{8}$	4	”	”	11 $\frac{28}{192}$
5	267	10	”	5	33	8	9	5	4	3	7 $\frac{1}{8}$	2	”	11	1 ¾	5	”	1	1 $\frac{179}{192}$
6	321	”	”	6	40	2	6	6	5		3 ¾	3 ou égalité du Gros.	”	16	8 $\frac{5}{8}$	6	”	1	4 $\frac{138}{192}$
7	374	10	”	7	46	16	3	7	5	17	$\frac{3}{8}$					7	”	1	7 $\frac{97}{192}$
8	428	”	”	8 ou égalité du Marc.	53	10	”	8 ou égalité de l'Once.	6	13	9					8	”	1	10 $\frac{56}{192}$
9	481	10	”													9	”	2	1 $\frac{15}{192}$
10	535	”	”													10	”	2	3 $\frac{166}{192}$
																24	”	5	6 $\frac{7}{8}$

TARIF DE L'ARGENT.

MARC. à 53 liv. 12 ſ. 6 d.	liv.	ſ.	d.
1 Marc.	53	12	6
2 . . .	107	5	»
3 . . .	160	17	6
4 . . .	214	10	»
5 . . .	268	2	6
6 . . .	321	15	»
7 . . .	375	7	6
8 . . .	429	»	»
9 . . .	482	12	6
10 . . .	536	5	»

ONCE. à 6 liv. 14 ſols » d. $\frac{3}{4}$	liv.	ſ.	d.
1 Once.	6	14	» $\frac{3}{4}$
2 . . .	13	8	1 $\frac{1}{2}$
3 . . .	20	2	2 $\frac{1}{4}$
4 . . .	26	16	3
5 . . .	33	10	3 $\frac{3}{4}$
6 . . .	40	4	4 $\frac{1}{2}$
7 . . .	46	18	5 $\frac{1}{4}$
8 ou égalité du Marc.	53	12	6

GROS. à » 16 ſols 9 d. $\frac{3}{32}$	liv.	ſ.	d.
1 Gros.	»	16	9 $\frac{3}{32}$
2 . . .	1	13	6 $\frac{3}{16}$
3 . . .	2	10	3 $\frac{9}{32}$
4 . . .	3	7	$\frac{3}{8}$
5 . . .	4	3	9 $\frac{15}{32}$
6 . . .	5		6 $\frac{9}{16}$
7 . . .	5	17	3 $\frac{27}{32}$
8 ou égalité de l'Once.	6	14	» $\frac{3}{4}$

DENIER. à » 5 ſols 7 d. $\frac{1}{32}$	ſ.	d.
1 Denier	» 5	7 $\frac{1}{32}$
2 . . .	» 11	2 $\frac{1}{16}$
3 ou égalité du Gros.	» 16	9 $\frac{3}{32}$

GRAIN. à » » 2 den. $\frac{203}{256}$	liv.	ſ.	d.
1 Grain.	»	»	2 $\frac{203}{256}$
2 . . .	»	»	5 $\frac{150}{256}$
3 . . .	»	»	8 $\frac{97}{256}$
4 . . .	»	»	11 $\frac{44}{256}$
5 . . .	»	1	1 $\frac{247}{256}$
6 . . .	»	1	4 $\frac{194}{256}$
7 . . .	»	1	7 $\frac{141}{256}$
8 . . .	»	1	10 $\frac{88}{256}$
9 . . .	»	2	1 $\frac{35}{256}$
10 . . .	»	2	3 $\frac{238}{256}$
24 . . .	»	5	7 $\frac{1}{32}$

MARC. à 53 liv. 15 ſols »	liv.	ſ.	d.
1 Marc.	53	15	»
2 . . .	107	10	»
3 . . .	161	5	»
4 . . .	215	»	»
5 . . .	268	15	»
6 . . .	322	10	»
7 . . .	376	5	»
8 . . .	430	»	»
9 . . .	483	15	»
10 . . .	537	10	»

ONCE. à 6 liv. 14 ſ. 4 d. $\frac{1}{2}$	liv.	ſ.	d.
1 Once.	6	14	4 $\frac{1}{2}$
2 . . .	13	8	9
3 . . .	20	3	1 $\frac{1}{2}$
4 . . .	26	17	6
5 . . .	33	11	10 $\frac{1}{2}$
6 . . .	40	6	3
7 . . .	47	»	7 $\frac{1}{2}$
8 ou égalité du Marc.	53	15	»

GROS. à » 16 ſols 9 d. $\frac{9}{16}$	liv.	ſ.	d.
1 Gros.	»	16	9 $\frac{9}{16}$
2 . . .	1	13	7 $\frac{1}{8}$
3 . . .	2	10	4 $\frac{11}{16}$
4 . . .	3	7	2 $\frac{1}{4}$
5 . . .	4	3	11 $\frac{13}{16}$
6 . . .	5		9 $\frac{3}{8}$
7 . . .	5	17	6 $\frac{15}{16}$
8 ou égalité de l'Once.	6	14	4 $\frac{1}{2}$

DENIER. à » 5 ſols 7 d. $\frac{3}{16}$	ſ.	d.
1 Denier.	» 5	7 $\frac{3}{16}$
2 . . .	» 11	2 $\frac{3}{8}$
3 ou égalité du Gros.	» 16	9 $\frac{9}{16}$

GRAIN. à » » 2 d. $\frac{307}{384}$	liv.	ſ.	d.
1 Grain.	»	»	2 $\frac{307}{384}$
2 . . .	»	»	5 $\frac{230}{384}$
3 . . .	»	»	8 $\frac{153}{384}$
4 . . .	»	»	11 $\frac{76}{384}$
5 . . .	»	1	1 $\frac{383}{384}$
6 . . .	»	1	4 $\frac{306}{384}$
7 . . .	»	1	7 $\frac{229}{384}$
8 . . .	»	1	10 $\frac{152}{384}$
9 . . .	»	2	1 $\frac{75}{384}$
10 . . .	»	2	3 $\frac{382}{384}$
24 . . .	[illegible]	[illegible]	[illegible]

MARC. à 53 liv. 17 ſ. 6 d.			ONCE. à 6 liv. 14 ſ. 8 d. $\frac{1}{4}$			GROS. à » 16 ſ. 10 d. $\frac{1}{32}$			DENIER. à » 5 ſ. 7 d. $\frac{11}{32}$			GRAIN. à » » 2 den. $\frac{619}{768}$		
1 Marc. 53	17	6	1 Once. 6	14	8 $\frac{1}{4}$	1 Gros. »	16	10 $\frac{1}{32}$	1 Denier.	5	7 $\frac{11}{32}$	1 Grain. »		2 $\frac{619}{768}$
2 . . . 107	15		2 . . . 13	9	4 $\frac{1}{2}$	2 1	13	8 $\frac{1}{16}$	2 . . . . »	11	2 $\frac{11}{16}$	2 . . . . . »		5 $\frac{470}{768}$
3 . . . 161	12	6	3 . . . 20	4	» $\frac{3}{4}$	3 2	10	6 $\frac{3}{32}$	3 ou égalité du Gros.	16	10 $\frac{1}{32}$	3 . . . . . »		8 $\frac{321}{768}$
4 . . . 215	10		4 . . . 26	18	9	4 3	7	4 $\frac{1}{8}$				4 . . . . . »		11 $\frac{172}{768}$
5 . . . 269	7	6	5 . . . 33	13	5 $\frac{1}{4}$	5 4	4	2 $\frac{5}{32}$				5 . . . . . »	1	2 $\frac{23}{768}$
6 . . . 323	5		6 . . . 40	8	1 $\frac{1}{2}$	6 5	1	» $\frac{3}{32}$				6 . . . . . »	1	4 $\frac{642}{768}$
7 . . . 377	2	6	7 . . . 47	2	9 $\frac{3}{4}$	7 5	17	10 $\frac{7}{32}$				7 . . . . . »	1	7 $\frac{493}{768}$
8 . . . 431			8 ou égalité du Marc. 53	17	6	8 ou égalité de l'Once. 6	14	8 $\frac{1}{4}$				8 . . . . . »	1	10 $\frac{344}{768}$
9 . . . 484	17	6										9 . . . . . »	2	1 $\frac{195}{768}$
10 . . . 538	15											10 . . . . . »	2	4 $\frac{46}{768}$
												24 . . . . . »	5	7 $\frac{11}{32}$

MARC. à 54 liv. » ».			ONCE. à 6 liv. 15 ſ. ».			GROS. à » 16 ſols 10 den. $\frac{1}{2}$			DENIER. à » 5 ſ. 7 den. $\frac{1}{2}$.			GRAIN. à » 2 ſols $\frac{13}{16}$		
1 Marc. 54	»	»	1 Once. 6	15	»	1 Gros. »	16	10 $\frac{1}{2}$	1 Denier »	5	7 $\frac{1}{2}$	1 Grain. »	»	2 $\frac{15}{16}$
2 . . . 108	»	»	2 . . . 13	10	»	2 1	13	9	2 . . . . »	11	3	2 . . . . . »	»	5 $\frac{10}{16}$
3 . . . 126	»	»	3 . . . 20	5	»	3 2	10	7 $\frac{1}{2}$	3 ou égalité du Gros. »	16	10 $\frac{1}{2}$	3 . . . . . »	»	8 $\frac{7}{16}$
4 . . . 216	»	»	4 . . . 27			4 3	7	6				4 . . . . . »	»	11 $\frac{4}{16}$
5 . . . 270	»	»	5 . . . 33	15	»	5 4	4	4 $\frac{1}{2}$				5 . . . . . »	1	2 $\frac{1}{16}$
6 . . . 324	»	»	6 . . . 40	10	»	6 5	1	3				6 . . . . . »	1	4 $\frac{14}{16}$
7 . . . 378	»	»	7 . . . 47	5	»	7 5	18	1 $\frac{1}{2}$				7 . . . . . »	1	7 $\frac{11}{16}$
8 . . . 432	»	»	8 ou égalité du Marc. 54	»	»	8 ou égalité de l'Once. 6	15	»				8 . . . . . »	1	10 $\frac{1}{4}$
9 . . . 486	»	»										9 . . . . . »	2	1 $\frac{5}{16}$
10 . . . 540	»	»										10 . . . . . »	2	4 $\frac{2}{16}$
												24 . . . . . »	5	7 $\frac{1}{2}$

CHAPITRE XI.

TARIF du Prix du Diamant taillé & poli depuis six jusqu'à trente pistoles de France, le Karat usité en France.

A 6 pistoles, ou 60 liv. le Karat.				*A 6 pist. $\frac{1}{4}$ ou 62 l. 10 s. le K.*			*A 6 pist. $\frac{1}{2}$ ou 65 liv. le Kar.*			*A 6 pist. $\frac{3}{4}$ ou 67 liv. 10 s. le Kar.*		
	L.			L.	S.	D.	L.	S.	D.	L.	S.	D.
1 K.	60			62	10		65			67	10	
2 .	120			125			130			135		
3 .	180			187	10		195			202	10	
4 .	240			250			260			270		
5 .	300			312	10		325			337	10	
6 .	360			375			390			405		
7 .	420			437	10		455			472	10	
8 .	480			500			520			540		
9 .	540			562	10		585			607	10	
10 .	600			625			650			675		
11 .	660			687	10		715			742	10	
12 .	720			750			780			810		
13 .	780			812	10		845			877	10	
14 .	840			875			910			945		
15 .	900			937	10		975			1012	10	
16 .	960			1000			1040			1080		
17 .	1020			1062	10		1105			1147	10	
18 .	1080			1125			1170			1215		
19 .	1140			1187	10		1235			1282	10	
20 .	1200			1250			1300			1350		
21 .	1260			1312	10		1365			1417	10	
22 .	1320			1375			1430			1485		
23 .	1380			1437	10		1495			1552	10	
24 .	1440			1500			1560			1620		
25 .	1500			1562	10		1625			1687	10	
26 .	1560			1625			1690			1755		
27 .	1620			1687	10		1755			1822	10	
28 .	1680			1750			1820			1890		
29 .	1740			1812	10		1885			1957	10	
30 .	1800			1875			1950			2025		
31 .	1860			1937	10		2015			2092	10	
32 .	1920			2000			2080			2160		
Fractions du Karat.				*Fract. du Kar.*			*Fract. du Kar.*			*Fract. du Kar.*		
3-4 .	45			46	17	6	48	15		50	12	6
1-2 .	30			31	5		32	10		33	15	
1-4 .	15			15	12	6	16	5		16	17	6
1-8 .	7	10		7	16	3	8	2	6	8	8	9
1-16 .	3	15		3	18	1 $\frac{1}{2}$	4	1	3	4	4	4 $\frac{1}{2}$
1-32 .	1	17	6	1	19	$\frac{3}{4}$	2		7 $\frac{1}{2}$	2	2	2 $\frac{1}{4}$
1-64 .		18	9		19	6 $\frac{3}{8}$	1		3 $\frac{3}{4}$	1	1	1 $\frac{1}{8}$

	A 7 pistoles, ou 70 liv. le Karat.			*A 7 pist. $\frac{1}{4}$ ou 72 l. 10 s. le K.*			*A 7 pist. $\frac{1}{2}$ ou 75 liv. le Kar.*			*A 7 pist. $\frac{3}{4}$ ou 77 l. 10 s. le K.*		
1 K.	70			72	10		75			77	10	
2 .	140			145			150			155		
3 .	210			217	10		225			232	10	
4 .	280			290			300			310		
5 .	350			362	10		375			387	10	
6 .	420			435			450			465		
7 .	490			507	10		525			542	10	
8 .	560			580			200			620		
9 .	630			652	10		675			697	10	
10 .	700			725			750			775		
11 .	770			797	10		825			852	10	
12 .	840			870			900			930		
13 .	910			942	10		975			1007	10	
14 .	980			1015			1050			1085		
15 .	1050			1087	10		1125			1172	10	
16 .	1120			1160			1200			1240		
17 .	1190			1232	10		1275			1317	10	
18 .	1260			1305			1350			1395		
19 .	1330			1377	10		1425			1472	10	
20 .	1400			1450			1500			1550		
21 .	1470			1522	10		1575			1627	10	
22 .	1540			1595			1650			1705		
23 .	1610			1667	10		1725			1782	10	
24 .	1680			1740			1800			1860		
25 .	1750			1812	10		1875			1937	10	
26 .	1820			1885			1950			2015		
27 .	1890			1957	10		2025			2092	10	
28 .	1960			2030			2100			2170		
29 .	2030			2102	10		2175			2247	10	
30 .	2100			2175			2250			2325		
31 .	2170			2247	10		2325			2402	10	
32 .	2240			2320			2400			2480		
Fractions du Karat.				*Fract. du Kar.*			*Fract. du Kar.*			*Fract. du Kar.*		
3-4 .	52	10		54	7	6	56	5		58	2	6
1-2 .	35			36	5		37	10		38	15	
1-4 .	17	10		18	2	6	18	15		19	7	6
1-8 .	8	15		9	1	3	9	7	6	9	13	9
1-16 .	4	7	6	4	10	7 $\frac{1}{2}$	4	13	9	4	16	10 $\frac{1}{2}$
1-32 .	2	3	9	2	5	3 $\frac{3}{8}$	2	6	10 $\frac{1}{2}$	2	8	5 $\frac{1}{4}$
1-64 .	1	1	10 $\frac{1}{2}$	1	2	7 $\frac{7}{8}$	1	3	5 $\frac{1}{4}$	1	4	2 $\frac{5}{8}$

A 8 pistoles, ou 80 liv. le Karat.				*A 8 pist. ¼ ou 82 l. 10 s. le K.*			*A 8 pist. ½ ou 85 liv. le Kar.*			*A 8 pist. ¾ ou 87 l. 10 s. le K.*		
1 K.	80			82	10		85			87	10	
2	160			165			170			175		
3	240			247	10		255			262	10	
4	320			330			340			350		
5	400			412	10		425			437	10	
6	480			495			510			525		
7	560			577	10		595			612	10	
8	640			660			680			700		
9	720			742	10		765			787	10	
10	800			825			850			875		
11	880			907	10		935			962	10	
12	960			990			1020			1050		
13	1040			1072	10		1105			1137	10	
14	1120			1155			1190			1225		
15	1200			1237	10		1275			1312	10	
16	1270			1320			1560			1400		
17	1360			1402	10		1445			1487	10	
18	1440			1485			1530			1575		
19	1520			1567	10		1615			1662	10	
20	1600			2650			1700			1750		
21	1680			1732	10		1785			1837	10	
22	1760			1815			1870			1925		
23	1840			1897	10		1955			2012	10	
24	1920			1980			2040			2100		
25	2000			2062	10		2125			2187	10	
26	2080			2145			2210			2275		
27	2180			2227	10		2295			2362	10	
28	2240			2310			2380			2450		
29	2320			2392	10		2465			2537	10	
30	2400			2475			2550			2625		
31	2480			2557	10		2635			2712	10	
32	2560			2640			2720			2800		
Fractions du Karat.				*Fract. du Kar.*			*Fract. du Kar.*			*Fract. du Kar.*		
3-4	60			61	17	6	63	15		65	12	6
1-2	40			41	5		42	10		43	15	
1-4	20			20	12	6	21	5		21	17	6
1-8	10			10	6	3	10	12	6	10	18	9
1-16	5			5	3	1 ½	5	6	3	5	9	4 ½
1-32	2	10		2	11	6 ¾	2	13	1 ½	2	14	8 ¾
1-64	1	5		1	5	9 ⅜	1	6	6 ¾	1	7	4 ⅜

A 9 pistoles,

A 9 pistoles, ou 90 liv. le Karat.				*A 9 pist. ¼ ou 92 l. 10 s. le K.*			*A 9 pist. ½ ou 95 liv. le Kar.*			*A 9 pist. ¾ ou 97 l. 10 s. le Kar.*		
1 K.	90			92	10		95			97	10	
2 .	180			185			190			195		
3 .	270			277	10		285			292	10	
4 .	360			370			380			390		
5 .	450			462	10		475			487	10	
6 .	540			555			570			585		
7 .	630			647	10		665			682	10	
8 .	720			740			760			780		
9 .	810			832	10		855			877	10	
10 .	900			925			950			975		
11 .	990			1017	10		1045			1072	10	
12 .	1080			1110			1140			1170		
13 .	1170			1202	10		1235			1267	10	
14 .	1260			1295			1330			1365		
15 .	1350			1387	10		1425			1462	10	
16 .	1440			1480			1520			1560		
17 .	1530			1572	10		1615			1657	10	
18 .	1620			1665			1710			1755		
19 .	1710			1757	10		1805			1852	10	
20 .	1800			1850			1900			1950		
21 .	1890			1942	10		1995			2047	10	
22 .	1980			2035			2090			2145		
23 .	2070			2127	10		2185			2242	10	
24 .	2160			2220			2280			2340		
25 .	2250			2312	10		2375			2437	10	
26 .	2340			2405			2470			2535		
27 .	2430			2497	10		2565			2632	10	
28 .	2520			2590			2660			2730		
29 .	2610			2682	10		2755			2827	10	
30 .	2700			2775			2850			2925		
31 .	2790			2867	10		2945			3022	10	
32 .	2880			2960			3040			3120		
Fractions du Karat.				*Fract. du Kar.*			*Fract. du Kar*			*Fract. du Kar*		
3-4 .	67	10		69	7	6	71	5		73	2	6
1-2 .	45			46	5		47	10		48	15	
1-4 .	22	10		23	2	6	23	15		24	7	6
1-8 .	11	5		11	11	3	11	17	6	12	3	9
1-16 .	5	12	6	5	15	7½	5	18	9	6	1	10½
1-32 .	2	16	3	2	17	9¾	2	19	4½	3		11¼
1-64 .	1	8	1½	1	8	10⅞	1	9	8¼	1	10	5⅝

A 10 pistoles ou 100 liv. le Karat.				*A 10 pist. $\frac{1}{4}$ ou 102 l. 10 s. le K.*			*A 10 pist. $\frac{1}{2}$ ou 105 l. le Karat.*			*A 10 pist. $\frac{3}{4}$ ou 107 l. 10 s. le K.*		
1 K.	100			102	10		105			107	10	
2	200			205			210			215		
3	300			370	10		315			322	10	
4	400			410			420			430		
5	500			512	10		525			537	10	
6	600			615			630			645		
7	700			717	10		735			752	10	
8	800			820			840			860		
9	900			922	10		945			967	10	
10	1000			1025			1050			1075		
11	1100			1127	10		1155			1182	10	
12	1200			1230			1260			1290		
13	1300			1332	10		1365			1397	10	
14	1400			1435			1470			1505		
15	1500			1537	10		1575			1612	10	
16	1600			1640			1680			1720		
17	1700			1742	10		1785			1827	10	
18	1800			1845			1890			1935		
19	1900			1948	10		1995			2042	10	
20	2000			2050			2100			2150		
21	2100			2152	10		2205			2257	10	
22	2200			2255			2310			2365		
23	2300			2357	10		2415			2472	10	
24	2400			2460			2520			2580		
25	2500			2562	10		2625			2687	10	
26	2600			2665			2730			2795		
27	2700			2767	10		2835			2902	10	
28	2800			2870			2940			3010		
29	2900			2972	10		3045			3117	10	
30	2000			3075			3150			3225		
31	3100			3177	10		3255			3332	10	
32	3200			3280			3360			3440		
Fractions du Karat.				*Fract. du Kar.*			*Fract. du Kar.*			*Fract. du Kar.*		
3-4	75			76	17	6	78	15		80	12	6
1-2	50			51	5		52	10		53	15	
1-4	25			25	12	6	26	5		26	17	6
1-8	12	10		12	16	3	13	2	6	13	8	9
1-16	6	5		6	8	1 $\frac{1}{2}$	6	11	3	6	14	4 $\frac{1}{2}$
1-32	3	2	6	3	4	$\frac{3}{4}$	3	5	7 $\frac{1}{2}$	3	7	2 $\frac{1}{4}$
1-64	1	11	3	1	12	$\frac{3}{8}$	1	12	6 $\frac{3}{4}$	1	13	7 $\frac{1}{8}$

A 11 *pistoles, ou* 110 *liv. le Karat.*			*A* 11 *pist.* ¼ *ou* 112 *l.* 10 *s. le K.*			*A* 11 *pist.* ½ *ou* 115 *liv. le Kar.*			*A* 11 *pist.* ¾ *ou* 117 *l.* 10 *s. le K.*		
1 K. 110			112	10		115			117	10	
2 . 220			225			230			235		
3 . 330			337	10		345			352	10	
4 . 440			450			460			470		
5 . 550			562	10		575			587	10	
6 . 660			675			690			705		
7 . 770			787	10		805			822	10	
8 . 880			900			920			940		
9 . 990			1012	10		1035			1057	10	
10 . 1100			1125			1150			1175		
11 . 1210			1237	10		1265			1292	10	
12 . 1320			1350			1280			1410		
13 . 1430			1462	10		1495			1527	10	
14 . 1540			1575			1610			1645		
15 . 1650			1687	10		1725			1762	10	
16 . 1760			1800			1840			1880		
17 . 1870			1912	10		1955			1997	10	
18 . 1980			2025			2070			2115		
19 . 2090			2137	10		2185			2232	10	
20 . 2200			2250			2300			2350		
21 . 2310			2362	10		2415			2467	10	
22 . 2420			2475			2530			2585		
23 . 2530			2587	10		2645			2702	10	
24 . 2640			2700			2760			2820		
25 . 2750			2812	10		2875			2937	10	
26 . 2860			2935			2990			3055		
27 . 2970			3047	10		3105			3172	10	
28 . 3080			3150			3220			3290		
29 . 3190			3262	10		3335			3407	10	
30 . 3300			3375			3450			3525		
31 . 3410			3487	10		3565			3642	10	
32 . 3520			3600			3680			3760		
Fractions du Karat.			*Fract. du Kar.*			*Fract. du Kar.*			*Fract. du Kar.*		
3-4 . 82	10		84	7	6	86	5		88	2	6
1-2 . 55			56	5		57	10		58	15	
1-4 . 27	10		28	2	6	28	15		29	7	6
1-8 . 13	15		14	1	3	14	7	6	14	13	9
1-16 . 6	17	6	7		7½	7	3	9	7	6	10½
1-32 . 3	8	9	3	10	3¾	3	11	10½	3	13	5¼
1-64 . 1	14	4½	1	15	1⅞	1	15	11¼	1	16	8⅝

A 12 pistoles, ou 120 liv. le Karat.				A 12 p. ¼ ou 122 l. 10 s. le K.			A 12 p. ½ ou 125 liv. le Kar.			A 12 p. ¾ ou 127 l. 10 s. le K.		
1 K.	120			122	10		125			127	10	
2	240			245			250			255		
3	360			367	10		375			382	10	
4	480			490			500			510		
5	600			612	10		625			637	10	
6	720			735			750			705		
7	840			857	10		875			892	10	
8	960			980			1000			1020		
9	1080			1102	10		1125			1147	10	
10	1200			1225			1250			1275		
11	1320			1347	10		1375			1402	10	
12	1440			1470			1500			1530		
13	1560			1592	10		1625			1657	10	
14	1680			1715			1750			1785		
15	1800			1837	10		1875			1912	10	
16	1920			1960			2000			2040		
17	2040			2082	10		2125			2167	10	
18	2160			2205			2250			2295		
19	2280			2327	10		2375			2422	10	
20	2400			2450			2500			2550		
21	2520			2572	10		2625			2677	10	
22	2640			2695			2750			2805		
23	2760			2817	10		2875			2932	10	
24	2880			2940			3000			3060		
25	3000			3062	10		3125			3187	10	
26	3120			3185			3250			3315		
27	3240			3107	10		3375			3442	10	
28	3360			3430			3500			3570		
29	3480			3552	10		3625			3697	10	
30	3600			3675			3750			3825		
31	3720			3797	10		3875			3952	10	
32	3840			3920			4000			4080		
Fractions du Karat.				Fract. du Kar.			Fract. du Kar.			Fract. du Kar.		
3-4	90			91	17	6	93	15		95	12	6
1-2	60			61	5		62	10		63	15	
1-4	30			30	12	6	31	5		31	17	6
1-8	15			15	6	3	15	12	6	15	18	9
1-16	7	10		7	13	1 ½	7	16	3	7	19	4 ½
1-32	3	15		3	16	6 ¾	3	18	1 ½	3	19	8 ¼
1-64	1	17	6	1	18	3 ⅜	1	19	¾	1	19	10 ⅛

A 13 pistoles, ou 130 liv. le Karat.				A 13 pist. ¼ ou 132 l. 10 s. le K.			A 13 pist. ½ ou 135 liv. le Kar.			A 13 pist. ¾ ou 137 l. 10 s. le K.		
1 K.	130			132	10		135			137	10	
2 .	260			265			270			275		
3 .	390			397	10		405			412	10	
4 .	520			530			540			550		
5 .	650			662	10		675			687	10	
6 .	780			795			810			825		
7 .	910			927	10		945			962	10	
8 .	1040			1060			1080			1100		
9 .	1170			1192	10		1215			1237	10	
10 .	1300			1325			1350			1375		
11 .	1430			1457	10		1485			1512	10	
12 .	1560			1590			1620			1650		
13 .	1690			1722	10		1755			1787	10	
14 .	1820			1855			1890			1925		
15 .	1950			1987	10		2025			2062	10	
16 .	2080			2120			2160			2200		
17 .	2210			2252	10		2295			2337	10	
18 .	2340			2385			2430			2475		
19 .	2470			2517	10		2565			2612	10	
20 .	2600			2650			2700			2750		
21 .	1730			2782	10		2835			2887	10	
22 .	2860			2915			2970			3025		
23 .	2990			3047	10		3105			3162	10	
24 .	3120			3180			3240			3300		
25 .	3250			3312	10		3375			3437	10	
26 .	3380			3445			3510			3575		
27 .	3510			3577	10		3645			3712	10	
28 .	3640			3710			3780			3850		
29 .	3770			3842	10		3915			3987	10	
30 .	3900			3975			4050			4125		
31 .	4030			4107	10		4185			4262	10	
32 .	4160			4240			4320			4400		
Fractions du Karat.				*Fract. du Kar.*			*Fract. du Kar.*			*Fract. du Kar.*		
3-4 .	97	10		99	7	6½	101	5		103	2	6
1-2 .	65			66	5		67	10		68	15	
1-4 .	32	10		33	2	6	33	15		34	7	6
1-8 .	16	5		16	11	3	16	17	6	17	3	9
1-16 .	8	2	6	8	5	7½	8	8	9	8	11	10½
1-32 .	4	1	3	4	2	9¾	4	4	4½	4	5	11¼
1-64 .	2		7½	2	1	4⅞	2	2	2¼	2	2	11⅝

A 14 pistoles, ou 140 liv. le Karat.			*A 14 pist. $\frac{1}{4}$ ou 142 l. 10 s. le K.*			*A 14 pist. $\frac{1}{2}$ ou 145 l. le Kar.*			*A 14 pist. $\frac{3}{4}$ ou 147 l. 10 s. le K.*		
1 K. 140			142	10		145			147	10	
2 . 280			285			290			295		
3 . 420			427	10		435			442	10	
4 . 560			570			580			590		
5 . 700			712	10		725			737	10	
6 . 840			855			870			885		
7 . 980			997	10		1015			1032	10	
8 . 1120			1140			1160			1180		
9 . 1260			1282	10		1305			1327	10	
10 . 1400			1425			1450			1475		
11 . 1540			1567	10		1595			1622	10	
12 . 1680			1710			1740			1770		
13 . 1820			1852	10		1885			1917	10	
14 . 1960			1995			2030			2065		
15 . 2100			2137	10		2175			2212	10	
16 . 2240			2280			2320			2360		
17 . 2380			2422	10		2465			2507	10	
18 . 2520			2565			2610			2655		
19 . 2660			2707	10		2755			2802	10	
20 . 2800			2850			2900			2950		
21 . 2940			2992	10		3045			3097	10	
22 . 3080			3135			3190			3245		
23 . 3220			3277	10		3335			3392	10	
24 . 3360			3420			3480			3540		
25 . 3500			3562	10		3625			3687	10	
26 . 3640			3705			3770			3835		
27 . 3780			3847	10		3915			3982	10	
28 . 3920			3990			4060			4130		
29 . 4060			4132	10		4205			4277	10	
30 . 4200			4275			4350			4425		
31 . 4340			4417	10		4495			4572	10	
32 . 4480			4560			4640			4720		
Fractions du Karat.			*Fract. du Kar.*			*Fract. du Kar.*			*Fract. du Kar.*		
3-4 105			106	17	6	108	15		110	12	6
1-2 . 70			71	5		72	10		73	15	
1-4 . 35			35	12	6	36	5		36	17	6
1-8 . 17	10		17	16	3	18	2	6	18	8	9
1-16 . 8	15		8	18	$1\frac{1}{2}$	9	1	3	9	4	$4\frac{1}{2}$
1-32 . 4	7	6	4	9	„ $\frac{3}{4}$	4	10	$7\frac{1}{2}$	4	12	$2\frac{1}{4}$
1-64 . 2	3	9	2	4	$6\frac{3}{8}$	2	5	$3\frac{3}{4}$	2	6	$1\frac{1}{8}$

	A 15 pistoles, ou 150 liv. le Karat.			A 15 pist. ¼ ou 152 l. 10 s. le K.			A 15 pist. ½ ou 155 l. le Kar.			A 15 pist. ¾ ou 157 l. 10 s. le K.		
1 K.	150			152	10		155			157	10	
2	300			305			310			315		
3	450			457	10		465			472	10	
4	600			610			620			630		
5	750			762	10		775			787	10	
6	900			915			930			945		
7	1050			1067	10		1085			1102	10	
8	1200			1220			1240			1260		
9	1350			1372	10		1395			1417	10	
10	1500			1525			1550			1575		
11	1650			1677	10		1705			1732	10	
12	1800			1830			1860			1890		
13	1950			1982	10		2015			2047	10	
14	2100			2135			2170			2205		
15	2250			2287	10		2325			2362	10	
16	2400			2440			2480			2520		
17	2550			2592	10		2635			2677	10	
18	2700			2745			2790			2835		
19	2850			2897	10		2945			2992	10	
20	3000			3050			3100			3150	10	
21	3150			3202	10		3255			3307		
22	3300			3355			3410			3465		
23	3450			3507	10		3565			3622	10	
24	3600			3660			3720			3780		
25	3750			3812	10		3875			3937	10	
26	3900			3965			4030			4095		
27	4050			4117	10		4185			4252	10	
28	4200			4270			4340			4410		
29	4350			4422	10		4495			4567	10	
30	4500			4575			4650			4725		
31	4650			4727	10		4805			4882	10	
32	4800			4880			4960			5040		
Fractions du Karat.				*Fract. du Kar.*			*Fract. du Kar.*			*Fract. du Kar.*		
3-4	112	10		114	7	6	116	5		118	2	6
1-2	75			76	5		77	10		78	15	
1-4	37	10		38	2	6	38	15		39	7	6
1-8	18	15		19	1	3	19	7	6	19	13	9
1-16	9	7	6	9	10	7½	9	13	9	9	16	10½
1-32	4	13	9	4	15	3¾	4	16	10½	4	18	5¼
1-64	2	6	10½	2	7	7⅞	2	8	5¼	2	9	2⅝

A 16 *pistoles, ou* 160 *liv. le Karat.*				*A* 16 *pi.* $\frac{1}{4}$ *ou* 162 *l.* 10 *f. le K.*			*A* 16 *pist.* $\frac{1}{2}$ *ou* 165 *l. le Kar.*			*A* 16 *pist.* $\frac{3}{4}$ *ou* 167 *l.* 10 *f. le K.*		
1 K.	160			162	10		165			167	10	
2	320			325			330			335		
3	480			487	10		495			502	10	
4	640			650			660			670		
5	800			812	10		825			837	10	
6	960			975			990			1005		
7	1120			1137	10		1155			1172	10	
8	1280			1300			1320			1340		
9	1440			1462	10		1485			1507	10	
10	1600			1625			1650			1675		
12	1760			1787	10		1815			1842	10	
13	1920			1950			1980			2010		
11	2080			2112	10		2145			2177	10	
14	2240			2275			2310			2345		
15	2400			2437	10		2475			2512	10	
16	2560			2600			2640			2680		
17	2720			2762	10		2805			2847	10	
18	2880			2925			2970			3015		
19	3040			3087	10		3135			3182	10	
20	3200			3250			3300			3350		
21	3360			3412	10		3465			3517	10	
22	3520			3575			3630			3685		
23	3680			3737	10		3795			3852	10	
24	3840			3900			3960			4020		
25	4000			4062	10		4125			4187	10	
26	4160			4225			4290			4355		
27	4320			4387	10		4455			4522	10	
28	4480			4550			4620			4690		
29	4640			4712	10		4785			4857	10	
30	4800			4875			4950			5025		
31	4960			5037	10		5115			5192	10	
32	5120			5200			5280			5360		
Fractions du Karat.				*Fract. du Kar.*			*Fract. du Kar.*			*Fract. du Kar.*		
3-4	120			121	17	6	123	15		125	12	6
1-2	80			81	5		82	10		83	15	
1-4	40			40	12	6	41	5		41	17	6
1-8	20			20	6	3	20	12	6	20	18	9
1-16	10			10	3	1 $\frac{1}{2}$	10	6	3	10	9	4 $\frac{1}{2}$
1-32	5			5	1	6 $\frac{3}{4}$	5	3	1 $\frac{1}{2}$	5	4	8 $\frac{1}{4}$
1-64	2	10		2	10	9 $\frac{3}{8}$	2	11	6 $\frac{3}{4}$	2	12	4 $\frac{1}{8}$

A 17 *Pistoles,*

A 17 pistoles, ou 170 liv. le Karat.		*A 17 pist. ¼ ou 172 l. 10 s. le K.*		*A 17 pist. ½ ou 175 liv. le Kar.*	*A 17 pist. ¾ ou 177 l. 10 s. le K.*	
1 K.	170	172	10	175	177	10
2	340	345		350	355	
3	510	517	10	525	532	10
4	680	690		700	710	
5	850	862	10	875	887	10
6	1020	1035		1050	1065	
7	1190	1207	10	1225	1242	10
8	1360	1380		1400	1420	
9	1530	1552	10	1575	1597	10
10	1700	1725		1750	1775	
11	1870	1897	10	1925	1952	10
12	2040	2070		2100	2130	
13	2210	2242	10	2275	2307	10
14	2380	2415		2450	2485	
15	2550	2587	10	2625	2662	10
16	2720	2760		2800	2840	
17	2890	2932	10	2975	3017	10
18	3060	3105		3150	3195	
19	3230	3277	10	3325	3372	10
20	3400	3450		3500	3550	
21	3570	3622	10	3675	3727	10
22	3740	3795		3850	3905	
23	3910	3967	10	4025	4082	10
24	4080	4140		4200	4260	
25	4250	4312	10	4375	4437	10
26	4420	4485		4550	4615	
27	4590	4657	10	4725	4792	10
28	4760	4830		4900	4970	
29	4930	5002	10	5075	5147	10
30	5100	5175		5250	5325	
31	5270	5347	10	5425	5502	10
32	5440	5520		5600	5680	

Fractions du Karat.				*Fract. du Kar.*			*Fract. du Kar.*			*Fract. du Kar.*		
3-4	127	10		129	7	6	131	5		133	2	6
1-2	85			86	5		87	10		88	15	
1-4	42	10		43	2	6	43	15		44	7	6
1-8	21	5		21	11	3	21	17	6	22	3	9
1-16	10	12	6	10	15	7 ½	10	8	9	11	1	10 ½
1-32	5	6	3	5	7	9 ¾	5	4	4 ½	5	10	11 ¼
1-64	2	13	1 ½	2	13	10 ⅜	2	12	2 ¼	2	15	5 [illegible]

A 18 pistoles ou 180 l. le Karat.				*A 18 pist. $\frac{1}{4}$ ou 182 l. 10 ſ. le K.*			*A 18 pist. $\frac{1}{2}$ ou 185 l. le Kar.*			*A 18 pist. $\frac{3}{4}$ ou 187 l. 10 ſ. le K.*		
1 K.	180			182	10		185			187	10	
2	360			365			370			375		
3	540			547	10		555			562	10	
4	720			730			740			750		
5	900			912	10		925			937	10	
6	1080			1095			1110			1125		
7	1260			1277	10		1195			1312	10	
8	1440			1460			1480			1500		
9	1620			1642	10		1665			1687	10	
10	1800			1825			1850			1875		
11	1980			2007	10		2035			2062	10	
12	2160			2190			2220			2250		
13	2340			2372	10		2405			2437	10	
14	2520			2555			2590			2625		
15	2700			2737	10		2775			2812	10	
16	2880			2920			2960			3000		
17	3060			3102	10		3145			3187	10	
18	3240			3285			3330			3375		
19	3420			3467	10		3515			3562	10	
20	3600			3650			3700			3750		
21	3780			3832	10		3885			3937	10	
22	3960			4015			4070			4125		
23	4140			4197	10		4255			4312	10	
24	4320			4380			4440			4500		
25	4500			4562	10		4625			4687	10	
26	4680			4745			4810			4875		
27	4860			4927	10		4995			5062	10	
28	5040			5110			5180			5250		
29	5220			5292	10		5365			5437	10	
30	5400			5475			5550			5625		
31	5580			5657	10		5735			5812	10	
32	5760			5840			5920			6000		
Fractions du Karat.				*Fract. du Kar.*			*Fract. du Kar.*			*Fract. du Kar.*		
3-4	135			136	17	6	138	15		140	12	6
1-2	90			91	5		92	10		93	15	
1-4	45			45	12	6	46	5		46	17	6
1-8	22	10		22	16	3	23	2	6	23	8	9
1-16	11	5		11	8	1 $\frac{1}{2}$	11	11	3	11	14	4 $\frac{1}{2}$
1-32	5	12	6	5	14	$\frac{3}{4}$	5	15	7 $\frac{1}{2}$	5	17	2 $\frac{1}{4}$
1-64	2	16	3	2	17	$\frac{3}{8}$	2	17	9 $\frac{3}{4}$	2	18	7 $\frac{1}{8}$

A 19 pistoles, ou 190 liv. le Karat.				A 19 pist. ¼ ou 192 l. 10 s. le K.			A 19 pist. ½ ou 195 liv. le Kar.			A 19 pist. ¾ ou 197 l. 10 s. le K.		
1 K.	190			192	10		195			197	10	
2 .	380			385			390			395		
3 .	570			577	10		585			592	10	
4 .	760			770			780			790		
5 .	950			962	10		975			987	10	
6 .	1140			1155			1170			1185		
7 .	1330			1347	10		1365			1382	10	
8 .	1520			1540			1560			1580		
9 .	1710			1732	10		1765			1777	10	
10 .	1900			1925			1950			1975		
11 .	2090			2117	10		2145			2172	10	
12 .	2280			2310			2340			2370		
13 .	2470			2502	10		2535			2567	10	
14 .	2660			2695			2730			2765		
15 .	2850			2887	10		2925			2962	10	
16 .	3040			3089			3120			3160		
17 .	3230			3272	10		3315			3357	10	
18 .	3420			3465			3510			3555		
19 .	3610			3657	10		3705			3752	10	
20 .	3800			3850			3900			3950		
21 .	3990			4042	10		4095			4147	10	
22 .	4180			4235			4290			4345		
23 .	4370			4427	10		4485			4542	10	
24 .	4560			4620			4680			4740		
25 .	4750			4812	10		4875			4937	10	
26 .	4940			5005			5070			5135		
27 .	5130			5197	10		5265			5332	10	
28 .	5320			5390			5460			5530		
29 .	5510			5582	10		5655			5727	10	
30 .	5700			5775			5850			5925		
31 .	5890			5967	11		6045			6122	10	
32 .	6080			6160			6240			6320		
Fractions du Karat.				**Fract. du Kar.**			**Fract. du Kar.**			**Fract. du Kar.**		
3-4 .	142	10		144	7	6	145	5		147	15	
1-2 .	95			96	5		97	10		98	10	
1-4 .	47	10		48	2	6	48	15		49	5	
1-8 .	23	15		24	1	3	24	7	6	24	12	6
1-16 .	11	17	6	12		7 ½	12	3	9	12	6	3
1-32 .	5	18	9	6		3 ¾	6	1	10 ½	6	3	1 ½
1-64 .	2	19	4 ½	3		1 ⅞	3		11 ¼	3	1	6 ¾

A 20 pistoles, ou 200 liv. le Karat.				*A 20 pist. $\frac{1}{4}$ ou 202 l. 10 s. le K.*			*A 20 pist. $\frac{1}{2}$ ou 205 liv. le Kar.*			*A 20 pist. $\frac{3}{4}$ ou 207 l. 10 s. le K.*		
1 K.	200			202	10		205			207	10	
2	400			405			410			415		
3	600			607	10		615			622	10	
4	800			810			820			830		
5	1000			1012	10		1025			1037	10	
6	1200			1215			1230			1245		
7	1400			1417	10		1435			1452	10	
8	1600			1620			1640			1660		
9	1800			1822	10		1845			1867	10	
10	2000			2025			2050			2075		
11	2200			2227	10		2255			2282	10	
12	2400			2430			2460			2490		
13	2600			2632	10		2665			2697	10	
14	2800			2835			2870			2905		
15	3000			3937	10		3075			3112	10	
16	3200			3240			3280			3320		
17	3400			3442	10		3485			3527	10	
18	3600			3645			3690			3735		
19	3800			3847	10		3895			3942	10	
20	4000			4050			4100			4150		
21	4200			4252	10		4305			4357	10	
22	4400			4455			4510			4565		
23	4600			4657	10		4715			4772	10	
24	4800			4860			4920			4980		
25	5000			5062	10		5125			5187	10	
26	5200			5265			5330			5395		
27	5400			5467	10		5536			5602	10	
28	5600			5670			5640			5810		
29	5800			5872	10		5945			6017	10	
30	6000			6075			6150			6225		
31	6200			6277	10		6355			6432	10	
32	6400			6480			6560			6640		
Fractions du Karat.				*Fract. du Kar.*			*Fract. du Kar.*			*Fract. du Kar.*		
3-4	150			151	17	6	153	15		155	12	6
1-2	100			101	5		102	10		103	15	
1-4	50			50	12	6	51	5		51	17	6
1-8	25			25	6	3	25	12	6	25	18	9
1-16	12	10		12	13	1 $\frac{1}{2}$	12	16	3	12	19	4 $\frac{1}{2}$
1-32	6	5		6	6	6 $\frac{3}{4}$	6	8	1 $\frac{1}{2}$	6	9	8 $\frac{1}{4}$
1-64	3	2	6	3	3	3 $\frac{3}{8}$	3	4	$\frac{3}{4}$	3	4	10 $\frac{1}{8}$

A 21 pistoles, ou 210 liv. le Karat.				*A 21 pist. $\frac{1}{4}$ ou 212 l. 10 s. le K.*			*A 21 pist. $\frac{1}{2}$ ou 215 liv. le Kar.*			*A 21 pist. $\frac{3}{4}$ ou 217 l. 10 s. le K.*		
1 K.	210			212	10		215			217	10	
2 .	420			425			430			435		
3 .	630			637	10		645			652	10	
4 .	840			850			860			870		
5 .	1050			1062	10		1075			1087	10	
6 .	1260			1275			1290			1305		
7 .	2470			1487	10		1505			1522	10	
8 .	1680			1700			1720			1740		
9 .	1890			1912	10		1935			1957	10	
10 .	2100			2125			2150			2175		
11 .	2310			2337	10		2365			2392	10	
12 .	2520			2550			2580			2610		
13 .	2730			2762	10		2795			2827	10	
14 .	2940			2975			3010			3045		
15 .	3150			3187	10		3225			3262	10	
16 .	3360			3400			3440			3480		
17 .	3570			3612	10		3655			3697	10	
18 .	3780			3825			3870			3915		
19 .	3990			4037	10		3085			4132	10	
20 .	4200			4250			4300			4350		
21 .	4410			4462	10		4515			4567	10	
22 .	4620			4675			4730			4785		
23 .	4830			4887	10		4945			5002	10	
24 .	5040			5100			5160			5220		
25 .	5250			5312	10		5375			5437	10	
26 .	5460			5525			5590			5655		
27 .	5670			5737	10		5805			5872	10	
28 .	5880			5950			6020			6090		
29 .	6090			6162	10		6235			6307	10	
30 .	6300			6375			6450			6525		
31 .	6510			6587	10		6665			6742	10	
32 .	6720			6890			6880			6960		
Fractions du Karat.				*Fract. du Kar.*			*Fract. du Kar.*			*Fract. du Kar.*		
3-4 .	157	10		159	7	6	161	5		162	15	
1-2 .	105			106	5		107	10		108	10	
1-4 .	52	10		53	2	6	53	15		54	5	
1-8 .	26	5		26	11	3	26	17	6	27	2	6
1-16 .	13	2	6	13	5	7 $\frac{1}{2}$	13	8	9	13	11	3
1-32 .	6	11	3	6	12	9 $\frac{3}{4}$	6	14	4 $\frac{1}{8}$	6	15	1 $\frac{1}{8}$
1-64 .	3	5	7 $\frac{1}{2}$	3	6	4 $\frac{7}{8}$	3	7	2 $\frac{1}{4}$	3	7	6 $\frac{3}{4}$

A 22 pistoles, ou 220 liv. le Karat.			*A 22 pist. $\frac{1}{4}$ ou 222 l. 10 s. le K.*			*A 22 pist. $\frac{1}{2}$ ou 225 l. le Kar.*			*A 22 pist. $\frac{3}{4}$ ou 227 l. 10 s. le K.*		
1 K. 220			222	10		225			227	10	
2 . 440			445			450			455		
3 . 660			667	10		675			682	10	
4 . 880			890			900			910		
5 . 1100			1112	10		1125			1137	10	
6 . 1320			1335			1350			1365		
7 . 1540			1557	10		1575			1592	10	
8 . 1760			1780			1800			1820		
9 . 1980			2002	10		2025			2047	10	
10 . 2200			2225			2250			2275		
11 . 2420			2447	10		2475			2502	10	
12 . 2640			2670			2700			2730		
13 . 2860			2892	10		2925			2957	10	
14 . 3080			3115			3150			3185		
15 . 3300			3337	10		3375			3412	10	
16 . 3520			3560			3600			3640		
17 . 3740			3782	10		3825			3867	10	
18 . 3960			4005			4050			4095		
19 . 4180			4227	10		4275			4322	10	
20 . 4400			4450			4500			4550		
21 . 4620			4672	10		4725			4777	10	
22 . 4840			4895			4950			5005		
23 . 5060			5117	10		5175			5232	10	
24 . 5280			5340			5400			5460		
25 . 5500			5562	10		5625			5687	10	
26 . 5720			5785			5850			5915		
27 . 5940			6007	10		6075			6142	10	
28 . 6160			6230			6300			6370		
29 . 6380			6452	10		6525			6597	10	
30 . 6600			6675			6750			6825		
31 . 6820			6897	10		6975			7052	10	
32 . 7040			7120			7200			7280		
Fractions du Karat.			*Fract. du Kar.*			*Fract. du Kar.*			*Fract. du Kar.*		
3-4 . 165			166	17	6	168	15		170	5	
1-2 . 110			111	5		112	10		113	10	
1-4 . 55			55	12	6	56	5		56	15	
1-8 . 27	10		27	16	3	28	2	6	28	7	6
1-16 . 13	15		13	18	1 $\frac{1}{2}$	14	1	3	14	3	9
1-32 . 6	17	6	6	19	$\frac{3}{4}$	7		7 $\frac{1}{2}$	7	1	10 $\frac{1}{2}$
1-64 . 3	8	9	3	9	6 $\frac{3}{8}$	3	10	3 $\frac{3}{4}$	3	10	11 $\frac{1}{4}$

A 23 pistoles, ou 230 liv. le Karat.				A 23 pist. $\frac{1}{4}$ ou 232 l. 10 s. le K.			A 23 pist. $\frac{1}{2}$ ou 235 l. le Kar.			A 23 pist. $\frac{3}{4}$ ou 237 l. 10 s. le K.		
1 K.	230			232	10		235			247	10	
2 .	460			465			470			475		
3 .	690			697	10		705			712	10	
4 .	920			930			940			950		
5 .	1150			1162	10		1175			1187	10	
6 .	1380			1395			1410			1425		
7 .	1610			1627	10		1645			1662	10	
8 .	1840			1860			1880			1900		
9 .	2070			2092	10		2115			2137	10	
10 .	2300			2325			2350			2375		
11 .	2530			2557	10		2585			2612	10	
12 .	2760			2790			2820			2850		
13 .	2990			3022	10		3055			3087	10	
14 .	3220			3255			3290			3325		
15 .	3450			3487	10		3525			3562	10	
16 .	3680			3720			3760			3800		
17 .	3910			3952	10		3995			4037	10	
18 .	4140			4185			4230			4275		
19 .	4370			4417	10		4465			4512	10	
20 .	4600			4650			4700			4750		
21 .	4830			4882	10		4935			4987	10	
22 .	4060			5115			5170			5225		
23 .	5290			5347	10		5405			5462	10	
24 .	5520			5580			5640			5790		
25 .	5750			5812	10		5875			5937	10	
26 .	5980			6045			6110			6175		
27 .	6210			6277	10		6345			6412	10	
28 .	6440			6510			6580			6650		
29 .	7670			6742	10		6815			6887	10	
30 .	6900			6975			7050			7125		
31 .	7130			7299	10		7280			7362	10	
32 .	7360			7440			7520			7600		
Fractions du Karat.				Fract. du Kar.			Fract. du Kar.			Fract. du Kar.		
3-4	172	10		174	7	6	176	5		178	2	6
1-2	115			116	5		117	10		118	15	
1-4 .	57	10		58	2	6	58	15		59	7	6
1-8 .	28	15		29	1	3	29	7	6	29	13	9
1-16 .	14	7	6	14	10	$7\frac{1}{2}$	14	13	9	14	16	$10\frac{1}{2}$
1-32 .	7	3	9	7	5	$3\frac{3}{4}$	7	6	$10\frac{1}{2}$	7	8	$5\frac{1}{4}$
1-64 .	3	11	$10\frac{1}{2}$	3	12	$7\frac{7}{8}$	3	13	$5\frac{1}{4}$	3	14	$2\frac{5}{8}$

A 24 pistoles ou 240 liv. le Karat.				*A 25 pist. ou 250 liv. le K.*			*A 26 pist. ou 260 l. le Karat.*			*A 27 pist. ou 270 liv. le K.*		
1 K.	240			250			260			270		
2	480			500			520			540		
3	720			750			780			810		
4	960			1000			1040			1080		
5	1200			1250			1300			1350		
6	1440			1500			1560			1620		
7	1680			1750			1820			1890		
8	1920			2000			2080			2160		
9	2160			2250			2340			2430		
10	2400			2500			2600			2700		
11	2640			2750			2860			2970		
12	2880			3000			3120			3240		
13	3120			3250			3380			3510		
14	3360			3500			3640			3780		
15	3600			3750			3900			4050		
16	3840			4000			4160			4320		
17	4080			4250			4420			4590		
18	4320			4500			4680			4860		
19	4560			4750			4940			5130		
20	4800			5000			5200			5400		
21	5040			5250			5460			5670		
22	5280			5500			5720			5940		
23	5520			5750			5980			6210		
24	5760			6000			6240			6480		
25	6000			6250			6500			6750		
26	6240			6500			6760			7020		
27	6480			6750			7020			7290		
28	6720			7000			7280			7560		
29	6960			7250			7540			7830		
30	7200			7500			7800			8100		
31	7440			7750			8060			8370		
32	7680			8000			8320			8640		
Fractions du Karat.				*Fract. du Kar.*			*Fract. du Kar.*			*Fract. du Kar.*		
3-4	180			187	10		195			202	10	
1-2	120			125			130			135		
1-4	60			62	10		65			67	10	
1-8	30			31	5		32	10		33	15	
1-16	15			15	12	10	16	5		16	17	6
1-32	7	10		7	16	5	8	2	6	8	8	9
1-64	3	15		3	18	2 ½	4	1	3	4	4	4 ½

A 28 Pistoles.

	A 28 pistoles ou 280 liv. le Karat.			A 29 pist. ou 290 liv. le Karat.			A 30 pist. ou 300 liv. le Karat.		
1 K.	280			290			300		
2	560			580			600		
3	840			870			900		
4	1120			1160			1200		
5	1400			1450			1500		
6	1680			1740			1800		
7	1960			2030			2100		
8	2240			2320			2400		
9	2520			2610			2700		
10	2800			2900			3000		
11	3080			3190			3300		
12	3360			3480			3600		
13	3640			3770			3900		
14	3920			4060			4200		
15	4200			4350			4500		
16	4480			4640			4800		
17	4760			4930			5100		
18	5040			5220			5400		
19	5320			5510			5700		
20	5600			5800			6000		
21	5880			6090			6300		
22	6160			6380			6600		
23	6440			6670			6900		
24	6720			6960			7200		
25	7000			7250			7500		
26	7280			7540			7800		
27	7560			7830			8100		
28	7840			8120			8400		
29	8120			8410			8700		
30	8400			8700			9000		
31	8680			8990			9300		
32	8960			9280			9600		
Fractions du Karat.				Fract. du Kar.			Fract. du Kar.		
3-4	210			217	15		225		
1-2	140			145			150		
1-4	70			72	10		75		
1-8	35			36	5		37	10	
1-16	17	10		18	2	6	18	15	
1-32	8	15		9	1	3	9	7	6
1-64	4	7	6	4	10	$7\frac{1}{2}$	4	13	9

CHAPITRE XII.

TARIF Général des Glaces, du Tain & des Bordures, ou Moulures; ledit tarif divisé en trois parties;

SAVOIR:

1°. Prix des petites Glaces & du Tain.
2°. Prix des Glaces & du Tain, sur toutes grandeurs.
3°. Prix des Moulures.

Il sera essentiel d'observer que les prix des Glaces & Moulures seulement, portés dans les Tarifs suivans, sont augmentés d'un dixieme, en vertu d'un Arrêt du Conseil d'État du Roi, du 13 Octobre 1781.

1°. PRIX DES PETITES GLACES ET DU TAIN.

HAUTEUR.	LARGEUR.	PRIX DES GLACES. Liv.	Sols.	D.	PRIX DU TAIN. Liv.	Sols.	D.
N°.	8		8			6	
N°.	10		10			7	
N°.	12		16			8	
N°.	17	1	2	8		10	
N°.	20	1	6	8		12	
N°.	30	2	8			15	
N°.	40	3	4			18	
N°.	50	4			1	»	

Nota. Les petites Glaces ci-dessus portent ce qui suit: savoir; N°. 8, 6 pouces 8 lignes de haut, sur 5 pouces de large, N°. 10, 7 p. 3 l. sur 5 p. 6 l., N°. 12, 7 p. 10 l. sur 6 p. 3 l., N°. 17, 8 p. 6 l. sur 7 p., N°. 20, 9 p. 6 l. sur 7 p. 6 l., N°. 30, 10 p. 6 lig. sur 8 p. 9 l., N°. 40, 11 p. 6 l. sur 9 p. 10 l., N°. 50, 12 p. 6 l. sur 10 p. 8 l.

2°. PRIX DES GLACES ET DU TAIN SUR TOUTES GRANDEURS.

HAUTEUR.	LARGEUR.	PRIX DES GLACES. Liv.	Sols.	D.	PRIX DU TAIN. Liv.	Sols.	D.
de 14 pouc.	sur 12	5	14		1	5	
15	12	6	13		1	5	
16	13	7	12		1	10	
17	14	9	10		2	"	
18	15	11	8		2	10	
19	16	13	6		3	"	
20	16	14	5		3	"	
21	17	16	3		3	"	
22	18	18	1		3	10	
23	18	19	19		3	15	
24	19	21	17		4	"	
25	20	25	13		4	10	
26	21	31	7		5	"	
27	21	34	4		5	10	
28	22	38	19		6	"	
29	23	43	14		7	"	
30	24	49	8		8	"	
31	24	54	3		9	"	
32	25	64	12		10	"	
33	25	76			11	"	
34	26	85	10		12	"	
35	26	95			13	"	
36	26	104	10		14	"	
37	27	114			15	"	
38	28	123	10		16	"	
39	29	133			17	"	
40	30	142	10		18	"	
41	31	157			19	"	
42	32	166	10		20	"	
43	33	176	10		24	"	
44	33	186			25	"	
45	33	196			26	"	
46	34	210	10		27	"	
47	34	217	10		29	"	
48	34	225	10		33	"	
49	35	241			35	"	
50	35	250			36	"	
51	36	262	10		38	"	
52	36	269	10		40	"	

HAUTEUR.	LARGEUR.	PRIX DES GLACES. Liv.	Sols.	D.	PRIX DU TAIN. Liv.	Sols.	D.
53	37	287	»		42	»	
54	37	299	»		44	»	
55	38	318	10		46	»	
56	38	333	»		48	»	
57	39	353	»		50	»	
58	39	362	10		53	»	
59	40	382	»		55	»	
60	40	392	»		57	»	
61	41	421	10		59	»	
62	41	431	»		63	»	
63	42	460	10		65	»	
64	42	470	10		67	»	
65	43	500	»		69	»	
66	43	509	10		71	»	
67	44	549	10		76	»	
68	44	568	10		78	»	
69	45	588	»		80	»	
70	45	607	10		85	»	
71	46	660	»		90	»	
72	46	680	»		100	»	
73	47	720	»		110	»	
74	47	735	»		120	»	
75	48	765	»		130	»	
76	48	780	»		150	»	
77	49	840	»		160	»	
78	49	880	»		170	»	
79	50	960	»		180	»	
80	50	1000	»		190	»	
81	51	1115	»		200	»	
82	51	1200	»		220	»	
83	52	1315	»		250	»	
84	52	1400	»		270	»	
85	53	1515	»		290	»	
86	53	1600	»		340	»	
87	54	1715	»		380	»	
88	54	1800	»		400	»	
89	55	1915	»		400	»	
90	55	2000	»		400	»	
91	56	2120	»		450	»	
92	56	2200	»		450	»	
93	57	2320	»		450	»	
94	57	2400	»		450	»	

HAUTEUR.	LARGEUR.	PRIX DES GLACES. Liv.	Sols.	D.	PRIX DU TAIN. Liv.	Sols.	D.
95	. . 58	2520	» . .		450 . .	»	
96	. . 58	2600	» . .		500 . .	»	
97	. . 59	2720	» . .		500 . .	»	
98	. . 59	2800	» . .		500 . .	»	
99	. . 60	2920	» . .		500 . .	»	
100	. . 60	3000	» . .		500 . .	»	

3°. Prix des Moulures (1).

Hauteur	*de 1 pouce.* L.	S.	D.	*de 1½ pouce.* L.	S.	D.	*de 2 pouces.* L.	S.	D.	*de 3 pouces.* L.	S.	D.
12		5	9		6	8		11	5		17	2
13		6	8		7	8		13	4	1		
14		7	8		9	6		15	3	1	2	8
15		8	7		10	6		17	2	1	5	8
16		9	6		11	5		19		1	8	6
17		10	6		12	5	1		10	1	11	5
18		11	5		14	3	1	2	10	1	14	3
19		12	5		16	2	1	4		1	17	1
20		14	3		18	1	1	8	9	2	2	9
21		16	2	1			1	12	9	2	8	6
22		18	1	1	1	11	1	16	4	2	14	2
23	1			1	3	9	1	19	2	2	19	11
24	1	2		1	6		2	4	11	3	6	
25	1	4		1	8		2	7		3	11	
26	1	6		1	10		2	11		3	17	
27	1	8		1	13		2	15		4	3	
28	1	10		1	16		2	19		4	8	
29	1	11		1	19		3	3		4	14	

(1) La premiere Colonne de ce Tarif indique la hauteur des Glaces de bordures, les chiffres placés en tête des autres Colonnes, indiquent la largeur desdites bordures, & ceux placés au-dessous, sont les prix fixés à chaque proportion de grandeur.

Exemple.

Une bordure de 12 pouces de hauteur, sur 1 de largeur coûte 5 sols 9 den., placé au-dessous de la colonne d'un pouce vis-à-vis la case 12 de la premiere, colonne; les autres prix se trouvent en cherchant de la même maniere.

Hauteur	de 1 pouce.			de 1½ pouce.			de 2 pouces.			de 3 pouces.		
	L.	S.	D.	L.	S.	D.	L.	S.	D.	L.	S.	D.
30	1	13		2	2		3	7		5		
31	1	15		2	5		3	10		5	6	
32	1	18		2	7		3	16		5	14	
33	2	1		2	11		4	2		6	3	
34	2	4		2	15		4	7		6	11	
35	2	7		2	19		4	13		7		
36	2	9		3	3		4	19		7	8	
37	2	13		3	7		5	6		8		
38	2	17		3	11		5	14		8	11	
39	3	1		3	16		6	2		9	2	
40	3	5		4	1		6	9		9	14	
41	3	8		4	5		6	17		10	5	
42	3	12		4	10		7	4		10	17	
43	3	16		4	15		7	12		11	8	
44	4			5			8			12		
45	4	4		5	5		8	7		12	11	
46	4	7		5	9		8	15		13	2	
47	4	11		5	14		9	2		13	14	
48	4	15		5	19		9	10		14	5	
49	4	19		6	3		9	18		14	16	
50	5	3		6	8		10	5		15	8	
51	5	6		6	13		10	13		15	19	
52	5	10		6	18		11			16	11	
53	5	14		7	2		11	8		17	2	
54	5	18		7	7		11	16		17	13	
55	6	2		7	12		12	3		18	5	
56	6	5		7	17		12	11		18	16	
57	6	9		8	2		12	18		19	8	
58	6	13		8	6		13	6		19	19	
59	6	18		8	13		13	15		20	13	
60	7	3		8	19		14	5		21	7	
61	7	7		9	4		14	15		22	2	
62	7	12		9	10		15	4		22	16	
63	7	17		9	16		15	13		23	10	
64	8	2		10	1		16	3		24	4	
65	8	6		10	7		16	13		24	19	
66	8	11		10	13		17	2		25	13	
67	8	16		10	18		17	12		26	7	
68	9			11	4		18	1		27	2	
69	9	5		11	12		18	10		27	16	

Hauteur	de 1 pouce. L.	S.	D.	de 1 1/2 pouce. L.	S.	D.	de 2 pouces. L.	S.	D.	de 3 pouces. L.	S.	D.
70	9	10		11	18		19			28	10	
71	9	16		12	4		19	11		29	7	
72	10	1		12	12		20	3		30	4	
73	10	7		12	18		20	14		31	1	
74	10	13		13	6		21	6		31	18	
75	10	18		13	13		21	17		32	16	
76	11	4		14			22	8		33	13	
77	11	10		14	7		23			34	10	
78	11	16		14	14		23	11		35	7	
79	12	1		15	2		24	3		36	4	
80	12	7		15	9		24	14		37	1	
81	13	16		17	4		27	11		41	6	
82	14	17		18	12		29	16		44	14	
83	15	19		19	19		31	18		47	19	
84	17			21	6		34	1		51	2	
85	18	1		22	12		36	3		54	5	
86	19	12		23	18		38	5		57	7	
87	20	2		25	3		40	5		60	7	
88	21	2		26	7		42	4		63	6	
89	22	1		27	11		44	3		66	4	
90	23			28	16		46	1		69	1	
91	23	19		29	19		47	18		71	17	
92	24	17		31	1		49	15		74	12	
93	25	15		32	4		51	11		77	6	
94	26	13		33	6		53	6		80		
95	27	10		34	8		55	1		82	11	
96	28	7		35	10		56	15		85	2	
97	29	4		36	11		58	9		87	13	
98	30			37	11		60	2		90	3	
96	30	17		38	11		61	14		92	12	
100	31	13		39	11		63	6		95		

Hauteur	de 4 pouces. L.	S.	D.	de 5 pouces. L.	S.	D.	de 6 pouces. L.	S.	D.
12	1	3		1	9		1	14	
13	1	7		1	13		2		
14	1	10		1	18		2	6	
15	1	14		2	3		2	11	
16	1	18		2	7		2	17	
17	2	2		2	12		3	3	
18	2	6		2	17		3	8	
19	2	9		3	2		3	14	

Hauteur de 4 pouces.			de 5 pouces.		de 6 pouces.	
20	2	17	3	11	4	6
21	3	12	4	1	4	17
22	3	12	4	10	5	8
23	4		5		6	
24	4	7	5	9	6	11
25	4	15	5	19	7	3
26	5	3	6	8	7	14
27	5	10	6	18	8	5
28	5	18	7	7	8	17
29	6	5	7	17	9	8
30	6	13	8	6	9	19
31	7	1	8	16	10	11
32	7	12	9	10	11	8
33	8	3	10	4	12	5
34	8	15	10	19	13	2
35	9	6	11	13	13	19
36	9	18	12	7	14	16
37	10	13	13	6	15	19
38	11	8	14	5	17	2
39	12	3	15	4	18	5
40	12	18	16	3	19	8
41	13	14	17	2	20	10
42	14	9	18	1	21	13
43	15	4	19		22	16
44	15	19	19	19	23	19
45	16	1	20	18	25	2
46	18		21	17	26	4
47	18	5	22	16	27	7
48	19		23	15	28	10
49	19	15	24	14	29	13
50	20	10	25	13	30	16
51	21	6	26	12	31	18
52	22	1	27	11	33	1
53	22	16	28	10	34	4
54	23	17	29	9	35	7
55	24	6	30	8	36	10
56	25	2	31	7	37	12
57	25	17	32	6	38	15
58	26	12	33	5	39	18

Hauteur de 4 pouces.				de 5 pouces.			de 6 pouces.		
59	27	11		34	9		41	7	
60	28	8		35	12		42	15	
61	29	9		36	16		44	4	
62	30	8		38	"		45	12	
63	31	7		39	4		47	"	
64	32	6		40	8		48	9	
65	33	5		41	11		49	17	
66	34	4		42	15		51	6	
67	35	3		43	19		52	15	
68	36	2		45	2		54	3	
69	37	1		46	6		55	12	
70	38	"		47	10		57	"	
71	39	3		48	18		58	14	
72	40	6		50	7		60	8	
73	41	8		51	16		62	3	
74	42	11		53	4		63	17	
75	43	14		54	12		65	11	
76	44	17		56	1		67	5	
77	46	"		57	9		68	19	
78	47	2		58	18		70	14	
79	48	5		60	7		72	8	
80	49	8		61	15		74	"	
81	55	2		68	18		82	14	
82	59	11		74	10		89	8	
83	63	18		79	17		95	17	
84	68	3		85	4		102	5	
85	72	2		90	10		108	10	
86	76	10		95	11		114	14	
87	80	9		100	11		120	14	
88	84	8		105	11		126	13	
89	88	5		110	7		132	8	
90	92	2		115	3		138	4	
91	95	16		119	15		148	5	
92	99	10		124	8		154	"	
93	103	1		128	17		159	10	
94	106	13		133	6		165	"	
95	110	12		137	12		170	8	
96	113	10		141	19		175	13	
97	116	18		150	14		180	17	
98	120	5		155	"		186	"	
99	123	10		159	3		191	"	
100	126	10		163	6		196	"	

CHAPITRE XIII.

TABLEAU des Consuls François, chez l'Etranger, & des Consuls Etrangers en France. (1)

1°. CONSULS FRANCOIS, CHEZ L'ETRANGER.

Villes & Lieux de leurs résid.	*Etats où ils protégent le Commerce de la France.*	*Qualités qu'ils ont chez l'Etranger.*
Alep. . . .	au Levant. . .	*Chancelier, vice-consul & drogman.*
Alexandrette	*Idem.* . . .	*Vice-Consul.*
Alexandrie.	*Idem.* . . .	*Chancelier, Vice-Consul & Drogman.*
Alicante. . .	en Espagne. .	*Chancelier & Vice-Consul*
Alger. . . .	en Barbarie. .	*Chancelier, Vice-Consul & Drogman.*
Amsterdam.	en Holland. .	*Commissaire de la Marine & du Commerce.*
Ancone. . .	en Italie. . .	*Consul.*
Athênes. . .	au Levant. . .	*Vice-Consul.*
Bagdat. . .	*Idem.* . . .	*Consul.*
Baltimore,	aux Etats-Unis d'Amériques.	*Consul.*
Barcelonne. .	en Espagne. .	*Consul & Vice-Consul.*
Bassora. . .	au Levant. . .	*Chancelier & Consul.*
Berghen. . .	en Norwege. .	*Consul.*

(1) Les Officiers François connoissent & jugent, chez l'Etranger, des différens entre les marchands François, comme les Officiers Etrangers connoissent & jugent, dans les Ports de France, des contestations sur le fait du Commerce, qui peuvent s'élever entre les Marchands & Capitaines de vaisseaux de leurs Nations. *Voyez*, à cet égard, les mots *Chancelier*, & *Consul*, dans la troisieme Partie de cet Ouvrage; & pour leurs Droits, *voyez Consuls* au Chapitre des Droits, page 314 de la quatrieme Partie.

Résidences.	*Etats*, &c.	*Qualités*, &c.
Cadix.	en Espagne.	*Chancelier, Consul & Vice-Consul.*
Cailleri.	en Sardaigne.	*Chancelier & Consul.*
Caire.	au Levant.	*Chancelier & Consul.*
Candie.	*Idem.*	*Vice-Consul.*
Canée (la).	*Idem.*	*Chancelier & Consul.*
Carthagène.	en Espagne.	*Consul.*
Christiansandt.	en Suéde.	*Vice-Consul.*
Chypre.	au Levant.	*Chancelier & Consul.*
Civita-Vechia.	en Italie.	*Consul.*
Constantinople.	en Turquie.	*Chancelier.*
Corogne. (la)	en Espagne.	*Consul.*
Coran.	au Levant.	*Chancelier, Vice-Consul & drogman.*
Dantzick.	en Allemagne.	*Consul.*
Dardanelles (les).	au Levant.	*Vice-Consul.*
Drontheim.	en Norwege.	*Consul.*
Elseneur.	en Danemarck.	*Consul.*
Etat Ecclésiastique.	en Italie.	*Agent de Commerce.*
Etats-Unis de l'Amérique. Voyez *dans tout le cours de ce Tableau.*		
Fayal-Street.	en Portugal.	*Vice-Consul.*
Florence.	en Toscane.	*Consul.*
Gênes.	en Italie.	*Consul.*
Gijon.	en Espagne.	*Consul.*
Gothembourg.	en Suéde.	*Consul.*
Hambourg.	en Allemagne.	*Commissaire de la Marine.*
Isles, dites.	Vénitiennes.	*Consul.*
Isle de Zante.	au Levant.	*Consul.*
Isles-Canaries.	Espagnoles.	*Consul.*
Isle Cerigo.	au Levant.	*Consul.*
Largentierre.	au Levant.	*Vice-Consul.*
Larta.	*Idem.*	*Consul.*
Lataquie.	*Idem.*	*Chancelier, Vice-Consul & Drogman.*
Lisbonne.	en Portugal.	*Consul.*
Livourne.	en Italie.	*Consul.*
Lucar-San.	en Espagne.	*Vice-Consul.*

Résidences.	*Etats.*	*Qualités.*
Madère. . . .	Isle Portugaise	*Consul.*
Madrid. . . .	en Espagne. .	*Chan. & chargé d'affaires.*
Majorque. . .	*Idem.* . . .	*Consul.*
Malaga. . . .	*Idem.* . . .	*Consul.*
Maroc.	Barbarie. . .	*Chancelier & Consul.*
Mogador. . .	Empire de Maroc. . .	*Consul & Vice-Consul.*
Messine . . .	en Sicile . .	*Vice-Consul.*
Milo	au Levant . .	*Idem.*
Morée	*Idem*	*Chancelier, Vice-Consul & Drogman.*
Moscow . . .	en Russie . .	*Consul & Vice-Consul.*
Naples	en Italie . . .	*Consul.*
Naples	en Romanie, au Levant . .	*Vice-Consul.*
New-Yorck .	Etats-Unis de l'Amériq.	*Consul.*
Nettuno	en Italie . .	*Vice-Consul.*
Nice	*Idem.*	*Consul.*
Ostende	Pays-Bas Autrichiens.	*Consul.*
Oran	en Espagne.	*Consul.*
Palerme . . .	en Sicile . .	*Vice-Consul.*
Patras	au Levant . .	*Vice-Consul.*
Petersbourg . .	en Russie . .	*Consul & Vice-Consul.*
Pezaro	en Italie . . .	*Vice-Consul.*
Philadelphie. .	Etats-Unis de l'Amériq.	*Consul Général.*
Port-Fano. . .	en Italie . .	*Vice-Consul.*
Port-Ferraio. .	*Idem*	*Idem.*
Port-Maurice .	Etat de Gênes.	*Vice-Consul.*
Port-d'Anzo .	en Italie . . .	*Idem.*
Portsmouth . .	Etats-Unis de l'Amériq.	*Vice-Consul.*
Raguse	en Italie . . .	*Consul.*
Richemont. . .	Etats-Unis de l'Amériq.	*Vice-Cousul.*
Rhode-Island.	*Idem*	*Idem.*

Résidences.	Etats.	Qualités.
Rhodes	au Levant.	*Vice-Consul.*
Rome	en Italie . . .	*Consul.*
Rosette . . .	au Levant . .	*Vice - Consul.*
Rostock	en Saxe . . .	*Idem.*
Rotterdam. . .	en Hollande.	*Agent de la Marine.*
Salonique . . .	au Levant . .	*Chancelier & Consul.*
Savanah . . .	Etats - Unis de l'Amériq.	*Vice - Consul.*
Savone	en Italie . . .	*Vice - Consul.*
Scio	au Levant . .	*Idem.*
Séville	en Espagne.	*Idem.*
Seyde	au Levant . .	*Chancelier & Consul.*
Saint - Jean d'Acre.	au Levant . .	*Consul, Vice - Consul & Drogman.*
Sinigaglia. . .	en Italie . . .	*Consul.*
Smyrne	au Levant . .	*Chancelier & Consul.*
Stockolm . . .	en Suéde . . .	*Consul.*
Trieste	en Italie . . .	*Idem.*
Tripoly	au Levant . .	*Chancelier & Consul.*
Tripoly	en Barbarie.	*Idem.*
Tunis	*Idem*	*Chancelier.*
Valence . . .	en Espagne.	*Vice - Consul.*
Venise	en Italie . . .	*Consul.*

2°. CONSULS ETRANGERS EN FRANCE.

Villes & lieux de leurs résidences.	Etats dont ils protégent le Commerce.	Qualités qu'ils ont en France.
Abbeville, Picardie.	le Danemarck	*Consul.*
Agde, Bas-Languedoc.	l'Etat Ecclésiastique.	*Vice - Consul.*
	l'Espagne . .	*Consul.*
	les deux Siciles.	*Vice - Consul.*
	la Prusse . . .	*Consul.*
	la Répub. de Gênes.	*Consul & Vice - Consul.*
Amiens, Picardie.	l'Espagne . .	*Vice - Consul.*

Résidences.	*Etats.*	*Qualités.*
Antibes, Provence.	l'Espagne . .	*Consul.*
	la Répub. de Gênes.	*Consul.*
Arles, Provence.	l'Espagne . .	*Vice-Consul.*
Bastia, en Corse.	les deux Siciles.	*Consul.*
	l'Espagne . .	*Idem.*
Bayonne, au Gouvernement de Guyenne.	l'Empereur & l'Espagne.	*Consul.*
	le Portugal & la Suéde.	*Idem.*
	le Danemar.	*Idem.*
	la Pologne . .	*Idem.*
	la Hollande.	*Consul Général.*
Belille, Bretagne.	le Danemar.	*Vice-Consul.*
Bordeaux, Guyenne.	l'Empereur & la Prusse.	*Consul.*
	l'Espagne . .	*Consul & Vice-Consul.*
	la Suéde . . .	*Consul Général.*
	le Danemar.	*Consul, Vice-Consul & Adjoint.*
	la Russie & la Pologne. . .	*Consul.*
	la Hollande.	*Commissaire Général.*
	la Répub. de Gênes.	*Consul & Vice-Consul.*
Boulogne, Picardie.	l'Espagne . .	*Vice-Consul.*
	la Hollande.	*Commissaire-Général.*
Brest, Bretag.	l'Empereur & l'Espagne.	*Vices-Consuls.*
	la Hollande.	*Commissaire-Général.*
Brieux (St.) Bretagne.	l'Espagne . .	*Vice-Consul.*
Caen, Normandie.	l'Espagne . .	*Consul.*
	la Hollande.	*Vice-Commissaire.*
Calais, Picardie.	l'Empereur & la Suéde.	*Consuls.*

Résidences.	*Etats.*	*Qualités.*
Suite de *Calais*, Picardie.	l'Espagne . .	*Vice-Consul.*
	la Hollande.	*Commissaire-Général.*
Cannes, Provence.	les deux Siciles.	*Vice-Consul.*
	la Répub. de Gênes.	*Consul.*
Cassis, Prov.	l'Espagne . .	*Vice-Consul.*
Cette, B. Languedoc.	l'Emp. & le Duché de Toscane. .	*Consuls.*
	l'Espagne	*Consul & Vice-Consul.*
	les deux Siciles & la Sardaigne.	*Vices-Consuls.*
	l'Etat Ecclésiastique.	*Idem.*
	la Prusse & l'Isle de Malte	*Consuls.*
	la Hollande.	*Commissaire-Général.*
	la Princip. de Monaco.	*Agent de Commerce.*
	La Suède & la Rép. de Gênes. . .	*Consuls.*
Cherbourg, Normandie.	Espagne, Portug. & Suede	*Vices-Consuls.*
	La Hollande.	*Vice-Commissaire.*
Ciotat, (*la*) Provence.	L'Espagne & la Sardaigne.	*Vices-Consuls.*
	La Rép. de Gênes. . .	*Vice-Consul.*
Colioure, Roussillon.	Sardaigne & Espagne.	*Vices-Consuls.*
	République de Gênes. .	*Consul.*
Concarneau, Bretagne.	Danemarck.	*Vice-Consul.*

Corse, (l'Isle de) *Voyez* Bastia.

Résidences.	*Etats.*	*Qualités.*
Croific (le) Bretagne.	Suéde. . . .	*Conſul.*
	Pruſſe. . . .	*Vice-Conſul.*
	Hollande. . .	*Vice-Commiſſaire.*
Dieppe, Normandie.	Portugal & Suéde. . . .	*Vices-Conſuls.*
	Hollande. . .	*Vice-Commiſſaire.*
Dunkerque, Flandre.	L'Emp. la Suéde, & la Pruſſe. . . .	*Conſuls.*
	L'Eſpagne & le Danemarck	*Conſuls & Vices-Conſuls.*
	La Hollande.	*Commiſſaire & Vice-Commiſſaire.*
Feſcam, Normandie.	Eſpagne & Suéde.	*Vices-Conſuls.*
	Hollande. . .	*Vice-Commiſſaire.*
Fréjus, Prov.	Eſpagne. . .	*Vice-Conſul.*
Golfe-de-Jouan, Prov.	République de Gênes.	*Conſul.*
Grandville, B. Normandie.	Hollande. . .	*Vice-Commiſſaire.*
Havre-de-Grace, (le)	L'Empereur.	*Conſul.*
	Portugal. . .	*Vice-Conſul.*
	Eſpagne & Suéde.	*Conſuls & Vices-Conſuls.*
	Hollande. .	*Commiſſaire & Vice-Commiſſaire.*
Hennebon, Bretagne.	Eſpagne. . .	*Vice-Conſul.*
Honfleur, Normandie.	Portugal & Eſpagne.	*Vices-Conſuls.*
	Suéde. . . .	*Conſul.*
	Hollande. . .	*Vice-Commiſſaire.*
Jean-de-Luſe. (St.)	Eſpagne. . .	*Vice-Conſul.*
Jouan. Voyez Golfe de Jouan.		
Iſſigny, Norm.	Suéde. . . .	*Vice-Conſul.*
Iſle-de-Ré, Aunis.	Suéde. . . .	*Idem.*
	Hollande. . .	*Vice-Commiſſaire.*

La Rochelle,

Résidences.	Etats.	Qualités.
La Rochelle, Aunis.	Espagne.	*Vice-Consul.*
	Danemarck.	*Consul & Vice-Consul.*
	Hollande.	*Commissaire.*
Lanion, en Bretagne.	Suéde.	*Vice-Consul.*
Libourne, Guyenne.	Hollande.	*Vice-Commissaire.*
Lille, Fland.	Espagne.	*Vice-Consul.*
L'Orient, Bretagne.	Espagne.	*Consul.*
	Suéde.	*Consul Général.*
	Prusse & Danemarck.	*Vices-Consuls.*
	Hollande.	*Commissaire.*
	Etats-Unis de l'Amérique.	*Consul & Agent.*
Lyon, Lyonnois	Deux-Siciles & Sardaigne.	*Agens.*
Malo.	Voyez *Saint-Malo.*	
Marennes, Saintonge.	Hollande.	*Vice-Commissaire.*
Marseille, Provence.	Etat-Ecclési.	*Consul.*
	L'Empereur & Duché de Toscane.	*Consuls.*
	Espagne & Deux-Siciles.	*Consuls & Vices-Consuls.*
	Sardaigne.	*Consul Général.*
	Suéde, Danemarck, Russie & Pol.	*Consuls.*
	Isle de Malte.	*Agent.*
	République de Venise.	*Consul.*
	Hollande.	*Commissaire.*
	Rép. de Gênes, & Rép. de Raguse.	*Consuls.*
	Duché de Modene.	*Consul.*

Résidences.	Etats.	Qualités.
Martigues, Provence.	Espagne. . .	*Vice-Consul.*
Montpellier, Languedoc.	Suède. . .	*Consul.*
Montreuil, B. Picardie.	Espagne. . .	*Vice-Consul.*
Morlaix, Bretagne.	Espagne, Suède & Prusse.	*Vices-Consuls.*
	Hollande. . .	*Vice-Commissaire.*
Nantes, Bretagne.	l'Empereur & Duché de Toscane.	*Consuls.*
	Espagne. . .	*Vice-Consul.*
	Suède, Prusse & Pologne.	*Consuls.*
	Danemarck. .	*Consul & Vice-Consul.*
	Hollande. . .	*Commissaire.*
Narbonne, B. Languedoc.	Espagne & Deux-Siciles.	*Vices-Consuls.*
Orient.	Voyez *l'Orient.*	
Paris. . . .	Espagne. . .	*Consul & Agent-Général.*
Perpignan, Roussillon.	République de Gênes.	*Consul-Général.*
Port-Louis, Bretagne.	Espagne. . .	*Consul.*
Port-Vendres, Languedoc.	Espagne. . .	*Vice-Consul.*
Poulignac, Bretagne.	Prusse. . . .	*Vice-Consul.*
Quimper, Bret.	Hollande. . .	*Vice-Commissaire.*
Rouen, Normandie.	L'Empereur, la Suède & la Prusse.	*Consuls.*
	L'Espagne. .	*Vice-Consul.*
	Le Portugal.	*Consul-Général.*
	Le Danemarck.	*Consul.*
	La Hollande.	*Commissaire & Vice-Commissaire.*

Résidences.	*Etats.*	*Qualités.*
Rochefort. Aun.	Suéde.	*Consul.*
Rochelle.	Voyez *la Rochelle.*	
Saint - Brieux.	Voyez *Brieux* (*St.*)	
Saint-Jean-de-Luz.	Voyez *Jean* (*St.*)	
Saint-Malo, Bretagne.	Espagne. . .	*Consul & Vice-Consul.*
	Suéde & Prusse.	*Vices-Consuls.*
	Danemarck.	*Consul.*
	Hollande. .	*Commissaire.*
Saint - Tropès, Provence.	Espagne. . .	*Vice-Consul.*
Saint-Vallery, Picardie. . .	Suéde. . .	*Vice-Consul.*
Toulon, Prov.	Duché de Toscane.	*Vice-Consul.*
	la Sardaigne & l'Espagne.	*Vices-Consuls.*
	Isle de Malte.	*Consul.*
	la Hollande.	*Vice-Commissaire.*
	République de Gênes.	*Consul.*
	L'Empereur.	*Vice-Consul.*
	l'Etat Ecclésiastique.	*Vice-Consul.*
Tropès.	Voyez *Saint-Tropès.*	

CHAPITRE XIV.

TABLEAU des Juridictions Consulaires en France, & leur Ordre de Création.

LIEUX OÙ ELLES SONT ÉTABLIES. Villes.	Provinces.	Ordre de Création.	LIEUX OÙ ELLES SONT ÉTABLIES. Villes.	Provinces.	Ordre de Création.
		en			en
Abbeville . .	Picardie . .	1566	*Grenoble* . .	Dauphiné . .	1710
Agde	B. Langued.	1720	*Langres* . .	Bourgogne .	1611
Agen	Agenois . .		*La Rochelle*	paysd'Aunis	1565
Alby	H. Langued.	1720	*Le Mans* .	P. du Maine.	1710
Alençon . .	B. Normand.	1720	*Lille*	Flandre . . .	1595
Amiens . .	Picardie . .	1566	*Limoges* . .	Limosin. . .	1602
Angers . .	Anjou	1564	*L'Orient* . .	Bretagne . .	1781
Angoulême .	Angoumois .	1720	*Lyon*	Lyonnois . .	1595
Arles	Provence . .	1720	*Marseille* .	Provence . .	1710
Autun . . .	Bourgogne .	1720	*Metz*	Pays Messin.	
Auxerre . .	Bourgogne .	1564	*Montauban*.	Quercy . . .	1710
Avignon . .	C. Venaissin.		*Montpellier*.	B. Langued.	1691
Bayeux . .	B. Normand.	1710	*Morlaix* . .	Bretagne . .	1710
Bayonne . .	Gascogne . .	1710	*Nantes* . .	*Idem*	1710
Beauvais . .	Isle de Franc.	1564	*Narbonne* .	B. Langued.	1710
Bordeaux . .	Guyenne . .	1563	*Nevers* . . .	Nivernois . .	1710
Bourges . .	Berry	1564	*Niort*	Poitou	1565
Caen	B. Normand.	1710	*Nismes* . . .	B. Langued.	1710
Calais . . .	Picardie . .	1565	*Orléans* . .	Orléanois. .	1563
Châlons-sur-Marne.	Champagne .	1564	*Paris*	Isle de Franc.	1563
			Poitiers . .	Poitou . . .	1566
Châlons-sur-Saône .	Bourgogne .	1565	*Reims* . . .	Champagne .	1564
			Rennes . . .	Bretagne . .	1710
Chartres . .	Beauce . . .	1566	*Riom*	Auvergne . .	1567
Châtelleraut	Poitou . . .	1565	*Rouen* . . .	Normandie .	1567
Clermont . .	Auvergne . .	1565	*Saintes* . . .	Saintonge . .	1710
Compiègne .	Picardie . .	1565	*St. Malo* . .	Bretagne . .	1711
Dieppe . . .	H. Normand.	1710	*St. Quentin*.	Picardie . .	1710
Dijon	Bourgogne .	1710	*Saulieu* . . .	Bourgogne .	1711
Dunkerque .	Flandre . . .	1700	*Saumur* . . .	Anjou	1566

Lieux où elles sont établies.		Ordre de Création.	Lieux où elles sont établies.		Ordre de Création.
Villes.	Provinces.		Villes.	Provinces.	
		en			en
Sedan . . .	Champagne.	1711	*Tours*	Touraine . .	1565
Semur . . .	Bourgogne .	1711	*Troyes* . . .	Champagne.	1563
Sens	Champagne .	1564	*Valencienn.*	Hainaut . .	1710
Soiſſons . .	Picardie . .	1711	*Vannes* . .	Bretagne . .	1710
Thiers . . .	Auvergne . .	1595	*Vienne* . .	Dauphiné . .	1710
Toulouſe . .	H. Langued.	1549	*Vire*	B. Normand.	1710

OBSERVATION.

On trouve au premier article de Paris, *ſur les Juridictions*, page 619 du premier Volume de cet Ouvrage, les fonctions de *Juridictions Conſulaires*, leſquelles ſont exercées par un grand Juge & quatre Conſuls qui ſiégent enſemble un, deux, trois & quelquefois quatre jours par ſemaine. Ces Officiers ſont ordinairement tirés, chaque année, des *ſix Corps des Marchands*, des villes mêmes où ſont établies les Chambres ou Juridictions Conſulaires; la juſtice qu'ils rendent, avec beaucoup de ſageſſe, ſur le fait du Commerce, eſt auſſi prompte que peu diſpendieuſe, en ce que les parties, qui y ſont en inſtance, peuvent défendre leur cauſe elles-mêmes, ſans recourir à un miniſtere étranger.

CHAPITRE XV.

TABLEAU de l'arrivée & du départ des Couriers de Paris pour toute l'Europe & surtout les Provinces de France : & Indication du départ des Paquebots pour les Etats-Unis de l'Amérique. (1).

NOMS DES VILLES, ETATS ET PROVINCES.	*Di. de Paris.*	JOURS DE *Départ de Paris.*	JOURS DE *Arrivée à Paris.*	*Jours en route.*	*Affranchissem.*	*Taxe d. Lettres.*
Abbeville, Ponthieu . .	39	tous les jours à midi.	tous les jours	2		6
Adge, Bas Languedoc.	198	mardi, jeu. sam. à 2 heures.	dim. mar. jeudi . . .	7		10
Agen, Agenois	145	mardi, samedi à midi.	mer. sam	6		10

(1) Notre intention avoit d'abord été d'étendre ce Chapitre sur toutes les Villes & Bourgs de-France, & la plûpart des Villes Etrangeres, mais ayant reconnu que nous pouvions employer plus utilement le nombre de pages qu'il auroit fallu sacrifier à ce détail qui ne peut qu'intéresser la Capitale de la France, & fort peu ses villes de Provinces, nous nous sommes bornés à n'indiquer que les Capitales de toutes les grandes & petites Provinces de France, & de divers Cantons des autres Etats de l'Europe.

Significations des Abbréviations répandues dans ce Chapitre.

Le *lundi* est indiqué par l., lun. ou lund. Le *mardi*, par ma. ou mar. Le *mercredi*, par me. ou mer. Le *jeudi*, par j., jeu. ou jeud. Le *vendredi*, par v., ven. ou vend. Le *samedi*, par s., sam. ou sa. Le *dimanche* par d. ou dim., & *tous les jours*, par T. L. J. Les autres abbréviations sont : Duc pour *Duché*. P. pour *Pays*. Pp. pour *Principauté*. C. pour *Comté*. Ba. pour *Baillage*. B. pour *Basse*. H. pour *Haute*. Voy. pour *Voyez*. R. pour *Royaume*. E. pour *Etat*. Rp. pour *République*. & Pr. pour *Province*.

Ahun, Marche	76	mardi, famedi à 2 heures.	mardi, vendredi . .	5	”	8
Aichftat, H. Allemagne.	165	T. L. J. à 10 h. fauf le mer.	T. L. J. fauf le vend.	”	*aff.*	”
Aix, Provence	185	mardi, jeu., fam. à 2 heures.	dim., mar., jeudi.	7	”	10
Aix-la-Chapelle, Duch. de Julliers	86	T. L. J. à 10 h. fauf le mer.	tous les jours . . .	4	”	16
Alais, B. Languedoc.	150	mardi, jeu., fam. à 2 heures.	dim., mar., jeudi.	7	”	10
Albi, Albijois	148	mardi, Dim. à 2 heures.	lundi, famedi . . .	8	”	10
Alençon, Normandie.	40	lundi, mer., fam. à midi.	T. L. J., fauf le jeu.	2	”	6
Alicante, Efpagne . .	344	mardi, fam. à 10 heures.	mercredi, famedi . .	15	”	20
Alface		Voyez *Strasbourg*.		”	”	”
Amboife, Touraine . .	65	tous les jours à 2 heures.	tous les jours . . .	2	”	7
Amiens, Amiénois . .	29	tous les jours à midi.	*Idem*	2	”	6
Amfterdam, Hollande.	109	lundi, vend. à 10 heures.	lundi, vendredi . .	6	”	20
Ancone, Italie . . .		mardi à 10 heures	mardi	”	*aff.*	”
Angers, Anjou	66	mer., jeu., fam., dim. à 2 h.	mardi, vendredi . .	4	”	8
Angleterre		Voyez *Londres*.			*aff.*	”
Angoulême, Angoumois.	127	mardi, fam. à midi.	mercredi, famedi . .	5	”	10
Antibes, Provence . .	216	mardi, fam. à 2 heures.	dim., mar., jeudi.	8	”	10
Anvers, Brabant . . .	68	T. L. J. à 10 heures.	tous les jours . . .	4	”	12
Aoufte, Piémont . . .	205	mardi, fam. à 10 heures.	mardi, vendredi . .	8	16	20
Appenzel, Suiffe . . .	110	mercredi, vend. à midi.	lundi, jeu., fam. . .	”	”	”
Arles, Provence . . .	177	mardi, jeu., fam. à 2 heures.	*Idem*	7	”	10
Arras, Artois	42	T. L. J. à midi.	tous les jours.	3	”	7
Aubuffon, Marche . . .	165	mardi, fam. à 2 heures.	mardi, vendredi . .	6	”	8
Auch, Armagnac . . .	165	mardi à midi. dim. à 2 heures.	lundi, famedi . . .	8	”	10
Autriche		Voyez *Vienne*.			*aff.*	”
Autun, Bourgogne . . .	65	lun., mer., vend. à 2 heures.	lundi, jeud., fam. . .	4	”	8
Ausbourg, Suabe . . .	165	T. L. J. à 10 heures du matin, fauf le mercredi.	T. L. J. fauf le vendredi . . .	9	16	24

TABLEAU DES COURIERS.

Noms des Villes, Etats et Provinces.	D. de Paris	Départ de Paris.	Arrivée à Paris.	Jo. en route.	Affr.	Taxe des L.
Auxerre, Auxerrois . .	37	lun., mer. ven. à 2 heures.	lun., jeu., fam. . . .	2	„	6
Auxonne, Bourgogne .	65	*Idem.*	lun., jeu., fam. . . .	3	„	8
Avignon, Comtat-Venaiffin	170	mar., jeu., fam. à 2 heures.	dim., mer., jeu. . .	7	„	10
Avranches, Normandie.	63	mer., fam. à 2 heures.	mer., fam.	3	„	8
Ausbourg, Allemagne. .		tous les j. fauf le mer. à 10 heu.	tous les j. fauf le ven.		aff.	
Barcelonne, Catalogne.	256	mar., fam. à 10 heures.	mar., jeu.	„	„	20
Bar-le-Duc, Lorraine .	60	lun., jeu., fam. à midi.	lun., jeu., fam. . . .	3	„	7
Baviere		*Voyez* Munich.			aff.	
Bayeux, Normandie .	56	lun., mer., fam. à 2 heures	dim., mer., ven. . .	3	„	8
Bayonne, Province de Basques	170	mar., fam. à midi.	mer., fam.	8	„	10
Bazas, Bazadois . . .	160	*Idem.*	mercredi, famedi . .	7	„	10
Beaucaire, B. Langued.	175	mar., jeu., fam. à 2 heures.	dim., mar., jeu. . .	7	„	10
Beaujeu, Beaujolois . .		lun., mer., ven. à 2 heures.				
Beauvais, Picardie . . .	16	tous les jours à midi.	tous les jours. . .	2	„	4
Bedford, Sundgaw . . .		tous les j. à midi, fauf le mer.				
Bellac, Marche	86	mar. à midi, dim. à heures.	lun., famedi	4	„	8
Belley, Bugey	68	mar., jeu., fam. à 2 heures.	dim., mar., jeu. . .	5	„	9
Berg, (*Duc.*) B. Allemagne		lun., mar., ven., fam. à 10 h.	mer., dim.	„	„	„
Berghen, Norwege . . .	356	lun. ven. à 10 heures.	lun., ven.	„	„	24
Berlin, Brandebourg . .	220	lun., mar., ven., fam. à 10 h.	mer., dim.	„	„	24
Besancon, Franc-Comté.	92	lun., mer., ven. à 2 heures.	lun., jeu., fam. . . .	4	„	8
Beziers, B. Languedoc.	150	mar., jeu., fam. à 2 heures.	dim., mar., jeu. . .	7	„	10

Blois,

Blois, Blaisois	50	tous les jours à 2 heures.	tous les jours . . .	3	»	7
Bologne, Italie	253	mardi, à 10 heures.	mar., ven.	»	20	22
Bouillon, (PP.) Champagne	58	tous les jours à midi.	tous les jours. . . .	3	»	8
Boulogne, Boulonnois .	57	tous les jours à midi.	*Idem*	3	»	8
Bourbon l'Archambaud, Bourbonnois	»	mar., sam., 2 à heures.	dim., mar., ven. . .	4	»	8
Bourg, Bresse	80	lun., mer., ven. à 2 heures.	lun., jeu., sam. . .	4	»	8
Bourges, Berry	66	mar., jeu., sam., dim. à 2 h.	dim., mar., ven. . .	3	»	7
Bordeaux, Guyenne . .	156	mar., sa., à midi, mer. d. à 2 h.	mar., mer., sam. . .	5	»	10
Breslaw, Silésie	276	tous les j. à 10 h. sauf le mer.	mer., dim.	»	*aff.*	24
Brest, Bretagne	128	lun., mer., sam. à midi.	dim., mar., ven. . .	5	»	10
Briançon, Franc.-Comté.	139	mar., sam., à 2 heures.	mar., ven.	8	»	10
Briarre, Gâtinois . . .	36	mar., jeu., sam. à 2 heures.	dim., mar., ven. . .	2	»	6
Brunswick, Allemagne .	168	lun., mar., ven., sam. à 10 h.	mer., dim.	»	»	24
Cadix, Espagne	356	mar., sam. à 10 heures.	mer., sam.	»	»	20
Caën, Normandie . . .	50	tous les jours à 2 heures.	tous les jours . . .	3	»	7
Cahors, Guercy	126	dim. à 2 heures.	lundi	6	»	10
Calais, Picardie	61	tous les j. à midi.	tous les jours . . .	3	»	8
Cambrai, Cambresis . .	40	*idem.*	*Idem*	3	»	8
Carcassonne, b. Langued.	177	mar. jeu. sam. à 2 heures.	mer., ven., dim. . .	8	»	10
Carniole, H. Allemagne.		tous les j. à 10 h. sauf le mer.	T. L. J. sauf le ven.	»	*aff.*	»
Carpentras, C. Venaissin.	146	mar., jeu., sam., à 10 h.				
Carthagénes, Espagne .	344	mar., sam., à 10 heures.	mer., sam.	»	»	20
Castellane, H. Provence.	175	mar., sam., à 2 heures.	dim., mar., jeu. . .	8	»	10
Cette, B. Languedoc .	156	mar., jeu., sam., à 2 heures.	dim., mer., jeu. . .	8	»	10
Châlons, Champagne .	56	tous les j. à 2 h., sauf le mer.	tous les j. sauf le ven.	2	»	6
Châlons - sur - Saône, Bourgogne	80	lun., mer., ven., à 2 heures	lun., jeu., sam. . .	3	»	8

NOMS DES VILLES, ETATS ET PROVINCES.	D. de Paris	Départ de Paris.	Arrivée à Paris.	Jo. en route	Aff.	Taxe de L.
Chambery, Savoie . .	142	mar., sam., à 10 heures.	mar., ven.	”	9	14
Charolles, Bourgogne	58	lun., mer., ven., à 2 heures.	lun., jeu., sam. . . .	4	”	8
Chartres, Beauce . . .	19	tous les jours à 2 heures.	tous les jours	2	”	4
Château - Thierry, Brie Pouilleuse	20	tous les jours à midi.	*Idem*	2	”	4
Château - Landon, Gatinois	20	mar., jeu., sam. à 2 heures.	dim., mar., ven.	2	”	4
Châtelleraut, Poitou	67	mar., sam., à midi.	mer., sam. . . .	3	”	7
Châtillon - sur - Seine, Pays de la Montagne	40	mar., jeu., sam. à 2 heures.	lun., mar., jeu., ven.	4	”	7
Chaumont, Bassigny . .	57	lun., mer., ven. à midi.	dim., mer., ven. . .	3	”	7
Clermont - Ferrand, Auvergne	98	mar., jeu., sam. à 2 heures	dim., mar., jeu. . .	4	”	8
Cleves, (*Duc. de*) Bass. Allemagne	99	lun., mar., ven., sam. à 10 h.	mer., dim.	”	”	”
Colmar, H. Alsace . .	113	lun., mer., ven., à midi.	lun, jeu., sam. . .	5	”	10
Cologne, Allemagne .	100	tous les j. à 10 h. sauf le mer.	tous les jours	”	”	20
Condom, Gascogne . .	155	mar., sam., à midi.	mer., sam.	7		10
Constantinople, Turquie.	576	tous les j. à 10 h. sauf le mer.	dim., mar., jeu. . .	”	20	24
Coppenhague, Danemarc.	266	lun., ven., à 10 heures.	lun., ven.	”	”	24
Corbeil, Brie	7	lun., mar., jeu., sam. à 2 h.	dim., mar., ven. . .	1	”	4
Corse, Isle d'Italie . . .	”	mar., sam. à 2 heures.	mar., ven.			
Cracovie, Pologne . . .	324	lun., ven. à 10 heures.	mer., dim.	”	”	24
Crémone, Italie	320	mar., sam. à 10 heures.	mar., ven.	”	aff.	”
[illegible]	[illegible]	tous les jours à midi.	tous les jours . . .	2	[illegible]	[illegible]
Dax ou Dax, Gascogn.	100	mar., sam. à midi.	mer., sam.	[illegible]	[illegible]	4
Danemarck	”	*Voyez* Coppenhague.		9	”	10

Allemagne	„	lun., mar., ven., fam. à 10 h.	mer., dim.	6	„	„
Daix ou *Dax*, Gafcogn.	160	mar., fam. à midi.	mer., fam.	9	„	10
Danemarck	„	*Voyez* Coppenhague.				
Dantzick, Pologne . . .	300	lun., ven. à 10 heures.	lun., ven.	„	„	24
Darmftadt, Allemagne.	106	tous les j. à 10 h. fauf le mer.	tous les j. fauf le ven.	„	16	24
Deux-Ponts, (*Duc. de*) H. Allemagne	97	mar., ven., dim. à 10 heures.	lun., jeu., fam. . .	„	*aff.*	„
Die, Dauphiné	132	mar., fam. à 2 heures.	dim., mar. jeu . .	7	„	10
Dieppe, Pays de Caux.	36	tous les jours à 2 heures.	tous les jours . . .	3	„	7
Digne, H. Provence .	77	mar., fam. à 2 heures.	dim., mar., ven. .	8	„	10
Dijon, Bourgogne . . .	72	lun., mer., ven., à 2 heures.	lun., jeu., fam. .	3	„	8
Dole, Franche-Comté .	86	*Idem.*	dim., mar., ven. .	4	„	8
Douay, Flandre . . .	45	tous les jours à midi.	tous les jours . . .	3	„	8
Dourdan, Hurepoix . .	12	tous les jours à 2 h.	D. L. mar., ven. .	1	„	4
Drefde, Saxe	213	lun., mar., ven., fam. à 10 h.	mer., dim.	„	„	24
Dreux, Mantois	16	lun., mer, fam. à midi.	dim., mar., ven. .	2	„	4
Dublin, Irlande	187	lun., jeu. à 10 heures.	lun., ven.	„	*aff.*	20
Dunkerque, Flandre. .	60	tous les jours à midi.	tous les jours. . .	3	„	8
Duffeldorf, Weftphalie.	105	lund., mar., vend., fam. à 10 h.	mercredi, dimanche.	„	„	„
Ecoffe, Royaume. . .	„	lundi, jeudi à 10 heures.	mardi, famedi. . .	„	*aff.*	„
Embrun, Dauphiné. . .	161	mardi, famedi à 2 heures.	mardi, vendredi. .	6	„	10
Efclavonie, V. H. Allem.	„	T. L. J. à 10 h. fauf le mercre.	tous les j. fauf le vend.	„	*aff.*	„
Efpagne, Royaume. .	„	mardi, famedi, à 10 heures.	mercredi, famedi. .	„	„	„
Etats-Unis de l'Ameriq.	„	Voyez l'*Orient*.		„	*aff.*	„
Etienne, (*St.*) Forez.	„	mardi, jeudi, famedi, à 2 h.	dimanc., mardi, fam.	5	„	„
Evreux, Normandie.	22	tous les jours à 2 heures.	tous les jours. . .	2	„	6
Falaife, Normandie. .	44	lundi, mardi, famedi à midi.	dimanc., jeudi, vend.	3	„	7
Ferrare, (*Duch.*) Italie.	244	mardi à 10 heures.	jeudi.	„	22	22

NOMS DES VILLES, ETATS ET PROVINCES.	D. de Paris	Départ de Paris.	Arrivée à Paris.	Jo. en route.	Aff.	Taxe des L.
Florence, Toſcane.	273	mardi, à 10 heures.	jeudi.	„	20	22
Flour, (*St.*) H. Auvergne.	108	mardi ſamedi à 2 heures.	mercredi, ſamedi.	6	„	8
Fontainebleau, Gâtinois.	14	T. L. J. à 2 h. ſauf le dim. pend. la cour, t. l. j. à 8 h. du ſ.	dim., mardi, j. vend.	2	„	4
Francfort-ſur-le-Mein.	110	T. L. J. à 10 h. ſauf le mercr.	tous les j. ſauf le vend.	„	16	24
Francfort-ſur-l'Oder.	208	L. mardi, vend. ſam., à 10 h.	mercredi, ſamedi.	„	„	24
Franconie, H. Allemag.	„	T. L. J. ſauf le mercredi à 10 h.	tous les j. ſauf le vend.	„	aff.	„
Gênes, *Rép.* Italie.	200	mardi, à 10 heures.	jeudi.	„	„	22
Genève, République.	117	lundi, mardi, j. ſamedi à 10 h.	dim., mardi, jeu., vend.	„	„	15
Girons, (*St.*) Gaſcogne.	169	dimanche, mardi, à 2 heures.	mercredi, ſamedi.	8	„	10
Gotha, Baſſe-Allemagne.	210	lundi, mardi, vend., ſ. à 10 h.	mercredi, dimanche.	7	„	24
Gournay, H. Normandie.	20	tous les jours à 2 heures.	tous les jours.	2	„	6
Granville, B.-Normandie.	55	lundi, mercredi, ſamedi, à 2 h.	dim., mardi, vendredi.	4	„	8
Grenoble, Dauphiné.	120	mardi, jeudi, ſamedi, à 2 h.	dim., mardi, vendredi.	6	„	10
Griſons, V. *Suiſſe.*	„	lundi, merc., vendredi, à midi.	lundi, jeudi, ſamedi.	„	„	„
Gueldre, (*Duc. de*) Pays-Bas.	„	lundi, mardi, vend., ſ. à 10 h.	mercredi, dimanche.	„	„	„
Guiſe, Picardie.	33	mardi, jeudi, ſamedi, à midi.	dim., mardi, vendredi.	2	„	6
Haguenot, Alſace.	102	mardi, jeudi, dimanche à midi.	t. l. j. ſauf le mercredi.	5	„	10
Hambourg, Baſſe-Saxe.	168	lundi, vendredi, à 10 heures.	lundi, vendredi.	„	„	24
Hanovre, H. Allemagne.	184	tous les jours à 10 heures.	mercredi, dimanche.	„	„	24
Havre, (*le*) H. Normand.	45	tous les jours à 2 heures.	tous les jours.	3	„	7
Heidelberg, Allemagne.	111	t. l. j. à 10 heur., ſauf le mercr.	t. l. j. ſauf le vendredi.	„	16	24
Heſſe, Baſſe-Allemagne.	„	lundi, mardi, vend., ſ., à 10 h.	mercredi, dimanche.	„	„	„
Hongrie, H. Allemagne.	„	tous les j. à 10 h. ſauf le merc.	T. L. J. ſauf le vend.	„	aff.	„

Jean-d'Angely, (St.) Saintonge.	110	mercredi, dimanche, à 2 h.	mardi, vendredi.	5	„	10
Jean-de-Luz, (St.) Biscaye.	221	mardi, samedi, à midi.	mercredi, samedi.	9	„	10
Inspruck, Tirol.	140	tous les j. à 10 h. sauf le mer.	tous les j. sauf le vend.	„	16	24
Irlande, Royaume.	„	lundi, jeudi, à 10 heures.	mardi, samedi.	„	*aff.*	„
Islande, Norwege.	„	lundi, vendredi, à 10 heures	lundi, vendredi.	„	„	„
Issoudun, Berry.	60	mardi, samedi, à 2 heures.	mardi, vendredi.	4	„	7
Juliers, (*Duché de*) Allemagne.	96	lundi, mardi, vend., s., à 10 h.	mercredi, dimanche.	„	„	24
Kell, H. Allemagne.	119	t. l. j. sauf le mercredi, à 10 h.	tous les j. sauf le vend.	„	*aff.*	„
Kœnisberg, Prusse.	327	lundi, mardi, vend., s., à 10 h.	mercredi, dimanche.	„	„	24
La Haye, Hollande.	74	lundi, vendredi, à 10 heures.	lundi, mardi, samedi.	„	„	20
Langres, Champagne.	63	lundi, mercredi, vend., à midi.	dimanche, merc. vend.	3	„	8
Laon, Champagne.	28	tous les jours à midi.	tous les jours.	2	„	6
Lausanne, Suisse.	100	lundi, mercredi, vend., à 2 h.	lundi, jeudi, samedi.	„	10	16
Leipsick, Saxe.	185	mardi, lundi, vend., s., à 10 h.	mercredi, lundi.	„	„	24
Libourne, Guyenne.	162	mardi, à midi, dimanc., à 2 h.	mercredi, samedi.	6	„	10
Lille, Flandre.	50	tous les jours à midi.	tous les jours.	3	„	8
Limoges, Limosin.	95	mardi, à midi, dimanc. à 2 h.	lundi, samedi.	4	„	8
Limoux, B.-Languedoc.	176	mardi, jeudi, samedi à 2 h.	lundi, mercredi, sam.	8	„	10
Lisbonne, Portugal.	387	mardi, samedi, à 10 heures.	mercredi, samedi.	„	„	20
Lisieux, Normandie.	40	tous les jours à 2 heures.	tous les jours.	3	„	6
Livonie.	„	Voyez *Riga*.				
Livourne, Italie.	324	mardi, à 10 heures.	jeudi.	„	*aff.*	20
Lodeve, Bas-Languedoc.	145	mardi, jeudi, samedi, à 2 h.	dimanc., mardi, jeudi.	8	„	10
Lombez, Gascogne.	163	dimanche, mardi, à 2 heures.	lundi, samedi.	8	„	10
Londres, Angleterre.	98	lundi, jeudi à 10 heures.	lundi, vendredi.	„	*aff.*	20

Noms des Villes, Etats et Provinces.	D. de Paris.	Départ de Paris.	Arrivée à Paris.	J.o. en route.	Affr.	Taxe des L.
L'Orient, en Bretagne.	110	lundi, mercredi, vendredi.	lundi, jeudi, famedi.	4	„	8
Nota. Il part & arrive, chaque femaine, de l'Orient, des Paquebots qui ont été établis par Arrêt du Confeil du 18 *Juin* 1784, *pour communiquer très-fréquemment avec les Etats-Unis de l'Amérique-Septentrionale.* Voyez, *à cet égard, la page* 84 *de la troifieme Partie de cet Ouvrage.*						
Lubec, Allemagne.	198	lundi, vendredi, à 10 heures.	lundi, vendredi.	„	„	24
Lucerne, Suiffe.	128	lundi, mercredi, vend. à midi.	lundi, jeudi, famedi.	„	„	„
Luçon, Bas-Poitou.	113	mercredi, dimanche, à 2 h.	mardi, vendredi.	5	„	8
Lucques, Italie.	260	mardi, à 10 heures.	jeudi.	„	„	„
Lufface, B. Allemagne.	„	lundi, mar., vend., fam., à 10 h.	mercredi, dimanche.	„	„	„
Luxembourg, Pays-Bas.	66	lundi, jeudi, famedi, à 10 h.	dimanc., mardi, jeudi	„	„	12
Lyon, Lyonnois.	100	mardi, à 10 h. lundi, mercredi, jeudi, vend., fam., à midi	T. L. J. fauf le mercredi.	4	„	8
Mâcon, Bourgogne.	85	lundi, mercredi, vend., à 2 h.	lundi, jeudi, famedi.	4	„	8
Madrid, Efpagne.	246	mardi, famedi, à 10 heures.	mercredi, famedi.	„	„	20
Mahon, Isle Minorque.	265	mardi, famedi, à 10 heures.	dimanche, mardi, jeudi	„	aff	„
Maienne, Maine.	48	lundi, mercredi, fam., à midi.	dimanc., mardi, vend	3	„	7
Malaga, Efpagne.	385	mardi, famedi, à 10 heures.	mercredi, famedi.	„	„	20
Malte, (*Isle de*)	288	*idem.*	dimanc., mardi, jeudi.	„	10	14
Mans, (*le*) Maine.	44	lundi, merc., jeudi, f., à 2 h.	mardi, vendredi.	3	„	7
Mantes, Mantois.	13	tous les jours, à 2 heures.	tous les jours.	2	„	4
Marche de Brandebourg, Allem.	„	lundi, mar., vend., fam., à 10 h.	mercredi, dimanche.	„	„	„
Marck, (*Comté de la*) Allemagne.	„	*idem.*	mercredi, dimanche.	„	„	„
Marfeille, Provence.	168	mar., jeu., fam. à 2 heures.	dim., mar., jeud.	7	„	10
Mayence, Allemagne.	106	T. L. J. à 10 h. fauf le mer.	dim., mar., ven.	„	16	24
[illegible] B. Allemagne	„	lun., mar., ven., fam., à 10 h.	mer., dim.			

Mecklenbourg, (Du. de) B. Allemagne . . .	»	lun., mar., ven., sam. à 10 h.	mer., dim.	»	»	»
Melun, Hurepoix . .	11	T. L. J. à 2 h. sauf le dim.	tous les jours. . .	2	»	4
Mende, Gévaudan . .	120	mardi, sam. à 2 heures.	dim., mar., jeud. . .	8	»	10
Messine, Sicile . . .	458	mardi à 10 heures.	jeudi.	»	*aff.*	»
Metz, Pays Messin . .	70	T. L. J. à midi, sauf le mer.	T. L. J., sauf le vend.	4	»	8
Milan, Italie . . .	184	mardi, sam. à 10 heures.	mardi, vend. . . .	»	16	22
Mirepoix, H. Languedoc	176	mardi, jeu., sam., dim. à 2 h.	samedi.	9	»	10
Modene, (Duc. de) Italie.	220	mardi à 10 heures.	mardi, vend. . . .	»	16	22
Montargis, Gâtinois . .	31	mardi, jeu., sam. à 2 heures.	dim., mar., vend. .	2	»	6
Montauban, B. Quercy.	150	mardi à midi, dim. à 2 h.	lundi, mer., sam. .	8	»	10
Montdemarsan, Gascogne	»	mardi, sam. à midi.	mercredi, sam. . .	8	»	10
Mont-Louis, en Touraine	57	mardi, sam. à 2 heures.	mercredi, sam. . .	3	»	8
Montpellier, en Languedoc	156	mardi, jeu. sam. à 2 heures.	dim., mar., jeud. .	7		10
Moravie, (la) H. Allemagne	»	T. L. J. à 10 h., sauf le merc.	T. L. J., sauf le vend.	»	*aff.*	»
Morlaix, Bretagne . .	116	lundi, mer., sam. à midi.	dim., mar., vend. .	6		10
Mortagne, Perche . .	35	*Idem.*	dim., mar., vend. .	2	»	6
Moscow, Russie . . .	660	lundi, vend. à 10 heures.	mercredi, sam. . .	»	»	24
Moulins, Boubonnois.	70	mardi, jeu., sam. à 2 h.	dim., mar., vend. .	3	»	8
Munich, Baviere . . .	180	tous les jours, sauf le mer.	T. L. J., sauf le vend.	»	16	24
Munster, Westphalie . .	118	lundi, mar. ven. sam. à 10 h.	mercredi, dim. . .	»	»	24
Nancy, Lorraine . . .	66	lund, ma., jeu., sam. à midi.	dim., mar., jeu., sam.	3	»	8
Nantes, Bretagne . . .	90	l. à midi., mer., j., s., d. à 2 h.	mer., ven., dim. . .	4	»	8
Naples, Italie	402	mardi à 10 heures.	jeudi.	»	*aff.*	26
Narbonne, B. Languedoc	170	mardi, jeu., sam. à 2 heures.	dim., mar., jeu. . .	8	»	10

NOMS DES VILLES, ETATS ET PROVINCES.	D. de Paris.	Départ de Paris.	Arrivée à Paris.	Jo. en route.	Affr.	Taxe des L.
Nemours, Gâtinois . . .	18	mard., jeu., sam. à 2 h.	dim., mar., vend. .	2	»	6
Nevers, Nivernois . . .	57	*Idem.*	*Idem.*	3	»	7
Neuf-Châtel, Suisse . .	96	lundi, mer., ven. à 2 h.	lundi, jeu., sam. . .	»	*aff.*	»
Nihons, Dauphiné . . .	»	mardi, sam. à 2 heures.	dim., mar., sam. . .	7	»	10
Nismes, Languedoc . .	148	mardi, jeu. sam. à 2 heures	dim., mar., vend. .	7	»	10
Norwege, Etat du Nord.	»	lundi, ven. à 10 heures.	lundi, vend. . . .	»	»	»
Nuremberg, Allemagne.	160	T. L. J. à 10 h., sauf le mer	T. L. J., sauf le vend.	»	16	24
Olleron, (Isle de) . . .	»	Voyez *La Rochelle.*				
Oneille, Italie	268	mardi, sam. à 2 heures.	dim., jeudi . . .	»	*aff.*	»
Orléans, Orléanois . . .	28	tous les jours à 2 heures.	tous les jours . . .	2	»	6
Osnabruck, Westphalie.	124	lun., mar., ven, sam. à 10 h.	mer., dim. . . .	»	»	24
Palatinat, H. Allemagne	»	T. L. J. à 10 h., sauf le mer.	l. ma., me., j., s., d.	»	*aff.*	»
Palerme, Sicile	499	mardi à 10 heures.	mardi, vend. . . .	»	*aff.*	29
Parme, Italie	330	*Idem.*	mardi, vend. . . .	»	20	22
Pau, Bearn	160	mardi, sam. à midi.	mercredi, sam. . .	9	»	10
Périgueux, en Périgord.	110	mardi à midi, dim. à 2 h.	mercredi, sam. . .	8	»	6
Peronne, Picardie. . .	32	tous les jours à midi.	tous les jours. . . .	2	»	12
Perpignan, Roussillon.	180	mardi, jeu., sam., à 2 h.	dim., mar., jeud. . .	10	»	»
Piémont, Italie. . . .	»	mardi, sam. à 10 heures.	mardi, vend. . . .	4	*aff.*	»
Plaisance (Duc.) Ital.	199	mardi à 10 heures.	mardi, vend. . . .	»	20	22
Poissy, Isle de France.	5	tous les jours à 10 heures.	tous les jours. . . .	1	»	4
Poitiers, Poitou. . . .	76	mar., sam. à midi, dim. à 2 h.	mercredi, sam. . .	4	»	8
Pomeranie Prussienne, Allemagne.	»	lun., mar., ven., sam, à 10 h.	mercredi, dim. . .	»	»	»
Pomeranie Suédoise, Allemagne.	»	lundi, vend. à 10 heures.	lundi, vend. . . .	»	»	»

Pontarlier,

Pontarlier, F. Comté.	100	lundi, mer., vend. à 2 h.	lundi, jeu., sam. . .	4	„	8
Pont-de-Royans, Dauphiné.		mardi, jeu., sam. à 2 h.	dim., mar., vend.	„	„	„
Pontoise, Vexin François.	7	tous les jours à 2 heures.	tous les jours. . . .	1	„	4
Portugal, Royaume. .	„	mardi, sam. à 10 heures.	mercredi, sam. . .	„	„	„
Prague, Bohême. . .	244	T. L. J. à 10 h., sauf le mer.	T. L. J. sauf le vend.	„	16	24
Prusse, B. Allemagne.	„	lund., mar., ven., sam. à 10h.	mercredi, dim. . .	„	„	„
Puy, (le) Velay. . .	115	mardi, jeu., sam. à 2 h.	dim., mar., jeu. . .	„	„	10
Quentin, (St.) Vermandois.	32	tous les jours à midi.	tous les jours. . . .	2	„	6
Quimper-Corentin, Bretagne.	116	lundi, mer., sam. à midi.	dim., mar., vend. . .	5	„	10
Ratisbonne, B. Baviere.	192	T. L. J. à 10 h., sauf le mer.	T. L. J., sauf le vend.		16	24
Rennes, Bretagne . .	76	lundi, mer., sam. à midi.	dim., mar., vend. . .	3	„	8
Revel, Russie	450	lundi, vend. à 10 h.	mercredi, dim. . .	„	„	24
Rheims, Champagne. .	38	tous les jours à midi.	tous les jours. . . .	2	„	8
Rhetel-Mazarin, Champagne.	45	*Idem.*	tous les jours. . . .	3	„	7
Riga, Livonie. . . .	394	lundi, vend. à 10 heures.	mercredi, dim. . .	„	„	24
Riom, Auvergne. . . .	90	mardi, jeu., sam. à 2 h.	dim., mar., vend. .	4	„	8
Rochelle, (la) Aunis.	120	ma., s. à midi, me., d. à 2 h	mar., mer., ven., sa.	5	„	10
Rodez, Rouergue. . .	128	mardi à midi, dim. à 2 h.	lundi.	7	„	10
Rome, Italie.	312	mardi à 10 heures.	jeudi.	„	„	22
Rouen, Normandie. . .	28	tous les jours à 2 heures.	tous les jours. . . .	2	„	6
Saint-Pétersbourg, Russie.	495	lundi, ven. à 10 heures.	mercredi, dim. . .	„	„	24
Saintes, Saintonge. . .	105	ma., s. à midi, mer., d. à 2 h.	mardi, mer. ven. sam.	5	„	10
Sardaigne, Royaume. .	„	mardi, sam. à 10 heures	mardi, sam. . . .	„	*aff.*	

TABLEAU DES COURIERS.

Noms des Villes, Etats et Provinces.	D. de Paris.	Départ de Paris.	Arrivée à Paris.	Jo. en route.	Affr.	Taxe des L.
Sarlat, Périgord.	125	mardi à midi, dim. à 2 h.	lundi	6	”	10
Saumur, Anjou.	80	jeudi, dim. à 2 heures.	mardi, sam.	4	”	8
Savoie.	”	Voyez *Sardaigne*.				
Savonne, Italie.	220	mardi à 10 heures.	jeudi	”	20	22
Sedan, Champagne.	56	tous les jours à midi.	tous les jours	3	”	7
Sées, Normandie.	34	lundi, mer., sam. à midi.	dim., mar., vend.	3	”	6
Sens, Senonois.	28	lundi, mer., ven. à 2 h. mar. jeu., sam. à midi.	dim., lun., j., v., sa.	2	”	6
Sicile, Italie.	”	mardi à 10 heures.	jeudi.	”	*aff.*	
Siléfie Autrichienne, H. Allemagne.	”	T. L. J. à 10 h., sauf le mer.	l., ma., me., j., s., d.	”	*aff*	
Siléfie Pruffi., B.-Allem.	”	lundi, mardi, vend., s., à 10 h.	mercredi, dimanche.	”	”	
Soiffons, Picardie.	22	tous les jours à midi.	tous les jours.	2	”	6
Souabe, H. Allemagne.	”	T. L. J. à 10 h., sauf le mer.	l., m., merc., j., s., dim.	”	*aff.*	
Stetin, B.-Allemagne.	145	lundi, mardi, vend., s. à 10 h.	mercredi, dimanche.	”	”	
Stirie, H.-Allemagne.		Voyez *Souabe*.				
Stockholm, Suède.	385	lundi, vendredi, à 10 heures.	lundi, vendredi.	”	”	24
Strasbourg, Alface.	104	T. L. J. à midi, sauf le mer.	tous les j. sauf le vend.	4	”	10
Suntgaw, Alface.		Voyez *Strasbourg*.				
Tarafcon, Provence.	152	mardi, jeudi, famedi, à 2 h.	dimanche, mardi, jeudi	7	”	10
Tirol, H. Allemagne.		Voyez *Souabe*.				
Tofcane, Italie.	”	mardi, à 10 heures.	jeudi.	”	*aff.*	
Toul, trois Evêchés.	63	lundi, jeudi, famedi, à midi	dimanche, mardi, jeudi.	3	”	8
Toulon, Provence.	179	mardi, jeudi, famedi à midi.	dimanch., mardi, jeudi.	8	”	10
Touloufe, H. Languedoc.	159	mardi, jeudi, dimanche, à 2 h.	lundi, merc., famedi.	7	”	10
Trevoux, Pp. de Dombes	95	lundi, merc., vend., à 2 h.	[illegible]	[illegible]	[illegible]	[illegible]

Transylvanie. . . .		Voyez *Souabe.*				
Treves, Allemagne. . .	76	lundi, jeudi, famedi, à 10 h.	dimanch., mardi, jeudi.			12
Trevoux, Pp. de Dombes	95	lundi, merc., vend., à 2 h.				
Tropez, (*St.*) Provence.	180	mardi, famedi, à 2 heures.	dim., ma., jeu. . .	7		10
Troyes, champagne. . .	36	tous les jours à midi.	T. L. J.	2		6
Tulles, Bas-Limofin. .	118	mardi, dimanche, à 2 heures.	lundi.	5		8
Turin, Piémont. . . .	186	mardi, famedi, à 10 heures.	mardi, vendredi. . .		16	20
Turquie.		Voyez *Conftantinople.*				
Valence, Dauphiné. .	141	mardi, jeudi, famedi, à 2 h.	dimanc., mardi, jeudi.	5		10
Valence, Efpagne. . .	319	mardi, famedi, à 10 heures.	mercredi, famedi. . .	”		”
Valenciennes, Hainaut.	48	tous les jours à midi.	tous les jours. . . .	3		8
Vallery-fur-Somme, (*St.*)	40	*Idem.*	tous les jours. . . .	2		6
Vallois.		Voyez *Crefpy.*				
Vannes, Bretagne. . .	102	lundi, mercredi, famedi à midi.	dimanch., mardi, vend.	4		10
Varfovie, Pologne. . .	356	lundi, vendredi, à 10 heures.	lundi, vendredi. . .			24
Vaffy, Baffe-Champagne.	48	lundi, jeudi, famedi, à midi.	dimanch., mardi, jeudi.	3		7
Vendôme, Vendômois.	40	mardi, jeudi, dimanche, à 2 h.	merc., jeudi, famedi.	3		6
Venife, Italie. . . .	266	mardi, à 10 heures.	mardi, vendredi. . . .		16	22
Verdun, Verdunois. . .	64	mardi, vendredi, dim., à midi.	lundi, mercredi, fam.	3		7
Verfailles, Mantois. .	4	tous les jours à 9 heures du foir.				
		pendant les voyages à 2 heures.	tous les jours. . . .	1		4
Vefoul, Franche-Comté.	85	lundi, mercredi, vend. à midi	lundi, jeudi, famedi.	4		8
Véteravie, H. Allemag.		tous les j. à 10 h. fauf le merc.	tous les j. fauf le vend.		*aff.*	
Vienne, Autriche. . . .	285	*Idem.*	tous les j. fauf le vend.		16	24
Vienne, Dauphiné. . .	120	mardi, jeudi, famedi, à 2 h.	dimanc., mar., jeudi.	5		9
Ville-Franche, B. Marc.	128	mardi à midi, dim. à 2 h.	lund., mer., fam. . .	6		10
Vitri-le-François, Champagne. . . .	48	lundi, jeu., fam. à midi.	dim., mar., jeud. . .	3		7

TABLEAU DES COURIERS.

Noms des Villes, Etats et Provinces.	D. Paris.	Départ de Paris.	Arrivée à Paris.	J. en route.	Affr.	Taxe des L.
Viviers, Cevennes. . .	150	mardi, jeu., sam. à 2 heures.	dim., mar., jeud. . . .	6		10
Uzes, Bas-Languedoc. .	150	mardi, jeu., sam. à 2 heures.	dim, mar., jeud. . . .	7		10
Westphalie, Allemagne.	„	lundi, mar., ven., sam. à 10 h.	mer., dim.	„	„	
Ypres, Pays-Bas Autrichiens.	56	tous les jours à 10 heures.	tous les jours. . . .	3		12
Zurich, Suisse. . . .	120	lundi, mer., vend. à midi.	lund., jeu., sam. . .			

Nota. Les lettres sujettes à être affranchies, & qui ne le sont pas, restent au grand Bureau des Postes à Paris, d'où l'on peut les retirer sans difficulté, ou les affranchir, si l'on veut qu'elles parviennent à leurs adresses ; il est très-défendu de mettre de l'or & de l'argent dans les lettres, mais on reçoit à tous Bureaux de Postes l'argent que l'on veut faire passer d'une Province à une autre, même chez l'Etranger, ainsi que tous paquets qui contiennent des effets de conséquence.

OBSERVATIONS GÉNÉRALES.

1°. Il est essentiel que toutes les lettres pour les Colonies Françoises & autres, ainsi que pour les Indes & les Isles de l'Archipel, soient affranchies jusqu'au Port de Mer, par lequel elles peuvent passer à leur destination, sinon elles restent au rebut à Paris.

2°. Il est également bon d'affranchir toutes les lettres pour les Majors des Régimens, les Curés, les Procureurs, les Avocats & autres personnes publiques, pour éviter à leur refus de les recevoir, lorsque le port n'en est pas payé.

3°. Toutes les lettres adressées à des Villages, ou Châteaux, doivent porter, sur leur adresse, le nom de la Ville la plus proche où l'on écrit.

4°. Il est nécessaire, quand on adresse dans une ville, dont plusieurs autres portent le même nom, d'indiquer, par l'adresse même, la Province où est située ladite Ville, &c.

5°. Pour les lettres des Gens de guerre, il faut avoir soin d'indiquer le nom de leur Com-[illegible] du Régiment où ils servent.

DÉTAILS
SUR DIVERS AFFRANCHISSEMENS.

Angleterre, Irlande & Ecosse.	Toutes les lettres qui partent d'autres routes que celle de Paris à Valenciennes, Lille & Calais, doivent être affranchies jusqu'à Paris.
Mahon, & Isle de Minorque.	Leurs lettres partent de Paris les mardi, jeudi & samedi à 10 heures du matin, & elles doivent être affranchies jusqu'à Marseille.
Gibraltar . . .	Il faut affranchir jusqu'à Bayonne.
Allemagne . . .	Les affranchissemens se font jusqu'aux frontieres de la France.
Duché des Deux-Ponts.	Les Couriers partent les mardi, vendredi & dimanche à 10 heures du matin; il faut affranchir jusqu'à la frontiere.
Suisse	Il faut affranchir jusqu'à Pontarlier.
Savoie, Piémont & Sardaigne.	Il faut affranchir jusqu'aux frontieres.
Milanois, Pise, Mantoue, Venise.	Il faut absolument affranchir jusqu'à la frontiere.
Naples, Sicile, Malte, la Turquie, & les Echelles du Levant & de Barbarie.	Il faut affranchir jusqu'à Marseille; quant aux lettres pour Constantinople, elles n'ont besoin d'être affranchies que jusqu'à Rhinhausen en Allemagne.

CHAPITRE XVI.

TABLEAU Alphabétique du Service des Diligences, Carrosses, Fourgons & Messageries Royales de France, d'après tous les changemens qui y ont été faits jusqu'à l'époque du premier Janvier 1785 (1).

Abbeville, à 41 lieues de Paris (2).

Diligence, place à 32 liv. 16 sols, port, à 2 sols 5 den. la liv. *Cabriolet*, place à 20 liv. 16 sols; ces voi. p. de *Paris*, L. M. S. à 10 h. du soir; de la *Province*, M. J. D. & font 2 jours en route. *Fourgon*, place à 12 liv. 6 sols, part de *Paris*, V. à 5 heures du matin, de la *Province*, J. & met 4 jours en route.

Aire. Voyez *Lille*.

Aix. Voyez *Lyon*.

Alençon, à 45 lieues de Paris.

Carrosse, place 22 liv. 10 sols, port 2 sols 3 den. la liv., part de

(1) Le Bureau Général de ces Voitures est à *Paris*, rue Notre-Dame des Victoires. Il faut remettre au Bureau de chaque Voiture, la veille du départ, avant 5 heures du soir, les effets que l'on desire emporter avec soi, ainsi que l'argent en sac, pour lequel on paye 2 liv. par sac de 1000 liv., pour une distance de 20 lieues, & 20 sols de plus par chaque 10 lieues qui se trouvent au-dessus de cette distance : il faut que les effets qui sont expédiés par ces Voitures, soient accompagnés d'une déclaration très-juste, du contenu des caisses ou malles, pour les Villes de l'intérieur du Royaume; & pour celles Etrangeres, il faut deux déclarations qui stipulent, avec le détail des objets, leur valeur particuliere. Outre les Voitures indiquées dans ce Tableau, on trouve au Bureau susdit, des places pour les Villes où il n'y a point de Voitures décidées, il faut les retenir la veille du jour où l'on desire partir.

ABRÉVIATIONS.

L. lundi, Ma. mardi, M. mercredi, J. jeudi, V. vendredi, S. samedi, D. dimanche, h. heures, jo. jours, R. route, liv. livres, f. sols, d. deniers, voi. voitures, p. partent.

(2) *Les distances de Paris ne sont ici indiquées que conformément au nombre de lieues que les fermiers des messageries sont autorisés à se faire payer pour chaque ville, ainsi il ne faut pas s'étonner de la différence qui peut se trouver entre ces distances & celles indiquées dans d'autres parties de cet Ouvrage.*

Paris J. à 4 heures du matin, met 4 jours en route, & part de la *Province* V.; il y a, en cette ville, un *carrosse* à 6 places, pour *Verneuil*, *Argentau*, l'*Aigle* & *Falaise*.

Allemagne & toutes les villes qui en dépendent. Voyez *Strasbourg*.

Amboise. Voyez *Tours*.

Amiens, à 31 lieues de Paris.

Diligence, place 24 liv. 16 sols, port 1 sol 9 den. la liv., *cabriolet*, place 15 liv. 10 sols; ces voitures part de Paris les Ma. V. à 10 h. du soir, arrivent le lendemain à 6 h. du soir, & p. de la *Province* J. L.

Angers, à 73 lieues de Paris.

Diligence, place 58 liv. 8 sols, port 3 sols 9 den. par liv., part de *Paris*, M. S. à 9 h. du soir, met 3 jours en route, & part de la *Province*, D. M. *Fougon*, place 22 liv. 8 sols, part de *Paris*, L à midi, met 7 jours en route, & part de la *Province* D.; il y a un autre *fourgon* qui ne va qu'au Mans, voyez Mans. (le)

Angoulême, à 119 lieues de Paris.

Fourgon, place 35 liv. 14. f. port 6 f. la liv., il part de *Paris* J. à 6 heures du matin, met 10 jo. en route, & part de la *Province*, le M. à 3 h. du matin.

Annonay. Voyez *Lyon*.

Argentau. Voyez *Alençon*.

Arpajon, à 8 lieues de Paris.

Son *Bureau* est rue d'Enfer St. Michel.

Berline, place 3 liv. 10 f., port 6 den. la liv., part de *Paris* tous les jours à 7 h. du matin, & part aussi tous les jours d'*Arpajon*; *charrette*, place 35 f., part de *Paris*, Ma. J. S., à 8 heures du matin, & repart de la *Province* L. M. V.

Arras, à 44 lieues de Paris.

Fourgon, place 13 liv. 4 f., port 2 f. 3 den. la liv., part de *Paris* D. à 11 h. du soir, met 4 jo. en route, & part d'Arras, L.

Avignon. Voyez *Lyon*.

Aumale, à 44 lieues de Paris.

Le *Bureau* est rue du jour St. Eustache.

Carrosse, place 12 liv., port 1 f. 6 den. la liv., part de *Paris* D. à midi, met 4 jours en route, & part de la *Province* tous les 15 jours; *Fourgon*, place 9 liv., part de *Paris* toutes les semaines, & de la *Province*, tous les jours.

Auray, *Autrin*, Voyez *Rennes*.

Aurillac. Voyez *Clermont en Auvergne*.

Avranches, à 74 lieues de Paris.

Diligence, place 59 liv. 4 sols, port 3 f. la liv., part de *Paris* D. Ma. V. à 6 heures du matin, met 4 jo. en route. Voyez *Caen*.

Auxerre, à 42 lieues de Paris.

Diligence, place, avec nourriture, 40 liv., port 2 sols 3 den. la liv. part de *Paris* tous les jo. à minuit en été, à 4 heures du matin en hiver, & met 2 jo. en route.

Auxonne, à 84 lieues de Paris.

Diligence, place 67 liv. 4 f. port 4 f. 3 den. la liv. ; *Cabriolet*, place 42 liv., p. de *Paris*, Ma. J. D., à 5 h. du matin, met 4 jo. en R. & p. de la *Province*, M. V. D.

B.

Bâle, Suisse. Voyez *Troyes*.

Barbesieux. Voyez *Bordeaux*.

Bar-le-Duc, à 61 lieues de Paris.

Diligence, place 48 liv. 16 fols, port 3 f. 3 den. la liv., part de *Paris*, M. D. à 11 h. du foir, met 2 jo. en route, & part de la *Province* Ma. S. ; *Carrosse*, place 30 liv. 10 f. ; port 2 f. 6 den. la liv., part de *Paris* S. à 6 h. du matin, met 6 jo. en route, & part de la *Province* J. D.

Bayeux. Voyez *Caen*.

Beaumont en Picardie, à 8 lieues de Paris.

Diligence, place 6 liv. 8 fols, port 6 den. par liv. ; *Cabriolet* 4 liv. *Voyez* Beauvais.

Beauvais, à 16 lieues de Paris.

Le *Bureau* est Fauxbourg St Denis.

Diligence, place 12 liv. 16 fols, port 1 f. par liv., part de *Paris*, L. M. V. à 5 h. du matin, & part de Beauvais Ma. J. D. ; *Guinguette*, place 8 liv., part de *Paris* Ma. J. S. à 5 h. du matin, & de Beauvais, L. M. V.

Beffort. Voyez *Langres*.

Bergerac. Voyez *Bordeaux*.

Berlin. Voyez *Strasbourg*.

Besançon, à 91 lieues de Paris.

Diligence, place 78 liv. 8 fols port 5 f. par liv. ; *Cabriolet*, place à 49 liv., ces voi. p. de *Paris*, M. V. D. à midi, met. 5 jo. en R. & part. de la *Province*, L. M. S. à 4 h. du matin.

Béthune. Voyez *St. Omer*.

Beziers. Voyez *Toulouse*.

Biel. Voyez *Strasbourg*.

Blois, à 42 lieues de Paris.

Diligence, place 33 liv. 12 fols, port 2 f. par liv., part de *Paris*, D. L. Ma. M. à minuit, met 36 h. en route ; repart de la *Province* D. L. Ma. *Fourgon* ; place 12 liv. 12 f. *Carrosse* ; place 21 liv., part de *Paris* M. en hiver à midi, & le Ma. en été à midi, met 4 jours en route ; & repart de la *Province* le M. matin.

Bolbec. Voyez *Rouen*.

Bordeaux, à 156 lieues de Paris.

Diligence, place 124 liv. 16 f., port 6 f. par liv., *Cabriolet*, place 78 liv., part de *Paris* D. L. Ma. M. à 11 h. du foir, met. 6 jours en R., & repart. de *Bordeaux* M. J. V. S. *Fourgon*, en hiver, place 46 liv. 16 fols, port 5 f. par liv., part de *Paris* M. à midi, met 14 jours en route, & repart de *Bordeaux* le V. matin ; *Carrosse* en été, place 78 liv., il part de *Paris* & de *Bordeaux* comme le *Fourgon*.

Boulogne-sur-mer,

phie ne donnent qu'une longitude supposée, est réellement située, savoir : en latitude australe, par 54 degrés, & en longitude à 21 degrés 1/2 à l'Est de l'Isle de *Fer*, & non à 28, tel qu'on le suppose dans divers ouvrages.

3°. Le *Golfe de la Providence*, suivant des examens faits depuis peu, par des navigateurs Hollandois, offre un passage sûr, pour aller de l'Amérique-Septentrionale & de la Caroline du Sud à l'Isle de Cuba & à la Havane. On dit *passage sûr*, parce qu'il est reconnu avoir 23 pieds d'eau de profondeur. Cette route est d'ailleurs beaucoup plus courte que celles qui ont été fréquentées jusqu'à présent.

4°. Suivant des recherches géographiques détaillées dans les mémoires de l'Académie de Stockholm, en 1774, on a reconnu que les Côtes de *Scanie*, de *Halland*, & de *Bonhus-Land* dépendantes de la Suède, embrassent ensemble une étendue de pays renfermée entre les 55 degrés 36 minutes 6 secondes, & 59 degrés 4 minutes 10 sec. de latitude, sur 2 degrés 13 minutes, 12 secondes de latitude.

5°. La Ville de *Mexico*, Capitale du Mexique, dont la situation se trouve mal indiquée par plusieurs Géographes, est réellement située au 19eme. degré 20 minutes de latitude Septentrionale, & au 276éme. degré 34 minutes de longitude prise sur le Méridien de l'Isle de Fer.

6°. On a découvert, depuis peu, dans l'Archipel de la mer d'Amour, ou d'Amoer, en Asie, de nouvelles Isles peu peuplées, mais très-riches en productions de diverses natures. Ces Isles ont été trouvées, en doublant le Cap de Tschuktschi, à 74 degrés de latitude, & descendant vers le midi par le détroit qui sépare la Sibérie de l'Amérique; elles sont situées au 64eme. degré de latitude. On croit qu'elles tiennent au Continent de l'Amérique; quelques navigateurs Russes qui y sont descendus, les ont nommées *Aleyat*; ils y ont formé, avec les habitans, un Commerce de pelleteries, surtout en peaux de renards noirs, qui ont été trouvées si belles, que l'Impératrice a daigné les recevoir en présent : l'entrepôt de ce nouveau Commerce est situé dans l'Isle de Behring.

Et 7°. la vraie position de *Banca* est Est, Sud-Ouest, & Est Sud-Est, ce qui ne s'accorde pas avec les anciennes cartes qui l'ont placée à l'Est, ou à l'Ouest. La premiere pointe de Sumatra resserre ce détroit vis-à-vis les Caps de Lallari, bien plus qu'il ne paroît l'être par les Cartes; les Navigateurs ont le plus grand intérêt à observer cette position qui est la plus sûre connue.

2°. DE L'AGRICULTURE ET DE L'ECONOMIE.

Abeille.

Un Naturaliste, (M. de *Brow*) a reconnu, après nombre d'expériences, que des petits bourdons, très-différens des gros, imprégnent les œufs, pour les faire éclore, & que la génération des Abeilles a beaucoup de rapport avec celle des poissons.

Amidon.

La plante colchique très-abondante dans les prairies auxquelles elle est fort nuible, est cependant susceptible d'être employée en amidon; pour cet effet, il faut arracher de la terre, l'oignon qui la produit; le piler, le démêler dans de l'eau claire, laisser tomber le marc, & verser ensuite l'eau blanche dans un autre vase, pour l'y laisser déposer quelque-tems, jeter cette eau ensuite avec précaution, & la fécule blanche qui restera au fond du vase est précisément l'espece d'amidon dont nous voulons parler.

Bétail.

On a reconnu que, pour bien conserver le bétail, il faut absolument lui donner du sel; on en met, à cet effet, dans un sac que l'on pend dans l'étable, & les animaux ne manquent point de le lécher; c'est en en usant ainsi à l'Amérique, qu'on n'y connoît pas de maladie de bestiaux. *Voyez*, à l'article *Epizootie*, divers traitemens pour les *bestiaux malades*.

Biscuit.

On doit à la Chimie le procédé de la fabrication de biscuits de pommes de terre & de patates; la conversion de ces racines en pain ne peut manquer d'être considérée comme une ressource précieuse dans des tems de disette, & très-importante aux Isles dans des tems de guerre. On trouve à Paris un ouvrage de *M. Parmentier* à ce sujet; il est à souhaiter que la connoissance en soit répandue dans toutes les contrées de la terre.

Bled.

Voici plusieurs avis recueillis sur la culture de ce grain, sur la maniere de le battre, & sa conservation.

1°. *Sur sa végétation*: l'eau étant un des principaux agens de cette végétation, on peut faire germer, croître & fructifier ce grain dans toute matiere terreuse, mêmes les moins propres à la végétation, comme plâtras, déchets de pierres de taille écrasées, sable, &c. pourvu qu'on y entretienne une humidité suffisante, & qu'on ait soin de mêler 3/8ème d'argile, avec autant de déchets de pierre ou de terre calcaire, & 2/8 de sable de riviere.

2°. *Sur sa semence.* Le bled d'hiver doit être semé au commencement du printems, fauché souvent dans l'été, sans lui laisser jamais pousser son tuyau; de cette maniere, la plante se conserve beaucoup mieux l'hiver, que celle du bled semé en automne. Elle procure l'année suivante une bonne recolte, & n'est nullement sujette à verser, attendu la force de sa paille.

3°. *Sur sa conservation.* De plusieurs moyens proposés pour la conservation des grains, celui qui a paru être le plus efficace, est de le renfermer dans des greniers exhaussés & carrelés avec un ciment de chaux & de sable, d'ouvrir dans ces greniers, lors d'un tems sec, une fenêtre au Nord, & une au midi, pour lui procurer un courant d'air continuel, & avoir la précaution de le cribler de tems à autre pour en extraire la poussiere.

4°. *Nouveaux Moulins à battre le bled.* Le sieur *Prudon*, Mécanicien à Vaugirard, près Paris, a inventé, en 1781, un moulin composé de sept battoirs à bled, lesquels sont mis en mouvement par des léviers assemblés dans un cylindre qui a, à chaque bout, un volant propre à entretenir la régularité de la machine, une des extrêmités de l'axe est armée d'une manivelle. Ce cylindre est tellement disposé, que deux hommes lui font faire 45 tours en une minute, lesquels produisent 315 coups de battoirs qui dépouillent parfaitement le grain.

5°. Enfin on trouve chez M. *Le Beau*, au Pont-de-Beauvoisin, une qualité très-rare de *bled noir de Tartarie* dont la nature est extrêmement profitable. Ce bled mêlé avec moitié de seigle, procure un pain savoureux, nourrissant, bien préférable à celui d'avoine & de pezet, & qui équivaut au meilleur pain de seigle; si la culture en étoit suivie, ce grain se recueilleroit à très-bon marché. *Voyez* charrue, battoir, semoir, charenson, fléaux, semence & destruction d'insectes.

Bougies.

Pour en faire d'économiques, prenez 8 liv. de suif coupé par petits morceaux, faites-les fondre dans un chaudron avec 2 liv. un quart pesant d'eau, jetez cette eau, passez & exprimez le suif à travers un gros linge, remettez-le dans le même chaudron avec la même quantité d'eau que ci-dessus, une once d'alun calciné, demi-once de salpêtre, autant de sel ammoniac, faites bouillir le tout jusqu'à ce que la superficie de la matiere soit unie, laissez-la réfroidir, ôtez les saletés qui peuvent s'y trouver, faites fondre ensuite votre gâteau de suif, pour couler vos bougies, & suspendez dans les moules, des mêches composées de moitié fil de lin, ou de chanvre, & moitié fil de coton; lesdites mêches enduites d'un peu de suif fondu, avec peu de camphre & d'huile de pétrole, vous aurez d'excellentes bougies économiques.

Charenson.

Pour chasser cet insecte du grain, il n'est question que de jeter sur les tas de bled, plusieurs écrevisses vivantes, les y laisser crever & pourrir; leur odeur qui ne se communique point au bled, en fait sortir le charenson qu'il est facile de ramasser en tenant auprès des tas de bled, des linges blancs & humides, sur lesquels ils ne manquent pas d'aller s'attacher.

Charrue.

Un *paysan Suédois*, nommé *Joenson*, a inventé une charrue que l'Académie de Stockholm a jugé si utile, qu'elle en a fait récompenser l'auteur.

M. Devilliers, Curé de la Chapelle *Onzerain*, proche *Châteaudun*, a imaginé une charrue avec laquelle on peut, à peu de frais, chaumiller les terres nouvellement moissonnées, & surtout celles où l'on auroit recueilli du froment.

M. Demante, auteur d'un traité sur les moutons Anglois, qui se vend à *Paris* chez *Hochereau*, *Libraire*, a inventé une charrue à *Semoir*, qui est aussi peu dispendieuse que facile à l'exécution.

Un Artisan de Silésie a imaginé, en 1779, une charrue avec laquelle on peut enfoncer le soc à volonté, depuis 2 jusqu'à 10 pouces; on la trouve décrite dans un ouvrage intitulé l'*Agriculture perfectionnée*, qui se vend chez *Korn*, à Breslaw.

M. l'Avocat, Mécanicien à Champigneul, près Nancy en Lorraine, est aussi inventeur d'une charrue d'autant plus parfaite que, par son moyen, on peut, avec facilité, labourer toute sorte de terres, avec moins de bénéfice, de chevaux & de bœufs qu'il n'en faut ordinairement. Cette charrue est d'autant plus utile qu'elle déclire les racines, les herbes & toutes les substances nuisibles à la semence.

Ciment.

M. Carpentier de Beauvais, demeurant à Paris, maison de M. le Curé de la Madeleine de la Ville-vêque, a trouvé la composition d'un ciment ou mastic de peu de dépense. Il devient plus dur que la pierre, il est jugé pouvoir se conserver des siecles sans altération. Les citernes, puits, bassins, &c. qui en sont enduits, ne laissent échapper aucune goute d'eau, & l'on croit même que, si les vaisseaux en étoient enduits, ils seroient impénétrables à l'eau.

Colchique.

Outre ce que nous avons dit de cette plante, au mot *Amidon*, on a trouvé que son suc est une espece de mordant qui rend une couleur jaune, & qui, mêlée avec du bleu, produit un très-beau vert.

Conservations diverses.

Pour avoir des fruits d'une année à l'autre, il faut les mettre dans une fosse ronde & profonde de 7 à 8 pieds, faite dans une terre seche, à l'abri de la pluie ; mettez au fond 2 ou 3 pouces de paille hachée, rangez les fruits dessus, en observant de ne les mettre que très-sains, évitez qu'ils se touchent ; ce premier rang fait, couvrez-le d'un paillasson de la largeur de la fosse, arrangez dessus le second rang, & continuez de même les autres rangs. Le tout bien rangé, fermez la fosse, au moyen d'un couvercle de terre, enduisez le bord plusieurs fois en terre glaise, de maniere que l'air extérieur ne puisse y entrer, & au bout de six, huit, dix mois ou un an, vous trouverez les fruits aussi frais, que s'ils venoient d'être cueillis.

Pour conserver les plantes rares, il suffit, après les avoir cueillies très-fraîches, dans leur sol natal, de les plonger & les laisser dans l'esprit-de-vin, où elles conservent le même coup d'œil que si elles étoient encore sur terre.

Destructions d'Insectes.

Pour faire périr les insectes des légumes, il faut réunir au tiers d'un tonneau des feuilles fraîches de bois d'aune, remplir le tonneau d'eau, remuer ces feuilles tous les jours pendant 15 jours, & au bout de ce tems, tremper dedans les légumes dont on veut détruire les insectes, qui périssent aussi-tôt qu'ils se trouvent mouillés par cette infusion.

Pour faire périr les chenilles, il faut faire infuser, pendant 48 heures 12 livres de suie de cheminée, dans 50 livres d'eau, remuer plusieurs fois cette eau, faire bouillir 20 livres d'autre eau ; & 8 pintes de vinaigre, les verser sur les 50 liv. d'eau, & en faire, tous les deux jours, & pendant six, une aspersion sur les arbres fruitiers que l'on veut conserver.

Nouveau Procédé pour détruire les œufs de papillon & de charenson qui attaquent les grains ; il n'est question que de tremper le bled dans l'eau bouillante, pendant quelques minutes, l'égouter, le faire sécher au soleil, & le cribler ensuite ; par ce moyen fort simple, le grain a non-seulement l'avantage d'être purgé d'insectes, mais il a, en outre, celui de produire plus de pain, ce qui vient d'être prouvé tout récemment en Languedoc, où l'on a reconnu qu'un sac de bled, ainsi préparé, a rendu 7 livres par cent de plus en pain, qu'une pareille qualité de bled qui n'avoit reçu aucune préparation.

Engrais.

La lie d'huile que l'on a cru corrosive & contraire à la végétation des plantes ; est le meilleur engrais que l'on puisse procurer aux arbres fruitiers, & surtout aux mûriers, pêchers, cerisiers, &c.

Voici plusieurs engrais pour les terres. Toutes les racines de plantes parasites, telles que sainfoin & autres, brûlées sur la terre même, & dont les cendres sont répandues avec égalité, procurent un assez bon engrais ; il en est de même des os pulvérisés d'animaux, surtout des gras ; il faut répandre de cette poudre sur terre, environ 6 boisseaux par arpent, & l'on est sûr que les terrains les plus ingrats, même ceux remplis de pierres à chaux, deviendront les plus fertiles.

La rapure de corne, s'il étoit possible de s'en procurer en assez grande quantité, pour en saupoudrer un champ, lui procureroit la plus heureuse fertilité.

On prétend que le *gyps*, ou plâtre, est un très-bon engrais pour la terre ; il faut, à cet effet le laisser dissoudre dans 15 fois son volume d'eau, après quoi l'étendre sur les terres, vers la fin de l'automne.

Etamage à toute épreuve.

Ce nouveau genre d'étamage se pratique sur tous ustensiles de cuivre & de fer. Sa perfection, comme son utilité pour éviter au vert-de-gris, sont reconnues par l'Académie Royale des Sciences, & par la Faculté & la Société Royale de Médecine à Paris, où sa manufacture est établie rue Thévenot, N°. 6.

Etoupes.

On a découvert, depuis peu, en Pologne, que l'écorce des jeunes branches du genet produisoit une étoupe susceptible d'être apprêtée & filée comme le chanvre : on en fait de bons cordages, on en a fabriqué des draps, des serviettes & autres toileries, & l'on a observé qu'elle prenoit très-bien la teinture.

Fléaux.

On doit *à M. de Cessard*, Ingénieur en chef de ponts & chaussées, à Paris, l'invention d'une machine qui fait agir à la fois 2 fléaux à battre les gerbes de grains : elle est si facile à manier, qu'un vieillard ou un enfant de 10 ans peut également la mettre en jeu.

Une autre invention non moins importante en ce genre, & que l'on doit *à M. Scanegatti*, Membre de l'Académie des Sciences & Belles-Lettres de Rouen, est un manége dans lequel un cheval fait mouvoir, alternativement 12 fléaux sur autant de gerbes de grains.

Gelée.

Pour préserver de la gelée les fleurs des arbres, lorsque le termomètre n'est pas à plus de 3 degrés au-dessus de zero, il faut arroser la fleur même, soit avec des pompes ou des arrosoirs, de très-grand matin, & surtout avant le lever du soleil; on est sûr que cette pluie artificielle, en ramolissant le parenchyme, dissout les sucs congelés & rétablit leur circulation dans les vaisseaux.

Greffe & Greffage.

Parmi les diverses manieres de greffer, on considere comme la meilleure la suivante qui consiste à prendre une greffe d'un jeune arbre, & un petit morceau de la racine d'un autre arbre de la même espece, on ente la greffe sur ce morceau de racine, en ayant soin que l'écorce de la racine joigne exactement celle de la greffe; de cette maniere, cette partie de racine nourrit la greffe, cette greffe porte plutôt & devient excellente pour se procurer des arbres qui ne réussissent pas, étant greffés sur tige.

Huiles.

Pour purifier celles gâtées, rances & de mauvais goût, il faut écraser des pommes, des prunes & des fraises, en mêler une partie sur 9 parties d'huile, les faire fermenter, y ajouter du miel pour hater la fermentation, & lorsqu'elle est finie, on soutire l'huile qui est aussi pure qu'on la puisse desirer.

Huiles que l'on a reconnu, depuis peu, pouvoir extraire de diverses plantes, graines, fruits, &c.

La graine d'un espece de chardon nommé *onopordon*, *acanthium*, ou *carduus tomentosus acanthi folio vulgaris*, produit une huile à brûler, plus lente à se consommer que les autres, & qui a l'avantage de ne se point geler.

La faîne, ou le fruit du hêtre, produit une huile aussi bonne que celle d'olive, & si elle n'est meilleure, elle a du moins l'avantage que plus elle est gardée, & plus elle acquiert de qualité, au lieu que l'huile d'olive dégénere après 18 mois, mais il est nécessaire que le fruit qui la produit, soit ramassé dans le mois d'Octobre. Cette découverte est due aux expériences physiques de *M. Carlier*, Prévôt Royal à Verberie, près Compiegne.

En Espagne, on a trouvé le moyen d'extraire de l'huile du marc, ou des grains de raisin; on trouve, à cet effet, un mémoire par *Dom Vitoria* qui se débite chez plusieurs Libraires de Madrid.

La graine de Tournesol produit aussi une huile très-bonne à brûler; enfin *l'immortel Général Washington* vient d'encourager la culture du Chêne en Amérique, parce que le gland qui en est le fruit, produit une huile très-saine & très-peu inférieure à celle d'amande douce.

Lait.

Pour se procurer une plus grande abondance de lait, on peut employer deux moyens fort simples: l'un est de leur donner un breuvage de pommes de terre cuites, pilées & détrempées dans de l'eau; l'autre est de laisser aux vaches le tems de digérer leur nourriture, & de ne les laisser manger, soit à leur étable, soit en les envoyant aux champs, que deux heures après avoir pris leurs patures & herbages ordinaires.

Loups, Renards & autres Animaux nuisibles.

On trouve chez *La Porte*, Libraire à Paris, une brochure qui indique des méthodes sûres & faciles pour les détruire; quant aux loups, & autres animaux carnaciers, on peut aisément les détruire en enfermant dans une boulle d'appat, une balle de plomb herissée de six pointes de fer, laquelle leur donne une mort inévitable.

Marnes.

Pour en avoir d'artificielles, il faut faire une couche de terre glaise, & une de chaux, les exposer à l'air pendant l'hiver. Elles se mélangent d'elles-mêmes sur la terre, au point que les deux matieres se changent en une masse informe supérieure à celle de la marne même, & dont on fait le même usage pour l'engrais des terres, en observant cependant de mettre dans la marne destinée aux terres très-fortes, une partie de sable dans la terre glaise. Outre l'utilité de la marne, pour les terres à ensemencer, on a découvert qu'elle étoit très-avantageuse pour la vigne & le mûrier, qu'elle y convient beaucoup mieux que le fumier, qu'elle fait augmenter considérablement les feuilles du mûrier qui se trouvent mieux nourries qu'à l'ordinaire; & qu'à l'égard de la vigne elle procure à son vin une meilleure qualité.

Moissonneurs.

La santé des hommes précieux qui s'occupent de la recolte de nos denrées de première nécessité, ne pouvant qu'être chere à tous bons Patriotes, nous nous faisons un devoir de leur indiquer une boisson salutaire & préservative des maladies auxquelles ils sont sujets après la récolte. Cette boisson consiste à mêler une livre de jus de groseille dans une cruche contenant environ 6 pintes d'eau qu'il faut édulcorer, ou verser sur du sucre en poudre & mettre cette cruche en terre; tous ceux qui en boivent sont presque certains de n'éprouver aucune maladie.

Mouture.

Celle des pauvres, dite à la Lyonnoise, est un raffinement de la mouture économique; elle produit 195 liv. de farine bien épurée de son par 240 liv. de grains, au lieu de 175 à 180 liv. que donne la mouture économique, & cette quantité de 195 liv. doit rendre 260 liv. de pain. Une foule d'expériences s'accordant à cet égard, devroit faire perpétuer l'usage de cette mouture dans tous les Etats policés du Globe.

Orge.

Ce grain farineux, fort commun en Europe, mais que la Sibérie possede en qualité infiniment supérieure à toutes les autres Contrées de notre continent, est susceptible de réussir dans toutes sortes de terrains. L'avantage qu'a *l'orge de Sibérie* sur tous les autres, est qu'il épargne au moins moitié de la semence ordinaire, qu'il mûrit 15 ou 20 jours avant les autres especes, qu'il pese autant que le meilleur grain, qu'il produit un très-bon pain, & ne dégenere point à l'usage répété qu'on peut en faire pour les semences.

Pâturage.

On trouve dans les *mémoires de la Société de Bath*, en Angleterre, la description d'une machine inventée dans le Diocese de Norwick, & qui est très-utile pour faire évacuer les eaux des paturages submergés, & pour faire des saignées aux terrains humides.

Pêchers.

M. Pelletier de Frépillon demeurant à la Vallée de Montmorency, près Paris, a imaginé une nouvelle maniere de tailler les pêchers, elle leur fait rapporter un plus grand nombre de fruits qu'ils n'ont habitude de donner.

Pucerons & Puces de terre.

Pour détruire ces insectes, il faut passer au tamis de la poussiere ordinaire, en soupoudrer les végétaux de grand matin, & surtout avant que l'ardeur du soleil ait séché la rosée. Ceci est particuliérement bon pour détruire les puces de terre; quant aux puces & pucerons des jardins & même les fourmis, voici deux moyens pour les détruire. L'un est de prendre 8 ou 10 gouttes d'huile de baleine que l'on joint à une même quantité d'eau, ces liquides mêlés & versés aux pieds des plantes & des arbustes, empêchent les pucerons de s'y attacher; l'autre est de faire une décoction de tabac & d'en asperger les jeunes branches & autres endroits où ces insectes s'attachent; ce moyen les fait fuir avec vitesse, & n'est nullement nuisible aux arbustes. On peut aussi préserver des pucerons les pois & autres légumes farineux, en les exposant pendant trois jours consécutifs au soleil, pendant le tems de la moisson, en les mettant ensuite dans un four dont on vient de retirer le pain, en les y laissant trois quarts d'heures, &, après les avoir retirés, les exposer à l'air l'espace d'une demi-heure.

Pommes de terre & Patates.

Voyez *Biscuits.*

Poudre.

On a trouvé, en Angleterre, une maniere de faire sécher la poudre à canon, par le moyen de la vapeur de l'eau.

Une poudre précieuse est celle de la Providence inventée par *M. Brougniart*, qui se trouve chez *M. Cotte*, Curé de Montmorency, près Paris. Cette poudre a la propriété de féconder le bled, & de fertiliser la terre sans engrais.

On trouve chez le sieur *Valliere*, à Paris, maison de *M. Bertin*, rue des Capucines, une poudre végétale qui a la vertu de féconder le germe des grains & des graines, & d'éviter à ce que l'on n'employe que la moitié de la semence ordinaire.

Récolte.

Il est généralement reconnu, & d'après nombre d'essais tous récens, que, pour obtenir des récoltes abondantes, il faut, indépendamment d'un labour fait avec soin, donner beaucoup d'engrais à la terre, & que les plus productifs & les moins dispendieux sont toujours les fumiers, & qu'ainsi l'Agriculteur ne sauroit trop multiplier les bestiaux sur ses terres, parce que ce qu'ils procurent d'engrais, est infiniment au-dessus de ce que peut coûter leur subsistance ; en effet, il a été observé qu'une terre bien labourée, mais mal fumée, ne rendoit au plus, en deux années, que quatre septiers de bled par arpent, au lieu de dix qu'elle ne manque pas de produire, lorsque la dépense d'engrais n'est pas épargnée.

Ruche.

Voici une nouvelle construction de ruche pour les abeilles, au moyen de laquelle on est assuré de recueillir tous les essaims de ces mouches ; il est question de faire trois corps de boites de sapin, de les partager en deux, par une cloison, d'y pratiquer des ouvertures qui puissent se fermer par des coulisses, & qui interceptent, ou permettent à volonté le passage aux abeilles. Cette disposition leur procurant de nouveaux espaces, par la facilité que l'on a de joindre, ou de séparer ces différentes boites, évite à ce que ces mouches ne jettent point.

Semence.

Messieurs *Mallet & Compagnie*, négocians dans la Basse Ville de Dunkerque, offrent de fournir à tous propriétaires de terre, les semences suivantes, à raison de 4 liv. la liv. Ces semences sont celles de *choux-fleurs d'Angleterre*, *choux rouges* & autres dits *pains de sucre d'Hollande*, *carottes de Bëthune*, *asperges de Gravelines*, &c., & le tout assorti ; mais on n'en fait pas de vente au-dessous de 25 liv. pesant.

Semoir.

On doit à *M. Mougeon*, Contrôleur des Fermes à Raon-l'Etape, en Lorraine, l'invention d'un semoir économique, composé d'un carré long, dont la partie intérieure est en herse, & la supérieure forme une espece de crible dans lequel on met la semence ; ce crible est suspendu de maniere que la herse agitée le fait vaciller, & répandre le grain sur la terre, lequel grain est aussitôt recouvert par les dents de la herse, ce qui évite aux laboureurs les déchets du grain qui s'attache à ses pieds, & la perte d'une grande partie de son tems.

Cette invention, qui nous paroît précieuse, pourroit peut-être l'être davantage, si sa disposition qui ne nous est pas connue, étoit telle que le crible contenant la semence, puisse se trouver en tête de la herse, parce qu'alors, il seroit indubitable que le grain répandu sur terre, à quelques pouces de distance en avant de la herse, elle ne manqueroit pas de le recouvrir de terre aussitôt ; peut-être ce semoir est-il disposé de même ; s'il ne l'est pas, il seroit très-facile de l'arranger ainsi.

Serres chaudes.

On trouve chez *M. Mallet*, Professeur d'agriculture, barriere de Reuilly, à Paris, des chassis physiques susceptibles de suppléer aux serres chaudes ; ils sont élevés de deux pieds & demi de terre ; ils ont le même espace de hauteur pour la circulation de l'air, sont construits en forme de voûte, ce qui est essentiel pour la végétation, & donnent, ainsi que les serres chaudes, des primeurs dans toute l'année, en sorte qu'ils procurent, à Pâques ou à Noël, des petits pois, des fraises, des melons, &c.

Van.

M. l'Avocat, Méchanicien de la Cour de Bruxelles, à Champignel, près de Nancy en Lorraine, a imaginé un van propre à vanner toutes sortes de graines, avec lequel un seul homme peut, dans deux heures de tems, faire autant d'ouvrage que dans un jour, avec quelque grand van que ce soit.

Boulogne-sur-Mer, à 60 lieues de Paris.

Diligence, place 48 liv. port 3 s. la liv., part de *Paris*, L. M. S. à 10 heures du soir, met 3 jours en route, & repart de Boulogne D. M. V. *Cabriolet*, place 30 livres. Il suit la *Diligence*. *Fourgon*, place 18 liv., port 2 s. 6 deniers, part de *Paris*, V. à 5 heures du matin, met 6 jours en route, & repart de Boulogne, Samedi matin.

Bourg-en-Bresse. Voyez *Lyon.*

Bourges, à 56 lieues de Paris.

Carrosse, place 28 liv., port 2 s. par livre, part de *Paris*, mardi à midi, met 6 jours en route, & repart aussi de *Bourges*, mardi.

Brest, à 140 lieues de Paris.

Carrosse, place 70 livres, port 6 s. 9 den. par liv., part de *Paris*, D., à 5 heures du matin, met 14 jours en route. *Fourgon*, place 42 livres, port 6 s. la liv., part de *Paris*, M. à midi, met 15 jours en route. Voyez *Rennes.*

Brives, Limosin, à 117 lieues de Paris.

Diligence, place 93 liv. 12 s., port 6 s. par liv., part de *Paris* M. à 11 heures du soir, met 5 jours en route, & repart de *Brives* L., *Carrosse*, place 58 liv. 10 s., port 6 s. par liv., part de Paris, J. à midi, met 11 jours en route, & repart de *Brives* le lundi.

Bruxelles, Brabant, à 69 lieues de Paris.

Diligence, place 55 liv., port 3 s. 9 den. par liv., *Cabriolet*, place 34 liv., part. de Paris Mardi, J., S., à 11 heures du soir, met 3 jours en route, & rep. de Bruxelles, L., J., S.

Caen, à 53 lieues de Paris.

Diligence, place 42 liv. 8 s., port à 2 s. 9 den. par livre, *Cabriolet*, place 26 liv. 10 s., part. de *Paris*, M., V., D., à 6 heures du matin, met 2 jours en route, & repart de *Caen*, M., J., D. *Fourgon*, place 15 livres 18 sols, port 2 s. 6 den. la liv., part de Paris, D., à midi, met 5 jours en route, & repart de *Caen*, Ma.

Cahors, à 141 lieues de Paris.

Diligence, place 113 liv. 12 s. port 8 s. par liv. *Cabriolet*, place 70 liv. 10 s., part. de *Paris*, M. à 11 heures du soir, met 6 jours en route, & repart de *Cahors*, D. *Carrosse*, place, 70 liv. 10 s., part de *Paris* J. à midi, met 14 jours en route, & repart de *Cahors* V. matin.

Calais, à 68 lieues de Paris.

Diligence, place 54 liv. 8 s., port 3 s. 6 den. par liv. *Cabriolet*, place 34 liv., part. de Paris, L. M S. à 10 heures du soir, met. 3 jours en route, & repart. de *Calais*, L. J. S. *Fourgon*, place 20 liv. 8 s., port 3 s. la liv., part de *Paris* V. à 5 heures du matin, met 5 jours en route, & repart de *Calais* L.

Cambrai, à 43 lieues de Paris.

Diligence, place 34 liv. 8 s. port 2 s. 3 den. la liv. *Cabriolet*, place 21 liv. 10 s. part. de Paris, L. M. V. à 11 heures du soir, met. 2 jours en route, & repart. de *Cambrai*, L. J. S. *Fourgon*, place 12 liv. 18 s., port 2 s. la liv., part de *Paris*, M. à midi, met 4 jours en route, & repart de *Cambrai* M.

Carentan, à 74 lieues de Paris.

Diligence, place 57 liv. 8 s., port

3 f. 9 den. la livre, part de *Paris* D. M. V. à 6 heures du matin, met 3 jours en route, & repart de *Carentan*, Ma. *Fourgon*, place 22 liv. 4 f., part de *Paris* D. à midi.

Châlons en Champagne, à 41 lieues de Paris.

Diligence, place 32 liv. 16 f., port 2 f. 3 den. la l. part de *Paris*, M. D. à 11 heures du foir, met un jour & demi en route, & repart de *Châlons*, D. *Carrosse*, place 20 liv. 10 f., port 1 f. 6 den. la l., part de *Paris* S. à 6 heures du matin, met 4 jours en route, & repart de Châlons D.

Châlons en Bourgogne, à 94 lieues de Paris.

Diligence, place avec nourriture, 70 liv., port 5 f. la liv., part de *Paris* tous les jours à 4 heures du matin en hiver, à minuit en été, met 4 jours en route en été, & 5 jours en hiver, & repart de *Châlons* tous les jours.

Chambly, *Isle de France*, à 9 lieues de Paris.

Le bureau est Fauxbourg St.-Denis.
Diligence, place 6 liv. 10 f., port 6 den. par liv., part de Paris, L. M. V. à 5 heures du matin, met 9 heures en route, & repart de Chambly, Ma. J. D. *Guinguette*, place 4 liv. 10 f., part de *Paris* Ma. J. S., met 12 heures, & repart de *Chambly*, L. M. V.

Charleville. Voyez *Sedan*.

Chartres, à 20 lieues de Paris.

Diligence, place 16 liv., port 1 f. par liv. *Cabriolet*, 10 liv., part. de *Paris* L. V. à 9 heures du foir, met un jour en route, & repart. de Chartres D. J. *Fourgon*, place 6 liv. part de *Paris* L. à midi, met 2 jours en route, & repart de Chartres le J.

Chaumont en Bassigny, à 59 lieues de Paris.

Diligence, place 47 liv. 4 f., port 3 f. la l., part de *Paris* S. à 5 heures du matin, met 3 jours en route, & repart de *Chaumont* J. *Carrosse*, place 29 liv. 10 f., part de *Paris* Ma. 5 heures du matin, met 5 jours en route, & repart de *Chaumont* L.

Cherbourg, à 81 lieues de Paris.

Diligence, place 64 liv. 16 f., port 4 f. 6 den. la liv., part de Paris, M. V. D. 6 heures du matin, met 4 jours en route, repart de *Cherbourg* D. Ma. V. *Fourgon*, place 24 liv. 6 f., part de *Paris*, D. à midi & met 8 jours en route.

Clermont, *en Angonne*, Voyez *Metz*.

Clermont-Ferrand, à 93 lieues de Paris.

Carrosse, place 48 liv., port 5 f. la liv., part de *Paris*, J. à 5 heures du matin, met 8 jours en route, repart le V.

Colmar. Voyez *Strasbourg*.

Cologne. Voyez *Strasbourg*.

Compiegne, à 19 lieues de Paris.

Le bureau est Fauxbourg St-Denis.
Diligence, place 12 liv., port 1 f. la liv., part de *Paris*, M. S., à 6 heures du matin, met 12 heures en route & repart de *Compiegne*, L. J.

Corbeil-sur-Seine, à 7 lieues de Paris.

Le bureau est rue Saint-Dominique.
Carrosse, place 3 liv., port 6 den.

la liv., part de *Paris* & de *Corbeil* tous les jours.

Coulommiers en Brie, à 15 lieues de Paris.

Le bureau est Fauxbourg St.-Denis.

Diligence, place 12 liv., port 1 f. la liv., part de *Paris*, Ma. J. S. à 6 heures du matin, met 1 jour en route, repart de *Coulommiers*, L. M. V. à 5 heures du matin. *Carrosse*, place 7 liv., port 9 den. la liv., part de *Paris*, M. S. à 6 h. du matin, met 15 heures en route, repart de *Coulommiers* L. J.

Coutances. Voyez *Caen*.

Crécy en Brie, à 12 lieues de Paris.

Le bureau est Fauxbourg St.-Denis.

Carrosse, place 6 liv., port 6 den. la liv., part de *Paris*, M. S. à 6 heures du matin, met 10 heures en route, & repart de Crécy, L. J.

Crespy en Valois, à 15 lieues de Paris.

Le bureau est au Carré St.-Martin.

Diligence, place 7 liv. 10 f., port 9 den. la liv., part de *Paris* S. Ma. à 6 heures du matin, met 11 heures en route, & repart de *Crespy*, V. *Fourgon*, place 2 liv. 16 f., part de Paris M.

D

Dammartin, à 9 lieues de Paris.

Le bureau est Fauxbourg St.-Denis.

Guinguette, place 54 f., port 6 den. la liv., part de *Paris*, M. J. S. à 11 heures du matin, met 5 heures en route, repart de Dammartin, M. V. S.

Darmstadt. V. *Srasbourg*.

Deux-Ponts, (*Duché des*) Voyez *Metz*.

Dieppe. Voyez *Rouen*.

Dijon, à 77 lieues de Paris.

Diligence, place 62 liv. 12 f., port 4 f. la liv. *Cabriolet*, place 38 liv. 8 f., part. de Paris, Ma. J. S. à 5 heures du matin, met. 4 jours en route, repart. de Dijon M. V. D.

Dol en Bretagne. Voyez *Rennes*.

Dole en Franche-Comté, à 88 lieues de Paris.

Diligence, place 72 liv. 8 f., port 5 f., *Cabriolet*, place 44 liv., part. de *Paris*, M. V. D. à minuit, met. 5 jours en route, repart. L. M. S.

Douay, à 45 lieues de Paris.

Diligence, place 39 liv. 4 f., port 2 f. 6 d. la liv., part de *Paris*, L. M. V. à 11 heures du soir, met 2 jours en route, repart de Douay, L. J. S. *Fourgon*, place 14 liv. 14 f., port 2 f. la liv., part de *Paris*, M. à midi, met 5 jours en route, & repart de Douay M.

Dourdan en Hurepoix, à 13 lieues de Paris.

Le bureau est rue d'Enfer St.-Michel.

Gondola, place 5 liv. 16 f., port 6 den. la liv. part de *Paris*, M. J. S. à 7 heures du matin, met 7 heures en route, & repart de *Dourdan*, L. M. V. *Charrette*, place 2 liv. 10 f., port 6 den. la liv., part de *Paris* M. S. à 6 heures du matin, met 1 jour en route, repart de Dourdan M. V.

Dreux en Beauce, à 19 lieues de Paris.

Carrosse, place 14 liv. 8 sols, port 1 s. la livre, part de *Paris*, D. à 5 h. du matin, met 1 jour & demi en route. *Fourgon*, place 5 liv. 8 sols, part de *Paris*, M. à midi, & met 2 jours en route.

Dunkerque, à 76 lieues de Paris.

Diligence, place 60 liv. 16 sols, port 3 s. 6 d. par livre, part de *Paris*, L. M. V. à 11 h. du soir, met 3 jours en route, & repart de *Dunkerque*, D. M. V. *Fourgon*, place 22 liv. 16 s., part de Paris, M. à midi, & met 7 jours en R.

Epernay en Champagne, à 33 lieues de Paris.

Diligence, place 26 liv. 8 sols, port 1 s. 6 d. la livre, part de *Paris*, M. D. à 11 h. du soir, met 30 heures en route. *Carrosse*, place 16 liv. 10 s., part de *Paris*, S. à 6 h. du matin, & met 3 jours en R.

Epernon. Voyez *Chartres*.

Etampe, *Isle de France*, à 13 lieues de Paris.

Le Bureau est rue d'Enfer St. Michel.

Berline, place 5 liv. 10 s., port 6 d. la liv., part de *Paris* & d'*Etampe*, tous les jours à 6 heures du matin, & met 7 heures en route. *Charrette*, place 3 liv. 15 s., port 6 d. la liv., part de *Paris*, M. J. S. à 8 h. du matin, met 12 heures en route, & rep. d'Etampe, L. M. V.

Eu en Normandie, à 39 lieues de Paris.

Le Bureau est rue du Jour Saint Eustache.

Carrosse, place 15 liv., port 1 s. la livre, part de *Paris*, V. de chaque quinzaine, à 1 h. du soir, met 4 jours en route. *Fourgon*, place 10 liv., il ne marche que l'hiver, & part de *Paris* tous les S.

Evreux en Normandie, à 25 lieues de Paris.

Diligence, place 20 liv., port 1 sols 6 d. la livre, part de *Paris*, Ma. D. à 6 h. du matin, & met 1 jour en route. *Fourgon*, place 7 liv. 10 s., port 1 s. la liv., part de *Paris* D. à midi, met 2 jours en route, rep. d'Evreux Ma.

Falaise en Normandie, à 48 lieues de Paris.

Carrosse, place 24 liv., port 2 s. 3 d. la liv., part de *Paris* J. V. à 4 h. du matin le Vendredi, & à midi le Jeudi, met 4 jours en route, & rep. de *Falaise* les J. & V.

Fécamp. Voyez *Rouen*.

Ferté-sous-Jouarre, (*la*) à 14 lieues de Paris.

Le Bureau est Fauxbourg Saint-Denis.

Guinguette, place 7 liv., port 9 d. la liv., part de *Paris* M. D. à 5 heures du matin, arrive dans le jour, & rep. de la *Ferté* L. V.

Ferté-Milon, à 22 lieues de Paris.

Le Bureau est rue & vis-à-vis l'Abbaye St. Martin.

Fourgon, place 7 liv., port 1 s. la livre, part de *Paris* tous les V.

Flèche, (*la*) Voyez *Angers*.

Fontainebleau en Gâtinois, à 16 lieues de Paris.

Le Bureau est rue du Pas-de-la Mule.

Diligence, place 12 liv. 16 sols, port 1 s. *Cabriolet*, place 7 liv., part. de *Paris* M. J. S. à 6 h. du matin, arrivent en 10 h, & rep. de *Fontainebleau* L. M. V.

Fontenai-le-Comte. Voyez *la Rochelle.*

Fort-Louis. Voyez *Strasbourg.*

Francfort. Voyez *Strasbourg.*

Gaillon. Voyez *Rouen.*

Gand. Voyez *Lille.*

Givet. Voyez *Metz.*

Germain (St.) Voyez *St Germain.*

Gisors en Normandie, à 15 lieues de Paris.

Le Bureau est, au Compas, rue Montorgueil.

Messagerie, place 8 liv., port 1 sol la liv., part de *Paris* V. à 4 heures du matin, & rep. de *Gisors* M.

Granville. Voyez *Caen.*

Granvilliers en Picardie, à 22 lieues de Paris.

Le Bureau est Carré de la Porte St. Denis, au Mouton.

Messagerie, place 8 liv., port 1 sol la livre, part de *Paris*, Ma. à 7 heures du matin, rep. de *Granvilliers* le V.

Gournay, à 21 lieues de Paris.

Le Bureau est rue Montorgueil.

Messagerie, place 10 liv., port 1 sol 3 d. la liv., part de *Paris* V. à 4 h. du matin, met 2 jours en route, & rep. de *Gournay* Ma.

Guingamp. Voyez *Rennes.*

Hambourg. Voyez *Strasbourg.*

Harfleur. Voyez *Rouen.*

Havre (le) Voyez *Rouen.*

Hollande. Voyez *Sedan & Bruxelles.*

Honfleur. Voyez *Rouen.*

Ingrande. Voyez *Angers.*

Issigny. Voyez *Caen.*

Joinville. Voyez *Strasbourg.*

Lagny, Isle de France, à 7 lieues de Paris.

Le Bureau est Fauxbourg Saint-Denis.

Carrosse, place 2 liv. 10 sols, port 6 den. la livre, part de *Paris* Ma. J. S. à 8 heures du matin, & repart de *Lagny* L. M. V.

L'Aigle. Voyez *Caen.*

Langres, à 67 lieues de Paris

Diligence, place 53 liv. 12 sols port 3 sols 6 den. la liv., part de *Paris*, S. à 5 heures du matin, met

4 jours en route, & repart de *Langres* J. *Carrosse*, place 23 liv. 10 sols, port 3 sols la livre, part de *Paris* Ma. à 5 heures du matin, met 6 jo. en route, & repart L.

Lamballe, *Landerneau*, *Landevinec*, *Landivisiau*, *Lanmeur* & *Lanion*. Voyez *Rennes*.

Landau. Voyez *Strasbourg*.

Languedoc. (*Bas*) Voyez *Lyon*.

Laon, à 33 lieues de Paris.

Diligence, place 26 liv. 8 sols, port 1 sols 9 den. la livre, part de *Paris* L. à 10 heures du soir, met 22 heures en route, & repart de *Laon* V.

Coche, place 8 liv., port 1 s. 6 den. la liv., part de Paris J. S. à 6 h. du matin, met 3 jours en route, & repart de *Laon* D. Ma.

Laval, à 66 lieues de Paris.

Carrosse, place 33 liv., port 3 s. 6 den. par liv., part de *Paris* D. à 5 h. du matin, met 7 jours en route, & repart de *Laval* V. *Fourgon*, place, 19 liv. 16 s., port 3 s. la liv., part de *Paris*. M. à midi, met 7 j. en route, & repart de *Laval* L.

Leipsick. Voyez *Strasbourg*.

Liége, à 88 lieues de Paris.

Coche, place 25 liv. 10 s., port 4 sols la liv., part de *Paris* Ma. V. à 6 heures du matin, met 7 jours en route, & repart de *Liége* L. & S.

Ligny. Voyez *Nancy*.

Lille à 57 lieues de Paris.

Diligence, place 45 liv. 12 s. port 5 s. la liv. *Cabriolet*, place 28 liv. 10 s., part. de *Paris* en *été* L. M. V. à 11 h. du soir, & en *hiver* Ma. J. S. à 11 h. du soir, met 2 jours en route, & repart. de *Lille* en *été* L. J. S., & en *hiver* Ma. V. & D. *Fourgon*, place 16 livres 16 sols, port 3 s. la liv., part de *Paris* M. à 5 h. du matin, met 5 jours en route, & repart de *Lille* le M.

Limoges, à 93 lieues de Paris.

Diligence, place 74 liv. 8 s., port 5 sols la liv., part de *Paris* M. à midi, met 4 jours en route, & repart de *Limoges* le S. *Carrosse*, place 46 liv. 10 s., port 4 s. la liv., part de *Paris* J. à midi, met 9 jours en route, & repart de *Limoges* le L.

Lisieux à 41 lieues de Paris.

Diligence, place 32 liv. 16 s., port 2 s. 9 d. la liv., part de *Paris* Ma. V. D. à 6 h. du matin, met 36 h. en route, & repart de *Lisieux* L. M. V. *Fourgon*, place 12 liv. 6 s., port 2 s. 6 d. par liv., part de *Paris* D. à midi, met 3 jours en route, & repart de *Lisieux* le M.

Londres, à 90 lieues de Paris.

On n'y a des places qu'avec des passeports.

Diligence de Calais, *Paquebots* de Douvres & *Diligence* de Douvres à Londres, en passant par Cantorbéry & Rochester, la place, nourriture comprise, est de 120 liv., port des effets 6 s. par liv., départ de *Paris* L. M. S. à 10 h. du soir, met 4 jours en route, & départ de Londres L. J. & S.

Longwy. Voyez *Metz*.

Lorraine. Voyez *Strasbourg*.

Lunéville, à 89 lieues de Paris.

Diligence, place 71 liv. 4 s., port

6 f. la liv., part de *Paris* D. à 11 h. du foir, met 4 jours en route, & repart de *Lunéville* le V. *Carroffe*, place 44 liv. 10 f., port 4 f. la liv., part de *Paris* S. à 6 h. du matin, met 9 jours en route, & repart de *Lunéville* le L.

Luxembourg. Voyez *Metz*.

Lyon, à 111 lieues de Paris.

Voitures par Terre.

Diligence, place avec nourriture en *été*, 100 liv., port 6 f. par liv., part de *Paris* tous les jours à minuit, met 5 jours en route, & repart de *Lyon* tous les jours à minuit.

La même *Diligence* en *hyver*, place, fans nourriture, 88 liv. 16 f., même prix du port, & même départ de *Paris* & de *Lyon* que deffus, jours en route 6. & h. des départs à 4 h. du matin. *Carroffe*, place 55 liv. 10 f., port 5 f. la liv., part de Paris L. à 5 h. du matin, met 9 jours en route, & repart de *Lyon* le D.

Voitures par eau, Bureau au Port St. Paul.

Coche, place 25 liv. 7 f., port 3 fols la liv., part de *Paris* M. S. à 7 heures du matin, & met 10 jours en route.

Machecou. Voyez *Angers*.

Mâcon, à 107 lieues de Paris.

Diligence, place 90 liv., port 6 fols la liv. *Cabriolet*, place 54 liv. 10 fols, part de *Paris* tous les jours à 4 h. du matin en *hiver*, & met 5 j. en R. à minuit en *été*, & ne met que 4 jours en route, repart de *Mâcon* tous les jours.

Magny, à 13 lieues de Paris.

Le Bureau eft rue Bourg l'Abbé.

Chariot, place 4 liv., port 1 fol la liv., part de *Paris* M. à 5 h. du matin, met 12 h. en route, & repart de *Magny* le L.

Malétroit. Voyez *Rennes*.

Malicornes. V. *Angers*.

Manheim. V. *Strasbourg*.

Mantes, à 12 lieues de Paris.

Le Bureau eft Quai d'Orfay.

Berline, place 7 liv., port 6 den. la liv., part de *Paris* Ma. J. S. à 6 h. du matin, met 10 h. en route, repart de *Mantes* L. M. S. *Fourgon*, place 3 liv. 12 f., port 6 d. par liv., part de *Paris* M. S. à 6 heures du matin, met 12 heures en route, & repart de *Mantes* L. & V.

Mans, (*le*) à 51 lieues de Paris.

Diligence, place 40 liv. 16 fols, port 2 f. 9 d. la liv., part de *Paris* M. S. à 9 h. du foir, met 2 jours en route, & repart du *Mans* L. & J. *Fourgon*, place 15 liv. 6 f., port 2 f. 6 d. par liv., part de *Paris* L. V. à midi, met 5 jours en route, & repart du *Mans* le V.

Marennes. V. *Rochelle* (*la*)

Marienbourg. V. *Sedan*.

Marfeille. Voyez *Lyon*.

Maftricht, Voyez *Sedan*, ou *Valenciennes*.

Maubeuge, à 51 lieues de Paris.

Diligence, place 40 liv. 16 f., port

2 f. 9 d. la liv. *Cabriolet*, place 25 liv. 10 f., part. de *Paris* M. J. S. à 11 h. du foir, met. 3 jours en route, & repart. de *Maubeuge* Ma. V. D.

Mayence. Voyez *Strasbourg.*

Mayenne, à 58 lieues de Paris.

Carroffe, place 29 liv., port 3 f. par liv., part de *Paris* D. à 5 h. du matin, met 6 jours en route, & repart de *Mayenne* le L.

Meaux, à 10 lieues de Paris.

Le Bureau eft Fauxbourg Saint-Denis.

Diligence, place 8 liv., port 6 d. la liv., part de *Paris* M. J. S. à 7 h. du matin, met 6 h. en route, & repart de *Meaux* L. M. V.

Melun, à 11 lieues de Paris.

Le Bureau eft Fauxbourg Saint-Denis.

Carroffe, place 5 liv. 10 f., port 6 d. la liv., part de *Paris* Ma. J. S. à 6 h. du matin, met 7 heu. en route, & repart de *Melun* L. M. & V. Il y a auffi un *coche d'eau* qui part du Port St. Paul, à *Paris*, le V. à 7 h. du matin.

Metz, à 76 lieues de Paris.

Diligence, place 60 liv. 16 f., port 4 f. par liv. *Cabriolet*, place 38 liv., part. de *Paris* Ma. S. à minuit, met. 3 jours en route, & repart. de *Metz* Ma. & S.

Meulan, à 9 lieues de Paris.

Le Bureau eft Quai d'Orfay.

Carroffe, place 4 liv. 10 f., Port 6 d. la liv., part de *Paris* M. S. à 6 h. du matin, met 7 h. en route, & repart de *Meulan* L. & V.

Mezieres. Voyez *Sedan.*

Mons. V. *Valenciennes.*

Montargis, à 29 lieues de Paris.

Carroffe, place 10 liv. port 1 f. la liv., part de *Paris* J. à 5 h. du matin, met 2 jours en route, & repart de *Montargis* le L.

Montauban en Languedoc, à 157 lieues de Paris.

Diligence, place 125 liv. 12 fols, port 8 f. la liv., part de *Paris* M. à 11 h. du matin, met 7 jours en route, repart de *Montauban* le D. matin. *Carroffe*, place 78 liv. 10 f. port 6 f. la liv., part de *Paris* J. à midi, met 15 jours en route, & repart le Dim.

Mont-Didier, à 23 lieues de Paris.

Carroffe, place 9 liv., port 1 f. la liv., part de *Paris* V. à 4 h. du matin, met 2 jours en route, & repart de *Mont-Didier* L. à 5 h. du matin.

Montfort-Lamaury, à 12 lieues de Paris.

Le Bureau eft rue Montmartre près l'égout.

Meffagerie, place 6 liv., port 6 d. la liv., part de *Paris* Ma. S. à [illegible] h. du matin, met 7 h. en route, & repart de *Montfort-Lamaury* L. J. *Fourgon*, place 3 liv. 12 f., port 6 d. la liv., part de *Paris* M. S. à 4 h. du matin, met 14 h. en route, & repart Ma. S.

Montivilliers. Voyez *Rouen.*

Montmirel, en Brie, à 22 lieues de Paris.

Le Bureau est rue de Montmorency. *Carrosse*, place 12 liv. port 1 sol la livre, part de *Paris* M. en hiver, & J. en été à minuit, met 2 jo. en route, & repart le L. matin.

Montreuil-sur-mer, à 51 lieues de Paris.

Diligence, place 40 liv. 16 sols, port 2 s. 9 d. la liv., part de *Paris* L. M. S. à 10 heures du soir, met 2 jo. en route, repart de *Montreuil* D. M. V. *Fourgon*, place 15 liv. 6 sols, port 2 sols, part de *Paris*, V. à 5 h. du matin, met 5 jo. en route, & repart de *Montreuil* M.

Montrichard. Voyez *Tours*.

Morlaix. Voyez *Rennes*.

Mortagne, au Perche, à 35 lieues de Paris.

Carrosse, place 17 liv. 10 s., port 1 s. 6 den. la livre, part de *Paris* D. à 5 heures du matin, met 3 jours en route, repart de *Mortague* Ma. *Fourgon*, place 10 liv. 10 sols, port 1 sol 3 den., part de *Paris* Ma. à midi, met 3 j. en route, repart de *Mortagne* J.

Moulins, en Bourbonnois, à 71 lieues de Paris.

Carrosse, place 28 liv. 8 sols, port 3 sols la livre. *Panier*, place 18 liv. 6 sols, part de *Paris* L. J. à 5 du matin, met 6 jo. en route, & repart de *Moulins* D. J. à 3 h. du matin.

Moyenvic. Voyez *Strasbourg*.

Munich. Voyez *Strasbourg*.

Namur. Voyez *Valenciennes*, ou *Sedan*.

Nancy, en Lorraine, à 83 lieues de Paris.

Diligence, place 65 liv. 12 sols, port 6 sols la livre. *Cabriolet*, place 41 liv. 10 sols, part. de *Paris* M. à 11 heures du soir, met. 3 jo. en route, & repart. de *Nancy* L. à 10 heures du soir.

Nantes, en Bretagne, à 107 lieues de Paris.

Diligence, place 73 liv. 8 sols, port 4 s. 9 den. la liv., part de *Paris* M. S. à 9 heures du soir, met 5 jours en route. *Fourgon*, place 31 liv. 10 s., port 4 s. la liv., part de *Paris* L. à midi, & met 10 jours en route.

Nantueil en Picardie, à 12 lieues de Paris.

Le bureau est Fauxbourg St-Denis. *Guinguette*, place 3 liv. 12 s., port 9 den. la liv., part de *Paris* M. J. S., à 7 heures du matin, met 8 heures en route, & repart de *Nantueil*, L. M. S.

Narbonne. Voyez *Toulouse*.

Nemours en Gâtinois, à 20 lieues de Paris.

Carrosse, place 10 l., port 1 s. la l. *Panier*, 5 liv. part. de *Paris* L. J. 5 heures du matin, met. 1 jour en route, & repart. de *Nemours* Ma. V.

Neufchâtel en Normandie. Voyez *Rouen*.

Nevers, à 58 lieues de Paris.

Carrosse, place 29 liv. port 3 s. 9 den. la liv., part de *Paris* L. J.

à 5 heures du matin, met 5 jours en route, & repart de *Nevers* L. V.

Niort, à 107 lieues de Paris.

Diligence, place 85 liv. 12 f., port 6 f. la liv., part de *Paris*, J. S. à 6 heures du matin, met 4 jours en route, & repart de *Niort*, J. Ma.

Nismes en Languedoc. Voyez *Lyon.*

Nogent-sur-Seine, à 26 lieues de Paris.

Diligence, place 20 liv. 16 f., port 1 f. 6 den. la liv., part de *Paris*, S. à 5 heures du matin, met 13 en route, & repart de *Nogent* le V. *Carrosse*, place 13 liv., part de *Paris*, Ma. 5 heures du matin, met 2 jours en route, & repart de *Nogent* V.

Noyon, à 25 lieues de Paris.

Diligence, place 20 liv., port 1 f. 3 den. la liv., part de *Paris*, M. à 6 heures du matin, met 1 jour en route, & repart de *Noyon*, le J.

Nuremberg. Voyez *Strasbourg.*

Orbec. Voyez *Caen.*

Orient, (*l'*) à 124 lieues de Paris.

Carrosse, place 60 liv., port 6 f. la liv., part de *Paris* D. à 5 heures du matin, met 12 jours en route. *Fourgon*, place 36 liv., port 5 f. la liv., part de *Paris*. M. à midi, & met 13 jours en route.

Orléans, à 28 lieues de Paris.

Diligence, place 22 liv., port 1 f. 6 den. la liv., *Cabriolet*, place 14 liv., part de *Paris*, D. L. M. V. S., à 6 heures du matin, met 15 heures en route, & repart d'*Orléans*, D. Ma. M. J. V. Il y a de plus, un *Carrosse* qui part de *Paris*, pour *Orléans*, toutes les semaines.

Perrigueux, à 116 lieues de Paris.

Voyez *Bordeaux*. Il y a un *Fourgon* particulier pour cette Ville, dont la place est de 53 liv. 12 f., port 5 f. par liv.; il part de *Paris* J. à 6 h. du matin, met 9 jours en route, & repart de Perrigueux le S.

Péronne, à 33 lieues de Paris.

Diligence, place 26 liv. 8 f., port 1 f. 9 den. la liv., part de *Paris* D. à 11 heures du soir, arrive dans le jour à *Péronne*, & en repart le M. *Chariot*, place 9 liv. 18 f., port 1 f. 3 den., part de Paris M. à 9 heures du matin, met 3 jours en route, & repart de Péronne le S.

Perpignan. Voyez *Lyon.*

Phalsbourg. V. *Strasbourg.*

Philippeville. Voyez *Sedan.*

Pithiviers, à 21 lieues de Paris.

Berline, place 7 liv., port 1 f. la liv., part de Paris le Dimanche à 6 heures du mat., met 2 jours en route, & repart de *Pithiviers* le D.

Plombieres. Voyez *Nancy.*

Poissy, Isle de France, à 6 lieues de Paris.

Le bureau est quai d'Orsay. *Carrosse*, place 4 liv. 10 f., port 6 den. la liv., part de Paris M. S. à 6 heures du matin, met 5 heur. en route. Il y a aussi un *Coche* qui part de *Paris* deux fois par chaque jour, à 8 heures du matin, & à 2 heures après midi; ce coche est surtout pour le service de *Saint-Germain-en-Laye*.

Poitiers, à 89 lieues de Paris.

Diligence, place 71 liv. 4 f., port 1 f. 6 den. la liv., *Cabriolet*, place 24 liv. 10 f., part. de *Paris*, L. Ma. M. D. à 11 heures du soir, met. 3 jours en route, & repart. de *Poitiers* S. D. L. Ma.; *Fourgon*, place 24 liv., port 3 f. la l., part de *Paris*, M. à midi, met 7 jours en route & repart de *Poitiers* L.

Pont-à-Mousson. Voyez *Metz*.

Pontarlier, Voyez *Besançon*.

Pont-de-l'Arche, & Pont-eau-demer, Voyez *Rouen*.

Pontivy & Port-Louis, Voyez *Rennes*.

Pontoise, à 7 lieues de Paris.

Le bureau est Fauxbourg St.-Denis. *Carrosse*, place 4 liv. 10 f., port 6 den. la liv., part de *Paris*, Ma. J. S. à 8 heures du matin, met 5 h. en route, & rep. de *Pontoise*, L. M. V. *Guinguette*, place 2 liv. 8 f. part de *Paris* L. M. V. à 8 heures du matin, met 6 heures en route & repart de Pontoise M. J. S.

Pont-Saint-Maxence, à 14 lieues de Paris.

Diligence, voyez *Lille*. *Fourgon*, (au Grand Bureau, rue Notre-Dame-des-Victoires,) place 4 liv. 4 f., port 9 den. par liv., part de *Paris* S. à 11 heures du soir, arrive dans le jour, & repart de *Pont* le J. *Chariot*, (le Bureau est rue Grenetat,) place 3 liv. 12 f., port 6 den. la liv., part de *Paris*, Ma. S. à 6 h. du matin, arrive dans le jo., & repart de *Pont* les Ma. & V.

Provins, à 22 lieues de Paris.

Diligence, place 17 liv. 12 fols, port 1 fol la liv., part de *Paris* L. M. S. à 5 h. du matin, arrive dans le jo., & repart D. *Carrosse*, place 11 liv., port 9 den. la liv., part de *Paris* Ma. à 5 h. du matin, met 36 h. en route, & repart de *Provins* le J. *Nota.* Ce *carrosse* se prend Fauxbourg St. Denis.

Puy en Velay, (le) Voyez *Moulins*.

Quimper, Quimperlé, Quintin & Quimper-Corentin. Voyez *Rennes*.

Rambervilliers & Ratisbonne. Voyez *Strasbourg*.

Rambouillet. Voyez *Chartres*.

Redon. Voyez *Rennes*.

Reims, à 38 lieues de Paris.

Diligence, place 30 liv. 8 fols, port 2 fols la liv., part de *Paris* M. S. à 10 h. du soir, met 22 h. en route, & repart de *Reims* D. Ma. *Coche*, place 9 liv., port 1 f. 6 den. la liv., part de *Paris* L. J. à 6 h. du matin, met 3 jo. en route, & repart de *Reims* J. D.

Remiremont. Voyez *Strasbourg*.

Rennes, à 83 lieues de Paris.

Carrosse, place 42 liv. 10 sols, port 4 f. 3 den. la liv., part de *Paris* D. à 5 h. du matin, met 8 jo. en route, & rep. de *Rennes* le J. *Chariot*, place 22 liv. 4 sols, port 3 f. 6 den. la liv., part de *Paris* M. à midi, met 8 jo. en route, & rep. de *Rennes* le D.

Rethel-Mazarin, à 47 lieues de Paris.

Diligence, place 37 liv. 12 sols, port 2 f. 9 den. la liv., part de *Paris* M. à 10 h. du soir, met 36 h. en route, & rep. de *Rhetel* le Ma. *Coche*, place 14 liv., 2 f., port 2 f. 6 den. la liv., part de *Paris* L. J. à 6 h. du matin, met 4 jo. en R., & rep. M. L.

Rhedon. Voyez *Rennes*.

Rochefort. Voyez *Rochelle*. (*la*)

Rochelle, (*la*) à 122 lieues de Paris.

Diligence, place 97 liv. 12 sols, port 6 f. la liv.; *Cabriolet*, place 61 liv., part. de *Paris* J. S. à 5 h. du matin, met. 5 jo. en route, & rep. de *la Rochelle* L. M.

Rocroy. Voyez *Sedan*.

Rommorantin. Voyez *Bordeaux*.

Rosieres - aux - Salines. Voyez *Strasbourg*.

Rouanne, à 92 lieues de Paris.

Carrosse, place 46 liv., port 5 f. la liv., part de *Paris* L. J. à 5 h. du matin, & met 8 jo. en toute.

Rouen, à 28 lieues de Paris.

On perçoit la place comme pour 33 lieues. *Diligence*, place 26 liv. 8 f., port 1 f. 6 den. la liv., part de *Paris* tous les jours à minuit, met 21 h. en route, & repart de *Rouen* tous les jo. à 8 h. du soir.

Carrosse, place 16 liv. 10 sols, port 1 f. la liv., part de *Paris* L. à 4 h. du matin, met 3 jo. en R. & rep. de *Rouen* le J. à 4 h. du matin.

Roye. Voyez *Lille* & *Peronne*.

Rozoy, à 12 lieues de Paris.

Le Bureau est Fauxbourg S. Denis.

Carrosse, place 6 liv., port 9 d. la liv., part de *Paris* M. S. à 8 h. du matin, met 14 h. en R., & rep. de *Rozoy* L. & J.

Ruffec. Voyez *Angoulême*.

Sablé. Voyez *Angers*.

Saint - Amand. Voyez *Valenciennes*.

Saint - Avold. Voyez *Metz*.

Saint - Dizier. Voyez *Strasbourg*.

Saintes, à 105 lieues de Paris.

Diligence, place 84 liv., port sols la liv.; *Cabriolet*, place 52 liv. 10 sols, part. de *Paris* Ma. M. D. à 11 h. du soir, & met. 8 jo. en R. *Fourgon*, place 31 liv. 10 f. port 4 sols. la liv., part de *Paris* M. midi, & met 16 jo. en R.

Saint-Brieux, à 110 lieues de Paris.

Carrosse, place 55 liv., port 4 f.

den. la liv., part de *Paris* D. à 5 h. du matin, met 10 jo. en R., & rep. de *St. Brieux* Ma. *Fourgon*, place 33 liv., port 4 sols la liv., part de *Paris* M. à midi, met 11 jours en route, & repart de *St. Brieux* V.

Saint-Germain-en-Laye, à 5 lieues de Paris.

Le *Bureau* est quai d'Orsay.

Carrosse, place 3 liv. 10 s., port 6 d. la liv., part tous les j. à volonté, & met 3 h. en route: *Coche*, place 25 sols, part 2 fois le jour, à 8 h. du matin, & 2 h. du soir, ces voitures rep. également tous les jours de *St. Germain*.

Saint-Lo, à 68 lieues de Paris.

Diligence, place 54 liv. 8 sols, port 3 s. 9 den. la liv., part de *Paris* Ma. V. D. à 6 h. du matin, met 3 jo. en route, & rep. L. V. D. *Fourgon*, place 20 liv. 8 s., port 3 sols la liv., part de *Paris* D. à midi, met 6 jo. en route, & rep. de *St. Lo* le L.

St. Malo, à 100 lieues de Paris.

Carrosse, place 50 liv., port 5 s. la liv., part de *Paris* D. à 5 h. du matin, met 10 j. en R., & rep. de *S. Malo* Ma.

Sainte-Menehould. Voyez *Metz*.

Saint Omer, à 61 lieues de Paris.

Fourgon, place 18 liv. 6 sols, port 3 s. 3 den. la liv., part de *Paris* D. à 11 h. du soir, met 5 jo. en route, & rep. de *Saint-Omer* D.

Saint-Quentin, à 35 lieues de Paris.

Diligence, place 28 liv., port 2 s. la liv., part de *Paris* Ma. J. D. à 11 h. du soir, met 1 jo. en route, & rep. de *St. Quentin*, L. M. V. *Fourgon*, place 10 liv. 10 s., port 1 sol 9 den. la liv., part de *Paris* J. à 6 h. du matin, met 3 jours en route, & repart de *Saint-Quentin* D.

Nota. Le prix de la place du *Fourgon*, est pour *Ham*, qui n'est qu'à 30 lieues de Paris.

Saint-Vallery-sur-Somme. Voyez *Calais*.

Sarbourg & Saverne. Voyez *Strasbourg*.

Sarlouis. Voyez *Metz*.

Saumur, à 78 lieues de Paris.

Diligence, place 60 liv., port 4 s. la liv., part de *Paris* M. S. à 9 h. du soir, met 4 jo. en route, & rep. de *Saumur* D. M. *Fourgon*, place 25 liv. 8 sols, port 3 sols 6 d. la l., part de *Paris* L. à midi, met 8 jo. en route, & repart de *Saumur* S.

Sedan, à 61 lieues de Paris.

Diligence, place 48 liv. 16 sols, port 3 sols 3 den. la liv., part de *Paris* M. à 10 h. du soir, met 2 j. en route, & rep. de *Sedan* S. *Coche*, place 18 liv. 6 sols, port 2 sols 6 den., part de *Paris* L. J. à 6 h. du matin, met 5 jo. en route, & rep. de *Sedan* L. J.

Seez. Voyez *Rouen*.

Senlis, à 11 lieues de Paris.

Le Bureau est Fauxbourg Saint-Denis.

Carrosse, place 5 liv. 10 s., port 6 d. la liv., part de *Paris* Ma. J. S. à 7 h. du matin, met 6 heur. en route, & repart de *Senlis* L. M. V. *Guinguette*, place 4 liv. 8 s., part de *Paris* L. M. V. à 7 h. du matin, reste 8 h. en route, & repart de *Senlis* Ma. J. S.

Sens, à 30 lieues de Paris.

Diligence, place 24 liv., port 2 f. la liv., part de *Paris* tous les jours à 4 h. du matin, reſte 16 h. en route, & repart de *Sens* tous les jours. *Coche d'eau*, (il ſe prend au Port St. Paul,) place 5 liv. 3 ſ., port 1 ſ. la l., part de *Paris* L. à 7 h. du matin, reſte 2 jours en route, & repart de *Sens* J.

Sezanne, à 18 lieues de Paris.

Le Bureau eſt Fauxbourg Saint-Denis.

Carroſſe, place 12 liv., port 1 ſ. la liv., part de *Paris* M. à 5 h. du matin, reſte 2 jours en route, & repart de *Sezanne* le S.

Soiſſons, à 25 lieues de Paris.

Diligence, place 5 liv., port 1 ſ. 3 d. la l., part de *Paris* L. à 10 h. du ſoir, reſte 15 h. en route, & repart de *Soiſſons* S. *Coche*, place 7 liv. 10 ſ., port 1 ſ. la l., part de *Paris* J. S. à 6 h. du matin, reſte 2 jours en route, & repart de Soiſſons J. V.

Spire. Voyez *Strasbourg*.

Strasbourg, à 117 lieues de Paris.

Diligence, place 93 liv. 12 ſ., port 6 ſ. la liv., part de *Paris* D. à 11 h. du ſoir, met 6 jours en route, & repart de *Strasbourg* J. *Carroſſe*, place 58 liv. 10 ſ., port 4 ſ., part de *Paris* S. à 6 h. du matin, met 12 jours en route, & repart le S.

Studgard. Voyez *Strasbourg*.

Surgeres. V. *la Rochelle*.

Thionville. Voyez *Metz*.

Tonnere, à 50 lieues de Paris.

Diligence, place 40 liv., port 3 ſ. la liv., part de *Paris* M. V. D. à midi, met 2 jours en route, & repart de *Tonnere* Ma. J. S.

Toul. Voyez *Nancy & Strasbourg*.

Toulon. Voyez *Lyon*.

Toulouſe, à 169 lieues de Paris.

Diligence, place 135 liv. 4 ſ., port 8 ſ. 6 d. la liv. *Cabriolet*, place 84 liv. 10 ſ., part. de *Paris*, en *été*, M. à 11 h. du ſoir, en *hiver*, J. à midi, met 8 jours en route en *été* & 9 en *hiver*, & repart. de *Toulouſe* S. *Carroſſe*, place 84 liv. 10 ſ., port 6 d. la liv., part de *Paris* J. à midi, reſte 17 jours en route, & repart de *Toulouſe* M.

Tournay. Voyez *Lille*.

Tours, à 59 lieues de Paris.

Diligence, place 47 liv. 4 ſ., port 3 ſ. la liv., part de *Paris* S. à 7 h. du matin, met 2 jours en route, & repart de *Tours* V. *Carroſſe*, place 29 liv. 10 ſ., port 2 ſ. 6 d. la liv. *Panier*, place 17 liv. 14 ſ., part de *Paris* L. à 11 h. du matin, met 6 jours en route, & repart de *Tours* V.

Treguier. Voyez *Rennes*.

Triel, à 7 lieues de Paris.

Le Bureau eſt Quai d'Orſay.

Carroſſe, place 3 liv. 10 ſ., port 6 d. la liv., part de *Paris* M. & S. à 6 h. du matin, & repart de *Triel* L. M.

Troyes, à 38 lieues de Paris.

Diligence, place 30 liv. 8 ſ., port 2 ſ. la liv., part de *Paris* L. M. à 5 h. du matin, met 2 jours en route, & repart de *Troyes* L. & M.

Valenciennes, à 50 lieues de Paris.

Diligence, place 40 liv., port 2 f. 6 d. la liv., part de *Paris* Ma. J. S. à 11 h. du soir, met 2 jours en route, & repart de *Valenciennes* D. Ma. V.

Valogne en Normandie, à 79 lieues de Paris.

Diligence, place 63 liv. 4 f., port 4 f. 3 d. la liv., part de *Paris* Ma. V. D. à 6 h. du matin, & met 4 jours en route. *Fourgon*, place 24 liv. 6 f., port 3 f. 6 deniers la liv., part de *Paris* D. à midi, & met 8 jours en route.

Vannes. Voyez *Rennes*.

Vendôme, à 40 lieues de Paris.

Diligence, place 36 liv., port 2 f. la liv., part de *Paris* L. Ma. M. D. à 11 h. du soir, met 30 h. en route. *Fourgon*, place 12 liv., port 1 f. 6 d. la liv., part de *Paris* L. à midi, met 4 jours en route, & repart de *Vendôme* Ma.

Verdun, à 61 lieues de Paris.

Diligence, place 48 liv. 16 f., port 3 f. 3 d. la liv., part de Paris Ma. S. à 11 h. du soir, met 3 jours en route, & repart de *Verdun* M. & D.

Verneuil, à 25 lieues de Paris.

Carrosse, place 12 liv. 10 f., port 1 f. 6 d. la l., part de *Paris* J. à midi, met 3 jours en route, & repart de *Verneuil* D.

Vernon, route de Rouen, à 20 lieues de Paris.

Il y a un *Chariot* qui se prend rue du Jour-St.-Eustache, place 4 liv., port 6 d. la liv., part de *Paris* M. à 1 h. après midi, met 2 jours en route, & repart de *Vernon* V.

Versailles, à 4 lieues de Paris.

Le Bureau de ses voitures est quai d'Orsay.

On y en trouve à 2 & 4 places, à 5 liv. 12 f. chaque place: elles partent à toutes heures. Il y a aussi un *Carrosse* qui part à volonté; place 3 liv. 10 f., port 6 d. la liv. Enfin il part de ce Bureau pour *Versailles* un *Fourgon* chaque jour à 2 h. après midi, & dont les places sont de 25 sols chacune.

Vienne en Autriche. Voyez *Strasbourg*.

Ville-Dieu. Voyez *Caen*.

Villers-Cotterets, à 20 lieues de Paris.

Diligence, place 16 liv., port 1 f. la liv., part de *Paris* L. à 10 h. du soir, met 10 heures en route. Il y a un *Coche* d'eau qui part de *Paris* J. & S. à 6 h. du matin, & met 30 h. en route.

Vimoutiers. Voyez *Rennes*.

Vire. Voyez *Caen*.

Vitré. Voyez *Rennes*.

Vitry-le-François. Voyez *Strasbourg*.

Ypres. Voyez *Lille*.

Nota. Toutes les Villes où il n'y a pas de Bureau d'indiqué, ont leurs voitures au *Bureau Général* à Paris, rue Notre Dame des Victoires, lequel Bureau a une entrée par le Cul-de-Sac St. Pierre, qui donne dans la rue Montmartre.

CHAPITRE XVII.

TABLEAU Alphabétique du Roulage de France, tant pour l'Intérieur du Royaume que pour l'Etranger, le Plombage des Marchandises, le prix du transport par quintal, le nombre de lieues de Route, les jours de marche qu'emploient les Rouliers, & des Observations essentielles relatives à cet Etablissement.

SAVOIR:

NOMS DES VILLES (1)	*Distances de Paris.*	*Prix du transport par cent pesant.*			*Jours de Marche.*
	L.	L.	S.	D.	
Abbeville, . P.	40	3	”	”	7
Agde, . . P.	163	12	4	6	28
Agen, . . P.	149	11	3	6	30
Aignesperce, P.	94	7	1	”	22
Aires, Gascogne, P.	171	12	16	6	35
Aires, Artois, P.	56	4	4	”	10
Aix, . . P.	185	13	17	6	28
Aix-la-Chapelle, P.	86	6	9	”	15
Alais, . . P.	150	11	5	”	30
Alby, . . P.	157	11	15	6	36
Aleuçon. . .	43	3	4	6	6
Ambert. . . P.	100	7	10	”	24
Amboise. . .	62	4	13	”	10
Amiens. . .	30	2	5	”	5
Angers. . .	69	5	3	6	10
Angoulême, P.	127	9	10	6	18
Antibes, . . P.	219	16	8	6	35
Apt, . . P.	146	10	19	”	30

NOMS DES VILLES.	*Distances de Paris.*	*Prix du transport par cent pesant.*			*Jours de Marche.*
	L.	L.	S.	D.	
Anvers, . . P.	75	5	18	6	15
Arbois. . . P.	77	5	15	6	18
Argentan, . . .	40	3	”	”	10
Argenton. . .	70	5	5	”	[illegible]
Arles, . . P.	177	13	5	[illegible]	30
Armentieres, P.	69	4	8	6	14
Arnay-le-Duc.	68	5	2	”	13
Arras, . . P.	43	3	4	6	10
Ath, . . P.	64	4	16	”	15
Avalon, . . P.	56	4	4	”	12
Aubagne, . P.	191	14	6	6	30
Aubenas, . P.	206	15	9	”	28
Aubusson, . P.	165	12	7	6	25
Avesne. . . P.	47	3	10	6	15
Avignon, . P.	167	12	10	6	28
Avranches, . .	72	5	8	”	20
Auray, . . P.	112	8	8	”	20
Aurillac, . P.	126	9	9	”	24
Autun. . . .	72	5	8	”	24
Ausbourg, . P.	166	12	9	”	[illegible]

(1) Les Villes pour lesquelles on doit faire plomber, sont toutes marquées d'un P.

Auxonne,

NOMS DES VILLES.	Distances de Paris.	Prix du transport par cent pesant.			Jours de Marche.
Auxonne.	65	4	17	6	14
Auxerre.	43	3	4	6	8
Auch, P.	190	14	5	"	35
Bagnol, P.	160	12	"	"	28
Bayeul, P.	62	4	15	"	12
Bâle, P.	115	8	12	6	20
Bapeaume.	38	2	17	"	6
Barbesieux.	139	10	8	6	"
Barcelonne, P.	256	19	4	"	38
Barcelonnette, P.	168	12	12	"	35
Barêge, P.	225	16	17	6	35
Bar-le-Duc, P.	60	4	10	"	10
Bar-sur-Aube.	47	3	10	6	8
Bar-Sur-Seine.	46	3	9	"	10
Barjols, P.	184	13	16	"	30
Bayeux.	57	4	5	6	12
Bayonne, P.	212	15	18	"	35
Bazas, P.	160	12	"	"	30
Beaucaire, P.	175	13	2	6	28
Beaune.	82	6	3	"	15
Beaujé.	62	4	13	6	20
Beauvais.	17	1	5	6	3
Beauvoir.	125	9	7	6	15
Beaujency.	40	3	"	"	5
Bourges.	70	5	5	"	12
Brest, P.	135	10	2	6	24
Breslaw, P.	276	35	"	"	"
Briançon, P.	154	11	11	"	28
Brignoles, P.	193	14	15	6	30
Brioude, P.	102	7	13	"	20
Brives, P.	121	9	1	6	22
Bruges, P.	75	5	12	6	15
Brunswick, P.	168	12	12	"	"
Bruxelles, P.	60	4	10	"	12
Boltec.	40	3	"	"	8
Bellay.	"	11	5	"	28
Belleime.	36	2	14	"	7
Bergerac, P.	115	8	12	6	22
Bergues, P.	70	5	6	6	12
Berlin, P.	220	16	10	"	"
Beffort.	93	6	19	6	"
Belle-Isle, P.	"	9	"	"	13
Bernay.	41	3	1	6	7
Berne, P.	120	9	"	"	"
Besançon, P.	90	6	16	6	18
Bethune, P.	50	3	15	"	12

NOMS DES VILLES.	Distances de Paris.	Prix du transport par cent pesant.			Jours de Marche.
Beziers, P.	199	14	18	6	30
Blaye, P.	151	11	6	6	24
Blaves, P.	"	11	"	"	"
Blois.	52	3	18	"	6
Bonnetable.	43	3	4	6	8
Bordeaux, P.	158	10	17	"	24
Bouchain, P.	45	3	7	6	15
Bouillon, P.	58	4	7	"	13
Boulogne.	59	4	8	6	10
Bourgen bresse.	98	7	7	"	20
Caen.	51	3	16	6	8
Cahors, P.	146	11	2	"	24
Calais, P.	67	5	"	6	12
Cambray, P.	42	3	3	"	7
Cannes, P.	205	15	9	"	35
Carcassonne. P.	194	14	11	"	35
Carpentras, P.	162	12	3	"	28
Cassel, Fland. P.	66	4	19	"	12
Castel-Naudary, P.	186	13	19	"	35
Castel-Sarrasin, P.	140	10	10	"	"
Castres, P.	165	12	7	6	"
Cavaillon, P.	173	12	19	6	30
Cette, P.	156	11	14	"	32
Chagny.	78	5	17	"	15
Châlons, Champ.	40	3	"	"	6
Châlons, Bourg.	80	6	"	"	14
Chambery, P.	142	10	13	"	28
Charité-sur-Loire.	49	3	13	6	"
Charleville.	55	4	2	6	8
Charle-Roy, P.	70	7	"	"	"
Charlemont, P.	65	4	17	6	"
Chartres.	20	1	10	"	3
Château-Brillaut, P.	80	6	"	"	"
Château-Chinon.	66	4	19	"	12
Caudebec.	35	2	12	6	10
Château du Loir.	46	3	9	"	12
Château-Gontier.	57	4	5	6	12
Château-Neuf.	120	9	9	"	20
Château-Roux.	89	5	3	6	12
Château-Tierry.	21	1	11	6	5
Châtellerault.	89	6	13	6	14

NOMS DES VILLES.	Distances de Paris.	Prix du transport par cent pesant.			Jours de Marche.
Châtillon-sur-L.	37	2	16	5	12
Châtillon-sur-Seine.	40	3	„	„	14
Chaumont . .	55	4	2	6	12
Chauny . . .	23	1	14	6	„
Cherbourg . .	78	5	17	„	15
Chinon . . .	70	5	5	„	15
Clermont, Argonne. P.	54	4	1	„	9
Clermont, Auvergne. P.	100	7	10	„	16
Cluni . . .	104	7	16	„	18
Coblentz. P.	95	11	10	„	„
Cognac . . .	134	10	1	„	20
Colmar, . . P.	113	8	9	6	18
Cologne, . P.	100	12	„	„	„
Commercy, P.	60	4	10	„	15
Compiégne . .	19	1	8	6	3
Conches . . .	50	3	15	„	10
Condé, Flandre, P.	51	3	16	6	12
Condom, . P.	152	11	8	„	36
Cosne . . .	51	3	16	6	10
Coulange. . .	47	8	10	6	10
Courtray, P.	54	4	1	„	14
Cornouailles, P.	120	9	„	„	20
Coutance. . .	68	5	2	„	12
Cassel, Allemagne, P.	137	20	„	„	„
Clermont, Beauvoisis.	14	1	1	„	3
Condé, Normandie.	53	3	19	6	10
Châteaudun . .	27	2	„	6	6
Dax, . . . P.	198	14	17	„	35
Dié, ... P.	132	9	18	„	30
Digne, . . P.	175	13	2	6	32
Dieppe . . .	42	3	3	„	8
Dieuze, . . P.	71	5	6	6	„
Dijon	75	5	12	6	12
Dinant, . P.	70	5	5	„	20
Dole, . . P.	80	6	„	„	18
Domfront . .	55	4	2	6	12
Donzenat, P.	123	9	4	6	22
Dormant . .	26	1	19	„	5
Douay, . . P.	48	3	12	„	8
Draguignan, P.	189	14	3	6	35
Dourlens. . .	33	2	9	6	6
Dreux. . . .	20	1	10	„	4
Dresde, . . P.	213	30	„	„	„
Drest. . . .	47	3	10	6	8
Deux-Ponts, P.	73	8	„	„	„
Dunkerque, P.	78	5	17	„	12
Dusseldorf, P.	105	12	10	„	„
Dol, . . . P.	81	6	1	6	18
Donchery . .	49	3	13	6	9
Ecouis. . . .	23	1	14	6	5
Essiac, . . P.	„	7	10	„	„
Elbeuf. . . .	24	1	16	„	5
Embrun, . . P.	163	12	4	6	35
Epernay. . .	32	2	8	„	5
Epinal, . . P.	92	6	18	„	15
Etampes. . .	16	1	4	„	3
Evreux. . . .	24	1	16	„	5
Eu.	38	2	17	„	7
Falaise. . . .	50	3	15	„	9
Faybillot. . .	68	5	2	„	14
Fécamp. . . .	46	3	9	„	10
Feuilletin, . P.	112	8	8	„	24
Fismes. . . .	32	2	8	„	5
Foix, . . . P.	163	12	4	6	35
Fontainebleau.	15	1	2	6	3
Fontenay-le-Comte.	122	9	3	„	16
Forcalquier, P.	175	13	2	6	28
Fort-Louis, P.	„	11	„	„	„
Fougeres, . P.	66	4	19	„	16
Francfort-sur-Mein, P.	110	13	„	„	24
Francfort-sur-Oder, P.	208	33	„	„	„
Fribourg, Suisse, P.	126	10	„	„	35
Fribourg, Allemagne, P.	94	10	„	„	„
Furnes, P.	65	4	17	6	„
Frejus, P.	207	15	10	6	35
Forges. . . .	25	1	17	6	„
Ganges, . P.	163	12	4	6	32
Gaillon . . .	22	1	13	„	6
Gannat . . .	92	6	18	„	14
Gand, . . P.	65	5	10	„	12
Gap, . . . P.	140	10	10	„	32
Geneve, . . P.	148	11	2	„	22

NOMS DES VILLES.	Distances de Paris.	Prix du transport par cent pesant.			Jours de marche.
Givet, . . P.	78	5	17	”	12
Granville. . .	55	4	2	6	15
Grasse. . . .	197	14	15	6	36
Gravelines. . .	68	5	2	”	15
Gray. . . .	81	6	1	6	16
Grenoble, . P.	135	10	2	6	20
Guerande. . .	103	7	14	6	20
Gueret. . . .	87	6	10	6	22
Guingamp, P.	112	8	8	”	20
Guise. . . .	42	3	3	”	8
Hagueneau, P.	102	7	13	”	20
Ham. . . .	28	2	2	”	7
Hambourg, P.	168	31	”	”	”
Harfleur. . .	44	3	6	”	8
Hedin, . . P.	48	3	12	”	12
Hiers. . . .	193	14	9	6	32
Havre-de-Grace.	49	3	13	6	10
Hombourg, P.	75	10	”	”	”
Honfleur. . .	48	3	12	”	6
Huningue, . P.	101	7	11	6	18
Jarnac. . . .	100	7	10	”	20
Ingrande, Bretagne.	76	5	14		12
Ingrande, Poitou.	76	5	14	”	16
Joigny. . . .	37	2	15	6	10
Joinville. . .	45	3	7	6	20
Issigny. . . .	50	3	15	”	30
Issoire, . . P.	107	8	”	6	20
Issoudun, . P.	60	4	10	”	14
Kenogue. . .	64	4	16	”	15
La Charité . .	60	4	10	”	8
La Chatre . .	51	3	16	6	15
La Ciotat, P.	174	13	1	”	32
La Côte Saint-André, P.	125	9	7	6	26
La Fere. . .	30	2	5	”	8
La Flêche. . .	56	4	4	”	10
La Ferté-Massé.	61	4	11	6	10
Lamballe. . .	110	7	11	6	15
Lambesc, . P.	179	13	8	6	28
Landeau, . P.	105	7	17	6	24
Landrecy. . .	46	3	9	”	12
Lanjeac. . .	82	6	3	”	25
Langres. . .	62	4	13	”	12
Laon. . . .	28	2	2	”	6
La Haye, Touraine.	63	4	14	6	13
Landerneau. .	132	9	18	”	”
La Palisse. . .	91	6	16	6	14
La Roche-Foucaut.	113	8	9	6	20
Laval. . . .	65	4	17	6	10
Lavaur. . . .	156	11	14	”	35
Lausanne, . P.	100	10	”	”	24
Le Cateau, P.	47	3	10	6	12
Leictour, . P.	173	12	19	6	35
Leipsick, . P.	185	22	”	”	”
Le Mans. . .	46	3	9	”	7
Le Puy, . . P.	115	8	12	6	22
Leurs. . . .	44	3	6	”	8
Le Quesnoy, P.	42	3	3	”	12
Les Sables d'Olonne.	122	9	3	”	24
Libourne, . P.	162	12	3	”	25
Liége, . . P.	76	6	”	”	20
Ligny. . . .	63	4	14	6	13
Lille, . . . P.	55	4	2	6	8
Limoges, . P.	99	7	8	6	18
Limoux, . P.	199	14	18	6	35
Lizieux. . .	40	3	”	”	6
Lodeve. . . .	150	11	5	”	30
Loches. . . .	66	4	19	”	15
Longwi, . . P.	75	5	12	6	14
Lons-le-Saunier.	71	5	6	6	16
Loudun. . .	68	5	2	”	15
Louvain, . P.	66	6	”	”	”
La Rochelle. .	130	9	15	”	18
Lunel. . . .	191	14	6	6	30
Lunéville. . .	84	6	6	”	15
Lusignan. . .	106	7	19	”	20
Luçon. . . .	113	8	9	6	”
Luxembourg, P.	66	6	”	”	18
Lubec, . . P.	198	21	”	”	16
Luxeuil, . . P	80	6	”	”	16
L'Orient, . P.	120	8	3	6	16
Lyon. . . .	109	9	”	”	18
Macon. . . .	93	6	19	6	14
Mayenne. . .	57	4	5	6	6
Mayence, . P.	106	10	10	”	”
Malines, . P.	9	5	3	6	14
Manosque, P.	169	12	13	”	30

NONS DES VILLES.	Distances de Paris.	Prix du transport par cent pesant.			Jours de marche.
Manheim, . P.	124	18	10	”	”
Marseille, . P.	208	15	12	”	28
Marsal. . . .	72	5	8	”	”
Martigue. . .	161	12	1	6	30
Mantes . . .	13	”	19	6	”
Maubeuge, P.	54	4	1	”	10
Meaux. . . .	10	”	15	”	5
Mastricht, P.	78	8	”	”	”
Mende. . P.	133	9	19	6	22
Menin. . P.	55	5	”	”	12
Metz. . . P.	74	5	11	”	12
Meulan . . .	10	”	15	”	5
Mezieres. . .	55	4	2	6	8
Milhau. . P.	146	10	19	”	30
Mirebeau. . .	66	4	19	”	15
Mons. . . P.	55	4	10	”	12
Montagnac. P.	190	14	5	”	30
Montargis . .	29	2	3	6	5
Montbeliard. P.	86	7	”	”	16
Montbrison. P.	100	7	10	”	18
Montbazon . .	64	4	16	”	”
Montelimart .	148	11	2	”	24
Mont-Louis, Phyrennées, P.	180	13	10	”	”
Mont-Luçon. .	64	4	16	”	”
Montpellier. P.	182	13	13	”	28
Montreuil . .	50	3	15	”	8
Montmedy, P.	48	3	12	”	”
Mirecourt, P.	72	5	8	”	”
Morlaix, P.	124	9	6	”	22
Mortague . .	34	2	11	”	”
Mortain. . .	55	4	2	6	”
Montmarsaux P.	”	12	10	”	30
Moulins. . .	79	5	18	6	10
Mouson . . .	52	3	18	”	12
Mussy-l'Evêque. . .	48	3	12	”	10
Munich, . P.	180	25	10	”	”
Marennes . .	104	7	16	”	16
Marienbourg P.	68	5	2	”	14
Montauban, P.	161	12	1	6	28
Namur, P.	58	6	”	”	16
Nancy, . P.	78	5	17	”	10
Nantes, . P.	82	6	12	”	18
Narbonne, P.	205	15	7	6	30
Nemours. . .	19	1	8	6	5
Nevers . . .	66	4	19	”	8
Neufchâteau, P.	56	4	4	”	15
Nice, . . . P.	220	16	10	”	40
Niort, ...	118	8	17	”	15
Nismes, . P.	172	12	18	”	30
Neufchatel, Suisse, . P.	96	8	10	”	”
Nozay, . P.	96	7	4	”	17
Nogarot. . .	174	13	1	”	35
Nogent-sur Seine . . .	26	1	19	”	5
Nogent le Rotrou . . .	34	2	11	”	”
Nogent-le-Roi.	17	1	5	6	”
Noyon . . .	25	1	17	6	6
Nuits. . . .	77	5	15	6	14
Nuremberg, P.	160	16	10	”	”
Nieuport, . P.	68	5	10	”	15
Neufchâtel, Champagne .	40	3	”	”	8
Oleron, Béarnois . . P.	188	14	2	”	35
Orléans . . .	36	2	14	”	4
Ormes St. Martin	74	5	11	”	”
Orange, . . P.	162	12	3	”	22
Orbec. . . .	42	3	3	”	”
Ortes, . . P.	164	12	6	”	35
Ostende, . . P.	74	7	”	”	15
Pau, . . P.	216	16	4	”	85
Perrigueux, P.	116	8	14	”	22
Perpignan, . P.	220	16	10	”	35
Péronne . . .	33	2	9	6	5
Pertuis. . P.	181	13	11	6	30
Pezenas, . P.	194	14	11	”	32
Phalsbourg, P.	101	7	11	6	16
Philippeville, . . . P.	60	4	10	”	12
Pierre-Latte, P.	154	11	11	”	”
Ploermel, P.	93	7	7	”	18
Poitiers . . .	99	7	8	6	12
Poligny, . P.	104	7	16	”	16
Pons, . . P.	138	10	7	”	18
Pont-à-Mousson, . . P.	74	5	11	”	14
Pontarlier, P.	106	7	19	”	18
Pont-audemer. . . .	36	2	14	”	7

NOMS DES VILLES.	Distances de Paris.	Prix du transport par cent pesant.			Jours de Marche.
Pont-de-Cé.	70	5	5	”	12
Pont-l'Evêque.	44	3	6	”	10
Pontivi, P.	112	8	8	”	”
Plombieres, P.	99	7	8	6	”
Philisbourg, P.	110	10	”	”	”
Pontorson.	77	5	15	6	20
Pont-St.-Esprit, P.	162	12	3	”	20
Port-Louis, P.	112	8	8	”	18
Provins.	22	1	13	”	5
Puy-en-Velay, P.	115	8	12	6	”
Quillebeuf.	42	3	3	”	”
Quimperlé, P.	112	8	8	”	24
QuimperCorentin, P.	116	8	14	”	26
Quintin, P.	97	7	5	6	24
Remiremont. P.	80	6	”	”	”
Rennes, P.	83	6	4	6	12
Rethel.	46	3	9	”	9
Revel, P.	173	12	19	6	35
Rheims.	38	2	17	”	5
Richelieu	77	5	15	6	16
Rieux, P.	163	12	4	6	30
Riez, P.	179	13	8	6	30
Ribemont.	36	2	14	”	”
Riom, P.	97	7	5	6	15
Rochefort.	137	10	5	6	18
Rocroy.	57	4	5	6	12
Rodes.	128	9	12	”	35
Romans.	120	9	”	”	25
Roanne. P.	103	7	14	6	15
Romorentin.	44	3	6	”	12
Roguevaire, P.	165	12	7	6	30
Roye.	26	1	19	”	5
Rouen.	31	2	6	6	5
Ruffec.	117	8	15	6	”
St. Amand en Bourbonnois.	70	5	5	”	12
St. Amand en Flandre. P.	51	3	16	6	10
St. Aubin, Bretagne.	76	5	14	”	15
St. Brieux.	105	7	17	6	20
St. Bry.	45	3	7	6	10
St. Calais, Maine.	52	3	18	”	”

NOMS DES VILLES.	Distances de Paris.	Prix du transport par cent pesant.			Jours de Marche.
St. Chely, Gévaudan, P.	125	9	7	6	30
St. Claude, Comté, P.	111	8	6	6	24
St. Dizier.	54	4	1	”	8
St. Flour. P.	122	9	3	”	24
St. Gerrand.	29	2	13	6	”
St. Gilles, Languedoc, P.	175	13	2	6	30
St. Etienne, P.	114	8	11	”	”
St. Hyppolite, Languedoc, P.	175	13	2	6	”
St. Jean d'Angely.	126	9	9	”	20
St. Jean de Luz, P.	218	16	7	”	36
St. Julien, Languedoc, P.	158	11	17	”	25
St. Lô.	66	4	19	”	12
St. Maixent.	113	8	9	6	24
St. Malo. P.	99	7	7	6	16
Ste. Ménéhould.	50	3	15	”	7
St. Maur, Touraine.	58	4	7	”	”
St. Omer, P.	60	4	10	”	10
St.Pol-de-Léon Bretagne, P.	118	8	17	”	24
St. Paul-Chateau, Dauphiné, P.	145	10	17	6	28
St. Paul, Artois, P.	46	3	9	”	”
St. Pons, Languedoc, P.	161	12	1	6	35
St. Quentin.	32	2	8	”	6
St. Vallery, Picardie.	40	3	”	”	8
St. Vallier, P.	128	9	12	”	24
Saintes, P.	133	9	19	6	18
Salins, P.	98	7	7	”	18
Salon, P.	177	13	5	6	”
Sarlat, P.	125	9	7	6	22
Sarbruck, P.	73	5	9	6	20
Sarlouis, P.	77	5	12	6	16
Saverne, P.	98	7	7	”	16
Saulieu.	57	4	5	6	10
Saumur.	80	6	”	”	14

NOMS DES VILLES.	Distances de Paris.	Prix du transport par cent pesant.			Jours de Marche.
Schelestat, P.	107	8	"	6	18
Sedan.	59	4	8	6	10
Sées.	34	2	11	"	5
Sens.	30	2	5	"	4
Sisteron, P.	147	12	10	6	30
Soissons.	25	1	17	6	4
Sommieres, P.	174	13	5	"	32
Spire, P.	120	9	"	"	"
Strasbourg, P.	113	8	9	6	18
Suippes.	41	3	1	6	8
Stenay, P.	54	3	11	"	"
Stutgard, P.	120	12	"	"	"
Tarascon, P.	195	14	12	6	28
Tarbes, P.	205	15	7	6	40
Tartas, P.	176	13	5	"	36
Thiers, P.	88	6	12	"	20
Thionville, P.	74	5	11	"	14
Thouars.	80	6	"	"	15
Tonnerre.	50	3	15	"	8
Toul, P.	72	5	8	"	10
Toulon, P.	217	16	5	6	35
Toulouse. P.	173	12	19	6	32
Tournay, P.	55	4	2	6	12
Tournon, P.	138	10	7	"	22
Tournus.	87	6	10	6	15
Tours.	60	4	10	"	10
Treguieres, P.	110	8	5	"	"
Treves, P.	76	10	10	"	20
Trevoux, P.	104	7	16	"	16
Troyes.	36	2	14	"	4
Tulle, P.	116	8	14	"	25
Tain, Dauphiné, P.	130	9	15	"	"
Valence, P.	136	10	4	"	22
Valenciennes P.	49	3	13	6	9
Valogne.	66	4	19	"	15
Vannes, P.	108	8	2	"	18
Vaucouleurs.	65	4	17	6	10
Vatan.	52	3	18	"	"

NOMS DES VILLES.	Distances de Paris.	Prix du transport par cent pesant.			Jours de Marche.
Vence, P.	195	14	12	6	35
Vendôme.	41	3	1	6	6
Verdun, P.	59	4	8	6	8
Verneuil.	26	1	19	"	8
Vernon.	20	1	10	"	3
Vesoul, P.	83	6	"	"	18
Vic, P.	71	5	6	6	14
Vierzon.	48	3	12	"	12
Ville-Franche en Beaujolois.	109	8	3	6	16
Ville-Franche en Rouergue, P.	181	13	11	6	32
Ville-Franche en Roussillon.	180	13	10	"	"
Ville-Neuve en Avignon, P.	171	12	16	6	30
Vimoutier.	48	3	12	"	10
Vienne, Dauphiné, P.	116	8	14	"	20
Vienne, Autriche, P.	284	27	10	"	"
Vire.	58	4	7	"	15
Vitry-le-François.	58	4	7	"	8
Vevay, Suisse, P.	126	10	"	"	25
Vivier, P.	150	11	5	"	24
Ulm, Allemag P.	154	15	10	"	"
Vitré, P.	74	5	11	"	10
Uzés.	150	11	5	"	"
Weissembourg, Allémagne, P.	108	9	10	"	"
Worms, Allemagne, P.	109	12	"	"	"
Vendœuvre.	40	3	"	"	8
Yverdun, Suisse, P.	135	12	"	"	25
Ypres, P.	56	4	4	"	15
Zurich, Suisse, P.	110	10	10	"	"
Zug, idem.	112	10	10	"	"

OBSERVATIONS.

Quoique les distances données dans ce Tableau ne soient pas conformes à celles indiquées ailleurs, il n'en faut pas moins ajouter foi aux prix des transports, parce qu'ils sont établis conformément aux dispositions de l'Arrêt du Conseil, portant création de cet Etablissement, & aux routes particulieres que tiennent les Rouliers.

A l'égard des transports pour les Villes Etrangeres, ils n'excédent ceux de France, que parce que les Rouliers, en remettant les marchandises aux Villes frontieres pour y être reprises par les Rouliers Etrangers, remettent aussi l'excédent de leur prix pour payement desdits Rouliers Etrangers.

De quelqu'utilité que soit cet Etablissement, il ne porte cependant point d'atteinte aux maisons particulieres d'Entrepreneurs & Commissionnaires pour le transport, par Rouliers, des marchandises qui passent de la France chez l'Etranger, & de Paris dans toutes les Villes & lieux du Royaume, puisque, par un Arrêt du Conseil d'Etat du Roi, du 5 Mai 1784, qui interprête tous les précédens Arrêts & Réglemens rendus sur le courtage du Roulage de France.

Il est dit, que Sa Majesté, en maintenant le droit d'exercer le courtage du Roulage & de tenir des entrepôts à cet effet, n'entend pas que ce droit soit exclusif, ni que, sous prétexte d'icelui, les Fermiers puissent empêcher les Commissionnaires, chargeurs & courtiers de tenir bureau ouvert, à l'effet de recevoir, en entrepôt, les marchandises qui leur seront confiées, au-dessus du poids de cinquante livres; d'avoir, sur leurs portes, un Tableau indicatif dudit entrepôt; de tenir des registres à l'effet d'y inscrire lesdites marchandises, & de se servir de fléaux & balances, pour en constater le poids, pourvu que lesdits Commissionnaires & Courtiers se soient fait inscrire au Greffe du Siege de Police, le plus prochain du lieu de leur résidence, & que cette inscription n'ait lieu que sur le vû d'un certificat signé par quatre Notables dudit lieu, par lequel ils attesteront leurs bonne vie & mœurs.

Auquel cas le Roulage de France est un aiguillon seulement qu'il semble que le Gouvernement ait donné, aux anciens Entrepreneurs de Voitures par Rouliers, pour procurer au Commerce plus de célérité, de sûreté & même d'économie dans ses expéditions.

Et pour ajouter à la sûreté des transports par Rouliers, *l'Arrêt susdit porte de plus ce qui suit :*

Fait défenses Sa Majesté, à toutes personnes, de tenir des entrepôts ailleurs que dans les Villes & Bourgs, & aux Rouliers de déposer les marchandises, qui leur sont confiées, dans des auberges isolées sur les routes. La date de ce sage Réglement étant très-moderne, paroit nous dispenser de parler de ceux qui ont été antérieurement rendus sur cet établissement, qui, ne possédant pas de Privilége exclusif, se trouve, à proprement parler, sujet aux anciens Réglemens & Ordonnances rendus sur le fait des voitures & transports par terre, desquels nous indiquons les dispositions, pages 226 & suivantes, de la troisieme partie de cet Ouvrage.

CHAPITRE XVIII ET DERNIER.

INDICATION des Découvertes les plus modernes sur les Sciences & les Arts, jusqu'à l'époque de la présente année 1785; *détails précis sur leurs effets, ou productions, & annonces des lieux où l'on peut se procurer de plus amples connoissances.*

Ce Chapitre que l'on devoit établir en forme de *Dictionnaire*, est distribué en différentes classes, pour réunir, sous chacune d'elles, & par ordre alphabétique, ce qui y a rapport. Ces diverses classes sont : la GÉOGRAPHIE, L'AGRICULTURE & L'ECONOMIE, la PHYSIQUE, L'HISTOIRE NATURELLE, la NAVIGATION, L'EPIZOOTIE, L'INDUSTRIE MÉCANIQUE, où se trouvent comprises quelques inventions, ou nouvelles découvertes importantes pour prévenir les incendies, pour conservations diverses &c. &c. (1).

1°. DE LA GEOGRAPHIE.

Voici plusieurs découvertes & observations faites récemment sur cette science, lesquelles ne sont encore indiquées dans aucun ouvrage, ni cartes géographiques, & deviennent, par-là même, du plus grand intérêt aux géographes & aux navigateurs.

1°. Dans le voyage du Capitaine *Cook* au Pôle Austral, en 1772, 1773, 1774 & 1775, ont été découvertes les Isles dites : la *Nouvelle Calédonie*, les *Nouvelles Ebrides*, la *Nouvelle Georgie*, le *Thulé-Austral*, la *Terre de Sandwich* qui renferme plusieurs Isles dont la principale, appelée *Owhyhe*, se trouve située presque dans le Méridien d'*Othaiti*, par le 20eme. ou 21eme degré de latitude Nord. L'Isle d'Othaiti, découverte aussi dans le même voyage, est jugée avoir 40 lieues de tour; elle est située dans l'Océan pacifique, à 70 degrés de Lima, ou 1750 lieues des côtes de l'Amérique, & à 85 degrés des Moluques, où 2000 lieues de la Mer des Indes. Enfin ce célebre marin indique aussi plusieurs autres Isles qui ne se trouvent détaillées que dans un ouvrage intitulé, le *Pilote Américain* que l'on peut se procurer à Paris, rue des Grands Augustins, chez le sieur *le Rouge*.

2°. Le *Cap de la Circoncision* dont quelques ouvrages de Géographie

(1) Nous invitons le Lecteur à prendre une connoissance entiere de ce Chapitre, en l'assurant qu'il y trouvera des détails intéressans à plus d'un égard, & qui, nous osons le croire, l'indemniseront bien de la peine qu'il aura prise d'en faire la lecture.

Vignes.

Pour tirer un grand parti des vieux ceps de vignes, il faut les couper jusqu'aux racines, & les greffer sur ces mêmes racines qui, au bout de deux années, commencent à porter des fruits.

Vin.

Moyens pour connoître les vins falsifiés, éviter aux fraudes dans leurs transports, rétablir ceux gâtés, & corriger ceux durs, verts, aigrès &c.

Pour connoître le vin *lithargiré*, il faut verser quelques goutes d'acide vitriolique dans un verre de vin, s'il y a du plomb, le vin se troublera, deviendra laiteux, & le métal se précipitera au fond du verre.

Pour reconnoître le vin *falsifié*, il faut verser dans un verre de vin de l'alkali fixe pur, ou du foie de soufre, & sur le champ, l'on voit le plomb se précipiter sous une couleur brune & noirâtre. Un second moyen est de remplir de vin un verre à large ouverture, & de l'exposer dans des lieux d'aisance, dits *commodités*; si le vin est falsifié, il s'altérera, deviendra trouble & noircira au bout de quelques heures. Un troisième, est de faire réduire dans un poëlon, une pinte de vin, jusqu'à ce qu'il soit à sec, en retirer le résidu, le placer sur une pelle avec un peu de suif, y mettre le feu, jusqu'à ce que la pelle soit rouge, & si le vin est falsifié, on trouvera le plomb sur la pelle, lorsqu'elle sera refroidie.

Pour *améliorer* & *clarifier* les vins vieux & nouveaux, il faut prendre une partie de miel blanc, deux parties d'eau de pluie, une de très-bon vin, faire bouillir le tout à un feu modéré, jusqu'à diminution d'un tiers, écumer ce mélange de tems en tems, pendant qu'il bout encore, le laisser refroidir ensuite, en jeter environ quatre pintes dans un baril de la continence de 52 pintes, bien remuer ce baril, & le laisser reposer pendant 8 jours, on trouvera alors le vin non seulement amélioré, mais même clarifié, & s'il est trop doux, on peut y jeter un peu de semence de moutarde blanche.

Pour rendre *agréables* & *doux* les vins verts, durs & aigres, il ne faut que jeter des coquilles d'œufs dans le tonneau. Ces coques, loin d'être nuisibles à la qualité du vin, en saturent l'acide surabondant, & par là-même, le rendent plus doux; on peut d'ailleurs avoir recours à un spécifique rouge, agréable & bienfaisant, qui se vend en bouteille, chez le *Sr. Heran, rue St-Dominique, Fauxbourg St. Germain, à Paris.*

Quant aux moyens de *conserver* les vins, de les rajeunir & de les *bonifier*, on trouve chez *M. Maupin*, rue du Pont-aux-Choux, à Paris, un vin factice qui réunit toutes ces vertus; enfin on trouve chez *M. Campmas*, Ingénieur, rue Gît-le-Cœur, *à Paris*, un moyen pour éviter aux abus qui se commettent en route sur le transport des vins, même ceux contenus dans des futailles doubles.

°. DE LA PHYSIQUE.

Cette Science offrant, chaque jour, de nouvelles Découvertes de pure curiosité & d'agrémens, on doit s'attendre à ne trouver ici que l'analyse de celles que nous avons cru être les plus importantes à la Société.

Air.

MM. Sigaud de la Fond & Andria ont démontré que l'air fixe contient un véritable acide dont la nature est semblable à celle de l'acide végétal; cet air est celui de l'Atmosphere, alteré par le mélange des vapeurs de diverses substances : il est considéré comme un mixte qui se dégage des végetaux en fermentation, & ces physiciens ont prouvé que l'on en pouvoit tirer des vapeurs du charbon allumé.

M. l'Abbé Félix, Physicien de *S. A. R. Mgr. le Duc de Toscane*, a inventé un instrument propre à démontrer le degré de salubrité de l'air que nous respirons, & à en mesurer les risques.

Ballon, ou *Machine Aerostatique.*

Tout le monde connoît la sublimité de cette invention due aux recherches de M. Mongolfier, l'aîné, & à celles de son frere. Ces Physiciens ont fait, à cet égard, nombre d'expériences qui ont presque toutes été couronnées du succès le plus heureux. La premiere qui ait été faite à *Annonay*, en Public & en présence des Députés des Etats du Vivarais, date du mercredi 4 Juin 1783 ; Celles qui ont suivi se sont perfectionnées au point qu'a l'époque du 15 Octobre de la même année, l'intrépide Physicien *M. Pilâtre du Rosier* a osé s'enlever, sans aucune retenue, dans une gallerie suspendue à l'une de ces machines. Le succès de son voyage aérien a encouragé plusieurs aéronautes à s'élever, comme lui, au-dessus de l'atmosphère.

Nous nous dispenserons d'entrer dans d'autres détails sur cette découverte, dont les procédés sont décrits dans plusieurs ouvrages qui ont paru à cet effet, mais nous croyons devoir dire qu'elle peut être fort utile pour connoître la raréfaction de l'atmosphere, faire des observations méteorologiques jusques dans les nuages mêmes, en soustraire leur matiere électrique, déterminer les longitudes des lieux voisins, servir de fanaux & de phares, pour guider & rassembler les vaisseaux d'une flotte dispersée, procurer quelques secours à des vaisseaux en péril, faire des observations sur l'électricité, d'autres sur la vitesse & la direction des vents, dresser des cartes topographiques, &c. objets sur lesquels il y a lieu d'espérer que l'on fera quelques tentatives pour ajouter, s'il est possible, quelques nouvelles lumieres à l'étendue des connoissances humaines.

Barometre.

On a observé que, pour les rendre plus exacts, plus utiles, & purger le mercure d'air, il faut le faire bouillir dans le tube même. Voici des remarques sur les variations de cet instrument ; on croit que plus l'air est pur & dégagé d'humidité, plus il doit être léger ; cependant le mercure du Barometre semble annoncer le contraire, qui paroît devoir être attribué au poids du fluide électrique ; car quelqu'élevé que soit le Barometre, si au moyen d'une chaîne électrique, on fait passer une plus grande quantité de ce fluide, on le voit remonter encore, mais en faisant une distinction entre les effets de l'électricité de l'air, & ceux qui résultent de sa pesanteur, on trouvera que plus l'atmosphère est pure & légere, & plus le mercure est suspendu dans le barometre, & qu'au contraire il est moins suspendu, quand l'atmosphère se trouve plus pesante, ou chargée de vapeurs humides, & autres exhalaisons qui sont, sans contredit, des corps pesants.

On vient d'imaginer, *à Paris*, un Barometre d'un genre inconnu, & dont l'effet est d'indiquer, par cadran, les degrés du termometre & ceux de la situation du tems, & de toutes les variations de l'atmosphère. Cette espece de Barometre est aussi curieuse & intéressante par sa justesse subite dans les indications, que par sa mécanique, & l'agrément qu'elle présente au coup d'œil, par sa forme & sa décoration.

Eaux.

Les *Eaux souterraines* sont aisées à découvrir par les moyens suivans : 1°. Lorsque, dans certains endroits d'une campagne couverte de neige, on y voit s'élever des vapeurs déliées. 2°. Lorsque, dans une campagne pareillement couverte de neige, on la voit fondre plus aisément sur certains endroits que sur d'autres. 3°. Lorsqu'il n'y a ni rosée, ni givre en certains endroits de la terre, tandis que le reste de sa surface en est couvert. 4°. Lorsqu'il y a de l'herbe & des plantes fanées, & séchées dans un champ où les autres plantes sont fraiches. 5°. Lorsqu'au milieu d'un champ couvert d'épis, de grains bien nourris, il se trouve des endroits où les épis ne prosperent point, & 6°. Lorsqu'on voit croître en quelques endroits d'une terre, les plantes nommées *Menta Catharina* & le *Rubia Tinctorum*. Toutes ces observations sont autant de signes certains que ces divers endroits de la terre recelent des sources d'eaux souterraines, dont il est facile de s'assurer, en y plantant des pieux, pour indiquer les lieux où l'on doit creuser au retour du printems.

On a remarqué qu'en pêchant des glaçons d'*eau de mer*, & les faisant fondre dans des tonneaux, cette eau est alors prodigieusement adoucie, & presque potable; ceci est un avis dont les marins peuvent faire quelqu'usage.

L'eau douce est une vertu particuliere pour la végétation, puisque l'on assure que la terre n'entre pour rien dans la composition des plantes dont elle n'est que la matrice, tandis que l'eau seule, & même la plus pure, se convertit, par laps de tems, en feuilles, en fleurs & en fruits. Il y a des exemples que l'on a fait venir des fruits à noyaux dans l'eau distillée, & qu'à l'aide d'une mousse humectée, on est parvenu à élever des ceps de vignes qui ont donné des raisins dont la saveur & le goût égaloient ceux provenans des vignes ordinaires.

Eaux minérales nouvellement découvertes. Il s'en trouve une fontaine dans les montagnes de la *Guadeloupe*; on lui a reconnu d'excellentes vertus médicinales; une autre, ou plutôt une source d'eaux minérales, à la *Boisse*, *proche Chambery*; une autre à *St.-Pol en Artois*; & une autre dans la partie droite de la Montagne de *l'Encise*, située entre Usès & Avignon; cette derniere est, dit-on, une excellente anti-vénérienne, par ses vertus laxatives & apéritives.

On trouve que *l'eau du Lac Stransberg*, situé dans la moyenne Marche de Brandebourg, est d'une nature assez colorée, pour servir aux peintres; dans certains tems de l'année, elle est d'une couleur *verte*, & dans d'autres, elle devient *rouge*; enfin *l'eau de neige* que bien des personnes boivent sans réflexion, est susceptible de beaucoup d'accidens fâcheux, qui n'ont été découverts que depuis peu; & que l'on prétend être occasionnés par sa vertu abstersive, mordante & dissolvante qui, nuisant prodigieusement à l'estomac & aux intestins, cause des dyssenteries, des coliques & des dévoiemens; mais cette eau est favorable pour fertiliser les campagnes.

Electricité.

Voici quelques recherches importantes & modernes faites sur cette propriété des corps.

M. le Dru, autrefois si connu sous le nom de *Comus*, a trouvé le moyen de guérir l'épilepsie, par les effets de l'électricité. *M. Quinquet* a démontré qu'elle peut être considérée comme l'origine de la pluie, de la neige, du givre & du tonnere. *M. Volta*, de la Société Physique de Zurich, a trouvé le le moyen de la rendre sensible dans sa plus foible partie. *M. Mauduyt*, de la Société Royale de Médecine de Paris, prétend que l'électricité employée avec prudence, par des Physiciens habiles, est une espece de magie médicale, contre la paralysie, la goutte sciatique, la surdité, la suppression des régles, & autres causes qui affligent l'espece humaine; mais il conseille de n'y avoir recours que dans des cas urgens, & d'après des avis dictés par la prudence: on lui est aussi redevable d'un ouvrage curieux sur l'art de mesurer l'état habituel de l'électricité. *Milord Mahon*, de la Société Royale de Londres, explique, dans ses *Principes d'Electricité*, un *choc électrique* très-singulier & ignoré jusqu'à l'époque de son ouvrage susdit; il prouve que des personnes peuvent être frappées mortellement par ce *choc*, ou contre-coup, qui peut aussi endommager considérablement quelques parties d'un édifice, & ce, par la vertu d'une explosion électrique, qui éclateroit à une assez grande distance d'un bâtiment, ou de quelques personnes. Enfin *S. A. S. Le Prince Louis* de *Rohan*, vient d'établir à Versailles, un *cabinet électrique*, où l'on traite *gratis* les paralysies, les plus récentes des enfans, & celles des grandes personnes du séxe.

Elémens.

On connoît parfaitement les quatre élémens, mais jusqu'à ce moment, on a été fort éloigné de croire qu'il pût en exister un cinquieme; l'*eau congélative* est cependant considérée comme telle, puisque c'est par son moyen que se forment les pierres, & les métaux, les stalactites, le cristal de roche, les pétrifications des bois, des coquilles, des matieres animales; & qu'enfin elle donne la consistance & la solidité aux corps, c'est du moins ce que prétendent *MM. Gobet & Faujas de St. Fond* Physiciens très-connus.

Feu & Flamme.

Selon M. *Volta*, Membre de la Société Physique de Zurich, aucune substance, autre que l'air inflammable, ne peut se convertir en flamme; il ajoute que celles que l'on a de tous tems tenues pour telles, ne le sont qu'autant qu'elles fournissent, ou se résolvent en cet air, & en revêtissent la nature avant de s'enflammer; & il essaye de prouver que les volcans, les tremblemens de terre, les éclairs, les aurores boréales, &c. sont formés par l'air inflammable.

M. *Lavoisier*, Membre de l'Académie Royale des Sciences à Paris, a découvert le moyen d'augmenter la force du *feu* par l'air déphlogistique; en suivant sa méthode, on parvient à faire détoner le fer & fondre la platine en très-peu de tems.

Et M. *l'Abbé Mann*, Chanoine de Courtray, Membre de l'Académie de Bruxelles, au lieu de rechercher sur les causes inflammables, indique le moyen d'empêcher l'action de la flamme, sur le bois & la toile, en les faisant bouillir jusqu'à saturation, dans une forte lessive de cendres de bois; le feu mis à ces matieres ne les enflamme point, mais il les consume peu à peu, & les réduit dans l'état de l'amadou même.

Fontaine, Lac, & Neige.

Voyez Eau.

Paratonnerre.

Le cuir résistant au feu électrique & élémentaire, peut tenir lieu de

Paratonnerre; on peut en couvrir tout ce que l'on veut préserver de la foudre, s'en revêtir soi-même dans des tems fort orageux, surtout lorsqu'on est en rase campagne, & en couvrir doublement les Saintes-Barbes des navires & les magasins à poudre. *Voyez* ci-après Tonnerre.

Tonnerre, ou Foudre.

Les dangers qui résultent des effets du tonnere, ont fait faire des recherches très-utiles, tant pour s'en préserver que pour juger de son éloignement.

Les *moyens préservatifs de ces dangers* sont : 1°. Les barres de M. *Medlerkamp*, Physicien à Hambourg, elles peuvent s'adapter à toutes sortes d'édifices, & aux maisons construites dans les Villes. 2°. La barre de M. *Bertholon*, inventée pour même cause ; elle est très - préservative dans le cas où le tonnere s'élève de terre ; cette barre qui est de fer courbé en angle, &c. peut, ainsi que les précédentes, s'adapter sans danger, à toutes sortes d'édifices. 3°. La toile *cirée* est aussi un préservatif du tonnerre, on en a plusieurs exemples. Et 4°. M. *Marat*, Médecin des Gardes du corps de Mgr. le Comte d'Artois, propose, dans ses *Recherches Physiques*, qui se trouvent à Paris *chez Belin*, un moyen aussi simple que peu dispendieux, pour garantir une Ville entiere des atteintes de la foudre.

Pour juger des *approches* du tonnerre, ou de sa distance, on le peut par l'effet du *Pistolet Electrico-phlogopneumatique* de M. *Volta*, en l'adaptant à la barre de M. *Franklin*, où il s'allume de lui-même à l'approche du nuage qui porte la foudre, & son explosion est un signe certain du tonnerre qui se fait entendre presqu'aussi-tôt.

Enfin pour s'assurer de sa distance, il faut remarquer, pendant l'orage, combien le pouls bat de fois entre l'éclair & le bruit. S'il n'y a qu'un battement, on peut être assuré que le tonnerre est à 173 toises de distance ; s'il y a deux battemens, il est éloigné du double ; & ainsi de battemens en battemens.

3°. DE L'HISTOIRE NATURELLE.

Cette Science étant une des plus étendues de toutes, & sur laquelle on découvre chaque jour des objets nouveaux, nous sommes forcés de nous borner à ne parler que de ce qui nous a paru mériter le plus d'intérêt.

Abeilles.

Pour transporter leurs ruches avec aisance, & même détacher quelques portions de leurs rayons, lorsqu'elles sont à l'ouvrage, il ne faut, pour éviter qu'elles ne fassent aucun mal, que tenir la bouche bien fermée, & ne respirer que par le nez, parce que notre haleine est, pour cette insecte, une très-grande incommodité.

Bois.

Le Sr. *Migneron*, charron, rue de Brodeurs, à Paris, a trouvé le moyen d'*améliorer les bois* & de les *cintrer*. M. *Plonquet* indique, dans un ouvrage intéressant, les moyens de remédier à la *disette du bois* : on trouve cet ouvrage *chez Heerbrands*, Lib. à *Zuringen*, en Allemagne. On trouve chez *Desprez*, Lib. à *Paris* un mémoire fort intéressant de M. *Pannelier d'Annel*, sur l'aménagement des forêts & les moyens de se procurer des bois propres aux plus grands emplois, d'en avoir abondamment de toutes autres especes, enfin de retirer le plus grand produit des coupes. On peut aussi avoir recours à ces ouvrages pour l'exploitation des bois, leurs diverses propriétés ou usages, &c. & surtout recourir à l'*Histoire Naturelle* de M. de *Buffon* où l'on trouvera des renseignemens vraiment précieux à cet égard, ainsi que dans le *Dict. d'Agricul.* de M. l'*Abbé Rosier*.

Charbon-de-terre.

On doit à *M. Beaudoin* la découverte d'une abondante mine de ce charbon, elle est située près d'Argental, à 3 lieues de Tulles en Limosin; elle est de la meilleure qualité. *Voyez* charbon au chapitre VII de cette Partie, page 208.

Cheval.

Pour juger, sans aucun autre symptôme, si un cheval est malade, il faut, selon le docteur Hales, célèbre physicien Anglois, s'assurer de la situation de son pouls, si le cheval est bien portant, & nullement effrayé & tourmenté, son pouls battera 40 fois par minute, & s'il bat au-delà, c'est-à-dire, de 50 à un nombre quelconque, jusqu'à celui de cent, c'est un signe certain que le cheval est malade; dans ce cas il faut tâcher de découvrir la nature de sa maladie.

Chevre.

Sous le poil grossier de la chevre, se trouve une laine fort douce, très-légere & d'une qualité égale à celle du plus beau coton. On en peut faire des chapeaux, des beaux draps, & des objets de tricot, parce que le filage en est facile.

Cochenilles.

Depuis peu de tems, on a découvert trois especes de cochenille, deux dans la Caroline, contrée des Etats-Unis de l'Amérique-Septentrionale, & une dans la petite & nouvelle Russie; cette derniere est appelée *Smilka*, c'est une espece d'insecte qui ressemble beaucoup à la cochenille des Indes, & qui a presque les mêmes propriétés pour la teinture, la couleur qu'elle procure est aussi solide que belle. Les deux cochenilles de la Caroline, sont de nature végétale & animale, susceptibles l'une & l'autre d'une grande propagation. Celle qui est insecte est connue, mais la végétale est une espece de fruit rouge, qui, parvenu à sa maturité, se détache naturellement de la plante, & donne, en l'exprimant, une liqueur propre à tous les usages où s'emploie la cochenille insecte.

Coton.

Voici deux découvertes pour se procurer du coton; on a remarqué que les boutons des saules & de quelques autres arbres renferment une sorte de coton; il faut, pour le recueillir, prendre les bourgeons de ces arbres, avant que leurs coques s'ouvrent, les mettre dans une chambre bien aérée, les y remuer souvent, & peu de tems après, ces coques s'ouvrent d'elles-mêmes, & laissent voir un duvet qui est susceptible des mêmes apprêts, & a les mêmes propriétés que le coton même. Le lin peut se convertir en coton, au moyen d'une lessive de sel, dans laquelle on jette de la chaux éteinte & de la cendre de bouleau.

Equus Hemionus.

On a découvert dans l'Asie Septentrionale un animal d'une nouvelle espece *solidipedes*, c'est-à-dire dont le pied n'est pas fourchu; il tient le milieu entre le cheval & l'âne, mais, (ainsi que le zebre d'Afrique) on n'a pu encore parvenir à l'assujettir à aucun travail.

Fagara.

On nomme ainsi un arbre de la Chine assez semblable au poivrier. On le croit de nature à pouvoir réussir très-bien dans les Provinces Méridionales de France. Son utilité consiste dans ses feuilles qui servent de nourriture aux vers à soie sauvages, & on a observé que les insectes qui s'en nourrissent, donnent la plus belle soie.

Gnou, ou niou.

C'est un nouvel animal découvert en Afrique; il tient à la fois du cerf, du taureau & du cheval; il n'est décrit par aucuns Naturalistes auxquels il paroît avoir été inconnu jusqu'ici.

Gommes & résines.

Ce n'est que depuis peu d'années que l'on fait usage en Europe d'une *résine élastique*, dite *Caoutchoux*, qui ne ressemble en rien aux résines ordinaires : les Américains qui nous en ont appris l'usage, la tirent d'un arbre d'où elle découle en suc laiteux, qui, en reposant, se durcit, prend la forme du cuir & ensuite toutes celles qu'on veut lui donner, mais en conservant une flexibilité semblable à celle des cuirs tannés; on en fait des bottes, des bouteilles, des vases, &c. Elle est de quelqu'usage en chimie, en méchanique, en anatomie; elle brûle comme un flambeau & peut en tenir lieu, enfin elle est recherchée, en France, pour effacer les traits de crayons sur le papier.

Parmi les vertus connues à la gomme blanche du sénégal, elle a particuliérement celle de donner du corps au coton & à la soie; ce n'est que depuis peu que l'on lui connoît cette propriété.

Hommes inconnus.

Il y a peu d'années que l'on a découvert, vers l'Isthme d'Arien, une contrée habitée par des hommes blancs qui ont un peu de barbes, & dont le langage & les mœurs ne ressemblent en rien à ceux des autres Indiens; c'est au neveu du Gouverneur de *Porto-Belo*, (M. Valdelirios, Espagnol) que l'on doit la découverte de cette race d'hommes inconnus.

Laine végétale.

Selon M. *Dombey*, Naturaliste & Voyageur connu, il existe au Pérou, une laine végétale produite par une espece de cierge épineux; cette laine, de même couleur que celle que les Péruviens appellent L. Lamas, est plus courte que celle-ci, mais elle est très-fine, & le filage en est facile.

Marbre.

M. *Chaptal*, membre de la Société Royale des Sciences de Montpellier, a fait, depuis peu, en Languedoc, la découverte d'un très-beau marbre blanc.

Minéraux.

On a observé que la platine que M. *de Buffon* considere comme un mixte d'or & de fer, est un métal particulier dont la véritable essence est encore inconnue, cependant elle se trouve uniquement dans les mines d'or du nouveau Royaume de Grenade, & surtout dans celles de Choco & de Barbacoas, où elle abonde le plus, sous la forme de pierre, ce qui paroît accréditer l'opinion de M. *de Buffon*; ce qu'il y a de certain, c'est que diverses expériences faites sur la platine, prouvent que l'aimant attire, non pas en partie, mais entiérement ce métal.

On a trouvé dans les montagnes des Vosges, une mine d'émeri dont la qualité est au moins égale à celui du Danemarck, de la Suède & même du Pérou.

Le *Sieur Moreau*, marchand, rue Saint-Martin, vis-à-vis la rue Maubué, à Paris, a découvert un métal inalliable, dit *argyroïde*, où il n'entre aucune partie de cuivre, & qui n'est, par conséquent, point sujet au vert-de-gris; sa couleur est celle de l'argent même; on en fait de très-beaux couverts & autres ustensiles de table.

Près de Niort, en Poitou, on exploite, depuis peu, une mine de plomb très-abondante, de laquelle on prétend tirer, par chaque quintal, une demi-livre d'argent très-pur.

Enfin le *Nickel* est regardé comme un nouveau minéral, sur lequel il y a encore beaucoup d'expériences à faire; on croit, jusqu'à ce moment, que c'est une modification du fer mêlé de différens corps, comme cuivre, cobalt, arsénic, &c.

Mines, nouvellement découvertes.

Proche le Château de Traversay & la Ville de Civrai, en Poitou, on vient de découvrir une *mine de cuivre jaune* en masse fort grosse, couverte d'une croûte peu épaisse. Plusieurs *mines d'or & d'argent* ont été trouvées sur le Schœneberg, en Hongrie; on travaille déjà à leur exploitation; à Egswold, en Norwege, on exploite, depuis peu, une nouvelle *mine d'or*; les Portugais viennent d'en découvrir une *d'argent*, au Brésil; elle s'annonce comme très-riche.

Exploitation.

On trouve chez *Jombert*, fils aîné, Libraire, rue Dauphine, à Paris, un excellent ouvrage de *M. Monet*, qui a pour titre: *Traité de l'exploitation des mines*. Il indique leur situation, l'art de tailler la roche, la substance des filons, les moyens de former les puits, de procurer de l'air aux souterrains, d'en évacuer les eaux, d'élever au jour les roches & les mines, de les laver, de percer la terre, &c. Un autre ouvrage, contenant la *théorie & la pratique de l'exploitation des mines*, se trouve à Paris, chez Pierres, Libraire, rue Saint-Jacques. *M. Genssane*, de l'Académie des Sciences de Montpellier, donne, dans un ouvrage intéressant, *l'art de fondre les mines par le feu du charbon de terre*, où il indique l'usage des fourneaux propres à la fonte & à l'affinage des minéraux: enfin *M. Lucotte*, serrurier Mécanicien du Roi, à Paris, a imaginé une sonde ou tarriere, pour les mines: elle est telle qu'elle peut sonder à 150 pieds de profondeur & traverser des rochers de 30 pieds d'épaisseur.

Moules.

Le grand usage que l'on fait de ce poisson, pour la nourriture, & les dangers qui en résultent, semblent nous autoriser à indiquer un moyen pour les éviter. Dans tous autres mois que ceux de Mai, Juin, Juillet & Août, les moules ne sont point pernicieuses, mais pendant les quatre mois susdits, il s'y introduit un coquillage dont le frai est si caustique, qu'appliqué sur la peau, il occasionne un gonflement & une démangeaison insupportables auxquels on remédie, en frottant la partie avec du vinaigre. C'est aussi avec cet acide mêlé d'eau que l'on guérit les personnes incommodées, pour avoir mangé des moules, & l'on croit qu'il seroit prudent de ne faire usage de ce poisson, qu'avec une sauce au vinaigre & au poivre.

Mousse.

Une propriété qui lui est particuliere, est celle de faire croître la plupart des plantes, en l'entretenant dans une humidité modérée.

Niou. Voyez *Gnou.*

Pain, fruit.

Le Capitaine Cook a trouvé dans l'Isle du Prince, au détroit de la Sonde, un arbre appelé *Joccus*, ou *Joccum cappas*, dont le fruit, gros comme le poing, peut tenir lieu de pain; il ne faut que le faire cuire jusqu'à ce que la croûte en devienne noire, & le ratisser ensuite; il forme alors un petit pain qui a la croûte tendre & jaune, & dont la mie très-blanche, ressemble à nos pains frais. La partie que l'on préfere pour nourriture, est celle qui se trouve entre la peau & le cœur de ce fruit : cet arbre croît aussi à Batam, Java, dans les différentes Isles Mariannes, & surtout à Tinian.

Pierres précieuses.

Dans le Parc Moutone, au *bailliage d'Orgeley*, *en Franche-Comté*, on trouve des *pierres* beaucoup plus dures que celles de Medoc, d'Alençon & de Cayenne; il y en a d'un jaune orange très-beau & d'autres très-blanches, elles reçoivent un poli très-vif & leur reflet est très-éclatant; il y en a du poids de 60 à 70 grains. Sur la *Montagne de Greiner*, en *Tirol*, se trouve une pierre, dite *Tourmaline*, cristallisée comme celle de Ceylan; cette pierre frappée avec l'acier donne un feu très-vif; elle coupe le verre presque aussi-bien que le diamant; sa couleur est un vert foncé; sa nature est susceptible d'un beau poli, & pour peu qu'elle soit échauffée, elle manifeste une qualité électrique. On a trouvé proche *Derval*, *Election de Nantes*, des *caillous* qui reçoivent un très-beau poli. Il existe dans le *Voitgland*, sur le *Schieneckenberg*, à 2 mille d'Auerbach, en *Saxe*, une *topase* très-dure & qui a beaucoup d'éclat : près de *Friguera*, en *Castille*, on a trouvé dans des mines d'ocre & d'alun, de l'*albâtre*, du *jais* & des *cristaux qui ont le feu du diamant*.

Il y a une nouvelle carriere de *jaspe* en deux especes, l'une en vert foncé, avec des taches plus vertes, l'autre d'un vert pâle avec des points d'un jaune foible; ces deux especes sont fort abondantes; elles reçoivent parfaitement le poli; cette carriere est située dans la *Seigneurie de Troplitz*, proche *Prague* en *Bohême*. Enfin on a aussi découvert, depuis peu, aux environs de *Rio-Janeiro*, au *Brésil*, une riche mine de *diamant*.

Plantes diverses.

1°. MÉDICINALES.

Basilic sauvage de Cayenne; cette plante est souveraine pour la gonorrhée, les ulceres, les descentes de la matrice & de la vessie, & les fleurs blanches des femmes.

Nénuphar de la Chine, sa graine se mange comme la noisette. On attribue à sa fleur quelques vertus pour le mal vénérien, pour entretenir l'agilité des membres, & pour conserver la fraîcheur du teint; on donne à son fruit la propriété de dissoudre le sang coagulé, & d'être efficace contre la colique causée par l'épaississement du sang; ce fruit, cuit dans l'eau, absorbe le poison des champignons, & cuit dans le vin, il facilite les suites des couches.

Coco de mer. Son amande est, dit-on, un antidote assuré contre toute sorte de poison, & sa coque est très-bonne pour faire des tasses. On en tire beaucoup des Isles Maldives.

Arnica, ou Arnique. On attribue à cette plante indigene, balsamique, aromatique, & un peu astreingente, les vertus du quinquina ; elle est efficace dans les fièvres intermittentes, & guérit la dyssenterie putride.

Houblon. C'est depuis peu d'années qu'on a remarqué que les racines de cette plante ont les mêmes propriétés que la salse-pareille.

Coraline de Corse. Sorte de mousse marine inconnue aux Naturalistes. On lui donne la propriété de détruire les vers des intestins qu'elle fait évacuer par les voies ordinaires.

Quinquina pitou. Cette plante qui croît dans les quartiers de Vauclain & du Casbet, sur le sommet des montagnes de la Martinique, a, dit-on, la vertu de prévenir beaucoup de maladies, entr'autres l'hidropisie, les obstructions & les engorgemens.

Séné d'Espagne. On cultive, depuis quelque tems, ce purgatif en Espagne ; il y réussit très-bien ; sa qualité est au moins égale à celui du Levant ; la sortie pour l'Etranger est franche de tous droits.

Anti-vénériennes. *M. Mitié*, Docteur en Médecine de l'Académie de Nancy, prouve que l'ache, l'aigremoine, l'angélique, le bec de grue, la bistorte, la bardane, l'aunée, l'armoise, l'aristoloche & quelques autres plantes communes ont la propriété de guérir les maladies vénériennes, sans le secours du mercure, ni d'autres minéraux.

Columbo. Cette Plante indienne, apportée depuis peu, en Angleterre, est un excellent remède contre les vents, les maux d'estomac, le défaut d'appétit & les indigestions ; elle doit se prendre par infusion.

Laitue sauvage. L'extrait de cette laitue est, selon *M. Colin*, Médecin Autrichien, un excellent remede pour l'hidropisie.

2°. PLANTES COLORANTES.

On tire du saule une espèce de bleu qui approche de l'indigo, mais comme la préparation en est peu connue, on promet en Russie une récompense à celui qui l'indiquera.

On tire de la *laitue sauvage* un bleu Turquin, en la faisant infuser dans de la lessive pure, & la laissant sécher à l'ombre.

On tire des bayes du Troëne, plusieurs couleurs qui s'obtiennent par les procédés suivans : prenez les petits fruits noirs du Troëne, séparez les pelicules de la pulpe, & mettez-les en décoction dans de l'eau, vous obtiendrez une couleur violette qui se changera en vert d'olive, en y versant quelques goutes d'huile de tartre ; & deviendra d'un beau rouge cramoisi, par le moyen de quelques goutes d'huile de vitriol.

Plante alimentaire pour les hommes. Le quinoa, graine d'une plante commune au Pérou, est, dit-on, d'une qualité égale au ris. Cette plante qui est une espèce de *chenopodium* est susceptible de réussir dans nos climats ; elle est si abondante que chaque tige produit plus d'un mille de semences ou de graines.

Observations sur le nombre de plantes que mangent & refusent les bestiaux.

Les porcs en mangent 172 sortes, ils en refusent 171 autres. Les brebis en mangent 387 & en refusent 141. Les chevaux en mangent 262, ils en refusent 212. Les chèvres en mangent 499 : elles en refusent 126 ; & les bœufs & vaches en mangent 276 sortes & en refusent 218 autres.

Moyen pour conserver les plantes.

Il ne faut que les faire sécher à un soleil très-ardent, le plus rapidement & le plus complétement possible, & à défaut de soleil, les mettre dans une étuve, ou dans un four, en observant que la chaleur soit au même degré que celle d'un soleil ardent.

Poissons.

Moyen de les empêcher de mourir dans les étangs, lors des grandes gelées.

Comme il est prouvé que les poissons meurent moins par le froid, que par le défaut de renouvellement d'air occasionné par les gelées, on prétend qu'en faisant entrer dans la glace un tuyau quelconque, entouré de longues pailles, & faisant en sorte que ce tuyau puisse aller au-dessous de la glace, & la surmonter, il procureroit de l'air.

Porcelaine.

Une vertu singuliere & fort peu connue à la porcelaine du Japon, est celle de conserver les fruits qu'on met dans ses vases, au mois d'Octobre, & qui se trouvent en Mai, dans toute leur bonté, pourvu qu'on ait eu soin de les couvrir hermétiquement.

Résine. Voyez *Gomme.*

Rima. Voyez *Pain, fruit.*

Salpêtre.

On a découvert sur quelques montagnes de France, un salpêtre naturel; il s'en trouve aux environs de Dreux en Normandie, à Saint-Avertain, près Tours, dans divers endroits d'un long coteau qui regne de Saumur à Tours, & sur les montagnes de la Roche-Guillon. Cette découverte est due à MM. de la Rochefoucault, Lavoisier, Clouette & Peronnet.

Sels.

On a découvert qu'un roc situé près Cardonne en Catalogne, produit un sel fossile qui, pris à la base du sommet, est blanc, & en d'autres endroits est rouge; on le taille en morceaux comme des briques.

M. Hœffer, Apothicaire de S. A. le Grand Duc de Toscane, a trouvé le moyen de composer du borax avec du sel sédatif qui se trouve dans les eaux du lac de *Montérotondo*, ou *Lagonne Chergiajo*, situé dans la Province inférieure de Sienne.

M. Lapierre, Membre du College de Chirurgie, à Paris, a découvert, depuis peu, que le borax se forme naturellement dans les eaux sales qui découlent des conduits de plomb, surtout si l'on y jette des eaux de blanchissage; il est facile de le recueillir, en laissant séjourner ces eaux dans un réservoir pratiqué au bas des tuyaux de plomb, où, au bout de quelque tems, le borax se forme au fond d'où on le tire en morceaux, de la grosseur d'une noisette.

Syrene.

On a vu à Londres, en Mai 1775, une syrene vivante qui a été prise au golfe de Sanchio, dans l'Archipel; elle avoit le visage d'une jeune fille, la voix très-mélodieuse, les mamelles belles & fermes, mais sans mamelons, les mains & les bras bien proportionnés, sans ongles, son ventre étoit rond, gonflé & sans nombril, & depuis les hanches, jusqu'à l'extrêmité inférieure de son corps, elle ressembloit parfaitement au poisson Dauphin; on lui a remarqué trois rangées de nageoires l'une ſur l'autre, qui lui donnoient la facilité de nager perpendiculairement. Nous ne parlons de cette découverte, qu'attendu ſon extrême curioſité.

Terre à Foulon.

On a découvert, depuis peu, entre les colines Brickhill & Woburn, en Franche-Comté, une terre précieuſe pour nos manufactures; elle eſt très-pure, & ſe trouve par banc de ſept à huit pieds de hauteur.

Ver à ſoie.

On trouve dans les mémoires de l'Académie des Sciences de Stockolm, une deſcription de M. *Thunberg* ſur un nouveau ver à ſoie découvert au Japon. Si l'eſpece pouvoit s'en propager en Europe, ce ſeroit une nouvelle richeſſe que cette partie de la terre acquiéreroit.

4°. DE LA NAVIGATION MARITIME.

Indépendamment des détails de cet article, il ſera bon de conſulter auſſi celui de la Géographie, dans ce Chapitre, parce qu'il contient quelques Indications qu'il importe beaucoup aux Navigateurs de connoître.

Accidens auxquels les Marins ſont expoſés, & moyens d'y remédier en partie.

La colique & les vomiſſemens dont preſque tous les Marins ſont attaqués, ont, à ce que l'on préſume, en partie pour cauſe les odeurs fortes des peintures des chambres du vaiſſeau & de ſes agrêts; dans ce cas on propoſe d'y remédier de la même maniere que celle employée chez les peintres, lorſqu'ils ſont incommodés par les préparations ſaturnines de la peinture; *voyez*, à cet effet, le mémoire de M. *Gardanne*, chez *Quillau* Imprimeur, rue du Foarre, à Paris.

La ſoif ardente étant quelquefois un accablement cruel chez les Marins, lorſque l'eau douce commence à leur manquer, & qu'ils ſont alors réglés à une très-petite doſe par jour, on a remarqué que le meilleur moyen pour l'appaiſer eſt l'uſage du bain qui, pris dans l'eau de mer, éteint très-ſenſiblement la ſoif: cet avis eſt dû aux recherches phyſiques du célèbre *Docteur Franklin*.

Alimens & Boiſſons pour les Marins.

1°. *Subſtances alimentaires.*

Pour ſe procurer un *levain artificiel*, en mer, & avoir, par ſon moyen, du *pain frais*, il faut faire une eſpece de bouillie de farine & d'eau, faturer cette maſſe d'air fixe, la placer dans un lieu chaud, & au bout de deux jours, elle pourra ſervir de levain.

Pour *conſerver* longtems la *farine* & le *biſcuit en mer*, il faut, ſelon M. *Franklin*, faire doubler les tonneaux qui doivent contenir ces ſubſtances, en feuilles d'étain ſemblables à celles dont on ſe ſert pour les glaces; cet eſſai, fait par le Capitaine Cook, a eu le plus grand ſuccès.

Pour ſe *ſubſtanter dans une extrême diſette de vivres ſur un vaiſſeau*, on aſſure que quelques onces de cire jaune & de jujubes ſeches bien pétries enſemble, & bouillies enſuite, peuvent ſoutenir un homme pendant quelques jours ; on a sur cela quelques exemples.

Une *nourriture plus certaine & plus agréable*, est le pain de patates dont on a fait essai ; il est bon, blanc, léger, très-digeste, quoique bien nourrissant, & peut se garder deux années sans changer de qualité, ni être attaqué des vers comme le pain de froment.

Pour *conserver des viandes longtems fraîches en mer*, sans huile, ni sel, il faut leur ôter les os, les nerfs, les fibres & les tendons, faire bouillir ces dépouilles, les réduire en une espece de consommé, dans lequel on trempera les morceaux découpés de viandes désossées, après quoi les exposer à l'air, ensuite les faire dessécher dans une étuve jusqu'à ce qu'elles soient très-dures : & dans ce dernier état elles sont impénétrables à toutes influences corruptibles, & peuvent se conserver des années entieres ; quand on veut en faire usage, il faut les faire tremper dans de l'eau, environ 12 heures avant la cuisson qu'on veut leur donner, & cette même eau bouillie pendant quelques minutes, peut encore faire d'assez bonne soupe.

Pour se procurer une gelée propre à faire d'assez bons potages & consommés peu dispendieux, secours essentiels pour les maladies sur mer, il ne faut que râper les os de forts animaux, concasser le plus fin possible ceux de la volaille, & cette poudre qui se conserve assez longtems sans aucun soin, peut, quand on veut en user, procurer ce que nous venons de dire, en en faisant bouillir, à un feu médiocre, une quantité suffisante ; elle donne, en peu d'heures, une gelée savoureuse & restaurante dont on peut faire usage sur le champ, ou conserver quelque tems, en y mettant un peu de sel.

2°. *Boissons.*

Il existe plusieurs sortes de boissons anti-scorbutiques, & par conséquent très-salutaires en mer ; voici leur nature :

1°. Une gelée de farine d'avoine infusée dans l'eau jusqu'à fermentation, arrosée de vin, & adoucie par un peu de sucre, procure une boisson assez agréable ; 2°. Une infusion de farines de ris & de drege, procure aussi une boisson saine & préservative des fievres putrides ; & 3°. la bierre douce prise seulement à la dose de deux pintes par jour, pour chaque personne, est, de toutes les boissons de mer, la plus salutaire.

Avis précieux aux Navigateurs.

On trouve au Sud-Est de la pointe du Cap de Bonne-Espérance, & à l'Est, ou à l'Est par Sud des *Soufflets*, le rocher appelé *l'Anville* ; sur lequel un vaisseau de l'Inde a touché ; il est à 4 ou 5 mille Anglois des Soufflets ; & à une pareille distance de la plus proche terre.

La *balise située*, ci-devant *à l'embouchure du Weser*, (riviere considérable d'Allemagne dans la Basse-Saxe, qui se perd dans la Mer du Nord) ayant été détruite par incendie & orage, vient d'être reconstruite à un quart de mille d'Allemagne, plus au Sud que sa premiere position, en sorte qu'elle se trouve être actuellement Sud-Est, un tiers Est par une & 3/4 de ligne de déclinaison.

M. *Deschiens de Kerulvay*, célèbre Marin, informe les *navigateurs qui se proposent d'aller dans l'Inde*, ou en *Chine*, par le *canal de Mosambique*, qu'il a découvert deux petites Isles rases & non boisées au Sud de Madagascar, & au Nord-Ouest du *Brisant* connu sous le nom de l'*Etoile* ; de ces deux Isles, la plus Sud est située par 25 degrés 12 minutes de latitude, & la plus Nord, par 24 degrés 55 minutes ; elles forment entr'elles & la côte de Madagascar un canal de 2 lieues de largeur, sur 5 2/3 de longueur ; il est d'autant plus essentiel d'en connoître le gisement & de les éviter, qu'elles sont garnies de rochers à fleur d'eau qui s'étendent en mer, au moins à 3/4 de lieue.

Le *Capitaine Gillis*, Commandant le navire *les trois Freres*, a découvert depuis peu, en revenant de l'Amérique, une Isle, ou gros rocher, par les 57 degrés 27 minutes de latitude de l'Isle de Torry, à 65 lieues des côtes Nord-Ouest de l'Irlande. Aucune des cartes ne fait mention de ce rocher qui, de loin, paroît d'une forme conique, & est entouré, à 2 ou 3 mille de distance, de bas-fonds, très-dangereux pour les navires qui auroient le malheur de s'en approcher.

Sa Majesté *le Roi de Danemarck* a fait exposer un placard, en date du 12 Février dernier, par lequel les navigateurs sont avertis que les balises & signaux placés annuellement dans les bas-fonds, pour la sûreté de la navigation, aux environs de la rade de *Coppenhague*, de l'Isle de *Drague*, &c. ne seront exposés dorénavant que jusqu'au 11 Novembre de chaque année, passé lequel tems on les retirera, à cause des inconvéniens qu'un plus long retard dans la saison pourroit y occasionner.

Depuis le rétablissement du *Port Vendres en Roussillon*, on lui a donné deux points de reconnoissance pour les navigateurs, en faisant mettre en blanc le *fort Saint-Elme* & la *Tour de Massane*, placés sur les plus hautes montagnes des Pyrenées qui sont vues de 15 à 20 lieues en mer, & l'on a mis à l'entrée du port, *un fanal* qui porte la lumière à plus de 5 lieues dans la nuit.

L'*Amirauté de Suède* a fait élever *un fanal sur la tour de Carnsten*, ou de *Marstrand*, dans le Westrogotland. Ce fanal a six réverberes qui sont à 257 pieds d'élévation au-dessus de la surface de l'eau. Ils sont allumés depuis le premier Août, jusqu'au premier Mai.

A 3 lieues à l'Est de Cherbourg, en Normandie, on a placé sur la *pointe de Gatteville*, un phare qui indique & éclaire les vaisseaux pour leur entrée dans le Port de ladite Ville de Cherbourg.

Bateau plongeant.

M. Payan, citoyen d'Aubenas en Vivarais, a imaginé un bateau avec lequel il prétend qu'il n'y a pas plus de danger d'aller sous l'eau que dessus; il ajoute qu'à chaque descente que l'on feroit faire à ce bateau en mer, il pourroit rester plusieurs heures sous l'eau à une très-grande profondeur, sans dépendre d'aucun tuyau de communication, sans qu'aucun des hommes qu'il contiendra y périsse, & en pouvant se charger dans l'eau d'un poids de 2000 liv. pour être remonté sur sa surface. Pour avoir de plus grands renseignemens sur cette invention, on ne peut mieux s'adresser qu'à son auteur.

Boisson. Voyez *Alimens & Eau.*

Boussole, ou *Compas.*

M. de Gaulle, Ingénieur de la Marine au Havre, a fait la découverte d'un compas azimuthal, ou d'une nouvelle boussole avec laquelle un seul observateur suffit pour déterminer en mer, à toutes les heures du jour, la variation de l'aiguille aimentée, & la hauteur du soleil, ce qui peut s'effectuer, sans appercevoir l'horison.

On a vu au Musé de Paris, rue Sainte-Avoye, une nouvelle boussole qui a été adoptée par la Marine Angloise. Comme cette adoption lui fait croire un mérite au-dessus des anciennes boussoles, il est à présumer qu'en priant le secrétaire de ce Musé de procurer quelques renseignemens à cet égard, il ne les refusera pas.

M. Megnié, Ingénieur de l'Académie de Dijon, demeurant à Paris, rue Saint-Jacques, a imaginé, depuis peu, une boussole que l'on croit d'autant plus utile, qu'elle est à double suspension.

Et *M. Coulomb*, Correspondant de l'Académie des Sciences, à Paris, a fait les observations suivantes sur les variations diurnes de l'aiguille aimentée; il a trouvé que cette aiguille est actuellement dans nos climats, dans sa plus grande déclinaison vers le couchant, à une heure après midi, que cette déclinaison diminue jusqu'à 7 ou 8 heures du soir, que depuis cette derniere heure, jusqu'à huit heures du matin, elle reste presque stationnaire, & qu'elle croît avec rapidité, lorsqu'elle s'approche de son méridien; cependant ces variations ne sont pas toujours égales.

Carênage.

M. Hamel, demeurant au Havre-de-Grace, a imaginé une matiere composée de térébenthine & de soufre qu'il dit être très-bonne à employer au lieu de brai & de suif, & qui a la propriété de garantir les bois du ver. Elle est peu dispendieuse.

Compas. Voyez *Boussole.*

Conservations des Vaisseaux.

Pour composer un verni qui puisse *préserver le bois de la vermoulure*, il ne faut que dissoudre de l'arsénic dans de l'huile, en faire un mêlange avec de la résine & de la poix.

Pour *détruire les vers des vaisseaux*, il faut en enduire le bois avec une composition faite de chaux, réduite en poudre par le feu, après avoir été trempée dans l'eau, mêler cette poudre avec de la poix, de la térébenthine, du goudron & de la résine; cet enduit sera un très-bon préservatif du ver.

M. *Ange-Boulle*, *Constructeur de Navires à Marseille*, a imaginé une poudre qui, délayée dans du brai, du suif, ou du goudron, garantit non seulement des vers, mais conserve très-bien le bois des œuvres vives. Et l'on vient d'imaginer tout récemment en Angleterre une méthode de *Fumigation* qui fait espérer la destruction de toute vermine plus ou moins préjudiciable à la carcasse des vaisseaux.

Moyen *d'empêcher un navire de faire de l'eau*, lorsque son fond & sa carêne se trouve percée par les vers; il faut calfater avec de la poix ou de la résine bouillante, le bordage intérieur du navire, l'espace qui se trouve entre ce bordage & les membres du vaisseau, & en enduire les planches qui forment son extérieur. Ces matieres coulées très-chaudes, pénétrent jusques dans les plus petits trous, & rendent le vaisseau parfaitement clos.

Pour *préserver de la pourriture les vaisseaux & tous bois destinés à rester dans l'eau*, & même ceux piqués en terre, il suffit de les enduire de vert-de-gris.

Construction des Navires.

On trouve chez *Desaint & Saillant*, Lib. à Paris, un *excellent Ouvrage* de M. Romme, Professeur de Mathématiques à Rochefort, *sur la mâture des vaisseaux*; il y traite en détail de l'art de la mâture des vaisseaux, de la matiere, de la forme, des dimentions, de la situation des mâts & des vergues de toutes les espéces de bâtimens, & de la maniere de les former, de les placer & de les gréer; enfin il y a des tables fort instructives sur tous ces objets, lesquelles sont tirées des vaisseaux que l'expérience peut faire prendre pour modèle: & l'on trouve chez M. *Campmas*, Ingénieur, rue Gît-le-Cœur à Paris, la *description des machines* par lui inventées pour être établies sur les Ports de mer, & *dont l'utilité est de servir à mâter & charger les vaisseaux*, avec beaucoup de dextérité & sans aucuns risques.

Dérivage des Vaiſſeaux.

M. *Kraft*, Membre de l'Académie de Pétersbourg, a imaginé de nouvelles rames pour éviter en partie au dérivement d'un navire, leſquelles rames employées en grand nombre, ſont ſusceptibles de faire avancer les plus grands vaiſſeaux de l'eſpace d'un demi-mille par heure. Ces rames ont été perfectionnées enſuite par M. *le Baron de Buſſy*, qui les a rendues applicables aux plus gros navires.

Eau douce & deſſalée.

On trouve dans le troiſième volume de chimie de M. Baumé, la deſcription d'une *machine très-ingénieuſe*, inventée par M. Poiſſonier, *pour deſſaler l'eau de la mer* en grande quantité & la rendre potable.

Quelques expériences faites ſur des glaçons d'eau de mer, ont prouvé qu'en faiſant fondre ces glaçons, *l'eau étoit moins ſalée*, & qu'en parvenant à recongeler cette eau, la faiſant dégeler de rechef, elle devenoit encore plus potable, & pourroit, tout au moins, ſervir, au lieu d'eau-douce, à la préparation des alimens.

Voici deux moyens pour la conſervation de l'eau-douce en mer.

1°. Prenez 2 liv. de chaux vive, jetez-les dans un tonneau de 280 pintes d'eau & mêlez bien, & quand on veut faire uſage de cette eau, il faut en verſer moitié dans un tonneau de même grandeur, mettre dans ce ſecond tonneau une bouteille de gros verre à large goulot, y faire entrer du marbre pilé, de la craie & de l'acide vitriolique, fermer cette bouteille par un bouchon, au milieu duquel ſera un petit tube; les matieres contenues dans la bouteille engendreront, par leur effervescence, un air fixe qui ſe communiquera à l'eau, par le tube, & fera précipiter la craie & la chaux, pour ne laiſſer, dans preſque toute la hauteur du tonneau, qu'une eau auſſi pure, que limpide & ſaine.

2°. Pour rendre les tonneaux incorruptibles à l'eau que l'on embarque, & conſerver cette eau auſſi claire que ſaine, il faut rincer les futailles avec une eau teinte de chaux vive, les remplir enſuite de l'eau que l'on veut embarquer, couvrir le trou d'une toile de la bonde, & ajouter une plaque de fer-blanc deſſus, & qu'elle ne ſoit que légérement arrêtée; cette précaution ſimple a été reconnue très-bonne ainſi que le ſecret précédent.

Enfin il eſt eſſentiel, lorſque des matelots vont faire leur proviſion d'eau, de leur recommander de ne la pas prendre auprès des Villes, mais le plus au-deſſus qu'ils pourront, & de préférer toujours l'eau de ſource qui, miſe dans des vaſes de pierres ou de terre, ſeroit ſuſceptible de ſe conſerver bonne dans un voyage du plus long cours poſſible.

Ecueils, Voyez *avis*, *&c.*

Ecurages des Ports, Canaux, &c.

M. Forfait, architecte de vaiſſeau, à Rouen, a imaginé ſix machines pour dégager les canaux navigables & enlever les amas de terre ou de ſable qui nuiſent à la navigation: chacune de ces machines ont leur propriété particuliere; la premiere peut ſervir dans les fleuves où il y a flux & reflux. La ſeconde dans ceux où les eaux ont toujours le même courant. Les troiſieme & quatrieme ſont propres pour les rivieres qui changent de lits; les cinquieme & ſixieme briſent les écueils & enlevent les matieres dont ils étoient compoſés. Le *Sr. Châtel*, Serrurier à Honfleur, a imaginé des machines propres auſſi à *écurer* les *Ports*, *étangs & rivieres*, & bonnes à couper les *iſlots* &

bancs

bancs de sable ; on en a fait un essai à Rochefort, qui a très-bien réussi. On peut se procurer des renseignemens sur ces dernieres machines, chez le Sr. *Morin*, Vitrier, rue des Cannettes à Paris.

Longitude.

Le docteur *Smith*, Anglois, a découvert un *procédé infaillible pour trouver les longitudes* & les déterminer par la hauteur de la lune. M. *Raymond Lavenue* de Bazas, en Bazadois, est auteur d'une *méthode simple & facile pour déterminer les longitudes sur mer*, aux personnes les moins instruites.

Un instrument nouveau, nommé *Uranomètre*, inventé par MM. *Corbinand* de la Rochelle, & le *Roy*, rue du Four St. Honoré à Paris, peut être employé en mer comme *Compas de variation*, en ce qu'il donne sûrement la ligne *Nord & Sud*, & par conséquent la variation de l'aiguille aimantée, la latitude du lieu, l'heure, la déclinaison & la longitude : cet instrument est une espece de *cadran solaire* aussi juste que curieux, puisqu'il donne la nuit même, au moyen des étoiles, l'élévation du Pôle, l'heure précise d'une observation, la longitude d'un astre &c., le tout très-exactement & sans calcul.

De tous les instrumens propres à découvrir les longitudes, celui qui, jusqu'à ce jour, a eu le plus de succès est l'*Héliopt* inventé par M. le Chevalier de *Sornay*, à l'Isle de France. On s'occupe à le perfectionner encore, s'il est possible.

Lunettes d'Observations en Mer.

La plus célèbre lunette d'approche pour la mer, est la *lunette hydroscopique* inventée par M. *Tunberg*, Ingénieur du Roi de Suéde ; on peut, avec cette lunette, découvrir le fond de la mer à une très-grande profondeur : il est à souhaiter que cette invention se communique à toutes les Nations policées.

Natation.

La nécessité contraignant quelquefois, & surtout en mer, à plonger sous les eaux, on invite les plongeurs & nageurs même à ne point s'exposer à cet élément sans la précaution suivante qui est de s'attacher solidement les reins à une petite corde d'une longueur proportionnée à la profondeur de l'eau, & en fixant à l'extrémité de cette corde un morceau de liége qui, étant constamment observé par des spectateurs, indiquera si le plongeur est en danger, & dans ce cas, il suffira de tirer la corde pour le ramener à la surface de l'eau, d'où il est facile alors de le tirer. *Voyez* Plongeur.

Observations en mer. Voyez *Lunettes.*

Plongeur.

On trouve à Londres une machine, de l'invention de M. *Wrigth*, *Ingénieur Anglois*, que l'on assure pouvoir préserver un plongeur de tous accidens, en restant plus de 5 heures dans l'eau.

Cette machine est une espece de globe de 12 pouces de diamètre, elle est garnie de verres, elle se place autour du col, sans gêner ni la tête, ni les membres du plongeur, elle a des tuyaux qui flottent sur la surface de l'eau, & qui, à l'aide de soupapes ouvrent le passage à l'air, & le ferment à l'eau ; on en a fait des essais qui n'ont eu aucun accident ; mais on ne voit pas que son usage ait été tenté en d'autres Pays que l'Angleterre.

Rames. Voyez *Dérivage.*

Sonde.

Dans les mémoires de l'Académie des Sciences de Stockolm, on trouve une description fort intéressante de M. *Strussenselt*, sur la maniere de sonder les ports & les canaux.

Vaisseaux.

Il a été présenté en 1782, à l'Académie des Sciences, le modele d'une machine hydraulique, dont l'effet est d'empêcher les vaisseaux de périr malgré les voies d'eau; elle est plus solide & moins conteuse que les pompes ordinaires, & l'on prétend qu'elle peut donner un volume de 576 pouces d'eau avec une vitesse de 60 pieds par minute. Une autre machine non moins intéressante a été inventée dans la même année pour faire entrer les vaisseaux en rade, malgré les oppositions de la marée & du vent. *M. de la Houssay*, Négociant à Saint-Malo, a trouvé le moyen de faire retirer, du fond de la mer, les vaisseaux péris & chargés des plus lourdes cargaisons; si l'on s'occupoit de faire des essais répétés de ces objets, ce seroit rendre à la navigation les services les plus essentiels.

Moyen proposé pour rendre un vaisseau insubmergible.

M. Turin, Docteur en médecine, a soumis au rapport de l'Académie des Sciences, un projet de sa façon, pour rendre les vaisseaux insubmergibles; comme on va le voir, ce moyen n'est pas très-compliqué.

Il consiste à porter dans un vaisseau, cent outres de peaux dont on se sert, en Dauphiné, pour transporter à dos de mulet les vins & les huiles de Provence: ces outres étant ployées ne seront d'aucun embarras. Lorsque le vaisseau sera en danger de couler à fond, chaque soldat enflera une outre, ce qui sera fait dans un instant: ces outres ainsi enflées & dispersées dans le vaisseau, empêcheront à deux cens quintaux d'eau d'entrer, puisque chaque outre peut contenir deux quintaux d'eau par sa légéreté; ils auront une force verticale, de bas en haut, de mille quintaux, une outre pouvant seule faire surnager huit hommes dont le poids est d'environ 1200 liv., les 100 outres auront une force de douze cens quintaux, sans compter celle des tonneaux que l'on peut aussi employer en les vidant; il est impossible qu'avec ce secours un vaisseau puisse couler à fond, puisqu'il ne faut qu'une rupture d'équilibre de quelques quintaux pour le faire submerger. Une outre coûtant un écu, la dépense ira à cent écus par vaisseau, ce qui est très-peu de chose, eu égard à l'utilité qui résultera, en conservant des vaisseaux & la vie de plusieurs personnes.

5°. INDUSTRIE MECANIQUE

Et Découvertes importantes pour Conservations diverses, Incendies, &c.

Acier.

Il s'est établi, depuis quelques années, à la Hute & Sainte-Marie, proche la Ville de Darney, en Lorraine, une manufacture d'aciers propres pour toutes sortes d'armes blanches & à feu, & pour tous ouvrages de coutellerie, de taillandrie, poinçons de monnoies, limes, instrumens de chirurgie, &c. Tous les articles qui s'y fabriquent, sont en grande réputation.

L'art de fondre l'acier, dont l'Angleterre a toujours fait un secret, a été enfin trouvé par *M. Peret*, auteur de l'*art du Coutellier*, & résident à Paris. Par son procédé, il ne se trouve dans l'acier, ni grain, ni filandre, ni cendrure nuisibles.

Alkali. Voyez *Goudron.*

Briquet.

Il a été présenté au musé de Paris, rue Sainte-Avoye, un briquet d'un genre aussi ingénieux, qu'utile. Il a la forme d'une tabatiere dans laquelle un ressort qu'on détend à volonté, allume une bougie sur le champ.

Chocolat.

On a trouvé le moyen d'en composer avec des marrons, par le procédé suivant : Il faut prendre 8 beaux marrons frais, les cuir à l'eau, les peler, les faire bouillir légerement dans un poisson de lait, puis les passer à travers un tamis de crin; il en sortira une décoction claire que l'on fait bouillir une seconde fois dans un autre poisson de lait, en y ajoutant de la canelle & un peu de sucre. Ce procedé procure une boisson semblable à celle du chocolat, & qui est souveraine pour les maladies de poitrine, les crachemens purulens & les consomptions.

Cidre.

M. Maréchal, Teinturier à Stenay, dans le Duché de Bar, a inventé un nouveau moulin pour piler les pommes & poires, & en extraire une plus grande quantité de liqueur.

Ciment.

Pour faire un ciment qui puisse résister à la plus grande pluie, il faut prendre des tuiles pulvérisées, de la chaux noire éteinte, du sable de riviere, le tout en égale partie, y ajouter la valeur du huitieme en farine de seigle, broyer le tout en mortier, & l'employer sur le champ; on aura un ciment impénétrable à l'eau.

Colle.

L'Académie des Sciences de Lisbonne a fait, en 1781, la découverte d'une nouvelle colle de poisson, qui se fabrique avec les productions des mers du Pays, & qui est d'un aussi bon usage que celle que l'on tire de la Russie.

Cordages, cordes, grosses toiles, gros fils, &c.

Pour fortifier ces divers objets, il faut les faire tremper dans une lessive de mottes de tan, qui a la propriété d'en enlever la gomme, la résine & toutes les particules inflammables que contiennent le chanvre & le lin, qu'elle fortifie extraordinairement, en même tems qu'elle blanchit la toile & le fil.

Coton.

Un Mécanicien de Vienne en Autriche a imaginé, en 1784, une nouvelle maniere de filer le coton assez fin, pour en fabriquer de très-belles mousselines.

Cuirs.

Un nouveau moyen pour tanner les cuirs sans le secours du tan, est de se servir de l'eau acide, de la tourbe & de la houille qui peut s'obtenir par le moyen de la distillation de ces matieres; cette eau produit le même effet du tan.

Dorures.

Le Sieur *Michel*, Peintre & Chimiste à Paris, rue de la Grande Truanderie, a découvert le *moyen de rendre l'or si liquide*, qu'on peut l'employer à la plume avec la même facilité que l'encre ordinaire.

Le Sr. Crochet, Lyonnois, demeurant à Paris rue St.-Honoré, près celle du Four, a trouvé un *secret pour faire revivre les dorures*, les-

broderies, les galons & diverses couleurs d'étoffes, surtout celle de l'écarlate.

Et M. *Dementhon*, résident à Lyon, a imaginé des dorures fausses, bien supérieures à celles d'Allemagne, & qui, au lieu de rougir, imitent assez bien la beauté de l'or fin.

Email.

Le sieur Carré, Emailleur, rue Regratiere à Paris, a trouvé l'art de travailler l'émail en relief, & de lui donner toutes les formes possibles.

Enduits.

On trouve chez *Billard*, rue de la Muette, Fauxbourg St. Antoine à Paris, des taffetas cirés & en couleur, mais sans odeur; ils ont la vertu de préserver du tonnerre & de la pluie. M. *Bernard*, rue des Noyers, en la même Ville, a imaginé un enduit pour rendre les toiles, coutils & étoffes impénétrables à l'eau; il n'ôte rien de la souplesse des étoffes qui, par son moyen, ne peuvent être gâtées par aucune tache.

Etamage.

M. *Lalouette* indique le foie de soufre pour remede efficace contre le danger des étamages.

Le Sr. *Bribel*, Chaudronnier à Beauvais, a trouvé un étamage pour le cuivre, qui, par son épaisseur, paroît devoir durer autant que le cuivre même; il n'y entre point de plomb, il met à l'abri du vert-de-gris, & on peut le mettre de telle épaisseur que ce soit.

La Dame du *Massis*, demeurant à Paris, rue de Bussy, a imaginé un étamage pour les vaisseaux de cuivre, qui est très-supérieur à tous autres; il est composé de trois deniers de fin, qui forment un quart d'argent.

Etoffes. Voyez *Laine*.

Filage.

Le Sieur *Schautz*, Ingénieur à Vienne en Autriche, vient d'inventer un rouet à filer, qui met en action 50 à 60 bobines à la fois, & qui est aussi utile pour retordre que pour dévider.

Feutre. Voyez *laine*.

Fusil.

On a imaginé à Vienne en Autriche, en Mars 1783, un fusil à vent qui, sans se recharger, tire 16 coups de suite. *M. Regnia*, Arquebusier, à Sémur en Auxois, est inventeur d'un fusil de sûreté, dont les bassinets sont tellement construits qu'on peut tenir cette arme chargée, soit en voiture, ou ailleurs, sans courir risque d'accident, & sans que l'humidité puisse pénétrer l'amorce, quand même ce fusil tomberoit dans l'eau; il est aussi pourvu d'une lunette ingénieuse & très-utile aux personnes qui ont la vue courte.

Gaze.

Le Sieur Duy, maître Tourneur à Paris, a inventé, en 1779, un nouveau moulin pour dévider la soie; il est singuliérement utile aux fabricans de gaze.

Goudron.

On a éprouvé, en Avril 1785, en présence de *MM. le Baron de Breteuil & de Calonne*, Ministres, & le *Prévôt des Marchands de Paris*, la maniere d'extraire l'alkali & le goudron du charbon-de-terre, & l'on a trouvé que treize mille livres de charbon-de-terre, mises en incandescence sans s'enflammer, ont produit dix-huit livres d'alkali volatil concentrées, & cinq cent soixante-onze livres de goudron en qualité supérieure au goudron végétal. On a, de plus, observé que le charbon qui sert à cette opération ne se détruit point, & qu'au contraire, il est si épuré, qu'il devient préférable à tous autres pour les fontes de fer.

Incendies.

Voici plusieurs moyens pour les prévenir, & pour en arrêter les progrès. *M. Harsley* a trouvé un secret de rendre incombustibles les bâtimens & les ouvrages en bois; on prétend qu'en mettant dans l'eau, qu'on veut jeter sur le feu, une assez grande quantité de potasse, elle contribue, non seulement à ce que la flamme s'éteigne promptement, mais même à ce que le bois ne puisse plus se rallumer; on a, sur cela, des exemples certains.

M. *Dideloi* à Paris, est auteur d'une liqueur efficace contre les incendies, & dont la vertu est telle, que cette eau versée en très-petite quantité sur des matieres enflammées & les plus combustibles, le feu s'éteint à l'instant même.

On considere comme un moyen très-préservatif d'incendie, le procédé suivant dont l'expérience a été faite sur des maisons de bois couvertes de paille, en Juillet 1785, en présence de sa Majesté Impériale à Vienne. Ce procédé consiste à prendre 9 parties d'argile, une de peau de quelqu'animal, une de sciure de bois de chêne, une d'eau qui ait servi à la tannerie, une de cendre & une de sable; si l'argile se trouve bonne & bien grasse: & moitié seulement de toutes ces parties, sauf celles d'argile, si cette derniere est d'une médiocre qualité; on délaye toutes ces matieres dans une quantité suffisante d'eau de riviere, en observant, de mettre un pot de cendre sur quatre d'eau, & l'on fait du tout une pâte qu'on laisse reposer 24 heures, ou jusqu'à ce qu'elle ait pris la consistance de la chaux éteinte; en cet état, on enduit de ce mortier le dessus & le dessous du toit ou des cloisons de bois que l'on veut préserver, & ce, à l'épaisseur de trois doigts; quant au dessus des toits, il est bon de revêtir cette couche de mortier, d'une couverture de paille, pour la garantir des injures de l'air.

Enfin plusieurs incendies de vaisseaux s'étant manifestés en Russie par un assemblage de suie & d'huile enveloppé de toile, nous croyons devoir donner comme avis essentiel aux marins, d'éviter à cette sorte d'accident, en ne laissant jamais ces deux combustibles réunis, & surtout enveloppés d'aucune espece de toile, ni d'étoffe; on peut d'ailleurs les conserver dans des vases de terre & autres. *Voyez* Pompes.

Ivoire.

Pour blanchir & amolir l'ivoire, faites-le tremper pendant 12 heures dans l'eau forte, & pendant trois jours dans du suc de bette ou poiré, dans cet état, il devient mol, blanc & susceptible de le façonner avec facilité, & lorsqu'il l'est, il faut le tremper dans du vinaigre fort pour lui rendre sa premiere dûreté.

Laine, Feutre & Etoffes.

M. Daubenton, de l'Académie des Sciences de Paris, indique, dans un mémoire, des moyens simples & à la portée de tous les commerçans, pour reconnoître les finesses des laines qu'il range, à cet effet, sous dix classes différentes.

On fabrique en Chine des feutres d'une longueur de 20 pieds, sur 10 à 12 de large; ils sont aussi minces que le draps; on en fait des habits, & le bon marché en est incroyable.

On indique comme un moyen sûr pour détruire & garantir des vers les étoffes de laine, d'user de la précaution de bien dégraisser les laines que l'on veut employer, & les pasſer à l'huile de térébenthine, avant de les mettre à la teinture où elles ne manquent pas de perdre l'odeur forte de la térébenthine ; cette précaution garantit non ſeulement la laine des vers, mais elle en diſpoſe la qualité à mieux recevoir la teinture.

Métaux composés.

Le ſieur *Baillot*, maître Fondeur à Paris, a imaginé des compoſitions métalliques qui imitent parfaitement l'or & l'argent, & qui peuvent ſe nettoyer avec beaucoup de facilité.

Le ſieur *Doucet*, l'aîné, Fondeur à Angers, a compoſé un métal factice, pour parer aux inconvéniens du plomb & du vert-de-gris ; ſon procédé a été approuvé par l'Académie des Sciences.

Moulin.

Le ſieur *Muſy*, Ingénieur-Mécanicien, à Vienne en Autriche, a propoſé, en 1783, une ſouſcription de 50 florins par moulin, pour donner le plan, & garantir l'effet d'une mécanique à y adapter, & dont l'utilité eſt de ſuppléer à la force du feu, de l'eau, du vent & des animaux, à l'aide d'un homme & d'un enfant qui ne ſont occupés qu'une heure ſeulement par jour, pour monter cette mécanique qui peut enſuite faire tourner un moulin pendant 24 heures.

Noyés.

M. Scanégati, de l'Académie des Sciences de Rouen, a inventé une eſpece de ligne pour retirer les noyés du fond de l'eau en moins de quatre minutes, ſans aucune déchirure, ni écorchure quelconques à la peau, & ſans expoſer le corps à aucune contuſion. Il eſt à ſouhaiter que la deſcription de cette ligne précieuſe ſoit communiquée à la Société dans tous ſes details par la voie des papiers publics. *Voyez* Scaphandres, pour préſerver les baigneurs d'accidens.

Papiers.

MM. Mongolfier, féconds en découvertes ſublimes, ont trouvé le moyen de fabriquer dans leur papeterie d'Annonay, un papier vélin, ſans pontuſeaux, ni vergeures, & dont la force & le grain l'emportent ſur la qualité de ce papier en Hollande, & eſt beaucoup moins coûteux que ce dernier.

Poêle.

On trouve chez le *ſieur Bellepaume-Lefebvre*, Marchand de fers, quai de la Mégiſſerie à Paris, des nouveaux poêles mobiles qui ne ſortent aucune odeur, qui peuvent ſe poſer en moins de 5 minutes, & chauffer une grande piece en moins de dix, qui ſont exempts des dangers du feu, même dans des chambres garnies de tapis, & n'incommodent point par la fumée.

Pompes.

Le ſieur Thillai, Pompier, fauxbourg Montmartre, à Paris, a inventé, il y a quelques années, une pompe dont le produit peut être d'un muid d'eau par minute, & le jet de 90 à 100 pieds de hauteur, ſans l'aide d'aucuns boyaux. Et *le ſieur Hansler*, de Strasbourg, a inventé pluſieurs pompes utiles pour les incendies ; elles ſont peu diſpendieuſes & très-portatives.

Savon.

On aſſure que le procédé ſuivant procure un excellent ſavon de Champignon qui eſt d'un auſſi bon uſage que le ſavon ordinaire. Pour s'en procurer, il faut recueillir tous les champignons qui croiſſent aux pieds des vieux poiriers & des pruniers, les écraſer avec un pilon de bois, en faire une pâte que l'on couvre d'une leſſive froide de potaſſe & de chaux, la laisser sécher, la couper ensuite, ou l'écraser de nouveau, en y jetant de nouvelle lessive, & mettant dans chaque livre une livre de savon ordinaire bien haché, pétrir le tout ensemble, & le corps de cette masse produit le savon susdit de champignon.

Scaphandres.

On trouve chez M. *Joli*, maison du Bijoutier du Roi, Place Dauphine à Paris, deux nouveaux scaphandres bien supérieurs aux camisoles en liége; l'un d'eux donne la facilité de se baigner sans courir aucun risque, quand même le baigneur, ou le nageur éprouveroit des crampes, se trouveroit mal dans l'eau, & y rencontreroit un précipice. L'autre a, outre les propriétés ci-dessus, celle de faire passer l'eau sans être mouillé, sans gâter les vêtemens, sans ressentir le froid en hiver; il peut servir aussi dans les incendies où il donneroit le tems de sauver quelqu'un qui seroit dans les flammes; ces deux habillemens peuvent se mettre en moins de six secondes; ils sont très-légers & très-peu dispendieux en raison de leur grande utilité.

Sciage.

Voici deux nouveaux genres de scie également utiles; l'un est une scie mécanique qui coupe le bois de deux côtés, en montant comme en descendant, & avec autant de facilité que de vitesse; elle peut être agitée par l'eau, par l'air, & même par un enfant de 8 ans: elle est portative, d'une exécution facile, & peu dispendieuse; elle est inventée par M. *l'Avocat*, Mécanicien de Bruxelles, demeurant à Champigneul, près Nancy.

L'autre est une scie courbe propre au bois merrain, avec laquelle on retire d'un arbre trois fois plus de planches, que par le sciage ordinaire.

Serrurerie.

M. Pelletin, Ingénieur à Paris, a composé une machine d'acier propre à pousser des moulures & cannelures dans toutes les pieces de serrurerie; & le *Sieur Laprada*, horloger à Durango, en Biscaye, a inventé une machine fort utile & très-facile pour piquer diligemment toutes sortes de limes avec beaucoup de perfection.

Soies.

M. Bamé, Maître en Pharmacie de l'Académie des Sciences, a découvert un moyen simple & d'une exécution facile pour blanchir les soies jaunes de France; sans les décruer, c'est-à-dire, que par son procédé qui peut s'étendre sur les cocons mêmes, les soies blanchies conservent tout leur éclat.

M. Suchet, l'aîné, Ingénieur à Lyon, a fait trois découvertes importantes pour les soieries; l'une est une nouvelle méthode de filer la soie, l'autre un tour simple pour opérer constamment l'égalité & la netteté de la soie, & la troisieme est un expédient très-utile pour étouffer la chrysalide, & conserver frais le cocon pendant une année.

Le Sieur Tabarin, demeurant à Romans en Dauphiné, démontre & indique gratuitement une méthode économique pour la filature & l'apprêt des soies; ces effets sont, 1°. de consommer moins de bois, ou de charbon, pour échauffer les fourneaux; 2°. d'accélérer le filage de moitié du tems qu'on y employoit avant sa méthode, & sans, cependant, préjudicier audit filage; 3°. de tirer une plus grande quantité de soie des cocons; 4°. de mieux croiser la soie, de la rendre plus nette, plus nerveuse & plus égale; & 5°. de faire moins de déchet au moulinage; il rencontre en partie ces divers effets, dans la distribution des tours, dans celle des fourneaux, &c.

Sparterie.

D'après le grand nombre d'ouvrages ſortis de la manufacture de Sparterie, ſituée rue de Popincourt à Paris, on a conclu que cette plante pouvoit ſuppléer avec avantage au chanvre, & l'on a remarqué que plus on lave & l'on peigne les tapis à pluche qui s'y fabriquent, & plus ils deviennent beaux & fins.

Taffetas. Voyez Enduits.

Tan.

On procéde, en Amérique, au tannage des cuirs, ſurtout aux moins épais, par le ſecours du tabac ſeul qui ſupplée parfaitement à l'écorce de chêne pour cet uſage.

Teinture.

Le Sieur Burttels, Marbrier, fauxbourg Saint-Martin, à Paris, a trouvé l'art de colorier l'albâtre en rouge, violet & autres couleurs, de maniere à imiter parfaitement les matieres les plus précieuſes.

On eſt parvenu, depuis quelques années à Rouen, à faire prendre au velours de coton, un rouge des Indes, bon teint & de très-belle couleur.

M. Beckmann, Membre de la Société de Gottingue, indique une excellente teinture noire pour le coton & la laine; le procédé en eſt ſimple: il s'agit de faire tremper, à froid, ces deux matieres dans une légere ſolution de ſucre de ſaturne, puis les macérer dans une autre ſolution froide de foie de ſoufre; on obtient, de cette maniere, un noir inaltérable & nullement ſuſceptible de nuire aux étoffes.

On a trouvé, depuis peu, un moyen de teindre en bleu avec le bleu de Pruſſe ſeulement, ſans le ſecours de l'indigo.

On trouve dans l'art de la teinture des fils & étoffes de coton, qui ſe vend à Paris, chez *Moutard*, Imprimeur-Libraire, rue des Mathurins une théorie nouvelle des véritables cauſes de la fixité des couleurs de bon teint.

M. l'Abbé Fortis, dans ſon voyage en Dalmatie, a découvert que les Morlaques, peuples de cette contrée d'Europe, teignent très-bien en noir avec de l'écorce de frêne qu'ils tiennent pendant 8 jours en infuſion, avec de la limaille de fer.

Enfin *M. Gemlin*, de l'Académie Impériale de Pétersbourg, indique la recette ſuivante pour ſe procurer une teinture en beau noir il faut, ſelon lui, pulvériſer des noix de galles, en étendre la poudre ſur une plaque de fer, prendre une autre plaque rougie au feu, pour broyer cette poudre ſur la premiere plaque, juſqu'à ce que la poudre rende une certaine huile, mêler cette liqueur huileuſe avec de l'eau, & la broyer de nouveau avec un morceau de cuivre, il réſultera de cette derniere opération, une teinture d'un très-beau noir dont les femmes Aſiatiques ſe teignent les ſourcils & les cheveux.

Toiles peintes.

Un citoyen de Lille en Flandre, (*le Sieur Ganivelle*,) a imaginé une piece mécanique, pour l'impreſſion des toiles peintes, avec laquelle on peut imprimer avec perfection cent aunes par heures, les planches, pour contenir les dents, ſont d'une forme nouvelle; elles peuvent durer 10 ans ſans interruption Cette eſpèce de moulin mécanique qui ne contient qu'une ſurface de 9 pieds de largeur, coûte environ 1500 liv. de France, & n'exige au plus que 50 liv. d'entretien par an.

Tricot.

Tricot.

M. Rivey, Mécanicien à Lyon, a imaginé, il y a quelques années, un métier à tricoter, au moyen duquel on peut exécuter des étoffes à dessins & à fleurs pour tous usages.

Velours.

On voit dans la manufacture de velours de coton & de panne, à Florence, une mécanique aussi ingénieuse qu'utile, qui file en même tems la soie & le coton, & prépare les trames des étoffes.

Verni.

MM. Polliot & Crevel, à Rouen, ont imaginé un verni propre pour les maisons, les navires, les fontaines fablées, &c. Il est si solide que les coups les plus violens ne peuvent l'écailler.

Pour rendre au verni de la Chine tout son éclat, lorsqu'il est devenu terne, il faut le laver avec de l'eau-de-vie & du thé chaud, & l'exposer à la rosée pendant une nuit.

Il y a à Paris une manufacture Royale qui entreprend les nouveaux doublages en cuivre des vaisseaux de Marine Royale; ce doublage est composé d'un métal incorruptible & inaltérable à tous égards. Il est moins pesant que le cuivre, n'a aucun de ses inconvéniens, ne craint rien de l'effet des acides, & augmente le fillage des vaisseaux; enfin il feroit bon à couvrir les maisons sans charger les charpentes. Cette manufacture possede, en outre, un verni métallique qui, pénétrant le fer jusqu'au centre, en remplit tous les pors, & l'empêche de se rouiller, ce qui est très-précieux dans la construction des vaisseaux. Les fers enduits de ce verni obtiennent une double force, sa couleur est blanche, argentée, susceptible d'être polie, & peut faire ornement par tout.

6°. EPIZOOTIE.

Quoique les remèdes que nous allons indiquer, sous ce terme générique de la maladie des bestiaux, soient reconnus fort efficaces, nous invitons le lecteur à se procurer un petit ouvrage excellent pour les maladies des chevaux; il est intitulé le Maréchal de Poche, *& se vend chez la Veuve* Thibouft, *Libraire à Paris.*

Bétail gonflé.

Pour faciliter la sortie de l'air qui assez ordinairement occasionne le gonflement que l'on voit aux bestiaux, il faut leur faire la ponction au côté gauche, au milieu du flanc, entre la derniere fausse-côte & l'os de la hanche, avec un troicar, & laisser la canule dans la place, pour donner à l'air la faculté de sortir.

Brebis.

On a essayé que, pour guérir le mal de tetine de la brebis, il faut faire un cataplasme composé de blancs d'œufs, de safran & d'huile d'olive, avec lequel on frotte la tétine deux ou trois fois par jour, en ayant soin de tirer la plus grande partie du lait qui la remplit, & de donner, pour boisson, à la brebis, de l'eau chaude dans laquelle on aura fait dissoudre une partie de salpêtre & deux de sel commun.

Colique.

On prétend que, pour appaiser & détruire même la colique venteuse à laquelle les bestiaux qui paissent après la rosée, sont sujets, il est bon de joindre de la potasse à leur boisson.

Délivrance des Jumens, Vaches & Brebis.

L'on a remarqué qu'en donnant de la sabine aux femelles dont le travail est dangereux, lorsqu'elles approchent du moment de mettre bas, cette plante leur procuroit beaucoup de soulagement.

Dévoiement.

On conseille de donner pour nourriture aux chevaux, lorsqu'ils sont attaqués du dévoiement, du seigle torréfié, ou grillé, mêlé avec de l'avoine.

Écuries & Étables.

M. Vicq-d'Azir, Membre de l'Académie des Sciences à Paris, a donné une instruction très-simple sur la maniere de désinfecter les écuries & étables, lorsqu'il y a eu des maladies contagieuses. On peut se procurer cette instruction à l'Imprimerie Royale, au Palais du Louvre; on la trouve aussi suffisamment détaillée à la page 155 du Journal Encyclopédique du mois d'Avril 1776.

Epizootie.

Dans une terrible épizootie arrivée depuis peu en Irlande, on y a employé, avec succès, le goudron ordinaire dont on frottoit toutes les 12 heures, la tête des bestiaux près la naissance des cornes; & pour préserver de pareilles maladies les bestiaux en Russie, on leur a fait boire, de 4 heures en 4 heures, un grand verre d'eau pure, dans laquelle étoit mêlé de l'esprit de vitriol, en quantité suffisante pour donner à l'eau un degré d'acidité. On a préservé des vaches de l'épizootie, en les rasant au-dessous de chaque oreille, suffisamment pour y pouvoir appliquer une mouche cantharide, & ayant soin, si elles sont constipées, de leur donner quelques lavemens.

Etables. Voyez *Ecuries.*

Flux de Sang.

On peut guérir le flux de sang des bêtes à cornes, avec de la rhubarbe rapée & délayée dans de l'eau; on en donne 3 lots aux bœufs & aux vaches: un demi-lot, lorsqu'ils sont fort jeunes, & un quart de lot seulement aux veaux; si ces doses n'operent pas la guérison, elle est comme inévitable, en leur réitérant les mêmes doses, 24 heures après les premieres.

Gonflement. Voyez *Bétail.*

Gourme.

Les carottes, les bayes de genievre, les fleurs de sureau, & la skille, sont autant de remèdes alimentaires qui concourtent à guérir la gourme des chevaux, & l'on prétend même que, pour les guérir de la morve, à laquelle on ne connoît pas d'autres remèdes que de tuer les animaux qui en sont attaqués, il suffit de leur donner des carottes pour toute nourriture.

Lait de Vaches.

Pour se procurer une abondance de lait de vaches, il faut leur faire prendre un breuvage composé simplement de pommes de terre cuites, pilées & délayées dans de l'eau.

Morve. Voyez *Gourme.*

Mouton.

M. Daubanton, Membre de l'Académie des Sciences, a donné un mémoire fort intéressant où il indique un procédé simple & facile pour saigner les moutons, lorsqu'il paroît nécessaire de le faire, & il prescrit un traitement fort efficace pour guérir ces animaux de la galle. Un émétique qui leur est souverain, est de leur faire prendre un breuvage de sel dissout dans l'urine humaine; & un laxatif ou purgatif qui leur est très-convenable, est de mêler de l'antimoine, ou du soufre avec de la lie de bierre.

Pousse.

Pour guérir les chevaux de la pousse, il faut leur donner, pour principale nourriture, des carottes, surtout lorsqu'ils sont à jeun, les promener au grand air une demi-heure après, leur donner des menies racines à leur retour, & continuer cet usage jusqu'à leur guérison qui s'obtient en peu de jours.

Recettes très-efficaces pour prévenir les épidémies, les pertes, les épizooties & les mortalités des bestiaux.

Evitez que les animaux bien portans ayent aucune communication avec ceux atteints de contagion; faites nettoyer avec soin & laver abondamment les étables, écuries & les animaux qu'elles renferment, tourmentez ces bêtes autant que possible, pour ramollir leurs cuirs; ne leur donnez aucunes drogues, sinon un peu de vin & de thériaque; lorsque vous appercevrez qu'elles ont le frisson & les cornes froides, faites leur prendre un breuvage aigrelet, & donnez-leur à manger des feuilles de poirées, de bourache, de pariéter, de mauve, de laitue & d'oseille, & vous serez assuré de les guérir parfaitement, sans qu'il soit besoin d'aucuns autres secours.

Rétention d'urine.

Il est prouvé que l'huile de térébenthine mêlée avec des jaunes d'œuf & de l'eau, forment un excellent breuvage pour guérir la rétention d'urine chez les animaux; lorsqu'ils ont de la toux, on y ajoute de l'huile de lin, & pour la diarrhée, un jaune d'œuf mêlé dans l'eau, ou des pommes aigres, ou des orties pures, sont autant de remedes simples qui la font cesser.

Rouille, charbon, ou rosée miellée.

Ces synonimes étant la principale cause de l'épizootie, il convient, pour en préserver le bétail, de lui donner du sel gemme, & de le purger, au printems & en hiver, avec 30 grains de soufre d'antimoine & 60 grains de racine de jalap, ce qui leur est bien plus favorable que les vomitifs qui ne peuvent que leur être contraires.

Sel, voyez sa vertu, à l'article de l'Agriculture & de l'Economie.

Tranchées.

Voici deux remedes pour les tranchées des chevaux; 1°. pour les tranchées rouges, il faut faire égorger un veau, en recueillir le sang, pour en donner promptement deux lavemens au cheval, à un quart-d'heure de distance l'un de l'autre, en observant que ce sang soit encore dans sa chaleur naturelle; quand l'animal est vidé par l'effet de ses lavemens, il faut lui faire avaler un quarteron d'huile d'olive qui ne manque pas de le faire vomir, & de lui faire jeter des flegmes qui annoncent la guérison de ses tranchées, puisqu'aussi-tot l'animal cherche à manger; mais il ne faut lui en donner que deux heures après, & seulement du son frisé de froment, dit *gros son*, dont il ne doit avoir que moitié d'une ration ordinaire.

2°. Pour les tranchées ordinaires, faites bouillir une pinte de lait, jetez dedans, plein un dé à coudre de poudre de savatte ou de vieux cuirs de souliers brûlés, faites prendre cette dose au cheval, il éprouvera aussi-tot une forte crise qui détruira les tranchées, & deux heures après on peut lui donner la même nourriture que dessus.

Dans l'un & l'autre cas, il est toujours bon de faire une forte litiere pour que l'animal puisse être à son aise.

Urine. Voyez *retention.*

Fin de la quatrieme & derniere Partie.

ERRATA. (1)

PREMIERE PARTIE.

Page. 8 ligne 14, Nadir, *lisez* Nadit.
13 article premier, lig. 3, Mer Batique, *lisez* Mer Baltique.
23 4°. Duché de Summeren, *lisez* 5°. Duché de Simmeren.
28 quartier de Gand, il y est dit, Saint-Nicolas sur la Meurte, *lisez* Saint-Nicolas point de riviere.
41 lig. 8, à 2-2-9 de France, *lisez* à 2 liv. 2 f. 9 den. de France.
43 derniere ligne du Tableau des Pays-Bas Hollandois, Mastreck, *lisez* Mastrick.
65 lignes 10 & 11, { Bordeaux / Bayonne } 0 sur 56, *lisez* 70 sur 56.

(1) La multitude d'objets détaillés dans cet Ouvrage, & la célérité qu'on a été forcé de mettre dans sa composition & son impression, pour satisfaire au desir de ses Souscripteurs, ayant laissé échapper des erreurs aux yeux de l'Editeur, il prie instamment le Lecteur de vouloir bien ne se livrer à aucunes recherches, soit au Vocabulaire, soit dans le cours entier de l'Ouvrage, qu'après avoir parcouru cet *Errata.*

Pag. 123 marche d'Ancone, il y est dit Ancone a un Fort, *lisez* a un Port.
124 1°. La Romagne, *lisez* 10°. La Romagne.
140 4°. Etats des garnisons, *lisez* 1°. Etats des garnisons.
142 après le Duché de Milan, on a répété dans la division suivante, Duché de Milan, *il faut lire* Duché de Mantoue.
149 3°. La Moldabie, *lisez* la Moldavie.
150 & 151. *On doit lire* la page 151 en entier, avant que de commencer celle 150 qui a été transposée à l'impression, & après la page 150, *il faut lire* celle 152; de cette maniere les divisions de la Turquie Européenne se suivront parfaitement.
163 lig. 26, sous *lisez* sont.
211 après l'article des Lucayes, il y a article III, *lisez* XIII.
233 retranchez la premiere ligne qui porte article II, & *lisez* 2°. Des Terres Antarctiques; après cet article, vient celui des Terres Australes, intitulé article IX, *lisez* article II.
243 lig. 2 de la deuxieme colonne; situé, *lisez* situées.

SECONDE PARTIE.

Abo. . . . Pag. . 297 lig. 4, lequel ils exportent, *lis.* on exporte.
Acqs. . . . . . 298 lig. 5, braye, *lisez* brai.
Aix. . . . . . 301 lig. 7, vermicielle, *lisez* vermicelle.
Alep. . . . . . 304 derniere lig. metical qui forme 1 liv. ½. drachme, *lisez* 1-½ drachme.
Alger. . . . . . 307 lig. 4, après le filet double: plumes d'Autriche, *lisez* plumes d'Autruche.
Alicante. . . . . 308 lig. 4, sous le nom d'Alicante, *lisez* sous les noms *d'Alicante* & de *Tinto.*
Ancone. . . . . . 355 lig. 3, après les monnoies, Brasses d'Acone, *lisez* Brasses d'Ancone.
Argele. . . . . . 362 lig. 12, & les 100 ne forment, *lisez* & les 100 rotoles ne forment.
Armuyden. . . . . 365 on y renvoie à Vera qu'il faut chercher au Supplément.
Audenarde . . . . 369 lig. premiere, très-bornes, *lisez* très-bornés.
Avranches. . . . . 373 lig. 2, & 63 liv. de Paris, *lisez* & 63 lieues de Paris.

Barmen. Page. 378 lig. 4, Voyez Liberfeld, *lisez* voyez Elberfeldt.

Bayeux. . . . . 384 lig. 3, Cedre, *lisez* Cidre.

Breslaw. . . . . 412 lig. 7, des monnoies. Creutzer, 1 d. $\frac{1}{3}$, *lisez* 10 den. $\frac{2}{3}$. lig. 8, fenin, 2 d. $\frac{1}{3}$, *lisez* 2 den. $\frac{2}{3}$.
dito. lig. 9, après les monnoies, topf de 80 quarts, *lisez* topf de 4 quarts de 2-$\frac{32}{100}$ mingles de Hollande, ou 4-$\frac{64}{100}$ pintes de Paris.

Cahors. . . . . 426 lig. 5, 25 verges, *lisez* 52 Weltes.

Condam. . . . . 454 lig. 1, Condam, *lisez* Condom.

Constantinople. . . . 455 lig. 11, après les monnoies, la piastre est, *lisez* la piastre ordinaire est.
456 lig. 23, aussi en pierreries, *lisez* aussi pierreries.

Dax. . . . . 471 lig. 4, forges vossines, *lisez* forges voisines.

Embden. . . . . 483 lig. 5, graines, *lisez* grains.

Hambourg. . . . . 510 lig. 10, des monnoies : livre de gros 15 liv. 7 sols 11 den. de France, *lisez* 13 liv. 7 sols 11 den.

Heidelberg. . . . . 514 lig. 10, maas 386, *lisez* maas 3-$\frac{17}{20}$.

Limoges. . . . . 541 lig. 10, teintürie, *lisez* teinturerie.

Lisbonne. . . . . 542 lig. 10, des monnoies : double Portugaise 2800 rés, *lisez* 12800.

Londres. . . . . 548 lig. 3, des monnoies : sol ou schelin, 1 liv. 1 s. 9 d. $\frac{3}{5}$ de France, *lisez* 1 liv. 2 sols 6 d. de France.

Madrid. . . . . 561 lig. 10, trouve licée, *lisez* se trouve liée.

Mans (le) . . . . 566 lig. 32, derniere syllable & retranchez la virgule qui la précéde, & *lisez* Mans est.

Meude. . . . . 576 Meude, *lisez* Mende.

Moyen. . . . . 592 lig. premiere, Ville de, *lisez* Paroisse de.

Puy (le) . . . . 656 lig. premiere, Valay, *lisez* Velay.

Quentin (St.) . . . . 657 lig. 6, 14 aunes $\frac{7}{4}$ de long, *lisez* 14-$\frac{1}{4}$ à 14-$\frac{3}{4}$ aunes de long. lig. 7, auns, *lisez* aunes.

Rembervilliers. . . . . 659 lig. 6, manufacture très-distinguée, *lisez* manufacture de fayence très-distinguée.

Rennes. . *Page.* 659 lig. 6, qui s'envoie en petits pots salés, *lisez* qui s'envoie salé en petits pots.
Rendannay. . . . . 660 lig. 2, qui donne, *lisez* qui donnent.
St. Hyppolite. . . . 675 lig. derniere, Andufe, *lisez* Audufe.
Saint-Michel. . . 678 Saint-Michel, *lisez* Saint-Mihel.
Saint-Tibery. . . 680 Saint-Tibery, *lisez* Saint-Ibery.
Stockholm. . . . 697 lig. 5, après les monnoies ; daller courant 4 liv. 1 f. 1 d. *lisez* 4 liv. 1 fol de France.
Tarafcon. . . . 702 lig. 8, eau-de-vie, *lisez* vin, eau-de-vie.
Thiers. . . . . . 703 lig. 6, graines, *lisez* gaines.
Tours. . . . . 706 lig. 11, mille, *lisez* millet.
Valence. . . . . . 713 lig. 5, Paris 63 livres, *lisez* Paris environ 73 livres.
Valenciennes. . . . *idem.* avant la derniere lig. de 100 à 200, *lisez* de 100 à 120.
Vienne. . . . . . 719 Avant la derniere lig. maffe 8 pintes, *lisez* maffe 4 pintes.
Zurich. . . . . 729 lig. 3, des monnoies ; écu ou thaler, 15 liv. de France, *lis* 5 liv. de France.

TROISIEME PARTIE

Page. 7 premiere colonne, lig. 18, dernier adieu, *lisez* denier adieu.
10 lig. 39, & que a perte, *lisez* & que la perte.
17 & 18, il y a aux titres LIS, *lisez* ASS.
20 deuxieme colonne, lig. 32, lamonage, *lisez* lamanage.
24, il y a au titre TAB, *lisez* CAR.
25 deuxieme colonne, lig. 9, à un autre, *lisez* à une autre.
27 premiere colonne, lig. 28, & n'emporte, *lisez* elle n'emporte.
Idem. deuxieme colonne, lig. 19, 1781, *lisez* 1681.
28 deuxieme colonne, lig. 15, ne, *lisez* en.
40 premiere colonne, lig. 29 & 36, dernier adieu, *lisez* denier adieu.
48 permiere colonne, lig. 8, Forence, *lisez* Florence.
57 deuxieme colonne, lig. 19, le faire cuber, *lisez* lui faire cuber.
61 lig. 14, 20,000, *lisez* 200,000.
80 deuxieme colonne, lig. 9, ce mot, *lisez* ces mots.
104 deuxieme colonne, lig. 14, morne feche, *lisez* morue feche.
Idem. lig. 18, morne verte, *lisez* morue verte.
113 premiere colonne, lig. 26, 1468, *lisez* 1408.
114 premiere colonne, lig. 18, 1688, *lisez* 1668.
228 deuxieme colonne, lig. 20, il y a 15 & 16, *lisez* 16 & 17.

QUATRIEME ET DERNIERE PARTIE.

Page. 2 Titre de la deuxieme colonne : indication des prix, *lisez* indication des poids.

4 dern. colon. { Grand cantaro 1106 on. *lisez* 110 l. 6 on. Moyen. . . 1043 *lisez* 104 l. 3 on. Petit. . . 1038 *lisez* 103 l. 8 on.

75 livre de Lorraine, *idem.* 15 sols, *lisez* livre de Lorraine à Nancy, 15 sols 5-$\frac{25}{31}$ deniers.

76 Moriengrosche d'Empire, 2 liv. 2 sols, *lisez* 2 sols 8 deniers.

78 premiere colonne piastre courante, ou de change, 3 liv. de France, *lisez* 3 liv. 15 sols de France.

80 deuxieme colonne, au-dessous du titre : Zurich d'Espagne, *lisez* d'Espagne à Zurich.

80 { Colonnes des réductions en argent de France. } Réal de Barcelonne, ardit, 2 liv. 11 sols, *lisez* 2 sols 11 deniers.

95 deuxieme colonne, Bâle ; 3 jours, *lisez* 15 jours.

96 premiere colonne, Bassée ; (la) 10 Janvier, *lisez* 19 Janvier.

idem. deuxieme colonne, Beaucaire ; 30 jours, *lisez* 3 jours.

98 deuxieme colonne, Bernay ; 2 jours, *lisez* 5 jours.

140 premiere colonne, Lille ; 30 Avril, *lisez* 30 Août.

367 derniere lig. de la derniere Partie de la colonne des gros : l'once 101, *lisez* l'once 102.

372 derniere ligne de la premiere partie du grain, 24 „ 5-5-$\frac{25}{32}$, *lisez* 24 „ 5-5-$\frac{25}{32}$.

idem. avant la derniere lig. de la deuxieme partie du grain, il y a 10 „ 2-3-$\frac{182}{392}$, *lisez* 10 „ 2-3-$\frac{132}{381}$.

373 premiere partie de la colonne du gros, titre à 16 sols 6 $\frac{9}{32}$ *lisez* 16 sols 6-$\frac{3}{32}$.

idem. colonne du denier, 11 sols $\frac{2}{12}$ de denier, *lisez* 11 sols „ $\frac{2}{32}$ deniers.

379 avant la derniere lig. des fractions de la colonne à 72 liv. 10 f., il y a 2-5-3-$\frac{3}{3}$, *lisez* $\frac{3}{4}$ au lieu de $\frac{3}{3}$.

382 derniere lig. des fractions de la colonne à 105 liv. le karat, il y a 1-12-6-$\frac{3}{4}$, *lisez* 1-12-9-$\frac{3}{4}$.

438 deuxieme colonne, Clermont en Angonne, *lisez* Clermont en Argonne.

448 premiere colonne, Rouanne, *lisez* Roanne.

BIBLIOTHEQUE ROYALE

APPROBATION.

J'AI lu, par ordre de Monseigneur le Garde des Sceaux, un Manuscrit ayant pour titre *LA PARFAITE INTELLIGENCE DU COMMERCE*; je n'y ai rien trouvé qui m'ait paru en empêcher l'impression. Paris 15 Septembre 1783.

Signé Cadet DE SAINEVILLE.

PRIVILÉGE DU ROI.

LOUIS, par la Grâce de Dieu, *ROI DE FRANCE ET DE NAVARRE*: A Nos Amés & Féaux Conseillers, les Gens tenant nos Cours de Parlement, Maîtres des Requêtes Ordinaires de notre Hôtel, Grand-Conseil, Prévôt de Paris, Baillifs, Sénéchaux, leurs Lieutenans Civils & autres nos Justiciers qu'il appartiendra, Salut. Notre Amé le Sr. MALISSET, nous a fait exposer qu'il desireroit faire Imprimer & donner au Public *LA PARFAITE INTELLIGENCE DU COMMERCE* de sa composition, s'il Nous plaisoit lui accorder nos Lettres de Privilége pour ce nécessaires: A ces Causes, voulant favorablement traiter l'exposant, Nous lui avons permis & permettons de faire Imprimer ledit Ouvrage autant de fois que bon lui semblera, & de le vendre, faire vendre par tout notre Royaume. Voulons qu'il jouisse de l'effet du présent Privilége pour lui & pour ses hoirs à perpétuité, pourvu qu'il ne le rétrocede à personne; & si cependant il jugeoit à propos d'en faire une cession, l'Acte qui la contiendra sera enregistré en la Chambre Syndicale à Paris, à peine de nullité, tant du Privilége que de la cession; & alors par le fait seul de la cession enregistrée, la durée du présent Privilége sera réduite à celle de la vie de l'exposant, ou à celle de dix années, à compter de ce jour, si l'exposant décede avant l'expiration desdites dix années: le tout conformément aux Articles IV & V de l'arrêt du Conseil du 30 Août 1777, portant Réglement sur la durée des Priviléges en Librairie. Faisons défenses à tous Imprimeurs, Libraires & autres personnes, de quelque qualité & condition qu'elles soient, d'en introduire d'impression étrangere dans aucun lieu de notre obéissance, comme aussi d'imprimer, ou faire imprimer, vendre, faire vendre, débiter, ni contrefaire ledit Ouvrage, sous quelque prétexte que ce puisse être, sans la permission expresse & par écrit dudit exposant, ou de celui qui le représentera, à peine de saisie & de confiscation des Exemplaires contrefaits, de six mille livres d'amende qui ne pourra être modérée, pour la premiere fois; de pareille amende & de déchéance d'état, en cas de récidive, & de tous dépens, dommages & intérêts, conformément à l'Arrêt du Conseil du 30 Août 1777, concernant les contrefaçons, à la charge que ces présentes seront enregistrées tout au long sur le Registre de la Communauté des Imprimeurs & Libraires de Paris, dans trois mois d'icelles; que l'impression dudit ouvrage sera faite dans notre Royaume & non ailleurs, en beau papier & beaux caracteres, conformément aux Réglemens de la Librairie, à peine de déchéance du présent Privilége: qu'avant

PRIVILÉGE DU ROI.

de l'exposer en vente, le manuscrit qui aura servi de copie à l'impression dudit ouvrage, sera remis dans le même état où l'Approbation y aura été donnée ès mains de notre très-cher & féal Chevalier, Garde des Sceaux de France, le sieur *HUE DE MIROMESNIL*, Commandeur de nos Ordres; qu'il en sera ensuite remis deux exemplaires dans notre Bibliothèque publique, un dans celle de notre Château du Louvre, un dans celle de notre très-cher & féal Chancelier de France, le sieur *DE MEAUPEOU*, & un dans celle dudit Sr *HUE DE MIROMESNIL*; Le tout à peine de nullité des présentes, du contenu desquelles vous mandons & enjoignons de faire jouir ledit exposant & ses hoirs pleinement & paisiblement, sans souffrir qu'il leur soit fait aucun trouble ou empêchement. Voulons que la copie des présentes, qui sera imprimée tout au long au commencement, ou à la fin dudit Ouvrage, soit tenue pour duement signifiée, & qu'aux copies collationnées par l'un de nos amés & féaux Conseillers-Secrétaires, foi soit ajoutée comme à l'original. *COMMANDONS* au premier Huissier, ou Sergent sur ce requis, de faire, pour l'exécution d'icelles, tous Actes requis & nécessaires, sans demander autre permission, & nonobstant clameur de Haro, Chartre Normande, & Lettres à ce contraires; car tel est notre plaisir. Donné à Versailles, le quatorzieme jour du mois de Janvier, l'an de grâce mil sept cent quatre-vingt-quatre & de notre Regne le dixieme. Par le *ROI*, en son Conseil.

Signé LE BEGUE.

Regiſtré sur le Regiſtre *XXII* de la Chambre Royale & Syndicale des Libraires & Imprimeurs de Paris, *N°*. 3085, *folio* 28, conformément aux dispositions énoncées dans le présent Privilége; & à la charge de remettre à ladite Chambre, les huit exemplaires prescrits par l'Article *CVIII* du Réglement de 1723. A Paris, ce vingt-sept Janvier 1784.

Signé LE CLERC, *Syndic.*

SUPPLÉMENT

A LA PARFAITE INTELLIGENCE

DU COMMERCE.

QUOIQUE cet Ouvrage soit bien au-dessus des promesses de son Propectus, quant à l'étendue, néanmoins le desir d'en accroître l'intérêt autant que possible, nous ayant fait tout tenter pour obtenir, pendant l'impression du second Volume, de très-bons renseignemens sur des articles foibles du premier, & ayant réussi dans nos recherches à cet égard, nous nous empressons de les offrir gratuitement au Public par ce SUPPLÉMENT auquel nous joignons plus de 150 articles neufs qui ne sont point insérés dans notre premier Tome.

Le but entier de cet Ouvrage étant de donner au Public, en général, des renseignemens très-justes, sur tout ce qui peut intéresser les principales classes de la Société, nous croyons devoir le prévenir qu'il circule, depuis quelques mois, un nouveau livre sur le Commerce, où se trouvent répandues des réductions de monnoies étrangeres, en argent de France, dont la plupart sont fort inexactes, & qu'il est important de ne leur accorder de confiance, qu'après en avoir relevé les erreurs, tant sur leur rapport en livres Tournois, que sur leur titre & leur valeur intrinseque; il s'y rencontre d'autres erreurs sur les mesures, poids & aunages, desquels objets nous nous serions fait un devoir de rendre compte, si la modestie ne nous contraignoit au silence; d'ailleurs ce nouveau livre n'est pas sans mérite à quelques autres égards, & surtout par rapport à la modicité de son prix.

Si, en faisant la lecture de notre Ouvrage, il paroissoit y manquer l'indication de quelques lieux où sont établies des manufactures plus ou moins utiles, avant de nous accuser d'oubli à cet égard, nous prions le lecteur de recourir à notre Chapitre des PRODUCTIONS LOCALES & D'INDUSTRIE, & à son SUPPLÉMENT qui est joint à celui-ci, lequel Chapitre nous avons, en partie, [illegible] à cet effet, & qui équivaut seul à plusieurs volumes dans le genre de notre premier Tome & du présent SUPPLÉMENT.

BIBLIOTHÈQUE ROYALE

Enfin nous n'avons rien épargné pour offrir, en cet Ouvrage, des détails neufs, pour la plupart, & tous aussi justes qu'importans ; & la derniere preuve qui nous restoit, peut-être, à donner de notre zèle, pour mériter l'attention du Public, est le SUPPLÉMENT *suivant que nous désirons lui voir accueillir avec autant de satisfaction que nous en avons à le lui offrir gratuitement.*

AHUN, Ville de France, en Haute-Marche, à 12 lieues de Limoges, & 26 de Moulins, sur la riviere de Creuse ; elle n'est remarquable que par ses fabriques de toiles qui sont de bonne qualité.

AIGUILLON, Ville de France, à six lieues d'Agen, à laquelle Ville elle porte une partie de ses productions qui consistent en bled, vin, eau-de-vie, tabac & chanvre.

AIRE, Ville de France, au Comté d'Artois ; elle est sur la Lisse, à 3 lieues de Saint-Omer, 9 de Dunkerque, 11 de Boulogne & 51 de Paris. Son Commerce consiste en vins de l'intérieur de la France, tabacs & planches de toute espece, huiles à brûler, faïence, quelques étoffes de fil & de laine, une raffinerie de sucre, d'autres en sel, & une fabrique de savon noir.

Il y a deux foires & 12 marchés par an ; chacun de ces marchés se tient le premier mardi de chaque mois. La premiere foire est le mardi de la Pentecôte, & la seconde le 23 Novembre ; elles durent 9 jours chacune.

ALBERT ou ANCRE, Ville de France en Picardie, sur une petite riviere du même nom, à 5 lieues de Péronne & d'Amiens. Elle est remarquable par une célèbre carrière de pétrification, & une assez belle fabrique de papiers ; son Commerce n'est d'ailleurs qu'en bled & bestiaux.

ALBI. Outre ce que nous avons dit de cette Ville dans notre seconde Partie, nous devons ajouter qu'elle fabrique beaucoup de tricots pour les troupes, des ratines de toutes couleurs, dites *Royales*, lesquelles portent une ½ aune à ⅔ de large. Des pinchinats, des burats, des bayettes, & des cordelats ; ses vins connus sous le nom de *Gaillac*, forment, en quelque sorte, son principal Commerce, & sont très-recherchés des Anglois.

ALENSON. Nous ajoutons, ici, à ce que nous avons dit de cette Ville, dans la seconde Partie du premier Volume, que l'on y fait un fort Commerce de bois de construction & de charpente, & qu'on trouve dans les environs de belles carrières de pierres, dites d'*Hautrey*, bonnes pour des meules de moulins à cidre. On trouve dans ces carrières une espece de diamant dont le brillant joue la pierre fine.

ALICANTE. On voit, dans la seconde Partie du Tome I., les objets de Commerce qui se tirent de cette Ville. Ceux qu'on y porte de France, sont des morues, des graines, souvent des farines économiques, des étoffes d'Amiens, Rheims, Lille, le Mans & Rouen, des toiles de Senlis, Troyes & Laval, & des draps de Sedan, d'Abbeville, d'Elbeuf & de quelques lieux du Languedoc.

AMBERT. Indépendamment de ce qui est dit de cette Ville, page 311 du premier Volume, on y trouve plusieurs fabriques d'étoffes, comme turquoise, fort-en-diable, burats unis & gaufrés, camelots, bluteaux pour tamiser, une infinité de papeteries répandues dans les environs, & dont le papier est appelé *bule moyen & fin*, propre à différens usages.

AMIENS. D'après un mémoire qui nous est survenu sur le Commerce de cette Ville, nous croyons devoir entrer ici dans un détail sur ses manufactures.

Les articles qui sortent de sa sayetterie, sont des tapisseries de haute-lisse, en soie pure & en soie mêlée de laine.

Des serges, façon d'Ascot, de Creve-cœur, des cordillieres mêlées & rayées; d'autres, façon de Châlons, blanches & mêlées, & quelque peu de serges, dites *de seigneur*.

Des serges en couleur & façon de Nismes, d'autres dites *de Rome*, croisées ou unies, d'autres dites *Dauphines*.

Des cartaguettes & ferrandines, des pluches en fils & poils.

Des rubans de laine & quelque peu de draps.

Des petits camelots unis & rayés appelés *guinguels*, & d'autres, façon de Lille & d'Arras. Ces camelots, quoiqu'inférieurs à ceux de Bruxelles, sont cependant fort estimés.

Des baracans dont on fabrique plus de 3000 pieces annuellement.

Des étamines en soie pure, & autres mêlées de soie & de laine, dont il se fabrique, par année, plus de 20000 pieces.

Des ras, façon de Gênes, les uns mêlés de soie & de laine, & les autres en laine pure. Il s'en fait 10000 pieces par an. D'autres ras, façon d'Ecosse, en laine & soie, comme les précédens, il s'en fait très-peu.

Quelque peu de revêche, petite étoffe qui ne porte qu'une demi-aune de large.

Cette Ville occupe, en outre, onze moulins à foulon, d'autant plus estimés que les eaux y sont très-bonnes pour le dégraissage; douze teinturiers, tant pour le grand que pour le petit teints; elle fabrique aussi des indiennes & des toiles grossieres: celles de ses environs, & particuliérement de Piquigny, Oresmaux & Flixecourt, sont préférables à celles de la Ville.

Enfin il sort de ses manufactures de savons verts, si précieux au dégraissage des étoffes, plus de dix mille quintaux par an. Elle fait aussi des envois, de pâtés fort estimés, dans tous les Pays.

L'ensemble des articles produits par ses manufactures de sayetteries, va aux environs de cent trente mille pieces par année, qui se débitent, tant pour Paris, que pour l'intérieur du Royaume, & dont il se fait de forts envois en Espagne, en Italie, en Suisse, & jusqu'aux Colonies Françoises en Amérique.

ANDELY, Ville de France dans la haute-Normandie, à 20 lieues de Paris, & 8 de Rouen. Elle est renommée par ses ratines superfines, façon d'Hollande, qui s'y fabriquent, ainsi que par ses espagnolettes & ses draps & demi-draps qui sont fort estimés. La largeur de ces étoffes est de $\frac{5}{4}$ & $\frac{4}{4}$, sauf les demi-draps qui ne portent que $\frac{5}{8}$.

ANDUSE, Ville de France, dans les Cévennes, à 2 lieues d'Alais, 8 de Nismes & 140 de Paris. On y fabrique quantité de ratines, de molletons & de serges qui se vendent à Montpellier & Alais.

ANNIANE, Ville de Languedoc, à 4 lieues de Montpellier & de Lodeve; elle n'est remarquable que par ses fabriques de sel de tartre.

ANNONAY. Nous observons que cette Ville renommée par son immense Commerce de papiers & d'autres objets, dont nous avons parlé à son article, page 358 du premier Volume, l'est aussi par ses teintures & l'apprêt qu'elle donne aux draps qui se fabriquent à Marvejols, Aubenas & Crest.

ANTIBES, Ville maritime de France, en Provence, à 3 lieues de Nismes & de Grasse, 4 de Nice, & 177 de Paris. On y fait un fort Commerce de vin excellent, huile, olives & autres fruits secs & de poisson salé; son port, qui est assez fréquenté, est sur la Mer Méditerranée.

APT. Cette Ville fabrique de très-belles bougies. *Voyez* son article, page 360 du premier Volume.

ARBOIS. Outre les vins rouges & blancs que le territoire de cette Ville produit, & qui forme la majeure partie de son Commerce, elle se trouve renommée par ses fabriques d'huiles communes, sa nitriere royale & sa manufacture de faïence.

ARCIS-SUR-AUBE. Cette Ville dont il est question à la page 364 du Tome premier, posséde une très-belle fabrique de savon gras.

ARDENTES, près Châteauroux, en Berry. Ce lieu est remarquable, depuis quelques années, par ses trois forges considérables; dont le fer est le plus estimé du Royaume; elles appartiennent à Monseigneur le Comte d'Artois; leur exploitation se fait par la riviere du Cher qui communique à la Loire & au canal de Briare.

ARDRES, Ville de France en Picardie, à trois lieues de Calais, proche un canal qui communique à Dunkerque, St. Omer, Gravelines & Calais. Son Commerce consiste en bestiaux, surtout en beaux poulains, en grains, chanvre, bois, foin, filature de coton, fabrique de bas au métier, raffinage de sel, & chapellerie. Elle a plusieurs foires, & il s'y tient un fort marché le deuxieme jeudi de chaque mois.

ARMENTIERES. *Voyez* son article, Tome premier, page 365, & observez de plus que l'on y fabrique beaucoup de linge de table, des cotonnettes, des toiles à carreaux rayées de toute couleur, & d'assez belles siamoises.

ARRAS. *Voyez* son article, Tome premier, page 365, & observez qu'on y fabrique de plus des batistes, de l'huile, qu'il y a une belle raffinerie de sucre, & qu'on y fait un très-fort Commerce en grains, surtout en froment de très-belle qualité.

AUTUN. Nous ajoutons à ce qui est dit de cette Ville, Tome premier, pages 371 & 372, qu'on y fabrique des tapisseries connues sous le nom de *Marchaux*; elles sont en bourre & fils, propres à faire des tapis & des couvertures communes; elles se vendent 30 à 40 s. l'aune de Paris. Le bois, dont cette Ville fait un assez fort Commerce, se distingue en bois de chauffage & de charpente, en bardeau pour les couvertures des maisons, merrains, pour futailles & planches de différentes longueurs, épaisseurs & largeurs. On y trouve beaucoup de sabots, de pelles, de talons pour chaussures, cuillers à pots, & autres ustensiles de bois pour cuisine.

AUXERRE. En parlant de cette Ville, Tome I, page 372, nous avons oublié de rendre compte que sa mesure pour les vins est le muid composé de deux feuillettes qui contiennent chacune 150 pintes, & qu'outre le grand Commerce de vins qui se fait à Auxerre, cette Ville s'occupe aussi de celui des laines, des chanvres & de quelques pieces d'étoffes communes en laines.

AVIGNON. *Voyez* son article, page 373 du premier Volume, & observez qu'on en tire beaucoup de garance pour la teinture, de safran, de l'esprit-de-vin, de l'eau-de-vie, & différentes graines, de luserne, amandes, treffles, &c. Divers fruits secs, de la quintessence de lavande, du thin, de l'aspic, du serpolet, de la gomme du Pays, de la cire jaune, du miel, de l'esprit de vitriol, de l'eau forte, & quelques laines d'assez bonne qualité qui s'expédient particuliérement pour Lille en Flandre. Les teintures pour soie y sont fort belles, ce qui fait que cette Ville débite beaucoup de soie en couleur.

BAGNERES, Ville de France, en Bigorre, aux pieds des Pyrennées, & à 24 lieues de Toulouse. Elle est renommée par son Commerce de bestiaux, surtout de jeunes mulets, & par ses fabriques de ras pour habillemens d'hommes, de reverses pour jupons, & tabliers communs pour femmes & pour doublures; de cadis pour l'habillement du peuple; de crêpes pour voiles & habillemens de Religieux, & d'étamines, dites *burats à gros grains*, en diverses couleurs. Toutes ces étoffes sont en laines, & se vendent, ainsi que les bestiaux, aux trois foires qui se tiennent en cette Ville, l'une le lendemain des fêtes de la Pentecôte, la seconde le jour de St. Louis, & la troisieme le jour de St. Martin, ainsi qu'aux marchés qui s'y tiennent les mercredis & samedis de chaque semaine.

BAGNOLES, Ville de France en bas-Languedoc, proche la riviere de Seize, à 3 lieues du Pont-St-Esprit, 2 du Rhône, 20 de Montpellier, & 150 de Paris. On en tire des soies en abondance, des grains qui y sont apportés par le Rhône, & le canal du Languedoc, & l'on y fabrique des étoffes légeres de cardages, de soie & de filoselle, lesquelles étoffes consistent en serge, fleuret & fantaisie. Ces productions se vendent aux foires que tient cette Ville, les 6 Mai, 12 Juillet & 23 Novembre, ainsi qu'à ses marchés réguliers tous les mardis de chaque semaine.

Nota. On prépare à Bagnoles des soies en organsin, en trame & en poils très-recherchées à Lyon.

BAILLEUL, Ville de France à 8 lieues de St. Omer, & 7 de Lille. Elle est assez commerçante, tant par ses fabriques de toiles pour chemises & linges de table, de rubans en fil blanc & teint, de superbes fils forts pour la couture, de dentelles en toute espece, & à l'*instar* de celles de Valenciennes, de draperies en double & simple beges, de 7 quarts & deux aunes de large, ratines en même largeur que les beges, serges en six quarts, & perpétuanes en cinq quarts. On y fait de plus une faïence qui dispute la beauté à celle de Rouen. Ces objets se vendent à ses foires du 9 Septembre & du dernier mardi d'Avril.

BAPAUME, Ville de France en Artois, à 5 lieues d'Arras, 6 de Cambray, 4 de Péronne & 37 de Paris. On en tire quantité de fils recherchés pour les belles toiles & batistes, objets qui se fabriquent aussi dans cette Ville. Ces toiles sont connues sous le nom de *linon*; elles sont blanches, & forment, avec les bleds, seigles, avoines, lin, colsat, & quelques petites draperies & souliers, tout le Commerce de cette Ville qui a pour débouchés, Lille, Sedan, Rouen, Amiens, &c.

BAUGENCY. En parlant de cette Ville, Tome I. pag. 386, nous avons oublié de dire que ses meilleures qualités de vins sont celles de Messas, Josnes & Tavers, & que l'on tire aussi de cette Ville beaucoup de laine.

BAUME-LES-NONES. Ville de France en Franche-Comté, sur le Doux, à 5 lieues de Besançon. On y fait quelque Commerce en gypse, sorte de plâtre très-blanc, bois pour construction, merrain & chauffage, papiers en qualité estimée, marbre violet, ardoises, charbons de terre & de bois, verreries, fileries, gros ouvrages en fer & fonte, provenans des fonderies de ses environs qui produisent aussi d'assez bons vins.

BAYEUX. A ce qui est dit de cette Ville, Tom. I. pag. 384, il faut ajouter qu'on y fait une quantité de dentelles pour entoilage, mignonettes en fil, & d'autres en soie noire & blanche; on y fait aussi des velours & draps de coton, des bas & gants de laine, & d'autres en poils d'Angola, des tiretaines, & qu'enfin on y vend beaucoup de cendres ou soude de Varech, comme à Cherbourg, & d'excellens bœufs & moutons.

BEAULIEU, Ville de France en Touraine, sur l'Indre, vis-à-vis Loches. On y fabrique des draps & du papier ; on en tire beaucoup de bois de construction & de menuiserie, des bleds, des vins & des fruits.

BEAUMONT, en Nivernois. Ce lieu situé à trois lieues de la Charité, possede une superbe manufacture de fer blanc.

BEAUMONT-SUR-OISE, Ville de France, à 9 lieues de Paris & 9 de Beauvais. On y fait beaucoup de farines économiques de bonne qualité, des dentelles ordinaires & du savon ; on y file de la soie, & on y exploite une très-belle verrerie.

BEAUVAIS, Capitale de Beauvoisis, dans la Généralité de l'Isle de France, sur la riviere de Therain, à 14 lieues de Paris. Cette Ville, quoiqu'échappée à l'immensité de nos recherches, n'en est pas moins sans quelqu'importance pour le Commerce : aussi nous hâtons-nous de la comprendre dans ce Supplément. Elle a une jurisdiction consulaire.

Ses fabriques sont nombreuses, & sa sergetterie est presqu'aussi considérée que la sayetterie d'Amiens.

Les étoffes qui se fabriquent à Beauvais, sont des tapisseries de haute & basse lisses, des ratines fines, fortes & communes ; il y en a d'une aune & de 5 quarts de large.

Des étamines, ou bures.

Une infinité de serges dites *à deux envers*, à poils fins, façon de tricot, & d'autres communes. Elles ne différent, entr'elles, que par leurs largeurs ; voiles & tricots, leurs divers noms sont des *mouys*, *aumale*, *londres*, *demi-londres*, *tiretaines*, *blicourt*, *serges de Rome*, &c.

Des espagnolettes fines, des sommiers en $\frac{1}{2}$ & $\frac{5}{8}$ de large, des revêches, & flanelles, façon d'Angleterre ; & d'autres communes en $\frac{5}{8}$ & $\frac{3}{4}$ de large ; des ratines de $\frac{5}{4}$, des molletons de $\frac{5}{8}$, des bayettes fines & communes, d'une demi-aune de large.

Il y a dix teinturiers pour le grand & petit teints.

On fabrique dans ses environs des toiles fines appelées *demi-hollandes* ; elles sont blanchies, à Beauvais, si supérieurement que les Villes de Paris & de St. Quentin lui envoient annuellement trente mille piéces de toiles pour y être blanchies.

On y exploite cinq belles manufactures d'indiennes, deux en couperoses supérieures à celles d'Angleterre.

Les

Les dentelles de soie noire, les guipenes & la bonneterie qui sont assez considérables, ajoutent aussi au Commerce de cette Ville, dont l'importance est accrue par la vente des bestiaux de son territoire; & particuliérement pour ses moutons qui sont fort estimés pour la consommation de Paris.

Il y a marché franc tous les samedis de chaque mois, & marché ordinaire, les mercredi & samedi.

Son Courier part de Paris tous les jours à midi.

BEAUVOIR-SUR-MER, Ville de France en Bas-Poitou, à 10 lieues des Sables d'Olonne. On en tire beaucoup de bois de charpente & à brûler, des laines, des grains, du sel, des cochons, des jeunes bêtes à cornes, & beaucoup de beurre. Toutes ces denrées se vendent à ses foires qui se tiennent à la mi-Août, & le premier jeudi après le 29 Septembre.

BELLE-FONTAINE, en Lorraine. Ce lieu situé à 3 lieues de Remiremont, est remarquable par ses fabriques de coutelleries & ouvrages d'acier.

BELLOY, en Picardie. Cet endroit situé entre Abbeville & Eu, fait un fort Commerce en quinquaillerie & serrurerie qui sont également estimées & occupent plus de vingt fabricans.

BERGUE-St.-VINOX, Ville de France, au Pays-Bas, à 2 lieues de Dunkerque & 5 de Gravelines. On en tire beaucoup de bled, de tabac, de lin en nature & filé, des fromages & beurres estimés.

BERNAY. Voyez Tome premier, page 392, & observez en outre ce qui suit: que cette Ville tient trois marchés par semaine, savoir: le mardi & le jeudi pour les étoffes, & le samedi pour les toiles; que les étoffes qui s'y fabriquent, ainsi que dans ses environs, sont connues sous les noms de *froque*, d'*espagnolette*, & de *flanelle*, & qu'il y en a de frisées & de teintes, qu'enfin on y fait aussi une assez grande quantité de liqueurs.

BESANÇON. A ce qui est dit de cette Ville, Tome premier, page 394, il convient d'ajouter qu'on en tire différens ouvrages de fer, comme limes, outils, fils & chaines de fer, tôle, fer laminé, ainsi que de la garance & de la moutarde liquide & en graine.

BÉTHUNE, Ville d'Artois, à 7 lieues d'Arras. On en tire bleds, lin, huile de navette, fromages, papiers & toiles divers.

BEZIERS. Voyez Tome premier, page 395, & observez, qu'outre ce qu'il y est dit, on tire de cette Ville des drogues, du fer, de la soude, & des étoffes de laines dites *futaines*, *londrins* & *draps forts*.

BISCHEWILLER, en Basse-Alsace. Ce Bourg situé à une lieue du Rhin & 5 de Strasbourg est très-commerçant; on y fabrique des draps communs, du prix de 3 à 6 liv. l'aune, du marroquin en toutes couleurs, & dont le rouge est aussi estimé que celui du Levant, des coutils, des toiles, beaucoup de corderies, & l'on en tire de la garance, du tabac, de l'huile de navette, des laines, des chanvres, des vins du Rhin & des grains de bonne qualité. C'est, en quelque sorte, par la Ville d'Haguenau que se fait le Commerce de ce Bourg.

BOLBEC. Outre ce qui est dit de ce superbe Bourg, Tome premier, page 399, nous apprenons qu'on y fait le Commerce de cendres, de tabac, de soude, de chanvre, qu'on y fabrique des velours de coton, des toiles bleues fort estimées pour les Marins, beaucoup de mouchoirs de soie, du coton filé, & que, parmi les toiles blanches qui s'y fabriquent, dont les fines portent $\frac{7}{8}$ de large, & les grosses $\frac{3}{4}$, il y en a de tant de qualités différentes, que, parmi les communes, on en trouve depuis 14 sols l'aune, jusqu'à 30, & parmi les fines, depuis 20 sols, jusqu'à 5 liv. 10 sols l'aune qui est juste de 42 pouces.

BOLOGNE, Ville du Comminges, à 12 lieues de Toulouse; on en tire lin, fil, cuirs, châtaignes, fer & grains.

BORDEAUX. A ce que nous avons dit de cette Ville dans notre seconde Partie, nous ajoutons ce qui suit: qu'on y fait des armemens pour la pêche de la baleine, qu'il y a une fabrique d'eau-forte très-estimée, que ses objets d'exportation dans les Colonies & diverses Cours de l'Europe, sont en vin, eau-de-vie, vinaigre, farine blutée qui se distingue en cinq qualités *dites minot*, *co*, *sembles*, *rézillion* & *repasses*; celles de minot provenantes de Nerac & Moissac sont, surtout, les plus estimées; viandes salées, comme bœufs, lard, jambons, & autres viandes de cochon, lard & beurre d'Irlande, morue, Chandelle, suif, miel, sucre & sel raffinés, café, indigo, draps divers des fabriques de France, étoffes de soie des fabriques de lyon & de tours, toiles peintes, papiers peints & veloutés, tapisseries de haute & basse lisses, superbes tapis de la manufacture de la savonnerie de Paris, toiles de Bretagne & de Saintonge, fers en barres & travaillés, &c. *voyez* la seconde Partie. L'importation qui s'y fait consiste en charbon de terre, étain, plomb, harengs, beurre & viande salée de l'Angleterre & de l'Irlande, cuirs, cuivre, fer, bois de construction, chanvre, casse, gingembre, suif & pelleterie de la Moscovie, de la Suéde & du Danemarck, mâtures de navire, douves & merrains pour futailles, fromages, goudron, drogueries & cuivre de la Hollande, liqueur, simarouba, cacao, rocou, tabac, indigo, coton, café, sucre blanc, brut & terré, &c. des Isles Françoises & de l'Espagne, duquel Royaume Bordeaux tire aussi des laines, des vins liqueureux, de la soude, & partie de ses autres productions.

Le Commerce de cette Ville, tant en importation qu'en exportation, & pour les pêches diverses, est si considérable, qu'il occupe plus de 500 navires de diverses grandeurs.

Nous observons, en outre, que pendant la durée des foires de cette Ville, les Juges & Consuls y font l'office des Jurés-Conservateurs, & ont les mêmes pouvoirs que ceux de la Conservation de Lyon.

BOULOGNE-SUR-MER. Voyez Tome premier, pag. 409, & ajoutez que cette Ville qui forme, à proprement parler, un petit port d'un difficile accès, fait aussi le Commerce de charbon de terre, celui d'eau-de-vie, de thé, & qu'elle exploite plusieurs raffineries de sucre & une très-belle manufacture de Faïence.

BOURBON-LANCI, Ville de Bourgogne, à 5 lieues d'Autun. On en tire des bestiaux, vins médiocres & grains de toute espece.

BOURG, en Laonnois. Ce village situé à 3 lieues de Laon, est remarquable par l'alun & le vitriol qu'il procure au commerce.

BOURGOGNE, Province de France très-importante au Commerce par les qualités & les quantités de vins précieux qu'elle lui procure, & qui sont indiquées au mot *vin*, page 291 de la quatrieme Partie de cet Ouvrage.

BREMEN. Outre ce qui est dit de cette Ville, Tome premier, page 414, il faut ajouter qu'elle s'occupe de la pêche de la baleine, du raffinage des sucres, de plusieurs fabriques de tabac, de serges, de gros draps, & que l'on en tire de la cire, du bois merrain, du plomb, des cuirs forts & tannés, & partie des productions du Nord détaillées à l'article d'Hambourg dont cette Ville tend à devenir la rivale. Il est à observer que toute les marchandises qui y entrent, y acquittent un pour cent de droits, en faveur de l'Evêque de Lubec.

BRIGNOLES, Ville de France, en Provence, à 12 lieues d'Aix; elle est renommée par ses immenses tanneries dont les cuirs, qui se vendent aux foires de Provence, sont généralement estimés. On en tire aussi des pruneaux dits *brignoles*, des amandes, des oranges & d'excellente huile d'olive.

BRUGES. *Voyez* Tome premier, page 416, & observez qu'on y fabrique des satins en soie, fil & coton assez estimés, & dont les noirs sont les préférés ; que son port est un bassin qui peut contenir plus de 100 vaisseaux, que son canal mene à Gand, & que ses distances, au lieu de ce qui est dit au premier Tome de cet ouvrage, sont à plus de 4 lieues d'Ostende & seulement 63 de Paris.

Cette Ville a une banque particuliere, une chambre de Commerce, qui est la plus ancienne des Pays-Bas, & une chambre d'Assurance très-solide. Toutes les possessions, sauf celles de chargeurs & déchargeurs des ports, magasins, &c, sont établies en Corps, & soumises à des statuts particuliers. Le plus remarquable de ces Corps est celui des bateliers, qui répond des accidens qui arrivent aux marchandises chargées sur leurs bateaux.

La Chambre de Commerce dont nous venons de parler, composée de francs-courtiers pris dans les divers Corps de marchands en gros, exerce une Juridiction Consulaire sur tous les différens, ou contestations qui peuvent s'élevor entre les marchands, & surtout entre les Capitaines, matelots, facteurs, bateliers & autres corps, mais ces décisions ne sont exemptes d'appel aux Magistrats de la Ville, qui ont le droit d'innover des ordonnances rélatives au bon ordre & au bien-être du Commerce.

Cette Ville offre à l'artiste étranger plusieurs facilités pour s'y établir ; 1°. en ce que le droit de bourgeoisie s'y acquiert avec trois florins ; 2°. en ce que le Négociant riche se prête, avec une forte d'empressement, à aider l'homme industrieux, mais peu fortuné ; & 3°. en ce que le Magistrat le favorise de tout son pouvoir.

Le change ordinaire de cette Ville est de 56 gros, pour l'écu de 3 livres de France.

La foire la plus considérable de cette Ville est celle du 3 Mai, qui ne finit que la veille de la Pentecôte. C'est par erreur, qu'au Chapitre des foires, elle est indiquée n'avoir qu'un jour de durée.

CAEN. A ce cui est dit de cette Ville, Tome premier, page 426, il convient d'ajouter qu'on y fait des basins & coutils, ces derniers sont rayés, & portent $\frac{7}{8}$ de large ; que les étoffes dont les pieces portent 52 aunes, se vendent ordinairement à raison de 21 aunes $\frac{1}{4}$ pour 20, que les toiles de chanvre n'ont qu'un tiers de largeur sur 50 à 60 de longueur ; celles en lin & coton ont $\frac{2}{3}$, & une aune de large, & que les dentelles sont les unes en fil & les autres en soie noire & blanche. Les premieres se vendent, depuis le plus bas prix, jusqu'à 25 liv. l'aune.

CAMBRAY. Ajoutez à cette Ville, Tome premier, pag. 430, qu'on y fait des tapisseries de haute lisse, façon des Gobelins, qu'on y vend des fils retorts, & que son aune, pour toiles, ne porte que 26 pouces 9 lignes de Paris.

CAMPAN, Bourg de France, à une lieue de Bagneres; on y fait quantité d'étoffes de laines, dites *cadix*, *reverses*, *crêpes*, *étamines* ou *burats à gros grains* & *rases*. On en tire aussi un assez beau marbre vert.

CANY, Bourg de Normandie, à 8 lieues de Dieppe. Il s'y fait un grand Commerce de lin & de rabettes bonnes pour peinture & pour brûler, on y fait des toiles de lin, & l'on en tire beaucoup de lins filés & de colsats; l'huile se vend au baril de 60 pots, & les toiles à l'aune du Pays, qui porte 3 pieds 8 pouces 4 lignes de Paris.

CASTRES. En parlant de cette Ville, Tome prémier, pag. 438, on y a omis ses fabriques de ratines qui portent 20 aunes de long, sur 4 & $\frac{5}{4}$ de large. Ses molletons ont $\frac{1}{2}$ aun. & $\frac{7}{12}$ de large, sur une longueur de 30 à 36 aunes. Les couvertures portent 2 aun. $\frac{1}{2}$ à 3 aunes de large, & 3 aunes seulement de long. Ses étoffes dites *londres* & *calmoucks* sont en $\frac{7}{12}$ & $\frac{5}{4}$ de large, sur 18 à 20 de long. Et ses flanelles portent communément $\frac{9}{16}$ de large, sur 40 à 44 aun. de long.

CETTE, Ville & Port du Languedoc, à 78 lieues de Lyon & 194 de Paris; nous avons oublié de dire, à l'article de cette Ville, qu'elle possède, dans ses environs, une très-belle saline, qu'on y fait du vert-de-gris, qu'elle est le lieu d'où les étoffes des fabriques de Carcassonne, Ganges, Lodeve, Montpellier & Nismes, se tirent, pour être exportées chez l'Etranger, & qu'elle est aussi l'entrepôt de toutes les productions du Languedoc, & d'une partie des marchandises de Médoc & de Guyenne, particuliérement en farine, grains, légumes, vin, eau-de-vie, vert-de-gris & huile; &, qu'enfin le principal Commerce de ce Port se fait avec l'Italie.

CHAMPAGNE, Province de France renommée par ses vins dont les qualités sont détaillées au mot *Vin*. Page 291 de la quatrieme Partie de cet Ouvrage.

CHARLEROI, petite Ville Autrichienne, au Comté de Namur; elle est sur la Sambre, à 8 lieues de Namur & 8 de Mons. Elle est remarquable par son Commerce de fers en gueuse, en barre &

en clous, qui occupent 22 fourneaux & 5 forges dans les environs où l'on fait différens ouvrages en fonte, tels que marmites, chaudrons, poëles, &c. L'exploitation de trois belles verreries & de quelques carrieres d'hotille & de charbon de terre forme, après le fer, le reste de son Commerce.

CHATEAUROUX. Cette Ville, citée page 444 du Tome premier, fait un fort Commerce en laines, les meilleures du Berry; en grains, bestiaux, moutons, volailles, plumes d'oie, parchemin, & en fer dont elle a plusieurs mines qui alimentent les forges de Mgr. le Comte d'Artois.

CHATELLERAULT. Outre ce qui est dit à son article, il faut y ajouter qu'on en tire beaucoup de cire dont cette Ville a plusieurs blanchisseries.

CHERBOURG. Outre ce qui est aussi dit à son article, on observe qu'on y fabrique des droguets & draps de bonnes qualités, qu'il y a des belles verreries, & que sa soude *Varech* lui procure un fort Commerce.

CLERMONT, en Argonne, Ville de France en Champagne, à 3 lieues de Sainte-Menéhould, & 50 lieues de Paris; on y fait un grand Commerce en clouterie, fer & cuirs très-bien tannés.

COLOGNE, *voyez* Tome premier, page 452, & ajoutez qu'on fabrique, en cette Ville, des rubans de soie & de fleuret, qu'on en tire beaucoup de plomb, & une eau spiritueuse & salutaire si connue sous le nom de *Cologne*, dont on fait un immense débit.

CONCHE, *voyez* Tome premier page 453, & ajoutez qu'on y fabrique beaucoup d'épingles, & qu'on y fait le Commerce de bois & de bestiaux.

CONDÉ-SUR-NEREAU, Ville de France en Normandie, à 5 lieues de Falaise & 50 de Paris. Elle est renommée par ses fabriques de coutellerie estimée, & par ses tanneries; on y fait aussi quelque peu de draps.

COPPENHAGUE. Nous avons dit, à l'article de cette Ville, que l'on y portoit quelques étoffes de laines, mais depuis les établissemens qu'on a faits, dans les Duchés d'Holstin & de

Fleſwig, la Seigneurie de Pienneberg & le Comté de Rantzau, en manufactures de molleton, d'étamine & de quelques étoffes groſſieres en laine, on n'y en importe plus de l'Etranger.

COSNE, Ville de France, en Auxerrois, ſur la Loire, à ſix lieues de Gien & 42 de Paris. Cette Ville poſſede des forges conſidérables & Royales, leurs fers doux & fins donnent lieu à pluſieurs fabriques dont les ouvrages en fil-de-fer, clouterie, acier, quincaillerie, & coutellerie ſont généralement eſtimés.

COUCHES, Bourg de Bourgogne, à 4 lieues d'Autun; on y fait de bonne eau-de-vie, & l'on en tire quantité de vins.

COUVEY, Paroiſſe de la Lorraine Françoiſe, à 6 lieues de Luneville & 2 de Blamont, elle eſt remarquable par l'exploitation de la mine de criſtal-de-roche qu'elle poſſede.

DARNETAL, *voyez* Tome premier page 471, & ajoutez qu'on y fabrique du papier, des ſiamoiſes, des indiennes, & des draps, façon d'Elbœuf.

DAX, *voyez* Tome premier, page 471, & ajoutez qu'on en tire du goudron, des planches de la réſine, des eaux-de-vie, des vins & des grains.

DUNKERQUE. Il convient d'ajouter à ce qui eſt dit de cette Ville, Tome premier, page 480, tout le détail ſuivant: qu'elle tire de *Hambourg*, des douves & bordages de chêne, des laines, des pois, du fer-blanc, du ſarrazin & de l'avoine; de la *Pologne* & ſurtout de *Dantzick*, des cuirs, de l'acier, du bled & des laines; de la *Suède*, des planches, du cuivre, du fer, du goudron & du brai; de la *Norwege*, du goudron, des bois de ſapin & autres, dont une grande partie eſt en planches; de la *Livonie*, & particuliérement de *Riga*, beaucoup de grains en bled & ſeigle, des chanvres, de la graine de lin & des lins filés, des mâtures, de la cire, du goudron, des cordages, de la filaſſe, du fil de carret, de l'acier, du fer, des bourdillons, ou douves, pour futailles & barriques; de l'*Angleterre*, du tabac de Virginie, beaucoup de quincaillerie renommée, des peaux de veaux non apprêtées, & des cuirs ſecs en poils, de l'étain, du plomb, de l'alun, de la couperoſe & du charbon de terre; de l'*Ecoſſe*, beaucoup de charbon de terre, ainſi que du ſaumon ſalé en barils; de l'*Irlande*, du ſuif & des cuirs ſalés, du beurre & des viandes ſalés, particuliérement en bœufs & cochons, & auſſi des barils de ſaumons ſalés; de la *Hollande*, beaucoup d'épiceries & drogueries, ſurtout du poivre, du girofle, de la muſcade, de la canelle, du gingembre, &c. des fromages & du beurre ſalé; de l'*Eſpagne*, diverses marchandises des Indes Orientales, des piastres, du bois de campêche, des fruits secs & confits, du raisin de Corinthe, quelque peu d'huile fine, beaucoup d'eaux-de-vie de Barcelonne & d'autres anisées d'Alicante; de la garance, du safran, des soies, des laines; ces deux articles ne sont qu'en petite quantité; du vermillon, & quantité de vins dits *cherès*, *malaga*, *tinto*, *canaries*, *alicante*, &c.; du *Portugal*, beaucoup d'huile & de fruits, de l'anis, des bois de teinture, des laines, des fanons de baleine, de l'ambre gris, des dents d'éléphants, des cuirs secs, des soies, du cristal de roche, quelque peu de diamans bruts, & des sucres non raffinés, mais en petite quantité; de l'intérieur de la *France*, des vins & eaux-de-vie, du vinaigre, du sel, du miel, de la résine, du ris, des prunes, des amandes, raisin & figues, des huiles, des anchois, diverses étoffes en draperies soieries, & des articles qui se fabriquent à Lille; lesquels objets forment, en partie, ses cargaisons pour les Nations d'Europe.

L'immense réunion de toutes les productions ci-dessus, jointes à ses armemens pour la pêche de la morue d'Islande, & celle du hareng, l'exploitation de ses fabriques de tabac, de ses amidonneries, des raffineries de sucre & de ses fabriques de geniévre, procurent à cette Ville un Commerce fort étendu, & des armemens & relations avec toutes les Colonies Françoises.

DUBLIN, *voyez* cet article, Tome I, page 479; & ajoutez qu'on vient d'y établir, tout récemment, une Chambre de Commerce qui s'appliquera diligemment à tous les objets de son ressort.

EDIMBOURG, Ville Capitale de l'Ecosse, à une demi-lieue de la mer de Londres, & 197 de Paris. On y fait un fort Commerce en charbon de terre; il y a une pêche très-abondante de poissons que l'on sale, & surtout en saumon; on en tire beaucoup de bois de menuiserie & des merrains, du fer, du plomb, du chanvre & des chevaux, & l'on y fabrique une grande quantité de bas au métier & au tricot, des flanelles, des bais, ou bayettes, de belles serges, diverses sortes de draps, des toiles dont il y a plusieurs manufactures, des batistes assez belles, des mouchoirs; & à Leith, Ville située à un mille de cette Capitale, il y a une raffinerie de sucre, des moulins à fendre & scier le bois, & une verrerie dont les bouteilles sont recherchées.

On trouve à Edimbourg une Banque publique.

L'aune de cette Ville porte 37 pouces, 4 lignes de France.

ELBERFELDT, Ville d'Allemagne en Westphalie; elle est sur la Waper, à 7 lieues de Dusseldorff; elle est très-commerçante,

çante, par rapport à ses fabriques qui fournissent à la Hollande & une partie de l'Allemagne, des rubans de fils double & simple; des fils non ouvrés, diverses sortes de toiles, des siamoises, des draps de soie & des droguets, & l'on y tient aussi beaucoup d'ouvrages Anglois.

ELBEUF, *voyez* Tome premier, page 482, & ajoutez qu'on y fait des tapisseries de Bergame, & des points d'Hongrie, & que parmi les draps qu'on y fabrique, dont les qualités sont estimées, il y en a de mouchetés, de rayés, d'unis & de diverses couleurs, en assez bon teint.

ERVY, Ville de France en Champagne, à 3 lieues de Saint-Florentin; elle est remarquable par ses fabriques de coutils & de toiles.

ESTAING, Ville de France en Rouergue, à 6 lieues de Rhodès; on en tire des lins & laines estimés, & l'on y fabrique plusieurs petites étoffes en laines, des flanelles & des cadis.

EU. Des avis reçus sur cette Ville, nous annoncent qu'outre ce que nous disons à son article, dans notre seconde Partie, il convient d'y ajouter ce qui suit:

1°. Que son territoire est abondant en lin & chanvre dont on fait un fort Commerce.

2°. Que ses gras pâturages y procurent beaucoup d'élèves de bestiaux & surtout de vaches & moutons; ces derniers connus sous le nom de *pré-salé*, sont très-recherchés pour Paris.

3°. Qu'on recueille dans ses environs beaucoup de bled & froment en bonne qualité.

4°. Que les chevaux y forment aussi le plus fort objet de Commerce, par les marchés francs qui s'y tiennent tous les mercredis.

5°. Qu'on en tire beaucoup de serrurerie & de quincaillerie qui se fabriquent à Escarbotin & Fressenneville, Paroisses situées à 2 & 3 lieues de cette Ville.

EYMOUTIER, Ville de France en Limosin, à 7 lieues de Limoges; on y fait un assez fort Commerce en coton filé, cire, cuirs forts, & peaux de veaux & de chèvres apprêtées.

FÉCAMP, *voyez* Tome premier, page 487, & ajoutez qu'on en tire de la soude varech, de l'huile de lin & de rabette, du bois de teinture préparé, du lin filé, & observez que les toiles, dont il se tient un fort marché tous les samedis; se vendent à raison de 25 aunes pour 20, en qualité fine, & les communes à 28 aunes pour 20, tel qu'il est dit à son article.

FERRE, (la) en Tardenois. *Voyez* Tome premier, page 487, & ajoutez qu'on y fabrique des serges larges, des toiles & bonneteries, & des draps, façon de Mouy.

FIUME, jolie Ville de la Morlaquie, avec un Port sur un petit golfe, à 5 lieues de Trieste. Cette Ville entiérement liée au Commerce de Trieste, pour les expéditions des Indes, possede un magasin conséquent de cuivre, six belles raffineries de sucre & une considérable de tabac, qui lui procurent un Commerce assez étendu, & auquel elle ajoute une exploitation de viandes salées fort estimées.

Elle appartient à la Maison d'Autriche qui, en 1776, l'a subordonnée au Royaume de Hongrie.

FRETEVAL, Bourg de France, dans l'Orléanois, à 3 lieues de Vendôme: le fer & l'acier provenans de ses forges, sont très-estimés pour les ouvrages de coutellerie, de taillanderie & de quincaillerie.

GAILLAC. *Voyez* cette Ville, Tome premier, page 495, & ajoutez que ses vins acquierent un nouveau degré de bonté, en voyageant sur mer; leur débouché est pour l'Angleterre; il se fait par la voie de Bordeaux où ils sont expédiés par la riviere de Tarn.

GALLARGUES, village du Languedoc, situé à 4 lieues de Sommieres. Il est renommé par sa préparation du *tournesol*, herbe précieuse pour la teinture des toiles en bleu & rouge.

GAND. Outre le long détail fait à l'article de cette Ville, pages 495 & *suivantes* du Tome premier, on fait aussi à Gand un assez fort Commerce en lin, cuivre, fer ordinaire & fer blanc, potasse, vedasse, potin, étain, plomb, plumes de lit & à écrire, goudron, brai, liége, suif, alun, couperose, & quelque peu de chanvre. Sa mesure de grains est l'*hester*, qui pese, en froment, 81 liv. poids de marc, & l'aunage porte 319 $\frac{2}{3}$ lignes de Paris.

GIVORS, bourg de France, à 3 lieues de Lyon, sur le bord du Rhône; son commerce est en vin d'assez bonne qualité, verrerie en bouteilles & verres plats, nitrerie, charbon de terre, bois de sapin & entrepôt de fer assez considérable. *Son Courier est celui de Vienne en Dauphiné.*

GORDON, Ville de France, près celle de Pérac en Quercy; elle est assez renommée par ses fabriques de serges, de droguets, de Cadis, de Burat, de chapeaux & de toiles.

GOTHEMBOURG, Ville Maritime de Suéde, dans la Westrogothie, à 75 lieues de Stockolm; elle a un très-bon Port à l'embouchure de la Gothelba; cette Ville, en vertu d'un traité passé à Versailles, le 1 Juillet 1784, est accordée à perpétuité, pour servir d'entrepôt à la France, en échange de l'Isle de Saint-Barthelemy, que Sa Majesté Très-Chrétienne abandonne en toute propriété à la Couronne de Suéde; au moyen de cet échange, le Commerce de cette Ville ne pourra qu'accroître & ajouter à sa rivalité sur celui de Stockolm; & la France devient maîtresse d'y importer toutes les marchandises & denrées qu'elle croit convenir le mieux à ses intérêts: mais elles ne peuvent passer de ce Port, en d'autres lieux de la Suéde & du Nord, en exemptions de visites & de droits auxquels elles demeureront assujetties comme par le passé. Les articles que l'on peut tirer de ce Port, sont des planches de sapin, du brai, du goudron, des harengs, de l'huile de ce poisson & de la baleine, quelques marchandises de la Chine & du Bengale qui y sont importées par sa Compagnie des Indes Orientales; on en tire aussi du fer, de l'acier, de la poix, de l'alun, & généralement de tous les objets détaillés à l'article de Stockolm auquel nous renvoyons.

GRANVILLE. Outre ce qui est dit de cette Ville, Tome premier, page 505, ajoutez qu'on y fait beaucoup d'armemens pour la pêche de la morue au banc de Terre-Neuve, que l'on y construit beaucoup de vaisseaux pour divers Ports de l'Océan, attendu le bas prix des bois de construction, & qu'on y fait un assez bon Commerce en grains de toute espèce, bêtes à corne, moutons & cidre fort estimés.

Les morues de la pêche de Granville sont distinguées en *morues vertes*, ou en *morues seches* ou *merluches* dont les expéditions se font pour tous les Ports de France.

GRASSE, Ville de France en Provence, à 5 lieues d'Antibes & 173 de Paris. Son Commerce est en objets de parfumerie, en fruits, huile & culture de soies; ces fruits sont des *oranges*, *citrons*, *bergamotes*, *figues*, *amandes* & *olives*.

GRAY, Ville de la Franche-Comté; elle est sur la Saône, à 8 lieues de Dijon & 82 de Paris; le Commerce y est conséquent, tant par l'exploitation de ses forges qui sont considérables, que par le merrain, & les bois de construction & de charronnage qui s'y trouvent; il s'y vend aussi des grains & des vins.

GRENOBLE. *Voyez* son article, Tome premier, page 507, & ajoutez que l'on y fait un fort Commerce en bois de construction pour les bâtimens & la marine, dont les transports se font par l'Isere & le Rhône; on y fabrique beaucoup de toiles en ⅞ de large, & dont les prix roulent de 30 sols à 3 liv. 10 l'aune de cette Ville qui est de 13 pour cent plus grande que celle de Paris; il y a une assez belle manufacture d'Indiennes, mais la ganterie est, à proprement parler, la principale branche du Commerce de cette Ville, puisqu'elle occupe environ le tiers de ses habitans.

HABS-HEIM, Bourg de France en Haute-Alsace; il est renommé par ses eaux-de-vie de cerise, & on y recueille un peu de vin.

HAEZBOURG, ou HAZEBOURG, Ville de la Flandre Françoise, à 4 lieues de St. Omer & 2 de Cassel. Elle procure au Commerce, des laines, des chevaux & poulains, du tabac, des toiles, du beurre & du sel. Il y a foire conséquente les 11 & 12 Juin, où l'on trouve quantité de bestiaux.

HAMBOURG. *Voyez* son article, Tome premier, page 507, & ajoutez que parmi ses objets d'industrie, les fabriques de tabac, les raffineries de sucre, les blanchisseries de cire, la préparation des huiles, spermes & fanons de baleines, alimentent considérablement son Commerce d'exportation qui consiste, comme il est dit à son article, en toutes les productions du Nord, & particuliérement en planches de sapin, plomb, fil-de-fer, laines filées & non filées, soies de porc, plumes, bleu d'azur, arsénic, cire de Pologne, de Lunébourg, &c. Et que parmi ceux d'importation, on doit y comprendre, outre ce qui est dit à son article, la bijouterie, les gazes, blondes & rubans de Paris, les fruits confits de Rouen, de la Provence & du Languedoc, les pistaches, cumin, noix de galle, coton, soufre, alun & drogueries du Levant & de l'Italie, brai, résine, térébenthine, tartre, verdet, Liége, tabac, marmites & autres ouvrages de fonte, faïence, verres à vitres, chardons à foulon, gaude, cardes à carder, toiles de lin & de coton, miel, ochre, pierres à fusil, cacao, rocou, café, indigo, sucre brut, huile d'olive, capres, anchois, savon, essences de divers lieux de France, de l'Espagne, de l'Italie & des diverses Colonies de l'Amérique; & qu'enfin les vins blancs & rouges de Bordeaux, de l'Allemagne, du Languedoc & de l'Aunis, à des prix médiocres, y sont très-convenables, ainsi que ceux de Bourgogne & de Champagne, en bouteille; l'immense réunion de toutes ces marchandises à Hambourg, lui procure le Commerce le plus étendu dans tous les États du Nord.

Sa banque publique établie sur les mêmes principes de celle d'Amsterdam, ses compagnies d'assurance, & les légers droits qui se perçoivent tant à l'entrée qu'à la sortie des marchandises, & qui vont au plus à un quart de marc pour cent, sauf les vins qui payent 2 marcs par pièce, & les eaux-de-vie 6, sur lesquels droits on bonifie de 20 pour cent; toutes ces causes sont autant de facilités qui ne contribuent pas peu à rendre cette place une des plus commerçantes de l'Europe.

HARANCOUR, Paroisse de France, à 2 deux lieues de Sedan; elle est remarquable par sa raffinerie, sa refenderie, ses fourneaux & ses forges.

HAVRE DE GRACE. *Voyez* son article, Tome premier, page 513, & ajoutez que ses exportations sont;

Pour la Guinée,

En chapeaux, marmites, coutellerie, quincaillerie, mercerie, toiles fines, guingas, coutils, fusils, pistolets, poudre, plomb, fer, fèves, & eaux-de-vie.

Pour les Isles,

En vins de Champagne & de Bourgogne, farines économiques de Vernon, Pontoise & Corbeil, morues sèches, harengs blancs & saurs, saumon, lard, beurre, bœufs & chandelles d'Irlande, huiles de Provence, fromages de divers lieux, diverses viandes salées comme jambons, saucisses, andouilles, &c. chapeaux, bas, surtout en fil, toiles en lin & chanvre de toutes qualités, fayences, cristaux, mousselines, souliers, soieries, mercerie, quincaillerie, clouterie, coutellerie, poudre & plomb, amidonnerie, savon, harnois de chevaux, argenterie & bijouterie.

Les retours de ces objets tant des Isles que de la traite de Guinée, sont principalement en sucre, café, indigo, coton, gingembre, cacao, cire jaune, bois de marqueterie & de teinture, gomme, dents d'Eléphants, &c.

HENRICHEMONT, petite Ville de France, à 6 lieues de Bourges en Berry; elle est renommée par ses tanneries dont les cuirs se vendent à Bourges & Orléans.

HIERES, petite Ville & port de Mer en Provence, à 5 lieues de Toulon & 79 de Paris; elle fait un fort Commerce en grenade, citron, orange, huile & surtout en sel.

HUY, petite Ville du Pays de Liége, située sur la Meuse, à 5 lieues de Liége & 79 de Paris; elle fait un fort Commerce en papiers qu'elle expédie pour divers lieux d'Allemagne & du Nord; elle possède une fonderie assez considérable pour les clous.

ISSIGNY. Ajoutez à son article du Tome premier, page 521, que l'on y vend beaucoup de cire jaune & de plumes de lit.

KILY, Ville de la Moldavie, située sur le Danube, à 8 lieues de l'embouchure de ce fleuve dans la Mer-Noire; le Commerce y est assez conséquent; il consiste dans la pêche de la *Mouronne*, poisson dont les œufs servent à faire du *caviac* tant recherché des Russes, & de plus en beurre, cire, café, futaines, lins & étoffes dites *londres*, *londrins*, *sandal à petites raies*, *taffetas de brousse*, *damas assortis de schio*.

LANDERNEAU. *Voyez* son article, Tome premier, pag. 530, & ajoutez que parmi les toiles qu'on y fabrique, il y en a pour voiles de navire, en bonne qualité, mais larges & étroites; & d'autres, façon de Montbelliard & de Guingas; ces dernieres portent 28 pouces de large. Cette Ville réunit beaucoup de marchandises étrangeres à son cru, comme fer, brai, goudron, planches, savon, fromage d'Hollande, poissons secs, fruits secs, épiceries & vins étrangers & des crus de France, lesquels objets entrent dans ses armemens & ceux de Brest; elle fournit de plus au Commerce, des grains, pois, feves, volailles, porcs, bœufs, chevaux, lin, chanvre & cire. Son Port est très-sûr, & peut contenir environ 100 gros vaisseaux marchands.

LANGON. Cette Ville citée Tome premier, page 521, fait outre le Commerce des vins, celui des eaux-de-vie.

LANION, Ville de France en Bretagne, à 40 lieues de Rennes ; elle fait un fort Commerce en fil, chanvre & beurre salé.

LANTERBACH, Ville d'Allemagne, à 5 lieues de Fulde. Son Commerce qui se fait par Bremen, consiste en diverses toiles pour chemises, emballage & toiles damassées, dont le débouché est pour Amsterdam. Les toiles damassées & pour chemises portent de une aune $\frac{1}{4}$ à 2 aunes $\frac{1}{4}$ de largeur, sur 20, 30 & 60 aunes de longueur, chaque aune de 20 pouces de France ; celles d'emballage portent depuis une aune 3 quarts, jusqu'à 2 aunes & un quart de largeur, sur 30 & 60 aunes de longueur ; on y fabrique aussi des toiles de fil bleues & blanchies en même largeur & longueur que celles damassées, & l'on y file beaucoup de lin.

LIÉGE. *Voyez* son article, Tome premier, page 537, & ajoutez qu'on y fabrique du tabac, qu'on y fait beaucoup d'orfévrerie & de joaillerie, des faïences, du savon noir, de la couperose, des gazes, des dentelles noires, de l'eau forte, de la calamine, du vert-de-gris, & qu'il y a plusieurs tanneries & moulins à papiers qui ne sont pas sans réputation.

LILLE. Ajoutez à l'article de cette Ville, Tome premier, page 539, que parmi les toiles & coutils qu'on y fabrique, il y en a de toutes couleurs & dessins, tant pour meubles que pour garnitures de lits & robes, que le linge de table y est en réputation, ainsi que ses étamines, qu'on en tire beaucoup de papiers & de belles dentelles dans le genre de celles de Malines & de Valenciennes ; la plupart de ses négocians sont liés d'intérêts dans nombre de Ports de l'Europe, & prennent particuliérement part aux armemens d'Ostende, Calais & Dunkerque. Nous avons dit ce que les différentes nations de l'Europe lui fournissent, à la reserve de la Hollande qui nous étoit échappée, & de laquelle cette place tire les drogues pour la médecine & la teinture, particuliérement de l'indigo, des porcelaines de la Chine & du Japon, des épiceries, du poisson salé & des draps. Il y a en cette Ville des teinturiers en bon teint & surtout pour l'écarlate, une forte verrerie, une manufacture de soieries en filet & musquinerie ; une forte fabrique de faïence, & ses environs sont remplis d'un grand nombre de moulins à huile commune & surtout de colsat.

LIMOGES. Outre les objets détaillés à l'article de cette Ville, Tome premier, page 541, ajoutez qu'on y fabrique des grosses toiles, des mouchoirs à fonds bleu & blanc, & des petites étoffes pour meubles & habits d'hommes & de femmes, que les étoffes en laine qu'on y fait sont des flanelles, des siamoises, des tiretaines, des droguets & des turquoises ; & qu'enfin cette ville peut être considérée comme l'entrepôt du Commerce de Paris avec Toulouse, & de Lyon avec Bordeaux, & qu'elle fournit à ces quatre grandes Villes une très-grande quantité de bœufs.

LISBONNE. Ajoutez à son article, Tome premier, page 543, que les objets d'importation qui se font en cette Ville, sont des serges, des toiles de lin blanches, dites *Panicos* ; d'autres toiles écrues, dites *amages* ou *gréga* de Bretagne, des soies pour coudre, des chapeaux, papiers, platines, des fonds de cuivre pour moulins à sucre, du corail ouvré & non ouvré, de l'écarlate d'Hollande, des taffetas, des tapis, des bas de fil, &c.

LISLE, Ville du Comtat Venaissin. Les Villes d'Aix, d'Avignon & de Marseille en tirent quantité de couvertures de laines, dont les prix sont de 8 à 14 livres la piéce, & des cadis d'une demi-aune de large ; ils ne sont ni teints ni apprêtés.

L'ORIENT. *Voyez* l'article de cette Ville, Tome I., pag. 612 ; & ajoutez que, par un Arrêt du Conseil d'Etat du Roi, du 14 Avril 1785, on a recréé une nouvelle Compagnie des Indes ; (de laquelle il sera rendu compte à l'article de Paris dans ce Supplément,) dont l'entrepôt sera en cette Ville ; & que les droits fixés pour les paquebots qui correspondent avec les Etats-Unis de l'Amérique, sont à raison de 20 sols par lettre d'une once, & de 40 sols de plus par chaque once en sus ; que le port des effets est de 120 liv. par tonneau pour modes, vêtemens, linges faits, &c., que la place d'un passager ayant la table du Capitaine est de 500 liv. & 200 seulement pour la table des Bas-Officiers de l'équipage ; le départ de ces paquebots est fixé au troisieme mardi de chaque mois, & au quatrieme, quand le mois commence un mardi.

LOUDUN. Cette Ville, outre ce qui est dit à son article, Tome premier, page 552, s'occupe aussi du Commerce d'eaux-de-vie & de la fabrique de quelques draps ; le prix de ses transports par la Loire, est médiocre ; il va à 6 liv. du millier pour Nantes, & 10 pour Orléans.

LUBECK. En voyant cet article, Tome premier, page 553, il convient d'ajouter que ses monnoies particulieres & les plus usitées sont le ducat de 10 liv. 18 sols 2 den. de France. Le

Le Rixdaler	de	6 liv. . .	8 sols.	$1\frac{4}{7}$	de France.
Idem nouveau	de	4 . . .	13 . . .	$8\frac{4}{7}$	*idem*.
Le Marc	de	1 . . .	11 . . .	$2\frac{6}{7}$	*idem*.
& le Scheling	de	„ . . .	2 . . .	$3\frac{1}{9}$	*idem*.

Et que ſes fabriques conſiſtent en ſix amidonneries, douze raffineries de ſucre, dix-huit fabriques de tabac, quatre de ſavon, une de blanc de plomb, pluſieurs en étoffes de laines, de ſoies, de coton & de galons; pluſieurs tanneries & deux fabriques de fil de laiton. Les droits qui ſe perçoivent à Lubeck ſont très-foibles; ils ſont de $\frac{3}{4}$ d'un marc p%. à l'entrée & $\frac{2}{3}$ ſeulement à la ſortie : il y a un droit qui défend aux Etrangers de vendre leurs marchandiſes en cette Ville à d'autres qu'aux Lubeckois, mais il n'eſt pas en vigueur; cependant il ſeroit mieux qu'il fût totalement éteint, parce qu'il porte toujours ombrage.

LYON. *Voyez* cette Ville, Tome I, page 556, & ajoutez que ſon territoire eſt fertile en vins connus ſous le nom de *Rivage*, & en marrons très-recherchés.

On y trouve nombre de voitures publiques, pour les routes & les Villes d'Avignon, Toulouſe, Belley, Geneve, Grenoble, Montpellier, l'Auvergne, la Bourgogne, le Bourbonnois & Paris. Toutes ces routes ſont deſſervies par des diligences, dont une part chaque jour pour Paris : la Bourgogne & toutes les Villes qui bordent le Rhône, ſont ſervies de plus par des coches d'eau.

MARENNES. Il convient d'ajouter à l'article de cette Ville, cité Tome I, page 568, que ſes vins rouges & blancs trouvent leur débouché à Hambourg, Bremen, Lubeck & autres Villes du Nord, ainſi que dans la Bretagne; que ſes ſels, dont les qualités ſont eſtimées, ſe vendent aux Gabelles de la France, & forment partie des cargaiſons pour la Hollande, la Suéde, le Danemarck & pluſieurs Ports de la Baltique; ils ſe vendent au 100 composé de 28 muids, de 24 boiſſeaux chacun, du poids de 80 liv. de marc; que ſes eaux-de-vie ſont recherchées pour les Iſles & pluſieurs Provinces de France : elles ſont ordinairement à 4 degrés, & ſe vendent par tierçon d'environ 60 veltes de chacune 8 pintes de Paris, au lieu que les vins ſe vendent en futailles de 29 veltes chacune; enfin les huitres vertes, que cette Ville fait pêcher, lui procurent auſſi une branche de Commerce aſſez lucrative.

MARSEILLE. Indépendamment de ce qui eſt dit à l'art. de cette Ville, Tome premier, page 569, nous ajoutons que le Commerce des vins provenans de ſes environs commence à y prendre vigueur, & ſont recherchés aux Iſles Antilles. Les huiles de licieuses de cette Ville ne forment pas une des plus petites branches de son Commerce. Tous ses fruits secs & confits, comme olives, oranges, citrons, amandes, avelines & figues, sont généralement recherchés. Les bonnets qu'on y fait pour le Levant, & autres Etats de l'Europe ont un très-grand débit; la fine faïence de cette Ville est si belle, qu'elle est presqu'aussi estimée que la porcelaine ordinaire. Les préparations du vitriol, du nitre, du soufre & de l'alun qu'on fait en ce port, sont exécutées avec tant d'intelligence, qu'elles font singuliérement rechercher les minéraux qui s'y travaillent.

Enfin une des importantes branches du Commerce de Marseille, consiste dans les différentes qualités de laines que cette Ville procure du Levant, de la Barbarie, de l'Italie, & de l'Espagne, dont voici les principales qualités.

Celles du Levant & de la Barbarie sont les saloniques fines, grossieres & noires, la Baza, les laines fines, grossieres & noires de la Cavalle, de Smyrne & d'Andrinople, de Panonne & de Kassabachi; les tresquilles, les laines, dites *arrachées*, provenantes d'Alger, Salé, Mogador, Saphy, Tunis, Alexandrette, Chypre, Morée, & celles blanches & noires qui se tirent des Côtes de la Mer-Noire, les laines dites *Pelades*, de *salonique*, la *Cavalle*, Andrinople, ou Andrinoc & *Constantinople*.

Celles d'Espagne, dites surges, *sont* :

Les arragons & cainka fins, les candies fines & les ségoviana.

Et les laines d'Italie, sont :

Celles de la Pouille, de Rome & d'Ancone : ces dernieres se distinguent en blanche & noire.

MARTIGNES (le), Ville de France en Provence, à 8 lieues de Marseille. Elle possede de belles carrieres de plâtre; elle fabrique beaucoup d'huile d'olive, & s'occupe de la pêche d'un poisson, des œufs duquel elle compose la *boutargne*, dont le débit est pour la Russie.

MARVILLE, Ville du Pays Messin, à 4 lieues de Stenai; elle fabrique des droguets en laine & fil qui sont recherchés par leur bonne qualité.

MAUBEUGE, Ville de France en Hainaut; elle est sur la Sambre, à 5 lieues de Mons & 7 de Valenciennes. Son Commerce est en charbon de terre, marbre & ardoises dont elle a plusieurs mines & carrieres, & en armes à feu & clous dont elle a des fortes manufactures très-accréditées.

MAURIAC, Ville d'Auvergne, à 12 lieues de Clermont. Elle fait un fort Commerce en bœufs, moutons & chevaux estimés, & l'on y fait de bonnes toiles.

MAYENNE. *Voyez* Tome I., pag. 574, & ajoutez qu'on en tire du lin, du chanvre & des bois de construction & de merrain.

MEAUX, Ville de Brie, sur la Marne, à 10 lieues de Paris. Son Commerce est très-fort en grains, laines communes, fromages de Brie délicieux, toiles ordinaires & indiennes assez estimées.

MEHUN-SUR-LOIRE. Cette Ville de France située dans l'Orléanois, à 2 lieues de Beaujency, fait un assez bon Commerce en vins dont les qualités sont assez estimées; elle s'occupe, en outre, de la tannerie, & fait exploiter, avec succès, une manufacture d'indiennes.

MELUN, Ville de France, sur la Seine, à 11 lieues de Paris. Le Commerce n'y consiste, pour ainsi dire, qu'en grains dont elle tient un très-fort marché tous les vendredis; sa mesure en bled est de 206 à 210 liv. le sac. On y fait beaucoup de farines économiques d'une très-belle qualité, & il y a une forte manufacture d'indienne. Cette Ville a un coche d'eau qui, toutes les semaines, va & revient de Paris.

MENDE. *Voyez* MEUDE que nous avons mis au lieu de Mende, Tome I. pag. 576.

MENIN. *Voyez* Tome I., pag. 579, & ajoutez qu'il y a des fabriques en très-beaux linges de table, qui forment le principal Commerce; que ses dentelles sont dans l'espèce de celles de Valenciennes, elles se raffinent à l'eau; qu'on y fait considérablement d'huile de lin & de colsat, lesquelles peuvent entrer dans la composition du savon noir dont il y a deux fabriques en cette Ville; que l'on y dégraisse la laine & qu'on lui donne les apprêts, la blancheur, la finesse, le filage & toute la beauté qu'on puisse desirer, ce qui la fait singuliérement rechercher pour la France & la Hollande; qu'il y a plusieurs fabriques de tabac, des tanneries, & qu'on en tire des lins fort estimés; enfin cette Ville, quoique très-petite, est cependant d'un très-grand Commerce.

MERU. Ce Bourg de France situé dans le Beauvoisis, à 6

lieues de Beauvais, eſt remarquable par ſes fabriques de tabletterie & de bois d'éventails.

MERVILLE. *Voyez* Tome I., pag. 577, & ajoutez que dans le ſuperbe linge de table qu'on y fabrique, on y trouve des nappes qui portent de 2 aunes ¼ à 4 aunes de large ; ſon aune eſt celle de Lille. Il y a marché tous les mercredis, grand marché le ſecond mercredi de chaque mois, foire le 15 ſeptembre ; on y vend du brai.

METZ, voyez Tome I, page 578, & ajoutez qu'on y fabrique du bougran, de la fayence, qu'on y trouve de la terre à pipe, des criſtaux de Bohême, de belles pepinieres & de fortes tanneries.

MIREPOIX, Ville du Haut-Languedoc, ſur la Gers, à 6 lieues de Foix. Son Commerce eſt en fer de bonne qualité, dont elle a pluſieurs forges.

MOIRANS, ce Bourg du Dauphiné ſitué à 4 lieues de Grenoble, a de bonnes fabriques en lames d'épée, acier, chapeaux, toiles, forges & martinets pour le cuivre ; on y vend auſſi beaucoup de chanvres.

MOISSAC, Ville du Quercy, proche la Garonne, à 6 lieues de Montauban ; elle a pour Commerce ſes farines de minots, très-recherchées pour Bordeaux, & des vins de bonne qualité ; quant aux grains, elle en vend peu en nature, parce qu'elle les convertit en farine.

MONS, Ville des Pays-Bas, Capitale du Hainaut-Autrichiens ; elle eſt ſur la riviere de la Trouille qui ſe joint à la Haine, laquelle communique, par écluſes, à Condé où elle ſe perd dans l'Eſcaut. Cette Ville eſt à 2 lieues de Saint-Guilain, 7 de Valenciennes, 10 de Tournay, 4 de Maubeuge, 10 de Namur, de Douay & de Bruxelles ; & 55 de Paris. Son Commerce & celui de ſes environs, conſiſtent en grains, comme bled, ſeigle, orge, avoine, colſat & houblon, qui y ſont très-abondans & en bonne qualité ; le houblon en forme la plus grande exportation, & l'achat des ces grains ſe répand dans les environs d'Ath, de Leuſe & de Renay. On y recueille auſſi du chanvre & du lin dont on fabrique de belles toiles, mais moins à Mons, qu'à Ath & Leſſines, où ces toiles ſont achetées par les Hollandois. Le charbon de terre, dit *houille*, forme, à proprement parler, le principal Commerce de Mons qui exporte cependant une aſſez grande quantité de cendres de tourbe pour l'engrais de terres de Flandre & de Hollande ; les fabriques de cette Ville sont ; quelques-unes en étoffes de laine & surtout en soies, pour la consommation de la Province, d'autres en tabac, d'autres en vinaigre de bierre & de pommes qui sont fort estimés.

Une célèbre fabrique de sel ammoniac, qui est à Genape, distance d'une lieue de Mons, ce sel est d'une bonne qualité, il a la blancheur argentine de celui d'Egypte, & se vend à très-bon compte : on trouve à Mons, cinq tanneries dont les cuirs ne sont que pour l'intérieur de la Province, une raffinerie de sucre très-beau, mais dont la cuisson n'est pas assez perfectionnée, plusieurs chapelleries, plusieurs ouvrieres en dentelles, à l'*instar* de celles de Valenciennes. On fabrique dans ses environs beaucoup de bas au métier ; l'on trouve aussi dans ses environs de la terre à pipe & propre pour les belles faïences, elle se tire du territoire d'Outrage, proche Saint-Guillain. Moliniame, lieu situé à une lieue de Mons, a une très-belle verrerie, surtout en verres blancs, vitres & bouteilles. Sirolte, distance de 3 lieues de cette Ville, a une très-belle carrière de marbre gris veiné ; enfin les laines entrent aussi pour quelque chose dans le Commerce de cette Ville ; elles y sont achetées pour les Hollandois qui, après les avoir préparées, les y envoient, en partie, pour les manufactures de draps & de sayes qui se trouvent à Mons.

MONSOREAU, Ville de l'Anjou, à 3 lieues de Saumur qui lui tire toutes ses productions en bled, vins, pois, haricots, huiles de noix, chanvres, pruneaux estimés & maïs.

MONTAGNAC, *voyez* Tome I, page 585, & ajoutez que ses foires se tiennent l'une le 13 Mars, & l'autre le 24 Janvier, elles sont très-fréquentées pour l'achat des étoffes & des laines qui s'y trouvent en quantité.

MONTAIGU, Bourg du Poitou, à 9 lieues de Mauléon ; il est remarquable par sa carrière de meules de moulins, dans l'espèce de celles de Brie.

MONT-DIDIER, Ville de la Picardie, à 9 lieues d'Amiens, on y fabrique beaucoup de serges de Rome, de prunelles & de bas.

MONTEBOURG, Bourg de Normandie, à 5 lieues de Carentan ; il s'y fait beaucoup de Commerce en beurre salé, suif, bestiaux & chevaux.

MONTEFIASCONE, Ville d'Italie, près le Lac Bolsena, à 5 lieues de Viterbe ; elle est renommée par son excellent vin du même nom

MONTELIMAR, *voyez* Tome I, page 588, & ajoutez qu'outre ses fabriques, on y fait le Commerce de vins, cochons, bétail, volaille & huiles d'olive & de noix.

MONTESQUIEU, Bourg du Haut-Languedoc, à 4 lieues de Toulouse ; on y fabrique annuellement plus de 8000 pieces de droguets, dits *montesquieu*, qui se vendent à Beaucaire, Pézenas, Toulouse, Montauban & Bordeaux.

MONTFORT-LAMAURY, Ville du Mantois, à 9 lieues de Paris. Son Commerce est fort en bonneterie, bois & bleds.

MONTJOIE, Ville du Duché de Juliers, sur la Ruhr, à 5 lieues de Stolberg ; elle est renommée par ses fabriques d'étoffes de laine qui imitent la soie, les calmandes, les camelots, les bouracans &c. Il y en a de toutes couleurs.

MONTIVILLIERS, Ville de Normandie, à 2 lieues d'Harfleur. Le Commerce y est en dentelles, toiles, bonneterie, tannerie, cidre & grains.

MONT-LUEL, Ville de France en Bresse, à 4 lieues de Lyon ; elle a une blanchisserie renommée par les toiles, & son Commerce est en grains, chanvre & fil.

MONTMIRAIL, Ville du Perche, à 6 lieues de Vendôme ; elle a une verrerie renommée par la beauté de son verre, dont on fait des ouvrages qui imitent le cristal taillé.

MONTMIREL, Ville de Brie, à 5 lieues de Château-Thierry. Tous ses ouvrages de coutellerie sont fort estimés, & surtout les tire-bouchons.

MONTONLIEU, Paroisse de France en Languedoc, au Diocèse de Carcassonne ; on y fabrique différentes sortes de draps en londrins premiers & seconds, londres larges, mahoux premiers & seconds ; diverses qualités propres pour la Traite & le Commerce des Indes & de l'Amérique, & d'autres en façon d'Elbœuf & de Sedan.

MONTPELLIER. Parmi les objets de Commerce de cette Ville, détaillés en grande partie à son article dans le premier Volume, on y distingue, surtout, son Commerce en vins qui sont en bonne qualité, & dont une partie se convertit en eaux-de-vie & esprit de vin ; ses fabriques en étoffes de coton à l'*instar* de celles de Rouen ; ses toiles peintes qui sont assez en réputation ; & ses magasins considérables en draperies, toiles, mousselines, soies, cire & laines du Levant, de la Barbarie & de l'Espagne ; ces derniers objets qui lui viennent de l'Etranger, & de nombre de fabriques du Languedoc, trouvent leur principal débouché à la célebre foire de Beaucaire.

MONTRICHART. *Voyez* Tome I., pag. 588, & ajoutez qu'on y fabrique environ 1500 pieces de droguets par année, dont la qualité en laine du Pays, est d'un fort bon usé.

MORTAIN, Ville de Normandie, à 8 lieues d'Avranche ; on y fabrique de belles basannes, des toiles ordinaires & communes, & d'autres pour paillasse.

MOULINS. *Voyez* Tome I., pag 592, & ajoutez qu'on y fait un grand Commerce en bœufs, porcs, bois de construction, de charpente, de chauffage & d'autres en merrains, cercles & échalats ; qu'on s'y occupe beaucoup de la filature du lin, du chanvre & du coton.

MOUY, Ville de France, près Clermont en Beauvoisis. On y fabrique beaucoup de cordes à puits & de serges.

MUGRON, Ville de Gascogne, à 3 lieues de St. Sever. Elle est l'entrepôt du Commerce des vins de la Chalosse, l'Armagnac & le Béarn.

MUR-DE-BAREZ, Ville de Rouergue, à 2 lieues de Charlet. On y fabrique beaucoup de bouracans, des camelots, des rases & des cadis.

NANCY. *Voyez* Tome premier, page 594, & ajoutez qu'on y fabrique des ratines, des tapisseries dites *Nancy*, & des liqueurs très-fines; & sans égard à ce qui est dit sur la plupart de ses monnoies, au Tome I., observez exactement ce qui suit: l'écu de 6 liv. de France, vaut 7 liv. 15 sols de Nancy. L'écu de 3 liv. de France, 3 liv. 17 sols 6 den. de Nancy; &, *par Contre*, l'écu de 3 liv. de Nancy, vaut 2 liv. 6 sols 5 $\frac{1}{31}$ den. de France, & la livre de Lorraine, vaut en France 15 sols 5 $\frac{25}{31}$ deniers.

NANTES. *Voyez* Tome premier, page 596, & ajoutez que sous le mot *cotonades*, se trouvent compris les basins à poils & autres, les futaines, les siamoises, les toiles à carreaux, les serges en fil & coton; qu'on y tient des toiles dites *Nantoises*, de fort bonnes liqueurs, & beaucoup de coton filé; qu'il y a une forte verrerie pour bouteilles, des blanchisseries pour la cire, qu'on y arme plusieurs bâtimens pour la pêche de la morue, au Cap-Breton & au banc de Terre-Neuve, qu'on y fait des assurances très-conséquentes, & que le cabotage y est fort en vigueur.

NAPLES. *Voyez* Tome premier, page 599, & ajoutez qu'on en tire des vins délicieux, ainsi que des essences & parfums très-estimés.

NARBONNE. Outre les vins, le grain & les eaux-de-vie qui se trouvent abondamment en cette Ville, comme nous l'avons dit, page 599 du Tome premier, on en tire un beau marbre à taches jaunes & violettes; le miel, la cire & la soie y forment autant d'objets de Commerce, & surtout le miel qui est très-connu sous le nom de *Narbonne*.

NEUFCHATEL, Ville de Normandie, sur la riviere d'Arques, à 9 lieues de Rouen. On y fabrique de la bonneterie, des petites étoffes de laines, des verroteries pour la traite des Noirs, des beaux verres & du cristal, & l'on en tire de très-bons fromages.

NEUFCHATEL, Ville de la Suisse, située sur les bords d'un lac du même nom, à 10 lieues de Berne. Elle communique avec toute la Suisse, l'Allemagne & la Hollande. On en tire des vins blancs & rouges, des bœufs & des chevaux, des caracteres d'imprimerie, des planches de cuivre pour gravures, &c. des ouvrages d'horlogerie, du fil-de-fer, des dentelles, de belles toiles peintes & indiennes, du papier & des draperies ordinaires.

Les

Les écritures s'y tiennent en écus neufs de France de 6 livres, qui équivalent à 42 batz, ou 4 liv. 4 sols de cette Ville. L'aune est de 3 pieds 9 pouces 4 lignes de France. Il y a deux poids, celui de marc & celui de fer, ce dernier est d'un 17e. plus fort que l'autre, & le pot pour les liquides contient une pinte $\frac{19}{25}$ de Paris.

NEUVILLE, dite l'*Archevêque*, Ville de France, en Franc Lyonnois, & à 3 lieues de Lyon. Elle est remarquable par ses fonderies en cuivre, sa fabrique de ratine, & sa manufacture royale en velours de coton & soie mélangés, unis & façonnés, bons pour habits, meubles & voitures, dans laquelle manufacture on fabrique aussi des mousselines & des toiles de coton, lesquels objets doivent être revêtus d'un plomb au bout des pieces, où se trouvent, d'un côté, *les armes de France*, & d'un autre, *Manufacture royale de Neuville-l'Archevêque, de François Perret*. Il y a un dépôt de ces objets à Paris, rue Saint-Denis, vis-à-vis celle du Petit-Lyon.

NIONS, Ville du Dauphiné, à 10 lieues de Valence. On y fabrique du savon, des étoffes de laine, & l'on en tire des grains, vins, huiles & soies en bonne qualité.

NIORT. *Voyez* Tome I., pag. 605, & ajoutez qu'à ses foires des 6 Mai, 12 Novembre & 1 Décembre, on y trouve beaucoup de bestiaux, surtout des chevaux, mules & mulets ; des étoffes & serges de ses fabriques, des peaux préparées de diverses sortes & de *l'angélique confite*.

NISMES. *Voyez* Tome I., pag. 606, & ajoutez que parmi les graines qu'on y trouve, on doit surtout distinguer celle de Kermès si précieuse pour la teinture écarlate ; on y trouve aussi beaucoup de soie en organsin, quantité de draps de diverses fabriques du Bas & du Haut-Languedoc, des toiles de diverses Provinces de la France qu'elle répand dans le Dauphiné, le Languedoc & la Provence, ainsi que les épiceries & drogueries qu'elle tire de Marseille & de Montpellier. 100 liv. de cette Ville n'en forment que 84 de Paris, & 3 cannes de Nismes forment 5 aunes de Paris.

NOGENT-LE-ROY, Ville de Champagne, à 4 lieues de Langres ; on en tire de la bonneterie, de la coutellerie & des aiguilles.

NOYERS, Ville de la Bourgogne, à 3 lieues de Tonnere ;

elle s'occupe de la filature du coton, & de la bonneterie en fil & coton.

NUITS. *Voyez* Tome I., pag. 608, & ajoutez, qu'outre les excellens vins qu'on en tire, cette Ville procure au Commerce beaucoup de papiers fins dont elle a trois belles manufactures.

OLONNE, Isle, Bourg, Ville & Port de France dans le Bas-Poitou, à 9 lieues de Luçon, 10 de la Rochelle, 20 de Nantes & 120 de Paris; la Ville & le Port sont appelés les *Sables d'Olonne*; son Port ne peut être fréquenté que par des vaisseaux tirant 13 à 14 pieds d'eau; le Commerce y consiste en chargemens très-conséquens de grains & de sel pour divers Ports de France, & particuliérement pour Bordeaux & Bayonne; les pêches de la morue & celle de la sardine forment ses principaux armemens; la morue s'y prépare de même que celle d'Hollande, & surtout la morue verte. Le sel se vend au muid de 24 boisseaux du poids de 80 liv. chacun; la pêche de la Sardine se fait sur les Côtes mêmes de cette Isle qui fournit aussi au Commerce des chevaux, des mulets & autres bestiaux.

ORANGE, Capitale d'une Principauté du même nom, en Dauphiné, à 5 lieues d'Avignon; on y fabrique des Indiennes très-connues sous le nom de toiles d'Orange qui jouissent, depuis long-tems, de la plus grande réputation, & l'on en tire des bleds, des vins, du safran, de la garance, du chenevi & des huiles estimées.

ORLEANS. *Voyez* Tome premier, page 613, & ajoutez que ses vinaigres sont très-estimés, que le débouché en est conséquent, que ses vins sont d'une grande consommation pour Paris, qu'on en tire quantité de bois de construction, des planches en chêne & sapin, du merrain & des lattes, qu'il y a une manufacture royale de porcelaine dont les ouvrages sont estimés, qu'on y fabrique beaucoup d'amidon, des épingles, des serges, &c. & qu'on y reçoit & remplit les commissions de telles parties de l'Europe que ce soit.

Cette Ville a deux marchés par semaine, les mercredi & samedi. Une foire le 18 Novembre, jour de la Saint-Agnan.

PARIS. *Voyez* Tome premier, page 621 & *suivantes*, & ajoutez que les modes, les gazes, les fleurs artificielles, les sirops, liqueurs & autres articles de confiseries & de distillation, les instrumens de musique, les encres de couleurs, les ustensiles de bureaux, la papeterie en général, les papiers peints, les ouvrages en émaux & perles, la coutellerie, la fonderie de caracteres d'Imprimerie, la gravure, la vinaigrerie, la parfumerie, la serrurerie, la quincaillerie, la coutellerie, l'éplinglerie, & généralement toutes les sciences, les arts utiles, libéraux, &c. y sont dans la plus grande activité & cultivés avec le succès le plus flatteur & le plus distingué de l'Etranger.

Le Roi vient encore d'ajouter à l'étendue de son Commerce par la création d'une nouvelle compagnie des Indes, qui ne manquera pas d'avoir pour intéressés, la plupart des riches financiers de cette Capitale. Voici la substance de l'Arrêt du Conseil d'Etat du Roi, qui a autorisé cette nouvelle Compagnie, sous la protection immédiate du Gouvernement.

Du 14 Avril, 1785.

SA MAJESTÉ, par le compte qu'elle s'est fait rendre du résultat des exportations de son Royaume, & des retours d'Asie, depuis la suspension du privilège de la Compagnie des Indes, a reconnu que la concurrence utile pour d'autres branches de Commerce, ne pouvoit qu'être nuisible dans celle-ci; qu'en effet l'expérience avoit fait voir que les cargaisons d'Europe n'étant pas combinées entr'elles, ni proportionnées aux besoins des lieux de leur destination, s'y vendoient à bas prix, tandis que le concours des sujets de sa Majesté, dans les marchés de l'Inde, y surhaussoit le prix des achats: que d'un autre côté les importations en retour, composées de marchandises des mêmes especes, sans mesure, ni assortimens, avec excès dans quelques articles, & manque total sur d'autres, étoient aussi désavantageuses aux négocians, qu'insuffisantes pour l'approvisionnement du Royaume. En considérant qu'à ces inconvéniens, résultans du défaut d'ensemble, se joint l'impossibilité que des particuliers ayent des moyens assez étendus pour soutenir les hasards d'un Commerce aussi éloigné, & les longues avances qu'il exige, Sa Majesté s'est convaincue qu'il n'y avoit qu'une compagnie privilégiée qui, par ses ressources, son crédit, & l'appui d'une protection particuliere, pût faire utilement le Commerce des Indes & de la Chine; elle a, en conséquence, accepté la proposition qui lui a été faite par une association de négocians & de capitalistes, dont les facultés, le zèle & l'intelligence lui sont connus, d'exploiter seule, pendant un tems limité, le Commerce de l'Asie, suivant les stipulations du dernier traité de paix, qui l'ont maintenu libre, sûr & indépendant. Les soins politiques, les frais de souverainneté, & les gênes d'une administration trop compliquée, ayant été les principales causes des pertes que l'ancienne Compagnie a souffertes, il a paru convenable que la nouvelle en fût entiérement dégagée, que rien ne pût distraire, ni son attention, ni ses fonds, de l'objet de son Commerce, & qu'elle fût régie librement par ses propres intéressés : Sa Majesté s'est occupée, en même tems, des moyens de conserver aux Isles de France & de Bourbon, tous les avantages compatibles avec l'exercice du privilège qui fonde l'existence d'une compagnie : elle leur a permis le Commerce d'Indes en Indes, la traite des Noirs, le libre échange de leurs productions avec celles de l'Europe, & tout ce qui a paru nécessaire pour assurer l'approvisionnement & le soutien de cette colonie intéressante.

Cet arrêt contient 57 articles, dont les principaux offrent en substance les dispositions suivantes. Le privilège de la nouvelle Compagnie durera sept ans de paix, à compter du départ de sa premiere expédition ; en cas qu'il s'éleve une guerre, les années de guerre ne seront pas comptées. Les sujets du Roi des divers ports du Royaume pourront approvisionner les Isles de France & de Bourbon qui ne seront point comprises dans le privilège exclusif de la Compagnie, & qui pourront faire le Commerce d'Indes en Indes. Il est accordé à tous les armemens commencés, complétés & en route pour les mers de l'Inde, à compter du jour du départ de leurs ports d'armemens, 24 mois de délai pour faire leur Commerce & retour au seul Port de l'Orient, où la nouvelle Compagnie fera aussi les siens. Le Roi lui céde & accorde gratuitement la jouissance de ce Port, des hôtels, magasins, chantiers, corderies, ustensiles, &c. qui lui seront remis, après avoir été réparés aux frais de Sa Majesté qui se charge aussi de leur entretien pour ce qui concerne les grosses réparations. Les fonds de la nouvelle Compagnie sont fixés à 20 millions, dont 6 millions seront fournis par les douze administrateurs, à raison de 500,000 liv. chacun ; les 14 millions de surplus seront divisés en 14,000 portions de 1000 liv. chaque, pour lesquelles il sera donné des reconnoissances aux personnes qui voudront s'intéresser dans son Commerce, &c.

PARTHENAY. *Voyez* Tome premier, page 642, & ajoutez que les fabriques consistent en Pinchinats & Calmoucks de ½ aune à ¾ de large sur 48 à 50 aunes de long ; qu'il y a des tanneries en cuirs forts, qu'on y apprête d'autres peaux en noir & gris, qu'on y vend annuellement 3, à 4000 peaux sauvagines & en poils, tant de chevreaux que de chevreuils, & qu'on tire de cette Ville beaucoup de bois & de feves. Il y a un fort marché, tous les mercredis, en toiles écrues, fils & bestiaux.

PENAUTIER, Paroisse du Languedoc, à une lieue de Carcassonne. Elle est renommée par sa manufacture royale en draps fins, façon de Sédan & d'Abbeville, autres dits *Londrins* premiers seconds & larges, & plusieurs fortes convenables au Commerce des Indes, de l'Amérique, & pour la traite des Négres.

PERPIGNAN. *Voyez* Tome I., pag. 646, & ajoutez qu'on y fabrique aussi des eaux-de-vie, mais dont la qualité n'est pas des plus supérieures.

POITIERS. Outre ce qui est dit de cette Ville dans la seconde partie, Tome I., pag. 651. Nous observerons qu'il y existe une manufacture considérable en étoffe & filature de coton; on y fabrique des belles toiles de coton, des siamoises rayées, des mouchoirs, des étoffes unies, rayées & pluchées telles que le basin de Nantes, futaines, molletons, couvertures croisées, draps ou satinettes, gara, guinée & diverses toiles unies & croisées, le tout en coton. Il s'y fabrique aussi des bas de soie, de laine, de fil & de coton, & autres objets de bonneterie. La pelleterie & la chamoiserie y sont aussi en vigueur, surtout en peaux sauvagines de moutons & autres. Parmi les étoffes de laine qui s'y font, il y a des serges communes, des étamines rayées & unies, des calmoucks, des ratines, façon de Cadis, & des ras de bonne qualité.

PLEAU, Ville d'Auvergne, à 2 lieues de Mauriac; on y fabrique des toiles, & on y vend beaucoup de moutons, bœufs & chevaux.

POMARD, Canton de la Bourgogne, à une lieue de Beaune; nous ne le citons que parce que la qualité de son vin, connu sous le même nom de *Pomard*, est un des meilleurs de la Bourgogne & des plus estimés de l'Europe.

PONT-AUDEMER. *Voyez* Tome I, page 653, & ajoutez qu'il y a une manufacture de cuirs, façon d'Angleterre; qu'on y tanne des cuirs forts, & qu'on y fabrique des toiles & fleurets.

PONT-A-MOUSSON. Cette Ville du Duché de Bar, située à 6 lieues de Nancy, fait le Commerce de grains, de vins, & d'eaux-de-vie.

PONT-DE-L'ARCHE, Ville de Normandie, à 4 lieues de Rouen; on y fabrique diverses étoffes de laine, & particuliérement des draps fins.

PONT-DE-VESLE, Ville de Bresse, à une lieue de

Mâcon. On y fabrique des étoffes connues sous le nom d'*augustine*, & des tapisseries, façon d'Aubusson.

PONTOISE. Cette Ville située sur Loise, à 7 lieues de Paris, & 21 de Rouen, procure à ces deux Villes, une grande quantité de farines économiques qui, après celles de Melun & de Beauce, sont fort estimées.

PORT-VENDRES. Ce Port qui facilite l'exportation des marchandises du Roussillon, où il se trouve situé sur la côte de la Méditerrannée, à 9 lieues de Perpignan, vient d'être rétabli de maniere à pouvoir recevoir les bâtimens marchands les plus forts, & les frégates mêmes. On lui a donné deux points de reconnoissance pour les navigateurs, en faisant mettre en blanc le Fort *St. Elme* & la Tour de *Massane*, placés sur les plus hautes montagnes des Pyrennées; ils peuvent s'appercevoir de 15 à 20 lieues en mer; & de plus on a mis à l'entrée du Port, un fanal qui porte la lumiere à plus de 5 lieues dans la nuit.

POULAOUEN, Paroisse de Bretagne, à 4 lieues de Morlaix; elle est remarquable par ses abondantes mines de plomb dont le Port de Morlaix procure un très-grand débouché.

PUY. (le) *Voyez* Tome I, page 656, & ajoutez qu'on y fabrique des couvertures, des toiles, de la faïence, des outres, especes de bouteillles de cuirs & des épingles, qu'il y a une fonderie en cuivre, fer, &c. que ses légumes & surtout ses lentilles sont très-recherchés pour les Ports du Languedoc, du Roussillon & de la Provence, & qu'on trouve à ses foires quantité de bestiaux, surtout des mules & mulets.

RÉALEMONT, Ville du Haut-Languedoc, à 4 lieues d'Alby; on y trouve une très-grande quantité de toiles de ménage & d'emballage.

REMBERVILLIERS. *Voyez* son article, Tome I, page 659, & ajoutez qu'on en tire des bois, des fils de lin & de chanvre, qu'on y fabrique des toiles blanches en toute qualité, des bas au tricot, du papier de toutes grandeurs & qualités, des droguets d'une aune de large & en toutes couleurs, (l'aune ne porte que 25 pouces & demi;) que la tannerie y est considérable; la majeure partie de ses cuirs est pour l'Allemagne. Il y a deux fortes forges en fer, & l'on exploite dans ses environs des carrières de pierres à aiguiser.

REMSCHEID, Ville de Westphalie, renommée par ses fabriques d'outils d'acier, à l'usage des charpentiers, des ébénistes & des menuisiers.

RENNES. *Voyez* Tome I, page 659, & ajoutez qu'on y fabrique des couvertures de laine en toute qualité & grandeur.

RHEGNY, Ville du Lyonnois, à 3 lieues de Roanne; on s'y occupe beaucoup de la filature du coton, & l'on en tire de très-bonnes futaines.

RHEIMS. *Voyez* Tome I, page 658, & ajoutez qu'on y fabrique des crêpes, des voiles, des ras de castor, des draps de Silésie, & autres détaillés à son article, dans la fabrication desquels il entre beaucoup de laines d'Espagne & de l'Italie, & qu'on y fabrique aussi beaucoup de confitures séches.

RHETEL, Ville de Champagne, proche l'Aisne, à 9 lieues de Rheims; elle fait un fort Commerce en étamines & autres étoffes de laines, en laines non ouvrées, & en bled, fers & cordes; ses débouchés se font par Rheims & Châlons.

RHODES. *Voyez* Tome I, page 660, & ajoutez qu'on en tire des mules & des mulets.

RICHELIEU, petite Ville du Poitou, sur les rivieres d'Amable & de Vide, à 10 lieues de Tours; on y fabrique des étamines, des serges, & l'on en tire beaucoup de grains en assez bonne qualité.

ROANNE, Ville du Forez, sur la Loire, à l'endroit où cette riviere commence à porter bateau, à 17 lieues de Clermont, & 86 de Paris; elle est considérée comme l'entrepôt du Commerce de Lyon avec Paris & d'Orléans avec Nantes, ce qui lui procure de l'activité par les transports, ou par le passage continuel des bateaux. Elle a plusieurs fabriques de toiles; les unes claires, dites *treillis*, d'autres rousses & blanches dites *de St. Jean*, & bonnes pour doublures: elles ont trois quarts & ⅞ de large; d'autres pour draps de lits, en ⅞ de large; on y fait des cotonnes rayées & non rayées, dont la trame est en coton & la chaîne en fil, & l'on recueille, dans ses environs, de fort bons vins d'ordinaire.

ROCHELLE (LA) *Voyez* Tome I., page 663, & ajoutez que cette Ville tire de *l'Ecosse*, du saumon salé & du charbon de terre; de l'*Irlande*, même chose que de l'Ecosse, & de plus, du beurre & des viandes salées; de l'*Angleterre*, beaucoup de quinquaillerie, du tabac de Virginie, de l'étain, du plomb, de l'alun, de la couperose, du charbon de terre & des cuirs secs & en poils; de la *Hollande*, des petites merceries, des quinquailleries communes, des fromages, beurre, drogues, poivre, muscade, gérofle, canelle, chanvre & lin en botte, fil en botte, brai, goudron, mâtures, planches, &c. *Les Provinces de France lui fournissent nombre d'articles*, savoir: de la *Bretagne*, des morues, poissons secs & sardines, des toiles à voiles, du fer en barre & en verges, des barriques & du merrain, diverses toiles fines, particuliérement de Quintin, Morlaix, Pontivi, Laval, &c., des cotonades & divers articles des fabriques de Nantes & de Rennes; du *Poitou* & de la *Saintonge*, des grains de toute espèce, des chanvres, des bestiaux, des fèves & diverses étoffes de laine; de la *Touraine*, des grains, des vins, des soieries & des pruneaux secs; de la *Provence*, du *Languedoc* & particuliérement de *Marseille*, des olives, huiles, savon, fruits secs, ris, sené, pistaches, mannes, noix de galle, anchois, capres, vins, liége, & marroquins; de *l'Angoumois*, des grains, des bestiaux & du papier; du Port de *Bayonne*, du brai gras & sec, des jambons, de la réglisse, des laines d'Espagne, des huiles & fanons de la baleine; de la *Picardie*, de la *Flandre*, & particuliérement de *St. Quentin*, de belles batistes, linons & toiles fines.

Le *Nord* lui fournit du cuivre ouvré & en plaque, du fer en barre & en pot, des poêles, de l'acier, des fils d'archal & de carret, du fil de lin, des chanvres, des lins, des mâts, des cordages, des planches, des douves pour futailles & des sapins. Quant à l'*Espagne*, le *Portugal* & les *Isles*, tout ce que la Rochelle en tire, se trouve en grande partie détaillé dans notre premier Volume, sauf les sirops, mélasse, & les bois de marqueterie & de teinture; il nous reste seulement à observer que les retours de la *Côte de Guinée* lui procurent des gommes, de la poudre d'or, des dents d'éléphants, de la cire jaune, du miel, de l'ambre, du coton, des cuirs, du poivre, &c.

Enfin il convient d'ajouter à ses productions, la graine de lin & celle de moutarde.

La réunion de tant de denrées diverses que cette place répartit sur tous ses armemens, doit seule suffire pour donner une idée de l'étendue & de l'importance de son Commerce.

ROMANS, Ville du Dauphiné sur l'Isere, à 10 lieues de Grenoble.

Grenoble. On y fabrique des ratines, des serges & des étamines, & l'on y prépare des peaux & des laines.

ROQUEFORT, Ville de France, à 4 lieues de Milhaud, dans le Rouergue. On y fait un fort Commerce de fromage, sous le nom de *Roquefort*.

ROUBAIX, Ville de la Flandre Wallone, à 2 lieues de Lille. On y fabrique d'assez belles étoffes de laines en prunelles, serges, calmandes & camelots, & l'on y fait des beaux basins. Cette Ville tient un petit entrepôt de moulages de la Brie pour les moulins à grains de ses environs.

ROUELLE, Paroisse de la Bourgogne, à 4 lieues de Langres. Elle a une très-belle manufacture de glaces presqu'aussi estimées que celles de St. Gobin; son entrepôt est à Dijon, & ses prix offrent 30 p℅. de meilleur marché qu'aux manufactures de Paris & de St. Gobin.

ROUEN. *Voyez* Tome premier, pages 667 & *suivantes*, & ajoutez qu'on y fait du plomb laminé, des cardes à carder, qu'il y a des blanchisseries pour la cire, qu'on y fait un fort Commerce en laines de la plupart des Provinces de France; que cette Ville est extrêmement liée au Commerce du Havre & des autres Ports de la Normandie, qu'on y trouve des compagnies d'assurance qui souscrivent jusqu'à 300 mille livres sur un seul bâtiment, qu'on y fait de fortes opérations en banque, qu'on s'y occupe du Commerce des piastres, & que la situation de cette Ville, au centre du Royaume, à la proximité de sa Capitale, & communiquant, par eau, avec les divers Ports de Normandie, lui procure un Commerce intérieur & extérieur des plus importans.

ROYE, Ville de France en Picardie, à 26 lieues de Paris; on y fabrique beaucoup de tricots & de bas au métier, en laine, fil & coton; on y trouve beaucoup de coton filé, & l'on y fait un fort Commerce de grains.

RUGLES. *Voyez* Tome premier, page 670, & ajoutez qu'on y fait beaucoup d'ouvrages en serrurerie & clous, qu'il y a une manufacture de papiers, & qu'on y fabrique beaucoup de fils à coudre.

SABLES D'OLONNE. (les) *Voyez* OLONNE.

SAINT-AMAND, Ville de Flandre, à 3 lieues de Valenciennes ; elle n'est renommée que par ses boues qui ont la vertu des eaux minerales ; on y fabrique cependant de très-beaux fils pour la bonneterie & les dentelles.

SAINT-CHAMOND, Ville du Lyonnois, à 6 lieues de Lyon ; on y fait un Commerce de fer fort étendu, & l'on y fabrique quantité de rubans.

SAINT-DENIS, *Voyez* Tome premier, page 672, & ajoutez qu'il y a une très-belle manufacture de toiles peintes.

SAINT-DIE, Ville de Lorraine, à 18 lieues de Nancy ; elle a une manufacture considérable de quincaillerie & de menues bijouteries ; on y fabrique, en outre, beaucoup de toiles.

SAINT-GERMAIN-EN-LAYE. *Voyez* son article, Tome premier, page 675, & ajoutez qu'on y fait beaucoup de bonneteries, surtout en coton & fil.

SAINT-JEAN D'ANGELY. *Voyez* Tome premier, page 676, & ajoutez qu'il y a des moulins à poudre.

SAINT-LO, *Voyez* Tome premier, page 676, & ajoutez qu'on en tire, pour les armemens, du cidre, des volailles & du beurre salé.

SAINT-MAIXENT. Ajoutez à ce qui est dit à l'article de cette Ville, Tome premier, page 677, qu'on en tire des bestiaux & des grains.

SAINT-MALO. *Voyez* Tome premier, pages 677 & 678, & ajoutez que ce Port arme par année 80 à 100 navires, pour la pêche de la morue qu'il fait préparer à la maniere Hollandoise ; la plupart de ses batimens, au lieu de revenir à Saint-Malo avec leurs cargaisons de morues, vont en faire la vente en plusieurs Ports d'Espagne & d'Italie, ainsi qu'à ceux de Granville, Bayonne & Bordeaux ; ils rapportent de ces derniers Ports, nombre des articles qui s'y trouvent, & principalement des vins, eaux-de-vie, resine & pruneaux. La correspondance intime qui subsiste entre cette Ville

& Nantes, lui procure un assortiment de toutes les marchandises qui s'y trouvent, ce qui ne contribue pas peu à former ses cargaisons pour les Isles Françoises de l'Amérique; ainsi on doit conclure que le Commerce d'importation & d'exportation de ce Port consiste dans les mêmes articles que ceux de Nantes que l'on peut consulter à cet effet.

SAINT-MARTORY, Bourg de France, en Comminges, à 9 lieues de Toulouse. On y fabrique quantité d'étoffes qui s'exportent, tant dans l'intérieur du Royaume, que chez l'Etranger; ces étoffes sont des Cadis, façon de Montauban, de Berg-op-zoom, de Pessots & de Mazamets.

SAINT-MIHEL. *Voyez* St. Michel, Tome premier, page 678, N°. 902, & ajoutez qu'on y fait le Commerce des vins du Rhin & de la Moselle, qu'on y vend du *Kirchwasser* & autres liqueurs de la Suisse, de Phalsbourg & de Nancy, & que les meilleurs vins sont ceux des côteaux de *Loupmont*, *Bussiere*, *St. Julien*, *Apremont* & *Varneville*; ils se vendent comme vins de Bar, pour les Pays-Bas Autrichiens & le Pays de Liége. On y fabrique des eaux-de-vie assez estimées; quant à ses dentelles, elles sont toutes communes, leur prix, du fort au foible, est de 12 sols à 8 liv. la piece de 6 aunes: le débit en est immense.

SAINT-OMER. *Voyez* Omer (St.) Tome premier, page 611, & ajoutez qu'on y fait le Commerce d'eau-de-vie, celui de fil & des huiles de Colsat: qu'il y a une manufacture très-considérable de faïence, à l'*instar* de celle de Rouen, dont on fait des envois aux Isles, & qu'enfin l'amidon qui se fabrique en cette Ville est aussi estimé que celui de la Hollande. St. Omer trouve le débouché de ses marchandises à Dunkerque & Calais.

SAINT-QUENTIN. Par un nouvel avis reçu sur le Commerce de cette Ville, nous ajouterons ce qui suit, à ce que nous en avons dit dans la seconde partie de notre premier Volume, page 657.

1°. Que les toiles qui s'y fabriquent, ainsi que dans ses environs, sont toutes en lin du Pays & du Vermandois, dont la finesse & la beauté sont également reconnues.

2°. Que les toiles en batiste ne portent que $\frac{2}{3}$ de large sur deux aunes & demie de long.

3°. Que les batistes claires ont quatorze aunes & demie de long, sur $\frac{3}{4}$ de large.

4°. Que l'on y fabrique des toiles en diverses longueurs, largeurs & especes, dont l'usage est pour des cravattes.

5°. Que cette Ville recueille & vend, par année, près de cent milliers pesant de laines.

6°. Qu'on y fabrique des mousselines en très-bonnes qualités, elles portent ¾ de large : il y en a d'unies, de rayées & de brochées.

Et 7°. que ses blanchisseries, arrosées par les eaux de la Somme, sont renommées par les apprêts & le beau blanchissage que les toiles y reçoivent, mais qu'elles suffisent à peine aux besoins de la Ville même & de ses environs.

Outre les lieux des expéditions indiqués à l'article de cette Ville, dans notre seconde partie, elle en fait encore de fortes pour l'Angleterre, par la voie de Gand, dans la Flandre Autrichienne.

Enfin que le droit de courtage & d'aunage qui s'y perçoit sur les toiles, est de 5 sols par piece.

SAINTES. *Voyez* Tome premier, page 671, & ajoutez que ses exportations en eaux-de-vie sont annuellement d'environ 4000 barriques, que parmi les étoffes, il y en a en coton, & qu'on y fait un fort Commerce en laines qui y sont teintes, totalement apprêtées & s'expédient en partie pour la Normandie, la Touraine & le Poitou.

SAINT-NICOLAS, gros & riche Bourg de la Flandre, au Pays de Waes dont il est le chef-lieu. L'extrême fertilité des terres de ce canton, leurs gras & délicieux pâturages procurent à ce Bourg un très-fort commerce en bestiaux, surtout en chevaux, & de plus en grains de bonne qualité, tabac, lin en abondance & fort estimé, dont on fait, à Saint-Nicolas & dans ses environs, des toiles dont la solidité leur fait quelquefois donner la préférence sur celles de Courtray qui leur sont néanmoins supérieures en beauté, mais non en qualité. Ce Bourg, le plus commerçant des Pays Autrichiens, est situé à 4 lieues d'Anvers, 5 de Gand, & 8 de Bruxelles.

SAISSAC, petite Ville du Bas-Languedoc, proche Alsonne; on y fabrique quantité de draps de mêmes sortes que ceux de Montoulieu & de Carcassonne.

SARBRUCK, Ville de la Lorraine Allemande, sur la Sare, à 5 lieues de Sarlouis. On y fait un fort Commerce en houille dégraissée, qui ne répand ni fumée, ni vapeur ; & on en tire des bois de construction, articles de verreries en communs, fer, acier, fer-blanc & noir, épiceries, drogueries, alun & couleur rouge : tous ces objets peuvent se transporter par eau, attendu la communication que la riviere de Sare a avec la Moselle & le Rhin.

SARLOUIS, autre Ville de la Lorraine, à 5 lieues de celle de Sarbruck, & située comme elle sur la Sare. Elle a le même Commerce que dessus auquel elle joint des ouvrages de fonte, du fil de fer, du noir de fumée & plusieurs articles de Taillanderie.

SAUMUR. *Voyez* Tome premier, pages 685 & 686, & ajoutez que ses expéditions en prunes & pruneaux, connus sous le nom de *Ste. Catherine*, vont annuellement entre 100 & 120 milliers, que la vente de ses soies est d'environ 25000 livres par année, qu'on y brûle plus de 15000 pieces de vin pour en faire de l'eau-de-vie, que ses expéditions en grains sont d'environ 20 mille tonneaux par an, celles en feves & haricots blancs de 4000 tonneaux; celles des huiles de chenevi & de noix, d'au moins 100 tonneaux; celles des bleds de Turquie, d'environ 400 tonneaux, & celles des farines brutes & économiques sont très-considérables. Ces dernieres lui viennent de l'intérieur de la France par la voie d'Orléans.

SEDAN. *Voyez* Tome premier, pages 688 & 689, & ajoutez qu'on y fabrique plusieurs sortes de bas de laines d'Espagne & de Bourgogne, en qualités recherchées tant pour l'Etranger que pour l'intérieur du Royaume.

SEVES & SEAUX. Ces deux Bourgs de l'Isle de France, situés chacun à 2 lieues de Paris, sont remarquables par leurs manufactures de porcelaines dont la richesse des matieres, la vivacité des couleurs, l'élégance des formes, la beauté des peintures & des dessins, les font extrêmement rechercher, malgré leur haut prix; le premier de ces Bourgs, fait exploiter une verrerie considérable pour bouteilles, & dont les ouvrages sont fort estimés.

SÉVILLE. *Voyez* Tome I, page 692, & ajoutez qu'une forte partie des importations qui s'y font par la France, consiste en étoffes de soie de Lyon & de Tours, toiles, batistes & linons de Saint Quentin & autres lieux de la Picardie, du Cambresis & de l'Artois, diverses étoffes des fabriques de Rouen, Lille, Rheims, Troyes & du Languedoc, morues seches, harengs, & farines économiques.

SINIGAGLIA, petite Ville & Port d'Italie; elle est très renommée par la foire que nous indiquons à l'état des foires.

SOISSONS. *Voyez* son article, Tome I, page 696, & ajoutez qu'on y fabrique des cordages, & qu'on en tire des haricots blancs les plus excellens du Royaume, & même de l'Europe.

SOMMIERES, Ville du Bas - Languedoc, à 4 lieues de Nismes, sur la Vidoule ; on y fabrique annuellement plus 6000 pieces de molletons connus sous le nom de *Sommieres* & de *Berg-op-Zoom*, partie sont en blanc, & d'autres en gris, en vert & en bleu ; ces étoffes sont achetées par les Villes de Saint Hyppolite, de Nismes & de Montpellier.

STOCKOLM. *Voyez* cette Ville, Tome I, page 697, & ajoutez que depuis 1782, on y a établi une chambre d'assurance.

STOLBERG. *Voyez* Tome I, page 698, & ajoutez qu'on y fabrique de très-beaux fils de laiton pour les clavecins, & du fil-de-fer ; on y compte trente-quatre manufactures de laiton, autant de martinets ; il y a raffinerie & mine de plomb, & l'on y fabrique des platines & potins.

STRASBOURG. *Voyez* Tome I, page 699, & ajoutez qu'il y a une verrerie renommée pour les verres de table, & que cette Ville peut être regardée, non seulement comme l'entrepôt de tout ce qui se recueille en Alsace, mais encore comme celui des étoffes de la Suisse pour la France, & de Lyon pour l'Allemagne ; en général sa plus forte branche de Commerce est le tabac dont la consommation se fait tant pour la Ferme Générale de France, que pour la Suisse, la Souabe & l'Allemagne.

STRALSUND, Ville & Port d'Allemagne, sur la Mer Baltique, à 28 lieues de Stetin. On en tire quantité de drêche, de froment, de seigle, d'orge, d'avoine, de pois & quelques parties de cire & de grosses laines : tous ces objets lui procurent une exportation d'au moins 20, 000 lats par année.

THAUX, Bourg du Pays de Liége & à peu de distance de cette Ville ; il est remarquable par les poeles à frire & divers ustensiles en fer pour cuisine, que l'on y fait & qui se vendent à bas prix : on en tire beaucoup pour les armemens.

TOULOUSE. *Voyez* Tome I. page 705, & ajoutez qu'on y fabrique des draps fins, toutes sortes d'étoffes en soies unies & mélangées, pour habillemens, meubles & équipages, des couvertures, molletons & autres étoffes en coton, des indiennes & toiles peintes, des burats, cardes, peignes, bas de laine & de soie, amidon, papiers peints & autres, & que le bois qu'on en tire, est bon pour construction.

Elle possede une bourse qui est à *l'instar* de celle de la conservation de Lyon, & qui, comme telle, a une jurisdiction particuliere qui juge en dernier reſſort. Cette Ville correſpond par un nombre de diligences & de voitures publiques avec preſque toutes les Villes du Languedoc, de la Provence, de la Guyenne, du Comté, de la Gaſcogne, du Rouergue, du Guercy, du Limoſin, du Lyonnois & du Rouſſillon. On trouve tous les jours ſur le Canal Royal qui en eſt proche, des bateaux de poſte & des barques marchandes qui partent pour diverſes Villes, s'arrêtent à Agde, & deſcendent juſqu'au Port de Cette, ce qui eſt une très-grande commodité pour le Commerce de cette Ville que l'on peut conſidérer comme l'entrepôt d'une partie des productions de la Provence, du Languedoc, & de toutes celles des Pyrennées.

TOURS. Voyez Tome I., pages 706 & 707, & ajoutez que les ſoieries qui s'y fabriquent ſont des damas, façon de Gênes, des moires, des gros connus ſous le nom de *tours*, des velours, des ras de Saint-Maur, des croiſés, des taffetas & des lampas, leſquelles étoffes ſe diſtinguent en pluſieurs qualités : on y fait auſſi quantité de rubans de ſoie unis, façonnés à un & deux endroits, d'autres gauffrés & à réſeaux, des ſimples & doubles liſſes, & des ceintures de Prêtres ; enfin les gazes qu'on y fabrique ſont de différentes qualités & couleurs ; on tire de cette Ville des haricots, du miel, de la cire, des pruneaux, des pommes & pêches tapées, & des huiles de noix & de chenevi. Toutes les denrées & marchandiſes de cette Ville peuvent ſe tranſporter, par eau, à Nantes, attendu la communication du Cher à la riviere de Loire.

TREMBLADE. (LA) Voyez Tome I., page 708, & ajoutez qu'elle fait exploiter une verrerie pour bouteilles ; elle eſt très-conſidérable.

TREPORT, Bourg & Port de Normandie ſitués à 5 lieues de Saint-Vallery-ſur-Somme, 6 de Dieppe, & ſeulement à une & demie de la Ville d'Eu. Il ne faut point s'arrêter à l'article de ce Bourg, page 708 de notre premier Volume, mais on peut avoir toute confiance aux détails ſuivans que nous venons de recevoir à ſon ſujet. Ce Port, dont la navigation étoit preſque abandonnée, vient d'être remis dans le meilleur état de ſûreté, au moyen d'une écluſe faite aux frais de ſon A. S. Mgr. le Duc de Penthievre, & des travaux immenſes dont on s'occupe encore ; il peut actuellement, grace aux bienfaits de ce Prince, recevoir avec facilité des batimens marchands du port de 250 tonneaux au moins ; ce qui y a remis en vigueur les armemens pour la pêche de la morue blanche, & celle des harengs & maquereaux ; on y trouve, en conſéquence, de très-belles morues blanches, façon d'Hollande, en baril contenant 260 liv. en poisson, & 40 en sel : on y trouve aussi des harengs & maqueraux salés dont le pacage est très-soigné, & qui se vendent également par baril de 300 liv. poids de Marc; Ces salines peuvent s'expédier à bon compte pour la Picardie, par la Somme ; pour la Normandie & l'Isle de France, par la Seine ; & pour la Champagne, par la voie des Rouliers. Rouen & Paris tirent même de ce Port des maquereaux & des harengs frais ; on s'occupe continuellement à de nouvelles constructions de navires & bateaux, pour accroître l'intérêt de ses pêches ; on trouve, en outre, en ce Bourg, tous les articles du cru & des fabriques de la Ville d'Eu à laquelle on peut recourir.

TROYES. *Voyez* Tome premier, pages 709 & 710, & ajoutez qu'on en tire, en comestible, des hures de sangliers du prix de 25 à 30 sols la liv. des fromages de cochon à 20 sols, des langues de porcs à 24 sols, & d'autres de moutons à 3 liv. la douzaine. On y tient de belles pelleteries ; on y fait des ouvrages de cornes, façon d'écailles ; des épingles façon de l'Aigle ; on y apprête très-bien les laines ; on y fait de l'amidon, des pierres bleues, du vert de vessie, du stil de grain, & l'on y prépare du blanc façon d'Espagne. Il y a des fabriques de papiers & de parchemins en bonnes qualités, d'autres de toiles peintes en coton & fil. Les diverses étoffes qu'on tire de ses autres manufactures, sont des *basins & draps* de *coton* de ½ aune de large ; des *futaines à poils*, à grains d'orge & à côtes ; elles ont la même largeur ; des *piqués*, dits *ordinaires* & brillans qui ont ⅔ de largeur ; des *modes*, sortes de cotonades tirées à poil ; il y en a en ¾ & ⅞ de large ; *des toiles de coton* en même largeur & en toutes qualités, *d'autres à fleurs & coutils satinés* qui n'ont que ² de largeur ; plusieurs *qualités de toiles fines & de ménage* y sont apportées écrues pour y être blanchies supérieurement. Les autres étoffes sont en laines : leurs qualités sont des *serges* dites de *St. Nicolas* en ⅝ de large, elles se vendent entre 3 liv. & 3 liv. 10 s. l'aune ; des *ratines* fines de ¾ de large à 17 liv. 10 s. l'aune ; d'autres moins fines & de même largeur, à 10 liv. 10 sols, & des communes, de la largeur d'une aune, à 6 liv. 10 sols ; des *frocs* de demi-aune de large à 53 sols l'aune ; des *beges* de la largeur de 24 pouces ; des *enversins* fabriqués à Suippes & apprêtés en cette Ville, ils sont à Linteaux ; & des espagnolettes fines & communes en ⅝ de large. Les fines se vendent de 4 liv. 10 s. à 5 liv., & les communes de 3 liv. 10 s. à 4 liv. l'aune de Paris qui est la seule usitée pour les ventes. Quoique les fabricans en ayent une autre particuliere, ils ne s'en servent qu'entr'eux, & envers les habitans de leur Ville.

VALENCE.

VALENCE. *voyez* Tome premier, page 712. Quoique le Commerce de cette Ville soit à-peu-près le même que celui de Barcelonne, néanmoins nous allons en donner une idée suffisante pour éviter à comparaison.

On y fabrique des petites draperies & des toiles qui ne sont que pour l'usage du Pays ; mais dans des années abondantes en soies, on y fait de très-beaux taffetas forts & des mouchoirs, des damas des satins, des velours unis, des gazes, des rubans, & des ceintures. C'est de ses objets qu'elle fait son *commerce d'exportation* auquel elle ajoute des *laines* de gandie, denia, arragon, castille & segorbe, des *sondes*, du *cumin*, des *fruits secs*, de *l'anis*, des *huiles*, des *carreaux de terre vernissés*, des *soies* en organsins, une grande quantité de *vins de liqueur*, & peu d'*eaux-de-vie* ; la France ne lui consomme que peu de ses derniers liquides, qui sont plus recherchés des Hollandois, de l'Angleterre & du Nord.

On y *porte* une grande quantité de toiles & toilereries de toutes especes & particuliérement de celles de Valenciennes, de la Flandre Françoise & Autrichienne, St. Quentin, Cambrai, Troyes, Senlis & Laval : beaucoup d'étoffes des fabriques de France, & surtout de Sedan, Abbeville, Elbœuf, Amiens, Beauvais, Rouen, Lille, Rheims, le Mans, & divers lieux du Languedoc. Les riches étoffes de Lyon, & les galons en or & argent y sont assez recherchés, ainsi que la mercerie & la quincaillerie de toute espece.

Cette Ville a deux poids très-usités, celui dit *Peso-Subtil* & celui dit *Peso Gruesso* ; le premier est le quintal ordinaire avec lequel on pese les objets d'importations & d'exportations étrangeres à la Nation : 100 liv. de ce poids, en font environ 73, poids de Marc.

VALENCIENNES. *Voyez* Tome I., pages 713 & 714, & ajoutez que les mignonettes & gazes pour garniture d'aube & de rochet, se vendent, depuis 110 jusqu'à 200 liv. la piece ; que toutes les toiles, toileries, gazes, &c. qu'on y fabrique, sont examinées en écrues au bureau d'inspection pour y constater l'aunage & les marquer, après quoi elles passent au blanchissage. Parmi les dentelles de cette Ville, dont la réputation est faite depuis très-longtems, il y a des ajustemens de femmes qui vont de 800 à 1200 liv. d'autres de 900 à 1600, des coëffures seules de 220 à 250 liv., des manchettes & jabots d'hommes, hauteur de 3 pouces 4 lignes, qui se vendent de 100 à 140 liv. l'aune ; celles de 2 pouces 10 lignes de hauteur, vont de 60 à 100 liv. l'aune ; celles de 2 pouces ne vont que de 40 à 60 liv., & celles en tiers basses ne vont que de 12 à 20 liv. l'aune. La paire complette de manchette à grande hauteur se vend depuis 150 jusqu'à 300 liv. ; celle en hauteur bâtarde va de 140 à 250 liv., & la troisieme sorte, dite hauteur de jabot, se vend de 120 à 180 liv. la paire.

L'aune de cette Ville porte juste 327-½ lignes de France.

Malgré l'emploi immense que cette Ville fait des plus beaux fils de lins, elle en vend cependant du retort pour dentelles & toileries.

Cette Ville fait, de plus, un grand Commerce de clous, de feves, d'haricots, de pois, de chevaux & bestiaux qui se trouvent en grande quantité aux marchés francs qui s'y tiennent le 10 de chaque mois. Enfin on y fabrique des étoffes de laines connues sous les noms de *tricots* & de *cassées*.

VERA ou VERE, Ville des Pays-Bas Hollandois, dans la Zélande; elle a un Port renommé par le nombre de construction de vaisseaux qu'on y fait, & parce qu'il sert d'entrepôt, ou d'étape pour toutes les marchandises qui passent d'Ecosse en Hollande: son Commerce particulier ne consiste qu'en grain, sel & beaucoup de garance.

VERDUN, Ville de France, sur la Meuse, à 12 lieues de Metz, 19 de Nancy & 60 de Paris. Le Commerce y consiste en grains, vins, eaux-de-vie, dragées, liqueurs, fabrique de draps, & petites étoffes de laine, dentelles & filatures de coton.

Les draps sont en commun, & portent ¾ aune de large; les autres étoffes de laines sont des *flanelles fines* & *communes*, des *estamettes* & *tricots* propres à l'habilement des troupes; ces articles portent trois quarts de large; des *calmouks*, ou *molletons rayés* & *croisés* de ⅝ de large, & des serges connues sous le nom d'*étoffes de Verdun*, elles portent ² de large, elles sont façon de Londres & de demi-Londres; les dragées & liqueurs sont en grande réputation tant par leur finesse que par leur parfum; le débit en est considérable; les vins son spiritueux, & souffrent aisément le transport. Il y a quatre foires par an, d'un jour chacune; elles se tiennent le lendemain de l'Ascension, le 23 Juillet, le 9 Septembre & le 12 Octobre.

Son Courier part de Paris, les mardi, vendredi & dimanche à midi.

VER-LE-PETIT, Paroisse située à 2 lieues d'Arpajon, dans l'Isle de France, & 8 de Paris; elle est renommée par sa manufacture & ses martinets de cuivre; on y fabrique des planches à graveur & pour couvertures de maisons, des tuyaux, des chaudieres de teinturiers, des baignoires & de la batterie de cuisine.

VERMANTON, Ville de Bourgogne, sur la Cure, à 4 lieues d'Auxerre; elle est renommée par la qualité de ses vins, & l'on y fait un fort Commerce en bois à brûler qui s'expédie par trins flottés pour Paris.

VERVIERS, Ville de l'Evêché de Liége, sur la Wese, à 2 lieues de Limbourg ; on y fabrique des draps surperfins en pure laine d'Espagne, des demi-draps, & autres d'assortimens ; les teintures noires & rouges y sont très-fines ; on y fait aussi des draps mêlés de toute nuance : le débit de ces étoffes est en partie pour le Levant, & le surplus pour les foires de Francfort & de Leipsick.

VIENNE. *Voyez* son article, Tome I, pages 719 & *suivantes*, & ajoutez qu'il vient de se former, en cette Ville, un Commerce conséquent, par la Mer Noire, avec la Colonie Russe de Cherson sur le Dnieper, où il se fait un grand débouché des productions du cru & des manufactures de l'Allemagne, de la Bohême & de la Hongrie.

Les droits de *transit* & de sortie, à cet égard, ne sont que d'un pour 100 dans les États de Sa Majesté, & ceux d'entrée sont de 3 pour 100.

L'assurance de Vienne à Cherson & Constantinople, est d'au plus 3 pour 100, & de Constantinople à Moscow, 2 pour 100. ces assurances se font à Vienne, sur le refus des autres Villes de Commerce.

Cette Ville possede une Banque Nationale, à l'*instar* de celle de Londres, mais bien moins considérable ; elle est cependant d'une assez grande importance, puisque, par une ordonnance Impériale, du mois de Mai 1785, on a renouvellé ses billets, dont l'ensemble va à 20 millions de florins d'Empire : on trouve à cette Banque des billets de 5, 10, 25, 50, 100, 500 & 1000 florins.

Les nouveaux billet de cette banque, peuvent être donnés dans les caisses suivantes, contre de l'argent comptant, & pareillement en être retirés à volonté avec de l'argent comptant, savoir : à *Vienne*, à *Prague*, à *Brum*, à *Lintz*, à *Gratz*, à *Clagenfurth*, à *Laybach*, à *Bude*, à *Raschan*, à *Fiume*, à *Hermanstadt* & à *Lemberg* ; dans lesquelles caisses ces billets seront reçus, ainsi que dans les *Etats de leurs districts*, selon leur valeur entiere & comme argent comptant.

VIENNE en Dauphiné. *Voyez* Tome I, page 722, & ajoutez qu'il y a une très-belle nitriere, & martinet pour le cuivre, où l'on trouve des planches de ce métal propres à doubler les vaisseaux, & bonnes pour fabriquer des ustensiles de cuisine ; qu'on y fait en outre beaucoup d'acier propre à de gros ouvrages ; qu'il y a une papeterie ; que dans les environs on fabrique des toiles à voiles & d'autres communes ; qu'on y fabrique environ 6000 pièces par an, de ratines superfines, de dauphines & de croisés dont les pièces portent 20 à 30 aunes de Paris en longueur, sur 5 quarts de largeur ; ces étoffes sont, la plupart frisées, & les autres pressées & en poils ; & qu'enfin le Commerce des vins tant de son cru, que ceux dits de *Côte Rotie* & de *l'Hermitage*, y est très-conséquent.

Son Courier part de Paris, les mardi, jeudi & samedi à 2 heures.

VOIRON, Ville du Dauphiné, à 2 lieues de Grenoble ; elle est remarquable par la quantité de toiles de chanvre qu'on y fabrique en diverses qualités, dont les prix vont de 35 sols à 3 liv. 10 sols l'aune ; leurs largeurs sont toutes de $\frac{7}{8}$.

ULM, Ville libre & Impériale de Suabe, sur le Danube, à 14 lieues d'Ausbourg. On en tire beaucoup de laine, du papier, des futailles, des toiles de lin blanches de 1$\frac{3}{4}$ à 2 aunes de largeur, & depuis 1200 jusqu'à 4000 fils ; on y fait quantité d'ouvrages de fer & des futaines estimées.

UZES, Ville du Languedoc, à 5 lieues de Nismes, & 154 de Paris ; on y fabrique, ainsi que dans ses environs, beaucoup de petites draperies dites *molletons de Saumiere, d'Andalure & de Saint-Félix* ; serges, façon d'Alais, Pessors & Cadis, façon de Montauban ; on y fait un fort Commerce en soie, huile, vin, bestiaux & bled.

WISMAR, Ville Suédoise & Maritime d'Allemagne, sur la Mer Baltique, à 7 lieues de Lubec ; son Commerce est en froment, seigle, orge, avoine, pois blancs, drêche ou blonde, chanvre, lin, cire, miel & beaucoup de bois de construction, lesquels objets s'y trouvent à très-bon compte ; les articles qui conviennent pour y être importés, consistent principalement en vin & eau-de-vie de France & d'Espagne, en harengs & autres poissons secs & salés.

YVETOT. *Voyez* Tome premier, page 728, & ajoutez qu'on y fait de très-beaux velours cannelés sur coton, des basins à petites & grandes raies, à fleurs & petits bouquets de toutes couleurs, en grandes coulandes & autres ; des coutils & petites toiles de toute espece, d'autres toiles quadrillées & mouchetées, & des toiles de coton de tout compte.

ZIERICZE, Ville de l'Isle Schouven, en Zélande ; on y fait un bon Commerce en grains, en garance & en poisson.

SUPPLEMENT

AUX PRODUCTIONS LOCALES ET D'INDUSTRIE,

ou *au Chapitre VII de la Quatrieme Partie du Tome second.* (1)

Acier & Coutellerie.

On en fabrique à Belle-Fontaine, à 3 lieues de Remiremont.
Chabons, près Rives en Dauphiné.
Néronville, près Chateau-Landon.
Rancourt, à 8 lieues de Sedan.

Affuts. Voyez *Bombes.*

Alun & Vitriol.

Il s'en fabrique à Bourg, à 8 lieues de Laon, & Javelles, près Paris; cette derniere fabrique est en vitriol.

Angélique, plante confite & estimée.

La meilleure se tire de Niort en Poitou.

Ardoises.

Il y en a des carrieres à Angers & tous ses environs, ainsi qu'à
Blanquercy, en Normandie.
Flée, à 2 lieues de Château-Gonthier.
Fumay, en Hainaut.
Jaille-Yvon, à 2 lieues de Château-Gonthier.
Monthermé, à 5 lieues de Mezieres.
Murat, en Auvergne.

Armes à feu.

On en fabrique à Nouzon, à 2 lieues de Château-Renard, ainsi qu'à
Ripolle, près Mont-Louis; on n'y fait que des canons de fusils.

Artillerie.

A Longuyon, dans le Duché de Bar, il y a des fonderies de canons, des fabriques de fusils, des platineries, & des forges & fourneaux.

Bas.

On en fait, au *métier*, à Angest, près Piquigny.
Auxy-le-Chateau, en Artois, *idem.*
Bez, à 1 lieue d'Alais; *en coton.*
Busancy, à 7 lieues de Ste. Méhould.
Chatenay, en Beauce, en *laine.*
Clermont-de-Lodeve, en Languedoc, *en soie.*
Droup-St.-Bâle, à 4 lieues de Troyes, *en fil.*
Fromenes, près Beauvais, *en coton.*
Laverdin, près Guerhoent, en Vendômois, en *laine.*
Mesrobert, à 2 lieues d'Estampes, *drapés.*
Monnerville, en Beauce, *drapés* & *tricotés.*

(1) On trouve indiqué ici un grand nombre de lieux de la France, qui, ne possédant chacun qu'un seul genre de fabrique ou de culture, ne nous a pas paru mériter de former autant d'articles particuliers dans notre Ouvrage que, dans ce cas, il auroit fallu augmenter d'un Volume, dont l'utilité n'auroit pas été au-dessus de celle de ce Supplément.

Montiers, à 4 lieues de Toury en Beauce; *tricotés*.

Oissonville, à 2 lieues de Dourdan, en Beauce, *bas d'estamets, drapés* & au *tricot*.

Pussay, à une lieue de Monnerville; *estamets* & *drapés*.

Blondes ou dentelles de soie.

On en fabrique à Bas, en Basset, près Monistrol.

Bauzac, *idem*.

Bezu-le-long, près Gisors.

Chambly, en Beauvoisis.

Chantilly, à 10 lieues de Paris.

Courcelles, à 3 lieues de Caen.

Coye, à une lieue de Lusarches.

Enguyen, à 4 lieues de Paris.

Ermont, en Cernay, à 4 lieues de Paris.

Escouin, à 4 lieues de Paris.

Goussainville, près Paris.

Gouvieux, près Chantilly.

Louvres, à 6 lieues de Paris.

Lusarches, à 7 lieues de Paris.

Marly-la-Ville, près Louvres.

Marsac, près Ambert.

Bois de construction & autres.

On en tire à assez bon compte de Charolles, en Anjou, pour construction & merrain.

Chateau-du-Loir, à 8 lieues de Tours, *idem*.

Moneins, à 2 lieues de Pau, pour mâts & menuiserie.

Mortagne, en Vosges, près St-Dizier, pour construction & charpente.

Bombes.

On coule à Sempigny, près St.-Michel en Lorraine, quantité de bombes, d'affuts de canons & de taques de fonte.

Bougies. Voyez *Cire.*

Brasseries.

Celles distinguées en France, après les brasseries de Paris, de la Flandre, du Cambresis, de l'Artois & de la Picardie, sont celles d'Angerville, à 6 lieues d'Estampes & de Donchery, en Champagne.

Brai, Résine & Goudron.

Outre les quantités, qui se trouvent de ces articles sur les divers Ports de France, on en tient beaucoup à Buch en Guyenne.

Buis, bois jaune dur, & très-connu.

On en fait une infinité d'ouvrages comme tabatieres, flutes, flageolets, chapelets, boutons, moules de boutons, jeux d'échecs, étuis, boites diverses, gobelets, cuilliers, manches & poignées divers, &c. On tire beaucoup de ces objets de St Claude, Ville de Franche-Comté, à 23 lieues de Besançon.

Charbon-de-terre.

On en trouve des mines à

Auzat, près Issoire en Auvergne.

Brassac en Auvergne.

Champagney, près Lure en Franche-Comté.

Chatillon, à 5 lieues de Moulins.

Concourson, près Doué en Franche-Comté.

De Cise, en Nivernois.

Gressesac, près Castres.

Memac, à 2 lieues d'Ussel.

Montcenis, en Bourgogne.

Nourard à une lieue de St. Just, en Picardie.

Renage, à une lieue de Rives.

Chaudronnerie.

On en fait beaucoup à

Gravray, dans le Cotentin.

Cire & Bougies.

On en fabrique à
Antony, à 4 lieues de Paris.
Côte Saint-André, en Dauphiné.
Dugny, entre Gonesse & Paris.

Clinquaillerie. Voyez *Quinquaillerie.*

Clouterie. Voyez *Forges.*

Colle forte.

On en fabrique à
Chaudes-Aigues, en Auvergne.
Corbeil, à 7 lieues de Paris.
Marly-le-Roi, près Saint-Germain-en-Laye.

Cordelats, molletons, draps londres & londrins.

On fabrique à
Cabrespine, près Carcassonne, des *draps.*
Chambonnette, près Castres, des *cordelats.*
Cessenon, à 3 lieues de Beziers, des *draps.*
Chabeuil, près Romance, des *cordelats.*
Clermont-de-Lodeve, en Languedoc, des *draps.*
Crémieu, à 5 lieues de Lyon, *gros draps.*
Crest, en Dauphiné, *idem.*
Dourgne, à 5 lieues de Lavaur, des *cordelats.*
Marvejols, en Gévaudan; *gros draps.*
Oleron, en Béarn, des *cordelats.*

Coton rouge.

Il y en a une belle manufacture à Auriol à 2 lieues d'Aubagne.

Coutellerie.

On en fabrique beaucoup à Chambon, à 2 lieues de Saint Etienne en Forez.
Groéfrath, au Duché de Bergues.
Grisolles, à 4 lieues de Montauban.

Cristaux. Voyez *Verreries.*

Coutils & Treillis.

On en fait beaucoup à Argenton, à 3 lieues de Thouars.
Blérencourt, à 3 lieues de Noyon.
Camétour, à 2 lieues de Coutance.
Carentilly, à 3 lieues, *idem.*
Cerisy-Monpenson, près Coutance.
Ervy, à 3 lieues de Saint-Florentin.
Guibon, près Saint-Lô, en Normandie.

Draps. Voyez *Cordelats.*

Eaux-de-Vie.

On en fabrique à Arf, à 6 lieues de la Rochelle.
Aulnay, à 7 lieues de Niort.
Couéron, à 2 lieues de Nantes.
Croin, près Cognac.
Leyrac, à 4 lieues de Lectoure.
Loupiac, en Armagnac.
Menars, à 2 lieues de Blois. *Sa mesure est comme celle de Blois.*
Ménétou-Salon, à 4 lieues de Bourges.
Saint-Ibery, à 2 lieues d'Agde.

Epingles.

On en fabrique à Bois-Arnaud, près Rugles.
Bourg, au Perche.
Erponsé, près l'Aigle.
Francheville, à 2 lieues de Verneuil.
Herponnay, près Rugles.
Juignette, près Rugles.
Moreuil, à 4 lieues de Montdidier.

Étamines.

On en fabrique à Authon, près Nogent-le-Rotrou.
Balan, dans le Maine.
Beaumont-le-Vicomte, *idem.*
Bonnestable, *idem.*
Boult-aux-Bois, près voulsières, en Champagne.
Bourbon-Larchambault, à 4 lieues de Moulins.
Brou, à 4 lieues d'Illiers, au Perche.
Décise, en Nivernois.
Écouché, en Normandie.
Gerbes, près Bagneres, en Bigore.
Hivoy-le-Pré, en Berry.
Maresche, près Beaumont-le-Vicomte.
Messéré, près Malicorne, au Maine.
Mellay, près Laval.
Neuvy, à 5 lieues de Tours.
Richelieu, en Poitou.

Fayence.

Il y en a des manufactures à
Aprey, à 2 lieues de Langres, *elle est très-fine.*
Bois-d'Espence, près Clermont, en Argonne.
Chantilly, à 10 lieues de Paris.
Château-dun, à 10 lieues d'Orléans.
Chimay, en Hainaut.
Digoin, en Bourgogne.
Espellette, à 3 lieues de Bayonne.
Malicorne, à 7 lieues du Mans.
Meillonnese, à 2 lieues de Bourg en Brese.
Montenois, à 2 lieues de Nancy.
Montigny, près Voie, en Champagne.
Mont-Surien, près Clermont, en Champagne.
Moustier, à 2 lieues de Riez.
Savigny, à 2 lieues de Chateau-Thierry.

Fer-blanc & Tôle.

Il y en a des fabriques à
Beaumont-la-Rouce, en Nivernois, *pour fer-blanc.*
Chateau-Neuf, en Nivernois, *pour tôle.*
Chaudeau, à 6 lieues de Lure, en Franche-Comté, *pour fer-blanc.*
Marembert, près Besançon, *idem.*
Saint-Loup, près Jussey, en Lorraine, *pour fer-blanc.*

Fil-de-Fer & de Laiton.

On en fabrique à
Beaumotte, près Rios, en Franche-Comté.
Bourguignon, à 4 lieues de Vesoul.
Plombieres, à 5 lieues d'Epinal.

Filets pour la Pêche.

On en fait de très-solides à Alinen, à 5 lieues de Saint-Brieux.

Fonte & Fonderie.

Il y en a pour fer à
Gironne, à une lieue de Sedan.
Saint-Julien-en-Jaret, dans le Forez, on y fond aussi du cuivre, ainsi qu'à Saint-Bel, près la Bresse, en Lyonnois.

Forges & Clouterie.

Il y en a dans tous les lieux suivans, savoir à
Alevard, à 7 lieues de Grenoble.
Andorre, près Foix.
Andouillé, à 5 lieues de Laval.
Anord, en Hainaut.
Antoigny, à 3 lieues du Mans.
Arc, en Barrois.
Archant, à 3 lieues de Vire.
Azy-le-Vif, en Nivernois.
Bains, près Epinal.
Balleroy, à 3 lieues de Bayeux.
Bayard, près Saint Dizier.
Beaumont, en Hainaut.
Befort, Basse-Alsace.
Belabre, à 3 lieues de le Blanc, en Berry.
Belan, près Châtillon-sur-Seine.

Beron, dans le Perche.
Bienville, près Saint-Dizier.
Boncourt, en Lorraine.
Bonnatte, à 4 lieues de Vesoul.
Bonneville, à 2 lieues d'Evreux.
Bonsé, près Carrouge, en Normandie.
Bouillon, Pays Messin.
Bourg, au Perche.
Bourguignon, à 4 lieues de Vesoul.
Buffon, à 1 lieue de Monbard.
Bury, Duché de Bar.
Chailland, à 4 lieues de Mayence.
Champalement, près Nevers.
Chancegrey, près Domfront.
Château-Porcien, en Champagne.
Châtillon-sur-Seine, à 13 lieues de Langres.
Chantey, à 2 lieues de Nevers.
Chenay, près Quingey, en Franche-Comté.
Chimay, en Hainaut.
Cirey, à 2 lieues de Blamont en Lorraine.
Clervaux, à 2 lieues de Bar-sur-Aube.
Coussat-Bonneval, près Saint-Yrieux, en Limosin.
Cousens, à 2 lieues de Saint-Dizier.
Dammartin-le-Franc, près Joinville.
Dampierre, près Dieppe.
Dompierre, près Bresol, au Perche.
Donzy, en Nivernois.
Douillet, dans le Maine.
Douzy, près Sedan.
Essarois, à 2 lieues d'Aigney-le-Duc.
Ferron, à 2 lieues d'Avesnes.
Ferretiere, près Bernay.
Firmini, en Forez.
Forges-Neuves, (les) près Bourges.
Fraisant, à 3 lieues de Dole.
Frongues, près Vignory, en Champagne.
Groefrath, Duché de Bergue.
Gravier, à 2 lieues de Nevers.
Greugnon, à 4 lieues de Bourbon-Lancy.
Grimancourt, à 2 lieues de Saint-Mihel.
Guérimy, à 3 lieues de Nevers.
Guéronde, (la) à 2 lieues de Verneuil.
Hayange, à 2 lieues de Thionville.
Hombourg-l'Evêque, à 4 lieues de Thionville.
Humberville, à 4 lieues de Joinville.
Hurtaux, près Rhetel-Mazarin.
Imphy, à 2 lieues de Nevers.
Ivoy-le-Pré, en Berry.
Le Buisson, près St.-Dizier.
Longuyon, à 10 lieues de Verdun.
Loppigneux, près Longuyon, Duché de Bar.
Loudeac, à 18 lieues de Rennes.
Louhans, à 3 lieues de Baume-les-Dames.
Lygouyet, près Becherel, en Bretagne.
Magni-Vernois, à une lieue de Lure, en Franche-Comté.
Manoix, près Joinville.
Mareuil, près Charost, en Berry.
Mariembourg, en Hainaut.
Marnaval, à une lieue de St. Dizier.
Mazures (les), à 2 lieues de Rocroy, en Champagne.
Meilland, à 2 lieues de St. Amand, en Bourbonnois.
Meneton-Couture, en Berry.
Messarge, près Souvigny, en Bourbonnois.
Mialet, près Userches en Limosin.
Mirebeau, à 5 lieues de Dijon.
Moilin, près St. Dizier.
Moncort, près Mayenne.
Montagney, à 3 lieues de Baume-les-Dames.
Montreuil-Blaise, près Vassy, en Champagne.
Mortagne, en Vosges, près St. Dizier.
Moudon, à 8 lieues de St. Benoît du Sault.
Moulin-Neuf, près Decise.
Mouline, à 4 lieues de Remiremont.
Moulin-Rouge, près Châtillon-sur-Seine.
Mouter-Hausem, près Sarlouis.

Néronville, près Château Landon.
Neuf-Châtel, près Beffort, en Franche-Comté.
Neuville-aux-Joutes, à 4 lieues de Vervins.
Neuvy, à 2 lieues de Bourbon-Lancy.
Niaux-d'Alliat, à 2 lieues de Tarafcon.
Nouzon, à une lieue de Château-Renard.
Orquevaux, à 4 lieues de Joinville.
Ottange, près Thionville.
Paimpont, à 3 lieues de Ploermel.
Pont-de-Veaux, à 4 lieues de Bourbon-Lancy.
Pouancé, en Anjou.
Pouletiere, près Conches, en Normandie.
Rabat, à une lieue de Tarafcon.
Randannay, près St. Maurice, au Perche.
Ravaux, à une lieue de la Charité.
Remdonnay, près l'Aigle.
Voibon, à 2 lieues de Grenoble.
Urrefille, à 2 lieues de St. Dizier.

Fouets pour monter à cheval.

On en fait à St. Julien du Sault, à 4 lieues de Sens, d'auffi beaux qu'en Angleterre; ils fe vendent de 5 à 300 liv. la douzaine, on peut juger de leur beauté par ce dernier prix.

Girafol.

Nom d'un verre qui imite les pierres fines; on en fait des fuperbes en ce genre, dans la verrerie de Neaufle, proche Gifors, en Normandie.

Goudron. Voyez *Brai.*

Houblon.

On en cultive en divers lieux de la France, & furtout à Avesnes, en Hainaut & Fresnoy-le-Grand, à 2 lieues de St. Quentin.

Huiles d'olives.

On en tire beaucoup d'Aramont, près Avignon.
Beaume, à 4 lieues d'Avignon.
Carpentras, à 5 lieues *idem.*
Domafaut, près Uzes.
Eguyeres, près Tarafcon.
Fare (la), à 2 lieues de Salon.
Gravefon, à 2 lieues de Tarafcon.
Hiftres, près Salon.
Marignane, près le Martigue, en Provence.
Moriez, à 4 lieues d'Arles.
Peliffane, à 2 lieues de Salon.

Indiennes & toiles peintes.

Il y en a de belles manufactures à Arcueil, près le Bourg-la-Reine.
Arnouville, à 4 lieues de Paris.
Courcelles, à une lieue de Boulevant.
Coye, à une lieue de Luzarches.
Ermenonville, près Senlis.
Fontaine, à une lieue de Lyon.
Giey-fur-Anjou, à 3 lieues de Langres.
Gruchet, près Bolbec.
Marome, à une lieue de Rouen.
Martainville, à 2 lieues de Pont-Audemer.
Mulhaufen, en Haute Alface.

Laiton. Voyez *Fil-de-Fer.*

Marbre.

On en trouve des carrières à Ardin, à 4 lieues de Niort.
Chaffagne, près Beaune, en Bourbonnois.
Gilly, à 2 lieues de Bourbon-Lancy.
Lieffies, près Solre-le-Chateau.

Miel.

On en tire beaucoup de Castel-Jaloux, en Bazadois.

Mines.

En voici plusieurs fort estimées.

A Château-Lambert, à 6 lieues de Luze, en Franche-Comté ; il y en a une de cuivre.

A Fargeas, près Limoges, il y en a en étain & plomb ; & à Monéins, à 2 lieues de Pau, on en exploite en cuivre, fer & plomb.

Molletons. Voyez *Cordelats.*

Papiers.

On en fabrique à

Arche, près Epinal, en Lorraine.
Bondeville, à une lieue de Rouen.
Bossut, en Hainaut.
Boulle, (la) près Ambert.
Brunel, en Beauce.
Chabeuil, près Romance.
Char-d'Argent, près Epinal.
Clavy, à 2 lieues de Lanoy, en Champagne.
Clerac, près Beziers.
Cormeilles, à 3 lieues de Pont-Audemer.
Crecy, près Mehun, en Berry.
Crest, en Dauphiné.
Cuisance, près Baume-les-Dames.
Dinosé, près Epinal.
Dosselles, à 2 lieues d'Epinal.
Entraigne, à 3 lieues d'Avignon.
Estré, à 2 lieues de Dreux.
Fouilloufe, en Forez.
Fretigny, dans le Perche.
Grand-Rive, près Ambert, en Lorraine.
Guillon, près Baume-les-Dames.
Le Cluseau, près Argenton.
Malancenne, à 7 lieues d'Avignon.
Marly, près Metz.
Marome, à 2 lieues d'Yerville, en Normandie.
Marville, près Breteuil, en Picardie.
Mausson, près Fougere en Bretagne.
Menil-sur-Lettré, à une lieue de Dreux.
Meyrargues, près Pertuis, en Provence.
Montmorillon, en Poitou.
Mosne, près Chatillon-sur-Seine.
Neausle, en Normandie, près Conches.
Notre-Dame-des-Champs, à une lieue de Rouen.
Olleron, en Béarn.
Poncey, près Chatillon-sur-Seine.
Rabouzy, près Vernon.
Reveillon, près Dreux.
Rives, à 5 lieues de Grenoble.
Roussillon, à 3 lieues d'Autun.
Rozay, à 4 lieues de Neufchatel, en Normandie.
Sabas, près Epinal.
St. Didier, en Forez.
St. Germain-de-Talvande, près Vire.
St. Martin-d'Ablois, près Epernay.
St.-Martin-du-Vivier, près Rouen.
St.-Maurice, *idem.*
St.-Paer, près Caudebec.

Parchemin.

On en fabrique de très-beau à Méneton, à 2 lieues de Romorentin, sur le Cher.

Plâtre.

Il y en a de fortes carrieres à Argenteuil, à 2 lieues de Paris.

Montmartre, près Paris, & dans tous les environs, ou plutôt la banlieue de cette Capitale.

Platine.

Voyez le mot minéraux, page 475, du tome second.

Piqué, ou Piqûre.

Nom des étoffes piquées en divers dessins ; elles sont ordinairement en coton pur, & quelquefois, en coton & fil mêlés de soie.

Il s'en fait considérablement à Marseille & à Rouge-Périers, proche Neuf-Bourg, en Normandie. Ces étoffes sont d'un très-grand débit actuellement, surtout les blanches.

Porcelaine.

On en fabrique à

Boisselle-le-Roy, près Melun.

Bourg-la-Reine, à 2 lieues de Paris.

Chantilly, à 10 lieues de Paris.

Claix, près St. Marcelin, en Dauphiné.

Clignancourt, près Paris; elle appartient à Monsieur, Frere du Roi.

Ethiole, à 6 lieues de Paris.

Islè, près St.-Denis en France.

Moustier, à 2 lieues de Riez.

Nidervillers, à 2 lieues de Strasbourg.

Poterie de terre.

On en tire de

Buly, à 2 lieues de Neufchatel, en Normandie.

Gamache, à 4 lieues d'Abbeville.

Poudre à canon.

Il y en a des moulins à

Beffort, en Basse-Alsace.

Marome, à 1 lieue de Rouen.

Quincaillerie & Serrurerie.

On en tire beaucoup de

Bettancourt, à 3 lieues d'Eu.

Escarbotin, à 2 lieues d'Eu.

Fressenneville, à 3 lieues d'Eu.

Friocourt, *idem.*

Mouchy-la-Gache, près Péronne en Picardie.

Rambure, à 4 lieues d'Abbeville.

Urigne-aux-Bois, près Sedan.

Safran.

On en cultive à

Bazoches, à 2 lieues de Tourry Beaumont, en Gatinois.

Boisnes, près Pithiviers, *idem.*

Carpentras, à 5 lieues d'Avignon.

Caussade, en Q[illegible]rcy.

Chateau-Salins, en Lorraine.

Neuville, à 2 lieues de Pithiviers.

Salaisons & sels.

On tire de Bourg-Neuf, en Retz, à 8 lieues de Nantes, *sel & morue.*

Dieuze, en Lorraine, *du sel.*

Douarenec, à 4 lieues de Quimper, des *Sardines.*

Draveil, en Brie, du *sel ammoniac.*

Estaples, à 2 lieues de Montreuil-sur-Mer, des *harengs & maquereaux.*

Serrurerie. Voyez *Quincaillerie.*

Tabletterie.

On en fabrique beaucoup de communes à Andeville, près Méru, en Picardie.

Taillanderie.

On en tire beaucoup, pour les Isles, d'Ingonville, près le Havre, en Normandie.

Terre de Porcelaine.

On en tire d'une mine très-abondante à St.-Yrieix, Ville située à 7 lieues de Limoges. Cette terre est la meilleure connue en France, pour faire la pâte de la porcelaine.

Toiles à voiles.

Juigné, à 2 lieues d'Angers, & Locrenean, à 3 lieues de Quimper, en possédent de belles manufactures non indiquées dans le premier volume, ni dans le chapitre des Productions.

Toiles peintes. Voyez *Indiennes*.

Tôle. Voyez *fer-blanc*.

Treillis. Voyez *Coutils*.

Tuyaux pour Fontaines, &c.

On en fait de terre, à Ger, en Normandie; ils sont fort estimés pour les fontaines, jets-d'eau, pots, bouteilles & vases d'Apothicaires & de Chimistes.

Verreries.

On en trouve dans tous les lieux suivans; savoir: à

Anord, en Hainaut, pour *bouteilles*.

Apremont, près Moulins, *idem*.

Argenton, en Berry, *idem*.

Bataille, (la) près Mirecourt, *idem*.

Bayet, près Bar-sur-Aube, *idem*.

Bazas, en Bazadois, pour *vitres*.

Beaumont-le-Roger, en Normandie, pour *verres communs*.

Bois-de-Roche, en Auvergne, pour *verres-blancs*.

Brulonnerie, (la) en Beauce, pour *bouteilles*.

Chaumont, à 4 lieues de Blois, pour *vitres*.

Epinac, à 3 lieues d'Autun, pour *bouteilles*.

Fleurent, près St. Ménéhould, pour *bouteilles*.

Fresne, près Condé, en Hainaut, *bouteilles & vitres*.

Grande-Combe, à 4 lieues de Pontarlier, de *toutes especes*.

Henné, près Dieppe, *bouteilles & vitres*.

Hérépian, près Beziers, *grandes* pour *bouteilles*.

Hisletes, près Clermont, en Champ. *bouteilles*.

Hivoy-le-Pré, en Berry, *verres communs*.

Lettembach, près Phalsbourg, pour *tous verres*.

Lourroux, à 2 lieues de Mont-Maraut, *verres communs*.

Lyhus, près Dieppe, *bouteilles & vitres*.

Machier, à 2 lieues de Rampont, en Picardie, pour *bouteilles*.

Magine, (la) près Bazas, *idem*.

Magnanville, près Blamont, en Lorraine, pour *bouteilles*.

Mamonsoul, près St.-Céré, en Guercy.

Margéride, près St.-Flour.

Mielen, près Beffort, en Alsace.

Montel-de-Gelas, à 2 lieues d'Ausanse, en Bourbonnois, pour *tous verres*.

Montermé, à 3 lieues de Mezieres, pour *verres-blancs*.

Montmirail, au Perche, *verre imitant le cristal*.

Mosne, près Chatillon-sur-Seine, *verre communs*.

Néaufle, à 1 lieue de Gisors, *superbes verres pour girasol*.

Porcieux, près Mirecourt, *beaux verres & cristaux*.

Produn, à 2 lieues d'Autun, pour *vitres*.

Roche, (la) près Ausance en Bourbonnois, pour *bouteilles*.

Roche-de-Nonant, près le Melleraut, en Normandie pour *bouteilles*.

Roteaux, près les Essarts, en Poitou, *idem*.

Roussilon, à 3 lieues d'Autun, pour *bouteilles*.

St. Quirin, à 4 lieues de Sarbourg, pour *tous verres blancs*.

Ste. Catherine, près Bourbon-Lancy, *verres communs*.

Souvigny, en Bourbonnois, pour *bouteilles*.

Vannes-le-Châtel, à 3 lieues de Toul, pour *verres blancs*.

Vert-de-gris.

On en fabrique en divers lieux; & il y en a une manufacture estimée à Gignac, Ville du Languedoc, à 4 lieues de Montpellier.

Vitriol. Voyez *Alun*.

ADDITION

Au Chapitre des Foires du second Volume.

Abbeville, en Picardie.

Foires, le 7 Janvier, le jour de la Trinité & le premier Octobre.

Angers, en Anjou.

Il y a *Foires* tous les seconds mardis de Janvier, Février, Mars, Avril, Juillet, Septembre, Octobre & Décembre.

Bary, en Italie.

Foire considérable de 9 jours, elle commence le 6 Décembre.

Bas-en-Basset, dans le Forez.

Foires, les 15 Avril & 11 Novembre.

Beauvoir-sur-mer, Bas-Poitou.

Foires les 15 Août & 29 Septembre.

Canisy, en Normandie.

Fort *Marché* tous les vendredis.

Cany, en Normandie.

Foires le premier lundi de Septembre & le 9 Octobre.

Cherbourg, en Normandie.

Foires, le premier lundi de Carême, le premier lundi de la Trinité, & après la St. Michel.

Chinon, en Touraine.

Foires, le lundi de la Passion, le lundi après la Notre-Dame des Avents, le 13 Avril & le 9 Octobre.

Cognac, en Angoumois.

Foires, tous les seconds mardis de chaque mois.

Douay, en Flandre.

Foires franches, le 10 Mars, de 3 jours, le lendemain de la Fête-Dieu & le 12 Novembre, de 8 jours chacune.

Langres, en Champagne.

Foire considérable de 8 jours; elle commence le 16 Août.

Laval, au Maine.

Foires, le premier mardi d'après la mi-carême, le dernier mercredi d'Avril & le troisieme mardi avant la St. Jean.

Loudun, en Poitou.

Foires, le lundi d'après le 8 Mai, le lundi d'après la St. Barnabé, le jour de l'Exaltation de Ste. Croix & le lundi d'après la St. Louis.

Marseille, en Provence.

Foire de St. Lazare; elle dure 15 jours & commence le dernier jour d'Août.

Montagnac, en Languedoc.

Foires en étoffes & laines, les 24 Janvier & 13 Mars.

Rennes, en Bretagne.

Foires, les 23 Avril, 29 Juin, 22 Juillet & 4 Octobre; & *marchés*, les mardi, jeudi & samedi.

Nancy, en Lorraine.

Foire à la St. Georges; elle est considérable & dure 8 jours.

Verdun, Pays Messin.

Foires, le lendemain de l'Ascension, les 23 Juillet, 9 Septembre & 12 Octobre.

Neuillé-Pont-Pierre, en Touraine.

Foires après les Fêtes de la Pentecôte, le 30 Juin, le 15 Septembre & le 8 Novembre.

Verneuil, en Normandie.

Foires, le premier vendredi de Carême, le lundi de la Quasimodo, le premier jeudi de Juillet, le 22 Novembre & le 9 Octobre, cette derniere est indiquée au second Volume.

ADDITION AUX DÉCOUVERTES MODERNES.

L'extrême sécheresse qui a subsisté en France, dans le cours de cette année, (1785) ayant occupé le Gouvernement des soins de remédier, en partie, à la disette des fourrages & pâtures qu'elle a occasionnée, & le résultat des recherches bienfaisantes de l'Administration, à cet égard, ayant procuré d'heureux effets dans les campagnes, nous nous faisons un devoir d'indiquer ci-après les moyens qu'elle propose pour suppléer à cette disette.

Moyens divers pour suppléer aux fourrages & augmenter la subsistance des bestiaux.

Dépouiller entiérement les arbres de feuilles, ce seroit nuire à leur accroissement & à leur conservation; mais l'expérience prouve qu'on peut, sans inconvénient, en retrancher les nouvelles pousses qui, tendres, molles & flexibles, sont une nourriture excellente pour tous les bestiaux, & qu'on leur voit souvent préférer aux fourrages ordinaires. Le bœuf les aime autant que le foin & l'avoine; les moutons, en Angleterre, sont le plus souvent nourris avec des feuilles d'orme; il y a des Provinces où l'on réserve pour l'hiver les jeunes pousses de *peupliers* que l'on amasse en fagots; ils tiennent lieu d'un excellent fourrage. Depuis longtems l'Italie est dans l'usage de récolter les pousses d'arbres, particuliérement celles de *hêtre*, de *micocoulier*, de *charme*, de *fresne*, d'*Erable*, de *peupliers* & d'*orme*, lesquelles tiennent lieu de fourrages d'hiver. On peut y ajouter celles de *tilleul*, de *chêne*, de *platane*, & même de *maronier d'Inde*, que l'on ne doit donner aux bestiaux que mêlées des autres feuillages susdits; mais il est essentiel que la récolte de ces pousses, ou feuillages ne soit faite que dans les mois d'Août & de Septembre.

Le *jeune lierre* & les *turneps*, ou *gros navets*, sont aussi deux bonnes nourritures de bestiaux; le lierre a surtout la vertu d'augmenter le lait des brebis.

En faisant usage de ces sortes de fourrages, il est prudent de ne les donner aux bestiaux que par gradation, & de ne leur commencer ce nouveau régime qu'en le combinant avec l'ancien, & dans des proportions relatives aux ressources locales, parce qu'un changement trop subit pourroit nuire aux bestiaux.

La culture des *turneps*, ou *gros navets*, est d'autant plus facile & économique, qu'elle réussit parfaitement dans tous les terrains, même ceux maigres, ou légers. La semence doit en être faite à la fin de Juillet.

A l'égard des prairies, on a observé que c'est une erreur de croire que, lorsqu'elles manquent d'eau pendant le printems, les herbes qu'elles produisent sont sans qualité, parce qu'elles ne sont pas parvenues à toute leur hauteur. Cette cause n'empêche point leur maturité, lorsque la floraison a lieu, & l'on a reconnu, qu'en attendant trop après la floraison pour faucher, la tige se desseche, l'herbe n'a plus de suc à tirer de la terre qu'elle fatigue en pure perte pour la seconde coupe, & le foin est beaucoup plus dur & moins succulent; ainsi l'on prétend que la coupe hâtive ne peut être que favorable, tant pour la bonté des foins, que pour l'abondance & la qualité des regains.

Fin du Supplément.

BIBLIOTHEQUE ROYALE

ERRATA.

Alicante. Page 3 lig. 3, graines, *lisez* grains.
Antibes. . . 4 { lig. 1, en Provence, *lisez* en Basse-Provence. lig. 2, à 3 lieues de Nismes & de Grasse, *lisez* à 3 lieues de Vence & de Grasse.
Beauvais. . . 9 lig. 4, pour ses moutons, *lisez* ses moutons.
Bordeaux. . . 10 derniere lig., *retranchez* le mot *casse*.
Bruges. . . 12 { lig. 9, possessions, *lisez* professions. lig. 19, sont exemptes, *lisez* sont pas exemptes.
Granville. . . 19 lig. 9, ou en mornes seches, *lisez* & en morues seches.
Grasse. . . . 19 lig. 1, à 5 lieues, *lisez* à 3 lieues.
Hiers. . . . 22 lig. 2, 79, *lisez* 179.
Mons. . . . 28 lig. 1, Autrichiens, *lisez* Autrichien.
Valence. . . 49 lig. 11, fondes, *lisez* soudes.
Vienne. . . 51 lig. 20, billet, *lisez* billets.
Wismar. . . 52 lig. 3, ou blonde, *lisez* houblon.

VOCABULAIRE TECHNIQUE

DES MATIERES

Contenues dans les deux Volumes, & le Supplément de la

PARFAITE INTELLIGENCE

DU COMMERCE.

AVERTISSEMENT GÉNÉRAL.

N'AYANT rien épargné pour offrir au Public, par cet ouvrage, tout ce qui est susceptible de l'intéresser, du moins dans les connoissances qui seules opérent la richesse des Etats, l'aisance des familles, & peuvent subvenir aux besoins de la Société, nous osons espérer qu'on ne désapprouvera pas le zèle qui nous a fait sacrifier 300 pages à une Instruction Géographique qui, par sa forme neuve & la nature même de sa distribution, peut servir de base aux connoissances spéculatives, puisque, sans égard à cette partie, le reste de l'Ouvrage contient encore plus de 1250 pages, (dont 300 au moins sont en très-petit caractere.) & que la totalité de son contenu est de plus de 1550 pages, grand *in*-8°., dont nous aurions aisément pu former trois Volumes *in*-4°. si nous eussions été guidés par l'intéret. Mais animés par le seul desir d'être utiles, nous nous sommes efforcés de rendre, en grande partie, dans cet Ouvrage l'intérêt de plusieurs autres qu'on ne peut se procurer qu'à grands frais, & dont la plupart ne sont plus conformes aux usages actuels.

On a des *Ouvrages* particuliers sur les *Loix de Commerce*, d'autres sur la *Teneur des Ecritures*, d'autres sur la *Réduction des Monnoies*, *Poids*, *Mesures*, &c., d'autres sur les *Assurances*, d'autres sur les *Manufactures & Fabriques* de nombre de Villes & Villages, d'autres sur les *Termes Généraux de Commerce*, d'autres sur les *Droits*, d'autres sur les *anciennes Productions terrestres*, celles de *l'Industrie*, &c. L'ensemble de ces Ouvrages forme au moins 25 Volumes, la plupart *in*-4°. dont l'acquisition ne peut être que dispendieuse; ici nous avons remédié, autant que nous l'avons pu, à tous ces inconvéniens, en présentant en 2 Volumes *in*-8°. des détails qui peuvent se considérer comme la *quintessence* ou le *principal interêt des Ouvrages susdits*, & plus conforme que la plupart d'entr'eux aux usages actuels.

En se livrant à la lecture de notre Ouvrage, on reconnoîtra cette vérité; nous prions en conséquence la partie la plus integre du Public, de nous accorder cet examen, avant de nous juger, & s'il ne nous reste aucun avantage de notre entreprise, nous serons au moins satisfaits, s'il lui plait d'encourager notre zèle par un accueil favorable.

MATIERES. (1)	Termes de	Parties & Sup.	pag	MATIERES.	Termes de	Parties, Sup.	pag
Abandon . . .	*Voyez* Cession . .			Ampliation . .	Com.&Fin.	3 p.	5
Abandonnement.				Angleterre, Roy.	Géographie	1 p.	66
Abatelement . .	Commerce.	3 p.	1	Anguille . . .	*Idem.*	*idem*	222
Abeilles . . .	Agriculture	4 p.	461	Animaux nuisibl.		4 p.	466
Abex. (Cote d')	Géographie	1 p.	187	Annuler . . .	Commerce.	3 p.	5
Abyssinie. (l')	*idem.*	*idem*	185	Anse	Géographie	1 p.	1
Abréviations. .	Commerce.	3 p.	2	Anséatique, *voyez*	Hanséatiq.		
Acadie. . . .	Géographie	1 p.	200	Antarctique, *voy.*	Arctique.		
Acceptation. . .	Commerce.	3 p.	2	Antécédent, . .	Arithmétiq.	3 p.	6
Accidens en Mer.		4 p.	480	Anticosti, *voyez*	Assomption		
Açores. (les)	Géographie	1 p.	192	Antidater . . .	Com.Jurisp.	3 p.	*ibid*
Acquit à caution.	Finance.	3 p.	3	Antigoa . . .	Géographie	1 p.	221
Acquit. . . .	Commerce.	3 p.	*ibid*	Antilles . . .	*Idem.*	*idem*	212
Action. . . .	Jurisprud.	3 p.	4	Antipodes. . .	*Idem.*	*idem*	1
Action redhibito.	Jurisprud.	3 p.	4	Apprenti, Apprentissage. *Voyez* Métiers.			
Action de Comp.	Commerce	3 p.	*ibid*	Arabie. (l')	Géographie	1 p.	159
Addition. . . .	Arithmétiq.	3 p.	*ibid*	Arbitrage. . .	Com.Jurisp.	3 p.	6
Adulterin. *V.*	Change.			Arbitral, Arbitre.	*Idem.*	3 p.	*ibid*
Affinage. *Voyez.*	Métal.			Archipel . . .	Géographie	1 p.	2
Affirmation. . .	Jurisprud.	3 p.	*ibid*	Arctique . . .	*Idem.*	*idem*	*ibid*
Affrétement. . .	Commerce.	3 p.	*ibid*	Aristocratique. .	Gouvernem	*idem*	*ibid*
Affréteu . . .	*Idem.*	3 p.	*ibid*	Armateur . . .	Commerce.	3 p.	6
Afrique. . . .	Géographie	1 p.	176	Armement. . .	Commerce.	3 p.	6
Affuts. *Voyez.*	Bombes.			Armenie . . .	Géographie	1 p.	160
Agacs. *Voyez.*	Latitude.			Arrêt. . . .	Jurisprud.	3 p.	6
Agens de change.	Finance.	3 p.	4	Arrhes, ou Erres.	Commerce.	*idem*	7
Agio. . . .	Banque.	3 p.	5	Arrimer . . .	Marine.	*idem*	*ibid*
Agriculture. .		4 p.	461	Artisans&Artistes	Industrie.	*idem*	*ibid*
Ajan. (Cote d').	Géographie	1 p.	184	Aruba *voy.* Oruba	Géograph.		
Air	Physique.	4 p.	469	Asie. . . .	Géographie	1 p.	154
Alimens . . .		4 p.	480	Aspirant . . .	Maitrises.	3 p.	7
Allemagne . .	Géographie	1 p.	13	Asiente. . . .	Com. marit.	*idem*	*ibid*
Amazônes. . .	*Idem.*	*idem*	230	Assignation . .	Jurisprud.	*idem*	*ibid*
Amérique Sept.	*Idem.*	*idem*	194	Assomption . .	Géographie	1 p.	211
Amérique Mérid.	*Idem.*	*idem*	223	Assurances. . .	Com.marit.	3 p.	8
Amiral, Amirauté.	Marine.	3 p.	5	Assuré, Assureur.	*Idem.*	*idem*	18

(1) *Avant toutes choses*, Voyez l'Errata *du second Volume & du Supplément.*

NB. Indépendamment des articles indiqués dans ce Vocabulaire, on en trouvera, dans les Tableaux & Tables de la Partie Géographique, plus de 2400; dans la seconde Partie du premier Volume & au Supplément, 1200, & au Chapitre des Productions, 1500 : ce qui forme ensemble plus de 5000 articles divers, sans aucune répétition & sans comprendre un très-grand nombre d'indications contenues dans les Tables & Tableaux sur les Poids, Mesures, Monnoies, Droits, Messageries, Foires, &c. lesquels objets ne sont rendus ici que sous les titres seulement des Tables & Chapitres divers, auxquels le Lecteur est prié de recourir, pour tous les mots qui lui paroitront omis dans ce Vocabulaire.

MATIERES.	Termes de	Parties & Sup.	pag
Chirographaire.	Jurisprud.	3 p.	27
Cidre.	Economie.	4 p.	487
Ciment.	*Idem.*	*idem*	*ibid*
Climat.	Géographie	1 p.	2
Coagis.	Nom Turq.	3 p.	27
Cochinchine.	Géographie	1 p.	164
Code.	Législation.	3 p.	27
Col, *voyez* Passe-au-Col.			
Colchique.	Agriculture	4 p.	463
Colique d'anim.		*idem*	494
Collectifs.	Commerce.	3 p.	27
Commandite.	*Idem.*	*idem*	*ibid*
Commerce.		*idem*	28
Committimus.	Jurisprud.	*idem*	*ibid*
Commu. de bien.	*Idem.*	*idem*	*ibid*
Communauté. *V.* Maîtrises.			
Comore, Isle.	Géographie	1 p.	189
Compas, *voyez* Boussole.		4 p.	483
Compagnies.	Commerce.	3 p.	28
Complimentaire.	Commerce.	*idem*	29
Compradors.	*Idem.*	*idem*	*ibid*
Comptes.	Com. & Fin.	*idem*	*ibid*
Comptoirs.	Commerce.	*idem*	33
Confluent.	Géographie	1 p.	2
Congo.	*Idem.*	*idem*	181
Connoissement.	Com. marit.	3 p.	36
Conserv. de Lyon	Législation.	*idem*	*ibid*
Conservations.	Economie.	4 p.	463
Constellation.	Astronomie	1 p.	2
Consuls.	C. & Législ.	3 p.	36
Etrangers.	*Idem.*	4 p.	409
François.	*Idem.*	4 p.	406
Juridictions.	*Idem.*	*idem*	416
Continent.	Géographie	1 p.	3
Contrat.	Pratique.	3 p.	36
Contrée.	Géographie	1 p.	3
Contrepassation.	Commerce.	3 p.	36
Corée.	Géographie	1 p.	174
Coromandel.	Géographie	1 p.	163
Corse.	*Idem.*	*idem*	146
Côte.	*Idem.*	*idem*	3
Courierspour let.	*V.* la Table.	4 p.	418
Courtage.	Commerce.	3 p.	36
Courtier.	*Idem.*	*idem*	*ibid*
Cours.	Com. & Fin.	*idem*	*ibid*
Crédit.	Commerce.	*idem*	37
Créditer.	*Idem.*	*idem*	*ibid*
Créditeur.	*Idem.*	*idem*	*ibid*
Crimée.	Géographie	1 p.	102
Cuba.	*Idem.*	*idem*	213
Cuban.	*Idem.*	*idem*	102

MATIERES.	Termes de	Parties & Sup.	pag
Curacao.	Géographie	1 p.	218
D.			
Danemarck.	Géographie	1 p.	90
Débarquement.	Com. marit.	3 p.	37
Débentures.	Commerce.	*idem*	*ibid*
Débet. } Débit. }	*Idem.*	*idem*	*ibid*
Débiter.	*Idem.*	*idem*	38
Débiteur.	*Idem.*	*idem*	*ibid*
Déclarations.	Réglemens.	*idem*	*ibid*
Découvertes.	Modernes.	4 p.	450
Défenses génér.	Jurisprud.	3 p.	38
Déficit.	Com. & Fin.	*idem*	*ibid*
Degré.	Géog. & G.	1 p.	3
Délai.	Jurisprud.	3 p.	38
Délaissement.	*Idem.*	*idem*	39
Délestage.	*Idem.*	*idem*	*ibid*
Délibération.	Société.	*idem*	*ibid*
Délivrance d'animaux.		4 p.	494
Démocratique.	Gouvern.	1 p.	3
Denier-Adieu.	Jurisprud.	3 p.	40
Dénominateur.	Arithmétiq.	3 p.	40
Denrée.	Commerce.	*idem*	*ibid*
Départ des Couriers, *V.* Cour.		4 p.	418
Député de Commerce.		3 p.	40
Dérivage.	Marine.	4 p.	484
Descrip. du globe	Géographie	1 p.	11
Désert.	*Idem.*	*idem*	179
Désirade.	*Idem.*	*idem*	216
Détroits, *V.* tab.	Particul.	*idem*	248
Détroit, terme de	Géographie	*idem*	3
Dévident.	Commerce.	3 p.	40
Dévoiement d'animaux.		4 p.	494
Diamans, *Voyez* tarifs.			

DICTIONNAIRE contenant 1200 Villes & lieux commerçans des quatre parties du globe, dont aucuns noms ne sont compris en ce Vocabulaire, *voyez* Tome premier, seconde Partie, depuis la page 293, jusqu'à celle 730.

Voyez aussi le Supplément en entier.

DICTIONNAIRE des mots de Commerce, Loix, Usages, &c., dont les termes sont compris en ce Vocabulaire, *Voy.* Tome II, troisieme Partie, depuis la page premiere jusqu'à celle 230.

MATIERES.	Termes de	Parties & Sup.	pag
Diligences, *voyez*	la table.	4 p.	434
Dissolution.	De Société	3 p.	40

possessions

BIBLIOTHEQUE IMPERIALE

FIN.

INVENTAIRE
V45568